港珠澳大桥岛隧工程创新技术

林鸣　刘亚平　著

科学出版社
北京

内 容 简 介

本书依托港珠澳大桥岛隧工程沉管隧道建设，介绍了深插钢圆筒快速筑岛技术、地基基础沉降机理及控制成套技术等13项创新技术在港珠澳大桥岛隧工程中的成功应用，内容涉及人工岛的建设和沉管隧道的基础沉降、回淤、沉管制作、安放等，施工过程中攻克了一系列外海沉管隧道建设的关键技术问题，形成了沉管隧道大型化、工厂化、装配化、智能化的工程理论与成套技术。

本书可作为从事沉管隧道施工技术人员的实操参考书，也可作为高等院校水下隧道相关专业师生的课外工程案例参考书。

图书在版编目（CIP）数据

港珠澳大桥岛隧工程创新技术 / 林鸣，刘亚平著. —北京：科学出版社，2020.12

ISBN 978-7-03-067005-2

Ⅰ. ①港…　Ⅱ. ①林…　②刘…　Ⅲ. ①跨海峡桥－桥梁工程－中国　②水下隧道－隧道工程－中国　Ⅳ. ①U448.19　②U459.5

中国版本图书馆 CIP 数据核字（2020）第 234427 号

责任编辑：郭勇斌　邓新平/责任校对：杜子昂
责任印制：师艳茹/封面设计：黄华斌

科 学 出 版 社 出版
北京东黄城根北街 16 号
邮政编码：100717
http://www.sciencep.com
中国科学院印刷厂印刷
科学出版社发行　各地新华书店经销
*
2020 年 12 月第　一　版　开本：787×1092　1/16
2020 年 12 月第一次印刷　印张：39 1/2　插页：8
字数：913 000

定价：268.00 元

（如有印装质量问题，我社负责调换）

港珠澳大桥岛隧工程创新技术

主　编　林　鸣　刘亚平

副主编　尹海卿　刘晓东　高纪兵　董　政

技术委员会（以姓氏笔画排序）：

久保田　王　强　王汝凯　王彰贵
孔令磊　卢永昌　刘海青　关秋枫
孙　亮　花田幸生　苏长玺　李春初
杨　华　杨　威　杨绍斌　杨树森
吴凤亮　何　波　辛文杰　张　洪
张宝兰　陈　林　陈　鸿　陈伟彬
罗　冬　周光强　孟凡利　赵　辉
高　潮　郭旭理　黄凯彬　黄维民
宿发强　梁　桁　梁杰忠　屠柳青
韩西军　曾旭平　谢臣伟　翟世鸿
樊建华　黎亚洲

编审组

组　长：刘亚平

成　员（以姓氏笔画排序）：

王　强　王婷婷　冯海暴　宁进进
成益品　刘兆权　刘凌锋　李　毅
李建宇　李冠青　杨　华　肖仕宝
汪　雷　张秀振　张俊贤　陈良志
林　巍　侯晋芳　董　政

前　言

“港珠澳大桥的建设创下多项世界之最，非常了不起，体现了一个国家逢山开路、遇水架桥的奋斗精神，体现了我国综合国力、自主创新能力，体现了勇创世界一流的民族志气。这是一座圆梦桥、同心桥、自信桥、复兴桥。”2018年10月23日，港珠澳大桥正式开通，成为粤港澳大湾区的一条“主动脉”。

港珠澳大桥是集桥、岛、隧为一体的世界级交通集群工程，是世界最长的跨海大桥，设计使用寿命120年。岛隧工程是港珠澳大桥的控制性工程，要在外海建造两个10万m^2的离岸人工岛，要在30多米厚的软土地基上建成埋深超过20m的世界最长沉管隧道。面对技术难度极高，以及复杂的施工环境、严苛的质量标准、严峻的工期要求，中国交通建设者用自己的勇气和智慧，立足自主攻关实现技术突破，以技术创新实现工程高品质。在岛隧工程建设实践中，项目开展了大量科学和技术研究工作，并依托中国交通建设集团的全产业链优势，整合国内外资源，锐意创新，实现了多项技术创新。

大型钢圆筒快速筑岛，仅仅221d，120个直径22m的钢圆筒围成了两个海上“长城”，这些创新方案较原设计方案节约工期两年半，减少泥沙开挖量近千万立方米。

港珠澳大桥沉管隧道是世界上唯一的深埋沉管隧道，项目发明了半刚性管节结构，通过保留并优化沉管永久预应力，让沉管既能适应软土地基的沉降变化，又能满足深埋条件下结构的受力需求，提高了结构安全度、保证了隧道水密性，实现了6.7km沉管隧道滴水不漏。

工程首次采用了“复合地基+组合基床”基础新结构，解决了深厚软土地基沉管隧道不均匀沉降的世界难题；研发了涵盖沉管浮运、沉放、对接等所有关键环节的14套技术，构建起具有自主知识产权的外海沉管安装技术体系；攻克深水深槽、强回淤、大径流等世界级难题，设计制造了碎石基床整平船、沉管安装船等10多台大型专用设备，实现40多米海底8万t沉管的精准对接。

6000t级的最终接头是项目对世界沉管隧道技术发展的又一贡献，采用了自主发明的整体安装、主动止水结构，变水下作业为工厂制造，把通常需要半年的海上作业时间缩短到不到一天，从根本上消除了影响工程的不确定因素，最终以毫米级的精度为世界最大沉管隧道建设画上了圆满的句号。

本书以研究报告的形式，详细论述了港珠澳大桥岛隧工程13项主要技术创新成果，以期为同类工程设计、施工、科研提供有益借鉴。

目　录

第1章　外海深插钢圆筒快速筑岛技术

1.1　研究目的和意义

港珠澳大桥采用桥–岛–隧组合方案，岛隧工程包括为实现桥隧转换在深水、软基区域填筑的东、西人工岛，以及超长、深埋沉管隧道和部分非通航孔桥梁。

东、西人工岛实现外海桥隧转换，是港珠澳大桥重要的组成部分，在港珠澳大桥之前，国际上尚无先例。两人工岛间距离约 5.6km。人工岛平面基本呈椭圆形，岛长 625m，横向最宽处约 215m，面积约 10 万 m^2，工程区域天然水深约–8.0～–10.0m，岛内回填标高为＋5.0m，岛内隧道暗埋段与预制沉管对接处的结构底标高为–12.5m。图 1-1 为港珠澳大桥人工岛效果图。人工岛的建设不仅涉及在外海无掩护条件下深厚软土地基上构筑岛壁结构、形成陆域及加固软基等大量复杂工程的设计和施工，还需要提供稳固的深基坑支护结构，优质快速地现浇岛上段隧道，形成首节沉管安装对接条件，确保整个工程的施工进度，其建设难度在国际上是罕见的。近年我国通过一系列工程建设和科学研究，在桥梁、隧道及外海施工领域取得了长足的进步，积累了一定的经验，但在外海修筑功能如此特殊、建设条件如此复杂、技术难度如此之高和施工进度如此紧迫的人工岛尚属首次。

图 1-1　港珠澳大桥人工岛效果图

人工岛工程是岛隧工程的先导工程，其建设具有以下特点：

①须尽快为首节沉管安装提供对接条件，外海、深水、无掩护及深厚软土地基条件下

修筑人工岛，建设工期极为紧迫。

②人工岛内须提供使用期长达 5 年、具有高可靠度止水能力、具备抗御强大台风能力的深基坑干施工环境，保障岛上段现浇隧道的高效和优质施工。

③人工岛是沉管隧道安装对接的基点，是岛上隧道和建筑结构的支撑，也是实现隧道基础纵向刚度均匀和协调的重要一环，人工岛的工后沉降要求严格。人工岛修筑需回填约 20m 厚松散砂且下卧有 30～50m 软黏土，快速密实回填砂及加固深厚软土地基并高标准地控制沉降是一项巨大的挑战。人工岛典型地质剖面如图 1-2 所示。

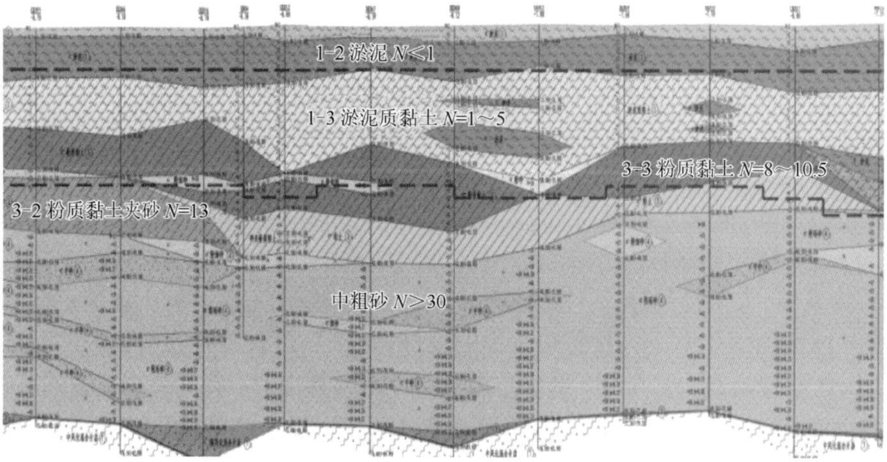

图 1-2　人工岛典型地质剖面

④工程所在水域为珠江口航运咽喉区段，是世界上水上交通最繁忙、通航环境最复杂的海域，安全管理难度大；工程穿越中华白海豚国家级自然保护区，环保要求严苛。

快速建成港珠澳大桥岛隧工程中作为基石和起点的人工岛，是工程建设初期的重大技术关注焦点。经过立项阶段的分析和研究，决定充分利用改革开放 30 多年来在土木工程建设方面已经形成的设计、制造、装备和施工四位一体的全产业链优势，研发一套外海环境下利用深插钢圆筒作为人工岛岛壁兼深基坑围护结构的全新快速筑岛技术。快速、安全并可靠地形成岛隧工程全面建设的基石的同时，降低珠江口因通航环境复杂带来的项目管理风险，有效地保护珍稀的中华白海豚，并为全面系统地优化隧道基础设计施工方案、隧道基础的纵向刚度均匀性和协调性创造条件，奠定坚实的基础。

港珠澳大桥人工岛的地质条件和环境条件复杂，采用深插钢圆筒快速筑岛可系统地解决工期、稳定、止水、沉降和环保问题，但深插钢圆筒结构用于外海筑岛并作为深基坑围护结构（图 1-3），尚属国内外首次，无相关设计标准可循，无工程经验可借鉴，要将设计方案转化为工程蓝图，尚有以下技术难点有待解决。

①深插钢圆筒结构属于无盖、无底、无隔墙的空间薄壳结构，与筒内回填砂散体形成整体共同工作。传统钢圆筒结构属良好持力层上浅插结构，工作机理以重力式为主。深插钢圆筒结构兼具重力式结构和桩基结构的受力特征，在国际上仍处于起步阶段，设计经

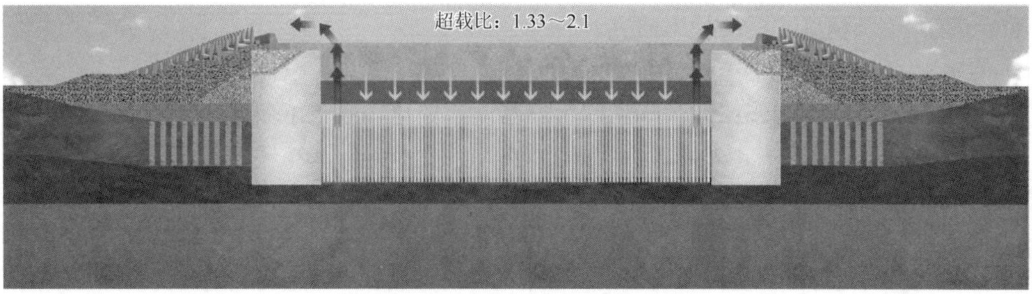

图 1-3　深插钢圆筒快速筑岛典型断面图

验有限，计算理论不完善，行业内尚无统一认可的结构稳定与变位的计算理论和方法，更没有相关标准、规范可依。

②作为主体结构的钢圆筒属超大直径、超埋深的薄壁构件，其振沉在国内尚属首例，在世界上也是罕见。目前，国内外尚无完善的、成体系的大直径钢圆筒可打性分析计算方法，其主要的计算公式是从钢管桩振动下沉计算公式演化而来的，钢圆筒的可打性分析研究已经严重滞后于不断发展的工程需求。

③国内首次采用深插钢圆筒快速筑岛，从钢圆筒到副格制作、运输、振沉、定位纠偏等核心工序，相关施工工艺组织难度大；首次采用 8 台液压锤组联动进行超大直径钢圆筒振沉，可供参考的工程案例少，作业经验缺乏，需要攻克锤组同步联动难关；为保证钢圆筒间弧形钢板副格的顺利插入，形成岛壁整体止水构造，对钢圆筒振沉精度包括平面偏位、宽榫槽扭角、筒身垂直度提出了严格的要求，振沉施工的实时精确定位和实时纠偏面临重大挑战。

④人工岛要为现浇隧道提供长达 5 年外海深基坑干施工条件，止水是关键，是方案设计的生命线。人工岛主体采用深插钢圆筒结构，其止水体系包括底部止水和钢圆筒连接处止水两个关键部分，钢圆筒连接处的止水在整个止水体系中是最为薄弱的环节。钢圆筒连接的副格结构，需要适应钢圆筒初始振沉偏位，以及施工期深插钢圆筒结构在不同受力工况下的往复变位，并保证连接处的止水功能，这对副格结构的刚度、柔度，以及止水接头的设计均有较高要求。而大型整体止水弧形钢板副格，在设计、构造要求和施工方面均无规范和案例可循。

⑤人工岛处于岛隧工程关键施工节点，是沉管安装对接的基点，也是岛上隧道和建筑结构的支撑。人工岛工期紧张，工后沉降要求严格，基于人工岛岸壁采用深插钢圆筒结构并形成整岛止水这一条件，研究并采用一种快速、安全、经济、效果好的同步密实砂土和加固软土地基技术尤为必要。由于深井降水密实饱和回填砂及超载预压深层软土地基同步快速加固技术为首次应用，实现该地基加固技术并达到预期效果，需要对人工岛周边钢圆筒围堰止水，以及深层软土固结排水、上覆回填砂排水和二者同步排水等一系列关键技术开展研究。

有鉴于此，开展了外海深插钢圆筒快速筑岛关键技术研究，共分为五大研究专题。

①深插钢圆筒结构机理及设计方法研究。

②深插钢圆筒可打性分析方法研究。

③深插钢圆筒施工成套技术研究。

④止水弧形钢板副格结构创新技术研究。

⑤外海人工岛饱和回填砂及深厚软土地基同步快速加固技术研究。

1.1.1 研究目的

本项目针对港珠澳大桥人工岛工程所面临的外海深层软土地基，创造性提出深插钢圆筒快速筑岛方案以解决人工岛和深基坑建设所面临的结构稳定、止水、沉降、工期和环保等关键性技术问题。为了实现该筑岛方案：①须开展深插钢圆筒结构机理及设计方法的研究，解决人工岛岸壁结构主尺度选定、构建钢圆筒失稳判别标准体系等关系设计方案技术生命力的重大关键性问题；②研究适用于大直径深插钢圆筒的可打性分析方法，为锤型选择提供指导和依据，确保设计方案的可实施性；③以“大型化、工厂化、装配化、标准化”为原则，研发深插钢圆筒施工成套技术，在确保施工精度的前提下实现快速筑岛；④研发新型止水弧形钢板副格结构，使其兼具可深插的刚度和适应相邻钢圆筒之间各种变位的柔度，实现钢圆筒之间的连接及止水；⑤结合整岛止水条件，提出新型的地基同步快速加固技术，以获得更好的加固效果并满足紧迫的施工工期的要求，为隧道基础设计施工方案的优化创造条件。

1.1.2 研究意义

采用钢圆筒作为岛壁兼深基坑围护结构进行快速筑岛是一种全新筑岛方案，研究将重点实现外海深插钢圆筒快速筑岛方案设计与施工关键技术突破，带动设计、制造、装备和施工四位一体的全产业链的提升，进而提升我国人工岛、外海深基坑的工程设计、施工和管理水平，为港珠澳大桥人工岛科学、快速、安全、环保、优质和经济的建设提供强有力的支撑，对于提升我国人工岛建设的创新能力、技术竞争力和跨海集群工程建设的综合实力，以及促进交通建设科技进步和技术创新具有重大意义。

关键技术研究以人工岛工程中遇到的技术难题为背景，通过提炼形成的关键技术，不仅可以为人工岛的建设提供技术支撑，填补国内外空白，而且可以有效指导深插钢圆筒结构在深水防波堤、围堰、护岸、码头结构、人工岛等工程领域的推广应用。

1.2 国内外研究概况

1.2.1 筑岛方案研究概况

根据对国内外已建和在建的海上人工岛结构进行调查研究，人工岛岛壁结构主要分为斜坡式和直立式两种。港珠澳大桥人工岛工程初设阶段，经过对斜坡堤、直立式沉箱、格型钢板桩等筑岛方案的比选分析，为确保首节沉管按时（尽早）对接，对西人工岛采用了格型钢板桩外侧辅以抛石斜坡堤，格型钢板桩主格直径 25.62m，高 35m，下沉至−33m，进入黏土层 2m。地基处理采用大开挖至−31.0m，换填中粗砂。西人工岛采用抛石斜坡堤筑岛，地基处理以局部开挖为前提，采用大量、超深的挤密砂桩加固基础。岛内回填区打设排水砂井，保留 9m 厚黏土层。隧道基坑支护结构采用地下连续墙对撑结构，地下连续墙两侧采用单排高压旋喷桩止水体系。西人工岛基坑围护结构平面图见图 1-4。

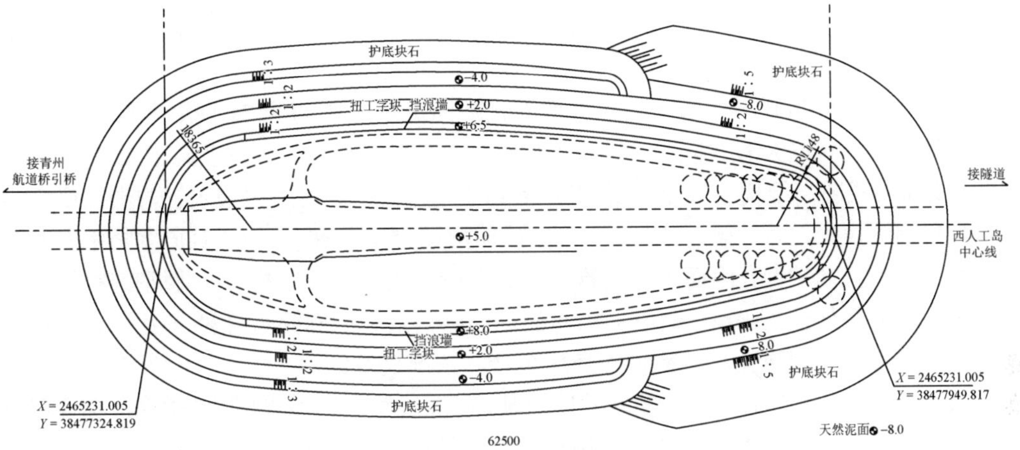

图 1-4　西人工岛基坑围护结构平面图

注：尺寸标注单位为 mm，标高单位为 m

经分析该方案具有以下不足：

①抛石斜坡堤方案开挖回填工程量大，成岛后才可施工基坑支护结构，筑岛速度慢；斜坡堤和岛内陆域需要对数量庞大、深度深的挤密砂桩进行基础处理，需要数量众多的专业施工船舶且工效较低，无法有效保障工期关键节点的按期实现。

②施工期基坑止水需要单独采用地下连续墙基坑支护结构，而岛内地基处理打排水砂井至黏土层，人为加大了透水层厚度和范围，使得基坑地下连续墙止水围护结构深度随之进一步加深，增加了施工难度和止水风险。

③格型钢板桩水上拼接、打设周期长，施工期稳定性差，不利于防台风；经开挖后透水层的覆盖层薄且结构接头多，止水风险高。

④工程地处水上交通繁忙的珠江口水域。该方案的作业船机数量多、交叉作业多，不利于该水域的水上交通安全。

1.2.2　插入式钢圆筒筑岛技术国内外研究概况

由于插入式钢圆筒结构对深厚软土地基环境具有良好的适应性，土方挖填相对较少、施工速度较快、工期较短，而且结构形式简单、受力合理、材料用量省、施工工艺相对较为简捷，能适应水深浪大的恶劣环境，适用于建造人工岛、防波堤和施工围堰等构筑物，特别适用于需要提供止水功能的构筑物，如人工岛，其问世以来一直受到国内外学术界和工程界的重视。

（1）插入式钢圆筒结构国内外应用概况

插入式钢圆筒结构在日本岸壁和防波堤结构中得到应用，在日本名古屋港、小松岛港均有应用。1987 年大阪围海造陆修建的关西国际机场，是钢圆筒结构进入水工结构领域的标志性工程，已于 1994 年投入使用。日本岸壁和防波堤工程中曾采用的钢圆筒最大直径为 25m，最大插入深度为 22.3m，设计壁厚为 12～14mm，采用电动振动锤联动下沉，下沉有困难时辅以水喷下沉。工程地基处理方法灵活多样，可根据不同地质，采用直接插入、挤密砂桩处理、开挖换填等。

我国从 20 世纪 80 年代初开始引进插入式圆筒筑岛技术。多年来中交第四航务工程勘察设计院有限公司联合有关院校、科研机构和施工单位，在结构设计及施工工艺方面不断探索，使插入式圆筒结构在多个项目中获得应用。我国插入式圆筒结构的发展经历了混凝土圆筒到钢圆筒的过程，插入式混凝土圆筒结构不耐振，多采用静力下沉，下沉过程中的纠偏不易控制且功效低，因而未得到推广。对于插入式钢圆筒结构，目前仅有南沙蒲洲海堤护岸工程采用外径 13.5m、壁厚 12mm 的钢圆筒，由于钢圆筒重量轻，起重、运输、下沉等操作工艺均大为简化，结构投入使用至今，情况良好。

综上，国内外应用工程基础多为砂性地基，有深层软土时多采用开挖换填、挤密砂桩、搅拌桩等处理，功能要求和外部环境相对简单，结构尺度也较为常规。

（2）插入式钢圆筒结构机理及设计方法研究概况

虽然近年来国内外众多专家学者在圆筒结构稳定性计算方法的理论分析和数值模拟等方面做了大量的工作，开展了一些有参考价值的研究工作，但目前并没有形成指导插入式钢圆筒结构的设计标准和设计方法。

插入式钢圆筒结构在日本应用较为成熟，但主要侧重于平面简化，应用范围局限于浅插和砂性土地基，其设计主要依据日本相关规范。其计算模式是将空间的钢圆筒简化为平面问题，在保证钢圆筒内填料和钢圆筒结构作为一个整体的情况下，建立土抗力和变位的相互关系，进而计算结构的位移和地基抗力，通过截面抗剪安全系数、结构位移、地基承载力安全系数和钢圆筒底部抗滑安全系数 4 个指标作为设计强度及稳定性的判别标准。日本规范适用于埋深比为 0.125～1.5 的埋入式钢圆筒，适用的有效墙宽/墙高为 1.0～2.5，地基为砂性土或经过处理的黏性土。对于埋深比大于 1.5 或有效墙宽/墙高小于 1.0 及地基土为黏性土或经过处理的黏性土地基，需要进一步的分析论证。

在数值模拟方面：①周锡礽等基于弹性地基系数抗力法，采用三维弹簧单元模拟钢圆筒周围地基土体对钢圆筒结构的相互作用，但由于弹簧元局限于线性，未能有效地模拟插入式钢圆筒结构增量加载下的承载机理及极限荷载作用下的钢圆筒破坏机制。把土体简化成弹簧元，不能很好地反映土体本构模型的弹塑性特性。②孟庆文和王元战针对钢圆筒与土体相互作用的特点，提出了一种新型接触面单元来模拟壳体与土体的相互作用。试验证明，在土体和壳体之间设置一种接触面单元，它可以使 6 个自由度的壳体顺利过渡到 3 个自由度的土体，更重要的是能模拟土体与壳体之间的相对滑移、摩擦等现象。③陈福全和龚晓南采用三维刚塑性接触面单元模拟筒壁与土体的接触，针对钢圆筒码头结构工程实例，分析了钢圆筒内外侧土压力和摩擦力分布。④范庆来等采用有限元软件 Abaqus 对钢圆筒结构进行了有限元分析（有限元分析中将钢圆筒防波堤墙当作单个钢圆筒来考虑），并采用基于米泽斯（Mises）屈服准则的循环强度模型研究了钢圆筒结构的循环承载力。

（3）深插钢圆筒可打性分析研究概况

目前，国内外可打性分析仍大多针对桩基，对钢圆筒的可打性分析较少，对大直径深插钢圆筒可打性的研究未见报道。由于钢管桩等桩基结构与钢圆筒结构存在显著差别，振动沉桩公式在钢圆筒可打性分析中的适用性尚缺少工程验证，如将其用于大直径深插钢圆筒的可打性分析则更需慎重。

振动沉桩作为一项成熟的技术在国内外应用非常普遍，随着振动锤技术的发展，振沉能力更高的振动锤及多台振动锤联动研发应用的成功，使得钢圆筒的振动下沉成为现实，以往的钢圆筒可打性分析基本都在参考振动沉桩的理论分析。振动沉桩是通过振动破坏土壤的黏结力，进而使土壤产生“液化”现象，降低桩侧摩擦力来实现沉桩的目的，对振动沉桩的研究主要集中在设备的研制和试用，以及桩土共同作用的机理上。预测钢圆筒振动下沉的计算模型是由振动沉桩的方法演化而来，目前主要的分析模型有参数模型、力平衡模型、能量平衡模型、动量守恒模型、运动规律的积分方程模型等。

上述几种模型只考虑了一个循环内的最大打桩力和加速度，进一步模拟桩土相互作用必须依赖经验的折减系数。积分方程模型可描述当振动沉桩系统达到惯性平衡后，桩贯入运动的整个过程。

振动沉桩与钢圆筒振沉存在显著差异。振动沉桩可以沉拔 PHC 桩、各类钢板桩、钢管桩及钢护筒。其中振沉钢管桩与振沉钢圆筒结构相似，但尺寸差异极大，从而导致振沉钢管桩与振沉钢圆筒在进行可打性分析时存在差别。

钢圆筒在振动下沉过程中由于直径较大，不存在土塞效应，因此钢圆筒内侧摩擦力发挥较好，钢圆筒内侧摩擦力远高于钢管桩内侧摩擦力，在进行钢圆筒可打性分析时，必须充分考虑钢圆筒内侧摩擦力。由于钢圆筒直径大，导致钢圆筒环向刚度较小，特别是在多台振动锤作用下，在夹头区域受力不均匀会增加钢圆筒产生较大撕扯变形的可能性。同时，结构尺寸增加会导致钢圆筒所处的地质条件更为不均匀，从而引起钢圆筒结构内力分布不均匀，导致钢圆筒失稳临界应力进一步降低，有可能导致钢圆筒振动下沉失败。增加钢圆筒的环肋及纵肋后，可以有效改善钢圆筒结构刚度，但增加了钢圆筒的质量，导致钢圆筒固有频率增大，每轮振沉力作用下的有效下沉量降低，同时，增加的环肋与纵肋会增加钢圆筒所承受的侧摩擦力与端阻力。

因此，钢圆筒单位面积上所承受的阻力远大于钢管桩所承受的阻力，钢圆筒的纵向、环向刚度远小于钢管桩，需要利用环肋、纵肋给予加强。与振沉钢管桩相比，振沉钢圆筒需要克服更大的土阻力。与钢管桩结构相比，钢圆筒结构尺寸更大，内力分布更不均匀，钢圆筒振沉过程也更困难，打设过程中应避免可能发生的结构失稳破坏。

（4）深插钢圆筒成套施工技术研究概况

深插钢圆筒成套施工技术包括钢圆筒制造、运输、振沉、定位纠偏等施工工艺，其中钢圆筒振沉和定位纠偏是核心工艺。

传统的插入式结构多采用压沉法施工，如 1989 年首次采用真空联合压载法将天津港东突堤码头东侧护岸 3 个直径 12m、高 17.1m、壁厚 28cm 的钢筋混凝土圆筒，压入泥面以下 10m，达到设计标高；1995 年又采用同样的方法（个别辅以挖土助沉、定位纠偏）将广州番禺南沙联合码头 26 个直径 15m、高 25～26m、壁厚 28cm 的钢筋混凝土圆筒，压入泥面以下 20m，达到设计标高。但由于压沉法不易于控制圆筒的下沉姿势且定位纠偏困难，压沉质量难以保证，施工功效较低而未得到推广。

在总结压沉法经验的基础上，2002 年 1 月在长江口深水航道治理工程大圆筒结构试验段工程中，采用 4 台 APE400 液压振动锤，通过同步装置联合振沉 4 个直径 12m、筒高 22.2m、壁厚 21～25cm 钢筋混凝土圆筒；2002 年 7～9 月用同样的方法，将广州南沙蒲洲海堤护岸工程 40 个直径 13.5m、高 13～34m、壁厚 12～14mm 的钢圆筒振沉至设计标高。以上工程采用的钢圆筒直径较小，联动液压振动锤数量少，总激振力有限，难以将圆筒插入较深地基。

日本的钢圆筒振沉多采用电动振动锤进行同步振沉。曾采用的钢圆筒的最大直径为 25m，最大插入深度为 22.3m，由 15 台 150kW 电动振动锤组成同步振沉系统，提供的最大激振力为 15 798kN，激振力不能满足时，采用高压射水助沉措施。港珠澳大桥钢圆筒振沉所需激振力接近 40 000kN，采用电动振动锤同步方案难以满足振沉要求。

以往钢圆筒振沉所采用的定位方式多采用全站仪、经纬仪等常规测量仪器进行定位，无法快速、直观地指导施工人员进行快速定位且精确度不高。本工程地处外海且在大桥全线作为先导工程最早开工建设，缺乏有效稳固且可用的测量基站；同时，人工岛的深插钢圆筒需同时作为岛上现浇隧道结构的干施工深基坑围护结构，其打设精度需同步控制钢圆筒定位、榫槽扭角和筒身垂直度三个方面的施工偏差。现有的测控系统难以满足本工程在简便性、快速性、实时性和全天候作业等方面的要求。

（5）止水弧形钢板副格结构研究概况

传统意义上钢圆筒结构以防波堤、护岸为主，功能以消浪、挡土为主，连接的副格作为附属结构，对其要求相对较低。如日本的关西国际机场护岸，钢圆筒直径为 23.0m，高度为 23.0m，采用的弧形钢板的副格半径为 7.2m，高度为 23.0m，板厚为 10mm，嵌入深度为 8.0～13.0m，其功能为挡土；日本和歌山防波堤，由于无挡土要求，钢圆筒之间净距为 1.0m，无物理连接，属透空式结构；国内首例实施的广州南沙蒲洲海堤护岸工程，钢圆筒直径 13.5m，钢圆筒之间净距 0.6m，为了挡土，采用了简易的模袋混凝土填塞处理。

经统计，日本的施工案例中采用的弧形钢板高度不超过 23.0m，入土深度不超过 13.0m，功能以挡土为主，无止水要求；振沉采用多台电动振动锤联动下沉，其设计理论和施工方法以浅插结构为主。

（6）外海人工岛饱和回填砂及深厚软土地基同步快速加固技术研究概况

人工岛多处于滨海或外海，海底一般为全新世淤积软土或松散砂，筑岛材料一般为砂或邻近海域疏浚航道产生的淤泥，国内外常用的地基加固技术有开挖换填法、排水固结法、水泥土搅拌法、碎石桩法、挤密砂桩法、注浆法、强夯法、振冲法、土工聚合物和托换技术等。鉴于人工岛填筑面积大、地基加固范围广的特点，采用水泥土搅拌法、碎石桩法、挤密砂桩法、注浆法等形成的复合地基造价高、施工速度慢，一般大面积筑岛工程采用排水固结法进行深层软土地基加固，之后采用振冲法或强夯法密实上部回填砂石。排水固结法根据加载方式又分为堆载预压、真空预压及降水预压，其中降水预压应用实例较少。澳门国际机场填海工程筑岛面积约 115 万 m^2，筑岛材料为砂、石，采用开挖换填法、堆载预压排水固结法（设置塑料排水板为竖向排水通道）进行软土地基处理，回填砂采取振冲加固措施。日本关西国际机场人工岛填筑海砂，采用堆载预压排水固结法（设置砂井为竖向排水通道）加固软土地基。以上已有的地基加固技术不能满足港珠澳大桥人工岛快速同步密实上覆饱和回填砂及加固下卧深厚软土地基的要求。

1.3　研究内容与技术方案

1.3.1　研究内容与关键技术

（1）插入式钢圆筒结构机理及设计方法与关键技术

插入式钢圆筒结构机理及设计方法与关键技术的主要内容包括：①基于插入式钢圆筒结构现有相关设计标准、规范、理论研究成果，以及国内外相关工程项目建设的实践经验，分析现有设计方法在深厚软土地基上深插钢圆筒稳定性计算的应用局限性；②在钢圆筒及其内部填料共同作用情况下，提出插入式钢圆筒平面等效计算方法，将空间结构简化为平面模型，明确土体和钢圆筒结构相互作用的模型，提出土压力计算方法和分布模式；③通过空间三维有限元数值模拟，对核心参数进行敏感性分析，研究插入式钢圆筒结构的工作模式和破坏机理，为进一步深入了解该新型结构的工作机理提供理论依据；④结合深插钢圆筒快速筑岛工程实测数据，系统研究利用空间三维有限元计算深插钢圆筒结构的稳定性的模型选择、边界设定和参数滤定原则及结构安全稳定性判别标准，验证并完善插入式钢圆筒结构的稳定性简化平面计算方法。

通过插入式钢圆筒结构机理及设计方法研究，取得的关键性技术为：①形成一套基于抗剪、抗倾、抗滑、地基承载力安全系数和位移量的插入式钢圆筒稳定性判别设计标准；②基于对现有计算方法的适用性分析，完善并集成一套适用于深厚软土地基上的深插钢圆筒的稳定性分析方法；③对深插钢圆筒结构用于防波堤、护岸、码头结构等不同功能构筑物的适用原则提出建议，给出基于空间三维有限元计算深插钢圆筒结构的稳定性判别标准。

（2）深插钢圆筒可打性分析与关键技术

深插钢圆筒可打性分析与关键技术的主要内容包括：①对比国内外主要的振动沉桩理论，分析其在钢圆筒可打性计算中的不足之处；②参考多种振动沉桩分析模型，谨慎选择计算参数，形成大直径深插钢圆筒可打性综合分析方法；③考虑振动加速度对动摩擦力的影响，采用单元划分法，计算不同深度处钢圆筒的动摩擦力，从而计算钢圆筒打入所需激振力，形成大直径深插钢圆筒可打性精细分析方法，为振动锤组选型提供依据。

通过深插钢圆筒可打性分析方法研究，取得的关键技术为：①适用于大直径深插钢圆筒的可打性综合分析方法；②适用于大直径深插钢圆筒的可打性精细分析方法。

（3）深插钢圆筒施工成套技术与关键技术

深插钢圆筒施工成套技术与关键技术的主要内容包括：①对钢圆筒制作、运输、驻位、振沉及定位方式等进行研究，形成成套外海深插钢圆筒施工技术；②为实现多锤联动，同步设计是关键。通过对分布于钢圆筒不同位置的多台液压振动锤的机械同步、电机同步和液压同步工作原理的分析和研究，形成具备可实施性的多锤同步联动振沉系统；③研究开发钢圆筒平面定位系统、圆筒倾斜监测系统及可视化计算机管理系统，形成一套集GPS接收机、自动跟踪全站仪、无线传输液位计三位一体的钢圆筒施工定位监测系统，对钢圆筒振沉全过程的姿态进行实时监控，确保钢圆筒振沉的施工精度；④基于钢圆筒施工定位监测系统，根据钢圆筒振沉的实际情况，形成纠偏响应机制。

（4）止水弧形钢板副格结构创新研究与关键技术

止水弧形钢板副格结构创新研究与关键技术的主要内容包括：①通过对平面布置研究和抗隆起分析确定的副格尺度，并基于可打性和圆筒之间的变位要求，开展结构壁厚及构造研究和接头结构强度分析；②开展副格的物理模型试验，验证大型整体止水弧形钢板副格的承载力、可打性、容差性、止水性能及整体上拔的可行性；③研究整体止水弧形钢板副格制作、海上远距离运输、整体深插和快速振沉施工的关键技术及关键工艺。

通过止水弧形钢板副格结构创新研究，取得的关键技术包括：①弧形钢板壁厚的计算方法；②副格体系的构造要求；③止水弧形钢板副格的大型化、整体制作技术；④整体止水弧形钢板副格的海上远距离运输技术；⑤整体止水弧形钢板副格的振沉技术；⑥整体止水弧形钢板副格的止水技术。

（5）外海人工岛饱和回填砂及深厚软土地基同步快速加固技术

外海人工岛饱和回填砂及深厚软土地基同步快速加固技术主要研究深井降水密实饱和回填砂及超载预压深厚软土地基同步快速加固技术机理，研究钢圆筒围堰止水方案及加固效果监测实施方案，研究深层软土固结排水和饱和回填砂排水技术，形成钢圆筒围堰止水、深层软土固结排水、饱和回填砂排水、利用深井降水密实饱和回填砂及超载预压深厚软土地基同步快速加固等关键技术。

1.3.2 总体技术方案

依托上述关键技术的研究，采用深插钢圆筒结构进行人工岛建设并作为隧道干施工的深基坑围护结构，实现了海中人工岛筑岛方式的大跨越，形成的快速筑岛总体技术方案如下。

①根据工程区域深厚软土、外海复杂水文环境的特点，结合深插钢圆筒结构机理及设计方法的研究成果和可打性分析成果，考虑施工期、使用期各种不利工况，采用平面简化和三维有限元动态施工模拟并行分析，在满足结构稳定和控制变位的基础上兼顾施工能力，确定采用直径22.0m的钢圆筒作为快速筑岛的主体结构，钢圆筒沿人工岛外围振沉至不透水层，最大筒高50.5m，最大振沉深度30.0m；根据止水弧形钢板副格结构研究成果，钢圆筒之间采用宽榫槽与弧形钢板组合“刚柔并济”的副格结构相连，弧形钢板半径6.0m、高32.0m；通过钢圆筒和副格，构筑安全、可靠的施工期隧道深基坑围护结构，实现快速整岛止水的同时，避免了传统围护结构的内部支撑结构，扩大了岛上隧道施工的作业面，并为岛内外同步施工提供了条件。西人工岛钢圆筒平面布置图见图1-5，岛上隧道施工见图1-6。

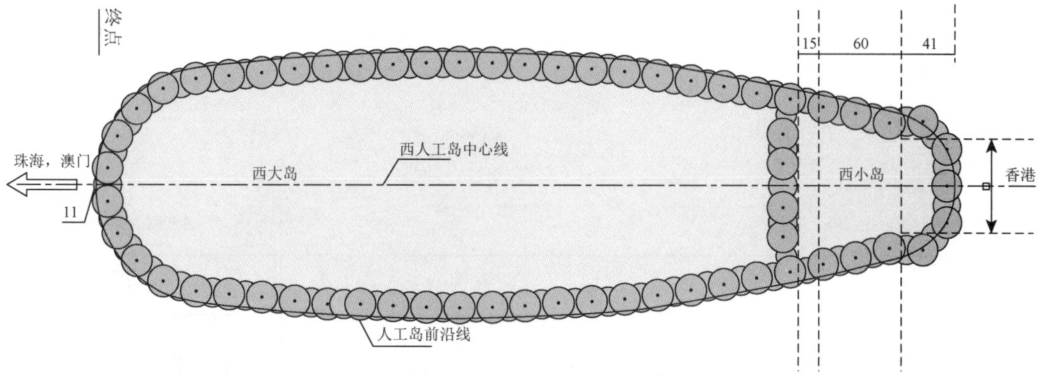

图 1-5　西人工岛钢圆筒平面布置图（单位：m）

图 1-6　岛上隧道施工

②基于人工岛围闭钢圆筒围堰，结合回填砂与下卧深厚软土相连的地基条件，使人工岛具备了采用深井降水密实饱和回填砂及超载预压深厚软土地基同步快速加固技术的条件。根据关键技术研究成果采用膨润土类止水材料进行钢圆筒锁口止水形成围闭的止水条件，设置深插塑料排水板加快深层软黏土排水固结，深埋管井进行饱和回填砂快速排水，保证了该技术成功实施，使深井降水既密实上覆回填砂，又同时降水超载预压深厚软土地基。典型地基加固断面和降水井平面布置分别见图 1-7 和图 1-8。

1.3.3　关键技术解决途径

项目研究以解决港珠澳大桥人工岛建设关键技术为切入点，依托港珠澳大桥岛隧工程和现有的相关科研成果及设备资源，研究以理论分析、现场试验、数值模拟、模型试验、原型观测为手段，通过依托工程对获取的理论、方法、技术等研究成果进行检验和完善。项目实施过程中统筹考虑试验研究与成果应用的时间，既保证研究成果能够及时服务于港珠澳大桥工程建设，又能通过工程实践检验研究成果，促进理论、方法的完善和技术水平的提高。

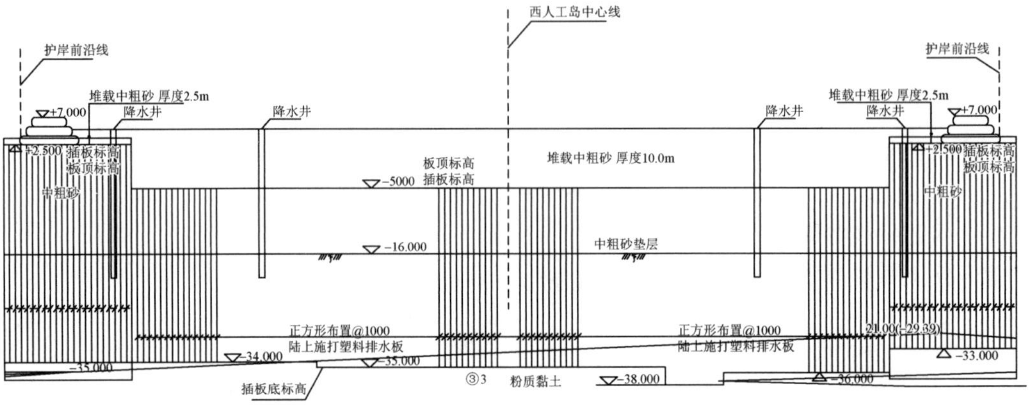

图 1-7　典型地基加固断面图

注：标高单位为 m

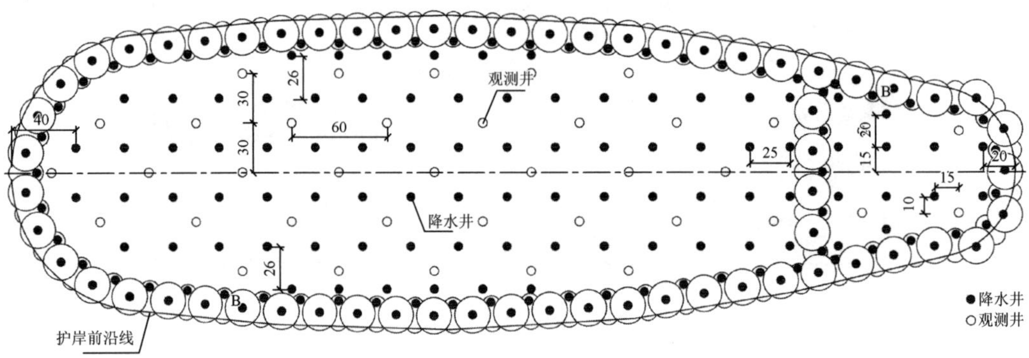

图 1-8　降水井平面布置图（单位：m）

1.3.4　实施过程

1. 插入式钢圆筒结构机理及设计方法

①通过分析插入式钢圆筒稳定计算理论，给出了平面等效计算方法，将插入式钢圆筒等效成平面刚体，然后建立作用在刚体上的外力与土抗力平衡方程，求解出刚体的土抗力、变形等。分析并总结了插入式钢圆筒上的作用和各作用效应组合方式及各作用力的计算方法，并通过港珠澳大桥东、西人工岛工程实例进行分析，利用平面简化二维有限元模型计算了土抗力、位移和转动模式。通过计算结果可以看出平面等效计算方法同样适用于黏性土的设计，所以将空间模型等效成平面刚体模型，可以用作工程设计，填补了国内外深厚黏土上深插大直径钢圆筒计算理论的空白，为该新型结构的计算和设计提供了理论依据。

②专题综合分析研究插入式钢圆筒在极限承载力作用下的破坏机理，在岩土有限元分析软件 PLAXIS 3D 中，建立极端波浪荷载条件下软土地基上深插钢圆筒结构的极限承载力有限元计算模型，分析了不同软土地基的强度、筒体的径高比等核心参数对钢圆筒结构的影响。

③结合港珠澳大桥东、西人工岛工程中插入式钢圆筒岛壁结构，分析人工岛工程所在地的自然条件，综合考虑工程水域风浪、潮流、气象（特别是台风）影响，以及人工岛地质特征，根据人工岛施工全过程进行钢圆筒岛壁结构的空间有限元稳定分析，基于施工工序的合理简化，确定了模型的边界条件、荷载条件、土体本构模型、土体参数，并通过全施工过程的模拟分析确定了位移及稳定性的控制工况，对控制工况再次进行考虑波浪荷载作用下软土塑性累积变形的三维有限元分析，最后结果与现场实测位移相验证。

④与重力式挡土墙和桩基础的土压力相比，作用于钢圆筒结构上的土压力要复杂得多。因此结合砂性土与黏性土上插入式钢圆筒结构及港珠澳大桥东、西人工岛工程，采用 PLAXIS 3D 计算钢圆筒前及钢圆筒底土压力，并将结果与基于平面等效计算方法中土压力理论的 ANSYS 有限元计算值、经典朗肯土压力值、库仑土压力值进行对比。为了能较实际地模拟桩-土接触界面的性质，三维有限元模型中对土体采用实体单元来模拟，对钢圆筒结构采用板单元来模拟，赋予线弹性属性，并在钢圆筒与筒内土、筒外土之间均加入界面单元模拟接触的实际性质。

2. 深插钢圆筒可打性分析

钢圆筒可打性分析与钢管桩可打性分析有较大区别，因此并非全部钢管桩振动锤可打性分析均可应用于钢圆筒。钢管桩振动下沉经验公式主要源自直径小于 2.0m 的钢管桩，而大直径深插钢圆筒直径大于 20m，因此需要考虑尺寸效应的影响。结合各类经验公式，形成大直径深插钢圆筒可打性综合分析方法。

（1）钢圆筒静土阻力的计算

根据地质资料计算钢圆筒静土阻力需要考虑钢圆筒内壁、外壁及钢圆筒加强肋的影响。钢圆筒静土阻力计算同时计入钢圆筒外壁周长、内壁周长及钢圆筒加强肋在钢圆筒壁上的投影尺寸。钢圆筒静土阻力计算示意图见图 1-9。

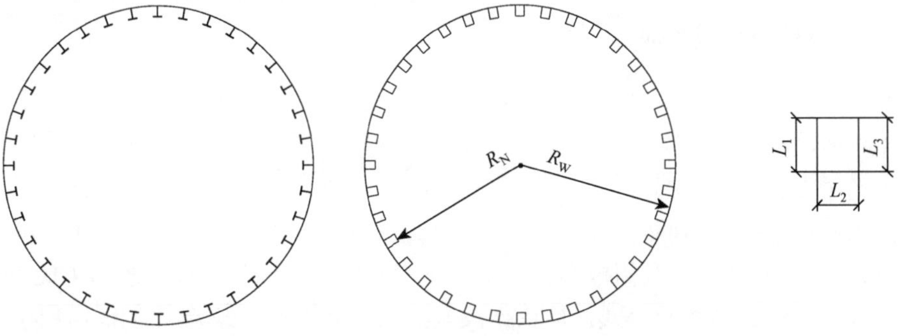

(a) 钢圆筒横断面　(b) 钢圆筒静土阻力计算横断面　(c) 钢圆筒静土阻力计算竖向加强肋横断面

图 1-9　钢圆筒静土阻力计算示意图

$$Q_s = \sum_{i=1}^{n} Q_{si} \tag{1-1}$$

$$Q_{si} = q_{fi} \cdot (2\pi R_W + 2\pi R_N + n \cdot L) \cdot h_i \tag{1-2}$$

$$L = L_1 + L_2 + L_3 \tag{1-3}$$

式中，Q_s——钢圆筒静土阻力；

Q_{si}——第 i 层土的静土阻力；

q_{fi}——第 i 层土侧摩擦力标准值；

R_W——钢圆筒外径；

R_N——钢圆筒内径；

n——钢圆筒纵肋数量；

L——钢圆筒纵肋横断面长度；

h_1——第 i 层土的厚度。

（2）力平衡模型计算

获得钢圆筒静土阻力后，需要对钢圆筒动摩擦力进行计算，当振动锤系统提供的最大激振力大于钢圆筒动摩擦力时，即可认为钢圆筒可下沉至该计算深度。

根据日本经验公式，可获得不同钢圆筒侧不同土层类型的摩擦力降低系数：

$$\mu = \mu_{\min} + (1 - \mu_{\min})\mathrm{e}^{-\beta\eta} \tag{1-4}$$

式中的系数 β 与材料性质有关，$\mu_{\min}$ 与土质有关，η 为系统加速度与重力加速度的比值。根据式（1-4）可计算得到钢圆筒动摩擦力。根据法国 PTC 公司经验公式及美国 ICE 公司经验公式，可由土质直接查表得到钢圆筒侧动摩擦力。

（3）波动方程分析

采用波动方程软件 GRLWEAP 进行钢圆筒可打性分析时，需要输入相应的土层参数及钢圆筒结构参数，并选择相应的振动锤进行计算。同时，摩擦力降低系数的准确性直接关系计算结果是否合理，在采用波动方程进行钢圆筒可打性分析时，需要手动输入摩擦力降低系数。最终通过 GRLWEAP 可得到振动锤系统的下沉速度、振沉至计算标高所需时间、钢圆筒结构应力、振动锤系统输出功率及振动下沉过程中的钢圆筒侧动摩擦力。

（4）振幅分析

振幅分析法认为振动体系的振幅 A_0 大于桩下沉过程中所需要的振幅 A 时，桩可下沉至设计要求深度。振动体系的振幅为

$$A_0 = \frac{2 \times M}{Q_0} \tag{1-5}$$

式中，M——偏心力矩；

Q_0——振动重量。

（5）可打性分析结果综合判断

通过以上计算结果并结合钢圆筒振幅计算，综合判断钢圆筒的可打性。法国 PTC 公司经验公式及美国 ICE 公司经验公式，均依据大量的振动沉桩工程经验，给出了不同土层的动摩擦力建议值或摩擦力降低系数建议值。由于钢圆筒振动下沉时筒内侧摩擦力与钢管桩振动下沉时桩内侧摩擦力存在较大不同，法国 PTC 公司经验公式及美国 ICE 公司经

验公式计算得到的动摩擦力会与实际情况存在较大程度的不同，计算得到的动摩擦力会小于实际情况，所以两种经验公式得到的计算结果只能作为判断的辅助参考依据，不能作为结论直接采用。

当钢圆筒在土体中静止时，它与土之间存在静摩擦力。通过对钢圆筒进行强制振动，钢圆筒将振动传递给与筒壁接触的土壤颗粒，使土体发生液化，造成摩擦力急剧下降。日本经验公式利用桩侧摩擦力降低系数 μ 代表桩侧极限静摩擦力降低为动摩擦力的程度，认为 μ 的大小与桩身振动加速度有关，桩身振动加速度越大则 μ 越小且不同土质的 μ 的最小值不同。

在考虑深插钢圆筒可打性时，使用经验公式可能会带来误差，应考虑 μ 除了和土质有关，还随着钢圆筒入土深度的增加逐步增大，通过单元划分计算得到不同深度的 μ 值，获得动摩擦力，从而对钢圆筒的可打性进行判断。

单元划分是指假设采用振动锤将长为 L 的桩沉入土中，入土深度为 Z，将桩划分为 n 个长度为 ΔL 的单元组成的模型，如图 1-10 所示。

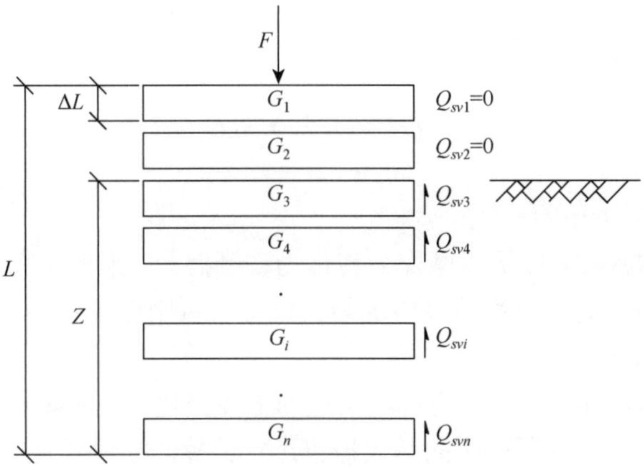

图 1-10　振动沉桩计算模型

根据图 1-10，振动锤组及钢圆筒组成的振动系统总重力为 G_0，划分的每个单元重力为 G_i，则 $G_0=\sum_{i=1}^{n}G_i$，沉入土中的单元，每个单元承担的动摩擦力为 Q_{svi}，振动锤的激振力为 F。计算得到单元 i 在激振力 F 的作用下加速度比 η_i：

$$\eta_i=\frac{F-\sum_{i=1}^{i-1}Q_{svi}}{\sum_{i=1}^{i}G_i} \tag{1-6}$$

振动沉桩过程中，激振力 F 是随着时间变化的正弦函数，其表达式为

$$F=F_{\max}\sin(\omega t+\varphi_0) \tag{1-7}$$

假设激振力以沉桩方向为正，拔桩方向为负。当激振力方向为拔桩方向时，取 $\eta_i=0$，

即$Q_{svi}=Q_{vi}$，同时考虑应力波在桩身中的传播速度$c=\sqrt{\dfrac{E}{\rho}}$。则式（1-6）可修正为

$$\eta_i=\begin{cases}\dfrac{F_{\max}\sin\left[\omega\left(t+\dfrac{i\cdot\Delta L}{c}\right)+\varphi_0\right]-\sum\limits_{i=1}^{i-1}Q_{svi}}{\sum\limits_{i=1}^{i}G_i} & (\eta_i>0)\\ 0 & (\eta_i\leqslant 0)\end{cases}\tag{1-8}$$

根据式（1-9）和式（1-10）可以求得每个单元的摩擦力降低系数及相应的动摩擦力：

$$\mu_i=\mu_{\min}+(1-\mu_{\min})\mathrm{e}^{-\beta\eta_i}\tag{1-9}$$

$$Q_{svi}=\mu_i Q_{si}\tag{1-10}$$

式中，μ_i——钢圆筒单元i的摩擦力降低系数；

Q_{svi}——钢圆筒单元i的动摩擦力；

Q_{si}——钢圆筒单元i的极限静摩擦力。

从而得到判断钢圆筒是否能够下沉的公式：

$$F_{\max}\geqslant Q_{sv}+Q_R=\sum_{i=1}^{n}\mu_i Q_{si}+Q_R\tag{1-11}$$

式中，Q_R——钢圆筒端阻力。

桩侧若产生土体液化，极限静摩擦力转化为动摩擦力，则桩身在振动荷载作用下产生的最大位移必须克服土处于弹性阶段中的最大位移，否则振幅较小，桩身无法摆脱土壤，就不会有动摩擦力的产生。

桩在振动下沉过程中，首先要将桩端附近的土体液化，将桩端的极限静摩擦力转化为动摩擦力，因此需要对桩端所产生的最大振幅进行计算。根据式（1-6），可以求得任一时刻桩端所产生的加速度比η_n，在某一时刻可以使η_n达到最大，得到$\eta_{n\max}$，假设桩端单元i在周期荷载的作用下发生简谐振动，则振动过程中能产生的最大位移如下：

$$D=2A_n=\frac{2a_{n\max}}{(2\pi f)^2}=\frac{2\eta_{n\max}g}{(2\pi f)^2}\tag{1-12}$$

式中：A_n——桩底部编号为n的单元所产生的最大振幅；

$a_{n\max}$——桩底部编号为n的单元所产生的最大振动加速度；

f——钢管桩或钢圆筒振动主频率。

港珠澳大桥东、西人工岛采用外径为22m的钢圆筒围堰构成，钢圆筒顶标高＋3m，高度40.5～50.5m，下沉底标高−22～−46m。

选取日本经验公式、法国PTC公司经验公式和美国ICE公司经验公式分别计算8台APE600液压振动锤、8台PVE200M液压振动锤、6台PVE300M液压振动锤联动后振动锤激振力、所需最小激振力及激振力富余系数，计算结果见表1-1。

根据振幅分析计算不同振动锤组激振力下，钢圆筒所获得的最大振幅如表1-2所示。

表 1-1　钢圆筒可打性综合分析法计算结果汇总表

项目	日本经验公式						法国 PTC 公司经验公式						美国 ICE 公司经验公式					
	东人工岛（CKD35）			西人工岛（CKD56）			东人工岛（CKD35）			西人工岛（CKD56）			东人工岛（CKD35）			西人工岛（CKD56）		
	8 台 APE600 液压振动锤	8 台 PVE200M 液压振动锤	6 台 PVE300M 液压振动锤	8 台 APE600 液压振动锤	8 台 PVE200M 液压振动锤	6 台 PVE300M 液压振动锤	8 台 APE600 液压振动锤	8 台 PVE200M 液压振动锤	6 台 PVE300M 液压振动锤	8 台 APE600 液压振动锤	8 台 PVE200M 液压振动锤	6 台 PVE300M 液压振动锤	8 台 APE600 液压振动锤	8 台 PVE200M 液压振动锤	6 台 PVE300M 液压振动锤	8 台 APE600 液压振动锤	8 台 PVE200M 液压振动锤	6 台 PVE300M 液压振动锤
振动锤激振力/kN	38 640	34 390	36 900	38 640	34 390	36 900	38 640	34 390	36 900	38 640	34 390	36 900	38 640	34 390	36 900	38 640	34 390	36 900
所需最小激振力/kN	29 091	27 560	29 091	24 253	21 943	24 253	27 643	27 643	27 643	21 709	21 709	21 709	28 507	28 507	28 507	21 549	21 549	21 549
激振力富余系数	1.33	1.25	1.27	1.59	1.57	1.52	1.40	1.24	1.33	1.78	1.58	1.70	1.36	1.21	1.29	1.79	1.60	1.71

注：东人工岛选择 CKD35 号钻孔计算，西人工岛选择 CKD56 号钻孔计算。

表 1-2　不同振动锤组激振力下钢圆筒的振幅计算

人工岛	振动锤组	偏心力矩/(kN·m)	振动质量/kN	最大振幅/mm	所需最小振幅/mm
东人工岛	8 台 APE600 液压振动锤	18.4	7868.2	4.68	3.75
	8 台 PVE200M 液压振动锤	16.0	7123.6	4.49	3.75
	6 台 PVE300M 液压振动锤	17.6	6984.1	5.04	3.75
西人工岛	8 台 APE600 液压振动锤	18.4	6888.2	5.34	3.75
	8 台 PVE200M 液压振动锤	16.0	6143.6	5.21	3.75
	6 台 PVE300M 液压振动锤	17.6	6004.1	5.86	3.75

根据大直径深插钢圆筒可打性综合分析方法的分析流程，对不同类型的振动锤组进行钢圆筒可打性分析，得到的计算结果表明采用 8 台 APE600 液压振动锤、8 台 PVE200M 液压振动锤及 6 台 PVE300M 液压振动锤均可将钢圆筒振沉至设计筒底高程。

对不同的计算方法进行比较，根据日本经验公式计算得到的激振力富余系数最小，根据法国 PTC 公司经验公式及美国 ICE 公司经验公式计算得到的激振力富余系数相对较大。

采用 GRLWEAP 进行分析显示，西人工岛 CKD56 号钻孔对应钢圆筒极易振沉至设计高程，振沉所需时间不到 2min，而东人工岛 CKD35 号钻孔对应钢圆筒振沉所需时间为 26min，相对较长。

钢圆筒最大振幅计算值均大于根据经验公式确定的最小振幅要求。

利用日本经验公式和大直径深插钢圆筒可打性精细分析方法，分析 8 台 APE600 液压振动锤联动及 6 台 APE600 液压振动锤联动振沉钢圆筒，计算结果见表 1-3。

采用日本经验公式计算 8 台 APE600 液压振动锤联动振沉钢圆筒时，假定系统加速度与重力加速度比值为常数，钢圆筒摩擦力降低系数仅与土质有关，计算结果表明振动锤组激振力的富余系数均较大，可将钢圆筒振沉至设计标高。

大直径深插钢圆筒可打性精细分析方法在考虑土层对摩擦力影响的同时，充分考虑了摩擦力对系统振动加速度的影响，较日本经验公式对深度的反应更灵敏，结果更精确。当采用 8 台 APE600 液压振动锤联动振沉钢圆筒时，计算结果表明东、西人工岛钢圆筒振沉均具备振沉条件，但与传统方法相比不同算例的激振力富余系数差别较大，这一现象在实际工程中得到验证，东人工岛钢圆筒振沉时间要明显大于西人工岛钢圆筒的振沉时间。

表 1-3　日本经验公式和大直径深插钢圆筒可打性精细分析方法计算结果汇总表

项目	日本经验公式				大直径深插钢圆筒可打性精细分析方法			
	东人工岛（CKD35）		西人工岛（CKD56）		东人工岛（CKD35）		西人工岛（CKD56）	
	8 台 APE600 液压振动锤	6 台 APE600 液压振动锤	8 台 APE600 液压振动锤	6 台 APE600 液压振动锤	8 台 APE600 液压振动锤	6 台 APE600 液压振动锤	8 台 APE600 液压振动锤	6 台 APE600 液压振动锤
振动锤激振力/kN	38 640	28 980	38 640	28 980	38 640	28 980	38 640	28 980
静摩擦力/kN	153 110	153 110	115 492	115 492	152 213	116 908	152 213	116 908
最大动摩擦力/kN	29 091	30 161	24 253	24 692	32 015	63 330	19 885	29 981
激振力富余系数	1.33	0.96	1.59	1.17	1.21	0.46	1.94	0.97

注：东人工岛选择 CKD35 号钻孔计算，西人工岛选择 CKD56 号钻孔计算。

3. 深插钢圆筒施工成套技术研究

钢圆筒施工整体流程如图 1-11 所示。

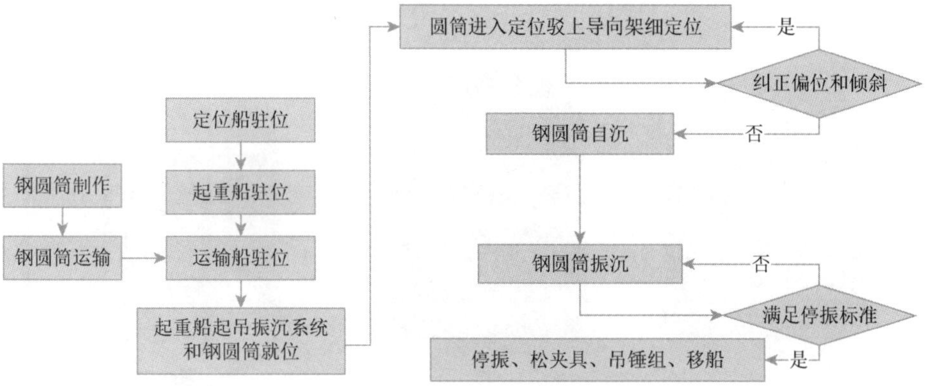

图 1-11　钢圆筒施工整体流程图

（1）钢圆筒制作

单个钢圆筒总体分成上、下两段制造，下段筒体采用固定长度 20.9m，上段筒体长度随钢圆筒总体长度的变化而变化。每段筒体竖向分成 6 块板单元，每块宽约 11.5m，依靠弧形台架成型。钢圆筒制作工艺流程如图 1-12 所示。

（2）钢圆筒运输

大型运输船停靠于振华重工长兴基地小长兴码头，用 4000t 浮式起重机（以下简称浮吊）吊装钢圆筒。根据钢圆筒振沉顺序及浮吊对吊卸位置的要求分批次运输，运输船到达珠海指定区域后，挂浮筒驻位。

为确保运输的安全性，对钢圆筒在运输过程中的稳定性进行了验算。根据以往运输货物经验，将钢圆筒的各项参数与以往运输的货物各项参数进行对比，运输船的稳性及甲板强度经过计算校核满足要求。

（3）振沉设备及船机选用

1）振沉系统

港珠澳大桥岛隧工程钢圆筒振沉选用了 8 台 APE600 液压振动锤联动方案，振动锤同步设计通过电气同步、液压同步和机械同步 3 种方式来实现。

①电气同步：所有的动力柜和振动锤必须通过中央控制面板进行操控，保证所有的动力柜和振动锤同时启动和停机。

②液压同步：多台动力柜的液压油管相互联通，确保每台动力柜的液压油面一致，采用阀块总成集中所有的液压流量再分配到每个锤上，保证每个锤获得相同的液压和流量。

③机械同步：通过同步轴和同步齿轮箱的传递，保证多台振动锤在启动和停止阶段，所有的偏心块位于相同的位置。

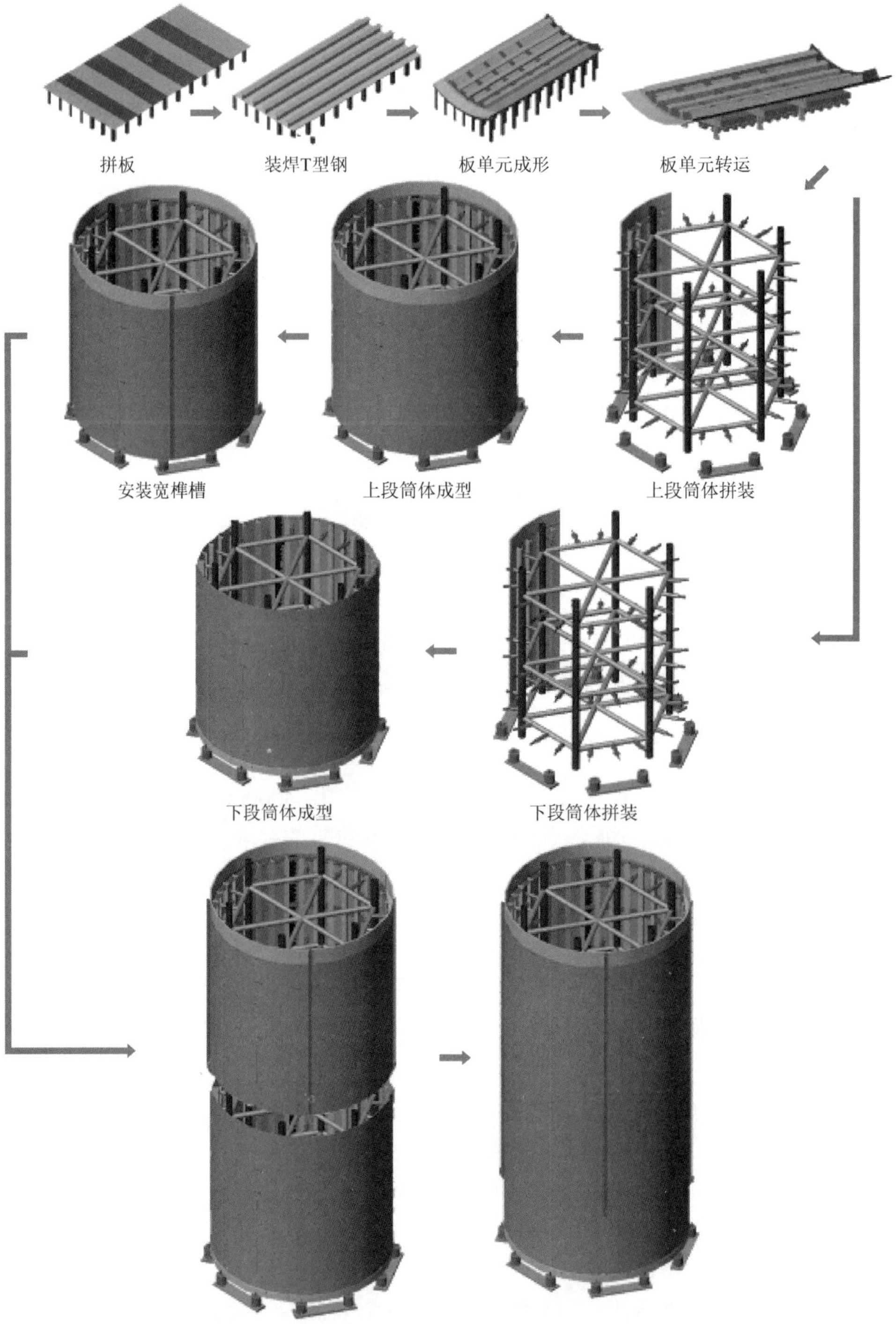

图 1-12　钢圆筒制作工艺流程

根据以上 3 种方式的原理分析，为满足工程需要，8 台 APE600 液压振动锤采用双向齿轮箱多级传递实现机械同步。

振沉系统由吊架、振动锤、同步装置、共振梁、液压夹头和液压设备等组成，其组成示意图和总体装配图分别如图 1-13 和图 1-14 所示。

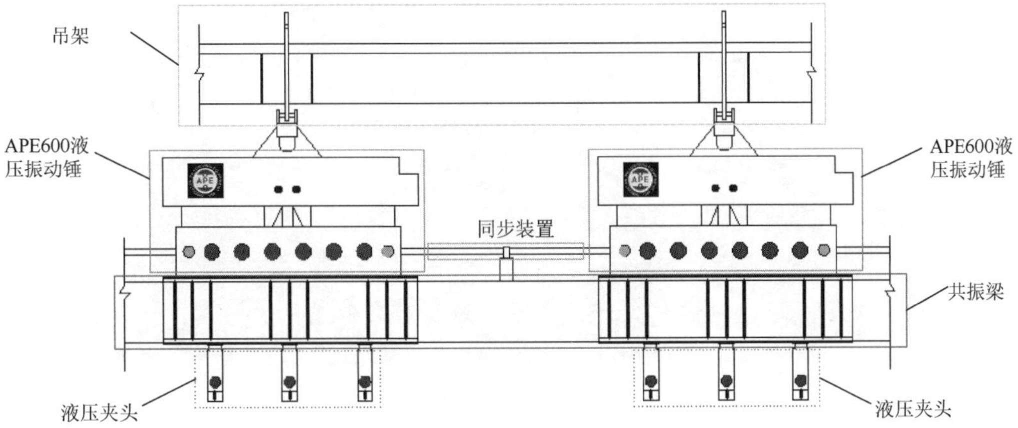

图 1-13　振沉系统组成示意图

图 1-14　振沉系统总体装配图

2）动力柜及高压油管舾装

振沉系统的动力柜放置于起重船上，以便与振沉系统组成一个整体，船舶舾装主要由动力柜及高压油管集束装置组成，如图 1-15 和图 1-16 所示。

图 1-15　动力柜

图 1-16　高压油管集束装置图

3）钢圆筒振沉船舶的选用

为满足钢圆筒运输、定位及振沉的需要，选用主要船机如表 1-4 所示。

表 1-4　钢圆筒振沉施工主要船机表

序号	名称	性能	用途	单位	数量
1	振浮 8 号	1 600t、双钩	起吊振沉设备及钢圆筒	艘	1
2	振华 17 号	70 000t	运输钢圆筒	艘	1
3	振华 16 号	90 000t	运输钢圆筒	艘	1
4	振华 23 号	90 000t	运输钢圆筒	艘	1
5	振华 24 号	90 000t	运输钢圆筒	艘	1
6	振驳 28 号	8 000t	钢圆筒细定位	艘	1
7	拖轮	主机功率 2 646kW 全回转	船舶拖航、驻位	艘	2
8	起锚艇	主机功率 1 911kW	船舶起锚、下锚	艘	1
9	起锚艇	主机功率 956kW	船舶起锚、下锚	艘	1

4）钢圆筒振沉施工工艺

在准备进行钢圆筒振沉施工时，应遵照起重船及定位驳驻位→运输船驻位→钢圆筒起吊→钢圆筒定位的流程进行操作。

①起重船及定位驳驻位

定位驳驻位在待沉钢圆筒与起重船之间。起重船在运输船船舷系挂 2 根交叉牵牛缆，便于移船至运输船起吊钢圆筒。

②运输船驻位

由于运输船较大（船长约 240m），自身锚系抗风能力较弱，经过研究讨论，决定运输船在固定水域顶流驻位，系泊采用混凝土沉块-锚链-浮筒组合的方式。

③钢圆筒起吊

为保证钢圆筒制作、装船、起吊振沉过程的操作有规律可循，同时保证钢圆筒中心位置及宽榫槽间夹角准确，在钢圆筒筒体上确定一条基准线，定义为 0°～180°线（图 1-17）。钢圆筒起吊时将该基准线作为振动锤组的中线，通过共振梁上设置的液压夹头夹紧钢圆筒起吊，同时起重船钩头吊重逐级加载，移船至打设位置。

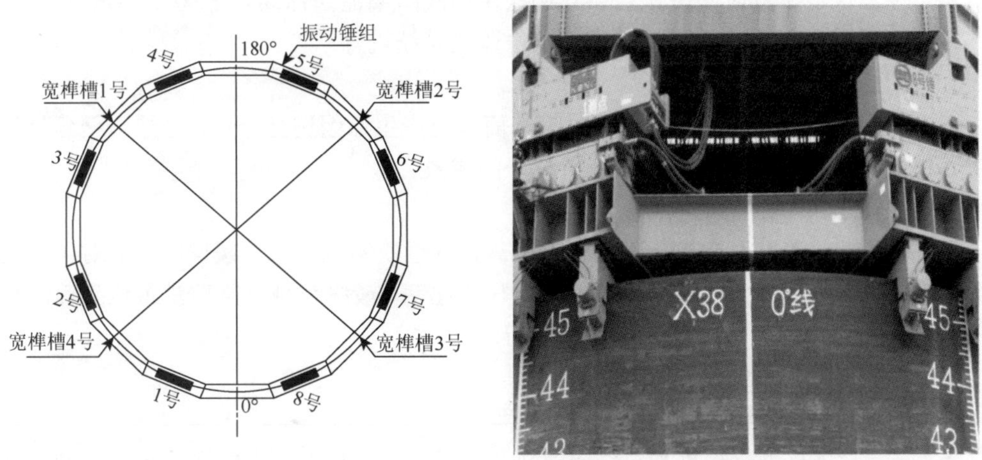

(a)　(b)

图 1-17　0°～180°线与振动锤组关系图（a）及实物图（b）

5）钢圆筒定位及纠偏方法

①钢圆筒施工定位监测系统原理

在定位驳上安装 2 台 GPS 接收机、2 台自动跟踪全站仪和计算机处理系统，在振沉系统共振梁上安装 4 个反射棱镜和 4 个无线传输液位计，组成钢圆筒施工定位监测系统，监测钢圆筒平面位置、筒顶高程和纵横向垂直度。系统运行时，2 台 GPS 接收机实时接收 CORS 参考站差分信号，获得实时三维数据；自动跟踪全站仪在人工粗略瞄准反射棱镜后，能够实现实时测角、测距；4 个无线传输液位计通过实时测量钢圆筒在两条轴线上的高差来监测垂直度。各测量和监测设备的数据实时传输至计算机处理系统，从而实现钢圆筒振沉定位和过程检测。定位系统测量设备布置图如图 1-18 所示。

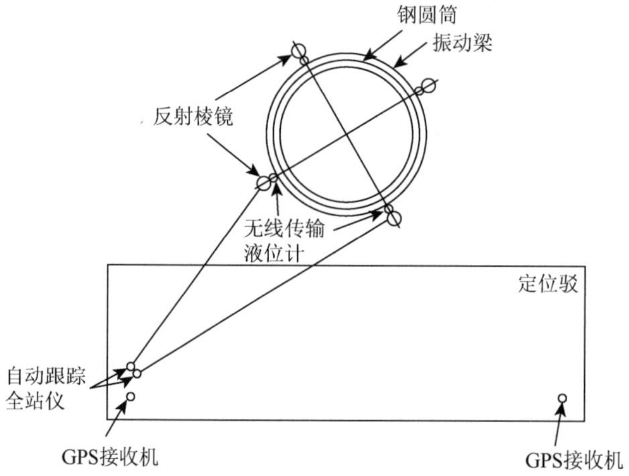

图 1-18　定位系统测量设备布置图

②精定位

精定位需选在平潮时间段作业，双钩松至筒底距离泥面标高以上 0.5～1m 开始精定位。精定位采用自行研发的钢圆筒施工定位监测系统进行。

③钢圆筒纠偏方法

在钢圆筒振沉施工过程中，通过对钢圆筒偏位产生原因进行分析，总结出一套具体方法对各种偏位形式进行纠偏，并取得了较好的成效。

④钢圆筒振沉

振沉过程中，若顺利自沉，双钩逐级减载，直至松钩维持吊重缓慢跟进。对于通过纠偏最后确定的振沉情况，则视土质软硬确定松钩速率，最终经测量监控是否达到标高来确认停锤。钢圆筒振沉施工现场如图 1-19 所示。

（4）止水弧形钢板副格结构创新技术研究

1）止水弧形钢板副格构造研究实施过程

①首先，参考格型钢板桩和总结已有工程经验，从有利于减小副格筒仓压力的角度出发，如果圆筒间的间距越小，副格受力则越有利。其次，副格相对钢圆筒属于结构中的

图 1-19　钢圆筒振沉施工现场

薄弱环节，弧形钢板前沿公切线宜布置在钢圆筒前沿公切线以内以避免碰撞损坏事故。弧形钢板与钢圆筒相接处宜垂直以有利于接头受力，半径小于钢圆筒直径即可。另外，为满足施工空间要求，钢圆筒的间距需考虑液压夹头厚度和相邻圆筒振沉偏位的影响。基于以上考虑，同时结合人工岛的岸线布置，钢圆筒的间距取 2.0m，副格半径取 6.0m。

②经过抗隆起分析，东、西人工岛经开挖后的泥面标高为–16.0～–18.0m，副格底标高为–26.5～–28.5m，副格插入范围内均为软弱土层。格仓内回填标高为 + 3.5m，施工期格仓内需降水至–16.0m，岛内地基处理后需卸载开挖至–12.5m，海侧泥面和岛内开挖面均存在抗隆起问题。因此，根据计算结果，弧形钢板需插入至–28.5m，方能满足岛内侧及外侧的抗隆起要求。

③综合考虑副格筒仓内土压力和钢圆筒振沉偏位引起的副格附加应力，采用有限元软件进行模拟内力分析，研究确定弧形钢板结构的壁厚，建立了整个副格结构的有限元模型，验算该结构在各种荷载和变位情况下产生的内力。模型以铰接模拟副格与两侧钢圆筒的连接，同时考虑了横肋、纵肋的加强和约束作用，分别针对钢圆筒振沉时产生的平面偏位、扭转偏位、垂直偏位及其最不利的组合进行了综合验算。经分析考虑偏位引起的附加应力后，副格壁厚建议为 14mm。钢圆筒振沉偏位示意图如图 1-20 所示。

④由于弧形钢板内填料及上部荷载作用，使得弧形钢板产生环向水平张力，最终作用在包括副格的 T 形端头和钢圆筒的宽榫槽的接头构造上，并通过接头构造传递至钢圆筒。在弧形钢板壁厚满足受力要求的前提下，需要验算弧形钢板 T 形端头的抗拉强度和宽榫槽的抗拉强度。结合实际受力工况，进行了三维有限元应力分析，并提出接头构造及其在钢圆筒位置处的相关加强措施。

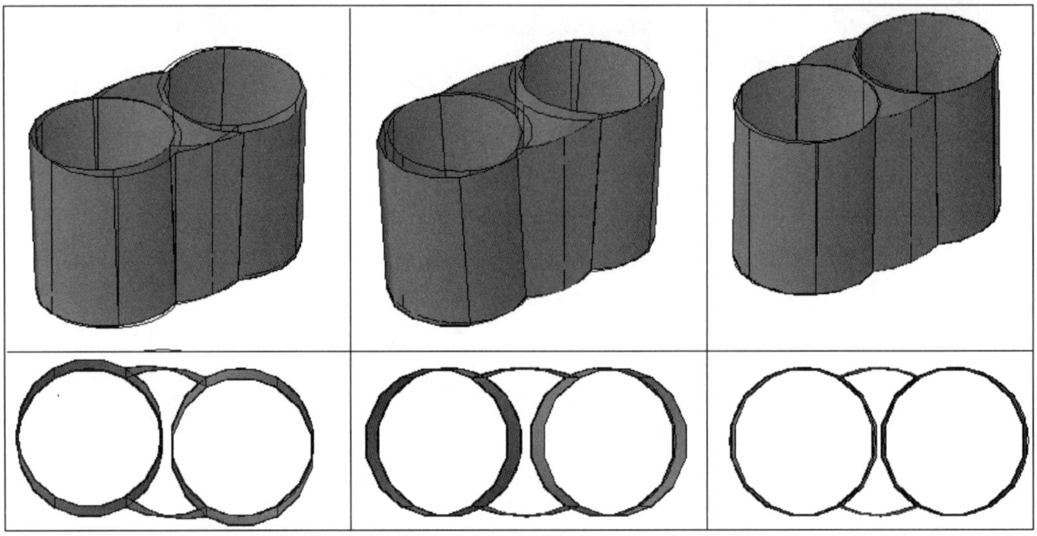

(a) 钢圆筒平面扭转　　(b) 钢圆筒垂直度偏差外拉　　(c) 钢圆筒垂直度偏差内压

图 1-20　钢圆筒振沉偏位示意图

⑤根据上述分析和研究，副格主体结构为弧形钢板，钢板壁厚 14mm，高 32.0m，弧长 11.0m，为大尺度薄壳结构，横向柔度大，在副格吊运、安装过程中难以成型；并且竖向刚度不足，振沉过程中容易发生屈服。同时副格作为超大直径、超大埋深钢圆筒的连接结构，属深插副格，需适应钢圆筒的各类偶然偏差和变形变位，要求副格刚度适中。

综合以上要求，副格壁厚和构造设计应具备“刚柔相济”的特点，提出了副格弧形钢板构造设计建议如下：

a. 设置横肋，可以对副格的横向进行有效约束，设置横肋的道数越多，横向刚度越大，为了兼顾柔性和刚度适中的要求，在顶部设置一道横肋，使弦长具有大范围的伸缩能力，能自协调钢圆筒的各类偶然偏差和变形变位。

b. 设置纵肋，可以有效地调节纵向刚度，T 形肋截面惯性矩大，是一种理想的纵肋，可以有效地承受重型液压振动锤激振，插入深层土体。

c. 宽榫槽结构的尺寸，需满足副格导向作用辅助下沉，同时预留变位空间以进行止水材料的填充。

⑥由于受到钢圆筒的约束，副格振沉过程中，除了需要克服土层动摩擦力外，还需要克服副格两端接头和钢圆筒之间的摩擦力。关于动摩擦力，副格振沉过程中，会将激振力传递给与副格接触的土壤颗粒。土壤颗粒之间继而发生相对运动减小颗粒间的内部摩擦，造成动摩擦力急剧下降。本项目中副格穿透软土层，总土层动摩擦力为 1962kN。与此同时，副格两端接头和钢圆筒之间的摩擦力，大部分是由钢圆筒振沉偏位引起的。由于宽榫槽具备一定的空间，副格 T 形端头与宽榫槽的接触形式多变，并且由于钢圆筒振沉初始偏位的复杂性，该摩擦力尚难以量化。根据上述分析，建议弧形钢板副格采用 2 台 APE200-6 液压振动锤联动下沉，总激振力为 3594kN，为两端接头产生的摩擦力预留总激振力 45%的富余度。

为确保以上构造设计和锤组激振力理论分析满足要求，本项目开展了物理模型试验进行验证和优化。

2）副格施工实施过程

为解决止水弧形钢板副格在制作、海上远距离运输、深插振沉等关键施工过程中的技术难题，制定了止水弧形钢板副格施工研究技术路线，如图 1-21 所示。该技术路线分止水弧形钢板副格制作工艺的试验验证、陆上大型物理模型试验研究、海上远距离运输关键技术研究、深插振沉施工关键技术研究四部分。

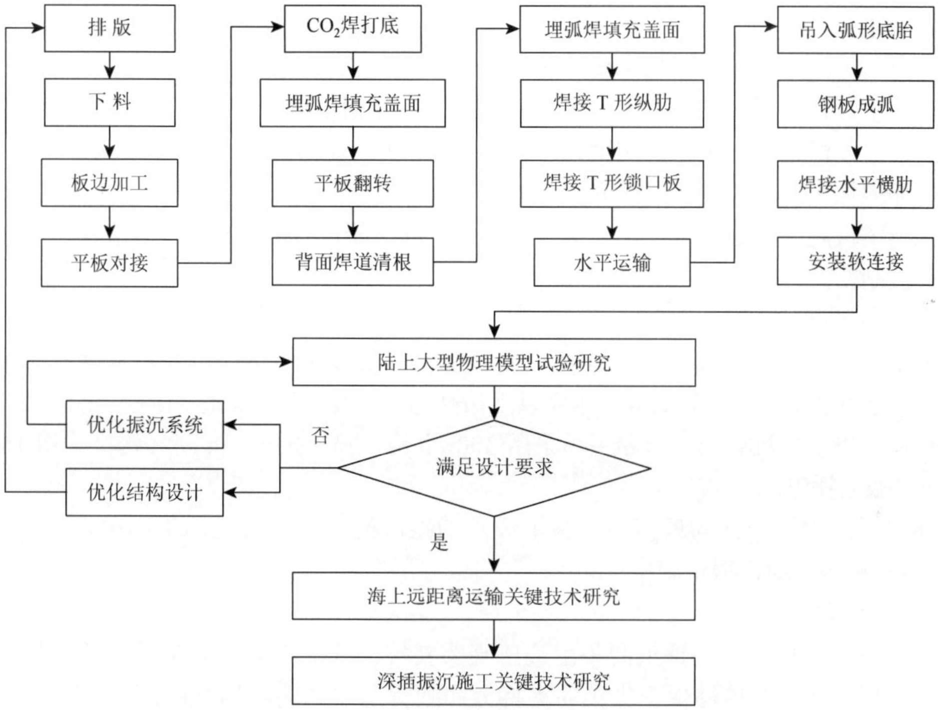

图 1-21　止水弧形钢板副格施工研究技术路线图

①止水弧形钢板副格制作工艺的试验验证

经分析论证，确定止水弧形钢板副格制作工艺流程中的关键工序为：排版与组对、正面与反面焊接、钢板副格整体翻转。

②陆上大型物理模型试验研究

为了验证新型的深插整体止水弧形钢板副格的可打性、容差性、止水性能，以及该结构在不同受力工况的承载能力，并为海上人工岛副格施工的设备和工艺选择提供依据，在天津市塘沽区进行了大型陆上振动下沉及各种回填工况的物理模型试验。物理模型试验分 3 个单元，分别模拟 3 种不同厚度（12mm、14mm、16mm）的止水弧形钢板副格、不同榫槽尺寸，采用钢管桩模拟钢圆筒。试验结果表明：

a. 12mm 厚副格穿过 2m 碎石层时用时最短，速度最快；

b. 14mm 厚副格起吊时挠曲不明显，纵向刚度满足吊运要求；

c. 16mm 厚副格，穿过 3m 黏土和 5.2m 粉土黏土互层时用时最短；

d. 随副格振沉深度的增加，振动锤组振动频率呈增加趋势，但吊重变化不明显，说明了土阻力增加；

e. 随振沉深度的增加，3 种副格对应榫槽的温度均明显升高，但以与 12mm 厚副格连接的小尺寸榫槽温度升高最显著，说明小尺寸榫槽的摩擦更显著。

在进行止水弧形钢板副格的物理模型试验之前，先在室内进行止水材料的比对试验。结合人工岛工程要求的止水效果、海上灌浆的可操作性和经济性，分别选择超细水泥灌浆料、沥青类止水材料、掺膨润土类止水材料进行室内试验。试验结果表明，掺膨润土类止水材料效果最好。

③海上远距离运输关键技术研究

对止水弧形钢板副格的海上远距离运输关键工序如出运和封固开展了研究，形成了吊装的标准作业流程，并确定了利用弧形底胎作为支撑来减小变形的运输方案。

④深插振沉施工关键技术研究

弧形钢板副格深插振沉施工关键技术包括：选择船机、布置夹头、调整弦长、吊装就位、振沉副格。

a. 选择船机

人工岛采用 30m 和 32m 两种副格长度，考虑液压振动锤的高度，经计算确定副格插入榫槽时，起重船舷外跨距为 23m，水面以上吊高为 44.5m。三航起重 7 号起重船（图 1-22）满足副格起重及振沉要求，该船主吊采用 350t 主钩，辅吊采用 50t 副 2 钩，采用 150t 副 1 钩起吊振动锤组。

根据弧形钢板副格物理模型试验中成功的振沉经验，在人工岛工程中，采用 2 台 APE200-6 液压振动锤振沉副格。

b. 布置液压夹头

弧形钢板副格和振动锤组间采用液压夹头夹持，液压夹头采用液压锁紧装置，共布置 5 个液压夹头，即能够保证夹头的夹持力和副格上端部的结构刚性，又可适应副格圆弧曲线的变化。振动锤液压夹头如图 1-23 所示。

图 1-22　三航起重 7 号起重船

图 1-23　振动锤液压夹头

c. 调整弦长

副格插入榫槽前，先精确测量欲安装副格的相邻两钢圆筒的垂直度偏差及钢圆筒上端两止水榫槽的间距，根据垂直度偏差计算副格底部锁口的间距，分析副格弦长与钢圆筒上、下端榫槽的距离偏差能否自协调。如果两榫槽的距离偏差超过副格弦长设计容差范围，则需预制非标准尺寸的异形副格。

d. 吊装就位

副格起吊直立后，先将一侧的 T 形锁口插入钢圆筒止水榫槽，再将另一侧的 T 形锁口插入相邻钢圆筒的止水榫槽。遇到副格的弦长与相邻钢圆筒榫槽间距稍有偏差的情况时，先插入一侧的 T 形锁口，再利用软连接调整副格弦长，完全对中后，插入另一侧的 T 形锁口。副格底部就位后，依次拆除软连接装置，然后沉放副格，使其靠自重顺止水榫槽徐徐向下，完成自沉。

e. 振沉副格

振沉副格前，应检查、调试动力柜、振动锤、液压油管、液压夹头等，同时设置观测点。确认无误后，启动动力柜，起重船吊起振动体系，用液压夹头夹住副格板，检查夹头夹持情况。经统计，西人工岛止水弧形钢板副格的平均振沉速率为 1.2～1.8m/min，东人工岛平均振沉速率为 0.4～1.6m/min。

（5）外海人工岛饱和回填砂及深厚软土地基同步快速加固技术

人工岛多为上覆回填砂下卧深厚软土地基，探索一种既能密实砂层又加固下卧软土的地基处理方法意义重大。众所周知，水向上渗透时会引起管涌、流土、接触流土和接触冲刷等渗透破坏，相反如果水自上而下渗透时，渗流必然对土颗粒有推动、摩擦和拖曳的作用力，其中拖曳力即为渗透力，当渗透力作用向下时对砂土有显著的密实作用。基于砂中自由水垂直下渗产生对砂土密实有利的渗透力，在深厚的饱和回填砂中设置管井排水系统，将回填砂中自由水从砂层底部抽出，使其自上而下形成渗流，进而产生渗透力密实回填砂。

降水预压法作为加固软黏土层的一种方法，它适合于黏土层和透水层相连的情况，通过降低透水层中的地下水位或水压，软黏土层中的孔隙水压力也随之开始降低，在土层总应力不变的情况下，有效应力相应提高。

采用深井降水技术可形成向下的渗透力密实回填砂，同时水位降低使水下饱和回填砂容重变为天然容重超载预压深层软土地基，形成深井降水密实饱和回填砂及超载预压深厚软土地基同步快速加固技术。

基于人工岛围闭钢圆筒围堰，结合回填砂与下卧深厚软土相连的地基条件，人工岛具备了采用深井降水密实饱和回填砂及超载预压深厚软土地基同步快速加固技术的条件。采用该地基加固技术的关键为人工岛周边钢圆筒围堰止水及岛内深层软土和上覆回填砂排水技术。

1）钢圆筒围堰止水技术研究

港珠澳大桥人工岛采用围闭的钢圆筒围堰，岛内回填砂降水效率取决于钢圆筒围堰的止水能力，切断岛内回填砂与岛外海域的联系是降水的关键。主要在两个方面进行止水：一是钢圆筒及副格结构深度范围内止水；二是钢圆筒及副格下部土层止水。

①钢圆筒及副格结构深度范围内止水

钢圆筒及副格采用整体钢板，仅钢圆筒与副格连接处的锁口存在渗水的风险。钢圆筒上宽榫槽与副格仓两端焊接钢板形成 T 形锁口，在宽榫槽外侧安装防渗角型胶皮，经研究宽榫槽内采用膜袋压浆填充止水材料，填充料成型见图 1-24。格仓内渗水试验表明平均渗水量仅为 1.764m^3/h，证明钢圆筒围堰具有较好的止水功能。

图 1-24　填充料成型图

②钢圆筒及副格下部土层止水

研究岛外设计高水位、岛内降水降至最低时，通过岛外海水及岛内下部承压水通过深层黏土进入岛内的渗水量评定下部土层止水效果。副格打设深度最浅，岛外水最容易从副格底部绕渗至岛内，以副格仓中心位置作为研究断面，采用有限元渗流分析计算，计算结果表明最大渗水量为 8.48$m^3/(d\cdot 10000m^2)$，渗水量小，止水效果优。

2）排水技术研究

深井降水密实饱和回填砂及超载预压深厚软土地基同步快速加固技术关键是同时将软土地基和饱和回填砂的水同步排出，通过在软土层中设置排水通道及回填砂中深埋管井可实现这一目标。

①深层软土地基排水固结研究

a. 深层软土地基排水系统的选择。

人工岛工程存在 30～50m 深厚弱透水性的软黏土层，如纯粹依靠天然土自身的渗透，需要约 20 年才能达到设计要求的固结度，为了加快软土地基排水固结速度，需在软土地基中设置砂井或塑料排水板等竖向排水通道，与上部砂层相连，构成竖向排水系统。

竖向排水系统既可在水上作业也可在陆上作业，水上作业多依托于挤密砂桩船、碎石桩船及塑料排水板船等专用船舶，陆上作业多采用陆上打设砂桩或塑料排水板。岛隧工程人工岛面积小，若采用水上作业，则施工船舶与钢圆筒振沉船舶交叉作业，施工风险高，施工速度慢。

通过止水分析表明钢圆筒围堰具有围闭止水功能，待钢圆筒围堰围闭后向岛内填砂筑岛形成干施工作业条件，即可在基坑内陆上设置排水系统。陆上打设塑料排水板具备施工速度快、费用低、质量有保证的特点，且可参考国内外陆上深插塑料排水板的经验，故优先选用陆上打设塑料排水板的施工工艺。

b. 深插塑料排水板研究。

人工岛地基为岛上隧道及建筑提供支撑，工后沉降要求严格。地基控沉要求塑料排水板最深插板标高为–46.0m，软土层顶标高为–18.0m，回填砂顶标高为 + 5.0m，在回填砂顶面进行插板须穿透 23m 厚中粗砂及 28m 厚软黏土，总的板长为 51.0m。经调研，国内外尚无穿透 23m 厚中粗砂、板长 51m 的塑料排水板工程应用，如何减小塑料排水板穿透砂层的厚度及塑料排水板的长度是深插塑料排水板研究的关键。项目组通过研究分析，提出两种有效方法：一种是降低插板施工标高；另一种是改进插板设备，提高插板机深插能力。

（a）降低插板施工标高。

钢圆筒围闭后仅回填部分中粗砂至某一标高，待锁口填充止水材料具备止水功能后，岛内水排至岛外，水位降低后形成干施工作业条件进行陆上打设塑料排水板，即相当于在深基坑里进行干施工作业，如图 1-25 所示。

回填标高根据圆筒稳定要求及塑料排水板的打设能力综合确定，最终确定西人工岛回填砂至–5.0m，东人工岛回填砂至–6.0m，在这两种标高下分别进行陆上打设塑料排水板。

图 1-25　降低回填标高打设塑料排水板

（b）深插塑料排水板设备的研究。

东人工岛最深插板深度为–46m，即使插板顶标高降低至–6.0m，塑料排水板仍需穿透12m 厚中粗砂、28m 厚软黏土，塑料排水板长度打设深度需 40m，普通插板机不具备该施工能力，项目组对液压插板机进行了改进。通过增加液压马达功率、增加插板机配重、改进桩管结构及断面，使塑料排水板打设机具备了穿透深厚砂土及软土的能力，实现了40m 超深板长的打设。

c. 深层软黏土同步快速排水加固研究。

如何实现深井降水同步快速密实回填砂及加固深层软土，关键点之一就是使深层软土中的水快速排至上覆砂土中，经课题小组讨论研究可采用以下方法：

（a）采用排水效果好的原生料 D 型塑料排水板，在侧压力 350kPa 作用下原生料 D 型塑料排水板打设深度可至 50m，纵向通水量大于 55cm^3/s。

（b）设置合理的排水板间距，加快水平向排水固结速度，从而加速软土中水排至上覆砂层。排水板设置太疏，排水速度慢；太密，则井阻和涂抹效应突出，反而降低排水固结速度。根据计算及经验，排水板间距 1.0～1.2m 是合理的。

（c）延长塑料排水板进入上覆砂层的长度，一般塑料排水板进入上覆砂层 1～2m，本工程回填料为中粗砂、含泥量均匀且小于 10%，渗透性好，为加快下卧软土中的水排至上覆砂层，延长塑料排水板在砂层中的长度，最终确定通长打设塑料排水板，通长塑料排水板既可加快排水又可加快施工速度。

通过上述方法可将水从深层软土快速排至上覆砂层，若同步做好回填砂中水的排放，即可实现同步快速加固的目标。

②回填砂排水研究

为了实现同步快速加固，除了提供深层软土地基快速向上覆砂层排水的条件，还应通过合理的措施使回填砂能够快速排水。

a. 回填砂排水类型及降水方法的选择。

具有止水功能的钢圆筒围堰隔断岛内外含水层之间的水力联系，属封闭型疏干降水。本工程回填砂厚约 20m 且渗透性较好，回填砂降水深度为 16.5～18.5m，适合采用管井降水，研究采用钢质管井降水。

b. 管井数量及布置的研究。

根据封闭型疏干降水理论计算包括饱和回填砂自由水和深层软土固结排水量在内的总涌水量，研究分析了单井出水能力，给出了岛内降水管井的所需数量和布置方式。建议每 10 000m^2 布置 7 口井，并按照 30m 间距正方形布置（图 1-26），以保证降水速度及降水效果。钢圆筒与副格是独立封闭的系统，每个钢圆筒和副格内各设置 1 口管井。

c. 管井施工研究。

通过改进管井施工工艺和确定合理的管井结构来提高管井排水能力，项目组提出了振动沉管成孔工艺代替传统的泥浆护壁成孔工艺，实现了泥浆零排放，避免形成“死井”的同时，保证了井壁周边填料及砾料的渗透性，又可加快成井速度。由于管井直径、过滤器长度、管井周边填料、滤膜等渗透情况都直接或间接影响管井进水能力，项目组经研究分析推荐管井直径为 300mm，过滤器长度为 10m，进入下卧黏土层不少于 4.5m，过滤层选用碎石或粗砂，厚度不小于 360mm。

图 1-26　管井现场布置图

本工程管井成井深度约 20m，须穿透约 15m 中粗砂，项目组提出了两种改进深井埋设的施工方法：一是使用 160t 大功率液压振动锤打设套管；二是套管振沉至设计标高后，向其灌水，减少下井管及上拔套管时井管与套管的摩擦，防止井管上的滤膜损坏。

3）同步快速加固研究

回填砂深井降水的过程即为同步快速密实饱和回填砂及超载预压深厚软土地基过程，关键是如何保证回填砂快速降水，经研究快速降水条件及方法如下：

①筑岛材料含泥量应小于 10%且含水中粗砂厚度不宜小于 6.0m。

②采用无泥浆全套管成井方式以确保管井周边回填料渗透性。

③确定合理的管井间距、井的结构及井的埋设深度，确保回填砂自由水快速排出。

④加强回填砂中水位观测。

回填砂水位降低效果直接影响回填砂密实程度及下卧软土地基的预压荷载，为保证降水效果应实时监控降水过程。众所周知，管井降水会形成降水漏斗，离降水井越远降水效果越差，降水井呈正方形布置，4 口降水井中心区域为降水最薄弱位置，该位置设置观测井。观测井水位监测结果显示 30d 水位降低至设计要求水位（图 1-27），表明管井布置形式、数量、结构及埋设深度合理，降水效果显著。

1.3.5　实施效果

①开展了插入式钢圆筒结构机理及设计方法的研究，以及人工岛岸壁结构主尺度选定、构建钢圆筒失稳判别标准体系并进行各种工况下钢圆筒稳定性验算的研究。利用深插钢圆筒在深厚软土地基上快速构筑了东、西人工岛，共计约 3000m 深水岸壁，钢圆筒直径 22m，壁厚 16mm，最高 50.5m，重约 540t，最深插入海底地基约 30m。在外海同步

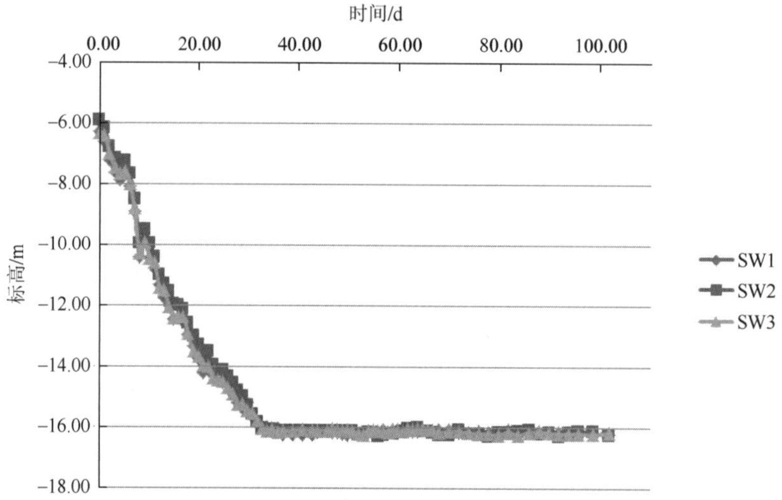

图 1-27　观测井水位监测图（后附彩图）

形成了 2 个面积各约 10 万 m^2、底标高为–16m，可在 18m 水头差作用下实现整岛止水的干施工基坑围护结构。深插钢圆筒结构安全可靠，可承受高差最大为 18m 的水土共同作用荷载，并且可在施工海区遭遇百年一遇台风浪时确保结构的整体稳定性。

②建立适用于大直径深插钢圆筒的可打性分析方法，为锤组的选择提供了指导和依据，确保了方案的可实施性；经插入式钢圆筒振沉能力的分析评估，钢圆筒的极限静摩擦力为 153 110kN，动摩擦力为 29 091kN，摩擦力降低系数为 0.19，最终确定采用 8 台 APE600 液压振动锤组同步联动，可提供激振力共计为 38 640kN。该锤组提供的激振力在东人工岛振沉施工时确保了个别钢圆筒成功穿透埋深约 8m、厚度约 2.5m、标贯击数接近 30 击的硬黏土夹层（图 1-28）。

图 1-28　钢圆筒振沉

③研发了深插钢圆筒施工成套技术，实现了外海快速筑岛。包括钢圆筒工厂法预制

（图 1-29）、装配化运输（图 1-30）、大型化和标准化振沉及纠偏的施工成套技术，在 215d 内完成东、西人工岛 120 个钢圆筒和 242 片副格的振沉，形成了总计约 3000m 的深水岸壁，比常规筑岛方案提前了 2 年成岛。钢圆筒平面定位精度控制在 35cm 内，平面扭角偏差控制在 2°以内，垂直度基本控制在 1/500 以上，施工精度高。人工岛合龙和岛内基坑整岛止水分别见图 1-31 和图 1-32。

图 1-29　钢圆筒工厂法预制

图 1-30　钢圆筒装配化运输

图 1-31　人工岛合龙

图 1-32　岛内基坑整岛止水

④研发了新型整体深插止水弧形钢板副格结构，使其具有可深插入土≥16m 的刚度，且具备适应相邻钢圆筒之间偏位≥±35cm、扭角≥±2°和垂直度≥1/75 等各种偏差的柔度。副格填充止水材料后，实现了钢圆筒之间的连接及止水，整岛止水性能良好。人工岛成岛 5 年后，岛内仍具备主动调节水位控制沉降的能力，使得已经完成现浇的岛上隧道结构的基底荷载水平可以在 70～190kPa 予以调节。图 1-33 是副格振沉。

⑤结合钢圆筒深基坑围护结构提供的整岛止水条件，提出了新型的地基同步快速加固技术，实现了更好的加固效果并满足了紧迫的施工工期的要求。100d 内使人工岛内厚达 30～50m 的软土固结度提高至 93%，平均标贯击数提高了 5 击，平均十字板剪切强度提高至约 65kPa，岛内回填砂的标贯击数提高至 20 击以上，工后残余沉降从 50cm 降低至 20cm。利用上述效果优化了岛上隧道结构的基础，使得岛上隧道各结构段之间的差异沉降控制在毫米级水平。图 1-34 是东人工岛地基处理全景。

图 1-33　副格振沉

图 1-34　东人工岛地基处理全景

1.4　研究成果

①使用深插钢圆筒作为岛壁兼深基坑围护结构在外海快速筑岛，解决了外海离岸、深厚软土地基上，大外荷载作用下桥隧转换人工岛结构的稳定、止水、地基沉降、工期、施工安全和环保等一系列问题。

②研究揭示了深插钢圆筒结构在深厚软黏土地基上筒体和土体耦合作用的工作模式和破坏机理，提出了完整的设计方法和稳定性判别标准。

③研发了深插止水弧形钢板副格结构体系，实现了外海人工岛及岛内深基坑的有效止水。

④建立了一套薄壁钢圆筒振动下沉综合分析方法，确定了钢圆筒振动下沉的主要技术

参数；研发了电气同步、液压同步、机械同步的八锤联动振沉系统，以及三维高精度定位和实时纠偏施工监控管理系统。

⑤提出了深井降水结合超载预压地基同步快速加固技术。通过深井降水产生的渗透力密实饱和回填砂，对下卧软土地基大超载比预压加固，实现了 30m 深厚软土地基工后沉降控制在 20cm 以内，为后续岛上隧道基础的设计优化创造了条件。

1.5 研究结论

本项目依托港珠澳大桥东、西人工岛工程建设，结合外海深插钢圆筒快速筑岛方案设计与施工实际情况，提出并形成了深插钢圆筒快速筑岛技术，解决了海中人工岛筑岛施工中诸多特殊施工工艺的系列关键技术难题，是我国在深厚软土地基条件下快速筑岛的一次全新尝试，研究成果对提升和促进交通行业科技进步和技术创新具有重大的现实意义。

①基于插入式钢圆筒结构现有的相关设计标准、规范、理论研究成果及国内外相关工程项目建设的实践经验，提出了插入式钢圆筒结构平面等效计算方法，将空间结构简化为平面模型，形成了一套基于抗剪、抗倾、抗滑、地基承载力安全系数和位移量的插入式钢圆筒稳定性判别标准；并通过空间三维有限元数值模拟，对核心参数进行敏感性分析，研究深插钢圆筒结构的工作模式和破坏机理；通过对工程实测数据的反演分析，系统研究空间三维有限元计算深插钢圆筒结构稳定性的模型选择、边界设定和参数滤定原则，给出基于空间三维有限元计算深插钢圆筒结构的稳定性判别标准，验证并完善插入式钢圆筒结构的稳定性简化平面计算方法；对深插钢圆筒结构应用于防波堤、护岸、码头结构等不同功能构筑物的适用原则提出了建议。

②通过研究深插钢圆筒可打性分析方法，对比国内外主要的振动沉桩理论，分析其在钢圆筒可打性分析中的局限性；参考多种振动沉桩分析模型，形成了深插钢圆筒可打性综合分析方法；考虑振动加速度对动摩擦力的影响，采用单元划分法，计算不同深度处钢圆筒的动摩擦力，从而计算钢圆筒打入所需激振力，形成大直径深插钢圆筒可打性精细分析方法，为振动锤组选型提供依据。

③通过研究深插钢圆筒施工成套技术，对分布于钢圆筒不同位置的多台液压振动锤的电气同步、液压同步和机械同步工作原理进行了分析，形成具备可实施性的多锤同步联动振沉系统；研究开发钢圆筒平面定位系统、圆筒倾斜监测系统及可视化计算机管理系统，形成一套集 GPS 接收机、自动跟踪全站仪、无线传输液位计三位一体的钢圆筒施工定位监测系统，对圆筒振沉全过程的姿态进行实时监控，确保钢圆筒振沉的施工精度；基于钢圆筒施工定位监测系统，形成纠偏响应机制，形成了钢圆筒制作、运输、振沉及定位纠偏成套外海深插钢圆筒施工技术。

④通过研究止水弧形钢板副格结构，根据平面布置要求和抗隆起分析确定的副格尺度，并基于可打性和圆筒之间的变位要求，开展结构壁厚和构造研究及接头结构强度分析；开展了副格的物理模型试验，验证大型整体止水弧形钢板副格的承载力、可打性、容差性、

止水性及整体上拔的可行性；研究止水弧形钢板副格大型化、整体制作、振沉的关键工艺，形成了深插整体止水弧形钢板副格结构的设计、构造要求和施工的成套创新技术。

⑤通过外海人工岛饱和回填砂及深厚软土地基同步快速加固技术研究，分析了深井降水密实饱和回填砂及超载预压深厚软土地基同步快速加固技术机理，研究钢圆筒围堰止水方案和加固效果监测实施方案，以及深厚软土固结排水和饱和回填砂排水技术，形成钢圆筒围堰止水、深层软土固结排水、饱和回填砂排水、利用深井降水同步快速密实饱和回填砂及超载预压深厚软土地基等关键技术。

第 2 章　外海深厚软土沉管隧道地基基础沉降机理及控制成套技术

2.1　研究目的、意义和技术难点

港珠澳大桥岛隧工程沉管隧道采用“节段式沉管”方案，沉管管节布置由东向西依次为 E33、E32、E31、…、E2、E1，E33～E1 管节总体长度为 5664m（135m + 135m + 180m + 177m + 177m + 157.5m + 157.5m + 24×180m + 112.5m + 112.5m），每个 180m 长的标准管节由 8 个长度为 22.5m 的节段组成。隧道管节为预制的钢筋混凝土结构，标准管节的尺寸为 180m（长）×37.95m（宽）×14m（高）。沉管隧道纵向布置图和标准横断面图分别见图 2-1 和图 2-2。

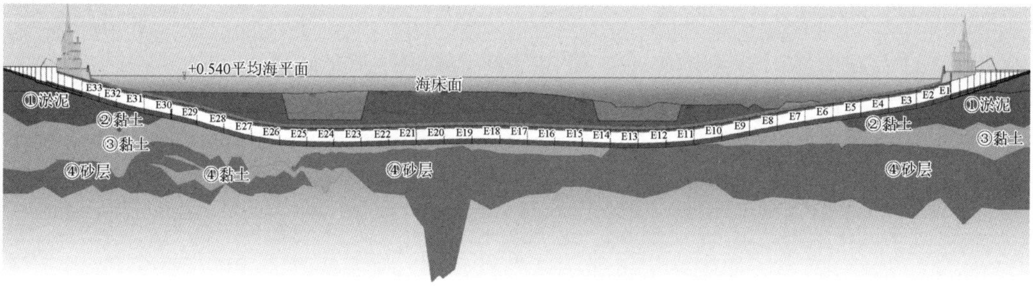

图 2-1　沉管隧道纵向布置图

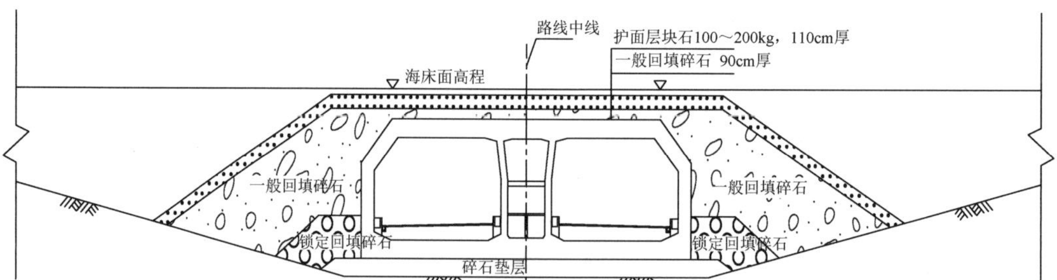

图 2-2　沉管隧道标准横断面图

港珠澳大桥岛隧工程的关键是沉管隧道设计与施工，而沉管隧道地基基础是沉管隧道设计与施工的基石，对港珠澳大桥岛隧工程的工期和质量起着至关重要的作用，同时沉管隧道处于外海环境，具有管节长、埋深大、深水、强回淤、岛隧结合部受力和施工复杂、地基软弱且不均匀、沉降控制难等特点，设计施工需解决大量新问题，面临着巨大的挑战。

岛隧工程项目建设的主要挑战有以下几点：

①岛隧工程处于珠江口的伶仃洋，水深 8～10m，6～10 月常有台风侵袭，外海作业条件差，同时外伶仃海域回淤强度大，应采取有效措施避免或减少回淤。

②沉管隧道需在 4 年沉放安装 33 个管节及 1 个最终接头，平均每 3 个月就需沉放安装 2 个管节，而管节安装前需完成精挖、抛石夯平、碎石垫层铺设及清淤等工作，施工工期紧迫。

③工程所在水域为珠江口航运咽喉区段，水上交通繁忙，通航环境复杂，安全管理难度大；工程穿越中华白海豚国家级自然保护区，环保要求严苛。

④工程属首次在外海采用深埋、超长沉管隧道，无成熟设计、施工经验借鉴，需探索研究适合外伶仃洋作业、复杂地质等条件的设计、施工方法。

2.1.1　研究目的

本项目针对港珠澳大桥沉管隧道面临的外海深厚软土地基，提出 PHC 桩、高喷柔性桩、挤密砂桩（SCP）复合地基逐渐过渡到天然地基的沉管隧道复合地基及新型组合基床设计方案，以解决沉管隧道地基基础所面临的沉降及差异沉降、施工风险、工期和造价等关键性技术问题，具体的研究目的如下。

①通过研究不均匀荷载、变厚度软土地基条件下超长沉管隧道地基基础沉降机理，研究适用于沉管隧道地基基础设计的理论，为沉管隧道地基基础设计提供支撑。

②研究获得精确岩土参数的精细化勘察体系，为港珠澳大桥沉管隧道设计及地基沉降机理的研究提供支撑。

③分析复合地基受力变形特点并结合大量现场试验，研究适用于沉管隧道复合地基沉降计算方法。

④研究基于块石夯平基层与垄沟相间碎石整平面层的沉管隧道新型组合基床结构，以解决沉管隧道深基槽基础不均匀沉降及施工控制难题。

⑤研究外海深水沉管隧道基础精细化施工成套技术及装备，以保证基槽开挖、抛石夯平、基床铺设及清淤等施工质量。

⑥研究外海深水沉管隧道基槽开挖、抛石夯平、基床铺设整平的高精度基础施工全过程监测体系，以实时指导施工；研究外海离岸深水自动化监测技术，获得水下堆载预压地基沉降量，为后续设计施工提供依据。

2.1.2　研究意义

PHC 桩、高喷柔性桩、挤密砂桩（SCP）复合地基逐渐过渡到天然地基的沉管隧道复合地基，以及基于块石夯平基层与垄沟相间碎石整平面层的沉管隧道新型组合基床结构，是一种全新的地基基础设计方案，将重点实现外海深厚软土沉管隧道地基基础沉降机理与控制成套技术的研究与应用，带动勘察、设计、施工、装备和监测五位一体的全产业链的提升，进而提升我国外海沉管隧道地基基础勘察、设计、施工、监测和管理的技术水平，为港珠澳大桥岛隧工程沉管隧道科学、快速、安全、环保、优质和经济地建设提供强有力的支撑，对于提升我国沉管隧道建设的创新能力和技术竞争力及跨海集群工程建设的综合实力，促进交通建设科技进步和技术创新具有重大意义。

技术研究以沉管隧道工程中遇到的技术难题为背景，通过提炼形成的关键技术，不仅可以为外海沉管隧道的建设提供技术支撑，填补国内外空白，而且可以有效指导复合地基在跨海通道、沉管隧道、人工岛、防波堤、护岸、码头、机场和民建等工程领域的推广应用。

2.1.3 技术难点

港珠澳大桥沉管隧道处于外海深水、深厚软土地基的施工环境，采用天然地基不能解决工后沉降及差异沉降问题，而采用桩基施工难度大、风险高，通过深入比选研究后，提出了 PHC 桩、高喷柔性桩、挤密砂桩（SCP）复合地基逐渐过渡到天然地基的沉管隧道复合地基及新型组合基床设计方案。多类型复合地基逐渐过渡到天然地基及新型组合基床方案，尚属国内外首次应用，无相关设计标准可循，无工程经验可借鉴，要将设计方案转化为工程蓝图须解决复合地基沉降计算机理及设计理论、勘察精度、基床合理选型、施工及监测精细化程度等技术难点。

①国内外尚无关于外海深厚软土沉管隧道地基基础沉降机理及设计理论的系统研究，要解决控制沉管隧道沉降问题，首先应分析沉管隧道分布特点及沉降来源，并根据荷载-结构-地基相互关系提出沉管隧道地基设计理论。在沉降机理及设计理论系统资料匮乏的条件下，项目组要研究分析沉管隧道地基基础沉降机理进而提出设计理论。

②传统的勘察技术难以获得精确的岩土参数，但精确的岩土参数是制定合理设计方案的基础。项目组需研发勘探取样、原位试验、土工试验等新技术，形成精细化勘察体系，为港珠澳大桥沉管隧道设计及地基基础沉降机理的研究提供支撑。精细化勘察体系的建立需项目组引进国外先进技术和装备并加以改进形成适用于工程需要的技术和装备。

③国内外尚无刚性桩、柔性桩和散体桩复合地基的应用经验，同时也没有沉管隧道复合地基沉降计算方法。项目组需要基于理论分析、数值计算、载荷试验及已有工程监测数据，建立一套沉管隧道地基基础选型及复合地基沉降计算方法。

④传统先铺法多采用垄沟相间的碎石垫层，但为了更好地协调地基刚度首次在港珠澳大桥沉管隧道采用新型组合基床，面临的困难在于没有沉管隧道组合基床的理论，也没有在回淤环境下的相关设计与施工经验，关于先铺碎石垫层纳淤机理与纳淤能力的研究是空白的。项目组需要研究港珠澳大桥沉管隧道新型组合基床受力作用机理及设计方法，同时研究纳淤机理及纳淤设计，提出施工控制标准。

⑤基础施工质量是地基沉降控制的关键因素之一，基础施工包括精挖、抛石夯平、碎石垫层铺设及清淤。国内外尚无外海 50m 水深下 50cm 开挖精度的施工设备及工艺，无专用抛石及水下振动锤夯实技术，无水深超过 50m 整平精度±3cm 的设备及工艺，无深水清淤技术。项目组需要开展精挖、抛石夯平、碎石垫层铺设及清淤设备、工艺及技术的研发，形成精细化施工成套技术。

⑥目前国内外尚没有一套完整的包含基槽精挖、抛石夯平、碎石基床整平及清淤等多道工序的、高精度的外海沉管隧道基础施工监测系统，项目组需要研发建立一套监控精细化施工全过程的体系。

2.2　国内外研究概况

2.2.1　沉管隧道沉降控制方案研究概况

根据对国内外已建和在建沉管隧道的调查研究，沉管隧道地基处理方法包括天然地基、换填法（砂或石）和复合地基，沉管隧道基础垫层的处理方法分为先铺法和后铺法。

换填法通过将基底软弱地基开挖换填块石或砂料的方法达到地基加固的目的，具有施工简单、工艺成熟、工程造价低、施工质量可控性强等特点，一般作为地基处理的首选方法，但换填深度不宜过大，否则换填工程量巨大。桩基础桩身穿透软弱土层，桩端设置在坚硬黏土层、密实砂层或坚硬岩层顶面，桩基础刚度大、沉降控制效果好，但桩顶与沉管隧道结构相接是难点。复合地基分为散体桩复合地基、柔性桩复合地基及刚性桩复合地基，散体桩复合地基桩土应力比最小，刚性桩复合地基桩土应力比最大，柔性桩复合地基介于中间，通过选取不同复合地基形式或通过改变桩长和桩间距，复合地基可较好地调节隧道地基沉降，但复合地基的应用依托复合地基沉降机理、理论及设计方法的研究，以及精细化勘察、施工及全过程监测等技术的开发。

沉管隧道基槽开挖后槽底与管节底面间存在众多不规则空隙，如果不予处理，可能导致地基土受力不均，引起不均匀沉降。采用刮砂或刮石的先铺法或灌砂、喷砂、灌囊、压浆、压砂等的后铺法都可解决地基土受力不均问题，目前国内外建成的沉管隧道基础处理形式如表 2-1 所示。

表 2-1　国内外建成的沉管隧道基础处理形式

工程案例	沉管长度/m	沉管宽度/m	基础形式
荷兰弗拉克隧道	250	29.8	压砂法
德国易北河隧道	1056	41.7	喷砂法
日本东京港公路隧道	1035	37.4	桩基础
荷兰海姆斯普尔隧道	1475	21.5	压砂法
中国台湾高雄过港隧道	720	24.4	压砂法
中国广州珠江隧道	457	33	压砂法
中国宁波甬江水底隧道	419.6	11.9	压砂法
澳大利亚悉尼海湾沉管隧道	960	26.1	压砂法
中国香港西区海底隧道	1859	35	压砂法
丹麦厄勒海峡沉管隧道	3520	38.8	碎石基础
中国宁波常洪沉管隧道	395	22.8	桩基础
中国上海外环沉管隧道	736	43	压砂法
韩国釜山—巨济沉管隧道	3240	26.5	碎石基础

注：沉管隧道桩基础是一种特殊的先铺法基础。

2.2.2 沉管隧道地基基础沉降控制技术研究概况

1. 深厚软土沉管隧道地基基础沉降机理及设计理论研究概况

沉管隧道的纵向沉降变形研究，大多集中在统计有限的沉管隧道沉降监测数据，定性分析影响沉降的因素，并在统计基础上给出沉降控制的大致标准，如 Grantz 给出了 16 个沉管隧道的沉降相关数据，邵俊江对这些数据进行了分析，统计了沉管隧道施工期间和工后沉降，以及施工期间沉降占总沉降的比例；魏纲等收集了国内外 19 座沉管隧道的沉降实测数据，这些沉降数据显示，完工后均有不同程度的沉降，有的甚至总沉降超过 1m，并且出现管节接头渗漏的情况，大部分正常使用的沉管隧道总沉降在 300mm 以内，差异沉降在 100mm 以内。

实际上，各沉管隧道的地基土分布及工程地质性质迥异，结构设计也各都不相同，从刚性管节到柔性结构，钢壳结构到混凝土结构，对差异沉降的适应能力的影响有很大差异，因此，不宜采用一刀切的统计意义的沉降标准作为设计标准。

本章综合考虑沉管隧道地基基础沉降的影响因素，结合沉管隧道结构自身对差异沉降的适应能力，提出了一套适用于外海条件下超长隧道在软土地基情况下的纵向变形协调理论和方法，合理地解决了沉管隧道沿纵向产生的差异沉降问题。

2. 沉管隧道精细化勘察体系研究概况

国内外尚无液压升降钻探平台、波浪补偿分离式液压钻机、改进型固定活塞薄壁取土器、海床式孔压静力触探试验及先进土工试验等组成的精细化勘察体系。

目前国内主要依托搭建在货船、泊船上的钻探平台进行钻探，钻探平台和钻探设备通过船体与海水接触形成一个不稳定的连接体，随着海浪的波动钻探平台和钻探设备相应地运动，海上的钻探、取样、原位测试均处于扰动状态，导致无法精确划分土层、无法取得高质量的Ⅰ级土样、无法获得精确的原位测试数据及室内试验指标。传统勘探取样技术不能消除波浪潮流的影响，较难获得原状土样，室内试验成果不能反映实际原状土的性质。

以英国、美国为代表的欧美国家勘察历史久远，勘察工艺先进。为了降低海上钻探、取样及原位测试的扰动性，采用了固定于海床上的液压升降钻探平台、消除波浪影响的波浪补偿分离式钻探液压钻机、改进型固定活塞薄壁取土器；为了能精细分层、确定原位土的物理力学特征，采用了考虑上覆有效压力、孔隙水压力影响的海床式孔压静力触探设备，采用了考虑上覆有效压力、锤击能量校正的标准贯入试验设备；为了获得原位土的力学指标及不同设计方案下的固结指标，采用了 K_0 固结三轴不排水剪切试验设备，采用了根据设计荷载要求下的单向固结试验设备。

3. 沉管隧道复合地基设计方法与应用研究概况

目前国内外复合地基应用于沉管隧道的案例较少，只有韩国釜山—巨济沉管隧道和港珠澳大桥沉管隧道地基基础采用复合地基。

韩国釜山—巨济沉管隧道的主体工程是由 18 个管节组成的总长度为 3240m 的沉管隧道，施工地点水深最深达 48m，海上施工条件复杂。沿着沉管隧道中心线下方的软土纵向底标高为-20～-65m，软土最厚处为 30～40m，工程地质条件复杂，其中沉管隧道下方的海相沉积软土为结构性黏土。海相沉积软土的物理力学性质见表 2-2。

表 2-2　海相沉积软土的物理力学性质

土名	容重 γ/（kN/m^3）	孔隙比 e_0	压缩指数 C_c	回弹再压缩指标 C_s	有效黏聚力 c'/kPa	有效摩擦角 φ'/（°）
海相沉积软土	14.7	2.44	1.25	0.091	3	25

为了消除海相沉积软土的沉降，沉管隧道地基基础主要采用挤密砂桩（SCP）工法和深层水泥搅拌桩（CDM）工法进行地基处理，沉管隧道地基基础纵断面图及典型横断面图见图 2-3～图 2-5。其中 E15～E17 管节长约为 540m，采用挤密砂桩＋堆载预压处理，挤密砂桩直径为 1.2～2.0m，地基处理深度最深达水下 70m 左右，由于回填荷载较大，超载比最大超过了 2.5。沉管隧道地基基础下方采用了两种不同直径的挤密砂桩，上层挤密砂桩直径 2.0m，采用间距为 3.0m×2.6m 的矩形布置形式，置换率约为 40%；下层挤密砂桩直径 1.6m，置换率约为 26%。

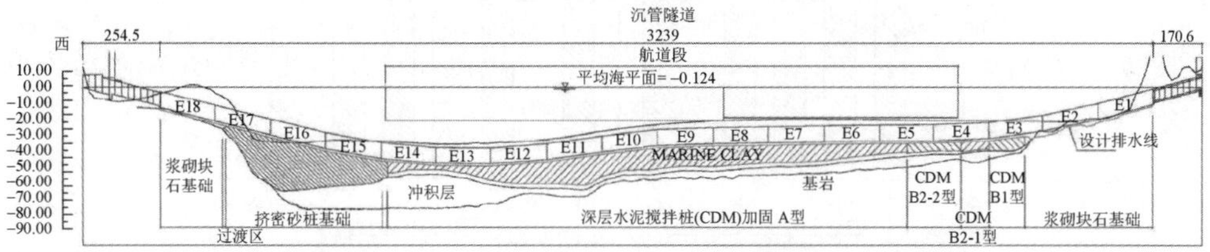

图 2-3　韩国釜山—巨济沉管隧道地基基础纵断面图（单位：m）

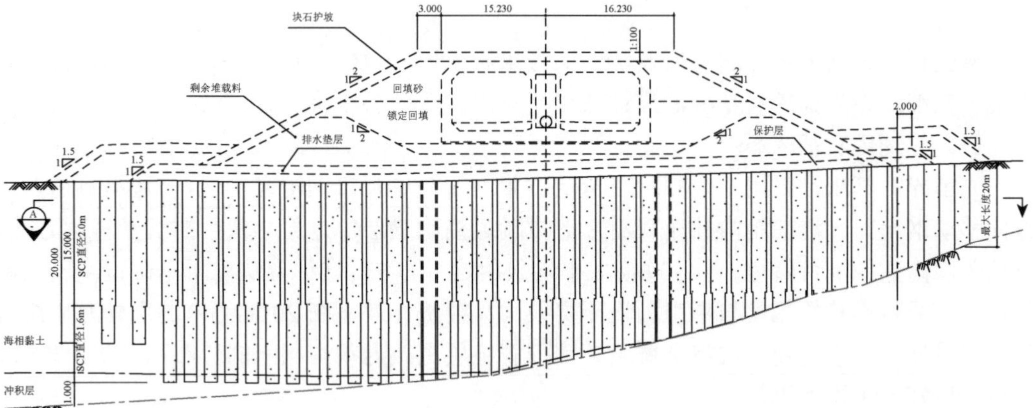

(a) 横断面图(单位：m)

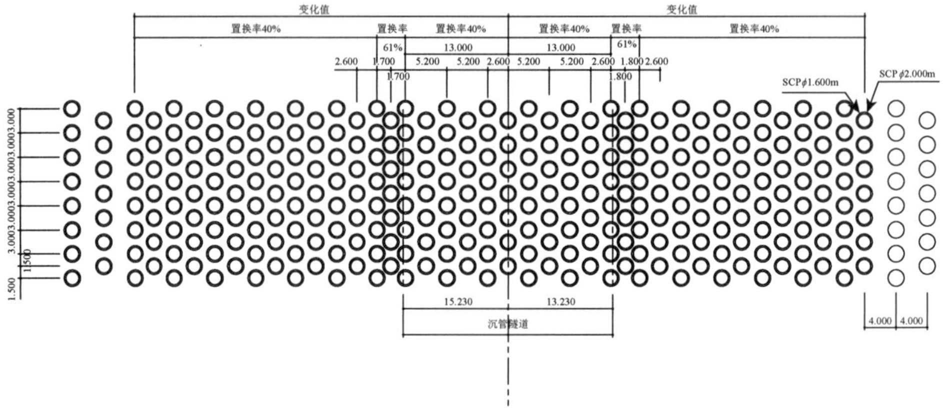

(b) 俯视图(单位：m)

图 2-4　韩国釜山—巨济沉管隧道挤密砂桩（SCP）复合地基典型横断面图（a）和俯视图（b）

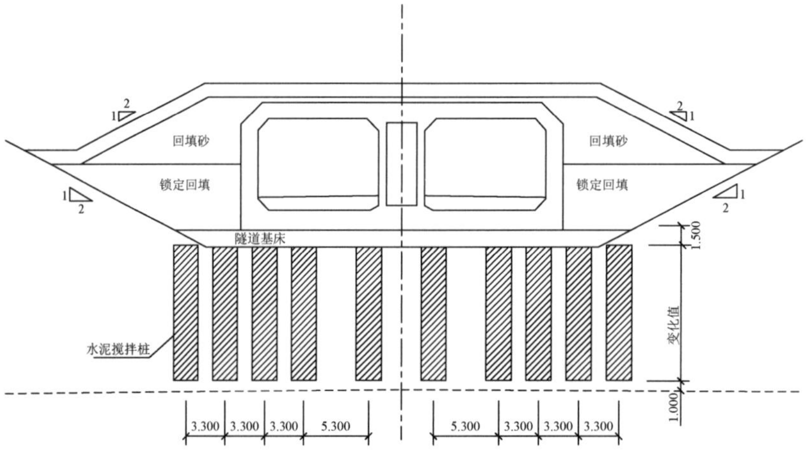

图 2-5　韩国釜山—巨济沉管隧道深层水泥搅拌桩（CDM）复合地基典型横断面图（单位：m）

4. 沉管隧道新型组合基床结构研究概况

从沉管隧道基床设计的发展及实例调查来看，处理方法大致可分为先铺法和后铺法两大类，先铺法指先铺碎石基床，后铺法包括喷砂、压砂与压浆三种方法。

（1）先铺碎石基床

先铺碎石基床是采用一个固定在指定位置上的简单开口钢箱来实现，一边沿隧道轴线方向移动钢箱，一边向箱内补充碎石，形成隧道基础垫层，是最早使用的沉管基础方法。早期美国修建的沉管隧道，不论规模大小均采用这种方法。这种方法对于基础宽度较大的隧道，需要将钢箱的规模与牵引力设计得很大，经济性差。在 20 世纪末的厄勒海峡沉管隧道建设期间，承包商首次将全覆盖满铺碎石垫层更改为垄沟相间的碎石基础垫层形式，取得了良好的工程效果。

厄勒海峡沉管隧道作为第一座采用带垄碎石层的沉管隧道，显著特征为：

①隧道垫层下的原始地层为哥本哈根石灰岩。

②碎石垫层厚度为 0.95m。

在碎石垫层的分析过程中，通过有限元法研究碎石垄的承载能力，为方案设计提供了重要支撑。厄勒海峡沉管隧道碎石垫层及其设计参数见图 2-6、表 2-3。

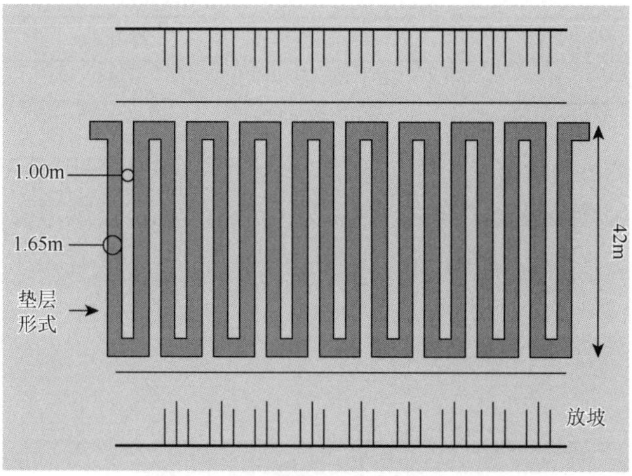

图 2-6　厄勒海峡沉管隧道碎石垫层

表 2-3　厄勒海峡沉管隧道碎石垫层设计参数

垄宽/cm	沟宽/cm	单垄＋沟宽度/cm	厚度/cm	管节接头处沟宽/cm
165	100	265	95	425

2010 年建成的韩国釜山—巨济沉管隧道是第一条在复合地基上设置带垄碎石层的沉管隧道，显著特征为：

①隧道基础垫层下为 SCP 或 CDM 的复合地基，见图 2-7、表 2-4。

②在复合地基桩头上面留有相对较大的空间以调整复合地基顶面的不均匀性。

③碎石垫层用料是坚硬、耐久、干净且无细屑的破碎岩石。

④无侧限抗压强度（UCS）＞50MPa。

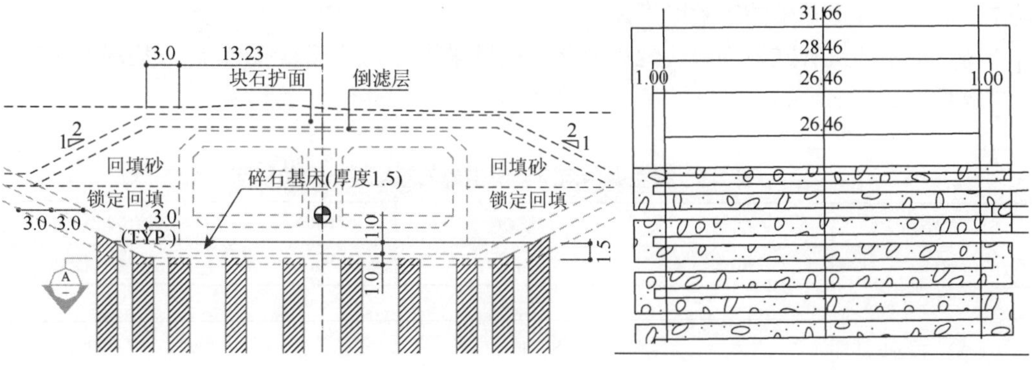

图 2-7　釜山—巨济沉管隧道碎石垫层（单位：m）

在碎石垫层的方案实施期间，承包商进行了施工可行性方面的试验，验证了在复合地基上施工的可行性。

表 2-4　釜山—巨济沉管隧道碎石垫层设计参数

垄宽/cm	沟宽/cm	单垄＋沟宽度/cm	厚度/cm	管节接头处沟宽/cm
180	80	260	150	400

挪威比约维卡隧道是挪威第一座沉管隧道，隧道纵向分别采用了天然地基与嵌岩的桩基础，之后沿隧道轴线铺设土工纤维，然后碎石垫层作为沉管隧道的基础（图 2-8）。该碎石垫层在厚度和水平度上的精度要求极高，是为了避免混凝土管节中产生引应力。

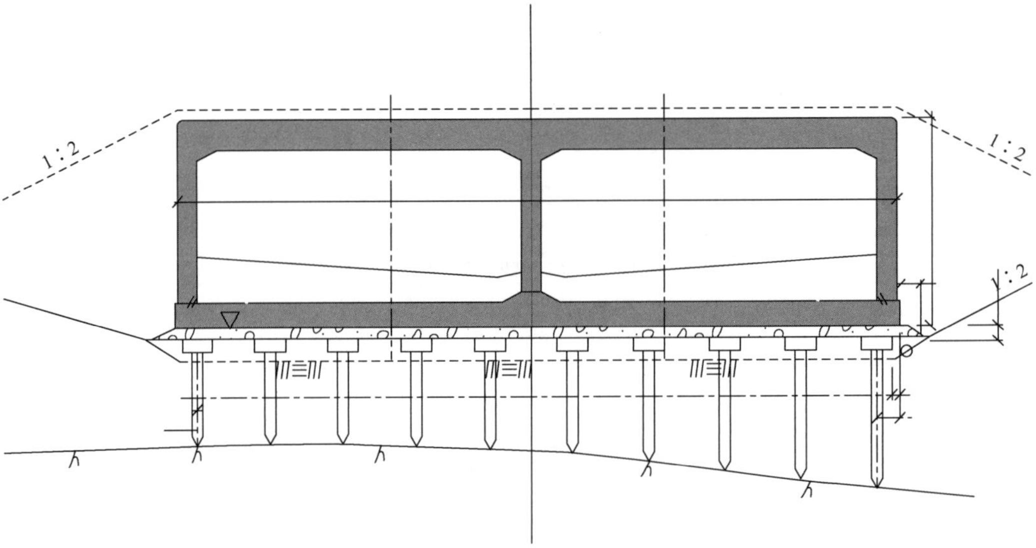

图 2-8　挪威比约维卡隧道碎石垫层

在碎石垫层设计期间完成了一些有限元分析，用于弄清桩帽、碎石及隧道底板间的相互作用，研究隧道基础的等效刚度。

荷兰鲁尔河沉管隧道为解决地震液化的问题采用了先铺碎石垫层，碎石垫层的主要设计参数见表 2-5。

表 2-5　荷兰鲁尔河沉管隧道碎石垫层设计参数

垄宽/cm	沟宽/cm	单垄＋沟宽度/cm	厚度/cm	管节接头间距/cm
165	86	251	50	343

（2）喷砂基础

喷砂基础是用砂泵把砂水混合填料通过管节外部管道喷入沉管管节底部和基槽之

间的空隙中。喷砂前，管节放在临时支座上，喷砂结束后可卸开支座上的千斤顶，管节重量从而全部作用到砂垫层基础。喷砂基础可用于宽度较大的沉管隧道，在早期欧洲修建的多座沉管隧道中应用，如德国易北河隧道、比利时斯海尔德河 E3 隧道、荷兰斯派克尼瑟隧道。

（3）压砂基础

压砂基础也称为砂流基础或灌砂基础，是在喷砂基础上发展起来的一种新方法，依靠水流作用将砂通过预埋在管节底板（竖向或横向）上的注料孔注入管节与基底间的空隙，既可在管节外部施工，也可在管节内充填。压砂法不需专门的喷砂台架，对砂粒径的要求也较低，因此从 20 世纪 70 年代后期开始，压砂基础逐渐在世界各国的沉管隧道中采用，如荷兰弗拉克隧道、澳大利亚悉尼港湾沉管隧道、中国广州珠江隧道、中国上海外环沉管隧道及中国台湾高雄过港隧道等。

（4）压浆基础

压浆基础是在管节沉放到位后，即沿管节边墙及尾端抛填高 1m 的砂石混合料，封闭管底空间。接着从管节里面通过预埋在底板上的压浆孔向管底空隙压注混合砂浆，充填管节底部与碎石垫层间的空隙。压浆基础在日本广泛应用，如东京港第一航道沉管隧道的中间区段、第二航道沉管隧道、川崎港海底沉管隧道，可避免“强震地区”常规砂基础的液化问题。

从国际上的应用情况来看，上述的处理方法均有各自的优点和缺点，具体采用哪种方法，需要根据工程条件、承包商施工经验、风险控制、工期及成本等因素，结合相应的地基处理方案或天然地基现状综合确定。

5. 外海深水沉管隧道基础精细化施工成套技术及监测、检测技术研究概况

目前，国内普通抓斗挖泥船设备改造及工艺研究主要针对港口、码头或内河等区域，且抓斗斗容不大于 30m³。国外无抓斗挖泥船解决高精度开挖项目实例，韩国某隧道基槽工程采用抓斗挖泥船，其质量控制仍以水深控制模式通过船舶姿态修正进行定深补偿，精度虽比常规作业模式有所提高，但不能满足港珠澳大桥的高精度要求。因此，国内外的相关技术成果均无法完全满足港珠澳大桥的高精度要求，需要开发更高精度要求的设备与工艺。目前国内外尚没有一套完整的，同时包含基槽精挖、抛石夯平、碎石基床整平及清淤等多道工序的高精度外海深水沉管隧道基础施工监测系统。深基槽高精度挖泥关键技术与设备研发主要针对处于无掩护外海深基槽高精度开挖，提出了以 30m³ 抓斗挖泥船为母船，开发了成套施工设备与技术，实现了在无掩护外海区域 50m 水深下 50cm 的开挖精度。

2.3　研究内容与技术方案

2.3.1　研究目标与技术指标

港珠澳大桥岛隧工程首次采用 PHC 桩、高喷柔性桩、挤密砂桩（SCP）复合地基逐渐过渡到天然地基的沉管隧道复合地基，以及基于块石夯平基层与垄沟相间碎石整平面层

的沉管隧道新型组合基床结构，地基基础设计方案缺乏相关设计规程和标准，且工程所处的功能要求、自然环境和建设条件复杂，环保要求严苛，施工进度极为紧迫。为了达到在外海深厚软土地基条件下有效合理地控制沉管隧道地基基础沉降及差异沉降，保障工程按期、优质和高效地完成，本项目的研究目标和技术指标如下：

①研究外海深厚软土超长沉管隧道地基基础沉降机理，分析影响沉管隧道纵向沉降变形因素，研究有效控制沉管隧道差异沉降的方法，总结一套用于外海深厚软土地基深埋沉管隧道的纵向变形协调设计理论，并将该理论应用于港珠澳大桥沉管隧道中，使隧道纵向差异沉降控制在1.1‰以内。

②研发建立精细化勘察体系，获得精确的岩土参数，为港珠澳大桥沉管隧道设计及地基基础沉降机理的研究提供支撑；通过液压升降钻探平台、波浪补偿分离式液压钻机、改进型固定薄壁取土器、海床式孔压静力触探试验及先进的土工试验等精细化勘察体系研究成果的应用，使勘察获得的土体指标精度提高20%～30%，为地基基础设计优化提供可靠依据。

③通过理论分析及复合地基载荷试验研究，提出了适用于PHC桩、高喷柔性桩及挤密砂桩复合地基逐步过渡到天然地基的地基设计方案，并结合已有实测沉降变形规律提出沉管隧道复合地基沉降计算方法；西人工岛岛上段PHC桩布置318m，桩底标高–30～–37m；高压旋喷桩布置48m，桩底标高–36～–37m；挤密砂桩布置717m，桩底标高–33.5～–36m。东人工岛岛上段PHC桩布置367m，桩底标高–32～–40m；高压旋喷桩布置48m，桩底标高–40～–42m；挤密砂桩布置480m，桩底标高–32～–47m。

④研究揭示沉管隧道先铺组合基床的附加应力传递规律，提出组合基床的设计方法，同时对回淤环境下组合基床的纳淤机理进行试验研究及分析，首次量化了先铺组合基床的纳淤能力，并对回淤环境的沉管隧道先铺组合基床进行纳淤设计。新型组合基床由下部2.0m抛填夯平块石及上部1.3m垄沟相间碎石层组成。

⑤研发高精度智能深基槽开挖控制系统、深基槽定点清淤船、定点定量块石基床抛填工艺、液压振动锤块石基床夯平工艺、自升式整平船及基床自动铺设系统的外海深水沉管隧道基础精细化施工成套技术及装备，实现了50m深水条件下50cm开挖控制标准，保证了深水定点清淤效果，解决了深水抛石夯平技术难题，达到了深水±30mm高精度基床铺设整平标准。

⑥研发外海深水基础载荷试验检测系统，获得荷载作用下水下基础沉降量，研发外海水下堆载预压地基加固自动化监测系统，为评估水下堆载加固效果及确定卸载时机提供数据支撑。建立了外海沉管隧道沉降变形监测系统，沉降监测结果表明采用的复合地基及组合基床设计方案、精细化施工成套技术保证了沉管隧道均匀协调变形，使管节差异沉降控制在设计要求的低水平之内，保证了沉管隧道不漏水。

2.3.2 主要研究内容与关键技术

1. 沉管隧道地基基础沉降机理及设计理论与关键技术

①沉管隧道地基基础沉降机理研究，包括沉管隧道荷载特征、沉管隧道沉降组成、沉降时间效应及沉降控制措施研究。

②沉管隧道沉降变形协调设计理论研究，包括考虑结构-基础-地基共同作用的沉管隧道纵向变形及纵向变形协调措施的研究，并提出了沉管隧道纵向变形协调设计理论。

2. 精细化勘察体系与关键技术

①海上工程勘探不扰动工艺研究，涉及海上钻探和取样技术研究。

②现场测试原位性技术研究，主要包括海床式孔压静力触探和标准贯入试验关键技术研究。

③室内试验可靠性技术研究，主要包括高压固结试验和固结不排水三轴剪切试验的关键技术研究。

④三维地质模型的研究。

3. 沉管隧道复合地基设计方法及应用与关键技术

①沉管隧道基础选型方法研究。

②外海大型复合地基载荷试验分析研究，包括挤密砂桩、高喷柔性桩及 PHC 桩复合地基载荷试验研究。

③沉管隧道复合地基沉降计算方法研究及验证，包括挤密砂桩、高喷柔性桩及 PHC 桩复合地基沉降计算方法研究及验证。

4. 沉管隧道新型组合基床结构与关键技术

①沉管隧道新型组合基床组成、作用机理及设计方法研究。

②新型组合基床纳淤设计计算方法研究。

③新型组合基床施工控制标准研究。

5. 外海深水沉管隧道地基基础精细化施工成套技术及装备与关键技术

①研究挖泥船挖掘控制模式、精挖监控及高精度定深系统，并研究不同工况深基槽精确挖泥工艺。

②研发新型多功能清淤成套装置、基槽床面清淤防损系统、新型轻质桥梁架、精确定位控制系统及快速装驳系统，并研究高精度清淤施工工艺。

③研究溜管抛石技术、液压振动锤振动夯实技术、基床抛石及夯实整套装备。

④研发碎石铺设整平船桩腿升降系统、桩腿锁紧系统、供料系统、施工管理控制系统，并研究碎石铺设整平船设计建造及施工工艺。

6. 外海深水沉管隧道地基基础施工监测、检测技术与关键技术

①高精度地基基础施工全过程监测体系。

②外海深水地基基础载荷试验检测系统研究。

③水下堆载预压地基加固自动化监测系统研究。

④外海深水沉管隧道沉降变形监测系统研究。

2.3.3 关键技术实施过程与效果

1. 沉管隧道地基基础沉降机理及变形协调设计理论

首先通过对沉管隧道地基基础沉降机理研究，得出沉管隧道地基基础沉降主要为基础回淤层的压缩沉降、基础垫层（基床结构）的沉降、原状地基土的沉降。其中原状地基土的沉降包括三种类型的沉降：一是再压缩沉降（一般对于总应力＜前期固结压力的土层，只有再压缩沉降）；二是地基土的正常固结沉降（总应力＞前期固结压力时，地基土发生固结沉降）；三是地基土的次固结或蠕变沉降。

因此对于沉管隧道地基基础沉降的控制应分别从基础回淤层、基础垫层及原状地基土三个方面进行控制。

基础回淤层沉降控制措施：一是优化基床结构，提高基床纳淤能力；二是及时采用清淤措施，消除回淤物。

基础垫层沉降控制措施：一是优化垫层结构，尽量减少差异沉降的发生；二是精细化施工，控制基槽开挖精度和基床平整度。

原状地基土沉降控制措施：一是对原状地基土特性的准确评估——精细化勘察；二是采用合理有效的地基加固方案，使沉管隧道地基基础沉降变形协调。

其次提出了更合理和具有针对性的沉降变形协调设计理论，利用管节结构、沉管隧道基础、沉管隧道地基来协调可能产生的差异沉降，具体措施如下。

①结构适应性的纵向变形协调。设置伸缩缝或施工缝、柔性接头并施加纵向预应力。

②基础设计的纵向变形协调措施。与基础相关的沉降，主要包括：基础回淤夹层的存在；基础垫层与管底之间存在的空隙；基础垫层结构自身的沉降。因此基础的纵向变形协调设计从以下三个方面入手：

a. 对回淤情况的定期监控，并准确清淤，减少基础垫层回淤夹层存在的可能性。

b. 提升基础的纳淤能力，最大程度减小基础垫层软弱夹层存在的可能性。

c. 基础垫层精细化施工，严格控制施工作业的平整度、容错能力及垫层厚度。

③地基的纵向变形协调措施。采取精细化勘察体系，具体措施如下：

a. 提高设备抗风浪能力，减小钻具对土样的扰动，提高岩土采取率，建立准确的三维地质模型，更准确地进行土层划分及确定土层参数。

b. 进行模拟现场实际受力条件的室内土工试验，获得与设计工况一致的土层参数。

c. 多种原位试验，互相验证判别，推算真正适合项目所在区域的计算公式和方法。

d. 采用合理有效的地基处理方案：以沉管隧道中间段天然地基为基点，向两侧过渡段逐步过渡沉降，过渡段沉降控制措施可采用变刚度复合地基或减沉桩基。

应用纵向变形协调设计理论，结构上通过设置沉降缝，调整接头间剪力键及半刚性管节结构来实现对差异沉降更大的适应性，基础方面采用块石夯平基础＋碎石垄垫层协调纵向变形，并对差异沉降过大的管节，针对性地采取不同地基处理方法，调整地基刚度。为控制偏差，本项目根据地基基础的纵向变形协调关键原则，从基础结构的优化设计到基础的精细化施工，包括基槽的精细化开挖施工、基槽底和基础面上的深水清淤及基础垫层平整度的精确度控制，最大限度地控制偏差；在施工过程中，进行大量现场试验，对试验情况进行监测和检测，进一步验证设计参数取值的偏差程度。

港珠澳大桥岛隧工程纵向差异沉降如图 2-9 所示，纵向差异沉降控制容许值为 1.1‰。

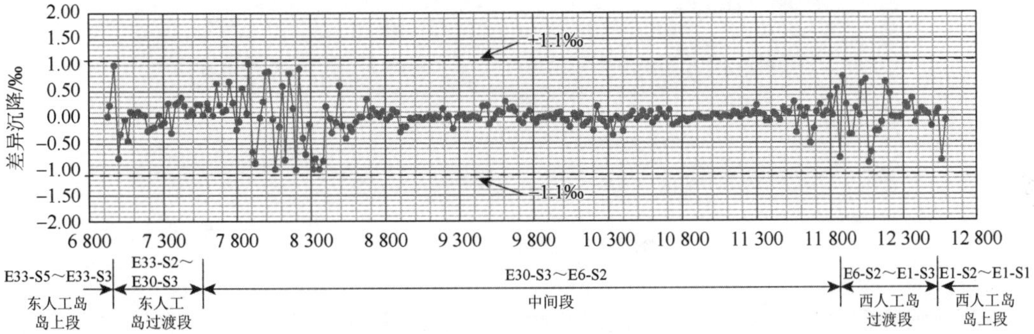

图 2-9　港珠澳大桥岛隧工程纵向差异沉降

2. 精细化勘察体系研究

首先，通过对液压升降钻探平台、波浪补偿分离式液压钻机、改进型固定活塞薄壁取土器的研制，实现了海上钻探、取样不扰动工艺。下面分别介绍各设备的研制及实施效果。

①液压升降钻探平台。液压升降钻探平台是由平台连接锁把箱体连接起来，然后把各部件安装在相应的位置。工作时，柴油机向液压泵提供动力，采用液压油管把液压泵、控制系统和柱管液压缸连接起来，通过控制系统控制柱管液压缸的升降，达到控制柱管升降的目的，进而实现把柱管插入海底升高平台和把柱管拔离泥面的功能。

液压升降钻探平台主要由平台箱体、箱体连接锁组、柱管、管脚、动力站、液压系统、控制系统及外部配备设施等组成。平台的 4 个角落处设置有锚缆桩，四周设置有护栏，四侧均挂缓冲轮胎，如图 2-10 所示。

从应用效果来看，采用液压升降钻探平台施钻取得的勘察成果中，岩土层采取率高，能精细划分出土层分布情况尤其是薄层的软弱夹层分布情况，取得的原位测试数据与室内试验数据相匹配，达到精细化勘察的效果。液压升降钻探平台的使用，还提高了取样质量和原位测试的准确性。使用液压升降钻探平台，在钻进、清孔和取样过程中，基本消除了波浪、流水等因素造成钻具对土层扰动的影响，保证了取得高质量的原状土样，也保证了标准贯入试验等原位测试的准确性。

图 2-10　液压升降钻探平台

②波浪补偿分离式液压钻机。波浪补偿分离式液压钻机主要由动力站（柴油机及液压泵）、液压控制系统（控制台）、动力头、卷扬组（绞车组）、泥浆泵、波浪补偿器、钻塔及液压油管等组成，如图 2-11 所示。

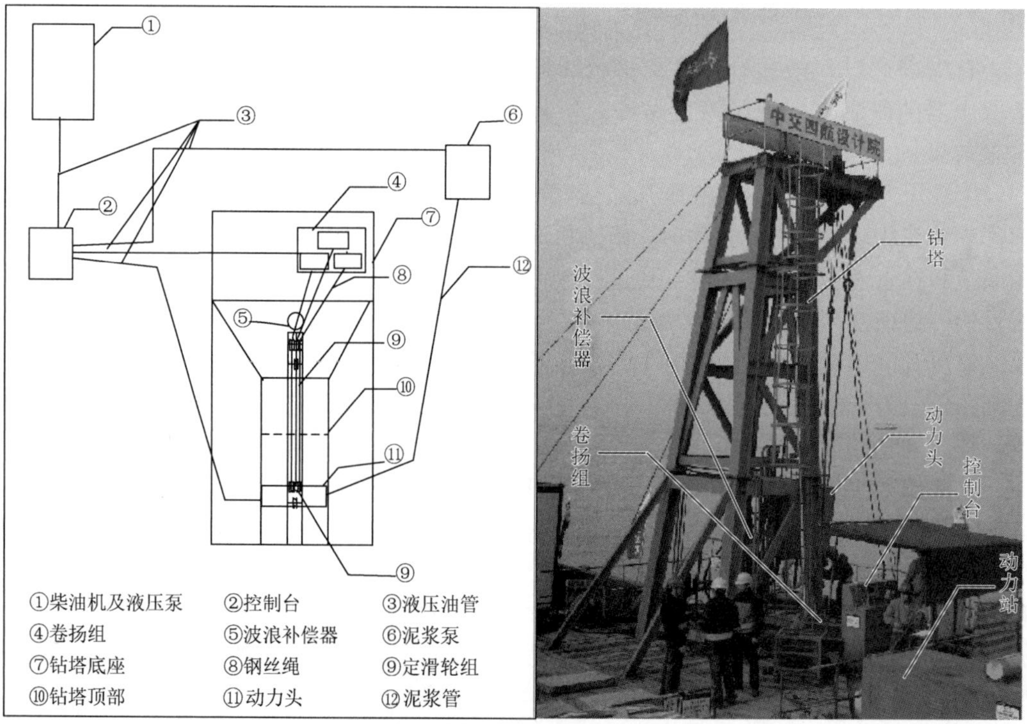

图 2-11　波浪补偿分离式液压钻机

使用波浪补偿分离式液压钻机，显著提高了工作效率，提高了取样质量和标准贯入试验的准确性。由于该钻机具备波浪补偿的功能，在钻进、清孔和取样过程中，基本消除了因波浪影响造成钻具对土层的扰动，保证了取得高质量的原状土样，也保证了标准贯入试验的准确性。

③改进型固定活塞薄壁取土器。改进型固定活塞薄壁取土器主要由取土器、活塞和薄壁无缝取样不锈钢管组成，用于采取 I 级不扰动软土及可塑细粒土样品。改进型固定活塞薄壁取土器比国际上通用的固定活塞薄壁取土器、敞口薄壁取土器和敞口厚壁取土器具有更好的海上勘察优势。其剖面图如图 2-12 所示。

其次，对孔压静力触探试验、标准贯入试验的相应设备进行了改进，实际应用效果如下：

①通过分析孔压静力触探试验及钻探成果，可精细化划分土层。形成的剖面图中不仅准确定位了各单元层的位置，而且能清楚反映局部微小的土层透镜体。

②基于港珠澳大桥岛隧工程的海床式孔压静力触探试验数据、标准贯入试验数据、原位十字板剪切试验数据、波速测试数据和室内试验数据，相互比较分析，建立相关性，整理出适用于珠江三角洲的基于孔压静力触探试验的解译方法。

③1 个工作日平均可完成 3 个孔压静力触探试验孔，而以往获得同样勘察效果的钻孔通常需要 2 个工作日，孔压静力触探试验在勘察效率上明显占优。

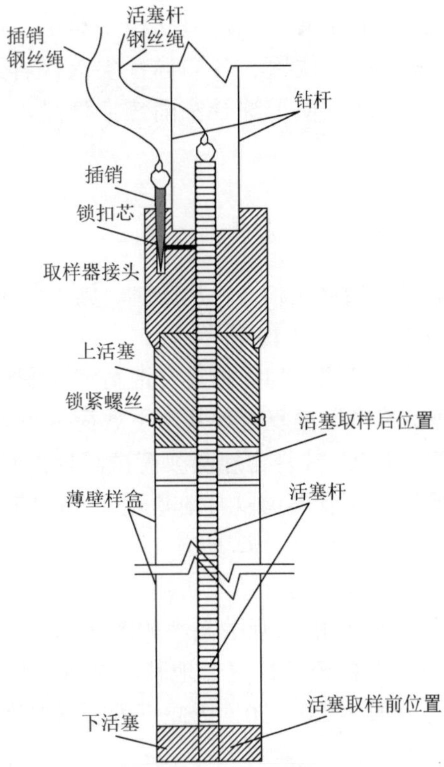

图 2-12　改进型固定活塞薄壁取土器剖面图

④引进海床式孔压静力触探试验设备，改进仪器起吊装置与起吊方式，在试验过程中连续增加试验杆压入土层获得数据，根据原位状态试验数据进行上覆压力、孔隙水压力的校正，填补了国内海上无法进行静力触探的空缺，扩大了静力触探适应土层强度的范围，增加了试验深度，可获得连续的土层数据、精细的地层划分和原位的岩土参数，减小了风浪的影响，提高了试验精度与质量，改善了试验的安全度，加快了勘察进度。

⑤SPT 试验实际锤击传递的能量相比锤垫质量小的国标设备要低，标贯击数更大。

通过更为精准的原位试验和土工试验数据结果，项目组进行了更为合理、经济的设计，减少小东、西人工岛过渡段桩端入土深度，取消了初步设计阶段 E24～E30 管节全部钢管减沉桩，大大降低了工程造价。

最后，进行了三维地质模型技术研究，以勘察数据为依据，结合计算机网络、数据库、图形学技术，对各工程模型地层单元的划分和确认，精细到每段岩芯的层位归属均在形象直观的三维地质模型空间，全面考虑各向接触关系。这个过程大大提升了分层合理性，实现了地层单元划分的精细化，同时也形成了相应的成果模型。从模型细节和效果看，本次研发构建的三维地质模型，对尖灭和透镜体的形态表达已经完全满足了二维出图的要求。主层概化模型中地层全部尖灭到相邻勘探点；严格遵从中国工程建设标准化协会提出的从上到下层号依次增大的规则；地层分布严格受勘探点揭示控制，形态上连续、闭合、不交叉。亚层概化模型精细、准确地反映了亚层尖灭和分布的复杂空间形态，实现了任意位置、各向异性尖灭，容纳了亚层重复出现和包含关系。模型构建过程直观、友好，便于综合空间焦点信息，有效提升了地层单元划分的精细化程度。

3. 沉管隧道复合地基设计方法与应用研究

项目组综合考虑结构条件、地质条件、环境限制、施工条件、可靠度及耐久性，提出沉管隧道基础形式选择的流程，如图 2-13 所示。

沉管隧道复合地基新技术施工前，为评估复合地基沉降变形规律，选择了代表性场地开展复合地基现场试验，包括挤密砂桩复合地基水下载荷试验分析研究、高压旋喷桩复合地基原型载荷试验分析研究、PHC 桩复合地基载荷试验分析研究，同时对应开展了相关计算方法验证、数值方法研究。沉管隧道复合地基设计方法的研究如下。

（1）沉管隧道散体桩复合地基沉降计算方法

根据大量不同置换率下的散体桩复合地基实测沉降数据反分析，建立了散体桩复合地基桩土应力比 n 与桩土模量比 E_c/E_s 的相互关系，如图 2-14 和式（2-1）所示。

对于加固软黏土的沉管隧道挤密砂桩复合地基，挤密砂桩桩体模量一般较大（30～60MPa），桩土模量比 E_c/E_s 一般为 20～50，因此沉管隧道挤密砂桩复合地基的桩土应力比一般为 5～10。

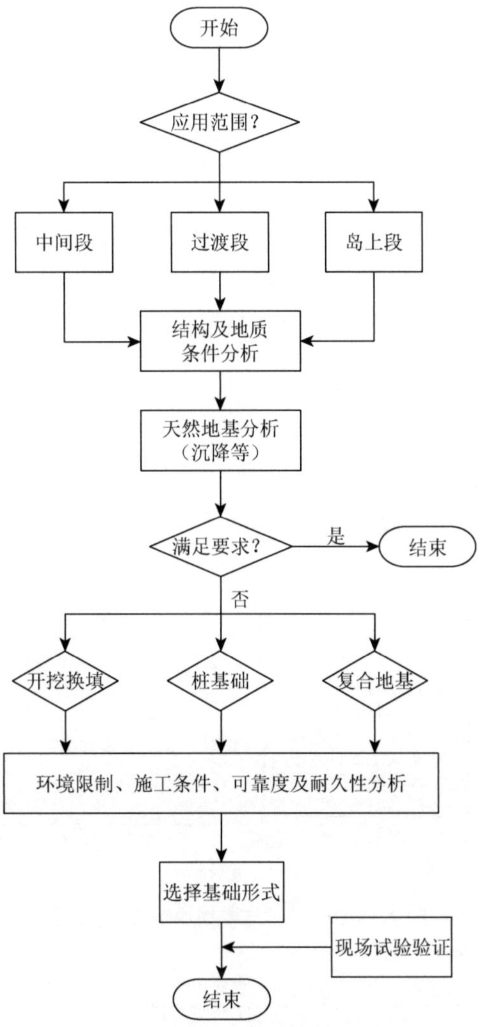

图 2-13　沉管隧道基础形式选择流程图

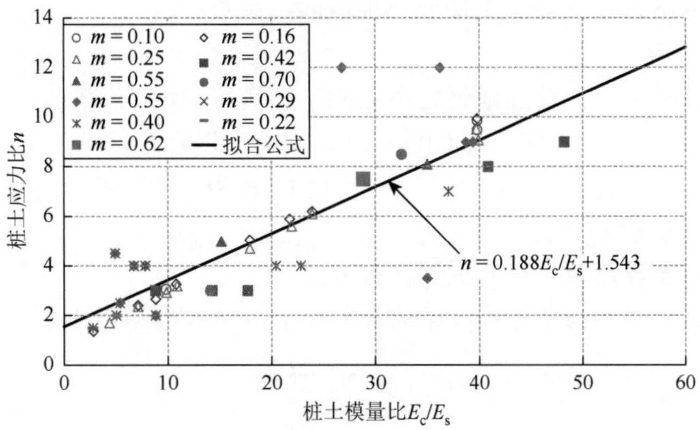

图 2-14　桩土应力比与桩土模量比的关系图

$$n=0.188\cdot\frac{E_c}{E_s}+1.543 \tag{2-1}$$

散体桩施工造成桩间土扰动影响复合地基的正常固结，产生固结延迟效应，因此沉管隧道散体桩复合地基的固结计算建议采用固结系数修正法，即采用修正后的水平固结系数 C_h 代替初始水平固结系数 C_{h_0}。

根据大量的散体桩复合地基实测沉降时间曲线反分析，可反算得到桩间土的等效固结系数，由复合地基实测数据推算的固结系数与室内试验得到的固结系数之比 C_h/C_{h_0}，可反映散体桩复合地基的固结延迟效应，C_h/C_{h_0} 与置换率 m 的相互关系如图 2-15 和式（2-2）所示。

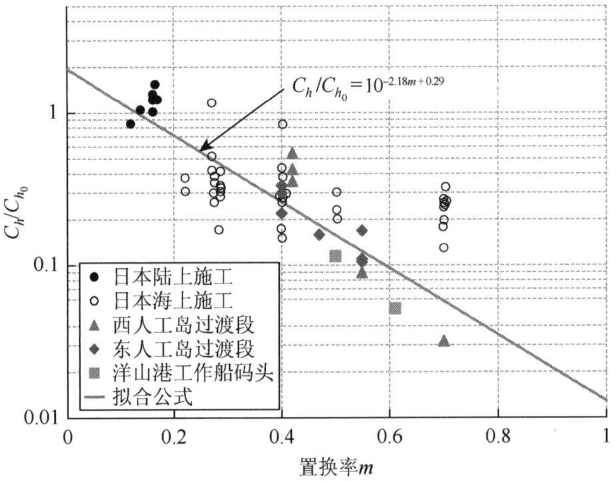

图 2-15　C_h/C_{h_0} 与置换率 m 的关系图

$$\frac{C_h}{C_{h_0}}=10^{-2.18m+0.29} \tag{2-2}$$

式中，C_h——从实测的时间-沉降曲线反算的复合地基固结系数；

C_{h_0}——从室内固结试验得到的天然地基固结系数；

m——置换率。

沉管隧道散体桩复合地基固结延迟率 C_h/C_{h_0} 随着置换率 m 增大而线性减小（纵坐标对数），固结延迟率 C_h/C_{h_0} 大部分为 0.03～1.0。固结延迟率与置换率密切相关。当复合地基置换率 $m=0.4$～0.7 时，C_h/C_{h_0} 大部分为 0.03～0.50，且随着置换率 m 的增长呈近似线性减小（纵坐标对数）。

（2）沉管隧道柔性桩复合地基沉降计算方法

沉管隧道柔性桩复合地基加固区压缩变形量推荐按下列公式计算：

$$s_1=\varphi_{s1}\sum_{i=1}^{n}\frac{\Delta p_i}{E_{spi}}l_i \tag{2-3}$$

$$E_{spi}=mE_{pi}+(1-m)E_{si} \tag{2-4}$$

式中，Δp_i——第 i 层土的平均附加应力增量；

l_i——第 i 层土的厚度；

m——复合地基置换率；

φ_{s1}——复合地基加固区复合土层压缩变形量计算经验系数；

E_{spi}——第 i 层复合土体的压缩模量；

E_{pi}——第 i 层桩体的压缩模量；

E_{si}——第 i 层桩间土的压缩模量。

当采用水泥土拌和法（高压旋喷桩或水泥土搅拌桩）的成桩质量较差时，建议沉降仍采用分层总和法进行计算，加固区域变形参数基于原位试验包括载荷试验和标准贯入试验综合确定。基于原型载荷试验及标准贯入试验的计算方法，东、西人工岛复合地基沉降计算值与实测值较为接近。

（3）沉管隧道刚性桩复合地基沉降计算方法

刚性桩复合地基的沉降可根据天然地基沉降及复合模量系数进行折减获得，公式如下。

若为黏性土，当加固区为正常固结土时，按式（2-5）计算：

$$s_1 = \sum_{i=1}^{m} \frac{\Delta H_i}{\xi(1+e_{0i})} \left[(c_{ci} \log\left(\frac{p_{ci} + \Delta p_i}{p_{ci}} \right) \right] \tag{2-5}$$

当加固区为超固结土时，则

$$s_1 = \sum_{i=1}^{m} \frac{\Delta H_i}{\xi(1+e_{0i})} \left[c_{si} \log\left(\frac{p_{ci}}{p_{0i}} \right) + c_{ci} \log\left(\frac{p_{0i} + \Delta p_i}{p_{ci}} \right) \right] \tag{2-6}$$

式中，m——土层分层数；

p_{ci}——第 i 层土前期固结压力；

e_{0i}——第 i 层土初始孔隙比；

c_{si}——第 i 层土再压缩指数；

c_{ci}——第 i 层土压缩指数；

p_{0i}——第 i 层土初始自重应力；

Δp_i——荷载在第 i 层土产生的平均附加应力；

ξ——复合模量提高系数，可按式（2-7）进行计算。

$$\xi = \frac{f_{spk}}{f_{sk}} = \frac{E_{spk}}{E_{sk}} = \frac{P_{spk} b_{spk} / s_{spk}}{P_{sk} b_{sk} / s_{sk}} \tag{2-7}$$

港珠澳大桥沉管隧道基础采用复合地基形式，其中西人工岛侧岛上段（E1S1～E1S2）与东人工岛侧岛上段（E33S5～E33S6）采用高压旋喷桩复合地基形式，主要施工工序包括：①开挖基槽至–16m（西人工岛）或–18m（东人工岛）；②打设钢圆筒；③岛内回填砂，并降水至–16m（西人工岛）或–18m（东人工岛）进行联合堆载预压；④卸载并打设高压旋喷桩；⑤安放管节；⑥管节顶部及两侧回填。西人工岛和东人工岛高压旋喷桩复合地基加固区域复合模量分别为 67MPa 和 120MPa，采用分层总和法分别计算了西人工岛侧和东人工岛侧高压旋喷桩复合地基沉降，如表 2-6 所示。

表 2-6　高压旋喷桩复合地基计算沉降与实测沉降一览表（未考虑次固结）

区域	管节节段	计算沉降/mm	实测沉降/mm
西人工岛	E1-S2	79.7	79.7
	E1-S1	82.6	97.3
东人工岛	E33-S5	93.5	53.7
	E33-S6	93.6	71.6

4. 沉管隧道新型组合基床研究

沉管隧道先铺垄沟相间碎石垫层是由早期美国的刮平碎石基床演变而来，适应于地质条件好、小荷载作用下的沉管，针对港珠澳大桥沉管隧道回淤环境、深水深槽、大荷载的特点，因地制宜提出了组合基床结构。

组合基床是由两层结构组成，上层为碎石垫层，下层为块石层或二片石层（图 2-16）。碎石垫层为垄沟相间的构造形式，如图 2-17 所示。碎石垫层设置 V 形槽，纵断面锯齿形，平面 S 形铺设，碎石垄按水下的自然休止角成形。利用抛填平整块石层调节地层分布与基槽开挖施工造成的不均匀性，起到承上启下的关键作用，利用垄沟相间的碎石垫层为管节结构提供了更进一步的协调支撑，同时块石层与垄沟相间的碎石层均具有吸纳落底淤泥的能力，使得沉管隧道基床成为一个平顺协调、刚柔并济的支撑体系，可控制不均匀的过大差异沉降量，降低沉管隧道结构受力及接头张开量，提高结构及止水安全度。

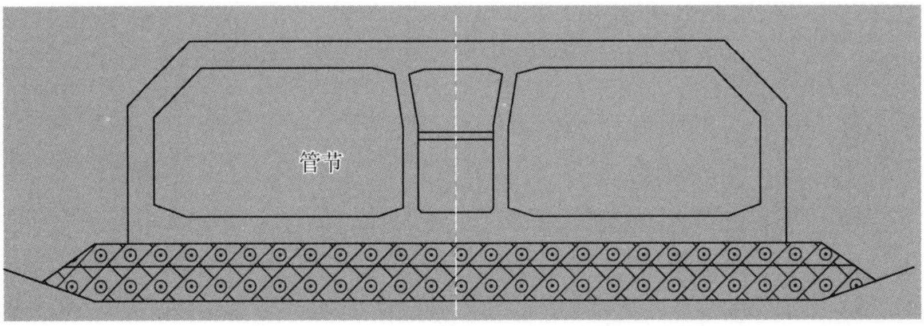

图 2-16　沉管隧道组合基床

图 2-17　沉管隧道基础碎石垫层构造

块石层或二片石层为满铺形式，铺满整个沉管隧道开挖基槽的底部，与上面的碎石垫层组成刚柔并济的组合基床体系。

项目组开展了组合基床设计方法、组合基床纳淤机理及设计等系列项目的研究，并成功在港珠澳大桥岛隧工程除 SCP 联合堆载预压的分区之外的其他分区实施，通过对比 E12、E18 及 E24 管节基床实测沉降与有限元软件按照基床土实际情况建立的有限元模型计算沉降，发现实测沉降小于计算沉降，说明块石夯平的施工过程对下层土体存在加固作用，下层影响深度范围土层模量提高 20%～30%，从而减小基床在外荷载作用下产生的沉降。

5. 沉管隧道基础精细化施工成套技术及装备研究

项目组开展了包括深基槽高精度挖泥、外海深水基床抛石及夯实、外海深水基床高精度铺设整平及深水清淤等的沉管隧道基础精细化施工成套技术研究。

针对工程特点，开发了外海深水块石基床抛石技术，总结形成了一套完整的外海深水块石基床抛石施工工艺。采用可伸缩式溜管抛石工艺，避免了水流对抛石精度的影响，能够在水深 16～52m 进行高精度抛石施工。在溜管底部加装多通道测深仪，可以对基床块石标高进行实时监测，根据标高变化情况实时调整抛石量，提高了抛石施工效率，确保了抛石精度。抛石夯平船俯视图见图 2-18。

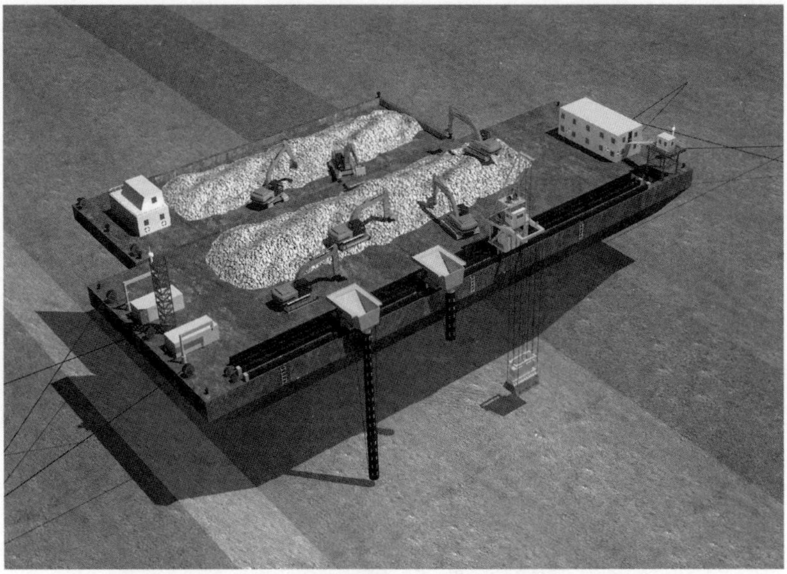

图 2-18　抛石夯平船俯视图

根据港珠澳大桥沉管隧道施工的特点，结合施工现场条件，从整平船移船定位、压载调平、桩腿下落抬升到供料船定位，从整平基床高程控制、基床纵坡控制到石料抛填整平等参数设定，从抛石管位置姿态、基床标高实时测量到整平基床质量检测等各工艺流程，分析碎石铺设整平船作业效率，对碎石基床铺设整平施工工艺流程进行设计。通过 E1～

E33 管节碎石垫层铺设施工，优化施工参数，完善操作规程，形成科学先进的高精度碎石基床铺设整平施工工艺。整平船铺设施工步骤及施工方向分别见图 2-19 和图 2-20。

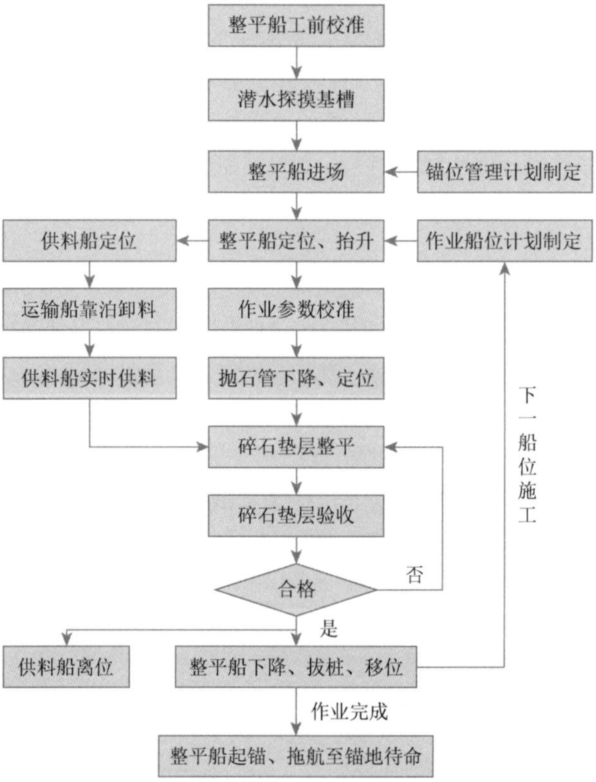

图 2-19　整平船铺设施工步骤

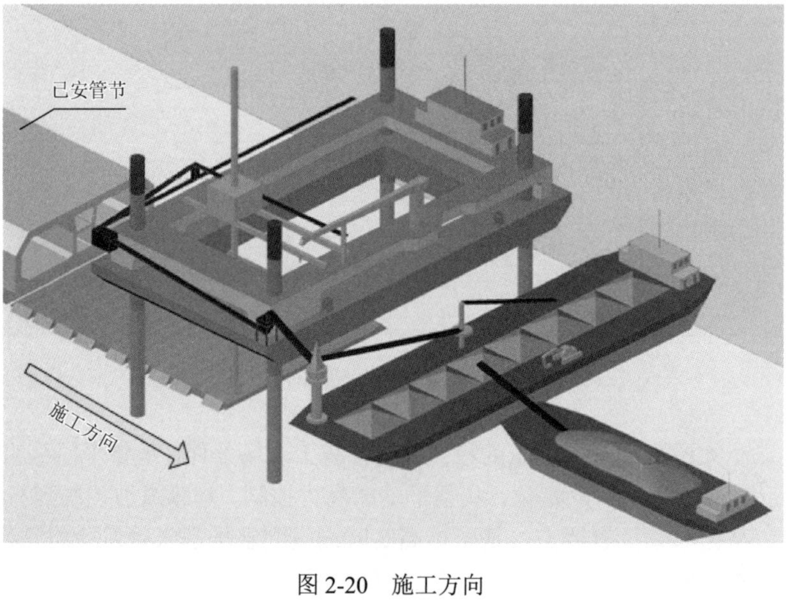

图 2-20　施工方向

6. 外海深水沉管隧道地基基础施工监测、检测技术研究与应用

外海深水沉管隧道高精度基础施工全过程监测体系包括：基槽开挖监测、抛石夯平监测、基床铺设整平监控技术，涵盖了整个港珠澳大桥沉管隧道基础施工监测。沉管隧道沉降对地基基础敏感，基础施工全过程监测体系的建立对保证基础施工质量尤为重要。

为此，项目组开展了基槽开挖监测、抛石夯平监测、基床铺设整平监控、多波束测深精度评估及稳定性分析研究，效果如下。

（1）基槽开挖监测

基槽开挖后采用多波束对开挖面检测，对于地形图及断面图中显示的浅点区域及时安排施工船进行精挖，然后再次检测，直至开挖标高符合设计标准。监测过程严格执行三检检查制度（自检、互检及专检），确保检测及监测数据的可靠性，及时有效地反馈精挖施工质量，保障基槽精挖施工顺利推进。精挖过程质量评估断面图如图 2-21 所示。

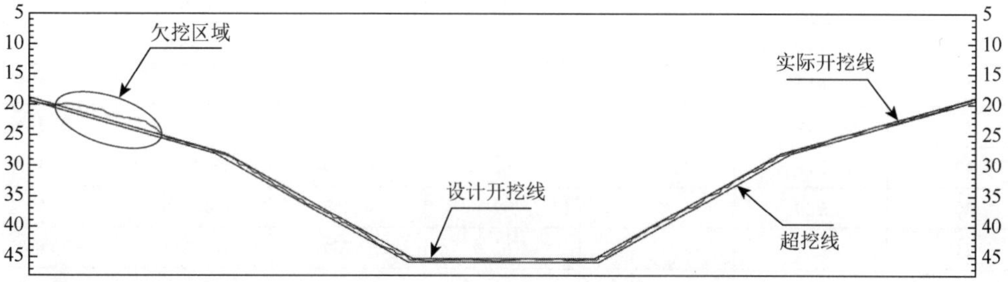

图 2-21　精挖过程质量评估断面图（单位：m）

（2）抛石夯平监测

根据典型施工效果确定块石抛填至测深仪下方块石超出设计断面标高 20cm 时停止单点抛填，在块石抛填过程中利用监控系统实时监测块石顶标高。

夯实过程中测量控制系统对夯板底标高进行实时监测，根据监测数据控制夯板下沉量，达到要求后停止夯实。

（3）基床铺设整平监控

检测已经完成的 E1～E33 管节整平的碎石基床质量，整平的碎石基床表面精度达±3.0cm 的合格率在 87.7%以上，表面精度达±4.0cm 的合格率在 94.5%以上，详见表 2-7。

表 2-7　E1～E33 管节碎石基床质量检测汇总表

序号	管节	船位数	垄数	检测结果		
				±3.0cm	±3.5cm	±4.0cm
1	E1	2	18	89.00%	92.90%	95.50%
2	E2	4	34	92.30%	95.40%	97.10%
3	E3	7	62	91.60%	95.20%	97.10%

续表

序号	管节	船位数	垄数	检测结果		
				±3.0cm	±3.5cm	±4.0cm
4	E4	7	62	89.70%	93.50%	95.80%
5	E5	7	62	88.90%	92.70%	95.20%
6	E6	7	62	86.10%	90.40%	93.40%
7	E7	7	62	87.40%	91.60%	94.30%
8	E8	7	62	87.60%	91.60%	94.20%
9	E9	7	62	85.20%	89.80%	92.80%
10	E10	7	62	85.40%	89.90%	93.00%
11	E11	7	62	85.30%	89.50%	92.80%
12	E12	7	62	86.70%	91.40%	94.20%
13	E13	7	62	86.40%	91.20%	94.10%
14	E14	7	62	87.30%	91.50%	94.50%
15	E15	7	62	87.60%	91.50%	94.10%
16	E16	7	62	87.01%	91.38%	94.15%
17	E17	7	62	86.09%	90.73%	93.82%
18	E18	7	62	84.21%	89.61%	93.16%
19	E19	7	62	86.18%	90.95%	94.15%
20	E20	7	62	86.38%	90.89%	93.79%
21	E21	7	62	87.75%	92.09%	94.84%
22	E22	7	62	85.01%	89.60%	92.76%
23	E23	7	62	85.01%	89.75%	92.92%
24	E24	7	62	84.40%	89.42%	92.85%
25	E25	7	62	86.37%	90.71%	93.71%
26	E26	7	62	87.91%	92.00%	94.76%
27	E27	7	54	87.96%	92.52%	95.28%
28	E28	7	54	86.27%	90.96%	94.27%
29	E29	7	62	90.58%	93.80%	95.92%
30	E30	7	62	89.60%	93.16%	95.47%
31	E31	7	62	90.52%	93.85%	96.05%
32	E32	5	42	86.61%	92.23%	95.34%
33	E33	3	26	88.00%	92.15%	94.63%

（4）多波束测深精度评估及稳定性分析

多波束扫测完成后，对扫测的两条主测线和两条检测线重叠区域内水深点进行水深误差统计。采用 HYPACK 中 TIN Model 进行 Tin to Tin 差值计算，选取多次多波束扫测数据进行差值统计，以差值的平均值和中误差为指标评定多波束测深的相对精度，主测线和检测线测深偏差统计见图 2-22。通过对主测线、检测线 20 次多波束扫测的 97 509 个点进行计算分析，主测线与检测线的相对水深测量偏差的平均值为1.5cm。

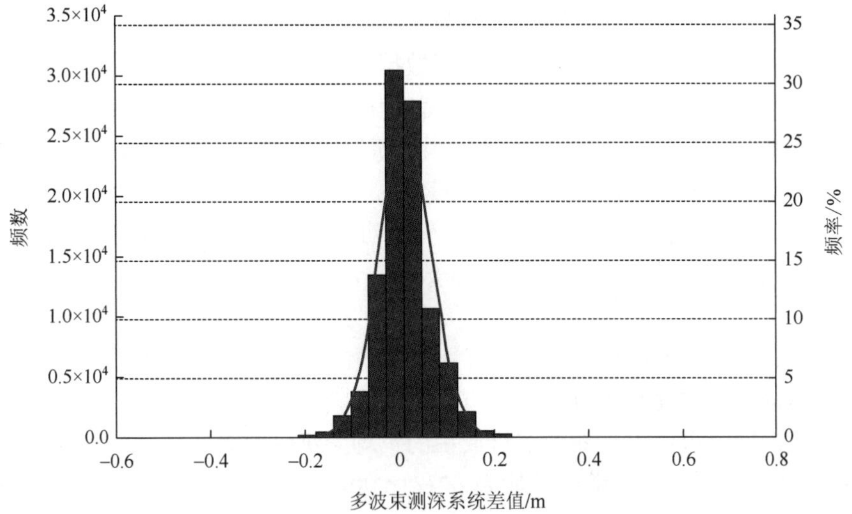

图2-22　主测线和检测线测深偏差统计图

通过对E15～E27管顶比对点及E28管顶比对板共计727个点进行高程差值计算(图2-23)，得到多波束绝对测深高程差值平均值为1.2cm，中误差为4.3cm。

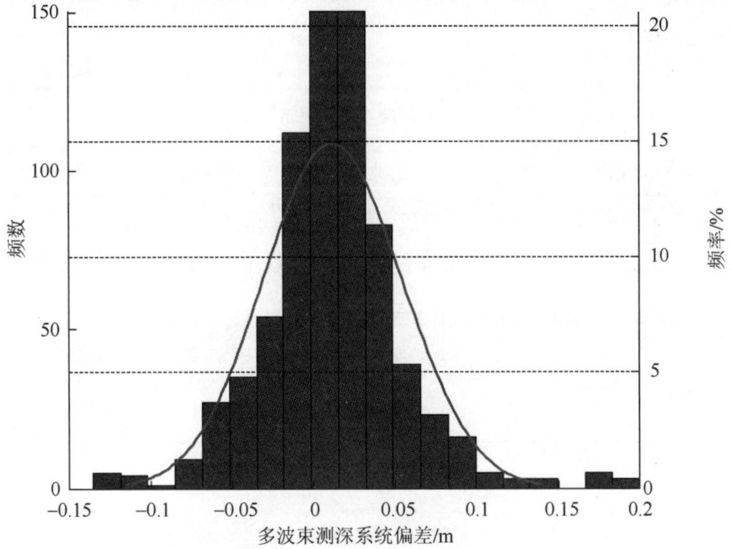

图2-23　多波束测深偏差统计图

根据碎石基床监测数据分析，开展测量船型选择、换能器安装改正、设备位置标定、声速改正、实时船舶姿态补偿校正、高程修正等技术研究应用，对提高多波束监测精度起到了积极作用。通过长期回淤监测数据统计，多波束扫测数据中90%以上的数据精度能达到±4cm以内，多波束监测可用于评估碎石垄顶回淤厚度，并评定是否具备沉管安装作业的条件。

随后开展了水下堆载预压监测技术及外海隧道沉降变形监测系统研究，通过水下堆载预压监测体系获得了不同历时所对应的沉降数据，发现了挤密砂桩复合地基堆载预压沉降变化规律：堆载预压沉降消除3～7cm，沉降变化与置换率变化呈相反趋势，即置换率越大沉降越小；初始沉降速率较大，后续缓慢固结沉降占比较小；复合地基下卧土层沉降小。堆载预压监测结果表明通过堆载可消除大部分沉降，保证了地基刚度。

通过对沉管管节实施沉降监测，可以对管节沉降的发展变化进行预测，也为下一管节的沉放坐标修正提供依据，因此管节的沉降数据是沉管隧道施工沉放及后期安全性的关键指标。

通过在沉管管节上安放仪器，对管节外墙的横向、纵向倾斜进行测量，可以得到管节在沉放完成后沿轴线方向及垂直于轴线方向上的倾斜变化。该项监测可判断管节安放后的整体姿态变化，同时可用于判断管节沉放后的不均匀沉降及管节之间的相对位移变化。

沉降观测标位于沉管隧道中管廊及左右管廊的下部侧壁，每个节段布置8个测点（图2-24）。

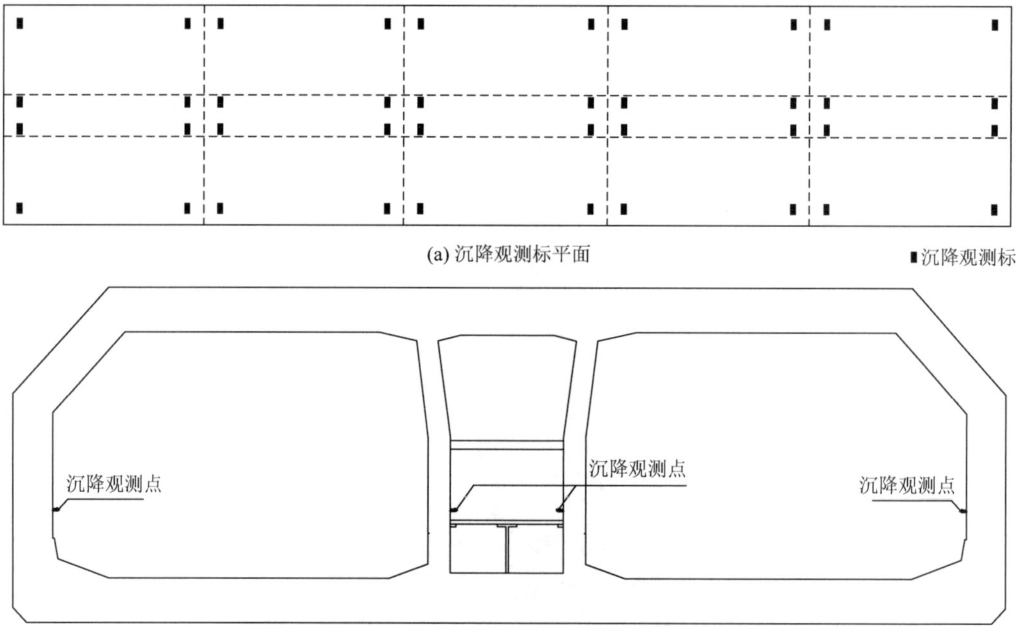

(a) 沉降观测标平面

(b) 沉管断面

图2-24　沉降观测标平面（a）和沉管断面（b）示意图

管节/节段之间的张开量监测是判断管节/节段之间的锁定质量及安全性的重要标准。管节/节段之间的张开量通过布设在节段连接位置处的轴向位移计进行测量。综合考虑现场施工及管节变形趋势等因素，管节/节段接头张开量测点布置分别见图2-25和图2-26。

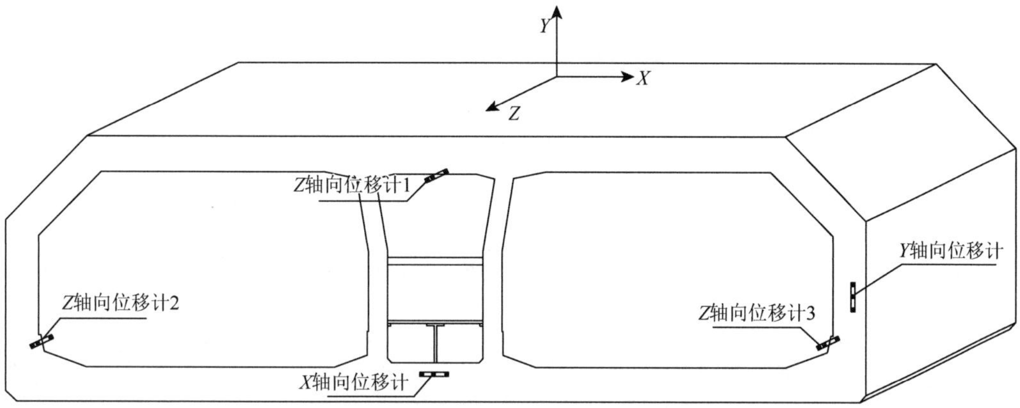

图 2-25　管节接头位置处差异变形及接头张开量测点布置

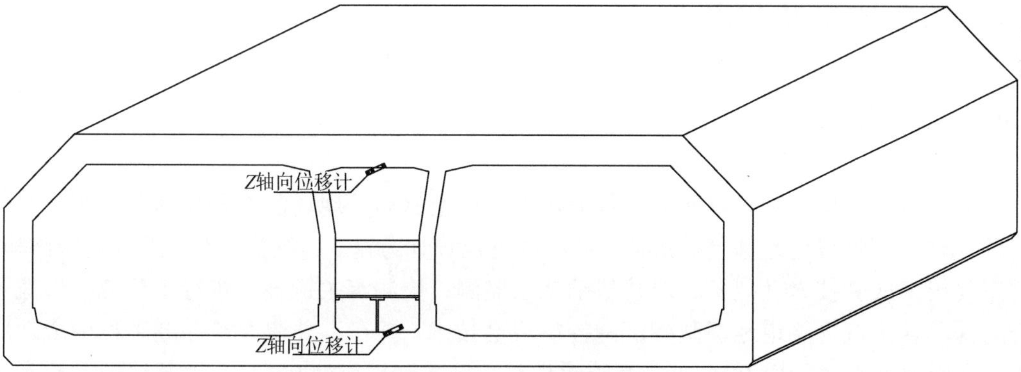

图 2-26　节段接头位置处张开量测点布置

沉管隧道全线沉降监测结果如图 2-27 和图 2-28 所示，表明沉降隧道基础沉降控制效果显著。

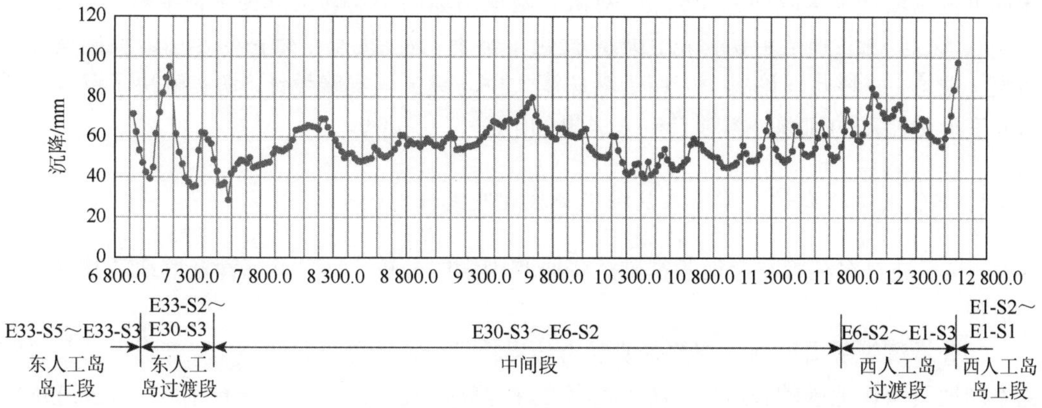

图 2-27　港珠澳大桥沉管隧道沉降

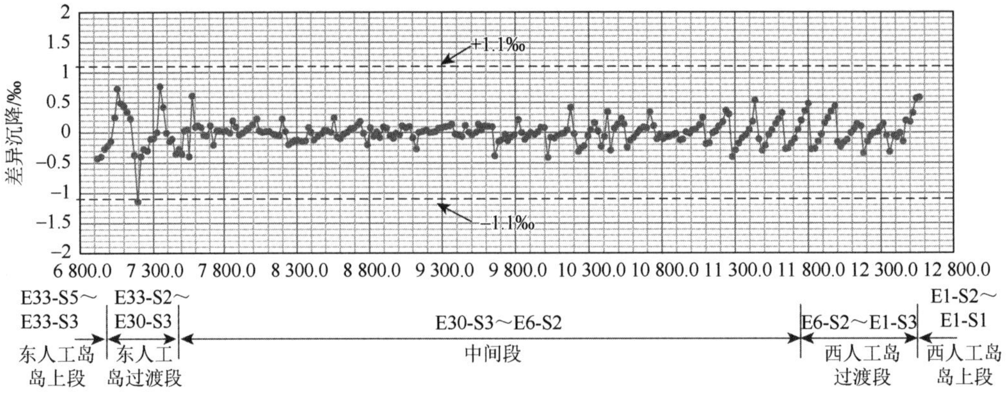

图 2-28　港珠澳大桥沉管隧道差异沉降

2.4　研究成果及其水平

2.4.1　研究成果

本项目通过理论和机理研究、数值模拟、模型试验、现场测试和反演分析等，对外海深厚软土沉管隧道地基基础沉降机理、理论及设计方法、精细化勘察、组合基床结构、精细化施工成套技术及装备、地基基础施工监测、检测等关键技术进行了研究，形成了外海深厚软土沉管隧道地基基础沉降控制成套技术，并在港珠澳大桥岛隧工程中成功应用。在国内外首次采用 PHC 桩、高喷柔性桩、挤密砂桩（SCP）复合地基逐渐过渡到天然地基的沉管隧道复合地基及基于块石夯平基层与垄沟相间碎石整平面层的沉管隧道新型组合基床结构，攻克了外海深厚软土沉管隧道地基基础沉降控制技术难题，形成了系列成果。

依托港珠澳大桥岛隧工程，研究外海环境中存在深厚软土情况下受不均匀荷载的超长深埋沉管隧道地基基础的沉降机理，对沉管隧道沿纵向不均匀沉降控制标准难以确定、在深厚软土上较难控制差异沉降的问题，提出了基于结构-地基基础共同作用的纵向变形协调设计理论，并将此理论成功应用于港珠澳大桥岛隧工程实践设计，切实解决了沉管隧道纵向变形协调难的问题。本项目研究成果如下。

1. 沉管隧道纵向过渡型地基基础沉降机理及设计理论

首先，通过对沉管隧道地基基础沉降影响因素的分析，研究了沉管隧道地基基础的沉降机理。

①分析沉管隧道地基基础的主要受力边界特征，如外海回淤环境，沉管隧道超长且跨越不同地质条件地基的长度大，地基土存在深厚软土且土性沿纵向分布不均，沉管隧道中间段埋深较深。

②影响沉降的主要因素包括：荷载、结构基础尺寸、地基基础的可压缩变形特性。其

中荷载和结构基础均为较难调整的因素，地基基础是控制沉降的关键点。

③沉管隧道的荷载特征：两端过渡段荷载较大，过渡段后荷载最小，越往中间段，由于回淤的影响，荷载增大，沉管隧道纵向荷载很不均匀；沉管隧道基槽底附加应力基本小于 0，仅在两端与陆上相接过渡段存在局部附加应力大于 0 的管段。

④沉管隧道沉降的主要组成包括：基础回淤夹层的沉降、基础层的沉降及原状地基土的沉降。回淤夹层若控制较好，可以忽略不计，沉降以固结和次固结沉降为主。基础层沉降以弹性变形的瞬时沉降为主，但基础层的压缩模量不能简单套用基础材料抽样试验得到的压缩模量，应考虑颗粒向未填充好的空隙挤出引起的沉降，因此基础层的整体模量要较基础层材料模量小很多；原状地基土的变形以卸荷-再压缩沉降为主。

⑤原状地基土的再压缩沉降曲线与卸载回弹曲线并不重合，再压缩沉降不仅包括回弹变形的再沉降，也包括由于再压缩所产生的新的塑性变形，当再加荷量与卸荷量相等时，再压缩变形量大于前期的回弹变形量；对原状地基土的再压缩沉降评估，宜采用考虑应力路径的试验得出的压缩参数。

⑥沉管隧道地基以粗粒土为主时，地基基础多在施工期即大部分完成沉降，工后沉降较小，而施工期沉降又以瞬时沉降为主；若沉管隧道地基还存在软土或超固结比不高的正常固结黏性土，其沉降将历时较长，即工后沉降将相对较大，因此需要对软土地基进行处理，以减小沉管隧道工后沉降。

其次，根据影响沉管隧道沉降的因素，结合结构对不均匀沉降的适应性，提出了基于结构-地基基础共同作用的纵向变形协调设计理论，并成功应用于港珠澳大桥岛隧工程。

①针对控制不均匀沉降的根本目的是保证结构的运营安全，提出纵向变形协调设计根本原则为变形能满足结构受力变形的相应量化指标，这些指标包括管节的受力裂缝要求、管节接头的止水带张开压缩量要求、管节接头的剪力键允许受力要求及相关的止水要求。

②以满足结构受力安全为原则，提出基于结构-地基基础共同作用的纵向变形协调设计理论，该理论以荷载-结构验算为核心，从调整结构配置提高对不均匀沉降的适应性、调整地基刚度及新型基床结构设计三个方面入手协调沉管隧道纵向的不均匀沉降，进行动态迭代设计计算，以在经济合理可行的调整方案下满足结构受力变形要求为判定标准，最终确定结构和地基基础的最优设计方案，提出设计流程。

③沉管隧道地基基础方面纵向变形协调的关键原则包括 5 个方面：精细化勘察获取适用于项目所在区域的地基土参数；纵向不同地基处理方法（含无处理的天然地基）地基刚度的协调；基床结构的优化设计，提升基础纳淤能力，以及协调竖向变形的能力；基础的精细化施工，控制施工偏差，如基础铺设平整度、水下清淤等；地基基础的施工监测、检测验证，动态更新设计。

④将此纵向变形协调设计理论应用于港珠澳大桥岛隧工程沉管隧道的实际设计，进行结构-地基基础共同作用的变形协调迭代计算，最终确定了结构的设计参数和地基处理的组合式方案，施工过程中的沉降监测验证了设计理论的可行性。这种设计理论比依据统计得来的沉降控制标准更为适用。

⑤根据沉管隧道纵向变形协调设计理论，最终提出港珠澳大桥岛隧工程的差异沉降控制标准为1.1‰。

2. 精细化勘察体系

（1）钻探、取样不扰动关键工艺方面

①首次开发研究适用于3～18m水深的、可拆卸装箱车载的柱管外挂固定式液压升降钻探平台。与常规钻探平台相比，该平台排除了波浪、潮汐对勘察作业的不良影响，提高了勘察效率、岩芯采取率、取样质量、标准贯入试验和十字板剪切试验准确度，同时具备了普通静力触探试验实施条件。

②首次开发研究适用于浅海超过3m水深的波浪补偿分离式液压钻机。波浪补偿分离式液压钻机采用平衡原理消除波浪对勘察作业的不良影响，提高了岩心采取率、取样质量、标准贯入试验和十字板剪切试验准确度。

③首次改进了适用于海上勘察流塑～可塑细粒土的钢丝绳型活塞杆的固定活塞薄壁取土器，减少Ⅰ级原状土样采取的扰动性，避免了常规敞口薄壁取土器易掉样、取到残渣的不足，改正了常规活塞杆易受风浪折断的缺点。

（2）现场测试原位性关键工艺方面

①研究海床式孔压静力触探工艺，改进了仪器吊运装置及方式，采用多桥探头，把贯入系统直接放置到海床上，消除风浪不利影响，连续贯入记录现场锥尖阻力、侧摩擦力、孔隙水压力及探头倾角数据，在海上有限的作业时间内，快速完成试验。通过上覆影响压力、孔隙水压力、孔斜等校正，获得连续性、原位性好的锥尖、侧摩擦力，进行精细地层划分，连续取得土层的物理力学指标，评估土层的渗透性、地下水情况及进行砂土液化判别，改变了传统静力触探工艺不适用于海上测试、适应地层强度范围窄的缺陷。

本次研究通过对Robertson（2010）土体分类图的修正，获得了可应用于国标及国内范围的土体分类标准，如图2-29所示。

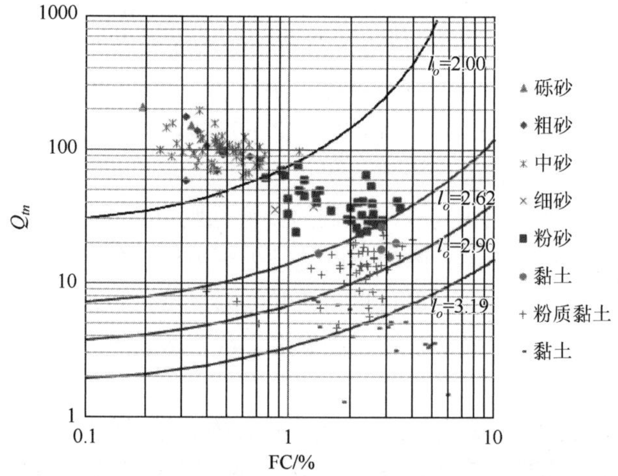

图2-29　基于Robertson（2010）的土体分类标准（后附彩图）

基于港珠澳大桥岛隧工程的海床式静力触探数据、标准贯入试验数据、原位十字板剪切试验数据、波速测试数据和室内试验数据，相互比较分析，建立相关性，形成珠江三角洲的孔压静力触探试验数据与物理力学参数的对应关系，见表 2-8。

表 2-8　珠江三角洲孔压静力触探试验数据与物理力学参数对应关系表

类别	内容			所用指标及公式（方法）	可靠性
土体分层	英国标准土体分类系统			Robertson（1990）分类图	Ⅰ～Ⅱ
土体分层	国家标准土体分类系统			修正后的 Robertson（2010）分类图	Ⅰ～Ⅱ
岩土工程性质指标	黏性土	物理指标	FC（细粒含量）	$FC=1.31I_c^{3.76}$ （$1.26<I_c<3.17$）	Ⅱ
岩土工程性质指标	黏性土	物理指标	γ（容重）	$\gamma/\gamma_w=0.27\lg R_f+0.36\lg(q_t/P_a)+1.236$	Ⅱ
岩土工程性质指标	黏性土	物理指标	ω（含水量）	$\omega=-26.25\lg q_t+45.288$	Ⅱ
岩土工程性质指标	黏性土	物理指标	e（孔隙比）	$e=1.351-0.813\lg(q_t)$	Ⅰ～Ⅱ
岩土工程性质指标	黏性土	物理指标	I_p（塑性指数）	$I_p=32.655-4.06q_t$	Ⅳ～Ⅴ
岩土工程性质指标	黏性土	物理指标	I_L（液性指数）	$I_L=0.79-0.49\lg(q_t)$	Ⅰ～Ⅱ
岩土工程性质指标	黏性土	力学指标	S_u（不排水强度）	$S_u=\frac{q_t-\sigma_{vo}}{N_{kt}}$	Ⅱ
岩土工程性质指标	黏性土	力学指标	K_0（静止土压力系数）	$K_0=(1-\sin\varphi')OCR^{\sin\varphi'}$	Ⅳ～Ⅴ
岩土工程性质指标	黏性土	力学指标	S_t（灵敏度）	$S_t=\frac{q_t-\sigma_{vo}}{N_{kt}\cdot f_s}$	Ⅱ
岩土工程性质指标	黏性土	变形指标	OCR	$OCR=0.173\left(\frac{q_t-\sigma_{vo}}{\sigma'_{vo}}\right)$	Ⅱ～Ⅲ
岩土工程性质指标	黏性土	变形指标	C_c压缩指数	$C_c=-0.14(q_t-\sigma_{vo})+0.68$	Ⅲ～Ⅳ
岩土工程性质指标	黏性土	变形指标	M（压缩模量）	$M=\frac{1}{m_v}=\frac{\delta\sigma_v}{\delta\varepsilon}=\frac{2.3(1+e_0)\sigma'_{vo}}{C_c}$	Ⅲ～Ⅳ
岩土工程性质指标	黏性土	变形指标	G_0（剪切模量）	$G_0=99.5(P_a)^{0.305}\frac{(q_t)^{0.695}}{(e_0)^{1.130}}$	Ⅳ～Ⅴ
岩土工程性质指标	黏性土	渗透性	k_h（水平渗透系数）	$k_h=\frac{r_w}{2.3\cdot\sigma'_{vo}}\cdot RR\cdot C_h$	Ⅱ～Ⅲ
岩土工程性质指标	黏性土	渗透性	C_h（水平固结系数）	$C_h=\frac{T_{50}}{t_{50}}\cdot r_0^2$	Ⅱ～Ⅲ
岩土工程性质指标	砂土	物理指标	D_r（相对密度）	$D_r=\frac{1}{C_2}\ln\frac{q_c}{C_0\times\sigma'^{C_1}}$	Ⅲ～Ⅳ
岩土工程性质指标	砂土	力学指标	K_0（静止土压力系数）	$K_0=(1-\sin\varphi')OCR^{\sin\varphi'}$	Ⅳ～Ⅴ
岩土工程性质指标	砂土	力学指标	φ'（有效内摩擦角）	$\varphi'=17.6°+11\cdot\lg\left(\frac{q_t-\sigma_{vo}}{\sqrt{\sigma'_{vo}\cdot P_a}}\right)$	Ⅲ～Ⅳ
岩土工程性质指标	砂土	变形指标	OCR	$OCR=\left[\frac{0.192\cdot(q_t/P_a)^{0.22}}{(1-\sin\varphi')\cdot(\sigma'_{vo}/P_a)^{0.31}}\right]^{\left(\frac{1}{\sin\varphi'-0.27}\right)}$	Ⅳ～Ⅴ
岩土工程性质指标	砂土	变形指标	E（弹性模量）	$E=\alpha_E\cdot(q_t-\sigma_{vo})$ $\alpha_E=0.015[10^{(0.55I_c+1.68)}]$	Ⅳ～Ⅴ

续表

<table>
<tr><th>类别</th><th colspan="2">内容</th><th>所用指标及公式（方法）</th><th>可靠性</th></tr>
<tr><td rowspan="2">岩土工程设计</td><td>浅基础</td><td>承载力</td><td>砂土：$q_{ult}=K_{\varphi}q_{c(av)}$　$K_{\varphi}=0.16\sim0.30$
黏性土：$q_{ult}=K_{su}q_{c(av)}+\gamma D$　$K_{su}=0.30\sim0.60$</td><td>Ⅱ～Ⅲ</td></tr>
<tr><td>桩基础</td><td>承载力</td><td>$q_p=C_q q_e$
$\begin{Bmatrix}\Delta u_2<110\text{kPa}, f_p=(0.0036\Delta u_2+0.48)f_s\\ 110\text{kPa}<\Delta u_2<500\text{kPa}, f_p=(0.0125\Delta u_2-0.5)f_s\\ \Delta u_2=u_2-u_0\end{Bmatrix}$</td><td>Ⅱ～Ⅲ</td></tr>
<tr><td colspan="3">与标准贯入试验相关关系</td><td>$(q_t/P_a)/N_{60}=0.9$　黏土～粉质黏土
$(q_t/P_a)/N_{60}=1.3$　黏土～粉质黏土（夹薄层细砂）
$(q_t/P_a)/N_{60}=2.4$　粉细砂、中砂（混黏土）
$(q_t/P_a)/N_{60}=3.3$　中粗砂</td><td>Ⅱ～Ⅲ</td></tr>
<tr><td colspan="3">与十字板剪切试验（vane shear test，VST）相关关系</td><td>$C_u=\frac{q_t-\sigma_v}{14.12}$　$C_u=\frac{U_2-U_0}{4.9}$
$C'_u=0.84f_s$　$S_t=\frac{C_u}{C'_u}=\frac{U_2-U_0}{4.116\cdot f_s}$</td><td>Ⅱ～Ⅲ</td></tr>
<tr><td colspan="3">与 V_s 相关关系</td><td>黏性土 $V_s=174q_t^{0.28}$
砂土 $V_s=[10^{(0.48I_c+1.91)}(q_t-\sigma_{vo})/P_a]^{0.5}$</td><td>Ⅱ～Ⅲ</td></tr>
</table>

注：可靠性分级为Ⅰ= 很可靠；Ⅱ= 可靠；Ⅲ= 较可靠；Ⅳ= 一般可靠；Ⅴ= 可靠性低。

②标准贯入试验。

依托标准贯入试验能量分析仪，通过对英国标准（BS）和国家标准（GB）锤采用不同刚度钻杆（直径 42mm 和直径 50mm）的锤击能量分析，获得了 BS 和 GB 标贯击数有如下对应关系。

钻杆直径 50mm 的标贯击数为

$$N_{\mathrm{BS}}\times72\%=N_{\mathrm{GB}}\times87\%$$

即

$$N_{\mathrm{GB}}=0.83N_{\mathrm{BS}}$$

式中，N_{BS}——现场 BS 标贯击数；

N_{GB}——现场 GB 标贯击数。

钻杆直径 42mm 的标贯击数为

$$N_{\mathrm{BS}}\times67\%=N_{\mathrm{GB}}\times85\%$$

即

$$N_{\mathrm{GB}}=0.79N_{\mathrm{BS}}$$

以上结果表明，在其他条件均相同的情况下，BS 标贯设备由于锤垫质量大，实际锤击传递的能量相对于锤垫质量小的 GB 设备要低，标贯击数要大。

（3）室内试验关键技术研究方面

①根据实际工况制定固结试验加卸载级别及过程，为设计提供准确的设计参数。

②引进和研究了 GDS 应力路径三轴仪技术工艺，进行了恒应变速率固结试验和 K_0 固结不排水三轴剪切试验（CAU 试验），获得了较为准确的参数。

3. 沉管隧道复合地基设计方法

首先，系统梳理了复合地基的作用机理及复合地基沉降固结计算方法，总结了沉管隧道复合地基应用现状，提出了沉管隧道基础形式选型方法。

其次，挤密砂桩复合地基研究成果如下。

①对大型挤密砂桩复合地基载荷试验数据进行分析，实测数据表明，桩土应力比为 6～8。随着时间变化，桩间土逐渐固结，桩间土承担的荷载增大，导致桩土应力比逐渐减小，最后稳定在 6.5 左右。卸载期间，桩土应力比发生较大的变化，桩土应力比从 7 增大到 23 左右。

②采用应力修正法对挤密砂桩复合地基载荷试验进行计算分析，计算表明，当桩土应力比取 7.5 时，应力修正法计算沉降与实测沉降接近。采用 PLAXIS 3D 对挤密砂桩复合地基载荷试验进行分析，计算结果表明桩土应力比为 5～10，与实测较符合。

③基于应力修正法，对散体材料桩复合地基实测数据反分析，建立了桩土应力比 n 与桩土模量比 E_c/E_s 的关系，建立了基于实测沉降数据推算的固结系数与室内试验得到的固结系数之比 C_h/C_{h_0} 与置换率的关系。

再次，基于原位测试结果，建立了高压旋喷桩加固区域变形模量与标贯击数之间的关系，并应用于大面积高压旋喷桩复合地基沉降计算，计算结果验证了该公式的合理性，为类似处理效果地基沉降计算提供了一种解决思路。

最后，PHC 桩复合地基研究成果如下。

①在规范公式的基础上，首次提出了一种新的 PHC 桩复合地基加固区复合模量的计算方法，该方法不需要载荷试验加载至破坏，节省试验费用，载荷试验分析表明本项目方法更为合理；基于现场实际条件，建立了多次加载-卸载工况下刚性桩复合地基沉降计算方法，并与现有规范公式和实测沉降进行了对比，验证了本项目沉降计算方法的合理性。

②采用有限元法分析了 PHC 桩复合地基变形性状，研究表明：在桩长和置换率相同的情况下，复合地基变形随着载荷板尺寸的增大而增加；在相同的荷载和桩长的情况下，随着桩间距的增加，复合地基变形随之增加，桩土应力比随之增加；随着碎石垫层厚度的增加，复合地基的变形随之增加，桩土应力比随之减小。

4. 沉管隧道新型组合基床结构

首先，通过对组合基床作用机理的研究，分析影响组合基床作用的因素及规律。

①组合基床地基土中附加应力相比于普通基床有大幅度的衰减，并且对基床土体中附加应力的衰减起主要作用的是组合基床中的块石层。

②当下层块石模量达到一定程度（100MPa）时，继续增加下层块石模量并不能继续衰减组合基床地基中附加应力的传递；随着组合基床块石层厚度的增加，组合基床中该附加应力突变衰减点的位置逐渐下移，并且该点处的土体中附加应力逐渐减小，增加块石层厚度对于沉管隧道附加应力有更加明显的衰减效果。

③考虑沉管隧道基槽开挖及实际工序后，组合基床块石层对地基土中附加应力的衰减主要作用在地基 0.5 倍基础宽度范围之内，并且随深度的增加衰减程度逐渐减小。同时，

考虑基槽开挖过程时，组合基床中的应力突变衰减点位置较不考虑基槽开挖过程的简单基床中的应力突变衰减点位置更深，并且应力突变衰减幅度更大。

④组合基床的块石夯平施工对下卧地基土起到了很好的加固作用，可提高影响深度范围内等效模量值20%～30%，从而减小基床在外荷载作用下产生的沉降。

⑤现场荷载下的基床等效刚度约为现场载荷板试验得到的基床等效刚度的 50%，因此，当根据现场载荷板试验结果预估基床在实际中产生的沉降时，可以按照现场载荷板试验得到的基床等效刚度乘以 0.5 左右的修正系数。

其次，根据荷载条件、地质条件、沉降控制标准等因素确定复合基床设计方案，提出了沉管隧道组合基床设计流程，并给出了组合基床的沉降计算及承载力计算方法。

最后，通过碎石基床纳淤试验分析研究纳淤机理并提出纳淤设计理论。

①依据碎石基床纳淤能力分别对各影响因素进行了分类，包括碎石粒径、碎石基床厚度、泥浆颗粒组成及泥浆比重等。

②在传统设计方法基础上提出的可适用于回淤环境下的先铺组合基床纳淤设计原理及计算方法，得到了判定基床设计方案是否满足回淤环境条件下纳淤要求的计算公式。

5. 外海深水沉管隧道基础精细化施工成套技术及装备技术

（1）深基槽高精度挖泥关键技术研究成果

本项目首次提出挖泥船采用高程直接控制的方法，采用 RTK 控制高程基准，通过计算机与设备微调系统，实时控制抓斗吊缆长度、抓斗闭合轨迹，大幅降低了风浪流对常规抓斗船挖掘精度的影响，实现了挖泥高程的高精度控制，在 50m 水深条件下挖泥超深控制在 50cm 以内；开发了抓斗船智能控制操作系统，实现了开挖高程智能控制，有效避免了超挖及对槽底原状土的扰动，实现了施工过程的可视、可控；研发了抓斗挖泥船自动平挖控制系统，采用迭代拟合方法，实时控制抓斗的闭合轨迹，使高差精度控制在 50cm 以内。

（2）深水清淤关键技术与设备研发成果

本项目研制了两套用于多种工况的新型多功能清淤吸头装置，研发了利用恒压技术的基槽床面清淤防损系统和触底保护装置，同时采用人形流道结构，通过旋转挡板实现单向或双向清淤，首次实现了在基床面上清淤；研发了 80m 超长刚性桁架结构桥架，采用多吊点恒张力同步起升技术，具有刚度好、重量轻、带浮力的特点，满足海上–50m 基槽清淤要求；开发了高精度吸头定位监控系统，采用水下压力传感器、双向角度传感器、行程传感器等技术，修正了 80m 长桥梁变形对吸头定位精度的影响，实现了高精度定点清淤和对沉管钢封门保护的要求；研发了“盖章”式精确施工工艺和快速装驳系统，有效解决了槽底变坡度清淤施工难题。

（3）外海深水基床抛石及夯实装备开发及应用研究成果

①依托 8000t 方驳开发了集抛石及振动夯实功能于一体的专用装备，该装备具备外海高精度定位、施工备料、定点定量抛石及定点夯平等功能。

②开发了集抛石及振动夯实监控功能于一体的全过程、可视化监控系统，通过施工参数可视化控制并结合模拟施工动态画面，对抛石、夯平、夯实过程进行实时监测，确保施工质量。

③开发了外海深水块石基床抛石技术，总结形成了一套完整的外海深水块石基床抛石施工工艺。采用可伸缩式溜管抛石工艺，避免了水流对抛石精度的影响，能够在水深 16～52m 进行高精度抛石施工。在溜管底部加装多通道测深仪，可以对块石基床标高进行实时监测，根据标高变化情况实时调整抛石量，提高了抛石施工效率，确保了抛石精度。在外海最大水深 52m，最大流速 1.8m/s 的情况下，抛填 10～100kg 块石控制边线偏差达到 0～＋1m，标高达到±0.5m 的精度。

④创造性地采用液压振动锤对块石基床进行振动夯实，在国内外尚属首次。在振动锤下增设夯板，夯板平面尺寸为 4m×5m，一次夯实面积达到 $20m^2$，持续振夯 30s 能够达到普通重锤夯击 12 次的夯沉效果，极大地提高了夯实的施工效率。针对施工水流特点，加大了夯实系统的重量，整个夯实系统重达 80t，提高了夯实系统的稳定性，在最大流速 1.8m/s 的情况下仍能正常施工，实现了夯沉时间可控制的持续定点夯实。对块石基床抛填高差适应能力极强，在高差达到 1m 情况下，夯实后标高达到±0.3m 的精度要求，解决了外海深水域块石基床水下夯实难题。

（4）外海深水碎石基床高精度整平装备开发及应用研究成果

通过深水碎石高精度整平设备开发及施工工艺研究，研制国内外最先进的、效率最高的集定位测量、水下抛石、深水整平、质量检测为一体的新型的自升式整平船，施工效率可在 8 个有效工作日内完成单节管节（长 180m）1.3m 厚的碎石垫层铺设及整平，施工精度达到±3cm。自主创新研发建造的新型整平船采用世界领先技术，自动化程度高、施工管理系统先进、抗风浪能力强，不但能够满足港珠澳大桥沉管隧道基础施工要求，而且在深水基床抛石整平施工中将是一项划时代的技术进步成果，将对我国的水工工程建设和大型跨海通道建设产生巨大的经济效益和社会效益。

6. 外海深水沉管隧道基础施工检测、检测技术

针对珠江口海域水文、地质情况复杂，水深变化大，施工精度要求高等特点，通过对外海深水沉管隧道基础施工监测、检测技术及方法的研究，建立了包括基槽开挖、抛石夯平、基床铺设整平的外海深水沉管隧道高精度基础施工全过程监测体系；提出了一种水下载荷试验新方法，通过密封处理的静力水准仪组成的沉降测量系统，成功获得荷载作用下水下地基的沉降量；研发了水下堆载预压基础沉降监测系统，通过液体压差式沉降仪、分层多点位移计、远程数据传输系统，获得土体总沉降及各层压缩量，实现了外海水下地基沉降自动化监测；首次进行高喷柔性桩复合地基原型载荷试验，利用等效地基土附加应力相等原则，获得高喷柔性桩复合地基变形参数；首次建立了外海隧道变形监测系统，获得全隧道施工期沉降及变形特性。

2.4.2　技术创新点

①通过研究不均匀荷载变厚度软土地基条件下超长沉管隧道地基基础沉降机理，提出了沉管隧道地基基础变形协调设计理论，为沉管隧道地基基础设计提供支撑。

②首次在沉管隧道工程中研发了液压升降钻探平台、波浪补偿分离式液压钻机、海床

式静力触探试验设备等组成的精细化勘察体系，获得了精确的岩土参数，通过大量原位测试和室内试验数据对比分析，提出了适用于珠江三角洲地区的孔压静力触探试验解译公式，建立了三维地质模型，为港珠澳大桥沉管隧道设计及地基沉降机理的研究提供支撑。

③分析了复合地基受力变形特点并结合大量现场试验，提出了沉管隧道复合地基沉降计算方法；提出了 PHC 桩、高喷柔性桩、挤密砂桩（SCP）复合地基逐渐过渡到天然地基的沉管隧道组合地基设计方案，并成功应用于港珠澳大桥沉管隧道。

④通过理论分析、数值计算、模型实验等手段揭示了组合基床结构的受力机理与纳淤能力，提出了基于块石夯平基层与垄沟相间碎石整平面层的沉管隧道新型组合基床结构，解决了沉管隧道深基槽基础不均匀沉降控制难题。

⑤首次研发了高精度智能深基槽开挖控制系统、深基槽定点清淤船、定点定量块石基床抛填工艺、液压振动锤块石基床夯平工艺、自升式整平船及基床自动铺设系统的外海深水沉管隧道基础精细化施工成套技术及装备。

⑥首次建立了外海深水沉管隧道基槽开挖、抛石夯平、基床铺设整平的高精度基础施工全过程监测体系；首次研发了外海深水基础载荷试验检测系统及水下堆载预压地基加固自动化监测系统，实现了深水地基基础监测、检测技术的突破。

2.4.3 研究成果水平及其先进性

本项目的科研成果和关键技术获得发明和实用新型专利共 32 项，获得国家级工法 1 项；在国内外各类期刊上发表论文 42 篇；形成了《水下挤密砂桩设计与施工规程》初稿。

与国内外同类技术相比，本项研究成果具有明显的技术优势，适用性强，具有广泛的推广应用前景。创新技术和成果已在港珠澳大桥岛隧工程建设中得到了成功应用，外海深厚软土沉管隧道地基基础沉降控制成套技术极大地提高了我国涉水工程领域的专业技术水平，经济效益、社会效益和环境效益显著，成果处于国际领先水平。

2.5 研究结论

本项目依托港珠澳大桥沉管隧道工程，结合已有成果资料，通过理论研究、现场测试、施工和监测等一系列方法，针对外海深厚软土沉管隧道地基基础沉降机理及设计理论、精细化勘察、复合地基设计方法、精细化施工成套技术及装备、监测与检测 5 个方面的关键技术进行了系统研究，主要结论如下。

①通过对 PHC 桩、高喷柔性桩和挤密砂桩复合地基及天然地基沉降机理研究，得出影响地基基础沉降的影响因素及沉降变化规律，提出了考虑结构-地基基础共同作用的变形协调设计理论，并基于该理论成功制定了港珠澳大桥沉管隧道设计方案，总结得出过渡段组合式复合地基段不均匀沉降允许值为 1‰，中间天然地基段不均匀沉降允许值 0.5‰。

②开发研制了液压升降钻探平台及波浪补偿分离式液压钻机，并与海床式孔压静力触探试验设备等形成了精细化勘察体系，精细化勘察体系相比传统勘察方法可获得更为准确

的地质参数，为沉管隧道地基基础设计及方案的确定提供了有力支撑。

③系统梳理了复合地基的作用机理及复合地基沉降固结计算方法，总结了沉管隧道复合地基应用现状，提出了沉管隧道基础形式选型方法。对散体材料桩复合地基实测数据反分析，建立了桩土应力比 n 与桩土模量比 E_c/E_s 的关系，建立了基于实测数据推算的固结系数与室内试验得到的固结系数之比 C_h/C_{h_0} 与置换率的关系，提出了适用于沉管隧道散体桩复合地基沉降及固结计算方法，并通过对港珠澳大桥岛隧工程理论计算和有限元分析，验证了计算方法的合理性。基于原位测试结果，建立了高喷柔性桩加固区域变形模量与标贯击数之间的相互关系，并应用于大面积高喷柔性桩复合地基沉降计算，计算结果验证了该公式的合理性，为类似处理效果地基沉降计算提供了一种解决思路。提出了一种新的 PHC 桩复合地基加固区复合模量的计算方法，该方法不需要载荷试验加载至破坏，能节省试验费用，载荷试验分析表明本项目的方法更为合理；基于现场实际条件，建立了复杂工况下 PHC 桩复合地基沉降计算方法，并与现有规范公式和实测沉降进行了对比，验证了本项目沉降计算方法的合理性。采用有限元法分析载荷板尺寸、桩间距、碎石垫层厚度等对 PHC 桩复合地基变形的影响，并依据载荷试验结果反分析获得了土层的参数，并应用于岛上段隧道结构 PHC 桩复合地基有限元计算；结果表明计算沉降与实测结果较为接近，有限元法可以用于大面积 PHC 桩复合地基沉降设计计算。

④沉管隧道复合基床包括块石层和碎石层，利用抛填平整块石层调节地层分布与基槽开挖施工造成的不均匀性，起到承上启下的关键作用，利用垄沟相间的碎石层为管节结构提供了更进一步的协调支撑，同时块石层与垄沟相间的碎石层均具有吸纳落底淤泥的能力，使得沉管隧道基床成为一个平顺协调、刚柔并济的支撑体系，可控制不均匀的过大差异沉降量，降低沉管隧道结构受力及接头张开量，提高结构及止水安全度。通过基于有限单元法的敏感性分析可知，组合基床中块石层可对作用于基床下软土的附加应力传递产生明显的衰减作用，而且块石层厚度较块石层变形模量的改变更加敏感。沉管组合基床对附加应力的衰减作用范围限于软土地基的一定深度范围之内，计算表明约在 0.5 倍结构宽度的范围。块石层施工可对软土地基土产生加固作用，在 95%的置信区间内，块石夯平施工作用对下层土的模量提高量为 25%～30%。本章的先铺碎石基床纳淤设计是在传统先铺碎石基床设计方法的基础上提出的，考虑了碎石基床纳淤能力与回淤量的关系，经过碎石垫层纳淤机理试验与工程现场验证后确定，并在港珠澳大桥沉管隧道建设中成功应用。

⑤通过深水清淤关键技术与设备研发，在深水基床面上首次实现了高精度定点清淤，清淤质量完全满足设计及规范要求，确保了后续基槽基础施工质量。首次在外海深水块石基床施工中应用了溜管抛石和液压振动锤振动夯实技术，解决外海深水块石基床施工难题，提高了外海施工安全保障，施工质量的可靠性及施工效率。研制开发高精度深水碎石基床整平船及施工工艺，为港珠澳大桥沉管隧道碎石基床铺设与整平提供关键船机装备，满足港珠澳大桥沉管隧道碎石基床铺设整平的高精度要求。

⑥针对珠江口海域水文、地质情况复杂，水深变化大，施工精度要求高等特点，建立了包括基槽开挖、块石夯平、碎石基床整平的外海深水沉管隧道高精度基础施工全过程监测体系。通过大型专用全回转测量船上固定安装多波束测深设备，系统地开展误差分析、

参数优化、精度比对训练，首次将深水多波束测深精度提高到4cm；开发了全过程、可视化的施工监控系统，对抛石、夯实过程进行实时监测，可实现定点定量抛石，且可持续进行定点夯平夯实，施工全过程可控，实现了高精度施工；开发了高精度外海深水基床铺设整平测控系统，采用GPS快速静态+全站仪联合测量高差方法，在深水基床整平高程和水平度测控方式、整平下料方式、整平船水上和水下的通信检测形式等方面提出了精确测量深水基床水下标高及质量检测的新方法，开发了能适应外海深水水下精度校准技术。研制了具有自主知识产权的外海深水基床高精度铺设施工管理控制系统，实现碎石基床铺设与质量检测的自动化控制。

第3章 先铺碎石基床纳淤机理、设计方法及回淤控制技术

3.1 研究目的和意义

3.1.1 研究目的

港珠澳大桥沉管隧道既是我国第一条采用先铺法的沉管隧道，也是国际上首条在回淤环境下应用先铺法的沉管隧道，存在很大的设计和施工风险。开展先铺碎石基床纳淤机理、纳淤设计和回淤控制技术攻关研究，建立回淤环境下沉管隧道先铺碎石基床设计方法，开发一套集回淤预报、监测和清淤技术为一体的先铺碎石基床回淤控制方法，不但能够解决港珠澳大桥沉管隧道施工面临的回淤问题，还能掌握回淤控制核心技术，占领该领域的技术制高点，形成具有自主知识产权的设计方法、施工技术和施工装备，推动和引领先铺碎石基床在回淤环境下的应用。

3.1.2 研究意义

回淤环境先铺碎石基床纳淤机理和纳淤设计研究，将填补沉管隧道先铺碎石基床纳淤理论的空白，完善先铺碎石基床设计方法，拓展先铺碎石基床的应用范围，既可指导设计优化方案，提高基床纳淤能力，降低工程风险，又可为沉管安装等关键工序确定窗口周期提供科学的理论依据，保证回淤环境下先铺碎石基床及沉管施工的工程质量。

小区域精细化回淤预测预报、高精度回淤监测和外海深水无损清淤技术装备方面取得的技术进步和研究成果，会辐射应用至相近工程领域，如传统水工工程、疏浚工程、新兴海洋工程、石油工程、外海人工岛工程等，提高我国基础建设涉水相关领域的整体水平。

通过本项目研究提出适用于回淤环境下的先铺碎石基床设计方法，攻克回淤精确预报、高精度回淤监测关键技术，特别是解决在碎石面上控制性无损清淤难题，将在前期已掌握外海深水高精度碎石铺设技术的基础上，全面掌握沉管隧道先铺垫层设计和施工成套技术，突破技术壁垒，推动先铺碎石基床在回淤环境下的应用，为我国后续大型跨海通道工程的建设提供强有力的技术支撑。

3.2 工程概况

3.2.1 沉管隧道基础结构

沉管隧道沿纵向由西往东横贯伶仃临时航道、伶仃航道和铜鼓浅滩滩尾。图 3-1 为港珠澳大桥岛隧工程平面和纵断面示意图。工程沿线水域海底面标高–7.0～–12.0m，以 E15 管节为界，西部管节穿越伶仃航道，水深相对较深，东部管节穿越铜鼓浅滩滩尾，水深相对较浅。基槽挖深较大，相对挖深在 30～40m，设计底宽为 41.9m，基槽边坡自下而上分别为 1∶2.5 和 1∶5。图 3-2 为标准段沉管隧道基槽开挖典型断面图。

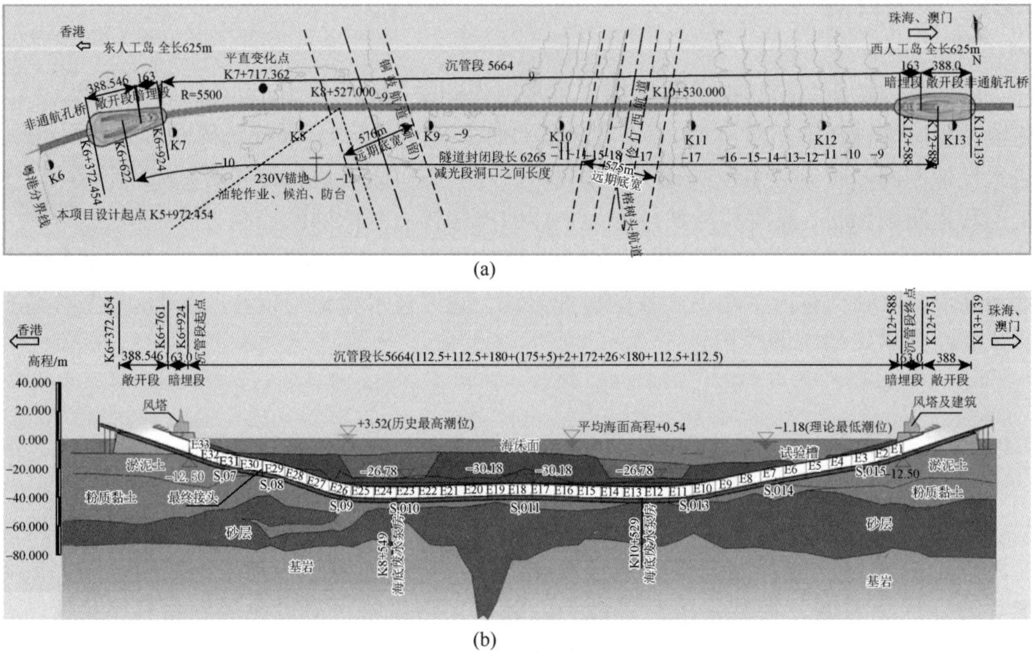

图 3-1　港珠澳大桥岛隧工程平面（a）和纵断面（b）示意图（单位：m）

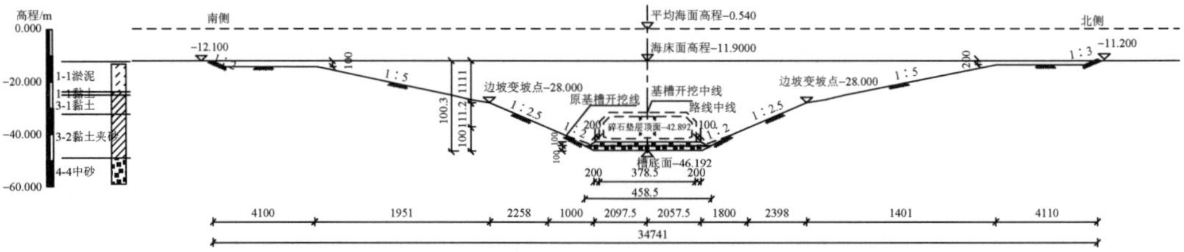

图 3-2　标准段沉管隧道基槽开挖典型断面图（单位：mm）

注：尺寸标注单位为 mm，标高单位为 m

沉管隧道基础采用先铺法组合基床施工，在开挖完成的基槽内抛填 2.0m 厚的 10～

50kg 块石，进行水下夯平后铺设 1.3m 厚的碎石基床，碎石基床的标高为–12.5～–43.923m。碎石基床宽度为 41.95m，采用横向垄沟形式，标准垄顶面宽度为 1.8m，垄与垄之间沟宽度为 1.05m，每节标准管节的基床面积约 7560m^2。图 3-3 为沉管隧道标准管节基础结构图。

先铺碎石基床采用专用自升式整平船进行铺设（图 3-4），180m 长标准管节基础分 7 个船位完成整平施工，作业时间 10～15d。该船实现了自身定位、碎石输送系统的控制、下料管升降的控制、整平刮刀的高程调节、整平台车纵横向移动的控制、水下目标的高程动态定位、下料管料位的控制、同步质量检测等施工作业的自动化、一体化管理，水深 45m 处碎石铺设高程精度误差小于 4cm，整平精度完全可以满足沉管安装和结构受力的要求。

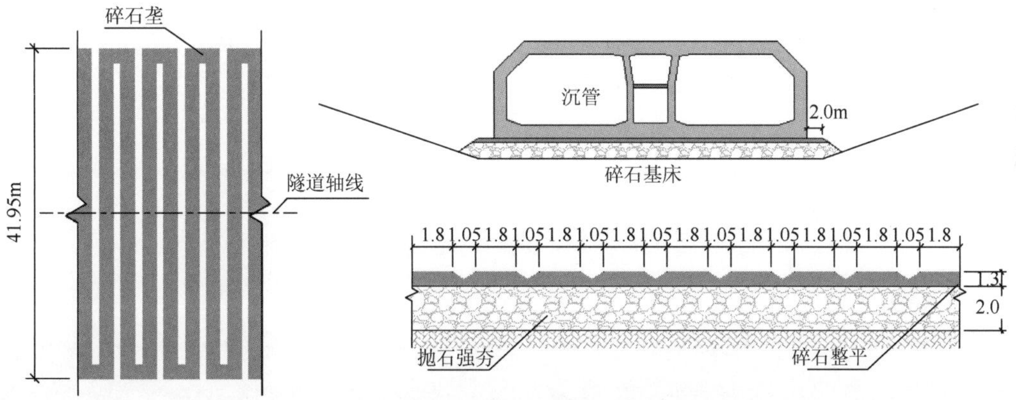

图 3-3　沉管隧道标准管节基础结构图（单位：m）

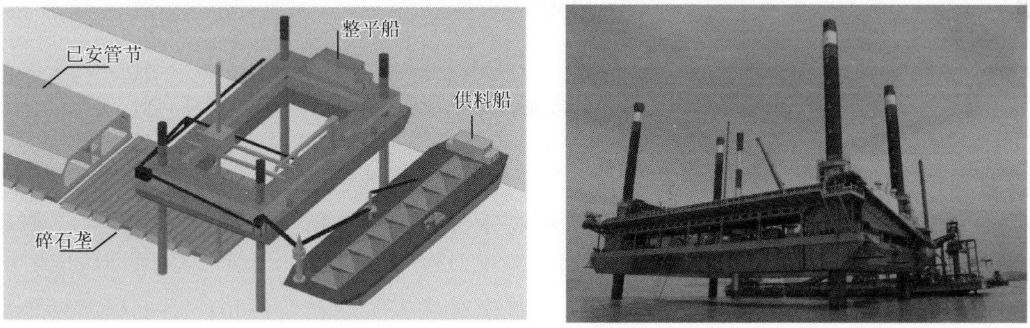

图 3-4　港珠澳大桥专用自升式整平船

3.2.2　沉管基础施工方法

按照施工工艺划分，沉管基础施工方法包括先铺法和后铺法两大类，区别在于基础施工是在管节安装之前还是之后。

先铺法是指在管节安装之前预先铺设好基床，管节直接沉放至先铺基床并完成对接，之后可以直接覆盖回填完成管外的所有作业。相较于后铺法，先铺法具有节省工期、利于结构自防水、质量更可控、边界清晰可控、后期不均匀沉降小等特点。

近年来国际上外海大型沉管隧道工程大都选用了先铺法，其中典型的是 2000 年建成的丹麦厄勒海峡沉管隧道和 2010 年建成的韩国釜山—巨济沉管隧道。经过综合比选，港珠澳大桥沉管隧道也选用了先铺法，但与其他采用先铺法的沉管隧道不同，港珠澳大桥沉管隧道处于回淤环境，而厄勒海峡沉管隧道和釜山—巨济沉管隧道都处于无回淤或微淤环境。对大型外海沉管隧道来说，先铺法应用于回淤环境，港珠澳大桥沉管隧道是世界首例。图 3-5 为三条选用先铺法外海沉管隧道剖面图。

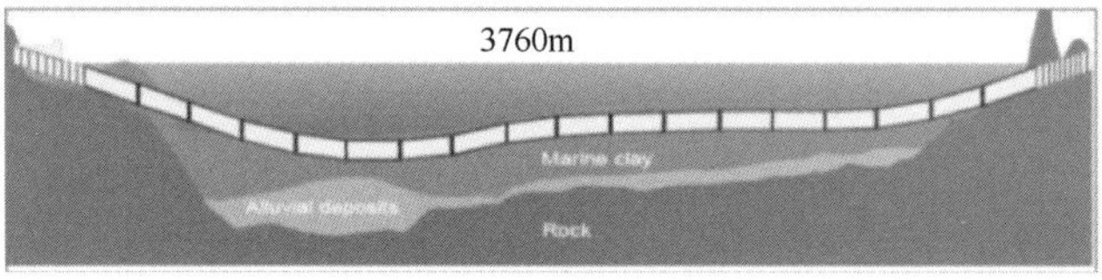

(a) 釜山—巨济沉管隧道

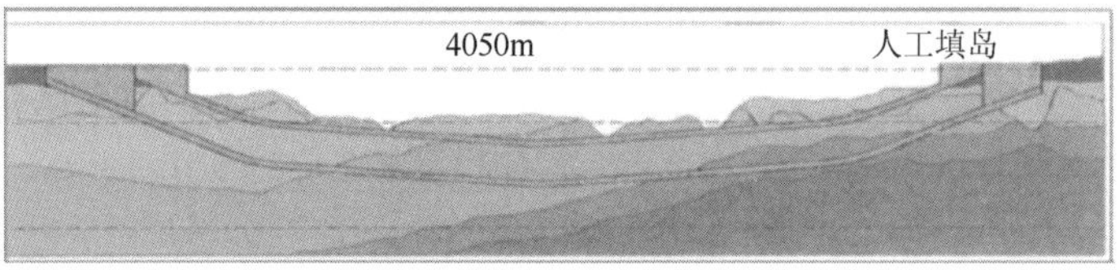

(b) 厄勒海峡沉管隧道

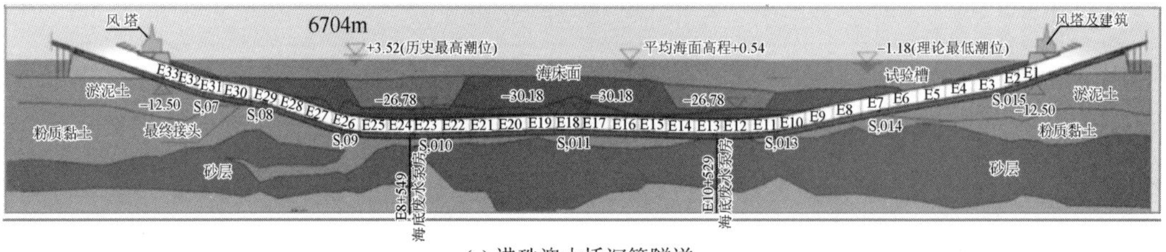

(c) 港珠澳大桥沉管隧道

图 3-5　三条选用先铺法外海沉管隧道剖面图

注：标高单位为 m

沉管隧道先铺法主要涉及的两项关键技术分别是整平精度控制和回淤控制。整平精度控制方面，研制了满足精度要求的外海作业自升式整平船，并取得成功应用；回淤控制方面，存在纳淤机理不清楚、回淤预报难度大、回淤监测精度不足和没有有效清淤方法等难题，在回淤环境下先铺碎石基床尚没有行之有效的应对方案。国内目前已建成的沉管隧道全部采用后铺法施工，港珠澳大桥沉管隧道首次采用先铺法施工，加之处于回淤环境下，对回淤控制缺少经验，面临着诸多问题，可以说，在回淤环境下应用先铺法存在很高的风险。

后铺法是指首先将管节沉放在基槽内的数个单点临时支座（混凝土块体或桩基）上，利用预置在管内底板上的千斤顶调整管节标高和坡度，然后通过管节结构体内预留的灌注孔（或直接采用灌砂设备）向管底压注砂或砂浆形成基础，最后封堵灌注孔以满足永久水密要求。按照施工工艺和充填材料的不同，后铺法包括喷砂法、灌囊法、砂流法、压浆法等多种形式。图 3-6 为后铺法施工示意图。

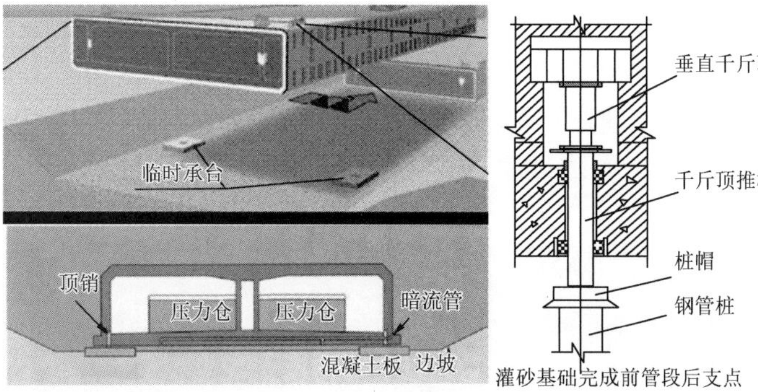

图 3-6　后铺法施工示意图

3.2.3　港珠澳大桥沉管隧道回淤问题

港珠澳大桥岛隧工程区域海水最大含沙量可达 0.141kg/m³，此外，首汛期含沙量变化、附近航道疏浚及采砂作业、大型运输船舶对底质的扰动及异常恶劣天气等都会引起基槽回淤加大，甚至造成骤淤。按照施工装备能力和施工组织方案，本工程标准管节碎石基床从开始整平到管节安装的暴露晾槽时间约为十几天，岛头区管节受地形和工艺影响，基床暴露的时间更长。受上述因素综合影响，基床表面的回淤是不可避免的，意外情况下回淤量超标，将直接影响管节施工并带来管节受力等质量风险。

经过多方组织讨论，从以下 4 个方面开展关于回淤控制问题的专题研究：

①回淤环境下先铺碎石基床纳淤机理与纳淤设计研究。

②精细化回淤数值预报系统的研发和应用。

③深水高精度多波束回淤监测综合技术。

④外海深水先铺碎石基床面清淤技术和装备研究。

3.3　国内外研究概况

根据项目的总体安排，着眼于从设计、预报、监测和全过程对回淤问题进行控制的研究思路，主要从 4 个方面开展了国内外研究情况的调查工作，分别是先铺碎石基床的纳淤设计应用、泥沙数值预报、多波束测深技术及清淤技术和装备。

3.3.1　先铺碎石基床纳淤设计应用

先铺法是在管节沉放前预先在基槽底铺设碎石垫层或砂砾作为管节基础的施工方法，即管节安装时直接坐落于碎石基床上。根据施工设备和工艺的不同分为刮板刮铺法和溜管刮铺法，形成的基床分别为满铺式和垄沟式。

在 20 世纪末的厄勒海峡沉管隧道建设期间，承包商开发了一种溜管刮铺法，首次将全覆盖满铺碎石垫层更改为垄沟相间的碎石垫层形式，取得了良好的工程效果。在专用驳船一侧设置可以沿船舷移动的溜管，在将溜管下放至指定位置和高度后，利用皮带传送装置向溜管内连续输送碎石，通过在基槽横断面方向缓慢移动溜管在海床上形成垄沟式碎石基床。图 3-7 为厄勒海峡沉管隧道溜管刮铺法施工示意图。

图 3-7　厄勒海峡沉管隧道溜管刮铺法施工示意图

总地来说，先铺碎石基床虽在国外有一些应用案例，但没有在回淤环境下的相关设计理论及施工经验，关于先铺碎石基床的纳淤机理与纳淤能力的研究也为空白。由于铺设好的碎石基床表面淤积有浮泥之后无法在不扰动既有碎石的情况下清除，重新挖除二次铺设也只能作为一种处理应急事故的对策。目前，业界认为回淤问题是制约先铺碎石基床应用的关键因素，是长大深埋沉管隧道发展的瓶颈。

3.3.2　泥沙数值预报

目前，泥沙输运的数学模拟方法已广泛应用于许多河流、海岸地区，模型多采用二维方法，而河口与海岸环境中的泥沙输运具有明显的空间三维特性。目前，国外一些学者利用三维泥沙数值预报模型对河口的泥沙输运进行模拟和分析，如利用 ECOMSED 对得克萨斯州拉瓦卡（Lavaca）湾水流及泥沙输运过程的模拟；利用 MIKE3 对俄勒冈州上克拉马斯（Upper Klamath）湖水流、泥沙输运过程及水质的模拟；利用 Delft3D 对香港吐露港和大鹏湾水流、泥沙输运过程及水质的模拟。但是，目前国内在近海河口、港湾利用三维泥沙数值预报模型开展的泥沙数值模拟并不多见，在重大工程保障中的应用则更是少之又少。

近年来国内外关于潮流和波浪对海岸河口泥沙输运的作用机理方面研究开始增多，如匡翠萍等基于 MIKE 21 软件中的潮流和泥沙数学模型，计算分析了 2011 年工况下黄骅港区的潮流场及泥沙浓度场对工程的响应；王海龙等利用 ECOMSED 潮流悬沙输运模型对黄河入海泥沙在潮流作用下的输运过程进行了数值模拟，分析了单纯潮流作用下的悬沙含量与悬沙输运特征；刘桂卫等采用 ECOMSED 三维模型，模拟大风浪对小清河口附近海域悬浮体浓度和底床冲淤变化的影响程度。因此，综合考虑潮流和波浪影响及泥沙输送过程，开发浪、潮、流与泥沙耦合的数值预报模式是目前三维泥沙数值预报模型发展的主要方向。目前三维泥沙数值预报模型的空间分辨率基本在 1km 以上，主要以模拟河口海岸的大区域泥沙输运为主，朱泽南等基于 SELFE 模型开发的珠江口泥沙输运模型的分辨率为 500～2000m；温洪涌等开展的南堡人工岛周围泥沙冲淤数值模拟的分辨率为 810m 左右。

综上所述，现有泥沙预报在时间尺度上多数为年际、季节尺度，空间尺度上一般为海区、河口及港湾等数十公里的大范围区域，所关注的泥沙淤积量只是精确到米级。而港珠澳大桥沉管隧道施工则需要掌握每个管节（几十米到几百米小区域）在窗口期每天的泥沙淤积量，关注的淤积量精确到厘米级，目前国内未开展这方面的工作。

3.3.3　多波束测深技术

目前海洋测绘水深测量的手段主要以单波束测深及多波束测深技术为主，其中单波束测深技术应用比较成熟，而多波束测深技术也在逐步推广。与单波束测深技术相比，多波束测深技术测量的范围更大，精度更高，工作效率更快，最后可得到海底地形的三维特征地图。

多波束测深多应用于海洋工程基础结构的扫测，如港口码头、抛石防波堤及水工结构水下基础监测中，在整个监测过程中，注重多波束测深系统监测数据整体性，对精度要求不高。图 3-8 为抛石防波堤水下多波束测深系统监测应用效果图。

图 3-8　抛石防波堤水下多波束测深系统监测应用效果图

多波束测深系统应用于航道疏浚监测中，通过监测数据分析施工船舶的施工情况，并通过长期数据积累实现航道工程的监测目的，在整个航道施工检测及监测过程中，执行 IHO 的精度标准，精度要求相对较低。图 3-9 为航道疏浚工程多波束测深系统监测应用效果图。

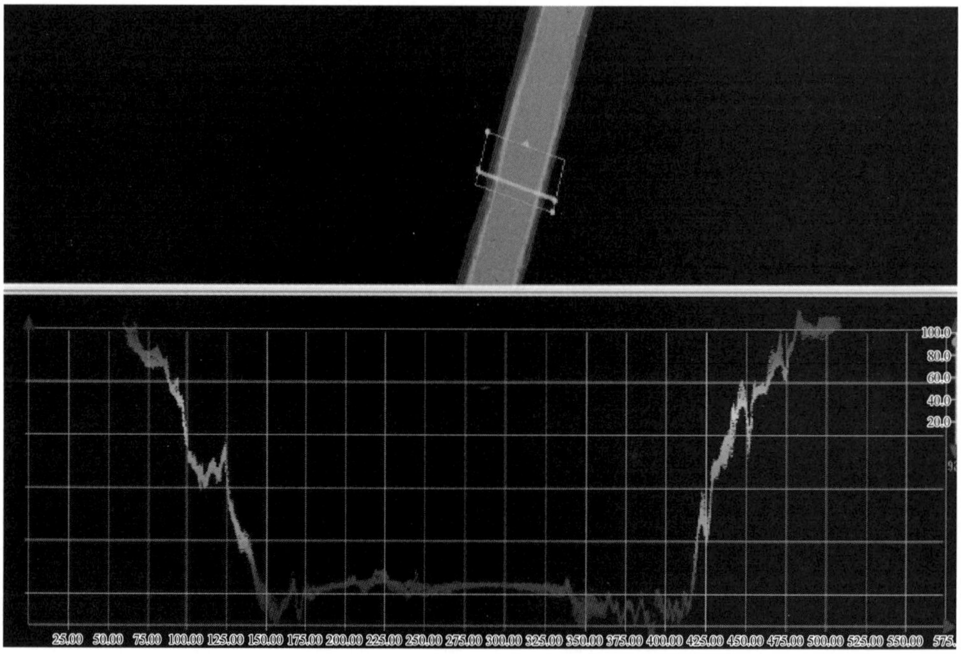

图 3-9　航道疏浚工程多波束测深系统监测应用效果图

总体来说，相对于传统的测深手段，当前的全覆盖多波束测深系统在测深精度方面有显著的提升，但目前测深精度只能达到分米级，尚不能满足港珠澳大桥沉管隧道碎石基床面厘米级高精度回淤监测要求。

3.3.4　清淤技术和装备

在沉管隧道施工中，无论先铺法还是后铺法在基槽开挖前后一般都需要考虑清淤施工，常选用耙吸挖泥船、绞吸挖泥船、吸砂船或改造专用清淤船等方式在施工过程中进行回淤物清除。目前国内耙吸挖泥船最大挖深 45m，绞吸挖泥船最大挖深 30m，吸砂船流量小且吸管柔性，无法进行全断面施工，专用清淤船可根据特定工程要求进行新建或改建。

上海外环沉管隧道采用后铺法（砂流法）进行基础施工，中交上海航道局有限公司在实施基槽清淤时先改造了一艘射流泵清淤船（吸砂船），设计产量 400m³/h，能清除浮泥但清除固结泥沙较困难、效率低，后将流量为 8000m³/h 且有水下泥泵的绞吸挖泥船通过接长吸泥管线，最大挖深从 22m 增加到 35m 后进行基槽清淤，总体满足清淤要求，但由于管子加长后吸入性能的改变，实际清淤施工浓度偏低（约 10%）且采用点状吸泥，施工进度较慢。图 3-10 为绞吸挖泥船点状清淤示意图。

图 3-10 绞吸挖泥船点状清淤示意图

宁波常洪沉管隧道采用桩基联合后填注浆法基础，采用了耙吸挖泥船和抓斗船联合作业进行基槽清淤的方案，由抓斗船定位控制平面位置，1800m³/h 耙吸挖泥船靠泊抓斗船，进行定点定位吸泥清淤。港珠澳大桥沉管隧道由于深度超过一般绞吸船的作业能力，故采用了耙吸挖泥船和专用清淤船相结合的方案，图 3-11 为港珠澳大桥沉管隧道基槽和块石面专用清淤船及作业示意图。

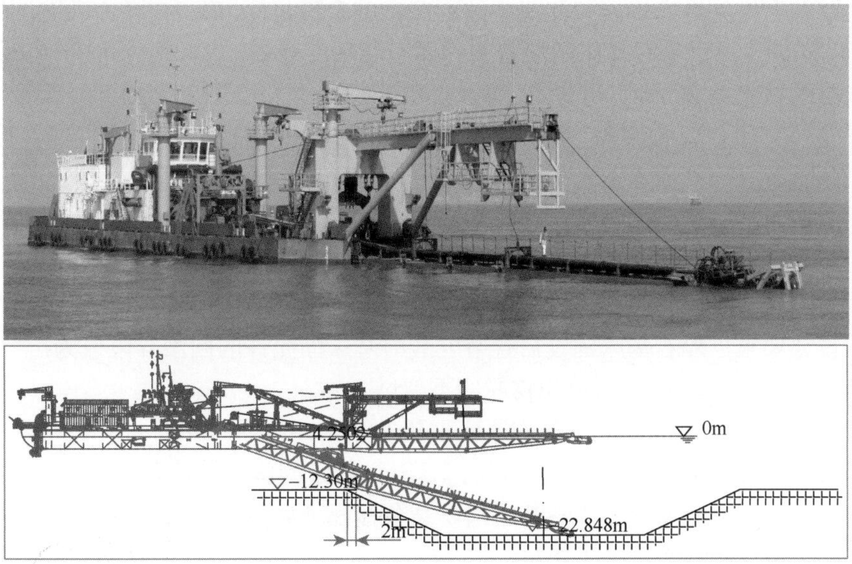

图 3-11 港珠澳大桥沉管隧道基槽和块石面专用清淤船及作业示意图

对国内外先进的清淤装备和技术进行广泛调研，目前没有找到可在沉管隧道碎石基床面定点高精度清淤的装备和方法，考察国际国内海工工程，也从未有过这种大水深（水下

50m）、高精度、高效率的清淤工程实践先例。

3.4 研究内容与技术方案

3.4.1 研究目标与技术指标

1. 研究目标

以“回淤控制”为中心思想和主要目标，以“系统控制”为指导思路，从提高碎石基床纳淤能力、准确预测回淤情况、实时监控回淤状况及有效处理回淤工况 4 个方面制定具体的研究目标，最终实现对回淤问题的全过程控制。

①开展碎石基床纳淤能力试验，揭示碎石基床纳淤机理及回淤物的空间分布，分析确定影响先铺碎石基床纳淤能力的敏感因素，进而提出回淤环境下基于纳淤分析的沉管隧道先铺碎石基床纳淤设计，结合工程现场的监测成果给出相关设计参数和计算方法，并将纳淤设计应用于沉管施工决策。

②开发米级分辨率的浪潮流与泥沙耦合的数值预报模式，开展泥沙淤积预报实践，预测特定管节在特定时段进行基础施工时回淤的空间和时间分布情况，准确掌握港珠澳大桥岛隧工程施工海区复杂的水动力环境和泥沙回淤分布特征，规避施工风险，保障施工质量，为沉管基础施工决策提供科学依据。

③采取综合措施提高多波束测深系统测深精度和稳定性，形成高精度外海沉管基础回淤监测技术，满足深水碎石基床回淤监测的厘米级精度要求，解决快速准确判定沉管基床面回淤状况的技术难题。

④开发一套外海深水恶劣工况条件下沉管碎石基床面高精度清淤装备和技术，在不扰动已铺设碎石基床面的前提下实现水下高精度快速清淤，解决先铺碎石基床面的无损清淤难题，同时也填补该领域的技术空白。

2. 技术指标

根据设计要求，碎石基床铺设后管节安装前基床面允许的回淤界限值为：

①密度＞1.26g/cm^3 的回淤沉积物厚度不超过 4cm。

②密度＞1.15g/cm^3 的回淤沉积物厚度不超过 8cm。

依据上述设计标准，考虑港珠澳大桥沉管隧道特定的施工环境和具体要求，对回淤数值预报系统、回淤监测系统和碎石基床清淤装备提出了如下指标。

（1）回淤数值预报系统技术指标

①模式预报时效：10d。

②模式最小水平分辨率：5m×5m。

③悬浮泥沙浓度预报误差：0.02kg/m^3 。

④潮汐预报误差：0.2m。

⑤10m 平均海流预报误差：0.15m/s。

（2）回淤监测系统技术指标

①监测范围：基床覆盖率 100%。

②监测水深：50m。

③监测精度：4cm。

（3）碎石基床清淤装备技术指标

①碎石基床表面损坏率：0%。

②清淤作业水深：10～50m。

③单个管节清淤时间：≯10d。

3.4.2　主要研究内容与关键技术

按照既定的研究目标，同时考虑具体技术指标，分析确定各专题的主要研究内容和关键技术。

1. 回淤环境下先铺碎石基床纳淤机理与纳淤设计研究

纳淤机理研究从影响碎石基床纳淤能力的因子分析入手，通过构建试验模型开展纳淤能力系列试验，分析先铺碎石基床回淤物沉淀规律及各影响因素的敏感性，明确先铺碎石基床内部回淤物的空间分布情况，揭示沉管隧道先铺碎石基床的纳淤机理，确定影响纳淤能力的敏感因素，确定各敏感因素与纳淤能力之间的定量关系，为回淤环境下的沉管隧道先铺碎石基床纳淤设计提供理论依据与数据支撑。

在试验揭示的纳淤机理基础上提出先铺碎石基床纳淤设计，量化回淤强度与纳淤能力之间的关系，结合试验和监测数据给出相关影响因素参数取值依据，进而在港珠澳大桥沉管隧道中对纳淤设计进行验证，指导现场施工措施的优化调整，为工程现场的防淤、减淤和清淤等重大问题决策提供重要的理论支撑。

2. 精细化回淤数值预报系统的研发

综合考虑径流、潮流及波浪在泥沙输运与淤积中的重要作用，利用国际上先进的三维水动力和泥沙数值模式，研究多模式嵌套技术、多要素耦合技术，开发米级分辨率的浪潮流与泥沙耦合的数值预报模式；在高性能大型计算机提供的计算环境中建立高分辨率的数值预报模型，结合实际的泥沙观测资料不断对模型进行调试和优化；最终建立一套小区域、精细化回淤数值预报系统，开展泥沙回淤预报实践，满足施工决策需求，同时为制定防淤、减淤等措施提供科学依据。

关键技术包括多重网格嵌套技术，以解决泥沙外源输入和局地沉降的问题，实现高分辨率和高运行效率；潮流、波浪及泥沙耦合的技术，用于综合考虑泥沙淤积的各种物理过程和相互影响，实现对沉管基槽泥沙淤积的真实模拟和精确预测；充分利用超级大型计算机的高速运算能力和大量实测资料对模型调试训练，提高预报精度。

3. 深水高精度多波束回淤监测技术研究

根据港珠澳大桥沉管隧道碎石基床回淤监测要求，在多波束测深系统理论和大量研究分析的基础上，通过理论研究、现场测试和对比，开展多波束测深误差影响因素研究，针对外海复杂水文水流环境、多波束换能器安装角度偏差、各设备位置标定误差、实时声速变化修正、姿态补偿影响及高程数据信号处理等影响因素，从测量船型及航速选择、换能器安装改正、参数标定、声速改正、实时船舶姿态改正、高程改正等多方面采取措施提高多波束测深精度，为全面快速掌握和判断碎石基床回淤状态提供准确的数据支持。

关键技术是多波束测深系统测量精度提高综合技术，达到回淤监测厘米级精度要求。

4. 外海深水先铺碎石基床面清淤关键技术及装备研发

外海深水先铺碎石基床面清淤关键技术及装备研发主要研究内容包括不扰动基床的清淤机理研究、吸头流场研究、控制系统的定深定位研究、检测系统研究、机械装置研究、清淤效率分析等，形成一套行之有效的清淤技术，在不破坏已完成碎石基床面的前提下，研发一套在发生回淤问题时能够迅速响应的高精度、高效率的清淤系统，可在水下 50m 处清除碎石垄面和垄沟内淤泥。

关键技术包括清淤总体技术的开发、清淤吸头的研制、清淤控制系统研制、清淤测量检测系统研制等。

3.4.3　总体技术方案及实施过程与效果

1. 总体技术方案

项目的总体技术方案可以用“弄清纳淤机理，控制回淤因素，预测回淤环境，监测回淤过程，研制清淤设备”概括，围绕“回淤控制”这一共同的目标，从设计到施工，从试验到监测，从科研到实施，从技术到装备，发挥各专业单位的技术优势，组织开展不同类型的工作。总体技术思路如图 3-12 所示。

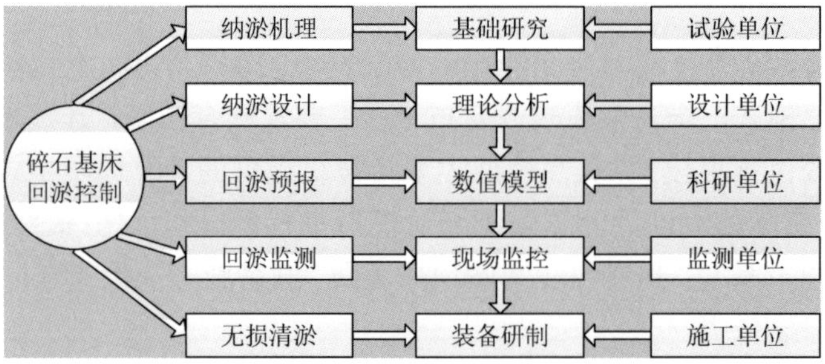

图 3-12　总体技术思路

2. 实施过程

（1）纳淤试验

设计并开展了三个阶段的碎石基床纳淤试验，第一阶段主要研究碎石基床纳淤机理，共 2 组 4 次试验；第二阶段主要研究碎石基床纳淤影响因素的敏感性，共 5 组 12 次试验；第三阶段试验主要研究碎石基床的纳淤能力，并提出相关纳淤设计方法，共 18 组 54 次试验。

依次对碎石级配、碎石空隙率、基床厚度、基床形态、泥浆比重、泥浆颗粒组成、施工工法 7 个敏感性因素分别进行定量分析，结合试验过程中回淤物的沉淀运动规律揭示出碎石基床的纳淤机理，确立了碎石基床形态、空隙性特征的影响因素主导地位，为先铺碎石基床纳淤设计方法的建立提供了重要理论和数据支撑，对指导现场调整碎石粒径和级配、提高纳淤能力等方面也发挥了积极作用。图 3-13 为纳淤试验装置。

图 3-13　纳淤试验装置

（2）纳淤设计

基于碎石基床纳淤机理及各影响因素的敏感性提出碎石基床纳淤设计模型，通过试验得到各影响因素条件下的回淤总量，分析确定纳淤设计模型中相关参数的取值，基于工程实例对纳淤设计模型中的相关参数进行修正，将纳淤设计方法进行工程验证，并将其应用于工程决策。

（3）回淤数值预报

按照系统的构建、检验和应用三个阶段实现回淤数值预报。

1）精细化回淤数值预报系统的构建

收集地形数据，并利用海图等资料进行修正，获得高精度的海域水深数据；根据前期调查报告，模式的局地泥沙源采用通量强迫的方式加入模型中；获取高精度的潮汐调和常数资料，并利用当地的潮位站资料对模型的调和常数进行修正，插值到模式的开边界上；获取逐日的实时径流量资料，并利用分配比计算珠江流域各大口门的径流量；利用已有的珠江口精细化天气数值预报系统提供的海面风场、辐射、降水等气象要素场，通过插值得到模式需要的大气强迫场数据；模型预运行 1 年，计算的结果作为预报模式的初始场。

2）精细化回淤数值预报系统的检验

利用波潮仪、海洋观测浮标和定点泥沙浓度观测等现场实测数据，对潮位、海流、海浪、悬浮泥沙浓度及回淤厚度等数值预报结果进行检验，并对该预报模式的耦合方案、物理过程参数化方案、底摩擦系数、水平涡黏系数、泥沙沉降速率等进行优化，提高模式的预报精度。

3）精细化回淤数值预报系统的应用

每次管节安装前半个月左右提供由气候态风场驱动的泥沙数值预报结果，安装前 7d 提供 GFS 风场驱动的精细化泥沙数值预报结果。利用模式输出的悬沙浓度和回淤量等预报结果，提供施工区单点泥沙浓度、日回淤强度和泥沙累积回淤量，以及基槽区泥沙回淤强度和累积回淤量的空间分布等。

（4）高精度多波束回淤监测

持续开展了误差分析、参数优化、精度比对训练，实现了深水碎石基床回淤监测的厘米级精度要求，形成了基于多波束测深系统的深水高精度回淤监测综合技术，并发展了多波束数据可视化分析应用技术，采用色块图等方式直观表达回淤发生的范围和相应厚度等指标，将研究成果成功应用于清淤决策取得了良好效果。

（5）清淤装备研制和技术开发

在原有整平船的基础上，克服了诸多技术难题，包括清淤吸头研制、高程控制和检测技术、复杂系统布设、清淤控制系统研制等，首次研制出了一套无损清淤系统，并完成了配套技术的开发和相关的调试试验及工程验证工作，可以清除水深 10～50m 内沉管碎石垫层上回淤厚度不超过 30cm 的淤泥，在不移动船身的情况下清淤作业范围可达 48m×25m，具有一天清除一个船位碎石垫层上淤泥的能力。图 3-14 为清淤吸头安装及现场清淤施工图。

图 3-14　清淤吸头安装及现场清淤施工图

3. 实施效果

首次揭示了碎石垫层的纳淤机理，明确了先铺碎石基床回淤物空间分布规律，确立了碎石基床纳淤能力影响因素的敏感性，并提出了适用于回淤环境的先铺碎石基床纳淤设计；基于纳淤设计成果确定的基床纳淤临界状态预警值、碎石垫层晾槽临界值及碎石垫层临界淤强等重要指标，在港珠澳大桥沉管隧道施工决策中起到了重要的指导作用，多次有效规避工程建设风险，确保了沉管在安全可控条件下的顺利安装。

建立了精细化数值预报系统，实现了小区域在特定时段的回淤预报，可以输出悬沙浓度和回淤量等预报结果，提供施工区单点泥沙浓度、日回淤强度、泥沙累积回淤量及基槽区泥沙回淤强度和累积回淤量的空间分布等，对于清淤计划和施工决策的制定，准确把握复杂海区和地形条件下的泥沙运动规律，具有十分重要的意义。预报系统在沉管基础和安装施工中得到了应用和验证，为基床施工和沉管安装提供了重要决策依据。

通过在大型专用测量船上固定安装多波束测深设备，持续系统地开展误差分析、参数优化和精度比对训练等工作，将多波束测深系统的精度提高到 4cm 的量级，达到了碎石基床回淤控制设计标准的要求，为碎石基床质量控制和验收提供了准确的数据支撑，为基础施工和沉管安装决策提供了重要支持手段。

在 E22 管节遇到基础回淤问题后，新研制的清淤装备和技术得到成功应用，实现了在不破坏碎石基床的前提下，将碎石垫层垄顶的回淤物有效清除至设计允许范围内，解决了 E22 管节的回淤问题，也彻底规避了本工程在后续施工中因回淤带来的工期、质量和成本风险。

3.5　关键技术解决途径及其实施过程与效果

3.5.1　先铺碎石基床纳淤机理试验研究

1. 碎石基床纳淤能力的影响因素

①回淤物的来源：包括原发性的回淤环境、外部因素导致的回淤环境两大类。原发性的回淤环境是指工程区水域环境本身就是淤积的环境条件；外部因素导致的回淤环境是指由人为等因素导致的回淤。

②回淤物的性质：主要包含回淤物密度、稠度与成分等。回淤物的密度影响回淤物沉淀的速度，回淤物的稠度与成分决定了回淤物通过空隙的能力。

③回淤强度：是指单位时间内在先铺碎石基床区域产生的回淤量。

④晾槽时间：自先铺碎石基床施工完成到管节沉放安装的时间。

⑤碎石级配与空隙率：碎石级配除了影响先铺垫层承载力与模量指标外，亦是回淤环境下纳淤设计的一个重要指标，不同的级配，其空隙率的大小不同，可容纳淤泥的空间不同。根据沉管隧道对先铺碎石基床施工精度控制的要求，碎石粒径不宜过大，最大碎石粒径应小于 8cm。

⑥碎石基床的形态：包括两种形式，一种为满铺的刮铺碎石，另一种为整平的垄沟相

间的碎石基床。除了碎石间的空间能提供纳淤空间外，碎石垄与碎石垄之间的沟也是一个主要的纳淤空间，故碎石基床的形态为敏感性因素之一。

⑦碎石基床厚度：常规的碎石基床厚度取决于地基或基槽的条件，相同级配组成的碎石基床，厚度大的沉降量会稍大一些，但其量值相对总沉降的占比都是比较小的，因此在回淤环境下，碎石基床厚度设计可主要依据纳淤能力的需要进行确定。

⑧施工方法：碎石垫层的施工方法包括刮铺与整平，整平施工时在碎石层顶面有一个下料管中碎石的预压力，相对刮铺施工的碎石垫层更加密实，纳淤能力相对较小。

2. 先铺碎石基床纳淤能力试验研究

(1) 试验方案确定

以影响纳淤机理与能力的因素为主要切入点，依照来源分为原材料、碎石基床外观尺寸、施工工法三类（表 3-1），以此为基础开展试验。

表 3-1　影响因素

来源	分析要素	
原材料	碎石	级配
		空隙率
	泥浆	颗粒组成
		比重
碎石基床外观尺寸	碎石基床厚度	
	碎石基床形态	
施工工法	是否人工扰动	

(2) 试验装置

选择两种材质制作试验槽开展课题试验。钢结构试验槽加工三组，规格为 1m×1m×1.8m，有机玻璃试验槽规格为 92cm×51cm×42cm，见图 3-15。

(a) 钢结构试验槽　　(b) 有机玻璃试验槽

图 3-15　钢结构试验槽及有机玻璃试验槽

（3）试验结果

基床厚度试验结果见表 3-2。

表 3-2　基床厚度试验结果表

试验槽	基床形态	工法	碎石级配/mm	泥浆颗粒组成	基床厚度/cm	泥浆比重/(g/cm³)	泥浆用量换算值/cm	每方碎石纳淤量/m³
钢结构	满铺	扰动	40～60	工程现状	60	1.26	30.7	0.51
					80		39.9	0.49
					100		49.0	0.50
					130		68.5	0.53
					150		78.8	0.53

注：泥浆用量换算值是指所加注泥浆总量与试验槽横截面的比值，或者为加注泥浆使试验槽内液面上升的高度。

碎石级配试验结果见表 3-3。

表 3-3　碎石级配试验结果表

试验槽	基床形态	工法	碎石级配/mm	泥浆颗粒组成	基床厚度/cm	泥浆比重/(g/cm³)	泥浆用量换算值/cm	每方碎石纳淤量/m³
钢结构	满铺	扰动	5～10	工程现状	130	1.26	33.2	0.26
			10～20				37.3	0.29
			20～40				41.2	0.32
			40～60				68.5	0.53

空隙率试验结果见表 3-4。

表 3-4　空隙率试验结果表

试验槽	基床形态	工法	40～60mm 与 5～10mm 碎石配制比例	泥浆颗粒组成	空隙率/%	基床厚度/cm	泥浆比重/(g/cm³)	泥浆用量换算值/cm	每方碎石纳淤量/m³
钢结构	满铺	扰动	1∶0	工程现状	43.92	130	1.26	68.5	0.53
			1∶1		41.54			49.8	0.38
			1∶2		38.54			44.5	0.34
			1∶3		36.00			37.4	0.29

泥浆颗粒组成试验结果见表 3-5。

表 3-5　泥浆颗粒组成试验结果表

试验槽	基床形态	工法	碎石级配/mm	空隙率/%	泥浆颗粒组成	基床厚度/cm	泥浆比重/(g/cm^3)	泥浆用量换算值/cm	每方碎石纳淤量/m^3
钢结构	满铺	扰动	40～60	43.92	黏粒、粉粒	130	1.26	68.5	0.53
				43.62	粉粒、细砂粒			70.4	0.54

泥浆比重试验结果见表 3-6。

表 3-6　泥浆比重试验结果表

试验槽	基床形态	工法	碎石级配/mm	空隙率/%	泥浆颗粒组成	基床厚度/cm	泥浆比重/(g/cm^3)	泥浆用量换算值/cm	每方碎石纳淤量/m^3
钢结构	满铺	扰动	40～60	43.92	工程现状	130	1.26	68.5	0.53
				43.85			1.05	395.0	3.04

基床形态试验结果见表 3-7。

表 3-7　基床形态试验结果表

试验槽	基床形态	工法	碎石级配/mm	空隙率/%	泥浆颗粒组成	基床厚度/cm	泥浆比重/(g/cm^3)	泥浆用量换算值/cm	每方碎石纳淤量/m^3
玻璃	满铺	扰动	5～10	41.28	工程现状	30	1.26	12.4	0.41
	垄沟			43.48				17.9	0.60
	满铺		10～20	42.77				13.3	0.44
	垄沟			44.76				18.9	0.63

当基床垄达到纳淤极限时，沟内泥浆沉淀空间的体积占基床沟总体积的 77.85%，图 3-16 为沉淀面示意图。

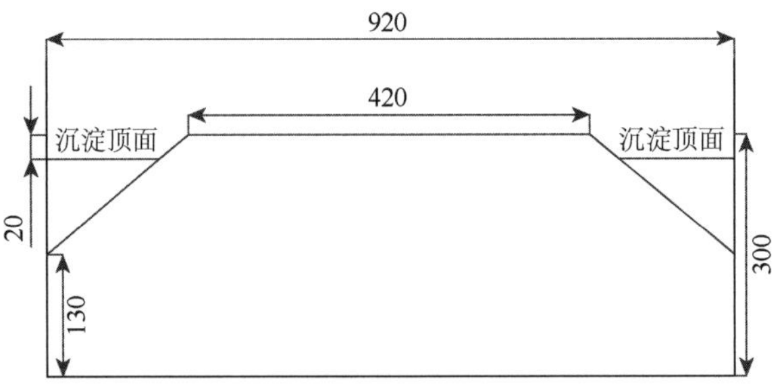

图 3-16　沉淀面示意图（单位：mm）

施工工法试验结果见表 3-8。

表 3-8　施工工法试验结果表

试验槽	基床形态	工法	碎石级配/mm	空隙率/%	泥浆颗粒组成	基床厚度/cm	泥浆比重/(g/cm^3)	泥浆用量换算值/cm	每方碎石纳淤量/m^3
钢结构	满铺	人工扰动	40～60	43.92	工程现状	130	1.26	68.5	0.53
				43.85			1.26	62.7	0.48

3. 先铺碎石基床纳淤机理

（1）碎石基床回淤物空间分布规律

纳淤能力试验结果表明，注入试验槽内的泥浆颗粒通过碎石内部空隙通道沉淀，并且空间分布规律为从试验槽底部开始，持续沉淀累积至碎石基床表面。图 3-17 为回淤物空间分布图，图 3-18 为分次加注泥浆的沉淀分布曲线图。

图 3-17　回淤物空间分布

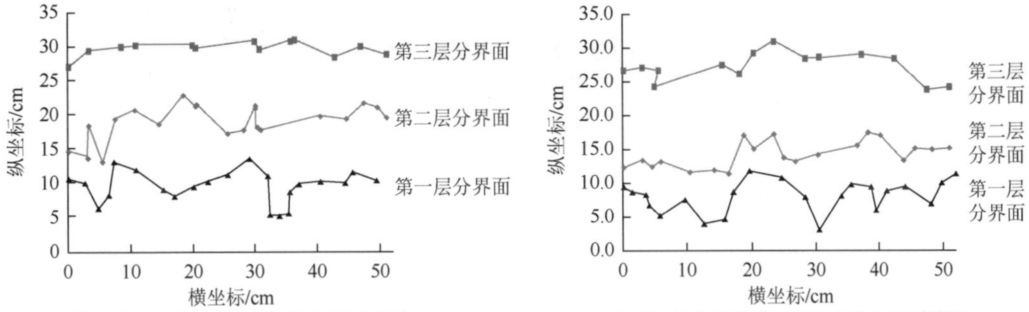

(a) 第一次加注泥浆回淤物沉淀分界面量测　(b) 第二次加注泥浆回淤物沉淀分界面量测

图 3-18　分次加注泥浆的沉淀分布曲线

（2）碎石基床纳淤沉淀过程分类

依照液体沉降原理，泥浆的沉淀按照悬浮颗粒的浓度、性质及其絮凝性能的不同，可分为自由沉淀、絮凝沉淀、拥挤沉淀、压缩沉淀。沉淀起始时，泥浆浓度较低且均匀性基本一致，沉淀过程表现为自由沉淀，沉淀过程中沉淀体上部泥浆比重变小依然为自由沉淀，中下部沉淀体泥浆浓度从上到下变大，泥浆浓度的变化导致碎石基床内部的泥浆颗粒沉淀依照空间分布从上到下分别存在絮凝沉淀、拥挤沉淀及压缩沉淀。

（3）内部空隙在碎石基床纳淤中的功能分析

碎石基床中的空隙是存在于碎石中那些大小不等的空腔、空道两个部分，其中空腔（图 3-19）为泥浆沉淀、存储的场所；空道即空隙通道，它既是泥浆沉淀的通道，又可起到存储泥浆颗粒的作用。空道中最细小的部分称为空喉，不管空道直径多大，泥浆都要通过空喉，其控制泥浆颗粒沉淀的难易程度。

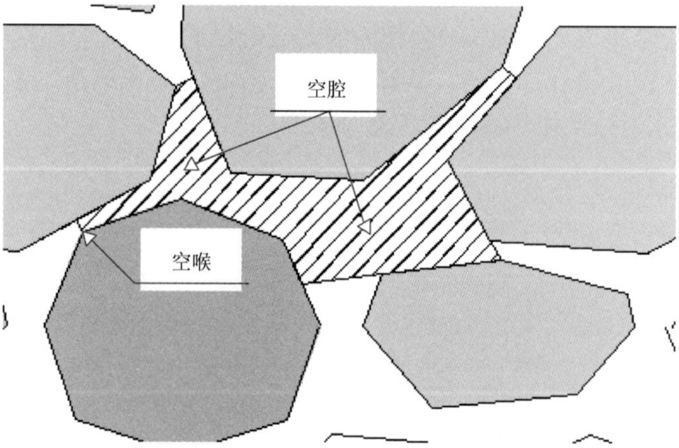

图 3-19　碎石基床空隙性示意图

4. 先铺碎石基床影响因素敏感性分析

依照碎石基床纳淤能力对各影响因素按敏感性高、中、低分类见表 3-9。

表 3-9　各影响因素敏感性

影响因素	敏感性
碎石级配	高
空隙率	高
基床厚度	高
基床形态	中
泥浆比重	低
泥浆颗粒组成	低
施工工法	中

3.5.2　先铺碎石基床纳淤设计研究和应用

1. 先铺碎石基床纳淤设计模型

（1）设计原理

基于碎石基床纳淤机理及各影响因素条件下碎石基床纳淤能力，提出碎石基床纳淤设计模型。纳淤设计模型的基本原理是通过设计合适的碎石基床参数使得碎石基床的纳淤能力满足回淤量的要求，并具有一定安全储备。

$$Q_1 \geqslant \gamma \cdot Q_2$$

式中，Q_1——先铺碎石基床的纳淤能力（m^3）；

γ——安全系数；

Q_2——施工期基床范围内的回淤总量（m^3）。

施工期基床范围内的回淤总量 Q_2 按下式进行确定：

$$Q_2 = q \cdot t \cdot A_1$$

式中，q——回淤强度（cm/d）；

t——施工期基床暴露时长（d）；

A_1——基床承淤表面积（m^2）。

先铺碎石基床的纳淤能力 Q_1 按下式进行确定：

$$Q_1 = k_1 \cdot k_2 (A_2 \cdot h \cdot n) + Q_{沟} - Q_{泥}$$

式中，$Q_{沟}$——基床垄之间沟的总纳淤量（m^3）；

$Q_{泥}$——受基床碎石含泥量影响的折减值（m^3）；

A_2——基床碎石垄等效承淤表面积（m^2）；

h——基床厚度（m）；

n——空隙率（%）；

k_1——碎石性状等影响系数；

k_2——基床厚度影响系数。

将上面的公式进行相互代换，得到了最终的计算公式如下：

$$k_1 \cdot k_2 (A_2 \cdot h \cdot n) + Q_{沟} - Q_{泥} \geqslant \gamma \cdot q \cdot t \cdot A_1$$

通过上式可判定基床设计方案是否满足回淤环境条件下的纳淤要求。

（2）设计参数取值

1）碎石性状等影响系数 k_1

k_1 是将不同粒径、级配的碎石对纳淤能力的影响与碎石基床所处水下环境对基床纳淤能力的影响结合考虑时的影响系数，可采用项目试验方法结合回淤盒观测的回淤强度数值得到。无试验条件时，可在 0.25～0.55 酌情取值。

2）基床厚度影响系数 k_2

k_2是指碎石基床厚度对纳淤能力的影响系数，可参考项目试验方法进行确定，无试验条件时，可在 0.4～0.6 酌情取值。

3）基床碎石垄等效承淤表面积 A_2

A_2 是基床碎石垄等效承淤表面积。其值是横断面宽度换算值与基床长度的乘积，截面换算值利用垄沟相间碎石基床的断面积除以碎石基床厚度计算得到。以单个垄沟基床为例，假定单个垄沟基床长度为 L，单个垄沟截面见图 3-20， A_2 可表达为

$$A_2 = L \cdot \left(L_1 + 2 \cdot L_2 - H_2 \cdot \frac{L_2}{H_1} \right)$$

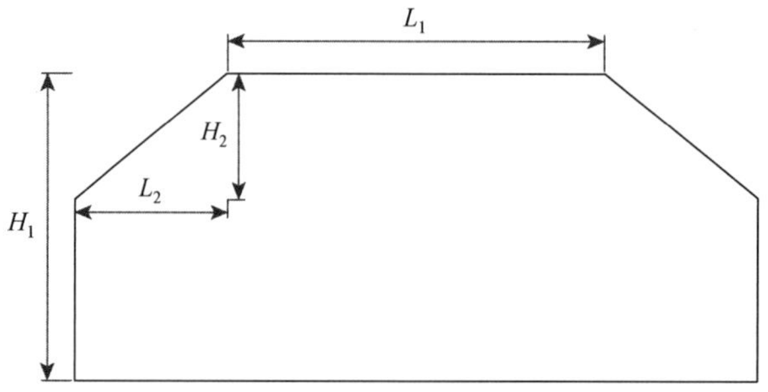

图 3-20　单个垄沟截面

4）空隙率 n

n 可通过空隙率试验测得。

5）基床垄之间沟的总纳淤量 $Q_{沟}$

依照基床形态与基床纳淤能力试验结果可得到：

$$Q_{沟} = k_3 \cdot V_{沟}$$

式中，$V_{沟}$——碎石基床沟的总体积（m^3）；

k_3——纳淤系数，通过水槽回淤试验进行确定，无试验条件时，可取 0.7～0.8。

6）受基床碎石含泥量影响的折减值 $Q_{泥}$

可通过碎石含泥量试验进行确定。

$$Q_{泥} = A_2 \cdot h \cdot \rho_1 \cdot \frac{Q_n}{\rho_2}$$

式中，ρ_1——碎石堆积密度（kg/m^3）；

ρ_2——碎石中所含泥的密度（kg/m^3）；

Q_n——碎石含泥量（%）；

7）安全系数 γ

根据隧道工程规模及所处的环境情况综合确定，可分为三个安全等级，分别按不低于表 3-10 中的数值进行取值。

表 3-10　先铺碎石基床纳淤安全等级表

设计安全等级	隧道工程及环境情况	取值
一级	特大型隧道工程、环境条件存在不确定性	1.2
二级	一般隧道工程、环境条件较为稳定	1.1
三级	小型隧道工程、环境条件稳定、水文条件简单	1.05

8）回淤强度 q

可采用试挖槽、现场回淤盒法和多波束法测定分析得到，如无试验或检测条件，也可根据水体含沙量、潮汐、径流等参数由经验公式计算得到。

9）施工期基床暴露时长 t

取决于沉管隧道碎石基床施工的效率与管节安装的气象窗口。根据具体的工程条件取值，无工程经验时，在初步设计及前期阶段可取 9～12d。

10）基床承淤表面积 A_1

基床承淤表面积指基床垄与沟的总投影面积，用以评价可纳淤的平面范围，可按单个管节的底板表面积替换使用。

2. 先铺碎石基床纳淤设计

港珠澳大桥沉管隧道沉管段总长 5664m，共划分为 33 个管节，由东向西管节布置方案：E33、…、E1，E29 与 E30 之间设最终接头，标准管节全长 180m，尺寸 180m×37.95m×11.4m，见图 3-21。

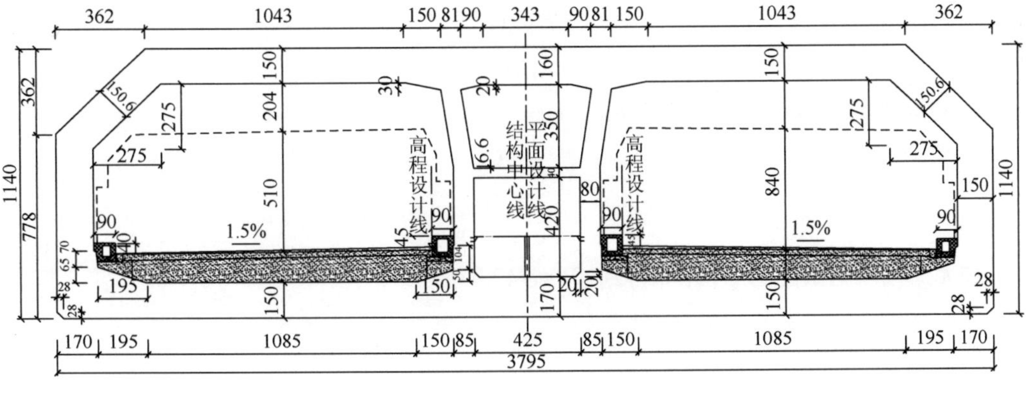

图 3-21　沉管管节横截面（单位：cm）

以港珠澳大桥沉管隧道标准管节为例，计算其碎石基床整体纳淤能力，长 180m 的标准管节碎石基床共有 62 个垄沟，计算得到 $Q_1 = 1366.26\text{m}^3$。

3. 设计参数修正

2015 年 10 月沉管隧道 E22 管节碎石基床铺设时，受台风“巨爵”的影响，实测海水含沙量是平常的 5～6 倍，发生异常回淤，以 E22 管节翔实的纳淤监测与检测资料作为依据，对关键设计参数进行修正。

据 E22 管节基床实测回淤淤强，计算 2015 年 10 月 14 日～11 月 1 日 E22 碎石基床前两个船位 17 个垄的总回淤量为

$$Q_0 = N \cdot L_1 \cdot L \cdot q_0 \cdot t_0$$
$$= 379.71\text{m}^3$$

式中，N——E22 管节前两个船位碎石基床垄的数量；

L_1——单个垄的宽度（m）；

L——单个垄的长度（m）；

q_0——第一个船位 4 个回淤盒监测的淤强（cm/d）；

t_0——前两个船位基床暴露时长（d）。

在 E22 管节采用清淤船开始清淤前的最后一次水下探模确定前两个船位的碎石垄顶回淤厚度平均值 h_3 为 12.3cm，前两个船位碎石垄的数量 N 为 17，计算两个船位进入碎石垄内回淤总量 Q_3：

$$Q_3 = N \cdot L_1 \cdot L \cdot h_3$$
$$= 157.9\text{m}^3$$

进入碎石垄的淤泥 Q_4 为(不考虑碎石沟的量，探摸可知所有淤泥均未超出沟的深度)：

$$Q_4 = Q_0 - Q_3$$
$$= 221.8\text{m}^3$$

依照试验得到的碎石空隙率 n 计算 E22 管节碎石基床前两个船位 17 个垄内空隙总体积 V_0：

$$V_0 = H_1 \cdot L_1 \cdot L \cdot N \cdot n$$
$$= 732.92\text{m}^3$$

得到修正后碎石性状影响系数 $k_{1修}$：

$$k_{1修} = \frac{Q_4}{v_0}$$
$$= 30.26\%$$

将 $k_{1修}$ 代入纳淤能力 Q_1 计算得到 $Q_1 = 947.93\text{m}^3$。

4. 工程验证

（1）正常回淤条件下工程验证

港珠澳大桥沉管隧道在早期开展了两期试挖槽试验，2009 年 2 月 6 日～2010 年 1 月 11 日回淤强度为 0.92cm/d，2010 年 3 月 1 日～2011 年 1 月 17 日回淤强度为 0.86cm/d。隧道基槽的平均淤强约为 1cm/d。

施工期基床暴露时间：结合船机设备能力，长度 180m 的标准管节均需要通过 7 个船位完成先铺碎石基床施工，完成一个管节共需要 9d，安装之前再放置 1d，各个船位的基床施工期正常暴露时间见表 3-11。

表 3-11　标准管节先铺碎石层暴露时间

位置	第一船位	第二船位	第三船位	第四船位	第五船位	第六船位	第七船位
时间/d	10	8.7	7.4	6.1	4.9	3.6	2.3

以上述调查资料为依据计算标准管节区域回淤量 Q_2 和 $\gamma\cdot Q_2$，并验证碎石基床纳淤设计是否满足总回淤量。

$$Q_2=741.26\ \mathrm{m}^3$$

$$\gamma\cdot Q_2=889.51\ \mathrm{m}^3$$

由碎石基床纳淤设计得到 $Q_1=947.93\ \mathrm{m}^3$。比较 Q_1 与 $\gamma\cdot Q_2$ 数值得到

$$Q_1>\gamma\cdot Q_2$$

经验证，采用以上方法设计的港珠澳大桥沉管隧道标准管节的先铺碎石基床纳淤能力可满足工程施工海域的回淤要求。

（2）极端回淤条件下工程验证

采用现场实测极端回淤强度 $q=1.74\mathrm{cm/d}$、施工暴露时间为 10d 验算 E22 管节前两个船位碎石基床的纳淤能力 $Q_1=259.92\mathrm{m}^3$。

根据极端回淤强度 $q=1.74\mathrm{cm/d}$ 计算得到

$$Q_2=353.65\mathrm{m}^3$$

$$\gamma\cdot Q_2=424.38\mathrm{m}^3$$

比较 Q_1 与 $\gamma\cdot Q_2$ 数值得到

$$Q_1<\gamma\cdot Q_2$$

经验证，在极端回淤强度 $q=1.74\mathrm{cm/d}$、施工暴露时间为 10d 条件下，E22 管节前两个船位回淤总量已超出碎石基床的设计纳淤量，基床顶面已沉积一定厚度浮泥，需要开展基床清淤工作。

（3）基床顶面的回淤层厚度验算

1）总回淤量计算

据 E22 管节基床实测回淤的淤强，计算 2015 年 10 月 14 日～2015 年 11 月 1 日 E22 碎石基床前两个船位 17 个垄的总回淤量 Q_0 为

$$Q_0=N\cdot L_1\cdot L\cdot q_0\cdot t_0=379.71\mathrm{m}^3$$

式中，N ——E22 管节前两个船位碎石基床垄的数量；

L_1 ——单个垄的宽度（m）；

L ——单个垄的长度（m）；

q_0 ——第一个船位 4 个回淤盒监测的淤强（cm/d）；

t_0 ——前两个船位基床暴露时长（d）。

2）前两个船位碎石基床顶面回淤层厚度验算

计算碎石基床顶面回淤物的总体积 Q 及厚度 H：

$$Q = Q_0 - Q_1 = 149.53\text{m}^3$$

$$H = 11.6\text{cm}$$

在 E22 管节采用清淤船开始清淤前的最后一次水下探模确定了前两个船位实测的碎石顶面回淤层厚度，平均值为 12.3cm，计算数值与实测数值基本吻合。

5. 纳淤设计在工程决策中的应用

本章提出的纳淤设计在港珠澳大桥沉管隧道施工中起到了重要的作用，已在多个管节安装过程中运用，主要应用在沉管隧道的基床纳淤临界状态预警、碎石垫层晾槽临界值确定及碎石垫层临界淤强确定三个方面。

以港珠澳大桥沉管隧道 E22 管节为例，分析纳淤设计在沉管隧道施工决策中的重要作用。下述分析是以 E22 标准管节 62 个垄的碎石基床为例，亦可用于其他局部或多个船位的碎石基床的施工预警决策分析。

（1）纳淤临界状态预警的确定

采用纳淤设计计算得到 E22 管节碎石基床纳淤能力为 $Q_1 = 947.93\text{m}^3$，Q_1 为 Q_2 的清淤临界值。对于固定基床承淤面积的碎石基床而言，清淤临界状态决策时需将回淤强度、施工暴露时间综合分析。

（2）碎石垫层晾槽临界值的确定

碎石基床相关参数固定后，其纳淤能力为固定值，计算在极端回淤强度 1.74cm/d 条件下回淤总量达到基床纳淤能力极限值时所需时间

$$t = \frac{Q_1}{q \cdot A_1}$$

可得碎石垫层晾槽时间为 7.35d。即假如 E22 管节安装过程中在极端回淤强度为 1.74cm/d 时，需控制碎石基床暴露时间，保证其不大于 7d（取整数），否则在管节安装前应对碎石基床采取相应的清淤措施。

（3）碎石垫层临界淤强确定

碎石基床相关参数固定后，其纳淤能力为固定值，计算在固定施工暴露时间为 10d、回淤总量达到基床纳淤能力极限值时临界平均回淤强度，此时 E22 管节碎石基床纳淤能力 $Q_1 = 947.93\text{m}^3$，计算临界平均回淤强度：

$$q = \frac{Q_1}{t \cdot A_1}$$

可得临界平均回淤强度 q 的最大值为 1.28cm/d。即假如 E22 管节安装过程中施工暴露碎石基床 10d 时，需采取相应的防淤措施降低施工区域的回淤强度，保证所需 10d 内的回淤强度平均值不大于 1.28cm/d，否则在管节安装前应对碎石基床采取相应的清淤措施。

3.5.3 小区域精细化回淤预报关键技术开发和应用

1. 预报模型

ROMS 模式是近年发展起来的一种三维、自由海面和基于地形跟随坐标的非线性斜压模式，是一种被科学界广泛使用的自由表面、沿地形、原始方程的海洋模式。它既可以模拟不同尺度的运动，如全球尺度的环流模拟、中尺度涡旋和河口环流等，也可以模拟带自由面的水静力学海洋环流，确定表面波对底部应力和底部粗糙度的影响参数。

（1）水动力模型控制方程组

ROMS 模式在流体静力近似和布西内斯克（Boussinesq）近似的前提下对经雷诺平均后的纳维-斯托克斯（Navier-Stokes）方程进行求解。在笛卡儿坐标系下，其动量控制方程可表达为

$$\frac{\partial u}{\partial t}+\vec{v}\cdot\nabla u-fv=-\frac{\partial\phi}{\partial x}-\frac{\partial}{\partial z}\left(\overline{u'w'}-\nu\frac{\partial u}{\partial z}\right)+F_u+D_u$$

$$\frac{\partial v}{\partial t}+\vec{v}\cdot\nabla v+fu=-\frac{\partial\phi}{\partial y}-\frac{\partial}{\partial z}\left(\overline{u'w'}-\nu\frac{\partial v}{\partial z}\right)+F_v+D_v$$

垂向静力平衡方程为

$$\frac{\partial\phi}{\partial z}=\frac{-\rho g}{\rho_o}$$

温度和盐度的对流扩散方程为

$$\frac{\partial C}{\partial t}+\vec{v}\cdot\nabla C=-\frac{\partial}{\partial z}\left(\overline{C'w'}-\nu_\theta\frac{\partial C}{\partial z}\right)+F_C+D_C$$

海水状态方程为

$$\rho=\rho(T,S,P)$$

连续方程为

$$\frac{\partial u}{\partial x}+\frac{\partial v}{\partial y}+\frac{\partial w}{\partial z}=0$$

$\bar{x}$ 表示对变量 x 在特定时间尺度上求平均，x' 为 x 对该平均值的偏离。由于湍流的存在，上述控制方程是不封闭的。为了使方程达到封闭，对雷诺应力和湍流示踪通量进行如下的参数化处理：

$$\overline{u'w'}=-K_m\frac{\partial u}{\partial z},\quad \overline{v'w'}=-K_m\frac{\partial v}{\partial z},\quad \overline{C'w'}=-K_C\frac{\partial C}{\partial z}$$

动量控制方程分别是在 x 方向和 y 方向上的动量方程，包括温度（T）、盐度（S）在内的标量场浓度随时间的变化为对流-扩散方程所控制。当该标量为温度时，方程即为热

扩散方程；标量为盐度时，方程则为盐扩散方程。在布西内斯克近似下，动量方程中海水水平方向的密度变化被忽略，但是在水平压力梯度项的计算中，保留垂直方向的密度变化。在垂直静力近似下，垂向压力梯度与浮力项平衡，因此得到了垂向静力平衡方程。

海表面 $z=\zeta\left(x,y,t\right)$ 处：

$$K_m\frac{\partial u}{\partial z}=\tau_S^x\left(x,y,t\right)$$

$$K_m\frac{\partial v}{\partial z}=\tau_S^y\left(x,y,t\right)$$

上述两式为动力学边界条件；

$$K_C\frac{\partial C}{\partial z}=\frac{Q_C}{\rho_o c_P}$$

此式为标量浓度场海表面边界条件的统一形式，具体到温度、盐度为

$$K_T\frac{\partial T}{\partial z}=\frac{Q_T}{\rho_o c_P}+\frac{1}{\rho_o c_P}\frac{\mathrm{d}Q_T}{\mathrm{d}T}\left(T-T_{\mathrm{ref}}\right)$$

$$K_S\frac{\partial S}{\partial z}=\frac{\left(E-P\right)S}{\rho_o}$$

式中，海表面参考温度 T_{ref}，一般为模式读入的观测数据，其与模式计算得到的海表面温度（SST）是海表面热通量 Q_T 的参数。通常 Q_T 由 SST 和气象场经 bulk flux 参数化计算得到，bulk flux 把风速转换成风应力。即温度、盐度动力学边界条件方程中引入了因模式 SST 偏离参考温度 T_{ref} 而引起的通量修正项。

垂向速度在海表处的边界条件为

$$w=\frac{\partial\zeta}{\partial t}$$

海底 $z=-h(x,y)$ 处：

$$K_m\frac{\partial u}{\partial z}=\tau_b^x(x,y,t)$$

$$K_m\frac{\partial v}{\partial z}=\tau_b^y(x,y,t)$$

上述两式为海底动力学边界条件；

$$K_C\frac{\partial C}{\partial z}=0$$

此式为标量浓度场海底边界条件的统一形式，具体到温度、盐度为

$$K_T\frac{\partial T}{\partial z}=0$$

$$K_S\frac{\partial S}{\partial z}=0$$

海底垂向速度的边界条件为

$$-w+\vec{v}\cdot\nabla h=\frac{\partial\zeta}{\partial t}$$

海底摩擦力 (τ_b^x,τ_b^y) 为海底水平流速的函数，通常表示为三种形式：线性、二次和对数形式。例如，模式中的二次摩擦定律为

$$(\tau_b^x,\tau_b^y)=C_d\cdot\sqrt{u^2+v^2}\cdot(u,v)$$

式中，C_d——底摩擦系数。

（2）悬浮泥沙输运方程

悬浮泥沙输运方程和温盐对流扩散方程类似，不同的是悬浮泥沙输运方程增加了一个源项用于表征泥沙的垂直沉降和冲刷：

$$C_{\text{source}}=-\frac{\partial\omega_s C}{\partial z}+E_s$$

式中，ω_s——泥沙静水沉速（m/s）；

E_s——冲刷率。

E_s 的计算如下（当 $\tau_{sf}>\tau_{ce}$ 时）：

$$E_s=E_0\left(1-\varphi\right)\frac{\tau_{sf}-\tau_{ce}}{\tau_{ce}}$$

式中，E_0——易蚀性常数；

φ——孔隙比（固体体积/总体积）；

τ_{sf}——底剪切应力；

τ_{ce}——临界冲刷应力。

推移质的输运速率 q_{bl}：

$$q_{bl}=\Phi\sqrt{\left(\rho_s/\rho-1\right)gD_{50}^3}\rho_s$$

式中，D_{50}——中值粒径；

ρ_s——粒密度。

对于 Φ 的计算，ROMS 模式采用了两种方法：①用于单向流的公式；②考虑了浪流耦合影响的公式。

2. 系统构建

（1）模式区域和分辨率

考虑需要尽量消除边界效应对关键海区的影响，珠江口模式的区域范围 113.35°E～114.21°E，22°N～23°N，水平采用正交网格，分辨率为 1/600°×1/600°（约为 200m×200m），垂向分为 10 个 σ 层。

为了提高对施工海区的分辨率，同时考虑模式运行的计算效率问题，采用模式单向嵌套和基槽地形逐渐推进相结合的方案：

①将 6km 的区域划分成若干个东西长 1400m、南北宽 640m 的基槽区域。

②将基槽区域和珠江口模式嵌套，基槽区域的边界条件和强迫场均由珠江口模式提供。

③港珠澳大桥岛隧工程的施工是从西人工岛开始，逐渐向东推进，与之相应的模式的基槽区地形也是逐渐向东延伸。

采用嵌套方案以后，模式在基槽区域的水平的分辨率达到了 1/21600°×1/21600°（5m×5m），垂向分为 20 个 σ 层，分辨率 2m，满足了工程的需求。图 3-22 为港珠澳大桥岛隧工程基槽区地形图。

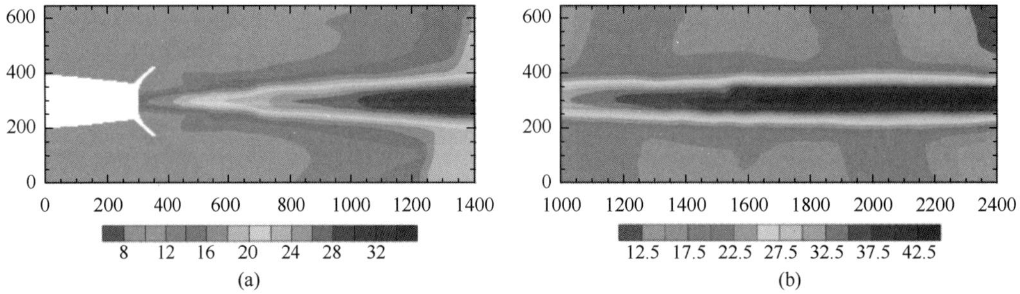

图 3-22　港珠澳大桥岛隧工程基槽区地形（单位：m）（后附彩图）

（2）泥沙源设置

模式中的局地泥沙源采用通量强迫的方式。由于对该泥沙源的定量观测十分困难，根据其下游海水中泥沙含量的实测数据，采用数值模拟方法，反推该泥沙源的强度。泥沙模块中的泥沙粒径、密度、沉降速度、孔隙比、表面侵蚀速率、侵蚀和沉降切应力等参数均使用经验值。

（3）边界条件设置

在近海，尤其是河口、海湾内的潮汐、潮流水动力数值模拟中，开边界条件的确定是至关重要的，其准确度直接决定模型计算结果的好坏。

1）潮汐边界

本模型的潮汐开边界数据采用俄勒冈大学 OTIS 全球潮汐模型提供的 9 个分潮（M2，S2，N2，K2，K1，O1，P1，Q1，M4）调和常数。该模型的网格精度为 1/30°，模型结果与南海沿岸潮位站结果对比显示其 M2 分潮振幅的均方根误差 4.1cm，这说明该模型对南海的潮汐潮流模拟还是比较准确的，因此选用该模型结果作为本章模型开边界是合理的。将调和常数插值到本章模型开边界的各网格点上，然后采用下式给出开边界节点上的水位预报值：

$$\eta = \sum_{i=1}^{n} f_i H_i \cos\left(\omega_i t + v_{0i} + u_i - g_i\right), \quad i = 1, 2, \cdots, 10$$

式中，η ——水位；

f_i ——第 i 个分潮交点因子；

H_i、g_i——分潮的调和常数；

ω_i——第 i 分潮的角速度；

t——时间；

v_{0i}——分潮的天文初位相；

u_i——分潮的交点订正角。

2）河流边界

河流开边界为虎门、蕉门、洪奇门和横门，径流量资料采用珠江主要干流实时的观测资料。

3）大气强迫场

获取由珠江口精细化天气数值预报系统提供的海面风场，根据预报系统的空间分辨率和时间分辨率要求，对得到的海面风场进行空间和时间插值及平滑处理，得到预报系统所需的海面风场并计算出风应力场。

获取由珠江口精细化天气数值预报系统提供的辐射、降水等气象要素场，按照预报系统的网格要求进行插值和平滑处理，为精细化海流预报系统提供所需要的热通量、盐度通量等强迫场。

（4）初始条件

模式需要分别给温度、盐度、三维流场、海表面高度和泥沙浓度一个起算场，即初始条件。实测资料无法给出模式起算时刻的各种物理场。然而，三维流场和海平面高度对海洋动力强迫的响应迅速，因此将其均设为零。温度、盐度的初始条件由 SODA 数据集气候平均值给出。

模型预运行一年，计算的结果作为预报模式的初始场，预报模式的起算时间为 2015 年 1 月 28 日。

3. 系统检验

（1）水动力要素预报检验

港珠澳大桥岛隧工程海区附近设有多个波潮仪和测流锚系浮标，图 3-23 和图 3-24 是选取 2015 年 4 月 11 日～2015 年 5 月 5 日潮位和流速检验的结果。模式计算的潮位平均误差为 0.08m，10m 以上平均流速的平均误差为 0.086m/s。

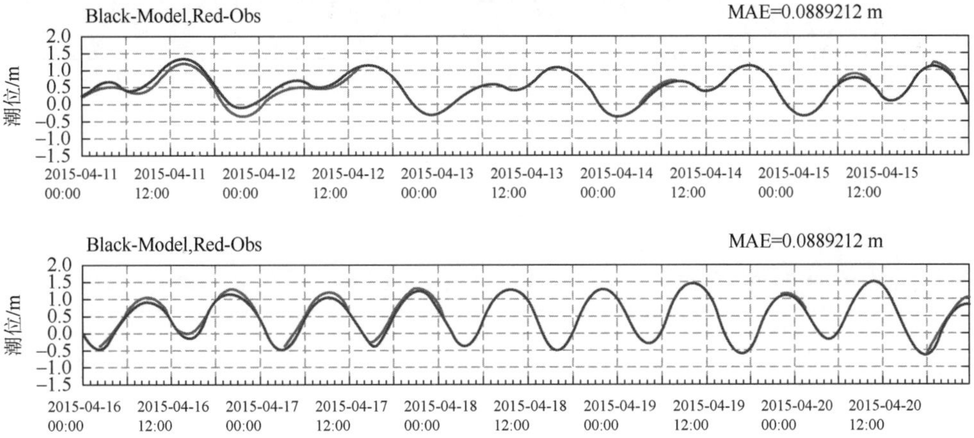

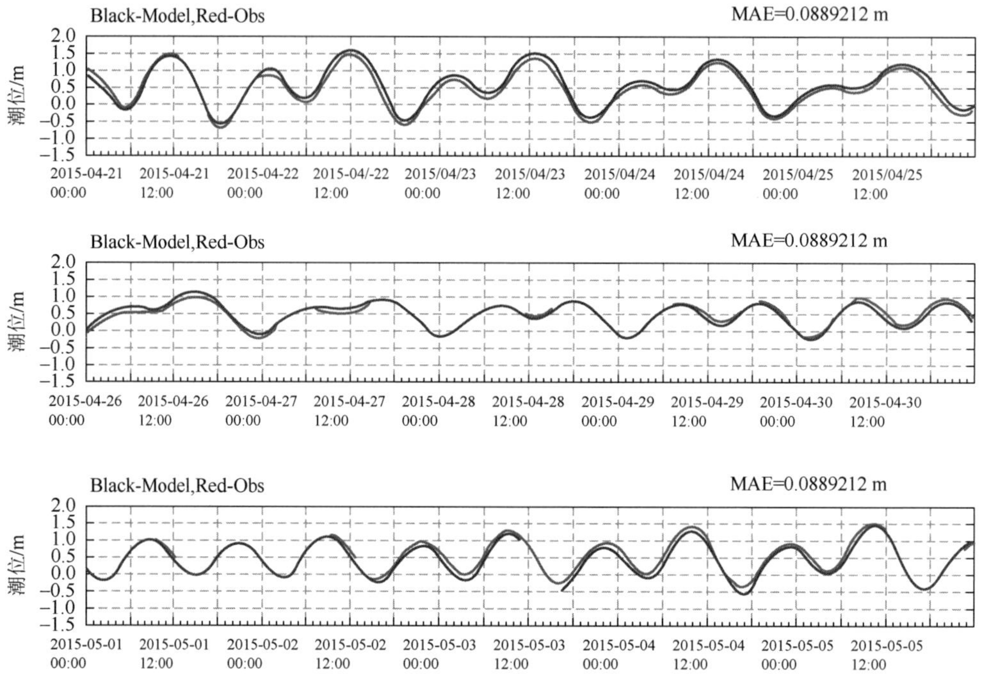

图 3-23　2015 年 4 月 11 日～2015 年 5 月 5 日潮位检验结果（后附彩图）

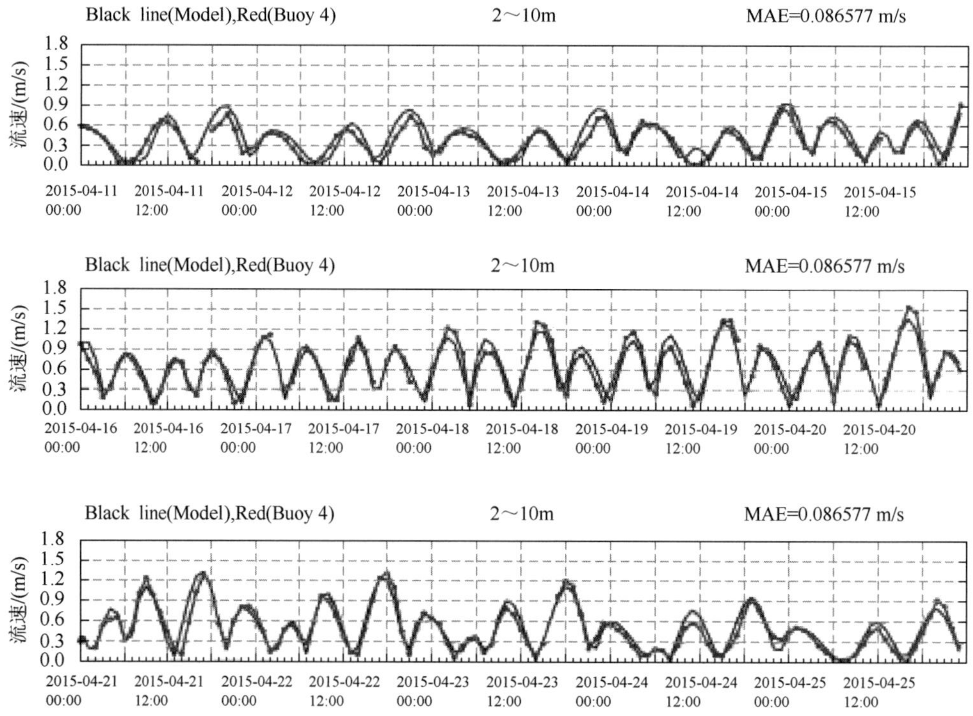

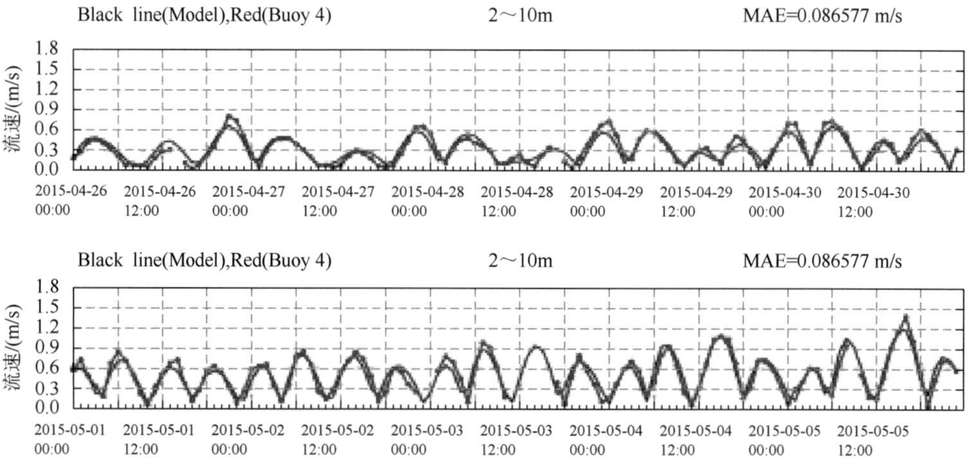

图 3-24　2015 年 4 月 11 日～2015 年 5 月 5 日流速检验结果（后附彩图）

（2）悬浮泥沙浓度预报检验

选取 2015 年 2～4 月的固定点泥沙浓度观测数据进行检验（图 3-25），模式计算的悬浮泥沙浓度平均误差为 0.015kg/m^3，计算的悬浮泥沙浓度能较好地反映该海区泥沙分布的特点。潮流作用下，大潮期时悬浮泥沙浓度远高于小潮期时的浓度。

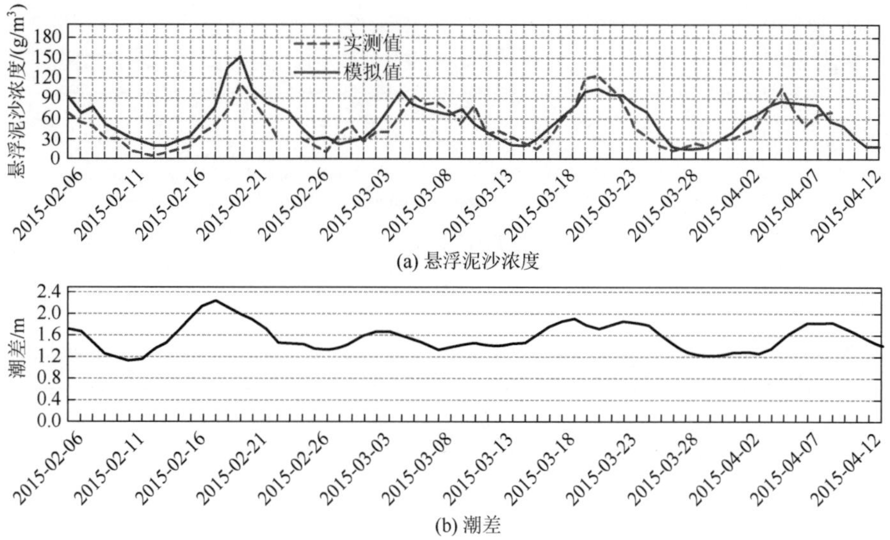

图 3-25　基槽区悬浮泥沙浓度的模拟值和实测值（a）、每日最大潮差变化（b）

4. 系统应用和效果

每次沉管安装前半个月左右提供由气候态风场驱动的泥沙数值预报结果；安装前 7d 提供 GFS 风场驱动的精细化泥沙数值预报结果。提供的泥沙数值预报产品和要素主要有施工区单点泥沙浓度变化（图 3-26），以及施工区单点泥沙回淤强度（日回淤量）和累积回淤量变化（图 3-27）。

（1）基槽区纵切面泥沙回淤强度变化

图 3-28 为基槽区纵切面泥沙回淤强度变化，其中纵轴代表基槽的南北方向，基槽中轴线在 330m 位置，泥沙回淤强度在基槽南北两侧呈现不对称特征，北侧回淤强度大于南侧。

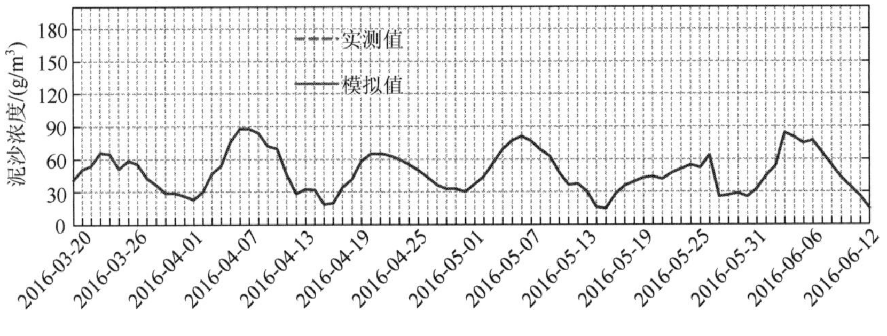

图 3-26　施工区单点泥沙浓度变化

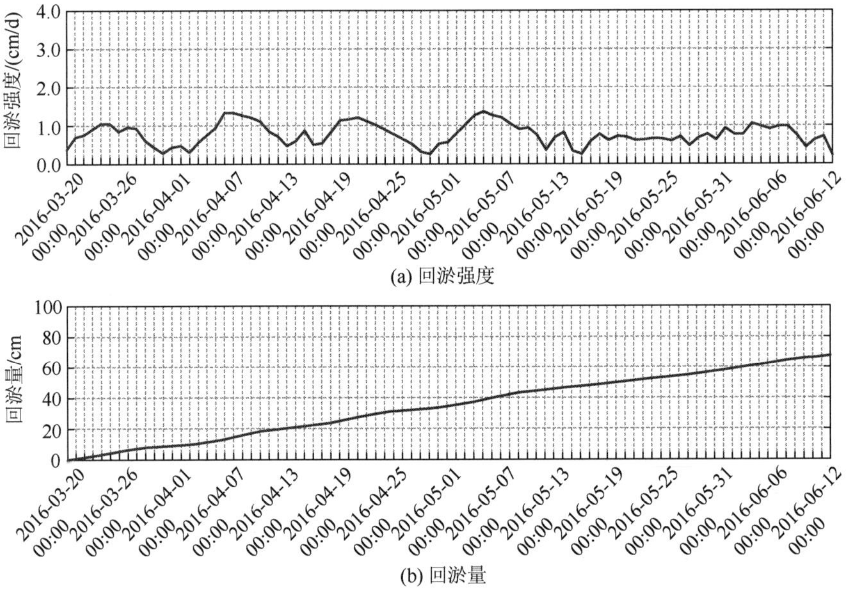

图 3-27　施工区单点泥沙回淤强度（a）和累积回淤量（b）变化

（2）基槽区泥沙累积回淤量分布

图 3-29 是东人工岛岛头附近的泥沙累积回淤量的空间分布，基槽北侧的回淤量显著大于南侧的回淤量。

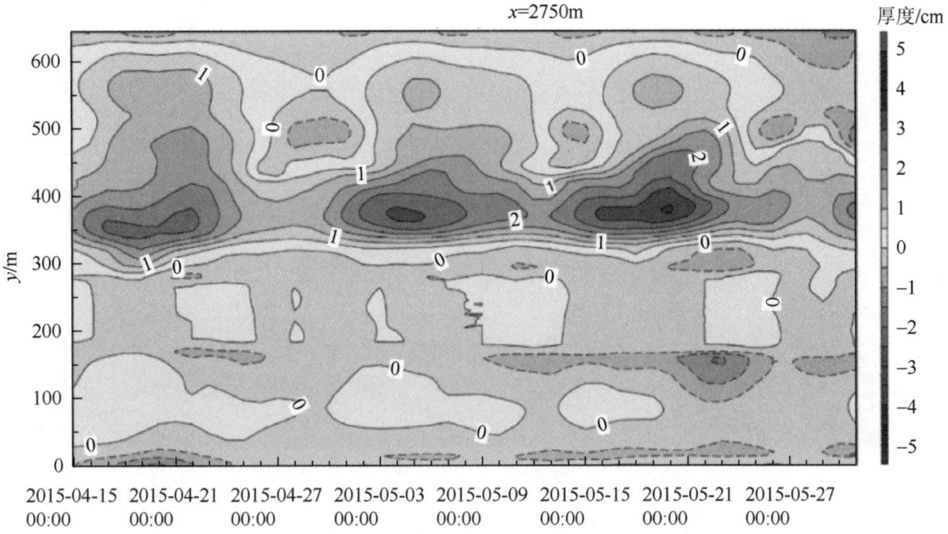

图 3-28　基槽区纵切面泥沙回淤强度变化（后附彩图）

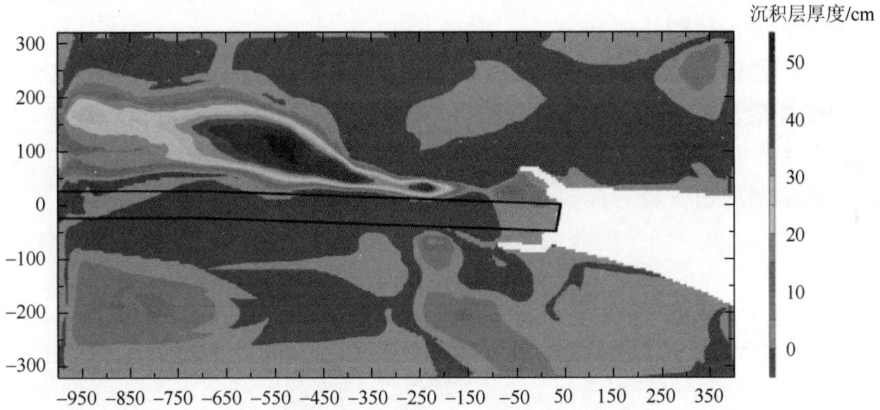

图 3-29　基槽区泥沙累积回淤量空间分布（后附彩图）

3.5.4　高精度多波束回淤监测关键技术研究和应用

1. 多波束测深精度研究

（1）大型专用测量船选型研究

为保证测量船的稳定性，自建测量船起锚艇 15（图 3-30）总功率 1800kW，满载排水量 1046.3t，满足Ⅳ类测量船船长要求，具有较高的稳定性，可适合现场复杂交叉作业环境。使用全回转舵桨装置，可任意改变推力方向，使船舶能原地掉头，操纵性能好，能精准按照预定航线行驶。

图 3-30　自建多波束专用测量船

（2）换能器安装研究

安装方式有船底安装及旁挂式安装，本项目在确定选取旁挂式安装的前提下对船底固定安装相关问题进行精细化研究。

船舶航行时船体与海水摩擦产生紊流（图 3-31），对多波束测深精度造成影响。船舶行驶过程中螺旋桨及机舱震动是主要噪声源，换能器安装时应尽量远离螺旋桨。加之纵摇的影响，综合考虑多波束换能器安装时布置于船底及船前 1/3 处且伸出船底，为防止换能器刮碰，在换能器周边安装导流罩（图 3-32）。

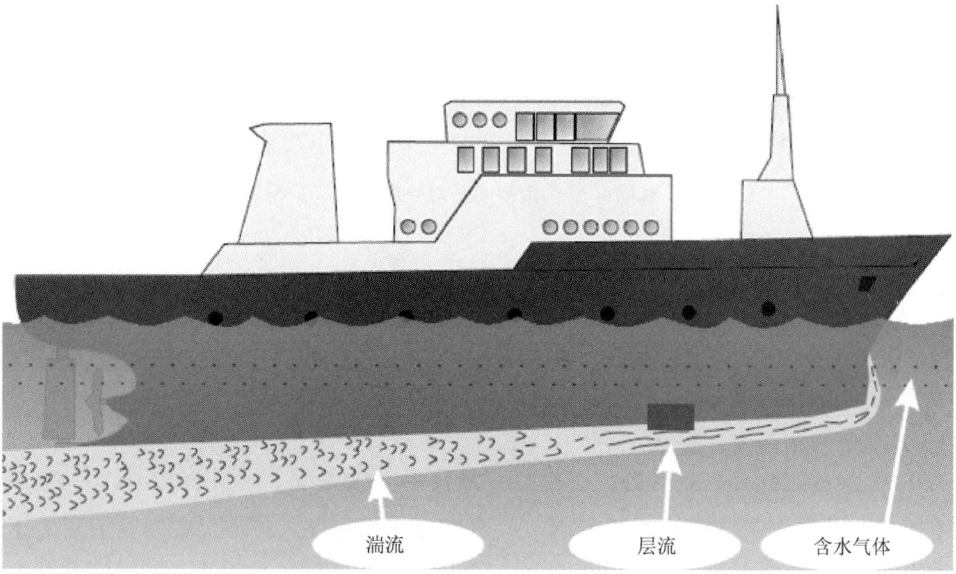

图 3-31　船底紊流图

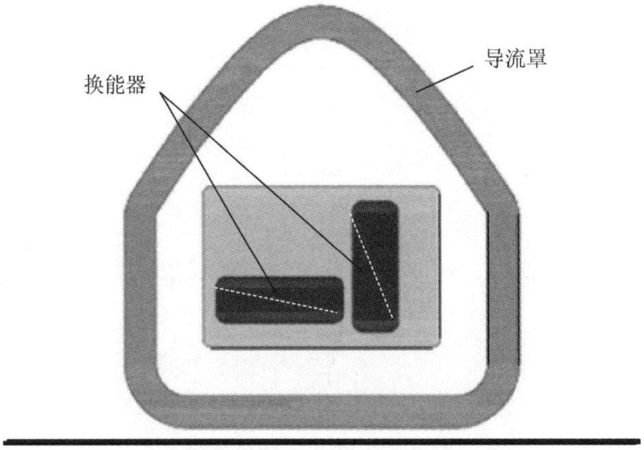

图 3-32　换能器导流罩示意图

在换能器安装过程中，通过测斜、测倾设备对换能器安装角度进行精确控制，由于换能器安装误差对多波束测深高程的影响主要体现在横摇 r 和纵摇 p 上，换能器安装姿态测量误差对多波束测深高程的影响表达式为

$$d_z = L\tan\varphi d_r + L\tan p d_p$$

式中，L——水深；

φ——波束入射开角；

d_z——换能器船体安装姿态测量误差对测深高程的影响。

船体姿态测量误差对多波束测深高程的影响为

$$d_z = 70\times\sqrt{3}\times\frac{0.01}{180}\times\pi + 70\times\tan1.5°\times\frac{0.01}{180}\times\pi < 0.01\text{m}$$

利用测斜、测倾设备将换能器船底安装横向、纵向偏角控制在±1.5°范围内，有效降低换能器安装产生的误差影响，将误差影响控制在±0.01m 左右。

（3）系统各设备相对位置标定

图 3-33 中，运动传感器平面坐标量取坐标分别为 x、y，船的实时航向为 φ，RTK 得出的测量参考系坐标为（E_0、N_0），则换能器的测量参考系平面坐标为（E_1、N_1）：

$$\begin{bmatrix} E_1 \\ N_1 \end{bmatrix} = \begin{bmatrix} E_0 \\ N_0 \end{bmatrix} + \begin{bmatrix} \cos\varphi & \sin\varphi \\ -\sin\varphi & \cos\varphi \end{bmatrix}\begin{bmatrix} x \\ y \end{bmatrix}$$

距离量取偏差分别为 dx、dy，则代入上面公式可推导出平面量取偏差对平面东、北坐标（ΔE，ΔN）如下：

$$\Delta E = \cos(\varphi)\text{d}x + \sin(\varphi)\text{d}y$$

$$\Delta N = \sin(\varphi)\text{d}x + \cos(\varphi)\text{d}y$$

为了方便计算，取 dx 为 0.2m，dy 为 0，航向 120°，横摇、纵摇的平均值为 2°，代入上面公式计算得$\Delta E = -0.12$m，$\Delta N = -0.15$m。

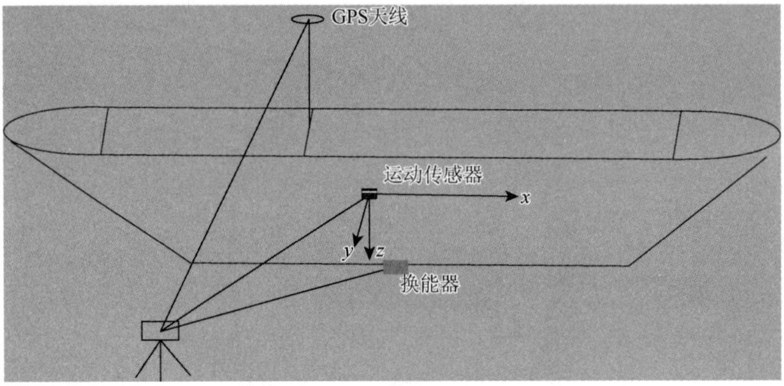

图 3-33　多波束各设备位置参数测定示意图

（4）声速改正模型研究

为真实反映波束在海水中的传播速度，需要充分考虑测区的水文要素、声速在海水中的传播特性等诸多因素。在实际测量工程中，由于测量误差或者随时间、区域变化使计算中使用的声速值 c_1 与探头表面实际声速 c 不一致，导致实际的波束定向角 θ 与计算使用的波束定向角 θ_1 不同，有如下关系：

$$\frac{\sin\theta}{\theta}=\frac{\sin\theta_1}{\theta_1}$$

设计算用声速值 c_1 与探头表面实际声速 c 的偏差为 Δc，则波束定向角度的实际偏差 $\Delta\theta$ 为

$$\Delta\theta=\theta_1-\theta=\theta_1-\sin^{-1}\left(\frac{c}{c}\cdot\sin\theta_1\right)=\sin^{-1}\left(\frac{c+\Delta c}{c}\cdot\sin\theta\right)-1$$

根据多波束测深系统波束脚印空间归位算法，假设现场采集的用于内业改正声速剖面正确，声波在海水中传播速度恒定，且不考虑横摇、纵摇等其他水深空间归位计算因素，则测深值可以简单表示为

$$H=D\times\cos\theta$$

式中，D——声波在海水中的旅行距离（半程）。

设计水深为 H_1，实际水深为 H，差值为 $\Delta H = H_1-H$，则可推导出水深差值百分比 $\frac{\Delta H}{H}$：

$$\frac{\Delta H}{H}=\frac{\cos(\theta+\Delta\theta)}{\cos\theta}-1=\frac{\cos\left[\sin^{-1}\left(\frac{c+\Delta c}{c}\sin\theta\right)\right]}{\cos\theta}-1$$

为验证表层声速变化对测深结果的影响，假设换能器表层声速为 1500m/s，声速依次

增减 1m/s、2m/s、3m/s，分别计算不同波束开角 30°、35°、40°、45°、50°情况下测深差值百分比，见表 3-12。

表 3-12　表层声速变化对测深影响

声速偏差/(m/s)	波束角/(°)				
	30	35	40	45	50
±1	0.02%	0.03%	0.05%	0.07%	0.09%
±2	0.04%	0.07%	0.09%	0.18%	0.18%
±3	0.07%	0.10%	0.14%	0.20%	0.28%

由于多波束测深是动态过程，需对所有声速剖面各采样层对应的深度和声速进行标准化处理，即先设定垂直方向上的采样步长，后采用线性内插及样条内插出对应深度声速，重构声速剖面。根据空间区域差异，采用声速剖面仪直接测量声速剖面建立模型（图 3-34）。

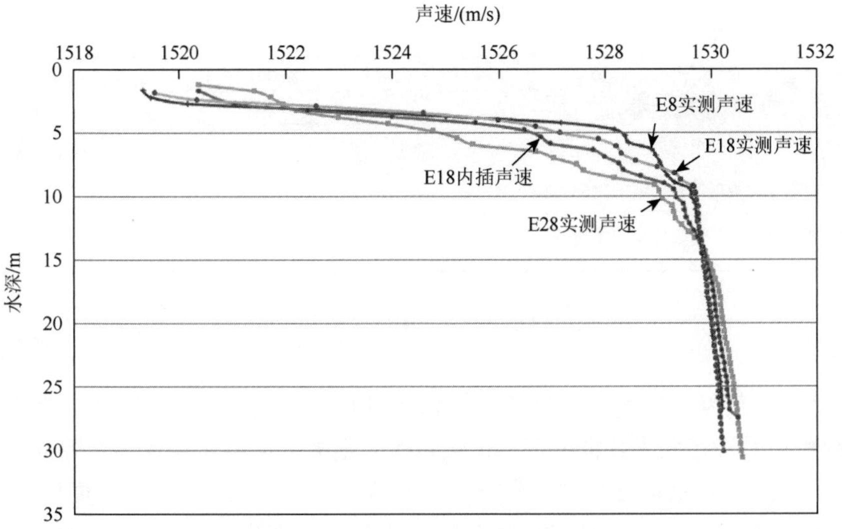

图 3-34　声速剖面按空间构建比对图

（5）测量船姿态补偿研究

实际多波束测深中，三维姿态横、纵摇影响最大，见图 3-35 和图 3-36。

实际测量中，姿态测量误差对波束脚印位置测深精度的综合影响如下：

$$\begin{bmatrix} \mathrm{d}x \\ \mathrm{d}y \\ 0 \end{bmatrix}_h + \begin{bmatrix} 0 \\ 0 \\ \mathrm{d}z \end{bmatrix}_{h_{\mathrm{ds}}} + \begin{bmatrix} 0 \\ \mathrm{d}y \\ \mathrm{d}z \end{bmatrix}_r + \begin{bmatrix} \mathrm{d}x \\ 0 \\ \mathrm{d}z \end{bmatrix}_p = \begin{bmatrix} D\tan\phi\Delta h + Dd_p \\ D\tan\phi\Delta h^2/2 + Dd_r \\ \Delta h_{\mathrm{ds}} - D\tan\phi d_r - D\tan p d_p \end{bmatrix}$$

多波束回淤监测系统采用光纤运动传感器为系统提供船舶的姿态数据，包括横摇值（roll）、纵摇值（pitch）、升沉值（heave）等，图 3-37 为 Octans 光纤运动传感器标称精度。

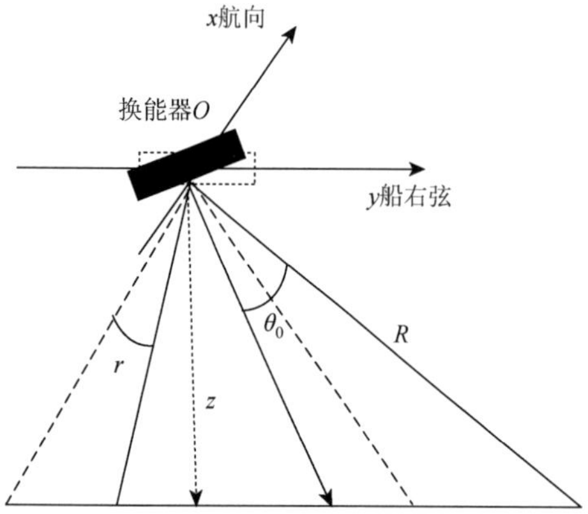

图 3-35　横摇示意图

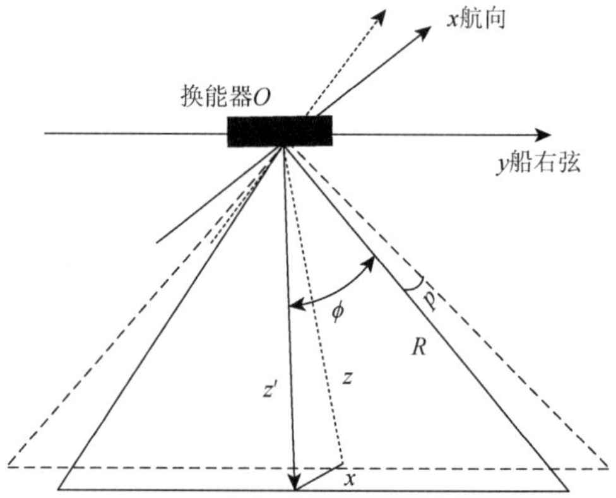

图 3-36　纵摇示意图

X航向切线纬度	0.1°X切线纬度
分辨率	0.001°
横摇/纵摇/艏摇精度	0.01°

(1) 切线纬度=1/cos(纬度)

(2) 均方差此数据的置信区间为68%

(3) 最佳对比算法请参照用户手册

图 3-37　Octans 光纤运动传感器标称精度

艏向对测深精度的影响可通过稳定的船速进行有效控制，而涌浪升沉值的影响可结合 RTK 高程信号进行同步数据处理，优化精度。根据上述姿态补偿误差综合影响，结合运动传感器各指标 2 倍标称精度，分析在入射角为 50°，水深为 50m，横摇和纵摇为 3°时，从理论上计算运动传感器实时姿态修正情况下对波束脚印位置测深精度的影响：$dx = 0.09$m，$dy = 0.01$m，$dz = 0.02$m；在运动传感器实时姿态修正的情况下，其标称精度极限误差对多波束测深精度影响值为 0.02m（同样，横摇和纵摇 5°的情况下，影响值接近 0.02m）。

运动传感器在实时姿态补偿时，对于多波束换能器船底固定安装方式的测深精度影响较小，但运动传感器在风浪流等客观因素的情况下，换能器旁侧安装等方式因相对位置标定误差易引起横摇与实时姿态补偿产生偏差值，见图 3-38。按 $dh = N(1-\cos r)$ 计算分析，取水深值为 50m，分别计算横摇偏差值对测深的影响，见表 3-13。

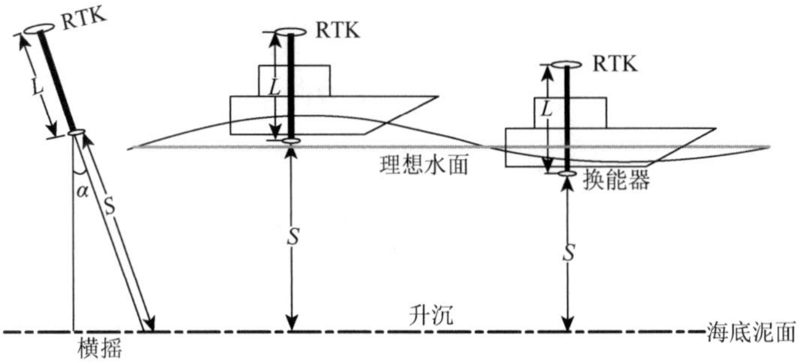

图 3-38　监测船舶三维姿态示意图

表 3-13　测深精度影响表

横摇偏差/（°）	测深精度影响/m
2	0.03
3	0.07
4	0.12

船舶横摇的影响控制严格，当风浪持续影响下，测量船舶实际姿态运动传感器补偿偏差值超过 2°时，测深精度影响接近 0.07m，很难保证监测数据可靠性。

（6）多波束测深稳定性研究

多波束测深稳定性主要受两次扫测内、外环境的影响。内环境主要有测量船舶船速、多波束仪器参数、测量测线，是可控的；外环境主要有水文环境、海底环境，是不可控的。表 3-14 中 10d 约 59 万点位比对得出多波束测深稳定性为 1cm 左右，平均值为 0.12cm。

表 3-14　多波束重复测深差值统计表　　（单位：cm）

日期	3 月 15 日	3 月 16 日	3 月 17 日	3 月 18 日	3 月 19 日	3 月 20 日	3 月 21 日	3 月 22 日	3 月 23 日	3 月 24 日
均值	0.5	0.4	−0.7	1.1	1.1	0.4	−1	−0.1	−0.3	−0.2

（7）基于数字信号处理的信号融合

为了获取高精度的 RTK 高程值，寻找 RTK 高程及升沉信号在某相邻时刻在垂直方向上的偏差量，以 RTK 高程信号为基准，在这两个基准点间用升沉信号进行填补，采用融合方法实现 GPS 高程及升沉信号的融合，进行 RTK 数据修正。

图 3-39 中，若 T_i 和 T_{i+1} 两个时刻存在着升沉记录 $J_0-j-(j+1)-(j+2)-J_e$，i 和 $i+1$ 为对应着这两个时刻的 RTK 高程记录 H_i^{RTK} 和 H_{i+1}^{RTK}，通过角度 α，强制融合可通过下面的模型实现。

$$\Delta H_0 = H_i^{\text{RTK}} - H_i^{\text{Heave}}$$

$$\Delta H_e = H_{i+1}^{\text{RTK}} - H_{i+1}^{\text{Heave}}$$

$$\text{rate} = (\Delta H_e - \Delta H_0) / (T_{i+1} - T_i)$$

$$\Delta H = \Delta H_0 + (T_k - T_i) \times \text{rate}$$

$$H_k = H_k^{\text{Heave}} + \Delta H$$

式中，H_k——这两个时刻间某升沉观测值对应的高程。

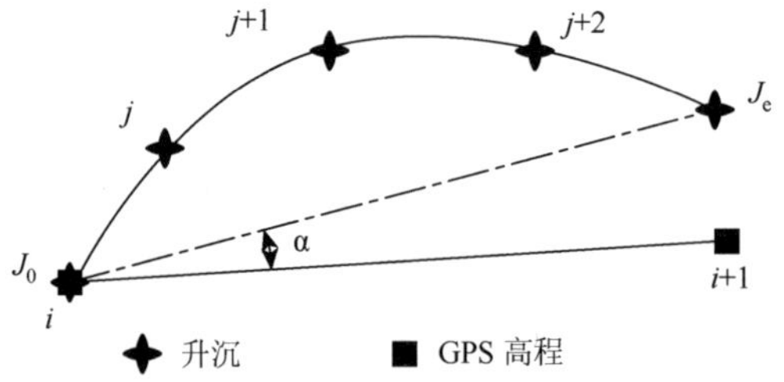

图 3-39 信号融合示意图

选取约 1500 个数据进行信号融合分析，通过融合模型，对融合升沉和未融合升沉的 RTK 高程数据进行比较，见图 3-40。利用数理统计方法对信号融合数据及未融合数据进行标准差比较（表 3-15），可知融合升沉的 RTK 高程数据精度优于未融合的高程数据，可将测深精度提高 0.02～0.03m。

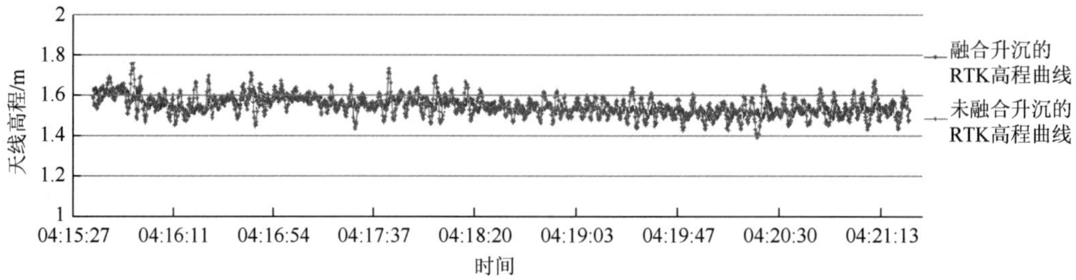

图 3-40 信号融合对比图（后附彩图）

表 3-15 数据标准差分析表

分析方式	融合升沉的 RTK 高程数据	未融合升沉值的 RTK 高程数据
平均值	1.573m	1.575m
标准差	0.029m	0.053m

2. 多波束测深精度评估及稳定性分析

(1) 相对测深精度评估

选取多次多波束扫测数据进行差值统计，根据统计结果作出主测线和检测线偏差统计如图 2-22 所示，以差值的平均值和中误差为指标评定多波束测深的相对精度。通过对主测线、检测线 20 次多波束扫测的 97 509 个点进行计算分析，主测线与检测线的水深测量偏差的平均值为 1.5cm。

（2）绝对测深精度评估

在 E15～E27 管顶及 E28 管顶安装比对板进行绝对高程比对。

1）场内标定

采用全站仪标定方法在 E15～E27 管顶通过控制点顺序放样 50～80 个比对点，见图 3-41，在 E28 管顶安装比对板进行测定，比对板高度从左到右依次为 3cm、35cm、10cm、5cm，见图 3-42。

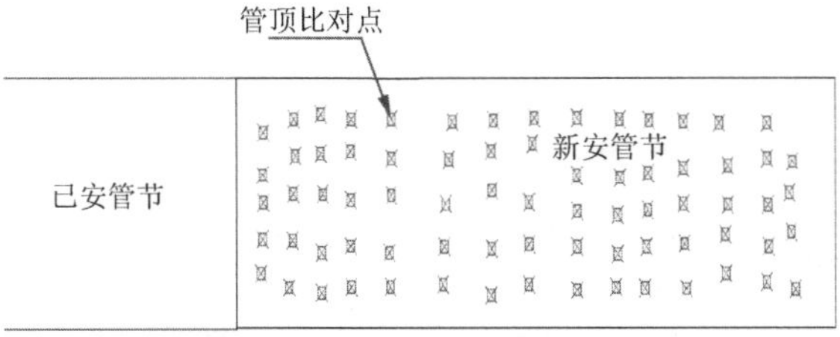

图 3-41　E15～E27 管顶比对点位置示意图

图 3-42　多波束测深比对板安装图

2）沉管安装后贯通测量

沉管安装后采用导线测量方法对沉管进行贯通测量，得到管节中管廊贯通点绝对坐标及高程。通过管节坐标系中管廊贯通点同管顶比对点及比对板相对关系可以推算出管顶比对点及比对板绝对坐标及高程。沉管安装后贯通测量网形图见图 3-43。

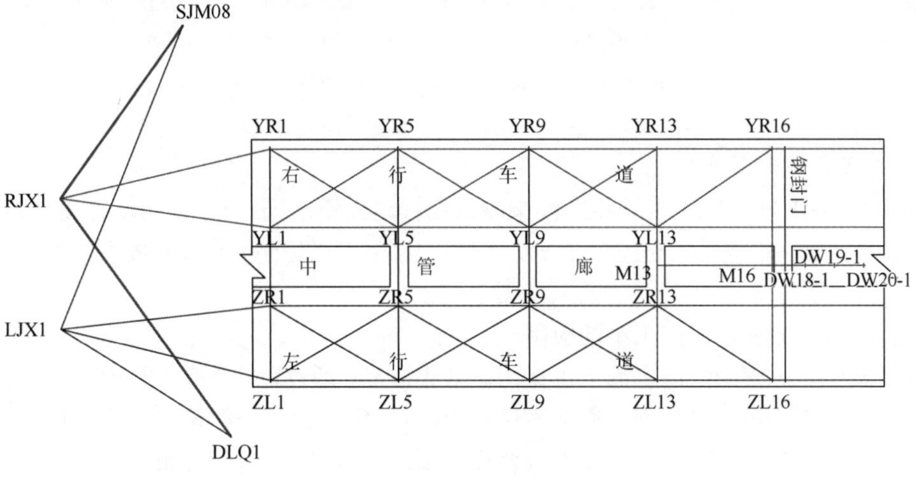

图 3-43　沉管安装后贯通测量网形图

3）多波束绝对高程比对成果

通过对 E15～E27 管顶比对点及 E28 管顶比对板共计 727 点进行高程差值计算，得到多波束绝对测深高程差值平均值为 1.2cm，中误差为 4cm。

3. 回淤监测数据分析应用

（1）回淤监测数据可视化分析

1）色块图回淤分析

图 3-44 中 E22 管节碎石基床第一、二船位的回淤初期主要集中在北侧区域，并逐步向南侧扩散。11 月 1 日北侧区域回淤均值大于 10cm。

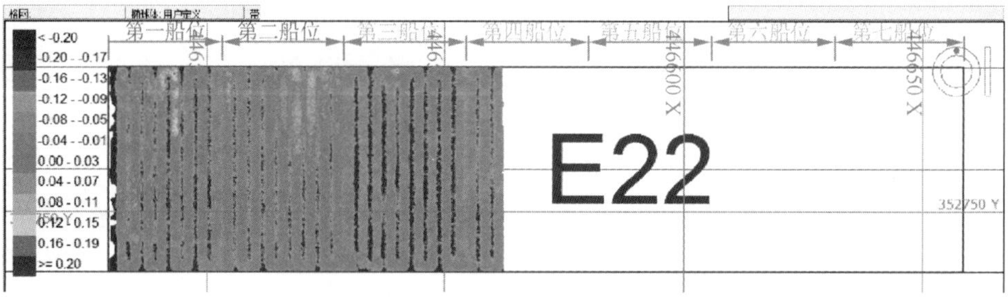

(a) E22管节2015年10月23日13:00测量高程同设计垄顶面高程差值

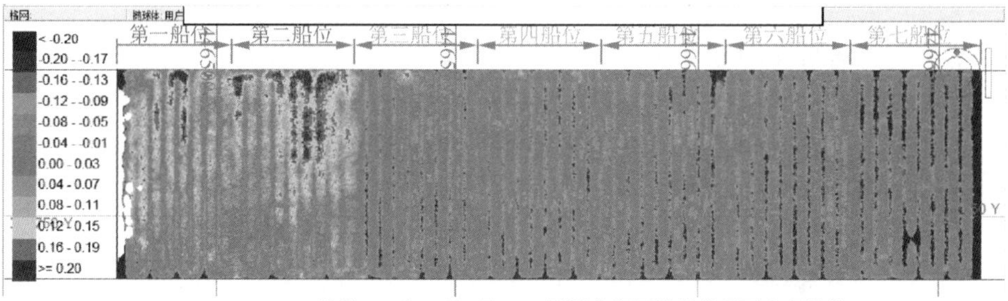

(b) E22管节2015年11月1日12:00测量高程同设计垄顶面高程差值

图 3-44　E22 管节不同时间测量高程同设计垄顶面高程差值（后附彩图）

2）垄差值回淤分析

利用 Hypack 软件 TIN 模块将多波束测量高程建立不规则三角网，与设计垄顶做差值，差值间距为 1m，生成单条垄差值 XYZ 文件，然后将生成的差值数据按不同的水深范围进行颜色差别显示，生成垄差值图，见图 3-45。

（2）回淤监测在清淤施工中的应用

在清淤施工过程中采用多波束进行清淤效果监测，通过色块图等，科学合理地指导清淤并为后序施工决策提供依据。在清淤过程中，11 月 2 日第一船位绝大部分位置清淤效果明显，除北侧基床外清淤结果基本符合设计要求，11 月 3 日进行第二船位施工，色块图显示，第二船位清淤基本符合要求，11 月 4 日移至第一船位北侧再次进行清淤施工，由 11 月 4 日色块图可知基床清淤效果明显，见图 3-46。

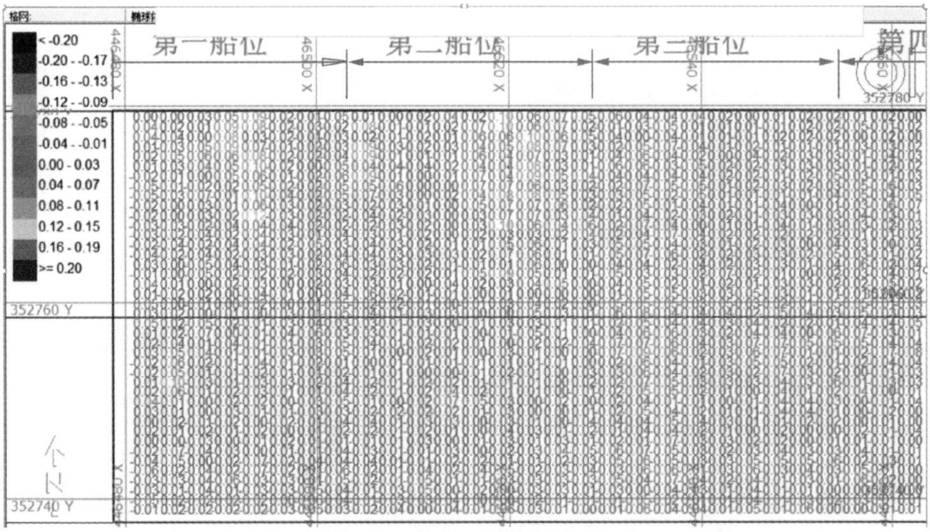

(a) E22管节2015年10月28日测量高程同设计垄顶高程差值

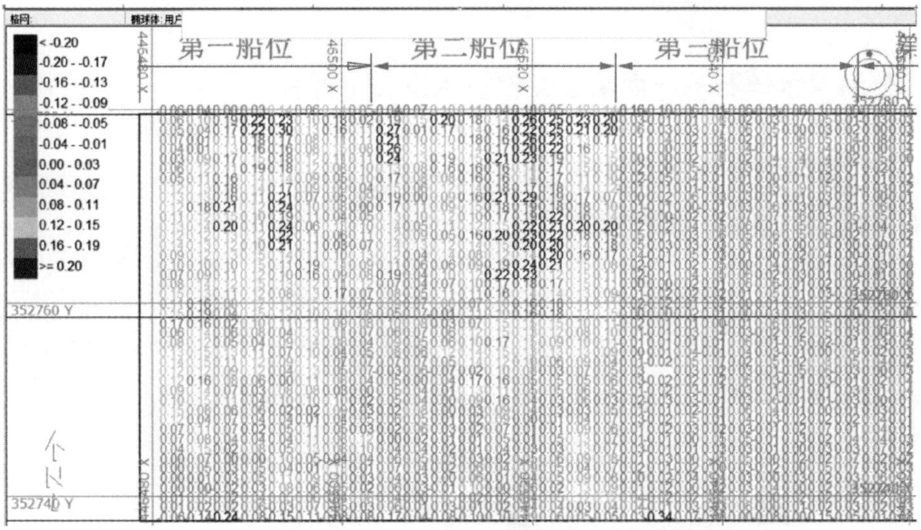

(b) E22管节2015年11月1日测量高程同设计垄顶高程差值

图 3-45　E22 管节不同时间测量高程同设计垄顶高程差值（后附彩图）

(a) E22管节2015年11月2日19:30测量高程同设计垄顶面高程差值

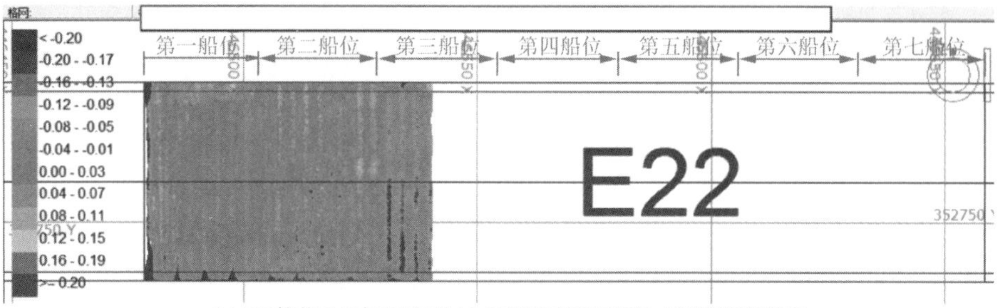

(b) E22管节2015年11月3日16:00测量高程同设计垄顶面高程差值

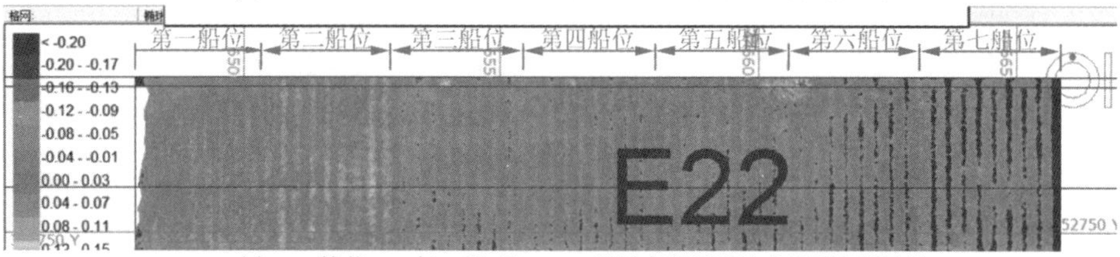

(c) E22管节2015年11月4日11：30测量高程同设计垄断面高程差值

图 3-46　E22 管节不同时间测量高程同设计垄顶面高程差值（后附彩图）

3.5.5　外海深水碎石基床面清淤关键技术及装备开发

1. 不扰动基床的清淤机理研究

（1）清淤系统载体和清淤方式研究

1）清淤载体研究

采用平台支撑（抛石整平船）为清淤系统提供稳定的载体，将清淤管路通过刚性支架传导至平台上部，将清除的淤泥排至指定区域，可使清淤系统吸头部分与基床面稳定的距离保持稳定，见图 3-47。

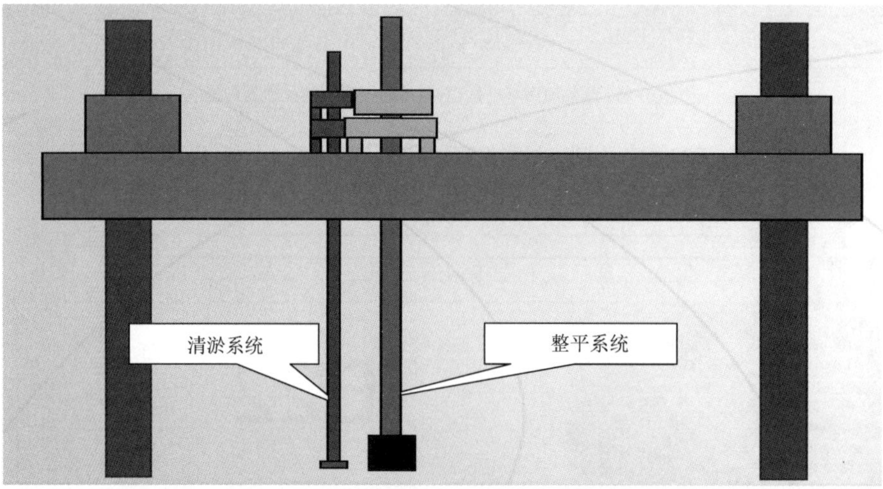

图 3-47　高精度定点清淤系统示意图

2）清淤方式研究

分别对“盖章”式点状清淤和“行走”式连续清淤进行了分析研究。“盖章”式清淤方式需要将清淤区域根据吸头的大小分割成 N 个方格，通过间歇式将吸头停滞进行作业，装备无法连续作业，施工效率低。研究确定采用“行走”式连续清淤方式，根据不同的回淤厚度和密度等情况，实时调整清淤系统的行走移动速度，并可利用原有整平系统的扫测系统检测碎石基床顶部回淤物的清除效果。

（2）清淤吸头研制

1）清淤动力系统

经调研和计算，清淤泥泵采用大型泥泵功率上可满足要求，通过液压系统调节泵的转速实现吸口处的流速控制。通过自主开发的软件，动力泥泵清淤能力模拟计算成果见图 3-48。

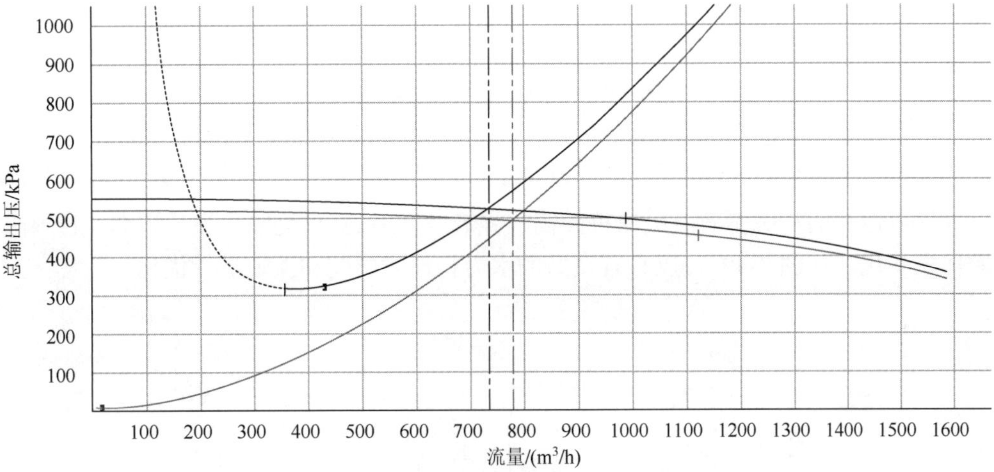

(a) 总输出压

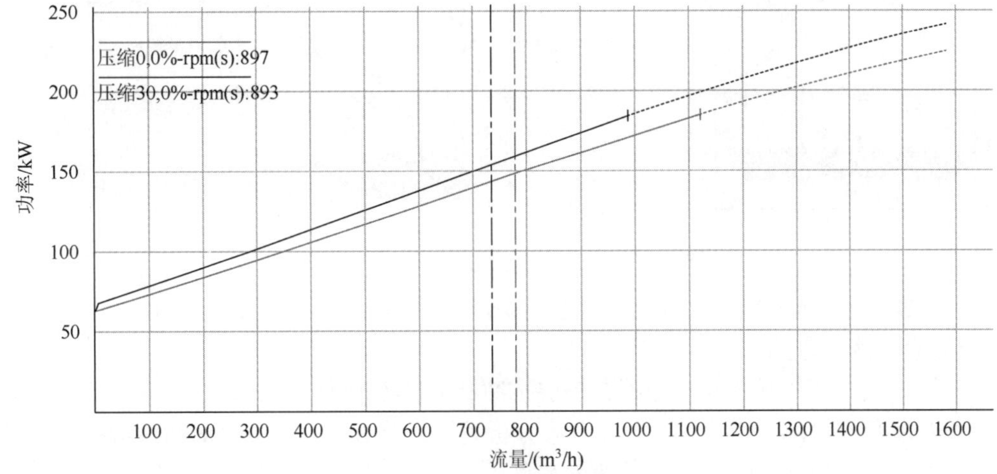

(b) 功率

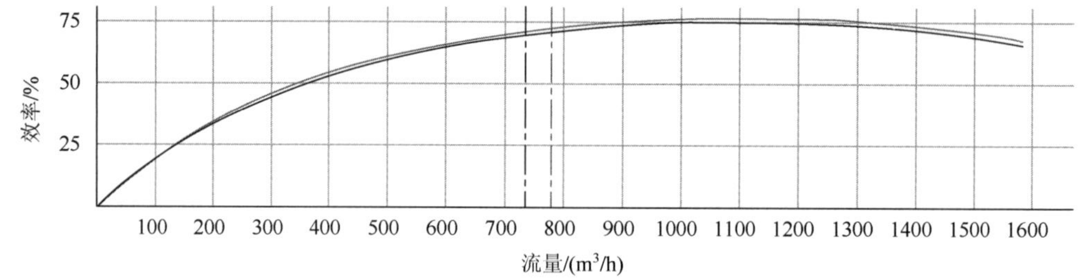

(c) 效率

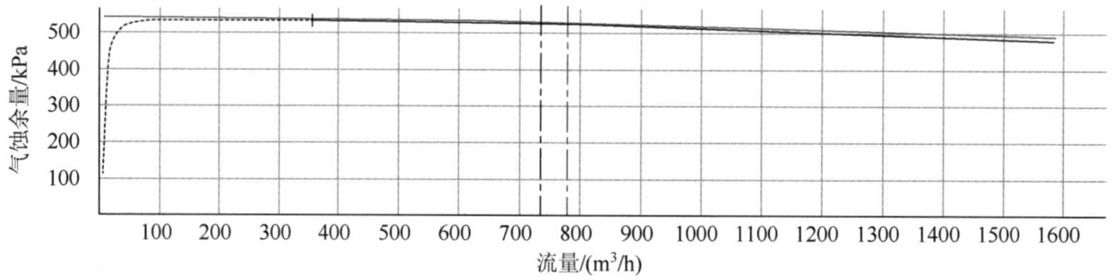

(d) 气蚀余量

图 3-48　泥泵清淤能力模拟结果

2）吸头初步设计

以水下泥泵的相关参数及吸口抗冲刷临界流速 1.1m/s 作为吸头设计依据，计算吸头内腔体积和尺寸（图 3-49），以具有良好的水力特性对内腔和流道进行优化。

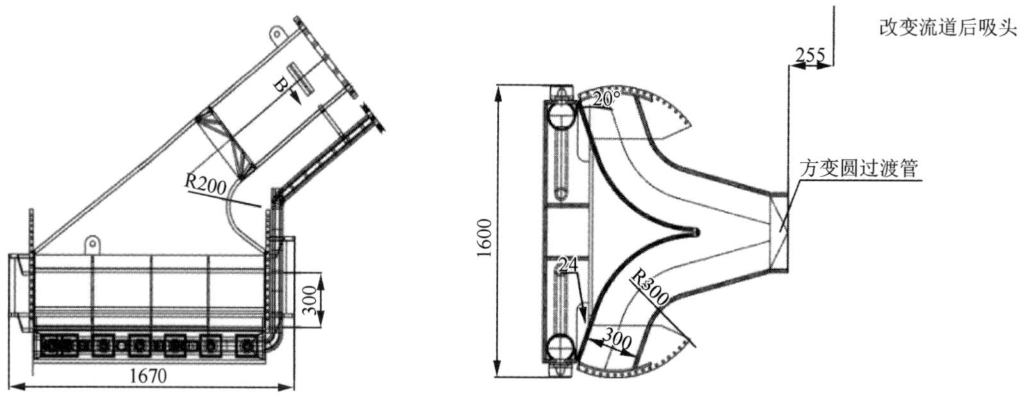

图 3-49　吸头设计初样图（单位：mm）

3）吸头流场研究

依据吸头设计初样图及基槽碎石垫层抗冲刷临界流速为 1.1m/s 等条件，以数值模拟为手段开展吸头内部流道优化设计工作，分析关键计算参数、吸头内部结构特征、在不同作业条件下流场特征、吸头的清淤能力和作用范围等，图 3-50 为计算几何模型简图及整体流线分布。

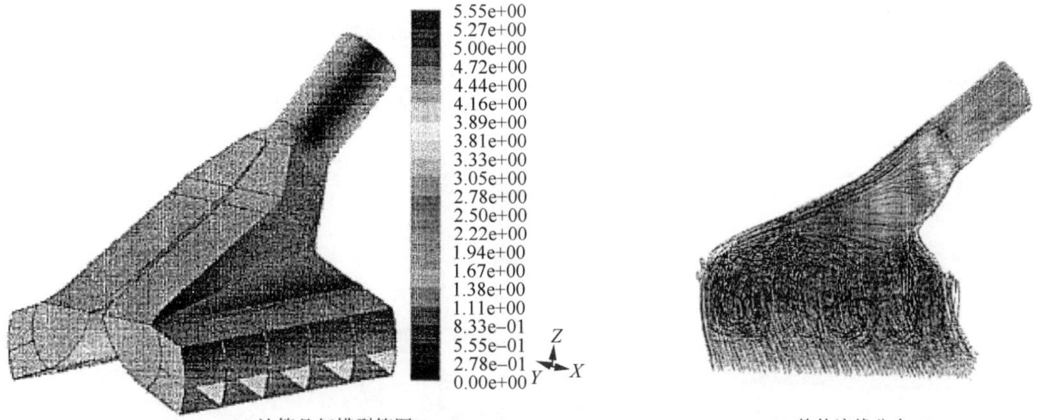

(a) 计算几何模型简图　　(b) 整体流线分布

图 3-50　计算几何模型简图（a）及整体流线分布（b）

4）吸头结构最终设计方案

在吸头设计初样的基础上，对吸头不同结构方案，经过多次数值模拟，并对数值模拟结果进行计算、分析和比较后确定吸头结构最终设计方案。清淤吸头工作示意图如图 3-51 所示。吸头及内部流道的结构改为对称设计，吸管改为垂直于吸头正上方、两边吸口向垂直吸管采用人形加圆弧过渡结构形式，吸口上沿增加顶板、吸口开口上下沿直线连接加 4 块加强板。

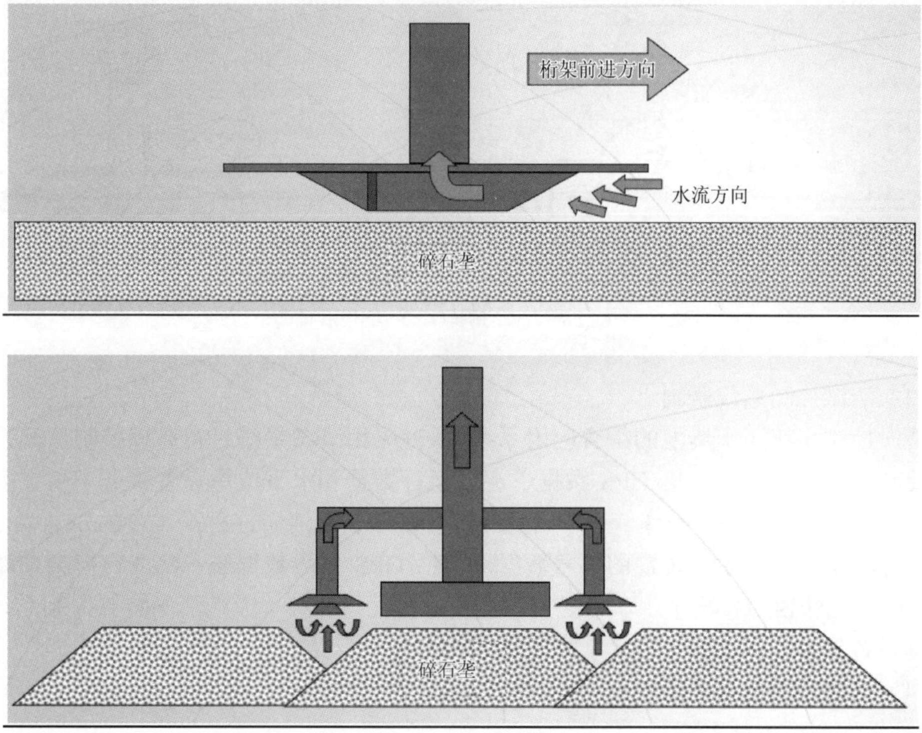

图 3-51　清淤吸头工作示意图

清淤装置头部装配高压冲水系统，将海水喷出，能够扰动碎石垄面及垄沟上的淤泥，以增强清淤效果，见图 3-52。

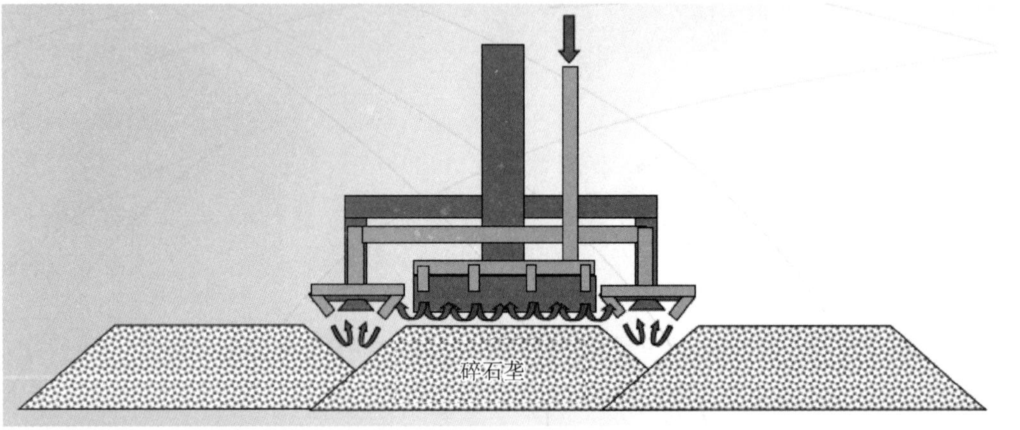

图 3-52 高压冲水系统工作示意图

根据港珠澳大桥沉管隧道基床清淤要求，针对性地设计配套吸头（图 3-53）。

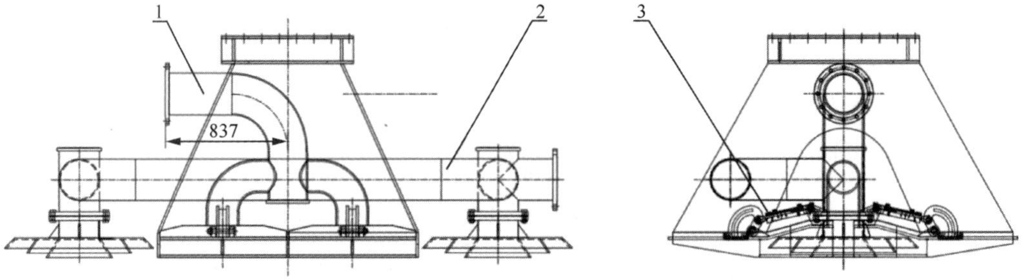

图 3-53 清淤设备吸头设计图（单位：mm）

1. 主吸口；2. 侧吸口；3. 开闭闸门

（3）清淤控制系统研制

清淤控制系统属于典型的综合应用系统，研究采用清淤系统进行高程控制与泥泵流量联合控制的方式，通过采集 GPS 数据、泥泵运行数据和水下成像设备数据，将更多控制信息、检测环节纳入系统操作管理，以适应碎石基床表面清淤这种高难度的作业要求，该系统设计将所有清淤系统装置的信号数据，包括 GPS 信号数据统一集成到桁架顶端电气箱内，通过无线信号传输至小车操控室，实现远程无线操控，形成清淤装置控制系统，清淤控制系统界面见图 3-54。

（4）清淤测量检测系统研制

1）平面高程控制系统

清淤系统的测控数据的精度主要取决于高程控制系统，结合 GPS 对清淤装置高程及水平位置定位，并对该系统施工数据采集和集中控制。根据 GPS 数据对清淤装置高程及水平位置进行调整，利用清淤装置头部油缸精确、自动地调整吸口位置高度，保证清淤效果和不破坏碎石垫层。高程控制系统的 GPS 安装示意见图 3-55，吸头处高程控制示意见图 3-56。

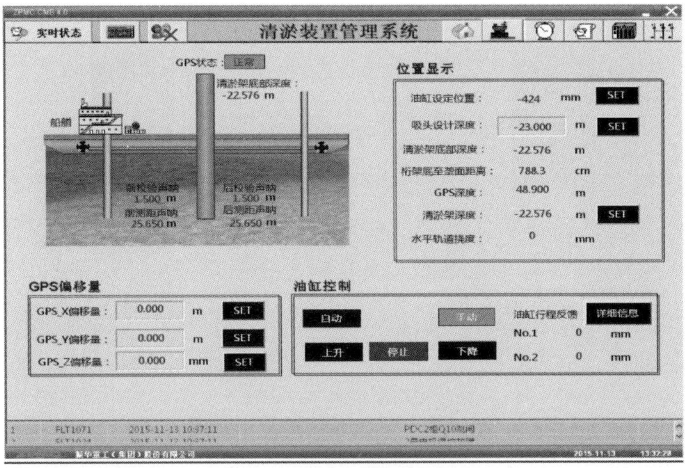

图 3-54　清淤控制系统界面

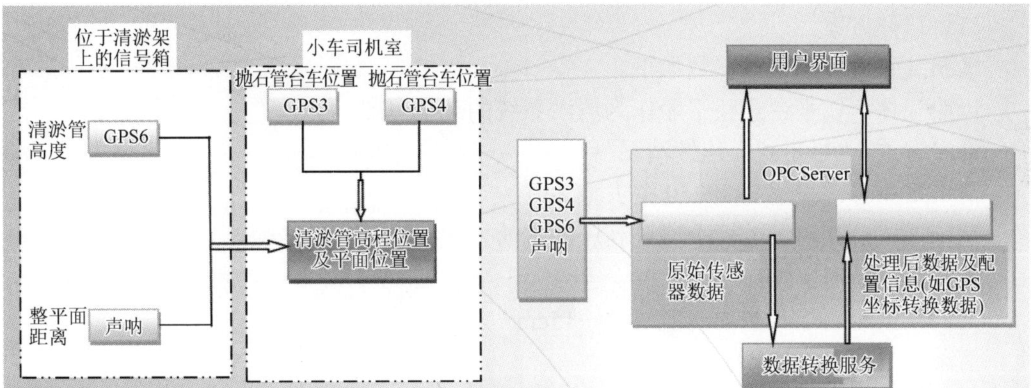

图 3-55　高程控制系统 GPS 安装示意图

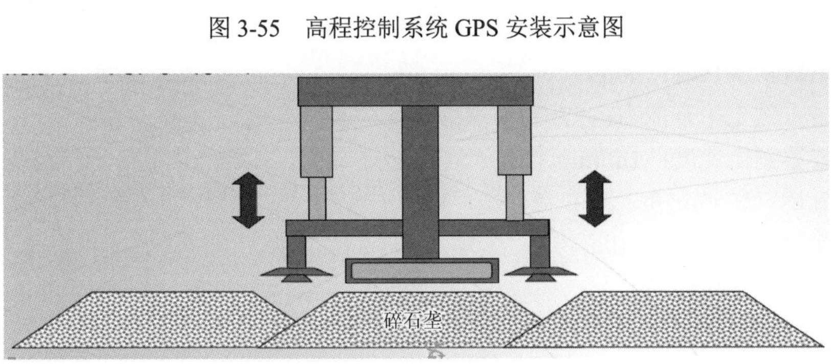

图 3-56　吸头处高程控制示意图

2）清淤效果检测

在清淤系统底部配备强光照明的水下摄像头和多波束扫描成像声呐装置，可随清淤装置的吸头同步移动，实时获取水下碎石基床清淤状况，同时将数据反馈给系统集控室，便于对清淤效果进行判断和评估，见图3-57。

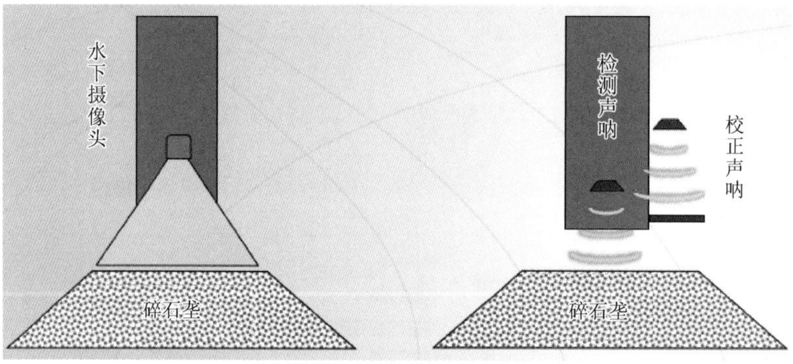

图3-57　清淤系统检测示意图

2. 清淤装备设计和建造

（1）总体方案

清淤装备设计的关键参数如下。

母船载体：以平台式整平船作为清淤系统的载体母船

清淤方式："行走式"连续清淤

清淤泵型号：采用DOP250型大型泥泵

扰动方式：在清淤过程中通过高压冲水的方式扰动沉积的淤泥

碎石启动流速：≤1.1m/s

清淤吸头距离碎石垄顶高度：12～15cm

清淤行走速度：1m/min

（2）装备设计

1）主要设备参数

清淤系统桁架长度：66m

升降装置额定抬升能力：57t/台，共3台

升降装置额定速度：1m/min

泥泵流量：1250m³/h，共2台

泥泵出口压力：0～1MPa

泥泵排距：≮1km

2）主要作业性能

最大船舶作业水深：50m

清淤作业水深：10～50m

每个船位清淤范围：48m×25m

清除淤泥比重：≯1.3

吸头清淤行走速度：≮1m/min

单节管节清淤时间：≯10d

3）主体设计内容

利用原有抛石整平船的大小车系统，增设大车梁和小车平台，安装可上下升降桁架，桁架长 66m，三角形截面，顶角位置设置齿条，采用齿轮齿条的驱动形式控制升降，在桁架头部安装两台大功率泥泵，通过软管与吸头连接，可单独调控吸头高度，见图 3-58。

为尽量减少增设的清淤系统设备占用大车行程的空间，不影响原有抛石整平能力，大车新增梁间距和桁架尺寸调整为最优，清淤装备平面图见图 3-59。

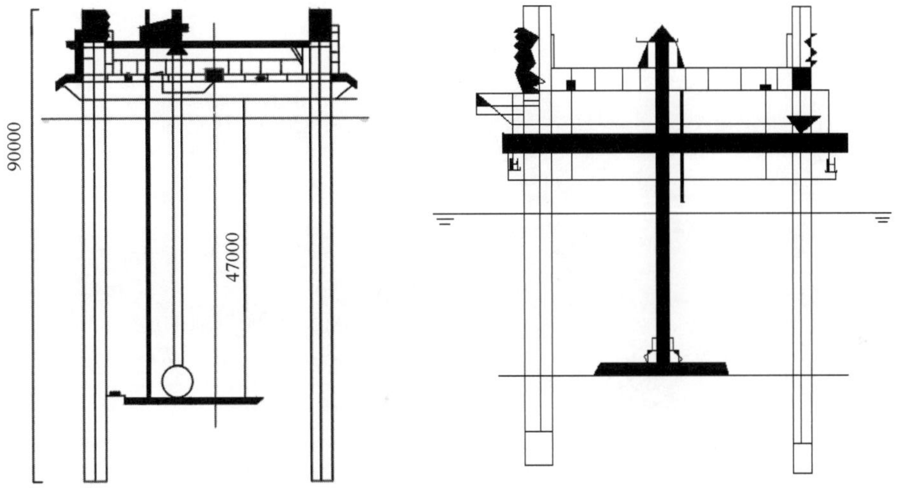

图 3-58　清淤装备总体设计图（单位：mm）

（3）装备制造及安装

装备制造包括对大车梁及小车架、系统电源电缆铺设、清淤桁架、清淤吸头、管路等建造工作，结合现有的高精度整平船作为母船平台，将清淤系统安装于整平船上。

清淤系统的安装包括小车拖链支架、大车主梁、液压泵站、电器房、排泥软管绞车、小车架、上下保持架、桁架抬升及锁固装置、吸头等部件和设备的安装与对接等。

1）清淤桁架安装

清淤桁架上段长 64.571m，下段长 1.475m，上段吊装前将整平船下降为浮态工况，吃水约 4m，小车靠右舷侧停车，吊装时采用 2600t 主吊和辅吊。桁架从水平状态起吊至完全竖直后，辅吊松钩。按图纸要求调整并保证齿轮中心与桁架桩腿圆管中心距 478mm 后，最后定位焊接升降机锁紧装置。清淤桁架上段吊装见图 3-60。

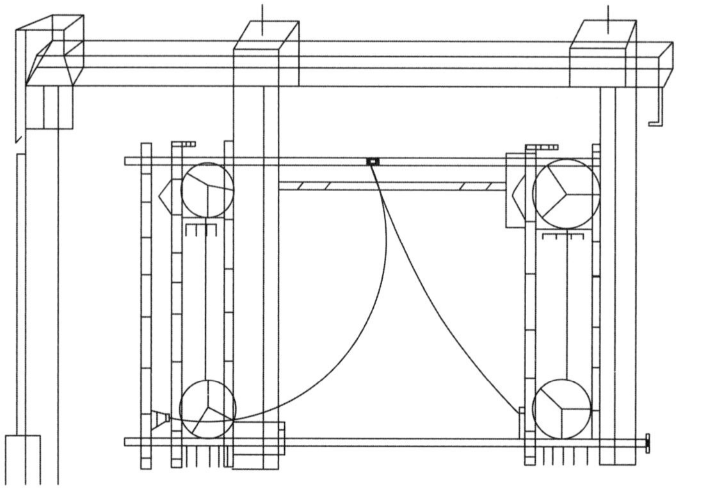

图 3-59　清淤装备平面图

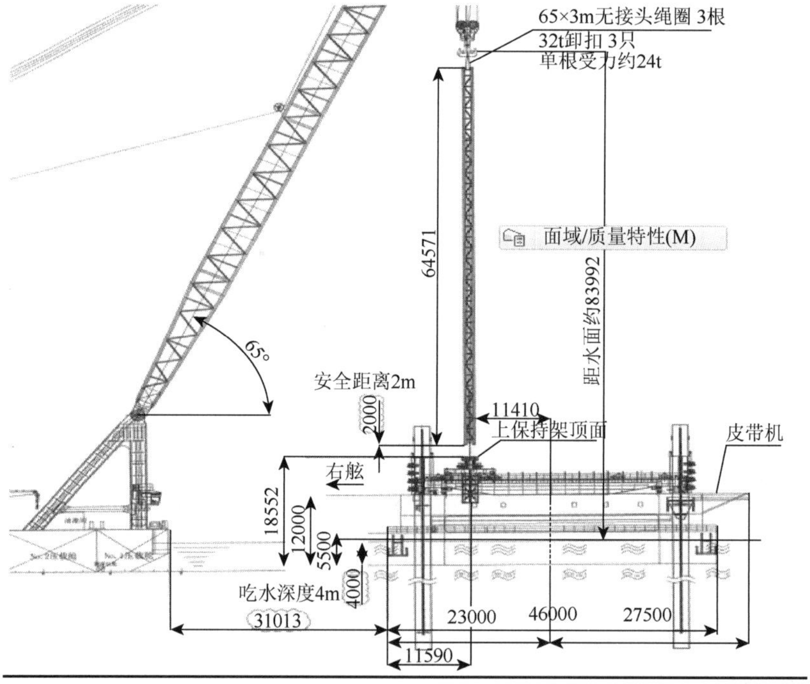

图 3-60　清淤桁架上段吊装（单位：mm）

2）清淤桁架下段头架及吸头吊装对接

清淤桁架下段、清淤头架、清淤吸头、泥泵管系、喷水泵部分管系在加工基地制作成组件并运至现场。组件发送至施工现场后，将组件吊装至小囤船上并固定好，将小囤船开至整平船月池下方，下放桁架并与下部组件间距控制在 50cm 左右，通过铰链的方式提升下部组件脱离囤船，完成对接、焊接。清淤桁架下段头架及吸头吊装对接见图 3-61。

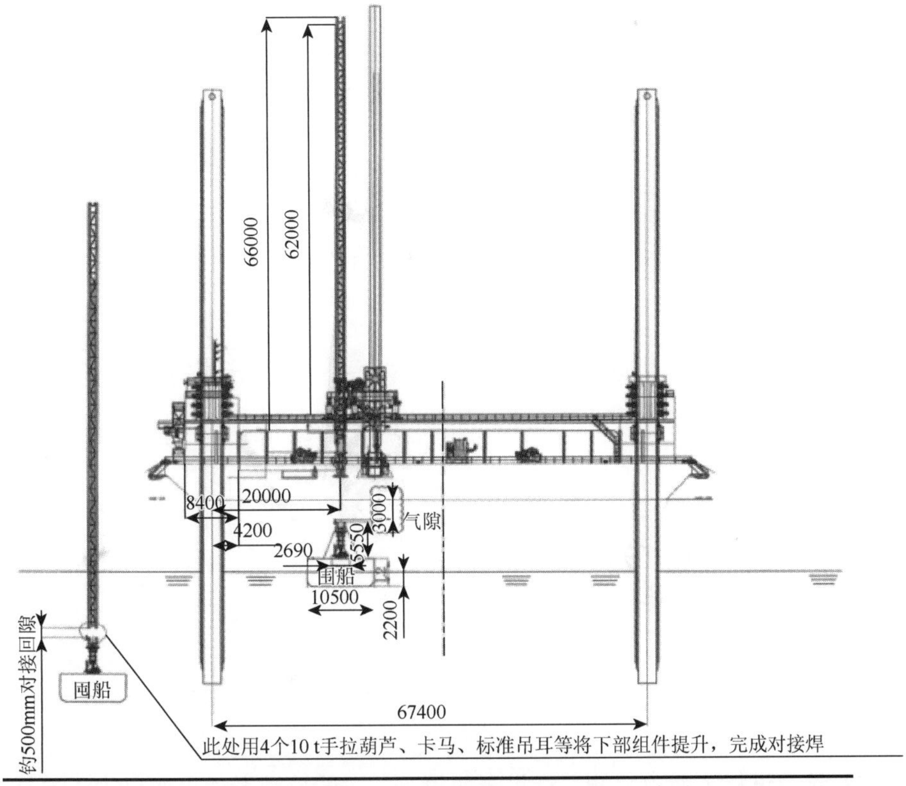

图 3-61　清淤桁架下段头架及吸头吊装对接（单位：mm）

平台抬升并下降清淤装置至极限位置，吊安装桁架顶端的信号接线箱电器柜。安装电气房、液压站及泥管绞车。同时新增液压泵站和电器房、新增桁架抬升及锁固装置、新增排泥软管绞车等装备，完成高精度定点清淤船的安装。清淤装备安装完成后实景图见图 3-62。

图 3-62　清淤装备安装完成后实景图

3. 清淤系统的工程应用

对 E22 管节进行三个阶段清淤的过程，见图 3-63。

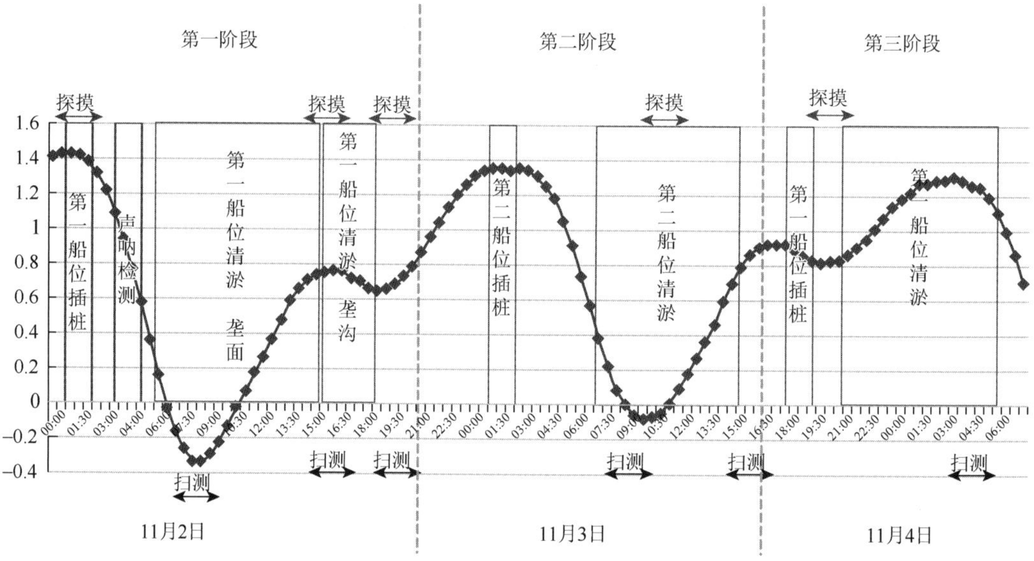

图 3-63　E22 清淤过程图

对 E22 管节进行多波束复测，结果表明第一、二船位清淤效果明显，清淤厚度均值 7cm，由于北侧回淤比南侧严重，北侧清淤深度较南侧大，最大清淤厚度为 27cm。多波束扫测结果显示 E22 碎石垫层表层回淤物完全清除干净，碎石垫层高程、纵坡等数据均满足要求，见图 3-64。

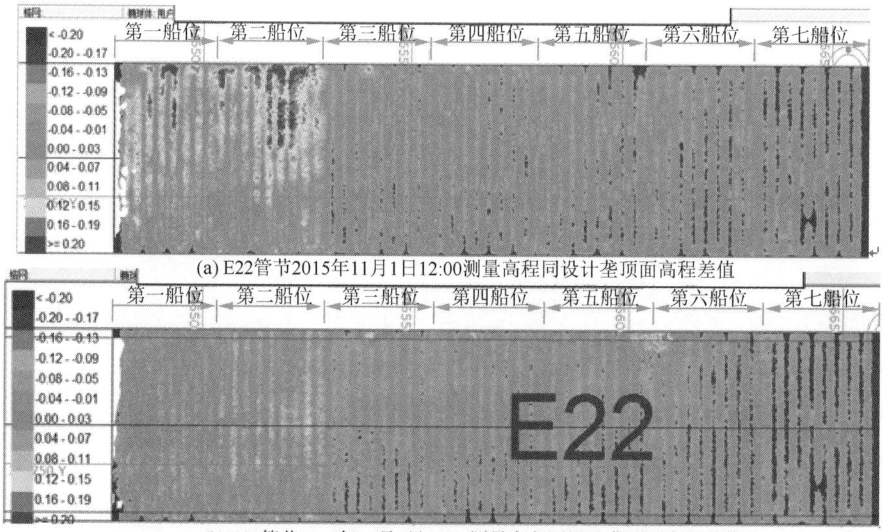

(a) E22管节2015年11月1日12:00测量高程同设计垄顶面高程差值

(b) E22管节2015年11月4日11:30测量高程同设计垄顶面高程差值

图 3-64　清淤前后色块图比对（后附彩图）

3.6　研究成果

（1）先铺碎石基床纳淤机理和纳淤设计研究成果

通过开展纳淤试验揭示了碎石垫层的纳淤机理，明确了先铺碎石基床回淤物空间分布规律，确立了碎石基床纳淤能力影响因素的敏感性；基于碎石垫层的纳淤机理提出了适用于回淤环境的先铺碎石基床纳淤设计方法，考虑碎石基床纳淤能力与回淤量的相关关系，经过碎石垫层纳淤机理试验与工程现场验证后确定，并在港珠澳大桥沉管隧道建设中成功应用；纳淤设计成果确定的基床纳淤临界状态预警值、碎石垫层晾槽时间临界值及碎石垫层临界淤强等重要指标在港珠澳大桥沉管隧道施工决策中起到了重要的指导作用，多次有效规避工程建设风险，确保了超级沉管在安全可控条件下的顺利安装。

（2）精细化回淤数值预报技术研究成果

研发了浪、潮、流、泥沙同步耦合的精细化回淤数值预报模式，实现了对隧道深槽中浪、潮、流及泥沙进行同时预报的能力，模式综合考虑潮流和波浪共同作用下的输沙、泥沙絮凝沉降、泥沙扬动等关键过程，包含悬移质输运和推移质输运等物理过程，具备了全面模拟泥沙输运过程的能力；研发了模式多重嵌套方案，施工区域外采用低分辨率以描述泥沙输入，施工区采用高分辨率（米级）来刻画海洋水文及泥沙特征，实现了模式运行速度和预报效果的最优化；模拟了港珠澳大桥沉管隧道的水环境变化特征、施工区域泥沙淤积的空间分布。

（3）高精度多波束回淤监测技术研究成果

基于测量船型及航速选择、换能器安装改正、参数标定、声速改正技术、实时船舶姿态改正技术、高程改正技术等方面的研究，形成了基于多波束测深系统的深水高精度回淤监测综合技术；采用大型专用测量船安装多波束测深设备，开展了误差分析、参数优化、精度比对训练、长期回淤监测数据统计等，分析表明多波束监测数据中 90%以上的数据精度在±4cm 以内，解决了快速准确判定沉管基床面回淤状况的技术难题，实现了深水碎石基床回淤监测的厘米级精度要求。

（4）碎石基床面清淤技术和装备研究成果

研发了多管路高压差自动液压控制系统，解决了多数量、多规格、大直径、高强度的油管自动收纳控制的难题，实现了大功率液压泥泵与桁架升降系统的联合运行，保证了清淤系统在不同水深条件下的适应能力；研发制造了平台式外海深水先铺碎石基床面清淤装备，形成了行走式深水基础碎石垫层清淤施工技术，在外海恶劣工况条件下具有自主知识产权的集定位测控、深水高精度清淤、整平为一体的外海深水高精度清淤整平船，在不扰动先铺基床碎石情况下清除回淤物，取得了良好的预期效果。

3.7　研究结论

①通过系统研究揭示了先铺碎石基床的纳淤机理、回淤物的空间分布、敏感性因素，

并形成了理论严谨、操作便利、结果可靠的纳淤设计方法，填补了沉管隧道先铺碎石基床在回淤环境下应用的理论空白，为同类工程的实施提供了重要的理论依据与支撑。

②利用三维水动力和泥沙数值模式联合高性能大型计算机技术，研发了浪、潮、流、泥沙同步耦合的小区域三维精细化回淤数值预报系统，空间分辨率达到了米级，时间分辨率达到小时，达到了厘米级预报精度，实现了对特定小区域在指定时间段的回淤预报目标，并经过了现场实测资料的验证和应用检验，开创了海洋工程泥沙数值预报新模式，提升了我国在复杂海洋水文环境下的泥沙回淤预测水平。

③研究应用外海深水沉管基础高精度多波束回淤监测技术，实现了深水碎石基床回淤监测厘米级的精度要求，解决了快速准确判定沉管基床顶部和边坡回淤状况的技术难题。

④研发了平台式外海深水先铺碎石基床面清淤装备及控制系统，实现了清淤系统的整体远程自动化监控，形成了一套行走式深水基础碎石垫层清淤施工技术，达到了在50m水深不扰动先铺基床碎石情况下高精度快速清除回淤物的目的，填补了该装备领域的技术空白。

通过研究形成的基于纳淤机理的先铺碎石基床纳淤设计方法，以及集回淤预报、监测和无损清淤为一体的回淤综合控制关键技术，与之前已掌握的外海深水碎石基床高精度铺设关键技术一起，组成了回淤环境下沉管隧道先铺碎石基床设计施工成套技术，标志着我国已全面掌握了该领域的技术内容，将推动先铺碎石基床在回淤环境下的广泛应用，对大型跨海通道建设具有较高的推广价值和借鉴意义。

第 4 章　港珠澳大桥沉管隧道基床回淤监测及预警预报系统

4.1　研究目的和意义

基槽床面的平整度是管节安放对接的基础。在碎石基床铺设到管节安放施工周期内，碎石基床上的超量泥沙淤积必将显著改变基床平整度，影响相邻管节精准对接、安放和营运期沉降的不均匀性，对施工的安全性造成极大风险。形象地讲，碎石基床上的回淤控制是管节安放的“关键”之一，对沉管隧道的顺利施工意义重大。

4.1.1　研究目的

从 2013 年 5 月第一节管节安放开始，至 2014 年 10 月完成 E1～E14 管节的安放，基槽内泥沙回淤相对较小，淤积物较细，管节安放相对顺利。2014 年 11 月 15 日～16 日在 E15 管节的浮运安装过程中，基槽内出现了异常的泥沙淤积现象，管节安装工作被迫中止，严重制约了沉管隧道的建设进度。

为保障沉管隧道建设的安全、顺利实施，攻克沉管基槽泥沙回淤的难题成为重中之重。由于港珠澳大桥位于伶仃洋海域，在珠江大型河口湾的复杂动力影响下，水沙条件极为复杂，再加之沉管基槽深度超过 40m，其动力环境与普通的港口航道挖槽存在巨大差异。港珠澳大桥沉管隧道工期紧张，查清基槽发生异常淤积的原因，找出主要泥沙来源，对基槽内淤积实现精细化、高效的预警，采取可行有效的减淤措施解决泥沙问题成为迫切需求。

4.1.2　研究意义

鉴于以上背景，中国交通建设股份有限公司联合体港珠澳大桥岛隧工程项目总经理部委托中交第四航务工程勘察设计院有限公司、交通运输部天津水运工程科学研究院（以下简称天科院）、水利部交通运输部国家能源局南京水利科学研究院（以下简称南科院）和中山大学等单位共同组成了联合攻关组，针对沉管基槽出现的泥沙异常淤积现象，采用现场观测资料、遥感图片分析和数学模型等综合的研究技术路线，经过几个月的工作，基本查清了基槽发生异常淤积的原因，找出了主要泥沙来源，为政府决策提供了重要依据。在此基础上，联合攻关组依据现场精细化观测大数据资料，开发了一套沉管基槽高精度、高效率的多因素复合型基槽回淤预报模型系统，适时预报每个管节安放窗口期基床淤积，为工程施工提供科学依据。

4.2 国内外深基槽泥沙淤积预报现状及存在的问题

国外对于基槽回淤研究较少，大多集中在对海沟或深槽的回淤监测分析研究。2008 年 PekkaHuhta 进行了芬兰 OL-TK14 海沟第四纪沉积物的调查，结合野外观测和室内分析的方法对沉积物抽样资料进行了分析，结果显示 OL-TK14 海沟第四纪沉积物表层是棕色氧化含沙层，底层是灰色未氧化含沙层。2011 年 Kawamura 等对地震后日本海底海沟大规模沉积的现象进行了研究分析，并预测了地震带海沟的轴线走向。2015 年 Stuckless 利用同位素的方法分析了内华达州试验场 14 号基槽脉状沉积物，解释了碳酸盐和硅质沉积物的形成过程，阐述了脉状沉积物的形成机制。2016 年 Miguel Gonzalez 等调查分析了厄瓜多尔隐没带边缘海沟的沉积物，选取了 15 种主要沉积物评价该地区的沉积物动力条件，基于高分辨影像、X 射线成像及沉积物物质属性（γ 密度、磁化率、纵波速度）测量等方法对其中 6 种沉积物进行识别并描述了其沉积过程。

国内对基槽回淤的研究也非常少，主要集中在现场观测。现有相关规范仅提出对回淤沉积物厚度的检测要求，没有明确的检测方法；工程实践中对回淤沉积物厚度的检测方法各式各样。

2006 年张伟等对华南某工程基槽清淤方法进行了探讨，利用 γ 射线法测定淤泥介质密度，并采用室内标定方法对 γ 射线密度仪进行标定，建立了仪器读数与淤泥密度相关性；然后使用铅加重叉式双管 γ 射线密度仪插入港区新开挖基坑内测定浮泥、淤泥重度随深度分布及浮泥、淤泥厚度，水深和垂线深度测量用单点传感器测定；对工程基槽内浮泥、淤泥重度及分布进行分析，证明了清淤方法及措施合理可行，并提出下一阶段应配以砣测等优化观测方法。

2010 年王照田为研究港珠澳大桥沉管基槽开挖后槽内浮泥分布及适合浮泥观测的方法，对试挖槽采用 γ 射线密度仪法、双频测深仪法及音叉密度计法进行浮泥和淤泥测定，分析比较三种测量方法在浮泥和淤泥密度测定中的应用情况及适用条件，验证三种测量方法的正确性，并探索寻找三者之间的相互关系，认为 γ 射线密度仪法配合浮泥观测 Silas 系统完全能够满足类似项目的要求。

2010 年高耿明等基于多波束回淤监测，验证了多波束测深技术监测在分析基槽水深变化和回淤情况方面具备高精度、全覆盖等特点。

2011 年沈永芳等通过测扫声呐测量深度，GPS 水面平面坐标控制，扫测的测点密度为 0.4m；采用“水下地形测量仪 + GPS 自动导航”的检测方法对广州仑头—生物岛沉管隧道工程的基槽在开挖前、初挖成型后、精挖后及管节沉放前进行了质量检测。

2012 年辛文杰等依据港珠澳大桥沉管隧道试挖槽现场实测的 17 组水下地形资料，并结合 γ 射线密度仪在试挖槽基槽及边坡进行的浮泥、淤泥厚度探测结果，对试挖槽的泥沙回淤特征进行分析，获得了试挖槽回淤的速率变化及分布特征，明确了稳定边坡的坡比，区分出槽内浮泥层和淤泥层的厚度及其变化趋势。他们还分析了洪水和台风对挖槽回淤的影响，指出由枯转洪的首场洪水会明显增加淤积。另外，对 3 种不同频率超声测深的对应数据进行了统计分析，发现多波束与低频测深仪所测数据之间存在 0.30m 的水深差值，与现场实测的浮泥厚度基本吻合。

国内外深基槽泥沙回淤的研究，都无法满足港珠澳大桥沉管基槽工程的要求，主要存在以下不足。

（1）深基槽淤积测量精度相对较低

港珠澳大桥沉管隧道施工采用管节水下对接工法，这对管节对接处的基础平整度提出了极高要求，在淤泥密度为 $1.26t/m^3$ 的条件下，泥沙回淤不得超过 4cm。精确测量与评估基槽泥沙回淤的数值成为控制沉管沉放的重要阈值。

目前国内外在对泥沙淤积的测量技术方面，精度较高的为多波束测深技术，其优势在于测量分辨率高、测量范围广。然而，沉管基槽水深平均在 30m 以上，最深处可达 46m 且底部存在“绒泥”和浮泥现象。采用多波束测量虽可获取较大范围的回淤数值，但由于其基于声学理论和船舶动态测量，测量精度为 0.2m 左右，误差较难精确控制在厘米级且床面淤泥存在较大的密度梯度，对声学反射的交界面选取存在一定潜在误差。因此，亟待开发一种精度高、现场代表性强的回淤测量手段。

（2）深基槽淤积预报缺乏经验

对挖槽淤积的预报，一般多采用经验公式、数值模拟、物理模型等研究手段，这在港口航道的泥沙回淤预报中发挥了重要作用，取得了大量成果。然而，沉管基槽与普通的航道、港池回淤相比具有独有的特征，体现在开挖深度较大（超过 40m），远超过一般的港池航道水深，其基槽内部的水动力泥沙结构复杂性超过港池航道。因此，基于航道回淤的预测方法不能直接用到对深基槽淤积的预报中。

在数值模拟预报方面，基槽挖深极大，形成的滩槽挖深比远超过航道港池，因此在槽内存在更加显著的垂向回流、次生涡旋、槽内螺旋流系等细部动力过程，其水沙运动机理较航道更加复杂。在国内外关于水沙三维模拟的技术中，由于一般航道工程的水深与滩面差异相对较小，垂向分层模拟的分辨率较易实现。然而，深基槽内与两侧滩面的最大高差可超过 30m 且边坡较陡（局部达到 1∶2.5），基槽底宽亦仅为 40m，这种“特异”的地形状态对三维数值模拟提出了更为严苛的要求，目前国内外未见针对此类地形条件下的三维精细化模拟案例。

（3）回淤预报精度与实际需求存在较大差距

在以往对港池航道挖槽回淤的研究中，常规手段一般仅适用于长时间尺度的模拟，预报周期以年计算。对基于过程的数值模拟而言，一般亦采用代表潮、浪的方式对年际淤积进行模拟，至多模拟一场风暴过程条件下的泥沙骤淤，在有大量实测资料验证的基础上，预报精度一般在分米级。

对沉管沉放而言，其晾槽时间为 10～15d，淤积阈值仅为 4cm 左右，即对泥沙淤积的时、空预报精度必须达到逐日、厘米级。目前，国内外尚未达到这一水平。

（4）回淤预报响应的时效性较低

港珠澳大桥沉管隧道工期极为紧张，沉管预制、基床整平、最终沉放必须保证“一气呵成”。在沉管基槽泥沙回淤的预报中，必须做到高时效性甚至要做到“提供数据的当天便要给出 7d 内的预报结果”。

基槽位于珠江口伶仃洋，同时受珠江复杂河网和伶仃洋水沙环境的双重影响，特别是汛期径流、海上风浪等参数时刻变化，随机性强，又有陆架水和冲淡水的影响，对如此高效的预报响应速度提出了近乎严苛的要求。目前，国内外回淤常规预报技术均无法满足这一要求。

4.3 研究内容及技术路线

4.3.1 研究内容

1. 现场测量及资料整理分析

现场测量从2014年12月20日开始，至2017年4月20日结束，主要内容包括：
①基槽两侧固定点含沙量测量和基槽内外3条断面含沙量巡测。
②基槽内外纵、横断面3个潮型14～25h的ADCP走航流速流向测量。
③基槽内外底质泥沙取样、室内粒径分析和基槽内淤积物密度测量等。
④内伶仃岛东北侧海域采砂船调查，内伶仃岛东北侧至基槽之间含沙量巡测。
⑤联合执法跟踪含沙量巡测。
⑥E15管节回淤盒淤积物厚度和密度测量，以及泥沙粒径和静水密实试验分析等。
⑦基槽内外多波束回淤监测。
⑧管节安放前基床上回淤盒监测等。

2. 水沙环境分析

在充分收集历史及最新水文、泥沙等成果的基础上，分析伶仃洋大范围水沙动力环境、岸滩演变趋势；此外，根据基槽附近最新实际测量的水文、泥沙及基槽回淤数据，分析工程区域的水动力泥沙特征、断面流量及输沙率沿程分布、底质及悬沙组分等；根据实测基槽淤积数据，分析基槽在不同动力条件下的回淤响应机制及淤积规律。

3. 大规模采砂活动对深基槽基床回淤影响分析研究

①采用近期基槽回淤资料、最新实测水文泥沙资料、大量卫星遥感影像及现场调查资料，开展采砂活动对深基槽基床回淤影响的综合论证分析。

②建立三维水沙模型，评价现状采砂条件下对基槽处泥沙扩散的影响，并深入研究不同采砂条件变化对基槽淤积的影响。

4. 基槽回淤预警预报

①建立基槽回淤多因素复合型回淤预报模型系统。

②采用预报模型对不同管节施工、沉放窗口期内基槽淤积进行预报，对可能出现的风险进行预警，并给出施工建议。

4.3.2 研究难点

1. 大范围水沙环境复杂

从大范围动力地貌环境来看，港珠澳大桥沉管基槽区位临近伶仃洋湾口，受珠江口（河相）、外海（海相）来水和来沙的双重影响，水动力与泥沙环境十分复杂。

2. 局部地形复杂

从局部地貌条件来看，基槽区位不仅处在滩槽交错地带，并且跨越多条通海航道及临时航道，局部地形十分复杂，必然导致滩槽内存在一定分水、分沙现象；此外，在东、西人工岛的影响下，局部流态更加复杂。

3. 基槽内水沙运动复杂

从基槽自身角度来看，其长度达 5.6km，并且相对挖深达 30～40m，边坡亦较大。这种局部地形条件较常规的航道开挖而言，无论从挖深比还是边坡来看，对水流跨越基槽时都具有更强的三维特性，并可能于不同潮时条件下，在基槽宽度剖面上存在垂向回流现象，进一步增加了对流态把握的难度。此外，在复杂三维水流的携带作用下，基槽内的泥沙运动方向、紊动与沉降机制必然更加复杂。

4. 预报精度及效率要求高

碎石基床从铺设到沉管安放，其晾槽时间为 10～15d，基床上淤积厚度设计要求仅为 4cm，即对泥沙淤积的时、空预报精度必须达到逐日、厘米级，难度较大。

4.3.3　研究技术路线

1. 珠江口及伶仃洋大范围水沙资料分析

通过收集历史与近期水文泥沙资料，包括径流、波浪、潮汐、潮流、含沙量、底质与悬沙组分等资料，分析大范围海域的水动力泥沙运动宏观特征，同时为大范围数学模型建立提供合适的边界条件和验证资料。

2. 采砂活动对深基槽基床回淤影响分析研究

针对沉管基槽出现的泥沙异常淤积现象，采用含沙量巡测、固定点含沙量观测等现场观测方法，结合遥感图片分析和数学模型等综合的研究技术路线，厘清主要泥沙来源和淤积原因。通过建立三维水沙模型，评价现采砂条件对基槽处泥沙扩散的影响，深入研究不同采砂条件变化对基槽淤积的影响。

3. 基槽内水沙环境及回淤规律分析

采用基槽附近实测的详细水文泥沙数据及槽内回淤数据，开展资料统计与分析，厘清基槽内回淤的内在机理和水沙响应机制，主要包括以下 4 个方面。

（1）水文泥沙数据分析

采用垂向分层流速流向和含沙量资料及波浪等资料，确定不同潮、浪作用下基槽断面的流量和输沙率的沿程、沿垂向分配，了解基槽附近的细部流态和泥沙三维运动趋势，深入分析潮流、径流和波浪对含沙量的影响。

（2）基槽回淤规律

通过分析不同条件下的基槽回淤数值，评价基槽内回淤强度及沿断面、沿程分布规律，重点研究含沙量对基槽回淤的响应。

（3）建立基槽回淤与水文泥沙数据的关系

通过对比不同流量、输沙率条件下的同步基槽内回淤数据，采用数据分析及拟合手段，建立适用于基槽回淤预报的多元回归预测模型，保证结果的合理性和精确度。

4. 基槽回淤预警系统开发及应用

建立基槽回淤多因素复合型回淤预报模型系统，通过预警与预报平台，实现与现场实测的实时互动，达到短期预报基槽回淤为施工安排提供合理依据的最终目的。

4.4 研究成果

4.4.1 基槽附近水沙环境及滩槽演变

1. 珠江径流输沙对基槽水域的影响

①珠江水系主要由西江、北江和东江组成，多年平均径流量约 3020 亿 m^3/a，平均含沙量 $0.28kg/m^3$，平均输沙量约 8800 万 t/a。西江、北江和东江经东四口门进入伶仃洋的径流量和输沙量，合计占总量的 55.3%和 41.6%，其中洪季约占全年的 80%和 90%。近年来伶仃洋四大口门含沙量呈下降趋势，这种变化对伶仃洋整体泥沙环境的改善是有利的。

②珠江东四口门下泄泥沙进入伶仃洋后，主要堆积在伶仃西滩，伶仃西滩的含沙量最高；伶仃西滩泥沙在潮流的作用下主要向南搬运，同时受伶仃水道—大濠水道深槽及其潮流切变锋面的限制难以向东搬运，不会直接影响本工程海域。

③本工程位于伶仃洋湾口向口外海滨的过渡段，远离珠江入海分流口门，同时避开了珠江入海泥沙向南输送的主要通道，工程海域水体含沙量远低于东四口门，因而珠江径流输沙对基槽泥沙淤积影响很小。

2. 基槽附近水沙环境

①根据基槽附近水域 2009 年水文资料分析，涨落潮流基本呈往复运动，沿伶仃航道深槽内各站流速较大，浅滩流速稍小。

②表 4-1 表明，2004 年伶仃洋几无人为采砂，自然状态下工程海域底层水体含沙量平均值为 $0.0111 \sim 0.0284kg/m^3$；2007 年和 2009 年，受人为采砂活动影响，工程海域底层水体含沙量已显现增大变化；2015 年内伶仃岛北侧采砂区显著南移，沉管基槽固定 2 号站监测表明，受内伶仃岛北侧水域挖沙扰动浑水直接输运和二次搬运的影响，工程海域底层最大含沙量和潮平均含沙量分别高达自然本底值的 33.17 倍和 7.66 倍。由此可见，自然条件下沉管基槽附近水体含沙量整体较小，近年来受人为采砂活动影响含沙量显著增大。

表 4-1　不同年份工程海域底层含沙量对比　　（单位：kg/m³）

年	月	大潮		中潮		小潮	
		最大值	潮平均	最大值	潮平均	最大值	潮平均
2004	6	0.0698	0.0284	0.0224	0.0098	0.0290	0.0111
2007	8	0.1160	0.0630	—	—	—	—
2009	6	0.7164	0.1476	—	—	0.0852	0.0464
	3、4	0.1023	0.0583	—	—	0.0598	0.0439
2015	1	3.3930	0.4466	0.1040	0.0387	0.0260	0.0087

注：2004 年（SW02 站）、2007 年（大濠岛站）、2009 年（CL04 站）和 2015 年固定 2 号站。

3. 基槽附近滩槽格局

①港珠澳大桥岛隧工程横跨伶仃水道、铜鼓浅滩滩尾和龙鼓西航道，横向上呈“两槽夹一滩”之势。

②2006～2010 年，基槽北部铜鼓浅滩水域–2m、–5m 等深线都仍处于向南淤进趋势，其中内伶仃南侧南沙咀尾部南移 400m、铜鼓浅滩尾部南移 2000m；东人工岛南侧–10m 等深线也有明显向东南淤进趋势，向东南方向移动约 400m；伶仃水道两侧–10m 等深线及大濠水道头部–20m 等深线保持稳定。近 30 年来，大濠水道—伶仃水道的深槽稳定少变，铜鼓浅滩尾部是有利于泥沙淤积的地貌部位。

③以 E15 管节为界，基槽东部穿越相对较浅（–5～–10m）的铜鼓浅滩南部滩尾和铜鼓浅滩东侧的龙鼓西航道，基槽西部穿越伶仃水道，其滩槽高差明显小于东部（图 4-1）。由于基槽东部滩槽高差大，受铜鼓浅滩泥沙的直接影响且基槽附近涨、落潮水流基本与基槽垂直，基槽东部的淤积大于西部（表 4-2）。

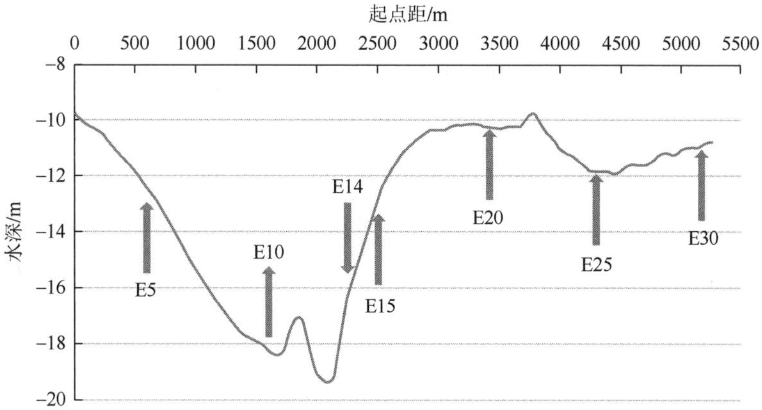

图 4-1　基槽北侧沿程滩槽地形剖面

表 4-2　港珠澳大桥基槽管节的地貌分段及其回淤差异

管节	E1～E4	E5～E6	E7～E14	E15～E17	E18～E21	E22～E23	E24～E33
水深/m	＜12	12～14	＞15	12～14	10～11	10～11	11～12

地貌部位	伶仃水道		铜鼓浅滩尾	大濠水道 NE 向末端
基槽回淤	已安管节，回淤较小	淤积增大	回淤强度 最大区段	E24～E26 相对较大

注：2013 年 7 月～2014 年 12 月 E15～E26 管节回淤资料。

4. 动力架构

从沉管基槽附近动力格局来看有以下特征：

自伶仃洋湾口（大屿山西侧）向北伸入的“大濠水道—伶仃水道”受高盐、少沙的陆架水入侵动力体系控制，涨、落潮流强劲，流速大，悬沙几无落淤。

受伶仃水道 N—S 的落潮流和 NE—SE 向的龙鼓水道落潮流的汇合“挟持”，内伶仃岛以南的铜鼓浅滩动力相对较弱，呈自然缓慢淤积状态。

铜鼓浅滩尾和沙洲浅滩位于南侧高盐陆架水入侵顶托、北侧河口混合冲淡水下泄的过渡带，是易于发生悬沙淤积的动力环境。

5. 铜鼓—沙洲浅滩沉积动力作用

如图 4-2 所示，铜鼓—沙洲浅滩区多为盐度 15～25 的河口混合水所占据，而其东、西两侧分别受暗士顿水道和伶仃水道下段侵入的高盐陆架水控制。西、东两侧深槽的盐度大，产生指向中部浅滩的密度梯度驱动力，铜鼓—沙洲浅滩下泄的河口混合水及其悬沙，因受东、西两侧深槽区陆架水入侵的顶托影响，使其动力消能减弱、流速减小而产生泥沙落淤。

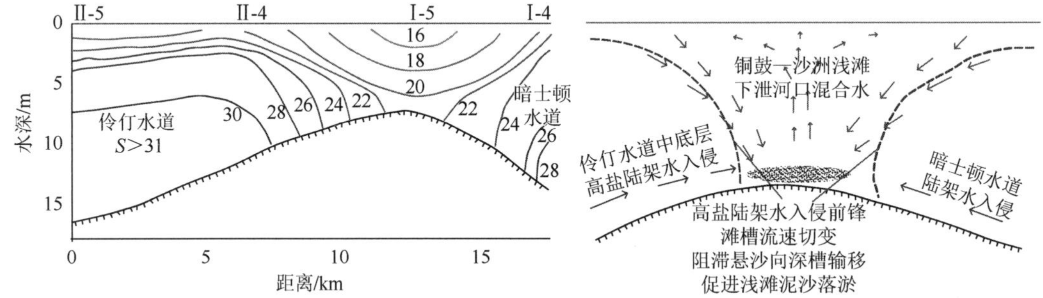

图 4-2 “伶仃水道—铜鼓浅滩—暗士顿水道”盐度结构与悬沙沉降

注：S 为盐度

6. 小结

基槽海域为“两槽夹一滩”的地貌格局，即受高盐、少沙的陆架水控制，也受表层含沙量相对较高的冲淡水的影响。自然条件下工程海域水体含沙量较小，工程海域邻近滩槽动力地貌体系较为稳定。铜鼓浅滩尾的自然淤积速率缓慢，E15 管节以东的基槽处于铜鼓浅滩南部滩尾，受河口冲淡水和浅滩下泄泥沙的直接影响，铜鼓浅滩尾部淤积南移，处于有利于泥沙落淤的水动力泥沙环境中，特别在冬季、春季，受潮流和东向风浪等的作用，铜鼓浅滩泥沙再次起动扩散，可直接影响 E15 管节以东基槽区域，因而基槽淤积会相对较大。加之由于邻近海域大量的采砂活动，沉管基槽回淤厚度和回淤物性状均发生明显改变，对 E15 管节及其以东各管节基槽的回淤带来难以控制的不利影响。

4.4.2　采砂活动对深基槽基床回淤影响分析研究

1. 内伶仃附近采砂活动现场调查

2015 年 1 月 6 日～8 日，基槽回淤攻关组对内伶仃岛北侧挖砂区进行现场考察及含沙量取样工作。现场考察时内伶仃岛附近出现 52 条采砂船，采砂船采砂导致该水域出现与伶仃洋天然水沙环境截然不同的高含沙的浑水带（图 4-3），高含沙的浑水带随落潮流向南延伸目测可达 3～4km，表层含沙量最大可达 2.5kg/m^3，悬沙中值粒径 0.013～0.034mm（表 4-3）。现场调查结果表明，内伶仃岛附近的采砂船作业是无序的，采砂船的数量、作业强度及对水体含沙量的影响都具有不确定性。内伶仃岛附近采砂船作业产生的高含沙水体触目惊心，对基槽淤积的影响不容忽视。

图 4-3　2015 年 1 月 8 日内伶仃岛附近浑水

表 4-3　内伶仃岛至基槽调查悬沙粒径及含沙量统计

调查时间	取样站位	中值粒径/mm	含沙量/（kg/m^3）
2015-01-06	3 个	0.032～0.05	0.9～1.67
2015-01-07	3 个	0.031～0.036	0.63～1.61
2015-01-08	14 个	0.013～0.034	最大 2.5

2. 遥感影像分析

根据 2010～2015 年的遥感卫片分析，伶仃洋内采砂区的位置有明显的变化：2010 年和 2011 年卫片显示，伶仃洋中滩挖砂区主要位于矾石浅滩北部，靠近深圳宝安国际机场东侧；2013 年 8 月和 12 月卫片显示，大部分挖砂船已南移至大铲岛西侧，在内伶仃岛北侧也出现少量的挖砂船；2014 年 12 月和 2015 年 1 月卫片显示内伶仃岛北侧出现大量挖砂船，主要采砂区已经由矾石浅滩北部南移至内伶仃岛附近。

根据工程海域 2013～2015 年不同潮况的真彩色合成影像及其含沙量反演结果，经分析可知：

①内伶仃岛附近存在大量挖砂船，挖砂船所产生的高含沙浑水在内伶仃岛周边形成明显的浑水带，其最大含沙量在 0.6kg/m^3 以上。该浑水带位于伶仃水道和暗士顿水道之间，呈“梭状”分布在内伶仃岛南北两侧，其范围随着涨落潮水流的变化而有所变化。在小潮的落潮末期，浑水带的南端可达基槽附近水域，这说明采砂形成的高含沙浑水对本工程有直接影响，而且卫星影像所反映的悬沙运动为表层悬沙，随着表层泥沙的沉降，中底层的含沙量更大，影响范围更广。

②Landsat 卫星从珠江口过境的时间为上午 10～11 时，高分一号卫星从珠江口过境的时间为上午 11 时左右。由工程海域内伶仃站潮位过程线及基槽附近实测流速过程线分析得知，卫星过境时，小潮时处于落潮末期或涨潮初期，中潮和大潮时基本为涨潮中期或涨潮末期。本章分析的遥感影像均为大潮涨潮末期或落潮初期、中潮涨潮中期和小潮落潮末期时的影像。这两种情况下，基槽海域的水体含沙量均较小：大潮和中潮时受外海低含沙水体影响，基槽含沙量基本在 0.05kg/m^3 以下；小潮时落潮流速小、悬沙输移的距离短，基槽含沙量也较低。

③由于内伶仃岛北侧挖沙区距大桥施工海域约 15km，挖沙区的高含沙浑水只有在中潮和大潮的大落潮阶段才能向南运移至基槽水域。由于该时段卫星遥感影像的缺失无法反映且遥感主要反演表层水体含沙量，无法反映底部含沙量运移情况，难以定量判断采砂区悬沙输移对基槽淤积的影响。从悬沙运动趋势及泥沙来源角度，可以定性地判断采砂区的高含沙浑水对基槽淤积影响较大。

④由以上分析可以看出，悬沙卫星遥感技术反映出内伶仃岛附近挖沙区存在高含沙浑水，并在落潮阶段可对基槽水域产生直接影响，这就从定性上可以说明采砂区为基槽东部异常淤积的主要泥沙来源。

3. 含沙量巡测资料分析

根据天科院 2015 年 1 月 8 日～2015 年 8 月 10 日在内伶仃岛至基槽沿线每天落潮期进行的含沙量巡测结果，考虑表层含沙量的沿程落淤影响，资料分析时采用巡测点底部含沙量作为依据，按照 2015 年 1 月 8 日～2 月 9 日采砂期、2 月 10 日～4 月 30 日采砂区关闭期、5 月 1～20 日恢复采砂及过渡期、2015 年 5 月 21 日～8 月 10 日采砂区关闭期 4 个时间段，对沿程含沙量进行对比分析（表 4-4 和图 4-4）。

表 4-4　内伶仃岛～基槽沿程巡测含沙量数值统计　（单位：kg/m^3）

测站	2015 年 1 月 8 日～2 月 9 日平均（采砂期）	2015 年 2 月 13 日～4 月 30 日平均（采砂区关闭期）	2015 年 5 月 1 日～20 日平均（采砂恢复及过渡期）	2015 年 5 月 21 日～8 月 10 日平均（采砂区关闭期）
D01	0.746	0.041	0.506	0.055
D02	0.799	0.042	0.546	0.060
D03	0.630	0.047	0.571	0.064

续表

测站	2015 年 1 月 8 日～2 月 9 日平均（采砂期）	2015 年 2 月 13 日～4 月 30 日平均（采砂区关闭期）	2015 年 5 月 1 日～20 日平均（采砂恢复及过渡期）	2015 年 5 月 21 日～8 月 10 日平均（采砂区关闭期）
D04	0.547	0.048	0.486	0.070
D05	0.456	0.049	0.443	0.076
D06	0.402	0.050	0.319	0.079
D07	0.335	0.055	0.231	0.085
D08	0.345	0.056	0.243	0.083
D09	0.343	0.052	0.220	0.081
D10	0.275	0.054	0.224	0.079
D11	0.186	0.052	0.220	0.084
D12	0.146	0.045	0.240	0.088
D13	0.129	0.033	0.211	0.057
D15	0.072	0.035	0.170	0.056
D16	0.065	0.040	0.171	0.061
D17	0.072	0.038	0.148	0.061
D18	0.072	0.039	0.159	0.063
D19	0.072	0.038	0.162	0.063
D20	0.075	0.035	0.160	0.061

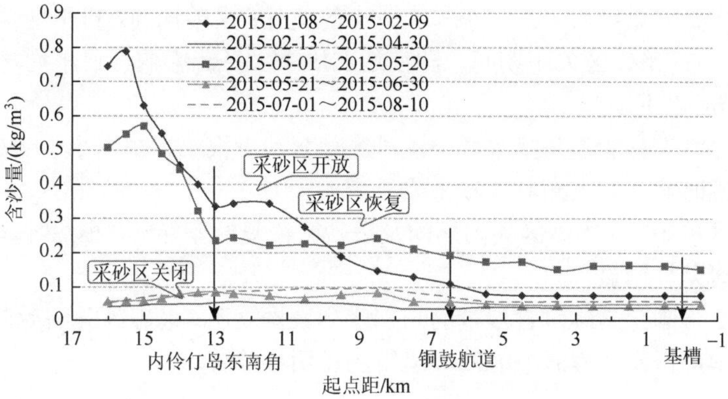

图 4-4　采砂区关闭前后内伶仃至基槽沿线近底含沙量变化过程

表 4-4 和图 4-14 显示了 4 个不同时段采砂区至基槽沿线的含沙量统计数据和对比结果，可以清晰地看出：

①从“采砂—关闭—恢复—关闭”4 个时期内伶仃岛至基槽沿程含沙量变化来看，含沙量也经历了“大—小—大—小”过程，含沙量的大小与采砂密切相关。

②1 月 8 日～2 月 9 日是珠江口枯水期，挖沙区引起的高含沙浑水可随落潮流向南扩散至基槽水域，内伶仃岛至基槽沿程多日平均含沙量为 0.799～0.065kg/m^3，基槽以北 500m（D20）水域多日平均含沙量达 0.075kg/m^3，导致基槽附近底部含沙量异常偏高。

③2 月 10 日～4 月 30 日采砂区关闭，珠江口径流量与 2 月 10 日前基本相当，内伶仃岛至基槽沿程多日平均含沙量为 0.056～0.033kg/m^3，基槽以北 500m（D20）水域多日平均含沙量达 0.035kg/m^3，与 2 月 10 日前相比大幅降低。

④5 月 1 日～5 月 20 日恢复采砂，内伶仃岛至基槽水域沿程多日平均含沙量为 0.905～0.109kg/m^3，基槽以北 500m（D20）水域多日平均含沙量达 0.16kg/m^3，与采砂区关闭期间相比增幅达 400%。含沙量沿程分布趋势与量值与 2 月 10 日关闭采砂区前基本一致，基本恢复到关闭采砂区前的状态。

⑤5 月 21 日～8 月 10 日，即使在珠江口较强径流的影响下，内伶仃岛至基槽水域沿程多日平均含沙量为 0.088～0.054kg/m^3，基槽以北 500m（D20）水域多日平均含沙量达 0.061kg/m^3，与恢复采砂区期间相比减少了 62%。

以上实测资料证明，采砂引起的高含沙浑水在落潮流的作用下以直接输移和再搬运方式进入基槽，是基槽异常回淤的主要泥沙来源。关闭采砂区从源头上切断了影响基槽回淤的主要泥沙来源，为减少基槽淤积提供了重要的保证。

4. 固定站含沙量资料分析

根据天科院在基槽北侧 500m 设置的 2 号固定站（测量位置见图 4-5）长期进行的逐时底部含沙量连续观测数据分析。图 4-6 为 2 号固定站 1 月 10 日至 8 月 6 日每日逐时底部含沙量过程线，由图 4-6 可知：

①在采砂区关闭（2 月 10 日）前、采砂区关闭期间（(2 月 10 日～4 月 30 日)、采砂区恢复（5 月 1 日～5 月 15 日）及再关闭后（5 月 15 日至今）的这 8 个月，工程海域日平均最大含沙量经历了大—小—大—小的变化；采砂期间，日平均含沙量最大值在 0.30kg/m^3 左右；采砂区关闭期间，即使迭加洪季大径流影响，日平均含沙量最大值通常在 0.15kg/m^3 以下。

②从大中小潮差异看，基槽水域小潮时底部含沙量很小，基本小于 0.03kg/m^3，中潮时含沙量比小潮时略大，大潮时含沙量明显增大。

③从采砂区关闭前、采砂区关闭期间及采砂区恢复的差异看，小潮时基槽底部含沙量均很小，大潮时差异明显。

工程海域 2 号固定站逐时含沙量的长期序列数据表明：采砂区关闭后，大潮期间基槽水域含沙量大幅降低，工程海域泥沙环境得到了明显改善。

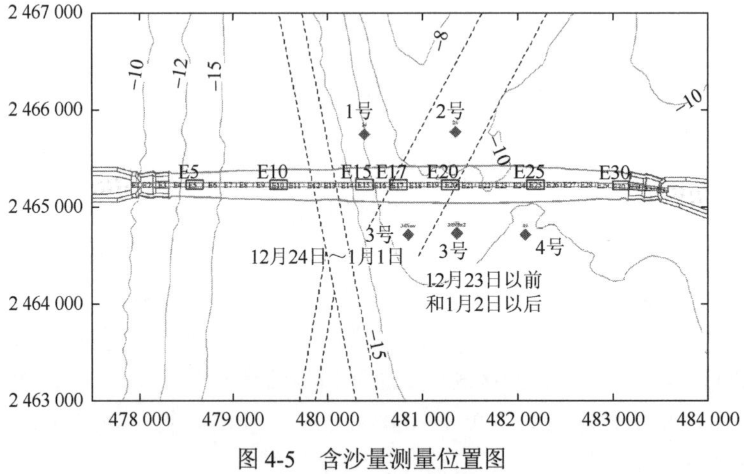

图 4-5　含沙量测量位置图

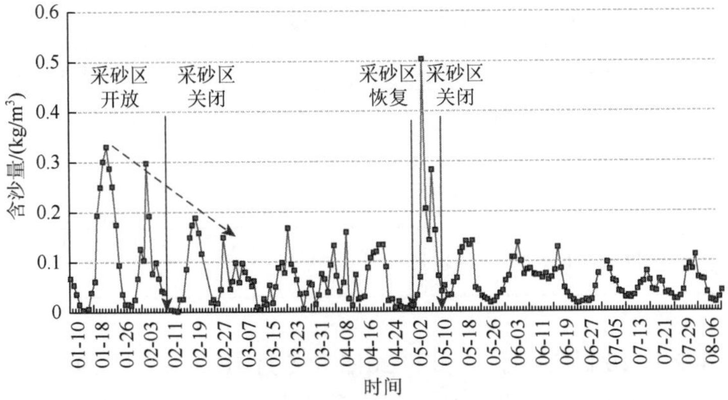

图 4-6　采砂区关闭前后基槽北侧 2 号固定站含沙量变化过程

5. 基床淤积资料分析

根据采砂区关闭前 2014 年 12 月 17 日～2015 年 1 月 28 日和采砂区关闭后 2015 年 2 月 11 日～3 月 29 日基槽内多波束测量结果（每个管节的平均值），以及 2015 年 2～7 月安装管节期间基槽底部安放的回淤盒资料分析，统计分析结果见表 4-5～表 4-7，从表中可以明显看出：

①采砂区关闭前的 2014 年 12 月 17 日～2015 年 1 月 28 日，E18～E26 管节基槽 14d 累积淤积厚度的平均值为 0.55m，折合每天淤积厚度为 3.7cm。

②采砂区关闭砂后的 2015 年 2 月 11 日～3 月 29 日，E18～E26 管节基槽 14d 累积淤积厚度的平均值为 0.19m，折合每天淤积厚度为 1.3cm。

③无采砂情况下的 E18～E26 管节基槽的日平均淤积厚度比有采砂情况下的日平均淤积厚度显著降低，减小了 65%。

表 4-5　采砂区关闭前基槽淤积情况　　（单位：m）

时间段（14d）	E18	E19	E20	E21	E22	E23	E24	E25	E26	平均
2014-12-17～2014-12-30	0.68	0.83	0.80	1.05	0.83	0.6	0.83	0.7	0.74	0.78
2014-12-31～2015-01-14	0.58	0.58	0.39	0.51	0.38	0.35	0.59	0.62	0.59	0.51
2015-01-15～2015-01-28	0.14	0.25	0.31	0.56	0.26	0.24	1.03	0.31	0.23	0.37
14d 累积平均	0.47	0.55	0.50	0.71	0.49	0.40	0.82	0.54	0.52	0.55

表 4-6　采砂区关闭后基槽淤积情况　　（单位：m）

时间段（14d）	E18	E19	E20	E21	E22	E23	E24	E25	E26	平均
2015-02-11～2015-02-24	0.32	0.4	0.41	0.54	0.16	0.03	0.03	0.03	0.13	0.23
2015-03-15～2015-03-29	0.06	0.15	0.28	0.24	0.27	0.11	0.09	0.02	0.08	0.14
14d 累积平均	0.19	0.28	0.35	0.39	0.22	0.07	0.06	0.03	0.11	0.19

表 4-7　采砂区关闭前后基槽淤积情况比较

时间段	资料来源	E18	E19	E20	E21	E22	E23	E24	E25	E26	平均
关闭采砂区前日平均淤积厚度/cm	多波束	3.4	3.9	3.6	5.1	3.5	2.9	5.9	3.9	3.7	3.9
关闭采砂区后日平均淤积厚度/cm		1.4	2.0	2.5	2.8	1.6	0.5	0.4	0.2	0.8	1.4
关闭采砂区后日平均淤积厚度/cm	回淤盒	1.29	1.43	—	—	—	—	—	—	—	—

④在 2015 年 2 月 10 日～4 月 30 日和 2015 年 5 月 16 日～7 月 29 日采砂区关闭期间，回淤盒资料显示 E15～E19 管节日平均淤积厚度为 0.74～1.7cm/d，日平均淤积厚度为 1.32cm/d。与 2015 年 2 月 11 日～3 月 29 日采砂区关闭后的多波束资料相近。

以上资料充分说明，无论是多波束资料还是回淤盒资料，采砂区关闭后，基槽回淤明显减少。多波束资料总体结果：有采砂作业情况下，基槽内 14d 累积回淤厚度在 50cm 左右且沿槽分布差异不大；无采砂作业情况下，基槽内 14d 累积回淤厚度远小于有采砂情况，并且以 E21 为最大，向西和向东逐渐减小。

6. 采砂对基槽泥沙环境影响的数值模拟研究

以上通过动力地貌分析，结合对现场实测水沙自然条件、卫星遥感影像的分析，认为内伶仃岛附近采砂活动为港珠澳大桥基槽异常回淤的重要泥沙来源。

根据现场调查，内伶仃岛附近的采砂船作业是无序的，采砂船的数量、作业强度及对表层含沙量的影响都具有不确定性。因此，为评价采砂对基槽处泥沙扩散的影响，天科院、南科院采用各自建立的伶仃洋大范围潮流泥沙数学模型，针对无序采砂对基槽处泥沙条件变化进行深入研究。

（1）采砂计算工况及参数

内伶仃岛北侧共 7 个审批采砂位置，按照距伶仃岛由近及远，采砂区分别为 1～7 号。

对审批采砂区模拟中，结合现场调查资料，控制采砂源强范围半径为 0.5km，半径边缘内含沙量源强为 5kg/m^3。

（2）采砂区条件下基槽含沙量分析

图 4-7 中示意了对应不同潮型条件下基槽处含沙量的增量。经分析，得到以下主要结论：

①在典型大潮落潮时，内伶仃岛处高浓度水体在扩散过程中可直接到达基槽附近，引起基槽处含沙量增量达 0.2～0.3kg/m^3，远超过天然海域的本底含沙量数值（0.1kg/m^3 以内）。

②典型中潮作用下，流速较大潮虽有所降低，但一个落潮期间，基槽处海域平均含沙量增量仍达 0.2kg/m^3 左右，仍明显高于天然水体的平均本底含沙量，对基槽仍有一定的直接突淤风险。

③从含沙量增量沿槽分布来看，对基槽东区而言（E21 管节附近），含沙量增幅最高，西区（E15 管节附近）相对略低。

综上分析，即使无序采砂得到规整，采砂船全部于审批采砂区内作业，内伶仃岛处采砂活动引起的悬浮泥沙落潮扩散仍将在大、中潮作用下直接跨过基槽，引起基槽内淤积。因此，即使在审批采砂条件下，内伶仃岛采砂活动仍是基槽内出现突淤的重要泥沙来源之一。

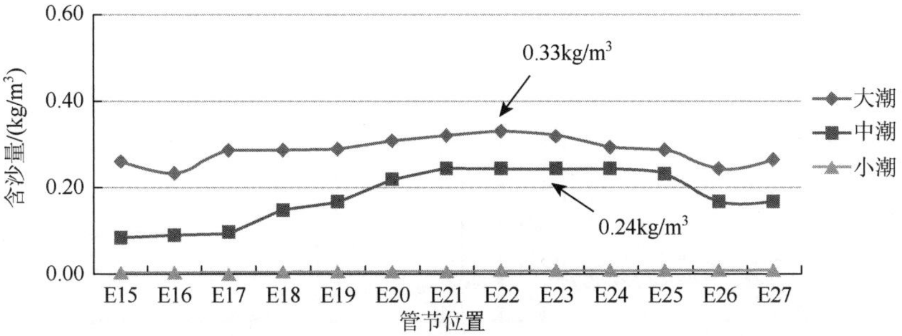

图 4-7　不同潮况条件下审批采砂区引起基槽处含沙量增量分布

（3）采砂区数量变化对基槽内淤积影响分析

为进一步明晰不同采砂工况对基槽内的淤积影响，图 4-8 给出了模拟得到的不同采砂工况基槽内淤厚情况（E15～E27 管节），并统计了淤厚增幅，主要得到以下结论。

即使在单个大潮作用下，当全部审批采砂区（1～7 号采砂区）均作业时，由于高浓度含沙量水体可直接跨越基槽，从而引起槽内淤积增加，较天然本底条件下淤厚平均增幅为 54.5%～61.8%，最大增幅达 66.7%～124.6%；当采砂区数量减少至 5 个（1～5 号采砂区）时，基槽内含沙量有所降低，总体槽内淤厚增幅亦降低，平均增幅为 9.1%～18.9%，最大增幅达 16.7%～56.3%；当采砂区数量进一步减少至 3 个（1～3 号采砂区）时，由于采砂区距离基槽较远，从而引起的悬浮泥沙无法一潮到达基槽内。

即使在单个中潮作用下，基槽内淤积增幅较大潮有所降低，当全部审批采砂区（1～7 号采砂区）均作业时，槽内平均淤厚增幅为 24.0%～50%，最大增幅达 60.0%～61.4%；当采砂区数量减少至 5 个（1～5 号采砂区）时，槽内淤厚增幅平均为 12.5%～14.9%，最大增幅达 20%～42.2%；当采砂区数量进一步减少至 3 个（1～3 号采砂区）时，淤积无明显影响。

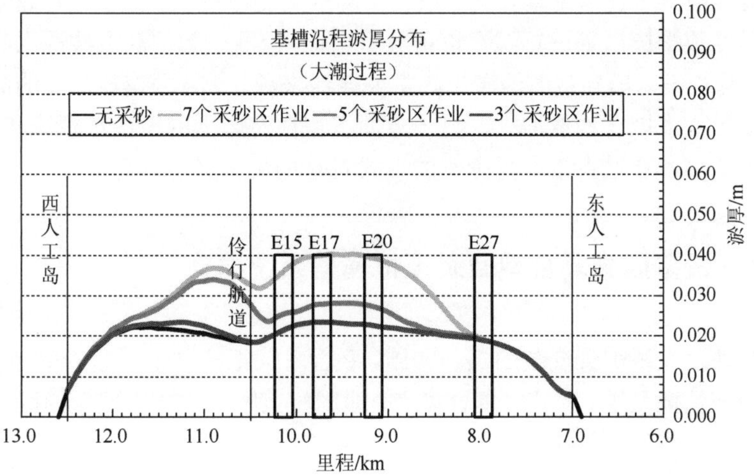

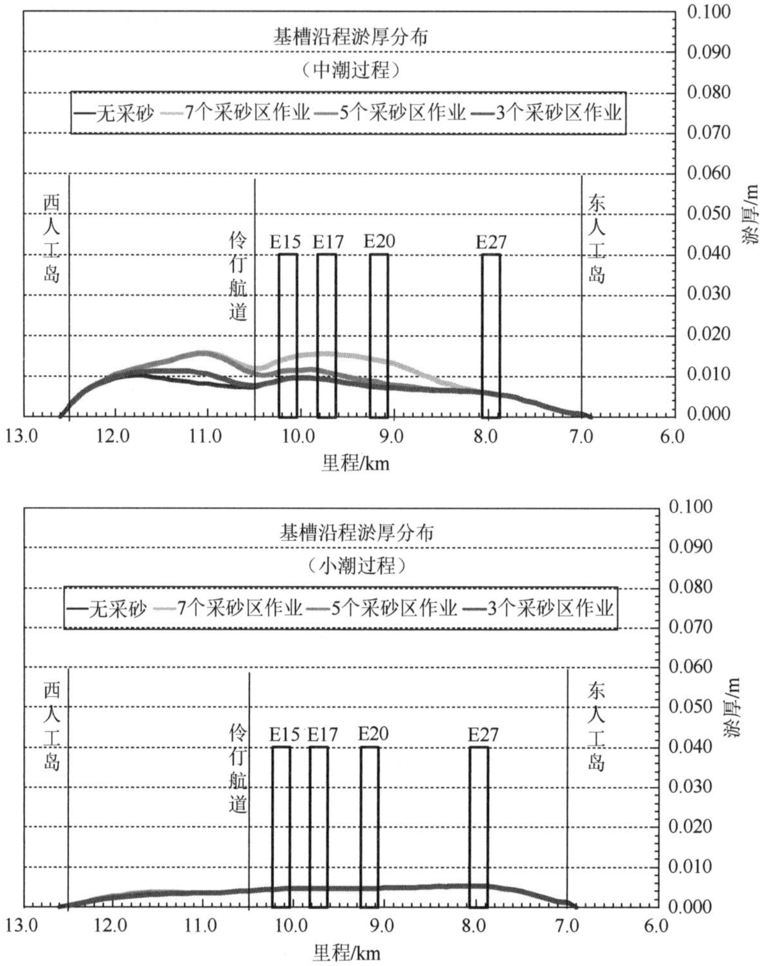

图 4-8　不同采砂条件和潮型作用下 E15～E27 管节淤厚对比

综上所述，根据对现场调查资料、最新实测水文泥沙资料、大量卫星遥感影像、最新基槽回淤资料及数学模型等进行综合论证分析可知，挖沙引起的高含沙浑水随落潮流向基槽水域扩散，是造成基槽异常泥沙淤积的主要泥沙来源。一方面挖沙形成的高含沙浑水随潮流运移导致工程水域含沙量增大，另一方面沉积在海床上的泥沙在潮流和风浪作业下，极易再次起悬运移，通过直接和再搬运的形式对基槽淤积产生影响。

4.4.3　基槽回淤多因素复合型回淤预报模型系统建立

为保证港珠澳大桥沉管安装的顺利实施，联合攻关组建立了一套“多因素、复合型”的基槽回淤预警预报系统。所谓“复合型”，即同时兼顾“面向表现”的回淤预报公式法和“面向过程”的数值模拟法。

1. 基于现场资料相关分析的回淤预报公式推导

（1）等效潮差概念的提出

在海域自然环境相对稳定的前提下，潮流、波浪、径流等动力条件影响海域含沙量，而含沙量又决定了基槽的淤积大小。通过现场大量的潮差、潮流、含沙量、基槽淤积量等资料分析发现，基槽水域滩面流速与潮差关系明显。

在考虑风浪对淤积的影响时，通过风推算波浪大小，计算波浪引起的底流速，通过相关分析法将其转换成“潮差”，并与潮流对应的潮差进行叠加，来反映波浪潮流对基槽回淤的影响。这一点在径流方面也是同样的机理。

根据海岸动力学理论，提出等效潮差。所谓等效潮差，即将可能影响基槽淤积的关键动力因子以“潮差”这一参量的形式体现。

伶仃洋海域天然潮汐较为规则且与潮流流速的关系良好，因此天然潮差 R_t 与垂向平均潮流流速 $\overline{V}$ 存在很强的相关度，即

$$R_t = f_1(\overline{V}) \tag{4-1}$$

对基槽回淤而言，其关键的控制性动力为近底流速 V_b，而垂向平均流速 $\overline{V}$ 又与近底流速存在较好的关系，即

$$V_b = f_2(\overline{V}) \tag{4-2}$$

进而得到

$$R_t = f_3(V_b) \tag{4-3}$$

式中，V_b——单独潮流引起的底部流速数值，由三维潮流数学模型试验给出。

对于波浪和径流的作用，究其本质亦可折算至近底流速中。因此，特定义“波浪等效潮差”和“径流等效潮差”两个概念，即

$$R_e = R_t + R_w + R_d \tag{4-4}$$

式中，R_e——总等效潮差；

R_w——波浪等效潮差；

R_d——径流等效潮差。

即

$$R_e = R_t + \alpha_w R_t + \alpha_d R_t \tag{4-5}$$

式中，α_w、α_d——分别为波浪等效潮差系数和径流等效潮差系数，可由以下表达式计算：

$$\alpha_w = V_{wb} / V_b \tag{4-6}$$

$$\alpha_d = V_{db} / V_b \tag{4-7}$$

式中，V_{wb}——波浪底部质点平均流速，可由海岸动力学公式计算；

V_{db}——径流引起的底部流速，可由三维水动力泥沙数学模型计算结果给出。

综合式（4-5）～式（4-7），最终得到等效潮差的表达式：

$$R_e = \frac{V_b + V_{wb} + V_{db}}{V_b} R_t \tag{4-8}$$

在实际应用中，对等效潮差的计算遵循以下步骤：

①通过现场潮汐预报数据得到管节安放窗口期内的潮汐过程。

②将潮汐过程输入水动力数学模型，得到潮位与底部流速过程，并统计得到窗口期内的每日天文潮潮差 R_t 及预报管节处的对应底部流速 V_b。

③根据窗口期内的波浪预报成果，采用波浪数学模型推算得到拟沉放沉管区位的波浪参数，并通过海岸动力学公式计算得到波浪底部平均流速 V_{wb}，进而计算得到波浪等效潮差 R_w。

④根据窗口期内的上游径流预报成果，将其代入水动力数学模型模拟得到拟沉放沉管区位的径流底部流速 V_{db}，并计算得到径流等效潮差 R_d。

⑤将天文潮差 R_t、波浪等效潮差 R_w 与径流等效潮差 R_d 相加，最终得到等效潮差数值 R_e。

（2）等效潮差与含沙量关系推求

等效潮差概念提出后，根据海岸动力学理论，推导得到等效潮差与含沙量的关系表达式，见式（4-9）。

$$S = k\rho_s \frac{R_e^{\beta}}{ghT^2} \tag{4-9}$$

式中，T——半潮周期；

ρ_s——泥沙密度；

h——平均水深；

g——重力加速度；

k、β——分别为经验系数，应根据现场实测资料推求。

图 4-9 为等效潮差与含沙量的关系，由图 4-9 可见，等效潮差与含沙量的关系良好，可为后续泥沙数学模型试验提供准确的边界条件。在实际预报过程中，根据实测资料的积累，对系数 k、β 进行持续订正，保障计算的准确性。

（3）等效潮差与基槽回淤关系推求

等效潮差概念提出后，根据现场回淤盒资料，通过相关分析法推导得到等效潮差与基槽回淤的关系表达式，见式（4-10）。

$$D_{ep} = \lambda R_e^{\theta} \tag{4-10}$$

式中，D_{ep}——基槽淤积厚度；

λ、θ——分别为经验系数，应根据现场实测资料推求。

图 4-10 为等效潮差与淤积厚度的关系，由图 4-10 可见，等效潮差与基槽淤积的关系良好，可直接应用于预报中。由图 4-10 可知，$\lambda = 0.0011$～0.0020；$\theta = 1.95$～2.02（随区域而变化）。

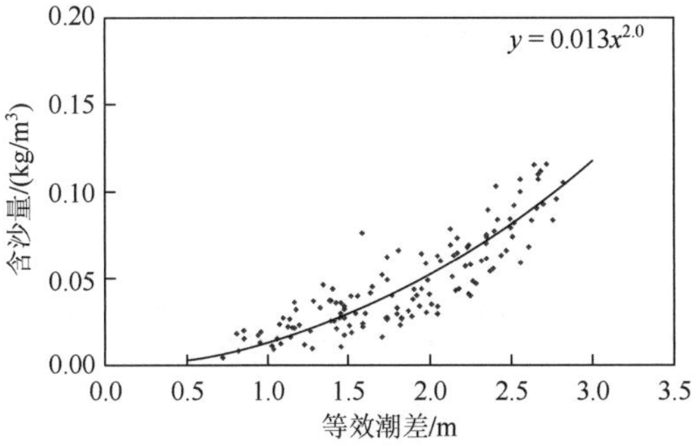

图 4-9　等效潮差与含沙量的关系曲线

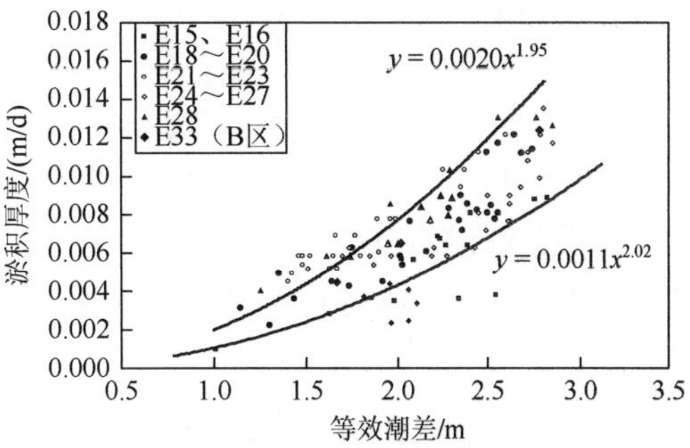

图 4-10　等效潮差与淤积厚度的关系曲线

2. 三维高精度水沙数值模式研发

（1）数值模式

采用的数学模型体系为自主研发的三维水动力泥沙数学模型软件，网格体系采用无结构三角形与四边形混合网格混合体系。在模型计算中，根据所研究对象的差异性，可开展①全域三维；②平面二维；③垂向二维；④二、三维内外域耦合等多种计算形式。在二、三维耦合模型中，采用具有双曲和谐形式的二维和三维浅水方程，可从数学角度上避免通量梯度项与底坡项不平衡引起的非物理数值流动。

1）三维模型控制方程

连续方程：

$$\frac{\partial h}{\partial t}+\frac{\partial hu}{\partial x}+\frac{\partial hv}{\partial y}+\frac{\partial \omega}{\partial \sigma}=hS_c$$

动量方程：

$$\frac{\partial hu}{\partial t}+\frac{\partial (hu^2+\mathrm{g}(\eta^2-2\eta z_b)/2)}{\partial x}+\frac{\partial huv}{\partial y}+\frac{\partial u\omega}{\partial \sigma}=fhv-g\eta\frac{\partial z_b}{\partial x}+\frac{\partial}{\partial \sigma}\left(\frac{\upsilon_v}{h}\frac{\partial u}{\partial \sigma}\right)$$
$$-\frac{gh}{\rho_0}\int_\sigma^0\left[\frac{\partial h\rho'}{\partial x}-\sigma\frac{\partial h}{\partial x}\frac{\partial \rho'}{\partial \sigma}\right]\mathrm{d}\sigma-\frac{1}{\rho_0}\left(\frac{\partial S_{xx}}{\partial x}+\frac{\partial S_{xy}}{\partial y}\right)+\frac{\partial}{\partial x}(hT_{xx}^{uv})+\frac{\partial}{\partial y}(hT_{xy}^{uv})+hu_sS_c$$

$$\frac{\partial hv}{\partial t}+\frac{\partial huv}{\partial x}+\frac{\partial (hv^2+\mathrm{g}(\eta^2-2\eta z_b)/2)}{\partial y}+\frac{\partial v\omega}{\partial \sigma}=-fhu-g\eta\frac{\partial z_b}{\partial y}+\frac{\partial}{\partial \sigma}\left(\frac{\upsilon_v}{h}\frac{\partial v}{\partial \sigma}\right)$$
$$-\frac{gh}{\rho_0}\int_\sigma^0\left(\frac{\partial h\rho'}{\partial y}-\sigma\frac{\partial h}{\partial y}\frac{\partial \rho'}{\partial \sigma}\right)\mathrm{d}\sigma-\frac{1}{\rho_0}\left(\frac{\partial S_{xy}}{\partial x}+\frac{\partial S_{yy}}{\partial y}\right)+\frac{\partial}{\partial x}(hT_{yx}^{uv})+\frac{\partial}{\partial y}(hT_{yy}^{uv})+hv_sS_c$$

z 坐标下垂向速度转换方程：

$$w=\omega+\left(\frac{\partial \eta}{\partial t}+\sigma\frac{\partial h}{\partial t}\right)+u\left(\frac{\partial \eta}{\partial x}+\sigma\frac{\partial h}{\partial x}\right)+v\left(\frac{\partial \eta}{\partial y}+\sigma\frac{\partial h}{\partial y}\right)$$

温盐输运方程：

$$\frac{\partial h\tau}{\partial t}+\frac{\partial hu\tau}{\partial x}+\frac{\partial hv\tau}{\partial y}+\frac{\partial w\tau}{\partial\sigma}=\frac{\partial}{\partial x}(hT_{xx}^{\tau})+\frac{\partial}{\partial y}(hT_{xy}^{\tau})+\frac{\partial}{\partial\sigma}\left(\frac{\upsilon_v}{h\sigma_\tau}\frac{\partial\tau}{\partial\sigma}\right)-hk_s\frac{\Delta\tau}{\rho_0 c_p}+h\tau_s S_c$$

$$\frac{\partial hs}{\partial t}+\frac{\partial hus}{\partial x}+\frac{\partial hvs}{\partial y}+\frac{\partial ws}{\partial\sigma}=\frac{\partial}{\partial x}(hT_{xx}^{s})+\frac{\partial}{\partial y}(hT_{xy}^{s})_s+\frac{\partial}{\partial\sigma}\left(\frac{\upsilon_v}{h\sigma_\tau}\frac{\partial s}{\partial\sigma}\right)+hs_s S_c$$

悬浮泥沙输运方程：

$$\frac{\partial hC_i}{\partial t}+\frac{\partial huC_i}{\partial x}+\frac{\partial hvC}{\partial y}+\frac{\partial(w-w_{si})C_i}{\partial\sigma}=\frac{\partial}{\partial x}\left(hA_H\frac{\partial C_i}{\partial x}\right)+\frac{\partial}{\partial y}\left(hA_H\frac{\partial C_i}{\partial y}\right)+\frac{\partial}{\partial\sigma}\left(\frac{K_h}{h\sigma}\frac{\partial C_i}{\partial\sigma}\right)+hC_{si}S_c$$

表层边界条件：$\frac{K_h}{h}\frac{\partial C_i}{\partial\sigma}=0$

底层边界条件：$\frac{K_h}{h}\frac{\partial C_i}{\partial\sigma}=E_i-D_i$

$$E=\begin{cases}E_0F_i\left(1-P_b\right)\left(\dfrac{\tau_b}{\tau_c}-1\right), & \tau_b\geqslant\tau_e\\ 0, & \tau_b<\tau_e\end{cases}$$

$$z_b=\int_0^T\frac{F}{\rho_s}\mathrm{d}t$$

式中，

t——时间；
η——水位；
h——水深；
S_c——源项；
u、v、w——分别为 x、y、z 方向上的流速；
g——重力加速度；
ρ——水体密度；
ρ_0——水体参考密度；
υ_v——垂向紊动黏性系数；
f——柯氏力参量；
S_{xx}、S_{xy}、S_{yx}、S_{yy}——波浪辐射应力张量；
T_{xx}^{uv}、T_{xy}^{uv}、T_{yx}^{uv}、T_{yy}^{uv}——水平切应力张量；
υ_h——水平紊动黏性系数，采用 Smagorinsky 方程求解；
A_H、K_h——分别为水平和垂向泥沙质量扩散系数；
u_s、v_s——点源流速；
C——悬浮泥沙浓度；
C_{si}——某一组份泥沙的点源浓度；
w_S——泥沙沉速；
E——冲刷率；
E_0——海床侵蚀强度；
F_i——第 i 组份泥沙在所有组份中所占的百分比，单组份时 F_i 取 1；

P_b ——表层泥沙的孔隙率；
τ_b ——床面剪切应力；
τ_e ——临界冲刷应力；
F——泥沙净通量；
ρ_s ——泥沙干密度；
Z_b——计算时间 T 内单位长度上冲淤强度。

紊流模拟采用 k-ε 湍流模型进行闭合：

$$\frac{\partial hk}{\partial t}+\frac{\partial huk}{\partial x}+\frac{\partial hvk}{\partial y}+\frac{\partial wk}{\partial \sigma}=\frac{\partial}{\partial x}(hT_{xx}^{k})+\frac{\partial}{\partial y}(hT_{xy}^{k})+\frac{\partial}{\partial \sigma}\left(\frac{\upsilon_v}{h\hat{\sigma}_k}\frac{\partial k}{\partial \sigma}\right)+h(P+B-\varepsilon)$$

$$\frac{\partial h\varepsilon}{\partial t}+\frac{\partial hu\varepsilon}{\partial x}+\frac{\partial hv\varepsilon}{\partial y}+\frac{\partial w\varepsilon}{\partial \sigma}=\frac{\partial}{\partial x}(hT_{xx}^{\varepsilon})+\frac{\partial}{\partial y}(hT_{xy}^{\varepsilon})+\frac{\partial}{\partial \sigma}\left(\frac{\upsilon_v}{h\hat{\sigma}_\varepsilon}\frac{\partial \varepsilon}{\partial \sigma}\right)+h\frac{\varepsilon}{k}(c_{1\varepsilon}P-c_{2\varepsilon}\varepsilon)$$

式中，

k——单位质量水体的湍动能；
ε——湍动能耗散率；
T_{xx}^{k}、T_{xy}^{k}、T_{xx}^{ε}、T_{xy}^{ε} ——k-ε 方程的水平切应力张量；
P、B——分别为湍动能的切变和浮力产生项，

其中，P、B 由下面的公式给出：

$$P=\frac{\upsilon_v}{h^2}\left(\left(\frac{\partial u}{\partial \sigma}\right)^2+\left(\frac{\partial v}{\partial \sigma}\right)^2\right)$$

$$B=\frac{g}{\rho_0}\frac{\upsilon_v}{h\hat{\sigma}_k}\frac{\partial \rho}{\partial \sigma}$$

经验常数：$(\sigma_k, \sigma_\varepsilon, c_{1\varepsilon}, c_{2\varepsilon}, c_\mu)=(1.0, 1.3, 1.44, 1.92, 0.09)$。

表面边界条件：

$$\omega=0,\quad \left(\frac{\partial u}{\partial \sigma}, \frac{\partial v}{\partial \sigma}\right)=\frac{h}{\rho_0\upsilon_v}(\tau_{sx}, \tau_{sy})$$

$$\frac{\partial \tau}{\partial \sigma}=\frac{h\sigma_\tau}{\upsilon_h}(\frac{1}{\rho_0 c_p}Q_n+T_P\hat{P}-T_E\hat{E}),\quad \frac{\partial s}{\partial \sigma}=0,\quad \frac{\partial c}{\partial \sigma}=0$$

$$\frac{\partial k}{\partial \sigma}=0,\quad \varepsilon=\frac{\left(k\sqrt{c_\mu}\right)^{3/2}}{0.07\kappa h}$$

底部边界条件：

$$\omega=0,\quad \left(\frac{\partial u}{\partial \sigma}, \frac{\partial v}{\partial \sigma}\right)=\frac{h}{\rho_0\upsilon_v}(\tau_{bx}, \tau_{by})$$

$$\frac{\partial \tau}{\partial \sigma}=0,\quad \frac{\partial s}{\partial \sigma}=0,\quad \frac{\partial c}{\partial \sigma}=0$$

$$k=\frac{u_*^2}{\sqrt{c_\mu}},\quad \varepsilon=\frac{u_*^3}{h\kappa\Delta\sigma_b}$$

2）二维模型控制方程

$$\frac{\partial h}{\partial t}+\frac{\partial h\overline{u}}{\partial x}+\frac{\partial h\overline{v}}{\partial y}=hS_c$$

$$\frac{\partial h\overline{u}}{\partial t}+\frac{\partial(h\overline{u}^2+g(\eta^2-2\eta z_b)/2)}{\partial x}+\frac{\partial h\overline{uv}}{\partial y}=fh\overline{v}+\frac{\tau_{sx}}{\rho_0}-ghS_{bx}-g\eta S_{ox}$$

$$-\frac{gh^2}{\rho_0}\frac{\partial\rho'}{\partial x}-\frac{1}{\rho_0}\left(\frac{\partial\overline{S}_{xx}}{\partial x}+\frac{\partial\overline{S}_{xy}}{\partial y}\right)+\frac{\partial}{\partial x}(h\overline{T}_{xx})+\frac{\partial}{\partial y}(h\overline{T}_{xy})+h\overline{u_s}S_c$$

$$\frac{\partial h\overline{v}}{\partial t}+\frac{\partial h\overline{uv}}{\partial x}+\frac{\partial(h\overline{v}^2+g(\eta^2-2\eta z_b)/2)}{\partial y}=-fh\overline{u}+\frac{\tau_{sy}}{\rho_0}-ghS_{by}-g\eta S_{oy}$$

$$-\frac{gh^2}{\rho_0}\frac{\partial\rho'}{\partial y}-\frac{1}{\rho_0}\left(\frac{\partial\overline{S}_{yx}}{\partial x}+\frac{\partial\overline{S}_{yy}}{\partial y}\right)+\frac{\partial}{\partial x}(h\overline{T}_{yx})+\frac{\partial}{\partial y}(h\overline{T}_{yy})+h\overline{v_s}S_c$$

$$\frac{\partial h\overline{\tau}}{\partial t}+\frac{\partial h\overline{u}\overline{\tau}}{\partial x}+\frac{\partial h\overline{v}\overline{\tau}}{\partial y}=\frac{\partial}{\partial x}(h\overline{T}_{xx}^{\tau})+\frac{\partial}{\partial y}(h\overline{T}_{xy}^{\tau})-hk_s\frac{\Delta\overline{\tau}}{\rho_0 c_p}+h\overline{\tau_s}S_c$$

$$\frac{\partial h\overline{s}}{\partial t}+\frac{\partial h\overline{us}}{\partial x}+\frac{\partial h\overline{vs}}{\partial y}=\frac{\partial}{\partial x}(h\overline{T}_{xx}^{s})+\frac{\partial}{\partial y}(h\overline{T}_{xy}^{s})+h\overline{s_s}S_c$$

$$\frac{\partial h\overline{C_i}}{\partial t}+\frac{\partial h\overline{uC_i}}{\partial x}+\frac{\partial h\overline{vC_i}}{\partial y}=\frac{\partial}{\partial x}\left(h\overline{A_H}\frac{\partial C_i}{\partial x}\right)+\frac{\partial}{\partial y}\left(h\overline{A_H}\frac{\partial C_i}{\partial y}\right)+h\overline{c_{si}}S_c$$

其中各变量名称与三维控制方程中相似，“—”代表垂向平均值。

3）三维内域修正法理论

迄今为止，建立耦合模型时，由于二维域的流场均采用水深平均流速描述，在二维、三维边界线上，第一时步都必须给出水平流速的垂直分布。通常的做法是基于理论流速垂线分布公式给出流速垂线分布。然而，对于具有复杂分层流动的水域，采用这种做法将在耦合界面附近引起较多的误差。

为保证二维、三维模型耦合匹配条件严谨化（保证守恒性）和分层流速描述精确化，在此，提出一个新的适用于分层复杂流动的界面耦合方法。

首先，为保证守恒性，设定二维、三维模型的匹配条件为在二维、三维模型的耦合界面上，各流动通量守恒。其次，对耦合边界上的分层流速，不再给定特定形式的流速垂线分布。

事实上，复杂分层流速的生成是由于地形、边界、动力因素影响而产生的真实物理过程。在控制方程和初值、边值条件给出合理描述的前提下，三维模型计算域内计算得到的分层流速分布应该是真实流速分层分布。

基于上述思想，模型耦合边界可采用下述处理方法：

①模型计算采用“冷启动”或任意初值。

②在同一时间层上，利用耦合界面处三维区域的分层流速信息给出流速的垂线分布，并基于此分布修正得到耦合界面处二维单元的分层流速信息。需要说明，此处由三维区域获得的垂线分布特指各垂向分层上的流速分布比例系数，而非流速值。

考虑二维、三维耦合计算时，界面处会存在能量比降不连续，这将导致界面附近区域流场垂向分布存在误差。为了尽可能将该误差的影响降低，计算时，给定二维侧耦合界面上流速垂线分布的三维信息区域应加以选择。

在三维区域，紧邻耦合界面上的三维信息受能量比降不连续的影响最大；而远离耦合界面时，三维信息将受到地形、外动力等因素变化的影响，导致与耦合界面处的实际分布存在较大差异。

因此，二维侧耦合界面上流速垂线分布信息，应选择距离耦合边界一个恰当距离范围内的三维分层流速信息给出，称为三维内域修正法，内外域耦合求解过程示意图见图 4-11。

在浅水水动力平台的基础上，加入输运、扩散模块，建立了二维、三维及其耦合的多功能浅水数值模型。

首先，从严格拟合天然的复杂边界、网格密度自由控制、追求计算效率和精度角度出发，选取模型计算网格和控制体：在平面上，选取三角形和四边形混合的非结构网格，单元中心格式的控制体；在垂向上，选取非等分形式的 σ 坐标分层方法和单元中心格式的控制体。

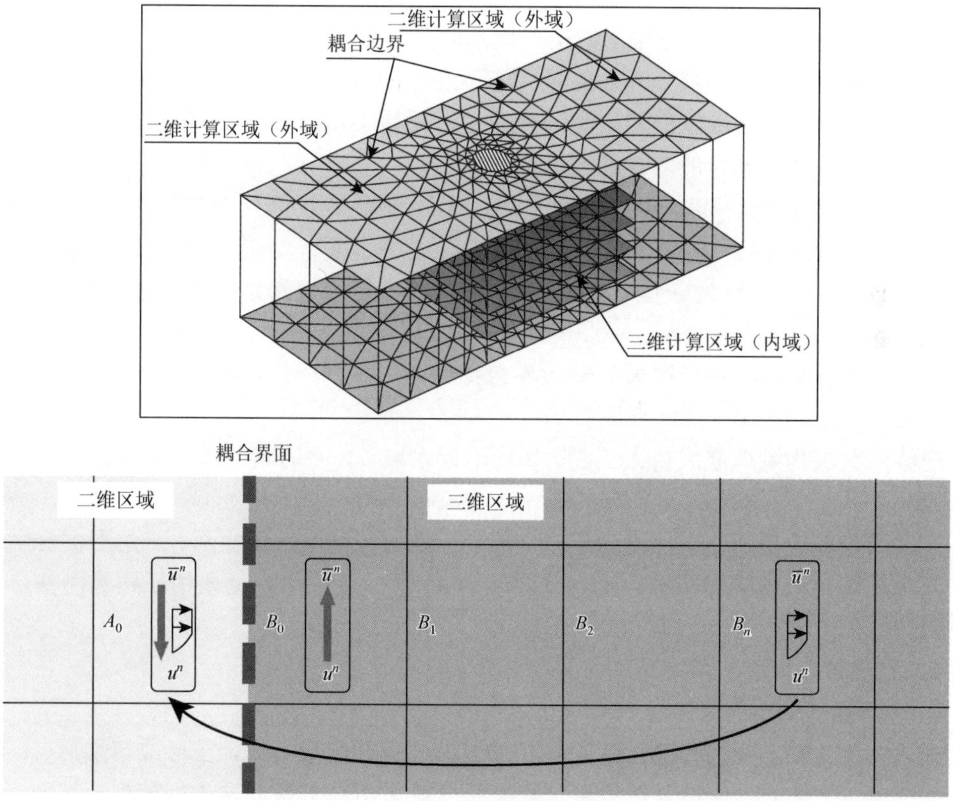

图 4-11　内外域耦合求解过程示意图

其次，从模型适应地形复杂、水位变化剧烈、水位和流速间断、干湿变化频繁等实际需要出发，用数值方法处理对流项、底摩擦力、扩散项等时，分别采用现有最新研究成果：

①对水平对流通量采用具有普适性、守恒性和逆风性特点的，适用于连续流和间断流，

急流和缓流计算的 HLLC 近似 Riemann 算子构筑；对垂向对流通量采用二阶精度的 TVD 格式进行计算。

②采用半隐式方法处理二维模型中的底摩擦源项，保证在施加摩擦力的过程中不改变流速的方向，提高模型稳定性。

③采用全隐式方法处理三维模型中的垂向扩散项，提高模型在表底边界条件施加时模型的稳定性。

④利用时间动步长计算，在保证数值计算稳定性的同时，可以有效提高模型的计算效率。

⑤为保证准确捕捉干湿动边界、保证质量守恒和数值稳定性，提出了一种与单元中心格式有限体积法计算过程相结合的干湿界面处理方法，该方法可以准确捕捉复杂地形上干湿边界的位置，并在处理负水深单元过程中不修改时间步长，计算效率高。

⑥为保证质量守恒和三维流速分布更接近实际情况，针对现有二维、三维模型的不足之处，对分层逆流等复杂分层流，提出了一种新的处理方法——三维内域修正法：在同一时间层上，利用耦合界面附近一恰当距离三维单元参量的垂向分布信息修正耦合界面处二维单元的参量垂向分布。该方法不假定参量垂向分布类型，避免因假定参量垂向分布带来计算误差，同时，可减小耦合界面能量比降不连续的误差引入。

在此基础上，结合给定的初值和边值条件，采用 Godunov 型有限体积法，分别建立了二维和三维及两者耦合的多功能浅水数值模型。

理论上，基于双曲和谐形式控制方程、采用最新的数值处理技术、结合“干湿边界”和二维、三维耦合边界的改进处理而建立适用于复杂边界及地形的多功能浅水数值模型，在稳定性、质量守恒、激波捕捉能力、对复杂地形边界流动真实模拟等方面更具优势。

本次模拟计算的二维外区域北侧边界包括珠江口东四口门，南侧至外海，包括整个伶仃洋海域。

三维内区域为港珠澳大桥人工岛、基槽附近水域，其中内域范围至少包括基槽南北两侧各 8km。

大范围外域模型网格采用渐变形式，其中三维内域网格采用矩形、三角形混合网格形式，其中基槽内采用矩形网格，垂向分层取为 40 层。复杂边界处采用三角形网格，以精确分辨岸线。

4）泥沙参数

①泥沙组分和沉速

在以往常规淤泥质海岸悬沙运动模拟中，由于存在絮凝情况，在形成絮团后，一般对应静水沉速为 0.4～0.6mm/s，较为单一，从而一般采用单组份泥沙进行模拟。然而，尽管其中值粒径仍在淤泥范围内（0.013～0.032mm），但基槽内泥沙存在细沙、粉砂和黏土等多种组分，实际上各种组分的泥沙沉速存在较大差异。

综上分析，在模拟中将泥沙按其级配频率分别设置沉速，其中黏土组分按絮凝沉速 0.5mm/s 考虑；粉砂组分按对应中值粒径 0.03mm，水温 17℃时沉速为 0.6mm/s 考虑；细沙组分按对应中值粒径 0.08mm，水温 17℃时沉速为 4.1mm/s 考虑。在组分比例中，黏土占 27%，粉砂占 54%，细沙占 19%。通过这一方式，可分离不同性质泥沙的沉速差异，从概念上更加合理。

②泥沙扩散系数

本次现场测量中得到了内伶仃岛实测含沙量巡测资料，因此泥沙扩散系数可根据此巡测资料进行率定。

③临界冲刷应力和临界淤积剪切力

临界冲刷应力根据大量文献查阅，取值为 0.15～0.20N/m^2；临界淤积剪切力取值为 0.07～0.10N/m^2。

5）现场水文泥沙测量

在港珠澳大桥工程的前期研究中，具有大量现场水文泥沙测量资料，本次研究由于采用二维、三维耦合的技术手段，从而应分别对二维、三维两个模型均进行验证，以充分率定模型参数和边界合理性。

①二维、三维水动力及含沙量验证

采用 2007 年和 2009 年大范围水沙实测资料和近期工程局部水域水沙资料进行验证，模型所模拟的各站潮位过程与天然情况比较吻合，模型计算出的各条垂线的流速大小、流向变化及含沙量过程形态与实测结果基本趋于一致，符合模拟规程的精度要求。

②基槽内三维流态验证

图 4-12 中给出了大潮过程下基槽内跨槽流态和顺槽流态。经对比，模拟得到的跨槽流态可反映出基槽内存在一个垂向回流结构，其中表层流速最高，向下层逐渐降低，至回流中心区最低，再向下则有所升高。大潮条件下，槽底跨槽流速最大可达 0.4～0.5m/s，和实测量级相近。

对顺槽流态而言，特别是在涨潮期间，槽底流速大于表层，底部流速约 0.4m/s，这点和现场实测流态是相似的。

总体而言，从宏观趋势和流速量级来看，所建三维模型可在一定程度上把握槽内的复杂流态且流速量级和现场差异不大。

③含沙量巡测资料验证

自 2015 年 1 月 8 日起，对采砂区至基槽区开展了含沙量巡测工作，其中 1 月 15 日起同步采用 ADCP 巡测流速、流向数据。对比 1 月 23 日和 1 月 24 日两天大潮期间的测量数据，其一致性较好，证实了测量数据可真实反映实际泥沙扩散过程，并均可反映典型大潮作用下的悬沙扩散规律。因此，在数值模拟中，以 2007 年实际大潮为例，采用现场巡测实际数据对含沙量扩散过程进行验证。

模拟所得含沙量分布规律和量级均与现场实测值一致，表明模型验证可较为真实地反映实际悬沙的扩散规律。各断面在落急时刻、涨急时刻流矢图见图 4-13～图 4-19。

④基槽内平均淤厚验证

采用所建的二维、三维耦合数学模型，对槽内日平均淤厚进行了初步模拟。基槽内模拟日平均淤厚和实测数据对比见图 4-20 和图 4-21。由图 4-20 和图 4-21 可见，所得淤厚总体量级相近，表明模型具有一定的代表性，可把握基槽淤积的量级。

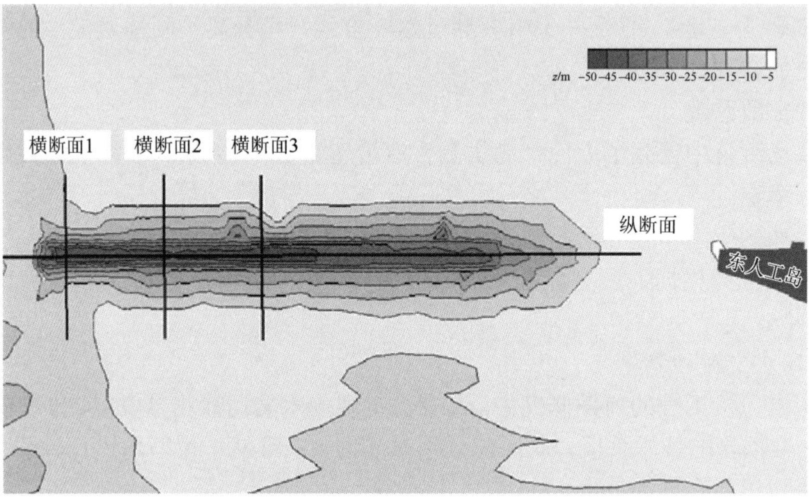

图 4-12　基槽内水流分析横、纵断面位置示意图

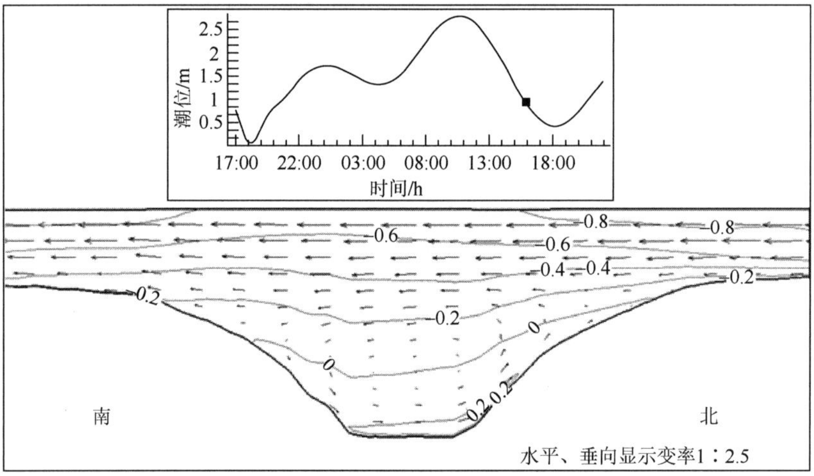

图 4-13　横断面 1 落急时刻流矢图

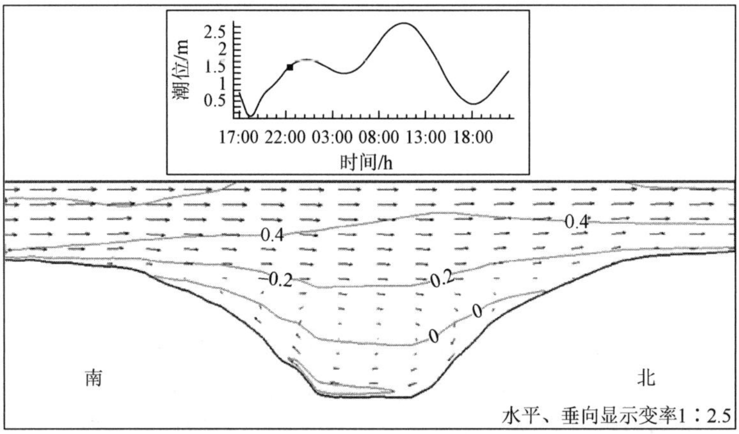

图 4-14　横断面 1 涨急时刻流矢图

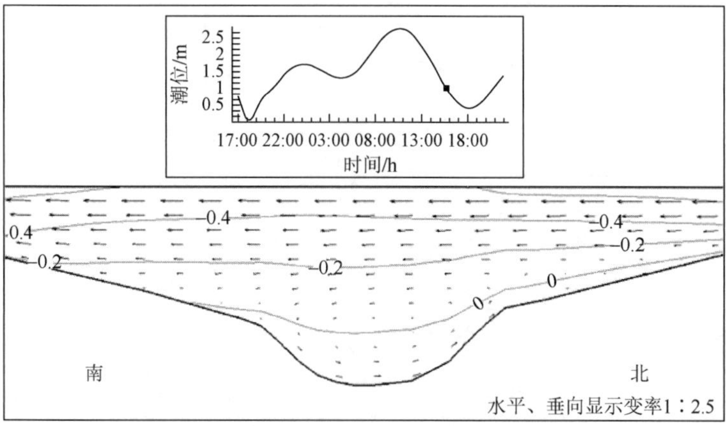

图 4-15　横断面 2 落急时刻流矢图

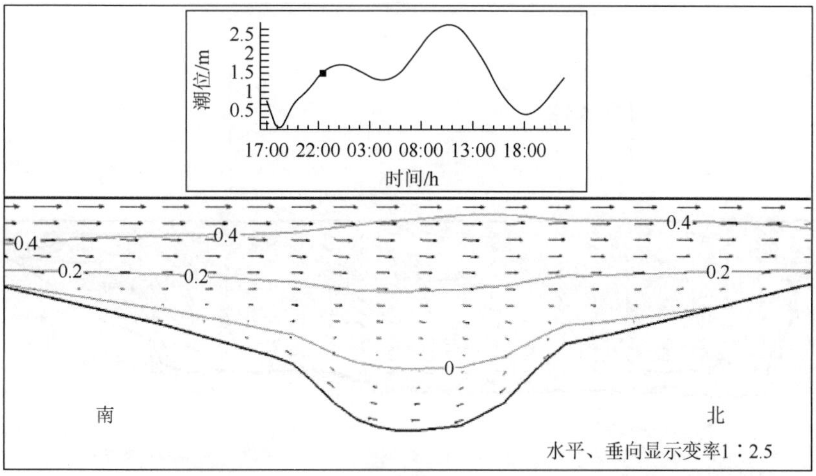

图 4-16　横断面 2 涨急时刻流矢图

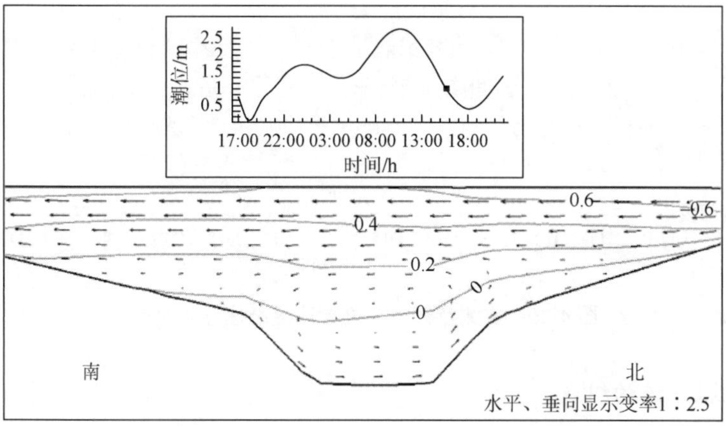

图 4-17　横断面 3 落急时刻流矢图

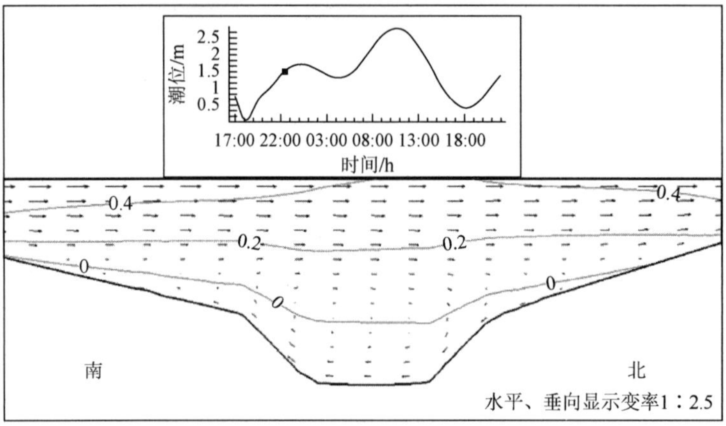

图 4-18　横断面 3 涨急时刻流矢图

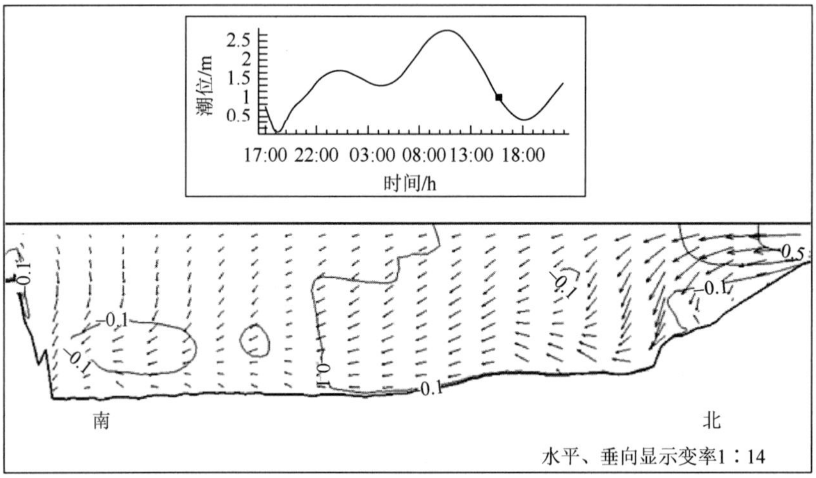

图 4-19　基槽纵断面落急时刻流矢图

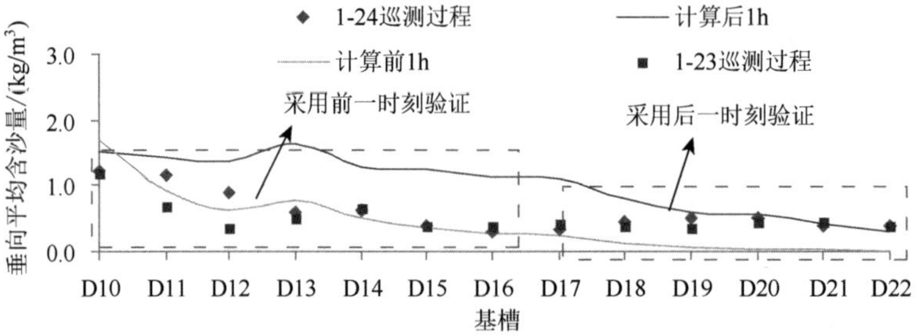

图 4-20　实测及模拟巡测含沙量沿程分布对比

3. 预警预报系统的组成

(1) 复合型预警预报整体思路

在预警预报过程中，经验公式和数值模拟两种方法呈现出“交织”衔接，体现在：

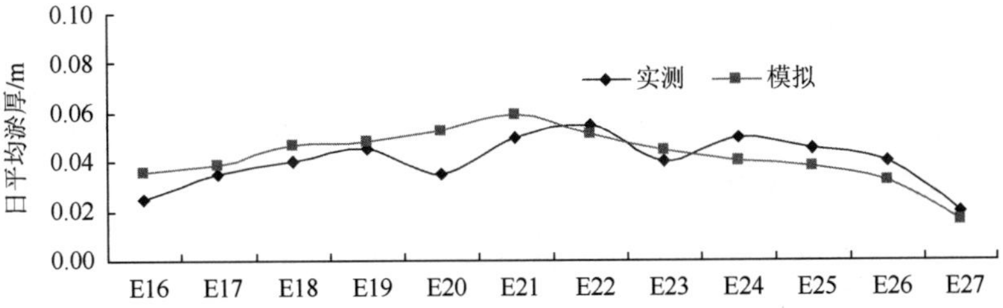

图 4-21　数值模拟与实测基槽内日平均淤厚对比

①经验公式中所需重点参数由数值模拟给出。

②数值模拟的含沙量初始边界条件又利用经验公式的结果。

③对潮流形态较为简单的管节（即 E15～E32 管节），一般采用针对性强、响应迅速的经验公式进行预报；而对岛隧结合部处的 E33 管节，由于受两侧掩护体的遮挡，在岛头处存在回流现象，条件更加复杂。因此，对岛隧结合部附近管节的预警预报采用数值模拟方法。图 4-22 为预警预报系统的流程。

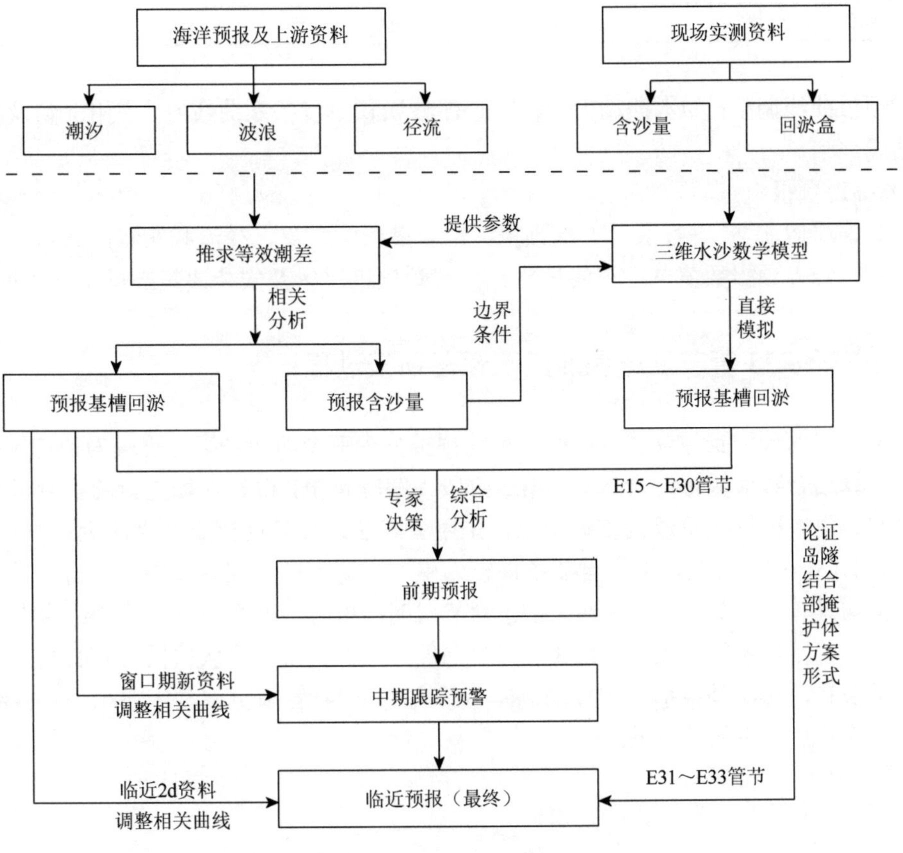

图 4-22　预警预报系统流程图

（2）预警预报计算流程

1）前期预报

沉管安装气象窗口确定后，碎石基床铺设前，根据潮汐、径流和风况，采用预报模型预报碎石基床铺设至沉管安装期间未来 10～15d 每天的工程水域含沙量和基槽淤积厚度及累计淤积厚度，作为碎石基床铺设施工的决策依据。

2）中期跟踪、预警

①跟踪及预警：在碎石基床裸露期间，逐日跟踪现场的含沙量、气象及基槽内泥沙淤积变化，与预测结果进行对比，并根据情况进行不同级别的预警，为碎石基床铺设的继续实施或减淤措施等决策提供基本依据。

②预警级别：分为绿色、黄色、橙色、红色四级，见表 4-8。

表 4-8　预警级别对应表

预警级别	对应的状况	备注
0（绿色）	含沙量、风浪及基槽淤积厚度均正常	如发生 1 级以上预警，将视情况提出建议
1（黄色）	含沙量或风浪大于预报值	
2（橙色）	基槽淤积厚度大于当日预报值	
3（红色）	基槽淤积厚度大于安全值	

③预报曲线调整：如本期动力-含沙量-泥沙淤积厚度关系曲线发生变化，将及时调整预报曲线。

3）临近预报

在沉管浮运前 2d 进行最后一次预报，结合最新的气象、径流和实测回淤盒、含沙量资料，适时修订预报数值进行最终核定，为沉管出坞浮运及安装决策提供基本依据。

4.4.4　E15～E33 管节基床泥沙淤积预警预报过程

根据上述的预警预报模式，基槽淤积的预报分为三个阶段：第一阶段为初期预报，采用公式计算结合数值模拟综合选定；第二阶段为跟踪预报，根据现场更新的实测资料采用公式法实施更新；第三阶段为临近预报，采用公式法进行最终核定并供决策。

针对 E15～E30 管节，由于自然条件较为单一，潮流运动较为规则，从而公式预报和数值模拟均具有良好效果，在 E15～E33 管节初期预报时，采用两种方法相结合的预警预报方式。预警预报系统对 E15～E33 管节共进行了 19 次预报，从预报后碎石基床淤积的实测结果来看，每次预报都非常成功。本章给出了 E24 管节沉放基床淤积的预报结果和 E33 管节基床淤积的预报结果。

1. E24 管节沉放基床泥沙淤积预报

针对 E24 管节 12 月 19 日安装窗口期的泥沙淤积，建立了 E24 管节基槽淤积预报分析模型，进行预警预报。

（1）前期预报

表 4-9 和表 4-10 分别列出了 E24 管节安装施工计划和安装期间的径流情况，图 4-23 为安装期间气象和波浪预报情况，图 4-24 和表 4-11 为前期预报结果。

表 4-9　E24 整平及安装期间海上施工计划

序号	工作内容	工作时间计划
1	整平船进场	12 月 8 日
2	第一船位铺设施工	12 月 9～16 日
3	第二船位铺设施工	
4	第三船位铺设施工	
5	第四船位铺设施工	
6	第五船位铺设施工	
7	第六船位铺设施工	
8	第七船位铺设施工	
9	整平船撤场、潜水探摸	12 月 17 日
10	E24 管节浮运	12 月 18 日
11	E24 管节沉放、对接	12 月 19 日
备注	根据监控组要求每天进行一次多波束测量，每施工完成两个船位进行一次潜水探摸	

表 4-10　上游河道径流量　（单位：m^3/s）

日期	西江马口站	北江三水站	东江博罗站	合计
2015-11-28	11 200	3 570	439	15 209
2015-11-29	11 200	3 380	323	14 903
2015-11-30	10 400	3 000	356	13 756
2015-12-01	7 840	2 630	330	10 800
2015-12-02	6 890	2 660	301	9 851
2015-12-03	6 750	2 570	325	9 645
2015-12-04	6 430	2 220	380	9 030
2015-12-05	6 650	2 320	368	9 338
2015-12-06	6 700	2 410	374	9 484
2015-12-07	6 680	2 360	387	9 427
预报采用值	6 680	2 360	387	9 427

海洋环境预报

（七　天）

国家海洋预报台（预报员：李志强 李洁）　　2015 年 12 月 06 日 16 时发布
值班电话：010-62173596　　传真：010-62173620
发往：中交股份联合体港珠澳大桥岛隧工程项目总经理部

预报提要：
一股冷空气正在影响你区。偏北风 5 级，阵风 6 级，明天上午转北-东北风 4-5 级。后天上午转东北风 4 级，阵风 5 级。后天夜间转东-东北风 3-4 级。

要素预报：

日期-时间	风向 (dir)	风速 (m/s)	阵风 (m/s)	有效波高(m)	浪向 (dir)	周期 (s)	天气现象	能见度 (km)
06-20	n	9	12	0.6	n	3.6	阴	10
07-02	n	9	12	0.6	n	3.6	阴	10
07-08	nne	8	11	0.5	nne	3.5	阴	10
07-14	nne	7	9	0.4	nne	3.4	多云	11
07-20	nne	6	8	0.35	nne	3.3	多云	11
08-02	nne	5	7	0.3	nne	3.3	阴	10
08-08	ne	6	8	0.35	ne	3.3	多云	11
08-14	ne	5	7	0.3	ne	333	多云	11
08-20	ne	5	7	0.3	ne	3.3	多云	11
09-02	ene	6	8	0.35	ene	3.3	多云	11
09-08	ene	5	7	0.3	ene	3.3	阴	10
09-14	ene	5	7	0.3	ene	3.3	多云	10

六级以上大风警报：

展望：
09 日 14 时-10 日 14 时：东-东北风 3-4 级。浪高：0.2～0.4 米。
10 日 14 时-11 日 14 时：东-东北风 3-4 级转偏北风 4-5 级。浪高：0.2～0.4 米增大到 0.3～0.6 米。
11 日 14 时-12 日 14 时：东北风 4 级，阵风 5 级。浪高：0.2～0.5 米。
12 日 14 时-13 日 14 时：东-东北风 3-4 级。浪高：0.2～0.4 米。

图 4-23　管节安放窗口期气象和波浪预报结果

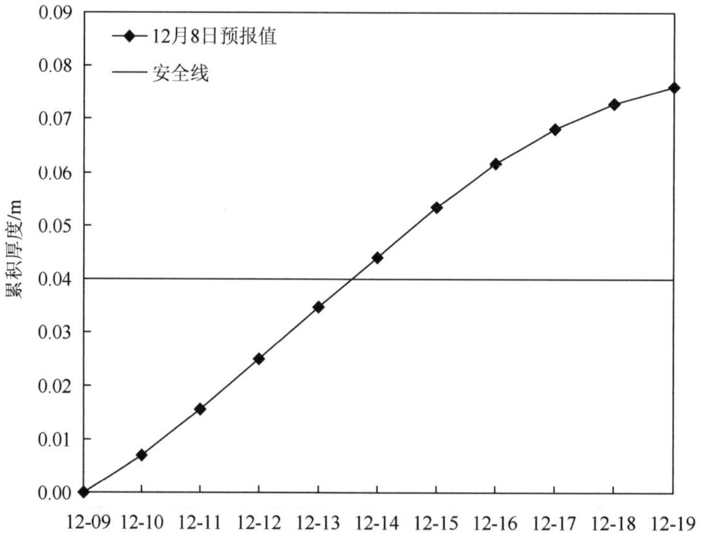

图 4-24　E24 管节基槽累积淤积预报曲线（回淤盒法，密度 1.26t/m^3）

表 4-11　E24 管节基槽累积淤积厚度预报结果

日期	多波束法（密度 1.05t/m³ 以下）		回淤盒法（密度 1.26t/m³）	
	逐日/m	累积/m	逐日/m	累积/m
12 月 10 日	0.022	0.022	0.0070	0.007
12 月 11 日	0.026	0.048	0.0085	0.015
12 月 12 日	0.029	0.077	0.0094	0.025
12 月 13 日	0.030	0.107	0.0098	0.035
12 月 14 日	0.029	0.136	0.0094	0.044
12 月 15 日	0.029	0.164	0.0094	0.053
12 月 16 日	0.025	0.189	0.0082	0.062
12 月 17 日	0.020	0.209	0.0065	0.068
12 月 18 日	0.014	0.224	0.0047	0.073
12 月 19 日	0.009	0.232	0.0031	0.076
不同密度值对应的淤积厚度/m	密度 1.05t/m³ 以下	0.232		
	密度 1.15t/m³ 以下	0.150	密度 1.15t/m³	0.143
	密度 1.26t/m³ 以下	0.081	密度 1.26t/m³	0.076
备注	预报时间：12 月 10 日 0 时～12 月 20 日 0 时			

在内伶仃岛北侧采砂区处于关闭状态的前提条件下，2015 年 12 月 10 日 0 时～12 月 20 日 0 时，气象条件基本处于正常情况，E24 管节碎石基床平均累积淤积厚度前期预报值如下。

1）多波束法

密度按 1.05t/m³ 以下计，淤积厚度为 0.232m；

密度按 1.15t/m³ 以下计，淤积厚度为 0.150m；

密度按 1.26t/m³ 以下计，淤积厚度为 0.081m。

2）回淤盒法。

密度按 1.15t/m³ 计，淤积厚度为 0.143m；

密度按 1.26t/m³ 计，淤积厚度为 0.076m。

按照上述的预报情况，根据 E22、E23 管节安装经验，在各项减淤措施得以保障和有力执行的情况下，从基槽回淤的角度，联合攻关组认为 E24 管节基床具备碎石铺设条件。

建议：①加强基床回淤监测；②加大潜水扰动等减淤措施；③做好使用整平船清淤设备的准备。

（2）中期跟踪及预警

表 4-12 和图 4-25 为中期预报值与实际跟踪情况，从图 4-25 可以看出，预报值与实际吻合较好。

表 4-12　E24 管节基槽淤积预警

日期	预警级别	备注
12 月 9 日	0（绿色）	径流略大 风浪、含沙量基本正常
12 月 10 日	0（绿色）	径流略大 风浪、含沙量、基槽淤积基本正常
12 月 11 日	1（黄色）	径流连续 3d 超标，密切关注未来几天的变化 风浪、含沙量、基槽淤积基本正常
12 月 12 日	1（黄色）	径流有所回落，密切关注未来几天的变化 风浪、含沙量、基槽淤积基本正常
12 月 13 日	1（黄色）	径流有所回落，密切关注未来几天的变化 风浪、含沙量、基槽淤积基本正常
12 月 14 日	1（黄色）	径流仍超标，密切关注未来几天的变化 风浪、含沙量、基槽淤积基本正常
12 月 15 日	1（黄色）	径流、风浪超标，密切关注未来几天的变化 含沙量、基槽淤积基本正常
12 月 16 日	1（黄色）	径流基本恢复正常 风浪超标，无含沙量和基槽淤积数据，密切关注未来几天的变化
12 月 17 日	1（黄色）	径流、风浪超标，密切关注未来几天的变化 基槽淤积基本正常
12 月 18 日	1（黄色）	径流超标，密切关注未来几天的变化 风浪、含沙量、基槽淤积基本正常
12 月 19 日	0（绿色）	径流呈下降趋势 风浪、含沙量、基槽淤积基本正常
12 月 20 日	0（绿色）	径流持续呈下降趋势 风浪、含沙量基本正常

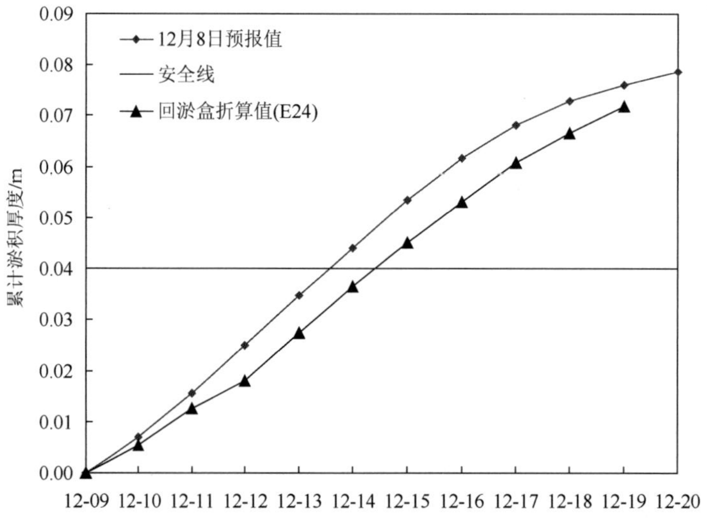

图 4-25　12 月 9～19 日基槽淤积跟踪曲线（回淤盒法，密度 1.26t/m^3）

（3）临近预报（确认报告）

在沉管浮运前 2d，结合最新的气象、径流和实测回淤盒、含沙量资料，适时修订预报数值，提出了最终确认报告：

①本次基槽回淤预报方法是基于基槽现场淤积实测资料经相关分析所得，经 2015 年 2 月 24 日、3 月 25 日、4 月 12 日、6 月 8 日、6 月 26 日、7 月 25 日、8 月 25 日、9 月 23 日、11 月 5 日和 11 月 19 日 E15～E23 管节 10 次沉放过程中的基床淤积验证是正确的，又经 12 月 9 日～16 日 E24 管节基槽多波束扫测资料和回淤盒的观测资料检验是合理可信的。

②本次临近预报给出 E24 管节碎石基床 2015 年 12 月 10 日 0 时至 12 月 20 日 23 时，密度按 1.26t/m^3 计，平均累计淤积厚度为 0.080～0.086m；密度按 1.15t/m^3 计，平均累计淤积厚度为 0.148～0.158m。

③根据Ⅴ工区 12 月 10 日～15 日多波束及回淤盒逐日测量结果，E24 管节碎石基床淤积基本正常。但径流及风浪较大，建议根据基床回淤监测情况，加大潜水扰动，必要时动用整平船清淤，以保证 E24 管节碎石基床淤积厚度控制在设计要求范围以内。

④根据现场回淤盒纳淤情况及底部颗粒组成，碎石基床上可存在 2～3cm 厚的回淤层。

2. E33 管节基床泥沙淤积预警预报过程

E33 管节位于东人工岛岛头处，岸线形态极为复杂，天然状态下流速较大，难以满足管节沉放施工的水流条件，E33 管节沉放施工时采用导流堤进行掩护。从碎石基床铺设到管节安装时间长达 45d，受两侧导流堤的影响，水流较弱，淤积较大，采用经验公式无法考虑回流引起的附加淤积，适用性不强。因此，以数值模拟为主要研究手段，对掩护体方案实施后工程水域的流态及淤积情况进行模拟和预报。

（1）最终掩护体方案的布置

在前期大量研究的基础上，确定了最终掩护方案的基本布置，如图 4-26 所示。

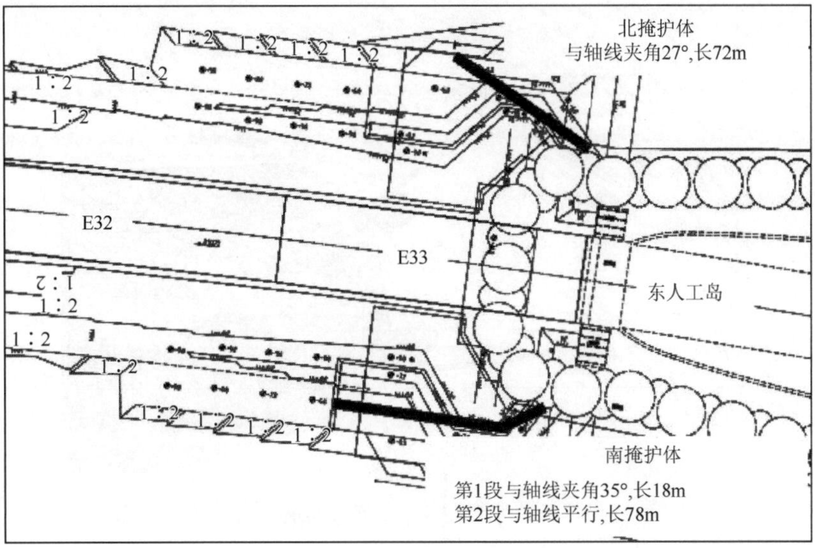

图 4-26　掩护体方案 IV-1 示意图

（2）最终推荐方案下水流和淤积预报

掩护体方案实施后，正常大、小潮情况下，E33 管节整个区域内水流均满足 0.5m/s 的控制标准。因此，水流预报采用洪季大潮过程进行安全校核，保证在大径流叠加大潮位条件下，掩护区内的流速仍能满足控制标准的要求。

以 2009 年 6 月 23 日洪季大潮过程对推荐方案进行流速掩护安全校核，该校核计算中，考虑上游径流流量为 20 000m^3/s。

图 4-27 和图 4-28 为涨急、落急时的表层流速等值线图。从图中可以看出，洪季大潮条件下，受上游水流下泻，涨潮流速并不大，南堤对涨潮流掩护效果较好，掩护区内流速小于 0.5m/s。

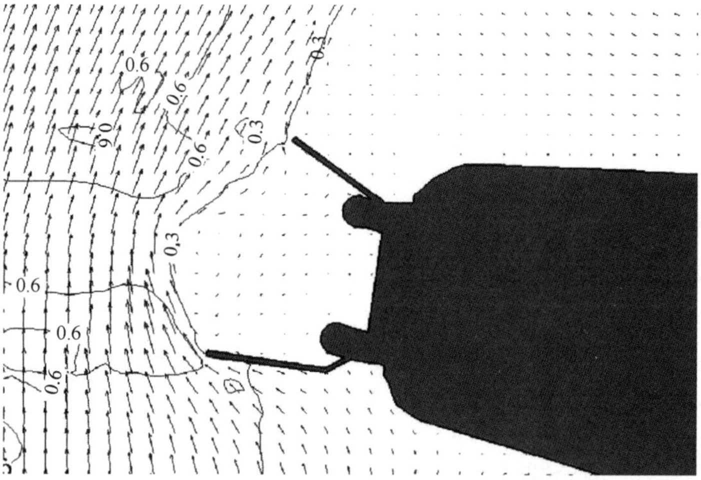

图 4-27　最终推荐方案在洪季大潮涨急表层流速等值线图

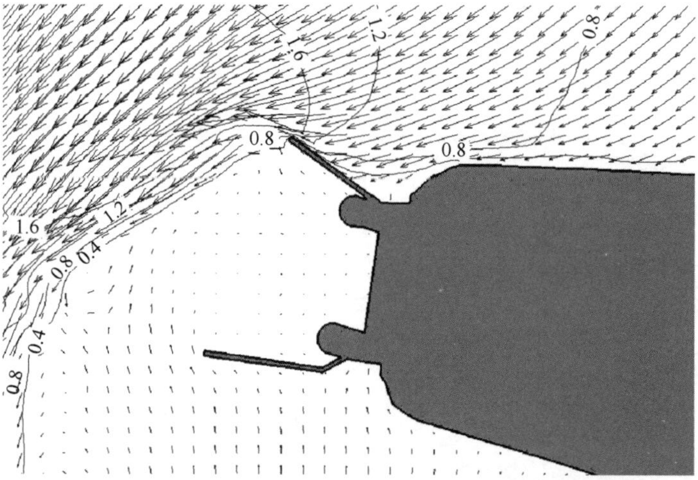

图 4-28　最终推荐方案在洪季大潮落急表层流速等值线图

洪季大潮落潮时，受落潮大潮差（3.0m）叠加上游洪水（20 000m^3/s）综合作用，掩护区范围外表层流速均大于 1.0m/s，E32 管节东端水域表层流速最大达到 1.7m/s。而在受北堤掩护的 E33 管节水域，流速依然保持在 0.2m/s 以内。

因此，最终推荐方案在洪季大潮时能够保证良好的流速作业条件。

E33 基槽的晾槽期为 45d，模拟得到最终推荐方案实施后晾槽期内 E33 管节基槽淤厚沿程分布如图 4-29 所示，E31～E33 管节基槽最大及平均淤厚统计结果见表 4-13。从计算结果可以得出以下主要结论：

①最终推荐掩护体方案实施后，E31～E33 管节基槽最大淤厚位置位于 E33 管节整平船施工段，45d 最大淤厚 0.55m。

②E33 管节干施工段最大淤厚 0.29m，平均淤厚 0.27m；人工整平段最大淤厚 0.36m，平均淤厚 0.33m；整平船施工段最大淤厚 0.55m，平均淤厚 0.51m。

③E31 管节最大淤厚 0.45m，平均淤厚 0.43m；E32 管节最大淤厚 0.48m，平均淤厚 0.45m；E33 管节最大淤厚 0.55m，平均淤厚 0.41m。

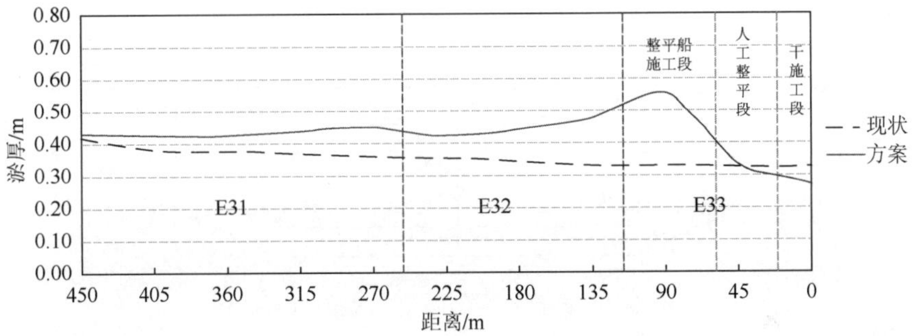

图 4-29　最终推荐方案 E31～E33 管节基槽淤厚沿程分布（45d）

表 4-13　最终推荐方案 E31～E33 管节基槽最大及平均淤厚统计（45d）　（单位：m）

分类		现状	最终推荐方案
基槽最大淤厚	E31	0.42	0.45
	E32	0.36	0.48
	E33	0.34	0.55
基槽平均淤厚	E31	0.38	0.43
	E32	0.35	0.45
	E33	0.33	0.41

4.4.5　减淤措施研究

港珠澳大桥沉管隧道碎石基床的铺设，除了与东、西人工岛连接的 E1 和 E33 管节外，均采用整平船进行机械施工。按照整平船的设计能力，自整平船开始施工至管节安装结束，周期一般为 11～15d。根据计算和实际测量结果，E15～E32 管节基槽内的泥沙淤积量均大于设计允许值。为达到沉管隧道的安装精度要求，在 E33 以前管节的安装过程中，采取了截淤堤坝、水下人工扰动和定点吸泥等减淤措施。这些减淤措施的实施，为港珠澳大桥沉管隧道工程建设奠定了基础。

1. 常规减淤措施

（1）截淤堤坝

为减少隧道基槽内底部浮泥沿轴线方向（东西向）的流动，避免对待安管节基床造成不利影响，自2015年2月开始，在隧道基槽内采取了横向截淤措施，修建截淤堤坝。

截淤堤坝修建在待安管节的前两个管节处。即沉放E15管节时，截淤堤坝修建在E13管节位置。以E15管节的截淤堤坝为例作简要介绍。

①在E15管节西侧设置水下横向截淤堤坝，堤坝轴线位于E13管节与E14管节接头西侧56m。

②横截堤坝布置如图4-30所示，位于原设计管节回填顶面与开挖基槽坡面之间区域。

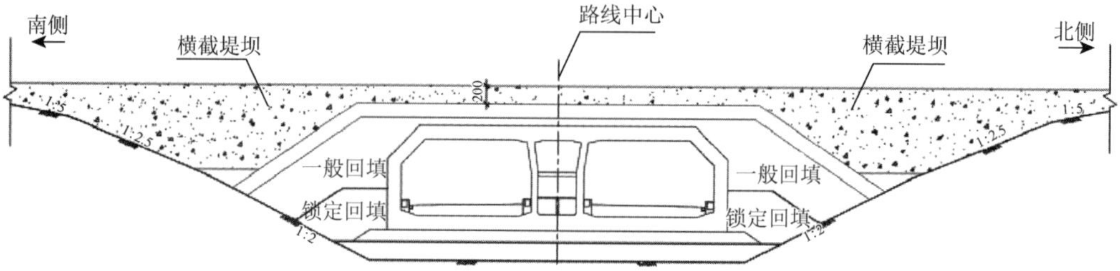

图4-30　横截堤坝剖面图（单位：cm）

③横截堤坝顶宽1.0m，高于管顶回填2.0m，两侧坡率按自然休止且不陡于1∶1.5。

④回填施工过程中应遵循管节左右两侧对称、分层的原则。

⑤回填料同一般回填的碎石要求相同，粒径5～80mm。

根据不同管节的实际情况，截淤堤坝一直持续修建到E24管节，即E26管节安装完成。

（2）水下人工扰动

基床碎石铺设后，潜水员用手持设备对淤积在碎石床面上的泥沙进行扰动，使之悬浮并被水流带走，以减少碎石基床的泥沙淤积量。工程实践表明，这是行之有效的减淤方法。

（3）定点吸泥

基床碎石铺设过程中，利用捷龙号清淤船在下一管节位置的基槽内进行吸泥作业，可有效减少正在施工管节基槽内的底层高浓度含沙水体，减小基槽内的泥沙淤积量。

2. 防淤屏减淤措施

E33管节位于东人工岛岛头处，从碎石基床铺设到管节安装时间长达45d，受两侧导流堤的影响，水流较弱，淤积较大，仅用常规的减淤措施无法满足设计要求。为此，在E33管节中首次采用“防淤屏”减小进沙量和淤积厚度（图4-31）。具体做法是：在两侧导流堤堤头连线，通过绳网、聚苯乙烯泡沫组成的浮体、土工布组成的裙体和不同直径链条组成的裙体下方的配重，形成一道屏障拦截泥沙进入掩护区内。

图 4-31　防淤屏安装现场图

（1）防淤屏试验研究

2016 年 7 月 15 日～7 月 29 日，在东人工岛 E33 管节处进行了防淤屏防淤试验研究，在此期间，进行了同步的水流、含沙量、回淤盒及多波束水深测量等多项观测工作（图 4-32）。

（2）防淤屏试验结果

经过现场防淤屏减淤试验数据分析，结果如下。

回淤盒：增加防淤屏后，E33 基槽内回淤强度明显减小，是原来回淤强度的 50%～60%左右。

多波束数数据：增加防淤屏后，E33 基槽内回淤强度明显减小，是原来回淤强度的 45%左右。

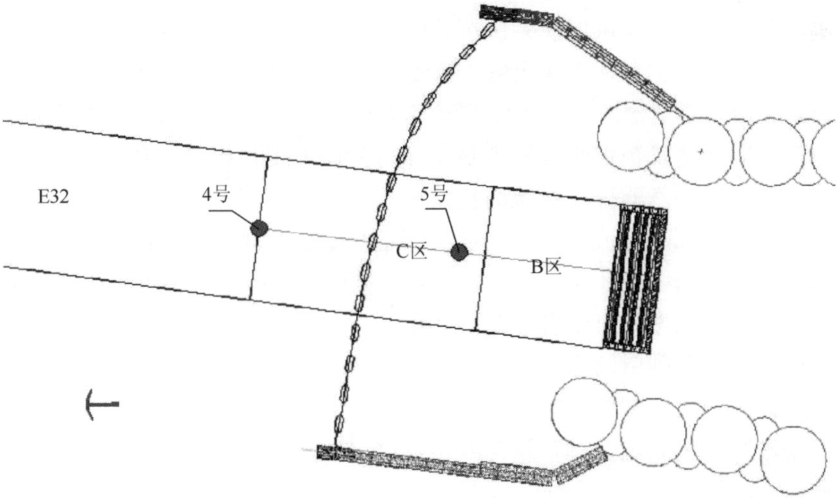

图 4-32　水流、含沙量观测站位平面图

浊度：防淤屏内外两侧浊度差别较为明显，内侧浊度约为外侧的 78%（含沙量：62%）。通过现场试验和观测表明，设置防淤屏后回淤强度明显减小，防淤屏减淤量达到 50%，效果明显，达到了预期目标。

表 4-14 为 E33 管节基槽（B 区）回淤盒淤积厚度统计表，其中最大日淤积厚度为 0.87cm，平均日淤积厚度为 0.4cm。回淤盒、多波束和水下探摸等多种测量手段都显示，E33 碎石基床的实际淤积厚度基本控制在设计要求范围以内，表明实施的防淤屏减淤措施是成功的。

表 4-14　E33 管节基槽（B 区）回淤盒淤积厚度统计表

基槽内沉积时间	9 月 19 日～9 月 22 日 总 72h	9 月 19 日～9 月 25 日 总 139h	9 月 19 日～10 月 3 日 总 330h	9 月 25 日～10 月 5 日 总 236h
回淤盒淤积总厚度/cm	2.6（3d）	3.1（6d）	5.0（14d）	2.4（10d）
每天回淤厚度/cm	0.87	0.54	0.36	0.24
总平均淤积速率	0.40cm/d			

4.5　研究成果

本项目开展了大量的研究工作，揭示了沉管基槽泥沙主要来源、淤积原因和机制、研发了沉管隧道基槽淤积高精度实时预报系统等，主要研究成果如下：

第一，基于现场观测大数据资料，同时采用遥感图片分析和数学模型等综合的研究手段，揭示了沉管基槽泥沙主要来源、淤积原因和机理，为政府决策提供了重要依据。

①开展了高频次、高精度现场测量，形成“大数据”。

自 2014 年 11 月始，在港珠澳大桥沉管隧道基槽附近进行了深基槽内流系结构测量，固定点及横断面含沙量测量，水深测量，悬沙、底质泥沙采样及粒径实验分析，基槽内淤积物采集及颗粒分析，基槽内泥沙密度测量等大量的现场测量工作，测量频次高、数据量大，形成由几十万个测量数据组成的大数据库，为研究工作提供了科学依据。

②高精度测量了深基槽内部水流结构特征。

测量了深基槽内部三维流系结构，厘清了深基槽边坡、槽内分层流速、流向分布状态，通过测量总结出深基槽内存在明显的垂向回流、槽底流速较高、槽内存在螺旋流系，对深基槽内细部流态和基槽淤积机制有了新的认识。

③大规模巡测了采砂引起高浓度水体的泥沙运动过程。

在内伶仃岛北侧采砂区到沉管基槽沿线，采用对挖沙船动态监测和沿程含沙量巡测，实时掌握该采砂区的船舶施工动态及含沙量变化，揭示了采砂引起高浓度水体的泥沙运动过程及基槽泥沙淤积的影响。

④揭示了基槽出现异常回淤的主要泥沙来源，淤积原因和机制。

基于测量数据的大数据库，同时采用遥感图片分析和数学模型等综合研究手段，揭示了沉管基槽泥沙主要来源、淤积原因和机理，得出了基槽出现异常回淤的主要泥沙来源是内伶仃岛附近采砂区，采砂形成的高含沙浑水以直接输移和再搬运方式进入基槽这一重要结论，为政府决策提供了重要依据。

第二，基于现场回淤精细化观测大数据，研发了多因素复合型基槽回淤预报模型系统，实现了基槽泥沙淤积预报从宏观到局部，从“年、月”精确到“逐天”，预报精度由米级达到厘米级，提升了回淤预报的精确度和时效性。

①采用水下回淤盒测量技术，提高了基槽泥沙淤积测量精度。

首次在深度达 40m 以上的沉管深基槽底部放置回淤盒，取得每个管节基槽淤积的实际泥沙，避免了以往采用测深仪仅能“间接”测量泥沙淤积的弊端，回淤测量精度可达毫米级且真实呈现了现场淤积物的密度状态，为正确评价基槽淤积强度提供了坚实的数据基础。

②基于“等效潮差”理论，推导了基槽泥沙淤积高精度计算公式。

提出了回淤计算中“等效潮差”的概念，建立了潮汐、波浪动力、径流量等关键参数与等效潮差的关系，建立了等效潮差与含沙量的关系表达式，基于“高精度、大数据”的实测资料，通过理论回归分析手段，推导了适用于深基槽泥沙回淤预报的计算公式，该公式形式简易、计算效率高、计算精度可达厘米级。

③发展了数值模拟——公式预报相联合的多因素复合型预报系统。

采用二维、三维模型，充分发挥数值模拟计算信息丰富、可覆盖全域的优点，以及经验公式计算针对性强、响应迅速的优点，发展了“复合型预报”的预报手段。

④将预报时间精确到“逐天”，预报精度精确到厘米级，提升了回淤预报的精确度和时效性。

在以往对航道港池的回淤预报中，一般着重于年回淤和考虑一场典型风暴潮形成的回淤，回淤预报精度一般在分米级。通过本项目研究，将回淤预报时间尺度提高到“以天计”，即逐天进行预报，同时将预报精度提升至厘米级，并做到了“现场及时响应”，提升了预报响应速度，保障了沉管沉放窗口期“无缝衔接”。

第三，提出了多种基床减淤措施，为管节安装提供了重要保障。

①在沉管基槽中，采用截淤堤坝、水下扰动和定点抽吸等减淤措施，达到了较好的减淤效果。

从碎石基床铺设到管节安装一般在 12d 左右，基床淤积预测的结果均超过设计要求的 4cm。根据基槽内实际地形、水沙运动和基床上垄沟分布情况，在管节一侧采用半潜式截淤堤坝，拦截泥沙的横向运动；采用人工扰动措施，驱赶泥沙进入垄沟，减少泥沙在基床上的淤积；在遇到大风、安放窗口期延长等发生强淤积时，采用安装船附带的清淤装置清淤；这些减淤措施较好地解决了 E15～E32 管节基床泥沙淤积问题。

②E33 管节采用防淤屏减淤措施，达到较好的减淤效果。

E33 管节位于东人工岛岛头处，从碎石基床铺设到管节安装时间长达 45d，受两侧导流堤的影响，水流较弱，淤积较大，仅用常规的减淤措施无法满足设计要求。在两侧导流堤堤头连线，通过绳网、聚苯乙烯泡沫组成的浮体、土工布组成的裙体和不同直径链条组成的裙体下方的配重，形成一道屏障拦截泥沙进入掩护区内。防淤屏的减淤效果达到 50%，结合人工扰动等措施，成功地解决了 E33 管节淤积强度大的问题，为管节安装提供了重要保障。

4.6 研究结论

①根据港珠澳大桥沉管基槽泥沙淤积问题的需求，联合攻关组针对沉管基槽出现的泥沙异常淤积现象，采用现场观测资料、遥感图片分析和数学模型等综合的研究技术路线，基本查清了基槽发生异常淤积的原因，找出了主要泥沙来源，为政府决策提供了重要依据。在此基础上，攻关组依据现场精细化观测大数据资料，开发了一套沉管基槽高精度、高效率的多因素复合型基槽回淤预报模型系统，及时预报每个管节安放窗口期基床淤积，为工程施工提供科学依据。

②自然条件下工程海域水体含沙量较小，工程海域邻近滩槽动力地貌体系较为稳定，铜鼓浅滩尾的自然淤积速率缓慢，E15 管节以东的基槽处于铜鼓浅滩南部滩尾，受河口冲淡水和浅滩下泄泥沙的直接影响，铜鼓浅滩尾部淤积南移，处于有利于泥沙落淤的水动力泥沙环境中，特别在冬、春季，受潮流和东向风浪等的作用，铜鼓浅滩泥沙再次起动扩散，可直接影响 E15 管节以东基槽区域，因而基槽淤积会相对略大一些。

③根据现场大量实测资料，并结合动力地貌、卫星遥感反演、数学模型试验等相关研究，采砂对港珠澳大桥岛隧工程沉管基槽回淤影响较大，基槽出现异常回淤的主要泥沙来源是内伶仃岛附近采砂作业所致，采砂形成的高含沙浑水以直接输移和再搬运方式进入基槽。

④基于现场回淤精细化观测大数据，研发了多因素复合型基槽回淤预报模型系统，实现了基槽泥沙淤积预报从宏观到局部，从“年、月”精确到“天”，预报精度由米级达到厘米级，提升了回淤预报的精确度和时效性。

⑤提出了截淤堤坝、水下扰动、防淤屏、定点抽吸等多种减淤措施，其中防淤屏减淤措施在沉管基槽中首次采用，减淤效果达到 50%，为管节安装提供了重要保障。

⑥基于高精度、高时效的回淤预警预报和合理的减淤工程方案，保障了 E15～E33 管节的顺利、安全沉放，节省了工期，取得了巨大的经济效益和社会效益。本项目的研究成果，可为其他类似工程提供借鉴，对我国工程建设和泥沙研究的理论与实践具有提升和促进意义。

第5章　工厂法沉管预制厂建设关键技术

5.1　沉管预制方法研究现状

目前，沉管预制方法有干坞法和工厂法。

1. 干坞法预制沉管

传统的沉管管节预制采用干坞法，即在干坞内进行沉管管节预制，待管节预制完成后向干坞内灌水使管节起浮，待坞内外水位平衡后，打开坞门将管节在水上拖运到预定位置沉放。干坞法预制沉管管节，目前主要有两种方法：固定干坞法和移动干坞法。

2. 工厂法预制沉管

与传统的干坞法预制沉管不同，工厂法预制沉管将管节预制、出运过程中的工序进行细分，按步骤划分为钢筋绑扎、模板安装、混凝土浇筑、混凝土养护、一次舾装、管节起浮、管节横移、二次舾装、管节出运等。以上工序满足空间与时间上的线性要求，起浮前通过顶推系统、起浮后通过系泊绞缆系统逐步有序进行，前置工序是后续工序的条件，后续工序对前置工序没有任何影响，从而形成流水作业模式。具体为：①在可全天候工作的预制厂房内的固定位置完成沉管节段钢筋绑扎和平移、模板支立、混凝土浇筑与养护等重要工序，前后工序间通过顶推系统实现衔接；②养护达到一定强度的节段顶推前移，后续节段通过重复上述步骤进行预制，最终完成单根管节的制作；③将完成后的管节一次性顶推进入浅坞区，进行管节的一次舾装和检漏工作；④关闭深坞、浅坞门，坞区灌水，管节在浅坞区起浮后移动至深坞区；⑤坞区排水，借用一级船闸的理念实现超大型（约8万t）混凝土构件平稳下水和顺利出坞。沉管预制工作是在预制厂房内进行的，可以全天候作业，同时各主要工序又都是流水线作业，所以各道工序的质量更有保证。

5.2　预制方案及特点

5.2.1　预制方案

相对于岛隧工程，沉管预制厂工程虽然只是大型配套临时工程，但该工程直接关系岛隧工程的成败，其重要性不言而喻。

1. 岛隧工程工期紧迫，沉管预制厂工程处于工期关键节点

岛隧工程总工期 75 个月，其中土建工程的工期仅为 61 个月。按照计划，首个管节须在开工后 30 个月内安装。

2. 沉管预制质量要求高

港珠澳大桥沉管隧道设计使用寿命 120 年，是世界上最大埋深的隧道，采用 C45 钢筋混凝土自防水沉管结构，以及管节一旦安装埋设后即无法从外部进行维护等因素，都对本工程的管节预制提出了前所未有的质量要求。

鉴于工期紧及管节预制质量要求高，本工程选择工厂法预制沉管管节。工厂法预制沉管管节在国内尚属首创，全球范围内仅厄勒海峡沉管隧道沉管预制采用过，但厄勒海峡沉管预制厂核心工艺及土建技术难以获取。本工程设计仅依靠已公开的有限资料开展，可借鉴及依托的技术资料严重不足。

工厂法细分沉管预制工艺流程，按钢筋、模板、混凝土、顶推、起浮、舾装、出运的流程顺序实施、流水作业，工序复杂。

有鉴于此，开展工厂法沉管预制厂建设关键技术研究。

5.2.2 工程特点

桂山沉管预制工厂是港珠澳大桥岛隧工程最为关键的临时工程，对确保港珠澳大桥岛隧工程的工期和质量起着至关重要的作用。在巨大的进度压力下采用边勘察、边设计、边施工的“三边”工程模式，同时预制厂是国内首次采用工厂流水线进行沉管管节预制，设计需解决大量新问题，面临着巨大的挑战。本项目的主要特点如下。

1. 建设规模大

桂出沉管预制工厂是全球第二次、国内首次采用工厂法流水线预制目前世界上最大体量的沉管管节，其管节预制用的钢结构厂房和用于管节存放浮运的深坞、浅坞是当今超大规模的工程构筑物之一。预制工厂厂房建筑面积 2.7 万 m^2，最高高度达 30.5m，可满足两条管节流水线的生产需要。深坞、浅坞最大蓄水面积约 13 万 m^2，蓄水量约 170 万 m^3，能同时停放 6 节管节。

2. 地质地形地貌复杂

桂山沉管预制工厂所在牛头岛的地质主要以中风化花岗岩为主，岩面起伏波动较大，同时由于该区域作为采石场，岩石表面覆盖大量的碎石土，地形地貌较为复杂。该类型地质地形地貌下建设沉管预制厂利弊共存：①岩石地基为工厂各建构筑物提供了良好的地基基础，特别是有利于控沉要求较高的建构筑物如沉管顶推轨道梁、深浅坞门等的建设；②厂平的竖向设计需充分考虑地形地貌的起伏，最大限度减少爆破开挖量，实现经济性和可持续发展；③需充分注意岩体裂隙较发育给深浅坞止水可能带来的困难。

3. 项目位于台风多发地

沉管预制厂位于珠海市桂山岛的牛头岛上，属于广东中部阳江—惠东一带沿海地区，在 1949～2007 年，该地区登陆的热带气旋有 103 个（其中达到台风量级的 48 个），年平均 1.75 个，其中有 13 年登陆的热带气旋个数达 3 个以上，1999 年有 6 个热带气旋在此区域登陆。正面袭击或对该水域产生严重影响的热带气旋有 19 个。根据沉管预制需要，沉管预制厂需建设 2.7 万 m^2 的预制钢结构厂房，对于厂房的防风设计提出巨大的挑战。同时，对已预制完毕的管节在水域里的安全寄存也是一个重大考验。

4. 挡水构筑物种类繁多，结构荷载大

桂山沉管预制工厂的深浅坞四周的止水周长长达 2km，四周的挡水构筑物包括：重力式沉箱拦水坝、浅坞横拉式钢闸门、深坞浮坞门和利用现有山体挡水等，结构种类繁多，连接接口复杂，设计难度大。

深浅坞设计蓄水水位+ 15.35m，作用于拦水坝结构上的静水压力巨大，特别是需解决深坞浮坞门和超大跨度浅坞钢闸门反复启闭同时又需具备止水的功能，这两道门是整个深浅坞设计难度最大的构筑物。

5. 孤岛施工且施工工期要求紧

沉管预制厂位于珠海市桂山岛的牛头岛上，距离港珠澳大桥项目总营地码头约 24km，距离深圳蛇口港约 35km，属孤岛施工，施工材料全部经由海上运输至工厂，受气候环境因素影响大，各种资源组织保障难度大。

5.2.3　工程难点及问题

基于牛头岛的地质、地形和地貌特点、沉管预制工艺和深浅坞挡水构筑物要求，桂山沉管预制工厂总体布置及各构筑物存在以下难点及问题。

①牛头岛东西方向岛域纵深较短，南北向两端有高大山丘，靠北侧有地势较低的采石坑的地形特点，使预制厂房、浅坞区和深坞区无法如厄勒海峡沉管隧道的沉管预制厂一样采用一字形布置，总平面布置方案必须根据牛头岛现实条件突破厄勒海峡模式。同时牛头岛外海风浪较大，即使付出巨大代价在岛外建设防波堤形成掩护水域寄放管节，也无法完全确保台风过境期间管节的寄放安全，总平面布置方案需要寻求一个确保管节寄放完全不受极端气象条件影响的解决方案。

②厄勒海峡沉管预制厂为两级阶梯高程设计，深坞区开挖满足管节寄放、出运起浮要求，工厂区和浅坞区高程一致。桂山沉管预制工厂若采用同样的两级阶梯设计，为保证管节在浅坞区的安全起浮，浅坞区蓄水深度至少要达到 11.85m，巨大的水头差对浅坞区坞墙的稳定性极为不利。能否通过适度开挖降低浅坞区的标高，从而降低坞墙高度是本工程需要解决的问题，同时也需要有效减少工程量、确保经济性。

③预制钢结构厂房是预制沉管构件的生产作业区，厂房内沉管管节的预制生产工艺复

杂，如何协调复杂的生产工艺在合理的室内空间进行现代化的流水线作业是厂房设计需要解决的基本问题；预制钢结构厂房为单层钢结构建筑，总建筑面积约 2.7 万 m^2，柱间跨度达到 52.6m，最高高度达 30.5m，体量较大，如何设计各种结构措施，解决大体量轻钢结构建筑（尤其是墙面及屋顶）在台风高发区的防风问题需要深入研究；另外，为确保沉管的水密性，内模和侧模之间不采用传统的对拉螺杆方式固定，因此需要给侧模板提供一个有效控制变形的反力支撑结构。而沉管预制的侧模板系统位于受限场地内，受力巨大、变形要求极高，提供一个安全、稳定、合理的反力支撑结构是厂房设计需要解决的难点问题。

④深浅坞四周地形地势复杂，岩体裂隙发育，如何将现有山体通过拦水坝结构进行合理连接，形成浅坞闸口（预制沉管进入浅坞区的通道）和深坞坞口（沉管在深坞区出坞的通道），同时如何对山体的挡水面进行处理，最大限度地减少挡水构筑物的长度，降低工程造价，是本工程需要面对的涉及安全和造价的设计难题。

⑤深坞浮坞门长 59m，宽度 25.2m，高 29.1m 且需具备可反复启闭功能，坞门内外最大水头差达 15.87m 且水压为梯形分布，工作荷载为传统船坞坞门的 3 倍。如何解决浮坞门结构受力、蓄水时坞门的整体稳定性、浮游稳定性和坞口止水等问题是进行浮坞门设计的重点和难点。

⑥为确保深浅坞蓄水期间沉管预制钢结构厂房内沉管管节预制施工的安全性，不受蓄水的干扰，浅坞区和预制钢结构厂房之间需设置一道长约 105m、可承受 12.75m 水头、可反复启闭的钢闸门。如何解决浅坞钢闸门的结构受力、整体稳定性、滑移启闭和钢闸门止水等问题是浅坞钢闸门结构设计的关键。

5.2.4 主要研究内容

针对本工程的主要特点和难点，中交第四航务工程勘察设计院有限公司对桂山沉管预制工厂建设技术难题进行了技术攻关，确定了以下主要研究内容：

①桂山沉管预制工厂总平面布置研究。

②沉管预制钢结构厂房及反力墙设计关键技术研究。

③深浅坞拦水坝与原有岩石山体联合止水研究。

④浅坞钢闸门结构及止水研究。

⑤深坞浮坞门结构及止水研究。

5.3 桂山沉管预制工厂总平面布置研究

5.3.1 总平面布置研究的目标

总平面布置力求达到以下三个目标：①从功能方面，应满足工厂法工艺对平面的要求，增加操作使用便利性；②从安全方面，应有利于管节安全预制、存放及出运要求，也应满足预制厂各种建构筑物的安全；③从经济方面，应当尽量减少工程量，节省工程造价。

为达到以上目标，采取的主要措施包括：①深入分析现有地形、地貌、地质情况和工程所在地自然条件；②研究分析工厂法工艺特点，大胆创新，突破原有格局；③与工艺设计单位及施工单位充分深入沟通。

5.3.2　现有地形地质分析

牛头岛北侧葫芦下部南北向最长距离约 550m，东西向最长距离约 660m，满足沉管预制厂布置对场地面积的需要。工程区原始地貌因人工大面积开挖大为改观，其中，东侧场地为主要的采石作业区，形成一处标高约为–7.5m、平面尺寸约为 220m×200m 的方形深坑。西侧场地较为平整，除一堆高约＋22m 的碎石土山外，其余部分场地标高在＋5.0～＋6.0m，陆上场地钻孔揭示上部为人工回填土，其下为中风或微风化岩面，岩面标高 0～＋6m。牛头岛西北临海侧为人工回填平整场地，标高＋16.5m 左右，钻孔揭示临近边坡岩面由东北向西南逐渐由＋17m 降低至＋7m，向海侧迅速降低。

牛头岛南侧葫芦上部地形因采石呈台阶式，大片平整场地主要分布在＋19m 和＋35 标高，其中，＋19m 标高场地面积约 2.5 万 m^2，满足布置生活区场地面积要求。

牛头岛西侧葫芦中部崎沙湾内水上孔揭示湾东南侧岩面标高–12m 左右，湾西北侧密实砂层标高–11m 左右，岩面标高–25m 左右。湾西岬角为人工填筑，内侧水域孔揭示淤泥层厚度 10m 左右，地质较差。桂山岛之牛头岛地形平面图和三维地形图分别如图 5-1 和图 5-2 所示。

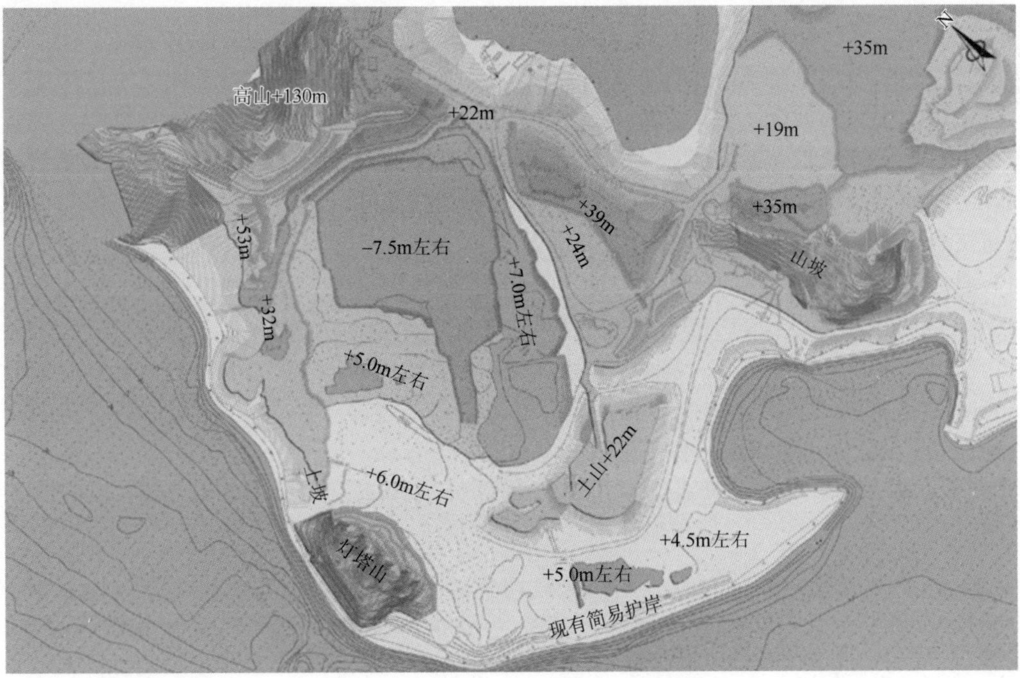

图 5-1　桂山岛之牛头岛地形平面图

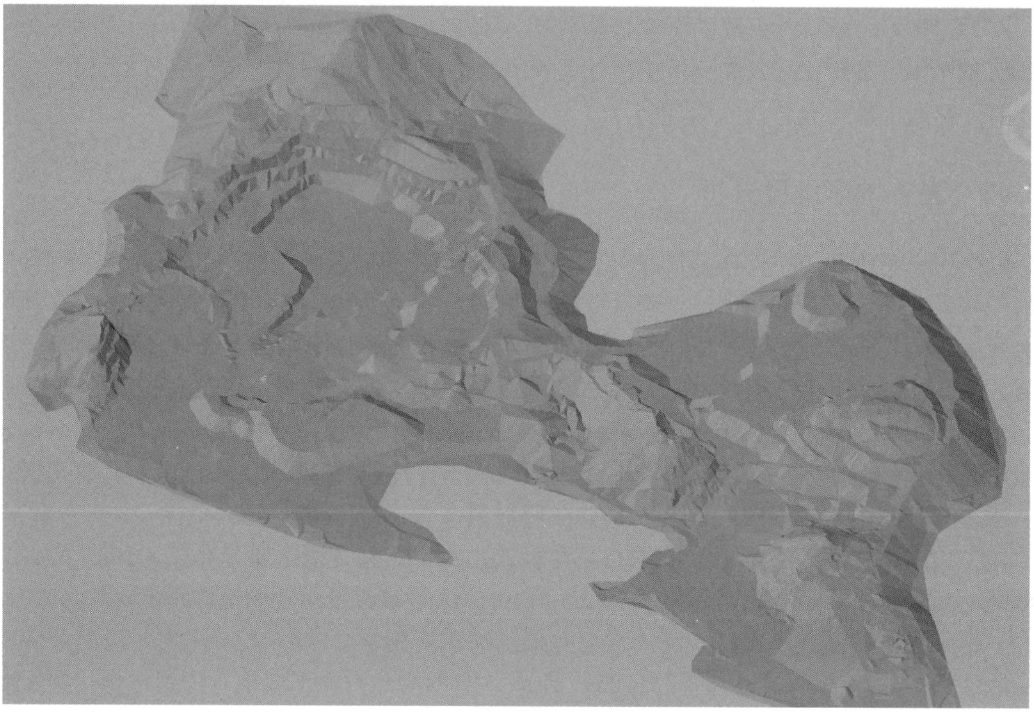

图 5-2　桂山岛之牛头岛三维地形图

5.3.3　平面布置指导思想

结合工程实际情况，桂山沉管预制工厂为孤岛工程，应考虑施工原材料供给、储备、人员生活配套等需求。因此预制工厂除了应具有工厂区、浅坞区、深坞区、寄放舾装区、坞口区和搅拌站堆场区 6 个预制沉管所需的基本生产功能区（以下简称“生产区”）外，还需要布置配套码头区、配套办公生活区。

通过与工艺设计单位的充分沟通，工厂区与浅坞区需要的平面尺寸约为 500m×220m。深坞区需要纵深约 200m、宽度至少 120m 的区域。

桂山岛地形具有以下几个特点，①地形纵深有限，南北纵深约 550m，东西向纵深约 660m；②地形起伏较大，地面多为裸露岩基，开挖难度较大；③现场已形成有平面尺寸约为 220m×200m 的近方形的采石深坑。

结合工厂主要功能区需求、尺度与桂山岛地形特点，提出以下几个平面布置指导思想：

①充分考虑孤岛工程特点，平面布置需考虑具备足够富余度的生产原料，生活必需品供应设施，生产、生活设施，供水、供电设施，消防、医疗设施，急救撤离设施等。

②岛上陆域纵深有限，不能满足深浅坞一字形布置的需要，创造性地提出深浅坞并排布置，通过横向移动实现管节从浅坞到深坞之间的过渡。

③厄勒海峡沉管预制厂的存放区布置于深坞外海域，但桂山岛波浪较大，需建设防波堤形成环抱水域以保证管节安全存放，然而防波堤的建设不仅提高了造价，其建设所涉及的相关海域使用报批问题也将对工期带来不利影响。同时，设置防波堤并不能保证沉管沉放舾装的全天候安全。因此创造性地提出将深坞区与存放区结合、统一布置于岛内的设想，避免防波堤的建设。

④深坞区与存放区结合布置应充分利用现有的采石深坑，节省开山工程量。

⑤挡水结构考虑充分利用现有岩石边坡，减少挡水结构的工程量。

⑥充分利用地形，深入研究预制厂竖向设计，优化各区域高程，减少爆破工程量，力求做到挖填平衡并尽量减少深浅坞蓄水量。

⑦合理布置道路系统，力求各功能区均能到达，以保证使用时的便利性。

⑧崎沙湾为半掩护海湾，湾内波浪掩护条件较好，宜布置为原料供给码头区。

5.3.4　总平面方案的研究和演变过程

桂山岛总平面布置经历了借鉴经验、适应现状、突破创新的研究过程。桂山牛头岛南北向最长距离约 550m，东西向最长距离约 660m，而采用一字形布置的工厂厂房、浅坞区和深坞区总长近 700m，无论如何摆放，桂山牛头岛的场地均难以满足一字形布置的长度要求。沉管顶推至浅坞区一次舾装完毕后，深、浅坞门关闭，沉管起浮从浅坞区移动至深坞区，该移动方式无论是纵向还是横向均可以实现沉管从浅坞移动至深坞的目的。因此，深、浅坞作为一个连通的灌水区域，其平面连接是纵列式还是并列式并不影响沉管起浮从浅坞向深坞移动。由此，研究提出了第一个有别于厄勒海峡沉管预制厂一字形布置的创新：深坞、浅坞并排布置，解决了桂山牛头岛场地尺度不能一字形布置的难题，并完成了总平面布置原始方案（图 5-3）。

总平面布置原始方案虽然采用了深坞、浅坞并排布置，但依然按照既有的常规经验，在深坞区外侧设置管节寄放水域，具体到本工程平面布置其主要特点是在岛外建设环抱式防波堤形成沉管寄放水域。此方案提出后，通过深入研究发现两个问题：①牛头岛海侧岩面陡峭，迅速入海，防波堤工程所在水域淤泥层最厚近 20m，防波堤建设代价高昂；②虽然建设了双环抱防波堤，但仍然难以实现台风期沉管寄放零风险的目标。因此，总平面布置在原始方案的基础上数度调整优化，核心问题集中在沉管寄放区的代价和安全上。研究过程中出现的优化方案如图 5-4 所示。

总平面布置优化方案将沉管寄放区移入岛内，利用牛头岛采石深坑开挖形成沉管寄放水域。沉管寄放区藏身岛内，提高了沉管寄放安全性，也极大地减小了岛外侧防波堤的长度。该方案岛外沉管寄放水域口门北和深坞口门南分别设置两道短堤为沉管进出寄放区和深坞区口门提供局部掩护。优化方案与原始方案相比沉管寄放安全性提高，岛外防波堤工程量减少。尽管如此，优化方案还是存在如下不足：①沉管寄放区虽然位于岛内，但毕竟口门敞开不能形成封闭水域，台风若正面来袭，仍然难以确保沉管寄放的绝对安全；②口门外两道短堤虽然工程量较原始方案大大降低，但代价依然不菲；③沉管寄放需要从深坞口浮运后横移倒退进入沉管寄放水域，沉管从深坞出运后仍然要进出沉管寄放区口门，操作烦琐且增加了沉管在反复出入狭窄水域时发生搁浅的风险。

深坞区的主要作用是与浅坞区共同形成封闭水域。利用船闸原理完成沉管下水，沉管下水进入深坞区后，完成一次舾装，并移动至沉管寄放区等待，这是厄勒海峡沉管预制厂的作业过程。若沉管舾装后不移动至沉管寄放区，直接在深坞区等待，会不会存在问题呢？沿着这个思路，总平面研究发现，充分利用牛头岛的现有地形，通过扩大深坞区使沉管在深坞区寄放是可行的。与厄勒海峡沉管预制厂独立设置沉管寄放区相比，无非存在两点不同：①由于深坞区扩大，深浅坞区灌排水量增加；②寄放在深坞区的沉管需要随每次浅坞区灌水作业完成一次浮沉。这两点都不会对沉管寄放浮运流程有本质影响。由此，研究提出了第二个有别于厄勒海峡沉管预制厂一字形布置的创新：沉管深坞内寄放，并形成了桂山沉管预制工厂总平面布置最终方案（图 5-5），该方案描述详见 5.3.5 节。

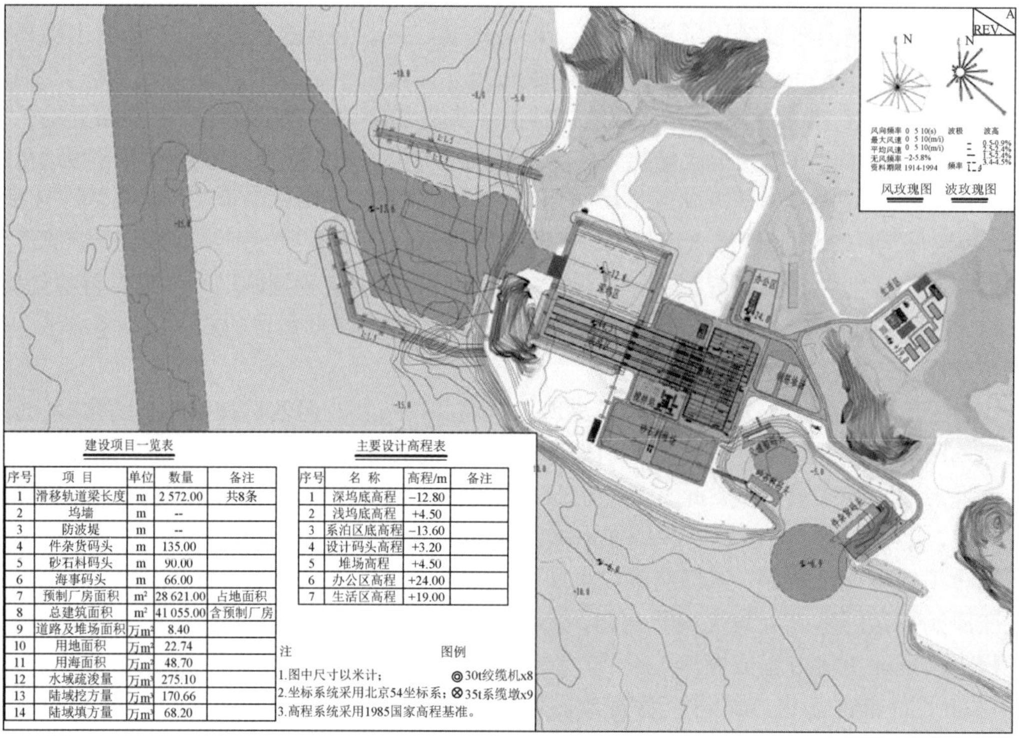

建设项目一览表

序号	项目	单位	数量	备注
1	滑移轨道梁长度	m	2 572.00	共8条
2	坞墙	m	--	
3	防波堤	m	--	
4	件杂货码头	m	135.00	
5	砂石料码头	m	90.00	
6	海事码头	m	66.00	
7	预制厂房面积	m²	28 621.00	占地面积
8	总建筑面积	m²	41 055.00	含预制厂房
9	道路及堆场面积	万m²	8.40	
10	用地面积	万m²	22.74	
11	用海面积	万m²	48.70	
12	水域疏浚量	万m³	275.10	
13	陆域挖方量	万m³	170.66	
14	陆域填方量	万m³	68.20	

主要设计高程表

序号	名称	高程/m	备注
1	深坞底高程	−12.80	
2	浅坞底高程	+4.50	
3	系泊区底高程	−13.60	
4	设计码头高程	+3.20	
5	堆场高程	+4.50	
6	办公区高程	+24.00	
7	生活区高程	+19.00	

图 5-3　桂山沉管预制工厂总平面布置原始方案

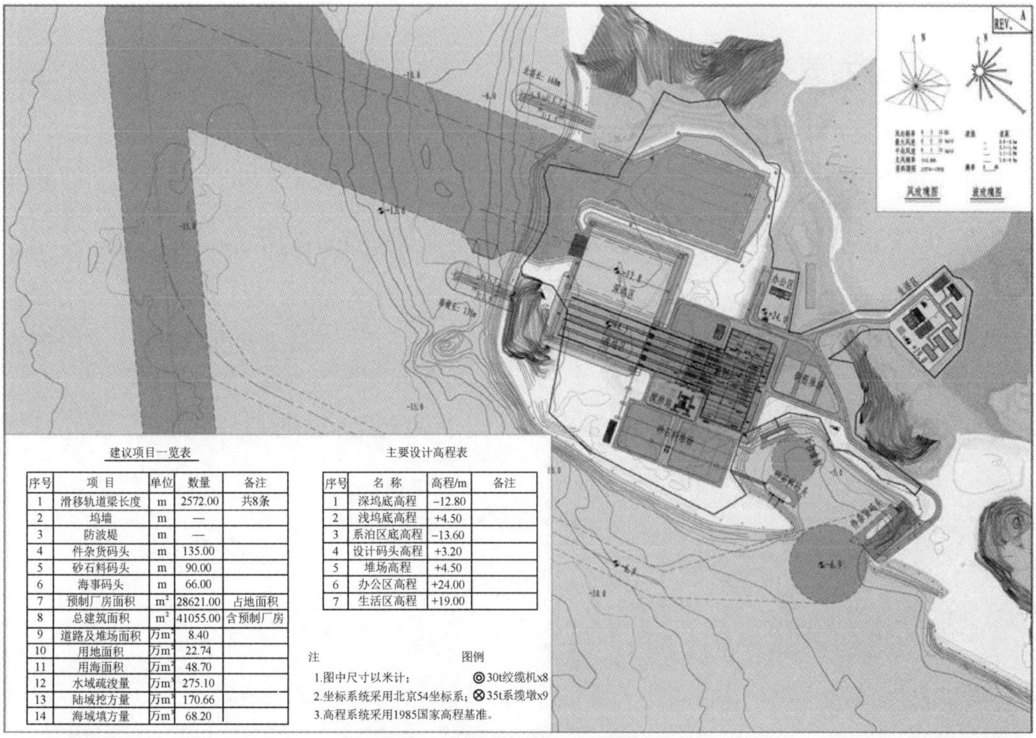

图 5-4　桂山沉管预制工厂总平面布置优化方案

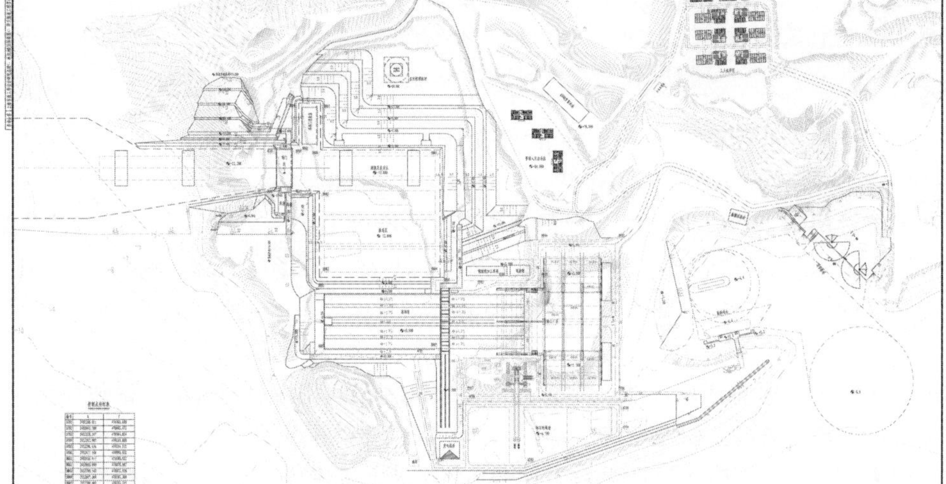

图 5-5　桂山沉管预制工厂总平面布置最终方案

5.3.5 总平面布置

1. 总体平面格局

基于以上指导思想，桂山沉管预制工厂最终平面图如图 5-6 所示。

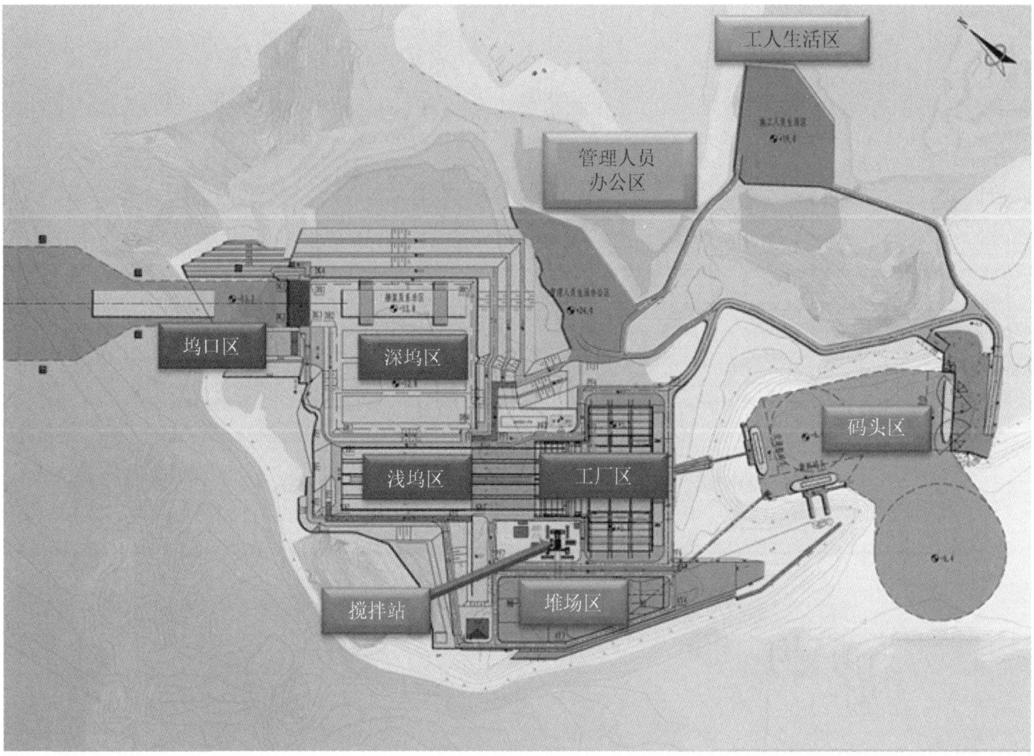

图 5-6 桂山沉管预制工厂最终平面图

桂山沉管预制工厂总体上由沉管预制生产区、配套办公生活区、码头区三部分组成。其中沉管预制生产区又可分为工厂区、浅坞区、深坞区、堆场区、坞口区和搅拌站；配套办公生活区的管理人员办公区和工人生活区分开设置；码头区由 1 个件杂泊位、1 个散料泊位组成。

沉管预制工厂区与浅坞区成一字形布置，深坞区与浅坞区并排布置；寄放舾装区与深坞区结合，增大了深坞面积及增加了灌排水量，但经评估牛头岛内场地面积满足扩大深坞区的面积需求，同时灌排水量加大对生产成本和作业时间的影响不大。深坞区可部分利用桂山牛头岛现有采石坑，开挖量有效降低，不会因深坞区面积的增加带来工程费用的明显增加。深坞与浅坞并排布置、沉管寄放舾装区与深坞区结合布置是桂山沉管预制工厂总平面设计不同于厄勒海峡沉管预制厂模式的两个显著的创新点，得益于此，可以成功实现寄放区移入岛内的设想，避免了岛外建设防波堤，既极大地降低了工程造价，又有效地提高了管节寄放舾装的安全性。

挡水结构在东北、东南、西北侧皆利用现有岩石边坡，西南浅坞侧建设直立式拦水坝挡水。深坞及沉管寄放舾装区部分利用现有采石深坑，减少陆上爆破工程量。

砂石料堆场及搅拌站布置在预制车间南侧，远离辅助建筑区。在搅拌站东西两侧分别独立布置砂石料堆场，满足砂石料储备。

配套办公生活区分为管理人员办公区和工人生活区，独立设置。管理人员办公区布置在预制生产线北侧 + 24m 高地，视野宽阔，可以俯瞰整个预制工厂区。工人生活区布置在牛头岛南侧葫芦上部 + 19m 平整场地，与生产区基本分离，环境较为安静且私密性较好。考虑孤岛工程需要，工人生活区设有娱乐、医疗等齐全的生活配套设施。

码头区布置在牛头岛南侧现有的天然港湾内，包括件杂货码头、散料码头及交通船（砂石料）码头。其中件杂货码头兼具车辆滚装码头功能，平面上呈 L 形，布置在天然港湾东侧；散料码头布置于港湾西侧，通过管道与粉料罐连接；砂石料船卸料采用砂船皮带机直接送至岸上的方法，岸边设置漏斗及皮带机将砂石料输送至砂石料堆场储存。

2. 竖向设计

桂山沉管预制工厂的竖向设计主要着眼于宏观因地制宜和微观三级阶梯创新设计两个方面。宏观上，根据桂山牛头岛的地形特点，合理布置各功能区，生活区、办公区和生产区分别布置于牛头岛后山、牛头岛台地和牛头岛东北低洼区。生活区幽静舒适，办公区视野开敞，生产区开挖量少。码头区毗邻生产区原料堆场且充分利用现有崎沙湾天然掩护条件，各分区分布合理，相得益彰。

为尽可能降低浅坞区坞墙高度，同时又避免开挖工程量的大幅增加，总平面竖向设计大胆突破厄勒海峡沉管预制厂二级阶梯模式，采用三级阶梯模式进行沉管预制生产区竖向设计，具体为：浅坞区及与浅坞区高程必须保持一致的顶推路径区域通过适度开挖降低标高，其他如钢筋存放、混凝土生产及原料堆存等区域均尽可能维持原地面标高避免开挖。以上标高不同区域之间通过天车、皮带机等设备解决水平运输问题。最终，结合陆域现有地形资料、水位情况、排水设计等确定预制工厂区陆域场平标高统一按 + 3.5m 考虑，浅坞区轨顶（沉管底）设计底高程 + 3.5m，浅坞区轨道之间设置人行通道，通道底高程 + 1.75m，预制车间钢筋绑扎台座区设计底高程 + 3.5m，现浇台座区设计底高程 + 1.3m，需要局部爆破，工厂厂房两翼的钢筋存放加工区设计底高程为 + 5.5m 与钻孔揭示的岩面高程基本吻合。堆场区标高 + 6.5m，一方面可消化部分挖方量，另一方面在台风期可以对工厂主体进行波浪防护。同时根据沉管寄放吃水要求确定沉管预制工厂深坞设计底高程为–12.8m。浅坞与深坞挡水坝坝顶高程为 + 15.8m，办公区陆域高程为 + 24.0m，生活区陆域高程为 + 19.0m。预制厂高程度平面图如图 5-7 所示。

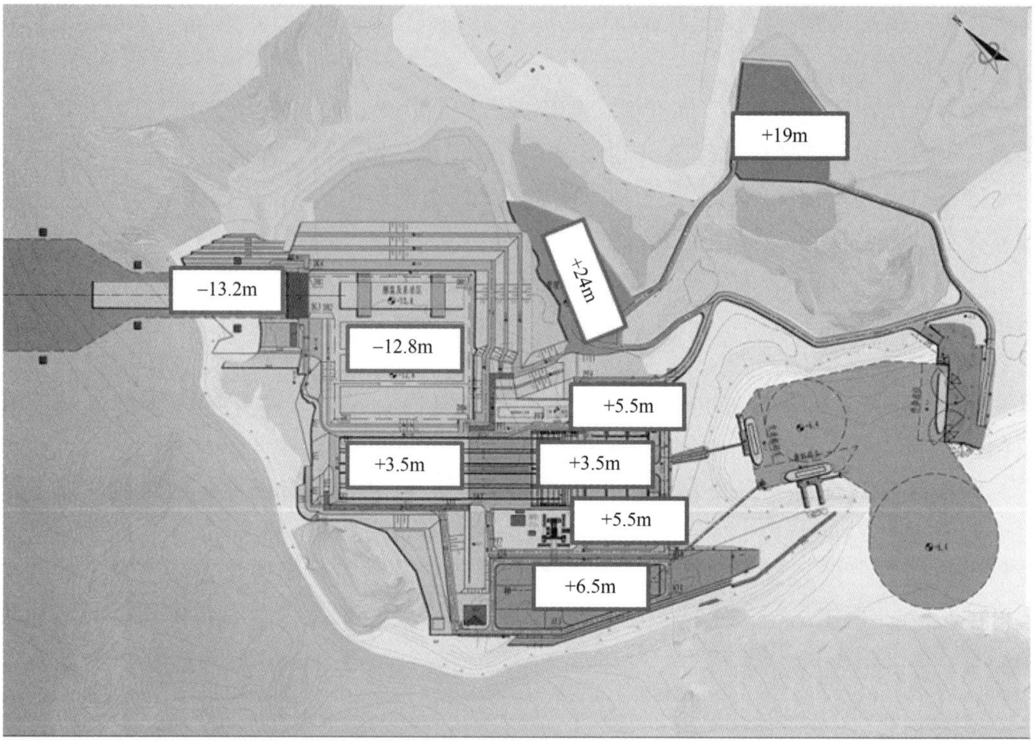

图 5-7 预制厂高程平面图

3. 道路布置描述

预制厂的道路系统拟设计为 4 环 3 到达。4 条环路分别为工人生活区、管理人员办公区、工厂区、件杂码头环路，件杂码头环路基本沿用原场地道路进行拓宽铺面，其他为工厂区小环路、浅坞区大环路和砂石料堆场环路。3 个需要道路抵达的区域分别是舾装平台、坞口北和坞口南，其中，通往舾装平台的道路从浅坞区沿深坞南侧到达，标高从 + 3.5m 到 + 2m，路面纵向平缓；通往坞口北的道路通过办公区（ + 24m 标高）沿坞口东侧填筑高台地下坡至 + 15.8m 标高处；通往坞口南的道路通过堆场区环路上坡经过浅坞东侧直立式拦水坝顶沿深浅坞临海侧高台地抵达 + 15.8m 标高处，如图 5-8 所示。

5.3.6 总结与评价

从总平面布置力求达到的三个目标来看：

①从功能方面，创造性地提出了预制工厂与浅坞一字形布置、深坞和浅坞并排布置的平面格局形式，既可以适应工程所在地的地形、地貌和地质特征，又可以完全满足工厂法的需求。同时，合理的高程及路网设计使得厂区排水及使用便利性得到充分满足。

②从安全方面，充分利用岛内现有采石深坑扩大形成深坞区，在工程量增加不大的情况下，将沉管管节的舾装及寄放移入岛内，有效保证了管节寄放的安全性。

③从经济方面，合理的平面格局及竖向设计大大降低了工程造价，主要体现在两个方面：

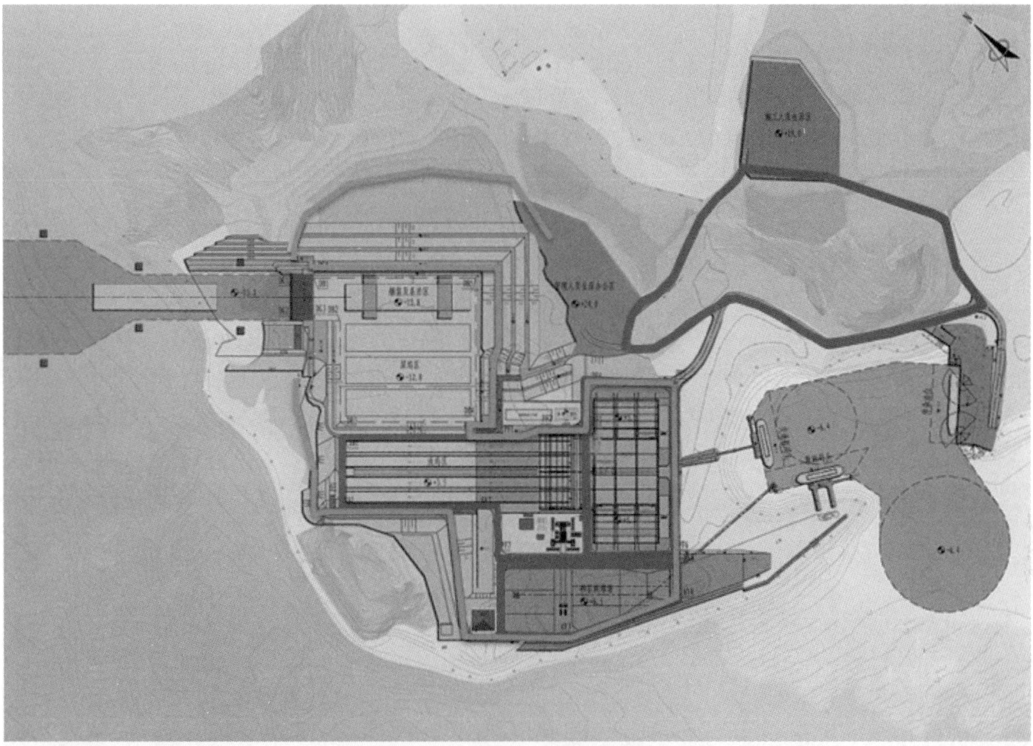

图 5-8　预制厂路网平面图

第一，寄放区移入岛内，取消防波堤，减少工程费用约 1.69 亿元。

第二，利用场地周围现有岩石边坡挡水，减少拦水坝费用约 3521 万元；平面优化后深坞区与沉管寄放舾装区合并，岛内开挖工程量虽略有增加，但增量有限，开挖增加的费用仅约 2561 万元；综上，优化后平面方案共节省工程投资约 1.786 亿元。

综上所述，桂山沉管预制工厂的平面布置研究完全达到了预期目标，平面布置的关键在于对工厂法的理解、解构与创新结合工程所在地现状条件的具体分析。鉴于目前国内尚无类似工程先例，该平面研究将对类似工程有重大的借鉴意义。

5.4　沉管预制钢结构厂房关键技术研究

5.4.1　基本概况

沉管预制钢结构厂房是耐火等级为二级、火灾危险性分类为丁类的大型单层钢结构工业建筑，主要功能为沉管管节的工厂化生产预制及养护。厂房建筑平面为 T 形，呈西北到东南的走向，和浅坞区相接的开口朝向西北，建筑高度为 12.3～28.3m，建筑面积为 2.7 万 m^2（图 5-9）。厂房内设有两条沉管管节预制流水作业生产线，需要生产预制的标准管节每节宽 39.75m，高 11.4m，长 180m，均分 8 段每段 22.5m 依次逐段浇筑，每节重达 7.4 万 t。

图 5-9　厂房及沉管预制工厂区的整体鸟瞰图

5.4.2　研究目的和意义

研究目的和意义主要是协调复杂的生产工艺在合理的厂内空间进行安全、高效的流水线生产作业；根据不同的建筑空间选用合适的结构形式以达到安全可靠、环保实用的目标。复杂的生产工艺主要是指管节工厂化预制所需要的钢筋绑扎工艺，管节特定形体的模板工艺，管节混凝土浇筑工艺及管节生产完成后的养护等工艺；所谓协调即是综合科学地布置这些工艺于合适的室内空间位置上，合适的室内空间主要是指在满足生产工艺要求的前提下积极创建安全、适用、经济、美观与环保的建筑空间，安全高效的生产作业是指在既定的时间内圆满完成合格的管节生产任务。根据建筑空间的大小、生产工艺及设备条件的制约选用合适的轻钢结构、重钢结构、大跨度排架格构柱、大跨度空间网架结构、框架剪力墙结构等多种形式进行有机组合。工厂法沉管预制是指在厂房内进行钢筋加工、绑扎、钢筋笼转移至固定浇筑台座上进行 22.5m 长节段的全断面混凝土浇筑、完成养护后，拆模向前顶推 22.5m，然后和第一段匹配浇筑第二段节段，重复以上作业，直到完成全长 180m 的一个管节。随后于深坞、浅坞舾装，起浮，浮运至现场沉放。

5.4.3　关键技术研究

1. 建筑平面设计

根据生产工艺的要求因地制宜地做好平面布局，是工业厂房设计过程中最重要的一环。本工程结合场地将两条生产线并排布置形成了 T 形的厂房建筑平面（图 5-10）：T 形的上部一横为厂房两翼的钢筋加工区，大致呈南北走向，最宽处为 201.0m；中间一竖为直通浅坞的沉管预制生产线，大致呈东西走向，共 170m 长。这种布局方案的优点是顺应地形，平面布置紧凑和管节预制工艺流程紧密相连，充分利用了场地的长度和宽度，为深浅坞的布置创造了有利条件。

厂房的主要生产工艺及设备有 6 台 10t 龙门起重机（以下简称龙门吊），6 台 2×5t 桥式起重机（以下简称桥吊），2 台 15t 桥吊，以及钢筋工艺、模板工艺、浇筑工艺、养护工艺等，需由相关的建筑结构专业人员进行设计，合理布置以达到高效流水线生产的目的。

钢筋工艺主要指：钢筋工艺的布置直接关系预制的工效；3 个钢筋绑扎台座，分别绑扎底板、隔墙和顶板钢筋，节段钢筋在可移动底台架上进行流水绑扎。

模板工艺：每条生产线配有 1 套底模、1 套内模、1 套侧模，底模固定于支墩结构上，内模板采用穿入式移动模架支撑，侧模板固定于浇筑坑两侧。

浇筑工艺：每段节段混凝土量约 3400m^3，需在 30h 内连续浇筑完成。

养护工艺：采用养护棚内的喷雾系统进行保温、保湿养护。

为适应生产工艺和设备的布置要求，经过同工艺和生产设备的设计单位及施工单位充分沟通论证，将厂房以中间 9.0m 宽东西走向的运输通道分为南北两条生产线，每条生产线均含有钢筋存放加工区、绑扎区、模板休整区、浇筑区及厂房两翼的外部作业区（图 5-10）。10.5m 宽外部空间为厂房室内外过渡的作业区，通过地面设置的 6 台龙门吊轨道延伸到室外，将平板车上的超长钢筋吊运至存放加工区。

钢筋存放区是钢筋堆放、加工、半成品堆放及半成品加工完成后通过相应的桥吊运至钢筋绑扎台座进行绑扎，其中含有龙门吊和桥吊的交接区。绑扎区为流水线生产区，是沉管自动化流水生产的关键点和起步点，设有 3 个绑扎台座，分别绑扎底板、隔墙和顶板钢筋，节段钢筋在可移动底模板上进行流水绑扎。绑扎区的台座数量和构件的底座宽度决定了绑扎区建筑结构的跨距和跨数，另外还需考虑台座的安全间距和现场作业人员的安全生产、疏散通道的空间。

休整区主要由一个绑扎台座和一条南北向运输通道组成（图 5-10），浇筑区使用后清洁整理模板以便进行下一轮的生产预制使用，通道有着多重功能，预制时为混凝土浇筑设备的进出通道，平时为原材料的进出及消防通道等。

浇筑区为厂房的核心区，是 100.0m 跨度的两坡建筑，主要考虑了两条生产线及反力墙、模板、养护棚等所需要的宽度尺寸。为了尽量减小跨度，需要根据实际的生产工况优化布置生产设施设备的布置，如养护棚的设置宽度就包含在侧模的结构厚度及拆装的作业

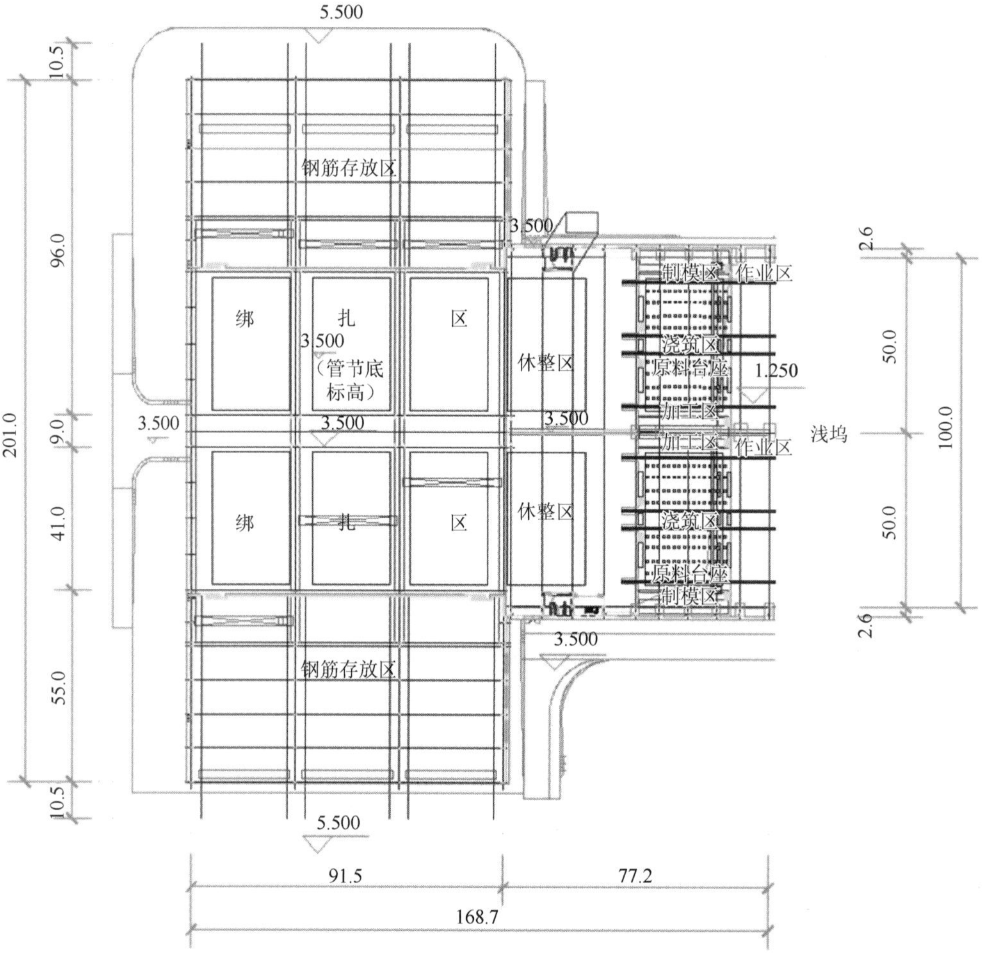

图 5-10　厂房平面功能分区示意（单位：m）

宽度内，主要利用了管节的浇筑和脱模为不同时进行的工况，当然两种不同的设施如何在有效的空间内进行合理的转换也需要巧妙地利用地面的轨道。

厂房结构同反力墙结构因变形、荷载等的不同设成两种无关联的结构体系，但厂房的结构柱却能合理地融合在反力墙的宽度空间上布置，为减小厂房的跨度作了最大的贡献，这也是同常规工业厂房的不同之处，是本设计的主要创新点之一。反力墙原有工艺提出采用 26m×4m×20m 的混凝土实体墩，经过设计研究讨论和模型验算论证后采用钢筋混凝土框架和钢柱的混合结构形式替代，模板侧面所有的支撑点全部落到反力墙的纵横框架上，钢筋笼吊架采用反力墙顶的钢柱及轨道梁来支撑。这样不仅解决了反力墙受力大、要求变形小和体型受限等问题，还充分利用了框架式反力墙的空间来布置结构柱，节省了钢筋、混凝土的用量，节省了宝贵的空间，取得了良好的经济效益。由上所述紧凑布置的 4 个功能区不仅满足生产工艺设备的布置要求，也达到了总平面场地布置宽度限制的要求。

2. 剖面空间设计

平面与剖面的叠加形成三维的建筑空间，是一个有机的整体空间。建筑平面功能布局不仅要满足生产工艺流程所需要的流动空间，而且还要关注生产设备、生产构件水平移动所需的竖向贯通空间，这就需要适宜的尺度，做好空间处理。

钢筋存放区是龙门吊作业的开敞流通空间，主要是原材料钢筋的加工及半成品的存放，要求空间较小（图 5-11）。

绑扎区是构件 90°转换的交接区域，相对于钢筋存放区而言其空间要求更高，需要 41.0m×30.5m 的大跨度无柱空间，主要难点在于大跨度吊车轨道梁的计算设计及如何降低它的截面以减小对室内空间的影响，经过设计对比选用鱼腹式的实心工字钢梁辅以合适的肋板支撑来达到要求（图 5-12）。

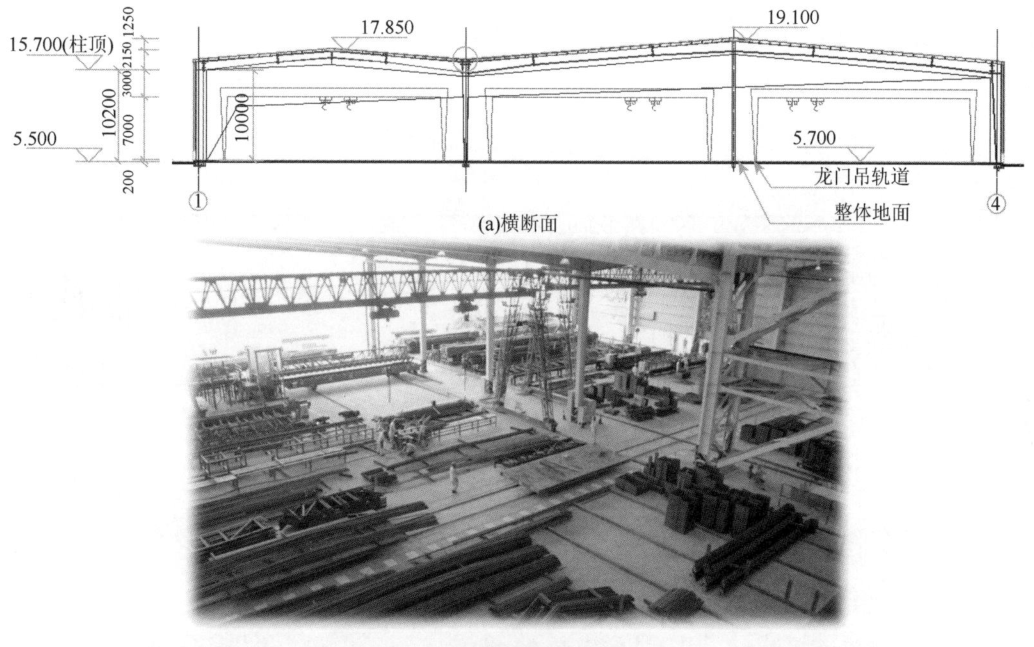

(a)横断面

(b)现场照片

图 5-11　钢筋存放区空间构成

注：尺寸标注单位为 mm，标高单位为 m

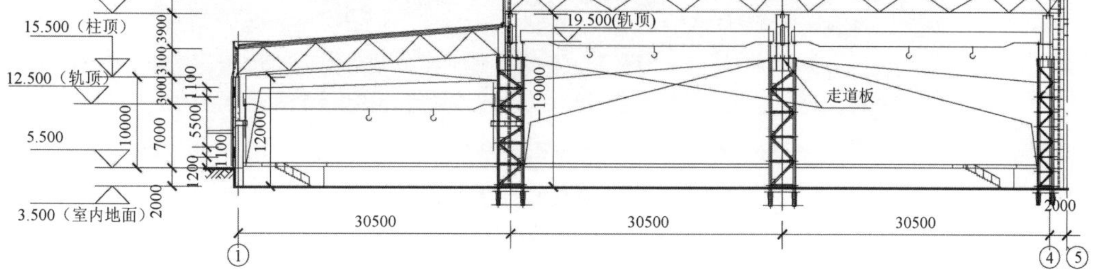

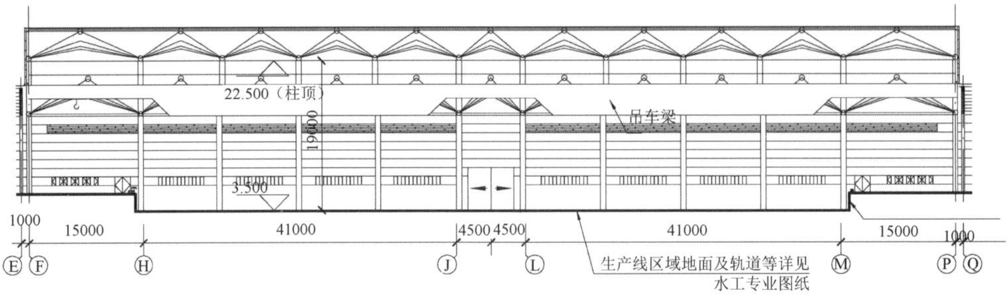

图 5-12　绑扎区空间构成

注：尺寸标注单位为 mm，标高单位为 m

浇筑区的空间最高，首先要保证管节的底面标高同浅坞区的协调一致，管节底部需要考虑模板的安装移动空间、滑移轨道梁的结构高度及人员安全操作的高度。管节的顶面标高为 14.9m，管节至顶部钢筋笼吊架的空间高度需要考虑侧面模板的张合空间、混凝土浇筑设备所需的空间等（图 5-13）。

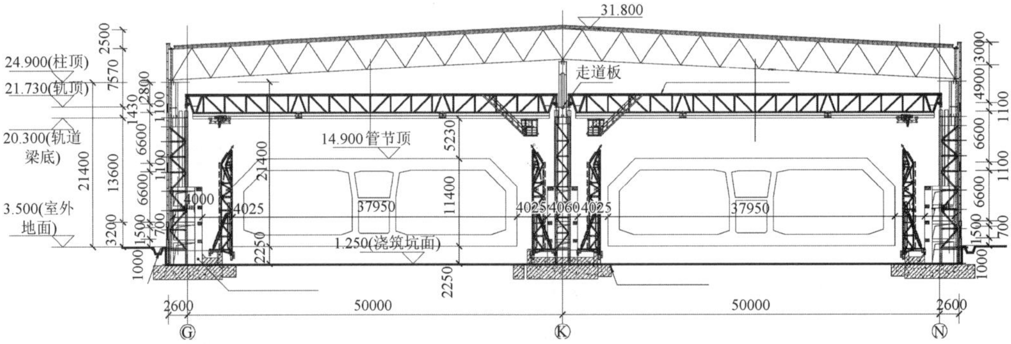

(a) 横断面

(b)现场照片

图 5-13　浇筑区的空间构成

注：尺寸标注单位为 mm，标高单位为 m

以上各区从初始到结束设备构件所需的空间高度都是不一样的，因此需根据要求设置不同高度的空间，在功能空间和工程造价之间寻求平衡点。厂房内部功能空间的合理性布置反映到屋面图上即是形成各高低不同的屋面结构，最高处管节浇筑区标高 31.8m，次高的钢筋笼侧墙顶板钢筋绑扎区标高 26.3m，最低的钢筋存放区标高 18.0m 左右，形成三个层次的空间造型，不仅创造了丰富的屋面天际线，同时也节省了造价。屋面图如图 5-14 所示。

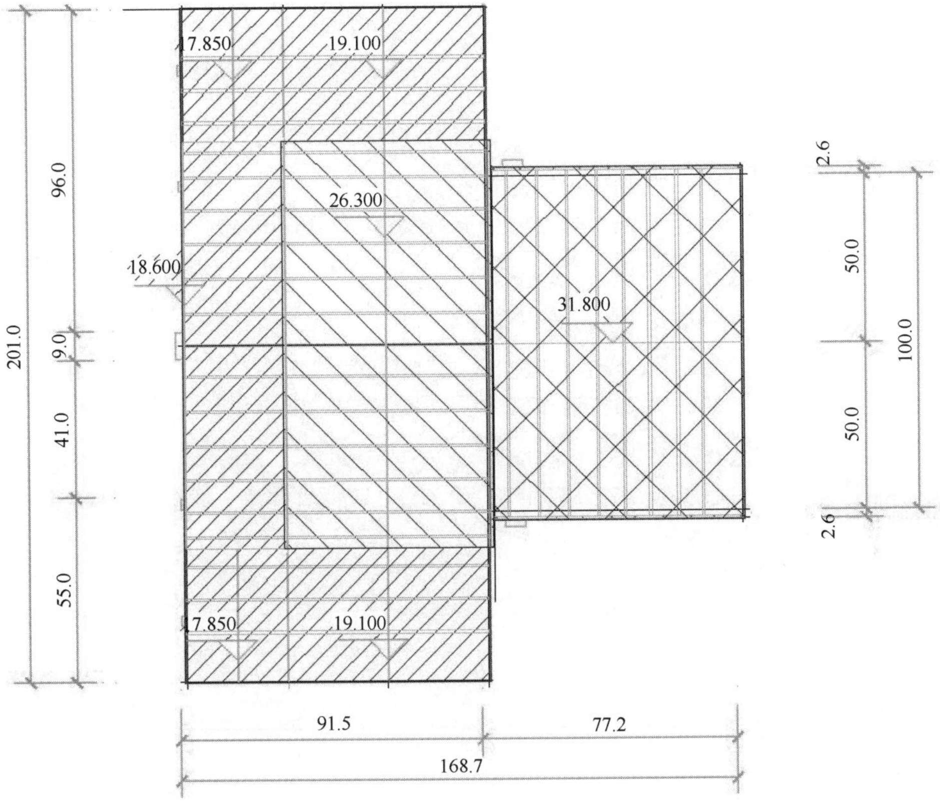

图 5-14　屋面图（单位：m）

3. 细部及整体概念的相关设计

（1）防台风

据工程资料显示，厂房所在地的桂山岛每年至少一次有明显影响的台风且具有较大的破坏性，由于厂房三面开口这种特殊的构造，无论从哪个方向来的强风，厂房均似张开的口袋兜住来风，厂房的屋面要承受强大的风压力，由此对于厂房的屋面抗风性设计尤显重要。因此屋面板选用高波 470 型 360°锁边的镀铝锌涂层钢板，在屋面板中部设置一道压条或铝合金方块（图 5-15）。工程自建成以来，经受了多次强台风的袭击，主体结构岿然不动，屋面通过特殊的加固措施构件完好，为管节的全天候生产预制提供了无风雨的室内空间。

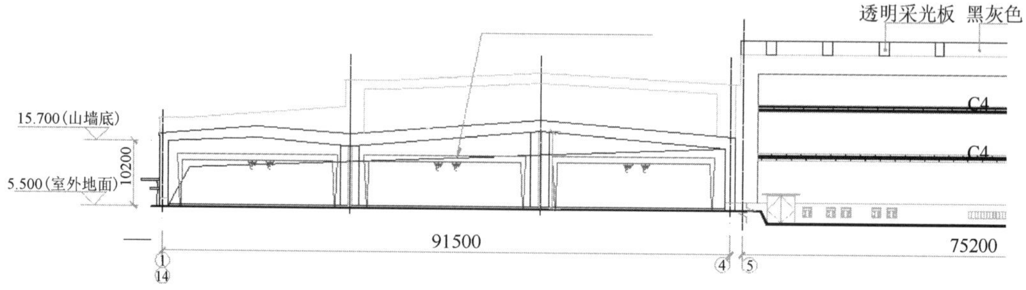

①-⑭(⑭-①)立面 1：650

(a) 面向海面的山墙开口

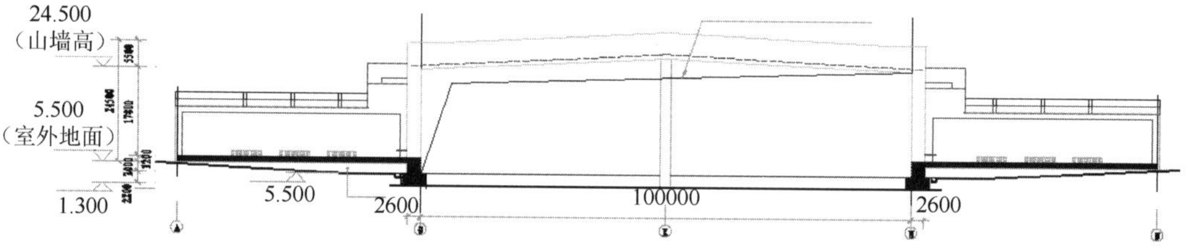

Ⓐ-Ⓤ立面 1：650

(b) 面向浅坞区的山墙面开口

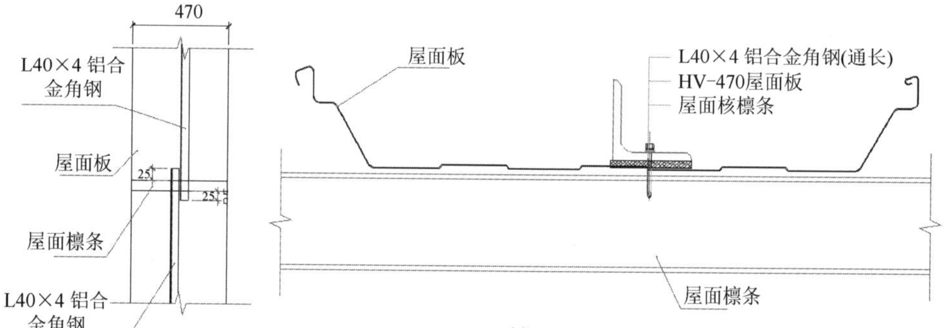

(c)

图 5-15 厂房的三个方向大开口压条设置

注：尺寸标注单位为 mm，标高单位为 m

（2）以人为本的设计理念

现代建筑设计倡导形式服从功能的设计理念，而工业建筑较民用建筑就体现得更充分，给人的感觉就是工艺设备、生产材料、产品等的包容物而非具有亲和性的人性化场所。本工程厂房的设计在这方面作了多项改进，体现了以人为本的设计思想。第一，疏散出口均匀设在各个功能区域中同厂房外部道路直接相通，满足消防疏散要求，充分保证了厂房内部作业人员的人身安全；第二，厂房的墙面设了百叶通风窗、采光窗，屋顶设置一定数量的采光带，给室内带来了舒适的自然通风、采光，再加以屋面采用彩钢板加保温隔热玻璃棉和反射膜，从而保证室内舒适的工作环境；第三，厂房的居中处专门设置了视野宽阔的观光平台，为众多的参观者提供了安全、舒适的观光学习空间。这些设计创建了良好的工作条件和宜人的内部环境，充分体现了以人为本的设计原则（图 5-16）。

图 5-16　室内空间

4. 结构选型的技术研究

（1）沉管预制钢结构厂房结构基本概况

T 形建筑平面上部两翼是钢筋存放加工区，为 30.5m 宽的三连跨门式钢架结构；T 形上部中间为钢筋绑扎区，下部为休整区，均为屋面网架结构和格构式柱的重型厂房钢结构。各部分结构采用变形缝分开，形成独立的结构空间，浇筑区设置了四面支撑模板用的反力墙，为钢筋混凝土剪力墙结构。

（2）主体结构的选型

从厂房的结构布置可以看出，厂房 T 形上部两侧的钢筋存放加工区，通过吊车采用落地的龙门吊，巧妙地使这两部分厂房满足了轻型门式钢架的技术要求，从而使得这两部分厂房可以采用轻型门式钢架结构。采用轻型门式钢架结构，在同等设计条件下，比采用钢结构设计节省约 50%左右的钢材，从而最大程度上达到经济节约的目的。从图 5-17 可以明显看出，采用轻型门式钢架结构的钢筋存放区厂房，梁柱截面远比其余重钢部分的截面要小。

绑扎区、休整区及浇筑区纵横向均为大跨度的钢结构，空间网架结构最适合这种双向大跨度屋面的结构形式（图 5-18）。网架结构中因所有杆件都能参与工作从而具有良好的空间受力性能，其整体性好、空间刚度大、结构非常稳定；网架结构靠杆件的轴力传递载荷，材料强度得到充分利用，既节约钢材，又减轻了自重。一个好的网架设计，其用钢量与同等条件下的钢筋混凝土结构的含钢量接近，这样就可省去大量的混凝土，可减轻自重 70%～80%，与普通钢结构相比，可节约钢材 20%～50%；由于网架结构自重轻，地震时产生的地震力较小，同时钢材具有良好的延伸性，可吸收大量地震能量，具有优良的抗震性能；网架结构高度小，可有效利用空间，普通钢结构高跨比为 1/8～1/10，而网架结构高跨比只有 1/14～1/20，能降低建筑物的高度，特别是本工程位于珠海桂山岛，风荷载是本工程的主要控制荷载之一，降低建筑物高度对降低结构成本具有举足轻重的作用；网架结构的构件，其尺寸和形状大量相同，可在工厂成批生产且质量好、效率高，同时不与土建争场地，因而现场工作量小，工期缩短。

图 5-17　钢筋存放区

图 5-18　网架吊装

钢筋绑扎区、休整区及浇筑区厂房总高度超过 20m，其上有最大 15t 的大跨度吊车，主体结构柱选用整体性更好、更节省材料的格构柱形式，既满足厂房受风及吊车等水平荷载作用下的受力要求，也更容易满足结构在风荷载作用下柱顶水平位移的控制。本工程作为重型大跨度钢结构厂房，柱顶位移按规范规定为 $H/400$，控制非常严，如果采用普通的实腹式钢结构柱，柱截面高度增加一倍有余，严重影响了厂房的内部使用空间，也增加了用钢量。

（3）结构设计参数的选择研究

本厂房的使用年限为 6～7 年，仅比临时工程时间稍长，在结构设计参数的选择上，对厂房的结构安全系数稍作折减，结构设计参数取 0.98，既比临时工程的 0.95 要大，也比正常工程的 1.0 要小。通过在结构安全系数的折减，满足了作为使用寿命较短工程的经济性要求。

预制厂厂房采用钢结构，自重小，对风荷载特别敏感，选取适合的风荷载参数进行结构设计，保证预制厂厂房在运作期间的结构安全可靠，同时兼顾预制厂厂房经济性，在安全与经济中找到平衡点，是对设计工程师的一个考验。本工程参考澳门地区的风荷载选取 $0.85kN/m^2$ 的基本风压，大小适中。根据厂房的结构特点，有区别地甄别不同结构体系所受风荷载的影响，并根据不同的规范分别取值，既保证了结构的安全，也节省了造价。存放区的轻型门式钢架结构，是属于对风比较敏感的结构，其风荷载的取值就相对较大。重钢部分的钢结构，风荷载的影响就大大降低，其风荷载的取值也相应减小。靠近两侧开敞式山墙的结构，按部分封闭式结构选取较大的体形系数，而靠近中间区的钢结构，则按封闭式结构选取较小的体型系数。这都是在充分理解了规范要旨的前提下，对结构风荷载取值的优化。

5. 反力墙的关键技术研究

（1）反力墙的设置原因

港珠澳大桥沉管隧道采用工厂法预制，沉管管节均为预制所成，每个管节宽 37.95m、高 11.4m、长 180m，重达 7.4 万 t。由于管节最后是放置在海底，对其防水、防渗、防腐蚀有非常高的要求，隧道设计使用寿命达 120 年，其要求的施工质量及施工精度也非常高。

预制构件的模板形式，常用的有胎模、重叠支模、拉模等方式。胎模（图 5-19）一般利用地坪和砖砌（混凝土）侧壁作为模板，适用面积或长度较大，但高度不高，本项目管节明显不适用此种模板类型。重叠支模如图 5-20 所示，此种模板形式一般适用于实体混凝土构件且中间会有施工缝，对止水不利，也不适用于本项目。目前国内外对体型稍大的预制件，其预制模板均采用拉模的形式，拉模一般由钢制外框架、内框架侧模与芯管、前后端头板、振动器、卷扬机抽芯装置等部分组成。内框架侧模、芯管和前端头板组装为一个整体，可整体抽芯和脱模。传统上一般采用拉模制作沉管的预制管节，但拉模由于采用对拉螺栓作为模板的受力支撑，不可避免地在预制件上产生许多贯穿的孔洞，这部分孔洞将是未来管节防水防渗的一个很大隐患，特别是对于 120 年的使用要求，封堵不渗漏更加难以保证。

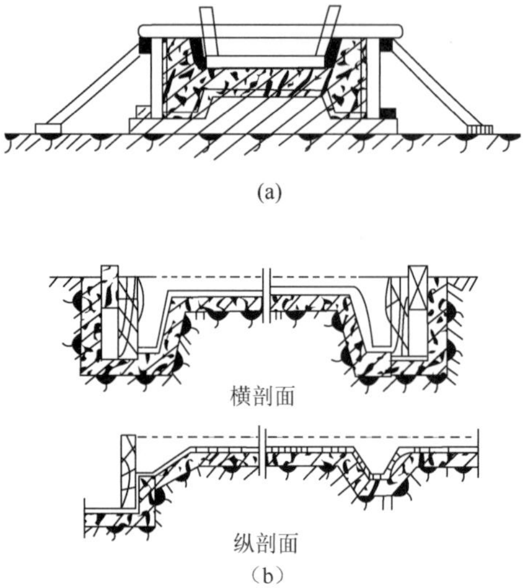

图 5-19　胎模

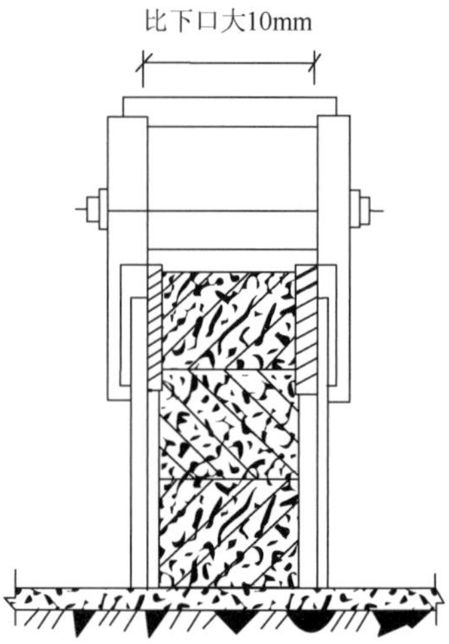

图 5-20　重叠支模

从可靠度保证上，预制管节宜采用整体式预制，除管节间的缝隙外，不应再有其他缝隙和孔洞，这就要求预制管节的模板需重新设计。管节的内模板，可以通过钢结构内支撑解决其受力，但管节的外模板，采用传统对拉螺栓的方式，对沉管质量有不利的影响。能不能通过外支撑来解决外模支撑，从而不用破坏管节的整体性，保证管节没有额外的防水防渗薄弱处呢？以此理念为基础，研究团队提出了外模的外支撑模式。

采用外支撑的模式，必须为其提供作为反力的支撑点，由于预制管节体量非常大，原设计构想是设计一面钢筋混凝土反力墙作为提供反力支撑点的结构，反力墙位于预制厂厂房的浇筑区，2 条作业线共需 4 面反力墙，其中位于两条作业线中间的 2 面反力墙受场地限制，需共用同一结构体系。每面反力墙墙高 10m，长 24.75m，每面墙上有 4 排，每排 16 块预埋板。反力墙的施工如图 5-21 所示。

图 5-21　反力墙的施工

反力墙的设计难点如下。

1）反力墙受力大

反力墙上预埋板最大水平力超过 400kN/块，最小的也有 150kN/块，而且越靠近上方预埋件受力越大。墙体总水平受力约 1600t。水平力在墙脚处产生的弯矩约 11 500t·m。巨大的水平力及弯矩对墙体的结构受力设计带来极大的困难。反力墙上预埋件及受加图如图 5-22 所示。

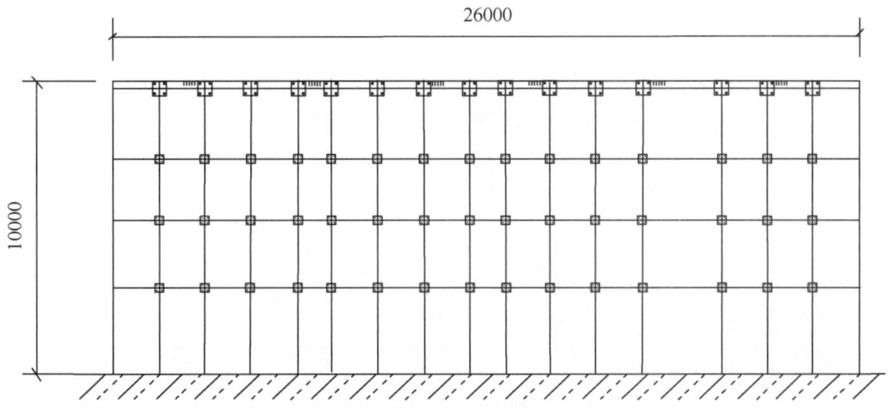

图 5-22　反力墙上预埋件及受力图（单位：mm）

2）反力墙对位移要求极严

由于反力墙是用作支撑预制沉管管节模板，对反力墙的侧向位移变形要求极高。10m 高的反力墙，要求墙顶位移变形不得超过 2mm，即万分之二的变形控制。在如此巨大的水平力作用下，要满足这么严格的变形控制，是反力墙设计的最大难点。

3）反力墙的体量受到制约

反力墙受力大，或者反力墙对墙顶位移控制严格，这两点都可以通过增加反力墙的厚度，提高其抵抗水平力的刚度来解决。但反力墙的体量还受到预制厂厂房场地的限制，其厚度受到了制约。在两条作业线中间的反力墙，其最大厚度不得超过 4m，两侧的反力墙由于不得突出预制厂厂房的外墙面，因此其厚度不得超过 4.6m。厚度受到制约，反力墙的刚度也就受到制约，如何充分利用该空间达到设计的要求，这就对设计提出了更高的要求。

（2）反力墙的结构选型

为满足反力墙的受力及变形要求，原反力墙设计为单片厚 4m 的混凝土墙，厚实的墙体既在受力上满足了支撑模板的要求，也满足了墙顶位移的要求。但这样也带来一系列的问题，如把浇筑区两侧完全遮挡，影响了该区域的通风与采光；大体积混凝土浇筑困难，混凝土墙与钢柱位置干涉，需把厂房的主钢柱立在反力墙上，使混凝土墙受力复杂，也增加了厂房的结构隐患，等等。

为解决上述混凝土厚墙带来的问题，结构设计人员对反力墙进行了结构上的优化。首先就是要把预制厂厂房的结构柱与反力墙分开，使之各自受力，这是减少反力墙受力种类、简化反力墙荷载组合最有效的方法。为实现这个目标，反力墙在钢柱区域就需要开洞，避开钢柱。由于墙面上预埋板纵横向布置均在一条直线上，反力墙考虑采用框架结构，让 4 排预埋板布置在 4 道横梁上，横梁间采用 4m 跨度的框架柱承受水平力，这样复杂的厚墙模型就变成简单的框架模型，结构传力清晰，更易于分析结构受力及变形。但反力墙上巨大的水平推力使得框架柱配筋过大，无法满足受力点要求，因此考虑在框架柱间增加柱间支撑，以减小框架柱的受力，经验算采用带支撑的框架结构能满足反力墙抵抗水平力的要求（图 5-23）。

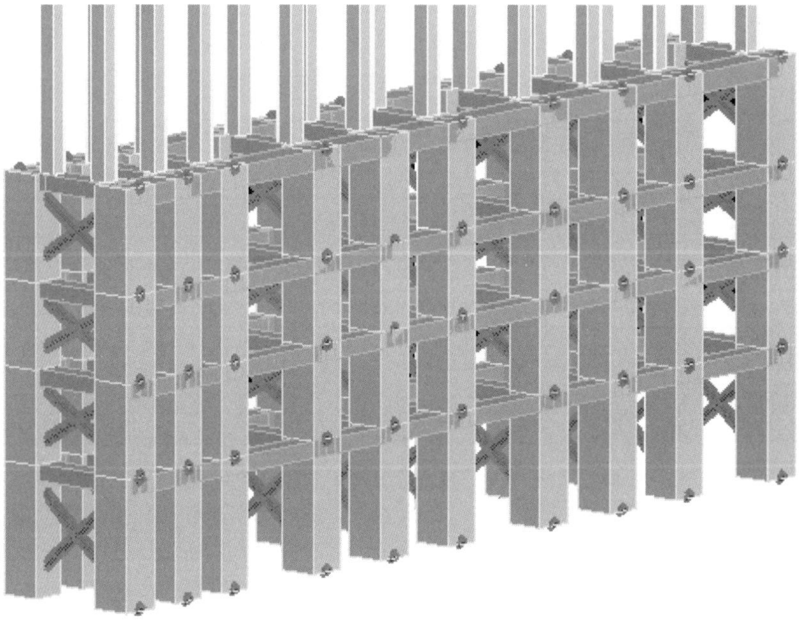

图 5-23　带支撑框架结构的反力墙三维布置图

带支撑的框架结构能满足反力墙的水平受力条件，但由于整体刚度不足，墙顶位移超过了 2mm 的要求。设计人员借鉴了房屋建筑中比较常见的框架剪力墙结构模型，用一榀榀的剪力墙取代柱间支撑来承受水平力，并增加结构的侧向刚度，框架柱作为剪力墙的边缘约束构件，使剪力墙与框架协同工作，共同受力（图 5-24）。反力墙的受力及位移问题均得到有效的解决，墙顶最大水平位移约为 1.7mm。

厚墙结构向框架剪力墙结构的优化，使反力墙的受力更加简单明确，预埋板-框架梁、柱-剪力墙的受力途径更加清晰，这使反力墙的结构分析结果更加科学可信，也减小了结构的风险，提高了反力墙的可靠度，为预制沉管管节的施工提供了安全保障。

（3）反力墙的基础设计

框架结构的反力墙解决了支撑模板的水平反力问题和位移问题，但其柱脚处 1 万多 t·m 的倾覆弯矩为反力墙的基础设计带来极大的考验。反力墙基础的基底持力层为中风化或微风化岩，坚硬的岩体意味着桩基础不能用于反力墙的基础设计。为抵抗倾覆弯矩，高承载力的持力层并没有帮助，只有通过增加基础的惯性矩来解决基础的倾覆问题。但由于反力墙之间是预制沉管管节的混凝土浇筑区，其上有管节的运输轨道，如果反力墙的基础太大甚至连成一片，既影响了管节运输轨道的敷设，同时基础受预制沉管管节自重的影响，厚

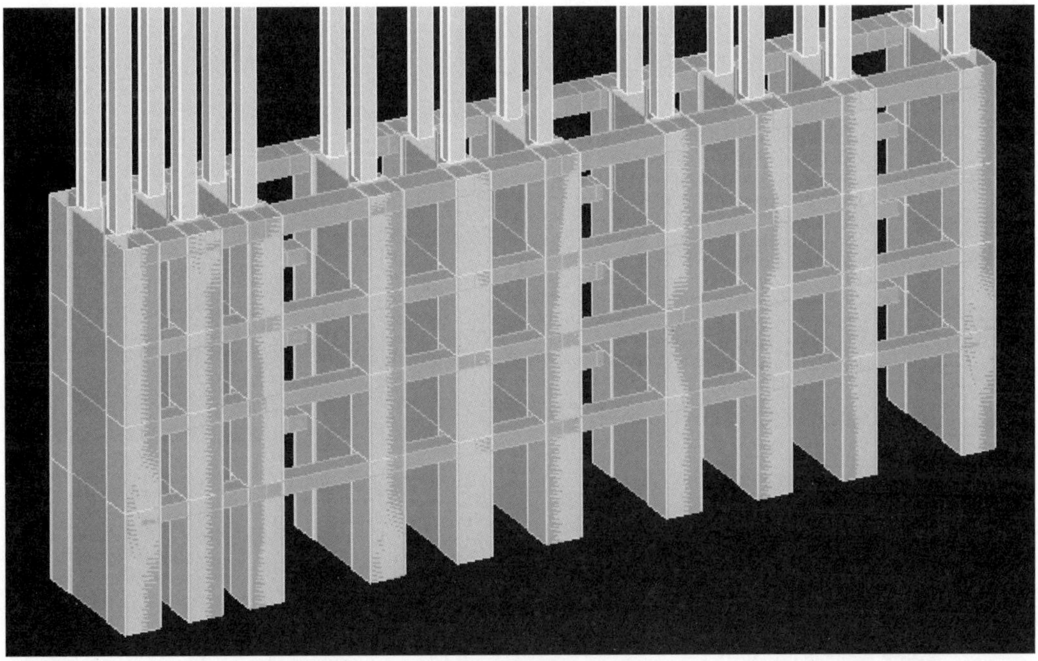

图 5-24　反力墙三维布置图

度或配筋都将大大增加，极不经济。针对这种位于岩上主要承受倾覆弯矩的天然基础，采用带抗拔岩石锚杆的天然基础形式是最适合的。

带抗拔岩石锚杆的天然基础，即在基础底部增加岩石锚杆，通过水泥砂浆或细石混凝土使锚杆与原状岩体黏结，锚杆受到的拔力传到岩体上，使得基础与岩体结合受力，为基础提供足够大的抗拉力。采用带抗拔岩石锚杆的天然基础，有效地减小了基础的平面尺寸，节省了混凝土梁，锚杆使基础受力比较均匀，也使基础节省了大量的钢筋，取得了良好的经济效益。

5.5　沉管预制厂水工结构关键技术研究

5.5.1　沉管预制厂水工结构基本概况

港珠澳大桥沉管预制厂坞区由深坞区和浅坞区两部分组成，如图 5-25 和图 5-26 所示，深坞和浅坞并排布置，其中深坞底标高−12.8m，长 203m，宽 196m，可同时存放 4 节管节；浅坞顶标高 + 3.5m，长 204m，宽 104.2m，可同时容纳 2 节管节；深坞、浅坞四周挡水构筑物顶标高 + 15.8m，整个深坞、浅坞区域止水周长约 2km，最大蓄水面积约为 13 万 m^2，深坞、浅坞海平面以上的蓄水量约为 170 万 m^3。

沉管预制厂主要水工结构包括：浅坞钢闸门系统、拦水坝系统和深坞浮坞门系统。各个构筑物的设计参数如表 5-1 所示。

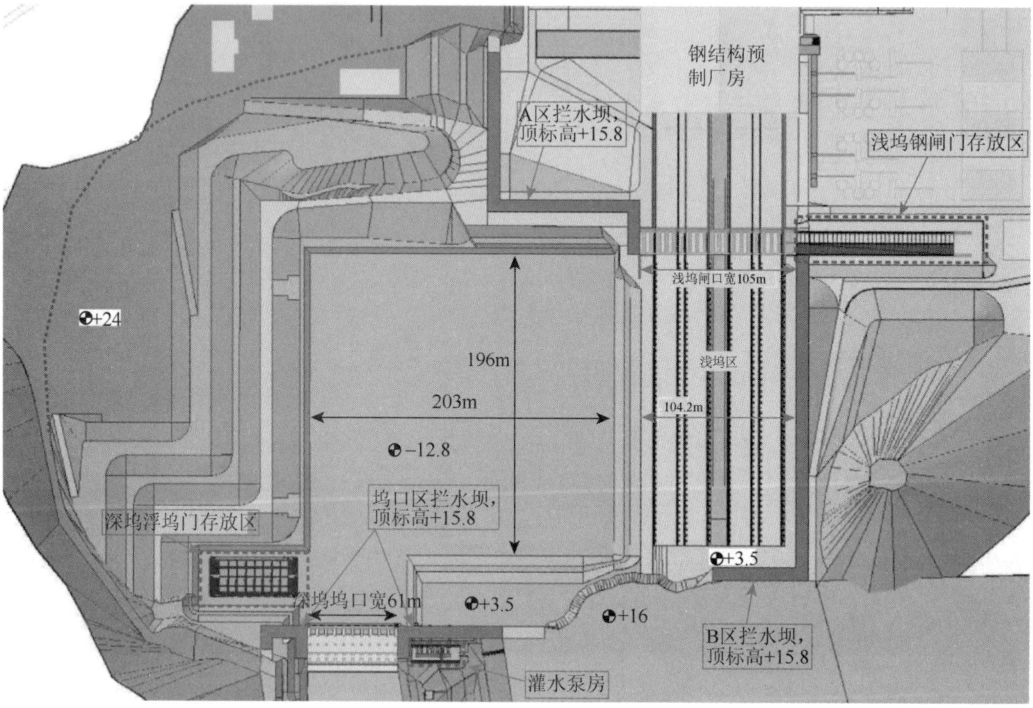

图 5-25 深浅坞水工结构平面图

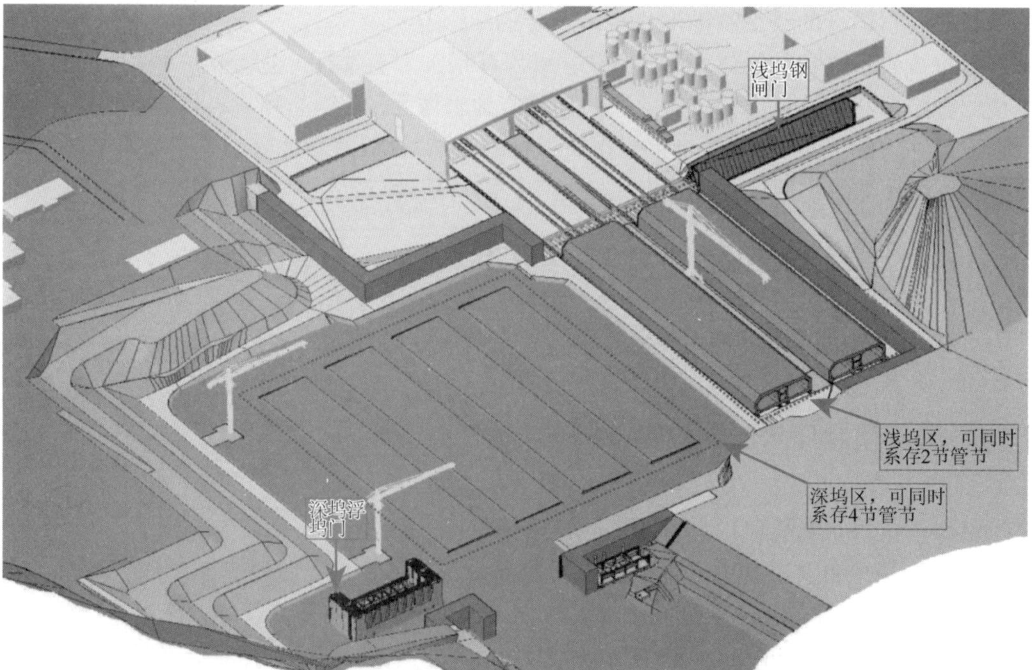

图 5-26 深坞、浅坞水工结构俯视图

表 5-1　沉管预制厂构筑物的设计参数

编号	构筑物名称		顶标高	尺寸	备注
1	浅坞钢闸门系统	浅坞钢闸门结构	—	长 106m，宽 14.25m，高 13.7m	—
2		浅坞钢闸门前滑移轨道	+2.65	长 222m	—
3		浅坞钢闸门后滑移轨道	+2.65	长 222m	—
4	拦水坝系统	A 区拦水坝	+15.80	总长 224m	—
5		B 区拦水坝	+15.80	总长 267m	—
6		坞口区拦水坝	+15.80	总长 122m	—
7		原状岩石山体	>16.00	—	—
8	深坞浮坞门系统	深坞浮坞门	—	长 59m，宽 25.2m，高 29.1m	—
9		深坞坞口底板	−13.30	长 61m，宽 31.3m	—
10		侧止水钢闸门	+15.80	长 29.1m，宽 2m	共 2 套

深坞、浅坞内管节横移、出坞的基本操作流程如图 5-27 所示。

第一步：沉管管节由预制厂房逐节预制并顶推平移至浅坞区。

第二步：管节在浅坞区进行一次舾装，舾装完成后关闭深坞浮坞门和浅坞钢闸门，进行坞内灌水。

第三步：坞内蓄水至+15.35m，进行管节由浅坞区横移深坞区，并进行坞内排水。

第四步：坞内水位排至与海平面齐平，管节系泊于深坞区，开启浅坞钢闸门和深坞浮坞门。

第五步：浅坞钢闸门和深坞浮坞门开启完毕后，预制厂房内的第二批次管节顶推平移，形成流水预制作业，管节在深坞区进行二次舾装作业并出坞。

图 5-27　管节横移、出坞的基本操作流程

2013 年 1 月 16 日，港珠澳大桥桂山沉管预制工厂蓄水至设计水位，实现首节 E1 管节横移，图 5-28 为 E1 管节由浅坞区浮运至深坞区的现场。

图 5-28　E1 管节由浅坞区浮运至深坞区的现场

5.5.2　深浅坞拦水坝止水关键技术研究

1. 研究目的和意义

如 5.5.1 节所述，整个深坞、浅坞区域止水周长约 2km，最大蓄水面积约为 13 万 m^2，若在深坞、浅坞四周筑造拦水结构则工程量巨大，因此在进行拦水坝平面布置和结构设计中，需要充分分析牛头岛现有地形地势，利用深坞、浅坞区域均为岩石山体的特点，对部分山体进行防渗处理以作为挡水结构，最大限度减小拦水坝结构长度，减少工程量，同时对拦水坝结构的坝基进行处理，提高拦水坝的止水可靠性。

2. 拦水坝结构选型

本工程在选择拦水坝结构形式时对土石坝和钢筋混凝土坝进行了结构方案比选，见表 5-2。

表 5-2　拦水坝结构方案比选

结构方案	断面形式	优/缺点分析
结构方案一： 土石坝结构	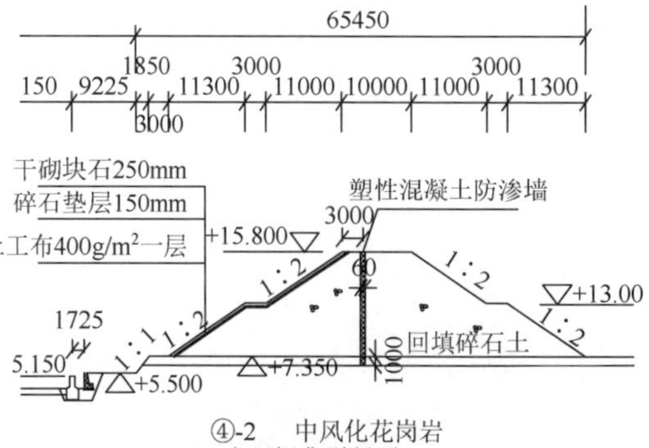 土石坝典型断面 注：尺寸标注单位为 mm，标高单位为 m	优点： ①结构简单，可利用现场开挖的碎石土作为坝体结构； ②工程造价较低。 缺点： ①结构底宽度较大，坝顶标高 + 15.8m，其底宽度达到 60m，影响浅坞区的使用面积； ②土石坝结构与原有山体连接困难； ③由于土石坝结构底宽较大，在与深坞浮坞门和浅坞钢闸门交接处封头处理需采用直立式结构，封头处理复杂

续表

结构方案	断面形式	优/缺点分析
结构方案二： 重力式沉箱 拦水坝结构	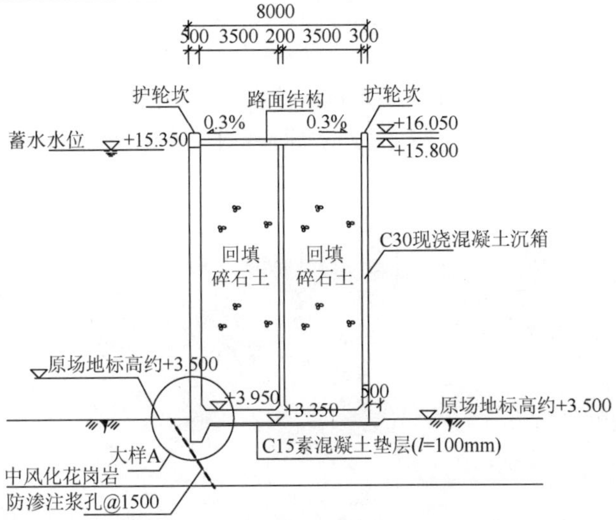 沉箱拦水坝典型断面 注：尺寸标注单位为 mm，标高单位为 m	优点： ①沉箱内回填现场的开山土石料； ②拦水坝断面宽度较窄，为预制厂场地留出更多空间； ③拦水坝端部可采用现浇素混凝土结构与原有山体连接止水，止水形式简单； ④与深坞浮坞门和浅坞钢闸门的交接处为直立式结构，交接面简单。 缺点： ①为钢筋混凝土结构，结构浇筑工序较多； ②工程造价较高

经上述分析对比，本工程拦水坝结构选用重力式沉箱拦水坝结构，通过拦水坝结构与现有山体联合止水，最大限度减小拦水坝结构的长度，从而降低工程造价。拦水坝采用 C30 现浇钢筋混凝土重力式沉箱拦水坝结构，顶标高 + 15.8m，拦水坝坝基为中风化基岩，沉箱迎水侧底板上设置防渗抗剪凸榫嵌入岩层。拦水坝前沿设置防渗注浆孔，上部结构完成后进行防渗注浆。沉箱与沉箱之间设置 30mm 宽结构缝，坞内侧沉箱之间的结构缝设置橡胶止水带。拦水坝沉箱的端部均采用现浇 C30 素混凝土拦水坝结构与现有岩质山体连接，同时预留注浆孔，待连接结构完成后注浆防渗，如图 5-29 所示。

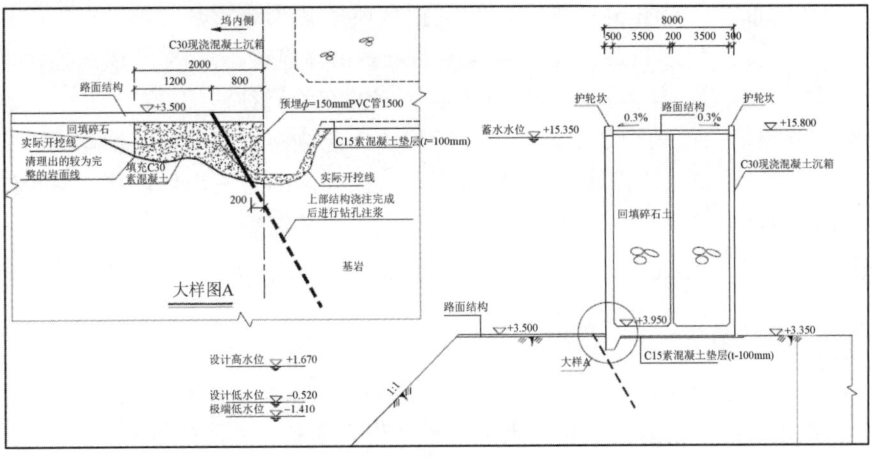

图 5-29　现浇重力式沉箱拦水坝典型断面图

注：尺寸标注单位为 mm，标高单位为 m

3. 深坞、浅坞拦水坝结构平面优化

从图 5-30 可以看出，深坞区位于−7.5m 的采石坑内，浅坞位于+ 5～6m 的区域，坞区北侧有 130m 的高山，东、西两侧的岩石山体平台顶标高均大于 16m，即坞区的西、北、东三个方向均存在标高高于+ 16m 的岩石山体，整个坞区蓄水作业时最大蓄水高度为+ 15.35m，因此这三个方向的岩石山体均能够满足坞内蓄水时挡水要求，该部分岩石山体可以作为挡水岩体。

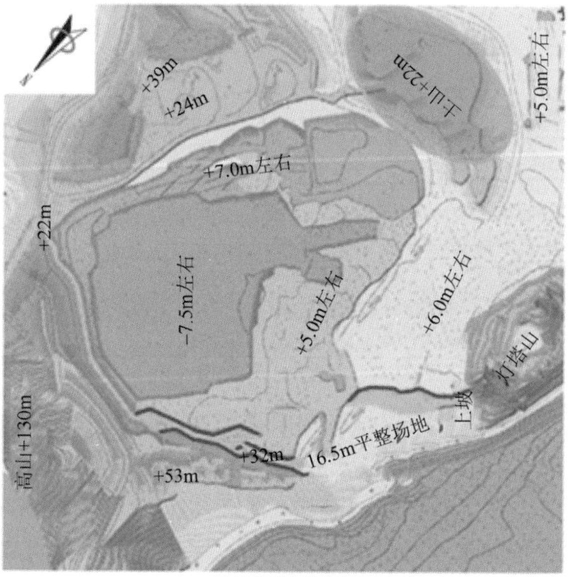

图 5-30　沉管预制厂原地形平面图

基于上述分析，利用现有岩石山体，在满足沉管存放、横移和出坞工艺要求的情况下进行拦水坝结构布置。如图 5-31 所示，A 区拦水坝呈 Z 形布置，与坞区东侧的岩石山体连接，B 区拦水坝呈 L 形布置，与坞区西侧的岩石山体连接，A 区和 B 区拦水坝之间形成 105m 宽的浅坞闸口，作为钢结构厂房预制完成的沉管通往浅坞区的通道；坞区北侧设置 61m 宽的深坞坞口作为管节出坞通道，深坞坞口北侧布置凹形拦水坝与坞区北侧的岩石山体连接，深坞坞口西侧设置 L 形拦水坝与坞区西侧的岩石山体连接。整个深坞、浅坞区四周通过拦水坝结构、现有岩石山体、浅坞钢闸门和深坞浮坞门形成一个连续封闭的挡水结构。

4. 深浅坞拦水坝结构防渗研究

深浅坞拦水坝结构分为重力式沉箱拦水坝结构和原状岩石山体拦水坝两种。整个深浅坞拦水坝的止水重点为重力式沉箱拦水坝结构和岩石坝基之间防渗处理、拦水坝结构与原状岩石山体连接处的防渗处理和原状岩石山体的防渗处理。本节对这三种类型的连接面防渗进行研究。

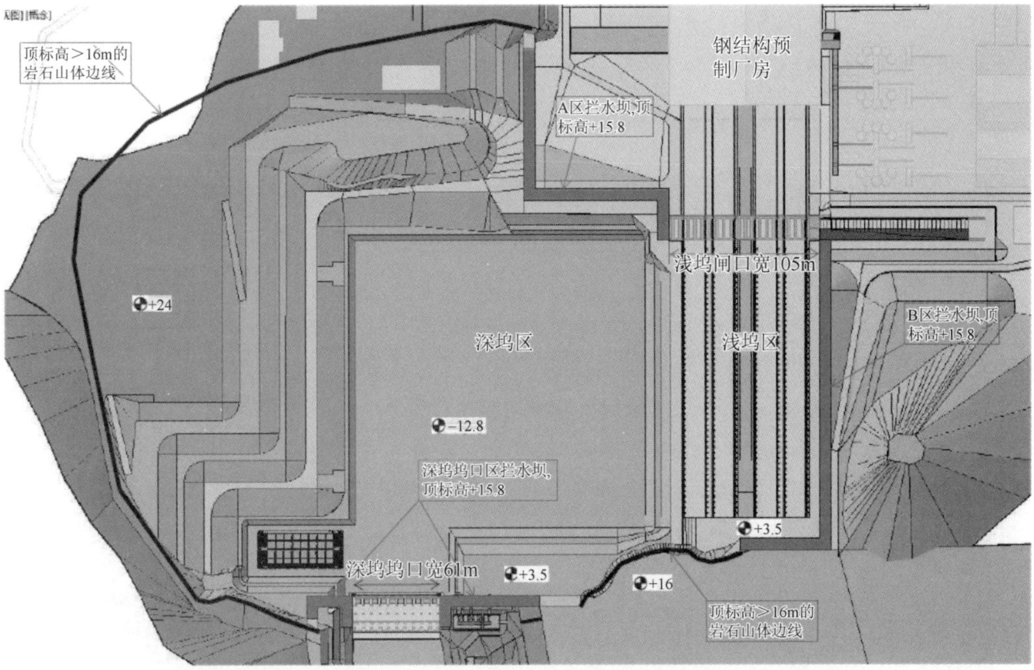

图 5-31 深浅坞拦水坝平面布置图

（1）重力式沉箱拦水坝结构和岩石坝基之间的防渗处理

重力式沉箱拦水坝所在区域均为中风化基岩，岩石裂隙较发育，为保证重力式沉箱拦水坝结构和岩石坝基连接面的止水效果，对拦水坝坝基进行处理：

①拦水坝坝基中存在的表层夹泥裂缝、风化囊、断层破碎带、节理密集带、岩溶充填物及浅埋的软夹层等局部工程地质缺陷，均应结合基础开挖予以挖除或局部挖除。

②坝基局部超挖低洼处采用 C15 素混凝土将坝基整体找平，局部封头和拐弯段拦水坝沉箱坝基超挖低洼处全部用 C15 素混凝土将坝基整体找平。

③沉箱拦水坝挡水前沿凸榫处岩面开挖后，岩面较破碎或出现较大超挖，应清理至较为完整的岩面，同时在拦水坝前浇筑 2m 宽的素混凝土压顶，并预留注浆孔，待上部结构浇筑完毕后进行注浆处理，确保后浇结构和岩面之间实现密封止水。

采取以上措施，保证拦水坝结构全部坐落于中风化基岩上，拦水坝前沿凸榫嵌入岩层形成第一道止水防线，同时通过后注浆的方法保证拦水坝底板和坝基之间的连接面实现密封，整个拦水坝结构和坝基沿纵向形成连续的止水面。图 5-32 为拦水坎坝坝基施工现场。

（2）拦水坝结构与原状岩石山体连接处的防渗处理

重力式沉箱拦水坝端部与原状岩石山体的连接部位采用现浇素混凝土拦水坝结构，现浇素混凝土拦水坝结构可适应原状岩石山体表面凹凸不平，但后浇的素混凝土拦水坝与岩面之间在混凝土硬化干缩后可能存在脱开的现象，存在漏水的风险。为降低该连接面的漏水风险，在素混凝土拦水坝浇筑完成后，对素混凝土拦水坝与岩石的连接面进行注浆防渗，如图 5-33 所示，素混凝土拦水坝顶部设置注浆孔，待整个结构浇筑完成后，对素混凝土拦水坝和原状山体连接部分进行注浆处理，注浆孔进入岩面大于 2m，保证素混凝土和岩石山体之间的密封性。

图 5-32　拦水坝坝基施工现场

（3）原状岩石山体的防渗处理

针对现场可利用的岩石山体进行踏勘，踏勘分析结果表明：坞区北侧和东侧的岩石山体岩面较为完整，该部分岩石山体可不做处理直接作为挡水岩体；坞区西侧的岩石山体即拦水坝 B 区和坞口区拦水坝之间的连接山体，岩面较为破碎，连接山体坡面喷混凝土前照片如图 5-34 所示。

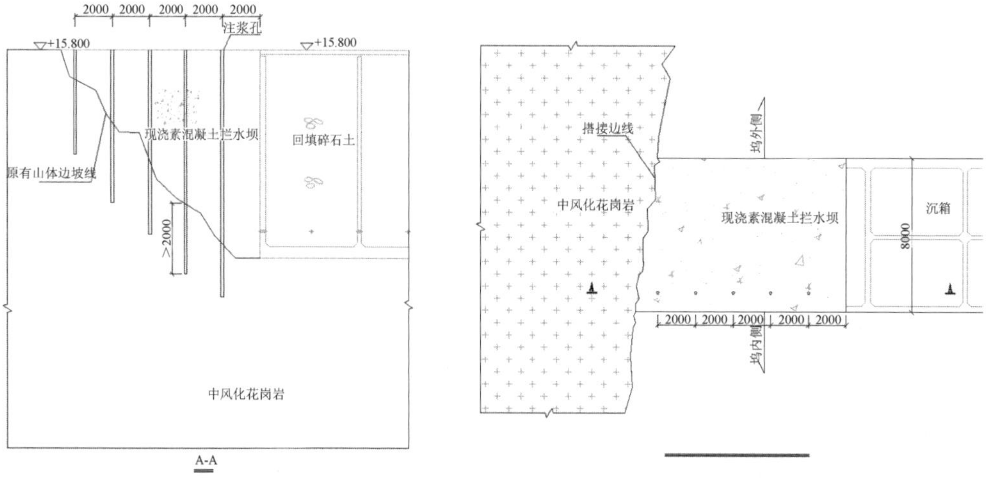

图 5-33　素混凝土拦水坝与原状山体连接注浆平面图

注：尺寸标注单位为 mm，标高单位为 m

图 5-34　连接山体坡面喷混凝土前照片

坞区西侧的岩石山体后方即为大海（非生产区），该区域岩体局部发生漏水不会对生产造成不利影响，因此从满足坞内蓄水功能要求的角度出发，对该区域山体表面喷 10cm 素混凝土进行封闭作为止水面，并且在山体海侧对岩体进行注浆堵漏，同时沿山体迎水面坡脚处进行硬化处理，确保在坞内蓄水时，延长渗水渗透路径，减小漏水量，满足深浅坞蓄水要求。山体拦水坝典型断面图如图 5-35 所示，连接山体坡面喷混凝土后照片如图 5-36 所示。

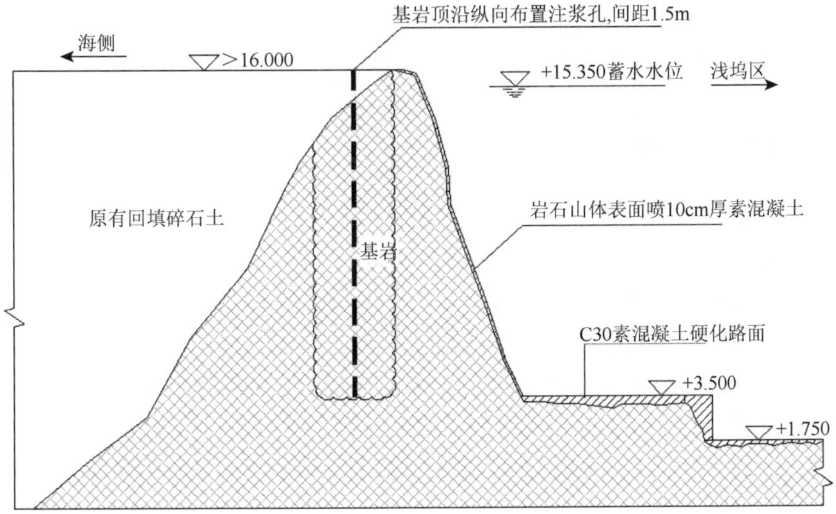

图 5-35　山体拦水坝典型断面图

图 5-36　连接山体坡面喷混凝土后照片

5. 小结

通过对深坞、浅坞区域的地形和地质情况进行深入分析，充分利用现有岩石山体作为挡水结构，减少人工筑造拦水坝结构的长度。经优化，整个深坞、浅坞区域止水周长约2km，其中人工筑造拦水坝结构长度约为600m，最大限度减少拦水坝工程量。

分析可利用的岩石山体表面裂隙发育程度，对局部岩石山体进行防渗处理，提高岩石山体的止水可靠性，对拦水坝坝基和拦水坝与岩石山体连接面进行注浆处理，极大地提高深浅坞四周拦水坝的整体止水效果，确保深浅坞蓄水作业顺利进行。

5.5.3　浅坞钢闸门关键技术研究

1. 浅坞钢闸门区工程概况

如图 5-37 所示，浅坞钢闸门区可分为浅坞钢闸门存放区、浅坞钢闸门作业区和浅坞钢闸门结构三大部分。浅坞闸口宽度为 105m，可同时允许两节管节并排通过浅坞闸口进入浅坞区。浅坞钢闸门结构长为 106m，支撑于浅坞钢闸门前、后滑移轨道上。如图 5-38 所示，浅坞闸口处于开启状态时，浅坞钢闸门结构存放于浅坞钢闸门存放区；当浅坞闸口关闭时，如图 5-39 所示，浅坞钢闸门由存放区平移滑动至浅坞钢闸门作业区，钢闸门分别与 A 区拦水坝和 B 区拦水坝实现密封，满足坞内蓄水条件。在蓄水工作状态，浅坞钢闸门需抵抗 12.7m 的水头，钢闸门四周的止水周长约为 130m，保证深浅坞蓄水作业时，钢结构厂房同步具备干施工条件。

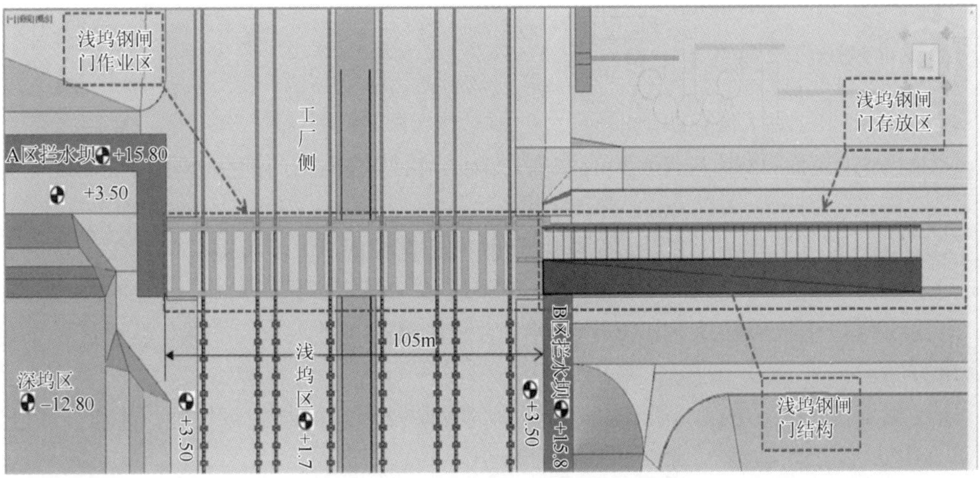

图 5-37　浅坞钢闸门区平面布置图

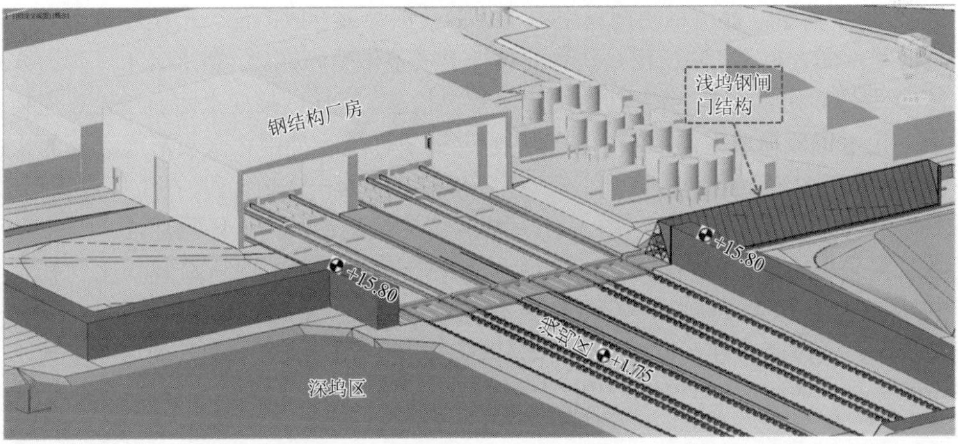

图 5-38　浅坞钢闸门区轴测图（钢闸门处于开启状态）

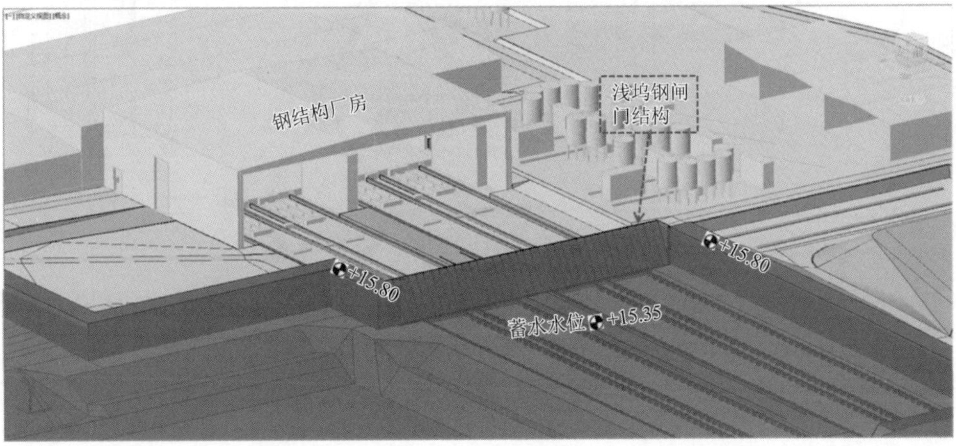

图 5-39　浅坞钢闸门区轴测图（钢闸门处于关闭蓄水状态）

2. 浅坞钢闸门设计难点

浅坞钢闸门的设计难点如下：

①浅坞钢闸门需承担 12.7m 高的水头，如何解决浅坞钢闸门的整体稳定性问题是整个钢闸门结构设计的一个关键点。

②浅坞钢闸门需具备反复启闭功能，为解决其抗倾问题，浅坞钢闸门需采用重力式结构，而重力式结构和闸门启闭力之间是一个矛盾体（闸门越重则对启闭力的要求越高）。

③浅坞闸口止水周长达到 130m 且闸门的侧止水和底止水空间交错，需设计一个可靠的止水方案。

④浅坞钢闸门长 105m，设计需根据钢闸门预制及现场安装的可行性，进行合理分段。

3. 浅坞横拉式钢闸门主体结构设计

为满足浅坞钢闸门的使用要求，本工程创新性地采用一种新型的自稳式横拉钢闸门结构。如图 5-40 所示，浅坞钢闸门采用由工字钢及钢管组合成的混合桁架结构形式，以三角钢架为基本受力单元，通过相互联系的撑杆形成整体受力钢架，蓄水时水压合力方向位于钢闸门后支撑梁的下方，自身到达抗倾覆稳定状态。整体钢架迎水面通过设置连续工字钢墙梁 + 止水钢板形成横向挡水，端部则通过钢架悬挑 + 外围止水板形成端部的止水。为保证钢闸门预制和现场拼装方便，每三榀三角钢架作为一个结构段，在工厂内进行预制，完成后运至现场进行焊接拼装，图 5-41～图 5-43 为浅坞钢闸门现场照片。

本工程采用的自稳式横拉钢闸门结构的整体跨度及承受的水压荷载均比厄勒海峡沉管预制厂的浅坞门大，但实际闸门总体重量仅为 750t，不及厄勒海峡沉管预制厂的一半，钢闸门启闭力通过两台卷扬机（一启一闭）即可满足使用要求，钢闸门的启闭工艺比厄勒海峡沉管预制厂的闸门更为方便实用。

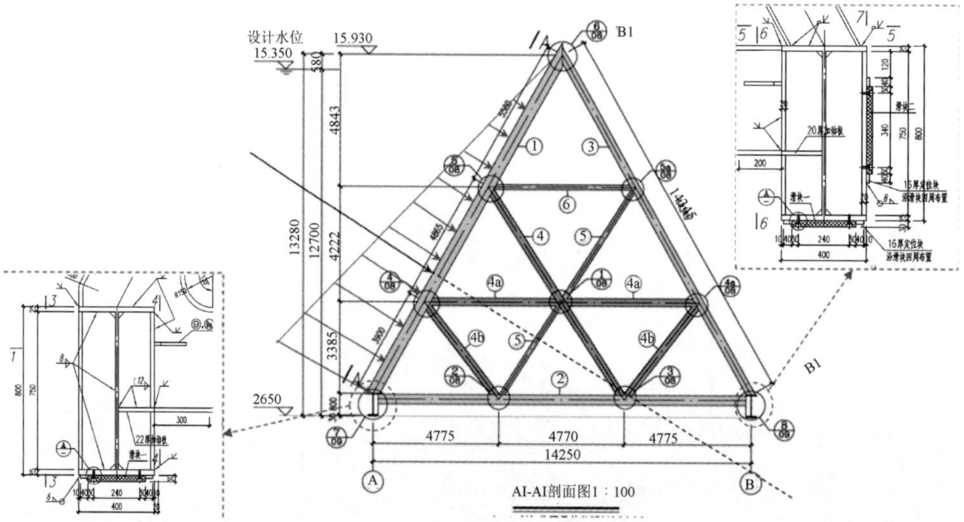

图 5-40　浅坞钢闸门横断面图

注：尺寸标注单位为 mm，标高单位为 m

图 5-41　浅坞钢闸门现场拼装照片

图 5-42　浅坞钢闸门现场照片（工厂侧）

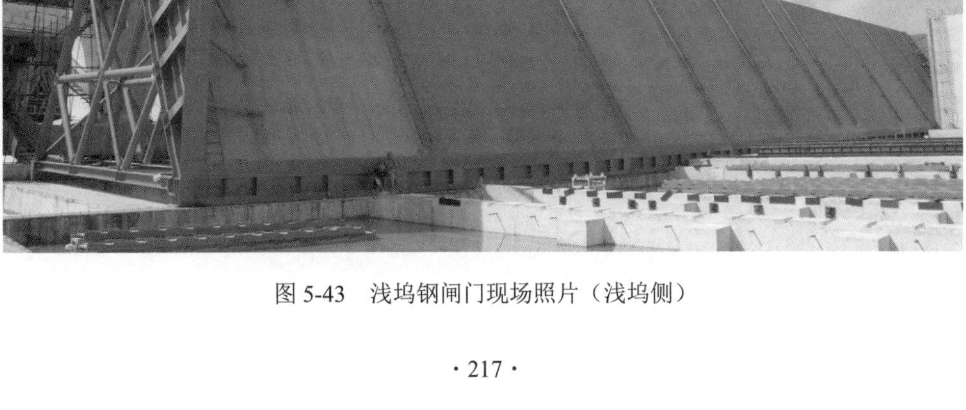

图 5-43　浅坞钢闸门现场照片（浅坞侧）

4. 浅坞钢闸门滑移轨道梁设计

浅坞钢闸门滑移轨道梁为浅坞钢闸门提供基础支撑和横移的滑移通道，同时抵抗浅坞钢闸门传递下来的水平向静水压力。

钢闸门滑移轨道梁包括钢闸门前轨道梁和钢闸门后轨道梁，全长222.02m，沿长度方向分为钢闸门作业区和钢闸门存放区两个结构段，其中作业区长 105.5m，存放区长116.5m，两结构段之间设20mm结构缝。

钢滑板铺设于滑移轨道梁顶部作为钢闸门滑道，顶标高为+2.650m。钢滑板上设有注浆孔（排气孔）和调平螺栓孔，滑移钢板和混凝土面之间设置25mm的空隙（注浆用），滑移钢板安装调平后采用高强度环氧灌浆料进行二次注浆，见图5-44和图5-45。

5. 浅坞闸口止水设计

浅坞钢闸门横断面呈三角形，若全断面均为三角形则在浅坞存放区侧 B 区拦水坝沉箱和钢闸门之间存在一个三角形的缺口，无法实现挡水效果；同时三角斜面的侧止水和底止水空间扭曲，这对底止水和侧止水连续密封带来巨大的困难。

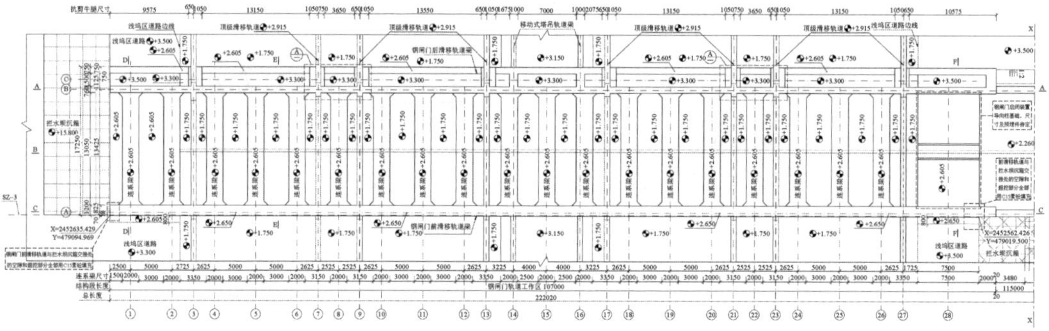

图5-44 浅坞钢闸门滑移轨道梁平面布置图

注：尺寸标注单位为mm，标高单位为m

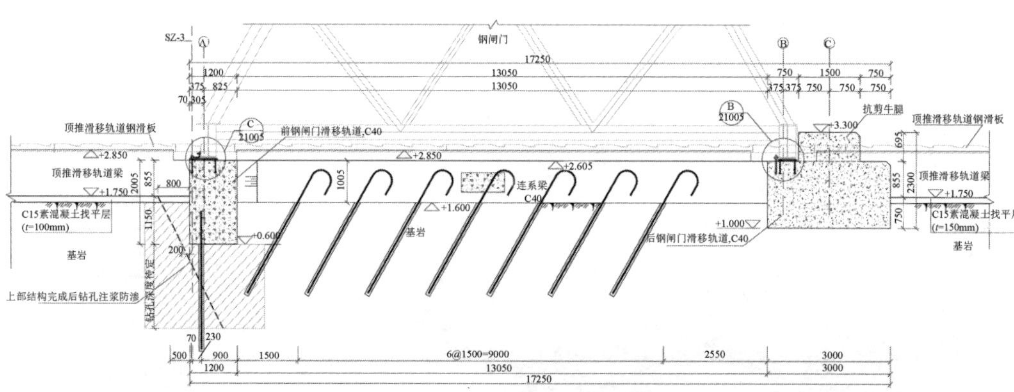

图5-45 浅坞钢闸门滑移轨道梁典型断面图

注：尺寸标注单位为mm，标高单位为m

因此从钢闸门挡水和止水的角度出发，在浅坞钢闸门的两端设置止水钢板、端止水主梁和端止水钢管支撑的桁架结构组成端部侧向挡水面，解决钢闸门的端部挡水问题，同时通过该措施将钢闸门的底止水和两个侧止水置于同一垂直立面，消除底止水和侧止水的空间扭曲，解决底止水和侧止水的连续过渡问题。

2012 年 9 月 10 日，沉管预制厂深浅坞进行了试灌水试验，深浅坞内的蓄水水位达到设计水位 + 15.35m，此时浅坞钢闸门的止水效果良好，钢闸门结构工作正常，满足设计要求，图 5-46 为浅坞钢闸门底止水带安装现场，图 5-47 为浅坞钢闸门侧止水和底止水交接处安装现场，图 5-48 为蓄水至设计水位时浅坞钢闸门（迎水面）。

图 5-46　浅坞钢闸门底止水带安装现场

图 5-47　浅坞钢闸门侧止水和底止水交接处安装现场

图 5-48　蓄水中的浅坞钢闸门（迎水面）

6. 小结

本工程以钢闸门的结构安全性和止水可靠性为主线，深入分析钢闸门的结构受力特点，创新性地采用自稳式横拉钢闸门结构，钢闸门侧止水和底止水利用钢压板分别将止水带压紧于钢闸门和闸墩止水底座上，形成连续侧止水面，提高钢闸门止水的可靠性；同时与施工单位进行深入沟通，研究切实可行的钢闸门启闭方案，提出经济、安全的钢闸门启闭系统优化方案，该类型结构可在类似工程中推广使用。

5.5.4 深坞坞口及浮坞门关键技术研究

1. 深坞坞口区工程概况

深坞坞口是管节出坞的咽喉，如图 5-49 和图 5-50 所示，为适应管节出坞的需要，坞口设计宽度为 61m，高度 29.1m。为满足深浅坞内蓄水要求，在深坞坞口处设置浮坞门挡水结构，其典型断面图如图 5-51 所示，坞内进行蓄水至 + 15.35m 时，坞内水深 28.15m，坞外侧与外海连通，设计低水位为–0.52m，坞内外水头差 15.87m。

2. 深坞坞口及浮坞门结构研究难点

深坞坞口及浮坞门结构研究难点如下：

①深坞坞口宽度 61m，浮坞门尺寸巨大，在进行浮坞门结构设计时需考虑浮坞门的预制和安装问题。

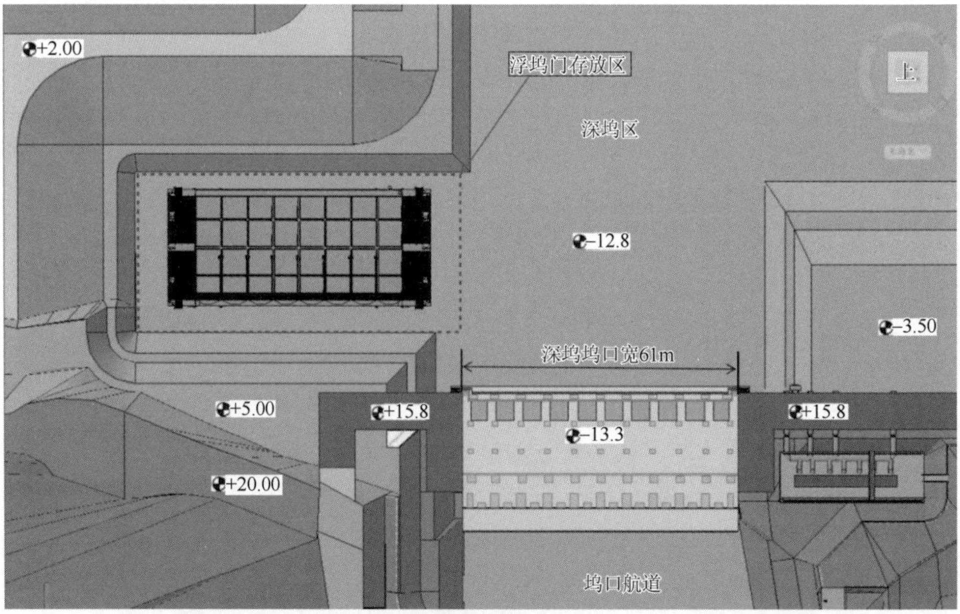

图 5-49　深坞坞口区平面布置图（深坞坞口处于开启状态）

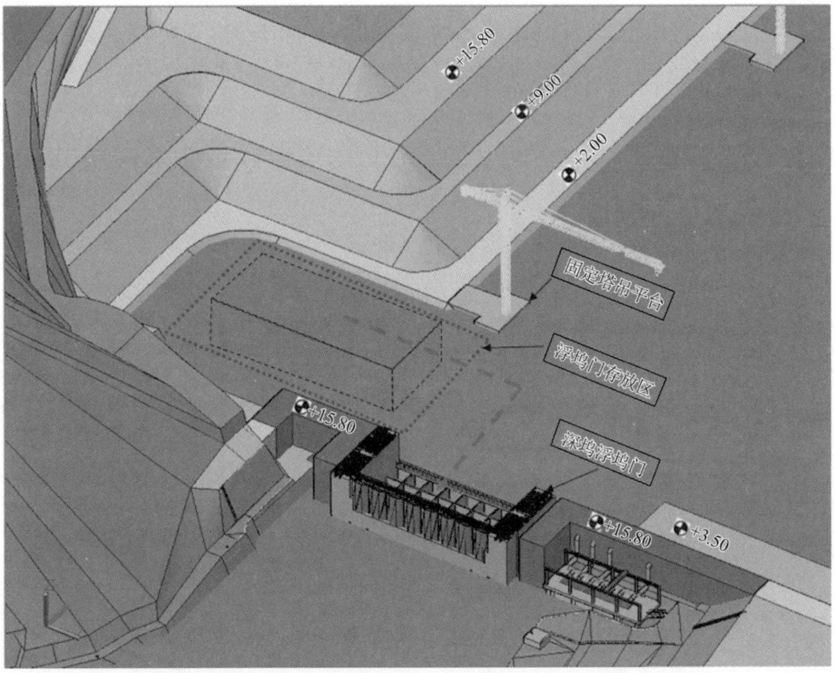

图 5-50　深坞坞口区三维俯视图（深坞坞口处于关闭状态）

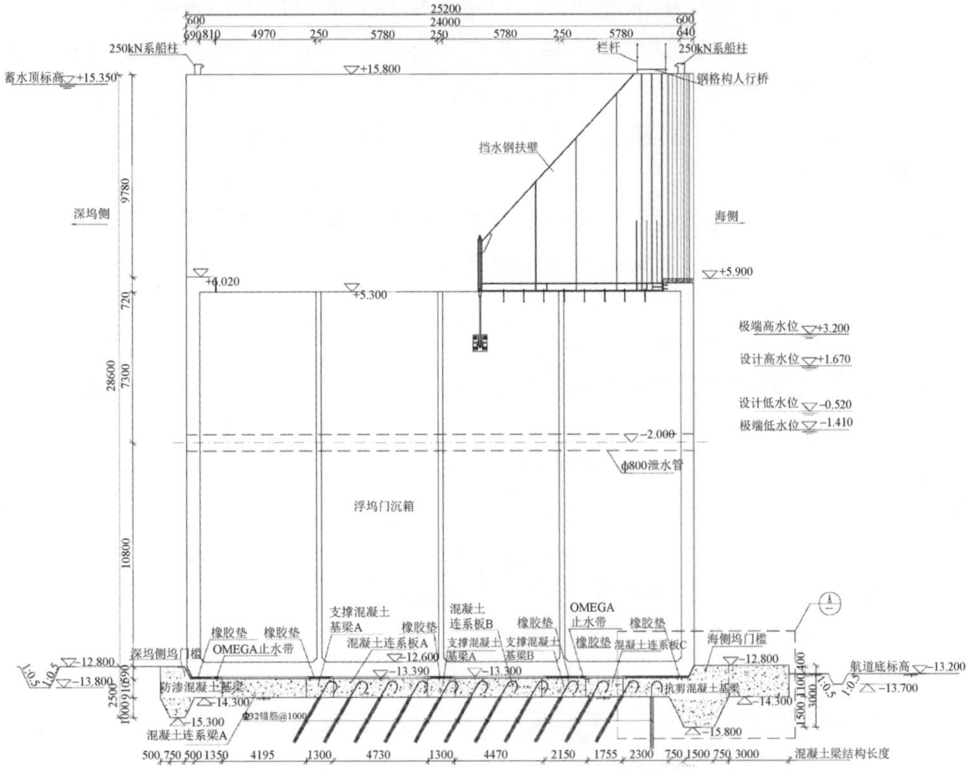

图 5-51　深坞浮坞门典型断面图（深坞坞口处于关闭蓄水状态）

注：尺寸标注单位为 mm，标高单位为 m

②为了满足坞口的止水要求，在蓄水满载期间，坞门内外设计水头差达到 15.87m 且水压为梯形分布，为传统船坞坞门荷载的三倍，如何确保坞门的结构安全和稳定性是整个深坞坞口区设计的重点和难点。

③沉管出运时浮坞门需具备开启功能，这就要求浮坞门需具备起浮和浮运功能。如①所述，坞门承担的荷载巨大，要确保坞门稳定，最好的选择是将浮坞门设计成重力式结构，但坞门自重的增加和坞门起浮是一个矛盾体。

④深坞坞口止水时，浮坞门需坐底于坞口底板上，而浮坞门的尺寸巨大，两刚性体之间的大面积接触势必存在接触不均而导致应力集中问题。

⑤深坞坞口止水周长达到 119.2m 且坞门需要反复启闭，如何解决坞口止水的操作便利性和止水可靠性是一个较大的难题。

3. 浮坞门结构方案比选

浮坞门是一种浮箱型闸门，当关闭深坞坞口时便可将它沉放到规定的位置；需要打开坞门时，从浮箱里抽水，坞门浮起被拖到一旁存放。在进行浮动坞门结构初选时考虑采用传统的干船坞全钢的浮坞门结构，分别从坞门受力、造价和预制场地三个角度进行分析如下。

（1）从坞门受力角度分析

传统的干船坞坞门为坞内水抽空，坞门承受坞外侧的水压力，水压呈三角形分布，水压较小。本工程的深坞坞口宽度 61m，坞门承受的水压力方向与传统坞门相反，需坞内蓄水（坞内水位高于坞外），水压呈梯形分布，坞门内外设计水头差达到 15.87m，为传统船坞坞门荷载的三倍。传统的干船坞浮坞门材料采用全钢结构，受力形式为三边支撑，这就要求两侧的坞门墩具备巨大的水平向刚度，用于抵抗坞门的水平向荷载。因此若浮坞门采用传统钢结构坞门，则其用料极不经济且防腐和维修均不方便，在水压力作用下，传统大跨度坞门体有很大的水平向弯矩且坞门两侧壁也将承担很大的压力，对坞门的受力极其不利。

（2）从坞门造价角度分析

经资料查询，大连香炉礁新建船坞工程船坞坞口钢浮箱长 111.6m，宽 28.0m，高 19.8m，口门宽 86.0m；底标高为–14.6m，顶标高为 + 5.20m。箱体自重 4150t，由钢壳底板、钢壳门墩和前后封板组成。为满足本工程深坞坞口的挡水需要，深坞坞口需设置长 59m，高 29.2m 的浮坞门结构。本工程的浮坞门长度约为大连香炉礁新建船坞工程船坞坞口钢浮箱的一半，但挡水高度较其高 10m，承受的荷载也比其更大，因此本工程若采用全钢结构浮坞门，其用钢量至少 4000t，用钢量较大，造价较高。

（3）从坞门预制场地的角度分析

本工程若选用全钢结构浮坞门，则浮坞门无法在现场进行预制，需要在船坞内预制完毕后再浮运至桂山沉管预制工厂。根据现场实际情况，深坞坞口航道开通的时间节点安排在首批沉管管节预制完成之后，这就决定了浮坞门必须在现场进行预制，并且在坞口区航道开通之前，深浅坞需具备蓄水条件。

根据以上对比分析结果，经过充分论证分析，浮坞门创新性地采用钢筋混凝土箱型结构，具体理由如下：

①钢筋混凝土沉箱在港口工程中是一种常规结构，在重力式码头结构中已大量采用，结构技术成熟，施工预制工法简单，施工质量能够得到保证。

②浮坞门可采用“干坞法”进行预制，在进行深坞区开挖时，坞口处保留挡水岩体，深坞区内具备干施工条件，这为浮坞门提供了良好的预制场地。

③浮坞门在深坞区预制完成后，采用倒虹吸向深坞内灌水，可以对坞门进行试漏检验，确保坞门水密性后继续灌水直至坞门起浮并浮运至坞口处进行坞门安装。

④浮坞门就位后，深坞坞口挡水围堰未挖通之前，将浮坞门与挡水围堰之间的海水抽干，使得坞内外形成约 13.8m 的水头差即“一级”水密性试验，可检验浮坞门 + 1.0m 以下部分和坞口底板的止水效果。

通过以上措施，实现浮坞门在现场进行预制，满足现场工期安排需要，并且任何一个环节出现问题均可将深坞内的水排空回到干施工条件进行修整，最大限度降低坞口止水风险，提高浮坞门及深坞坞口结构的止水可靠性，见图 5-52～图 5-55。

图 5-52　深坞内预制中的浮坞门

图 5-53　深坞内预制完成的浮坞门

图 5-54　深坞坞口处的倒虹吸管道

图 5-55　“一级”水密性试验的浮坞门

4. 浮坞门浮游稳定性研究

浮坞门的浮游稳定性关系坞门启闭的可操控性，本工程浮坞门长 59m，宽 25.2m，高 29.1m，总重量达 1.3 万 t。从浮游稳定的角度出发，浮坞门应当具备以下基本条件和功能：

①浮坞门设计的平面重心位置应当与形心位置重合，并且应当尽量降低坞门重心高度。

②浮坞门预制过程中必然存在混凝土振捣密实度差异而导致的密度差异，并且坞门安装就位对垂直度的要求较高，因此坞门需要配置压载水箱系统。

③尽量降低浮坞门的自重，减小坞门的吃水深度，预留浮坞门足够的水深富余。

在进行浮坞门结构细化设计过程中，针对以上 3 个条件，对坞门结构进行深入分析后发现，若坞门采用全钢筋混凝土结构，由于浮坞门尺寸较大，为降低重心高度浮坞门需要灌注大量的压载水才能满足浮游稳定性要求，而这也导致了浮坞门吃水过深，在浮运过程中存在倾斜搁浅的风险。为解决这一难题，设计从浮坞门的结构受力机制出发，对浮坞门的结构布置进一步优化，创造性地选择采用钢结构与钢筋混凝土组合的浮坞门结构。以下分别阐述浮坞门的主体结构布置和压载水系统设计。

（1）浮坞门主体结构布置

将浮坞门主体结构划分为钢筋混凝土箱形结构和钢结构两大部分。

1）钢筋混凝土箱形结构部分

浮坞门钢筋混凝土箱形结构部分下部 18.6m 高范围内由 40 个舱格组成，上部 10.5m 两侧舱格高起。

2）钢结构部分

高出的舱格之间靠海侧处设置 10.5m 高挡水钢扶壁，挡水钢扶壁由 8 片弧形挡板及每两片弧形挡板后的钢肋板构成，形成一个能挡水的拱形结构。

通过该组合结构，在保证浮坞门挡水要求的前提下，最大限度地降低浮坞门的重心高度，同时浮坞门的自重也大大降低，从而确保坞门的浮游稳定性和吃水富余。图 5-56 和图 5-57 分别为浮坞门海侧和坞内侧的三维视图。

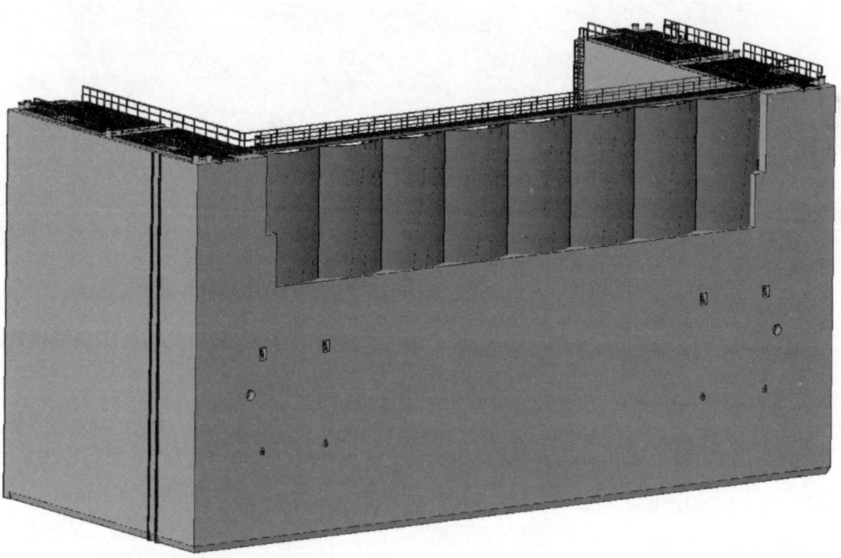

图 5-56　浮坞门海侧三维视图

（2）浮坞门压载水系统

浮坞门沉箱分为Ⅰ～Ⅳ 4 个独立大舱格，每个大舱格由 10 个小舱格组成，舱格之间由ϕ500mm 的透水孔连通。浮坞门压载水箱系统平面图如图 5-58 所示。在浮坞门四边舱隔内分别设置 1 台潜水泵和 1 个进水孔（配置钢阀门，控制排水管启闭），进水孔和潜水泵的控制系统均设置于浮坞门顶部，操作人员可在浮坞门顶面进行操控，可精确控制 4 个独立大舱格内压载水水位，调整浮坞门垂直度和吃水深度。

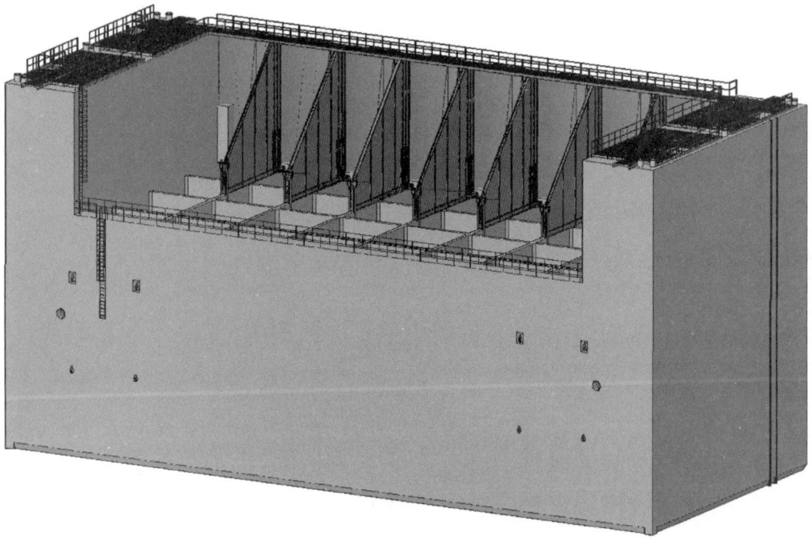

图 5-57　浮坞门坞内侧三维视图

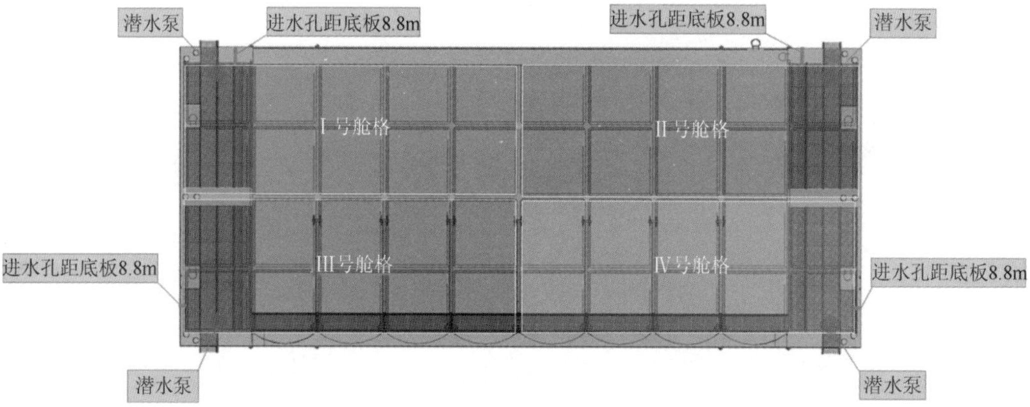

图 5-58　浮坞门压载水箱系统平面图

（3）浮坞门浮游稳定分析结果

沉箱吃水：11.26m

沉箱定倾半径：3.753m

重心至浮心距离：2.821m

定倾高度：0.932m

如图 5-59 所示，浮坞门进行浮运时，坞门压载水箱内压载水高度为 2.5m，此时浮坞门横断面方向重心位置与形心位置基本重合，浮坞门的浮游稳定性均满足规范要求，坞门达到稳定状态。如图 5-60 所示，2012 年 5 月 27 日浮坞门进行首次浮运安装，坞门压载水高度 2.5m，吃水 11m 与理论分析计算结果基本吻合。

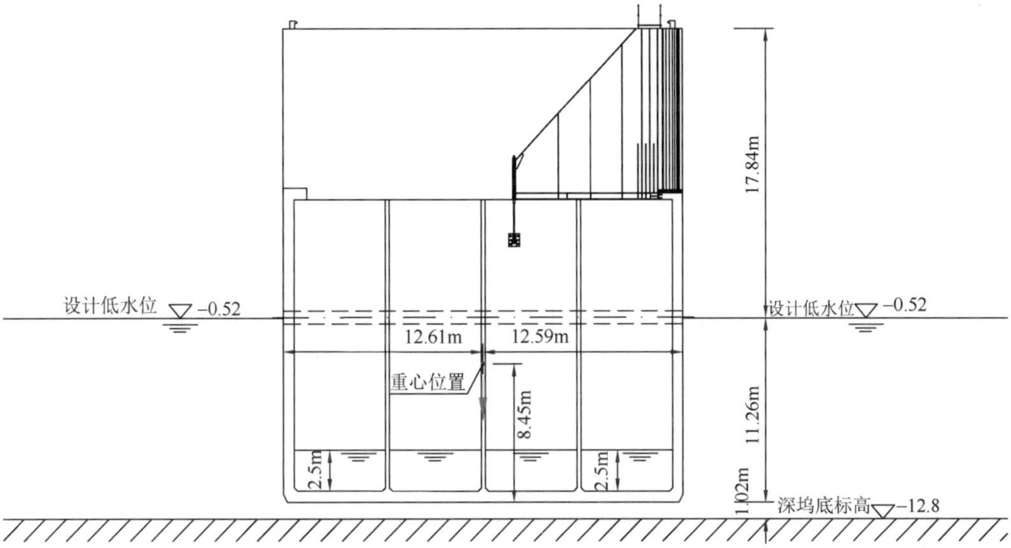

图 5-59　浮坞门浮游吃水断面图

图 5-60　浮坞门浮运安装现场照片

5. 浮坞门整体稳定性研究

浮坞门在工作状态需承受坞内外 15.87m 的水头差且坞内水深 28.15m，海侧水深仅为 12.28m，水压呈梯形分布，坞门需承担巨大的倾覆力矩和水平滑动力。从传统的设计理念出发，浮坞门适宜设计成重力式结构，但经过浮坞门浮游稳定性的研究论证，出于浮游稳定操控需要，浮坞门的自重不允许无限放大，而是越轻越好。在这些条件的制约下，设计需要对浮坞门在工作状态的受力进行深入研究分析，得到最优的解决方案。

浮坞门在蓄水时，坞内的水位比坞外高 15.87m，如何利用这高出 15.87m 的水是解决浮坞门整体稳定性受力的关键。经过反复分析论证，浮坞门采取以下措施解决坞门的整体稳定性问题：

①与坞口止水方案统一结合考虑，如图 5-61 所示，浮坞门的底部止水设置于坞内侧，消除坞内和坞外的水压，蓄水时，浮坞门舱格内的水位与坞内的水位同步上升，而上升的水转换为坞门的配重，将浮坞门转换为重力式结构，达到抗倾覆稳定状态。

②浮坞门在工作状态水平向静水压力巨大，抵抗该荷载仅靠浮坞门与坞口底板之间的摩擦力是不现实的，因此在进行抗剪设计时，在坞口底板上设置抗剪牛腿，浮坞门受力时与坞口底板的抗剪牛腿贴紧，将水平向静水压力传递给坞口底板。

6. 坞口底板结构研究

深坞坞口底板在整个深坞坞口结构中的主要作用：

①作为浮坞门的坐底支撑底板基础。

②抵抗工作状态浮坞门产生的水平向静水压力。

③实现坞口底板和基岩之间的完全嵌固止水。

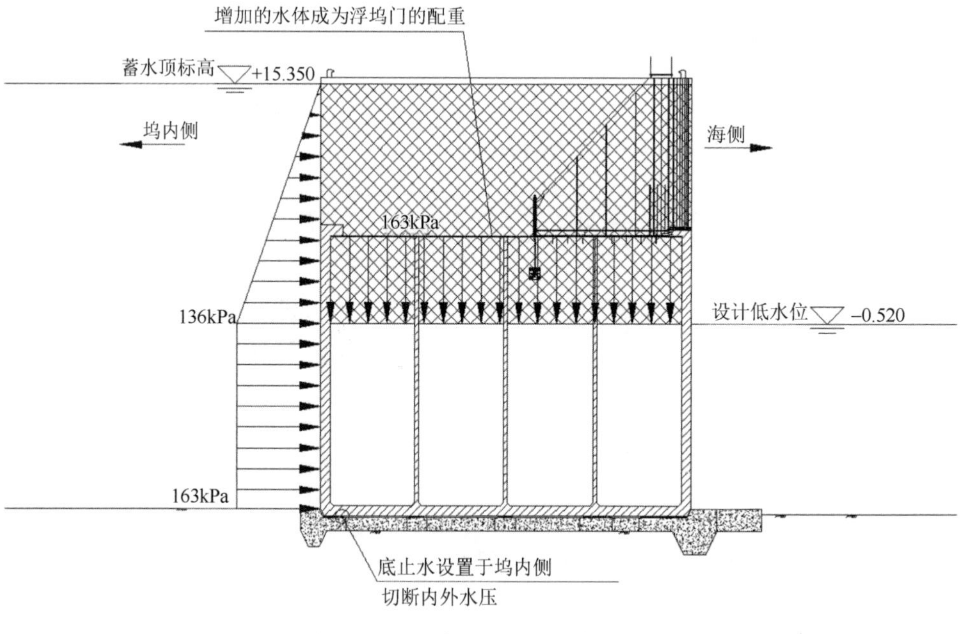

图 5-61　浮坞门蓄水时受力图式

注：标高单位为 m

（1）坞口底板基础方案

如图 5-62 所示，坞口底由防渗混凝土基梁、支撑混凝土基梁和抗剪混凝土基梁组成。3 条支撑混凝土基梁位于防渗混凝土基梁和抗剪混凝土基梁之间，支撑梁中心线正对浮坞门沉箱纵向隔板位置。抗剪混凝土基梁和 3 条支撑混凝土基梁之间采用混凝土连系板连接；深坞侧支撑混凝土基梁与防渗混凝土基梁之间采用混凝土连系梁连接，连系梁之间设置倒滤井，坞内进行蓄水作业时，确保渗透压在倒滤井处消散，消除扬压力对坞口底板基础的不利影响。

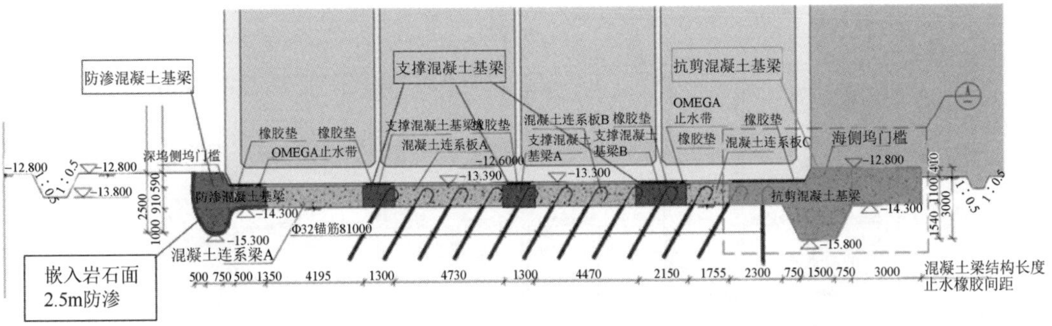

图 5-62　坞口底板基础典型断面图

注：尺寸标注单位为 mm，标高单位为 m

（2）橡胶垫设置

为保证浮坞门坐底后，浮坞门底板与坞口基梁接触应力分布均匀，在基梁顶部对应浮坞门纵横舱格交叉处设置橡胶垫，每个橡胶垫由 0.5m×0.5m×0.09m 的橡胶块组成，橡胶垫顶标高−13.3m。

为适应浮坞门底板和坞口底板的不平整度，消除浮坞门坐底于坞口底板时，浮坞门底板和坞口底板局部受压导致应力集中，在坞口底板基础顶部布置橡胶垫。橡胶垫应具备足够的压缩变形能力，由于浮坞门底板的平整度偏差要求控制在 5mm 以内，因此设计要求橡胶垫的压缩变形能力达到如下要求：5MPa 面压下压缩变形不小于 20mm。

7. 深坞坞口止水研究

（1）深坞坞口止水方案比选

深坞坞口宽 61m，浮坞门宽 59m，浮坞门与两侧坞门墩之间存在 1m 间距，因此深坞坞口的止水分为底止水和侧止水两个部分。如果将底止水或侧止水分开考虑则止水设计较为简单，因为底止水和侧止水都具有单一性，但实际底止水和侧止水是密不可分的，需要统一考虑。因此坞口止水的关键在于采用何种方式能够确保侧止水与底止水无缝连接，确保止水可靠性。在进行坞口止水设计过程中，针对侧止水和底止水的连接，对不同的止水方案进行分析，对比如下。

1）方案一：与浮坞门一体的背贴式止水方案

如图 5-63 和图 5-64 所示，该方案在浮坞门深坞侧的侧面伸出两个止水牛腿，止水牛腿与坞门墩搭接长 0.5m，浮坞门底板设置止水底槛，从立面上看，整个浮坞门侧止水和底止水承压面呈连续的 U 形面，而坞门墩和坞口底板相应地也形成连续的 U 形面，浮坞门就位后两个 U 形面相互耦合，在水压作用下达到坞口封闭止水的效果。

2）方案二：插板式侧止水方案

参考厄勒海峡沉管预制厂深坞坞口止水方案，坞口底部止水采用 OMEGA 止水带，浮坞门坐底时与止水带压紧，坞门底面形成连续的止水面，坞口侧止水通过插止水钢板进行止水。

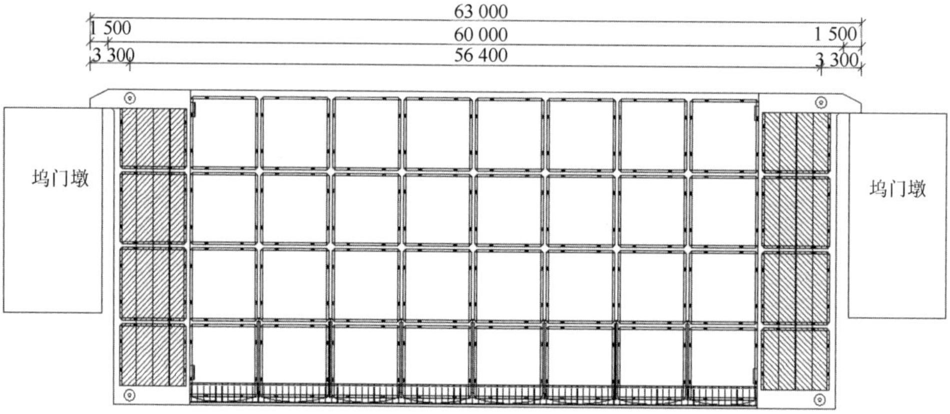

图 5-63　坞口区平面图（与浮坞门一体的背贴式止水方案）

注：尺寸标注单位为 mm

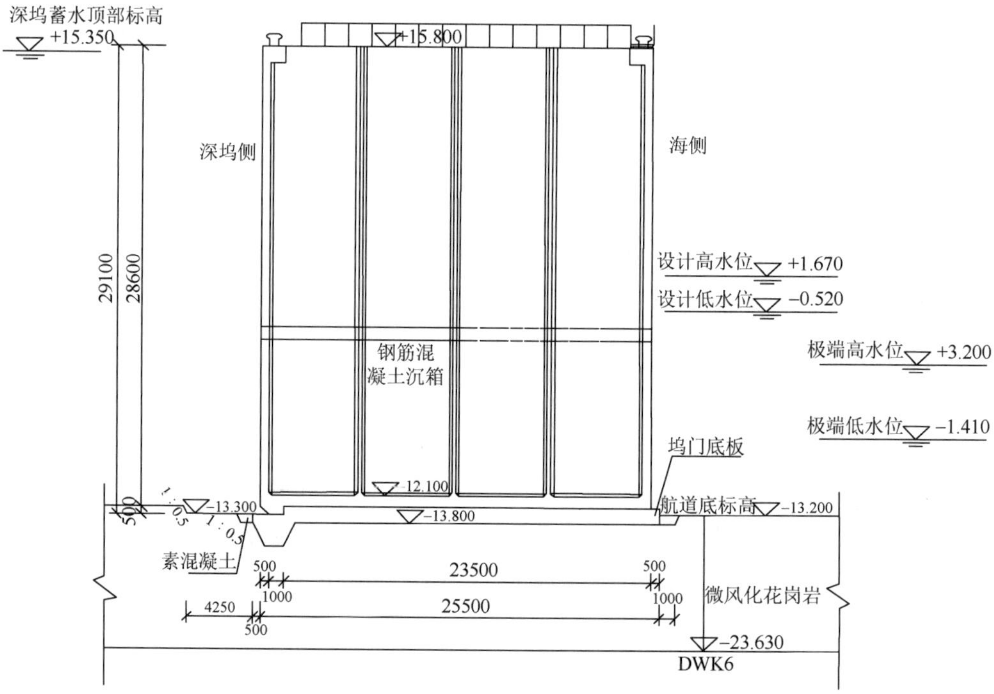

图 5-64　坞口区断面图（与浮坞门一体的背贴式止水方案）

注：尺寸标注单位为 mm，标高单位为 m

3）管状背贴式止水钢闸门结构

与方案二的止水方案相似，坞口底部止水也是采用 OMEGA 止水带，浮坞门坐底时与止水带压紧，坞门底面形成连续的止水面。不同的是坞口侧止水采用管状背贴式止水钢闸门结构，在钢闸门侧面安装 OMEGA 止水带，与浮坞门和坞门墩侧面止水底座紧贴，在水压作用下，钢闸门与浮坞门和坞门墩越贴越紧，达到止水的效果。方案对比见表 5-3。

表 5-3 方案对比

方案	优点	缺点
方案一	将底止水和侧止水面转换至同一竖直立面上，可实现底止水和侧止水带连续布置，止水可靠性高	①该方案要求浮坞门和坞口两个 U 形面的施工精度非常高才能确保二者耦合。 ②该方案浮坞门安装精度要求较高，浮坞门需在坐底前与坞门墩贴紧，操控麻烦。 ③浮坞门受力通过侧面止水牛腿传递给坞门墩，受力形式复杂
方案二	①可实现侧止水和底止水的连续过渡。 ②将浮坞门和坞门墩受力分开，结构受力清晰简单	本工程浮坞门高度达 29.1m，采用插板式侧止水需在坞门墩上设置一台专门的吊机，吊臂长度需要大于 30m 才能完成侧止水安装工作，同时坞门墩北侧没有通道能使吊机到达
方案三	①可实现侧止水和底止水的连续过渡。 ②将浮坞门和坞门墩受力分开，结构受力清晰简单。 ③侧止水钢闸门安装仅需起吊 2m 横移即可，操作方便	侧止水和底止水空间扭曲，实现侧止水和底止水完全密封较为复杂

经过以上分析对比，设计选择方案三作为最终坞口止水方案。

（2）深坞坞口止水设计

深坞坞口止水总体布局：如图 5-65 所示，深坞坞口的挡水和止水结构由浮坞门、侧止水钢闸门、坞门墩和坞口底板 4 部分相互连接组合而成。下面重点研究坞口的底止水和侧止水设施。

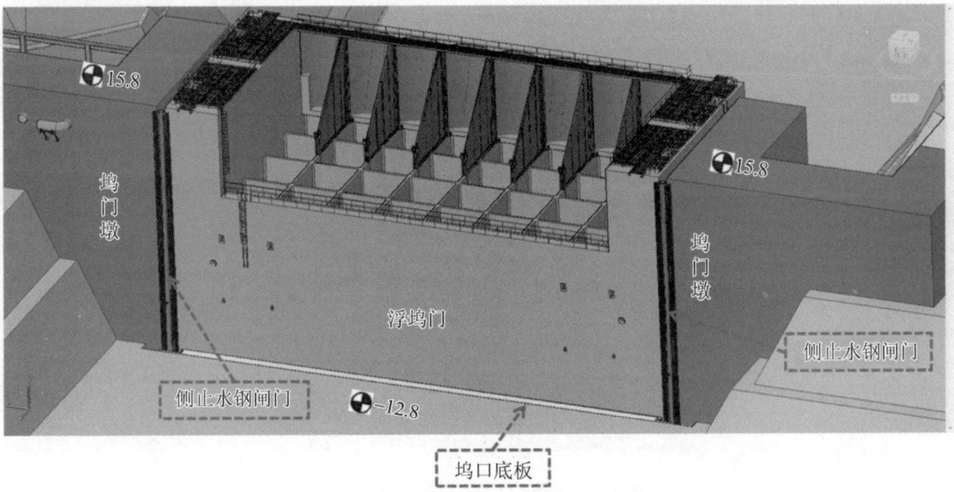

图 5-65 深坞坞口止水轴侧图

坞口底止水：如图 5-66 所示，深坞坞口主要由 OMEGA 止水带进行止水，OMEGA 止水带置于靠坞内侧的防渗混凝土基梁顶部，沿长度方向通长铺设，同时为满足侧止水和底止水连接的水密性，底止水带两端折拐向深坞内侧后再折至坞门墩侧面，呈凹形布置。深坞坞口底止水断面图如图 5-67 所示，OMEGA 止水带高出橡胶垫 3cm，浮坞门就位坐底后浮坞门底板与 OMEGA 止水带压紧止水。

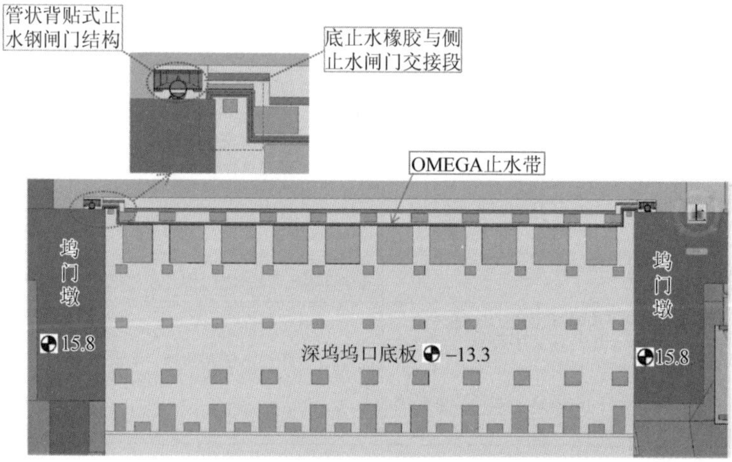

图 5-66　深坞坞口底止水平面图

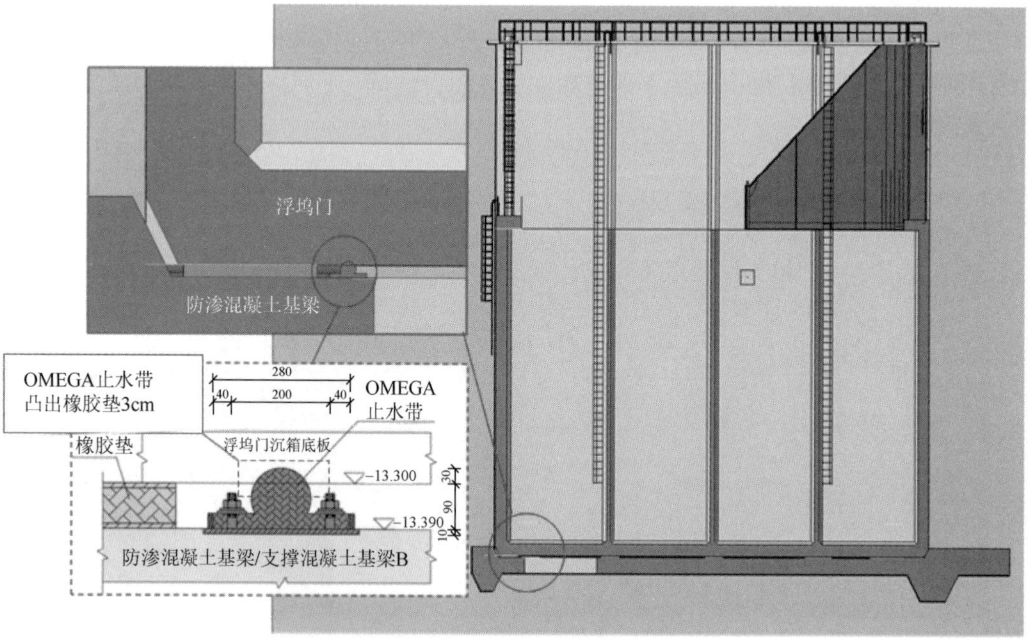

图 5-67　深坞坞口底止水断面图

坞口侧止水：如图 5-68 所示，浮坞门侧面止水采用管状背贴式止水钢闸门结构，钢闸门主体为ϕ700mm 壁厚 16mm 的钢管，钢管两侧分别焊设止水钢板。止水钢板侧面（靠坞内侧）焊设加强肋；止水钢板海侧面通长铺设承压垫和 OMEGA 止水带。如图 5-69 所示，钢闸门平时系存于坞门墩侧面。蓄水时，浮坞门就位坐底后，通过设置于坞门墩顶部的吊机吊装钢闸门，钢闸门就位后在防渗混凝土基梁顶部导向槛及预紧措施的作用下钢闸门侧面 OMEGA 止水带与坞口止水面贴紧，钢闸门底面设置底止水钢板与坞口底部 OMEGA 止水带压紧止水。

采用管状背贴式止水钢闸门作为坞口侧止水结构的优点：

①解决插入式侧止水钢板需要长臂吊架安装的问题，现场只需将钢闸门起吊 2m 并横移即可完成闸门的安装工作，安装操作便捷，日常维护费用低。

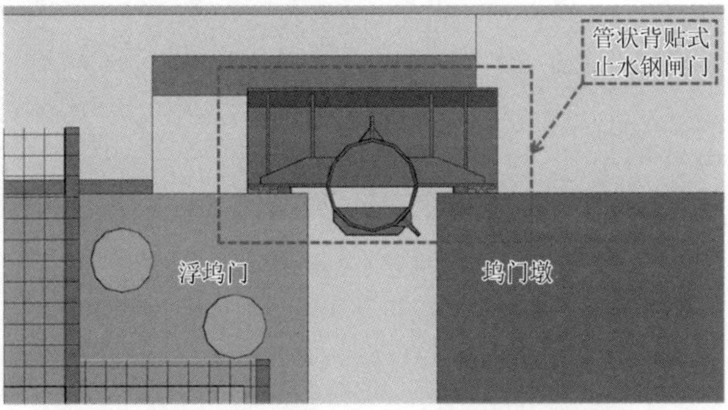

图 5-68　深坞坞口侧止水钢闸门断面图

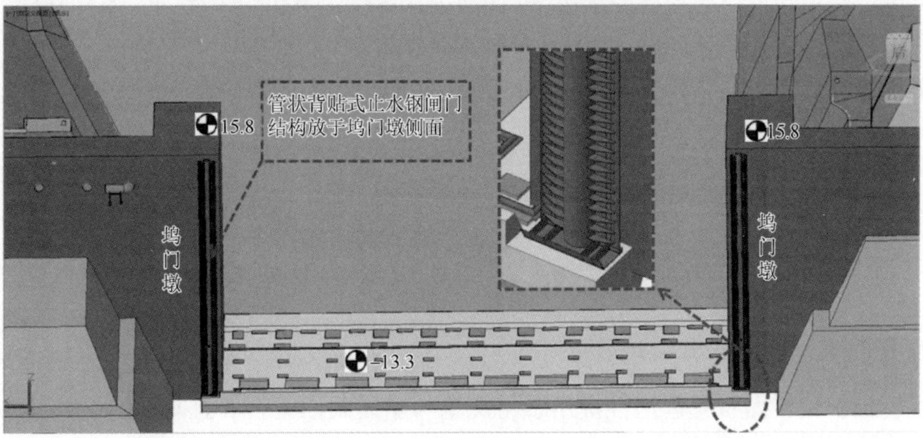

图 5-69　深坞坞口侧止水钢闸门三维轴侧图

②利用钢闸门的纵向柔性来适应深坞坞口侧止水面的施工偏差，降低对深坞坞口侧止水面平整度和垂直度施工精度要求。

③采用管状背贴式止水钢闸门结构，顺着水压方向，受力更为合理可靠。

如图 5-70 所示，2012 年 9 月 10 日，桂山沉管预制工厂深浅坞蓄水至设计水位+ 15.35m，浮坞门进行了“二级”水密性试验，试验结果证明深坞坞口侧止水和底止水安全可靠，深坞坞口的止水满足设计要求。

图 5-70 “二级”水密性试验的浮坞门

8. 小结

本工程深坞坞口需承担的水头差巨大且坞口止水空间关系复杂，对深坞坞口和浮坞门结构设计提出了巨大挑战。本工程创新性地采用钢筋混凝土箱型浮坞门结构、管状背贴式止水钢闸门结构和坞口底板橡胶承压垫等新型结构解决浮坞门浮游稳定、整体稳定、结构受力和坞口止水等一系列问题，并且通过深浅坞试灌水试验表明，深坞坞口结构的止水效果能够满足设计要求，结构安全可靠。该类结构可在类似工程中推广使用。

5.6 效益及推广应用前景

5.6.1 经济效益和社会效益

1. 平面优化的经济效益分析

沉管预制厂平面布置创造性提出了将深坞与舾装系泊区合并且与浅坞区并排布置的总体格局方案，合理的平面格局大大降低了工程造价，主要体现在两个方面：

①寄放区移入岛内，取消防波堤，减少工程费用约 1.69 亿元。

②利用场地周围现有岩石边坡挡水，减少拦水坝费用约 3521 万元；平面优化后深坞区与沉管寄放舾装区合并，通过深入竖向设计，岛内开挖工程量虽有增加，但增加有限，仅增加约 2561 万元；综上，优化后平面方案共节省工程投资约 1.786 亿元。

2. 项目社会效益

相对于岛隧主体工程，沉管预制厂工程虽然只是大型配套临时工程，但该工程直接关系岛隧主体工程的成败。通过一系列的技术攻关和研究，解决了工程建设的一系列重大技术难题，并应用该研究成果建成了国内首个采用工厂法流水线预制且目前世界上规模最大、单体构件最大的沉管预制工厂，为生产寿命达 120 年的钢筋混凝土沉管工艺创新奠定了基础；沉管预制厂投产后实现了 75d 预制 2 节管节的生产速度；采用工厂法预制沉管，是实现港珠澳大桥“大型化、工厂化、标准化、装配化”建设目标的具体体现和必要保障。

5.6.2　推广应用前景

港珠澳大桥沉管预制厂是全球第二次、国内首次采用工厂法流水线预制当今世界上体量最大的钢筋混凝土沉管管节，不仅预制效率高，而且可以有效保证预制沉管的高质量。其管节预制用的钢结构厂房和管节寄存浮运用的深坞、浅坞为目前世界上超大规模的工程构筑物之一。

工厂法预制沉管管节采用浅坞区和深坞区的设计，可使大型预制构件的生产、舾装、起浮、出运过程分开，从而实现流水线化作业；充分节省了施工时间，避免了在时间、人力和资金上的浪费。

该工程设计过程中开展了工厂法沉管预制厂建设关键技术研究，解决了工程建设设计的一系列重大技术难题，为工程顺利建设投产提供了有力的支持。该工程设计研究成果对大型预制构件的预制和出运等类似工程具有重大的借鉴意义，应用前景广阔。

第 6 章　工厂法沉管预制关键技术

6.1　研究目标和关键技术

6.1.1　研究目标

港珠澳大桥岛隧工程工厂法沉管预制是世界范围内首次采用直线生产线生产直线 + 曲线沉管案例，缺乏相关设计规程、标准及经验，且工程所处的功能要求、自然环境和建设条件复杂，环保要求严苛，施工进度极为紧迫。

为此，针对港珠澳大桥岛隧工程工厂法沉管预制难点展开了研究，为港珠澳大桥工程科学、合理、安全、环保、优质和快速建成提供有力的技术支撑。为了实现工厂法沉管预制技术在港珠澳大桥岛隧工程的成功应用，保障工程按期、优质、安全和高效地完成，本项目的研究目标如下：

①从沉管钢筋加工、绑扎、顶推、体系转换及模板的可调式和自平衡入手，研究一种能兼顾直线、曲线的流水线沉管预制方法，实现自动化、信息化、工厂化、标准化预制目标，实现高效、优质预制。

②从沉管的受力特征开展研究，分析沉管顶推及支撑受力如何满足设计要求，解决 8 万 t 钢筋混凝土结构直线及曲线沉管长距离顶推技术难题，保证沉管混凝土不开裂，节段接头不脱开，轴线偏差毫米级控制。

③形成沉管预制过程线形全过程信息化动态测控方法，实现高精度控制保护层、轴线及尺寸偏差，保证 120 年耐久性。

6.1.2　关键技术

①工厂法沉管预制关键技术：钢筋绑扎流水线，钢筋笼可调式台架及顶推滑移系统，全断面液压模板系统，混凝土全断面一次性浇筑及温控系统。

②沉管顶推关键技术：三点并联主动式支撑系统，分散同步连续顶推系统，导向动态纠偏系统。

③工厂法沉管预制线形控制关键技术：沉管预制线形测控系统，端钢壳三维线形评估系统。

6.2　沉管国内外发展概况

沉管法产生于英国，实践于美国，发展于荷兰、日本和中国。1810 年，Charles 首次在伦敦进行了沉管隧道施工试验，并提出了修建泰晤士河沉管隧道详细设计方案，直到 19 世纪末期，沉管法才得以完善。1910 年，美国在跨越加拿大和美国的底特律河建造了世界上第一条沉管铁路隧道，标志着沉管隧道技术的成功应用。目前世界上已建成了 150 多条沉管隧道，中国已建成约 15 条，国外已建成的大型沉管隧道工程有厄勒海峡沉管隧道、韩国釜山—巨济沉管隧道、土耳其博斯普鲁斯海峡沉管隧道等，这些工程的成功建设都为沉管隧道的发展提供了新的思路。

总体来说，按照建成时间先后和结构特点可以把沉管隧道结构及预制类型的发展划分为三个阶段。

第一阶段沉管隧道成型于 20 世纪 20～40 年代，其典型特征为：①钢壳结构；②单个行车道内不超过 2 车道；③造船厂预制沉管。例如，1910 年美国建成的第一条沉管铁路隧道——底特律河水底铁路隧道，水下段由 10 节长 80m 的钢壳管节组成。

第二阶段沉管隧道成型于 20 世纪 40～60 年代，其典型特征为：①钢筋混凝土（或预应力混凝土）结构；②矩形断面；③干坞内或造船厂预制沉管。沉管以钢筋混凝土结构为主，在车道布置形式上更加灵活，满足了道路通行的基本要求，解决了交通拥挤的问题。沉管法修建水底隧道一个明显的进步，是 1941 年在荷兰建成的马斯河水下公路隧道。管节用钢筋混凝土制成矩形结构，内设 4 车道并附设自行车和人行的专用通道。管节断面为 24.8m×8.4m，外面用钢板防水，并用混凝土作防锈保护层。

第三阶段沉管隧道成型于 20 世纪 60 年代后期，其典型特征为：①节段式管节；②混凝土结构自防水；③工厂法预制开始得以应用。第三阶段沉管隧道建设中最大的技术进步当属混凝土预制水平提高，沉管自防水结构得以成功应用。自 20 世纪 80 年代末以来，混凝土沉管隧道的防水重点在加强混凝土裂缝控制方面，通过节段式管节和整体式浇筑尽可能地减少危害性裂缝的出现，使混凝土自身成为永久的防水屏障，不再使用外包材料进行辅助防水，而且可以根据浮运条件与设备能力制作较长的隧道管节。

6.3　关键技术研究与应用

6.3.1　沉管预制总工艺

工厂法沉管预制按照直线生产线进行工艺布置，所有预制作业在厂房内 24h 连续进行：长 180m 的管节分为 8 个节段，每个节段长 22.5m，节段在固定的台座上浇筑、养护达到顶推强度要求后，向前顶推 22.5m，空出浇筑台座，下一节段与刚顶推出的节段相邻匹配预制。如此逐段预制逐段顶推，直至 8 个节段全部完成浇筑后，整体向前顶推至浅坞区（顶推距离约 132m），完成一次舾装，然后关闭浅坞区与预制工厂之间的滑动坞门，浅坞区灌水，管节起浮横移至深坞区，进入沉管浮运安装施工环节。工厂法沉管预制流程示意图如图 6-1 所示，管节预制施工工艺流程图如图 6-2 所示。

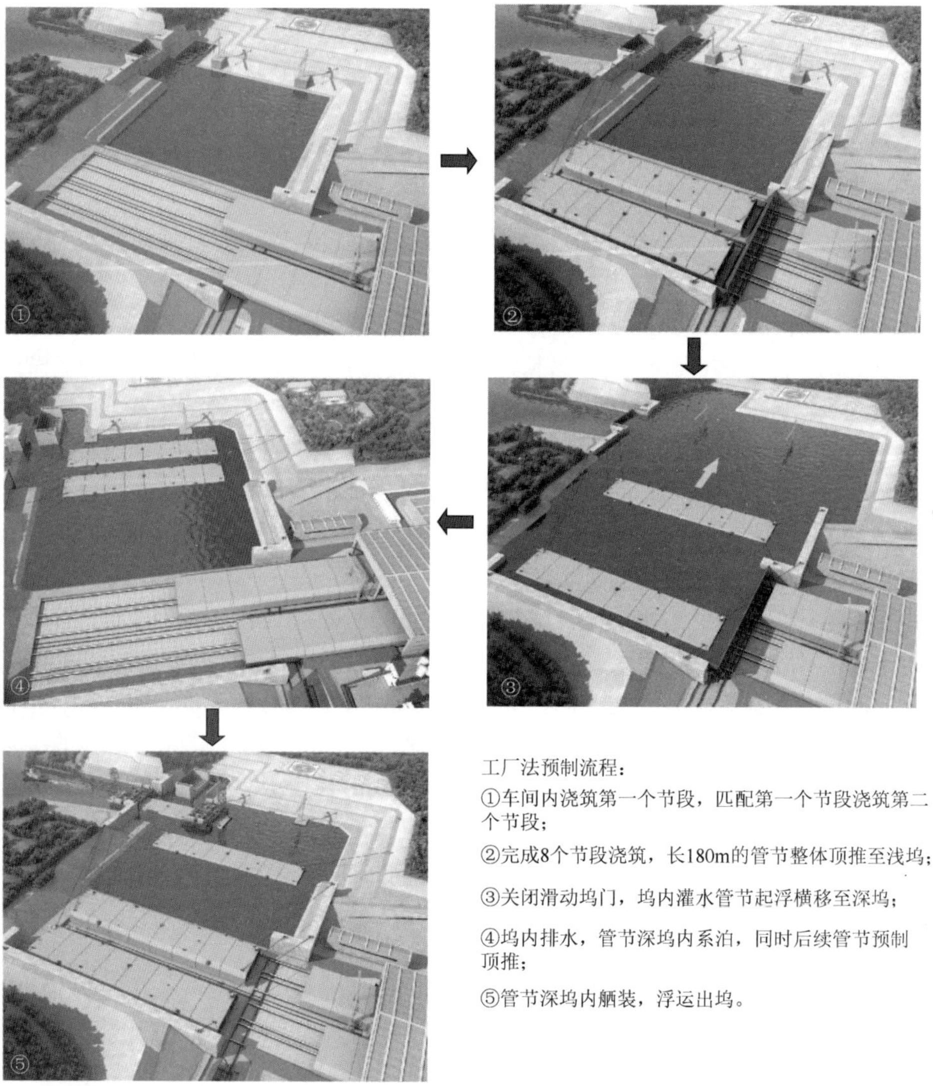

工厂法预制流程：

①车间内浇筑第一个节段，匹配第一个节段浇筑第二个节段；

②完成8个节段浇筑，长180m的管节整体顶推至浅坞；

③关闭滑动坞门，坞内灌水管节起浮横移至深坞；

④坞内排水，管节深坞内系泊，同时后续管节预制顶推；

⑤管节深坞内舾装，浮运出坞。

图 6-1　工厂法沉管预制流程示意图

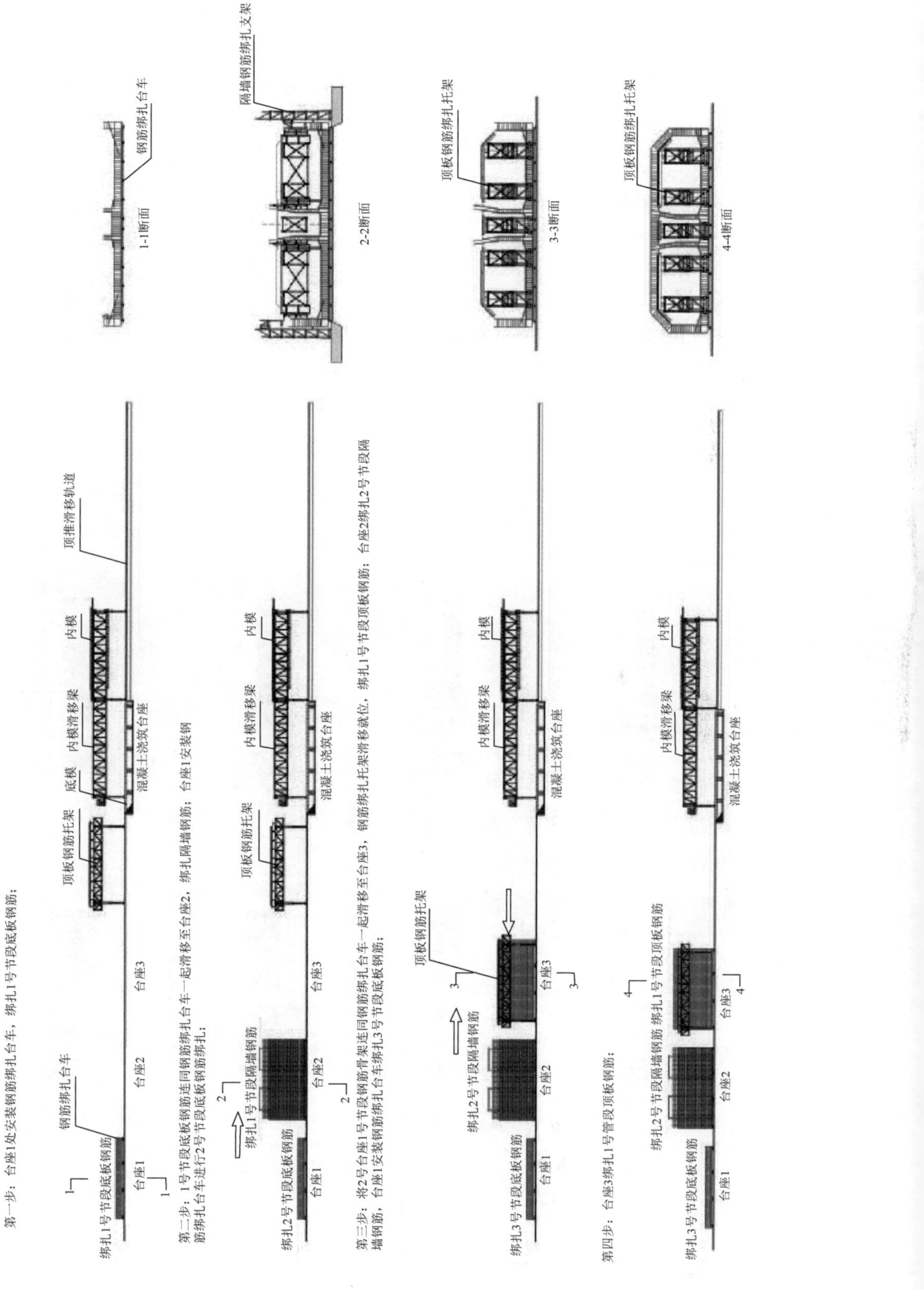
第一步：台座1处安装钢筋绑扎台车，绑扎1号节段底板钢筋；
绑扎1号节段底板钢筋
钢筋绑扎台车
台座1
台座2
台座3
顶板钢筋托架
底模
内模滑移梁
内模
混凝土浇筑台座
顶推滑移轨道
第二步：1号节段底板钢筋连同钢筋绑扎台车一起滑移至台座2，绑扎隔墙钢筋；台座1安装钢筋绑扎台车进行2号节段底板钢筋绑扎；
绑扎2号节段底板钢筋
绑扎1号节段隔墙钢筋
第三步：将2号台座1号节段钢筋骨架连同钢筋绑扎台车一起滑移至台座3，钢筋绑扎托架滑移就位，绑扎1号节段顶板钢筋；台座2绑扎2号节段隔墙钢筋，台座1安装钢筋绑扎台车绑扎3号节段底板钢筋；
绑扎3号节段底板钢筋
绑扎2号节段隔墙钢筋
第四步：台座3绑扎1号管段顶板钢筋；
绑扎1号节段顶板钢筋
1-1断面
2-2断面
隔墙钢筋绑扎支架
3-3断面
顶板钢筋绑扎托架
4-4断面

第五步：1号管段移钢筋笼滑移至浇筑台座处，安装气囊顶升钢筋笼；

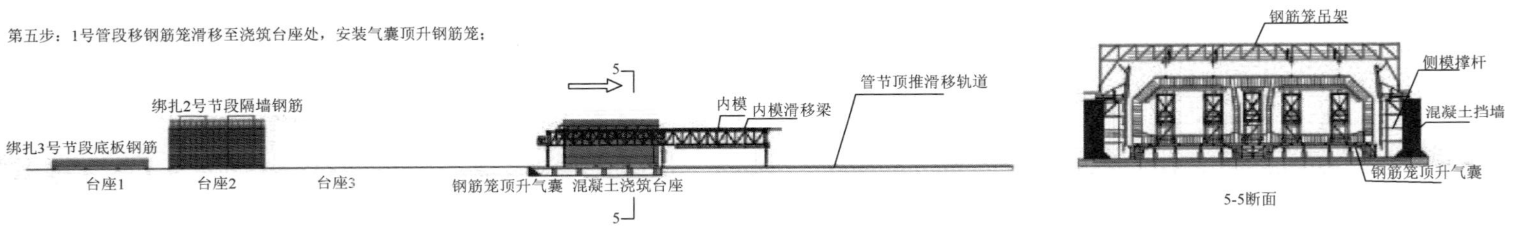

第六步：气囊顶升钢筋笼，退出钢筋绑扎台车后转运至台座1，同时泄掉气囊内气体，下放钢筋笼至底模，抽出气囊；

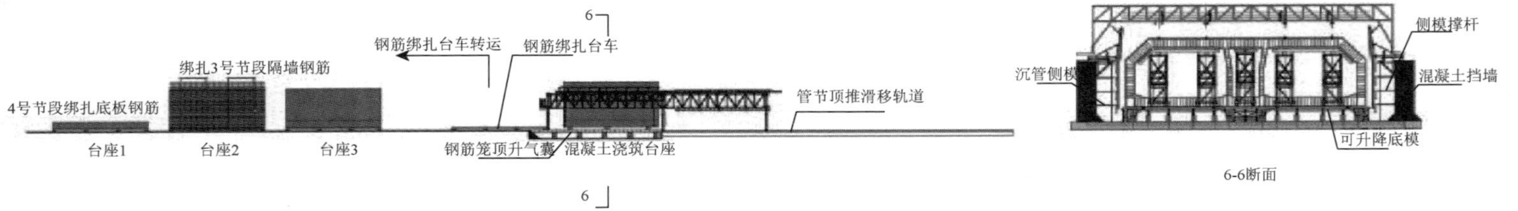

第七步：钢筋笼吊架就位，提升顶板钢筋，拆除顶板钢筋绑扎托架并后移至台座3；

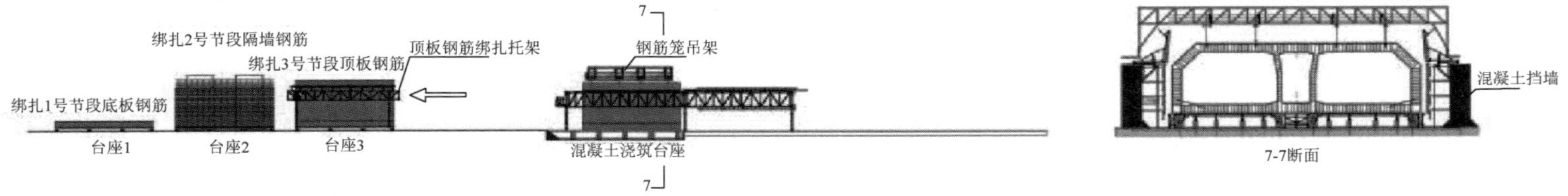

第八步：移进混凝土浇筑内模并展开支护，放松钢筋笼吊架，安装侧模、端模；浇筑混凝土；

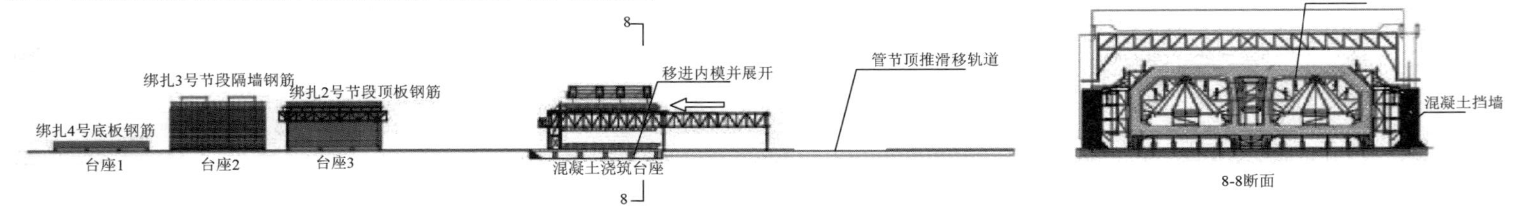

第九步：放松内模，退开侧模，拆除端模，安装顶推装置将管节向前推进22.5m；

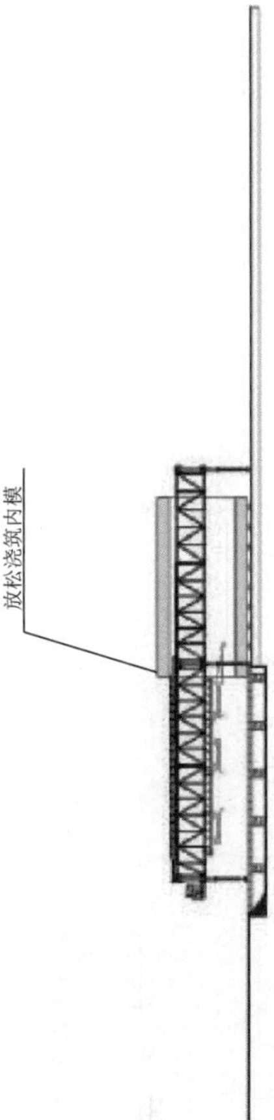

第十步：清理内模，并向前滑移至1号节段内腔，完成一节管节预制循环施工，准备下一节段预制；

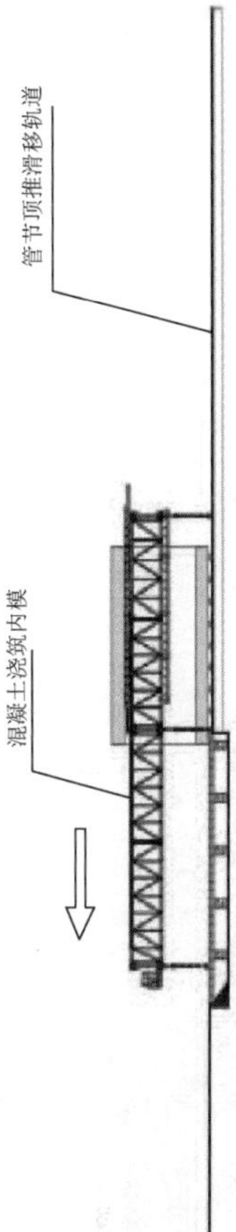

第十一步：按照与管节第一段相同的方法完成管节第二段混凝土浇筑并将管节向前顶推22.5m，台座1、台座2、台座3继续流水作业绑扎钢筋；

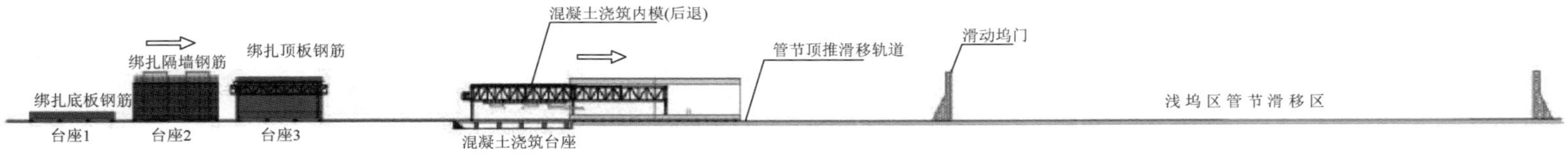

第十二步：按照相同的方法完成管节第三、四、五、六、七、八段施工，讲管节顶推至浅坞滑移区，完成临时预应力整体张拉，同时完成尾端的钢封门等剩余的一次舾装施工；
台座1、台座2、台座3继续流水作业绑扎下一节管节钢筋；

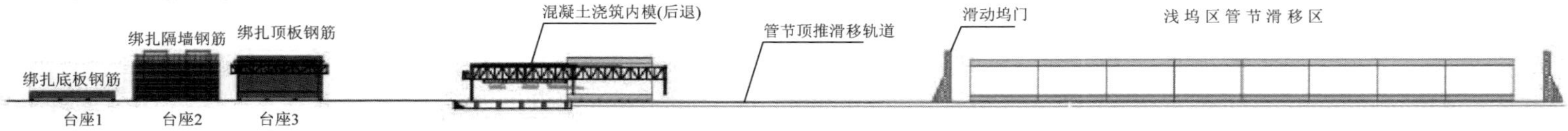

第十三步：同时关闭滑动坞门，开启水泵抽水至工作水位，管节自浮后将共浮运至深坞区管节寄放区，预制工厂正常预制下一节管节；

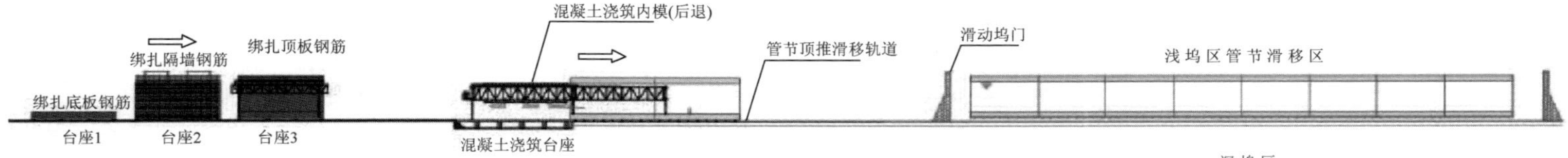

第十四步：开启滑动坞门将坞池水位放至常水位，将管节寄放至深坞区寄放区等待出运，安装，开启滑动坞门为后续管节顶推至浅坞区做好准备，
按照上述方法循环预制所有管节。

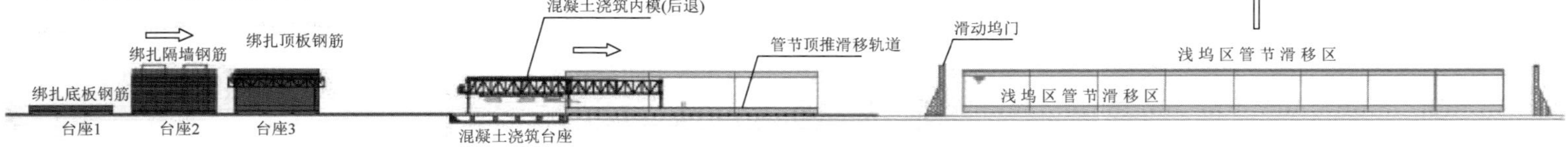

图 6-2　管节预制施工工艺流程图

6.3.2 足尺模型试验

1. 实验必要性

港珠澳大桥设计使用年限为 120 年，预制管节混凝土不允许出现危害性裂缝。港珠澳大桥沉管混凝土结构具有强度高、尺寸大、方量大、管壁厚、无冷却管、全断面浇筑等显著特点，控裂难度高、风险大；同时采用工厂法沉管预制，在施工工艺方面国内尚无成熟的经验可供参考借鉴。因此非常有必要进行足尺模型试验，验证预制沉管混凝土原材料、配合比、施工工艺及裂缝控制措施的可行性及可靠性。

2. 实验目的

在小尺寸模型试验完成后，基本选定施工用配合比，验证重点转移到预制工艺的验证。为全方位验证混凝土原材料、配合比、施工工艺及裂缝控制措施的可行性及可靠性，在桂山沉管预制工厂生产线上按照真实沉管生产工艺流程进行沉管节段足尺模型制作：一是作为典型施工，检验沉管预制各工序工效，检验各种工装设备使用情况；二是验证混凝土原材料、配合比、施工工艺及裂缝控制措施的可行性及可靠性。

3. 模型设计

足尺模型按全断面进行预制，共浇筑 S1、S2 两个小节段，分别按浅水区、深水区进行结构钢筋布置，纵向长度均为 5.8m，单节试验段混凝土方量约 853m^3，钢筋约 245t。两个节段之间设置节段接头（包括混凝土剪力键浇筑、橡胶垫层、双道止水带等），其中一节段外端头设置管节接头，安装端钢壳及钢剪力键，如图 6-3 所示。

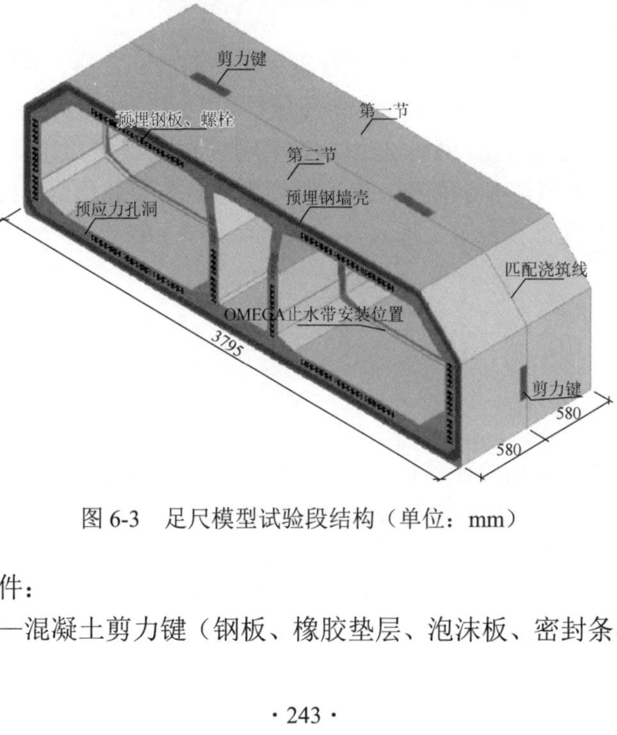

图 6-3 足尺模型试验段结构（单位：mm）

布置下列预埋件：

①节段接头——混凝土剪力键（钢板、橡胶垫层、泡沫板、密封条、密封钢板、中埋

式止水带、OMEGA 止水带预埋件）。

②管节接头——钢剪力键（橡胶支座、预埋钢板、螺栓）、端钢壳。

③舾装件——端封门（单侧单孔全部预埋件，并安装一块封门）、压载水箱（一面挡墙所有预埋件）、吊点（一处）、系缆柱（一处）、拉合支座。

④临时预应力（全部的预埋件，顶、底板各取一孔进行张拉、剪断试验）。

4. 足尺模型效果分析

①与国内外同类工程模型试验相比，港珠澳大桥沉管预制足尺模型试验无论规模、尺寸、试验内容都是最大最全面的。在预制沉管流水线上进行两个匹配节段的足尺模型试验，更贴近实际施工工艺；采用全断面足尺模型设计，完全体现了沉管的尺寸效应；试验内容涵盖了配合比设计、浇筑工艺、混凝土控裂工艺、工厂法验证，全面验证了工厂法预制沉管的可行性。

②通过全国范围的原材料调研，结合沉管混凝土设计需求，优选质量和供应都有保障的原材料，配制出低热、低收缩的海工耐久性混凝土。施工用 C45 预制沉管混凝土胶材用量 $420kg/m^3$，水泥比例 45%，56d 氯离子扩散系数 $2.5\times10^{-12}m^2/s$，7d 绝热温升 41.1℃，90d 干燥收缩 240×10^{-6}。

③对足尺模型温度应力进行了全面监测，为预制沉管控裂方案的设计和实施奠定了基础。验证采用片冰拌和混凝土和喷雾养护工艺，在正式沉管预制中成功实施，全断面预制沉管未出现开裂情况，温控取得良好效果。

④足尺模型试验的开展有效验证并完善了预制沉管混凝土施工工艺，形成了《预制沉管裂缝控制和浇筑施工工艺专用施工指南》，为最终形成岛隧工程预制沉管的设计施工方案提供了有效的技术支撑，为后续工程的顺利实施奠定了坚实的基础。

6.3.3 钢筋笼全断面绑扎工厂法流水线生产技术

沉管预制设置 2 条生产线，每条生产线设 3 个钢筋绑扎台座，两侧为钢筋加工区，分别设置相应的钢筋堆放、钢筋加工、半成品堆放区。半成品加工完成后分别通过相应的桥吊运至钢筋绑扎台座进行绑扎，钢筋笼完成顶板钢筋绑扎后连同钢筋绑扎台车一起滑移至混凝土浇筑坑，气囊充气顶升钢筋笼，退出钢筋绑扎台车至休整区，拆卸，分块转运至底板绑扎区，重新组装为绑扎台车，进入下一道循环。

1. 工艺流程

钢筋施工工艺流程如图 6-4 所示。

2. 钢筋加工区设计

钢筋加工区总体上采用横跨顶板、隔墙和底板三个车间的钢筋集中加工方式，三个车间的原材料通过一辆 30t 过跨车实现过跨运输，套丝和弯曲成型后的制品（半成品）通过两个 20t 动力过跨车配合龙门吊周转至三个半成品堆放区，如图 6-5 所示。采用锯切线下料的材料，从传送辊台到两条套丝生产线钢筋连续动力转运，套丝后直条钢筋收集于骨料槽，由龙门吊周转至相应弯曲主机。

摩擦焊生产拉钩筋，选择另外车间进行单独加工，不设在生产线上。

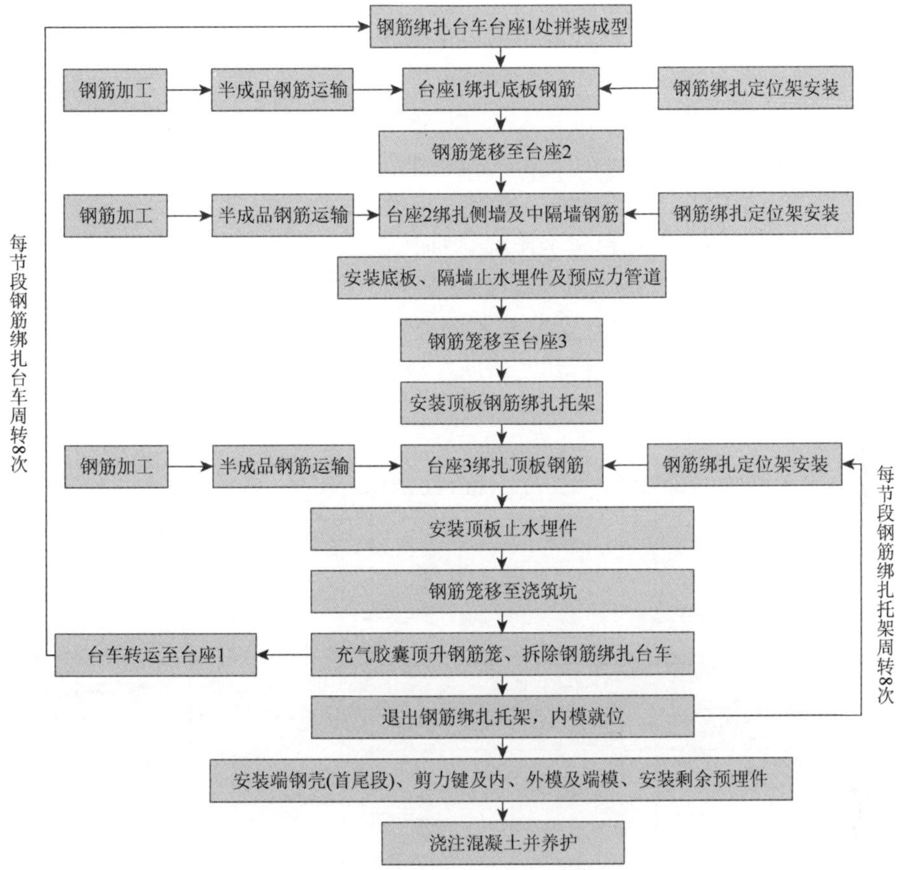

图 6-4　钢筋施工工艺流程图

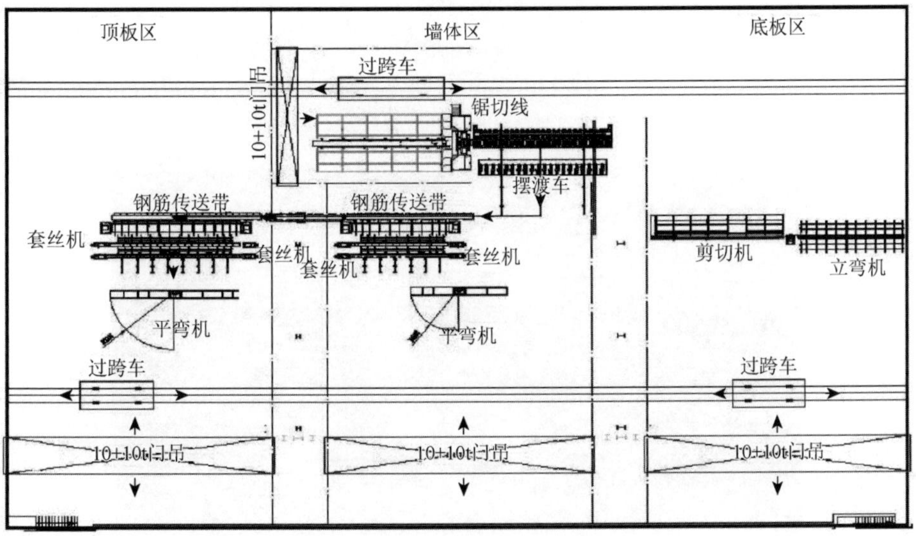

图 6-5　钢筋加工设备平面布置图

3. 钢筋绑扎流水线设计

沉管钢筋采用分区绑扎、顺序顶推的流水线施工工艺。采用移动式台架分别在底板、墙体及顶板钢筋绑扎台座同步施工，完成绑扎后，顺序顶推钢筋笼至下一作业区，顶板钢筋笼绑扎完成后顶推进模板区，利用气囊和钢筋笼吊架将钢筋笼置换至底模上，实现全断面钢筋笼的受力体系转换，即钢筋台架受力转换为模板受力。

单条生产线钢筋绑扎区分为底板、墙体、顶板绑扎区，呈纵向直线向布置，钢筋绑扎区宽度为 42m，两侧预留绑扎台架工作宽度为 1.525m，每个区工作净宽度为 37.95m（同沉管断面宽度），长度为 22.5m（同沉管节段长度），如图 6-6 和图 6-7 所示。

底板、墙体、顶板钢筋绑扎区分别设不同类型绑扎台架，三个区域外侧面绑扎台架均为可伸缩式固定台架，内侧为可拆装式活动台架。

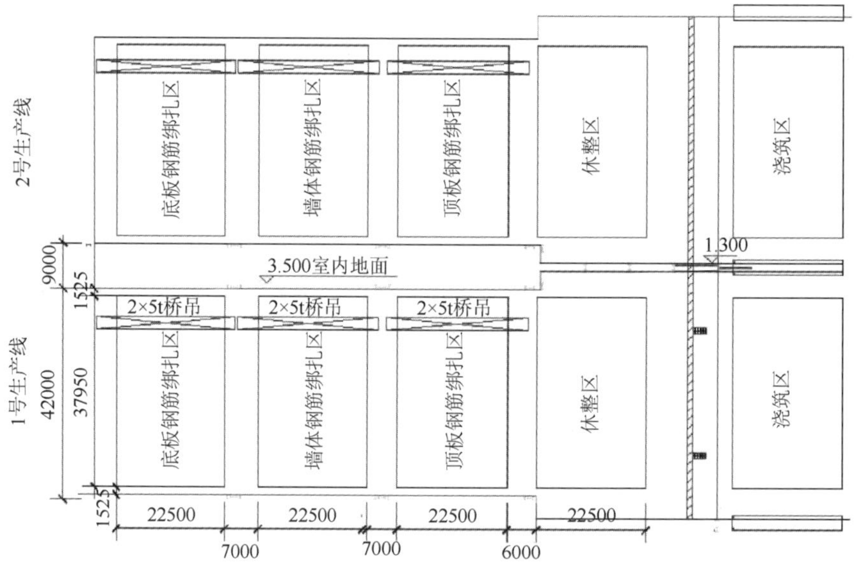

图 6-6 钢筋绑扎区布置图

注：尺寸标注单位为 mm，标高单位为 m

图 6-7 绑扎台架

（1）底板钢筋绑扎台架

底板钢筋绑扎工艺和台架分别如图6-8和图6-9所示。

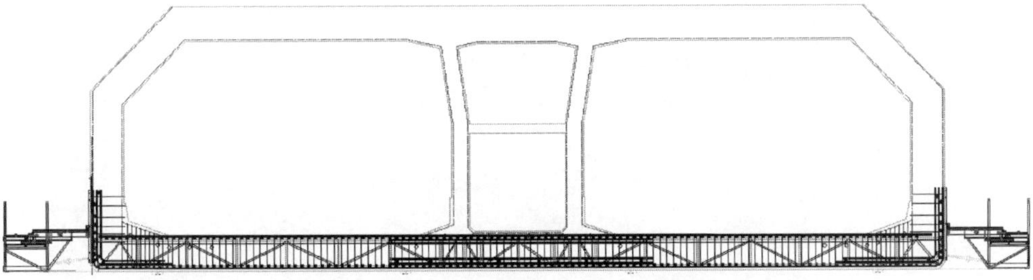

图6-8 底板钢筋绑扎工艺图

图6-9 底板钢筋绑扎台架

（2）墙体钢筋绑扎台架

墙体钢筋绑扎工艺和台架分别如图6-10和图6-11所示。

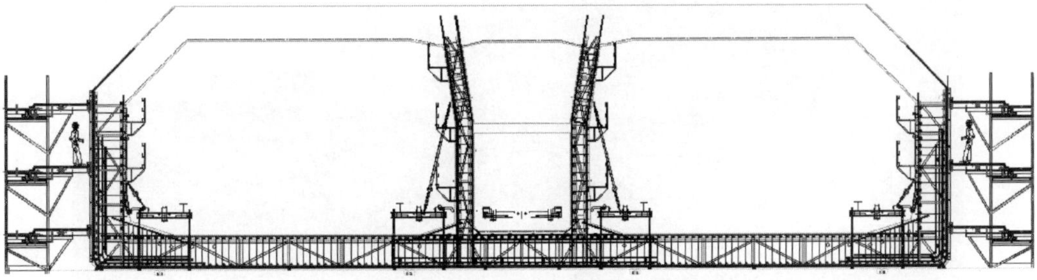

图6-10 墙体钢筋绑扎工艺图

图 6-11　墙体钢筋绑扎台架

（3）顶板钢筋绑扎台架

顶板钢筋绑扎工艺和台架分别如图 6-12 和图 6-13 所示。

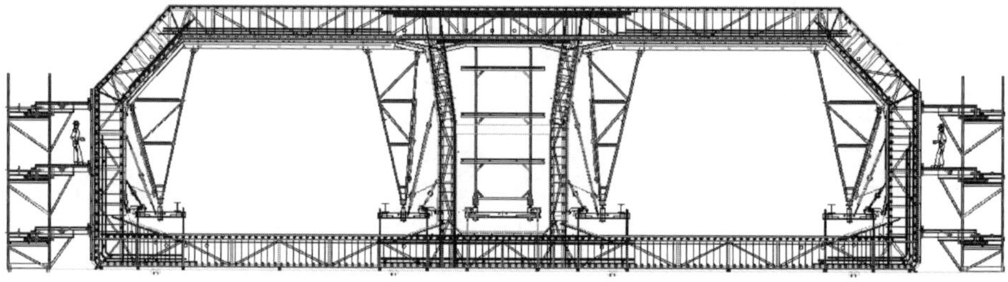

图 6-12　顶板钢筋绑扎工艺图

图 6-13　顶板钢筋绑扎台架

（4）钢筋整体顶推及体系转换

1）顶推力计算

钢筋笼 + 台架重量：13000kN。

顶推静摩擦系数（摩擦副为钢板对钢板）：0.12，根据以往滑移经验，在滑道上涂抹黄油后，静摩擦系数为 0.1，正常滑移时滑移摩擦系数为 0.08，预留一定安全系数，取 0.12。

顶推水平力：$T \geqslant \mu N = 1560\text{kN}$。

共布置 4 套顶推装置，平均每个顶推千斤顶的额定水平推力为 390kN。考虑顶推装置在顶推过程中并不保持水平状态，而是有一定的升角，最大升角 $\alpha = 8°$。

则油缸的额定推力：$390/\cos 8° = 394\text{kN}$。

注：顶推轨道只承受楔形夹轨器装置的顶推反力，顶推结构（钢筋笼）的重量通过滑移轨道来支撑，选择 4 台 500kN 千斤顶满足钢筋笼顶推要求。

2）顶推系统

顶推系统采用计算机控制液压顶推系统，实现自动化同步顶推操作，并设置预警预报系统，达到钢筋笼顶推零风险的目标。该系统包括 4 台 500kN 千斤顶（配 4 套楔形夹轨器、4 套传感器）、2 套泵站、4 条顶推轨道（与滑移轨道平行设置）、1 条顶推横梁、1 套计算机控制系统。

在正向顶推过程中，通过楔形块的单向自锁装置自动夹持轨道形成反力；在油缸反向回缩时，由于楔形块无自锁，油缸带着楔形夹轨器夹持装置自动回缩到初始位置，实现间歇式顶推前行，如图 6-14 所示。

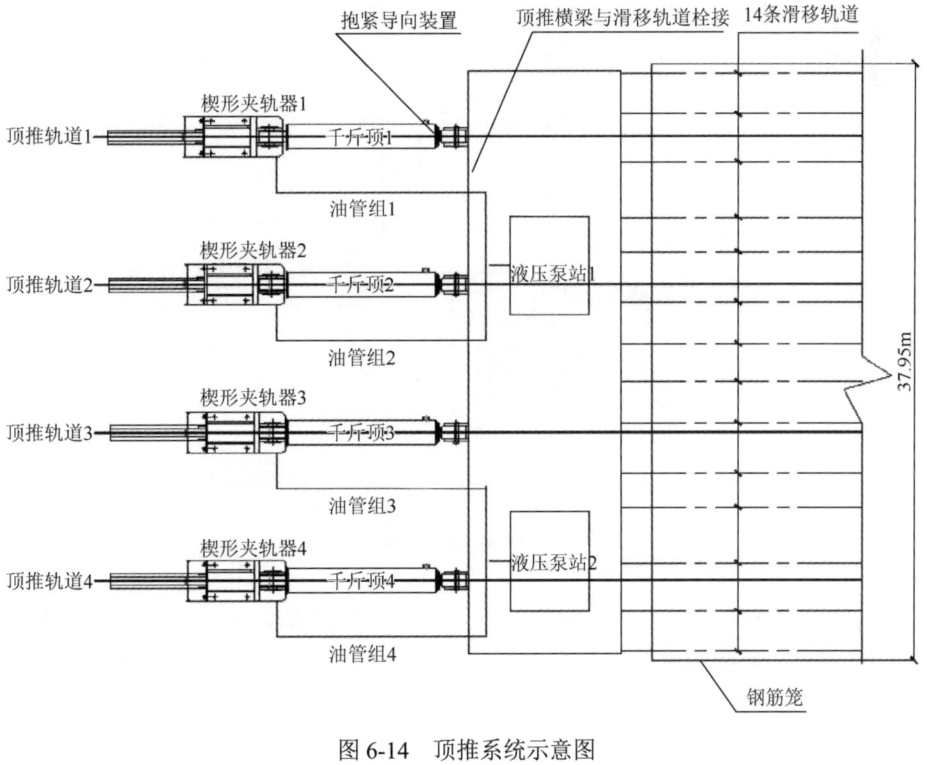

图 6-14　顶推系统示意图

顶推楔形夹紧装置直接夹持在轨道上面，通过连接耳板和销轴与顶推千斤顶连接。同时，为了防止顶推夹紧装置倾翻，增加了抱轨导向装置，使夹紧装置始终平行于轨道行走，顶推系统组成及抱轨导向装置如图 6-15 和图 6-16 所示。

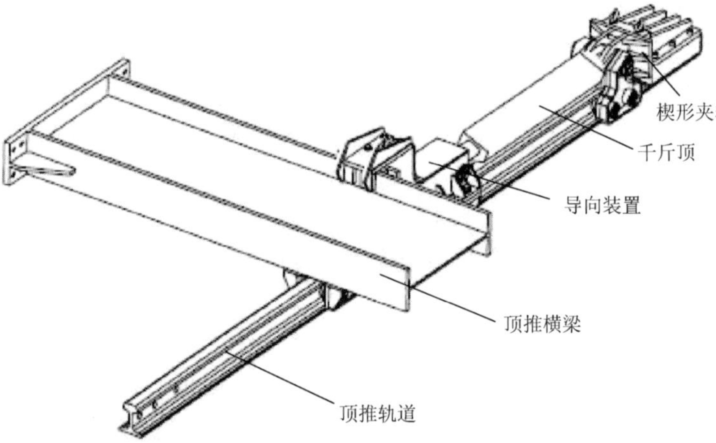

图 6-15　顶推系统组成示意图

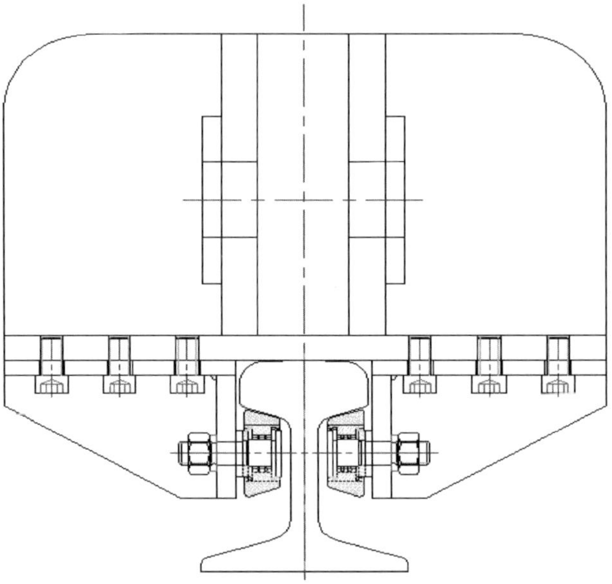

图 6-16　抱轨导向装置示意图

计算机控制系统主要包含主控制器 1 台、泵站分控制器 2 台、油缸行程传感器 4 套、油缸压力传感器 4 套及相应的电线电缆，是一套分布式实时控制系统，能够自动、手动和顺控，实现同步顶推施工，并且对所有顶推状态参数进行实时监控。顶推控制界面如图 6-17 所示。

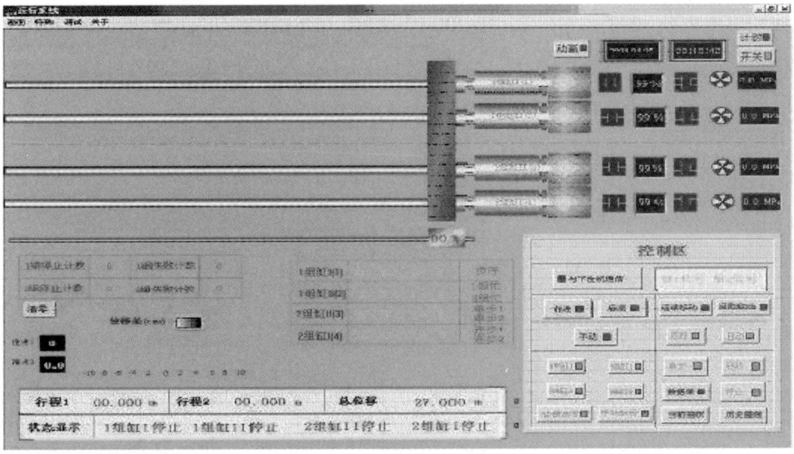

图 6-17　顶推控制界面

通过行程传感器检测各个顶推有效行程，并反馈给计算机，由计算机进行位置同步控制。同时，检测各个顶推千斤顶的油压，防止由于顶推卡阻导致局部顶推力过大，导致钢筋笼失稳。

为确保顶推安全，设置顶推超差限位，钢筋笼顶推面整体平面度偏差超过 10mm 系统自动停机。

3）体系转换系统

钢筋笼体系转换是钢筋笼顶推进入模板区后，采用桁车吊架悬挂及气囊顶升的方式，退出滑移轨道，并实现台架支撑钢筋转换为模板支撑的过程。

钢筋笼体系转换时，在钢筋笼底部布置气囊，通过气囊垫板与钢筋笼底板接触，以增大接触面积。气囊配备空压机、管路、进排气阀、安全装置、压力表，可实现并联供气或有选择性供气。滑移轨道和气囊位置示意图如图 6-18 所示。

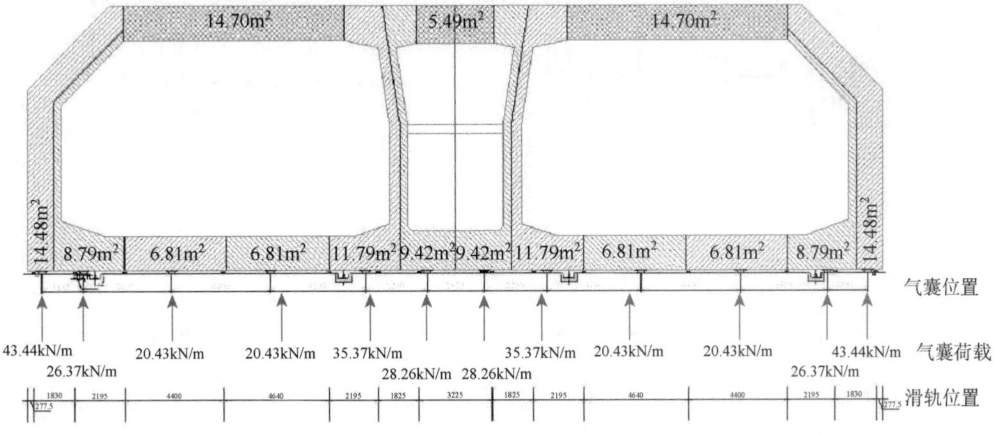

图 6-18　滑移轨道和气囊位置示意图

注：尺寸批注单位为 mm

气囊自由充气直径 250mm，长度 23m，额定压力 4×10^5Pa，通过气囊垫板与钢筋笼底板接触，初步设计气囊垫板由 10mm 厚钢板与 3mm 厚细木工板组成。气囊垫板示意图和气囊布置示意图分别如图 6-19 和图 6-20 所示。

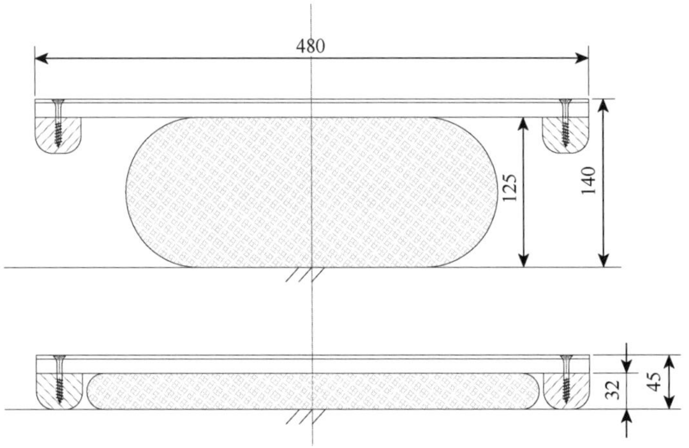

图 6-19　气囊垫板示意图（单位：mm）

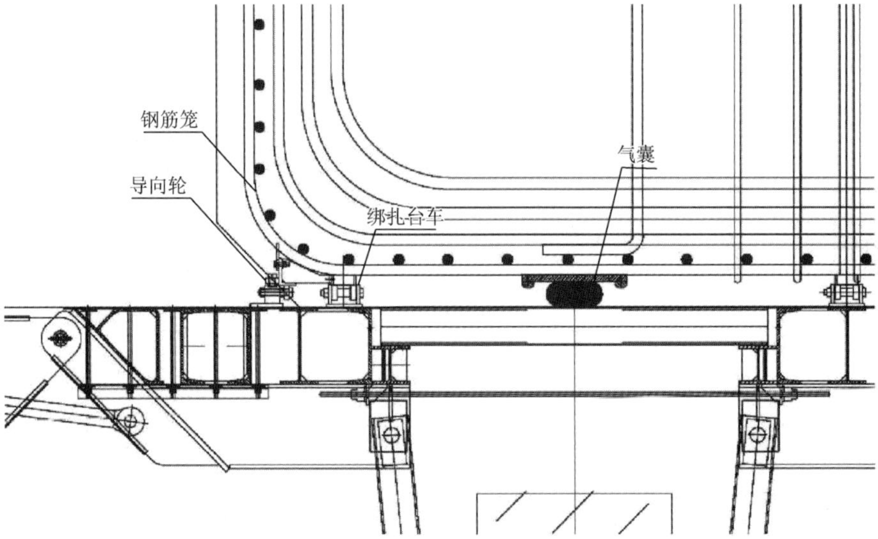

图 6-20　气囊布置示意图

体系转换过程中钢筋笼顶部均匀分布 4 台桁车吊架，每台吊架上设 2 排吊点，单台桁车共 8 个吊点，每个吊点提供 70kN 吊缆缆力，防止钢筋笼下挠，以利于顶板钢筋内台架顺利脱开，模板进入，完成内模安装工作，吊架悬挂示意图如图 6-21 和图 6-22 所示，图中桁车吊架为 20t 桥吊，既为钢筋笼体系转换使用，也为模板及预埋件安装施工所用。

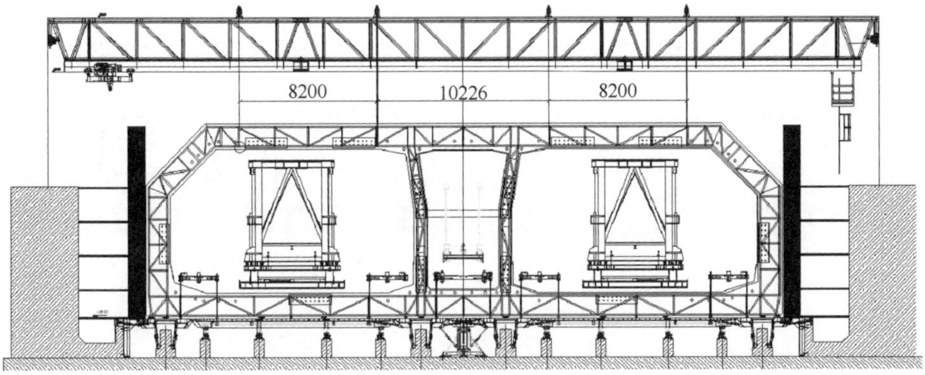

图 6-21 吊架悬挂示意图（单位：mm）

图 6-22 钢筋笼体系转换

6.3.4 全断面浇筑液压模板设计

全断面浇筑液压模板由底模、外侧模、内模、端模四部分组成。

模板设计同时考虑了直线段与在水平面轴线方向上 5500m 曲率半径曲线段管节的要求。为了满足水平方向多边形方式接近弧线连接的要求，内模与外模将在浇筑曲线段管节时在水平方向上可进行±400mm 的调整。

在浇筑曲线段管节时上部荷载将对底模造成不对称的作用力，在对模板的力学计算与设计时充分考虑了此因素的影响。在第一节段与第八节段外端头模板设计时，考虑纵向有些管节间有最多 3%的角度要求。模板拆模状态和立模状态如图 6-23 所示。

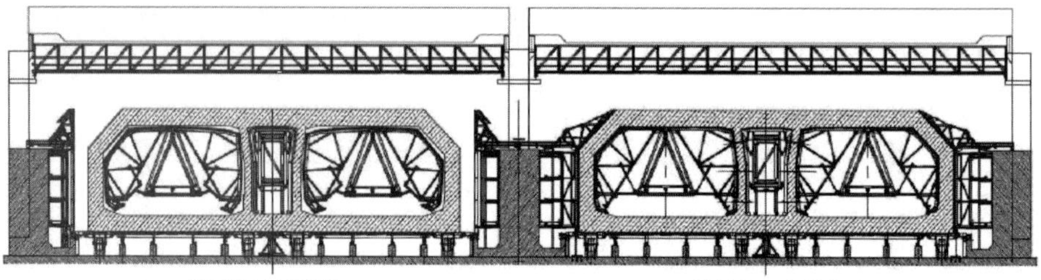

图 6-23　模板拆模、立模状态示意图

1. 荷载条件

底模的设计考虑了整个节段自重约 9000t 的荷载。在混凝土浇筑完成并凝结后，整个节段的重量将由滑移梁上的滑移千斤顶来承受，这时底模将被卸载。墙体模板设计额定混凝土侧向压力为 50kN/m²。顶模设计时考虑了顶板的钢筋与混凝土自重。在设计针形梁及内模台车时，考虑钢筋笼约 100t 的重量，这个荷载将由临时装置来承受。

外墙模板不设对拉杆，充分确保墙体的水密性。

边墙内模的侧向混凝土压力将由内模横向支撑从一边传向另外一边，外模的混凝土侧向压力则由支撑系统传递给两条生产线之间及生产线两边的混凝土墩墙承受。

对底模承受的荷载、外模侧向荷载（包括混凝土及钢筋自重、模板自重、混凝土侧向压力）及水平移动内模造成的荷载进行了分析。

2. 尺寸设计

管节系统长度：180m

节段长度：22.50m

管节宽度：37.95m

模板高度：11.50m

模板的长度根据不同的模板单元进行了不同的选择。原因是考虑要满足剪力键生产的要求，或者满足第一节段与第八节段长度调整的要求。具体长度如下：

底模 = 23920mm

外墙模 = 23960mm

行车廊道内模 = 23200mm

中管廊内模 = 23200mm

3. 端模设计

在设置节段接头（EJ）时，端头模板总是与节段纵轴处于垂直状态，在长度方向上可以准确地调整到节段长度 22.5m 的要求。在设置管节接头时（IJ），端头模板可以在横截面方向进行 ±400mm 的调整，在垂直方向上进行 ±3%的倾斜调整。

4. 曲线模板设计

整个模板系统设计考虑了曲线段截面中轴曲率 $R = 5500\text{m}$ 的要求，模板的侧模及内模可以在横向进行±400mm 的调整，不需要进行改造。

6.3.5　全断面一次浇筑成型技术

管节预制采用全断面一次浇筑工艺，一次浇注混凝土约 3415m³，平均浇筑强度约 150m³/h。根据全断面一次浇筑工艺，底模、侧模、内模均为一次性安装完成，倒角及部分端模在浇筑过程中进行安装。全断面浇注断面图见图 6-24。

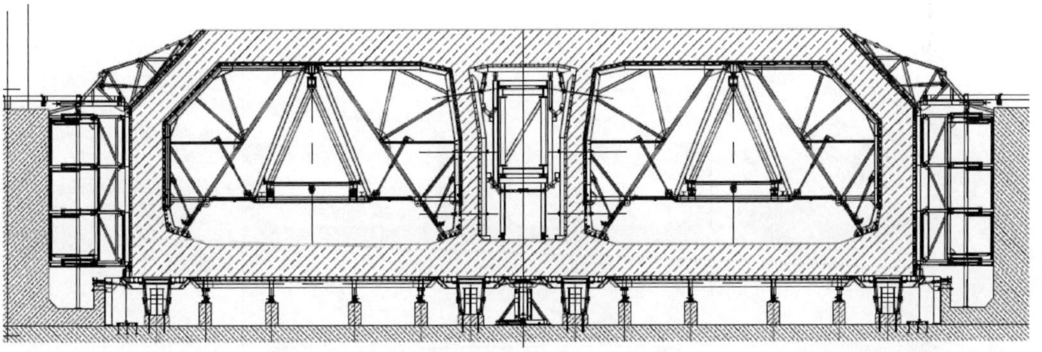

图 6-24　全断面浇筑断面图

遵循模板设计受力要求，即中隔墙混凝土先于侧墙布料浇筑，断面上从中间向两侧布料浇筑。混凝土浇筑顺序及浇筑安排流程分别如图 6-25 和表 6-1 所示。

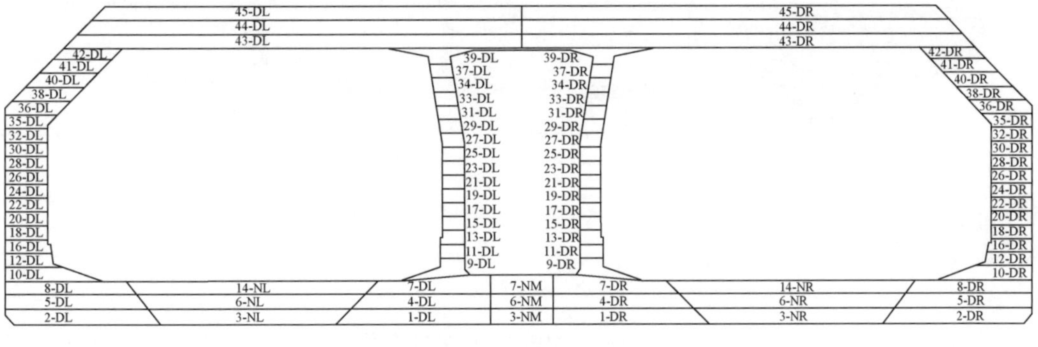

图 6-25　混凝土浇筑顺序

表 6-1　混凝土浇筑安排流程

Ⅰ浇筑区	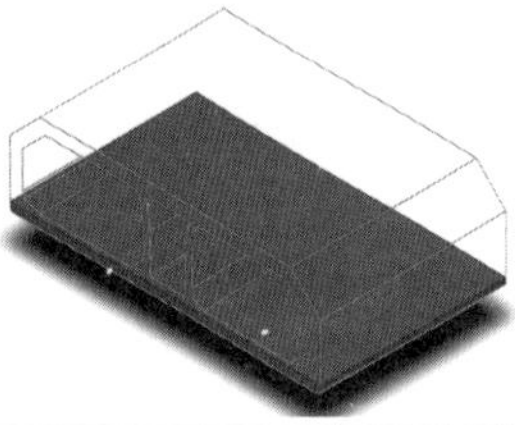	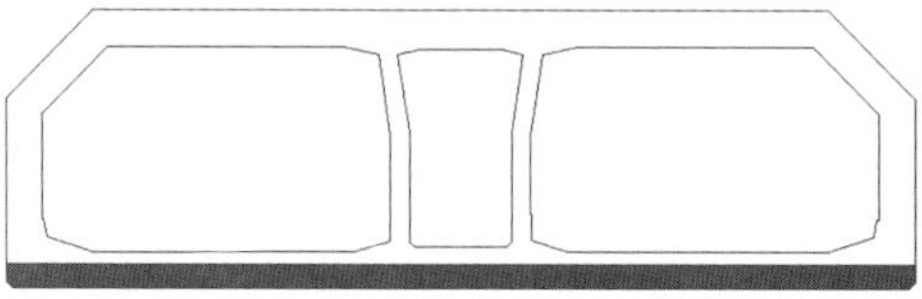	Ⅰ浇筑区采用 7 台布料机布料：车道底板 4 台，廊道底板 1 台，顶部 2 台辅助，从一端向另一端分层连续布料
Ⅱ浇筑区		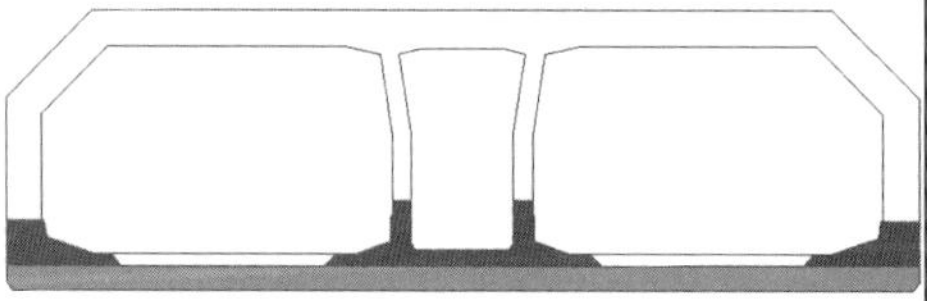	Ⅱ浇筑区仍采用 3 台布料机布料：顶部 2 台通过中隔墙和侧墙的串筒向Ⅱ浇筑区布料；廊道 1 台则直接向Ⅱ浇筑区布料。 从一端向另一端分层连续布料，从墙体下料时设溜筒防混凝土离析。 Ⅱ浇筑区浇筑步骤：底板中部浇筑 2 层，再浇筑 1 层侧墙处底板，再浇筑底板中部处
Ⅲ浇筑区	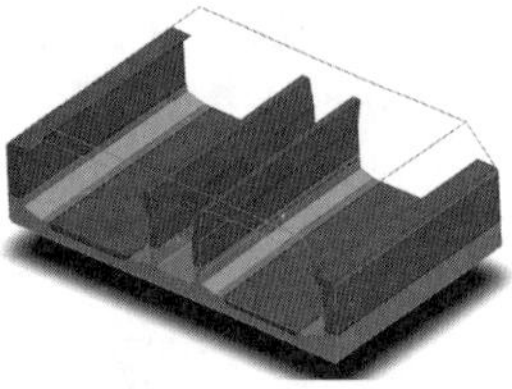	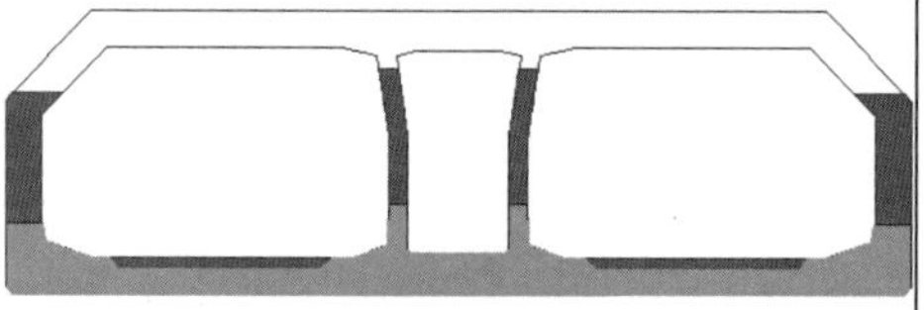	Ⅲ浇筑区采用 6 台布料机布料：顶部 2 台通过中隔墙和侧墙的串筒向Ⅲ浇筑区布料（可 360° 旋转布料）。车道内 4 台进行剩余底板的浇筑。 从一端向另一端分层连续布料，从墙体下料时设溜筒防混凝土离析
	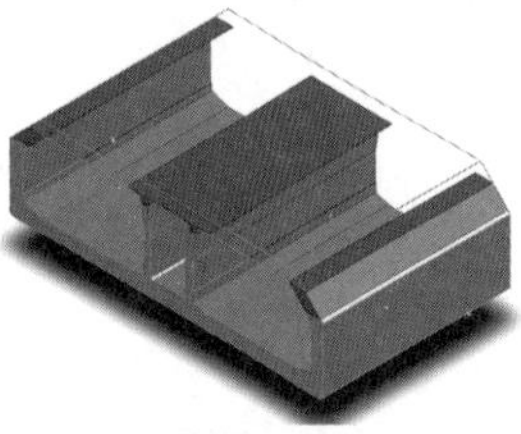	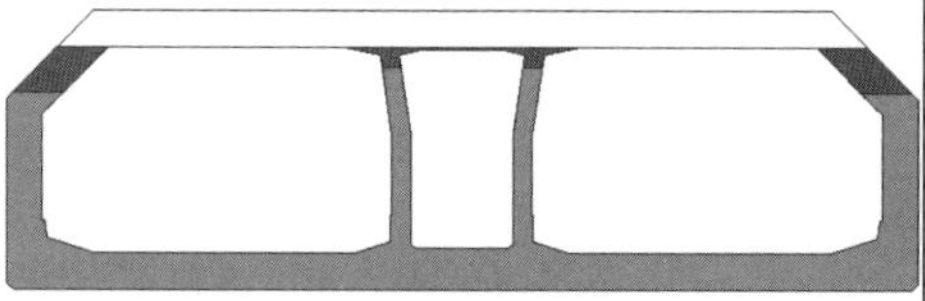	外侧模的上倒角模板就位，继续浇筑Ⅲ浇筑区剩余混凝土
Ⅳ浇筑区		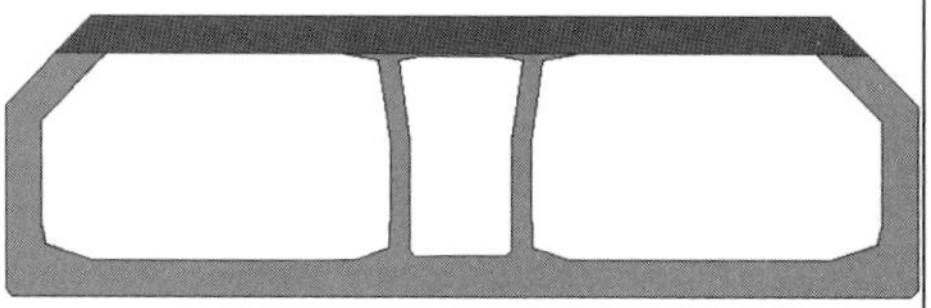	Ⅳ浇筑区采用 4 台布料机布料：顶部 4 台向Ⅳ浇筑区布料。 混凝土浇筑需从一端向另一端分层连续布料

6.3.6　沉管混凝土温控技术

沉管管节壁厚 1.5m，工作水深超过 40m。为保证沉管 120 年的使用寿命，不设施工缝，不设冷却水管，不设外包防水，控裂要求高。开展温控技术专题研究，通过低热混凝土配合比设计，温控仿真分析，采取原材料—拌和—浇筑—养护全过程温控措施，并研发混凝土实时温度监控系统，实现危害性裂缝控制。

1. 材料温控

通过节水喷雾系统实现混凝土原材料仓库温湿度控制；通过风冷系统实现搅拌站输料系统的温度控制；通过制冰拌和系统实现混凝土出机温度控制；通过特制泵管降温护套控制混凝土运输过程的升温。最终组合而成的混凝土浇筑温度调控体系如图 6-26 所示，实现了炎热海岛缺乏淡水环境下浇筑温度夏季不高于 25℃、冬季不高于 20℃的目标。

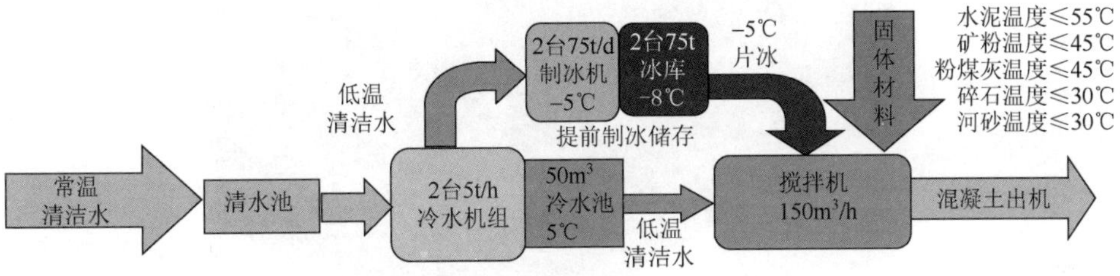

图 6-26　浇筑温度控制示意图

在控制混凝土原材料入仓搅拌温度时，采取冷却水及碎冰替代部分拌和水，控制混凝土出机温度。在生产混凝土前，利用制冷机组提前生产冷却水，存储于保温水池中，控制参与混凝土拌和的冷却水温≤5℃。采用厚度≤3mm 的碎冰，碎冰提前制备，存储于环境温度≤−8℃的冰库中，通过外覆保温层的水平螺旋输送机送至搅拌系统，确保碎冰在输送至搅拌机的过程中不会融化。沉管混凝土生产过程中碎冰量与出机温度具有很好的线性相关性，在其他原材料温度不变的条件下，碎冰量每增加 10kg/m³，出机温度降低约 1.5℃。根据原材料温度变化情况，在不同季节按照 0～80kg/m³ 碎冰替代拌和水的数量，控制混凝土出机温度。

沉管节段混凝土采用混凝土搅拌运输车与地泵联合输送，搅拌出机后，由混凝土搅拌运输车运输至厂房侧门外混凝土拖泵处，由拖泵泵送至浇筑现场。

在混凝土入泵前观察混凝土状态，确保入泵混凝土满足工作要求，控制泵送过程中混凝土泵压处于 14～18MPa。为保证混凝土连续输送，避免堵塞泵管，控制混凝土搅拌出机后至入泵前的等待停留时间不超过 1h，泵送的停顿间歇不超过 15min。

在泵送过程中，拖泵受料斗内应一直确保有足够的混凝土，防止吸入空气产生阻塞。高温施工季节，加入冷却水及碎冰拌和的新拌混凝土出机温度较低，混凝土输送过程中由于摩擦、阳光直晒及空气对流等，运输到浇筑现场的混凝土温度有所升高。通过在混凝土搅拌运输车罐体外包裹帆布、混凝土输送管道外部包裹隔热海绵、定时喷淋冷却水降温，降低输送过程中的混凝土温升，并在混凝土入泵口搭设遮阳棚，防止阳光直接照射。混凝土搅拌出机并经过泵送至浇筑现场，其出机温度与浇筑温度具有较好的线性相关性。

2. 抗裂情况分析

考虑沉管管节需要承受高压海水的作用，对混凝土抗裂性能的要求应高于普通的大体积混凝土，港珠澳大桥岛隧工程中沉管管节混凝土劈裂抗拉强度与计算温度应力之比的抗裂安全系数要求不小于 1.4。

首先，依据已知边界条件，建立实体混凝土管节有限元剖分模型，见图 6-27。模型包含 58 224 个节点，45 118 个单元。

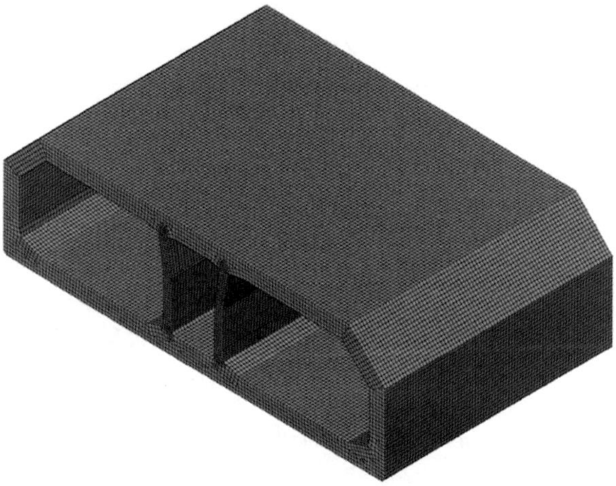

图 6-27　管节有限元剖分模型

基于工厂法沉管预制工艺，模型边界条件考虑了如下因素：

①沉管混凝土与预制底模之间的摩擦约束。

②顶推后管节底部约束和支撑条件的转换。

③内外预制模板对混凝土升温期的约束作用。

④考虑保温养护措施对散热系数和收缩徐变的影响作用。

模型计算参数见表 6-2。绝热温升、28d 弹性模量、徐变取值为试验实测值，强度增长系数和收缩取值根据室内试验实测值进行拟合后得到。其他计算参数参考近 10 年我国跨海桥梁海工混凝土性能参数，按经验取值或估算，包括比热、导热系数、泊松比、摩擦系数、线膨胀系数、环境温度和散热系数等。

表 6-2　模型计算参数表

参数	说明	参数	说明
浇筑温度	按不同工况取值	绝热温升	实际配比的实测值
比热	0.92kJ/（kg·℃）	导热系数	9.03kJ/（m·h·℃）
28d 弹性模量	实际配比的实测值	泊松比	0.167
强度增长系数	按实际值拟合曲线	收缩	按实际值拟合曲线
线膨胀系数	1.0×10^{-5}/℃	徐变	按实际值拟合曲线
摩擦系数	7%	环境温度	以 25℃、18℃为界限，考虑高温、常温、低温三种环境温度条件
散热系数	有保温措施条件下取 18kJ/（m^2·h·℃），无保温措施条件下取 58kJ/（m^2·h·℃）	—	—

其次，根据模型计算温度场和应力场分析可知温度场发展规律：

①温度发展规律是先升后降，顶底板中部和底板侧墙交界处中心温度最高。

②中心约 1.5d 达到温度峰值。

③随着内部温度升高，内表温差增大，中心部位温峰出现时，内表温差达到最大，之后逐渐降低。

中心、浅层、表层温度曲线如图 6-28 所示，表面点、中心点应力曲线和抗裂安全系数如图 6-29 所示。

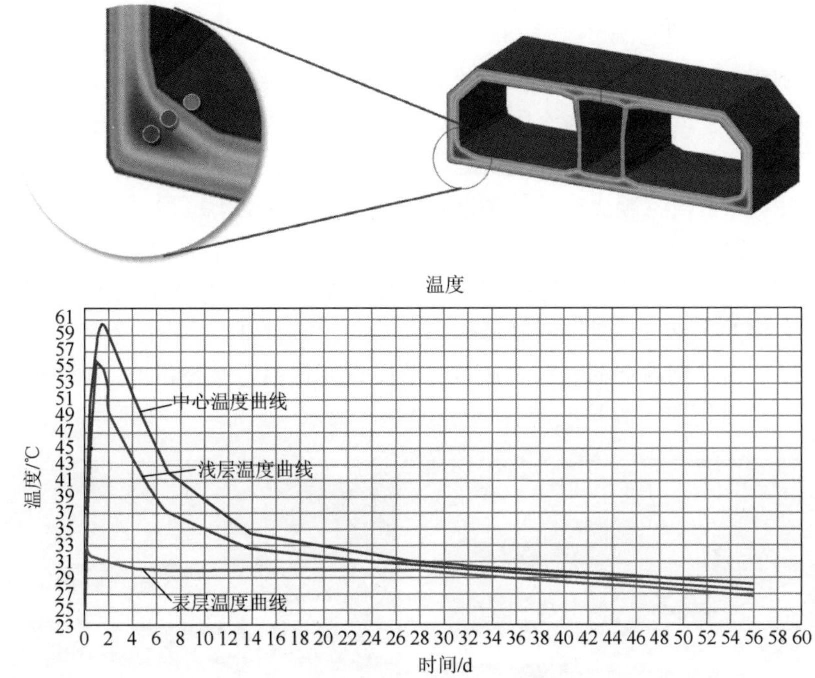

图 6-28　中心、浅层、表层温度曲线

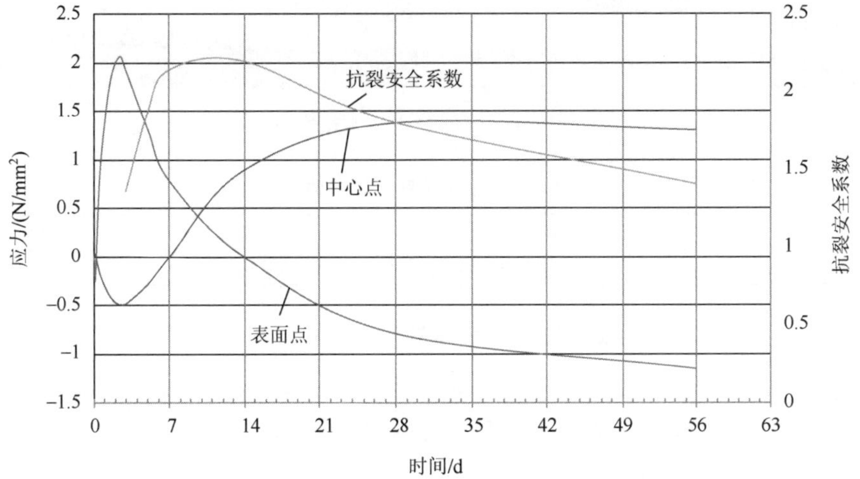

图 6-29　表面点、中心点应力曲线和抗裂安全系数

综上所述，应力场发展规律为：①早期应力集中于表面，主要由内表温差引起，早期需要注意内表温差的控制，并降低内部最高温度；②后期应力集中于中心，由混凝土降温和干缩引起，随着龄期增长逐渐增大，后期需要注意养护减少干缩；③沉管应力集中部位包括顶板中部、行车廊道顶部、侧墙拐角处、侧墙底板交界处；④抗裂安全系数在早期和后期均有低于 1.4 的风险，防裂措施除了早期的温度控制，需要持续的养护，充分利用徐变作用缓慢释放内应力。因此，降低内表温差和最高温度、加强养护是裂缝控制的关键措施。

3. 混凝土智能化养护

利用预制工厂，采用智能化养护系统对沉管节段混凝土进行养护。设计采用可伸缩式喷雾养护棚，解决了工厂法混凝土固定区域浇筑和养护的干扰问题，通过可伸缩钢结构滑轨系统、二元流体喷雾系统、温湿度监测系统组合，实现了沉管混凝土浇筑前后的环境温湿度自主调控。在节段混凝土拆除侧模前，养护棚折叠收缩于厂房过渡区，并通过钢吊架悬挂于厂房上。拆除侧模后，先在节段顶面上表面安装槽钢导轨，然后放下收于养护棚内带有滑轮的钢支架，并将带有滑轮的钢支架放置于槽钢导轨内，再将安装于养护棚顶面的牵引绳固定在钢筋吊架上，通过钢筋吊架牵引将养护棚打开，并将位于浇筑台座区的节段覆盖，然后启动养护棚内部的喷淋设施，对节段进行保温、保湿养护。可伸缩式喷雾养护棚见图 6-30，沉管混凝土养护要求见表 6-3。

图 6-30　可伸缩式喷雾养护棚

表 6-3　沉管混凝土养护要求

养护环境湿度	内外温差	降温速率	养护时间
≥85%	≤22℃	≤3℃/d	≥14d

4. 混凝土质量、温度、应变监控预警系统

针对顶推预制工艺，采用先进无线传输网络，实现长时间无干扰连续监测，全方位监控，监测网络覆盖原材料区、搅拌生产区、筑浇区、养护区。实现温控实时预警和施工前后场实时协调，监测数据时实传输、分析，为沉管控裂提供技数据支持。混凝土质量监控预警系统如图 6-31 所示。

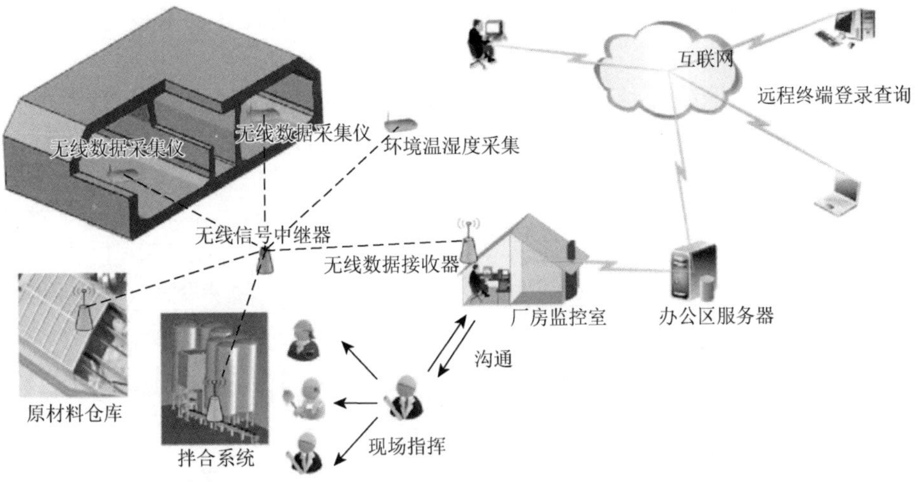

图 6-31　混凝土质量监控预警系统

预制沉管对温控、应力监测和控制时效性和精确性要求高，采用全面覆盖预制各环节、全过程的可视化监测预警系统对预制沉管实施现场监控。系统具有如下特点：

①采集数据并输出数字和图形化信息，直观反映沉管大体积混凝土的状态，发现异常及时发出预警信息和处理建议，提醒工程技术人员采取措施。

②充分利用信息化手段，实现预制管节、原材料、搅拌站、预制厂房等相关温度、湿度信息的实时监测与预警。

结合现场施工的具体情况，在科学分析的基础上，确定现场裂缝控制参数。现场裂缝控制参数包括温度控制参数、湿度控制参数、凝结状态参数三大类：

①温度控制参数包括混凝土各种原材料温度、搅拌站混凝土出机温度、混凝土浇筑温度、沉管混凝土内部最高温度、厂区环境温度、养护温度等。

②湿度控制参数主要指预制区和养护区湿度。

③凝结状态参数指预制沉管混凝土侧压力和凝结时间，用以指导浇筑速度控制。控制侧压力在合理范围，既保证其不超过模板设计承压力，同时检测现场混凝土凝结时间，防止混凝土出现冷缝。沉管预制监测系统见图 6-32。

现场监测数据应及时绘制温度或应变随时间变化曲线（图 6-33 和图 6-34），并获取相应阶段的温度控制指标，根据监测成果对施工情况进行评估，调整施工参数、优化施工方法和工艺要求。

6.3.7　管节顶推施工技术

1. 顶推滑移轨道

沉管下方设置 4 条顶推滑移轨道梁，顶推滑移轨道位置设在沉管腹板正下方，确保在沉管支撑和顶推受力时底板形变最小。要考虑轨道的设计、承载力及滑移钢板的使用。

滑移轨道基础为钢筋混凝土梁，上部结构宽 0.65m，高 0.9m；下部结构宽 1.55m，高 0.45m，由预计沉降量为零的坚硬岩石直接支撑，两侧回填碎石，并碾压密实。

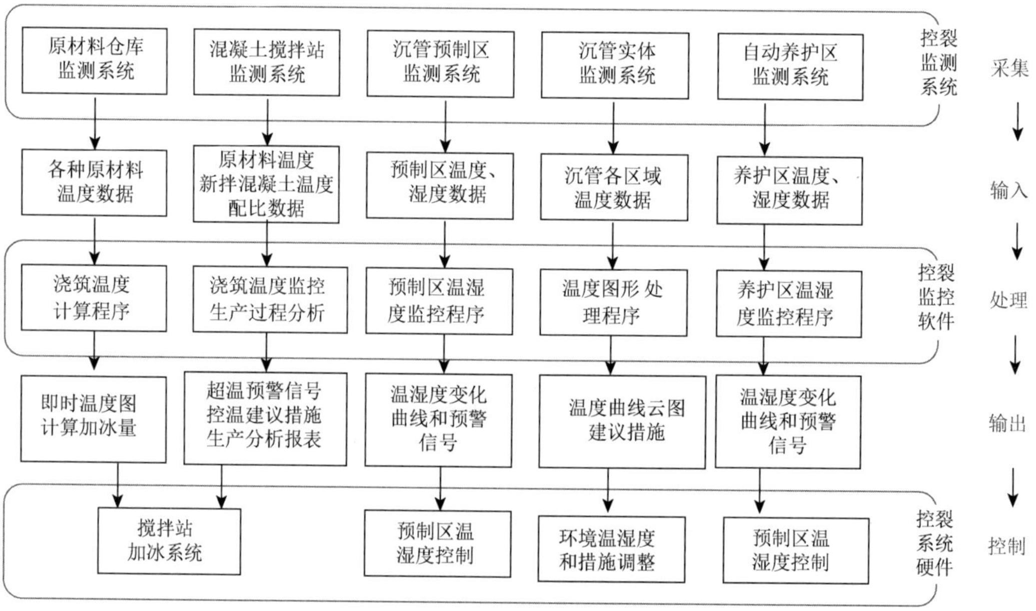

图 6-32　沉管预制监测系统

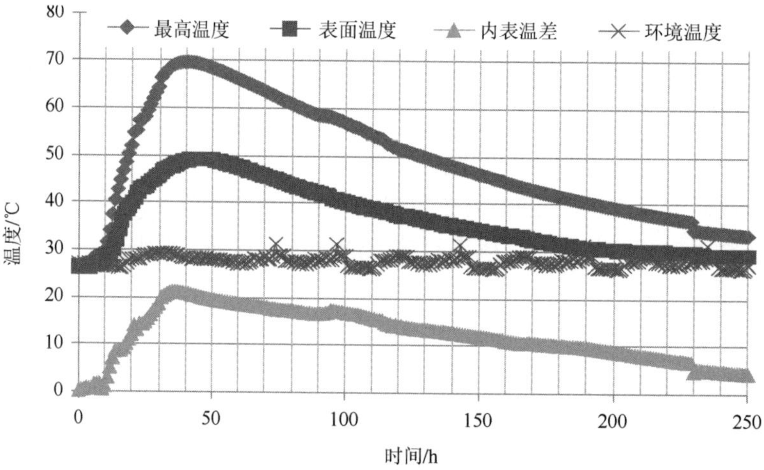

图 6-33　沉管节段典型部位监测温度变化规律

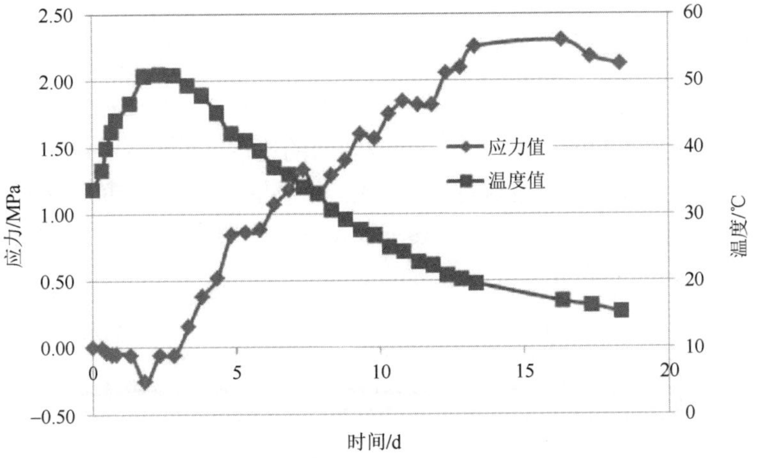

图 6-34　沉管节段开裂风险点监测温度与应力变化规律

在滑移梁基础上方安装滑移钢轨，钢轨设计顶标高+ 2.915m±3mm，滑移轨道梁基础与钢轨间的空隙用高强环氧灰浆灌满，确保滑移轨道的均匀受力。为抵抗顶推时滑移钢轨与灰浆层、滑移轨道基础的剪力，在滑移钢轨下部每隔 1m 设置 1 道加劲肋，加劲肋必须与滑移钢轨焊接牢固，如图 6-35 所示。

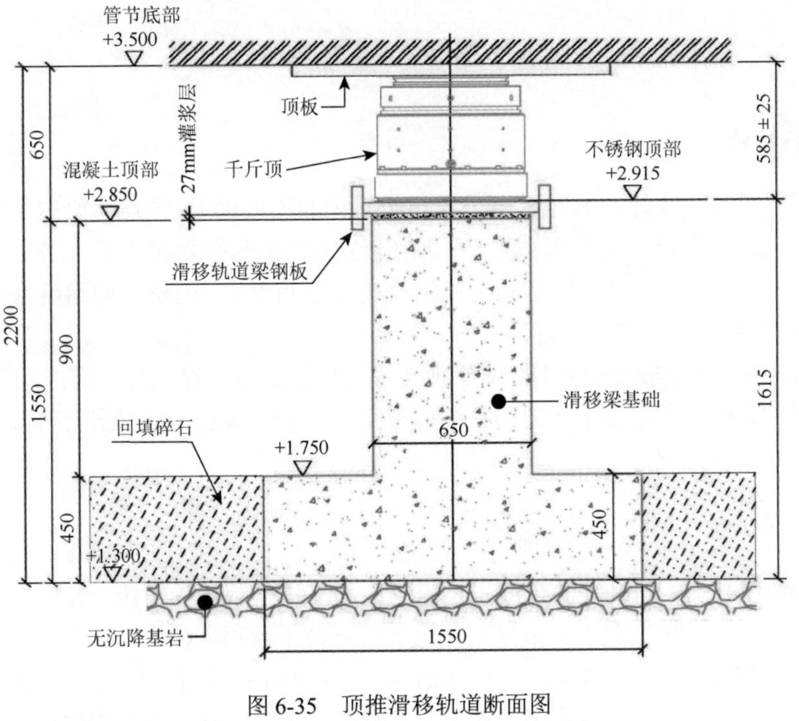

图 6-35　顶推滑移轨道断面图

注：尺寸标注单位为 mm，标高单位为 m

2. 顶推滑移面

滑移板顶推施工方式，是面接触的形式，能够保证滑移面和滑道之间的接触压强相对较小，提高顶推施工的稳定性和安全性。滑移材料的选取是顶推的关键之一，摩擦系数太大会导致顶推油缸尺寸过大，轨道固定强度增大，造成生产浪费、空间浪费和能源浪费。

在滑移钢轨顶部设置 3 条通长的不锈钢板，其上放置聚四氟乙烯（PTFE）滑板，两者的接触面作为沉管顶推的滑移面，如图 6-36 所示。

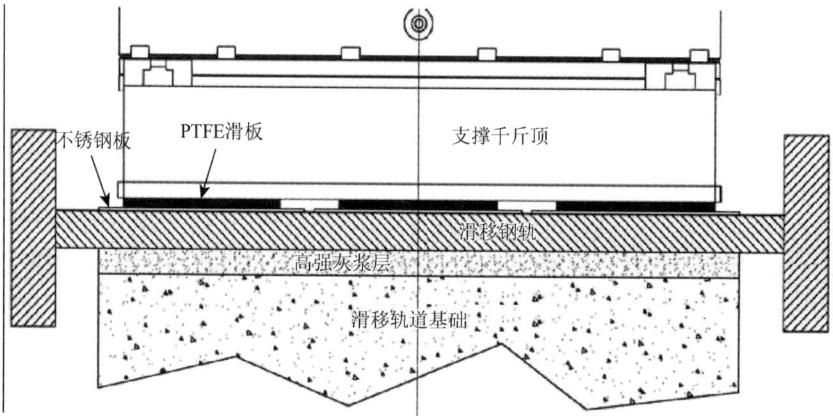

图 6-36　现场顶推滑移面示意图

3. 顶推系统

顶推千斤顶前端支撑在其相邻两个支撑千斤顶的连接梁上，该连接梁与支撑单元的两个千斤顶上的连接顶板焊接牢固；将千斤顶（活塞端）的另一端销连接到带反力销系统的顶推支架，该系统可将顶推力转移到滑移钢轨的侧板凹槽中，凹槽纵向间距为一个顶推行程，反力点系统见图 6-37。沉管顶推时，反力销的支撑反力点受力，顶推千斤顶顶推沉管节段前行一个行程；收缩千斤顶，由于顶推千斤顶前端与支撑千斤顶连接，摩擦力较大，前端位置固定，后端则随着千斤顶的收缩前行至下一个支撑反力点位置，再固定，进行下一步顶推作业。

4. 支撑系统

沉管顶推操作时，始终由 3 台液压泵提供压力支撑预制沉管节段。沉管节段的一侧布置 2 个液压泵，另一侧布置 1 个液压泵，用于给支撑千斤顶提供油压。3 台液压泵由总的控制平台统一控制，确保每台支撑千斤顶始终处在相同的液压下。随着沉管节段数量不断增加，在新沉管节段下方安装更多的支撑千斤顶。将液压泵移动到新的位置，调整液压连接件，再次为整个正在操作的管节创建一个对称的 3 点支撑平衡装置。需考虑内模随着沉管节段移动的影响，故支撑点 1 由新浇筑沉管节段 4 条滑移轨道 24 台支撑千斤顶和相邻沉管节段4条滑移轨道后面2台支撑千斤顶串联形成，支撑点2由1号、2号轨道剩余千斤顶串联形成，支撑点3由3号、4号轨道剩余千斤顶串联形成。沉管节段顶推时，单个沉管节段及多个沉管节段三点支撑系统布置图见图6-38（支撑点2+和3+为考虑端头安装端封门后分别从支撑点2、3独立出来的支撑点）。

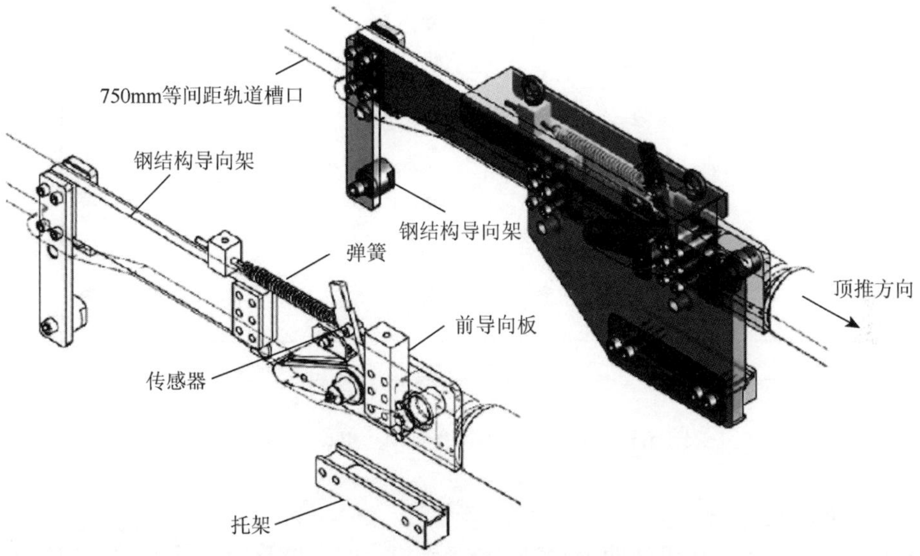

图6-37　顶推千斤顶反力点结构示意图

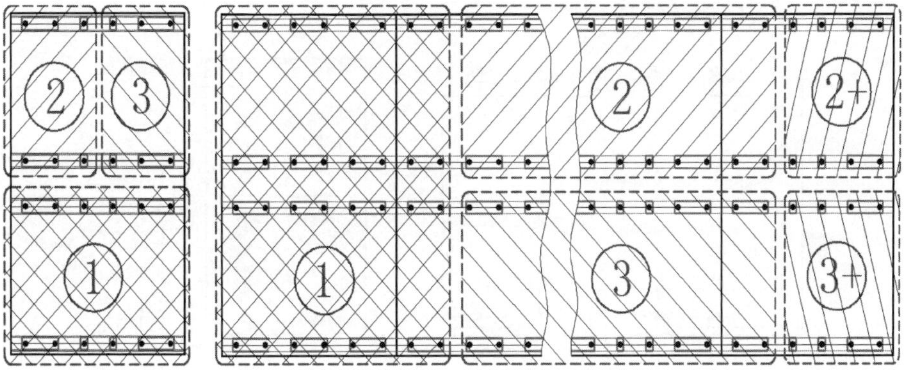

图6-38　单个沉管节段及多个沉管节段顶推时三点支撑系统布置图

（1）支撑千斤顶布置

1号、6号支撑千斤顶距沉管节段端头1.875m（n号沉管节段的6号支撑千斤顶与$n+1$号节段的1号支撑千斤顶距离为3.75m），其余千斤顶之间间距为3.75m。标准管节8个节段共192个支撑千斤顶、168个顶推千斤顶。沉管支撑系统布置图如图6-39所示。

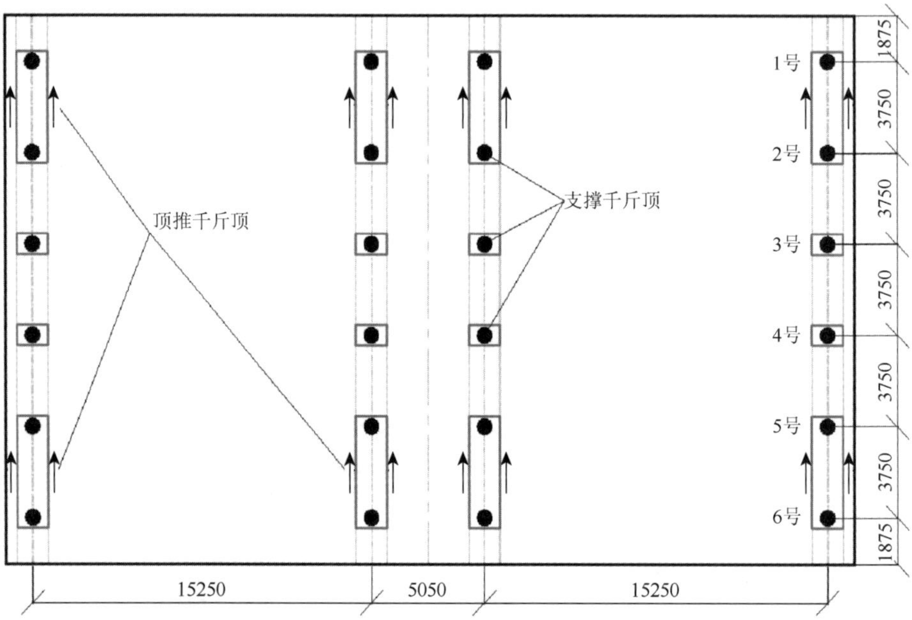

图 6-39 沉管支撑系统布置图（单位：mm）

（2）油路布置

每台液压泵装配有 A 和 B 两个出口。每个支撑点的支撑千斤顶在交错群中被分为 a 类支撑千斤顶和 b 类支撑千斤顶，避免当 3 个水平点的任一点出现液压故障时，顶推装置发生旋转。支撑千斤顶 a 连接出口 A，千斤顶 b 连接液压泵出口 B，如图 6-40 所示。

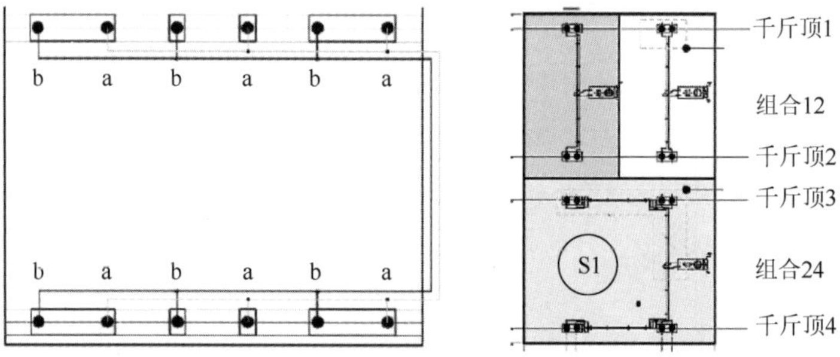

图 6-40 单个沉管节段液压支撑示意图

5. 导向系统

为了实现 8 万 t 级沉管长距离顶推和毫米级定位，开发了侧导向动态纠偏系统，从导向动态纠偏的方法和设计、侧导向装置的布置及导向臂在不同截面上的验算分析等方面进行分析研究。

侧导向装置设计由导向臂顶住顶推轨道，以顶推轨道为反力依托提供侧向纠偏力，顶推过程中侧导向装置随管节一起向前滑移。

侧导向装置组成如下：

①56t 侧导向千斤顶——该千斤顶为双向行程千斤顶，可以向左右方向运动。

②穿心式拉杆——穿心式拉杆被设计穿过侧导向千斤顶，通过活塞的左右移动，调节拉杆的移动。

③两侧导向臂——两侧的导向臂上部由销轴固定在顶板底部，下部固定在拉杆的两端，侧向调整的拉力通过拉杆传递至导向臂，并通过导向臂施压在 H 形滑移梁垂直板侧壁产生的反作用力，对沉管节段施加侧向纠偏力。

④液压部件——通过手压式油泵对导向千斤顶施加应力。施加力的主动力油缸，需要根据纠偏的方向调整，并设计有蓄能器，对导向千斤顶油路进行保压，如图 6-41 和图 6-42 所示。

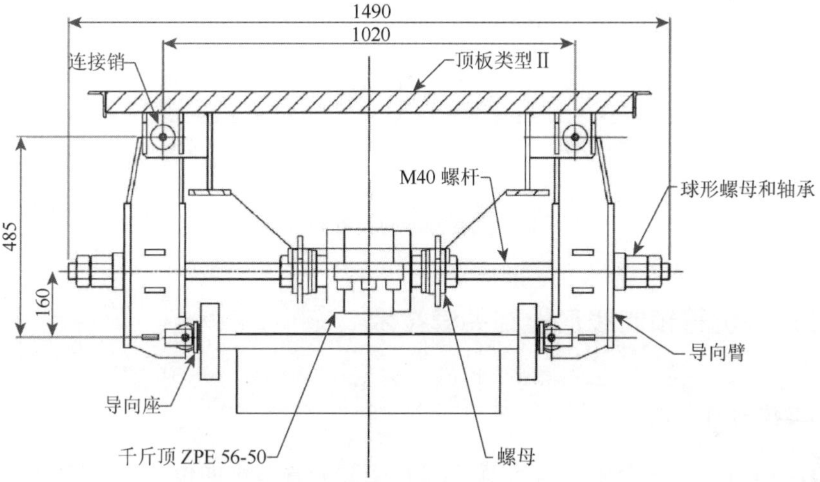

图 6-41　侧导向装置剖面图（单位：mm）

图 6-42　侧导向千斤顶组装图

侧导向装置固定在垂直支撑千斤顶的顶板上，由一对液压千斤顶组成，通过杆与滑板垂直板支架轴承。支架具有垂直板外部铜质滑动接口。

标准沉管下方 2 号轨道首个节段及最后一个节段安装一套侧导向装置，具有直线沉管顶推纠偏的功能；曲线沉管下方 2 号轨道每个节段的最后一套千斤顶上面安装一套侧导向装置。由于首个节段已装了钢端封门，前端重量加大，为此在第一个节段的第一套千斤顶上多加一套侧导向装置，增加纠偏的力度，如图 6-43 所示。

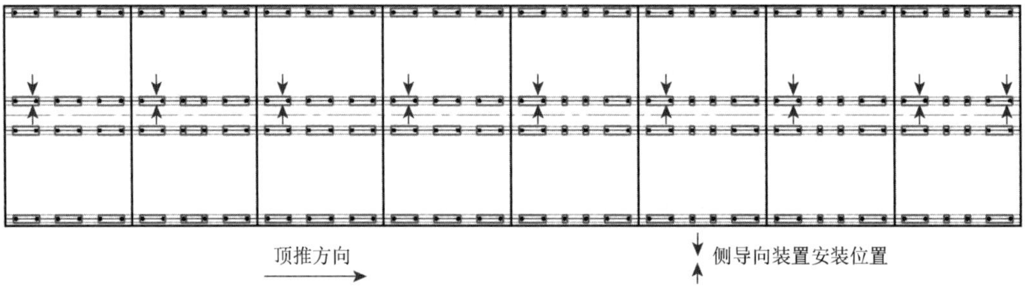

图 6-43　沉管侧导向装置布置示意图

6.3.8　工厂法沉管预制线形控制关键技术

1. 施工控制网布设

港珠澳大桥沉管 33 节中，有 5 节（E29～E33）管节平面位于 $R = 5500$m 圆曲线上。曲线段以节段为单元，通过以直代曲进行曲线拟合，即以单个节段为直线，节段两端设楔形角，最终匹配拟合成曲率半径为 5500m 的曲线沉管，如图 6-44 所示。

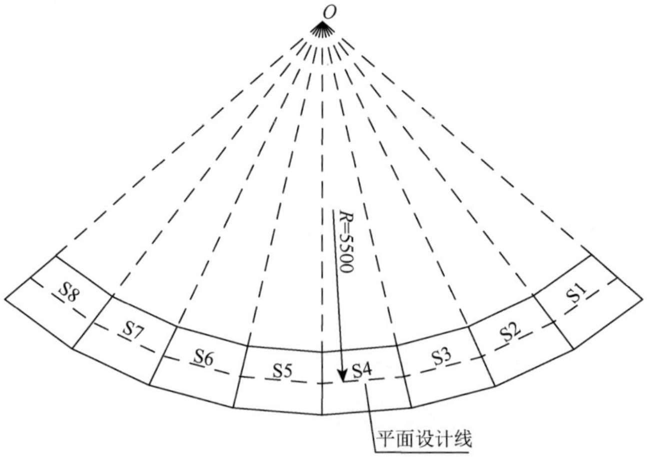

图 6-44　曲线沉管以直代曲拟合示意图

每个节段的预制从钢筋绑扎到沉管长距离顶推都需要全过程线形实时监测，因此在曲线沉管预制之前，需要在沉管预制工厂区域布设合理的曲线沉管预制施工控制网，以提供曲线沉管预制的施工测量基准。目前，世界范围内未有工厂法预制曲线沉管的先例，存在无经验可循，曲线钢筋及预埋件安装精度要求高，全断面整体式液压模板需要兼顾直、曲线，三维定位精度高，曲线沉管重心与沉管轴线不重合，等等难点。据此开展曲线沉管预制技术专题研究，建立沉管预制线形测控及端钢壳三维线形评估软件，开发了工厂法沉管预制全过程线形动态控制系统，保证了沉管线形控制，如图 6-45 和图 6-46 所示。

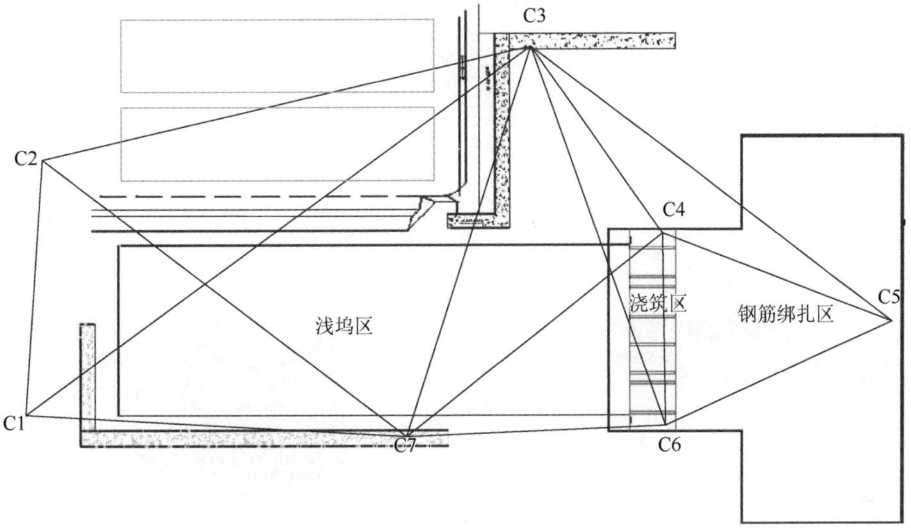

图 6-45　沉管预制施工平面控制网布设示意图

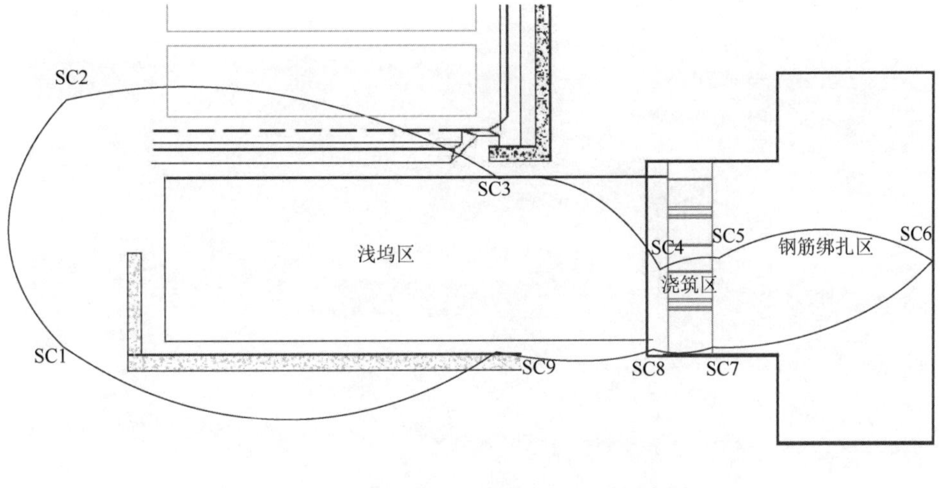

图 6-46　沉管预制高程控制网布设示意图

2. 沉管预制实时监测系统软件的开发

构建沉管预制实时监测系统实时监控沉管预制全过程数据，其拥有全过程设站、测量、监测等功能，用于预制测量、监测的各项关键测量工作中，提供了实时性数据，并与测量仪器数据进行校对，提高了监测准确性。系统完整数据流程示意图如图 6-47 所示，沉管预制实时监测系统主界面显示如图 6-48 所示。

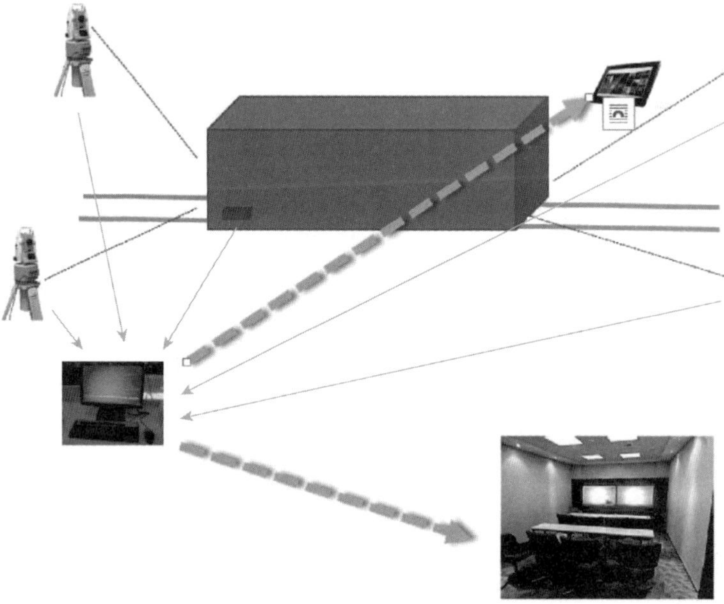

图 6-47　系统完整数据流程示意图

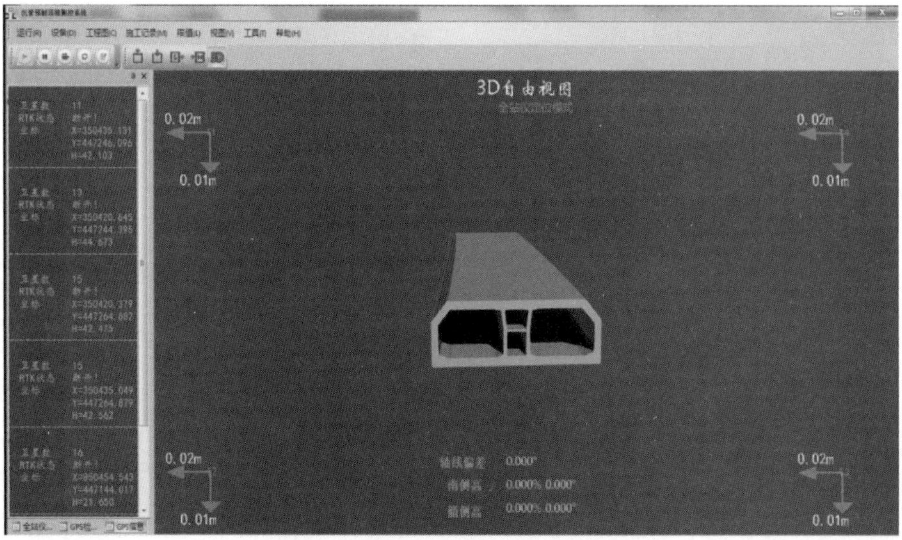

图 6-48　沉管预制实时监测系统主界面显示

3. 端钢壳三维线形评估系统研发

研发端钢壳三维线形评估系统，保证端钢壳的平整度及三维姿态，确保沉管隧道整体线形可控。端钢壳数字形式平整度显示图如图 6-49 所示，岛隧工程沉管预制端钢壳测控如图 6-50 所示。

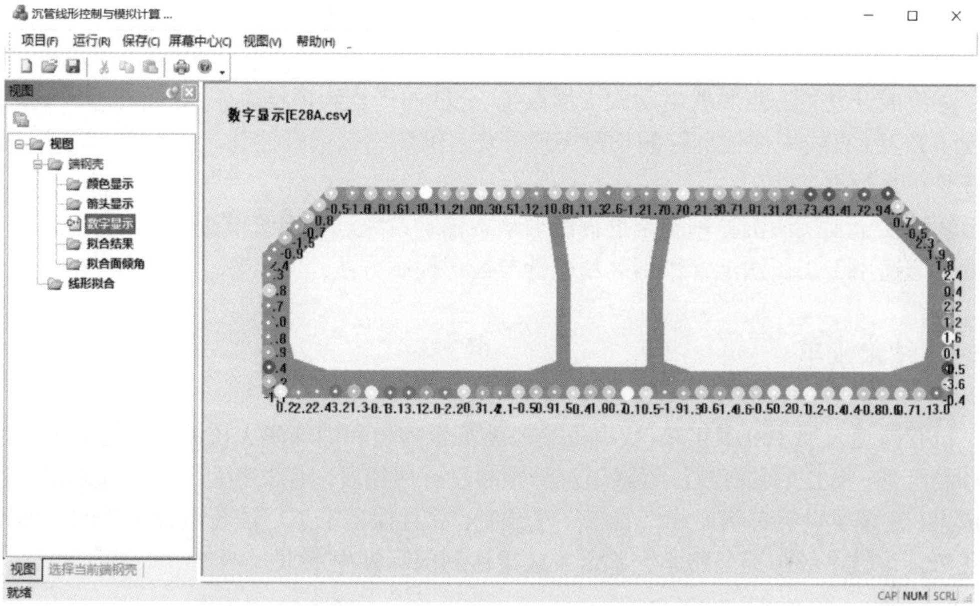

图 6-49　端钢壳数字形式平整度显示图

图 6-50　岛隧工程沉管预制端钢壳测控

6.4 研究成果及其水平

6.4.1 主要创新成果

①创新设计了直线、曲线沉管全断面钢筋笼台架及顶推滑移系统，全断面液压模板及全断面混凝土浇筑技术，实现了直线 + 曲线沉管的匹配浇筑与超大沉管百万立方米混凝土无裂缝。

②集成开发了三点并联主动式支撑系统、分散同步连续顶推系统、导向动态纠偏系统，实现了 8 万 t 直线 + 曲线沉管的长距离顶推及三维姿态毫米级控制，形成了一套超大曲线沉管长距离顶推工法。

③开发了工厂法沉管预制全过程线形动态控制系统，实现管节毫米级线形控制目标，形成一套适用于工厂法沉管预制高精度管节线形控制方法。

6.4.2 技术水平

沉管隧道发展 100 多年来，仅有厄勒海峡沉管隧道和港珠澳大桥沉管隧道采用了工厂法预制沉管，而且厄勒海峡沉管隧道沉管预制没有曲线段，港珠澳大桥沉管隧道项目的研究成果，实现了世界首例曲线沉管工厂法预制，并且保证了工厂法流水线生产的工期及品质优势。该技术经中国公路学会鉴定，成果达到国际领先水平。

6.5 研究结论

港珠澳大桥沉管隧道预制工程通过开展工厂法沉管预制关键技术、沉管顶推关键技术、工厂法沉管预制线形控制技术研究，结合工程实际，创造性地提出并形成了大型曲线沉管的工厂法预制方案，以直线沉管预制工厂流水线为基础，兼顾曲线沉管预制，解决了曲线沉管特殊几何特征情况下流水线预制质量及安全等问题。该施工预制技术推动了工厂法预制沉管隧道的发展，为港珠澳大桥沉管隧道施工质量提供了保障，为大型构件工厂法预制技术的应用开拓了更广阔的前景。

第 7 章　深埋沉管隧道半刚性管节结构体系

7.1　研究目的和意义

7.1.1　研究目的

在港珠澳大桥沉管隧道之前，世界上用于交通的沉管管节结构体系只有两类：一类是整体式，另一类是节段式。

整体式管节的长度通常是 90～130m，结构及钢筋连续，依靠结构抗力抵抗竖向荷载或地基不均匀带来的纵向弯矩和剪力，结构呈现刚性结构行为，由于截面上会产生较大的弯矩和剪力，受拉侧混凝土易开裂。所以钢筋混凝土的整体式管节通常还需要专门设置一层外包防水。管节长度的局限性导致了浮运安装施工次数的增加，以及相应的管节接头、临时端封门及舾装件数量的增加，浮运安装的风险也相应增大。对于较长的沉管隧道而言管节长度也将成为工期的制约条件。整体式管节受力变形示意图见图 7-1。

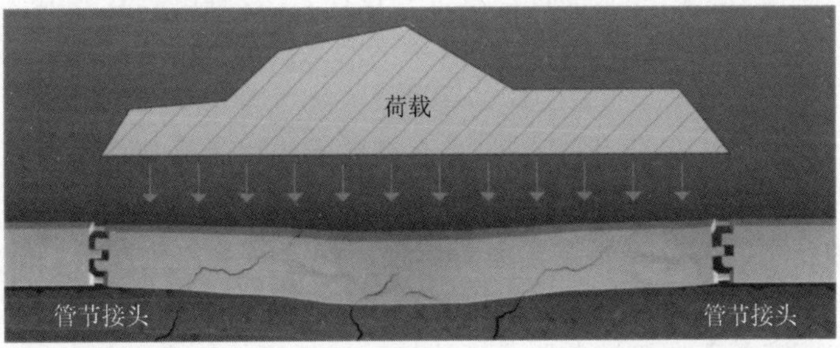

图 7-1　整体式管节受力变形示意图

节段式管节的长度为 180～220m，一般包含若干个节段，节段之间结构与钢筋不连续，设置竖向、水平剪力键及防水系统，节段之间的防水通常采用可注浆止水带，近些年也有采用可注浆止水带 + OMEGA 止水带的双层防水构造。节段式管节在临时安装阶段需要配置一定数量的临时纵向预应力钢束，这些预应力钢束在管节安装完成后在节段接头处被剪断，允许节段与节段之间发生相对转动，从而管节的纵向表现为柔性，可以适应一定的不均匀荷载和地基的不均匀沉降。因此相比整体式管节，节段式管节截面的弯矩内力大幅度降低，降低了纵向结构开裂风险，可以选择设置或不设置外包防水。但是，节段接头是管节的薄弱环节，根据不完全调研，采用节段式管节的沉管隧道在建设期间的漏水率达到

10%左右，维修返工概率高，节段式管节受力变形示意图见图 7-2。

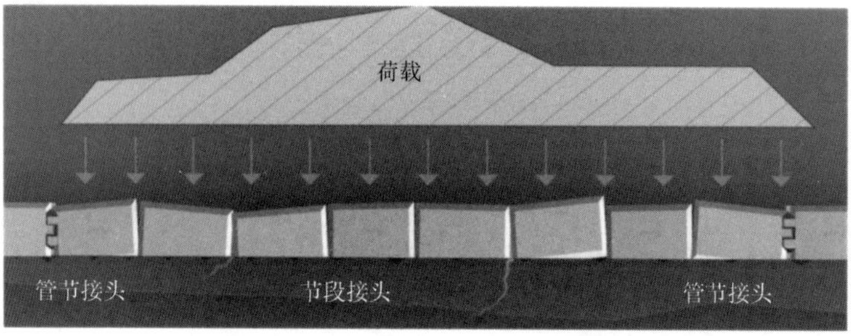

图 7-2　节段式管节受力变形示意图

由于港珠澳大桥沉管隧道所面临的特殊问题，整体式管节和节段式管节均存在不适用性。因此，本项目创造性地提出半刚性管节方案，以解决深埋沉管隧道建设所面临的结构稳定、止水、沉降、工期和环保等关键性技术问题。为了实施深埋沉管隧道半刚性管节结构体系方案，进行了以下研究。

①通过研究半刚性管节这一创新理念及港珠澳大桥沉管隧道的特点，系统分析半刚性管节受力变形特性，揭示其工作机理及使用范围，为其推广应用于类似工程提供指导。

②港珠澳大桥沉管隧道首次提出并应用半刚性管节结构体系，成功实现了沉管隧道结构在体系理论创新上的飞跃。为了全面总结半刚性管节结构体系设计经验，系统研究其性能和设计方法，对半刚性管节结构体系特性、设计方法、关键问题等进行了系统研究。为了提高海底半刚性管节结构体系的设计水平和设计方法，确保沉管隧道在设计使用寿命周期内安全可靠、技术先进、经济合理，结合港珠澳大桥沉管隧道的研究成果，开展半刚性管节结构体系设计方法专题研究。

③研发一种新型记忆支座，使其同时具有高效率传递荷载的刚性特征和吸收大变形的柔性特征。一般的支座难以同时兼顾两种特性。

④研发一种新型的部分无黏结预应力体系，保留的永久性预应力值控制在适当的范围，使得节段接头仍旧具有合理的变形能力，以实现管节半刚性功能。采用纵向部分无黏结预应力对适应地基变形的管节节段柔性连接加以适当的约束，以保证管节节段之间可以有可控的转角变形而不会发生滑脱破坏。

7.1.2　研究意义

本项目提出的全新沉管纵向结构体系——半刚性管节结构，管节由多个首尾相接的节段拼接而成，结构与钢筋在节段处断开，节段之间设有水平和竖向剪力键；管节通长设置预应力钢束，在节段接头附近预应力与混凝土结构无黏结可发生相对运动，在其他部位预应力与混凝土结构黏结不允许相对运动；节段接头间还设置有可注浆止水带，近些年也有采用可注浆止水带 + OMEGA 止水带的双层防水构造，这种结构与节段式管节相比，设置有永久的特殊构造的通长预应力钢束。半刚性管节结构通过通长预应力钢束增加了由节段间正压力提供的摩擦力，提高了节段接头抗剪及防错位能力，在过大竖向荷载或不均匀地基作用下，节段接头允许受限的转动变形以抵抗荷载，降低纵向弯矩。半刚性管节受力变形示意图如图 7-3 所示。

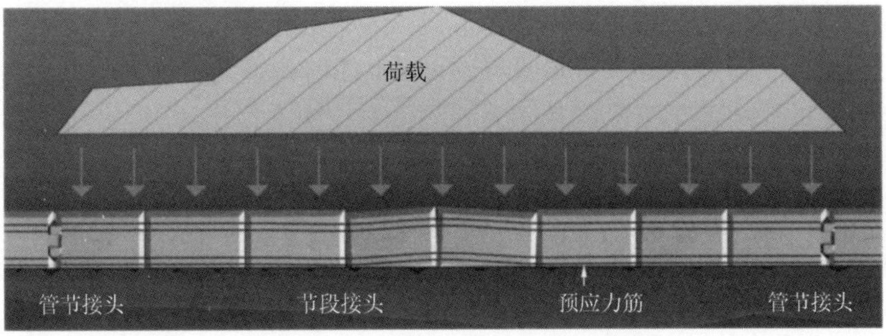

图 7-3　半刚性管节受力变形示意图

半刚性管节平衡了整体式管节（刚性）及节段式管节（柔性）的特点，可以根据需求通过预应力度调节结构刚性及柔性，半刚性管节结构受力特性与整体式管节、节段式管节抵抗不均匀沉降反应比较见图 7-4。

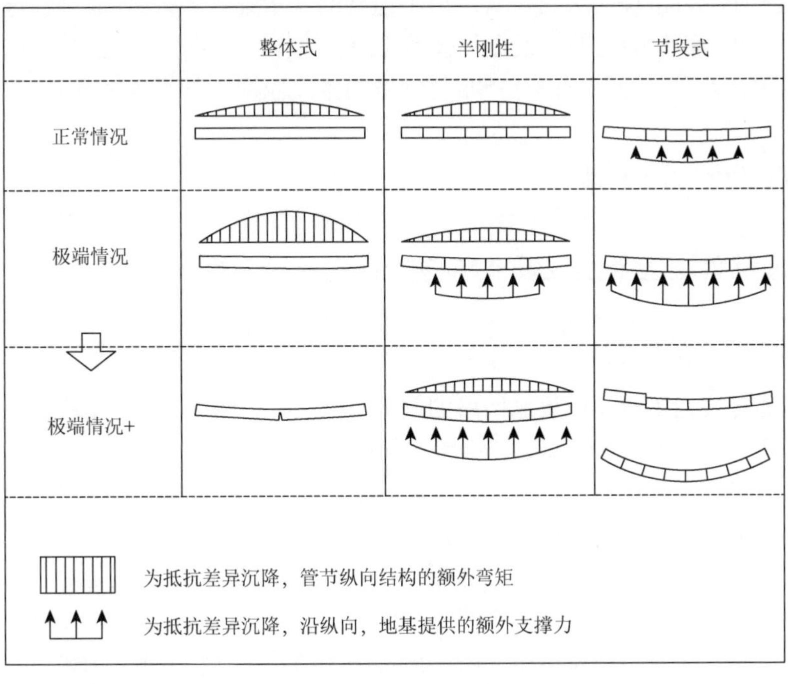

图 7-4　半刚性管节、整体式管节和节段式管节抵抗不均匀沉降反应比较

采用半刚性管节作为深埋沉管隧道结构是一种全新的沉管隧道方案，本项目研究将重

点实现半刚性管节方案设计与施工关键技术突破，带动设计、制造、装备和施工四位一体的全产业链的提升，进而提升我国深埋沉管隧道半刚性管节结构体系的工程设计、施工和管理的技术水平。除此之外，本项目研究还将得到以下几项技术成果：①提出半刚性管节结构，通过理论分析和模型试验揭示半刚性管节结构受力机理，从而构建半刚性管节结构构造体系，提出半刚性管节结构的计算理论和设计方法，总结形成半刚性管节结构设计指南。补充半刚性管节设计技术相关内容，形成技术设计指南。②找到一种接头支座产品，这种接头支座协调了荷载传递和变形吸收的矛盾，能够调整支座最大承载能力，超出该值支座将允许一定的压缩变形来吸收基础差异沉降对结构的损伤。③提出一种部分无黏结纵向预应力体系，在保证耐久性、防水性、足够预应力度的情况下，能适应节段接头的微小张开。④开发管节对接窗口预报系统，可以准确预报 48h 内的对接窗口，保障了管节在深水深槽环境稳定对接。开发海流实时监测系统，能够提供实时观测和预报结果的分析，为管节安装提供工程区海洋气象保障信息的查询、分析和显示，保障管节稳定对接。开发管节安装实时姿态监测系统，能够实时监测沉管管节在沉放对接过程中的低频运动，监测的运动幅度误差最大不超过 1cm，有效指导沉管对接安装。

半刚性管节结构机理及设计方法研究、管节接头记忆支座产品研发和沉管结构部分无黏结纵向预应力体系研发，为港珠澳大桥沉管隧道科学、快速、安全、环保、优质和经济地建设提供了强有力的支撑，对于提升我国沉管隧道建设的创新能力、技术竞争力和跨海集群工程建设的综合实力，以及促进交通建设科技进步和技术创新具有重大意义。

关键技术研究以港珠澳大桥沉管隧道中遇到的技术难题为背景，通过提炼形成的关键技术，不仅可以为沉管隧道的建设提供技术支撑，填补国内外空白，而且可以有效指导半刚性管节结构在外海深埋沉管隧道等工程领域的推广应用，具有重大意义。

7.2 国内外研究概况

7.2.1 深埋沉管隧道半刚性管节结构体系技术研究概况

1. 沉管隧道工法概述

水下隧道是交通工程基础设施网络的关键节点，世界范围内已修建数百座水下交通隧道，其中 100 多座采用沉管法修建。相比于其他水下隧道施工方式（盾构法、暗挖法等），沉管隧道具有多方面的优势：①隧道结构覆土浅，可有效降低线路坡度和缩短两岸接线长度；②隧道横断面形状和大小的选择范围大，可灵活地适应车辆通行和附属管线的限界要求；③隧道可适应复杂的地基条件；④能预制隧道长管节，防水性能可靠；⑤管节预制工程、两岸接线段施工、水下基槽浚挖和基础回填等施工工序可并行作业，有效控制工期。沉管隧道的工程发展趋势主要集中在跨越更宽阔的河口、海峡水道，突破深水、复杂水流的浚挖和沉放条件，为沉管隧道工法带来了多方面的技术挑战。

沉管隧道作为水下隧道建设的主要工法之一，往往跨越条件复杂多变的地基，其结构体系的选取成为影响沉管隧道安全使用的关键。结构体系的选取对沉管隧道的抗震安全性而言亦是重要的因素。选择沉管隧道的结构体系时，应充分考虑隧道所处地层性质，对静力及抗震等多种工况做周密的验算，保证结构对地层变形的适应或抵抗能力，保证接头处的变形及隧道结构内力不超限。

2. 国内外沉管隧道结构体系发展历程

世界范围内沉管隧道这一跨越江海的隧道结构形式已有 100 多年的历史，其管节的结构形式主要分为整体式管节和节段式管节两类。

整体式管节中，钢筋在管节内纵向连续布置，并设置后浇带，分段浇筑（图 7-5）。整体式管节只有两端管节接头具可变性。整体式管节浇筑工艺相对简单、工艺流程稳定、技术比较成熟，管节结构整体受力状态明确。我国已建成的沉管隧道均为整体式管节。但受预制、纵向弯矩与应力等因素限制，这种形式的管节长度通常不大于 130m，同时，由于施工缝的存在，还需采取外包防水以保证防水质量。

节段式管节将一个管节分成若干节段，节段间钢筋不连续，并设剪力键和止水装置（图 7-6）。由于节段采用钢筋混凝土一体化浇筑成型，无须采用外防水。节段之间通过临时的预应力组合成一个整体管节，沉放到位后将预应力筋剪断，形成节段式管节，节段处呈现铰接特性，使得沉管隧道可以适应地基的不均匀沉降。从施工方面来看，节段式管节将长达上百米的特大型混凝土预制构件划分为若干个较小的预制构件，从而可以使用管节制作的工厂化预制方法，使管节的制作质量与速度得到明显提高，降低工程成本。从受力角度来看，对长达数千米的大型沉管隧道工程，节段接头允许一定变形，对运营和地震工况下地基的变形具有较强的适应性。但节段式管节在应用中也存在缺点，即当节段接头剪力较大时，对隧道的正常使用（主要为接头防水）可能较为不利，需要重点验算。

图 7-5　整体式管节

图 7-6　节段式管节

（1）整体式管节

在混凝土技术快速发展之前，早期的沉管隧道主要采用钢壳式沉管，这种形式的沉管隧道基本上均为整体式管节。穿越美国密歇根州底特律河水底铁路隧道是世界上第一座沉管隧道，采用钢壳式沉管隧道技术，于 1910 年建成，沉管段长 782m，由 10 个长 78.2m 的管节组成。其后在北美洲陆续建造了几十座钢壳式沉管隧道。

荷兰拥有世界上最密集的沉管隧道，与美国采用的钢壳式沉管不同，荷兰的沉管隧道基本上均采用钢筋混凝土沉管，其中包括整体式管节和节段式管节两种。荷兰于 1966 年在阿姆斯特丹建成科恩隧道，隧道沉管段长 540m，包括 6 个长 90m 的钢筋混凝土管节，采用整体式管节，外部设置沥青加玻璃纤维防水层，管节接头设置 GINA 止水垫圈。

1997 年建成的香港西区海底隧道，为香港第三条过海公路隧道，全长约 2km，沉管段长 1363m，由 12 个钢筋混凝土沉管组成。沉管管节长 113m，采用整体式管节，顶部附加防水层和混凝土保护层，主结构尺寸为 113m（长）×33.5m（宽）×8.5m（高），结构自重 30 200t。香港西区沉管隧道横断面示意图如图 7-7 所示，预制沉管横断面示意图如图 7-8 所示。

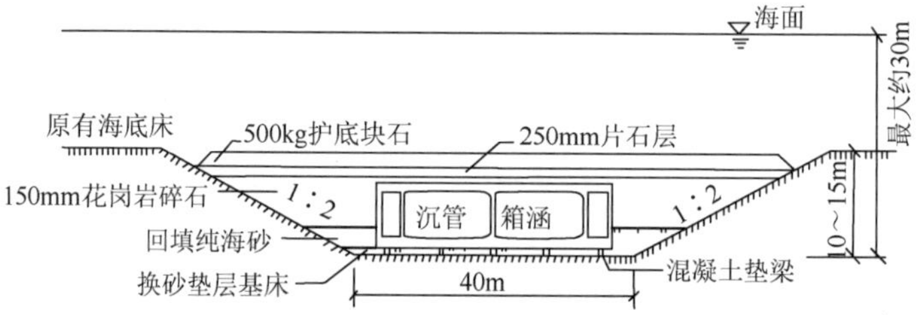

图 7-7　香港西区沉管隧道横断面示意图

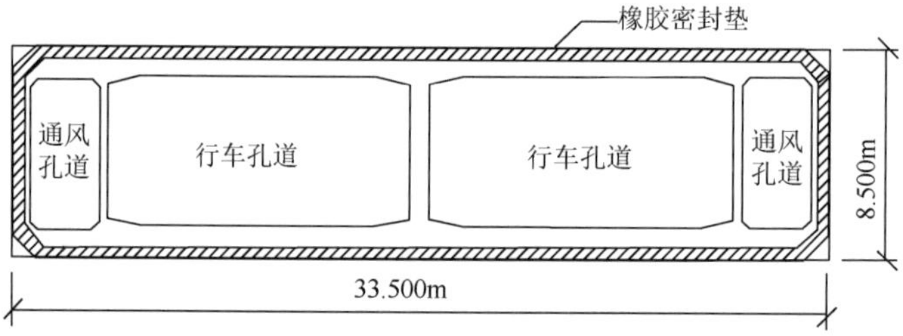

图 7-8　预制沉管横断面示意图

对于地震敏感区域，沉管隧道沿纵向可能承受拉伸及剪切作用，对节段式管节沉管隧道节段接头变形不利。当接头张开量过大时，将导致隧道结构渗漏。为避免此类情况发生，需提高管节的整体刚度。因此，在地震多发地区的日本，经常采用整体式管节结构，其管节大多为 100m 左右的现浇钢筋混凝土组合结构，隧道结构上下板及侧墙采用两侧钢板夹混凝土或外侧钢板内侧混凝土的形式，通过在钢板上焊接加劲肋等方式与钢筋混凝土共同作用实现隧道纵向内力的传递。在整体式管节之间设置柔性接头。日本修建的几条沉管隧道如大阪南港（Osaka South Port）隧道、神户港港岛（Kobe Port Minatojima）沉管隧道、新潟港区（Niigata port road）隧道、冲绳那霸港（Okinawa Naha）临港公路沉管隧道等均采用此种做法，沉管隧道断面宽 28～35m，高约 9m，管节长度为 80～110m，管节间的柔性接头大多采用橡胶止水带连接。

（2）节段式管节

节段式管节在欧洲和亚洲沉管隧道工程中有许多成功案例。1998 年建成的新加坡端士电缆隧道，是新加坡第二座采用混凝土沉管技术建造的电缆隧道，全长约 2.1km，共分

18 个直线管节（每个管节长 100m）和 4 个曲线管节（每个管节长 50m）。管节采用节段式管节，先于工地预制长度为 4m 的节段，然后将预制的节段转运到位于隧址岸边特设的出发码头上，25 个节段水平置放，再通过预应力索将节段串联并施加适当的水平预应力，形成了长度为 100m 的管节。节段施工与连接如图 7-9 所示，管节预制、入水和沉放工序如图 7-10 所示。

(a)全断面浇筑竖向节段

(b)水平预应力连接管节节段

图 7-9　节段施工与连接

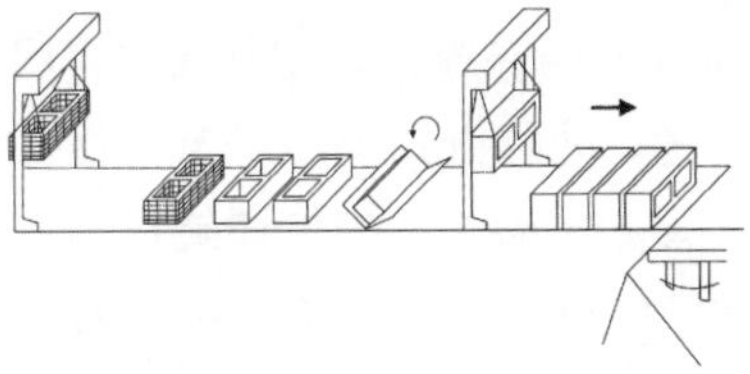

(a)全断面竖向浇筑节段，翻转节段水平放置

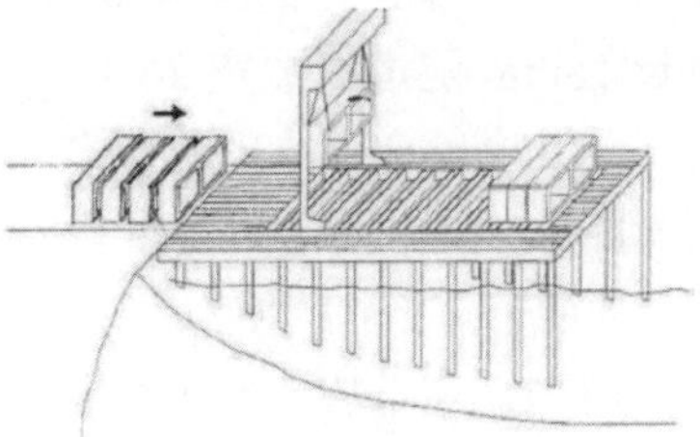

(b)将节段转运到特设的出发码头

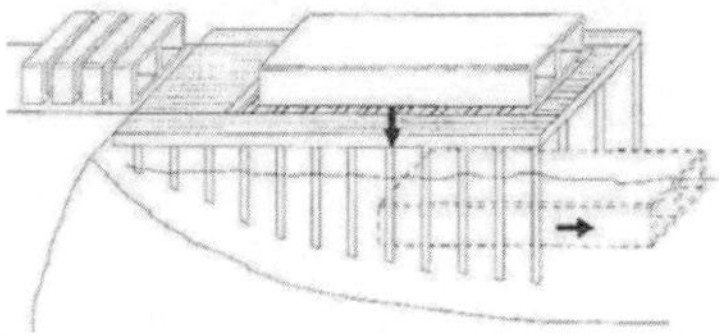

(c)管节入水

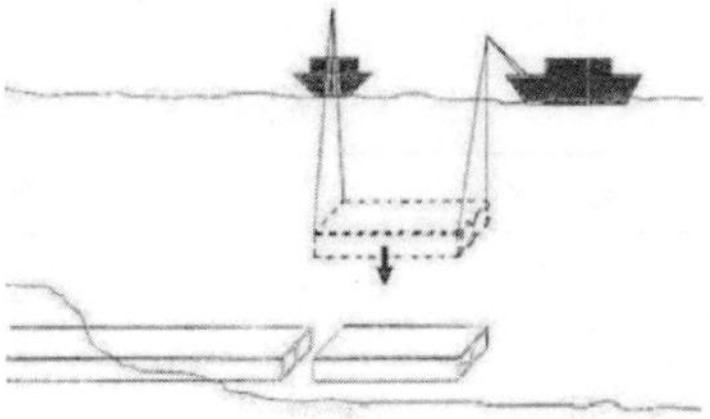

(d)将管节拖运到隧址沉放和对接

图 7-10　管节预制、入水和沉放工序

2000 年建成的厄勒海峡大桥，是连接丹麦首都哥本哈根和瑞典马尔默、横穿厄勒海峡的公铁两用桥隧交通线，桥隧全长达 16km，由西侧海底沉管隧道、海中人工岛和东侧跨海大桥三部分组成。西侧海底隧道沉管段全长 3.51km，共分 20 个管节，每个管节长 175.5m，隧道断面宽 38.8m、高 8.6m，由 2 条火车道、2 条公路双车道和 1 条疏散通道共

5 条管道组成。隧道底部最大水深约 30m。管节形式为钢筋混凝土柔性，由工厂预制的 8 个长 22m 的节段通过临时水平预应力连接而成。整个工程实现了管节预制、管节舾装和管节浮运流程化，工厂法全天候预制管节见图 7-11。

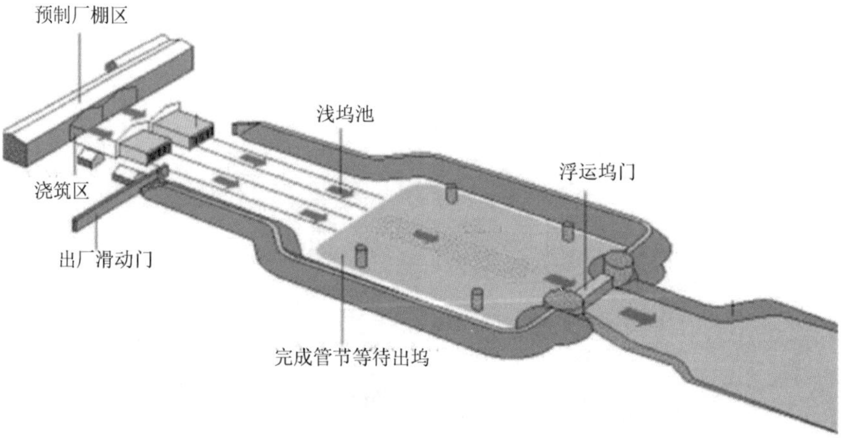

图 7-11　工厂法全天候预制管节

2004～2010 年建造的韩国釜山—巨济沉管隧道沉管段长 3.24km，共分 18 个管节，每个管节长 180m，隧道断面宽 26.46m，高 9.97m，为双向 2 车道，隧道底部最大水深约 50m。每个管节分 8 个长 22.5m 的预制节段，节段由临时预应力钢筋连接，隧道沉放完成后将预应力筋剪断。节段内墙之间设置剪力键实现剪力的传递，这种方式提高了节段接头剪切承载能力，从而可以抵抗地震作用，同时节段接头仍具备一定柔性。为传递隧道纵向拉压变形产生的内力，在节段接头间除进行水封处理（W9U）外，又设置了一种具备一定抗拉强度的 OMEGA 止水构件。

国内外部分整体式管节及节段式管节沉管隧道基本情况如表 7-1 所示。

表 7-1　国内外部分整体式管节及节段式管节沉管隧道基本情况表

隧道名称	通车时间	管节结构形式	沉管段长度	外包防水说明
美国/加拿大 底特律河水底铁路隧道	1930 年	整体式管节 （钢壳式）	9×74.3m	—
加拿大 迪斯（Deas island）沉管隧道	1959 年	整体式管节 （钢筋混凝土）	6×104.9m	外包沥青薄膜防水层
荷兰 比荷卢（Benelux）沉管隧道	1967 年	整体式管节 （钢筋混凝土）	8×93m	采用沥青薄膜防水层
比利时 肯尼迪（Kennedy）沉管隧道	1969 年	整体式管节 （钢筋混凝土）	8×93m + 1×115m	底面采用 5mm 钢板防水，侧墙和顶面包裹 3 层防水隔膜
丹麦 利姆（Limfjord）海峡沉管隧道	1969 年	整体式管节 （钢筋混凝土）	5×102m	整体包裹 2mm 橡胶加钢筋混凝土保护层
丹麦 弗拉克（Vlake）隧道	1978 年	节段式管节 （钢筋混凝土）	2×125m （节段 20.8m）	无防水膜，管节底部铺 6mm 厚钢板

续表

隧道名称	通车时间	管节结构形式	沉管段长度	外包防水说明
荷兰 博特莱克（Botlek）隧道	1980 年	节段式管节 （钢筋混凝土）	4×105m＋1×87.5m （节段 17.5m）	采用冷却水管消除混凝土浇筑早期裂纹，无外部防水
荷兰 泽伯格（Zeeburger）隧道	1990 年	节段式管节 （钢筋混凝土）	3×112m （节段 22.4m）	采用冷却系统防止混凝土开裂，无外部防水
澳大利亚 悉尼海湾（Sydney Harbour）沉管隧道	1992 年	整体式管节 （钢筋混凝土）	8×120m	底面 PVC 膜，侧面和顶面外包环氧树脂
丹麦 厄勒海峡沉管隧道	2000 年	节段式管节 （钢筋混凝土）	20×175.5m （节段 22m）	—
爱尔兰 利默里克（Limerick）隧道	2010 年	节段式管节 （钢筋混凝土）	6×100m （节段 20m）	—

7.2.2　沉管接头支座技术现状

1. 常见支座类型

支座通常用钢、橡胶等材料来制造，主要类型有垫层支座、钢支座、混凝土支座、橡胶支座。

①垫层支座，一般采用几层油毛毡或石棉制成，压实后的厚度不小于 1cm，变形性能较差。

②钢支座，主要有弧形钢板支座，又称切线式支座或线支座，如图 7-12 所示。其构造特点是，由上下垫板组成，下垫板顶面切剥成圆柱体，二者彼此相切而成线接触。固定

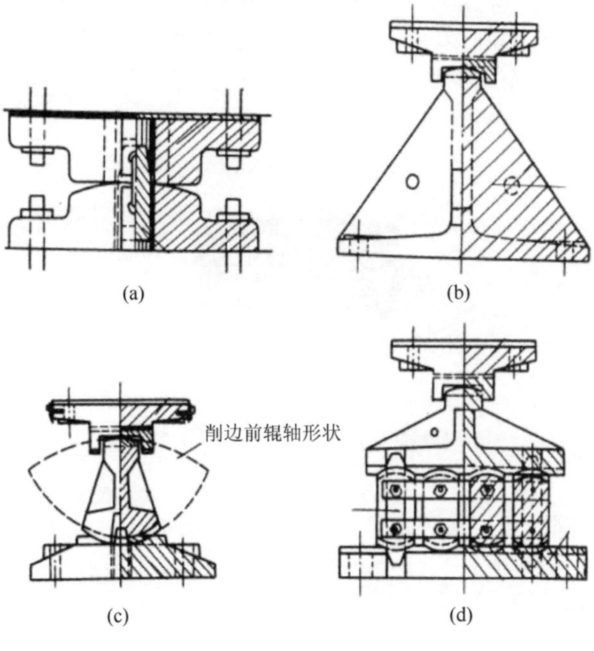

图 7-12　弧形钢板支座

支座需在上垫板上做齿槽（或销孔），在下垫板上焊以齿板（或销钉），安装后使齿板嵌入齿槽（或销钉伸入销孔），以保证上下垫板之间不发生相对水平位移。钢板采用 40～50mm 的铸钢板或热扎钢板，缺点是移动时要克服较大的摩擦力，用钢量大，加工麻烦。

其他钢支座还包括：铸钢支座、不锈钢或合金钢支座、滑板钢支座、球面钢支座（图 7-13）。

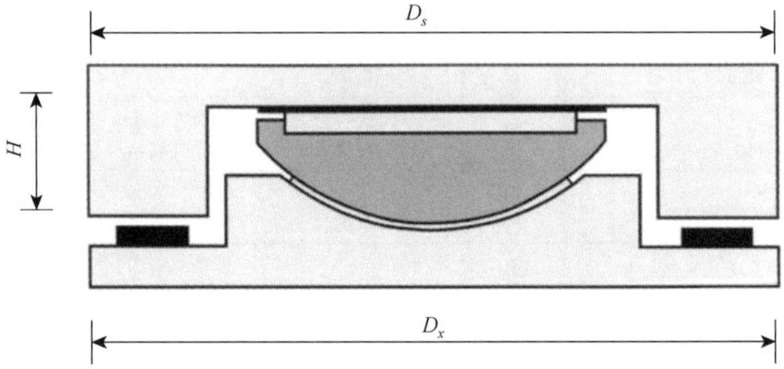

图 7-13　球面钢支座

③混凝土支座，本质上是一种简易支座，外形和活动机理与弧形钢板支座相同，用钢筋混凝土结构代替钢结构，起到滑移和转动的作用，类型有摆柱式支座、混凝土铰。

④橡胶支座，类型众多，功能多样，包括板式橡胶支座、四氟滑板式橡胶支座、球冠圆板式橡胶支座、坡型板式橡胶支座、铅芯橡胶支座、盆式橡胶支座等。

其中，铅芯橡胶支座属于隔震支座，是在普通叠层橡胶支座的中心插入铅芯，以改善橡胶支座阻尼性能，如图 7-14 所示。铅芯橡胶支座除能承受结构物的重力和水平力外，其滞后阻尼的塑性变形还能吸收能量，并可通过橡胶提供水平恢复力，整体寿命可达 60～80 年。

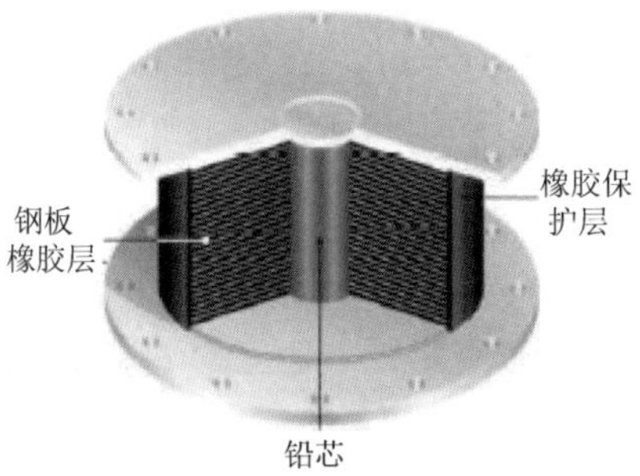

图 7-14　铅芯橡胶支座

盆式橡胶支座是钢构件与橡胶组合而成的支座，具有承载能力大、水平位移量大、转动灵活等特点，如图 7-15 所示。盆式橡胶支座可分为固定盆式橡胶支座与活动盆式橡胶支座。组合上、中支座板构造或利用上下支座连接板即可形成固定盆式橡胶支座。活动盆式橡胶支座由上支座板、聚四氟乙烯板、承压橡胶块、橡胶密封圈、中间支座板、钢紧箍圈、下支座板及上下支座连接板组成。

图 7-15　盆式橡胶支座

2. 支座适用性分析

综合来说，一般支座产品可分为刚性支座和柔性支座。刚性支座如钢支座等，能够提供良好的支撑反力，抑制结构变形，但是在结构外部荷载超过结构承受能力极限时，不能提供足够的变形空间，结构易发生不可逆损坏。柔性支座如垫层支座、橡胶支座等，在发生一定程度变形的条件下，才能提供足够的支撑反力，当外部荷载超过结构承受能力极限时，能够提供一定的变形空间，卸掉部分外部荷载，但支撑反力同时增大，不能完全保护结构不损坏，同时支座初期变形大也会造成结构累积变形过大，影响结构使用。传统支座产品性能与港珠澳大桥岛隧工程沉管接头的使用需求有一定差距。

7.2.3　预应力技术发展概况

1. 预应力混凝土结构的研究及应用现状

预应力混凝土有多种不同的分类方法，按预加应力的方法分先张法和后张法；按预加应力的程度分为全预应力和部分预应力；按预应力钢筋与混凝土的黏结状态可分为有黏结预应力、无黏结预应力和体外预应力。近年来，预应力技术得到广泛应用，世界各国的专家研究产生了一系列新型的预应力混凝土结构。

早在 19 世纪后期，就有学者提出了对混凝土施加预应力的设想，而实际应用大约是在 20 世纪 30 年代。1928 年 Freyssinet 考虑了混凝土的收缩和徐变产生的损失，指出预应力混凝土必须采用高强钢材和高强混凝土，这一论断是预应力混凝土在理论方面的关键性突破。从此，对预应力混凝土的认识进入了理性阶段，但对预应力混凝土的生产工艺，并没有改进。

1938 年德国的 Hoyo 提出了靠高强细钢丝和混凝土之间的黏结力而不是靠锚头传力的先张法，1940 年比利时的 Magel 研究了一次可以张拉两根钢筋的麦尼尔模块锚。这些研究为推广先张法与后张法预应力混凝土提供了切实可行的生产工艺。

预应力混凝土技术在我国的应用和发展时间短，1956 年以前基本上处于学习阶段，20 世纪 70 年代末开始，以框架结构为主要代表的现代预应力混凝土结构体系逐步在我国应用，人们普遍存在的预应力混凝土结构的抗震性能差的固有观念在一定程度上阻碍了这项技术的推广应用。

预应力混凝土结构的主要优点是能够充分利用材料性能，抗裂性好，刚度大，节省材料，自重轻和结构寿命长等，特别是能够节约材料和节省造价。与普通钢筋混凝土结构相比，预应力混凝土结构可节省 20%～40%的混凝土和 30%～60%的纵向钢筋，可节省一半的造价，还可提高工程质量。

2. 体外预应力技术发展概况

体外预应力混凝土结构是后张法无黏结预应力混凝土结构的分支，是一种用完全位于混凝土截面以外的预应力束来对混凝土施加预应力的结构体系。

早期体外预应力的工程应用，由于存在易腐蚀和构造等方面的缺陷，造成了钢索锈蚀，影响了正常使用。同时，在当时的条件下锚固端和转向装置处构造较复杂，如果更换钢束会对本来就比较复杂的部位提出更高的要求，后果是使整个工程造价提高，无法充分反映体外预应力技术的优越性，因此在其后的时间里很少应用于实际工程。

一方面，20 世纪 60 年代末，无黏结预应力和斜拉桥两项技术的进一步发展为体外预应力的发展创造了条件。这两项技术的产生和应用，解决了耐久性和结构设计等有关问题。另一方面，20 世纪 70 年代，法国的大量桥梁加固工程采用体外预应力技术，积累了丰富的工程经验，为新建桥梁时考虑使用体外预应力技术提供了依据。

体外预应力技术主要有以下优越性：预应力筋设在结构实体外部，减小了结构截面尺寸，从而减轻了结构自重；预应力筋可更换，便于在使用期内检测和维护；体外预应力筋仅在锚固区和转向块处与结构相连，摩擦损失明显减少；体外预应力筋与混凝土之间无黏结，由荷载产生的应力变化分散在预应力筋全长上，因此应力变化幅值较小，这对承受较大活载或由疲劳控制的结构是有利的。由于混凝土截面与体外预应力筋分离，主要的施工工序较为简单，浇筑混凝土较方便，提高了混凝土的质量和耐久性。因此，体外预应力技术被认为是现存结构加固和重建最有效的技术之一。

7.3 研究内容与技术方案

7.3.1 研究内容与关键技术

1. 深埋沉管半刚性管节结构体系机理研究

系统梳理国内外沉管隧道结构体系的发展历程，以及分析传统管节结构体系适用范围。通过摩擦抗剪试验定量揭示沉管柔性接头部位混凝土接触界面的摩擦力学行为。系统开展半刚性管节在静力工况及地震工况下的受力变形性能研究，充分考虑基本工况、变温工况及地基刚度变异性等不利情况，通过与节段式管节和整体式管节对比，深入揭示半刚性管节结构机理。

通过深埋沉管半刚性管节结构体系机理研究，取得的关键性技术如下。

①通过实验研究确定混凝土界面在不同法向压力条件下的最大静摩擦系数，建立存在剪力键时的混凝土块剪力键系统整体抗剪承载力实验方法，并通过实验研究揭示混凝土-剪力键系统的整体刚度随剪切形变发展的规律及整体抗剪承载力的确定。

②建立了合理有效的数值分析模型，可充分考虑土体弹塑性本构、接头受力非线性及荷载条件的复杂性等特征，定量分析揭示了半刚性管节受力及变形规律，并可通过该模型确定合理的预应力度。

2. 半刚性管节结构体系设计方法

半刚性管节结构体系设计方法研究的主要内容包括：①基于深埋沉管隧道半刚性管节结构体系结构现有相关设计标准、规范、研究理论成果，分析对比总结整体式管节和节段式管节的特点及适用条件，以及国内外相关工程项目建设的实践经验，分析现有设计方法在半刚性管节结构设计中的局限性，进一步总结得到适用于半刚性管节沉管隧道的设计方法和设计指南；②结合港珠澳大桥沉管隧道实例，分析探讨半刚性管节结构体系的构成及功能，总结半刚性管节结构的设计流程、设计参数和设计条件；③分析半刚性管节的构造设计，包括预应力体系设计、节段接头构造设计和管节接头构造设计；④结合港珠澳大桥岛隧工程沉管隧道施工实测数据，系统研究利用大型有限元软件计算半刚性管节的模型选择、边界设定和参数选定原则及计算结果准确性判别标准，验证并完善半刚性管节结构的设计计算方法。

通过半刚性管节结构体系设计方法研究，取得的关键性技术为：①构建了半刚性管节结构系统，提出了半刚性管节结构的计算理论和设计方法；②基于对现有计算方法的适用性分析，完善并集成了一套适用于半刚性管节结构分析系列方法；③总结形成了半刚性管节总体设计、预应力体系设计、节段接头构造设计、管节接头构造设计等半刚性管节结构的成套技术设计指南。

3. 沉管管节接头记忆支座产品研发

港珠澳大桥岛隧工程沉管隧道基础偏软、上覆荷载大，希望找到一种接头支座，这种接头支座能够统一荷载传递和变形吸收的矛盾，设定结构能够承受的力，超出该值时接头将允许一定的压缩来协调基础差异沉降与结构的相对位移，这种接头支座称为记忆支座。记忆支座要确保记忆功能的实现，并消除其他方向受力对记忆核心组件的影响。沉管管节接头记忆支座研发专题的主要研究内容包括：

①一般支座产品的调研和特点分析。

②记忆支座核心工作部件的材料选择。

③记忆支座核心工作部件的形状设计。

④记忆支座的外观和功能设计。

通过沉管管节接头记忆支座研发研究，取得的关键性技术为：通过材料比选、性能试验，获得了一种新型的保护荷载的记忆支座和设计技术。

4. 部分无黏结纵向预应力结构研发与应用

部分无黏结纵向预应力结构研发与应用专题研究的内容主要包括：

通过对半刚性管节结构体系关键问题——预应力损失与传递的分析，展开纵向结构预应力体系方案研究，对预应力结构体系耐久性开展分析，设计出适用于半刚性管节结构新的部分无黏结纵向预应力体系。

重点针对沉管永久预应力体系的薄弱环节——节段接头，模拟预应力管道在施工和埋置深海阶段的工况，对节段接头连接件的水密性和无黏结性进行研究，验证预应力体系的耐久性。

从材料、预应力管道与节段接头连接件的安装、预应力钢绞线穿束与张拉、真空辅助压浆施工等方面，研究并提出适用于半刚性管节纵向预应力体系的施工工艺，并通过对实施效果的分析总结，确定新的纵向预应力体系能实现半刚性管节的功能要求。

通过部分无黏结纵向预应力结构研发与应用研究，取得的关键性技术如下。

①重点针对节段接头这个沉管永久预应力体系的薄弱环节，模拟预应力管道在施工和埋置深海阶段的工况，对节段接头连接件的水密性和无黏结性进行研究，验证预应力体系的耐久性。

②通过无黏结性试验，确定采用在节段接头 6m 长度范围内部分无黏结的纵向预应力体系；通过水密性试验，确定采用节段接头处光滑的双套筒预应力结构。

③从材料、预应力管道与节段接头连接件的安装、预应力钢绞线穿束与张拉、真空辅助压浆施工等方面，研究并提出适用于半刚性管节纵向预应力体系的施工工艺。

7.3.2 总体技术方案

1. 总体

依托上述关键技术的研究，进行港珠澳大桥深埋沉管隧道半刚性管节结构体系建设，并开展沉管管节接头记忆支座研发、沉管结构部分无黏结纵向预应力体系研发等专题研究，实现了外海深埋沉管隧道半刚性管节结构体系的大跨越，形成的深埋沉管隧道半刚性管节结构体系总体技术方案如下。

2. 半刚性管节结构预应力设计方案

半刚性管节综合了整体式管节和节段式管节的特点，采用纵向部分无黏结预应力体系，使得各管节节段之间允许一定张开变形，在不损失整体刚度的前提下具有一定的柔度。半刚性管节结构关键机理在于采用纵向预应力筋将适应地基变形的管节节段柔性连接加以适当约束以保证管节节段间有可控的转角变形从而不会发生滑脱破坏。其实质在于通过施加永久预应力增加沉管结构刚度，在增加结构刚度的同时其弯矩及剪力较节段式管节结构亦增大。

半刚性管节结构设计的关键是预应力，保证耐久性的部分无黏结预应力体系、合理的预应力度及节段接头截面合理的摩擦系数等均为重要设计参数。

半刚性管节横截面及接头设计基本与常规沉管管节一致，主要对预应力设计进行调整，预应力纵断面布置图如图 7-16 所示。

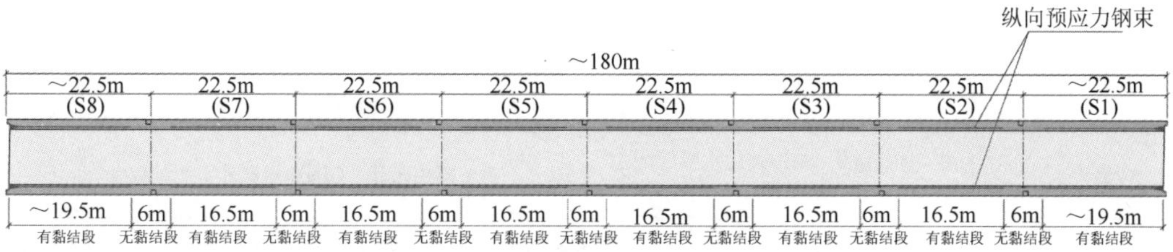

图 7-16　半刚性管节预应力纵断面布置图

通过纵向设置部分无黏结预应力筋，使各节段纵向连为一个整体，浮运安装阶段各个节段接头处的预应力满足不小于 0.3MPa 的控制要求，在运营期预应力筋全部不剪断。

采用永久预应力（节段接头处无黏结），耐久性要求高，应满足沉管隧道设计使用寿命，运营期所需预应力总体用量介于整体式管节及节段式管节之间，根据接头处所需安全度设置。

对部分无黏结预应力系统进行专门设计，使预应力钢束及管节能适应一定量的三向变形，同时确保密封，并采用多道防腐措施，确保永久预应力系统耐久性。

基于半刚性管节预应力体系的特殊性，其对管节结构作用机理及作用特征如下：

①半刚性管节纵向采用部分无黏结预应力，预应力配置保证管节结构在整个运营阶段始终存在预压力。

②隧道管节对施加的预应力会有刚性的反应，直到实际弯矩克服了预应力荷载；对于更大的弯矩作用，隧道管节的反应或多或少属于节段式管节的性质。

③升温时，节段伸长增加结构轴向压力，接头及止水带压力增大，结构刚性更强，纵向以整体式管节行为抵抗外荷载；降温时，节段收缩减小结构轴向压力，但接头处仍保证足够压力；抵抗外荷载行为同节段式管节升温工况，在接头受拉边最小压力大于 0 以前，沉管纵向以整体式管节行为抵抗外荷载；如外荷载加大，节段接头压力逐渐减小至 0，接头张开，并释放弯矩；由于采用节段接头处无黏结预应力，钢绞线弹性足以协调接头变形，同时预应力约束节段接头变形，减小止水带受力及拉伸，正压力产生的摩擦力提高接头竖向抗剪能力。典型工况下半刚性管节结构行为见表 7-2。

④配置的预应力度影响结构纵向刚度，预应力度高结构呈现刚性，预应力度低结构呈现柔性，结构纵向刚度会影响结构中纵向内力、管节结构纵向位移、地震工况下接头水平向受力、节段接头位移等。其中，预应力越高对控制节段接头张开量、控制管节结构内力和裂缝、提高节段接头竖向抗剪能力有积极的作用；但在地震作用下对管节接头张开量和压缩量、管节接头和节段接头水平向剪力键受力均不利。

表 7-2　典型工况下半刚性管节结构行为

部位	升温工况	降温工况
预应力	预应力钢束均存在预应力损失	有黏结处预应力钢束存在预应力损失；无黏结预应力除考虑预应力损失外，还需要考虑由于钢束拉伸而引起的应力增加
节段接头	顶底板始终存在压力	节段接头处存在压力，该压力产生的摩擦力用于抵抗节段接头处外荷载引起的剪力
管节接头	管节接头压缩，GINA 止水带压缩量增加	管节接头张开，GINA 止水带压缩量减少
管节结构内力	预应力始终提供预压力	在有黏结和无黏结过渡区，预应力钢束由于应力不一致对管节结构内力产生影响

⑤考虑预应力和温度应力后，节段接头处承受的最小压力及其由摩擦提供的抗剪能力大幅提高，但是该抗剪能力提高的具体幅度还需结合横断面受力情况综合考虑后确定（接头一侧张开后对横断面内力的影响）。

⑥可以通过改变预应力度来平衡系统中各个部分受力，通过周密分析计算获得最合理的预应力度配置及结构刚性（介于柔性与刚性之间）。

⑦预应力配置的基本原则是顶底板均匀布置，并统筹考虑浮运状态及运营状态，当运营期所需的预应力小于浮运沉放所需的预应力筋用量，则后续可以考虑剪断部分预应力；当运营期所需的预应力大于浮运沉放所需的预应力筋用量，则保留所有预应力。

⑧沉管纵向不同位置的基础、荷载、温度等条件不同，各节段的合理预应力也不同，需深入详细计算分析，并对温度约束效应、接头张开后的结构受力展开更细致的评估，确定合理的预应力度，并评估其结构是否满足设计要求。

3. 半刚性管节节段接头设计方案

将一个管节划分成多个节段的接头称为节段接头，如图 7-17 所示。节段接头构造设计是沉管隧道管节设计的重要步骤，节段接头构造应满足受力、防水、防火及耐久性等设计要求。不同结构体系均有节段接头。从构造来描述，整体式管节的节段接头主要是为了浇筑过程中的分段，其构造类似于施工缝；节段式管节和半刚性管节采用匹配预制，因此节段接头处仅发生由收缩引发的位移。从作用机理来描述，整体式管节的节段接头类似于施工缝，可以传递所有内力，在分析时不需要特殊考虑；节段式管节的节段接头在正常使用阶段可以有限张开，可以传递压力但不能传递拉力，通过分布在竖墙顶板和底板上的剪力键传递竖向与横向剪力；半刚性管节的节段接头只有在极端情况下才允许毫米级别的张开，可以传递压力但不能传递拉力，通过剪力键和接触面的摩擦力共同来抵抗和传递剪力。从接头功能来描述，整体式管节的节段接头主要考虑防水问题，节段式管节的节段接头主要考虑防水、抗剪问题，半刚性管节的节段接头主要考虑防水、抗剪和摩擦力传递问题。

节段接头的设计要能承受接头的张开，使接头张开的原因有：

①混凝土温度降低。

②混凝土收缩徐变。

③由于不均匀沉降在接头处产生的转动。

④地震作用。

接头止水带应能够适应最大接头张开量，并且同时还能保证水密性安全度。在一个指定外部水压条件下止水带的位移能力由供应商提供并经试验验证。如果止水带无法修复或更换，止水带的使用寿命应与沉管隧道使用寿命一致。

可注浆止水带和 OMEGA 止水带，都是沉管隧道节段接头中通常采用的止水方案，类似的方案在港珠澳大桥沉管隧道和釜山—巨济沉管隧道中已成功应用。

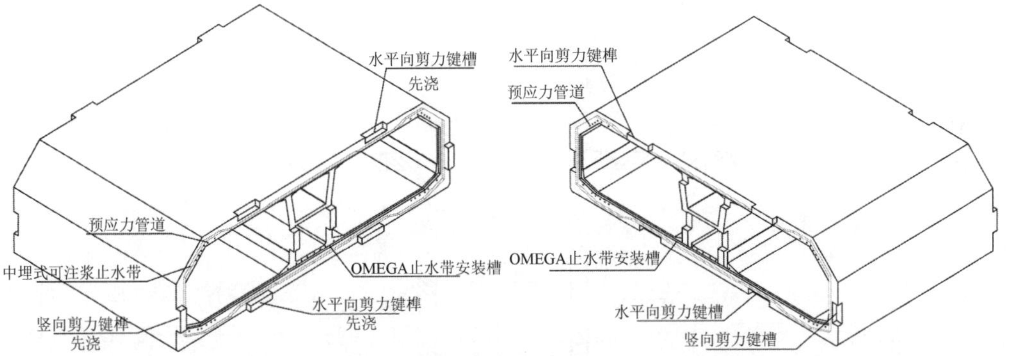

图 7-17　节段接头三维示意图

4. 半刚性管节接头设计方案

沉管隧道每个管节接头主要包括端钢壳、GINA 止水带、OMEGA 止水带、钢剪力键、临时预应力锚具、防火构造等。

管节与管节之间的接头设置水平向剪力键与竖向剪力键。E1～E8（含 E8 与 E9 管节接头）接头设置 2 组水平向混凝土剪力键、2 组竖向混凝土剪力键和 2 组竖向钢剪力键，水平向混凝土剪力键后浇，分别布置在 2 个车行孔底板的压载混凝土中；竖向混凝土剪力键后浇，分别布置在 2 个中墙上，竖向钢剪力键分别布置在 2 个侧墙上。E9（含 E9 与 E10 管节接头）～E33 接头设置 2 组水平向混凝土剪力键和 4 组竖向钢剪力键，水平向混凝土剪力键后浇，分别布置在 2 个车行孔底板的压载混凝土中；竖向钢剪力键分别布置在 2 个中墙与 2 个侧墙上。

待管节沉降稳定后，核实管节的相对错动尺寸，进行混凝土剪力键的浇筑和钢剪力键的安装。每组剪力键包括上剪力键、中剪力键和下剪力键，上剪力键与中剪力键之间、中剪力键与下剪力键之间设置连接垫层。先浇筑中墙的混凝土剪力键，再安装侧墙的钢剪力键。

混凝土剪力键浇筑时，先浇筑下剪力键，再浇筑中剪力键，最后浇筑上剪力键。每个钢剪力键为钢板焊接成形，通过螺栓和剪力块与钢剪力键预埋件连接。钢剪力键安装时，按顺序安装下剪力键、中剪力键、上剪力键。

端钢壳是管节柔性接头的关键构件，设置在沉管管节两端，与管节混凝土联为一体，是为安装 GINA 止水带和 OMEGA 止水带而设置在管节端部的钢构件，是管节结构重要的永久性构件，如图 7-18 所示。充分考虑工厂法施工的特点，为提高管节预制施工工效，设计采用一次性整浇端钢壳。端钢壳尺寸根据 GINA 止水带尺寸及管节的纵、横断面布置进行确定，主要由端部面板、翼缘板、加劲板及连接焊钉组成。整个端钢壳断面沿隧道断面呈环形，在工厂内分块制作，运输至现场后拼装焊接成型。端钢壳与混凝土接触面内预埋注浆管，当混凝土强度达到 90%后作注浆处理。

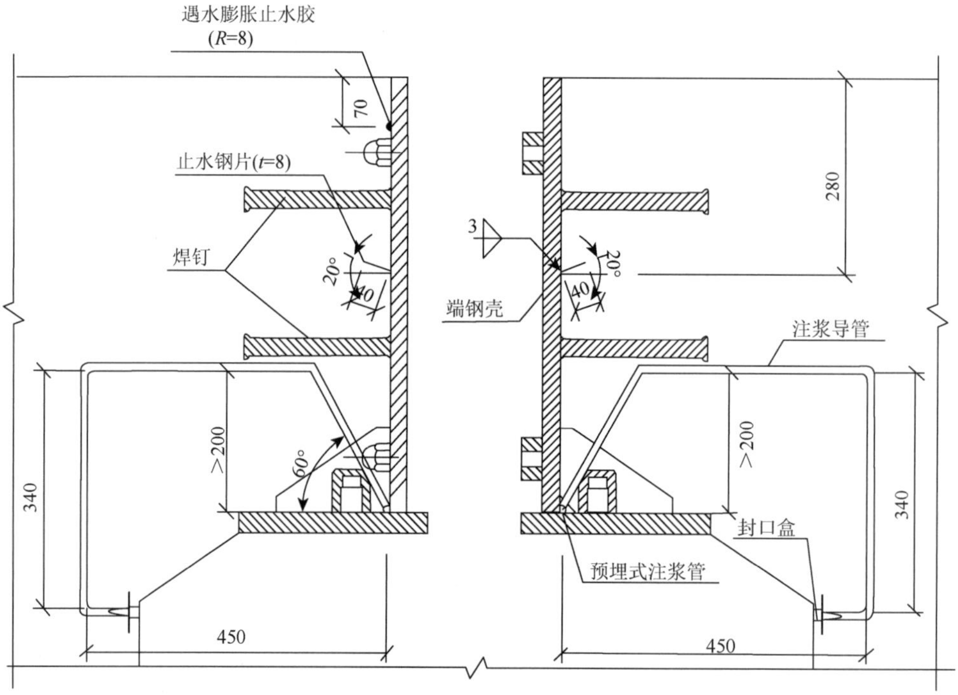

图 7-18　端钢壳典型构造图（单位：mm）

管节接头一般设置两道防水构造：GINA 止水带和 OMEGA 止水带。

（1）GINA 止水带的设计要求

材质为天然橡胶，E27/E28～E29/E30 管节接头 GINA 止水带本体邵氏硬度为 62 度，对应鼻尖的邵氏硬度为 51 度；E30/E31、E31/E32 管节接头 GINA 止水带本体及鼻尖邵氏硬度均为 51 度，E32/E33、E33/暗埋段管节接头 GINA 止水带本体及鼻尖邵氏硬度均为 37 度。GINA 止水带压件系统中的压板、压块采用内六角圆柱头螺钉固定。

（2）OMEGA 止水带的设计要求

材质为丁苯橡胶，OMEGA 止水带压件系统中的压板、压条、圆钢采用不锈钢双头螺柱、螺母、弹簧垫圈固定。由 GINA 止水带、OMEGA 止水带组成管节接头两道止水线，如图 7-19 所示。

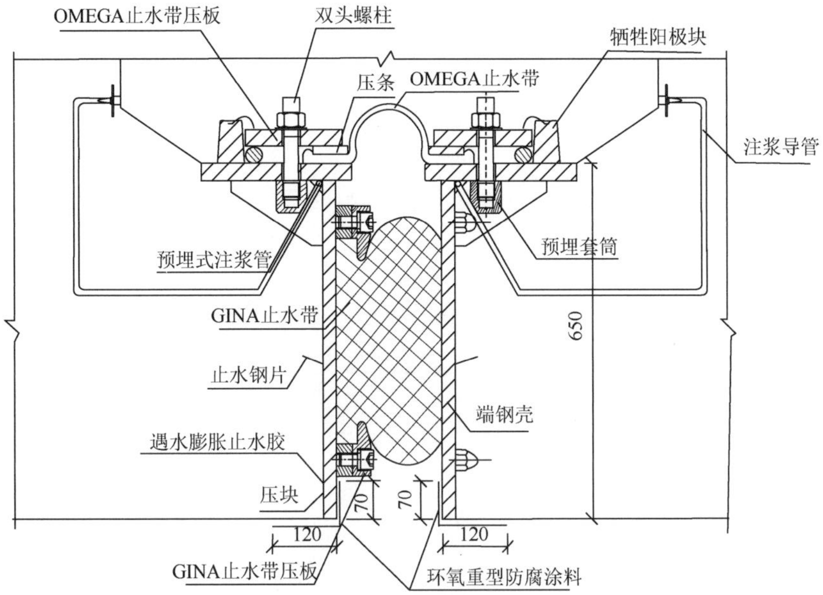

图 7-19　管节接头止水构造（单位：mm）

5. 沉管管节接头记忆支座产品研发技术方案

根据沉管接头使用条件，记忆支座基本构造 1/4 剖面模型如图 7-20 所示。

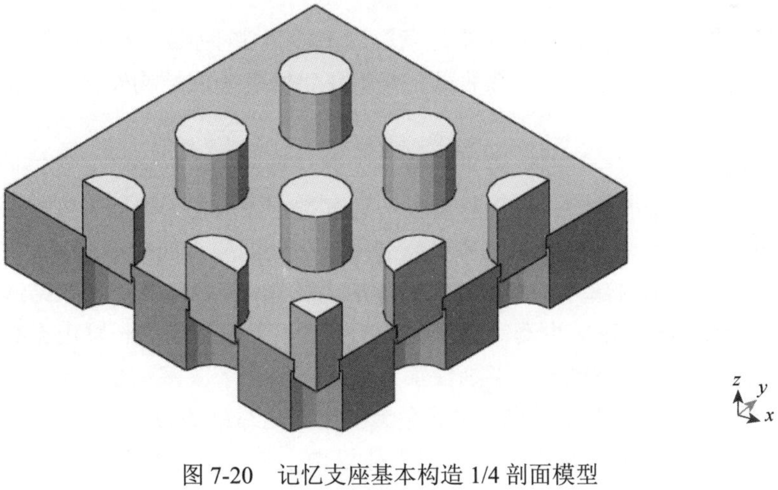

图 7-20　记忆支座基本构造 1/4 剖面模型

在一定厚度（约 6cm）和面积（约 60cm×60cm）的多孔钢制底板上，插入 20～30 个直径大于底板孔径的金属承压柱构成剪力键承压接头。当沉管发生相对位移时，剪力键间产生挤压应力。当应力水平较低时，金属承压柱依靠弹性变形传递剪力，剪力键不至于被破坏；当应力水平较高、有可能破坏剪力键及预埋件时，金属承压柱发生塑性变形，被挤入钢制底板预留孔，大于底板孔径的部分金属被剪切剥离，剪力键承压接头被压缩，释放变形，荷载降低，保护剪力键。

该接头的设计关键在于：

①金属承压柱材料的硬度低于钢制底板。

②在现场使用环境中，接头材料具备耐腐蚀能力。

③承压柱被剪切挤入预留孔的 2～3cm 行程内，单个承压柱的承载能力稳定。

单个金属承压柱的理想荷载位移曲线如图 7-21 所示。

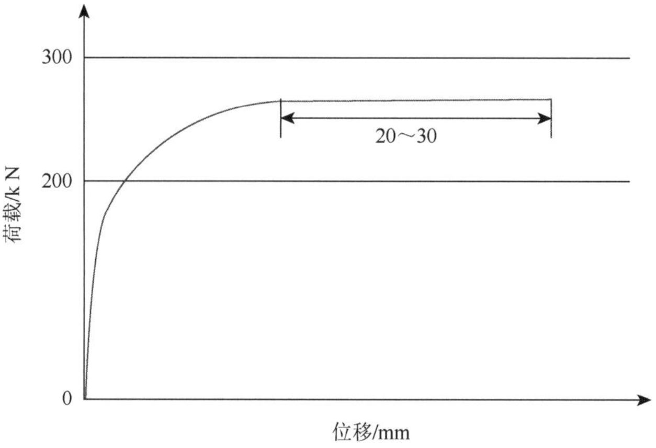

图 7-21　单个金属承压柱的理想荷载位移曲线

6. 部分无黏结纵向预应力结构研发与应用技术方案

半刚性管节的重要特性之一是正常运营阶段节段接头不张开，极端荷载情况下节段接头允许有一定的张开量。在节段接头张开的情况下，仍需确保结构安全，且满足防腐蚀和耐久性要求。

基于半刚性管节的这个特性，若采用全长无黏结预应力，则会产生腐蚀问题，影响结构的耐久性，且产生漏水通道；若管节全长均为有黏结预应力，则当节段接头张开时，由于预应力管道与混凝土相互咬合，容易引起节段接头处混凝土的撕裂。因此，必须采用在节段接头一定长度范围内部分无黏结的纵向预应力体系。节段接头处无黏结通过采用表面光滑的预应力套筒实现，以减少套筒与混凝土的咬合，无黏结段的长度由无黏结性拉拔试验确定。通过无黏结性拉拔试验，半刚性管节采用在每个节段接头处 6m 范围内钢绞线与混凝土结构无黏结、其他位置钢绞线与混凝土结构完全黏结的方案。

为了保证节段接头在极端不利的情况下能以微小的张开来释放应力，在节段接头处使用节段接头连接管。节段接头连接管分为外管和内管，外管在 6m 范围内采用无黏结的光滑塑料管，内管 60cm 长并跨节段接头，节段接头连接管对接示意图见图 7-22。节段接头连接管与常规波纹管连接方式可参照波纹管对接方式，固定方式参照波纹管固定方式。

由于沉管节段为分批预制，故节段接头处套筒应断开，为了确保节段接头断开处的水密性，通过水密性试验，确定在内管和外管之间设置橡胶密封圈。节段接头连接管连接件如图 7-23 所示。

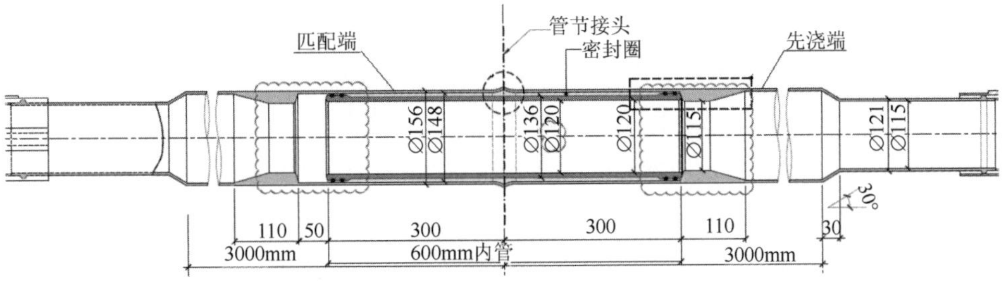

图 7-22　节段接头连接管对接示意图（单位：mm）

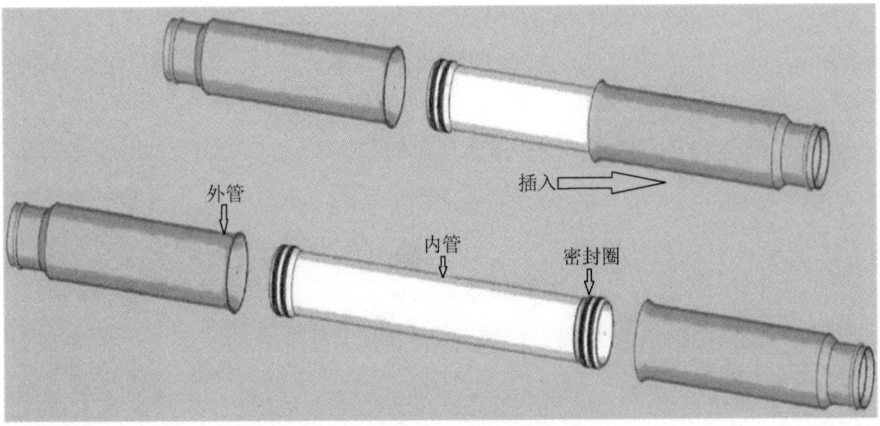

图 7-23　节段接头连接管连接件

节段接头连接管与有黏结区的波纹管通过热缩套连接，钢筋笼匹配对接时安装连接件内管。节段接头连接管对接示意图如图 7-24 所示。

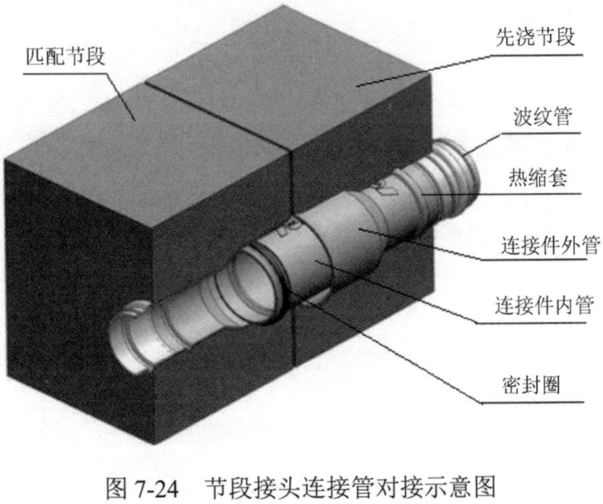

图 7-24　节段接头连接管对接示意图

预应力管道采用塑料波纹管，直接安装在预应力钢筋托架上，每隔 400mm 用一根ϕ12 的 U 形钢筋将波纹固定在托架上。标准节段单根预应力管道由 2 根 8m 长塑料波纹管构成，

S1、S8 节段采用 1 根 8m 和 1 根 11m 长的塑料波纹管构成。塑料波纹管之间的接头采用热缩套管连接，施工时必须注意检查气密性，防止水泥浆进入管内。标准节段预应力管道两端连接节段连接件，S1、S8 节段预应力管道一端连接节段连接件，另一端连接锚垫板。波纹管的固定示意图如图 7-25 所示，波纹管连接示意图如图 7-26 所示。

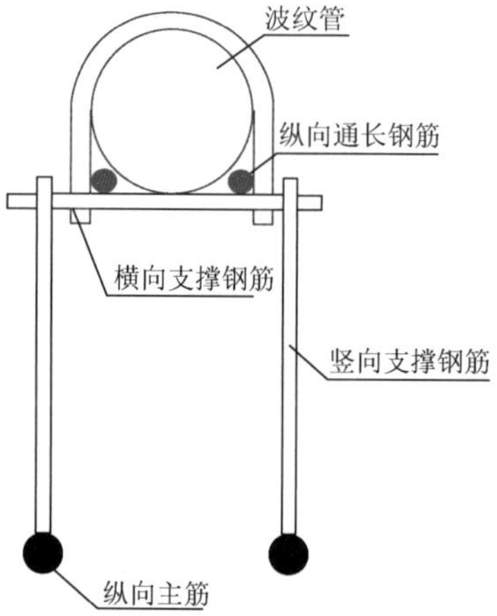

图 7-25　波纹管的固定示意图

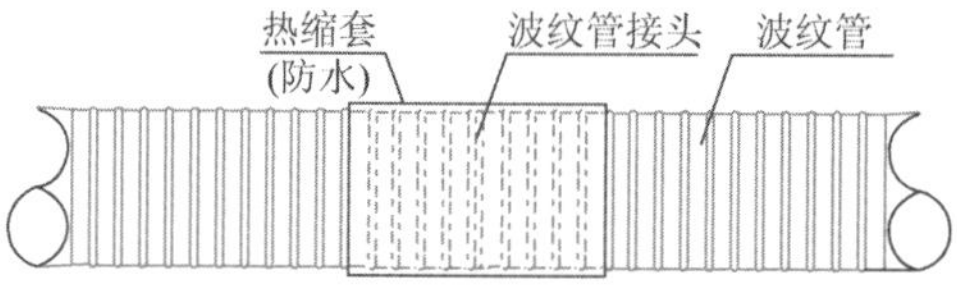

图 7-26　波纹管连接示意图

7.3.3　关键技术解决途径

项目研究以解决港珠澳大桥沉管隧道建设关键技术为切入点，依托港珠澳大桥岛隧工程和现有的相关科研成果及设备资源，研究以理论分析、现场试验、数值模拟、模型试验、原型观测为手段，通过依托工程对获取的理论、方法、技术等研究成果进行检验和完善。项目实施过程中统筹考虑试验研究与成果应用的时间，既保证研究成果能够及时服务于港珠澳大桥岛隧工程建设，又能通过工程实践检验研究成果，促进理论、方法的完善和技术水平的提高。

7.3.4　实施过程和效果

1. 深埋沉管半刚性结构体系机理研究

关键技术 1：实验研究混凝土界面及混凝土剪力键整体摩擦抗剪规律。

对半刚性管节而言，接头部位界面摩檫力的作用非常重要。因此，为定量分析沉管柔性接头部位混凝土接触界面的摩擦力，需开展节段接头截面摩擦抗剪论证及试验验证工作。

利用 1000kN 电液伺服多通道试验加载系统进行摩擦系数测试。通过竖向作动器（量程：1000kN）施加竖向力，水平作动器（量程：500kN）施加水平力，测试两混凝土块间最大静摩擦系数。同时开展了无剪力键及有剪力键时混凝土块间的摩擦抗剪规律实验。

无剪力键时，针对竖向受压 0.5MPa、1MPa、1.5MPa、2MPa 荷载作用下各做 2～3 次，求其摩擦力平均值。有剪力键时，针对竖向受压 1MPa、1.5MPa 荷载作用下各做 2～3 次。实验步骤如下：

①将 2 个混凝土试块安放在混凝土垫座上，下层试块后面安装一个刚性挡块，挡块后为钢管混凝土反力桩，以抵抗水平推力。

②安装好电液伺服加载系统，在竖向作动器、水平作动器与混凝土块间放置刚性垫板，安装好百分表，以观察混凝土块位移变化。检查调试好加载系统。

③启动竖向加载油缸，竖向加载至 94kN，持荷 5min，记录竖向加载。

④启动水平加载油缸，施加水平向荷载，观察水平荷载变化，记录水平加载变化曲线。当水平加载达到峰值并剧降时，此时水平加载力则为最大静摩擦力。

⑤竖向加载和水平加载油缸回零，完成一个工况中的一次测试，如此，进行下一次测试，每个工况测试 2～3 次，取其平均值。分别记录数据结果。

⑥无剪力键时分别进行 0.5MPa、1MPa、1.5MPa、2MPa 4 个工况各做 2～3 次测试。

⑦将混凝土试块卸除，另取 2 个混凝土试块，安装止推棒。针对 PVC 管止推棒进行 0.5MPa 下测试混凝土块抗剪性能，针对有机玻璃止推棒进行 1.0MPa、1.5MPa 下测试混凝土块抗剪性能，分别记录数据结果。

通过对混凝土块和混凝土块 + 止推棒（剪力键）进行抗剪承载力试验得出如下结论：

①针对混凝土块，无剪力键时对竖向承受 0.5MPa、1MPa、1.5MPa、2MPa 荷载作用的 4 个工况进行测试，最大静摩擦系数为 0.60～0.65，平均为 0.62。

②针对竖向受压 1MPa、1.5MP 荷载作用下，进行混凝土块 + 剪力键时的抗剪力承载力测试，表明增加剪力键时，受剪承载力增加，采用 PVC 管时增加抗剪能力不明显，而以有机玻璃棒为剪力键时，抗剪承载力增加明显，理论上直径 5cm，抗剪强度 50MPa 的有机玻璃棒抗剪力增加量为 98kN，试验测试得出抗剪承载力增加量为 90～95kN。

③摩擦面与剪力键的共同受力显示，静摩擦力达到最大时，转化为动摩擦力，摩擦力略为减小，但随着剪力键发挥作用，抗剪能力继续提高。当混凝土面产生滑动时，由于剪力键的作用，其抗剪能力进一步提高，直至剪力键被剪断。

关键技术 2：依据摩擦抗剪试验规律及接头材料参数等构建三维地层结构相互作用模型。

采用 Plaxis3D 建立大型三维地层结构模型来分析不同荷载工况下沉管内力。相比于弹性地基梁、弹性地基板等荷载结构模型，大型三维地层结构模型的主要优势在于能充分考虑土-结构相互作用，而且能考虑旁边堆载对地基不均匀沉降及结构内力的影响。在沉管隧道两侧回填荷载、回淤荷载大于沉管区荷载且沉管横向尺度较大（38m）的情况下，用一般的荷载结构模型，采用沉管中心处地基刚度，难以正确计算结构内力，计算结果往往是偏于危险的。大型三维模型建立实际回填、回淤等过程能解决这一问题。

在隧道接头处用 Plaxis3D 中的点对点锚杆（实际力学作用相等于弹簧）来模拟隧道接头，接头模拟有限元模型如图 7-27 所示。采用沿隧道纵向的弹簧来反映接头的拉压和受弯性质，其中节段接头的弹簧设为弹塑性弹簧，来模拟接头脱开的性质，接头拉压模拟如图 7-28 所示；在外墙和内墙采用沿竖直方向的弹簧模拟剪力键支座或垫层来反映接头的竖向受剪性质，接头竖向剪力键模拟如图 7-29 所示；在顶板和底板采用沿水平方向的弹簧模拟剪力键支座或垫层来反映接头的水平受剪性质，接头水平剪力键模拟如图 7-30 所示。

按接头初始压紧状态及剪力键材料性质确定管节接头、柔性接头和半刚性接头的弹簧参数。需要指出的是，节段接头由于存在较大的压紧力，确定剪切刚度时暂不考虑界面滑移，且设界面完全粗糙，直接用混凝土的剪切模量来估算界面抗剪刚度。根据现有试验结果判断，此简化对计算结果影响不大。

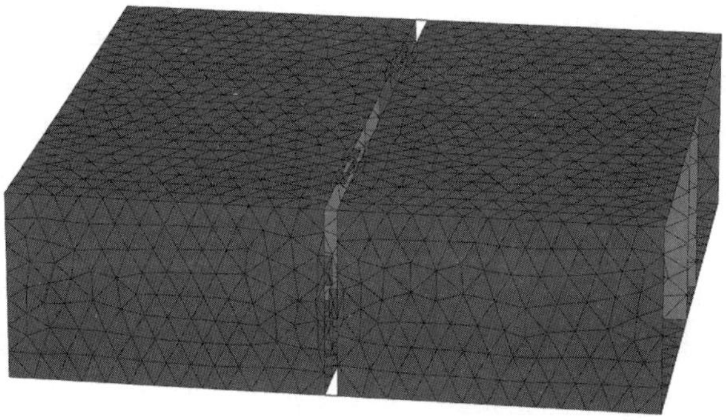

图 7-27　接头模拟有限元模型

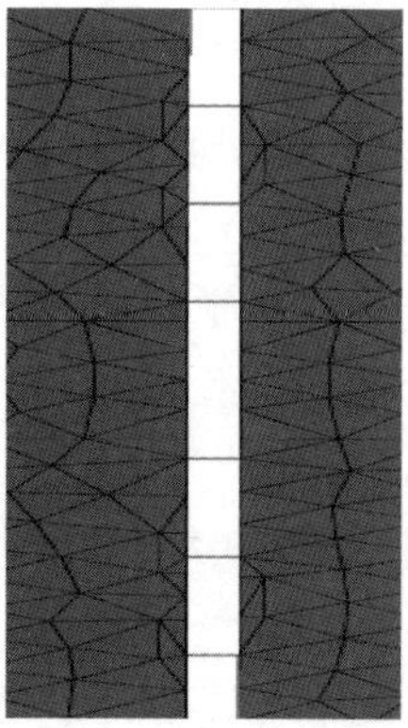

图 7-28　接头拉压模拟

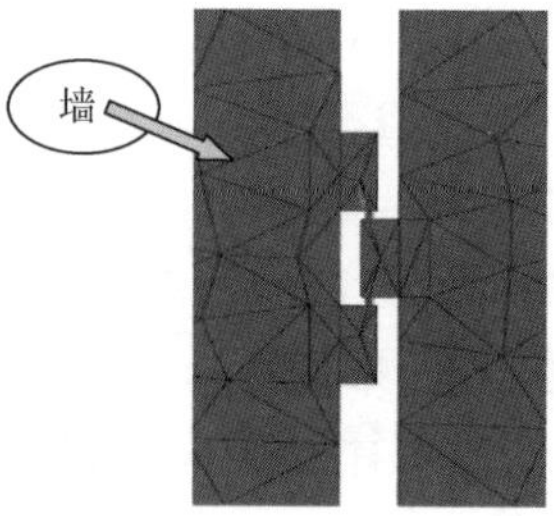

图 7-29　接头竖向剪力键模拟

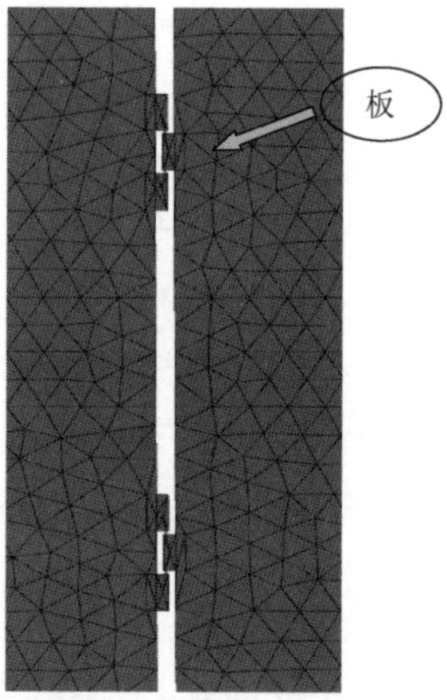

图 7-30　接头水平剪力键模拟

关键技术 3：综合考虑基本工况、升降温工况、地基刚度不均匀情况及地震工况等，利用数值模拟系统研究半刚性管节结构体系力学规律，并与节段式管节和整体式管节对比。

采用有限元法，开展参数分析，对比得出半刚性管节、节段式管节和整体式管节受力机理，不同结构体系力学特性分析如表 7-3 所示。

表 7-3　不同结构体系力学特性分析

	半刚性管节	节段式管节	整体式管节
节段接头变形	接头在张开和转动过程中，预应力对其有约束作用，节段接头张开量小于节段式管节	接头在张开和转动过程中，无预应力约束作用	不允许张开和转动，接头的张开趋势体现在结构拉应力增加
管节结构纵向内力	结构纵向受力介于节段式管节与整体式管节之间	可以通过接头张开释放弯矩，结构纵向受力较小	结构纵向受力较大，需配置较多钢筋或预应力
预应力	采用无黏结方案，在结构允许变形范围内，钢束应力基本无变化	预应力剪断后，管节内钢束应力变化不大	如采用永久预应力，需较多预应力来抵消管节拉应力
节段接头抗剪能力	除剪力键外还有预压力产生的摩擦力，总体抗剪能力提高，但需评估摩擦力对横向受力的不利影响	剪力键抗剪	全截面抗剪，能力强
管节接头张开量	介于节段式管节与整体式管节之间	较小	较大

2. 半刚性管节结构体系设计方法

项目综合分析研究半刚性管节结构体系设计方法，在 OSIS、ANSYS 等大型有限元平台上，建立运营阶段不同极限状态的荷载组合作用下深埋沉管隧道半刚性管节结构体系的极限承载力有限元计算模型，模型反映了由于地基刚度、荷载差异造成的沉管结构于隧道纵向的沉降分布及结构内力变化差异，同时充分考虑沉管结构管节、节段接头及剪力键的影响，采用结构-荷载法对沉管隧道结构的纵向沉降、结构内力、管节接头张角进行研究。结果表明：

预应力体系设计是半刚性管节设计最关键的一步，配置的预应力度影响结构纵向刚度，预应力度高结构呈现刚性，预应力度低结构呈现柔性。结构纵向刚度会影响结构中纵向内力、管节结构纵向位移、地震工况下接头水平向受力、节段接头位移等。

节段接头构造设计是沉管隧道管节设计的重要步骤，节段接头构造应满足受力、防水、防火及耐久性等设计要求。对于半刚性管节，节段接头只有在极端情况下才允许毫米级别的张开，可以传递压力但不能传递拉力，通过剪力键和接触面的摩擦力来抵抗和传递剪力。从接头功能来描述，整体式管节的节段接头主要考虑防水问题。

沉管管节接头主要受到剪力作用，为了保证管节接头剪力的有效传递，每个管节接头均设若干组水平向剪力键和若干组竖向剪力键。剪力键可以为钢筋混凝土剪力键、钢剪力键或钢壳混凝土剪力键等形式。

3. 沉管管节接头记忆支座产品研发

从关键工作部件的材料选择入手，通过单元模型试验确定可用于产品设计的材料，具体过程如下：

分别对试验材料编号，通过施加荷载，看哪种材料符合预期。试验过程中首先采用机械压力将金属承压柱配合直径段压入底盘上孔，直至金属承压柱直径大的截面刚好与底盘表面接触为止。然后通过微机控制电液伺服万能试验机施加荷载，观察金属承压柱的力学性能。试验前后金属承压柱与底盘的接触情况如图 7-31 所示。

(a) 试验前　　(a) 试验后

图 7-31　试验前后金属承压柱与底盘的接触情况

金属承压柱材料分别是紫铜、锡青铜、黄铜和锌。试验过程中的金属承压柱编号及金属承压柱和底盘的关键参数如表 7-4 所示。

表 7-4　金属承压柱编号及金属承压柱和底盘的关键参数

<table>
<tr><th>编号</th><th>材料</th><th>关键参数/mm</th></tr>
<tr><td>XC1</td><td>紫铜</td><td rowspan="4">金属承压柱：$d_1 = 44$，$d_2 = d_3 = 50$，$L_1 = 20$，$L_2 = 0$，$L_3 = L_4 = 30$，$a = 3$
底盘：$D_1 = 44$，$D_2 = 48$，$H_1 = 20$，$H_2 = 30$，$N = 1$</td></tr>
<tr><td>XC2</td><td>锡青铜</td></tr>
<tr><td>XC3</td><td>黄铜</td></tr>
<tr><td>XC4</td><td>锌</td></tr>
</table>

通过形状优化试验获得最佳关键工作部件的外形尺寸，具体过程如下。

（1）过盈和开槽的影响

该阶段试验的 6 组材料全部是锌，承压柱在加工时，配合段直径稍有过盈，并做开槽和不开槽的比较，开槽深度同肩宽。开槽的承压柱形状如图 7-32 所示。

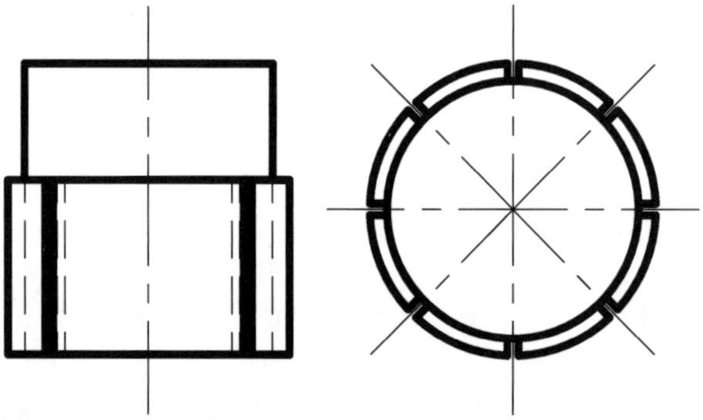

图 7-32　开槽的承压柱形状

承压柱编号及过盈和开槽情况如表 7-5 所示。

表 7-5　承压柱编号及过盈和开槽基本情况

材料	编号	过盈 X/mm	开槽情况	关键参数/mm
锌	1 号	0.05	未开槽	金属承压柱：$d_1=44$，$d_2=d_3=50$，$L_1=20$，$L_2=0$，$L_3=L_4=30$，$a=3$ 底盘：$D_1=44$，$D_2=48$，$H_1=20$，$H_2=30$，$N=1$
	2 号	0.05	开 8 槽	
	3 号	0.10	未开槽	
	4 号	0.10	开 8 槽	
	5 号	0.15	未开槽	
	6 号	0.15	开 8 槽	

试验结束后（锌承压柱退出底盘之后）承压柱的形状如图 7-33 所示。

图 7-33　试验结束后的承压柱形状

从图 7-33 可以看出，开槽可以引导承压柱圆环的撕裂方向，没有开槽的锌承压柱受力之后的撕裂方向无规则。

（2）直径和组合的影响

本次试验做了小锌柱承压柱、小锌柱的组合承压柱（$N=3$）、承压圆环肩宽 5mm 和承压圆环肩宽 7mm 的普通锌承压柱，并且这些锌承压件都开了槽。本次承压柱和对应底盘参数如表 7-6 所示，锌承压柱试验基本情况如表 7-7 所示。

表 7-6　承压柱和对应底盘参数

名称	承压柱关键参数/mm	对应底盘参数/mm
小锌柱	$d_1=24$，$d_2=d_3=30$，$L_1=20$，$L_2=0$，$L_3=L_4=40$，$a=3$	$D_1=24$，$D_2=28$，$H_1=20$，$H_2=30$，$N=1$
小锌柱组合	$d_1=24$，$d_2=d_3=30$，$L_1=20$，$L_2=0$，$L_3=L_4=40$，$a=3$	$D_1=24$，$D_2=28$，$H_1=20$，$H_2=30$，$N=3$
普通锌柱	$d_2=d_3=50$，$L_1=20$ $L_2=0$，$L_3=L_4=30$	$D_1=44$，$D_2=48$，$H_1=20$，$H_2=30$，$N=1$

表 7-7　锌承压柱试验基本情况

编号	名称	肩宽 a/mm	开槽数量×深度	顶口直径 d_3/mm
7 号	小锌柱	3	4×3mm	30
8 号	小锌柱	3	4×3mm	
9 号	三个小锌柱组合	3	4×3mm	
10 号	三个小锌柱组合	3	4×3mm	
11 号	普通锌柱	5	8×5mm	50
12 号	普通锌柱	5	8×5mm	
13 号	普通锌柱	7	8×7mm	
14 号	普通锌柱	7	8×7mm	

试验结束后（退出底盘之后）锌承压柱的形状如图 7-34 所示。

图 7-34　试验后锌承压柱的形状

其中，肩宽为 5mm 和肩宽为 7mm 的承压柱的柱体都出现了不同程度的断裂，其断裂图如图 7-35 所示。

（3）确定肩宽参数

本次试验锌承压柱的肩宽做成 3mm 或 4mm。本次试验承压柱和对应底盘参数如表 7-8 所示，锌承压柱试验基本情况如表 7-9 所示。

图 7-35　承压柱断裂图

表 7-8　承压柱和对应底盘参数

名称	承压柱关键参数/mm	对应底盘参数/mm
小锌柱组合	$d_1=24$，$d_2=d_3=30$，$L_1=20$，$L_2=0$，$L_3=L_4=40$，$a=3$	$D_1=24$，$D_2=28$，$H_1=20$，$H_2=30$，$N=3$
普通锌柱	$d_2=d_3=50$，$L_1=20$，$L_2=0$，$L_3=L_4=30$	$D_1=44$，$D_2=48$，$H_1=20$，$H_2=30$，$N=1$

表 7-9　锌承压柱试验基本情况

编号	规格	肩宽 a/mm	开槽数量×深度	顶口直径 d_3/mm
15 号	三个小锌柱组合	3	8×3mm	30
16 号	三个小锌柱组合	3	8×1.5mm	
17 号	普通锌柱	4	8×2mm	50
18 号	普通锌柱	4	8×4mm	
19 号	普通锌柱	3	8×2mm	
20 号	普通锌柱	3	8×4mm	
21 号	普通锌柱	3	8×4mm	

（4）变直径的影响

本次试验的锌承压柱形状如图 7-36 所示，底盘形状如图 7-37 所示。

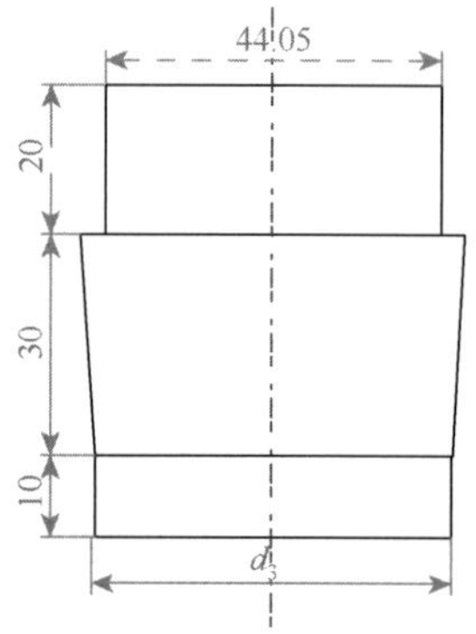

图 7-36　锌承压柱形状（单位：mm）

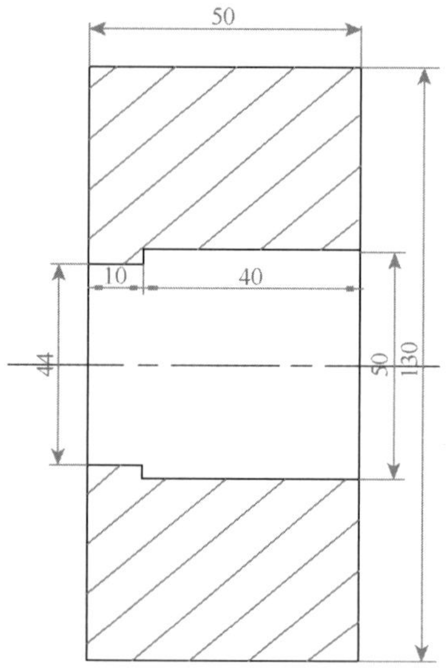

图 7-37　底盘形状（单位：mm）

本次锌承压柱试验基本情况如表 7-10 所示。

表 7-10　锌承压柱试验基本情况

编号	肩宽 a/mm	顶口直径 d_3/mm	是否留槽
22 号	3	46	否
23 号		46	
24 号		47	
25 号		47	
26 号		48	
27 号		48	

（5）线性过渡的变直径

本次试验提高了锌承压柱的加工精度，并且对锌承压柱的形状做了改变，承压柱形状如图 7-38 所示。

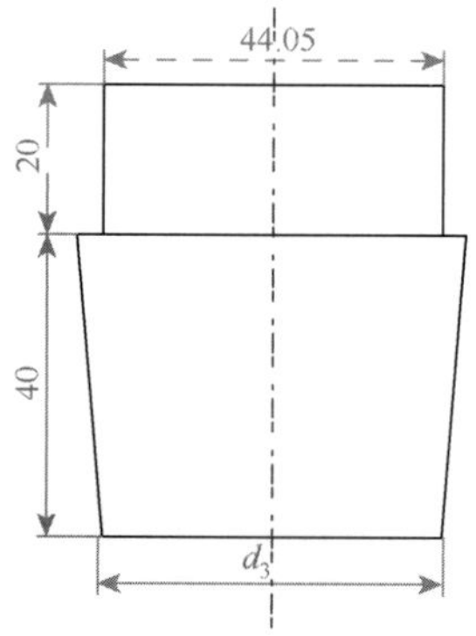

图 7-38　承压柱形状（单位：mm）

本次试验选用的底盘如图 7-38 所示，锌承压柱试验的基本情况如表 7-11 所示。

表 7-11　锌承压柱试验的基本情况

编号	肩宽 a/mm	顶口直径 d_3/mm	是否留槽
28 号	3	48	否
29 号		48	
30 号		47.5	
31 号		47.5	
32 号		48.5	
33 号		48.5	
34 号		47	
35 号		47	

（6）确定最佳顶口直径

本次试验锌承压柱形状如图 7-39 所示。

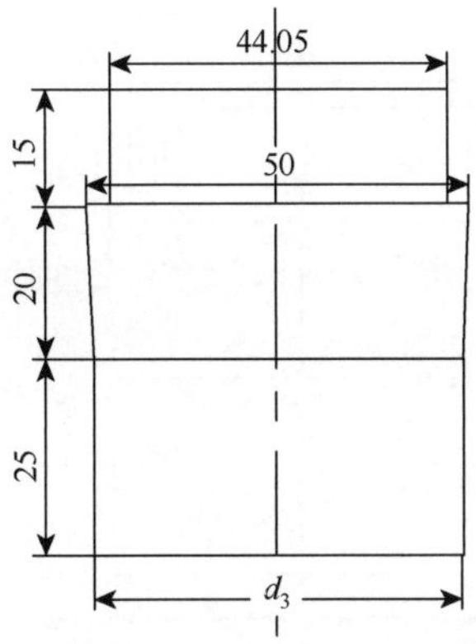

图 7-39　锌承压柱形状（单位：mm）

本次试验选用的底盘如图 7-37 所示，锌承压柱试验基本情况如表 7-12 所示。

表 7-12　锌承压柱试验基本情况

编号	肩宽 a/mm	顶口直径 d_3/mm	是否留槽
36 号	3	48.3	否
37 号		48.3	否
38 号		48.5	是
39 号		48.5	是
40 号		48.5	否
41 号		48.5	
42 号		48.7	
43 号		48.7	

续表

编号	肩宽 a/mm	顶口直径 d_3/mm	是否留槽
44 号	3	47.2	否
45 号		47.2	
46 号		47.5	
47 号		47.5	
48 号		47.8	
49 号		47.8	
50 号		47.8	
51 号		47.8	

（7）确定直径变化参数

本次试验锌承压柱的形状如图 7-40 所示。

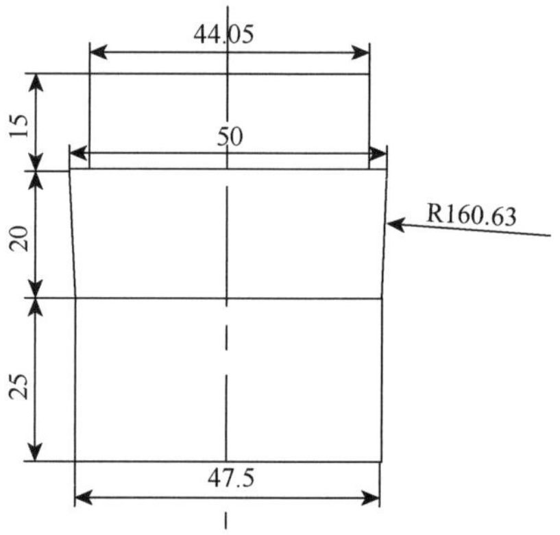

图 7-40　锌承压柱的形状（单位：mm）

本次试验选用的底盘如图 7-37 所示，锌承压柱试验基本情况如表 7-13 所示。

表 7-13　锌承压柱试验基本情况

编号	肩宽 a/mm	顶口直径 d_3/mm	半径 R/mm	是否留槽
52 号	3	47.5	160.6	否
53 号	3	47.5	160.6	否

通过组合模型验证群组单元模型的工作可靠性。

参照最终产品构造，制作 9 个基本单元组合成一个完整支座，研究承压柱群组效应对支座荷载-位移性能的影响。组合支座模型见图 7-41。

通过 2000kN 微机控制电液伺服压力试验机 SHT4206 进行组合模型试验，按照 1.5kN/s 和 0.5kN/s 速率进行加载，得到两组试验荷载-位移曲线图。

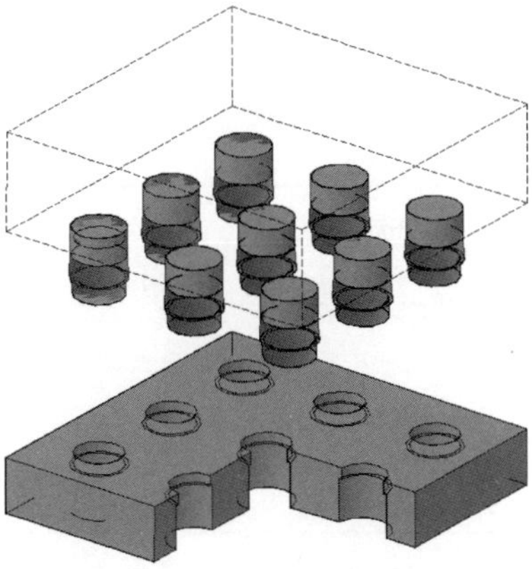

图 7-41　组合支座模型

按照现场需求的尺寸设计记忆支座产品并应用于工程。

设计的产品部件及功能如下：

①顶板（Q345），主要用于传递压力。

②锌棒，产品功能主要组件；单个锌棒反力荷载约为 160kN。

③底板（Q345），主要用于配合锌棒。

④剪切销（Q345），用于传递顶板及底板间的剪力，避免锌棒受剪。

⑤沥青垫层，用于适应滑移，减小摩擦力；用于适应转动。

整个结构中，锌棒是核心记忆构件，设置数量所对应的支座拐点承载力应小于结构开裂的结构抗力，剪力销用来确保支座上下板之间的整体性，起到纵向、横向锁定的功能，保护核心构件。

设计平面尺寸不小于 520mm×520mm，竖向标准高度 110mm。平面尺寸及锌块定位见图 7-42。

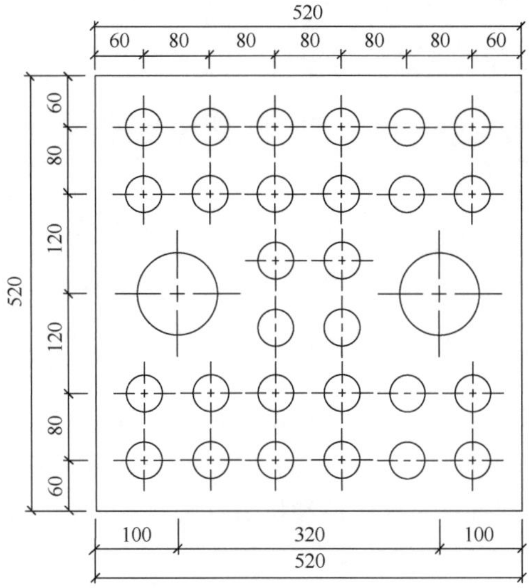

图 7-42　平面尺寸及锌块定位（单位：mm）

产品细节及剖面图如图 7-43 所示。

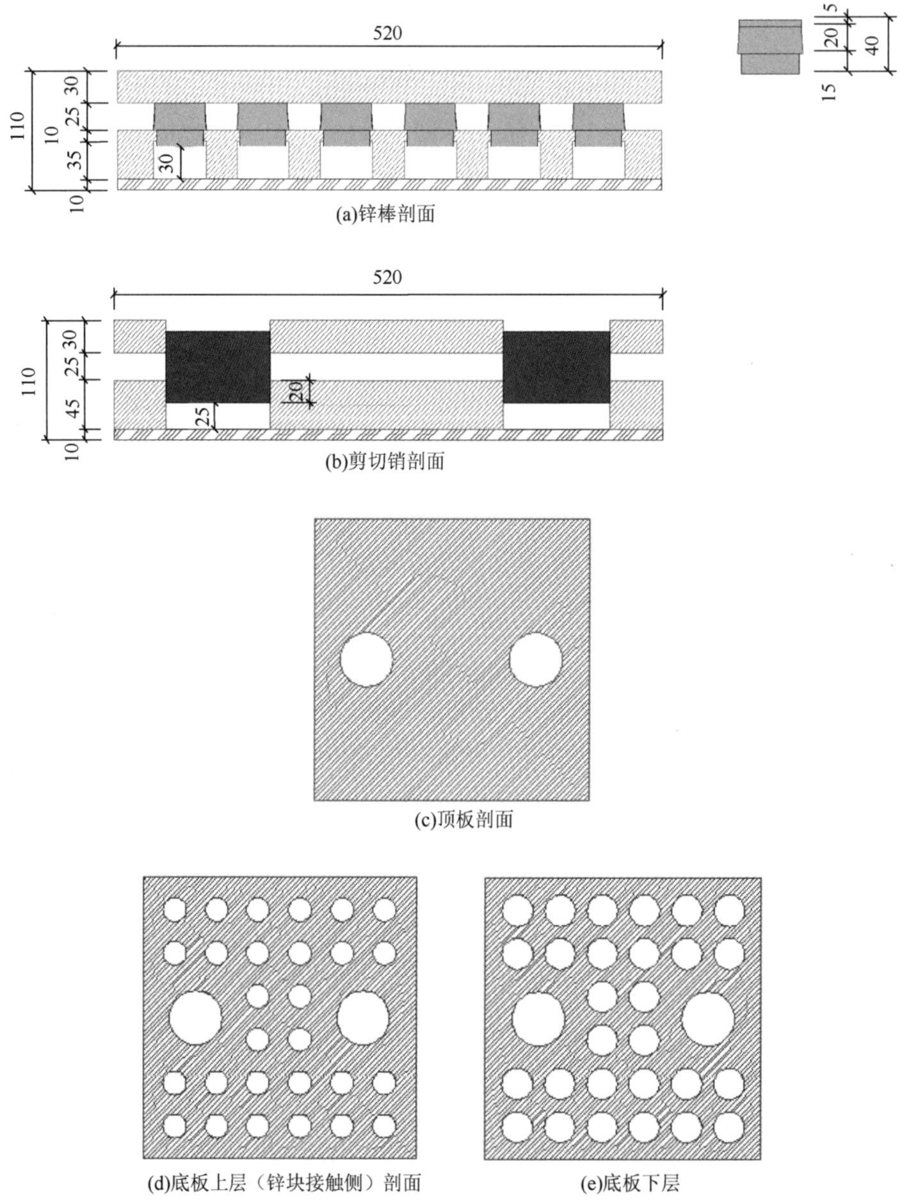

图 7-43　产品细节及剖面图（单位：mm）

产品由加载板、承压柱、抗剪柱、多孔承压板、侧挡板、底部滑板组成；整体为饼状，根据放置空间的尺寸可单独设计；加载板的功能为均匀传递外部荷载至每一个承压柱上，为便于装配，加载板上镂刻有对应承压柱和抗剪柱的盲孔；多孔承压板功能提供变形空间，收纳承压柱和抗剪柱；底部滑板的功能是水平滑移，减弱或消除水平剪力，保护支座；侧挡板的功能是保护支座内部结构，提高内部防腐能力；承压柱功能为提供稳定支撑，同时吸收有害变形；抗剪柱功能为防止水平向剪力破坏支座结构。支座产品部件实物照片见图 7-44。

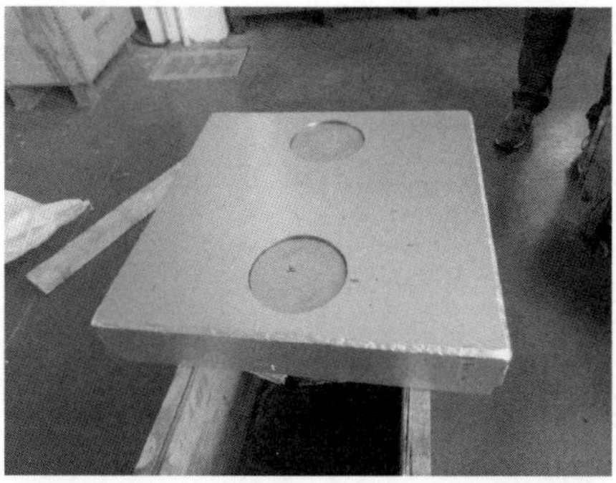

(a)加载板

(b)滑移板

(c)承压板和承压柱

(d)承压板和抗剪柱

图 7-44　支座产品部件实物照片

4. 部分无黏结纵向预应力结构研发与应用

为验证沉管结构部分无黏结纵向预应力体系的耐久性，重点针对节段接头这个薄弱环节，模拟预应力管道在施工和埋置深海阶段的工况，对节段接头连接件的水密性和无黏结性进行研究。

（1）水密性试验

步骤一：首先在安装沉管混凝土配合比浇筑墩块 2 并在其中预埋接头管 2 和密封盖帽，预留水压试验用钢管，如图 7-45 所示。混凝土浇筑振捣完毕后，保湿养护至同条件养护试件混凝土强度达到 24MPa 以后拆除墩块四周模板，为内接管安装做准备。

步骤二：分别按照试验方案试验样品组 1 与试验样品组 2 装配内接管，如图 7-46 所示，在 O 型橡胶圈上涂抹低黏度润滑油，缓慢推动内接管进入连接管 2，直到端部抵至内挡圈，测量内接管外露部分长度，最大 305mm。

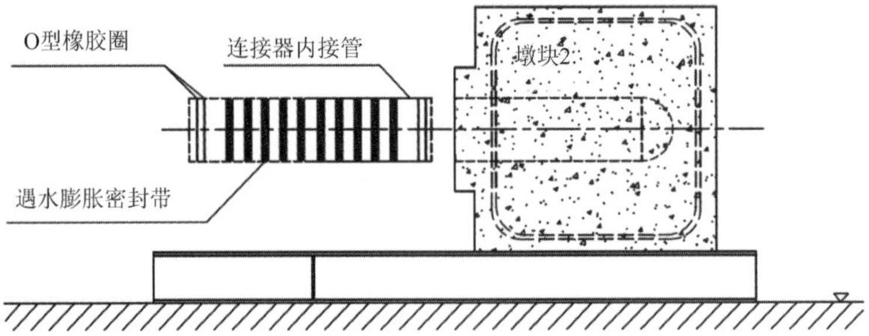

图 7-45　试验步骤一

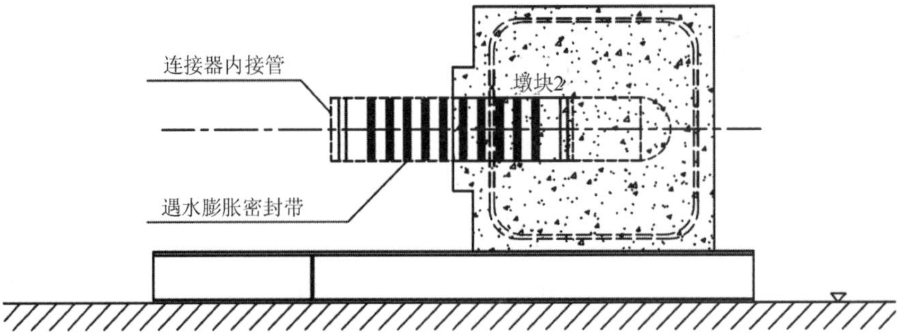

图 7-46　试验步骤二

步骤三：在混凝土墩块 2 端面安装墩块 1 模板和底模，墩块 1 的底模安装在可滑动轨道上，并在外接头管 2 匹配安装外接头管 1 和密封盖帽，将接头管 1 顶至内接管，使外接头管 1 端面与已预埋的外接头管 2 端面完全贴合，然后检查全套试验管的水密性，如图 7-47 所示。匹配浇筑混凝土墩块 1，保湿养护，混凝土强度达到 24MPa 以后拆除墩块四周模板。

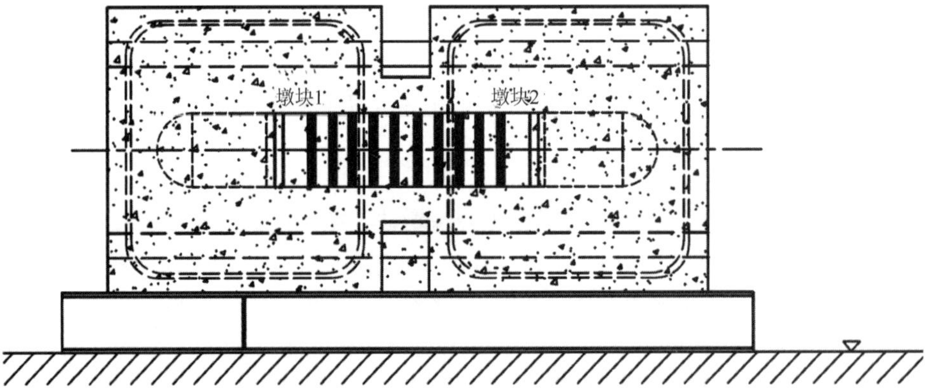

图 7-47　试验步骤三

步骤四：如图 7-48 所示，在混凝土墩块 1 和墩块 2 周围，安装夹紧拉力钢构件，手动拧紧拉力钢构件螺栓，使混凝土墩块 1 和墩块 2 的接缝部位完全贴紧。安装水压连接管装置，通过气压试验检查接缝连接件全部构件，包括外接头管 1、接缝内接管、外接头管 2 的各个部位没有气体泄漏。通过水压箱向接头连接件通入红色的试验用水，将水压保持为 0.6MPa，分别在 1min、10min、30min、1h 检查混凝土接缝位置是否有液体泄漏。

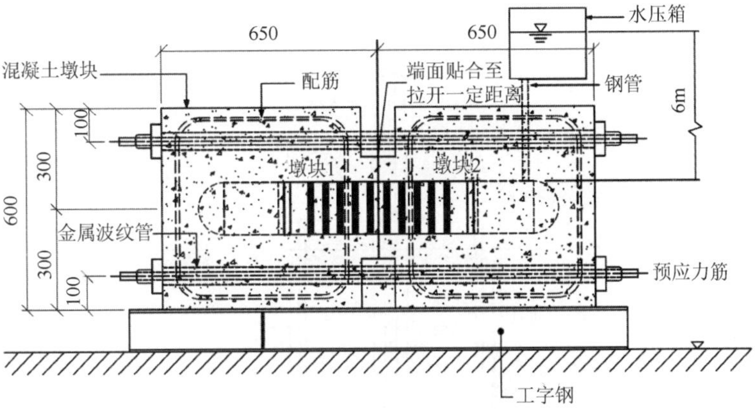

图 7-48　试验步骤四（单位：mm）

步骤五：松开混凝土墩块 1 与墩块 2 之间的固定夹紧支架，沿滑移轨道缓慢牵引混凝土墩块 1，使两个混凝土墩块之间产生间隙，在两个墩块接缝端面安装 4 件同样厚度的垫板（垫板厚度有 4mm、6mm、8mm、10mm、12mm、14mm、16mm 不同规格），安装垫板厚度顺序由 4mm，逐级增加到 16mm。每次逐级安装好垫板后，拧紧拉力钢构件螺栓，再次夹紧混凝土墩块 1 和墩块 2 固定支架，确保混凝土接缝部位完全夹紧垫板，使墩块之间的间隙达到要求距离。

检查接缝部位，连接件内接管是否产生变形。然后再次通过水压箱向接头连接件通入红色的试验用水，将水压保持在 0.6MPa，分别在 1min、10min 检查混凝土接缝位置是否有液体泄漏。重复以上步骤，取出垫板，更换新厚度垫板，重复进行水密性试验。

通过水密性试验可以确定用于永久预应力体系的节段接头连接件水密性良好，在持续加载 0.6MPa 水压力、连接件之间间隙达到 16mm 的超极限工况条件下也不会出现渗漏。

（2）无黏结性试验

步骤一：如图 7-49 所示，预先准备 4 个混凝土台座（1.0m×0.3m×0.5m），分别在台座上安装 2 件尺寸为 1.0m×1.0m×1.0m 的混凝土墩块模板，将连接件外接头管 1 和外接头管 2 分别预埋在墩块模板中。确认外接头管上下两端外露的长度分别为 500mm 和 200mm。按照沉管混凝土配合比浇筑两个墩块，振捣完毕后，保湿养护，混凝土强度达到 24MPa 以后拆除墩块四周模板。将预应力粗钢筋的固定端预先进行安装和焊接固定，安装固定端盖帽。将完成固定端装配的预应力粗钢筋安装进入连接件外接头管 1 和外接头管 2，调整固定端位置，保持预应力粗钢筋位于管道中心位置。

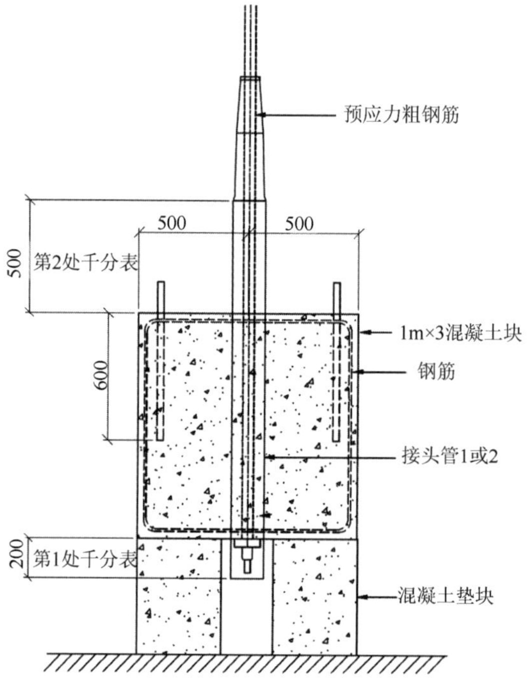

图 7-49　试验步骤一（单位：mm）

步骤二：如图 7-50 所示，按照沉管管节预应力灌浆料的配合比，分别在外接头管 1 和外接头管 2 内部灌注预应力灌浆料，浆料可由上至下缓慢注入，并注意浆体流入的速度和空气排出，防止浆体内部有气泡残余。灌注浆料 7d 强度不小于 28MPa。

步骤三：如图 7-51 所示，安装张拉用立杆支架、穿心式张拉千斤顶、粗钢筋张拉端锚具。分别在节段接头连接件外露的上部 500mm 和下部 200mm 位置，安装位移测量千分表和应变片。调整张拉支架和千斤顶的安装位置，确保预应力粗钢筋处于垂直受力状态。调试张拉设备、液压连接管等，启动油泵，预紧钢绞线压力至 5×10^5Pa，然后逐步加大张拉力至 1.0MPa，2.0MPa，3.0MPa，…，20.0MPa，直至接头连接件在混凝土墩块中产生滑移。

通过无黏结性试验可以确定用于永久预应力体系的节段接头连接件与混凝土之间无黏结性，在 2～3MPa 张拉力作用下，节段接头连接管与混凝土之间会产生竖向位移，当张拉力增大至 5MPa 时可将连接件从混凝土中拔出，而连接件自身没有变形。

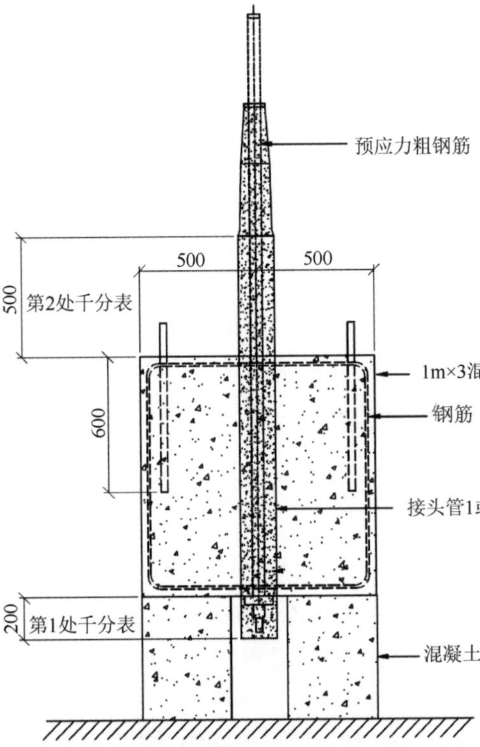

图 7-50　试验步骤二（单位：mm）

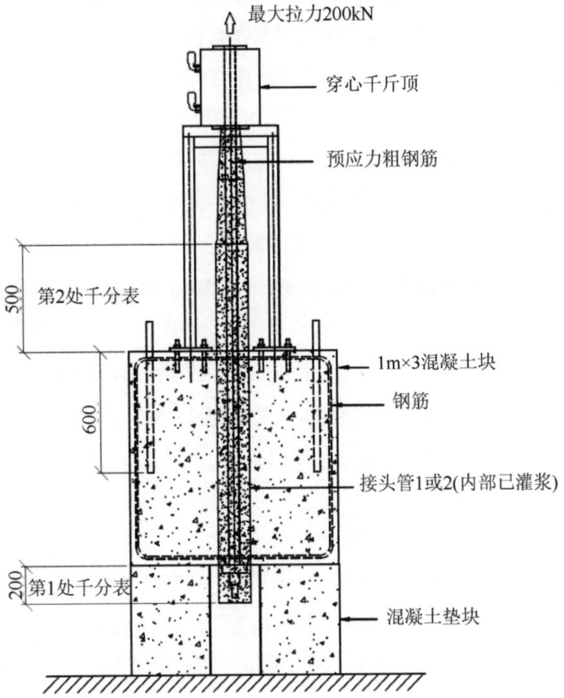

图 7-51　试验步骤三（单位：mm）

7.4 研究成果及其水平

7.4.1 技术创新点

本项目所用半刚性管节是区别于世界范围原有的整体式管节和节段式管节的一种全新结构。

整体式管节自 20 世纪初随沉管诞生至今已在很多沉管隧道中应用，一般管节长度为 90～130m，整体式管节依靠管节结构抗力来抵抗竖向不均匀荷载和地基不均匀沉降，由于荷载的差异和不确定性，不少已建整体式管节都出现结构裂缝，甚至漏水，影响耐久性，这种结构裂缝呈现无规律性。

20 世纪 70 年代，节段式管节在欧洲被发明，至今建设有几十条沉管，节段式管节长度可以比整体式管节更长，达到 200m 左右，一般由若干个标准节段组成，节段间设传力的剪力键和防水系统，节段与节段之间可相对转动，管节的纵向表现为柔性，相比整体式管节，遇到竖向不均匀荷载和地基不均匀沉降，节段式管节截面的弯矩内力大幅度降低，降低了纵向结构开裂风险。但是，节段接头是漏水的薄弱环节，根据不完全调研，采用节段式管节的沉管隧道在建设期间的漏水率达到 10%左右。

为解决港珠澳大桥沉管隧道深埋的安全和防水问题，本项目研发了半刚性管节。由于隧道上方要预留 30 万 t 级油轮通航，港珠澳大桥沉管隧道中部约 3000m 长顶部要埋于海床面以下 22m，运营期沉管要承受超过 22m 厚的土荷载和 44m 深的水荷载；是当前世界已建成沉管的 4～5 倍，上覆超大荷载与地基刚度不均的组合，如采用整体式管节（刚性力学表现）结构开裂漏水风险难以控制，如采用节段式管节（柔性力学表现）节段接头漏水风险不可避免。

针对港珠澳大桥海底沉管隧道深埋、上覆荷载大的特点，为保证结构安全，经过近两年的实验、研究，发明了半刚性管节结构，这种结构可以根据需求通过预应力度调节结构刚性及柔性，利用永久预应力将多个节段连接成一个管节，利用节段间的正压力产生的摩擦力，提高节段接头竖向抗剪能力，同时约束控制节段接头变形幅度，提高节段接头止水、防水性能。

本项目实现了沉管结构无开裂、无漏水的预期效果；解决和攻克了外海深埋沉管隧道诸多关键技术难题和多项世界级技术挑战，提供了国际沉管领域可供选择的第三种新结构，对于提升我国沉管隧道建设的创新能力和技术竞争力，促进交通建设科技进步和国际影响力具有重大意义。

本项目主要技术创新点体现在以下几个方面：

①发明了半刚性管节结构体系。揭示了半刚性管节结构受力机理，与节段式管节结构体系相比提高了节段接头承载能力及水密性，与整体式管节结构体系相比降低了沉管结构内力，减小了混凝土开裂风险，解决了深埋大回淤沉管结构的技术难题。

②提出了半刚性管节结构体系的计算理论和设计方法。确定了合理的预应力度，以及节段接头摩擦系数等重要设计参数。

③研发了管节结构部分无黏结纵向预应力关键技术，纵向预应力与管节结构在节段接头处为无黏结，节段可相对运动，实现了半刚性管节功能。

④研发了一种保护半刚性管节接头竖向剪力键的支座，该支座既可提供预期支撑，又可实现对剪力键的荷载超限保护，确保沉管本体结构安全。

7.4.2　创新成果水平及其先进性

半刚性管节与传统的整体式管节和节段式管节相比，在提高效率、降低成本、改善性能和提高质量方面具有以下优势：

①半刚性管节保持了已有节段式管节优点，利用特殊的纵向预应力系统取代节段式临时预应力系统，加强了节段的抗剪能力及防水安全性，可通过调整预应力度来调节半刚性管节刚度，实现最优方案配置。

利用永久预应力将若干节段连接成整体，可以根据需要设置预应力度来调节管节整体刚度，从结构总体上既可使管节变形控制在正常使用范围内，又可避免结构内力大幅增加，确保结构安全；节段间利用摩擦力与剪力键协同作用，增强节段接头抗剪能力；在节段接头处预应力为无黏结构造，可保持节段接头一定柔性，同时变形受控，增加防水可靠性。

同时，相比节段式管节，减少了临时预应力在沉管安装后的剪断工作，减少工序，提高效率。

②半刚性管节与整体式管节相比，保持节段接头一定的柔性，降低了管节结构内力，减小了结构开裂及漏水风险，从而管节长度可以由 100m 左右加长至 200m 左右，可以减少管节浮运安装施工次数，减少相应的管节接头、临时端封门及舾装件的数量，既节省成本又降低风险，效益明显。

与国内外同类研究相比，本项目研究具有明显的技术优势，成果应用性强，经济与社会效益十分显著。

创新技术和成果已在港珠澳大桥岛隧工程沉管隧道中得到成功应用，深埋沉管隧道半刚性管节结构体系、半刚性管节结构设计与施工关键技术已为行业所采纳，大大提高了我国沉管隧道专业领域研究水平，经济效益和社会效益巨大，成果总体处于国际领先水平。

7.5　研究结论

鉴于港珠澳大桥岛隧工程中的沉管隧道建设在世界范围内尚无成熟经验可借鉴，缺乏工程实践检验，沉管纵向结构设计必须充分考虑沉管顶部回淤不均匀性、周期长，基础刚度差异不确定性等特点，使沉管结构具备足够的安全度及抗风险能力。可见，港珠澳大桥沉管隧道半刚性管节结构体系受力变形特点不同于常规浅埋隧道，如果按照传统整体式管节或节段式管节设计会存在一系列问题。

本项目依托港珠澳大桥沉管隧道半刚性管节结构体系工程，结合已有成果资料，通过理论研究、现场测试、施工和监测等一系列方法，针对深埋沉管半刚性管节结构机理研究、半刚性管节结构体系设计方法、沉管管节接头记忆支座研发、部分无黏结纵向预应力结构研发与应用 5 个方面进行了系统研究。通过开展各个专题研究，获得以下主要研究结论。

7.5.1 深埋沉管半刚性管节结构机理研究

首先，论证了半刚性管节的受力变形机理，可概括为以下 4 个方面：

①应用摩擦机理提高管节接头抗剪承载能力。

②通过保留预应力筋提高管节刚度。

③抗力的提高大于内力的增长。

④变形控制与内力降低两者矛盾的协调。

其次，综合港珠澳大桥沉管隧道管节不同结构体系的计算结果，论证了半刚性管节方案应用于港珠澳大桥沉管隧道项目的主要特点及优势如下：

①节段接头抗剪安全度高。

②防水安全度高。

③管节接头内力及变形相对较大，但仍可控制在容许值范围内。

④考虑地震作用时半刚性方案安全储备高、结构变形小。

一般情况下，对于沉管隧道埋深较大、地震烈度较高或所处地层条件复杂时，宜采用半刚性管节结构体系。

当沉管隧道埋深较大时，其上可能淤积较大厚度的回淤土，由此可能会使隧道受到较大的回淤荷载，特别在航道疏浚时会导致较小范围内淤积荷载陡变，进而引起沉管结构沿纵向产生更大的差异沉降，并使得节段接头处的剪力增加。尤其当场地处于高烈度地震区时，地震荷载会进一步增加节段接头处的剪力，此种情况下传统的节段式管节结构体系中节段接头抗剪承载力可能无法满足要求，就需要采用半刚性管节结构体系，一方面通过摩擦抗剪来大幅提高节段接头的抗剪承载力，另一方面通过提高刚度来抵抗由于荷载不均匀所导致的差异变形，提高接头防水安全性。

当沉管隧道所处的地层条件较复杂，如有厚度较大且不均匀的淤泥等软土时，设计需采用多种地基处理形式来改善地基性质，同时沉管结构需具有一定的抵抗变形能力以防止由于某些地层不确定性因素导致局部变形量过大。再如采用桩基处理的沉管隧道，对纵向弯曲变形的限制更为严格，此时均需要沉管隧道具有较大刚度以防止变形过大。这些情况下，半刚性管节较传统节段式管节更为适用。

7.5.2 半刚性管节结构体系设计方法

①半刚性管节变形转角远小于节段式管节，节段接头在各工况均为闭合，而管节接头张开量相当。这表明半刚性管节在控制节段接头张开量、沉管刚度整体性上有良好的表现。

②配置的预应力影响结构纵向刚度，预应力高结构呈现刚性，预应力低结构呈现柔性，结构纵向刚度会影响结构中纵向内力、管节结构纵向位移、地震工况下接头水平向受力、

节段接头位移等；其中，预应力越高对控制节段接头张开量越有利，在接头不张开情况下对控制纵向裂缝、提高节段接头竖向抗剪能力有积极的作用；但在地震作用下对管节接头张开量和压缩量、管节接头和节段接头水平向剪力键受力均不利。

③考虑预应力和温度应力后，节段接头处承受的最小压力及其由摩擦提供的抗剪能力有大幅提高，但是该抗剪能力提高的具体幅度还需结合横断面受力情况综合考虑验证（接头一侧张开后对横断面内力的影响）。

④可以通过改变预应力度来平衡系统中各个部分受力，获得最合理的预应力配置及结构刚性（介于柔性与刚性之间），预应力的确定需做周密分析计算。

⑤预应力配置的基本原则是顶底板均匀布置；并统筹考虑浮运状态及运营状态。在满足各项设计条件的前提下，当运营期所需的预应力小于浮运沉放所需的预应力筋用量，则后续可以考虑剪断部分预应力；当运营期所需的预应力大于浮运沉放所需的预应力筋用量，可保留所有预应力。

⑥沉管纵向不同位置的基础、荷载、温度等条件不同，各段的合理预应力也不同，需深入详细计算分析，并对温度约束效应、接头张开后的结构受力展开更细致的评估，确定不同阶段合理的预应力，并评估结构其是否满足设计要求。

7.5.3　沉管管节接头记忆支座研发

本工程沉管基础偏软、上覆荷载大，管节接头受到的差异沉降引起的不利荷载的风险较大，要求沉管接头剪力键支座同时具备高效率传递荷载的刚性特征和在荷载超限时吸收变形的柔性特征。通过对现有支座类型和成品的调研发现，很难有适合本工程需求的支座，因此开展了新型支座的研究攻关。

①调研现有支座类型和成品特点，创造性提出利用金属剪切挤压破坏力学特性的记忆支座结构，以达到抑制管节间差异沉降又保护沉管剪力键结构的目的。金属承压柱被挤入狭小孔洞所展现出来的剪切破坏力学特性表明，既能够提供一定的支撑力，又能够不断被压缩变形。

②研究解决了支座内部承压构造材料的选择问题。通过材料试验比选和理论分析，比较硬度、抗腐蚀性、破坏形态、承载曲线变化特征，最终选择普通钢材料作为支座外壳材料，选择锌金属作为支座内部承压构造材料。所选择的金属材料具备低于钢材的硬度、较好的延展性和易切削性，能够被钢制底盘平顺挤压剪切破坏而不是崩落或堆积，同时在大气环境中具有良好的抗腐蚀性能，适合的材料还有铅和锡等合金材料。

③研究解决了支座内部承压构造材料的外形设计问题。通过不同外形参数的金属承压柱加载挤压剪切破坏试验，最终确定平顺曲线变直径金属承压柱能够提供水平度较好的持荷曲线，同时通过试验证明多个金属承压柱的组合结构承载能力更稳定，满足设计预想的超限压缩破坏且具有提供稳定持荷的特性。

④通过计算设计和试验分析，成功研制了记忆支座并应用于港珠澳大桥沉管隧道的接头。该类记忆支座具有可设计保护荷载的特点，具备广泛的应用前景。

7.5.4 部分无黏结纵向预应力结构研发与应用

部分无黏结纵向预应力结构研发与应用专题研究针对沉管永久预应力体系薄弱环节——节段接头，模拟预应力管道在施工和埋置深海阶段的工况，通过水密性试验、无黏结性试验证明了节段接头连接件在高水压作用下的水密性及节段接头连接件与混凝土本体的无黏结性，对于确保沉管半刚性功能的实现具有重要意义，具体结论如下：

①用于永久预应力体系的节段接头连接件水密性良好，在持续加载0.6MPa水压力、连接件之间间隙达到16mm的超极限工况条件下也不会出现渗漏。

②用于永久预应力体系的节段接头连接件与混凝土之间无黏结性，在2～3MPa张拉力作用下，连接件与混凝土之间会产生竖向位移，当张拉力增大至5MPa时可将连接件从混凝土中拔出，而连接件自身没有变形。

③重点针对节段接头这个沉管永久预应力体系的薄弱环节，模拟预应力管道在施工和埋置深海阶段的工况，对节段接头连接件的水密性和无黏结性进行研究，验证了预应力体系的耐久性。

④通过不同工况计算，实现半刚性管节结构预应力布置的最优化，实现半刚性管节的结构行为，即在节段间发生不均匀地基沉降的情况下，节段之间能产生均匀可控的张开量（6～10mm）。

⑤在材料、预应力管道与节段接头连接件的安装、预应力钢绞线穿束与张拉、真空辅助压浆施工等方面，提出适用于半刚性管节纵向预应力体系的施工工艺，并通过对实施效果的分析总结，确定了新的纵向部分无黏结永久预应力体系能实现半刚性管节的功能要求。

第 8 章　外海深水超大沉管安装成套技术及装备

8.1　研究目的和意义

8.1.1　研究目的

港珠澳大桥沉管隧道是目前世界上规模和施工综合难度最大、施工要求最高的沉管隧道工程，是世界首条外海、深水、深槽、深埋沉管隧道。本项目研究的目的是在综合分析国内外施工技术和施工设备的基础上，充分认识港珠澳大桥沉管隧道具有环境恶劣、施工难度大、施工条件差等特点，通过研究攻克外海、深水条件下超大沉管沉放、对接、水力压接、水下精调等一体化施工作业过程中的一系列关键技术，开发施工技术和研制核心装备，实现快速完成深水条件下的超大沉管安装施工技术；为港珠澳大桥沉管隧道管节安装提供关键技术和装备，满足港珠澳大桥沉管隧道快速施工要求，提升外海超大沉管隧道施工的技术水平。经过长达 6 年多的技术开发与应用，项目组实现了 8 万 t 超级沉管在海底实现精确对接，完成了国内深水、外海、无掩护条件下超大沉管安装作业。通过港珠澳大桥沉管隧道定位安装关键技术研究，形成了一套具有自主知识产权的用于超大沉管安装的施工技术，为中国交通建设股份有限公司在跨海通道领域施工积累了宝贵的经验，为开拓该领域市场经营提供了强有力的技术支撑。

8.1.2　研究意义

以港珠澳大桥岛隧工程为契机，理论联系实际工程进行成套先进技术与装备研究，保证 33 节超大沉管管节安装的质量和安全。

将研究用于实践，总结成套的施工技术，为以后沉管隧道施工形成可借鉴的工法，为我国超大沉管隧道施工规范的编制提供科学依据，以此推动行业技术进步，提高我国沉管隧道建设技术水平和国际影响力。

8.2　国内外研究概况

外海深水超大沉管隧道施工在国内外一直都是一个难题，尤其是在 50m 水深条件下实现高精度施工，更是一种挑战。国际上，日本、韩国及欧美各国进行了大量的研究工作，进行了多种先铺法沉管隧道施工技术的研究。

日本多摩川沉管隧道沉管段总长为 1549.5m，沉管重约 5.2 万 t。

韩国釜山—巨济沉管隧道于2005年开始建设，隧道长3240m，宽26.46m，海况条件较好。

丹麦厄勒海峡沉管隧道长4050m，重5.5万t，海底10m以下。

我国沉管隧道技术起步较晚，在20世纪60年代初，曾在上海开展沉管隧道技术的研究，并于1976年在上海金山石化工程首次应用沉管法建成第一座排污水下隧道。

上海外环沉管隧道2003年建成，全长2880m（其中沉管段736m），每节自重4.5万t。

国内外先铺法沉管隧道技术参数对比表见表8-1。

表8-1 国内外先铺法沉管隧道技术参数对比表

工程名称	长度/km	埋深/m	重量/万t	长×宽×高
厄勒海峡沉管隧道	4.05	≤22	5.5	38.8m×8.6m×175m
釜山—巨济沉管隧道	3.24	<10	4.8	180m×26.46m×9.97m
港珠澳大桥沉管隧道	5.664	>30	8.0	180m×37.95m×11.4m

港珠澳大桥沉管隧道（含暗埋段）全长5990m，每节标准管节重量约8万t，外形尺寸：长×宽×高＝180m×37.95m×11.4m，是世界上总长度最长、断面尺寸最大、埋深最大的六线行车的先铺法沉管隧道的代表性工程。

通过研究攻克外海、深水条件下超大沉管浮运、沉放、对接、水力压接、水下精调等施工作业过程中的一系列关键技术和核心装备，弥补了我国外海沉管隧道成套施工技术和装备的空白，保障了超级工程——港珠澳大桥岛隧工程的顺利实施，创造了多项纪录。与国内外同类型的装备和技术相比，研究成果不仅适用于外海深水超大沉管，同时也适用于内河沉管隧道施工，并可推广应用到港口工程、海洋工程等领域中，前景广阔。

研究成果共获得专利授权42项，其中发明专利23项，实用新型专利19项。

8.2.1 浮运数字化指挥导航系统研究现状

近年来，由于沉管法的优越性和技术的日趋成熟，越来越多的水域隧道采用沉管结构，国内的如红谷隧道、广州仑头—生物岛沉管隧道等，国外的如韩国釜山—巨济沉管隧道、厄勒海峡沉管隧道等。据了解，这些沉管隧道项目中均没有提出整套的外海浮运数字化指挥导航系统。

管节拖航浮运桌面仿真模拟系统是世界上首创的系统，通过简单易操作的控制界面，操纵运动模型及对本工程船舶进行操纵模拟试验，优化拖航方式，增加了浮运指挥的现场经验。

目前“海上导航定位系统”已广泛应用于浅海区的导航定位。国内的沉管隧道如红谷隧道、广州仑头—生物岛沉管隧道等采用的“沉管隧道施工综合定位系统”是“海上导航定位系统”的改进版，但无法满足超大沉管、外海、有限航区拖航的使用要求。

8.2.2　沉管锚泊定位技术发展现状

随着海洋工程的发展，出现了很多新型工程船舶和海洋结构物，如海底铺缆（管）船、起重船、挖泥船、石油钻井平台和采油平台等，传统意义上的锚已完全不能适应这些海上浮体的系泊需要。因此，新型的、稳定的和抓力强大的锚逐渐发展，以适应各种海洋工程环境下系泊船舶和海洋结构物的要求。

目前工程上使用的锚已有几十种，国内外大抓力锚的型号主要有燕尾锚、钢板波尔锚、丹富尔锚和 AC-14 大抓力锚，其中使用较多的是 AC-14 大抓力锚，但无论何种型号的锚，其抓力越大，抓土效率越高(锚从入水到抓土达到稳定的时间越短，则称其抓土效率越高)，稳定性和安全可靠性也越高，但没有与港珠澳大桥恶劣工况条件相对应的锚泊系统，无法满足港珠澳大桥的施工要求。

8.2.3　沉管高精度无人沉放系统和装备发展现状

通过国内外调研，根据不同的自然条件、航道条件、沉管本身的规模及设备条件，沉放系统可以概括为浮箱沉吊法、方驳船扛吊法、起重船吊沉法、SEP 吊沉法。

1. 浮箱沉吊法

采用浮箱骑在管节上，利用特殊绑扎工艺将管节与浮箱绑扎在一起，待运至安装地点后，再将绑扎解开，通过释放浮箱上的钢丝绳安装管节。

2. 方驳船扛吊法

两艘驳船位于管节的两侧，制作两根大的钢梁分别支撑于两艘驳船上，在钢梁上设置有数台大锚机。管节安装下放时，利用驳船及钢梁对管节进行扛吊。

3. 起重船吊沉法

利用施工现场的几艘起重船，布置于隧道管节的两侧，利用起重船的起重能力，对管节进行下放作业。

4. SEP 吊沉法

SEP 吊沉法是设计一艘自升式的平台结构，平台站立于预定安装位置的上方，通过钢丝绳进行管节下放安装。该方法需要考虑管节浮运到位后与平台的连接问题，以及地基承受力及平台自身承受可变载荷等问题，一般不能用于大尺寸的沉管安装。

港珠澳大桥工况条件恶劣，采用上述方法均无法满足要求。综合国内外沉管的施工方法，目前未见沉管高精度无人沉放系统和装备的技术研究。

8.2.4 沉管水下精调系统技术发展现状

经查询国内外相关资料，大多工程采用内调法、外调法进行沉管精调。本项目收集了多项隧道工程的资料，精调系统多存在精度低、人工配合操作困难、施工工效低、水下故障多等问题。尤其是韩国 EPS 精调系统，在沉管体外操作，施工中一旦出现管线漏油将直接影响水下环境。因此目前国内外的沉管水下精调系统仍处于一种有待完善的状态，且未精确地研究沉管水下精调过程中的运动规律，不利于设备的优化和改进。

在综合分析国内外施工技术和施工设备的基础上，充分认识港珠澳大桥沉管隧道具有环境恶劣、施工难度大、施工条件差等特点，通过研究攻克外海、深水条件下超大沉管沉放、对接、水力压接、水下精调等施工作业过程中的一系列关键技术和核心装备，为港珠澳大桥沉管隧道管节安装提供保障。

8.3 技术指标

①外海大型沉管定位、水下对接技术集定位测控、自动沉放、质量检测为一体，可作业水深达 50m，安装沉管重量达 8 万 t，沉放测控精度可达 30mm。

②通过浮运数字化指挥系统，可视化远程集中指挥超大沉管多拖轮（13 艘）拖航，实现大型沉管在 15km 受限航路上长距离拖航。

③大型沉管安装船，每艘吊缆缆力 1120t，配有监测受力装置的 120t 系泊锚绞车 4 台，65t 安装绞车 2 台，40t 沉放绞车 2 台。所有绞车可以采用机旁控制和集中控制两种操作模式，且集中控制具有单机模式、两机同步模式、四机同步模式，满足沉管同步绞移或下放要求。

④水下自动搭接拉合系统，最大拉合力 800t，可以实现水下无人自动搭接，并具备测距和显示拉合力的功能。

⑤管节深水精调系统，可实现 50m 水深下沉管尾端精确调整，调整精度达 4mm，单侧最大顶推力为 5500t（可扩展至 6000t），且系统具备测距功能。

⑥各工序作业工况技术参数见表 8-2。

表 8-2 各工序作业工况技术参数表

作业内容	流速/(m/s)	波高/m	波周期/s	风速/级	能见度/m
航道浮运	0.8	0.8	≤6	≤6	≥1000
基槽横拖	0.6	0.8	≤6	≤6	≥1000
系泊	0.6	0.8	≤6	≤6	≥1000
沉放等待	1.3	0.8	≤6	≤6	≥1000
沉放	0.6	0.8	≤6	≤6	≥1000
潜水作业	0.5	0.8	≤6	≤6	≥1000

8.4　研究内容与关键技术

外海深水超大沉管安装成套技术及装备研发，包括沉管安装限制条件的选取、安装工艺及装备的研发、沉管安装测控系统的研发、沉管安装实时监测系统的研发，以及管内精调系统、压载水系统、拉合系统、浮运导航系统、测量塔 + RTK 测量、深水测控系统及锚泊系统、沉管姿态实时监测研究、锚抓力试验、摩擦力试验、回填试验、拉合系统重载试验、精调系统联动调试及模拟演练、压载水系统联合调试、水力压接调试演练、深水测控系统对比调试演练、三次沉放综合演练、五次浮运实操模拟演练、三次系泊演练、出坞演练等，共 27 项分课题，其中重大方案 22 项，形成超大沉管安装成套技术。

8.4.1　外海超大沉管安装关键控制参数研究

研究内容包括沉管安装限制条件分析、沉管作业窗口条件研究、沉管浮运控制参数研究、沉管系泊控制参数研究、沉管沉放控制参数研究、基槽内流速分布数值模拟、基槽内沉管阻力系数三维数值模拟计算、沉管结构在系泊过程中的动力响应及缆力的数值仿真研究，以及安装船、沉管和缆绳系统在系泊过程中的动力响应及缆力的数值仿真研究等。

波流作用下超大沉管结构在系泊及沉放过程中的动力响应及缆力的研究属于复杂的流固耦合问题。国内外对超大沉管结构在系泊过程中的动力响应及缆力开展了研究，研究方法主要包括现场观测方法、物理模型试验和数值计算方法。国内海上沉管隧道工程刚刚起步，现场观测数据较少；物理模型试验是认识超大沉管结构在系泊及沉放过程中的动力响应及缆力的重要手段，但是在试验中许多因素是不可模拟和不可控制的，而且具有费用高、周期长和消耗人力物力大等缺点；合理的数值计算是替代物模试验的重要手段，且所需成本相对较低，经济效益好。目前数值计算大都是利用水体势流理论对沉管结构在系泊过程中的动力响应及缆力进行求解，不考虑水体的黏性及紊流特性，不考虑沉管和流体间的流固耦合，没有对沉管、水体及缆绳进行精细建模。超大沉管结构在系泊过程中，沉管和水体之间交互作用，沉管在水体荷载作用下会产生变形或运动，而变形或运动又反过来影响流场，从而改变水体荷载的分布和大小，这两个过程相互影响，同时进行。该研究专题拟考虑超大沉管和水体间的流固耦合特性，考虑水体的黏性及紊流特性，并对沉管、水体及缆绳进行精细建模，以深入研究超大沉管结构在系泊过程中的动力响应及缆力特性。

1. 作业水动力分析

岛隧工程沉管管节沉放过程中，水流、波浪荷载对管节结构、系泊系统设计、船机设备设计制造及选配具有重要影响。通过国内外类似工程调研、理论或规范计算、物模、数模试验等手段，对管节沉放等待、沉放过程主要作业工况的水动力进行分析。管节在基槽内横拖就位后即可进行锚定，若气象、水文条件不满足管节沉放条件，管节将在系泊位置上等待沉放。此时系泊缆（C）通过卷扬机施加一定预紧力，安装缆（B）处于松弛状态。管节的沉放缆系布置如图 8-1 所示。

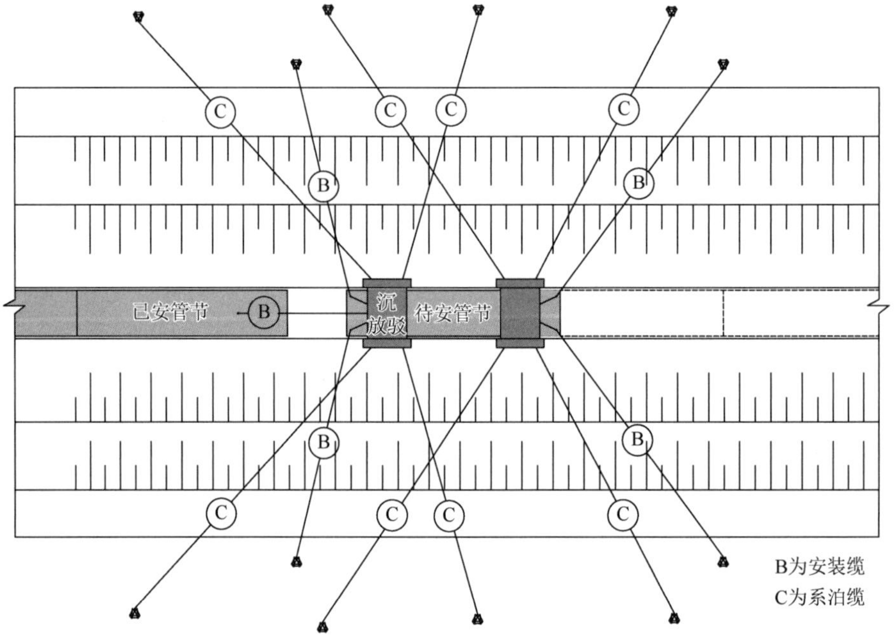

图 8-1　沉放缆系布置图

通过物模试验与数模计算分析结果分析，获得的成果主要包括：

①干舷消除阶段是沉管管节动力响应、吊索张力变化剧烈的区域，较小的负浮力可能引起吊缆的松弛现象，而松弛后的突然张紧可能引发较大的突变张力。1.5%负浮力情况下，有效波高 0.8m，谱峰周期 6s，流速 0.8m/s 时，吊缆缆力峰值在 700t 以内。

②管节体积较大，且为非流线型的钝体，各自由度的运动阻尼均较大，运动响应以低频为主，在沉放过程中运动幅值较小，均为厘米量级。

2. 作业条件确定

（1）波浪分析

将有效波高按 0.4m、0.6m、0.8m 分级，分别分析每个月内持续 48h 位于该级波高内的次数。以 0.4m 波高为例，若连续 48h 内>0.4m 的波高个数不超过 2 个，则认为≤0.4m 波高的情况持续出现 1 次。若以有效波高 H_s≤0.6m 作为施工波浪条件，则一年中每个月均可进行施工，每个月施工天数在 12d（6 次）以上。

（2）流速分析

《港珠澳大桥桥位现场波浪观测水文月报表》提供了 2007 年 4 月～2008 年 3 月的数据，其中 2007 年 8 月的数据因仪器问题数据无效，对其余 11 个月的数据进行统计分析。

经初步分析，60cm/s 及 80cm/s 流速具有较突出的界限性，在小潮汛期间并未有流速峰值超过 130cm/s 的设计限制流速。

月度流速、流向统计分析：涨潮的最大流速为 135cm/s，各月最大平均流速为 47cm/s；落潮的最大流速为 222cm/s，各月最大平均流速为 66cm/s。另外，各月涨潮和落潮平均流速均较小，其中涨潮时最大平均流速为 47cm/s，落潮最大平均流速为 66cm/s。将平均流速以 80cm/s、60cm/s 及 130cm/s 的设计限制流速为上限，连续 18h 至连续 24h 流速所占比例变化较大，连续 6h 至连续 12h 流速及连续 24h 至连续 36h 流速所占比例变化较小。130cm/s 的设计限制流速保证率较高，全年平均流速仅有 2 个点超出设计限制值。若以平均流速 $V \leqslant 0.6$m/s 作为施工流速条件，则一月中至少保证一次连续 48h 作业窗口，连续 18h 最少月份为 2008 年 2 月，该月有 7 次窗口满足关键作业的作业时间。满足 0.6m/s 平均流速及 0.6m 有效波高的窗口统计见表 8-3。

表 8-3　满足 0.6m/s 平均流速及 0.6m 有效波高的窗口统计

月份	最长持续时间/h	累计时间所占比例/%
2007 年 4 月	48	38.1
2007 年 5 月	135	52.9
2007 年 6 月	68	58.8
2007 年 7 月	64	53.6
2007 年 9 月	85	38.5
2007 年 10 月	123	52.4
2007 年 11 月	91	58.9
2007 年 12 月	162	74.6
2008 年 1 月	110	51.1
2008 年 2 月	92	33.9
2008 年 3 月	71	47.2
全年累计	—	50.9

3. 沉管浮运控制参数研究

综合考虑两次物模试验结果和数模计算结果，针对系泊控制参数有以下结论：

①沉管系泊系统在极值工况和偶然极值工况下，最大系泊缆力不超过 100t。

②8～10s 的长周期波对系泊系统影响较大，系泊作业窗口波浪周期选择 6s。

③系泊缆预张力选择 10～20t 是合理的。

4. 沉放控制技术参数

沉放作业窗口选择有效波高 0.8m，谱峰周期 6s，流速 0.6m/s 合理。

5. 施工作业条件

根据以上分析，施工作业条件见表 8-2。

8.4.2 沉管浮运数字化指挥导航系统开发与应用

港珠澳大桥沉管隧道所处海洋环境复杂，且沉管浮运航道受限，预制厂至隧址处最远拖航距离达 12km，基槽内浮运最大距离约 3km，8 万 t 的超大沉管在如此长的受限航道内进行浮运，在国内外尚属首次；远程集中指挥 13 艘拖轮互相配合是沉管浮运拖航面临的最大难题，在国内尚无先例。沉管隧道标准管节宽 37.95m，高 11.4m，长 180m，沉重约 8 万 t，国内此前没有陆上预制、出坞如此大外海沉管管节的施工经验。首先考虑将预制完成的沉管管节在工厂干坞内进行一次舾装，一次舾装主要包括钢端封门安装、压载水箱安装、压载水泵、管系安装与调试、通风及通电设施安装与调试、系缆柱安装、GINA 止水带保护罩安装等内容，各项工序质量验收合格后方可进行坞内灌水横移至深坞区存放。根据总体施工计划与安排，通过预制厂岸上卷扬机系统横移至深坞区进行施工前准备工作，首先进行安装船与沉管连接、坞内系泊等作业，然后有序开展二次舾装、压载水系统、远程控制系统、监控系统、通信系统等安装与调试工作，各项工作完成后等待合适时机进行浮运安装作业。由于我国在外海沉管隧道施工领域缺乏施工经验，如何高质量、高精度地安装沉管二次舾装件，如何控制沉管出坞姿态，如何将如此大的沉管安全浮运至安装现场，如何锚系布设及控制安装沉放过程中沉管姿态，等等，是摆在每一个港珠澳大桥沉管隧道工程建设者面前的诸多难题。因此必须研发一套适用于外海沉管隧道管节二次舾装、浮运、系泊及安装成套技术方案。结合工程的复杂条件，项目组首次开展了复杂海洋环境条件下受限航路内超大沉管拖航阻力及操控性研究，自主研发了浮运数字化指挥系统，实现了超大沉管多拖轮（13 艘）拖航可视化远程集中指挥，保障了沉管长距离拖航安全。

1. 沉管受限航道浮运线路

预制厂支航道→榕树头航道→出运航道一→第一转向区→基槽→安装位置（安装 E1~E8、E10、E12～E14 管节）；

预制厂支航道→榕树头航道→出运航道二→伶仃西航道→第二转向区→基槽→安装位置（安装 E9、E11、E15～E20 管节）；

预制厂支航道→榕树头航道→一次横移区→出运航道三→第三转向区→基槽→安装位置（安装 E21～E33 管节）；浮运航道详见图 8-2。

管节浮运采用 4 艘（6800hp、6900hp、2 艘 5200hp）大马力全回转拖轮吊拖、8 艘（6 艘 5200hp、2 艘 4000hp）全回转拖轮绑拖和 1 艘拖轮备用（4000hp），拖航方式见图 8-3。

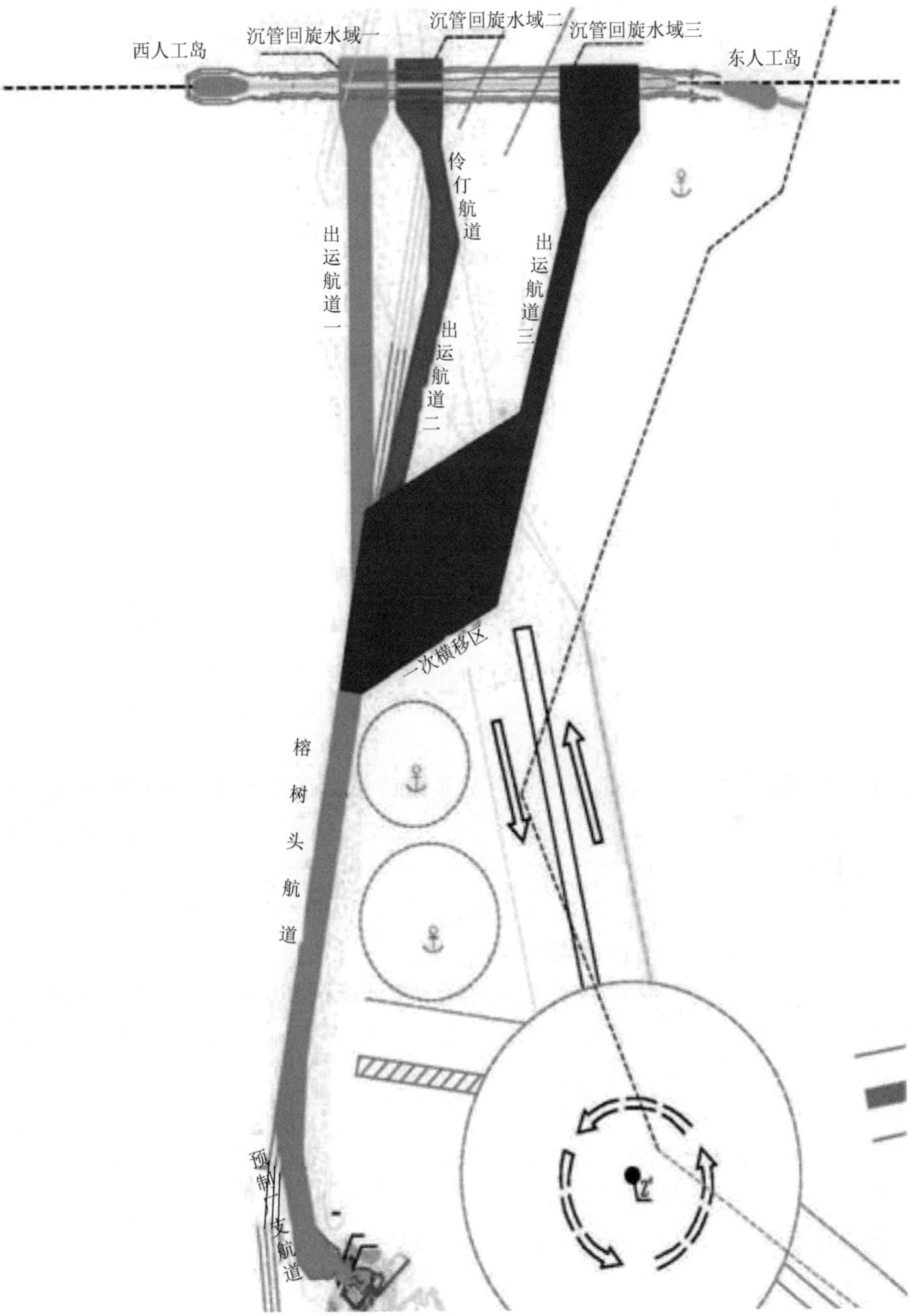

图 8-2　浮运航道示意图

2. 管节浮运

标准管节长 180m、宽 37.95m、高 11.4m，自重及排水量近 8 万 t，浮运时管节惯性及其所受水流力巨大，吃水深，姿态控制难度大，而且航道满足沉管浮运要求的水域宽度仅有240m，为受限航道，如果把控不好编队拖航的速度，很有可能将管节拖离航道区，存在管节搁浅的重大风险，因此影响管节浮运的每一个因素都值得深入研究。

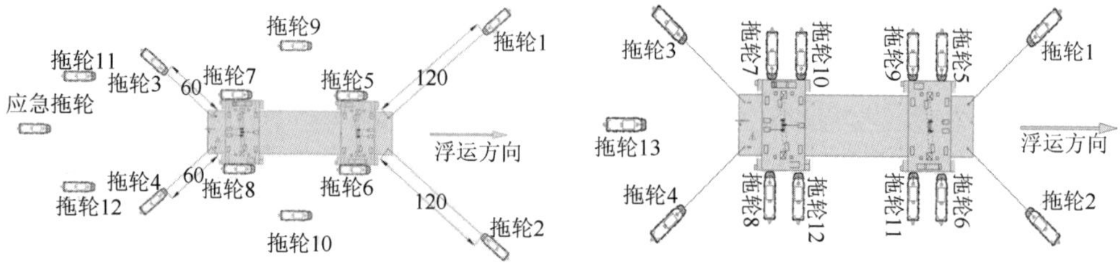

图 8-3　管节拖航方式示意图

通过管节浮运过程中风浪流、拖航速度对沉管受力的计算，比选多种拖轮拖带方案，以及4次浮运实操模拟演练，建立了一套完整的外海沉管浮运施工技术。

港珠澳大桥沉管拖航方式对拖轮协同作业要求极高，为便于浮运拖轮指挥，自主创新开发了仿真模拟系统，将管节拖航模拟呈现在界面上，可以更直观、准确地了解管节在复杂气象水文条件下管节的运动情况，并能及时有效地指挥拖轮，协调配合进行船管姿态的控制。

长距离浮运叠加外海复杂气象情况，导致沉管编队在浮运过程中存在较大的安全风险，通过自主研发的浮运导航定位系统，可以将航道、边界警戒区、航速、流速、航迹线和编队运动趋势显示出来。

经过港珠澳大桥33节管节浮运施工不断地总结和优化，建立了一套具有自主知识产权的沉管浮运导航指挥系统和浮运导航装备。

沉管浮运导航指挥系统、管节拖航浮运桌面仿真模拟系统替代物理模型试验，完全模拟外海沉管拖航的水文气象条件和拖轮控制方式，为工程节省大量物理模型试验的经费，并可以在浮运过程中将现场流速、流向、风浪条件输入系统，模拟现场沉管姿态，为外海沉管浮运指挥提供参考。

港珠澳大桥岛隧工程沉管浮运导航指挥系统是国内首次应用在沉管浮运导航的操作系统，改变了传统的浮运导航模式，提供了更为人性化、可视化和系统化的控制界面；现场流速流向的预报与实测数据提高了浮运作业的安全性。

8.4.3　外海超大沉管锚泊定位技术研发与应用

锚不仅可以在船舶上使用，还可用作海中浮动构筑物的定位等。随着沉管隧道工程越来越多，有的施工条件较差，沉管在基槽内系泊和沉放期间，需要通过锚实现沉管的稳定。工程用锚主要为海中漂浮状态的沉管提供固定点，避免风浪流造成沉管失控。锚泊系统的设计主要以锚的操作性和抓重比系数确定选型。针对不同的地质条件，锚产生的抓力也大有不同，因此对于重点工程项目，需要根据工程的自然条件和地质条件，通过现场试验得出锚的关键参数和操作性能，为锚泊系统的设计提供较为翔实的技术参数。由于锚的现场试验费用昂贵，现在锚的研究多采用理论分析和数值模拟分析。对于港珠澳大桥沉管隧道工程，因其处于外海且工况条件恶劣，没有可以借鉴的技术资料，理论分析和数值模拟分析已经无法满足要求，必须采用锚的现场试验来确定关键技术参数和操作性能。结合港珠澳大桥沉管隧道工程，调研分析了多种型号的工程用锚，进行了现场试验，得出锚抓力和起锚力等关键技术参数，设计了外海条件下大型沉管的锚泊系统，为隧道管节系泊期间的抛锚起锚等操作施工提供了可行的施工方案，可为类似工程提供借鉴。

1. 现场技术条件

隧址处表层最大流速达到 1.93m/s，垂线平均流速达到 1.51m/s。管节定位安装作业窗口为流速≤1.3m/s，波高≤0.8m，波周期 $T = 6$s，管节所受波流力约为 3000kN。

沉管施工区域内主要地质自上而下分别为$①_1$ 淤泥、$①_2$ 淤泥、$①_3$ 淤泥质土、$①_4$ 淤泥混砂、$②_1$ 黏土、$②_2$ 粉细砂、$②_3$ 粉细砂、$②_4$ 中砂、$③_1$ 淤泥质土、$③_{1\text{-}1}$ 粉质黏土、$③_2$ 粉质黏土夹砂、$③_{2\text{-}1}$ 粉细砂、$③_{2\text{-}2}$ 粉细砂、$③_{2\text{-}3}$ 中砂、$③_3$ 粉质黏土、$④_1$ 粉细砂、$④_2$ 粉细砂。地质结构剖面图见图 8-4。

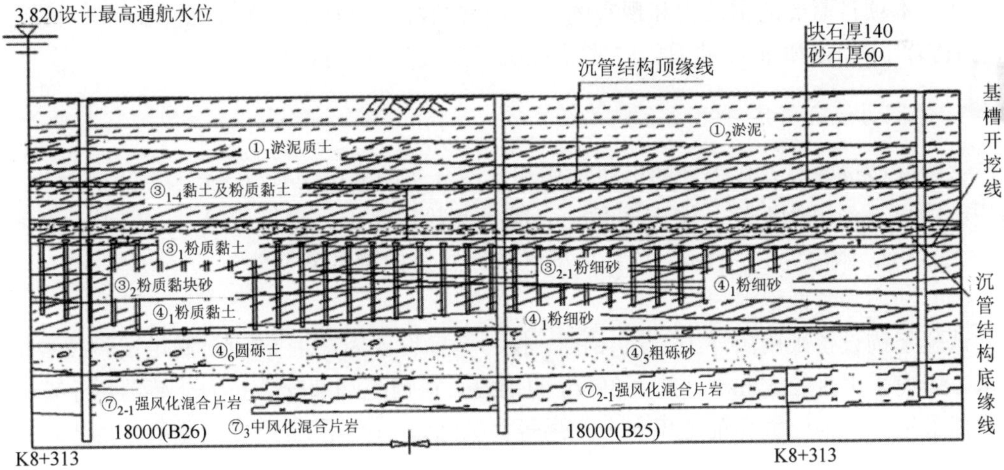

图 8-4　地质结构剖面图

注：尺寸标注单位为 mm，标高单位为 m

2. 试验用锚选型

常用大抓力锚如表 8-4 所示。

表 8-4　常用大抓力锚

名称	抓重比系数	性能特点
HYD-14 型锚	9～20	用于硬泥地质，适用于工作船、作业船、浮标定位、海洋平台等
AC-14 型锚	12～14	对淤泥、砂质等地质都有较好的适用性，操控性较好，多用于超大型船、滚装船等
VLA 型锚	450kN/m^2	适用于淤泥及砂质，属于拖曳嵌入式法向受力的板锚，抓力受拉力方向变化影响较大，抛锚、起锚需采用专用船舶，操控要求高
HY-17 型锚	10～30	适用于淤泥质及砂质，多用于工程船系泊如起重船、铺管船和石油平台等。制造和结构简单，抓重比系数超大，起锚需专用装备

本工程施工区域淤泥和黏土层较厚，表 8-4 中的锚型对该区域地质都有较好的适用性。但沉管和安装船在现场系泊和沉放安装时，无法避免锚缆的方向发生变化，而 VLA 型锚对受力的方向性要求较高，在锚缆方向变化时锚抓力将发生大的变化，在本项目工艺中可靠性较差，因此该锚不作为工程用锚。

对于 HYD-14 型锚、AC-14 型锚和 HY-17 型锚，通过工程应用分析，对本项目的类似地质情况都有较好的适应性和可靠度，但是锚的抓力随地质的变化影响较大，港珠澳大桥岛隧工程项目沉管重量大、施工自然条件差，必须依靠精确的技术数据和可靠的操控性得以支持，因此，在以往工程应用中得出的抓重比系数和操控性，无法在本项目中进行定量分析和直接应用，必须在本项目施工区域进行实体锚试验，得出精确的技术数据和施工操控情况，并选取最适合本项目的锚型，用于大型沉管安装的锚泊系统设计，确保工程的施工安全性和精准控制。

结合本项目需要的锚抓力和现有的工程用锚情况，选取了重 3.94t 的 AC-14 型锚、重 4t 的 HYD-14 型锚和重 3t 的 HY-17 型锚在沉管隧址处进行试验。

3. 锚抓力试验研究

试验区域选取具有代表性的地质结构和水深分布的 E3、E4、E5 管节附近进行试验，地质结构自上而下为淤泥、淤泥质黏土、黏土及粉质黏土、粉细砂等，表层淤泥厚度为 9.8～22.53m，水深为 8～11m，项目典型区域地质结构图见图 8-5。

（1）动力装备及锚缆

试验起锚设备采用满洋 16 号起锚艇，拉力拖曳设备为交工 55 号，满足试验技术指标要求。锚缆采用直径 52mm、长度 300m 的钢缆。在锚缆端部安装拉力传感器用于锚抓力的数据采集。下锚位置和锚拖曳入土距离等参数通过 GPS 配合角度测量数据得出，设备配置及性能见表 8-5。

表 8-5　设备配置及性能表

序号	船机名称	用途
1	交工 55 号	锚抓力试验中锚拉力和拖曳的动力装备
2	砂桩 1 号	试验用锚和锚缆的运送及存放
3	满洋 16 号	起锚装备
4	起锚艇 12 号	起锚装备
5	测力计	锚抓力数据采集

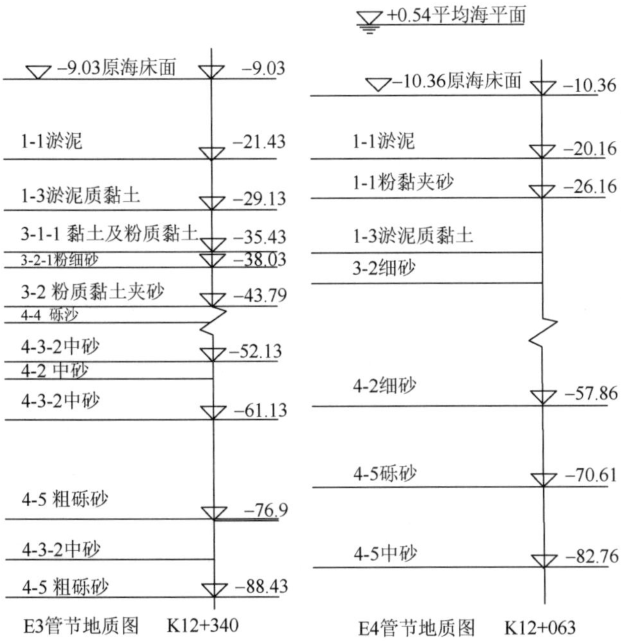

图 8-5　项目典型区域地质结构图

注：标高单位为 m

（2）数据采集及试验操作方法

本次试验需采集工程区域的波高、流速等自然条件和锚抓力、起锚力等参数。抓重比系数的确定：依据锚抓力随时间的变化曲线，直至曲线出现收敛时即判定该型锚的最大锚抓力，通过最大锚抓力与锚重的比值即为该区域地质的抓重比系数。起锚力的确定：在锚抓力随时间曲线收敛后，通过起锚艇拉起预留在锚尾端的起锚缆与测力计连接，测力计另一端与起锚艇拉力绳索连接，启动提升设备进行起锚作业，记录起锚过程中拉力随时间的曲线，当拉力达到峰值时突然下降，此时锚破土快速上升时得到的拉力峰值，即为起锚力。

（3）操作方法

试验操作时锚缆长度为 300m，拖轮交工 55 号提前在预定位置待机，锚艇在预定区域抛锚完成后，将锚缆端部与测力计连接，数据采集仪器安放在拖轮主控室内，启动拖轮进行锚抓力及拖曳试验。拖轮以 1kn 的航速匀速航行，使锚缆逐步带紧。为检测锚受力方向对抓力的影响敏感度，结合工程中可能出现的缆绳变化最大角度 60°，在第一次正拉试验完成后，进行斜向 60°拉力试验。锚抓力试验操作示意图见图 8-6。

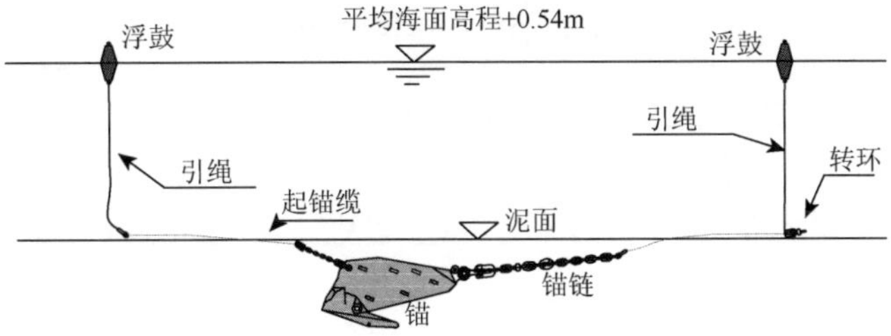

图 8-6　锚抓力试验操作示意图

4. 锚抓力与起锚力试验结果

（1）HYD-14 型锚

根据锚抓力试验方案，交工 55 号拖轮沿试验区域的隧道轴线和斜向 60°分别进行两组试验，HYD-14 型锚在 E3、E4、E5 管节附近共进行了 5 次锚抓力试验，试验期间装备运行正常，试验结果见表 8-6。

表 8-6　HYD-14 型锚试验结果

技术参数	试验一	试验二	试验三	试验四	试验五
泥面标高/m	−10.2	−10.3	−10.25	−9.6	−9.6
试验位置	E3 管节附近	E4 管节附近	E5 管节附近	E4 管节附近	E3 管节附近
锚抓力/kN	375	370	400	402	390
抓重比	9.375	＞9.25	10	10	＞9.75

（2）AC-14 型锚

AC-14 型锚的试验，按照 HYD-14 型锚试验过程进行优化操作程序后，以相同的方式在 E3、E4、E5 管节附近共进行了 5 次锚抓力试验，试验仪器和装备运行正常，试验结果见表 8-7。

表 8-7　AC-14 型锚试验结果

技术参数	试验一	试验二	试验三	试验四	试验五
泥面标高/m	−10.2	−10.1	−9.6	−9.9	−10.4
试验位置	E3 管节附近	E3 管节附近	E4 管节附近	E4 管节附近	E5 管节附近
锚抓力/kN	90	125	150	135	107
抓重比	2.3	3.2	3.8	3.4	2.7

（3）HY-17 型锚

根据前两次试验过程得出上述试验区域中，E3、E5 管节的试验区域更具有代表性，因此决定将 HY-17 型锚试验确定在 E3 和 E5 管节附近，进行了 3 次锚抓力试验，试验结果见表 8-8。

表 8-8　HY-17 型锚试验结果

技术参数	试验一	试验二	试验三
泥面标高/m	−11.95	−11.9	−12.16
试验位置	E3 管节附近	E5 和 E6 管节附近	E5 和 E6 管节附近
锚抓力/kN	700	650	640
抓重比	23.33	21.67	21.33

通过表 8-7 中 AC-14 型锚抓力试验结果计算得出，该型锚的抓重比系数为 2.3～3.8，远小于预期值。本项目沉管系泊和沉放安装期间的稳定锚抓力约为 1500kN（含安全系数 1.5），如要保证沉管施工期间的安全施工，该型锚需要配置的最大质量约为 65t，锚的尺度也将非常大，随着锚的质量和尺度的增加必将降低锚的操控性，因此不再将该型锚作为本工程用锚选型。起锚力试验只针对 HY-17 型锚和 HYD-14 型锚进行试验。

HY-17 型锚抓重比最大，其经济性具有较大优势，有关文献对其起锚力研究较多，因此对其进行了 1 次起锚力试验。起锚操作采用了尾端拖带的方式，重 30kN 的 HY-17 型锚起锚力为 345kN，最小锚抓力近 640kN，起锚力与锚抓力的比值为 53.9%。结合试验情况，起锚力配置需留有一定的富余量，按锚抓力 75%计算较为可靠。HYD-14 型锚起锚力试验与 HY-17 型锚的操作方式相同，在 E3、E4、E5 管节进行了 3 次起锚力试验，试验结果见表 8-9。

表 8-9　HYD-14 型锚起锚力试验结果

技术参数	试验一	试验二	试验三
试验位置	E3 管节附近	E4 管节附近	E5 管节附近
起锚力/kN	270	270	225
锚抓力/kN	390	402	400
起锚力与锚抓力比值/%	69.2	67.2	56

5. 工程用锚分析

根据本项目沉管系泊和沉放物模试验结果分析，安装船系泊锚最大锚抓力控制值为 1500kN，沉管安装锚最大锚抓力控制值为 75kN。通过对 HYD-14 型锚、AC-14 型锚和 HY-17 型锚的试验结果分析，AC-14 型锚抓重比远小于预期值，不作为本项目的用锚。针对 HYD-14 型锚和 HY-17 型锚选型分析如下：HYD-14 型锚最小抓重比系数为 9.25，按照 9 倍抓重比配置锚重，系泊锚重 18t，安装锚重 9t；HY-17 型锚最小抓重比系数为 21.33，按照 20 倍抓重比配置锚重，系泊锚重 8t，安装锚重 5t。

通过本项目大型沉管的安装工艺、抛起锚操控性和施工成本等方面综合分析，选用 HY-17 型锚不仅可以保证沉管顺利安装，而且可以有效提高施工工效，降低综合费用，经过最终分析选取 HY-17 型锚作为沉管安装用锚和安装船系泊用锚。结合锚的试验过程中的操控性，设计了沉管施工锚系布置，见图 8-7。

港珠澳大桥沉管隧道工程管节安装中采用 HY-17 型锚和设计的锚系，顺利完成了所有管节（33 节）的沉放安装，施工中锚系运行稳定，抛锚方式采用了预拉的方式，不占用沉管系泊带缆时间，单口锚起锚平均耗时 30min，施工中采集的起锚力、锚抓力均与试验和分析结果相符合，达到了预期的效果，保障了施工的顺利实施。

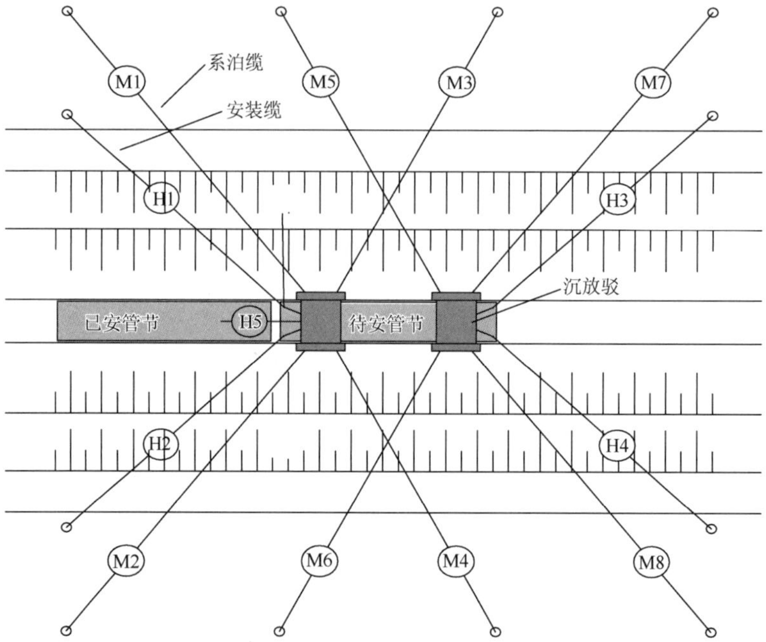

图 8-7　沉管安装锚系布置示意图

8.4.4　外海沉管高精度无人沉放系统研发

研发的目的是在综合分析国内外施工技术和施工设备的基础上，通过研究攻克外海深水条件下超大沉管绞移、沉放、对接、水力压接等一体化施工作业过程中的一系列关键技术，研制开发施工技术和核心装备，实现快速完成外海深水条件下的超大沉管安装施工技术，为港珠澳大桥沉管隧道管节安装提供关键技术和装备，满足港珠澳大桥沉管隧道快速精确施工需要。

通过外海沉管高精度无人沉放系统的研发，开发了成套用于沉管安装对接的装备，形成一套自主知识产权的用于超大沉管安装的施工技术，实现了真正意义上的国内首次深水外海无掩护条件下超大沉管安装作业，为我国在跨海通道领域施工积累了宝贵的经验，为开拓该领域市场经营提供了强有力的技术支撑。

项目主要研究内容是外海深水超大沉管沉放对接成套技术，包括压载水系统、沉管对接导向系统、数控沉管拉合系统、水力压接系统、测控系统等内容。

受外海恶劣自然环境影响，每个月可作业窗口天数较少、窗口期内可施工时间较短，需要在 24～48h 内完成沉管浮运、系泊、沉放、对接全过程；同时，为满足沉管隧道 120 年的使用寿命，确保沉管隧道能够顺利贯通，沉管安装精度要求高。

1. 远程集中操控的压载水系统研究

沉管压载水系统在沉管沉放过程中起着关键作用，为实现沉管消除干舷、提供负浮力、克服海水密度变化，最终加载时向压载水箱内灌水增加沉管负浮力；沉放过程中及沉放完成后如果遇到问题，需要将水箱内的水排出减少沉管负浮力；水力压接时，排出结合腔内的水；特殊工况下，需要向结合腔内灌水，使待安管节与已安管节稍微或完全脱离；浇筑完压载混凝土后，将水箱内的水排出。

为避免在大深度沉放作业时的施工风险，整个压载水系统通过远程操控来运行。

在压载水箱基本排空的情况下，利用管顶浇筑压载混凝土把管节干舷控制在 30cm 左右。

压载水箱均匀分布在管节内部，以便控制管节的弯矩。

水箱容积须满足管节在沉放完成后负浮力达到 5%的要求。考虑沉管周围和基槽底部因回淤、涨落潮和洪水下泄等原因引起海水容重的增加，以及安装纵坡的影响，实际的加水量需要在此基础上有一定的富余量。

压载水系统设计计算选用的参数与实际施工时实测的参数数据进行对照复核，必要时调整水箱设计方案，确保抗浮系数的实现。

管节在不同期间负浮力的要求：管节沉放期间，抗浮系数为 1.015～1.02 倍；管节沉放就位后，抗浮系数大于 1.05 倍。

为满足管节在不同期间负浮力的要求，在标准管节中设 6 个水箱，单个水箱由两道相对设置的挡墙、沉管侧墙及中墙围成，平面尺寸为 14.55m×20m。挡墙由钢框架及木板墙组成，木板墙高度 5m，宽度 14.55m，木板墙内侧铺防水布隔水，最大水位高度为 5m。

主水管管径大小的选择应满足施工过程中给排水时间的要求，同时结合排水泵选型；主水管的分节，要充分考虑水管的运输、安装、使用、拆卸等方面的因素，选择合理的分节长度，保证压载水系统的使用方便、安全、可靠；管节端封门进口处主水管与管节底板之间的净空高度不得低于 50cm。支管路按单根管，考虑分支管路断面积之和略大于主管路断面积之和：$r^2\times\pi\times6>40^2\times\pi\times2$。压载水系统管路选择管径为 40cm，分支管路选择管径为 25cm，管道长度选取 6m/段，支架间距 3m。

排水泵考虑一用一备，同时根据管路的布置、管径的大小及排水时间的要求，选择安全、可靠、高效的排水泵型号和规格。压载水系统主水泵排量 600m³/h，扬程 60m。使用的压载水系统主要由压载水箱、压载水泵、压载管系、电动阀门、主控台等组成，如图 8-8 所示。

图 8-8　压载水系统组成

压载水系统可以通过主控台实现管节内无人远程集中操控，向沉管内的水箱注水、排水或向单个水箱注水、排水，系统还可以实时监控每个水箱内的液位高度和注水量，压载水系统操作界面如图 8-9 所示。

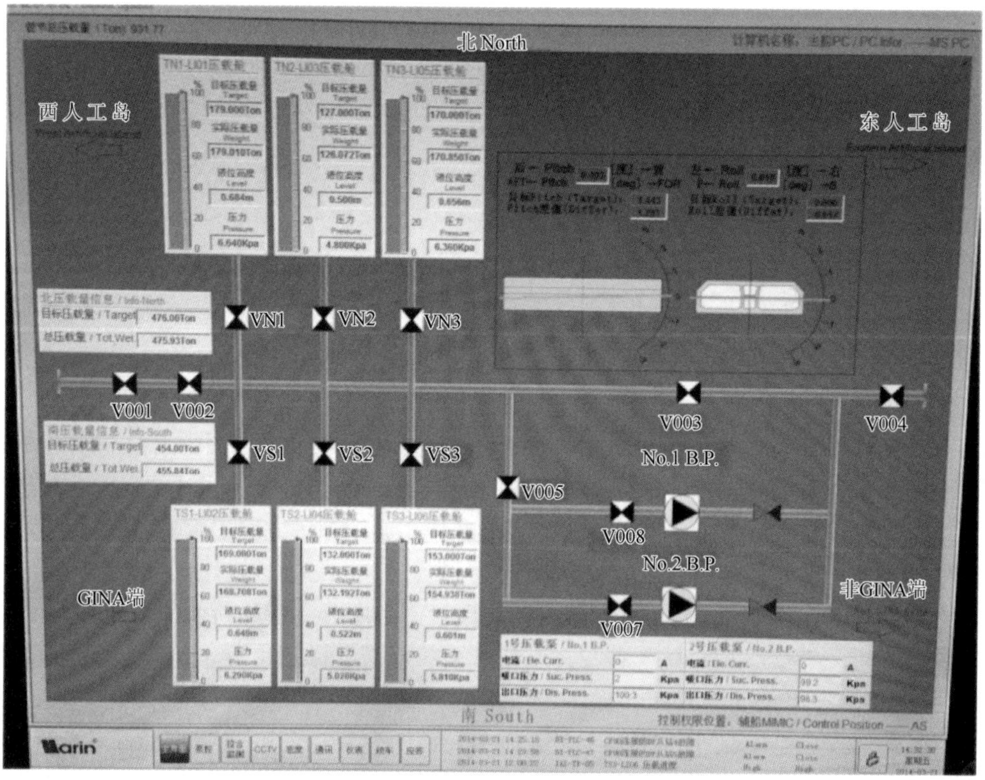

图 8-9　压载水系统操作界面

2. 沉管对接导向系统研究

对比鼻式托座导向结构和杆式托架导向结构，杆式托架导向结构相对简单，受力形式明确，且常用于先铺法沉管隧道，可以适应管节安装时竖向存在的高程偏差，也可通过调整导向托架侧的限位钢板控制管节对接时的错牙值，在调控管节和隧道线型时相对灵活，因此本工程采用杆式托架导向结构。沉管对接导向系统主要由导向托架及导向杆组成，可调节式导向托架安装在已安管节尾端，导向杆安装在待安管节首端。沉管对接导向系统如图 8-10 所示。

导向托架两侧设有螺旋千斤顶结构，在管节着床后根据错牙量的大小由潜水员配合进行两侧螺旋千斤顶的调节限位，然后再精确调整管节轴线，以满足隧道线型控制要求。

3. 数控沉管拉合系统研究

对国内外已有沉管隧道的拉合系统进行调查，目前采用的水下拉合技术包括绞车拉合法、管内千斤顶拉合法和管顶拉合千斤顶法，拉合点数则有单点拉合和两侧拉合，需要根据所需的拉合力和管节结构综合考虑确定。

图 8-10　沉管对接导向系统

待安管节距离已安管节约 0.8m 时着床，此时需要一套设备将待安管节平稳拉向已安管节，直至待安管节端部的 GINA 止水带接触已安管节的端钢壳，并提供一定的拉力压缩 GINA 止水带鼻尖，使待安管节与已安管节间形成密闭结合腔，达到初步水密状态，为水力压接创造条件。

① 数控沉管拉合系统设置有多套传感器系统及水下接头，该系统可以通过控制室主控台对千斤顶进行控制，并设有竖向千斤顶，使拉合千斤顶可以竖向转动，实现水下自动搭接的功能。

② 数控沉管拉合系统设置有水下视频监控系统。

③ 数控沉管拉合系统设置有位移传感器，可以实时监控千斤顶拉合距离，通过数据计算，在主控台界面上显示两管节端面间间距。

④ 数控沉管拉合系统设有压力传感器，可以实时显示千斤顶的压力大小，从而了解管节的受力情况。拉合系统主要由 2 套主动拉合单元、2 套被动拉合单元、2 套油泵控制柜、2 个液压油管卷盘、2 个电子线缆卷盘及主控台组成。数控沉管拉合系统设备如图 8-11 所示。

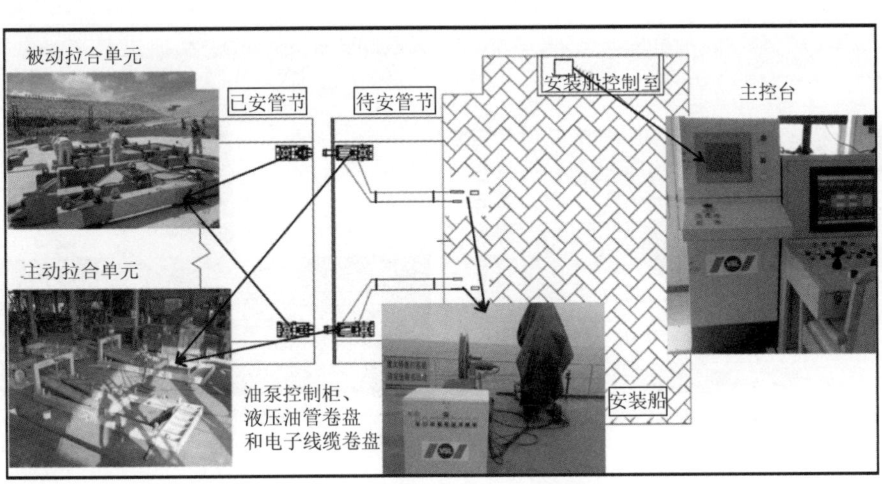

图 8-11　数控沉管拉合系统设备

数控沉管拉合系统最大拉合力 800t，实现了水下无人自动搭接，并具备测距和显示拉合力的功能，开发了距离拉合和压力拉合两种操作模式，实现以相同的距离进行拉合和以相同的拉力进行拉合。数控沉管拉合系统见图 8-12。

图 8-12　数控沉管拉合系统

4. 水力压接系统

水力压接系统是专门针对以柔性接头相连接的沉管隧道研发的，利用尾端巨大的水压力，克服基床摩擦力，使柔性接头压缩止水完成对接，是沉管安装过程中重要的系统，水力压接效果图如图 8-13 所示。

图 8-13　水力压接效果图

管节在预制时，管节两端舾装有钢端封门，使管节水密。钢端封门与端钢壳之间预留一定距离，确保管节对接时，待安管节与已安管节钢端封门之间形成结合腔。在待安管节端钢壳上舾装有 GINA 止水带，在管节安装过程中，通过水力压接工艺将其压缩止水，最后拆除钢封门实现管节对接贯通。

（1）水力压接系统主要参数设计及原理

管节拉合作业完成后，通过管内排水管系排水，使结合腔内压力减小，然后打开结合腔进气阀向结合腔输入空气，进行一次水压结合，在尾端巨大的水压下，待安管节受压向已安管节前移，GINA 止水带完成大部分压缩；补充待安管节压载水，打开两侧进气阀，再通过待安管节主排水泵排水进行二次水压结合，完成 GINA 止水带的全部压缩；待安管节进行最终压载后，打开人孔门进行扫舱排水和止水带的检查，至此水力压接完成，管节实现紧密对接。

（2）水力压接系统设备组合方案研究

水力压接系统设备包括电磁流量计、压力传感器、控制柜、控制计算机、水泵及排水管系等。电磁流量计在二次拉合过程中用于控制结合腔排水速度，确保 GINA 止水带在初步压缩时均匀受压。

压力传感器和压力表均用于监测结合腔压力变化。

控制柜主要是将压力传感器和电磁流量计的信号进行采集并转化到控制计算机上实时显示。

控制计算机安装有控制软件，将压力传感器和流量计示数显示在界面上，用于水力压接过程的监测，具有记录功能，可记录水力压接过程中的压力监测数据，并形成压力监测曲线，便于数据分析及过程中操作把控。水力压接系统的部分设备见图 8-14。

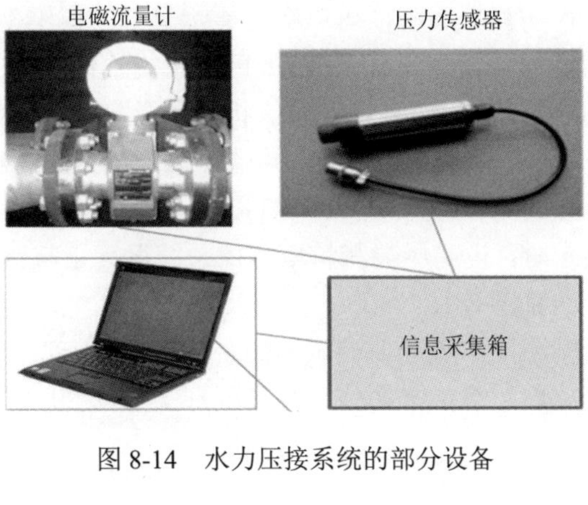

图 8-14　水力压接系统的部分设备

（3）水力压接系统实施效果

水力压接系统通过沉放管节端封门压力、流量监测系统，可以实时监测水力压接过程中的排水量及端封门压力的变化，有效地控制水力压接过程，保证 GINA 止水带均匀压缩，并能够最终形成图形，有利于水力压接过程控制和事后分析，如图 8-15 所示。

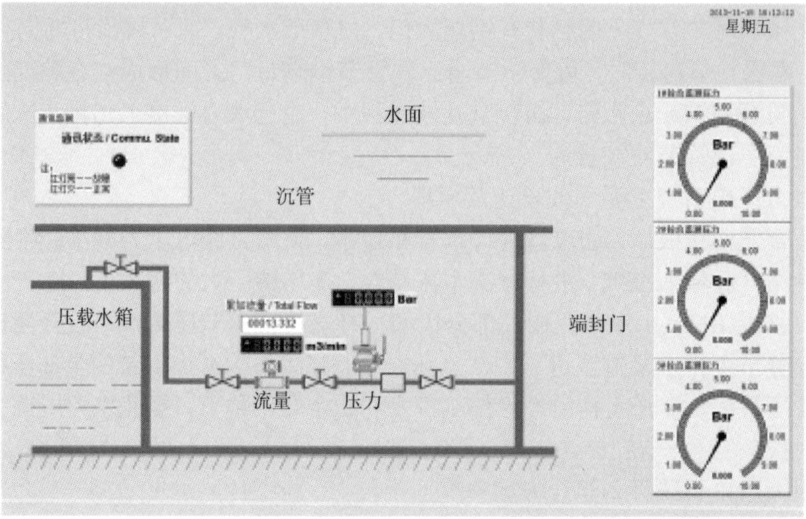

图 8-15　沉放管节端封门压力、流量监测系统

5. 测控系统

管节浮运安装过程所用到的主要测控方法有高精度光学测量法、测量塔定位法、水下声呐定位法、水下拉线定位法等。高精度光学测量法主要用于管节起浮前管节特征点（面）的几何测量、参考点标定、舾装件的定位安装等作业和隧道内贯通测量等。一般采用测量塔定位法（全站仪或 GPS）进行绝对与相对定位，以水下声呐定位法或水下拉线定位法进行沉管对接相对精密定位，并以高精度光学测量法（管内精密闭合导线测量）进行最终绝对定位检核。本项目根据高标准的精度要求，集成了国内外最先进的测量装备，研发了测量塔测控系统、深水声呐测控系统，可以实时显示管节的三维坐标，指导沉管安装。

尾端测量塔测控系统主要设备安装完成后，可在系统软件界面的“设备通信状态显示窗口”中查看各设备的通信状态。当“设备通信状态显示窗口”中显示有数据且无乱码的情况下，说明尾端测量塔测控系统通信正常。尾端测量塔测控系统精度比对是指比较通过软件解算管节顶面比对点的定位结果与 GPS-RTK 实测管节顶面比对点的定位结果。当比对结果符合系统精度要求时，说明尾端测量塔测控系统运行正常。在沉管安装期间，尾端测量塔测控系统软件界面见图 8-16。

在安装前期进行声呐测控系统通信调试和测距精度比对，安装过程中实时提供待安管节与已安管节相对位置关系，包括平面位置和高程。实际安装时系统界面见图 8-17。

8.4.5　外海深水沉管沉放装备研发

依托港珠澳大桥沉管隧道工程，在调研国内外现有沉管安装方法和装备的基础上，分析了工程施工的技术要求与工况条件，现有沉管安装装备无法满足该项目的外海复杂环境和巨型管节的技术条件。因此，采用数值模拟的方法，对沉管沉放安装的沉放系统受力特征和关键控制参数进行了研究，并对安装船在不同工况条件下全船的受力和结构强

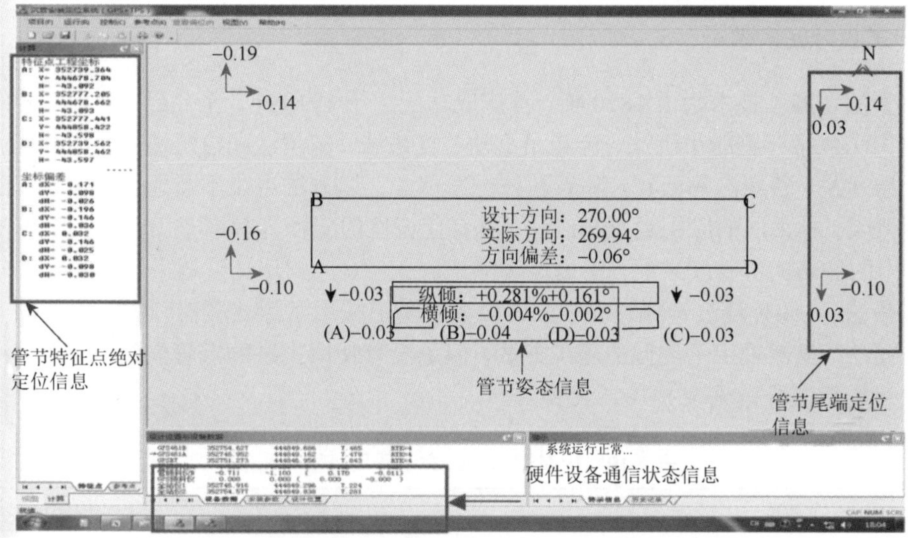

图 8-16　尾端测量塔测控系统软件界面

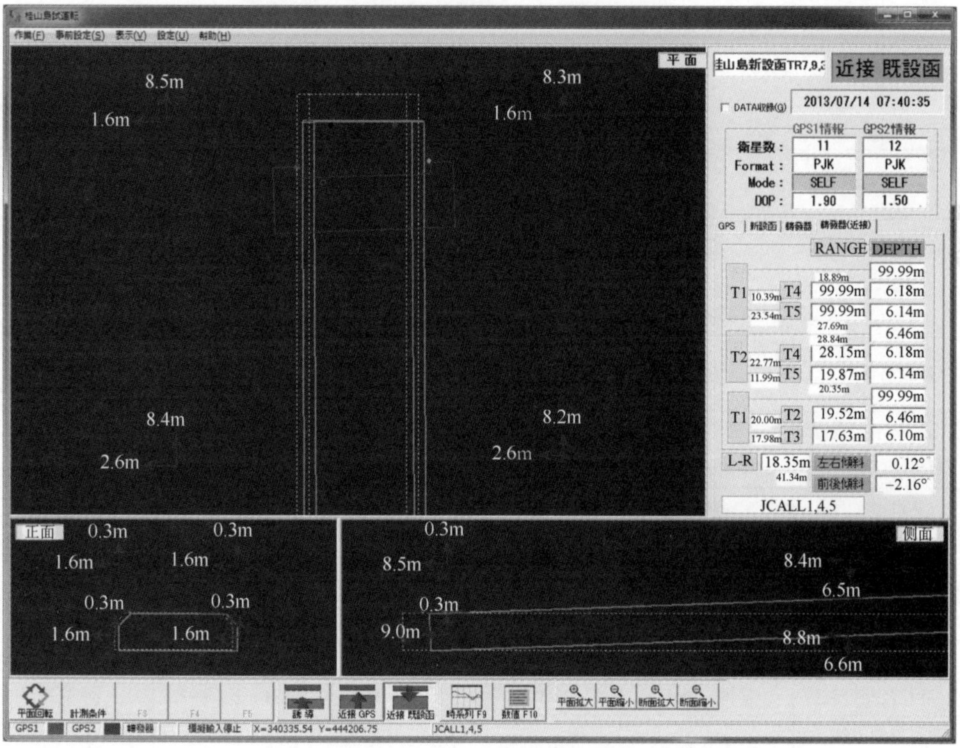

图 8-17　实际安装时系统界面

度建立了受力计算模型，进行了全面验算，开发了新型的沉管安装船，通过应用达到了预期的设计和应用目标，可为类似工程的研究借鉴应用。

1. 国内外技术调研

沉管隧道施工技术始于1810年，首次成功应用于1910年，至今已110年。传统的沉管安装方法包括起重船吊沉法、浮箱吊沉法、扛吊法、骑吊法和拉沉法等，均存在施工效率低、精度差、费用高等问题。随着科技的发展，上述方法也在不断地优化改进。随着新装备的开发，扛吊法的应用越来越广泛，具有代表性的工程为韩国釜山—巨济沉管隧道工程，采用的装备为沉管安装船。国内沉管隧道施工中，广州珠江隧道采用了起重船辅助安装的扛吊法，上海外环沉管隧道和宁波常洪沉管隧道采用了浮式驳船和钢浮箱辅助安装的简易扛吊法，虽然采用了类似的施工方法，但是没有使用先进的沉管安装船。现有沉管安装方法适用范围分析见表8-10、表8-11。

表8-10　现有沉管安装方法适用范围分析表

沉放方式		主要设备及特点
吊沉法	起重船吊沉法	起重船
	浮箱吊沉法	四浮箱吊沉法，沉放设备为四只100～150t浮箱
		双浮箱吊沉法，沉放设备为两只大型钢浮箱
	扛吊法	四驳扛吊法，沉放设备为四艘小型方驳
		双驳扛吊法，沉放设备为两艘大型方驳，船组稳定性好
	骑吊法	水上作业平台；稳定性好，能经受风浪袭击，但设备费用大
拉沉法		以预先设置在基槽中的水下桩墩作为地锚；无须方驳，也不用浮箱，但设置水底桩墩的费用较大

表8-11　国内外调研具有代表性的沉管隧道沉放方法

隧道名称	地点	完工日期	管段尺寸			沉放方式
			长/m	宽/m	高/m	
旧金山海湾水下隧道	美国，旧金山	1970	83.2～111.6	14.6	6.5	双驳扛吊
广州珠江隧道	中国，广州	1993	95～120	33	8	浮吊吊沉法
韦克（Wijkcr）隧道	荷兰	1996	95.87	31.5	8.05	浮箱-浮吊
香港西区海底隧道	中国，香港	1997	113.5	33.4	8.57	浮箱吊沉法
厄勒海峡沉管隧道	丹麦—瑞典	1997	175.2	42	8.5	浮箱吊沉法
宁波常洪沉管隧道	中国，宁波	2002	95～100	22.8	8.45	浮箱吊沉法
上海外环沉管隧道	中国，上海	2003	100～108	43	9.55	浮箱吊沉法
釜山—巨济沉管隧道	韩国，釜山	2010	180	26.46	9.97	双驳扛吊
博斯普鲁斯海峡沉管隧道	土耳其	2010	98.5～135	15.3	8.6	双驳扛吊

依托于港珠澳大桥沉管隧道工程，预制安装段长5664m，由33节管节组成，最大沉放水深约50m，且处于外海复杂环境条件。经对现有的工况和施工条件分析论证，采用国内传统技术和装备无法满足本工程的施工要求，应用于韩国釜山—巨济沉管隧道的沉管安

装船虽可作为参考，但需针对本项目的管节尺寸、沉放水深和外海复杂工况条件，开展新型沉管安装船的研究。沉管安装船的研究除功能方面，在技术方面也存在诸多难题，尤其是沉管安装船的受力特征，在国内外文献中均没有类似的参考数据。

结合沉管施工现场的工况条件和关键技术参数，采用数值模拟与解析计算的方法，对安装船的吊缆缆力和整体结构受力等进行了分析，找出安装船运行过程中的受力关键参数，完成设备的研发与制造，为工程施工提供装备技术保障。

2. 工况条件与技术参数

对沉管浮运至现场定位、沉放、安装全过程中波浪、流速的施工限制条件进行分析论证。

利用 2007 年 4 月～2008 年 3 月的波浪观测资料，将有效波高按 0.4m、0.6m、0.8m 分级，统计每月内持续 48h 位于该级波高内的次数。以 0.4m 波高为例，若连续 48h 内大于 0.4m 的波高个数不超过 2 个，则认为≤0.4m 波高的情况出现 1 次。结果显示，若以有效波高 H_s≤0.6m 作为施工波浪条件，则一年中各月均可进行施工，每月施工天数在 12d（6 次）以上，而取 H_s≤0.8m 时，每月可以保障的作业窗口达到 2 个以上，因此，作为控制沉管安装的波浪条件，取 H_s≤0.8m。

利用 2007 年 4 月～2008 年 3 月和 2008 年 6 月～10 月期间的流速观测资料，观测点处水深约 10m，选择离底 8.3m 高的海流流速作为代表流速进行分析，沉管隧道测点处，涨潮的最大流速为 135cm/s，各月最大平均流速为 47cm/s；落潮的最大流速为 222cm/s，各月最大平均流速为 66cm/s。将平均流速以 0.8m/s、0.6m/s 作为设计限制流速的上限，进行每月持续 48h 的次数分析。若以平均流速 V≤0.6m/s 作为施工流速条件，则一月中至少保证一次连续 48h 作业窗口。

同时满足平均流速≤0.6m/s 及有效波高≤0.8m 的窗口统计见表 8-12。

表 8-12　同时满足平均流速≤0.6m/s 及有效波高≤0.8m 的窗口统计

月份	最长持续时间/h
2007 年 4 月	48
2007 年 5 月	135
2007 年 6 月	68
2007 年 7 月	64
2007 年 9 月	85
2007 年 10 月	123
2007 年 11 月	91
2007 年 12 月	162
2008 年 1 月	110
2008 年 2 月	92
2008 年 3 月	71

根据表 8-13 可知，满足流速 0.6m/s 和波高 0.8m 叠加的 48h 作业窗口时间，全年的统计数据可以满足每月 1 个作业窗口的要求。因此，结合沉管的技术参数，从几何尺寸上确定了沉管安装船的主要技术参数，如表 8-13 所示。沉管安装船作业工况条件见表 8-14。

表 8-13　沉管安装船技术参数表

型长/m	型宽/m	型深/m	轻载吃水/m	满载吃水/m	作业水深/m
40.2	56.4	9.0	4.9	7.3	10～50

表 8-14　沉管安装作业工况条件

作业工况	流速/(m/s)	波高/m	周期/s	风速/级
管节浮运	1.3	0.8	6	6
沉放等待	1.3	0.8	6	9
管节沉放	0.6	0.8	6	6

3. 安装船设计参数确定

通过分析，将船舶的总体方案定为双体船结构，分为主船（指挥船）和副船（非指挥船），主船可以控制副船，用作浮运、抛锚定位及安装海底沉管隧道管节。双体船式浮箱的浮力由管节两侧的浮箱共同承担，这两个浮箱由横跨管节的跨梁连接。跨梁上设置横梁并铺设平台，用来安装绞车和滑轮模组，滑轮模组将导引所有绞车上的沉放线缆。

安装船的几何尺寸由隧道管节大小、负载、风和波浪荷载决定。安装船及其设备总重约 1500t。经过设计优化的安装船几何尺寸见图 8-18，方案示意图见图 8-19。

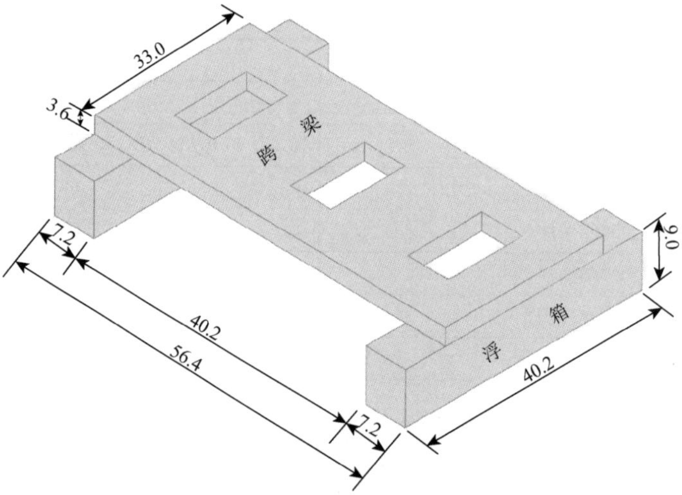

图 8-18　沉管安装船几何尺寸（单位：m）

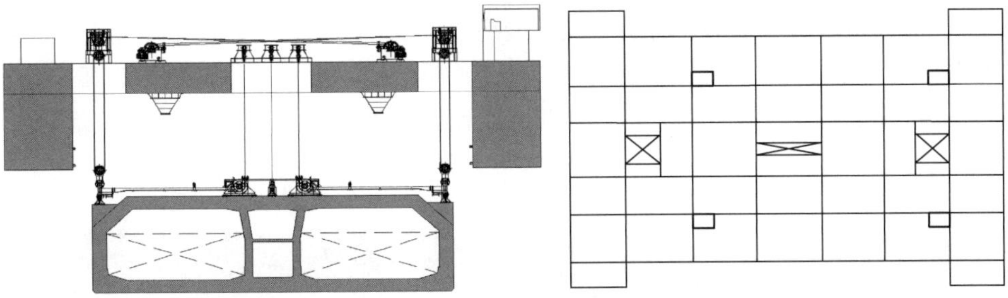

图 8-19　沉管安装船方案示意图

采用该选型确定的船舶结构形式具有如下特点：

①采取双体驳船结构，稳性好，安全性能高。

②操控性好，所有的设备集中在操控室内控制，操控室视野开阔，可以监视整个施工区域，设备的操作均由显示屏及按钮完成。

③沉放线缆系统采用变频驱动方式，能够根据需要灵活地选择同步方式、操作速度、恒张力等。

④自供动力源，避免现场施工环境复杂带来的电缆连接问题，减少安全隐患。

⑤可以采用遥控操作方式，指挥船能够同时遥控两条安装船上的线缆系统，达到和本船一样的操作效果，避免相互协调出现问题。

⑥安全、环保、节能。安装船满足最新的各项国际公约，符合节能环保的要求，采用的主机是船用主机，3 台主机并网提供动力源，符合最新的排放要求。

4. 沉放力学参数确定

沉管安装船研发过程中，根据施工工序和流程，其主要受力技术参数包括沉放吊缆缆力与整体强度。

沉管沉放时负浮力通常取沉管总重量的 1%～2%，日本多摩川沉管隧道沉放负浮力约 1%，宁波常洪沉管隧道沉放对接阶段负浮力取沉管总重量的 1%，韩国釜山—巨济沉管隧道沉放时负浮力约为沉管总重量的 1.5%，土耳其厄勒海峡沉管隧道沉放时负浮力取沉管总重量的 2%。结合本项目的特点，通过监测现场海水密度的变化值，初步将负浮力控制在管节总重量的 1.5%即 12 000kN。沉管按照 4 个吊点沉放，每个吊点力为 3000kN，通过数值模拟和物模试验得出沉放吊缆缆力受力特征。沉管现场系泊采用安装船 8 缆系驳抗流、沉管 4 缆辅助安装的方式。

5. 安装船试验研究

为了确保安装船能够适应外海恶劣工况条件，实现超大沉管的精确安装，开展了安装船稳定性、跨梁结构设计、吊点支架设计、载荷工况及计算、结构总强度计算、沉管沉放装备组合方案、远程控制系统、监测监控系统及重载试验等研究。

6. 现场应用

研发制造完成的新型沉管安装船，自 2013 年 5 月投入使用，至 2017 年 5 月 4 日成功完成了33节大型沉管的安装，辅助完成了最终接头的沉放安装，创造了1年安装10节沉管的世界纪录。通过对已安管节的施工进行统计分析，管节沉放对接时间控制在12h左右，其施工工效、施工精度等参数均达到了预期的设计研发要求，沉管安装效果及实景如图8-20所示。

图8-20　沉管安装效果及实景

8.4.6　外海深水超大沉管精调系统研发

结合港珠澳大桥岛隧工程沉管安装的实际情况和相关条件，研究了内部调节法（方案一）和外部调节法（方案二）等6种方案。研究内容包括沉管内调技术研究及选取、沉管与基床摩擦系数分析试验研究、沉管安装纠偏精调系统与力学模型开发和研究等。

1. *碎石基床摩擦系数物模试验*

为了准确进行沉管顶推数模计算，开展了碎石基床摩擦系数物模试验，获得了准确的摩擦系数。试验选择在港珠澳大桥岛隧工程施工总营地附近的试验场进行。模拟沉管隧道底部碎石基床基础，按照实际施工参数要求，人工铺设有垄沟的碎石垫层，加工制作一个能够调整压载的刚性沉管模型。试验选取了不同碎石基床铺设方式、不同竖向荷载、不同碎石粒径等条件，累计进行了70余次试验，如图8-21所示。

图8-21　碎石基床摩擦系数物模试验

2. 沉管顶推力数模试验

为了获得精调系统最大顶推能力，开展了沉管顶推力数模试验。试验选取港珠澳大桥沉管隧道水深最深处进行沉管体内精调作业顶推力计算。选取 E13 管节的环境工况，水深 45m，假设管节安装后偏差为 85mm，GINA 止水带均匀压缩、张开。沉管一侧顶推、另一侧限位，经过计算，得出了最大顶推力、顶推与纠偏的比例，如图 8-22 所示。

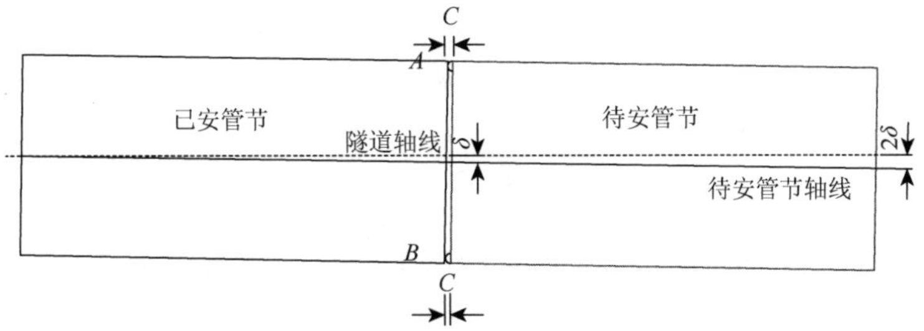

图 8-22　沉管顶推计算示意图

经试验计算，选择最大顶推力为 6000t 的精调设备，能够满足施工要求。

3. 精调系统设计

精调系统初步设计思路：沉管结合腔底部安装转动梁及滑动梁，千斤顶从中间管廊人孔门进入结合腔，在滑动梁上滑动至转动梁上的千斤顶预留位置，锁固装置，安装 12 台千斤顶后，拆除滑动梁。在此期间同时安装导向滑轮、牵引钢丝绳及拉动单元。安装油管、传感器等装置，启动拉动单元，将千斤顶和转动梁由水平状态旋转至竖直状态。精调系统初步设计示意图如图 8-23 所示。

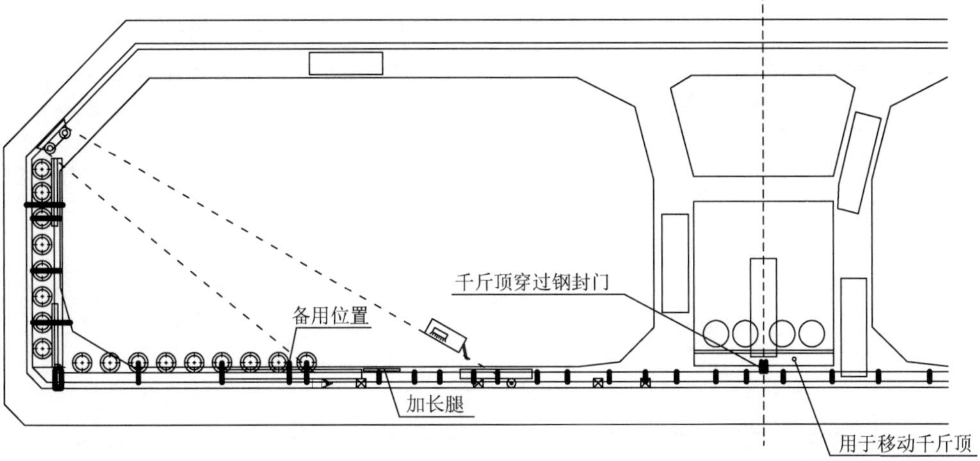

图 8-23　精调系统初步设计示意图

沉管隧道精调系统由液压油泵、一定数量千斤顶、传感器、油管、分油器、集成控制箱、控制计算机等组成。其中，传感器根据使用类型分为行程传感器、位移传感器、压力传感器，其中位移传感器安装在顶部和底部的千斤顶上，行程传感器安装在千斤顶移动端。结合腔两侧可以同时进行千斤顶安装。采取两侧安装、两侧系统单独控制的方式，两侧行车道内钢封门预留线缆孔，连接油管、传感器线缆，启动两侧油泵及控制计算机，进行精调作业。

受结合腔及封门限制，千斤顶运输至结合腔需要有专用的运输工具，即在结合腔和中管廊之间安装悬臂运输梁，梁上安装起重装置，可将千斤顶从中管廊底板起吊运输至结合腔内的滑动梁上，拆卸过程也是如此。千斤顶安装初步设计示意图如图 8-24 所示。

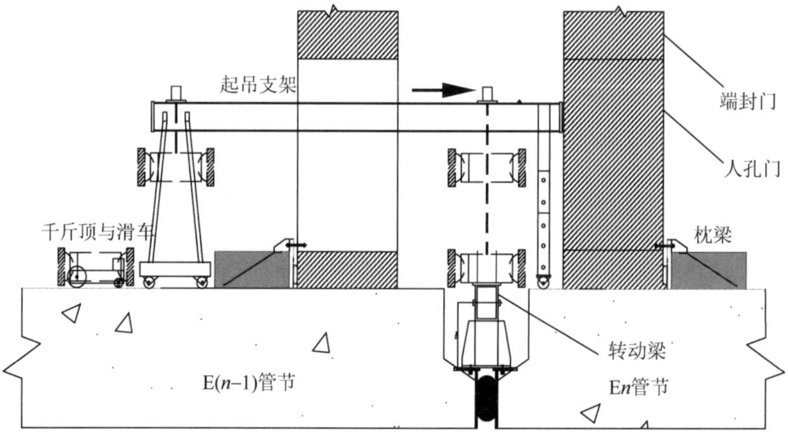

图 8-24　千斤顶安装初步设计示意图

为了提高精调系统安装工效，对精调系统安装工艺进行了优化，去除滑动梁，将千斤顶运输安装由中管廊改为两侧行车道，两侧安装期间互不干扰，同时进行，且去除滑动梁，节省安装及拆除时间，有效提高安装效率。精调系统优化设计示意图如图 8-25 所示。

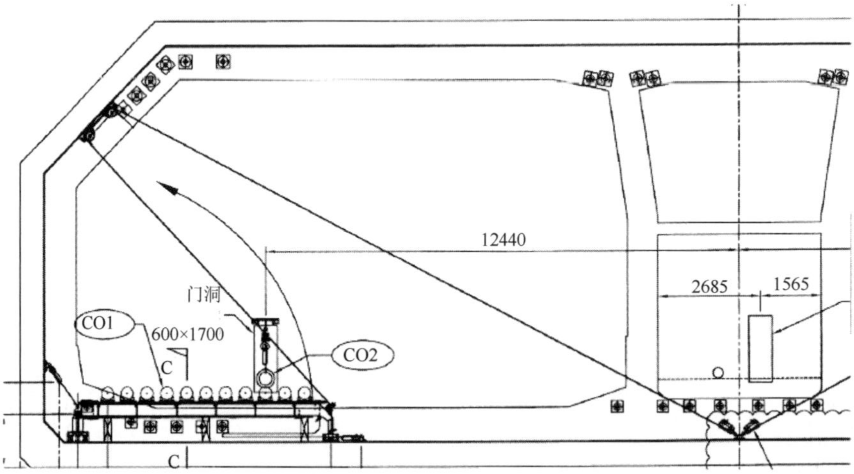

图 8-25　精调系统优化设计示意图（单位：mm）

顶推控制系统由两侧单独控制改为中管廊集中控制，节省一半的技术人员，集中控制有利于全面分析数据，果断决策，提升了施工管理水平，提高了施工效率。

4. 精调系统应用

为了熟练掌握精调系统安装、施工流程，2013 年 3 月 16～30 日，开展了精调系统模拟试验。模拟内容：沉管沉放水力压接完成后，打开人孔门，测量人员进行贯通测量，假定管节轴线偏差超过设计要求，需要进行精调作业。

试验期间，采用搭设脚手架、按照 1∶1 的比例模拟沉管结合腔空间，通过陆上模拟试验和专业培训，技术人员与起重操作工人感受真实作业空间，熟练掌握施工流程及操作步骤，能够快速应对，相互配合，高效完成各阶段工作。其间，厂家技术人员对精调系统的使用进行了系统讲解和培训，并实操演练各系统使用原理、步骤及注意事项，最终进行了全套系统的连接调试，对千斤顶的同步顶推效果进行了验证。精调设备安装调试演练如图 8-26 所示。

图 8-26　精调设备安装调试演练

为了更真实地模拟精调系统作业环境，2013 年 5 月 7～13 日在 E1 管节结合腔内进行精调系统模拟试验，分别完成了精调系统钢构架平移、调平、拉合单元安装、导向轮安装、钢丝绳连接、千斤顶运输安装、转动梁旋转、精调系统预压载等步骤。操作工人第一次在真实环境下进行系统作业，感受了实际存在的困难及局限，发现了诸多需要改进的问题。试验结束后，迅速开展总结交流，对部分不合理的部位进行优化设计，确保系统运行准确、无误。E1 管节精调系统模拟试验如图 8-27 所示。

图 8-27　E1 管节精调系统模拟试验

沉管精调作业效果分析：装备研究完成后，对 E4、E5 管节进行了精调作业，通过应用，有效提高了作业工效，达到了预期的目的。管节的安装时间及偏差数据见表 8-15。

表 8-15　管节的安装时间及偏差数据

管节	安装时间	竖向绝对偏差/mm	备注
E4	2013-09-12～2013-09-15	−10	偏南
E5	2013-10-27～2013-10-30	＋26.5	偏北

岛隧工程开发了沉管精调系统，利用自动化系统对管节进行自动纠偏，纠偏精度达到毫米级，并在 E4 管节安装中首次成功使用。该系统的成功应用不仅确保了港珠澳大桥沉管安装精度，大大降低了施工风险，还减少了施工船机的使用。

8.5　研究成果

港珠澳大桥沉管隧道为世界首条外海深埋大回淤沉管隧道，通过前期的技术研究、成套技术装备开发，建立了一整套外海长大沉管隧道安装施工体系，并成功安装了 33 节管节，完成了所有沉管的安装任务，长度超过了国内所有沉管隧道里程总和。在外海恶劣环境条件下，充分发挥了创新技术的优势，连续鏖战 96h 实现首节沉管深海“初吻”，开创了我国外海沉管隧道施工的先河；顶住巨大压力攻克深水深槽、大径流、强回淤、曲线段等世界难题，创造了“1 年安装 10 节”的中国速度；发明了整体主动止水最终接头技术，启用世界最大起重船（12 000t）进行“海底穿针”，仅用一天时间就实现隧道合龙，

6.7km 海底隧道滴水不漏。这些举世瞩目的成绩为增强核心竞争力提供了重要支撑，获得了以下主要成果。

1. 沉管安装成套施工装备

根据外海深埋大回淤沉管隧道安装技术要求，联合多家单位、科研院所研发出 1 艘平台式碎石整平船、2 艘沉管安装船、1 艘多功能回填供料船；联合技术前沿单位研制开发专用设备 8 项，分别为精调系统、压载水系统、拉合系统、测量塔定位系统、浮运导航系统、管内通风照明系统、深水测控系统及锚泊系统；建立了一套完整的沉管安装专用船舶施工操作手册和船舶设备管理制度。以上成套施工装备均为自主研发产品，具备外海深水条件下高精度安装沉管的施工能力，填补了我国外海沉管隧道成套施工装备的空白。

2. 沉管安装成套施工技术

通过缜密的受力计算、多方案比选，编制完成《外海沉管隧道施工成套技术方案》共 27 项，其中重大方案 22 项，并按照工序内容编制详细的施工作业指导书，施工工艺具有较强的实用性与可操作性。

首节沉管安装前，现场开展了锚抓力试验、摩擦力试验、回填试验等十余次专项试验，依次进行了潜水演练、拉合系统重载试验和搭接演练、精调系统联动调试和模拟演练、压载水系统联合调试、水力压接调试演练、测量塔定位系统综合调试、深水测控系统对比调试演练、三次沉放综合演练、五次浮运实操模拟演练、三次系泊演练、出坞演练等各项施工演练调试，对重要船机设备及沉管浮运安装施工工艺进行了现场验证及优化改进，熟练施工操作要领，提高施工工效，获得了重要的技术参数和前期经验，为沉管安装施工提供了重要的经验指导和技术支持。

2013 年 5 月 6 日，经过 96h 鏖战，成功实现了首节沉管管节“海底之吻”，验证了自主研发的成套装备及编制的施工成套技术的工艺可行性。每一节管节安装后，项目团队均召开施工总结会，对管节安装的成功经验及存在问题进行总结，不断优化施工工艺和操作要点。E10 管节安装后，对管节安装成套施工方案进行了优化升级，使其更加具备实用性和可操作性；E12 管节的成功安装已突破最大水深条件下的沉管对接技术；沉管安装成功率为 100%。该套技术装备为我国在外海深水沉管隧道施工技术的发展奠定了基础。

3. 沉管安装标准化管理体系

建立了一套外海长大沉管安装施工标准化管理体系和沉管安装安全标准化管理体系。认真贯彻“每一次都是第一次”的管理理念，按照沉管安装施工工序，执行施工标准化、规范化、流程化管理，严格管控施工质量与安全，现场执行表格签认制度，层层审查、规范交接手续，实行自查与联合检查相结合的审查制度，确保施工现场不留死角，各项准备工作落实到位。沉管安装期间，在沉管安装船、整平船、回填船上严格划分各班组施工作业区域休息区及媒体采访区，净化安装船施工环境，规范人员行为准则，提供有效的施工安全保障。沉管安装标准化管理体系为我国外海沉管隧道安装施工建立了一套完善的规范和标准。

4. 沉管安装风险管理体系

为了确保港珠澳大桥沉管隧道120年的施工质量和高精度要求，建立了我国首套标准的沉管安装风险管理体系。该体系由4个层级组成，从上到下分别为岛隧工程风险管理计划、沉管安装风险管理指南、沉管安装风险管理手册和沉管安装风险管理动态评估报告。该体系以“全员、全过程、动态管理”为思路，采用头脑风暴法与专家调查法相结合的方式，按照施工工序将风险分为通用风险和专项风险，对沉管安装施工流程进行风险分析、评估、处置，建立风险识别、风险应对和降低风险的处理方式，用以指导整个沉管安装施工，为沉管安装工作顺利进行提供安全保障。

5. 深水深槽沉管安装技术攻关研究

港珠澳大桥沉管隧道为世界上技术难度最大的深埋沉管隧道工程，E10管节安装后，项目团队开展了深水深槽沉管安装技术攻关研究，联合国内知名科研院所分别开展了基槽内流态实时监测研究、沉管姿态实时监测研究和导向托架技术改造等，取得了重大的技术突破，攻克了深水深槽沉管安装技术难关。

8.6 研究结论

1. 外海超大沉管安装关键控制参数研究

综合运用理论分析、物模试验、数值模拟、现场试验实测等手段，研究外海复杂环境对沉管浮运安装关键控制参数的影响，确定了装备设计参数及作业控制参数，为外海超大沉管浮运安装提供技术保障。

2. 超大沉管外海受限航路浮运数字化指挥系统开发与应用

开展了复杂海洋环境条件下受限航路内超大沉管拖航阻力及操控性研究，自主研发了浮运数字化指挥系统，实现了超大沉管多拖轮（13艘）拖航可视化远程集中指挥，保障了沉管远距离拖航安全。

3. 外海超大沉管锚泊定位技术研发与应用

在对多种锚的受力机理分析研究的基础上，开展了多型号、多批次锚抓力试验，揭示了深厚软土条件下大抓力锚的工作特性，研发了沉管安装锚泊系统和快速锚泊技术，保证了复杂海洋条件下超大沉管的系泊安全。

4. 数字化高精度无人沉放控制系统研发与应用

首创了可精确调节的沉管对接导向系统、数控沉管拉合系统、水力压接系统、压载水系统、测控系统等，形成了信息化的沉管安装集成操控系统及工艺，大幅提升了工效和精度，保障了施工安全。

5. 外海深水沉管沉放装备研发与应用

自主研发制造了集系泊定位、沉放对接、远程操控、监测监控等综合功能于一体的信息化沉管施工装备，实现了外海深水条件下超大沉管的水下高精度无人沉放对接，填补了国内外多项技术空白。

6. 外海深水超大沉管精调系统研发与应用

通过理论分析、物理模型试验、数值模拟等研究，首次揭示了先铺法沉管水下轴线调整过程受力机理及运动规律，研发了 50m 水深条件下沉管精调系统，实现了毫米级精确调整，保障了沉管隧道的线形受控。

7. 超大沉管浮运安装成套施工方法研发

研发了外海、深水、深槽超大沉管浮运安装成套施工方法，填补了国内外空白。

8. 外海深水超大沉管浮运安装成套技术与装备研发

首次研究确定了外海深水超大沉管浮运安装关键控制参数及作业标准，突破了超大沉管受限航路长距离浮运、系泊定位、深水高精度无人沉放对接等技术难题。自主研发了沉管浮运导航、系泊定位、沉放对接、精调、监测监控等信息化的沉管浮运安装成套技术与装备，实现了外海深水（最大水深 50m）33 节超大沉管管节（近 8 万 t）的高精度安装，实现了 1 年安装 10 节管节的“中国速度”，保障了沉管安装全过程“滴水不漏”。

以上技术均成功地应用到我国首条外海长大深埋沉管隧道的施工中，保证了沉管安装的质量和安全，推动了行业技术进步，提高了世界沉管隧道建设技术水平，社会效益显著，具有广阔的推广应用前景。

第9章　外海超长沉管隧道安装免精调定位控制技术

9.1　研究目的和意义

9.1.1　研究目的

精调作业是线形控制的事后调整和保障措施，由于管节精调作业处于安装的关键线路上，且作业环境恶劣，实施困难，工效较低，一旦实施将引发作业窗口超限等一系列风险。为减小上述风险，需要控制沉管隧道的良好线形，并为管节对接安装和最终贯通提供保障，需实现外海超长沉管隧道免精调安装。

9.1.2　研究意义

作为目前世界最长、国内首条外海沉管隧道，也是目前世界上首条深埋大回淤节段式沉管隧道工程，港珠澳大桥沉管隧道具有工程规模大、外海作业环境复杂、技术难点多、施工工期紧、环保要求严、安全风险高等特点，其安全成功地建成将在沉管隧道乃至整个跨海通道建设领域具有示范意义。

本项目旨在通过一系列研究，形成一种外海超长沉管隧道安装免精调定位控制技术，并应用于港珠澳大桥沉管隧道施工。与国际上的先铺碎石基床沉管隧道相比，降低施工风险，提高单个管节的安装速度，节省安装时间，减少潜水员的深水潜水作业量，保障外海超长沉管隧道的高精度要求。

依托港珠澳大桥岛隧工程项目，以沉管安装测控风险管理为主线，形成了一套风险管理体系及风险管理方法，为今后同类工程提供借鉴。

9.2　国内外研究概况

国内外尚未有不进行精调作业的沉管安装案例。目前所使用的调位技术都属于被动调整方案，即在对接完成后才实施，外海沉管隧道施工环境复杂，作业窗口时间有限，应开发一种主被动一体的免精调定位控制技术，在沉放对接过程中直接控制管节尾端轴线偏差满足设计要求，提高一次对接成功率，减少现场作业时间，将精调作业作为线形控制和调整的备用措施，在保证质量的前提下最大化降低外海施工风险。

9.2.1　沉管隧道线形控制

对世界范围内已经建成的沉管隧道进行统计分析，可以发现发达国家一直引领着沉管隧道的发展。例如，美国于 1894 年在波士顿首次采用沉管法修建一条排水管线，开创了沉管隧道应用的新纪元；荷兰于 1942 年修建的位于鹿特丹的马斯（Mass）河隧道，首次使用了钢筋混凝土管节。从现有披露的研究成果看，荷兰的沉管隧道技术在世界处于领先地位，此外丹麦、美国、日本等国的沉管隧道技术也很发达。

经调研，结构及线形控制技术在国内外桥梁建设领域很早就得到重视和广泛应用。早在 20 世纪 80 年代日本就建立了桥梁施工控制所需的应力、挠度等参数的观测系统，并应用计算机对所测参数进行现场处理，将处理后的实测参数送回控制室进行结构计算分析，最后将结果返回到现场进行施工控制。桥梁施工控制技术发展至今，已形成非常完善的施工控制系统，有效地控制了施工过程的结构安全及线形指标，提升桥梁建设水平，降低施工风险，取得了非常好的应用效果。目前国内外桥梁领域已将结构及线形控制纳入到常规的施工管理工作中。

相比之下，针对长大沉管隧道施工过程线形控制技术研究及应用非常少，尚未有关于沉管建设全过程的线形控制的系统研究。仅在沉管隧道安装后的线形调整方面有一些研究成果，均是安装后进行的补救措施。世界上大多数沉管隧道在设计中都预留了沉管安装后管节平面调整措施，常用的包括：管节内部千斤顶调整和楔形块调整法、管节外部 EPS 体外调整和尾端调整法等。

目前还未见有关于沉管安装前采取预控措施实现免精调的技术报道。

9.2.2　沉管安装定位

调查国内外沉管隧道管节沉放实时定位测量方法，进行归纳分析，主要可分为全站仪法、GPS-RTK 法、声呐法、拉线法 4 种基本方法，以及由这些方法相互组合形成的组合方法，如 GPS 与声呐相结合的方法、差分 GPS 水下定位法等。常用的测控方法示意图见图 9-1。

随着施工技术的进步，沉管隧道逐渐向大规模、外海、深水方向发展，单一的定位测量技术已经越来越难以满足管节精确沉放的要求。因此，通过研究各种方法的优缺点和适用条件，将各种基础的定位测量方法进行组合和集成，形成综合性定位测量系统，是管节沉放定位测量方法急需研究的重点和发展方向。

9.2.3　沉管安装控制

调研国内外诸多沉管隧道，在管节完成初步拉合和水力压接后均需进行管节轴线调整，调整的技术有许多，但鲜见无精调施工的案例。按照调整装置所处的位置不同分为体内调整定位和体外调整定位两种方式，体内调整定位是指将调整所需要的装备和设施放置在管节内部，而体外调整定位则指将其放置在管节外部。

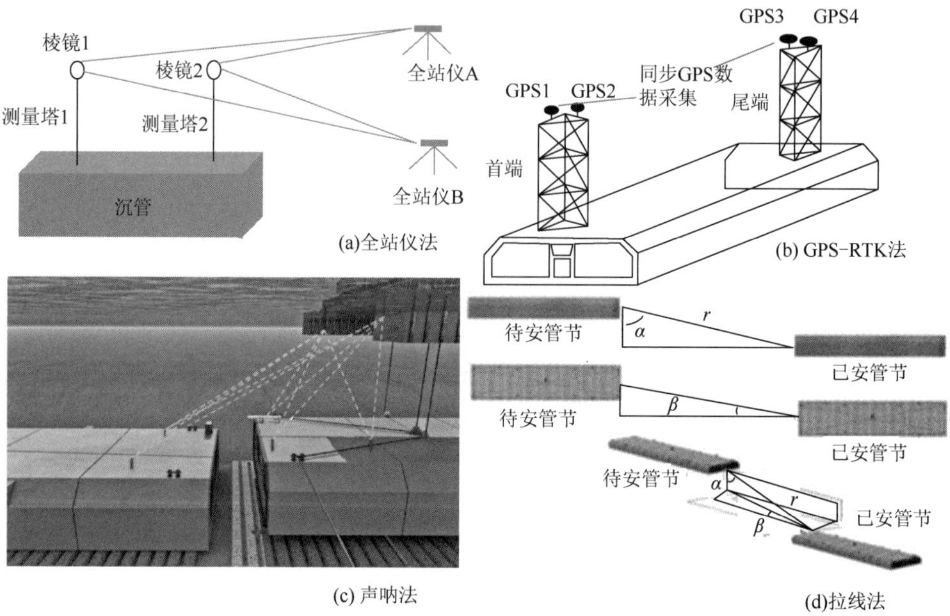

图 9-1　常用的测控方法示意图

9.2.4　沉管隧道贯通测控

隧道内平面控制测量由于受工程条件的限制，使得测量方法较为单一，只能敷设导线。依据导线测量建立的具有必要精度的洞内控制系统以指导隧道的施工。国内外常见的隧道内导线布设有单导线、之形导线网、全导线网、导线环网和交叉导线网（图 9-2）。

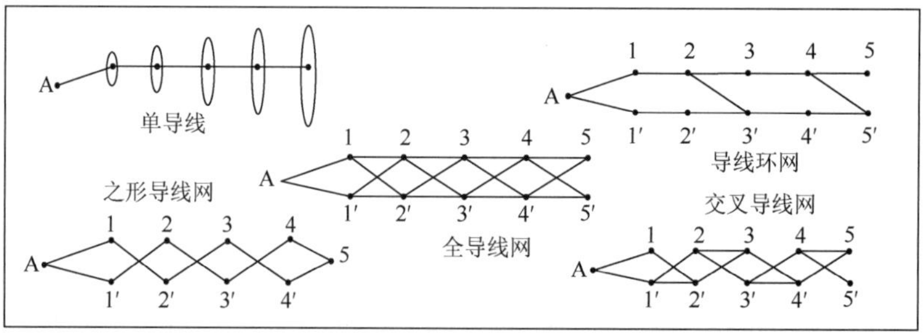

图 9-2　贯通测量导线网形图

9.2.5　沉管安装测控风险管理

1. 国外发展概况

由于外海沉管隧道浮运安装施工的风险管理研究匮乏，在施工过程中风险事故频发，如厄勒海峡沉管隧道在安装施工过程中发生端封门破裂灌水事故，韩国釜山—巨济沉管隧道在安装施工过程中发生止水带侧翻事故，每一起事故都会造成项目成本倍增、工期长时间延后，影响整个交通设施的正常通行营运，给社会和企业带来巨大的损失。

2. 国内发展概况

宁波常洪沉管隧道是宁波市外环路的一个重要工程，于 2002 年建成通车。该隧道工程出现的风险事故主要有：①某管节沉放锁定后又出现上浮。由于槽底的回淤，导致管节的抗浮系数不够，管节上浮。发现问题后立即用约 3000t 黄沙进行压载，阻止管节上浮，并对已经沉放就位的管节加强监测。②水下截桩不到位导致 E4 管节无法沉放。宁波常洪沉管隧道采用桩基础，沉桩后需要对桩顶进行处理（水下截桩），以保证桩顶标高不高于设计的管底标高。管节和桩顶之间通过注浆囊袋实现传力。在 E4 管节沉放前，由于某根桩的截桩不到位，顶标高高于管底标高，导致 E4 管节无法沉放到位。管节被拖回干坞，对桩顶进行重新处理后再沉放。

上海外环沉管隧道是上海市“三环十射”快速道路系统中的一个重要工程，隧址距吴淞口约 2km，其断面尺寸为当时亚洲之最，世界第三。当 E2 管节沉放接近目标时，发现基槽有浅点，液压绞车发生故障，管节无法沉放到位。这是一个典型的多风险源叠加出现的案例，在这次事故中有 3 个风险源同时出现，即基槽浅点、设备故障、设备维修不及时。事故的启示是，在每次管节沉放前，除了要对设备进行全面的维修保养外，还需要有一定的备品、备件，或者切实可行的应急预案。

9.3　研究内容与技术方案

9.3.1　研究目标与技术指标

研究的主要目标有以下 5 个。

1. 沉管隧道线形控制

研究影响沉管隧道线形的因素和控制方法，提出超长沉管隧道安装线形控制指标。从最初的管节预制和基床铺设阶段开始，采取预控措施保证管节和基础线形。初始施工阶段完成后，进行管节成品测量，确定管节的长度和端面水平、竖向偏角，为管节模拟安装提供数据，基床坡度测量确定基床坡度。管节标定测量建立管节坐标系，测定管节特征点的坐标，测量测量塔系统、深水测控系统标定特征点和管节的相对关系，为管节的正确对接安装做准备。贯通测量获取已安管节轴线的横向、竖向偏差，评定管节的安装精度，为模拟安装提供数据。管节模拟安装结果和隧道设计线形对比，若模拟安装偏差满足设计要求，则按照理论值安装沉管；若模拟安装偏差不满足设计要求，则设计根据反馈结果，发出调整指令，明确待安管节安装的横向相对偏差参数，据此制定调整方案，按照调整方案进行管节沉放偏位调整。沉管线形调整示意图见图 9-3。

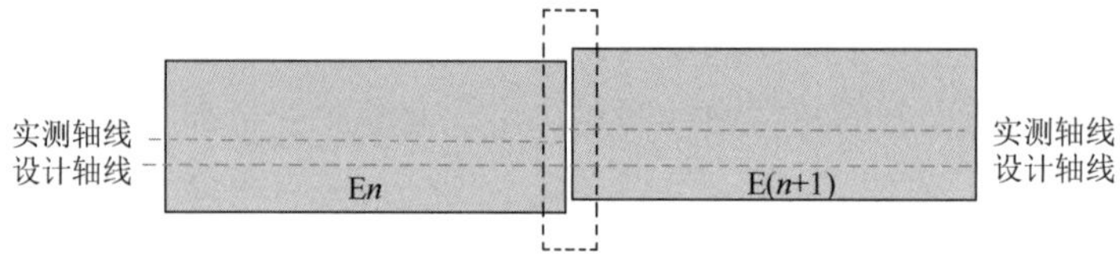

图 9-3　沉管线形调整示意图

2. 高精度外海深水沉管免精调安装定位技术

根据超长沉管隧道安装线形控制指标，研究已有的沉管安装定位测量技术。对于规模大、外海、深水沉管隧道，单一的定位测量技术已经不能满足管节精确沉放的要求。通过在管节首端对无线声呐点位布设、送受波器布设、数据同步测量等相关研究，采取一系列提高无线声呐测控技术措施；同时在无线声呐技术应用过程中，形成一套标准化的无线声呐测控系统检校方法，提高无线声呐系统测量精度。在管节尾端，对传统双测量塔 GPS 长基线定位技术进行改进，创造性地提出单测量塔双天线定向高精度定位技术，分析研究其定位原理、坐标转换机理，同时基于单测量塔技术开发了尾端双天线短基线定向高精度定位系统，集 GNSS（BDS）双天线定位定向、全站仪辅助定位、倾斜仪测姿于一体。

3. 超大型沉管免精调安装控制技术

通过理论分析和现场观测数据反演分析，揭示沉管拉合、水力压接受力和运动机理，进而实现对安装线形的预控，为免精调安装提供理论支持。从精细化控制的需求出发，对沉管安装所使用的船机设备进行深化研究，综合信息化、自动化和数据化控制技术，开发具备精确定位操控功能的船机设备，为免精调安装提供最基础的操作保障和支持。通过总结安装经验，掌握管节对接过程中的规律，进一步改进和细化沉管安装操作流程和控制要点，最终形成一套免精调安装作业规程和工法。

4. 超长沉管隧道高精度贯通测控技术

为满足深水沉管安装及最终接头对接的精度要求，开展理论分析研究、控制网优化设计，结合陆地 1∶1 模拟试验进行验证，并应用于港珠澳大桥沉管隧道施工，为其高精度贯通提供保障。进行最终贯通面轴线间设计允许偏差在岛上洞外控制测量、西人工岛端洞内导线测量、东人工岛端洞内导线测量间的分配研究；进行沉管隧道洞外定向边比选及其对横向贯通误差的影响估算；进行沉管隧道洞内控制网的多方案比选、优化。进行模拟试验观测，加测陀螺定向边进行检核，评估并验证测量方法的理论分析成果。形成一套超长沉管隧道高精度贯通测控技术，保障港珠澳大桥沉管隧道的精准贯通。通过在合龙口两侧多个管节进行人孔井投点，验证外海深水条件下投点联系测量的精度和可靠性，评估超长沉管隧道通过分段投点进行高精度安装的可能。

5. 沉管安装定位风险管理

广义的沉管安装并不是指单纯地将沉管安装到位，它涵盖了岛隧工程几乎所有的施工工序。从设计到施工，从沉管预制到一次舾装、二次舾装再到沉管浮运、安装、回填，这些所有的工作结合起来才是沉管安装工作。测控工作在每道工序中都起到了重要作用。前期的设计图纸需测控人员复核，沉管预制完成后进行线型拟合测量计算，进行沉管一次标定、二次标定，沉管基床铺设时配合整平测控作业，沉管浮运过程中浮运导航测控，沉管安装过程中用测控软件指导安装，沉管安装完成后贯通测量，贯通测量完成后进行管节回填，直至完成整个安装测控工作。测控工作贯穿于沉管安装分项工作的始终，因此，依托港珠澳大桥岛隧工程项目，以沉管安装测控风险管理为主线，形成一套风险管理体系，提出风险管理方法，保障港珠澳大桥沉管隧道安装测控的顺利实施，并为今后同类工程提供借鉴。

9.3.2　超长沉管隧道安装线形控制技术

1. 线形控制的影响因素分析

沉管隧道施工中一个关键的控制点就是隧道平面线形控制，即轴线的控制。沉管隧道因各自结构构造及整体线形的差异，其轴线控制的要求也不尽相同，在施工过程中必须满足管节线形控制的要求。通过对沉管制作、浮运、沉放安装定位全过程分析，对沉管平面线形产生绝对偏差可能的影响因素如下。

①管节预制的误差：已安管节非 GINA 止水带端的端钢壳水平向偏角及平整度；待安管节 GINA 止水带端的端钢壳水平向偏角及平整度。

②相邻管节间平面对接施工误差（导向系统）。

③已安管节轴线与设计轴线的平面偏角。

④测量方法与贯通测控技术水平造成的偏差。

⑤管节接头间 GINA 止水带的不均匀压缩（横向）。

⑥管节的轴向伸缩偏差。

以上 6 个影响因素中，第 1 个因素是管节在预制厂内产生的，后 5 个因素是在管节沉放安装过程中产生的，特别是已安管节轴线与设计轴线的平面偏角及管节接头间 GINA 止水带的不均匀压缩均对管节安装的尾端平面偏差有较大影响。

沉管管节安装完成后，造成与相邻管节平面轴线的相对偏差或错边的可能原因有以下几点：

①管节端钢壳定位中心产生偏差。

②导向杆与导向架测量定位产生偏差。

③导向杆与导向架间的调整间隙造成的偏差。

2. 线形控制措施研究

沉管隧道线形控制的影响因素覆盖管节预制、沉放、安装全过程，针对不同工程阶段，对相应的线形控制方法进行研究。

（1）管节预制偏差控制

作为管节柔性接头的关键构件，端钢壳设置在沉管管节两端，与管节混凝土联为一体，为安装 GINA 止水带和 OMEGA 止水带而设置在管节端部的钢构件，是管节结构重要的永久性构件。管节预制的误差有两个方面的可能：施工精度的误差和干坞内测量的误差。

1）施工精度的误差控制

①设计阶段

根据 GINA 止水带安装及压接要求，设计方提出明确的端钢壳端面平整度及偏角要求，指导施工。

②施工预制阶段

根据设计要求，施工方严格按照设计提出的技术标准精细化施工，施工中严格控制管节端面的精度，包括安装 GINA 止水带的端钢壳和对应的受压光面端钢壳，对其平整度、平面和竖向偏角都要严格控制。端钢壳的加工及安装中，焊接、混凝土挤压引起的变形都会造成端钢壳的平面度、平整度发生变化，影响管节轴线。图 9-4 为端钢壳安装施工。

图 9-4 端钢壳安装施工

2）干坞内测量的误差控制

端钢壳在管节预应力张拉完成后需对其空间姿态进行测量并拟合，确定管节的长度和两端面的竖直向、水平向倾角。图 9-5 是工作人员在进行端钢壳空间姿态测量。

通过测定端钢壳的空间姿态，并进行三维模拟，对端钢壳端面平整度、竖向倾角、水平倾角等进行分析，评定其安装精度，确定后续端钢壳安装参数，并进行管节的预安装，以控制隧道线形。

图 9-5 端钢壳空间姿态测量

（2）相邻管节间平面对接施工误差控制（导向系统）

1）设计阶段

沉管隧道施工过程中，导向系统对管节的对接安装有重要作用，导向系统由导向杆和导向托架组成，导向杆的悬臂长度取 3～5m，为了保证导向杆落位导向托架时的可操作性，设计导向托架两侧壁预留 5～10cm 的调节距离，管节就位即将着床时可在此范围进行轴线位置的调整。图 9-6 为沉管安装过程中的导向系统装置。

(a)导向杆

(b)导向托架

图 9-6　导向系统装置

2）施工阶段

管节沉放安装时，待安管节端部在纵向上距离已安管节端部 2m 左右（距离过大难以保证对接精度，距离过小会增加管节姿态调整风险）时进行横向对接。管节下放至水下沉管隧道基础面高度，导向杆就位后，由导向装置造成的管节线形偏差，可在此范围内进行调节。通过导向系统进行线形偏差控制，首先应保证导向杆与导向托架在舾装时的定位准确，要求测量定位工作尽量精确，导向装置水下安装管节时的测量工作和干坞内的测量应保持一致性，不容许出现大的偏差。图 9-7 为管节对接安装过程示意图。

图 9-7　管节对接安装过程示意图

（3）已安管节轴线与设计轴线的平面偏角控制

已安管节的首、尾两端与设计轴线之间存在一定的距离偏差，造成管节的轴线与设计轴线存在夹角 α，待安管节若与已安管节自然压接安装，则待安管节的轴线在理论状态下与设计轴线的夹角也为 α。待安管节的轴线与设计轴线必然出现偏差，且待安管节的首端（与已安管节对接端）到尾端与设计轴线的偏差越来越大，这种误差的累积对沉管安装极为不利。假设单个管节长度为 L，则单个管节与设计轴线的最大偏差大于 $L\sin\alpha$，如图 9-8 所示。

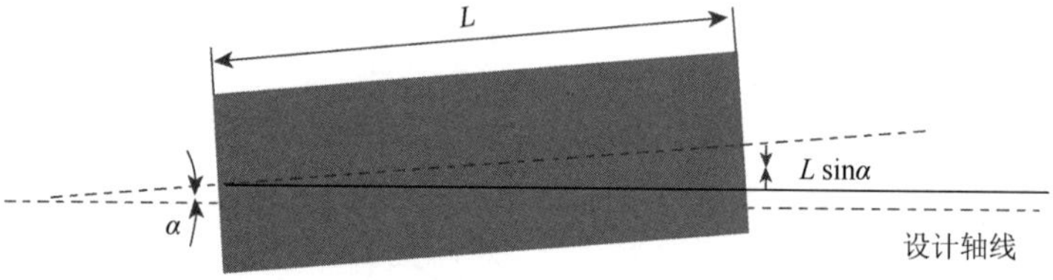

图 9-8　管节轴线偏差示意图

避免这种误差对沉管整体线形带来较大影响的方法：一是对已安管节线形贯通测量后，若存在较大轴线偏差，则对管节进行精调；二是对于已安管节无法调节的轴线偏差，待安管节在安装前制定好纠偏方案，管节沉放对接时，按照纠偏后的管节轴线偏差指标进行控制。

（4）测量误差造成的线形偏差

根据沉管隧道具体工程条件，在管节对接安装过程中，使用适用的测量技术或因地制宜地提出精度更高的新型测量方法，多种测量手段结合使用，有利于偏差的控制。

（5）管节接头间 GINA 止水带的不均匀压缩控制（横向）

在进行管节对接施工时，管节横向定位完成后，启动两个管节间的拉合装置，以实现 GINA 止水带压合止水。GINA 止水带的压缩量 $D=F/E$，其中 F 为 GINA 止水带压缩时的拉合力，E 为 GINA 止水带压缩过程的平均压缩模量。GINA 止水带压缩变形曲线如图 9-9 所示。

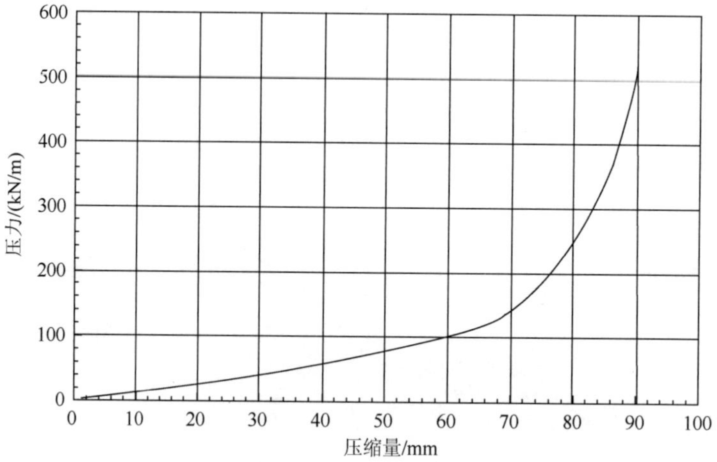

图 9-9　GINA 止水带压缩变形曲线

造成管节接头间 GINA 止水带不均匀压缩的原因主要有两个：一是由于 GINA 止水带受到的拉合力不均匀，即 F 大小不一致，硬度相同的 GINA 止水带，管节安装时受到大小不同的拉合力，GINA 止水带的压缩量不同；二是由于 GINA 止水带本身的硬度不均匀，即 E 的大小不同，管节安装时受到同样大小的拉合力，GINA 止水带的压缩量不同。

对于管节接头间 GINA 止水带的不均匀压缩造成的管节轴线偏差控制，需要做到以下几点：

①设计针对不同管节的水深和埋深安装环境，选择适合的 GINA 止水带材料型号。

②生产商保证 GINA 止水带的生产质量合格，其硬度不允许出现过大的不均匀性。

③施工时，管节对接过程中应做好拉合力的监控，及时调整拉合力的大小。

有时根据已安管节的轴线偏差情况，需要调整 GINA 止水带的压缩量，使其发生不均匀压缩，以调整待安管节的轴线至设计轴线，这部分工作需要在管节浮运安装之前制定安装方案，管节安装现场严格实施。图 9-10 为管节对接拉合装置。

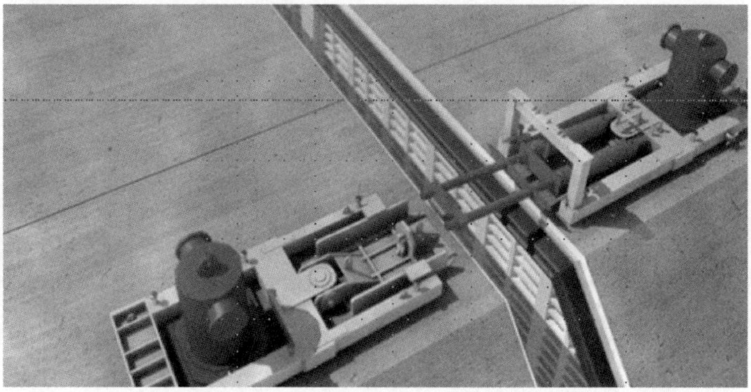

图 9-10　管节对接拉合装置

（6）管节的轴向伸缩偏差控制

管节的轴向伸缩（里程方向）偏差主要由以下三个方面造成：

①管节长度预制误差。

②GINA 止水带压缩量误差。

③管节受温度变化影响的伸缩变形。

对于超长沉管隧道，由于管节数量多，管节的轴向伸缩偏差若不加以控制，将对沉管隧道最终接头合龙空间带来不确定性。但它具有较好的可控性，在管节预制阶段做好质量把控，安装施工阶段做好监控量测，及时调整 GINA 止水带压缩量。

（7）最终接头合龙口

沉管隧道是由若干管节依次沉放对接组成的，由于最后一节管节无论是与岸上段还是水中段对接时都需要留置一定的安装空间，在对接完成后剩下的部分空间需要特殊处理才能使沉管隧道最终贯通，称之为最终接头。

最终接头合龙口位置与空间的精确定位对于沉管隧道的全线贯通至关重要，无论是轴线还是里程方向的偏差，每一节管节的线形精度都需要严格控制。

3. 最终接头安装线形控制

最终接头施工地处外海开敞水域，受深槽“齿轮现象”和合龙口区“峡口效应”的双重影响，海流异常复杂，回淤量大，风、浪、流等环境条件恶劣；安装空间受限，巨大的最终接头使用 12 000t 起重船“振华 30”进行吊装，要穿过 15cm 狭小空隙下放到水深 30m 的深槽中，要求水下吊装姿态必须把高差控制在 1.5cm 以内。图 9-11 为最终接头沉放安装示意图。

图 9-11 最终接头沉放安装示意图

港珠澳大桥沉管隧道 33 节大型沉管管节的安装顺序首先从西向东，即从 E1 安装至 E28，再从东向西，E33 安装至 E31，最后安装 E29、E30 及最终接头。最终接头的特殊构造对合龙口的几何空间定位精度要求十分严格，最终接头相邻管节端面的相对错边值需控制在 3cm 以内，为此，从最终接头相邻的前后各 4 个管节开始，沉管安装的线形精度就要以最终接头的安装需求进行控制，把这 4 个相邻管节称之为“合龙段”。以最终接头相邻管节 E29 和 E30 的安装方案为例进行说明。

已安管节（E28、E31）姿态如图 9-12 所示，图 9-12 中数字表示管节的首尾端偏离隧道轴线的距离，负数表示偏南，下同。

图 9-12 已安管节姿态（单位：mm）

根据已安管节的安装线形数据，制定 E29、E30 管节的安装方案，在为最终接头的合龙空间创造最优条件的前提下，尽量避免 E29、E30 管节达到理论对接状态的调整。经过方案比选，最终选择“对边平行、纵坡准确、轴线重合”的安装方案，如图 9-13 所示。

即 E29 与 E28 对接端、E30 与 E31 对接端的轴线处于重合状态，管节安装时通过管节的轴线偏转，调整至合龙口的管节端面的平面投影达到平行状态，同时端面的中点连线与隧道轴线重合。简单来讲，就是保持合龙口几何平面为矩形状态。

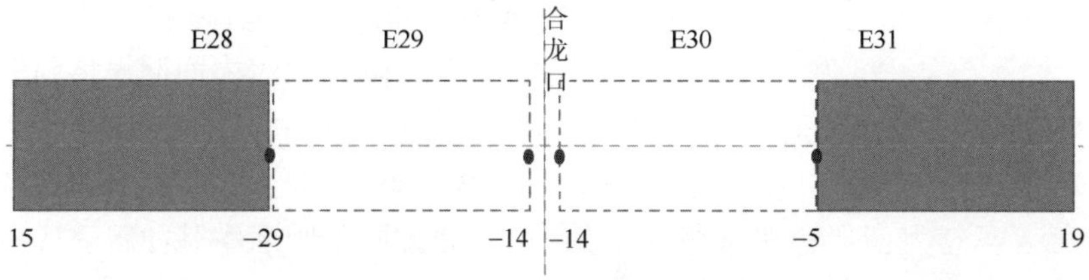

图 9-13　E29、E30 安装方案（单位：mm）

在 E29 管节安装完成后，根据新的贯通测量数据，进一步制定 E30 管节的安装方案。通过以上预控手段，为最终接头安装创造最佳合龙口空间条件。E28～E31 管节（合龙段）贯通测量结果见表 9-1。

表 9-1　E28～E31 管节贯通测量结果

管节	部位	预抬量/cm	设计纵倾/%	初始姿态		
				实测纵倾/%	轴线与设计差/mm	高程与设计差/mm
E28	首端	4.5	−2.694	−2.710	11.7	−21.4
	尾端				−8.1	3.7
E29	首端	2.0	−2.360	−2.340	−28.0	18.5
	尾端				−23.4	−16.5
E30	首端	2.0	−2.207	−2.209	−2.7	−14.1
	尾端				−25.2	−17.9
E31	首端	−5.0	−2.147	−2.150	18.7	−36.3
	尾端	5.0			−4.8	−42.3

注：①轴线偏差正值表示偏北，负值表示偏南。
②高程设计值含预抬量，正值表示偏高，负值表示偏低。
③管节西侧为首端，东侧为尾端。

由表 9-1 可见，E28～E31 管节的安装线形偏差均达到了设计要求，为最终接头的安装创造了良好的条件。

最终接头使用 12 000t 起重船“振华 30”进行吊装，吊装前，起重船和方驳船上最终接头的空间位置通过特征点的坐标进行标定。图 9-14 为最终接头吊装。

图 9-14　最终接头吊装

最终接头吊起后旋转 90°至合龙口正上方进行沉放作业，垂直沉放过程中，根据监测数据及时调整最终接头的空间姿态。最终接头接近着床面时，通过调位千斤顶精确调整至预定位置，最后进行顶推抽水作业，完成最终接头安装。港珠澳大桥沉管隧道最终接头安装线形偏差达到了 2.6mm 的超高精度。图 9-15 为最终接头安装姿态监控。

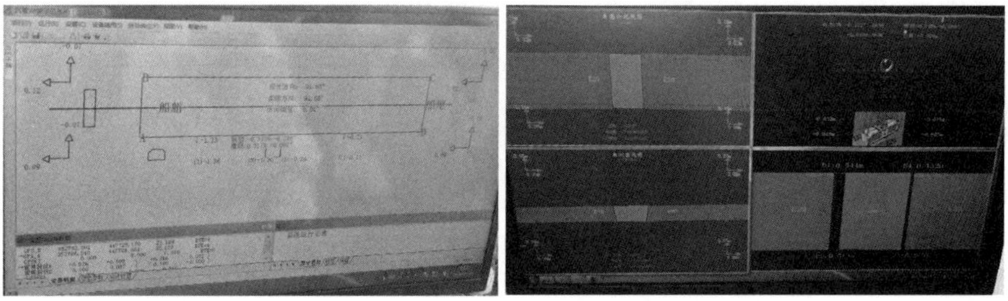

(a)“振华30”姿态　　(b)最终接头安装过程三维姿态

图 9-15　最终接头安装姿态监控

4. 线形控制偏差指标研究

一般地，应根据以上影响因素提出线形控制的合理偏差范围，通过对允许偏差范围的划分，以及沉管对接安装后的贯通测量数据进行合理评估，掌控整座沉管隧道的线形状态。由于沉管逐节在水下安装等特点，必然存在线形偏差，线形控制指标不宜一味追求严苛，应结合项目自身条件，在满足“安全、功能、耐久、外观”相应要求的前提下，制定适宜的控制指标。下面从管节预制阶段与施工阶段对线形偏差控制指标进行分析，并提出控制要求。

（1）管节预制阶段

沉管隧道的线形控制体现在预制、沉放施工过程中，在管节的预制阶段，端钢壳平面几何及平整度要求如表 9-2 所示。

表 9-2　端钢壳平面几何及平整度要求

主控项目	允许偏差/mm	备注
表面不平整度	≤5	整个面
GINA 止水带接触面不平整度	≤1	每延米
水平偏差	≤3	左、右侧壁外缘 2 点之差
竖向偏差	≤3	顶、底板外缘 2 点之差

（2）管节安装阶段

结合线形偏差对隧道功能的影响分析，以及“合龙段”对线形控制的高要求，按照分段、分级的控制手段，管节线形控制指标如表 9-3 所示。

表 9-3　管节线形控制指标

序号	主控项目	线形偏差状态/mm			
		设计允许（可接受）		预警	
		合龙段	一般段	合龙段	一般段
1	相邻管节端面横向相对偏差	$\Delta \leqslant 0$	$\Delta \leqslant 70$	$\Delta > 30$	$\Delta > 70$
2	管节轴线与设计轴线间横向绝对偏差	$\Delta \leqslant 50$	$\Delta \leqslant 100$	$\Delta > 50$	$\Delta > 100$
处理措施		无需精调		设计评估	

注：Δ 为轴线偏差值。

除了上述管节的偏离轴线偏差控制指标，里程方向的偏差主要由 GINA 止水带压缩量控制，GINA 止水带的设计压缩量考虑的因素包括施工环境、水深、止水安全度等，通过总结港珠澳大桥沉管隧道施工经验，GINA 止水带实际压缩量和最佳止水压缩量的偏差值宜控制在 + 5%～–10%。随着压缩量的增大，压缩单位距离的 GINA 止水带需要的力呈几何倍数增长，所以一般情况下较少出现 GINA 止水带压缩量出现正的偏差，负的偏差对止水安全较为敏感，偏差超过–10%时需要进行设计评估。由 GINA 止水带压缩量带来的里程偏差，通过后续待安管节进行纠正，可以在管节预制时消除，或偏差累加至最终接头合龙口，通过最终接头纠正。

9.3.3　外海深水沉管安装定位控制技术

现有的 4 种沉管安装测控方法中，全站仪法和 GPS-RTK 法对沉管的绝对定位精度较高，而声呐法和拉线法对沉管的相对定位精度较高，现针对港珠澳大桥沉管隧道的特点和需求，对各测控方法的测量效率、操作性、定位特点、局限性和适用范围等进行比较和分析。

①全站仪法：由于港珠澳大桥沉管部分总长达 5660m，每节标准管节长达 180m，在施工的后半阶段，沉放点距离岸台较远，全站仪无法准确照准测量目标，精度大大降低。此时该方法已不能对管节沉放进行定位测量。因此在远离人工岛后，全站仪法将不适用本工程。

②GPS-RTK 法：与全站仪法相比，GPS 技术观测时间短、作业效率高、受天气影响小，且沉管隧道工程的施工区域海面宽阔，能够对 GPS 信号造成干扰的自然地貌较少，因此，GPS-RTK 法比全站仪法更适合本项目。

③声呐法和拉线法：由于每个管节长达 180m，管节尾端和首端对接处距离过远，声呐法和拉线法对首端的定位精度高，而对尾端的定位精度不高，所以工程只在首端利用声呐法对管节首端进行相对定位。

港珠澳大桥岛隧工程由于其施工环境复杂、沉管管节规模大、总长长、埋深深、安装精度要求高等特点，首次提出了尾端单测量塔绝对定位方法，并创造性地提出管节首端利用声呐相对定位，管节尾端使用双天线定向高精度定位技术绝对定位的组合定位方法，为沉管免精调安装提供定位控制。

1. 无线声呐测控原理

无线声呐测控系统是应用于海底隧道管节沉放，通过超声波系统及倾斜仪系统测量已安管节和待安管节的相对三维位置，指引已安管节和待安管节的对接作业而开发的专门测量装置。

无线声呐测控技术定位是利用各声呐设备间通过距离交会组成测边网进行计算，指导沉管安装。距离交会平面示意图如图 9-16 所示。

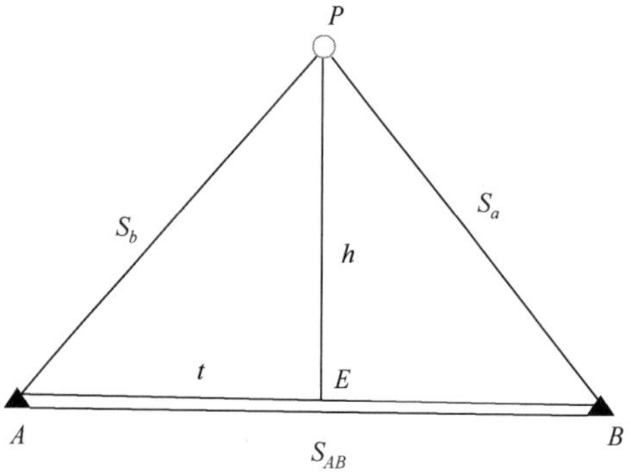

图 9-16　距离交会平面示意图

其中已知点 A 和 B 的坐标分别为 (x_A, y_A) 和 (x_B, y_B)，A 与 B 间的已知边长为 S_{AB}，P 为待定点坐标，测量了边长 S_a、S_b。在 ΔABP 中，AB 边上的高为 h，A 与 E 间的距离为 t，α 为 AB 的坐标方位角。则存在下列关系

$$\left.\begin{aligned} S_b &= \sqrt{(x-x_A)^2+(y-y_A)^2} \\ S_a &= \sqrt{(x-x_B)^2+(y-y_B)^2} \end{aligned}\right\} \tag{9-1}$$

为计算方便，可设

$$T = \frac{t}{S_{AB}} = \frac{S_b^2 + S_{AB}^2 - S_a^2}{2S_{AB}^2} \tag{9-2}$$

$$H = \frac{h}{S_{AB}} = \sqrt{\frac{S_b^2}{S_{AB}^2} - T^2} \tag{9-3}$$

经推导，P 点坐标的计算公式为

$$\begin{aligned} x &= x_A + T(x_B - x_A) + H(y_B - y_A) \\ y &= y_A + T(y_B - y_A) + H(x_A - x_B) \end{aligned} \tag{9-4}$$

声呐系统在水中目标定位时，会受到多种海洋环境因素的影响，如水温、盐度、静水压力、海水密度和海水浑浊度等，这些环境因素会影响声呐测距精度，在实际作业过程中应尽量避免或减小环境因素对测距精度的影响。

利用距离交会求解未知点坐标的误差主要有测站点坐标误差和传播误差，对于测距引起的误差有以下关系。

对式（9-3）微分得

$$\mathrm{d}_{xp} = (x_B - x_A)\mathrm{d}T + (y_B - y_A)\mathrm{d}H \tag{9-5}$$

$$\mathrm{d}_{yp} = (y_B - y_A)\mathrm{d}T + (x_A - x_B)\mathrm{d}H \tag{9-6}$$

对式（9-2）微分得

$$\mathrm{d}T = \frac{1}{2S_{AB}^2}(2S_b\mathrm{d}S_b - 2S_a\mathrm{d}S_a) = \frac{S_b}{S_{AB}^2}\mathrm{d}S_b - \frac{S_a}{S_{AB}^2}\mathrm{d}S_a \tag{9-7}$$

$$\begin{aligned} \mathrm{d}H &= \frac{1}{2H}\left(\frac{2S_b}{S_{AB}^2}\mathrm{d}S_b - 2L\mathrm{d}L\right) = \frac{S_b}{HS_{AB}^2}\mathrm{d}S_b - \frac{L}{H}\left(\frac{S_b}{S_{AB}^2}\mathrm{d}S_b - \frac{S_a}{S_{AB}^2}\mathrm{d}S_a\right) \\ &= \frac{S_b(1-T)}{HS_{AB}^2}\mathrm{d}S_b + \frac{S_aT}{HS_{AB}^2}\mathrm{d}S_a \end{aligned} \tag{9-8}$$

将式（9-7）、式（9-8）代入式（9-5）和式（9-6）得

$$m_{xp}^2 = \left[\frac{S_b}{S_{AB}}\cos\alpha_{AB} + \frac{S_a(1-T)}{HS_{AB}}\sin\alpha_{AB}\right]^2 m_{S_b}^2 + \left[-\frac{S_b}{S_{AB}}\cos\alpha_{AB} + \frac{TS_a}{HS_{AB}}\sin\alpha_{AB}\right]^2 m_{S_a}^2 \tag{9-9}$$

$$m_{yp}^2 = \left[\frac{S_b}{S_{AB}}\sin\alpha_{AB} + \frac{S_b(1-T)}{HS_{AB}}\cos\alpha_{AB}\right]^2 m_{S_b}^2 + \left[\frac{S_a}{S_{AB}}\sin\alpha_{AB} + \frac{TS_a}{HS_{AB}}\cos\alpha_{AB}\right]^2 m_{S_a}^2 \tag{9-10}$$

考虑在使用短程或中程声呐测距时，在测距误差中固定误差占主要地位，固定误差与所测距离的长度无关，故可以假设测距是同精度的，即 $m_{S_b} = m_{S_a} = m$ 。这样，P 点的点位中误差为

$$\begin{aligned} m_p^2 &= m^2\left\{\left(\frac{S_b}{S_{AB}}\right)^2 + \left[\frac{S_b(1-T)}{HS_{AB}}\right]^2 + \left(\frac{S_a}{S_{AB}}\right)^2 + \left(\frac{TS_a}{HS_{AB}}\right)^2\right\} \\ &= \frac{m^2}{H^2S_{AB}^2}[S_b^2(T^2+H^2) + S_a^2(T^2+H^2) + S_b^2(1-2T)] \end{aligned} \tag{9-11}$$

由式（9-2）、式（9-3）及 ΔAPE 为直角三角形得

$$T^2 + H^2 = \frac{1}{S_{AB}^2}(t^2 + h^2) = \frac{S_b^2}{S_{AB}^2} \tag{9-12}$$

所以

$$m_p^2 = \frac{m^2}{H^2 S_{AB}^4}[S_a^2 S_b^2 + S_b^4 + S_b^2(1-2T)S_{AB}^2] \tag{9-13}$$

将式（9-2）、式（9-3）及 $\frac{S_b}{S_{AB}} = \frac{\sin A}{\sin P}$、$\frac{S_b}{h} = \frac{1}{\sin A}$ 代入式（9-13）得

$$m_p = \frac{\sqrt{2}}{\sin P} m \tag{9-14}$$

对于起始坐标对待求点坐标误差影响大小为 m'，同理可证：

$$\begin{aligned} m_x'^2 = &[(1-T) - K_1\cos^2\alpha - K_2\sin\alpha\cos\alpha]^2 m_{xA}^2 + [-H - K_1\sin\alpha\cos\alpha - K_2\sin^2\alpha]^2 m_{yA}^2 \\ &+ [T + K_1\cos^2\alpha + K_2\sin\alpha\cos\alpha]^2 m_{xB}^2 + [H + K_1\sin\alpha\cos\alpha + K_2\sin^2\alpha]^2 m_{yB}^2 \end{aligned} \tag{9-15}$$

$$\begin{aligned} m_y'^2 = &[H - K_1\sin\alpha\cos\alpha + K_2\sin^2\alpha]^2 m_{xA}^2 + [(1-T) - K_1\sin^2\alpha + K_2\sin\alpha\cos\alpha]^2 m_{yA}^2 \\ &+ [-H + K_1\sin\alpha\cos\alpha - K_2\cos^2\alpha]^2 m_{xB}^2 + [T + K_1\sin^2\alpha - K_2\sin\alpha\cos\alpha]^2 m_{yB}^2 \end{aligned} \tag{9-16}$$

其中 $K_1 = 1-2T$，$K_2 = \frac{T^2 - T - H^2}{H}$。经化简得

$$m'^2 = \frac{1}{\sin^2 P}\left(\frac{m_A^2 + m_B^2}{2}\right) \tag{9-17}$$

故由起始点和测距误差引起的点位误差的大小为 M 满足：

$$M = \pm\frac{1}{\sin P}\sqrt{\frac{m_A^2 + m_B^2}{2} + 2m^2} \tag{9-18}$$

2. 无线声呐测控方法的研究

（1）无线声呐点位布设研究

无线声呐测距属于测边交会方法，根据测边网网形要求，测边网网形角度为 30°～150°，测边交会示意图如图 9-17 所示。

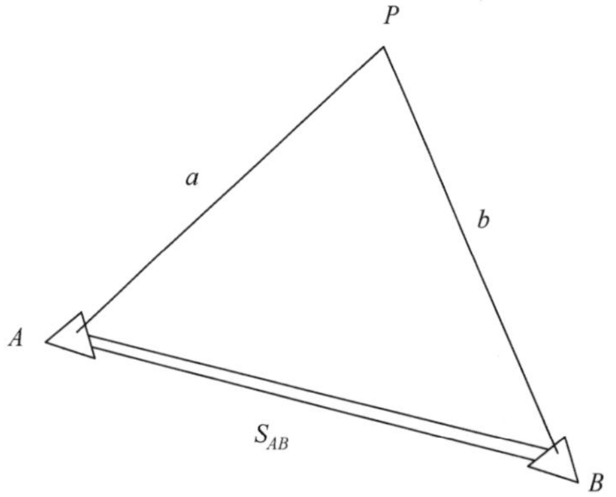

图 9-17　测边交会示意图

声波传播过程中如遇障碍物会受多路径效应影响，多路径效应表现在主动声呐发射声波在海水中传播时，如遇障碍物发生反射，此时被动声呐所接收到的信号不是由主动声呐直接发射的，而是经过障碍物反射后的信号。多路径效应误差示意图如图 9-18 所示，反射信号多经过的路径长度称为波程差，用 $\varDelta$ 表示。若 H 为声呐离水底高度，则有

$$\varDelta = GA - OA = GA(1-\cos 2z) = \frac{H}{\sin z}[1-\cos 2z] = 2H\sin z$$

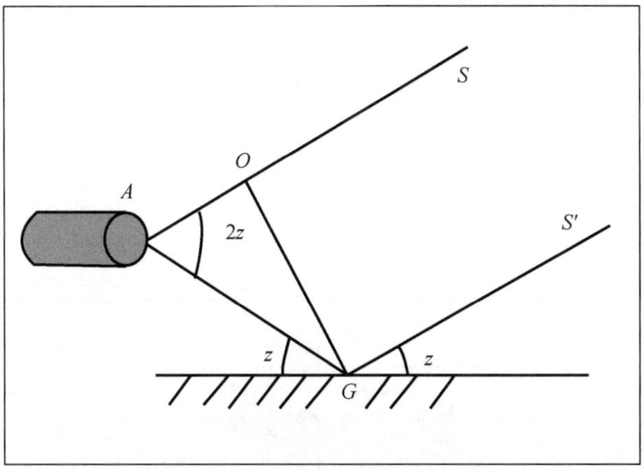

图 9-18　多路径效应误差示意图

由于存在波程差 $\varDelta$，所以反射波和直射波间存在一个相位延迟 θ（以弧度为单位），即

$$\theta = \varDelta\frac{2\pi}{\lambda} = \frac{4\pi - H}{\lambda}\sin z$$

式中，λ——载波波长。

反射波除了存在相位延迟外，其信号强度一般也会比直射波信号强度小。反射面反射信号的能力可以用反射系数 α 表示，$\alpha = 0$ 表示信号完全被吸收不反射，$\alpha = 1$ 表示信号完全被反射不吸收。

声波在传播过程中总会遇到障碍物，所以实际测量中，多路径误差是不可避免的，只能通过采取相应的措施来减弱，主要方法有：选择合适的接收声呐，适当延长观测时间。因此在无线声呐点位布设时需避开管顶舾装件，采用稳定的无线声呐测控系统测量数据。

无线声呐测控时，TR1-TR2 及 TR4-TR5 均为已知边，TR1-TR4 及 TR2-TR5 均为未知边，为保证未知边无线声呐测控精度，TR1-TR2 及 TR4-TR5 间距应尽量长，TR1-TR4 间距应尽量短。同时综合考虑管顶舾装件及沉管安装的影响，无线声呐支架 TR1-TR2 间距为 20m，TR1-TR4 间距为 13m。无线声呐布置示意图如图 9-19 所示。

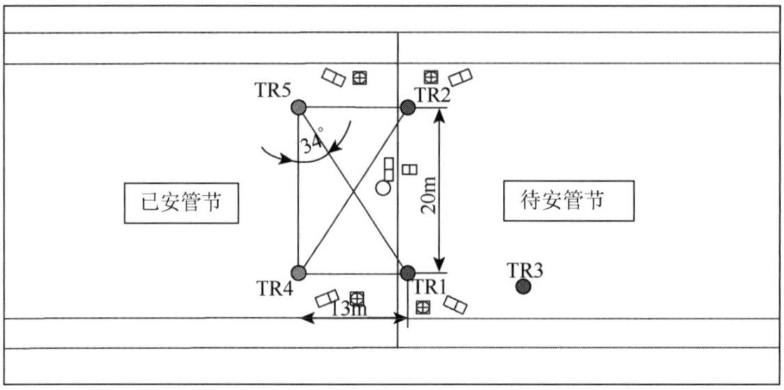

图 9-19　无线声呐布置示意图

为了更高精度地控制管节轴线，研发沉管安装精控模式，在已安管节尾端中间位置放置 TR6 无线声呐，TR6 同 TR1、TR2 构成等腰三角形，精控模式无线声呐布置示意图如图 9-20 所示。

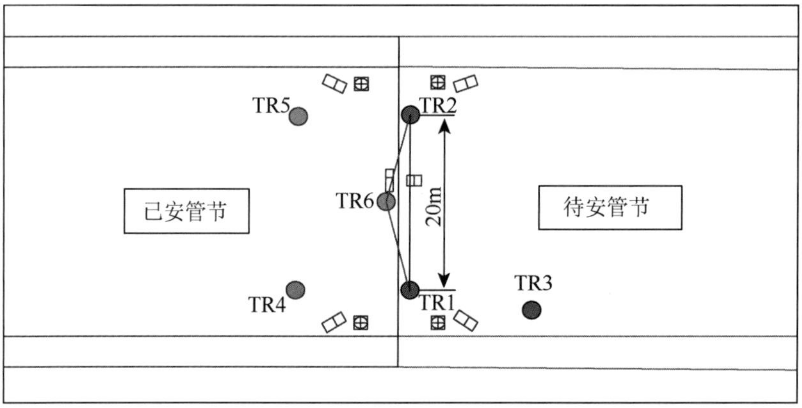

图 9-20　精控模式无线声呐布置示意图

（2）送受波器布设研究

在前期管节安装中，无线声呐测控系统送受波器安装在船舷固定管中，送受波器入水深度为 1.5m。在测试过程中发现测量精度低下等问题，测试软件界面如图 9-21 所示，因此对送受波器安装位置及安装方式进行研究。

通过改变送受波器的位置测试声呐应答率，测试过程中发现将送受波器伸出船角 2m、入水 4~5m 时声呐应答率比较高，送受波器支架改进前后示意图如图 9-22 所示。

送受波器支架位于系缆柱旁，存在被缆绳刮碰风险，安装过程中如遇强流，送受波器摆动过大，影响收送信号传输。为解决上述问题，经研究专门制作了配重安装筒，并使用不锈钢手把滚轮，使送受波器支架伸出安装船舷的长度可以在 1~2m 任意调整，保证信号稳定性。配重安装筒及送受波器支架如图 9-23 所示。

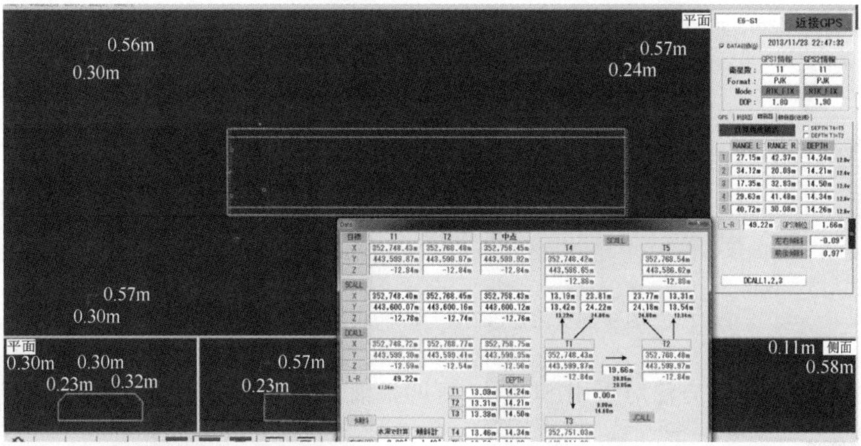

图 9-21　测试软件界面

图 9-22　送受波器支架改进前后示意图

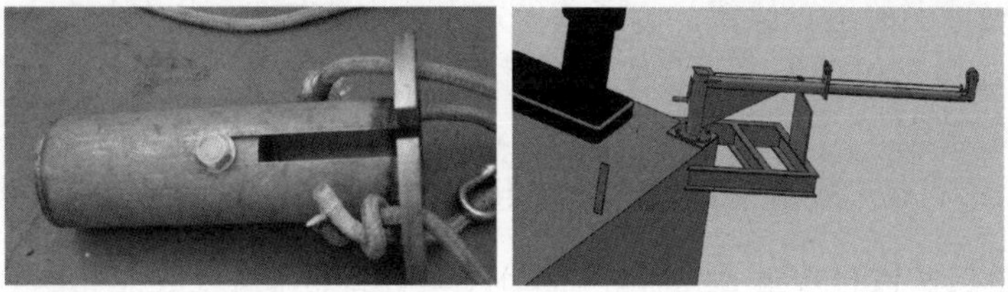

图 9-23　配重安装筒及送受波器支架

（3）数据同步测量研究

传统声呐测控系统依靠船上处理器向无线声呐 TR1、TR2、TR4、TR5 发送命令，使无线声呐 TR1、TR4、TR5 或无线声呐 TR2、TR4、TR5 之间进行相互距离测量，这样会导致数据获取时间间隔过长，数据显示不稳定等。经研究添加 SCALL 呼叫机可以增加命令的发送。

SCALL 呼叫机能够实现呼叫命令的增加，管节沉放过程中，由计算机主机发送命令至船上处理器，船上处理器发送 SCALL 命令至送受波器，然后送受波器再发出命令至无线声呐使 TR1、TR4、TR5 和无线声呐 TR2、TR4、TR5 之间进行相互距离测量。如此可以得到两组同步测量数据，相较于以往的一组观测数据，同步测量数据开发能很大程度上提高管节首端 TR1、TR2 的定位精度。添加 SCALL 呼叫机后通信示意图如图 9-24 所示。

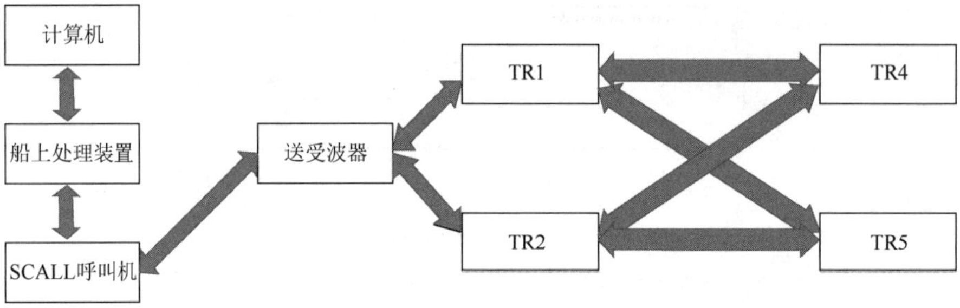

图 9-24　添加 SCALL 呼叫机后通信示意图

采用模拟实验的方法对采用 SCALL 呼叫机前后的数据进行测试比较，偏差对比如表 9-4 所示。

表 9-4　采用 SCALL 呼叫机前后偏差对比表

测试编号	采用 SCALL 呼叫机前/cm	采用 SCALL 呼叫机后/cm
1	3.1	0.9
2	2.8	−1.1
3	4.5	−1.3
4	3.7	0.6
5	4.3	1.2

3. GNSS（BDS）双天线定向原理

GNSS（BDS）双天线定向，基本原理是通过卫星接收机对卫星发出的伪距信号进行解码，计算出地球上的绝对位置，为了获得定点的定位信息，必须同时依赖 4 颗卫星。GNSS（BDS）定位可以分为单点定位和相对定位（差分定位），其中差分分为两类：伪距差分和载波相位差分。

GNSS（BDS）双天线组合定向就是利用两天线接收载波的相位进行快速差分，其定向原理图如图 9-25 所示。

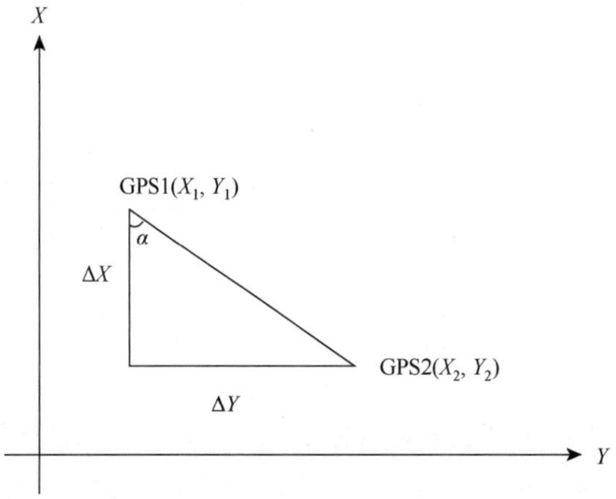

图 9-25　GNSS 双天线定向原理图

双天线定向原理：利用两台天线，将两台卫星信号接收机的原始数据输出，通过载波相位快速差分软件，精确解算两台天线相位中心的相对位置坐标 ΔX 、ΔY 。

$$\Delta X = X_2 - X_1,\ \Delta Y = Y_2 - Y_1$$

则有 $\alpha = \arctan\dfrac{\Delta Y}{\Delta X}$ 。依据 ΔX 和 ΔY 的正负取值及 a，既可得到天线中心线的方位角 AZ，并同时给出两台天线中心的坐标，通过坐标变换和投影变换可转换为当地的平面直角坐标，进而实现定向。两台天线相距越远，方位角误差越小。

定位定向接收机由两部分基本组成：定位定向主机和接收天线。定位定向接收机原理图如图 9-26 所示。

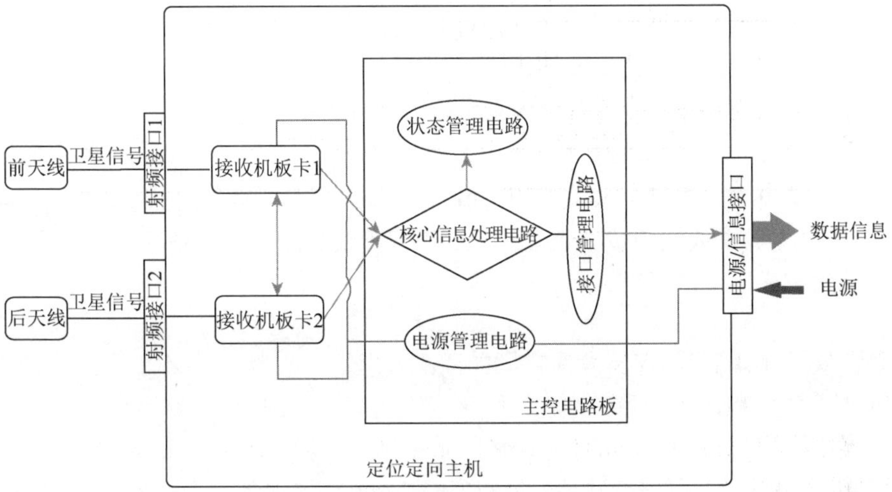

图 9-26　定位定向接收机原理图

定位定向主机内部（基本定位定向功能）由两块接收机板卡和一块主控电路板实现。定位定向主机工作时，两块接收机板卡分别接收前、后天线的卫星信号进行自身的位置信息解算；在这个过程中，利用其中一块接收机板卡（如接收机 1）作为基准向另一块接收机板卡（如接收机 2）发送位置解算修正信息，使接收机 2 在进行位置解算时受基准接收机 1 的相对限制（具体哪个接收机作为基准，可以初始设定）。

两块接收机板卡在工作时，分别把自己解算的位置信息及卫星原始信息发给主控电路板的核心信息处理器。处理器中定向算法通过利用接收机发过来的信息及根据卫星接收天线间距离不变的条件求解两点连线与真北的夹角。

双天线组合定向设备，在实际使用中需要满足两台天线同时接收到相同的卫星信号，而且相同卫星数量不小于 4 颗。

使用双天线定位定向的优点是精度高，两天线距离越远精度越高；不易受干扰，稳定性好、可靠性高。

两台天线间的相对定位误差是由两个点各自的定位误差和两者误差之间的相关性决定。当两者误差之间没有相关性时，两点间的相对误差（实际反映的是两点间的方向误差）

可以笼统地定义为

$$\frac{M_s}{S}=\sqrt{2}\frac{M_0}{S}$$

式中：S——两个测点间的距离；

M_0——定位设备测定时实际定位误差。

4. 双天线定向高精度定位技术研究

（1）基线长度研究

在管节尾端安装单个测量塔控制沉管尾端轴线精度，测量塔宽度只有 4.8m，考虑双天线定位精度，专门研究了基线的最佳长度。根据沉管上测量塔和安装特征点之间的位置关系进行专门的基线长度试验。试验主要目的是研究测量塔双天线距离对定位精度的影响，作为测量塔双天线距离使用的依据。

基于测量塔结构和定向精度两个因素考虑，现分析如下。

如图 9-27 所示，A、B 点为双天线，由于天线距离近，卫星轨道高，可近似将载波看作平面波。$\vec{b}$为 AB 组成一条超双天线定向向量，其坐标可由基线解算得到，记为$\vec{b}=(x,y,z)$，间距为 S，θ 为 A、B 天线的载波相位差，由于双天线只能组成一条基线，理论上只能解算管节偏航角和横滚角，记为 α 和 β。

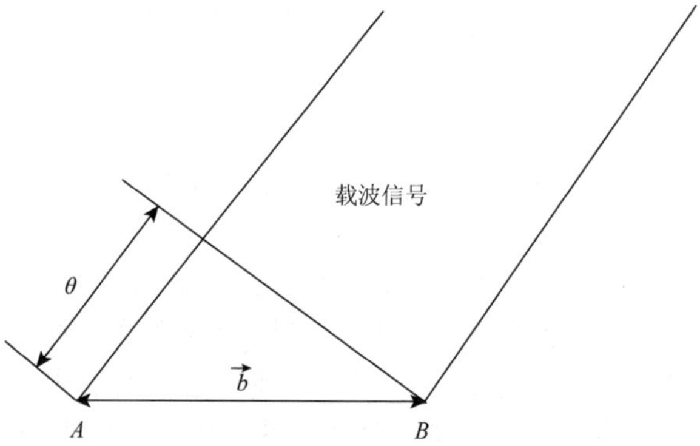

图 9-27　双天线定向距离

偏航角和横滚角的估值公式如下：

$$\alpha=\arctan\frac{y}{x} \tag{9-19}$$

$$\beta=\arctan\frac{z}{\sqrt{x^2+y^2}} \tag{9-20}$$

根据误差传播定理，得到偏航角方差：

$$\sigma_\alpha=\frac{\sqrt{\sin^2\alpha\times\sigma_x^2+\cos^2\alpha\times\sigma_y^2}}{S\cos\beta} \tag{9-21}$$

横滚角方差：

$$\sigma_\beta = \frac{\sqrt{\cos^2\beta \times \sigma_x^2 + \sin^2\beta \times \sigma_x^2 \times \cos^2\alpha \times \sigma_y^2}}{S} \tag{9-22}$$

由式（9-22）可以看出，偏航角及俯仰角的计算精度与基线的长度成正比，基线的长度越长计算精度越高。当基线长度固定时，计算精度主要由基线的解算质量决定。

1）试验研究方法

本试验选择在视野开阔场地进行，在相同的观测条件下，改变双天线间距，测试定位精度，从而确认双天线定位基线最适宜长度。

在陆上从 2～15m 按照逐米增加双天线距离，根据沉管定位点和双天线几何关系，设置了两个比对点（一个近点和一个远点）对定位精度进行测试。双天线距离试验流程见图 9-28。

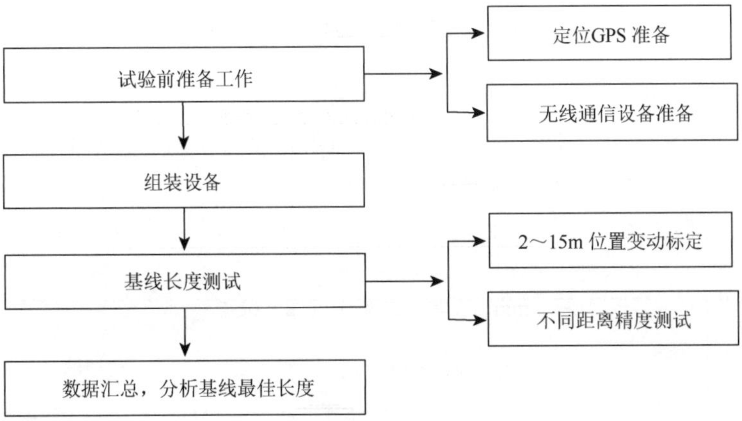

图 9-28　双天线距离试验流程图

在试验场地标记 2～15m 逐米刻度线，天线安装并进行位置标定，间距线划分及标定实景图见图 9-29。

图 9-29　双天线间距线划分及标定实景图

天线位置标定后，从 2m 开始逐米测试不同长度基线定位精度，测试图见图 9-30。

图 9-30　不同长度基线定位精度测试图

2）试验研究成果

由于双天线的定向精度会影响最终的待求点测量精度，现通过试验分析双天线距离对测量精度的影响。试验中，调整天线间距，分别利用双天线定向高精度定位系统软件和 GPS-RTK 测量实验点的坐标，求出坐标差，双天线距离对测量精度的影响如图 9-31 所示。

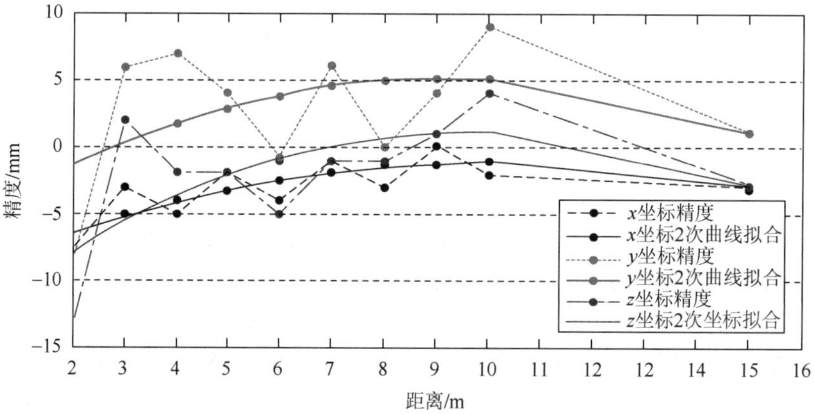

图 9-31　双天线距离对测量精度的影响（后附彩图）

从拟合曲线可以看出，随着天线间距的增加，双天线定向高精度定位系统软件和 GPS-RTK 测量值逐渐接近，整条曲线渐渐向 0 刻度线靠拢，说明测量精度随天线距离的增加而提高。又考虑当天线长度增加到一定程度时，其精度提高较小，且受到测量塔整体宽度的影响，工程选择测量塔上的天线距离为 8.5m。

（2）双天线定向高精度定位原理

双天线定向高精度定位系统主要是利用 GPS-RTK 技术实现管节尾端的实时绝对定位，在使用双天线定向定位法进行沉管安装测量时，需要先在管节尾端安装测量塔及 GPS 接收机，在管节沉放过程中，测量塔始终处于水面上方，测量塔顶 GPS 实时测量天线相位中心施工坐标，结合标定天线与管节各特征点之间的相对位置关系及安装在沉管上的倾斜仪同步采集到的数据，采用尾端双天线定向高精度定位系统软件对上述数据进行解算，可精确得到管节尾端特征点坐标和管节空间姿态，进而在管节安装过程中实时控制沉管尾端的绝对位置。

双天线定向高精度定位原理图见图 9-32。

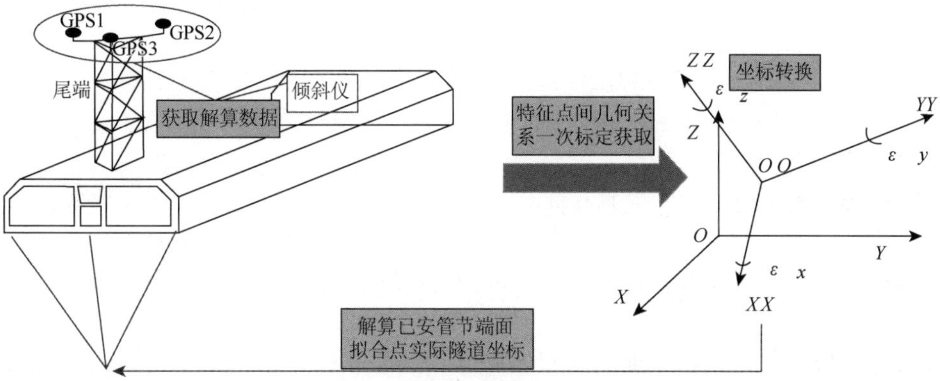

图 9-32　双天线定向高精度定位原理

1）坐标转换

根据双天线定向高精度定位原理，标定所测坐标、待求的管节特征点坐标、GPS 测量坐标分别处于不同的坐标系，因此需要建立坐标系间的转换关系。管节沉放对接工作主要涉及 GPS 定位的 WGS-84 坐标系、施工坐标系和管节坐标系。

如图 9-33 所示，施工坐标系即港珠澳大桥岛遂工程采用的隧道工程坐标系（TCS2010），工程设计及施工均依据此坐标系。它以 WGS-84 椭球为参考椭球，正常高–20m 的椭球面为投影面，通过高斯-克吕格投影建立的平面直角坐标系，高程基准采用 1985 国家高程基准。在施工坐标系中，管节所有特征点和最终沉放位置的设计坐标均是已知的。沉放时，将管节视为刚体，通过测量 GPS 天线相位中心在施工坐标系内的坐标，即可推算特征点的实际施工坐标，比较实际施工坐标与设计坐标的差值，用于指导沉放对接。

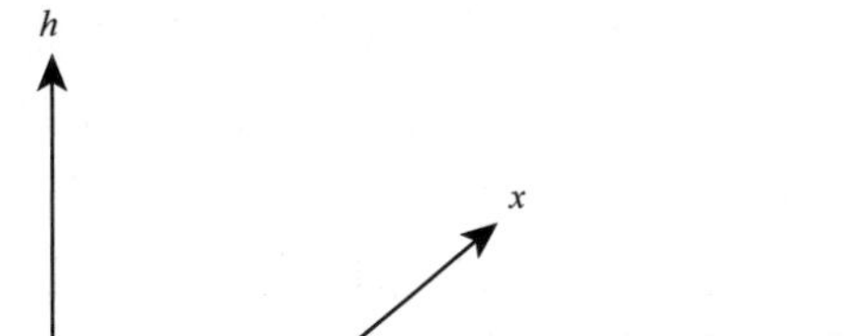

图 9-33　施工坐标系

如图 9-34 所示，管节坐标系是一个仅与沉管相关的左手坐标系，其目的一是用于检测管节的几何形状，二是用于确定管节特征点和 GPS 天线的管节坐标及其相对关系。

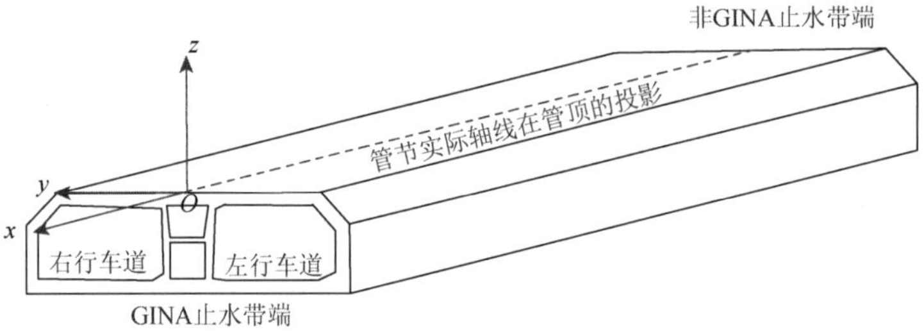

图 9-34　管节坐标系示意图

2）坐标转换模型

由上所述，管节特征点的标定坐标、GPS 所测得的天线相位中心坐标、对接的设计坐标分别属于管节坐标系、WGS-84 坐标系、施工坐标系，因此需要将各坐标系都统一转化为施工坐标系。其中 WGS-84 坐标系与施工坐标系之间的转换参数是在建立岛隧工程首级加密控制网时计算确定，下面主要叙述管节坐标系与施工坐标系的转换。

为了进行管节坐标系与施工坐标系的转换，需要建立坐标转换模型，利用参数迭代计算的方法进行平差，从而计算得到两个坐标系的转换参数。本章采用的坐标转换模型见图 9-35。

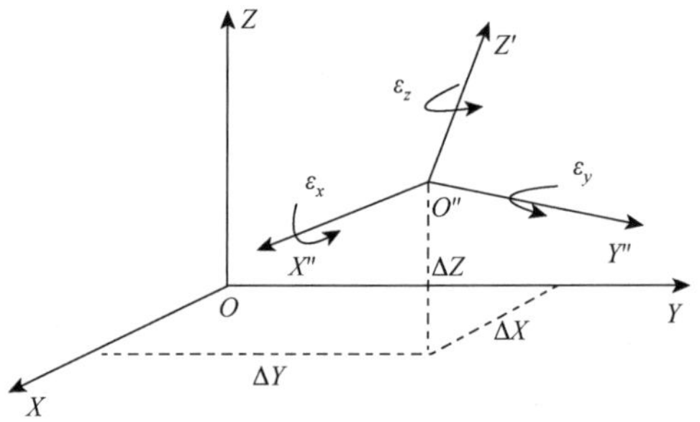

图 9-35　坐标转换模型

如图 9-35 所示，设有施工坐标系为 $O-XYZ$，管节坐标系为 $O'-X'Y'Z'$，其原点 O 和 O' 不重合，且坐标轴也不平行，尺度一致。管节坐标系 $O'-X'Y'Z'$ 原点 O' 在施工坐标系 O-XYZ 中的坐标为（X_O，Y_O，Z_O），将其称为平移参数。ε_x、ε_y、ε_z 为绕三个坐标轴的旋转角，称其为旋转参数，由于两个坐标系尺度一样，则两个坐标系间的尺度比例因子 $\lambda=1$。

3）绝对定位计算方法

双天线定向高精度定位技术的最终目的是得到管节端面特征点在施工坐标系中的坐标，但经过 GPS-RTK 测量，只得到测量塔顶部 GPS-RTK 天线相位中心在施工坐标系中的坐标。因此需要进行转换计算才能得到管节端面特征点在施工坐标系中的坐标，而且在对接过程中，管节处于浮动状态，需要结合管节的实时姿态信息和由沉管标定测量得到的特征点间的相对位置关系，通过归位计算，最终精确得到端面特征点在施工坐标系中的坐标，计算步骤如下。

①理想管节坐标与实时管节坐标转换

设 GPS 接收机在管节坐标系中的理想坐标为 (x_a, y_a, z_a)，则其在管节受到姿态影响下的实时管节坐标为

$$(x'_a, y'_a, z'_a) = R(p)R(r)(x_a, y_a, z_a) \tag{9-23}$$

同理，对于管节端面特征点 B，其在管节倾斜状态下的实时管节坐标为

$$(x'_b, y'_b, z'_b) = R(p)R(r)(x_b, y_b, z_b) \tag{9-24}$$

式中，p——管节纵向倾斜角度；

r——管节横向倾斜角度；

$R(p)$——由管节纵倾构成的旋转矩阵；

$R(r)$——由管节横倾构成的旋转矩阵。

②端面特征点施工坐标计算

在沉管沉放对接时，记 GPS 接收机的施工坐标为 (X_a, Y_a, Z_a)，端面特征点 B 的施工坐标为 (X_b, Y_b, Z_b)。

则根据坐标转换有

$$(X_a, Y_a, Z_a) = R(\theta)(x'_a, y'_a, z'_a) = R(\theta)R(p)R(r)(x_a, y_a, z_a) \tag{9-25}$$

同理可得

$$(X_b, Y_b, Z_b) = R(\theta)(x'_b, y'_b, z'_b) = R(\theta)R(p)R(r)(x_b, y_b, z_b) \tag{9-26}$$

两式相减得

$$(X_b, Y_b, Z_b) = (X_a, Y_a, Z_a) - R(\theta)(x'_a, y'_a, z'_a) + R(\theta)(x'_b, y'_b, z'_b) \tag{9-27}$$

式中，θ——管节轴向方位角 $\theta = \alpha + \gamma$；

α——管节在管节坐标系中的方位角；

γ——航向角；

$R(\theta)$——由管节轴向方位角 θ 构成的旋转矩阵。

求得特征点施工坐标后，与设计坐标比对，在结合管节的姿态信息，即可指导管节的对接。

5. 实施效果

2016 年 6 月 11 日和 12 日进行 E27 管节沉管安装，E27 管节首端相对测控定位数据如表 9-5 所示。

表 9-5　E27 管节首端相对测控定位数据

时间	管节首端						备注
	北侧			南侧			
	端面间距/m	横向相对偏差/m	竖向相对偏差/m	端面间距/m	横向相对偏差/m	竖向相对偏差/m	
2016-06-11 22:38	0.92	−0.01	0.08	0.93	−0.01	0.05	管节着床
2016-06-12 00:42	0.26	−0.01	0.05	0.27	−0.01	0.04	压接完成
2016-06-12 10:34	0.24	0.00	0.05	0.30	0.00	0.04	贯通测量

说明：端面间距为 E27 管节首端端钢壳到 E26 尾端端钢壳的距离；
横向相对偏差：正值为偏北、负值为偏南；
竖向相对偏差：正值为偏高、负值为偏低。

通过 E27 管节沉管首端无线声呐测控系统安装数据曲线可见，无线声呐测控系统测控数据稳定。E27 无线声呐测控软件界面见图 9-36，E27 管节无线声呐测控系统偏差-时间曲线见图 9-37。

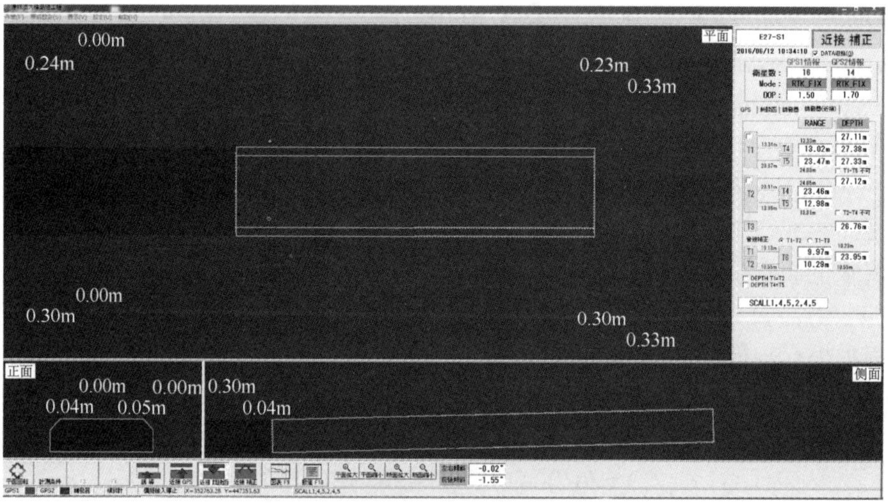

图 9-36　E27 无线声呐测控软件界面

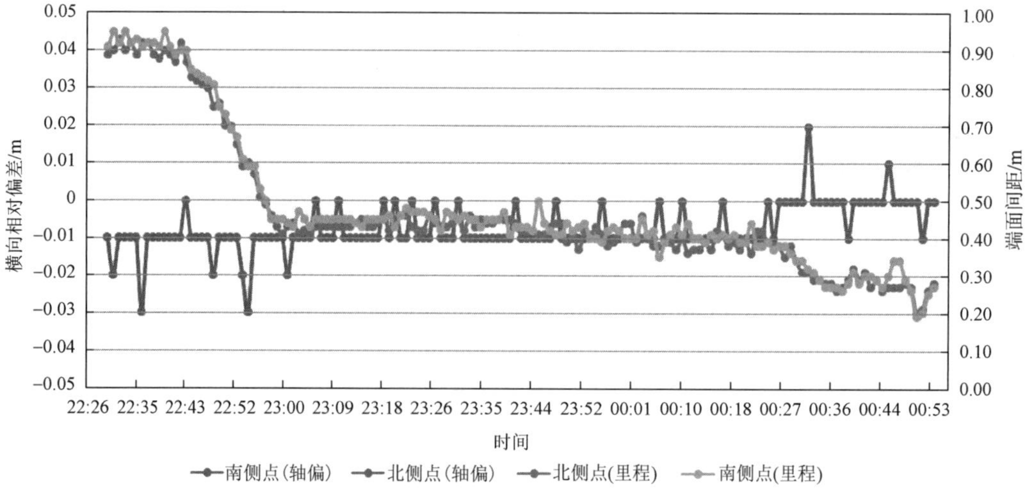

图 9-37　E27 管节无线声呐测控系统偏差-时间曲线（后附彩图）

9.3.4　外海超大型沉管免精调安装控制技术

针对外海作业环境，研发了外海深水超大型沉管安装成套技术及装备，包括外海深水沉管沉放装备、压载水系统、沉管对接导向系统、数控沉管拉合系统、水力压接系统、测控系统等，解决了多项世界级难题。针对精调作业带来的施工风险，在总结沉管安装经验的基础上，开展了免精调安装研究工作，并最终形成了外海超大型沉管免精调安装工法。

1. 工法特点

外海超大型沉管免精调安装工法利用数字化系统快速、高精度、安全可控地完成外海深水沉管安装施工，避免了常规沉管安装存在的精调工序，它的成功应用不仅确保了港珠澳大桥沉管安装的效率和精度，简化了安装过程，提高了施工质量，同时也最大化地降低了精调作业的施工风险，在国内外尚属首例。

2. 适用范围

本工法适用于包括外海超长沉管隧道在内的各种类型沉管隧道安装作业。

本工法优先适用于先铺法基础沉管隧道的安装施工，对后铺法基础沉管隧道的安装也具有重要的借鉴意义。

本工法包括沉管的舾装、系泊、沉放、拉合和水力压接等过程。

3. 工艺原理

本工法应用“过程管理方法”思想，以系统论、信息论和控制论为理论基础，将沉管预制、舾装、安装作为一个系统考虑，对影响沉管安装线形的因素实施全过程信息管理，并研制信息化支持和控制手段，重点做好事前控制和事中控制，避免安装后的事后调整。

根据隧道设计线形动态确定管节安装轴线定位目标，然后根据提前建立的沉管拉合和水力压接受力运动模型，准确预测管节轴线在对接过程中的偏移量，现场安装阶段利用高精度测量定位系统进行精确引导，利用信息化、集成化沉放对接控制系统进行精细操控，做好管节在沉放、拉合和水力压接过程中的轴线精确定位控制，最终使管节一次安装到位。

（1）沉放定位控制原理

采用双驳扛吊法进行沉管的定位和安装，安装船为双体船式结构，安装船自重和管节安装所需的负浮力由两侧的浮箱共同承担，沉管安装见图 9-38。2 艘安装船上共设置了 8 台 120t 锚绞车、4 台 65t 锚绞车及 4 台 40t 锚绞车，在安装过程中通过控制锚绞车收放缆索来控制管节位移，缆索布置见图 9-39。

系泊系统控制管节安装的缆索与预埋在海床上的锚相连。根据本工程地质条件及管节安装数量多的特点，选用 HY-17 型锚。HY-17 型锚是一种拖曳入泥锚，如图 9-40 所示。

图 9-38　沉管安装

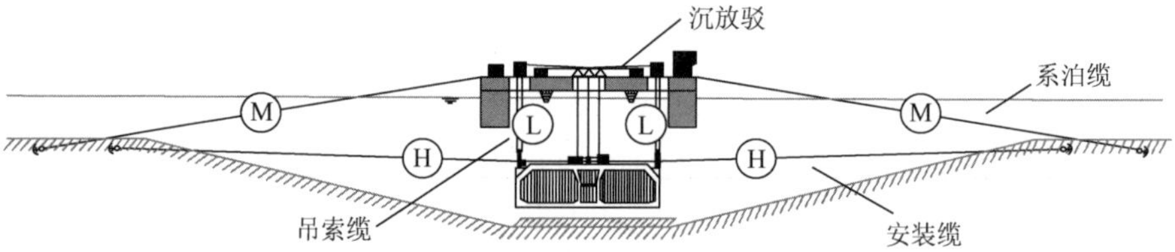

图 9-39　缆索布置图

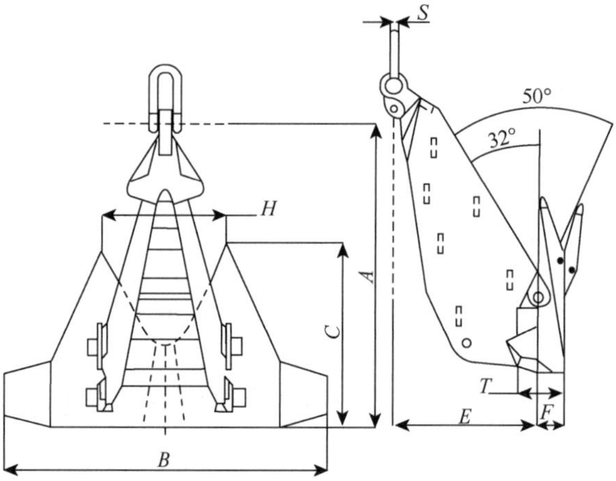

图 9-40　HY-17 型锚

压载水系统用于管节在起浮、发生偏转、系泊和沉放时进行压重控制，通过向水箱内注水或排水来控制管节的浮力，操作人员在安装船上的控制室内通过控制线缆进行远程操控。压载系统由 6 个压载水箱组成，单个水箱尺寸为 20m×14.5m×5.0m，分布在管节内部。管节压载水系统平面布置见图 9-41。

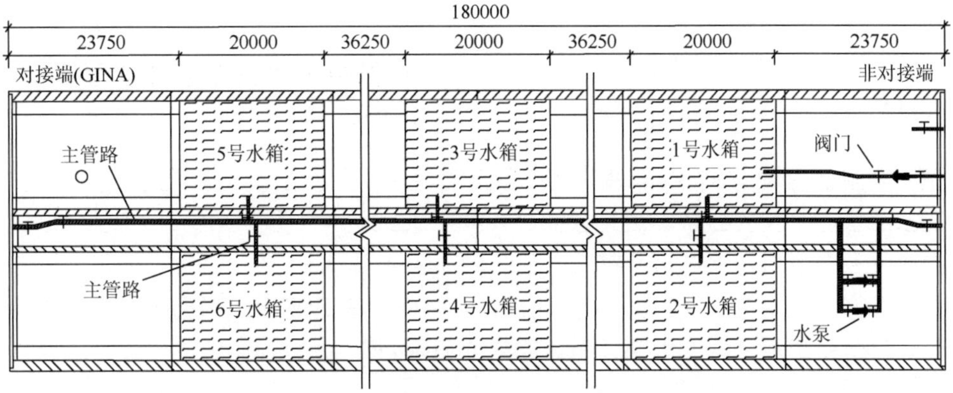

图 9-41　管节压载水系统平面布置图（单位：mm）

（2）测量定位控制原理

沉管安装采用首端相对测量和尾端绝对测量相结合的综合定位方法。

（3）初步拉合控制原理

在沉管对接端顶板上靠近 120t 系船柱位置安装两套数控沉管拉合系统，系统最大拉力 800t。数控沉管拉合系统采用数字化系统控制，主要包括 2 套拉合主动单元、2 套拉合被动单元、1 套液压传感器、1 套磁质位移传感器、1 套可视化设备，每套拉合主动单元包含 2 个 200t 拉合千斤顶，能够满足水深 45m 以上的管节拉合作业。

数控沉管拉合系统加入了竖向调整机构（旋转千斤顶），可以远程遥控调整拉合千斤顶的竖向位置，内置磁质位移传感器，为管节对接提供实时、精确的数据，实现水下可视化操作，设备自动搭接，大大减少了潜水员水下作业的时间，提高了作业效率，降低了作业风险。

（4）水力压接控制原理

水力压接系统在传统工艺的基础上增加压力数据实时监测，并含有自动存储功能，数据显示精度高，操作简单、安全。水力压接系统包括 1 台专用控制计算机、1 台数字集成箱、1 个高精度压力传感器、1 套电磁流量计、1 个单向阀等设备。

4. 施工工艺流程及操作要点

管节系泊等待至安装窗口来临开始沉放作业，利用压载水控制管节负浮力，锚碇系统控制管节平面位置，吊索系统控制管节沉放速度和水中姿态，测控系统指导管节对接就位。管节沉放至基床后，拉合千斤顶精确测量、调整管节对接端偏差，并进行拉合，使 GINA 止水带初步压缩，接合腔排水使 GINA 止水带完全压缩，完成水力压接，贯通测量确定管节轴线偏差，管节安装偏差满足设计要求后，向压载水箱内灌水至 1.05 倍抗浮系数，完成管节沉放。锁定回填后拆除舾装设施，完成管节安装。沉管浮运安装总流程如图 9-42 所示。

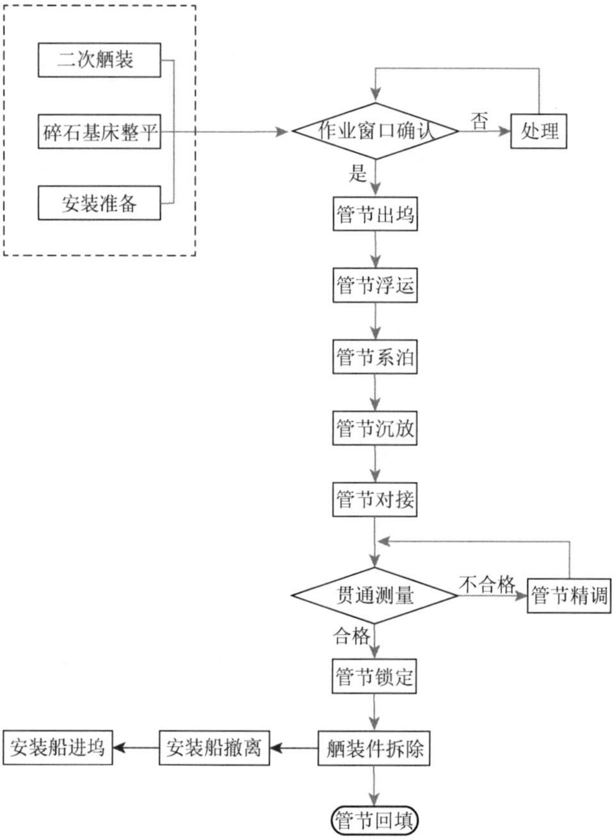

图 9-42　沉管浮运安装总流程

9.3.5　超长沉管隧道高精度贯通测控方法

1. 隧道内控制网误差计算

沉管隧道形状狭长，内部空间有限，这一客观条件限制了隧道内控制网网形的选择和设计，因此，常以支导线的形式建立隧道内控制网，从误差传播的角度来看，这是最不利的网形。

（1）控制网点坐标

先讨论在沉管隧道内布设最简单的等边直伸型支导线。如果是直线型隧道，布设直伸导线，则测距误差不影响横向贯通精度。以图 9-43 所示导线为例，随着隧道长度增加，导线以直线型向前逐渐布设，A 是进洞点，属于地面控制网，导线点点名为 1、2、3、…、p–1、p。如果隧道两端同时施工，另一端布设相同形式的支导线，进洞点为 B，导线点点名为 1′、2′、3′、…、$(p–1)'$、p'。很多时候支导线并不与隧道轴线重合，而是平行于隧道轴线，这对贯通误差没有影响，可不考虑。

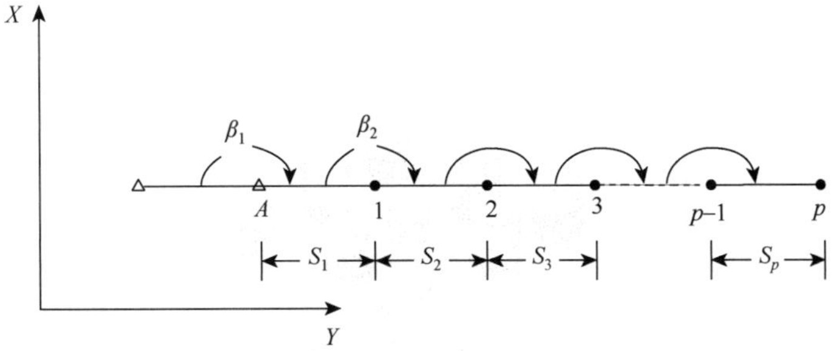

图 9-43　观测边长、夹角的直伸形导线

假设隧道轴线与 Y 轴重合，进洞点 A 与坐标原点重合，那么向前延伸 p 条导线边后，导线点 p 的坐标为

$$x_p = 0,\quad y_p = \sum S_i \qquad (i = 1, 2, \cdots, p) \tag{9-28}$$

需要注意的是，隧道轴线和 Y 轴重合，进洞点 A 与坐标原点重合，这种假设不失一般性，通过坐标系的旋转、平移，可以得到导线点在任意坐标系下的坐标，当然这是最理想的情况，下面对一般的情形进行讨论。

曲线形隧道中轴线与坐标轴不平行，支导线水平角 $\beta_i \neq 180°$，p 点坐标为

$$\begin{aligned} x_p &= x_A + S_1 \cos[A_0 + \beta_1 - 180] + S_2 \cos(A_0 + \beta_1 + \beta_2 - 2 \cdot 180) + \cdots \\ &\quad + S_p \cos(A_0 + \beta_1 + \beta_2 + \cdots + \beta_p - p \cdot 180) \\ y_p &= y_A + S_1 \sin(A_0 + \beta_1 - 180) + S_2 \sin(A_0 + \beta_1 + \beta_2 - 2 \cdot 180) + \cdots \\ &\quad + S_p \sin(A_0 + \beta_1 + \beta_2 + \cdots + \beta_p - p \cdot 180) \quad (i = 1, 2, \cdots, p) \end{aligned} \tag{9-29}$$

式中，β_i——两条相邻导线边的夹角；

A_0——洞外已知边的方位角；

S_i——导线边的长度；

x_A、y_A——进洞点 A 的坐标。

显然，式（9-28）是式（9-29）的特殊形式。

（2）控制网点位误差

随着观测设备、方法和环境的变化，水平夹角 β_i 会不同程度的偏离其真值，因此，测量得到的导线点 i 的坐标 x_i、y_i 只表示其真值的最优估计，与未知真值不同，导线点实测与理论点位对比如图 9-44 所示。x、y 坐标的真实偏离程度也不可知，只能对其进行概率上的计算，常用中误差、方差和误差椭圆进行描述。

以协方差传播律为基础，推导式（9-29）中导线点坐标的方差和协方差，结果为

$$\sigma_{x_p}^2 = \sigma_\beta^2 \cdot \sum_{i=1}^{p} (y_p - y_{i-1})^2 + \sigma_s^2 \cdot \sum_{i=1}^{p} \left(\frac{x_i - x_{i-1}}{S_i} \right)^2 \tag{9-30}$$

$$\sigma_{y_p}^2 = \sigma_\beta^2 \cdot \sum_{i=1}^{p} (x_p - x_{i-1})^2 + \sigma_s^2 \cdot \sum_{i=1}^{p} \left(\frac{y_i - y_{i-1}}{S_i} \right)^2 \tag{9-31}$$

$$\sigma_{x_p y_p}^2 = -\sigma_\beta^2 \cdot \sum_{i=1}^{p}(y_p - y_{i-1})(x_p - x_{i-1}) + \sigma_s^2 \cdot \sum_{i=1}^{p}\left(\frac{(y_i - y_{i-1})(x_i - x_{i-1})}{S_i^2}\right) \tag{9-32}$$

式中， σ_β^2、σ_S^2——角度、距离的观测误差；

$\sigma_{x_p}^2$、$\sigma_{y_p}^2$、$\sigma_{x_p y_p}^2$——p 点坐标的方差和协方差。

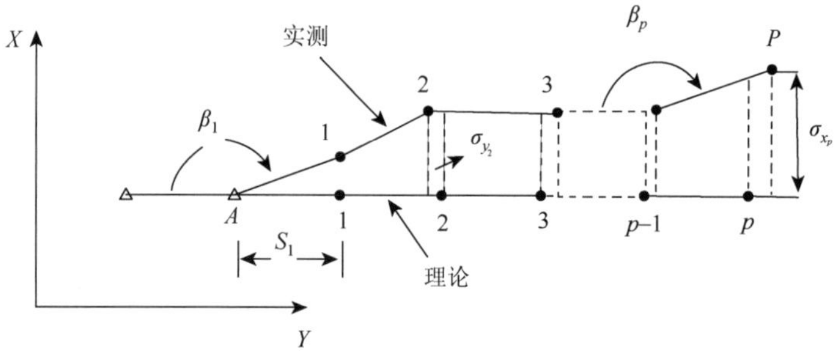

图 9-44 导线点实测与理论点位对比

2. 复杂网形的精度估算

隧道内导线一般沿隧道轴线布设或偏移轴线适当的距离，当隧道横截面较大时，可以把隧道内控制网布设成多边形闭合导线。有平行导洞时，平行导洞内支导线要与正洞内支导线联测。所有构成闭合图形的导线网（环）都应进行平差计算，以提高隧道内导线测量的精度。

常用的隧道内复杂导线网形有导线环、主副导线环、全导线网等。复杂网形的精度估算若仍采用上述的计算公式，可能会产生两种后果：一是当计算结果能够满足贯通精度要求时，复杂网形的实际精度已大幅超过贯通要求，造成隧道内控制网超标准设计，引起不必要的浪费；二是当贯通精度要求较高，计算结果超过限差时，并不能说明复杂网形的实际精度不能满足贯通要求。针对复杂网形，需要一种更准确的精度估算方法。下面介绍模拟计算法，它是依照设计的网形和观测精度，模拟观测数据，按间接平差数据处理的方法，把模拟观测值组成误差方程和法方程，求逆得到未知参数的协因数阵，计算未知参数及其函数的精度。对模拟观测数据进行解算的具体过程如下。

（1）角度观测值误差方程式

观测角度 β_i，设 j、h、k 均为待定点，参数为 (x_j, y_j)、(x_h, y_h)、(x_k, y_k)，并令 $\hat{X} = X^0 + \hat{x}$，$\hat{Y} = Y^0 + \hat{y}$。对于角度 β_i，其观测方程为

$$\beta_i + v_i = \hat{a}_{jk} - \hat{\alpha}_{jh}$$

由方位角改正数表示的误差方程为

$$v_i = \delta\alpha_{jk} - \delta\alpha_{jh} - l_i$$

将方位角改正数表达为坐标改正数，可得坐标平差的误差方程。

（2）距离观测值误差方程式

待定点间边长 S_i，待定点的坐标平差值 $(\hat{X}_k, \hat{Y}_k)$、$(\hat{X}_j, \hat{Y}_j)$ 为参数，可得测边误差方程为

$$v_i = -\frac{\Delta X_{JK}^0}{S_{jK}^0}\hat{x}_j - \frac{\Delta Y_{jK}^0}{S_{jK}^0}\hat{y}_j - \frac{\Delta X_{JK}^0}{S_{jK}^0}\hat{x}_K + \frac{\Delta Y_{jk}^0}{S_{jK}^0}\hat{y}_j - l_i$$

（3）两类观测值的权比及解法方程和观测值改正数

洞内平面控制测量中，各边长观测、角度观测相互之间都是独立的，设有 n_1 个角度观测值 β_1 、 β_2、…、 β_{n_1} 和 n_2 个边长观测值 S_1 、 S_2、…、 S_{n_2}， $n_1+n_2=n$，则权阵为

$$P_{n\times n} = \mathrm{diag}(P_{\beta_1},\cdots,P_{s_1},\cdots,P_{s_{n_2}}) = \begin{bmatrix} P_\beta & 0 \\ 0 & P_S \end{bmatrix}$$

单位权方差 σ_0^2 唯一，可以任意选取，定权公式为

$$P_{\beta_i} = \frac{\sigma_0^2}{\sigma_{\beta_i}^2}, P_{S_i} = \frac{\sigma_0^2}{\sigma_{S_i}^2}$$

定权时一般以测角中误差为平差中的单位权中误差。根据误差方程的系数矩阵 B 和观测值的权阵 P，可得

$$\hat{x} = (B^{\mathrm{T}}PB)^{-1}B^{\mathrm{T}}PL$$

$$V = B\hat{x} - l$$

（4）精度评定

单位权中误差的估值为

$$\hat{\sigma}_0 = \sqrt{\frac{V^{\mathrm{T}}PV}{n-t}}$$

根据误差方程的系数矩阵 B 和观测值的权阵 P，可求得平面网坐标协因数矩阵：

$$Q_{\hat{X}\hat{X}} = (B^{\mathrm{T}}PB)^{-1}$$

则平面网中，各坐标参数的中误差为

$$\sigma_{\hat{X}_i} = \hat{\sigma}_0\sqrt{Q_{\hat{X}_i\widehat{X_i}}}$$

3. 港珠澳大桥沉管隧道贯通误差分配

根据管节沉放就位后的平面线形控制指标，港珠澳大桥沉管隧道横向贯通限差按 70mm 进行控制，限差为 2 倍中误差，则横向中误差为 35mm，以此作为港珠澳大桥沉管隧道贯通测量精度设计的依据。

隧道横向贯通误差由隧道外控制测量、隧道内控制测量、斜井或竖井联系测量、隧道内施工测量等引起。港珠澳大桥沉管隧道只有一个贯通面，从东、西人工岛端相向施工，没有斜井或竖井联系测量误差的影响，隧道内施工测量误差可以忽略不计，所以横向贯通误差由隧道外控制测量和隧道内控制测量引起。

设隧道外控制测量引起的横向贯通误差为 m_S，西、东端隧道内控制测量引起的横向贯通误差分别为 m_W 、 m_E，则有 $m_S^2+m_W^2+m_E^2=m^2$，式中 m 是港珠澳大桥沉管隧道横向贯通中误差。若按照等影响原则，即 $m_S^2=m_W^2=m_E^2$，则隧道外控制网和西、东端隧道内控制网引起的横向贯通误差分别为 20.21mm。考虑隧道外控制采用 GPS 网，而隧道内为狭长导线网，测量误差影响值可以分配大一些，确定出地面 GPS 网和隧道内导线网测量

引起的横向贯通误差分别为 12.50mm、23.12mm 和 23.12mm。

港珠澳大桥沉管隧道共由 33 节管节组成，从西往东分别是 E1～E33，由于贯通面位于从西端起 E29 和 E30 管节之间，如图 9-45 所示，东、西人工岛到贯通面的距离并不相等，西端大于 5km，东端小于 1km，根据西端和东端隧道内导线网的长度，把西人工岛端和东人工岛端的测量误差比例关系定为 10∶1，则西、东端隧道内控制测量引起的横向贯通误差 m_W 、 m_E 分别为 31.17mm 和 9.86mm。

故最终确定出地面控制测量和隧道内西人工岛、东人工岛端导线测量引起的横向贯通误差分别是 12.50mm、31.17mm 和 9.86mm。

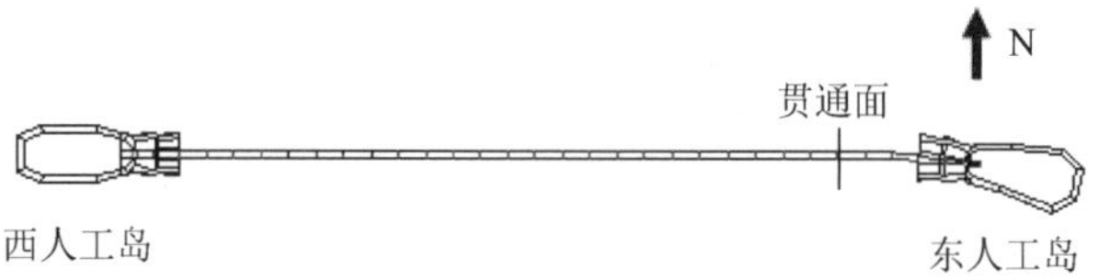

图 9-45　港珠澳大桥岛隧工程平面示意图

4. 定向边比选及其对横向贯通误差的影响

港珠澳大桥岛隧工程沉管隧道外控制网选用 GPS 网，全网在隧道东西端布点，点位在非通航孔桥、人工岛和测量平台上。针对港珠澳大桥岛隧工程洞外控制网定向边偏短且不稳定的影响，考虑东、西人工岛岛上条件及其与海中测量平台、暗埋段顶部预留吊孔的几何关系，有三种洞外定向边备选布设方案，即三点定向、长距离定向和投点定向，下面分析这三种方案对横向贯通误差的影响。

（1）三点定向

首先在东、西人工岛洞口线路中线上布设洞口测站点（JX、JD），然后在 JX、JD 点区域再各布设 3 个定向点（XD1、XD2、XD3）和（DD1、DD2、DD3），洞口测站点与相应定向点边长 500~800m。洞口测站点如图 9-46 所示。

图 9-46　洞口测站点

三点定向平面控制网布设示意图见图 9-47。

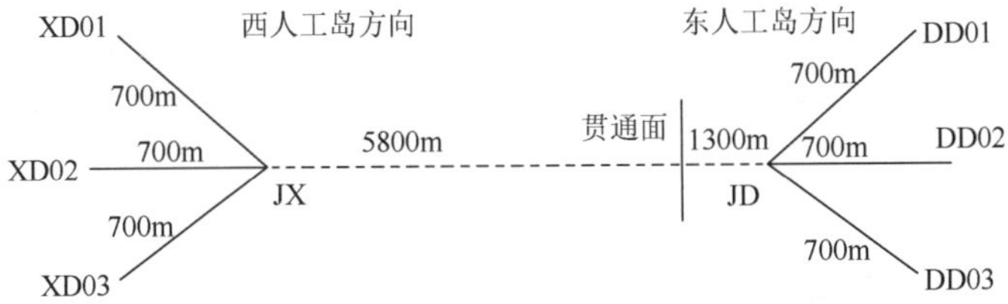

图 9-47　三点定向平面控制网布设示意图

西人工岛端洞外定向边引起的隧道横向贯通误差为

$$M=\pm\sqrt{\left(S_y\frac{M_a}{\rho}\right)^2+M_X^2}=\pm\sqrt{\left(5800\times\frac{0.35}{206265}\right)^2+\left(\frac{1.2}{1000}\right)^2}\times1000=9.91\text{mm}$$

式中，S_y——测站点到贯通面的距离；

M_a——定向边的方位角误差；

ρ——取 206 265″；

M_x——测站点横 y 向点位误差。

同理，东人工岛端洞外定向边引起的隧道横向贯通误差为 1.69mm。所以，东、西人工岛分别布设 3 条定向边时，洞外定向边引起的隧道横向贯通误差为 10.06mm。

（2）长距离定向

利用东、西人工岛与 1 号测量平台的几何关系，对 1 号测量平台（图 9-48）的布设方案进行研究。长距离定向平面控制网布设示意图如图 9-49 所示。

图 9-48　1 号测量平台

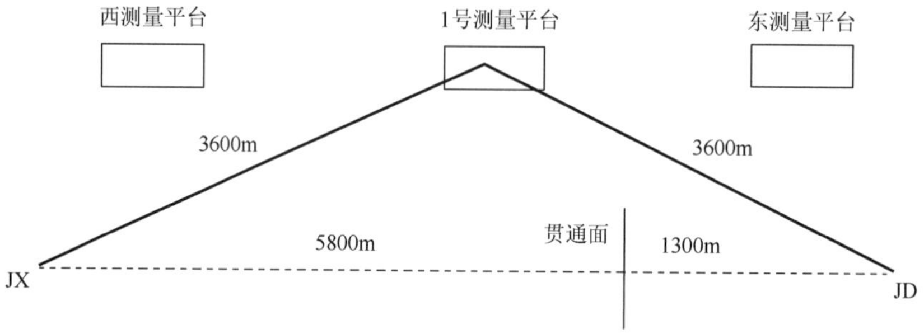

图 9-49　长距离定向平面控制网布设示意图

此方案中，东、西人工岛进洞测站点长距离后视 1 号测量平台上的同一定向点，定向边方位角误差和西人工岛端洞外定向边对横向贯通误差的影响为

$$\sigma_\alpha'' = \rho'' \frac{\overline{p_g}}{S_{PA}} = 206265 \times \frac{1.2}{3600 \times 1000} = 0.07''$$

$$M = \pm\sqrt{\left(S_y \frac{M_a}{\rho}\right)^2 + M_X^2} = \pm\sqrt{\left(5800 \times \frac{0.07}{206265}\right)^2 + \left(\frac{1.2}{1000}\right)^2} \times 1000 = 2.31\text{mm}$$

同理，东人工岛端洞外定向边引起的隧道横向贯通误差为 1.28mm。所以，后视 1 号测量平台的长距离定向边时，洞外定向边引起的隧道横向贯通误差为 2.64mm。

需要说明的是，点位精度相同时，定向边越长，定向边方位角误差越小，对横向贯通误差的影响也越小。但是，实际测量时，当边长过长，环境引起的误差和照准等误差可能会增大。

（3）投点定向

沉管隧道东、西人工岛暗埋段和岛体相比，稳定性较强。在暗埋段顶部预留的吊孔位置向隧道内投射进洞测站点（JX、JD），与洞外控制网点建立定向边，同时可以有效地缩短洞内导线网的长度。投点定向平面控制网布设示意图见图 9-50。

此方案中，先在暗埋段顶部埋设点位，记为 TD，和岛隧工程首级加密控制网联测，确定点位坐标和误差；然后通过预留吊孔，把 TD 点的坐标投射到隧道内部，投影点记为 JX，即洞外控制网进洞测站点。JX 点的点位误差 M 为

$$M = \sqrt{M_{\text{TD}}^2 + m_{投}^2}$$

式中，M_{TD}——点 TD 的点位误差；

$m_{投}$——投点误差，包括投点仪的仪器误差和对中、整平等误差。

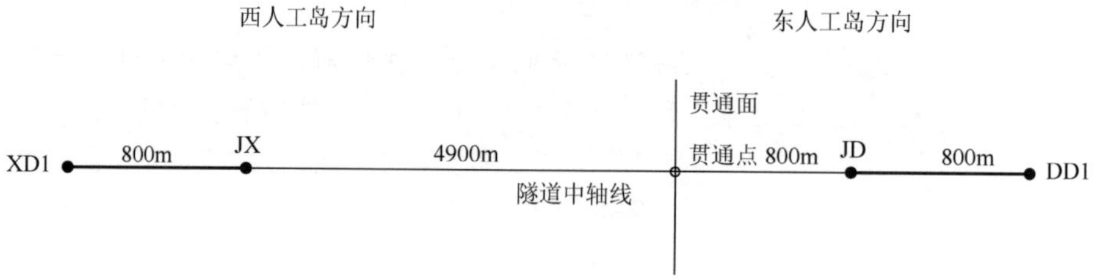

图 9-50　投点定向平面控制网布设示意图

当投点深度 50m 时，$m_{投}=3.73\text{mm}$，定向边方位角误差及西人工岛端定向边对横向贯通误差的影响为

$$\sigma''_{\alpha}=\rho''\frac{\overline{p_g}}{S_{PA}}=206265\times\frac{3.92}{3600\times1000}=1.01''$$

$$M=\pm\sqrt{\left(S_y\frac{M_a}{\rho}\right)^2+M_X^2}=\pm\sqrt{\left(5800\times\frac{1.01}{206265}\right)^2+\left(\frac{1.2}{1000}\right)^2}\times1000=25.03\text{mm}$$

同理，东人工岛端洞外定向边引起的隧道横向贯通误差为 5.23mm。所以，通过吊孔投点定向时，洞外定向边引起的隧道横向贯通误差为 25.57mm。

通过对三点定向、长距离定向和投点定向三种方法的分析，三种方法引起的横向贯通误差对比见表 9-6，可见不同方法定向边对横向贯通误差影响值有较大差异。三点定向是标准常用方法；长距离定向理论上最优，实际测量过程中难度偏大，受环境因素和照准等误差影响较大；投点定向由于受 GPS 点位误差和投点误差影响，且投点误差是 GPS 点位误差的数倍，导致定向边误差引起的横向贯通误差大幅度增加。港珠澳大桥沉管隧道选择三点定向方法。

表 9-6　三种定向方法引起的横向贯通误差对比

定向方法	引起的横向贯通误差/mm		
	西人工岛端	东人工岛端	综合
三点定向	9.91	1.69	10.06
长距离定向	2.31	1.28	2.64
投点定向	25.03	5.23	25.57

5. 隧道内控制网选型

隧道内常用的布网形式有单导线、之形导线网、全导线网、导线环网和交叉导线网，多种形式导线横向精度变化见图 9-51。由图 9-51 可知，其他条件相同时，交叉导线网和全导线网精度最高，港珠澳大桥沉管隧道内控制网初步选择全导线网。

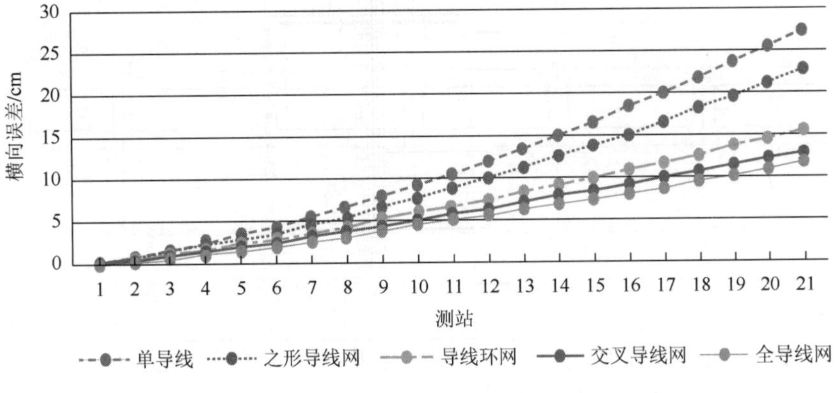

图 9-51　多种形式导线横向精度变化

6. 超长沉管隧道高精度贯通测控方法

利用沉管隧道横向贯通误差传播理论，对选择的全导线网进行理论分析，估算港珠澳大桥沉管隧道的贯通误差，并优化设计提出一种全新的双线形联合锁网，形成一套超长沉管隧道高精度贯通测控方法。超长沉管隧道高精度贯通测控方法包括技术参数和网形布设两部分。

进洞测站点采用强制对中观测平台（图 9-52），行车道双线形联合锁网点采用强制对中观测三脚架（图 9-53）。

双线形联合锁网敷设视钢封门切割完成情况逐步向前延伸，结合沉管隧道内实地情况，采用 500～800m 布设一对双线形联合锁网点，同车道一对点间距 11m 左右，点间视线都距洞壁 1.5m 以上，两车道外侧墙导线点间距 30m 左右。沉管隧道内贯通面西侧双线形联合锁网示意图如图 9-54 所示。

图 9-52　强制对中观测平台

图 9-53　强制对中观测三脚架

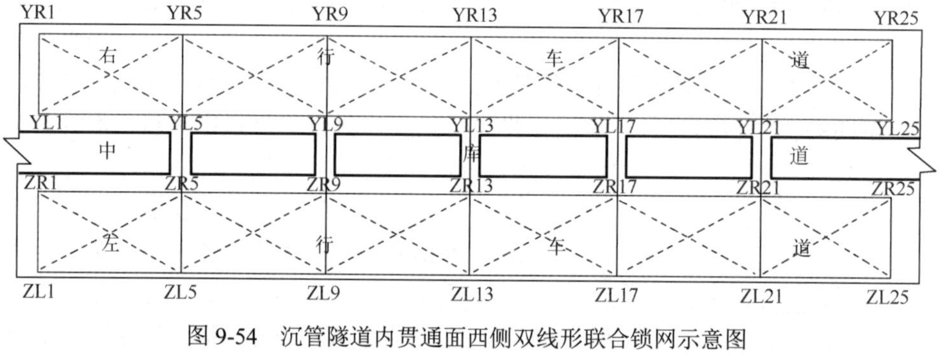

图 9-54　沉管隧道内贯通面西侧双线形联合锁网示意图

港珠澳大桥沉管隧道工程现场在左右行车道共加测三条陀螺定向边，右行车道两条，左行车道一条，分别在双线形联合锁网边 YL5→YR9、ZS17→ZS20 和 YS17→YN20 处。

9.3.6　沉管安装测控风险管理体系及保障系统

通过实施外海深水沉管安装测控风险管理，建立港珠澳大桥岛隧工程沉管安装测控风险管理体系，在沉管安装工作中逐步推进实践并不断细化完善，固化作业方法并形成作业指导书，实现标准化管理，做到防范措施标准化、流程化、规范化，并形成常态化管理，利用风险管理体系促进测量管理水平的不断提高。完整的测控风险管理体系包含组织机构、体系文件及体系的完善与升级等。

1. 组织机构

沉管安装测控风险管理是贯穿工程始终的管理机制，需要健全、稳定的组织机构来负责其连续不断地稳定运行。建立健全的组织框架及分工明确的人员安排是高效实行测控风险管理的重要保障。

风险管理体系是基于风险管理在风险管理初期、中期及后期建立的。管理体系的建立首先应成立组织机构并确认职能，确保体系的运行及完善，管理体系还需体系文件的支撑，确保运行过程有据可依。只有建立完善的体系才能确保风险管理工作的开展。

2. 体系文件

测控风险管理体系运行的核心在于确保各项风险消减措施的落实。为了保证各种措施的落实，管理部门编制了各种文件，如针对通用风险的测量管理制度、通用测量规范，针对专项风险的标准化管理流程和专项测量作业指导书，针对管理体系建立的风险管理指南。

3. 体系的完善与升级

港珠澳大桥岛隧工程项目建设周期长，风险因素呈现波动性和时间上的连续性，不同阶段风险因素之间既有差异性又有相关性，并且相互影响。上一阶段重要的风险因素，到下一阶段可能转化成非重要风险因素或变为更加重要的风险因素；上一阶段的非风险因素可能在下一阶段变成风险因素或重要的风险因素。

风险是客观存在的，但人类认识世界的能力是有限的，大部分的风险因素可以被识别，但总有少量风险可能被遗漏；与此同时，风险管理技术也处于不断完善中，这就可能导致决策者无法形成包含各种潜在风险因素的识别框架。

因此，需要按照动态循环的思想对风险的识别、分析、评估评价及管理方法进行定期检查、修正，以保证风险管理方法适应新的情况。

自港珠澳大桥沉管安装工作开始，体系文件共经历了两次全面升级，在每次沉管安装前均按照测控风险管理体系要求进行严密的风险控制，使沉管安装测控风险管理体系成为“风险识别、分析、评估评价、处置”的循环动态管理体系，进行动态评估，生成动态评估报告，进行体系的升级与完善。

沉管安装测控风险管理是个闭合循环的过程，对每个风险点制定、执行相应消减措施后，需要定期根据风险管理的现场实施情况，对各风险的概率、损失程度进行再评估，做到动态评估。再评估的标准与初始风险评估的标准一致。

由沉管安装测控风险管理机构对风险进行动态管理，定期对各项测量工作进行风险再评估，对各风险的状态（开放、闭合）进行检查总结，对新的风险点进行识别、分析、评估评价、处置，从而进行风险管理体系的完善与升级。

4. 实施效果

（1）E15 管节碎石基床异常回淤风险

港珠澳大桥沉管隧道采用先铺法进行碎石基床铺设。先铺法碎石基床铺设虽有很多优势，但同时面临着回淤的风险。

2015 年 2 月 24 日，当进行 E15 管节安装前基床回淤监测时，多波束扫测数据显示基床出现异常回淤状况，回淤量较大，导致基床不满足安装要求。E15 管节安装前基床多波束扫测效果图见图 9-55。

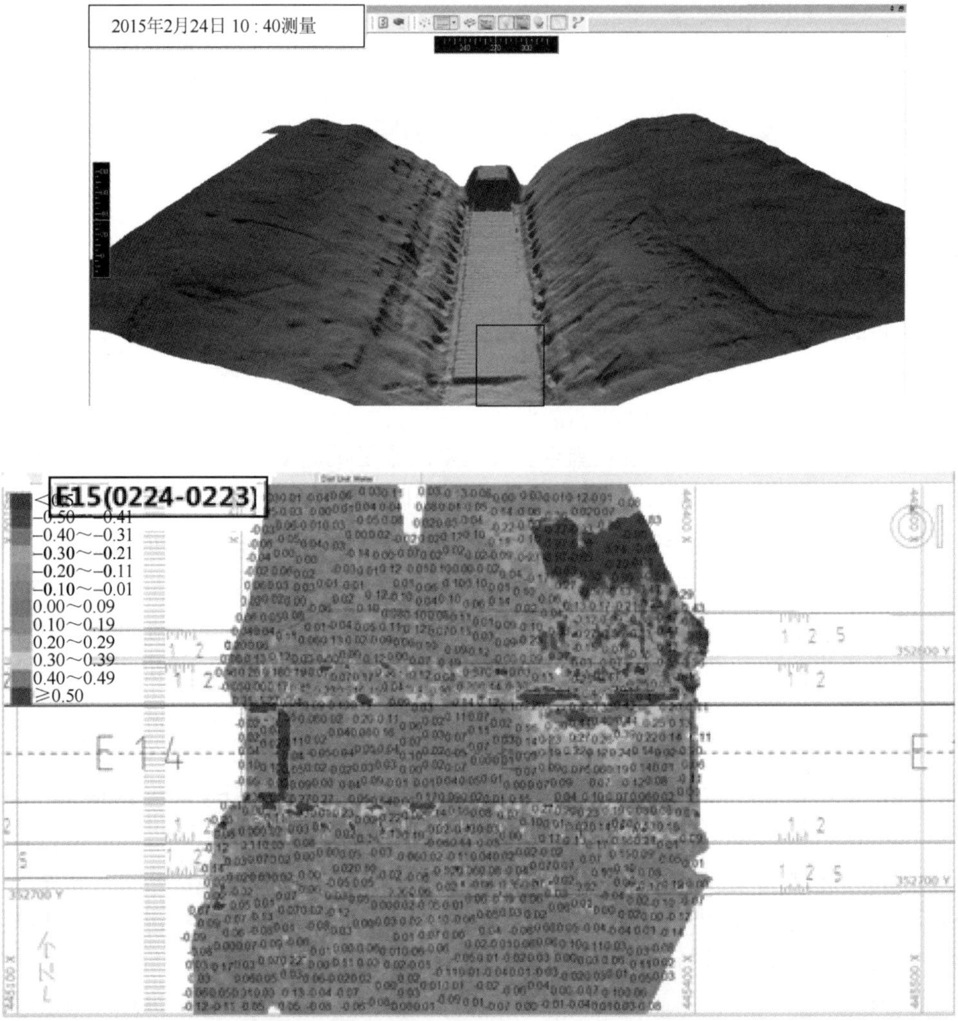

图 9-55　E15 管节安装前基床多波束扫测效果图（后附彩图）

作为沉管安装测控风险管理组织机构中的一员，水深组在 E15 管节安装前的回淤监测中起到了关键作用，及时发现了异常回淤的情况，给决策组提供了决策依据，有效规避了此项风险带来的后果。

（2）挑战“龙舟水”顺利完成 E17 管节安装

2015 年 6 月 11 日，港珠澳大桥岛隧工程战胜“龙舟水”，顺利完成 E17 管节海底精准对接。

E17 管节安装首次进入龙鼓西天然水道施工时正值汛期，除存在深水深槽和泥沙异常淤积风险外，“龙舟水”带来的大径流造成落潮时段海流流速倍增，流场变化更为复杂，并出现盐度跃层。三种因素叠加，改变了前 16 次沉管安装海域流场规律。

面对上述风险，测控人员每天对安装海域流速进行测量，摸清安装海域流场规律，为 E17 管节选择合适的安装窗口提供参考。E17 管节安装前后基槽海流观测矢量图见图 9-56。

从海流观测矢量图可以看出，2015 年 6 月 5 日（E17 管节安装前）观测的 1m 层、3m 层、10m 层流速均在 0.5m/s 以上，而 7 月 11 日观测的海流流速大部分为 0.25m/s。正是通过安装期间不间断的流速观测掌握了流场规律，在管节安装期间选择海流较小的时间段进行管节沉放对接，有效规避了风险。

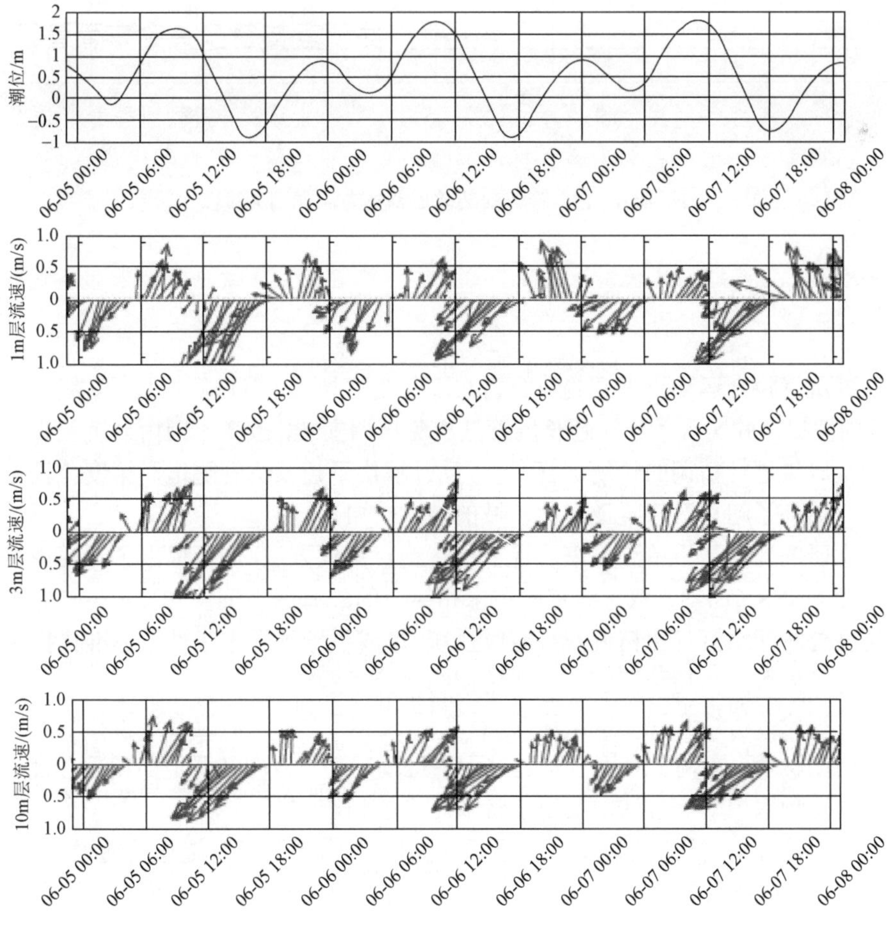

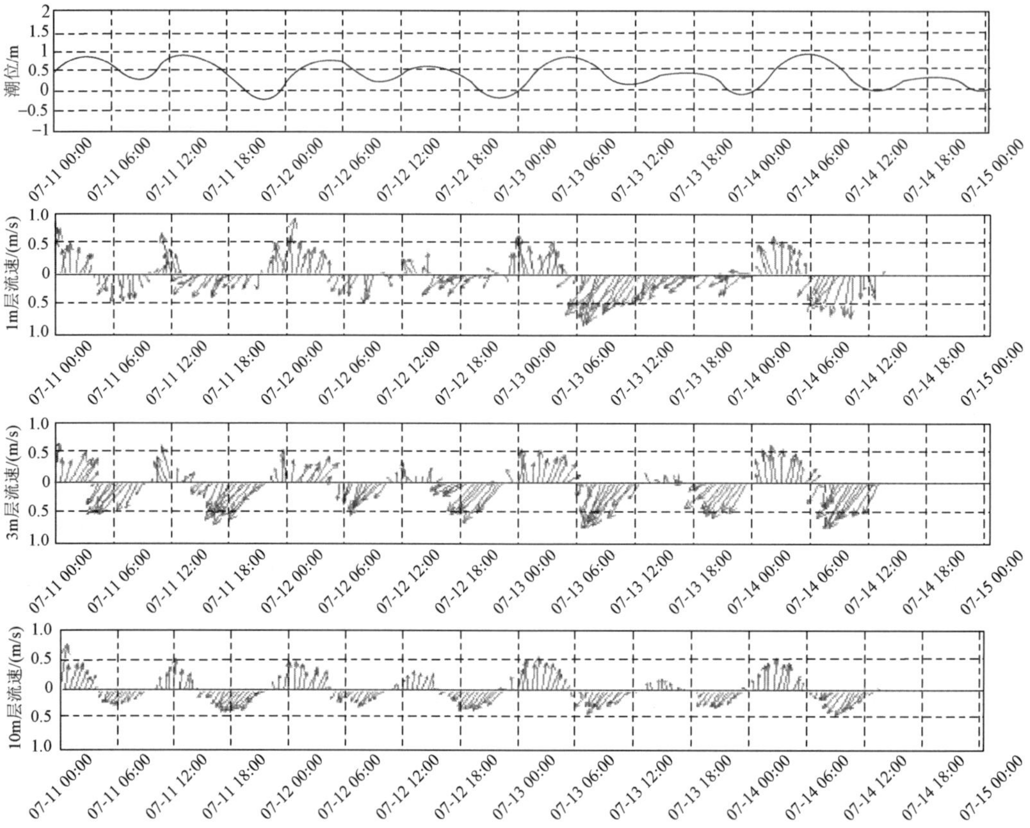

图 9-56　E17 管节安装前后基槽海流观测矢量图

9.4　技术创新点

①通过沉管拉合运动机理及趋势分析与安装定位技术、贯通测控技术、线形控制技术研究，开创性提出并实现了外海超长沉管隧道免精调安装，改变了国内外沉管先安装再利用贯通测量成果进行精调的传统沉管安装方法，解决了超长沉管隧道高精度免精调安装的技术难题，填补了超长沉管隧道在此领域的技术空白。

②首次研究提出基于单测量塔的管节尾端绝对定位方法，创新提出了无线声呐测量技术和高精度 GNSS（BDS）双天线定向技术相结合的外海深水沉管安装定位控制方法，研发了高精度外海深水沉管免精调安装定位系统，形成了一种浮态条件下标准化标定及检校方法，攻克了外海深水超长沉管安装免精调的测控难题。

③通过理论分析结合现场数据反演，首次揭示了沉管着床后拉合对接和水力压接过程的受力及运动机理，实现了对管节安装过程中运动趋势、方向及量值的精确预测，采用尾端精确定位、预偏控制等方法，实现了管节尾端的精准控制。

④通过理论分析、模拟试验及现场验证，揭示了外海超长沉管隧道贯通误差传播理论，首次建立了“双线形联合锁网”的布测方法，形成了一套超长沉管隧道高精度贯通测控技

术，实现了 6.7km 沉管隧道 12mm 的贯通精度；首次研究提出了外海超长沉管隧道通过分段投点进行高精度安装的方法。

⑤分析了影响沉管隧道线形的因素，揭示了沉管隧道线形控制原理，首次提出超长沉管隧道安装线形控制指标，研究了沉管施工全过程线形控制技术，建立了设计、预控、拟合、调整的全过程线形控制管理体系，为沉管安装线形控制及顺利合龙奠定了基础。

9.5　经济效益、社会效益、环境效益和推广应用及前景

9.5.1　经济效益

外海超长沉管隧道安装免精调定位控制技术研发与应用，产生了巨大的经济效益。沉管精调 1 次需要经费约 500 万元，沉管脱开重新安装 1 次需要经费约 600 万元，沉管回拖再次安装 1 次需要经费约 3000 万元。外海超长沉管隧道安装免精调定位控制技术在港珠澳大桥岛隧工程得以成功应用，实现了整个沉管安装免精调，为项目节省了巨额成本。外海超长沉管隧道安装免精调定位控制技术攻克了外海超长沉管隧道线形控制、高精度定位系统的研发、高精度贯通测控技术的研究及风险管理体系建立等难题，解决了沉管隧道安装免精调问题，极大地改善了传统的外海超长沉管隧道安装定位控制技术，从而使传统定位工作费用、难度和周期减少到最低限度，节省了开支，提升了效率。

项目研发了高精度外海超长沉管隧道安装免精调定位系统，设计方案科学合理，精度优良。该成果为港珠澳大桥的工程建设提供了精确可靠的现代沉管安装测控技术，并在港珠澳大桥沉管隧道安装中得到应用和验证，在深水外海情况下定位精度高、施工效率高，省去了先铺碎石基床沉管安装中一道重要工序，不失为一项在外海深水工况条件下沉管安装测控的具有划时代意义的技术进步成果。

9.5.2　社会效益

外海超长沉管隧道安装免精调定位控制技术研发与应用，保证了沉管隧道施工工期。港珠澳大桥沉管隧道使用免精调技术创造了 3 次“1 个月安装 2 节”沉管的高效业绩、1 年安装 10 节沉管的“中国速度”。科学地对外海超长沉管隧道线形控制、高精度定位系统、高精度贯通测控技术及风险管理体系，提升了沉管安装效率，刷新了沉管隧道建设的纪录。

曾几何时，我国修建跨径几百米海底隧道的能力都会遭到质疑。在过去几年里，在博采其他国家的先进技术成果的同时，我国自主研发了许多沉管隧道安装先进技术，外海超长沉管隧道安装免精调定位控制技术就是其中之一。受益于我国综合国力和科技水平的提升，我国沉管隧道建设的技术标准和建设实力不断提高，形成了走向世界的“中国标准”。

外海超长沉管隧道安装免精调定位控制技术研发与应用，确保了沉管安装精度，提高了沉管安装效率，保证了沉管隧道顺利贯通。港珠澳大桥可以完善国家和粤港澳三地的综合运输体系和高速公路网络，密切珠江西岸地区与香港地区的经济社会联系，改善

珠江西岸地区的投资环境，加快产业结构调整和布局优化，拓展经济发展空间，提升珠江三角洲地区的综合竞争力，保持港澳地区的持续繁荣和稳定，促进珠江两岸经济社会协调发展。

9.5.3 环境效益

外海超长沉管隧道安装是一种耗费大量人力、船舶、时间和物力的海上作业。因此多 1 次精调或安装，无疑都会对海洋环境造成一定的影响。另外，大部分沉管安装区域都是海洋生物保护区，精调施工会增加伤害海洋生物的风险。外海超长沉管隧道安装免精调定位控制技术的研发与应用，大大减少了海洋污染，沉管安装时间短、效率高，可以降低资源消耗，减少海上作业时间，降低交通船舶使用次数，占用和耗费更少的自然资源，减少对环境及生态平衡的影响。

外海超长沉管隧道安装免精调定位控制技术应用于沉管安装，保证了施工精度，提高了施工效率，有效地减少了外海作业时间和对航道的干扰，规避了海事安全事故的风险，最大限度地降低了对海洋环境的污染。

9.5.4 推广应用及前景

沉管法已经成为跨越海峡（江河）通道的优选工法，外海超长沉管隧道安装免精调定位控制技术可以更大范围地推动沉管隧道安装技术的进步，可为国内外长大型沉管隧道安装提供借鉴，为研究和完善沉管隧道技术标准及规范提供参考，提升了我国在“一带一路”倡议实施中大型海洋工程建设的国际竞争力。

随着世界范围内长大沉管隧道的建设日益增多，线形控制的重要性越来越明显。本章详细分析了影响沉管隧道线形的因素，并给出了针对性的控制措施，运用工程控制论的思想，设计与施工互动，研究得出了设计、预控、拟合、调整的线形控制方法，通过港珠澳大桥沉管隧道建设过程中的成功应用，实现了超长沉管隧道线形的精细化控制，降低了施工风险，经济效益显著，取得了良好效果，具有广泛的推广价值。

大型沉管隧道安装逐渐向外海、深水方向发展，组合测控技术指引沉管安装将成为主流。高精度外海深水沉管免精调安装定位系统不仅应用于港珠澳大桥岛隧工程的建设，同时为深中通道海底沉管隧道、大连湾海底隧道的建设，以及“一带一路”倡议下大型海底隧道的沉管安装提供了成功案例。从整体上提高了我国水工领域施工质量及施工效率，在我国的水运工程建设和大型跨海通道建设方面产生巨大的经济效益和社会效益，同时对海洋测绘工程领域的技术发展具有重要的指导意义。

国内外在建或即将开工建设的长大沉管隧道有深中通道海底沉管隧道（6 720m）、大连湾海底隧道（3 595m）、费马恩接线沉管隧道（17 600m）等，可以预见未来长大沉管隧道的数量会快速增多，外海超长沉管隧道安装免精调定位控制技术的研究可以更大范围地推动沉管隧道的建设。工程实践与理论发展相辅相成，随着工程经验的积累，外海超大型沉管免精调安装控制技术也会更趋完善。

本项目提出的外海超长沉管隧道高精度贯通测控技术在港珠澳大桥沉管隧道中得到了应用和验证，实现了 6.7km 沉管隧道 12mm 的贯通精度，保证了港珠澳大桥沉管隧道的高精度安装和精准对接，提出了一种新的隧道内控制网布设网形，推动了我国超长隧道精密工程测量的发展及工程应用，达到了国际领先水平。面对现代水下、地下、地上等长距离线形工程测量精度要求不断提高的趋势，超长沉管隧道高精度贯通测控技术可以从整体上保障水下、地下、地上工程的施工精度，对沉管隧道、陆地隧道、高铁、大型跨海通道、大科学装置等工程的建设产生巨大的经济效益和社会效益，同时对高精度贯通测控技术发展具有重要意义。

人孔投点在当前世界上最长的港珠澳大桥沉管隧道（约 6.7km）建设中取得了良好的验证效果，未来沉管隧道将会越来越长，已知的有连接德国与丹麦之间的 17.6km 长费马恩沉管隧道即将开工，对于长度大于 10km、20km 或更长的沉管隧道，采用人孔投点的方法，把高精度控制点传递至隧道内部，对沉管隧道以 3km 或 5km 进行分段线形控制，可以实现免精调安装，为沉管法修建超长跨海通道提供保障。

风险管理成果不仅可以应用于沉管隧道安装风险管理工作，对于工程测量领域的风险管理工作也有很好的借鉴意义，具有特别重要的参考价值。港珠澳大桥岛隧工程是我国在外海沉管隧道工程领域的一个范例，能为今后同类工程的施工提供借鉴，对我国的水运工程建设和大型跨海通道建设产生巨大的经济效益和社会效益。深中通道海底沉管隧道及大连湾海底隧道项目均采用与港珠澳大桥岛隧工程相同的沉管隧道建设方法，沉管安装测控风险管理方法在此类工程建设中起到了良好的示范性作用，为项目的顺利进行提供了成功案例。

第10章 外海沉管施工保障系统

10.1 研究目的和环境风险问题

10.1.1 研究目的

为应对港珠澳大桥岛隧工程管节浮运安装面临的复杂水文气象环境风险问题，研发外海沉管施工保障系统，制定合适的施工窗口，从而控制管节安装的环境风险，保障管节安装的安全和精度。

①开展气象海洋环境实时监测技术攻关，建立气象海洋精细化实时监测系统，开展长历时天气预报技术攻关研究，开发15d预报时效的天气预报系统，综合建立小区域长历时作业窗口管理系统。

②通过开展大量潮流、密度同步观测，研究深基槽内水流水动力机理，为深基槽水流预报模型的建立提供基础。采用耦合动力模型，对管节对接前的运动响应进行分析，分析管节的运动加速度、速度、位移等参数。

③利用多重网格嵌套方案，实现模式在高分辨率下的高效率运行；研究浪潮流耦合的技术，对外海深基槽海流进行精确预测；基于最新的观测资料，通过临近预报技术，进一步提高数值预报的精度；建立外海管节安装对接保障系统。

④建立施工海域异常波高频观测系统，研究异常波时空分布规律；通过异常波实时分析和显示系统，快速获取异常波的振幅、周期、传播速度等参数；建立珠江口异常波预警系统，对施工海域异常波进行快速预警。

⑤为了实时监测管节沉放对接过程中流速变化、湍流等作用下管节的微幅低频振荡，研究开发管节姿态监测系统，用于监测对接过程中水下管节的实时运动状态，以保证管节安全、精准地着床。

10.1.2 港珠澳大桥沉管环境风险问题

港珠澳大桥沉管隧道施工精度要求高、施工工艺复杂，其浮运安装过程对于海洋环境有着苛刻的要求。港珠澳大桥沉管隧道施工环境位于伶仃洋，珠江径流和外海潮流交汇，海流复杂多变，受季风和台风影响显著，高影响天气频发。

1. 天气风险

港珠澳大桥沉管施工区位于东亚季风区，季风气候显著，冬季中高纬度的强冷空气南下带来大风降温，夏季受强盛的西南季风和南海台风的冲击。影响该海域的主要灾害性天气有热带气旋、冷空气、暴雨及强对流天气带来的龙卷风、雷击和短时雷雨大风等。当前的预报机构对于台风等高影响天气的预报技巧有限，尚不能完全满足港珠澳大桥沉管施工对于天气预报精度和时效的要求，预报的不确定性给沉管施工带来了风险。

2. 海浪风险

港珠澳大桥沉管施工区主要受到海浪的影响，此外还有远海传播的涌浪。港珠澳大桥沉管需要从 12km 外的坞口浮运至基槽安装，在浮运过程中，管节上层暴露在海浪影响水深内，海浪直接影响沉管和沉放驳、其他操作船只的稳定性。大浪会导致沉管和沉放驳大幅度晃动，影响沉管稳定性；如果海浪波长尺度与沉管尺度接近，会导致沉管大幅度晃动，难以控制姿态；海浪周期与沉管自身运动周期相近时容易引起共振，放大沉管的晃动。

3. 海流风险

港珠澳大桥沉管施工海域位于珠江径流与外海潮流的交汇处，受潮流、径流、海底地形综合影响，海流情况异常复杂。最新观测发现，深水基槽的海流分布具有独特规律，槽底存在高速水流。超过一定速度的海流将给管节带来巨大冲击，影响管节对接精度和安全。此外，受深基槽内复杂流态及缆系刚度弱化影响，管节动能大，运动响应敏感，管节运动及姿态监测和控制难度都随着海流速度的增加而增大。

4. 异常波风险

港珠澳大桥管节安装施工海域多次观测到异常波。管节在安装前需要解除锚系的保护，管节体积巨大，异常波会引起安装船及管节的晃动，例如，E20 管节遭遇异常波给管节安全及安装过程带来了极大风险。异常波受到诸多局地因素如潮流、海面风速、波浪及南海内波传入等的影响，目前其形成机理尚不清楚，故无法对其进行预测。

5. 姿态监测难度

港珠澳大桥沉管隧道采用深埋方案，最大管节安装水深近 50m，深水基槽长度超过 3km，在深水、深槽条件下管节安装的作业安全和精度控制都将面临巨大挑战；管节安装精度要求高，对水平和竖向定位的精度提出了很高的要求。由于管节对接施工区处于外海海面以下，受海水能见度及海流冲刷的影响，难以在管节外面建立参考点直接测量管节运动姿态，只能通过惯性测量。

由于施工工艺的限定，基床铺设及管节安装需要 10 多天，施工区的强回淤环境使铺设好的基床晾置时间有严格限制。因此，需要提前 2 周进行海洋环境预测并给出沉管施工作业窗口，进行管节安装前各项工序的准备工作。由于深水基槽改变了海流环境，基槽的海流分布具有独特规律，这为管节的沉放对接工作带来了新的环境风险。因此，需要提前对浮运航道、沉管基槽的海洋环境条件进行精确预测，给出管节浮运安装的对接窗口。为了减小异常波的风险，保障管节及作业人员的安全，需要建立异常波预警系统，为管节安装提供决策信息。

综上所述，港珠澳大桥沉管隧道施工面临众多的环境风险，沉管隧道安装的高精度要求管节安装必须选择在较好的气象海洋环境条件下进行，这需要提前对气象海洋环境进行预测，以制定管节安装的时间窗口。

10.2 国内外研究概况

下面从 5 个方面介绍国内外外海沉管保障的相关情况，分别是小区域长历时高精度作业窗口管理系统、深基槽水流机理、外海沉管安装对接窗口预报系统、珠江口异常波监测预警系统及外海深水超大沉管水下超低频微幅运动监测系统。

10.2.1 小区域长历时高精度作业窗口管理系统开发与应用

目前海洋和气象预报机构发布的业务数值预报产品主要有两大类，即气候预测和天气预报。随着计算能力的大幅提高及数值预报技术不断改进，国内外数值天气预报的有效时效从 3d 提升到 7d。对于 10～30d 的预报——延伸期预报，是数值预报的空隙，相应的理论基础和预报技术尚未成熟。

韩国釜山—巨济沉管隧道施工要求 3～4d 内不超过 40cm 的涌浪条件，丹麦水工研究所开发了相应的海浪预报数值模型。该模型由全球海浪模式提供区域的海浪边界条件，使用了当地气象局的模式风场结果驱动，能够很好地将当地风场产生的浪分离出来。

针对海洋工程如海上钻井平台安装、载人潜水器海上试验等，国家海洋环境预报中心开展了大量气象及水文预报保障工作。例如，我国载人潜水器 2009 年和 2010 年在南海进行的 1000m 级和 3000m 级海上试验，对气象及海况的要求相当严格，要求每次试验期间风力不大于 4 级，浪高小于 1.2m，但试验的时间往往比较短。港珠澳大桥沉管隧道施工要求连续 3d 风力小于 5 级、浪高小于 0.8m 的水文气象条件，并且需要提前两周左右给出预报，远远超出了以往海上作业保障要求及已有的预报能力。

当前水文气象预报存在空间分辨率低、预报时效较短的缺点，同时高密度观测资料的不足，以及精细化数值预报满足不了海洋工程保障的需求，小区域长历时高精度的水文气象保障几乎是空白。

10.2.2 深基槽水流机理研究与分析

河口的海流受到径流的影响，在盐淡水交界面形成盐水楔，受密度梯度力的作用，使得涨落潮时形成不一致的垂直环流。

南科院对珠江口的研究表明，涨潮时，盐水楔随涨潮流从海洋底层潜入，密度坡降与水面坡降一致，涨潮流速增大，另外，由于底层密度坡降显著大于表层，导致底层流速明显大于表层。2007 年 8 月的中潮和大潮期间，大濠岛观测站观测到底层盐度和流速明显大于表层的现象。

港珠澳大桥施工区域位于外海，人工开挖深基槽显著改变原有地形，深基槽走向基本与海流流向垂直，这与河口的条件显著不同。由于缺乏深基槽海流的系统观测，深水海流的时空分布规律仅限于河口理论研究，对外海深基槽内海流分布特征及其影响尚缺乏系统的认识。此外，沉管在深基槽复杂海流下的响应尚未开展研究。

10.2.3　外海沉管安装对接窗口预报系统研发与应用

国外对沉管隧道建设中的海洋环境保障进行了大量的研究。在厄勒海峡沉管隧道建设中，针对厄勒海峡复杂的海流条件，丹麦水工研究所开展了大量的观测，开发了气象、海浪、海流预报系统，并首次采用神经网络模型对海流进行临近预报，用于沉管浮运安装的施工保障作业。

博斯普鲁斯海峡中央存在黑海流向马尔马拉海的急流，底层同时存在逆向流将高盐的海水从马尔马拉海带到黑海，该海域的流态十分复杂。在博斯普鲁斯海峡沉管隧道施工过程中，日本大成建设公司开展了大量的物理模型试验，美国俄勒冈大学开发了作业窗口保障系统，据此制定作业窗口，并确定沉管安装相关的工艺和设备。

以往我国海洋工程对海流条件的要求不高，均未开展海洋工程保障的精细化海流预报。另外，海流观测资料稀少，因此相比气象和海浪的预报技巧，海流的预报技巧偏低。此前的沉管安装施工一般在江河，受到风浪流的影响较小。受港珠澳大桥沉管施工工艺的限制，沉管对接的海洋环境条件是：连续 6h 整层平均流速小于 0.5m/s，窗口的预报时间误差不能超过 30min，远远超出之前工程对海流的要求，我国在外海沉管安装保障的研究还处于空白。

10.2.4　珠江口异常波监测预警系统研发与应用

实时对异常波发生情况进行监测，并提前对其进行预警，目前这方面的工作国内外未见报道。异常波预测超出当前科学技术水平。国家海洋环境预报中心开展了畸形波生成条件概率预报试验产品，由于缺乏观测资料，其效果无法评价。欧洲中期天气预报中心基于概率预报方法，也给出了大范围区域内畸形波发生的粗略时段。此前，珠江口尚未有异常波的观测记录。因此，建立高频波面观测、快速观测资料传输及信号实时提取的异常波预警系统，涉及多种技术的突破。

10.2.5　外海深水超大沉管水下超低频微幅运动监测系统研发与应用

国内现已建成的沉管隧道都属内陆跨江、跨河的浅埋沉管隧道，如香港海底隧道、香港东区海底隧道、香港西区海底隧道、台湾高雄港过港隧道、广州珠江隧道、广州仑头—

生物岛隧道、广州洲头咀隧道、宁波常洪沉管隧道、舟山沈家门港海底沉管隧道、上海外环沉管隧道及天津中央大道海河隧道等。浅埋沉管在下放过程中流速小、下放距离短、测量塔高度低，一般通过全站仪及测量塔实时监测管节的三维姿态，都不需要水下超低频微幅运动的测量。

国外的外海工程沉管隧道如厄勒海峡沉管隧道、博斯普鲁斯海峡沉管隧道、韩国釜山—巨济沉管隧道等，其安装作业的技术文献中未见有类似水下超低频微幅运动监测系统的研究或应用资料。

由于港珠澳大桥沉管隧道管节对接施工区处于外海海面以下，受海水能见度及海流冲刷的影响，难以在管节外面建立参考点直接测量管节运动姿态，只能通过惯性测量，这对于监测系统提出了新的挑战。

10.3 研究目标与技术指标

10.3.1 研究目标

以施工窗口预报为主要目标，以系统控制为指导思路，以过程保障为主线，以提高海洋和气象实时监测能力、及时了解外海深水超大沉管水下超低频微幅运动、提高海洋环境要素的预报精度、延长异常波预警时间为目标，最终实现对沉管安装施工全过程的风险控制。

①建立由气象海洋环境监测系统、长历时天气预报系统、精细化数值预报系统和产品集成系统组成的小区域长历时高精度作业窗口管理系统。开发长历时天气预报技术，改进模式的物理参数化方案，使系统的预报时效延长到 15d，空间分辨率达到 100m。建立小区域长历时高精度作业窗口管理系统，为沉管基础施工决策提供科学依据。

②通过开展大量潮流、密度同步观测，研究深基槽内水流机理，为深基槽水流预报模型的建立提供了理论依据；采用基于流场实测数据的沉管流载荷及其周围流场数值模拟方案，对真实流环境条件下沉管对接过程中的流载荷进行预报，为安装对接作业提供技术支撑。

③开发一套集监测、预报和信息显示于一体的外海沉管安装对接保障系统。该系统包含移动式海洋环境实时监测显示子系统和基槽三维海流预报子系统。综合考虑风、径流、潮流及波浪对基槽区沉管对接安装的影响，利用国际上先进的三维水动力数值模式，研究多模式嵌套技术、多要素耦合技术，开发米级分辨率的浪潮流耦合的数值预报模式，为沉管隧道对接安装保障提供科学依据。

④利用先进的异常波浮标，考虑异常波的波高、周期、传播速度及方向等信息，研制集观测和分析于一体的异常波监测预警系统，开展异常波预警实践，为沉管隧道安装面临的异常波风险提供预警信息。

⑤为满足港珠澳大桥沉管隧道沉管对接的工程需求，依托北京长城计量测试技术研究所在超低频振动和惯性计量测试领域的技术优势，运用动态测试与校准的理论方法，研发适用于外海深水超大沉管水下超低频微幅运动测量的姿态监测系统。

10.3.2　主要技术指标

为保障施工安全，沉管浮运安装各阶段海洋环境要素阈值如表 10-1 所示。

表 10-1　沉管浮运安装各阶段海洋环境要素阈值

<table>
<tr><th></th><th>持续时间/h</th><th>气象</th><th>海浪</th><th>海流/(m/s)</th></tr>
<tr><td>浮运（支航道）</td><td>3～4</td><td rowspan="5">风力≤5 级
能见度≥3km</td><td rowspan="5">有效波高＜0.8m</td><td>上层平均流速＜0.4</td></tr>
<tr><td>浮运（主航道）</td><td>2～3</td><td>上层平均流速＜0.8</td></tr>
<tr><td>横移</td><td>1～2</td><td>上层平均流速＜0.6</td></tr>
<tr><td>转向</td><td>0.5～1</td><td>上层平均流速＜0.4</td></tr>
<tr><td>系泊</td><td>4～5</td><td>上层平均流速＜0.8</td></tr>
<tr><td>沉放</td><td>6～10</td><td rowspan="2">风力≤6 级</td><td rowspan="2">有效波高＜0.8m</td><td>整层流速＜0.4</td></tr>
<tr><td>对接</td><td>4～10</td><td>整层流速＜0.4</td></tr>
</table>

依据上述施工要求，考虑港珠澳大桥沉管隧道特定的施工环境和具体要求，对小区域长历时高精度作业窗口管理系统开发与应用、外海沉管安装对接窗口预报系统研发与应用、异常波预警系统研发与应用、外海深水超大沉管水下超低频微幅运动监测系统研发与应用提出了如下具体指标要求。

1. 小区域长历时高精度作业窗口管理系统

风速预报精度：72h 内 10m 风速预报平均准确率≥80%。

海浪预报精度：48h 内有效波高预报的平均绝对误差小于 0.2m，72h 内有效波高预报的平均绝对误差小于 0.3m。

海流预报精度：流速绝对误差小于 20cm/s，流速“窗口”的时间误差小于 60min。

预报时效：15d。

2. 外海沉管安装对接窗口预报系统

数值模式预报时效：7d。

模式最小水平分辨率：5m×5m。

潮汐预报误差：0.2m。

10m 平均海流预报误差：0.15m/s。

3. 珠江口异常波监测预警系统

预警时效：10～15min。

系统观测频次：0.5s。

4. 外海深水超大沉管水下超低频微幅运动监测系统

加速度幅值范围：10μg～0.1g。

水平位移范围：±10～±2000mm。
频率范围：0.01～10Hz。
位移精度：±1cm。
倾角精度：±0.05°。

10.4　研究内容与关键技术

10.4.1　小区域长历时高精度作业窗口管理系统开发与应用

1. 研究内容

建立由气象海洋环境监测系统、长历时天气预报系统、精细化数值预报系统和产品集成系统组成的小区域长历时高精度作业窗口管理系统。研发长历时天气预报技术，改进模式物理参数化方案，使系统的预报时效延长到 15d，空间分辨率到达 100m。本项目的总体技术实施方案可以用“现场环境监测，天气趋势预报，定点定量预报，集成与发布”概括，围绕“窗口管理”这一共同的目标。总体技术思路和组织实施方案如图 10-1 所示。

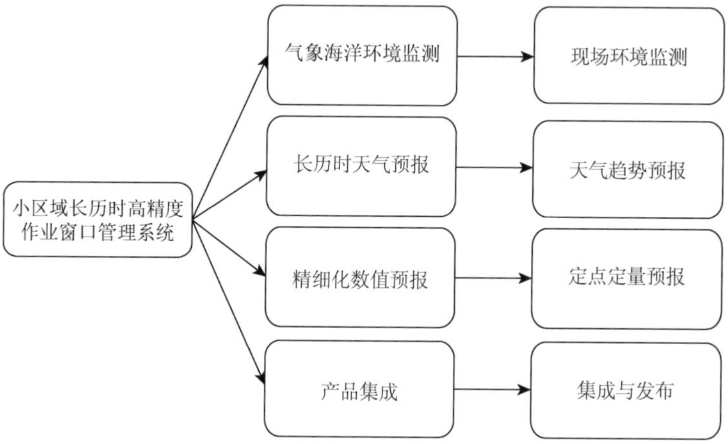

图 10-1　总体技术思路和组织实施方案

首先，建立气象海洋环境监测系统，通过对施工现场海域一段时间的连续观测和资料分析，获取该海域的气象、海浪和海流基本特征；其次，通过收集各种历史和实况气象资料，建立天气系统数据库，建立长历时天气预报系统，对施工海域未来 15d 的天气趋势进行预报；再次，在现场气象海洋环境实时监测和天气趋势预报的基础上，利用国际上成熟的气象、海浪和海流数值预报模型，建立精细化数值预报系统，制作 7d 的气象、海浪和 15d 的潮流数值预报产品；最后，在上述长历时天气预报、精细化数值预报输出的要素预报产品基础上，通过产品集成，得到综合预报单，每天定点发送到项目总经理部，为施工决策提供重要参考和依据。下面只对气象海洋环境监测系统、精细化数值预报系统和产品集成系统进行介绍。

（1）气象海洋环境监测系统

为了满足岛隧工程施工作业海洋环境预报保障的需求，提供海洋数值预报模式研制和预报结果验证所必需的高密度实时数据，建立岛隧工程现场海浪、海流观测点，对施工现场海洋环境进行实时监测。气象海洋环境监测系统由气象观测、浪流观测两个部分组成。

（2）精细化数值预报系统

1）精细化气象数值预报系统

①精细化气象数值预报系统的运行

港珠澳大桥岛隧工程以新一代有限区域中尺度数值模式 WRF3.3 为基础，以高性能计算机为硬件支撑，采用 Cressman 客观分析和 Nudging 同化技术，建立了高分辨率、高精度的精细化气象数值预报系统。

该系统进行了港珠澳大桥岛隧工程区域数值天气预报业务化试验，包括适合该区域高分辨率模拟的数值参数方案优化配置、同化系统设计等的对比试验；收集了系统所需的各种背景分析数据，并对这些数据进行了初步评估；收集和整理了全球电信系统（global telecommunication system，GTS）观测资料，进行数据解码，设计实验方案进行数值试验。

系统主要包括：观测资料接收模块、客观分析模块、WRF 同化模块、WRF 预报模块和预报产品输出模块。港珠澳大桥岛隧工程区域数值天气预报系统流程图见图 10-2。

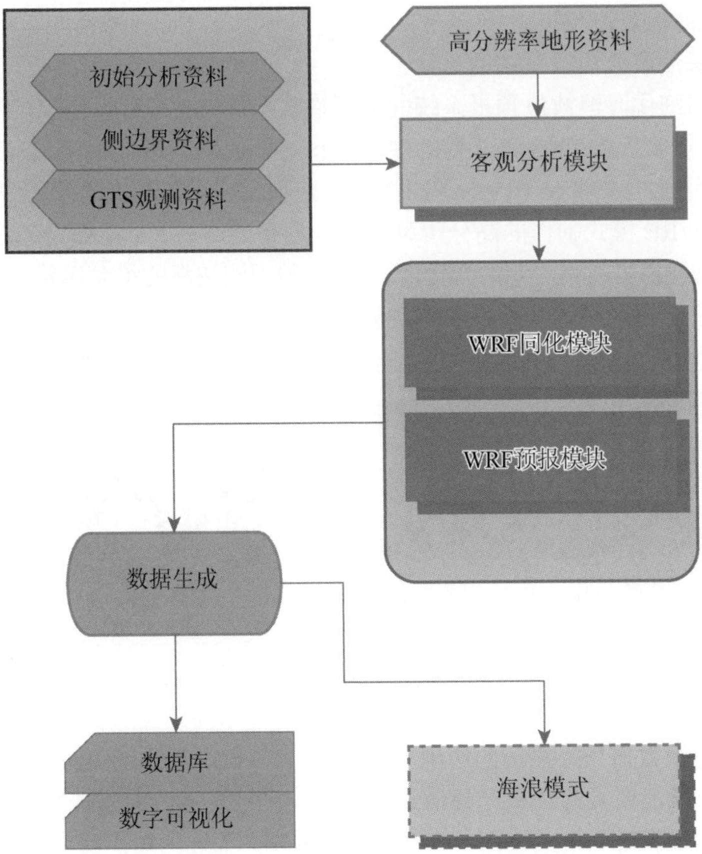

图 10-2　港珠澳大桥岛隧工程区域数值天气预报系统流程图

②精细化气象数值预报系统的应用

2008 年 9 月 23 日 0814 号台风“黑格比”经过珠江口、系统能很好地预报出台风眼、眼壁、眼墙结构，在台风移动过程中其外围云系掠过珠江口，给这一地区带来风速超过 26m/s 的大风。

③精细化气象数值预报系统的检验

自 2012 年 1 月精细化气象数值预报系统正式投入使用以来，每个月都对该系统的预报效果进行检验。用来检验的资料主要是位于人工岛上的自动气象站观测资料，检验指标采用绝对平均误差。历次沉管施工风速预报误差统计表见表 10-2。

表 10-2　历次沉管施工风速预报误差统计表

沉管施工风速预报误差情况	24h 风速预报绝对平均误差/最大误差	48h 风速预报绝对平均误差/最大误差	72h 风速预报绝对平均误差/最大误差
历次平均值	0.86/2.3	1.13/2.8	1.15/2.7

注：风速预报误差单位为 m/s。

从历次沉管施工风速预报的绝对平均误差来看，24h 风速预报绝对平均误差为 0.86m/s，48h 风速预报绝对平均误差为 1.13m/s，72h 风速预报绝对平均误差为 1.15m/s。

2）精细化海浪数值预报系统

①精细化海浪数值预报系统的运行

为了验证精细化海浪数值预报系统的适用性，首先开展了后报检验，并采用大桥附近观测点处 2007 年 4 月至 2008 年 3 月的观测资料对数值结果进行检验。波浪观测点位于桥区海域，位置为 22°16′33″N，113°47′22″E，该处水深约 10m。后报驱动的再分析风场为预报中心基于 WRF 模式制作的高分辨风场，分辨率为 2′×2′。精细化海浪数值预报系统较好地模拟出观测点处波高一年的变化情况，计算与观测波高的绝对误差为 0.133m。图 10-3 为 2012 年 12 月工程区有效波高预测与实测的对比。

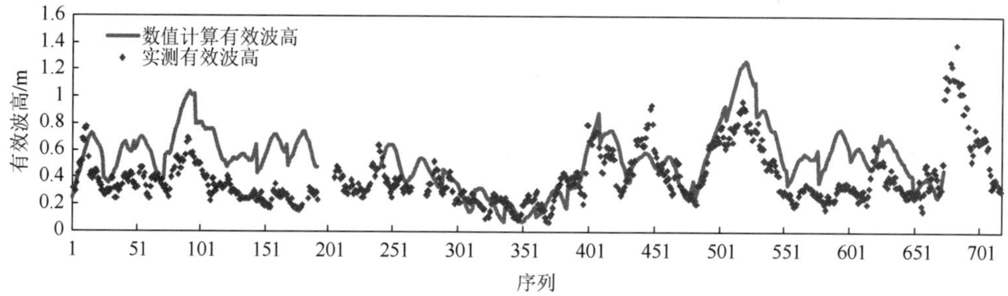

图 10-3　2012 年 12 月工程区有效波高预测（提前 24h）与实测的对比

②精细化海浪数值预报系统的应用

工程区定点海浪要素的预报产品形式包括工程区定点海浪要素的时间变化，要素包括定点位置处的海面风速、最大波高、有效波高和周期。工程区定点海浪要素的预报图例见图 10-4。

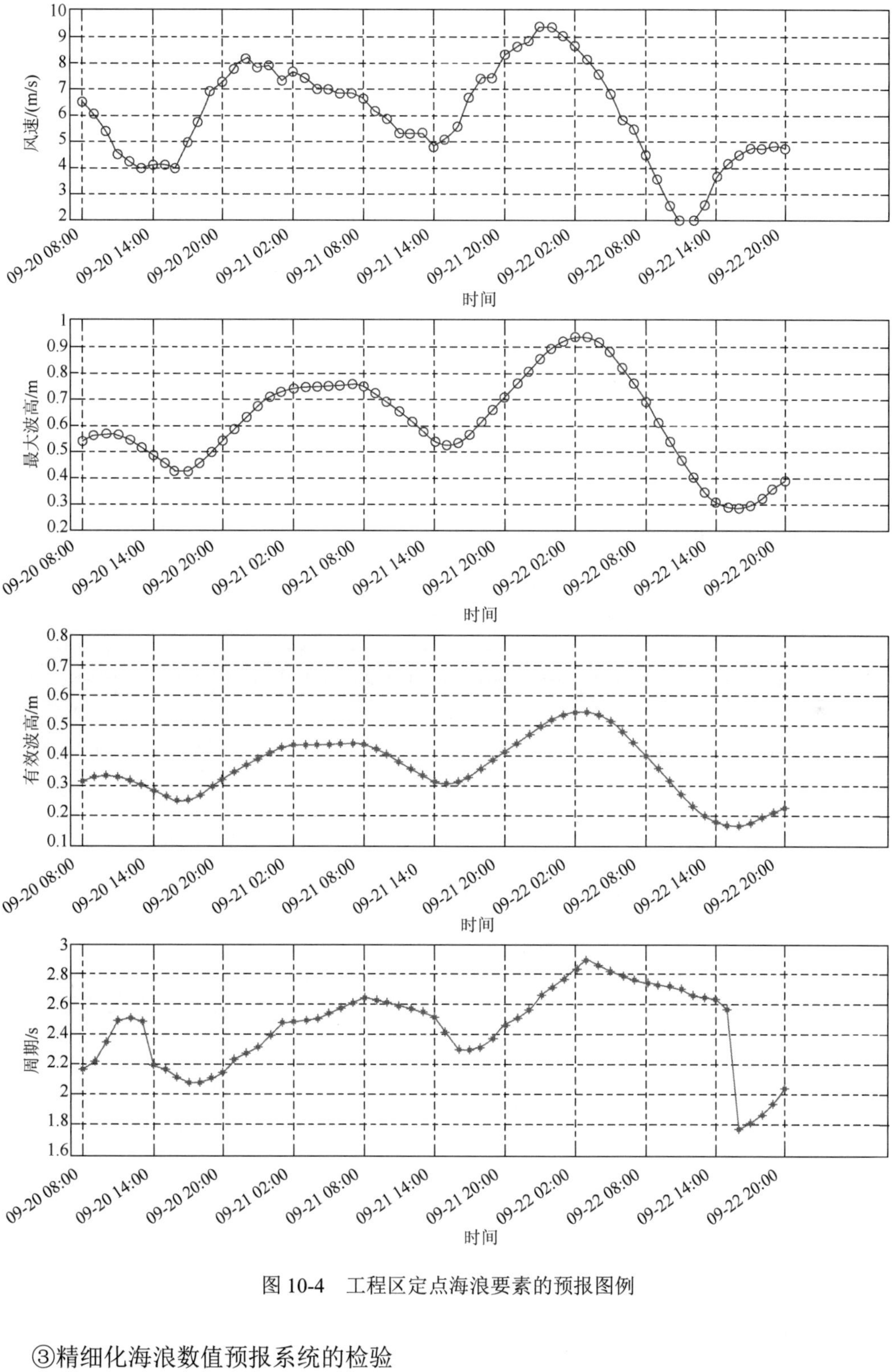

图 10-4 工程区定点海浪要素的预报图例

③精细化海浪数值预报系统的检验

历次沉管施工海浪有效波高预报误差统计见表 10-3。

表 10-3　历次沉管施工海浪有效波高预报误差统计表

沉管施工海浪有效波高预报误差情况	24h 海浪有效波高预报绝对平均误差/m	48h 海浪有效波高预报绝对平均误差/m	72h 海浪有效波高预报绝对平均误差/m
历次绝对平均值	0.15	0.16	0.12

从历次沉管施工海浪预报的绝对平均误差来看（表 10-3），24h 海浪有效波高预报绝对平均误差为 0.15m，48h 海浪有效波高绝对平均误差为 0.16m，72h 海浪有效波高绝对平均误差为 0.12m，达到了技术指标要求。

3）精细化海流数值预报子系统

①精细化海流数值预报系统的应用

在沉管安装前半个月左右提供由气候态风场驱动的潮流数值预报结果；安装前 7d 提供 GFS 风场驱动的精细化海流数值预报结果。提供的海流数值预报产品和要素主要包括：施工区单点潮位变化（图 10-5），施工区单点 2～10m 平均流速变化（图 10-6），以及施工区浮运期间不同位置流速随时间的变化（图 10-7）。

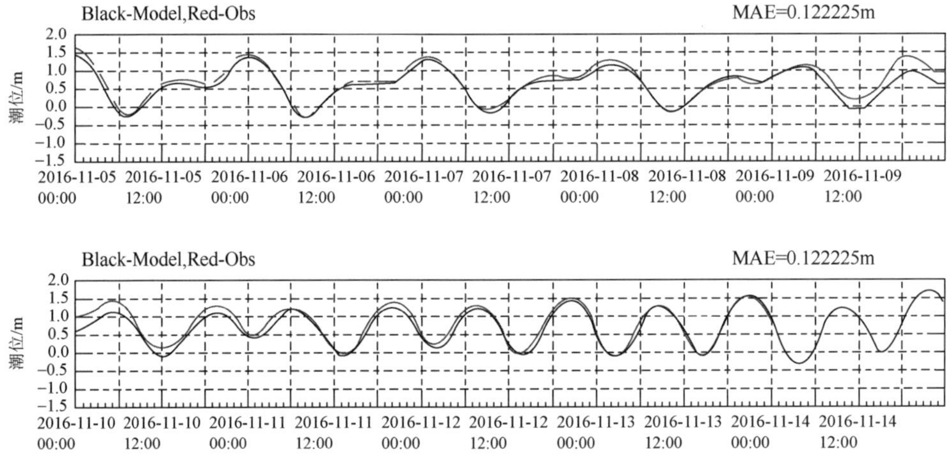

图 10-5　施工区单点潮位变化（后附彩图）

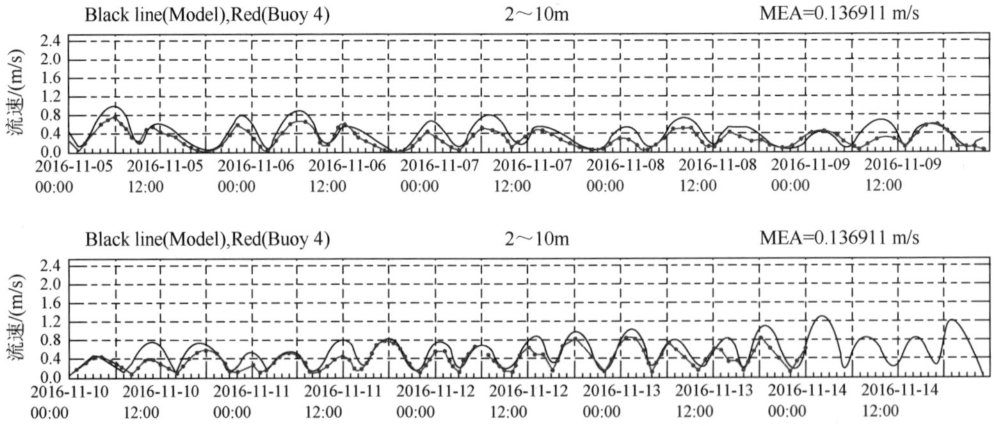

图 10-6　施工区单点 2～10m 平均流速变化（后附彩图）

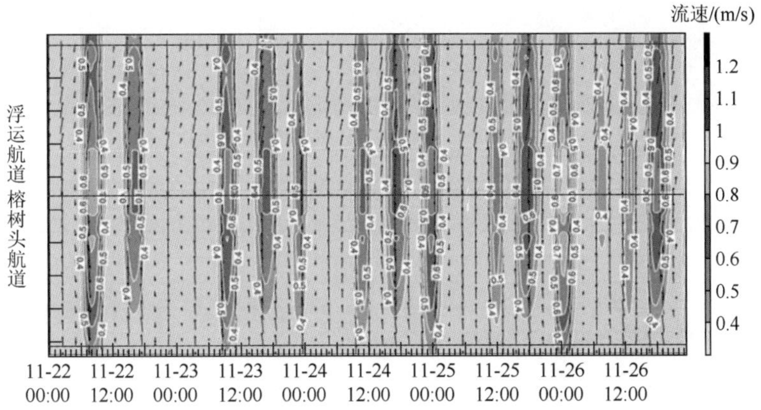

图 10-7 施工区浮运期间不同位置流速随时间的变化（后附彩图）

②精细化海流数值预报系统的检验

港珠澳大桥岛隧工程海区设有多个波潮仪和测流锚系浮标，这些观测仪器提供了潮位和海流观测数据。

从历次沉管施工海流预报误差统计来看（表 10-4），潮位预报平均误差为 0.09m，最大误差为 0.24m，海流流速预报平均误差为 0.1m/s，最大误差为 0.31m/s。

表 10-4 历次沉管施工海流预报误差统计表

沉管施工海流预报误差情况	潮位/m		2～10m 平均流速/（m/s）	
	平均误差	最大误差	平均误差	最大误差
历次平均值	0.09	0.24	0.10	0.31

（3）产品集成系统

根据各类数据的显示要求及上游子系统的分析处理结果，按照不同的投影方式，结合 GIS 的表现方式，进行图形的叠加、缩放、漫游等显示，以及隐现切换等操作，实现对数据的综合分析。综合显示平台具有较高的运行效率，用户操作界面简洁易用，具有流畅的用户交互体验。利用国内公共通信网、VASAT 系统，在前方保障系统和后方保障系统之间建立数据传输链路，用于观测数据和预报产品的实时传输及预报会商。

搭建基于 Web 网页的海洋环境预报综合信息服务平台，实现风、浪、流、潮等预报产品和实况的可视化及产品的查询检索功能，具体包括：①预报区域风场、海浪场、分层流场等的逐时预报图和动画显示；②工程点风、浪、流、潮等要素的预报图；③工程点风、浪、流、潮等要素的预报表格及水文气象窗口产品综合显示；④实况资料的显示包括风、浪、流等观测要素的当前实况，以及过去 48h 的观测变化图；⑤台风路径、卫星云图等其他相关资料的查询和显示。产品显示平台效果图见图 10-8。

根据存档资料种类和不同层级用户需求，采用科学、合理、高效的资料存档编目方法，建立包含业务化数值产品、大气海洋监测数据等信息在内的数据库，能适应不同的存储方式和查询方式，方便资料存储和查询访问。

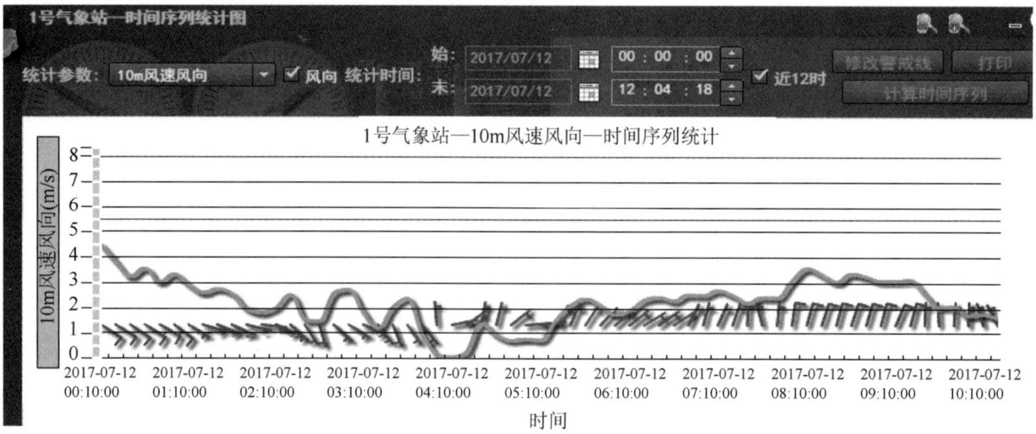

图 10-8　产品显示平台效果图

2. 关键技术

①海洋环境实时监测技术，实现施工海域气象海洋环境高密度实时监测。

②长历时天气预报技术：基于气象历史资料的天气形势分型技术，锁定大窗口期预报对象。综合集成长期概率预报、中期过程预报、短期要素预报、临近预报，实现对高影响天气系统演变的动态预测预报。

③小区域精细化数值预报技术，如 100m 分辨率物理参数化方案及边界处理技术。

10.4.2　深基槽水流机理研究与分析

1. 主要研究内容

（1）深基槽水流观测

1）观测仪器

深基槽海流观测采用坐底式观测，观测仪器采用声学多普勒流速剖面仪，仪器参数如下：型号为阔龙 600kHz；产地为挪威 NORTEK 公司；最大测量剖面为 30～40m；流速测量范围为±10m/s；测量准确度为示值的±1%±0.5cm/s。

2）仪器布放

声学多普勒流速剖面仪均安置在不锈钢支架内，支架投放在海底，声学换能器发射面朝上，设置每 30min 记录一次，垂直分辨率 1m。仪器投放和提取通过潜水定位船完成。

3）观测时间和点位

观测设置为岛隧工程沉管施工前的基槽底部。空间上在西人工岛岛头 E1～E23 管节，以及东人工岛岛头的 E28～E33 管节处都进行了海流观测。据统计，从 2012 年 8 月 1 日 E10 管节处观测开始，整个基槽内共进行了超过 70 个站次观测，总观测超过 2 万个时次，涵盖了各个季节、各个槽深、各个潮期、各种环境下的海流情况。观测时段包含有小潮、中潮和大潮过程。

（2）基槽水流分析

1）西人工岛岛头海域基槽水流特征分析

首先分析西人工岛岛头基槽内海流情况。2013 年 3 月 10 日 0 时至 2013 年 3 月 21 日

0 时西人工岛岛头 5 个海流观测站位示意图如图 10-9 所示。这 5 个海流观测站位分别标注为 W1、W2、W3、W4 和 W5。所在位置的水深从 17.5m 逐渐加深到 26.5m。

从图 10-10 中 W1～W5 测点各层海流随时间的变化来看，对于水深 17.5m 的 W1，在 3 月 10～21 日时段，涨潮位相海流上下层基本一致，并随深度增加逐渐减小，无低层海流加强现象。W2，水深 19m，在 3 月 16 日、3 月 17 日和 3 月 18 日涨潮时零星出现下层海流增强现象。从水深 21m 的 W3 开始，出现低层流速增强现象。水深 22m 的 W4 和水深 26.5m 的 W5，明显出现了低层流速增强的现象，表现为落潮时上层流速大，下层流速小，而涨潮时下层流速大、上层流速小的不对称特征。

从上述 5 个站同一时段的海流观测资料分析来看，下层海流增强的现象与水深有关。水深在 20m 以浅时（W1，W2），无下层海流增强现象，水深超过 20m 后开始出现下层海流增强现象（W3），而且越往深处该现象越明显（W4，W5）。

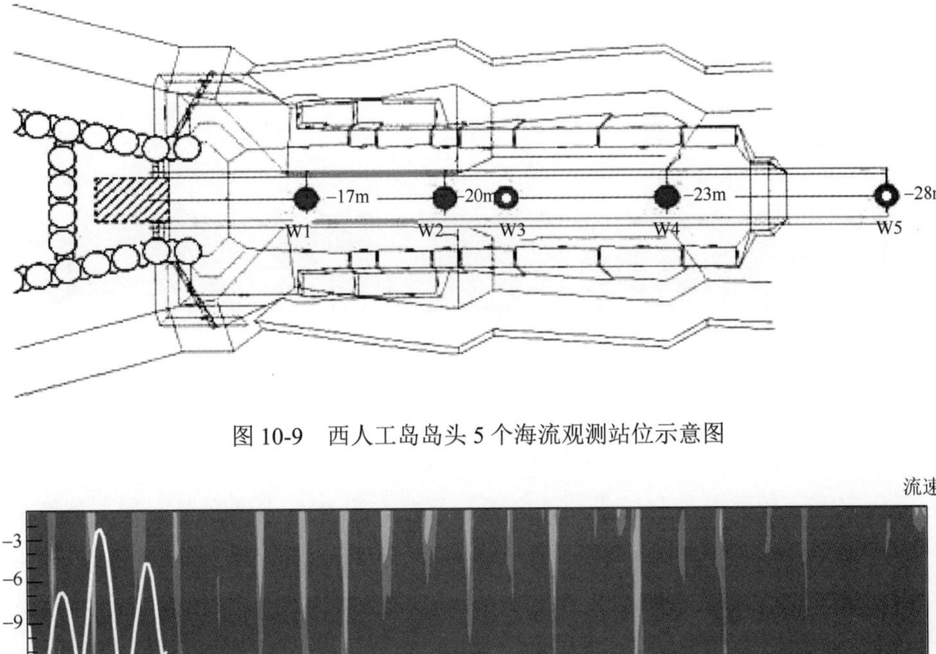

图 10-9　西人工岛岛头 5 个海流观测站位示意图

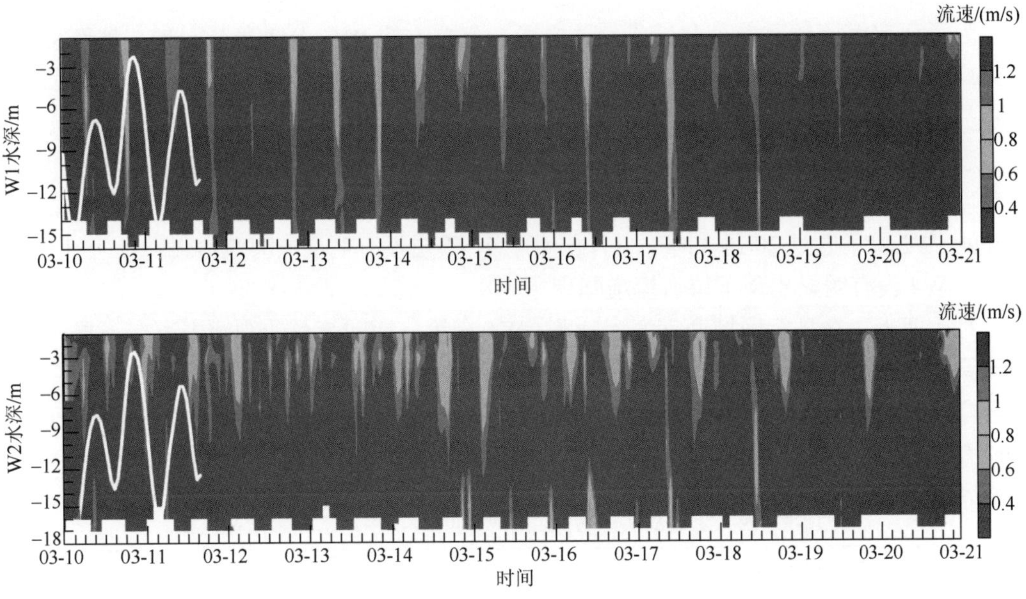

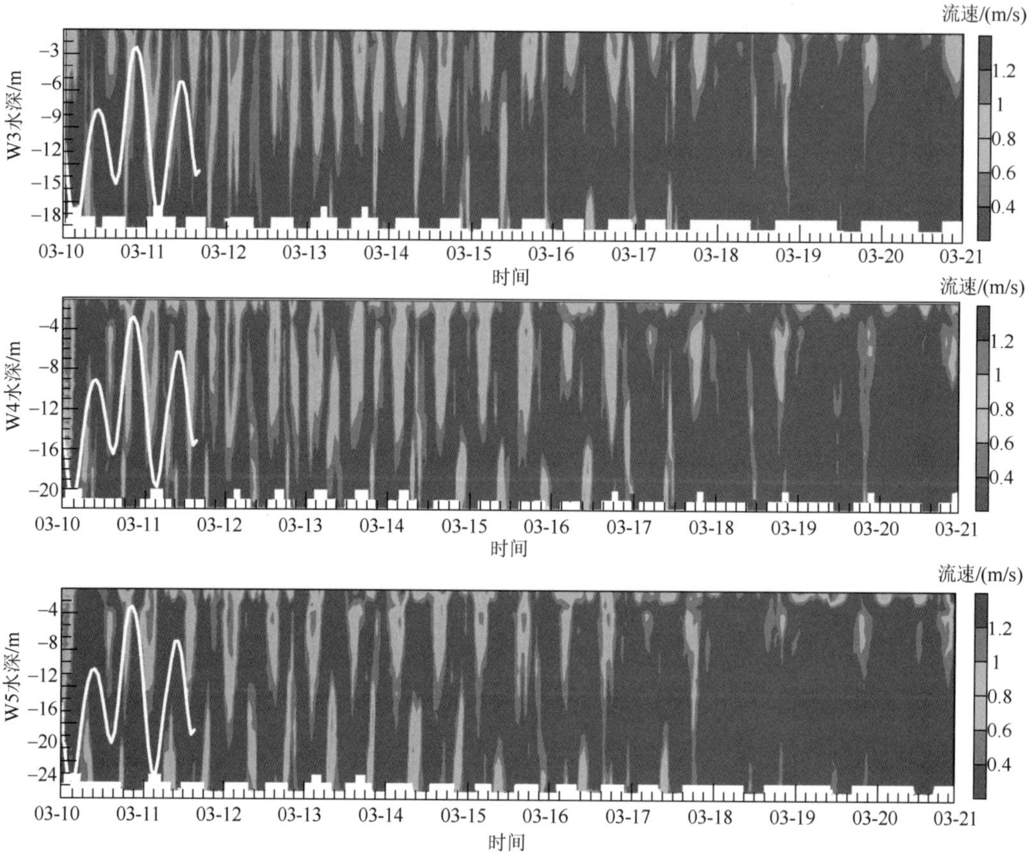

图 10-10　2013 年 3 月 10～21 日西人工岛岛头 W1～W5 测站海流的深度-时间剖面图（后附彩图）

注：曲线为工程区潮位实测值

为了研究海流的季节变化特征，对上述 5 个站中的 W1、W2 和 W4 在 5 月份又进行了第二期观测（表 10-5）。W1 站的观测时间为 2013 年 5 月 7 日 18 时至 2013 年 5 月 10 日 7 时，W2、W4 站的观测从 2013 年 5 月 15 日 0 时至 2013 年 5 月 20 日 9 时（表 10-5）。对上述三个站位的海流分析结果见图 10-11。该时段 W1 站处于大潮期，2013 年 5 月 8 日，涨潮时大流速中心位于水深 4～9m 处，而 5 月 9 日涨潮时大流速中心下移，位于水深 12～15m 处。W2 除了 5 月 20 日 3 时下层有弱流速外，下层没有明显的海流增强现象。5 月 15～20 日，W4 没有明显出现下层海流增强现象。

对比西人工岛岛头区域两期海流观测，W4 在第一期即 3 月的观测中存在下层海流增强现象，而在第二期即 5 月的观测中无下层海流增强现象。2013 年 3 月和 5 月珠江总径流量有很大的差异。3 月的径流量约为 3000m^3/s，5 月的径流量约 30 000m^3/s，几乎是 3 月径流量的 10 倍。涨潮时下层大海流不仅与水深有关，可能还与河口径流量的大小有关。

表 10-5　西人工岛岛头区域第二期观测时段、平均水深和所在位置

测站	观测开始时间	观测结束时间	平均水深/m	基槽内位置
W1	2013 年 5 月 7 日 18 时	2013 年 5 月 10 日 7 时	17.5	E1 中间

续表

测站	观测开始时间	观测结束时间	平均水深/m	基槽内位置
W2	2013 年 5 月 15 日 0 时	2013 年 5 月 20 日 9 时	19.0	E2 中间
W4	2013 年 5 月 15 日 0 时	2013 年 5 月 21 日 0 时	22.0	E4 中间

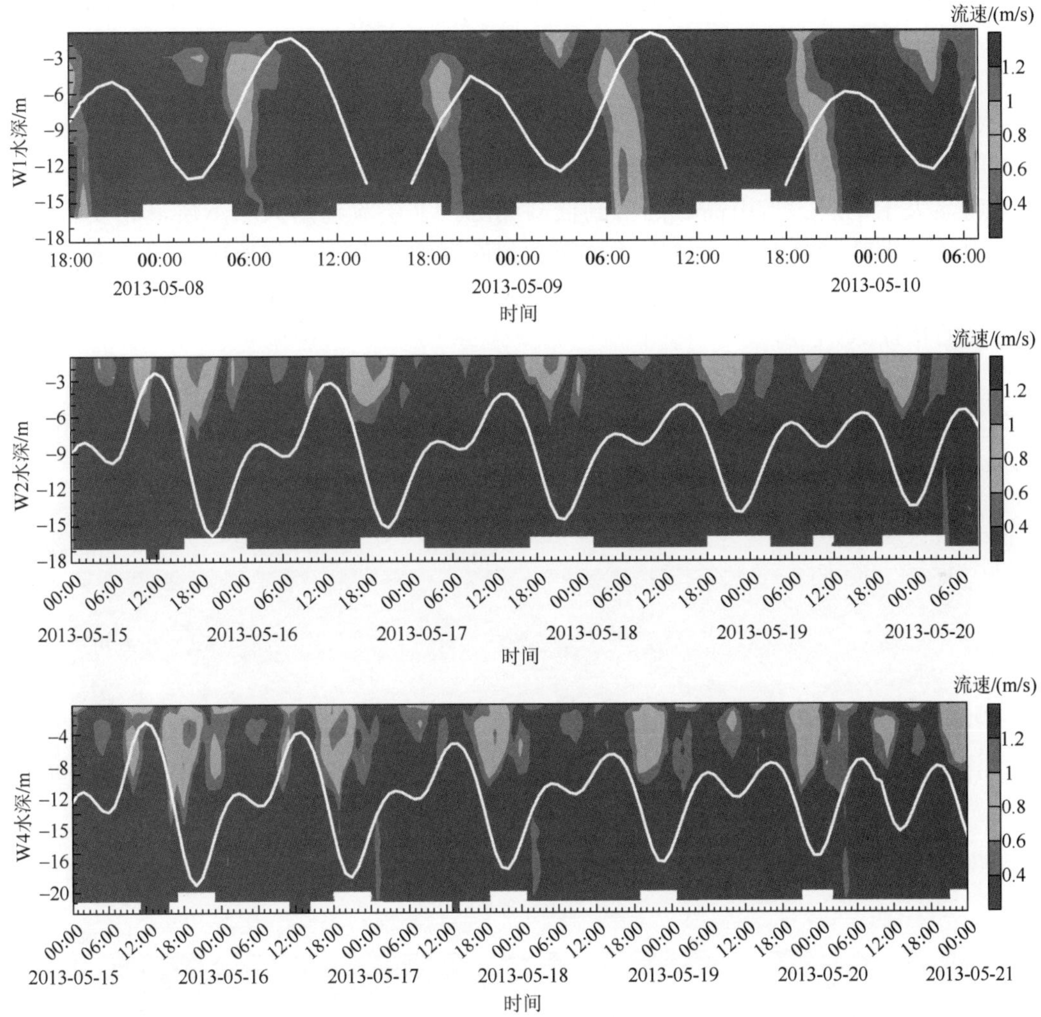

图 10-11　2013 年 5 月西人工岛岛头区域 W1、W2 和 W4 站位海流深度-时间剖面图（后附彩图）

2）龙鼓西航道附近基槽水流特征分析

随着管节施工推进，基槽深度逐渐加深，施工到隧道中部区域时，基槽深度已经由西人工岛岛头区域的 25m 左右加深到 40m 左右，而且隧道中部区域靠近主航道，基槽上的水流流速更大。下面分析隧道基槽中段的 E9 管节施工前的水流分布情况。

E9 测点距离 E8 尾端 30m，平均水深 38m，观测时间从 2014 年 1 月 18 日 14 时至 2014 年 2 月 5 日 16 时。该观测时段覆盖了小潮期（1 月 22 日 0 时至 1 月 25 日 23 时）、中潮期（1 月 26 日 0 时至 1 月 29 日 23 时）和大潮期（1 月 30 日 0 时至 2 月 1 日 23 时）一个完整的潮期过程。不同潮期水流情况如图 10-12 所示。

2014 年 1 月 22 日～25 日为小潮期。从图 10-12 中可见，落潮时大流速区位于基槽 15m 以上的表层，流速大，并随深度增加逐渐减小。涨潮时，表层的流速较小，小于 0.4m/s，大流速区位于基槽的中下部 20～30m，流速可达 0.6～0.9m/s。我们把涨落潮过程中大流速区上下交替分布现象称为潮流的“齿轮现象”。值得指出的是，基槽中下层大流速区往往发生在涨潮过程中的中间时段，这一特征对于诊断和预测低层大流速发生及持续的时间提供了重要的理论依据。

对于中、大潮期，潮流的“齿轮现象”与小潮期时类似，但上下层流速更大、持续时间更长，此现象更明显。当处于高潮位时，潮位由高高潮落到低低潮时，上层流速明显大于下层。当由高低潮落到低高潮时，上层流速略大于下层，相反涨潮时无论由低低潮涨到高低潮还是由低高潮涨到高高潮都有下层流速明显大于上层的现象。相比中、小潮期，大潮期下层流速更大。大潮期，大流速区还存在从低层向表层传播的特征。

上述分析表明基槽内下层流速增大的现象不仅与水深有关，还与高低潮差有关，高低潮差小的情况下基槽下层水流流速增大很小或几乎不增大，而当高低潮差大的时候基槽下层水流流速增大明显。

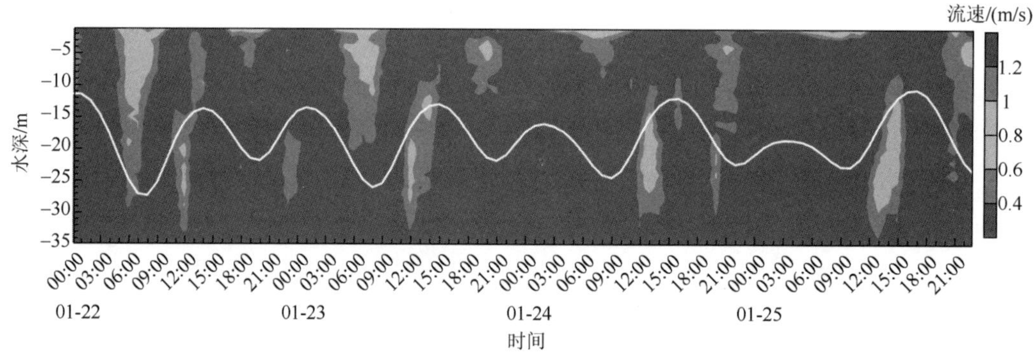

(a)小潮期

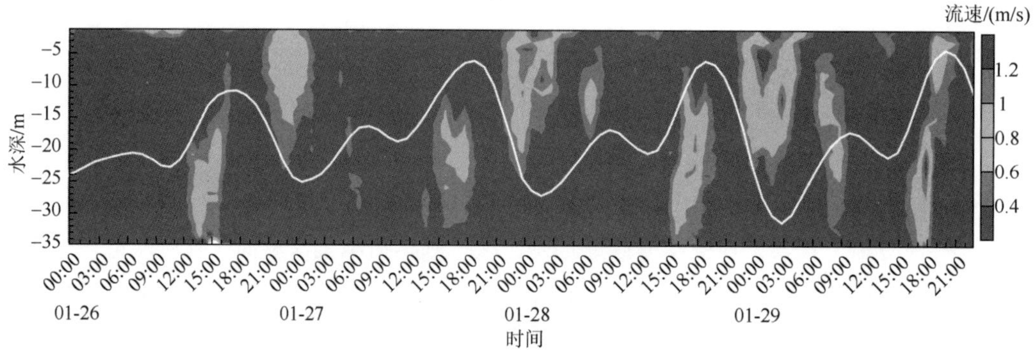

(b)中潮期

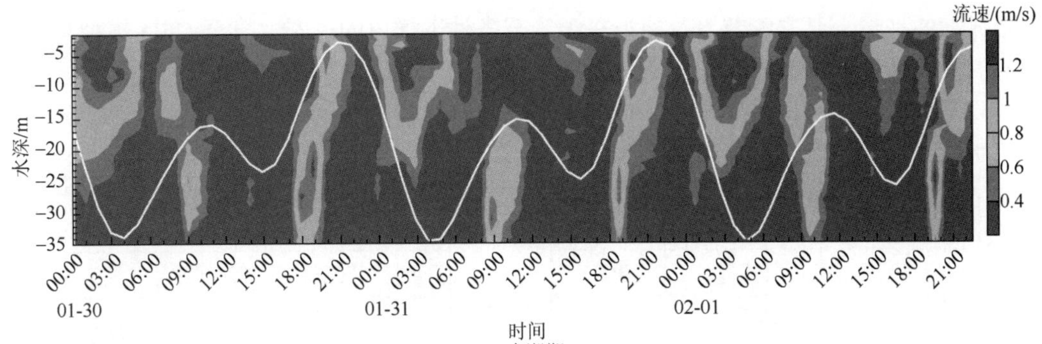

(c)大潮期

图 10-12　E9 管节测点 2014 年 1 月 22 日至 2 月 5 日水流的深度-时间剖面图（后附彩图）

（3）深基槽海流不对称形成的机理

图 10-13 为涨落潮时的上下层水流概念模型。落潮时由于上游河流的淡水输入，深基槽上层的海水密度小于下层的密度，流速从表面随深度逐渐减小（图 10-13a）。涨潮时，当外海输入的高密度海水进入低密度的深基槽区，在重力作用下，海水沿深基槽边坡下沉，逐渐向基槽内推进，使得下层流速增大（图 10-13b）。图 10-14 是涨落潮时深基槽实测流速随深度变化。由图 10-14 可知，涨潮时底层最大流速是表层流速的 2 倍（图 10-14a）。

综上所述，基槽内水流特征可以概括为：落潮时深基槽上层流速大、下层流速小；涨潮时，深基槽下层流速大于上层流速。深基槽内流速垂向不对称分布与水深、径流量和高低潮差有关。

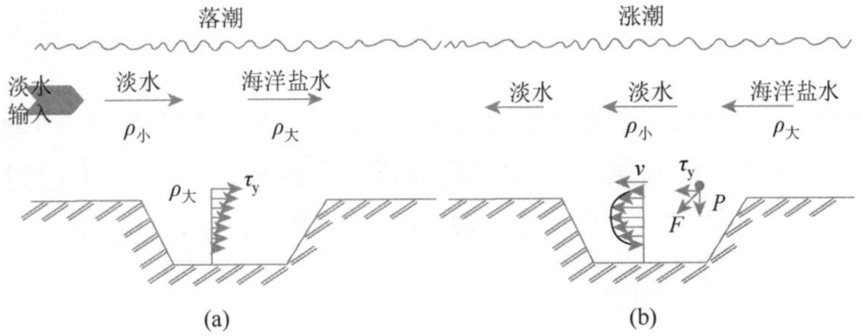

图 10-13　涨落潮时的上下层水流概念模型

当水深较浅时（小于 20m），基槽内涨潮时无下层流速大的现象，而是表现为上下层均匀的南北向往复流；当水深较深时（大于 20m），涨落潮深基槽内最大流速层出现上下交替变化特征，并随着槽深增加，这种现象越明显。

当珠江流域处于枯水期（小径流量）时，河口淡水和外海咸水随涨落潮过程交替变换可达基槽海域，因此深基槽“齿轮”现象明显。当珠江流域处于丰水期（大径流量），淡水和咸水交替区在基槽以南，淡水完全充满整个深基槽，缺乏产生密度流的条件，因此“齿轮”现象消失。深基槽的“齿轮”现象，大潮期比小潮期显著。

（4）深基槽水流模拟

本次计算将根据国家海洋环境预报中心给出的流速剖面，重建 E10 管节计算模型，包括详细的地形、已安管节等，模拟在无管节条件下槽内的流态，直至 CFD 模型与预报中心的模式计算结果匹配。

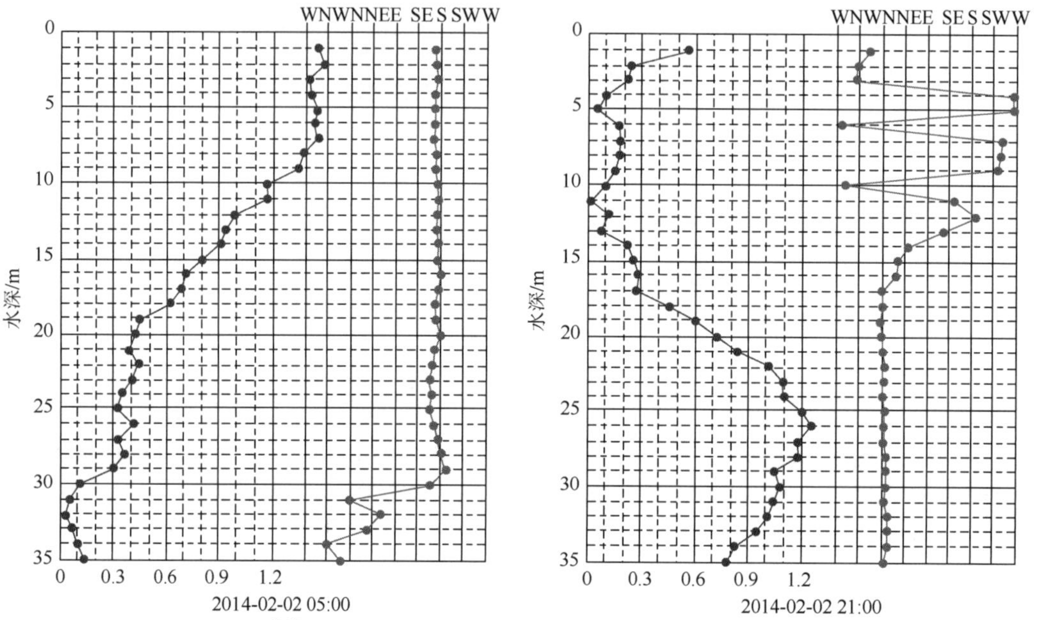

(a) 落潮 (b) 涨潮

图 10-14 涨落潮时深基槽实测流速随深度变化

1）坐标系定义

驳船和沉管在沉管纵向和横向受力情况及其在水平面内的弯矩，分别表示为 F_x、F_y 和 M_z。受力的方向以纵向沉管首部方向为正，横向左舷为正；水平转矩垂直向上为正，转矩参照点为坐标原点。对于流向为 180°和 90°的工况，由于流场对称，转矩应为零。

2）建立流场模型

在匹配模型中加入管节模型，对基槽内的流场变化进行分析，并考虑不同流速剖面作用下管节的流场变化情况。

鉴于本项目在模拟深基槽区流场、沉管流载荷方面的特殊性，需要解决以下技术难点：①基于实际海底地形数据，建立三维流域模型；②实现非均匀速度、密度入口边界输入。根据国家海洋环境预报中心获得的深基槽区域海底地形数据，对密集、不整齐的点云数据进行了整理取点，通过型线生成、放样、细节修补、三维拓展等手段获得了三维计算区域的几何模型。

3）结合三维地形模拟非均匀流场

针对非定常非均匀的速度与密度入口边界需求，开发了离散插值输入的边界处理方法，利用该方法，成功读入基于实测流场数据的速度和密度信息。

在深水深基槽区域，根据实测数据可能存在流速较大的异重流。然而，基于常规的单向流求解器无法模拟盐淡水混合流动的流场特征。为此，本项目基于 OpenFOAM 和 Starccm + 程序包开发了密度-速度耦合求解算法，并成功应用于实际流场的模拟。流场模拟结果如图 10-15 所示，采用均匀密度模型获得的流场结果严重低估了深水、深基槽区域的流场速度，无法准确预报深基槽区域沉管流载荷。

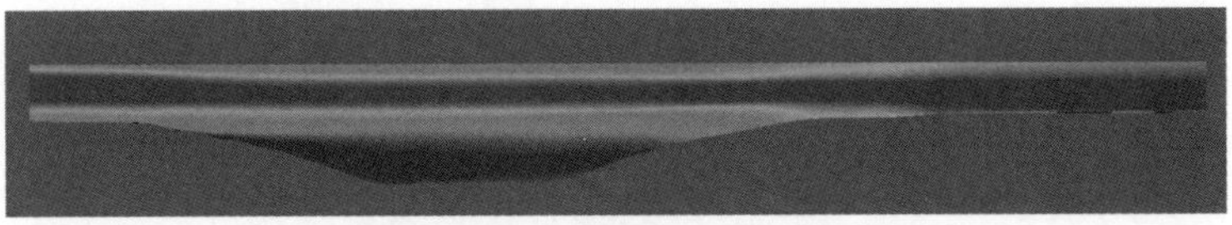

(a) 均匀密度模型流场模拟结果

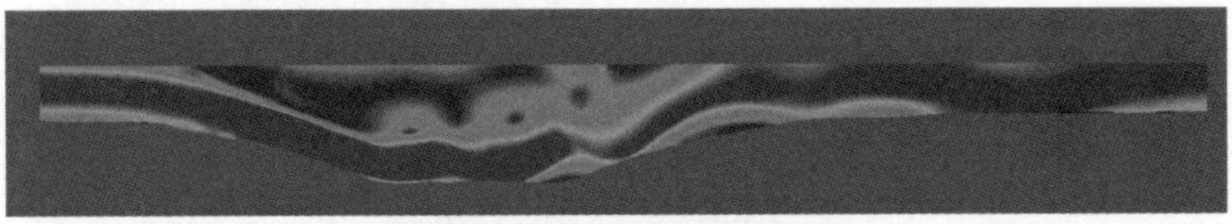

(b) 非均匀密度模型流场模拟结果

图 10-15　流场模拟结果

4）对比实测结果

图 10-16 为深基槽区域流场模拟结果与实测结果对比，采用非均匀密度剖面计算模型能够成功匹配实测流场。可见，珠江入海口深水深基槽区域流场对于密度分布极其敏感，在流载荷模拟过程中，必须考虑密度剖面的影响。无管节的流场模拟见图 10-17。

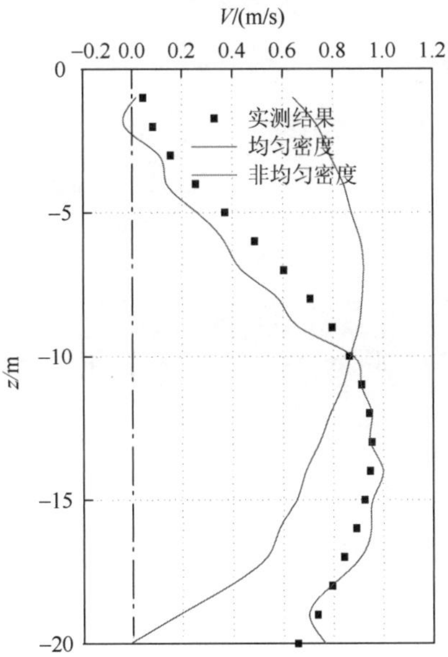

(a) POS X=145m, Y=−100m

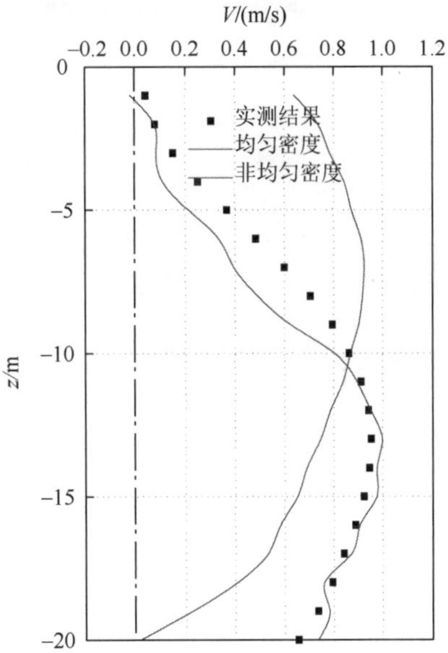

(b) POS X=150m, Y=−100m

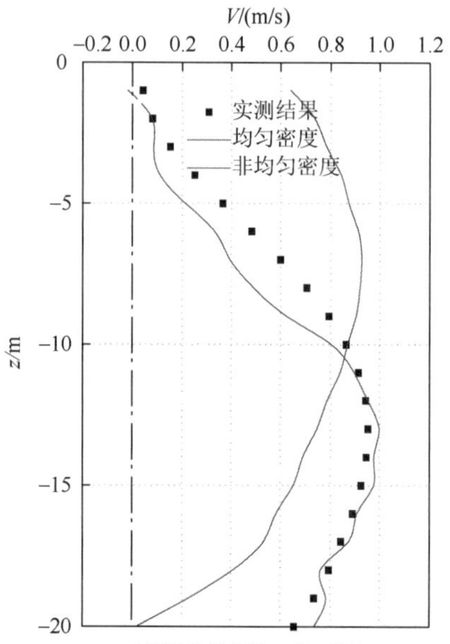

(c) POS X=155m, Y=−100m

图 10-16　深基槽区域流场模拟结果与实测结果对比

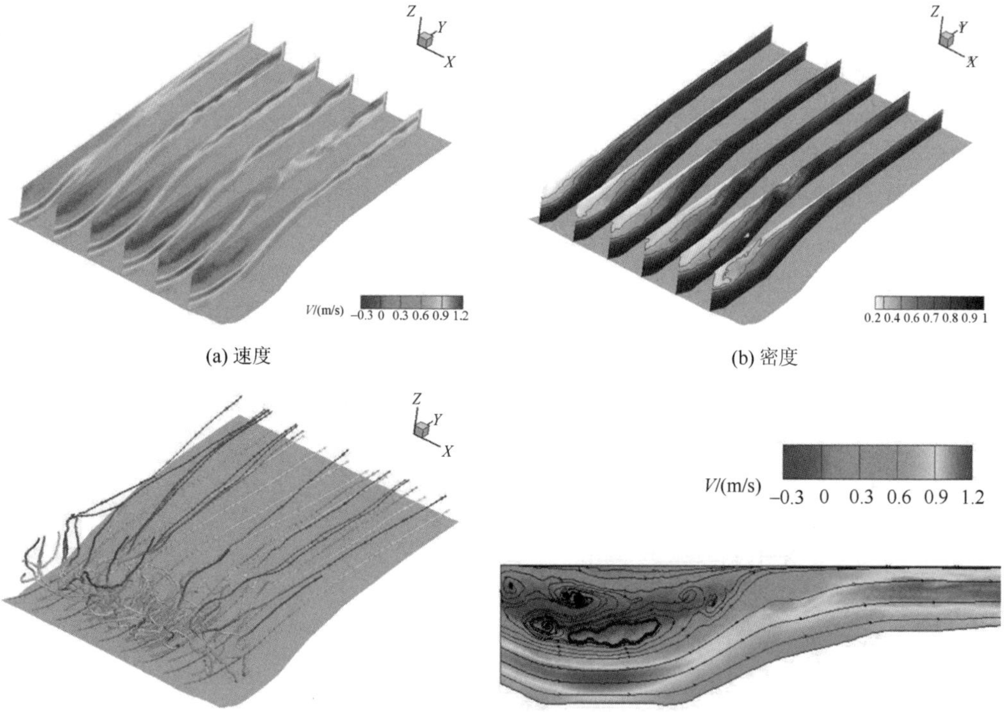

(a) 速度　(b) 密度　(c) 流线1　(d) 流线2

图 10-17　无管节的流场模拟

5）E10 管节对深基槽流场的影响

对于 E10 管节距海底 1m 的情况，深基槽的流场模拟如图 10-18 所示。

2. 关键技术

关键技术包括深基槽两相水流模型构建、三维结构的分析及解析。

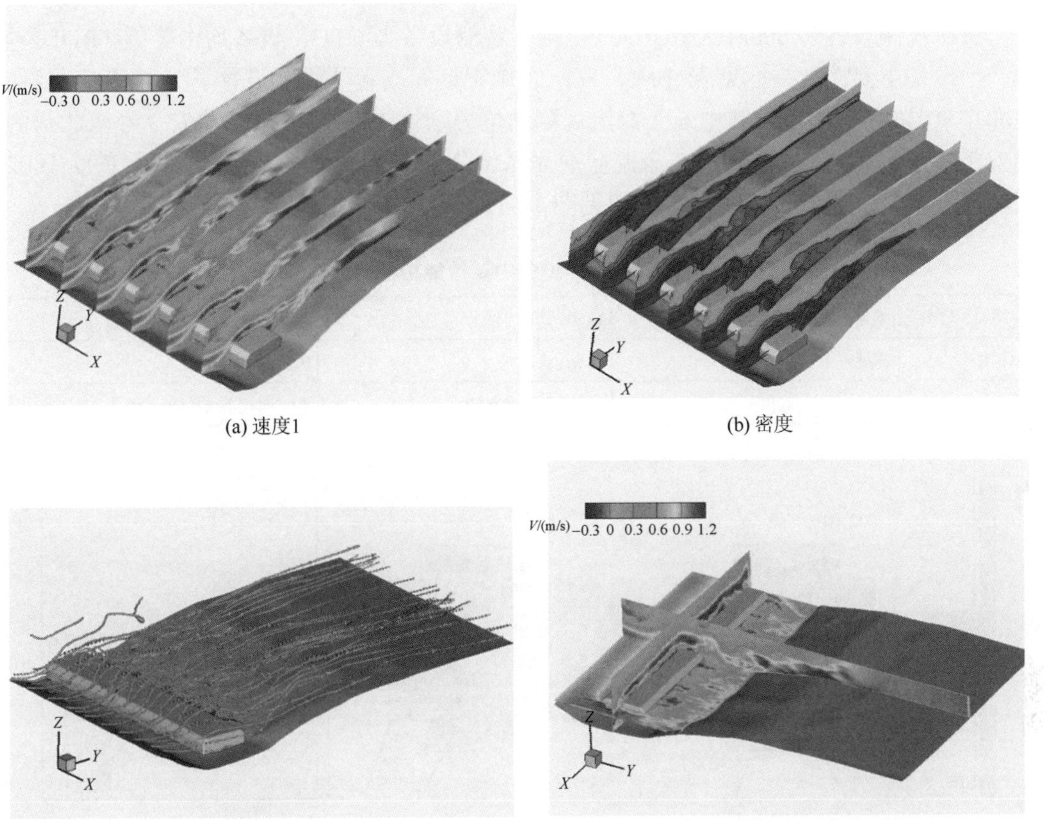

(a) 速度1　(b) 密度

(c) 流线　(d) 速度2

图 10-18　E10 管节距海底 1m 时深基槽的流场模拟

10.4.3　外海沉管安装对接窗口预报系统

为了在沉管安装过程中实时掌握周围海洋环境变化，研发了外海沉管安装对接窗口预报系统。该系统主要由移动式海流实时监测系统和基槽三维海流预报系统组成。在实时精细化动态监测管节周围的海洋环境要素基础上，利用径流、潮汐、海流耦合技术，采用多重网格嵌套方案和参数化方案，使用海流临近预报方法，实现了外海深基槽全断面逐时高精度的海流预报，有效地保障了外海深基槽大型沉管的精准对接。

1. 主要研究内容

（1）移动式海流实时监测系统

基槽管节附近的移动式海流实时监测系统，利用高精度的海流及温盐观测设备，实时监测浮运安装过程中管节周边的海流状况。基槽内海流、温盐观测，采用坐底方式，避免了观测平台的摆动对海流观测精度的影响。这些观测设备通过数据传输网络形成了一个集成化的数据实时显示平台，其数据的时间分辨率达到了分钟级，数据的显示快速准确。这些观测为基槽三维海流数值预报系统及临近预报系统提供初始值和检验数据。

1）设备选择及站位布置

海流观测设备为600kHz型ADCP，温盐观测设备为CTD，设备均由美国TRDI公司生产，设备主要性能指标见表10-6。在沉管施工期间，管节周围设置了5个海流观测站位和2个温盐观测站位，其中5个海流观测站位分别位于潜水船386、津安3号南北两侧、津安2号南侧和测量船1002；2个温盐观测站位分别部署在津安2号北侧和测量船1002。移动式海流实时监测系统站位布局图见图10-19。

表10-6　设备主要性能指标

传感器	测量要素	测量范围	准确度
ADCP	流速、流向	±5m/s	0.3%±0.3cm/s
CTD	海水温度、盐度	−5～+35，0～50	T = 5‰、S = 0.5‰

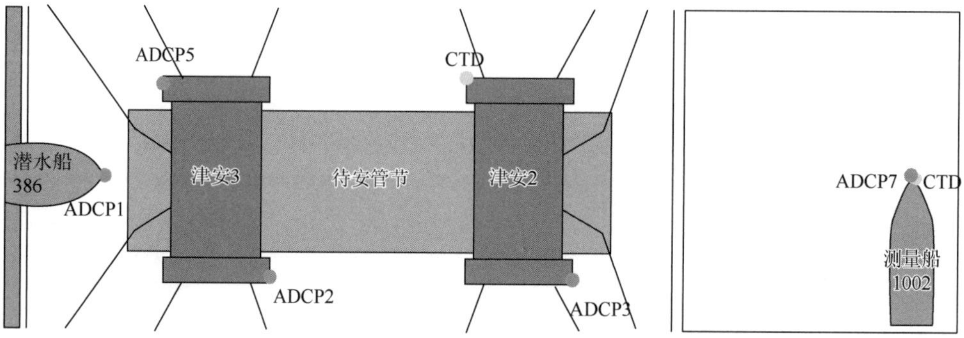

图10-19　移动式海流实时监测系统站位布局图

2）观测时间

管节浮运至基槽沉放位置，完成系泊后，移动式海流实时监测系统开始工作，实时监测整个沉管施工过程中的海流及温盐变化，为临近预报、施工决策提供数据支持。管节沉放、拉合和水力压接安装工作顺利完成后，该系统停止运行。

3）数据传输

施工过程中需要海流和温盐数据的实时处理及显示，因此观测数据通过电缆或无线方式实时将数据从测量仪器上传到现场指挥船上。管理监控中心主要由通信机、双频无线网桥和高增益天线组成，可完成数据接收处理和存储。各采集点主要由数据采集器和无线网桥组成，数据采集器将数字信号转换为TCP/IP网络数据信号，通过无线网桥设备将各采集点信号传回管理监控中心。数据传输程序和数据接收程序配套使用，实现数据传输的速率可控、稳定可靠。

4）数据分析与显示

数据规范化存储程序：将数据接收程序接收的观测数据按照数据类型、观测时间分类规范化存储，提供给用户和数值模式的相关接口。ADCP数据可通过WinRiver软件进行海流数据后续处理。

产品集成系统提供实时观测和预报结果的分析与显示，便于日常及沉放安装使用。港珠澳大桥岛隧工程海洋环境预报保障的信息服务平台，实时提供工程区海洋气象保障信息的查询、分析和显示。

系统的建设流程如下：搭建显示平台，收集观测数据；后方测试显示平台；现场安装、测试显示平台；管节沉放作业现场观测、预报数据显示；系统的完善。系统主要包括服务器端SERVER和浏览器BROWSER。平台以C#为主要开发语言，以.NET和Flex技术体系作为主要技术支撑，通过Flex建立客户端表达层，Web Service建立服务器端的业务逻辑层，通过SDE（数据库引擎）建立与数据库的连接，从而构建面向异构环境的网络应用服务的体系结构。用户只需使用标准的浏览器就可以访问和浏览系统提供的海洋环境观测与预报信息，包括观测数据查询、预报数据查询、时间序列统计、下载打印等功能。

（2）基槽三维海流预报系统

基槽三维海流预报系统主要由基槽三维海流数值预报系统和临近预报系统组成。其中基槽三维海流数值预报系统主要在施工前10d运行，开展海流等要素的数值预报，输出各类图形化和数据化的保障产品；临近预报系统主要用于现场保障期间对于数值预报系统的订正和更新，进一步提高预报产品的精度。

1）基槽三维海流数值预报系统

基槽三维海流数值预报系统针对外海沉管对接过程中对海洋环境预报高精度的要求，通过现场观测、卫星资料等多源数据集搭建数值模式预报系统，采用多重网格嵌套方案、浪潮流耦合和最优化的参数化方案等技术，提高了整个预报系统的预报精度。

①数值预报模式

数值预报模式采用ROMS模式，它是一种近年发展起来的三维、自由海面和基于地形跟随坐标的非线性斜压模式，也是一种被科学界广泛使用的自由表面、地形跟随坐标系、原始方程的海洋模式。它可以模拟不同尺度的运动，如全球尺度的环流模拟、中尺度涡旋和河口环流等。该模式还包括生物地球化学、生物光学、沉积物和海冰模式。该模式主要特点包括：Split-explicit计算方案、余弦型时间滤波和三阶蛙跳格式，水平方向采用正交曲线坐标的Arakawa C网格，垂直分层则有s坐标和地形跟随坐标可供选择；以Bulk-parameterization为基础的海气交换边界层方案；垂直混合方案包括Mellor和Yamada、GLS参数化方案和KPP方案；支持干湿网格。该模式可以模拟带自由面的水静力学海洋环流，确定表面波对底部应力和底部粗糙度的影响参数。

②模式区域

为了提高外海沉管安装对接窗口预报系统的预报精度，基槽三维海流数值预报系统必须采用极高的空间分辨率网格。因此数值预报模式的区域采用了多重网格嵌套方案，与珠江口数值预报模式进行嵌套，在提高网格空间分辨率的同时又节约了计算时间。数值预报模式的区域尺寸为1400m×640m（图10-20）。随着工程的推进，该区域的地形和范围也将会随之调整。该区域所使用的地形数据是根据现场测量得到的水深数据并进行插值。水平的分辨率为1/21600°×1/21600°（5m×5m），垂向分为20个σ层，并对中下层进行了加密。

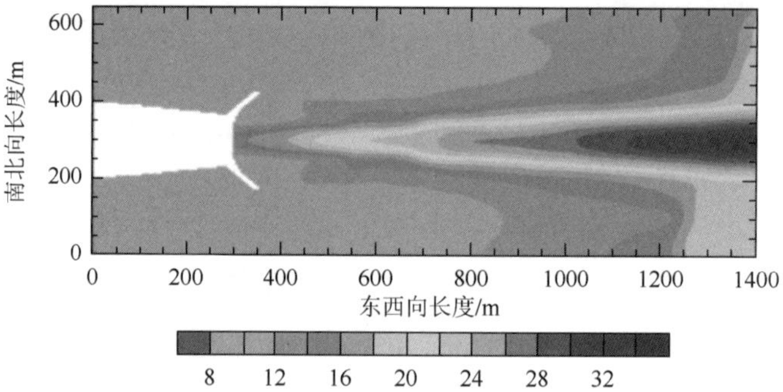

图 10-20　数值预报模式（单位：m）

③模式边界

基槽三维海流数值预报系统通过多重网格嵌套以后，边界条件由珠江口数值预报系统提供。所需要的潮汐边界、河流边界和大气强迫场条件均由上层系统提供。

④浪潮流耦合

本项目采用了 ROMS 模式并双向耦合 SWAN 波浪模式，将波浪模型生成的波高、波向、波周期、波长、波浪破碎和波浪耗散数据传送到 ROMS 水动力模型，ROMS 水动力模型将深度平均的 u 和 v 流速场、水位和水深数据反馈给波浪模型。SWAN 波浪模式基于波能守恒方程，包含了波浪空间的传播、由流场和水深变化引起的波浪折射、波浪向浅滩的传播和波浪的反射及衍射。SWAN 波浪模式还考虑了波浪的生长和衰减过程：风浪生长、波浪破碎对能量的耗散、波浪白帽的能量耗散、底摩擦效应和波-波相互作用。

ROMS 模式根据 Madsen 的底边界层内的波流相互作用计算波浪跟流场作用产生的底切应力和流场的变化，而风浪的辐射应力对流的作用和风浪引起的湍混合没有在模式中考虑。

SWAN 波浪模式的风场使用了 6h 一次的 GFS 风场数据。波浪的作用只是体现在边界层中，海表面的波浪辐射应力对环流的影响并没有考虑，最终水动力模型使用气候态风场，波浪模型使用 6h 风场。

⑤参数化方案

模式网格是对连续的物理空间进行离散化处理，并由动力方程式对离散后的时间、空间进行求解，因此小于模式网格的物理过程（如扩散、黏性、三维涡流和内波破碎等）需要进行参数化处理，从而将这些过程引入到模式中来。

ROMS 含有多种方案来求得垂向黏性和扩散系数，包括：①简单地给定数值；②KPP 方案；③Generic Length Scale（GLS）方案；④Mellor-Yamada 湍流闭合方案。经过多次数值实验，基槽三维海流数值预报系统采用了 Mellor-Yamada 湍流闭合方案。

2）临近预报系统

临近预报是利用现场实时监测的海流数据通过回归分析的统计方法来订正数值预报系统的预报结果，从而提高海流的预报精度。由于模式预报通常都是在施工前一个星期做出的，不能不考虑这一个星期的最新观测，而临近预报正好可以弥补这个缺点，为施工提供更好的预报结果。

（3）基槽三维海流预报系统的检验

图 10-21 是选取 2015 年 4 月 11 日 0 时～5 月 5 日 23 时的潮位和流速对模式进行检验

的结果。由图 10-23 可知，模式计算的潮位平均误差为 0.08m，10m 以上平均流速的平均误差为 0.086m/s，模式的预报精度较高。另外，珠江口的潮位变化存在明显的日不等现象，且珠江口的潮流在外海潮波、地形条件及珠江入海水流强度的共同影响下，形成涨、落潮

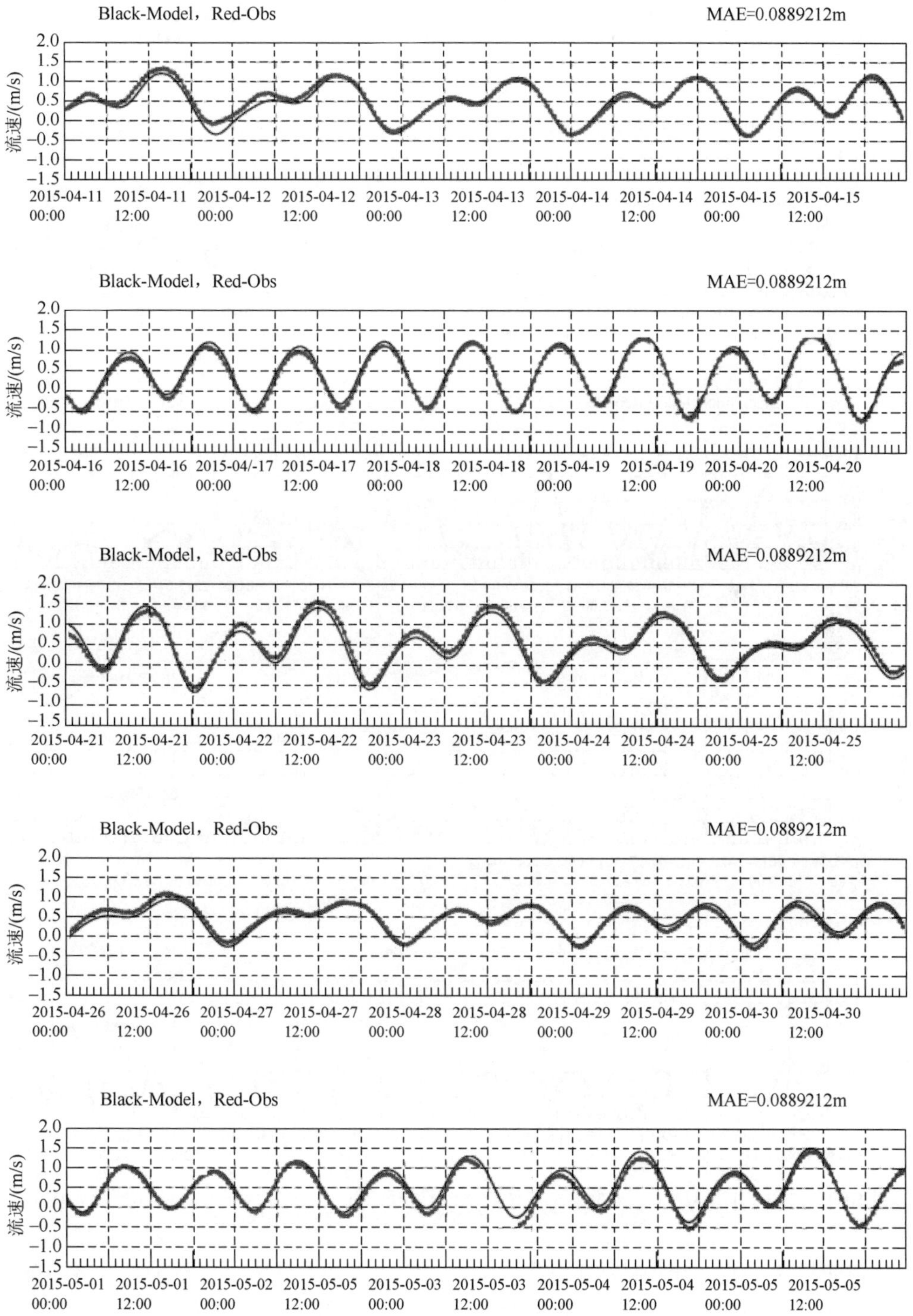

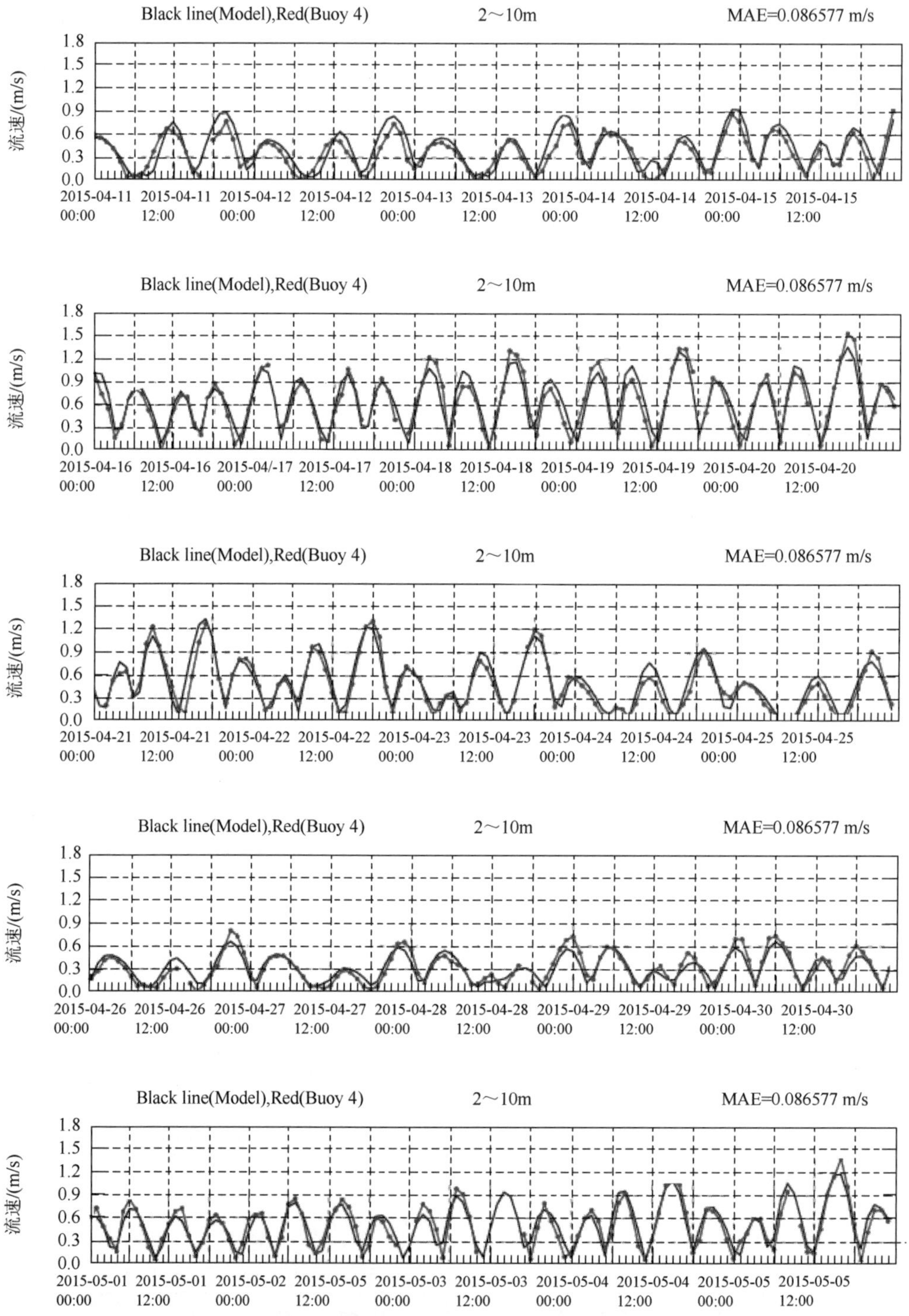

图 10-21　2015 年 4 月 11 日 0 时～5 月 5 日 23 时潮位（上）、流速（下）检验（后附彩图）

流不对称的特点，在大潮时期表现更为明显。大体上落潮流速大于涨潮流速，落潮持续时间长于涨潮时间。总的来说，模式的预报精度较高，能较好地反映整个海区的水动力特征。

（4）基槽三维海流预报系统的产品与应用

自从 E1 管节之后，基槽三维海流预报系统就开始研发并投入业务化试运行。每次沉管管节安装前 7d 提供 GFS 风场驱动的基槽三维海流预报系统的结果，提供的预报产品和要素主要有以下几种。

1）基槽单点流速随深度和时间变化

图 10-22 是基槽单点流速随深度和时间变化剖面图，其中曲线代表潮位，填色图代表流速，可以看到该基槽三维海流数值预报系统较好地模拟涨潮阶段底部流速增大的现象。

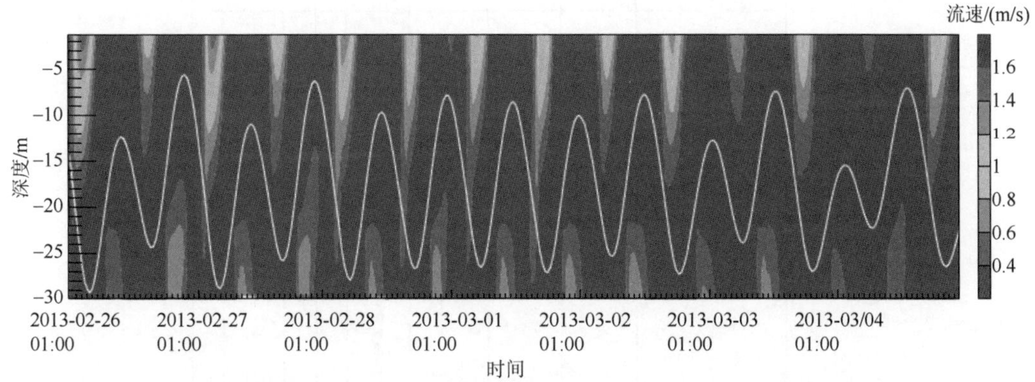

图 10-22　基槽单点流速随深度和时间变化剖面图（后附彩图）

2）基槽对接窗口产品

图 10-25 是基槽对接窗口产品，该产品的上方曲线为表层流速，下方曲线为底层流速，黄色区域代表的是表层和底层流速均小于 0.5m/s 的适合对接施工的窗口期。

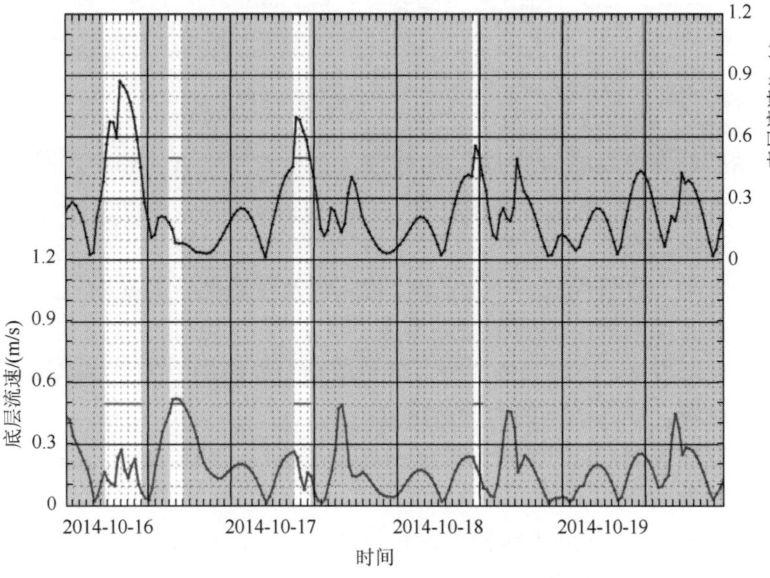

图 10-23　基槽对接窗口产品（上为表层流速，下为底层流速）（后附彩图）

3）基槽单点流速廓线

图 10-24 是基槽单点流速廓线，其中左线为流速，右线为流向。可以看到该预报系统较好地模拟了外海深基槽区域在涨潮时底层流速增大的现象。

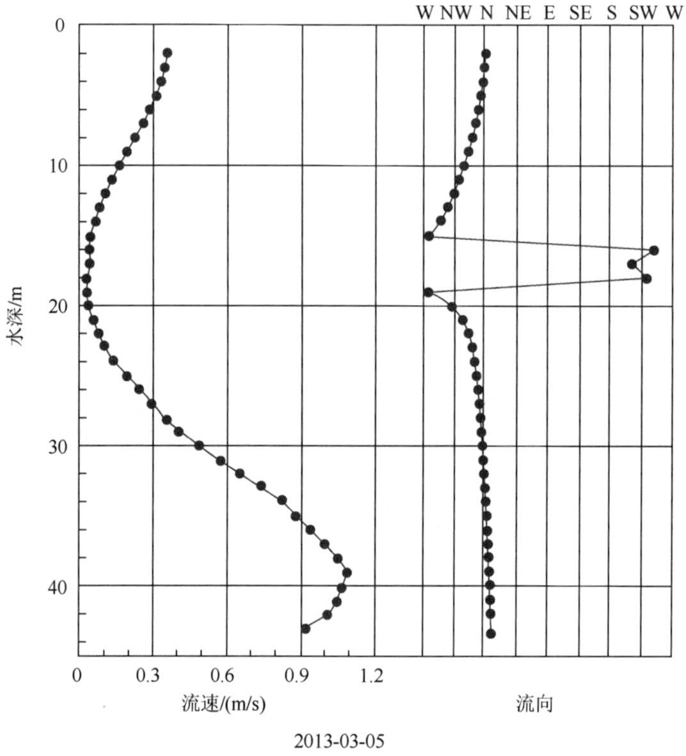

图 10-24　基槽单点流速廓线

2. 关键技术

①利用高精度的海流及温盐观测设备，建立了基槽管节附近的移动式海流实时监测系统，其数据的时间分辨率达到了分钟级，数据的显示快速准确，能够实时监测浮运安装过程中管节周边的海流状况。

②基于三维水动力数值模式，开发了浪、潮、流及径流耦合的基槽三维海流数值预报系统，提高了对外海深基槽海流的模拟能力。

③多重网格嵌套方案，使得基槽三维海流数值预报系统的空间分辨率达到了米级，时间分辨率达到小时级，提高了系统的预报精度。

④优化的参数化方案，实现了对高分辨率海洋数值模式表层混合方案的优化，提高了数值模式的预报效果。

⑤海流临近预报，基于观测资料和统计回归模型来订正基槽三维海流数值预报系统的预报结果，进一步提高了预报精度。

10.4.4　珠江口异常波监测预警系统研发与应用

为了实时掌握异常波发生状况，避免异常波对管节和施工船只的影响，研发了珠江口异常波预警系统。通过异常波观测系统、异常波识别系统和异常波预警系统三个部分实现异常波预警功能。珠江口异常波监测预警系统组成见图 10-25。

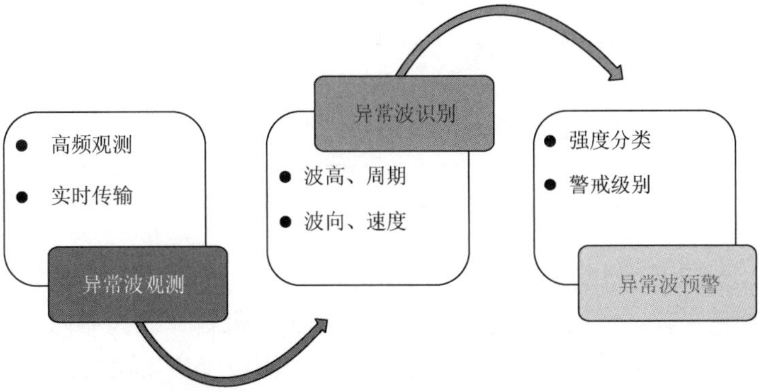

图 10-25　珠江口异常波监测预警系统组成

平静水面突然发生较大幅度的上下振荡（波高＞0.6m，周期＞6s），短时间水位又恢复平静，这种振荡称为异常波。异常波的特点包括：①时间上不连续、突发性；②空间上非均匀性；③演变方式为跃变（波高突然增大、周期突然增长）。

1. 主要研究内容

（1）异常波观测系统

由于异常波的特征，常规观测仪器在时间、空间尺度上无法满足异常波浪观测要求。

1）观测仪器

为了对异常波浪进行预警，需要对波高、波周期、波向等波浪参数进行观测，仪器主要性能指标见表 10-7。

表 10-7　仪器主要性能指标

仪器	测量要素	测量深度	测量频次/s
波潮仪	波高、波向、波周期	海表	0.5
波浪浮标	波高、波向、波周期	海表	0.5
浪龙	波高、波向、波周期	海表	0.5

2）异常波观测网的设置

为了合理有效地设置观测网，首先进行了前期观测，以了解异常波的传播特征。前期观测共分 2 期，2015 年 9 月 29 日～10 月 17 日浪龙共捕捉到 9 次较明显的低频大波（表 10-8），其中 7 次来自北北东方向（由北北东向南西南方向传播），1 次来自北向，1 次来自西南方向（风浪，非异常波）。由此判断这段时间的低频大波主要是来自北北东方向的异常波。

表 10-8　9 月 29 日～10 月 17 日浪龙观测的异常波特征（周期、波高、浪向）

时间	周期/s	波高/m	浪向（来向）
09-30　14:52	6.7	1.1	北北东
10-02　18:02	7.5	2.0	北北东
10-06　17:16	8	1.0	北北东
10-07　14:27	6.5	1.0	北北东
10-10　10:59	7.7	1.2	北北东
10-10　15:59	12	1.4	北北东
10-14　07:59	11	0.8	北
10-16　07:59	8	0.9	北北东

2015 年 10 月 17 日～11 月 17 日浪龙共捕捉到 14 次较明显的低频大波（表 10-9），其中 7 次来自南西南方向，4 次来自东北偏北方向，2 次来自北北西方向，1 次来自北北东方向。初步判断这段时间的低频大波主要是来自南西南方向的涌浪。

表 10-9　10 月 17 日～11 月 17 日浪龙观测的异常波特征（周期、波高、浪向、持续时间）

时间	周期/s	最大波高/m	浪向（来向）	备注
10-17　16:46	8.3	0.6	南西南	涌浪，持续 2h
10-18　03:30	9	0.6	南	涌浪，持续 2h
10-19　04:00	9	0.5	西南	涌浪，持续 2h
10-20　11:50	6.7	0.8	西南	涌浪
10-22　07:47	5.9	0.6	北北西	持续 5min
10-23　16:15	6.7	0.6	北	持续 10min
10-25　07:24	11	1.0	东北	持续 5min
10-25　09:29	7.3	0.8	东北	持续 10min
10-27　07:53	7	0.5	偏北	持续 5min
10-27　07:53	7.7	0.8	北北西	10min 多个波群
10-31　15:00	8	0.7	西南	涌浪，持续 1.5h
11-06　11:35	5.9	1.3	北北东	持续 5min
11-10　13:56	9	0.6	西南	涌浪，持续 40min
11-12　14:36	8	0.5	西南	涌浪，持续 20min

根据施工海域观测的异常波发生和传播特征（表 10-8 和表 10-9），可以看出，突发性、持续时间较短（一般在 10min 以内）的异常波都是自北向南传播，而由南向北传播的波动具有连续、持续时间较长（一般在几小时以上）的特点，并且均由涌浪引起。

根据前期观测结果，建立由波潮仪和波浪浮标组成的异常波观测网，观测时间频次为 0.5s、数据即时传输。在沉管施工海域设置了 2 个波潮仪观测站位和 1 个波浪浮标观测站位。其中 2 个波潮仪分别布放在 E18 管节、E26 管节北侧 500m 的海上平台，波浪浮标布放在 E26 管节北侧约 7km，波浪浮标和波潮仪为长期连续观测。珠江口异常波监测预警系统实时观测网布局图如图 10-26 所示。

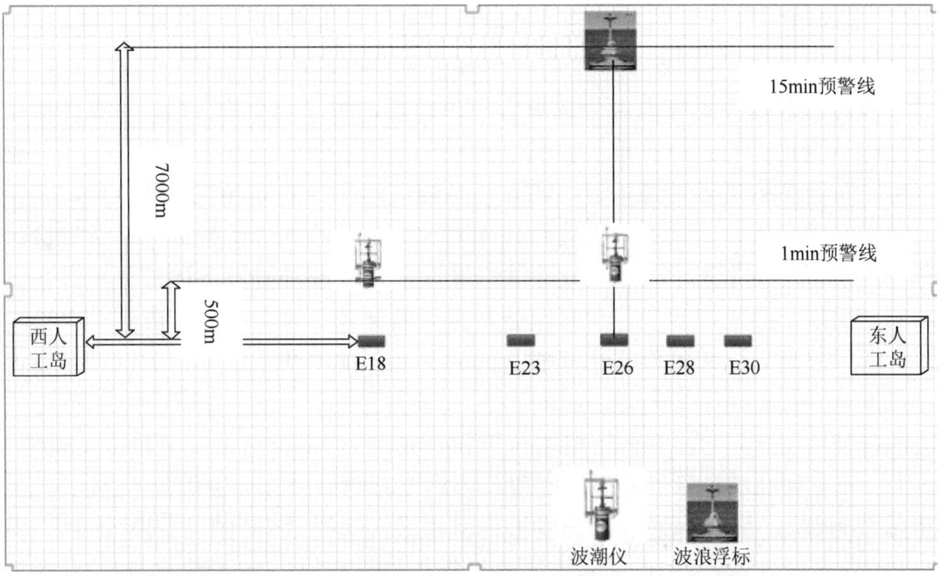

图 10-26　珠江口异常波监测预警系统实时观测网布局图

3）数据传输

施工过程中需要实时监测施工海域的异常波浪特征，波潮仪和波浪浮标通过电缆或无线方式将数据实时传输至营地值班室和现场指挥室异自动存储、处理，数据传输间隔为 1min。数据传输示意图见图 10-27。

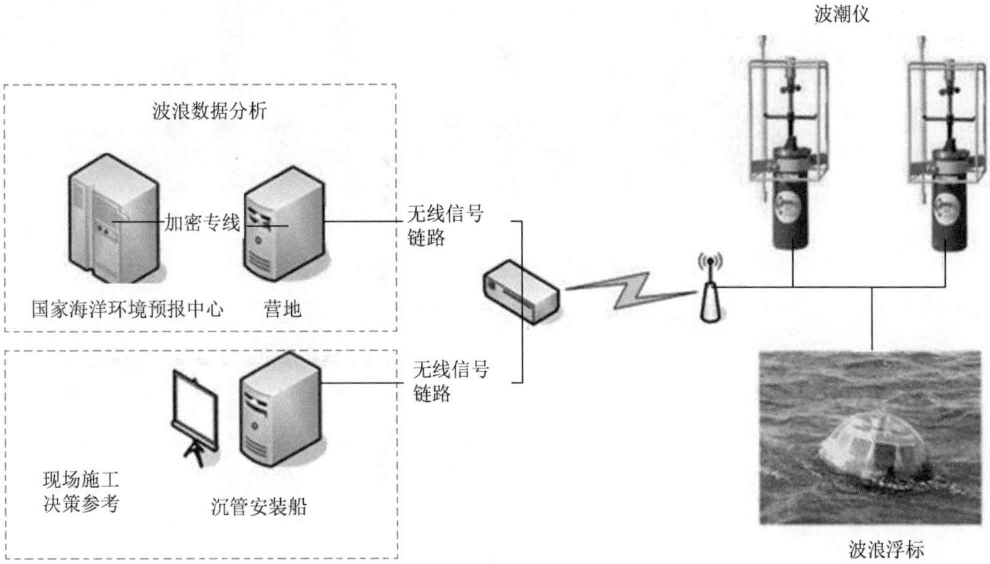

图 10-27　数据传输示意图

（2）异常波识别系统

异常波预警将波潮仪和波浪浮标观测的资料通过线缆或网络实时传输到中心和工区服务器存储后，首先对资料进行质量控制、格式转换等预处理，然后对波浪数据进行时域、频域分析，如利用功率谱分析等手段对数据进行实时自动处理，得到目标海域的波高、波周期和波向等特征。

异常波时域数据分析根据经验选取合适时间段，滤除低频趋势后，对观测数据时间序列进行时域滑动分析，计算最大波高。由周期和波高条件提取低频波、识别并记录异常波。对原时间序列进行带通滤波，滤除包括纯风浪在内的高频扰动和低频趋势后，重复以上时域数据分析内容，并与上述结果做对比。频域数据分析根据经验选取合适时间段，对观测数据时间序列进行滑动功率谱分析。利用功率谱计算各阶谱矩，并由此计算海浪波高、周期、波长的数值，与时域分析结果做比较。对某一范围内的功率谱进行分析，查找低频波高、周期条件与谱峰值之间的关系，提出基于功率谱的低频异常波识别方法。

通过对长期连续异常波观测资料的分析和研究，探索异常波的发生和传播规律，指出波高较大、周期较长的异常波频发时间段，为施工时间窗口选择提供参考。

2016 年波潮仪共观测到 75 次异常波，其中波高大于 0.8m 的异常波 48 次，波高大于 1.2m 的异常波 6 次。2016 年异常波发生频数与季节的关系见图 10-28，秋季异常波出现的次数最多（24 次），发生次数最多的为 11 月、9 月，分别有 11 次、9 次；春季异常波出现次数最少（15 次），其中 5 月最少（仅有 3 次）。高影响异常波在 11 月、6 月发生次数较多。

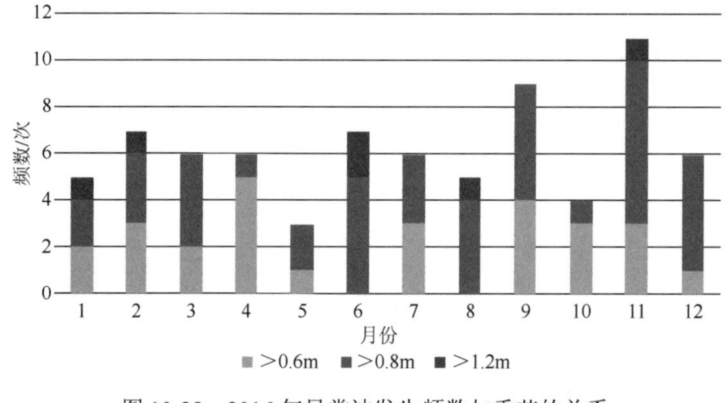

图 10-28 2016 年异常波发生频数与季节的关系

2016 年发生的异常波次数与潮位的关系见图 10-29，异常波在涨潮的位相发生次数最多（33 次），落潮位相次之（22 次），在高潮、低潮位相发生次数较少；波高 0.8m 以上的异常波也是在涨潮位相发生最多（24 次），在落潮位相次之（16 次）；波高在 0.6m 以上并且小于 0.8m 的异常波与潮位的关系没有高影响异常波与潮位的关系突出。

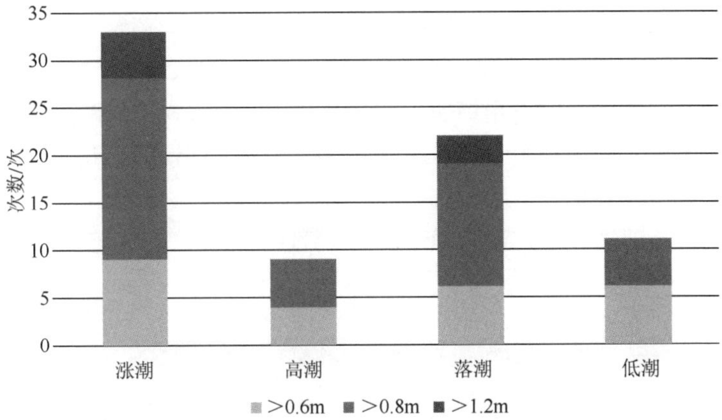

图 10-29　2016 年异常波次数与潮位的关系

为研究异常波波高与潮差的关系，波高与潮差整体呈现负相关关系，但相关系数较小，从两个变量全年的时间序列可以看出两者的关系并不稳定，在某些时段为负相关，而另外时段两者又存在正相关，可见异常波问题复杂，还需要系统地观测和持续研究来揭示异常波的影响因子及原理。

（3）异常波预警系统

异常波预警系统运行时段为每次管节从浮运到安装完成的整个过程。在沉管作业期间值班人员密切关注施工海域的异常波发生情况，根据观测到的异常波波高、周期和传播信息，计算异常波的预警时间并及时发布相应的预警信息，采取措施减小异常波对沉管和船舶的影响，保障沉管浮运安装的顺利进行。

异常波预警系统自 2015 年 10 月开始运行，成功对 E21～E33 的安装进行了异常波预警，图 10-30 为异常波预警系统显示界面。

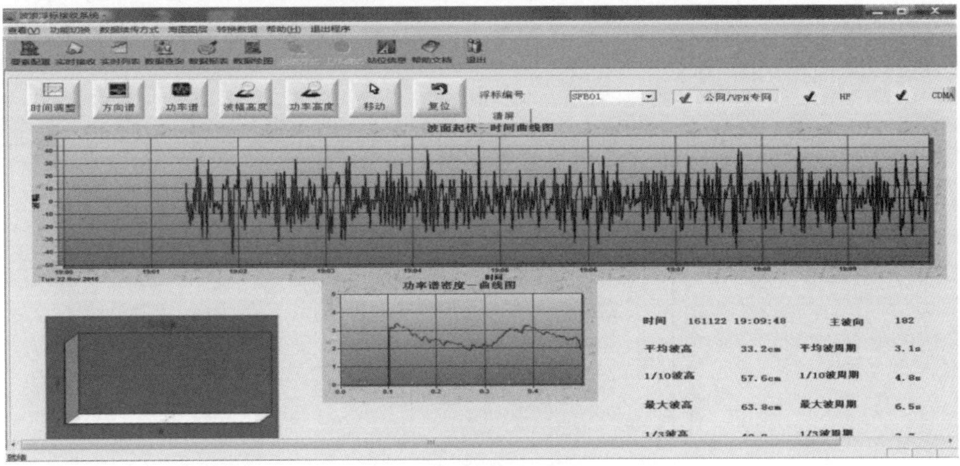

图 10-30　异常波预警系统显示界面

（4）异常波预警系统运行情况

从 2015 年 9 月 22 日 E21 管节开始浮运，直到 2017 年 5 月 6 日最终接头安装成功，预报中心在 14 次管节的浮运安装过程对异常波情况进行监测预警。在管节的浮运安装时段，共有 5 次观测到异常波，分别为 E21、E25、E28、E31、E32 管节，值班人员及时向管节浮运安装总指挥汇报，现场指挥做出对应决策，为管节安装的顺利进行提供了科学参考，保障了管节安装的顺利进行。异常波预警系统实施效果见图 10-31。

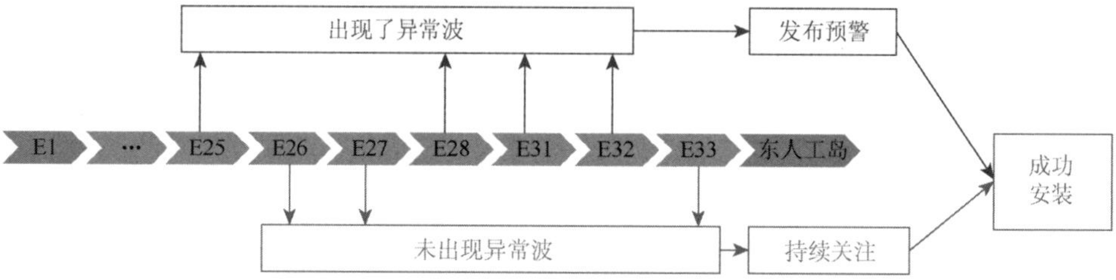

图 10-31　异常波预警系统实施效果

2. 关键技术

改进高频波面观测设备，用于异常波的特殊观测要求；开发波面频谱信号的高效率分析软件，实现对异常波的自动识别和提取；研发异常波预警系统，为管节施工提供 15min 的预警时间。

10.4.5　外海深水超大沉管水下超低频微幅运动监测系统

利用观测的海流、波浪、海水密度、缆力、风速参数简化边界条件，结合获取的管节运动姿态数据，对系泊状态的管节系统建立有限元模型，确定系统的动态响应频率范围。根据结果选择监测系统的传感器，对传感器的幅频和相频特性进行校准和筛选。设计测量单元，组建测试系统，研发管节姿态解算方法，设计管节姿态自动监测系统软件。技术方案实施过程流程图见图 10-32。

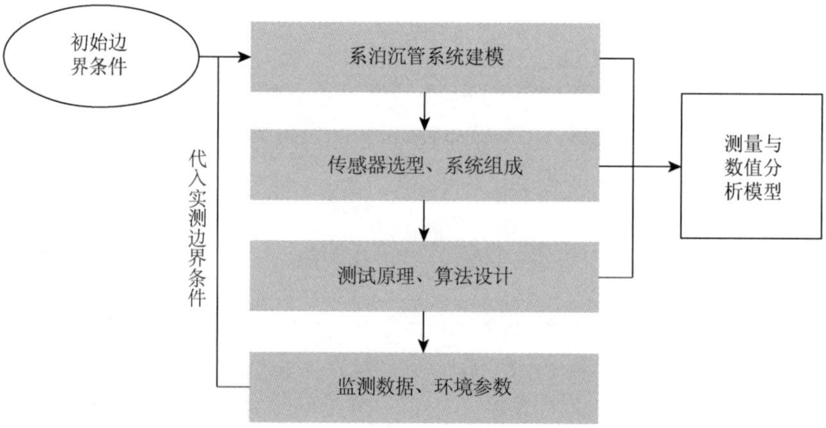

图 10-32　技术方案实施过程流程图

1. 主要研究内容

（1）沉管管节数值模型的建立与完善

1）安装船与沉管组合模型

针对标准管节的安装船与沉管组合模型进行分析，特别就 E14 管节下沉到管顶面到海平面 5m、10m、15m、20m、23m、26m、29m、30.9m、30.9m 加倾角的 9 种工况进行了分析。

①沉管模型

水平缆坐标如表 10-10 所示，沉管模型平面图如图 10-33 所示，图中给出了沉管四周的缆绳示意及模型的坐标系。模型的 y 轴正向指向西，模型的 x 轴正向指向北，模型的 z 轴正向指向上。图 10-34 给出了水平缆及竖直缆的位置。

表 10-10　水平缆坐标

	d_x/m	d_y/m	d_z/m	长度/m
H1	294.4	293.5	−13.9	415.94
H2	−290.6	284.5	−14.7	406.95
H3	261.7	−186.4	−13.9	321.59
H4	−256.3	−138.8	−14.7	291.84

说明：下沉施工前，假定管节上表面与海平面在同一平面内

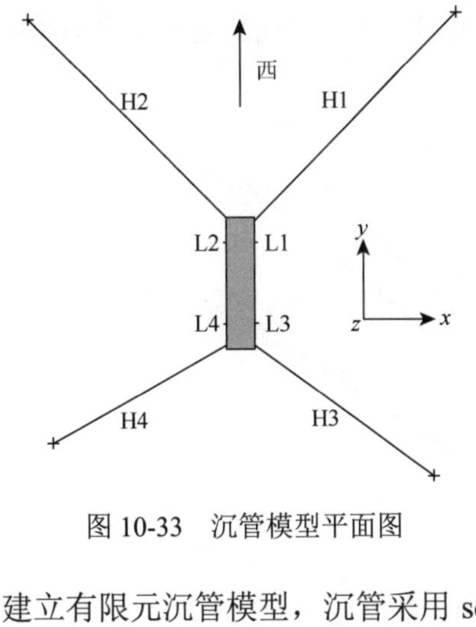

图 10-33　沉管模型平面图

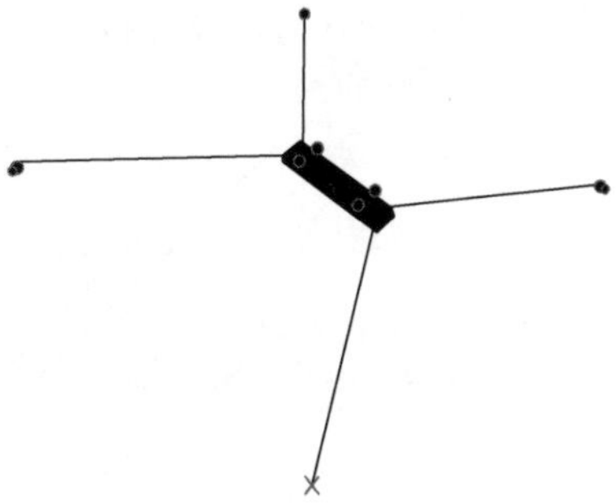
图 10-34　水平缆及竖直缆的位置

建立有限元沉管模型，沉管采用 solid 单元，共计 21 328 个，竖直缆 L1、L2、L3、L4 采用 frame 单元，每个缆 240 个单元，共计 960 个；水平缆 H1、H2、H3、H4 采用 frame 单元，每个缆 10 个单元，共计 40 个；6 个配载水箱均采用 solid 单元，编号为 1、2、5、6 的配载水箱均为 96 个 solid 单元，编号为 3、4 的配载水箱均为 84 个 solid 单元，共计 532 个。沉管模型的材料参数为如下：混凝土密度 2.41t/m^3，弹性模量 24 821MPa；直径 48mm 的缆绳密度 7.8t/m^3，弹性模量 200GPa。

②安装船模型

安装船模型外包宽度为56.4m，外包长度为40.2m，船体外包高度为12.6m，如图10-35所示。

图10-35 安装船模型

建立有限元船模型，船上设备采用solid单元，共计13个，船体采用frame单元和shell单元，frame单元共计585个，shell单元共计466个。安装船模型的材料参数：船为钢质，密度7.8t/m^3，弹性模量205GPa。

③组合模型

安装船与沉管组合模型见图10-36。沉管及安装船在水平方向均受到4根缆绳的强约束，共计12根缆绳（M1～M12）。

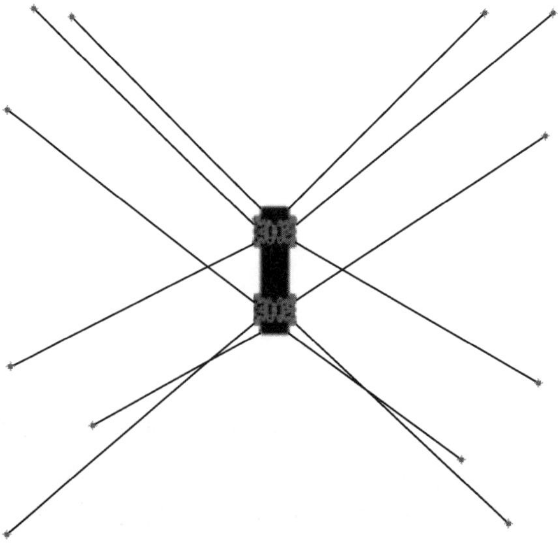

图10-36 安装船与沉管组合模型

2）有限元分析结果及现场监测数据对比

沉管模型载荷考虑沉管自重及质量的分布情况：①自重，沉管 + 其上预埋件 + 其上附属物 + 人孔井 + 测量塔 + 端封门 + 6 个水箱配载，共计 7.745 万 t；②浮力，海水密度取 1.019t/m^3，浮力设计为 7.665 万 t；③海流力，根据相应时刻的流速、流向、海水密度计算得到；④H1、H2、H3、H4 缆绳预拉力，4 个 H 缆预拉力设为 30.75t。

船模型载荷：考虑浮力、自重及安装的设备重量，安装船的浮力为 3175t，安装船自重 1800t，设备 900t。未考虑船受到的海流力、波浪力。M1～M8 缆绳的拉力假定为 40t。

安装船与沉管组合模型模态分析结果见表 10-11。

表 10-11　安装船与沉管组合模型模态分析结果

序号		1	2	3	4	5	6	7	8	9	海流力/t
模态阶次		1	2	3	4	5	6	7	8	9	
模态周期/s	5m	65.94	57.71	35.82	18.67	18.03	12.78	11.11	10.77	10.31	20
	10m	69.16	60.01	36.04	18.70	18.06	13.79	11.63	11.05	10.54	20
	15m	74.18	57.67	34.70	18.73	18.09	14.44	11.95	11.29	10.64	40
	20m	76.84	57.55	34.43	18.75	18.11	14.90	12.17	11.46	10.71	43.4
	23m	76.19	60.72	35.37	18.77	18.11	15.12	12.26	11.54	10.72	30
	26m	77.15	61.02	35.35	18.78	18.21	15.31	12.34	11.62	10.74	30
	29m	76.33	63.83	36.12	18.80	18.13	15.47	12.41	11.68	10.75	20
	30m	79.26	60.13	34.94	18.80	18.14	15.55	12.45	11.71	10.79	35
	30m + P	81.42	56.94	34.04	18.80	18.14	15.28	12.28	11.60	11.00	50
振型描述		纵荡	横荡	艏摇	俯仰	垂荡	主辅船纵荡	辅船横荡	主船横荡	横滚	—

模态阶次分析：一阶模态对应振型为管节沿纵向加扭转振动，即管节以纵荡为主，运动过程受到缆绳不均匀拉力的作用产生艏摇。二阶模态对应振型为管节沿横向振动加扭转振动，即沉管以横荡为主。三阶模态对应振型为管节扭转振动，即艏摇。四阶模态对应振型为俯仰。五阶模态对应振型为垂荡。六阶模态对应振型为主辅船同步纵荡。七阶模态对应振型为辅船横荡。八阶模态对应振型为主船横荡。九阶模态对应振型为管节横滚。

以管节下沉 10m 的测试数据为例，对比分析测试数据频谱与模型模态分析结果，沉管管节姿态监测数据时域、频域曲线图如图 10-37 所示。

测试结果显示管节一阶纵荡频率和二阶横荡频率加速度幅值很小，在频谱图上没有明显分量，其他阶次模态频率均由实测频率成分对应，主辅船的纵荡、横荡模态频率与管节横滚模态频率接近波浪的频率，在这段频谱中频率分量较多，区分较差，但其能量较小，对管节运动位移贡献不大。现场监测数据频域成分分析如表 10-12 所示。

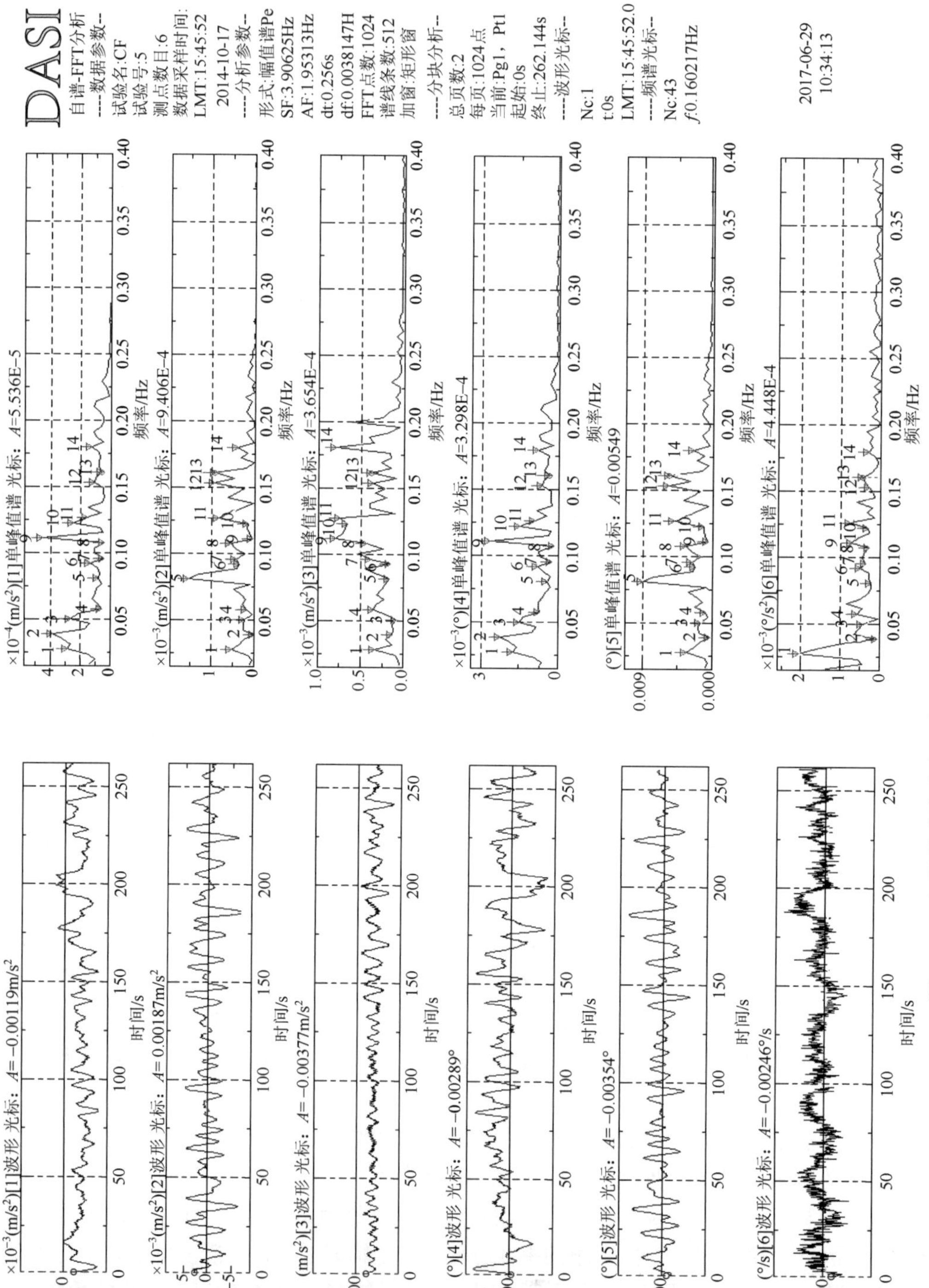

图 10-37　沉管管节姿态监测数据时域、频域曲线图

表 10-12　现场监测数据频域成分分析

序号	1	2	3	4	5	6	7	8	9	水深/m
对应模态阶次	1	2	3	4	5	6	7	8	9	
实测周期范围/s	—	—	37.45	20.17	17.48	10.92	12.48 10.49 9.36	12.48 10.49 9.36	12.48 10.49 9.36	10

通过与历次实测频率数据的比对，以及将历次实测边界条件代入管节有限元模型进行全参数半实物仿真，修改、完善得到最终的可用数值模型。

（2）沉管监测系统的设计与完善

惯性导航系统适用于加速度较大、频率较高的工作环境，系泊管节姿态监测是超低频率、微小加速度测量，超低频振动测试实验发现其分辨率不能满足沉管对接要求，需要研制专用的管节姿态监测系统。

为构建管节姿态监测系统，首先筛选出高精度加速度计、高精度光纤陀螺等器件，校准其超低频幅频特性和相频特性，分析加速度计交叉耦合误差，建立器件的超低频测试模型。其次建立有限元模型分析被测物体的运动特征，优化设计参数，优化惯性导航解算技术，获取超低频微幅运动的位移幅值及速度、加速度、角度、角速度等姿态数据。

1）加速度计

图 10-38 是摆式加速度计的原理框图。摆式加速度计包括机械表头和伺服电路两部分，其中机械表头由摆组件、力矩器、信号传感器组成；伺服电路包括信号发生器、信号处理器、模拟电流发生器等。信号处理器输出的模拟信号一是作为加速度计的输出信号，二是用于反馈到力矩器进行模拟加矩控制。通过取样反馈，将输出量与输入量进行比较，构成了一个模拟闭环控制系统。

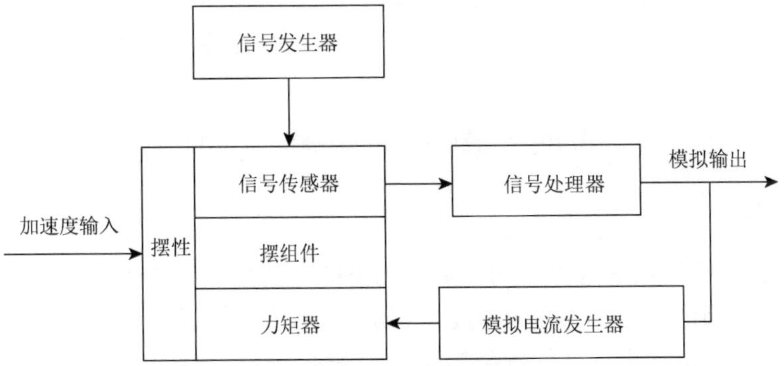

图 10-38　摆式加速度计原理框图

2）惯性导航解算技术

监测系统涉及多种坐标系，主要包括：加速度计坐标系、沉管坐标系、地心惯性坐标系、地球坐标系、地理坐标系。坐标系变换采用矩阵法推导的方向余弦表，方向余弦表用矩阵的形式表示，矩阵被称为旋转矩阵或姿态矩阵。

飞机等运载体采用的导航坐标系主要分为以下两种：一种是平台式惯导系统，通过控制台体的旋转使陀螺和加速度计的敏感轴始终与要求的导航坐标系重合；另一种是捷联式惯导系统，通过对运载体上陀螺和加速度计的输出获得姿态矩阵，进行导航解算。沉管监测系统与捷联式惯导系统更加接近。

图 10-39 为捷联式惯导系统原理示意图。加速度计和陀螺提供飞行器沿横滚、俯仰和偏航的加速度和转动角速度，计算机依据姿态矩阵微分方程式实时计算出飞行器坐标系和惯性坐标系之间的姿态矩阵，得到地理坐标系相对惯性坐标系的旋转角速度，利用陀螺仪的角速度，计算出飞行器坐标系相对地理坐标系的旋转角速度，实时地计算飞行器坐标系和地理坐标系之间的姿态矩阵。

通过方向余弦矩阵分解，将加速度计的输出转换为飞行器沿地理坐标系的加速度分量。利用加速度计输出信号表达式，对有害加速度进行补偿，得到飞行器沿地面运动的加速度，积分可得到南北方向和东西方向的速度分量。运算得到经纬度的变化率，积分得到飞行器瞬时位置的经度和纬度。

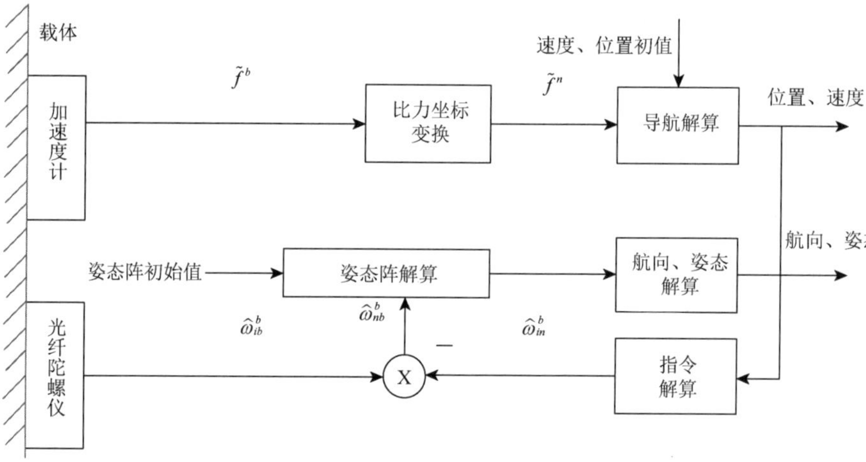

图 10-39　捷联式惯导系统原理示意图

3）监测系统

沉管姿态监测系统由 3 套独立的测量单元组成。沉管艏、尾两端各布置一套测量单元，艏端再配备 1 套测量单元作为冗余单元。各测量单元通过光纤局域网传送到主船控制室中，由外海深水超大沉管水下超低频微幅运动监测系统软件分析处理并实时显示管节运动状态。图 10-40 为监测系统沉管现场安装图。

每套测量单元包括 1 个传感单元和 1 套信号调理、供电与采集模块。

①传感单元：每个传感单元由 3 个高精度加速度计和 3 个高精度陀螺组成，见图 10-41a，其中加速度计分辨率小于 1μg，陀螺零偏稳定性小于 0.1°/h，角度测量精度优于 0.01°，加速度计和陀螺理论频率响应均为零频起，0.01～1Hz 频段幅频响应平坦，相移小于 0.2°。

图 10-40　监测系统沉管现场安装图

②信号调理、供电与采集模块：见图 10-41b，其中信号调理模块幅值衰减和相位延迟均近似为零，采集模块基线稳定性能极佳。

③信号传输：在系统安装调试完毕后，信号通过 CDMA 网络上传到云端进行远程监测；监测系统软件通过 1588 协议实现 3 台数采模块的同步触发、采集。

④采用 UPS 程控设置方法缓冲船电、市电切换时对仪器设备的冲击。

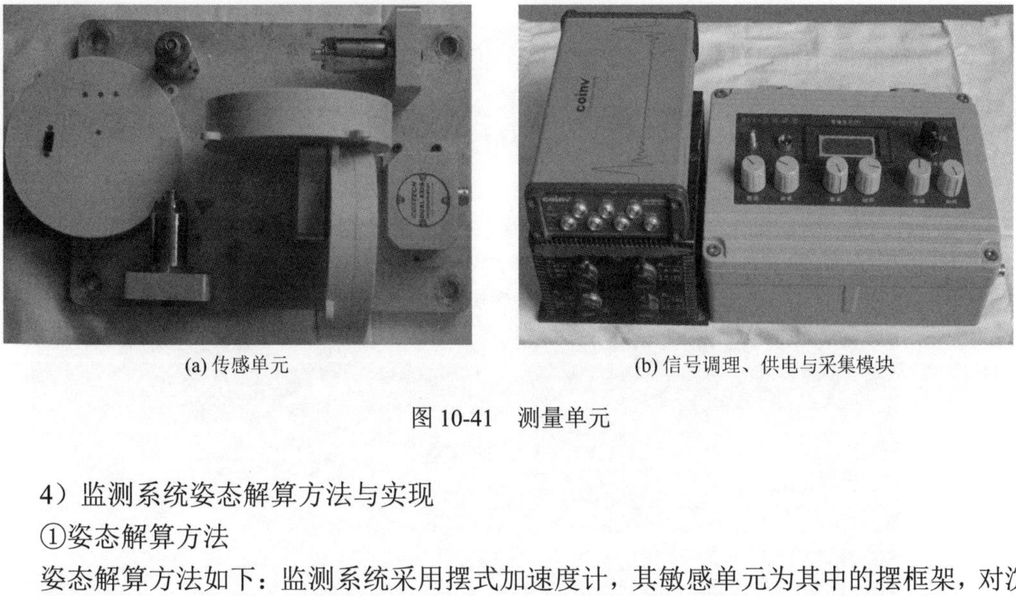

(a) 传感单元　　(b) 信号调理、供电与采集模块

图 10-41　测量单元

4）监测系统姿态解算方法与实现

①姿态解算方法

姿态解算方法如下：监测系统采用摆式加速度计，其敏感单元为其中的摆框架，对沉管安装位置处输入的角运动和线运动输出，为得到线运动，扣除角运动分量。

a. 采样频率设定：根据数值模型分析和实测数据分析，沉管下沉过程振动频率都在 1Hz 以下，因此采样频率设定为系统最小采样频率 3.906 25Hz。

b. 采样点数设定：为准确分析 0.01Hz 频率成分，数据点数最少取 1024 点。

c. 滤波参数设定：沉管 9 个工况的固有周期如图 10-42 所示，给出 9 个工况的有限元仿真结果，其横轴为模态阶次，纵轴为固有周期（s）。

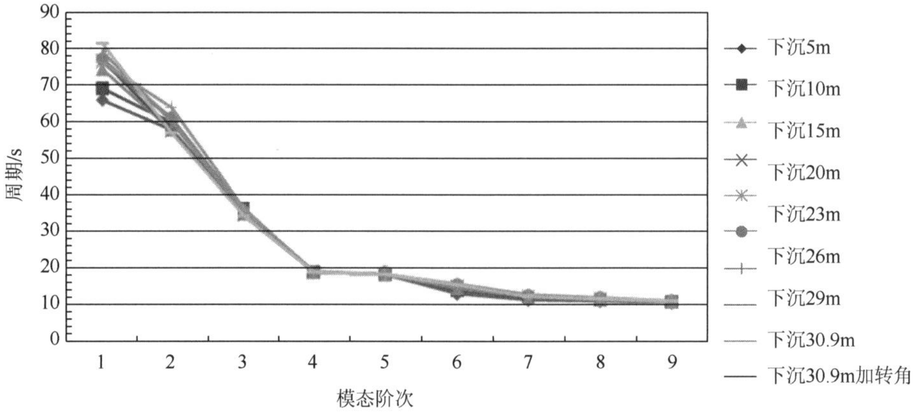

图 10-42　沉管 9 个工况的固有周期（后附彩图）

由有限元仿真结果可知，对于所考虑的 9 个工况，所关心的沉管 1～9 阶固有周期为 10.31～81.42s，对应的频率为 0.01228～0.097Hz。经过比较可知，实际测试的频率与理论分析的结果相一致。因此，结合系统硬件条件最后确定滤波参数为 0.0076～1Hz，其包含所关心的固有频率范围。

d. 位移波形实时显示：采用当前点全程积分法。

②沉管监测系统软件实现

软件设计采用 C++语言实现。图 10-43 是加速度和角速度的直接测量值及角度的积分值等，图 10-44 是经过解算的位移幅值。位移幅值显示当前时刻往前 120s 内的数据，可以有效读取 100s 以下周期的超低频振动峰峰值。

图 10-43　港珠澳大桥沉管对接姿态监测系统界面之一（加速度及角速度测量值）

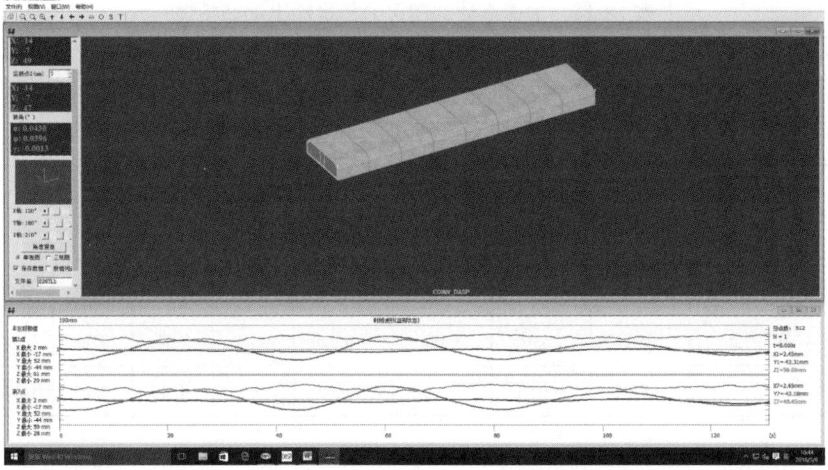

图 10-44　港珠澳大桥沉管对接运动监测系统界面之二（解算后的位移幅值）

（3）监测系统应用效果与验证实验

1）加速度计的计量校准

为确保加速度计和陀螺仪的测量精度，采用超低频大振幅振动标准装置（图 10-45）和数字摆台对加速度计 0.01～1Hz 超低频段的动态特性进行校准；采用低频角振动台（图 10-46）校准陀螺仪的超低频动态特性和加速度计的摆重力分量。加速度计的幅频和相频特性见表 10-13，加速度计的摆重力分量输出动态特性见表 10-14，光纤陀螺的幅频和相频特性见表 10-15。

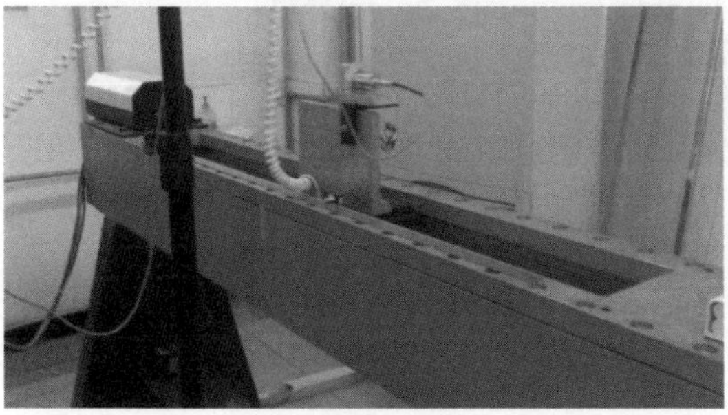

图 10-45　超低频大振幅振动标准装置

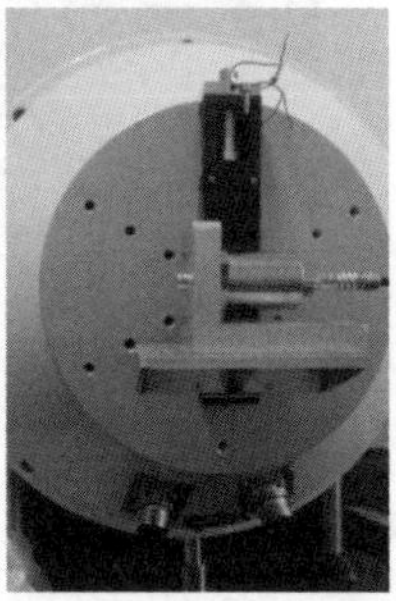

图 10-46　超低频角振动台

表 10-13　加速度计的幅频和相频特性

频率/Hz	0.01	0.02	0.05	0.10	0.20	0.50	1.00	2.00	10.00
灵敏度相对偏差/%	−0.18	−0.15	0.00	0.13	0.01	−0.13	0.14	0.03	0.18
相移/(°)	＜0.01	＜0.01	＜0.01	＜0.01	−0.01	−0.03	−0.05	−0.07	−0.15

表 10-14　加速度计的摆重力分量输出动态特性

频率/Hz	0.01	0.02	0.05	0.10	0.20	0.50	1.00	2.00	10.00
灵敏度相对偏差/%	−0.12	−0.15	0.00	0.20	−0.15	−0.09	−0.13	−0.13	−0.17
相移/(°)	−0.06	−0.05	−0.01	−0.05	−0.06	−0.08	0.07	−0.09	−0.13

表 10-15　光纤陀螺的幅频和相频特性

频率/Hz	0.01	0.02	0.05	0.10	0.20	0.50	1.00	2.00	10.00
灵敏度相对偏差/%	0.01	−0.01	0.00	−0.02	0.02	0.01	0.04	0.07	0.06
相移/(°)	＜0.01	＜0.01	＜0.01	＜0.01	−0.03	−0.05	−0.08	−0.09	−0.13

为确保监测系统的测量精度，在中国计量科学研究院进行了系统校准。中国计量科学研究院超低频振动基准装置见图 10-47，结果表明监测系统测量误差小于 1mm，满足管节对接精度要求。

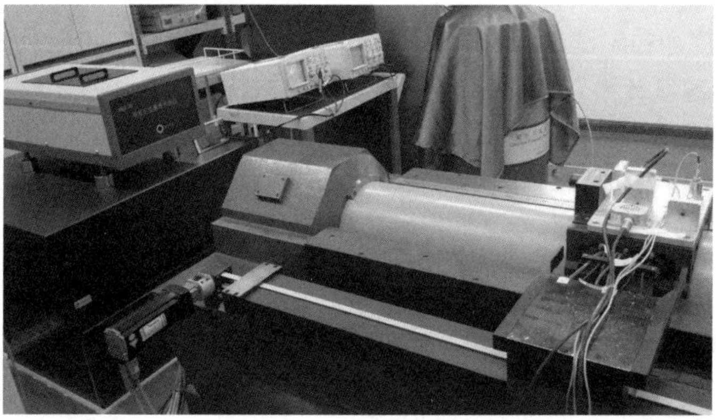

图 10-47　中国计量科学研究院超低频振动基准装置

校准和标定结果表明，监测系统测试精度可靠，位移不确定度在 1mm 以内，监测系统整体校准结果如表 10-16 所示。

表 10-16　监测系统整体校准结果

频率/Hz	0.0100	0.0125	0.0200	0.0500	0.1000	0.2000	0.3000	1.0000	10.0000
标准位移/mm	501.54	500.93	499.64	406.70	286.23	139.51	70.28	12.69	0.15
测量位移/mm	501.0	501.1	498.7	405.8	285.5	139.2	70.4	12.7	0.2
位移误差/mm	−0.54	0.17	−0.94	−0.90	−0.73	−0.31	0.12	0.01	0.05

2）深坞区比对试验

2015 年 5 月 26～29 日在深坞区进行姿态监测系统与激光跟踪仪的比对试验(图 10-48)，激光跟踪仪的 3 维空间测量精度为 0.01mm/m，在距离 30m 远处测量精度可达 0.3mm。

图 10-48　深坞区比对试验

监测系统测量（Sys-Z）分析得到自由振荡段最大位移峰峰值 90.78mm；激光跟踪仪测量（Laser-Z）得到自由振荡段最大位移峰峰值 89.32mm。误差为 1.46mm，小于 10mm，满足管节对接精度要求（图 10-49）。

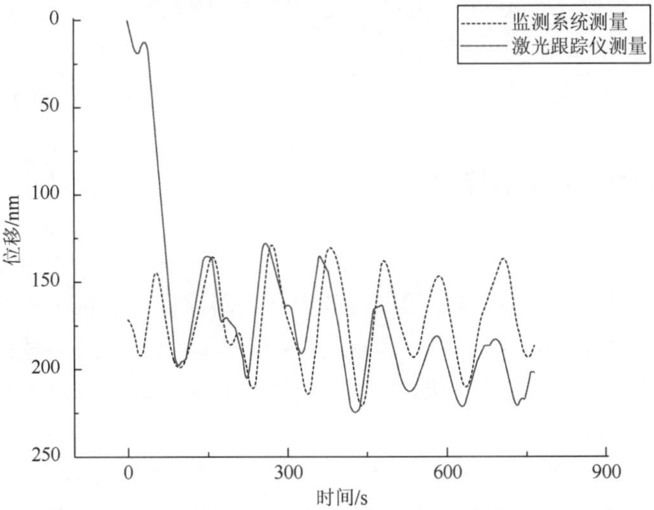

图 10-49　激光跟踪仪测量的垂直数据与姿态监测系统比对图

（4）现场验证试验

在 E33 管节安装对接过程中进行了管节监测系统与激光跟踪仪的现场验证试验。比对结果显示在激光跟踪仪的测量数据平直段，二者测量结果能较好地吻合（表 10-17），运动幅值误差最大不超过 2mm，满足沉管沉放对接监测的精度要求。

表 10-17　监测系统比对结果

	Z 向		X 向		Y 向	
	监测系统	激光跟踪仪	监测系统	激光跟踪仪	监测系统	激光跟踪仪
最大值/mm	9.33	8.96	18.35	21.70	23.43	27.28
最小值/mm	−7.76	−7.42	−23.48	−21.21	−30.19	−25.05
峰峰值/mm	17.09	16.38	41.83	42.91	53.62	52.33
偏差/mm	0.71		1.08		1.29	

监测系统应用在港珠澳大桥岛隧工程 E11～E33 管节的沉放对接监测，可以准确反映沉管的超低频微幅运动状态，测量精度达到毫米级，保证了管节对接精度。

2. 关键技术

关键技术包括：

①建立并完善沉管管节的数值模型，分析沉管在沉放过程中不同深度位置的固有模态及运动规律，为管节沉放自动化提供数据支撑。

②沉管监测系统的设计及惯性解算方法研究。

③监测系统应用效果与验证实验。

10.5　关键技术解决途径及其实施过程与效果

本节按照划分的专题顺序和确定的关键技术，分别阐述解决途径和实施过程及效果。

10.5.1　海洋环境实时监测技术

由于沉管浮运安装过程中对气象、海浪、海流等要素监测的实时性要求非常高，通常潮流转向会在半小时左右完成。目前国内外的海洋资料浮标一般都可根据需要配置观测参数，但采样周期一般为 1h，不能完全满足工程的需要。为了在安装过程中实时监测管节附近海流，通过硬件改造和软件升级，国内外首次将海流剖面和波浪监测浮标中的海流剖面采样周期提高到 5min。

由于异常波波高和周期的时间演变上具有突发性和不连续性特征，通常只能持续 5～10min，传统观测方式无法捕捉到异常波的信号。为了实现异常波观测和分析，项目组对 SZS3-1 型压力式波潮仪进行了多项升级改造，以提高系统的功能和稳定性，数据采集器采用连续工作、定时工作两种兼容方式。①提高观测频率到 2Hz（0.5s）；②通信方式由单一 CDMA 增加为 CDMA、短波和北斗三种通信方式，信号较差时自动存储数据，在信号通畅时发出；③将电池容量增加一倍，太阳能充电效率提高 30%；④改善了波面起伏和波向计算方法，快速绘出波形并自动更新。通过以上仪器硬件和软件的改进，实现了波面的高频观测和无线实时传输，为异常波实时分析和预警提供了基础。

高采样频率、高数据传输率、高可靠性的流浪潮实时观测系统满足了岛隧工程施工作业海洋环境预报保障的需要。自 2011 年在工程作业海区投入使用，气象海洋环境监测系统已连续运行近 6 年。

10.5.2　长历时天气预报技术

长历时天气预报技术，即从长期、中期到短期，预报时效由长至短，对天气系统进行跟踪预报的一套综合预报方法，其中包括了气候预测方法、中期数值模式集合预报、短期数值模式订正释用方法和临近实测数据判别方法等，可提供 15d 的中期天气预报产品，使目前的预报时效延长了一倍。长历时天气预报技术路线图见图 10-50，主要实施过程包括：利用数值预报和再分析资料、周边气象测站和施工区实测气象资料，进行同时期气候背景分析，诊断不满足施工条件的高影响天气形势，进行天气系统分类，如冷空气、高压入海回流、西南低压（西南季风）、高空切变线、南支槽、台风、短时强对流天气，锁定预报对象——高影响天气系统。根据施工条件，利用气象历史资料进行天气形势分型，锁定大窗口期预报对象。自工程启动准备开始，对大窗口期预报对象，实施长历时跟踪预报方案，即长期概率预报、中期过程预报、短期要素预报、临近精细预报，长历时地对高影响天气系统进行跟踪预测，为决策会商系统提供气象产品。

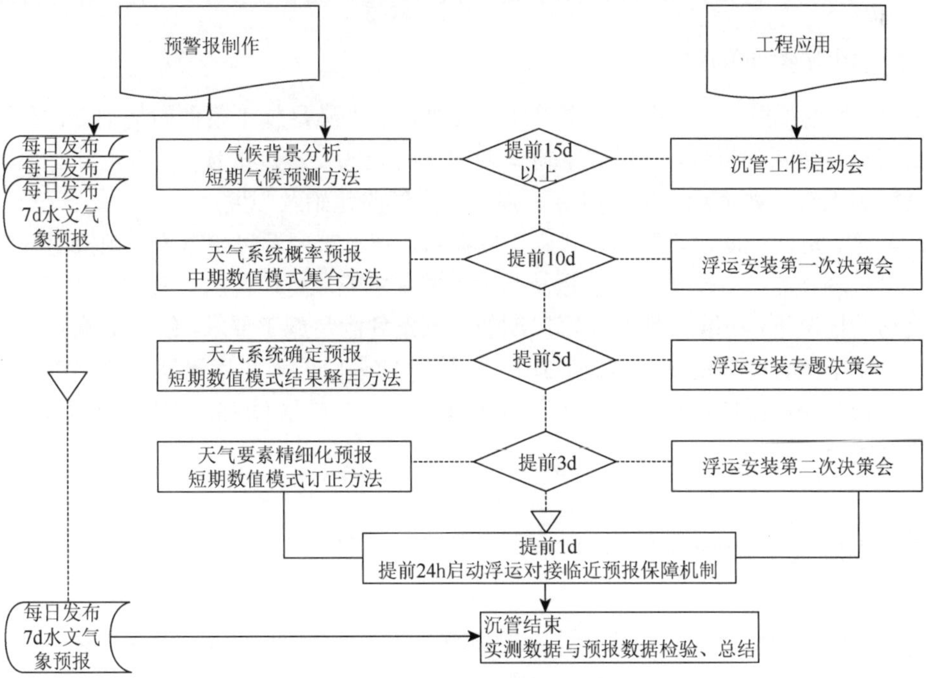

图 10-50　长历时天气预报技术路线图

1. 气候背景分析

基于再分析气象资料、台风数据，对影响施工区的主要天气进行分型，建立多年天气系统及其要素的数据库，如冷空气路径、高压入海回流、西南低压（西南季风）、高空切变线、南支槽、台风、短时强对流天气。利用相似理论，分析施工区 6 级以上大风与天气系统的关系。

2. 8～15d 时效的预报技术

在多年海洋气象数据库、气候背景分析的基础上，根据施工前几个月全球海洋大气异常特征，利用短期气候预测方法，如相似年合成、超前相关关系、多因子回归方程等预测施工区域高影响天气系统发生概率。

利用国内外预报效果较好的数值模式结果，提取施工区定点天气要素，利用集合预报方法，给出天气系统的过程预报；将窗口期天气系统与历史同期相似过程进行对比分析，加入局部地形影响和日变化因素，订正天气系统过程预报的影响时间和强度；预报团队结合天气学演变规律进行会商，给出天气系统的过程预报。

3. 1～7d 时效的预报技术

将数值模式预报结论、高低层大气环流实况、天气学分析相结合，重点利用施工区上游天气系统实测资料对施工区天气过程进行预报调整，追踪窗口期天气要素的变化。

4. 0～1d 时效的预报技术

0～1d 临近预报，在确定施工窗口期天气要素基本满足施工条件的基础上，利用实时观测云图和雷达图等资料，开展施工窗口期细化的天气要素定量预报，重点针对预报时效短的高影响天气，如临近大风、海雾、强对流天气的起始及强度。

E33 管节是首个曲线段管节，其施工周期长、施工难度及风险最大。预报团队为此启动了台风长期预测、中短期过程预报及临近预警保障方案，在台风“艾利”（1619）进入南海活动的情况下，精准预测 E33 窗口期的天气条件满足施工要求，创造了施工区 290km 外台风活动下沉管安装的施工奇迹。2016 年 6 月 10～12 日，华南汛期正值强对流天气频发时段，预报保障团队启动强对流天气预报预警方案，在强对流的包围中实现了 E27 管节的安全安装。

10.5.3 精细化数值预报技术

精细化数值预报技术主要基于外海深基槽水动力机理研究结果，利用径流、潮汐、海流耦合技术，采用多重网格嵌套方案和优化的参数化方案，解决预报的空间分辨率和计算效率问题，首次开发了基槽三维海流数值预报系统，实现外海深基槽全断面逐时高精度的海流预报。

1. 多重网格嵌套方案

港珠澳大桥岛隧工程施工对海流条件的要求较为苛刻，为了提高对施工海区的分辨率，同时考虑模式运行的计算效率问题，采用了模式单向嵌套和基槽地形逐渐推进相结合的方案：

①将施工区域划分成若干个东西长 1400m，南北宽 640m 的基槽区域。

②将基槽区域和珠江口模式嵌套，基槽区域的边界条件和强迫场均由珠江口模式提供。

③港珠澳大桥岛隧工程的施工是由西人工岛开始，逐渐向东推进，与之相应的模式的基槽区地形也是逐渐向东延伸。

采用嵌套方案以后，模式在基槽区域的水平分辨率达到了 1/21600°×1/21600°（5m×5m），垂向分为 20 个 σ 层，分辨率 2m，满足了工程的需求。

2. 参数化方案

模式网格是对连续的物理空间进行离散化处理，并由动力方程式对离散后的时间、空间进行求解，因此那些小于模式网格的物理过程（如扩散、黏性、三维涡流和内波破碎等）需要进行参数化处理，从而将这些过程引入到模式中。为了满足精细化海洋环境数值预报极高分辨率和极高预报精度的要求，数值预报模式采用了 Mellor-Yamada 湍流闭合方案。

10.5.4　海流临近预报技术

根据施工要求，基槽模式预报需要提前施工计划 7d 以上给出，这就无法结合最新的观测资料。为此开发了临近预报技术，加入最新观测信息对模式预报进行订正，得到更为精确的预报结果。

根据海流观测资料时间频次，滚动进行临近预报。根据模式预报数据和浮标测点的海流调和常数预报数据，利用线性回归的方法拟合当前时刻的实测数据，得到各分量的回归系数。利用得到的线性回归系数订正模式的预报结果，临近预报系统多元线性回归流程图见图 10-51。

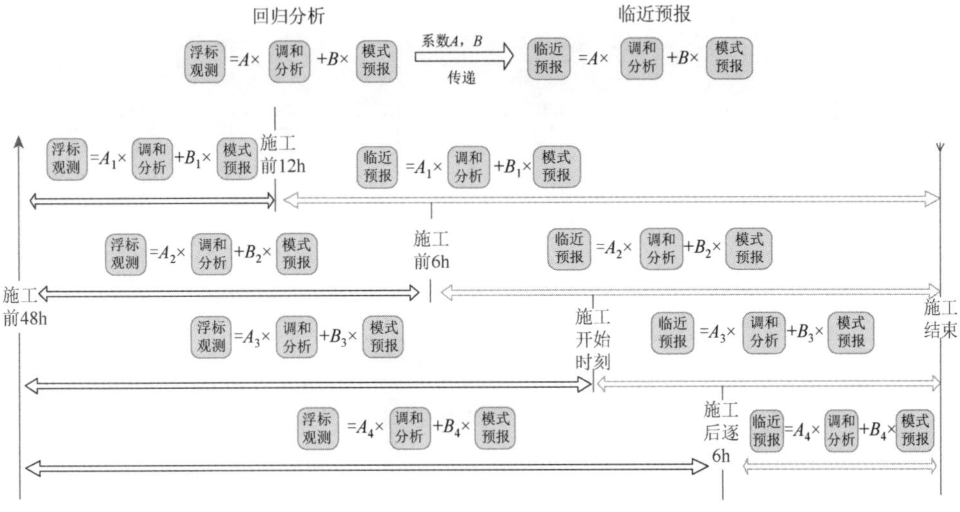

图 10-51　临近预报系统多元线性回归流程图

海流临近预报系统从 E5 管节开始，持续对数值模式预报结果进行提高改善。海流临近预报能较好地提高转潮时间和落急流速预报精度。表 10-18 统计了 E25～E33 管节安装期间 4 号浮标点的模式预报和临近预报的检验结果对比。结果显示，临近预报使得流速预报的平均误差降到 0.1m/s，显著减小了落急时刻流速偏差，提高了流向预报的精度，使平均误差降低 5°～15°。

表 10-18　E25～E33 管节浮运期间模式预报与临近预报误差对比（10m 平均流）

管节	模式预报流速误差/(m/s)	临近预报流速误差/(m/s)	模式预报流向误差/(°)	临近预报流向误差/(°)	检验使用浮标
E25	0.07	0.06	24	19	4 号
E26	0.09	0.09	26	24	4 号
E27	0.07	0.06	22	16	4 号
E28	0.1	0.08	24	16	4 号
E31	0.13	0.05	31	25	4 号
E32	0.12	0.08	33	31	4 号
E33	0.08	0.07	31	16	4 号
平均	0.1	0.07	28	21	—

10.5.5　异常波快速预警技术

异常波快速预警技术主要通过波面观测数据实时传输，以及异常波快速识别分析来实现。

水位随时间的变化见图 10-52，异常波不同于涌浪，异常波发生时平静水面突然发生较大幅度的上下振荡（波高＞0.6m，周期＞6s），短时间水位又恢复平静，波高和周期的时间演变上具有突发性和不连续。

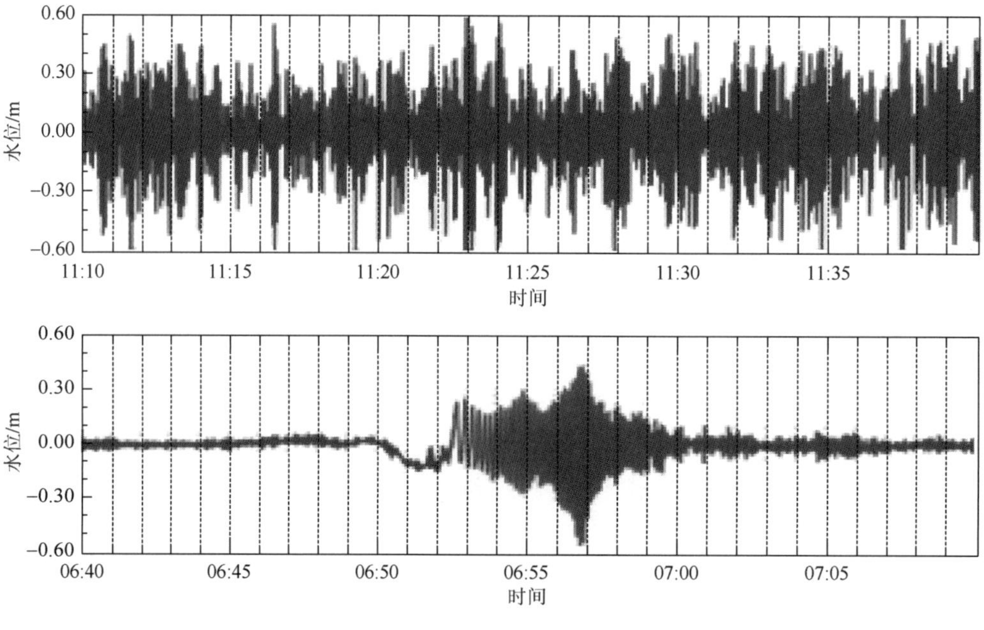

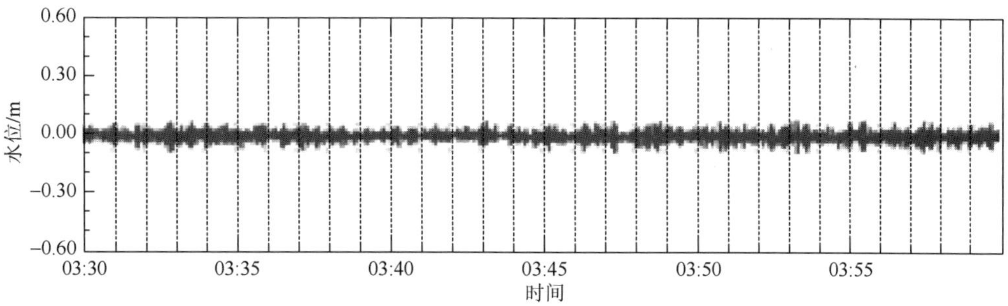

图 10-52 水位随时间的变化（时长 30min）

自上而下分别为涌浪、异常波、平静水面

异常波快速识别通过对异常波的时域、频域分析来实现，异常波快速识别示意图见图 10-53。异常波时域数据分析根据异常波特征选取合适时间段，滤除低频趋势后，对观测数据时间序列进行时域滑动分析，计算最大波高、周期、波向、传播速度、传播时间等参数。对原时间序列进行带通滤波，滤除包括纯风浪在内的高频扰动和低频趋势后，重复以上时域数据分析内容，并与上述结果做对比。频域数据分析根据经验选取合适时间段，对观测数据时间序列进行滑动功率谱分析。利用功率谱计算各阶谱矩，并由此计算海浪波高、周期、波长的数值，与时域分析结果做比较。对某一范围内的功率谱开展分析，查找低频波高、周期条件与谱峰值之间的关系。根据周期和波高条件提取低频波、识别并记录异常波，提出基于功率谱的低频异常波识别方法。

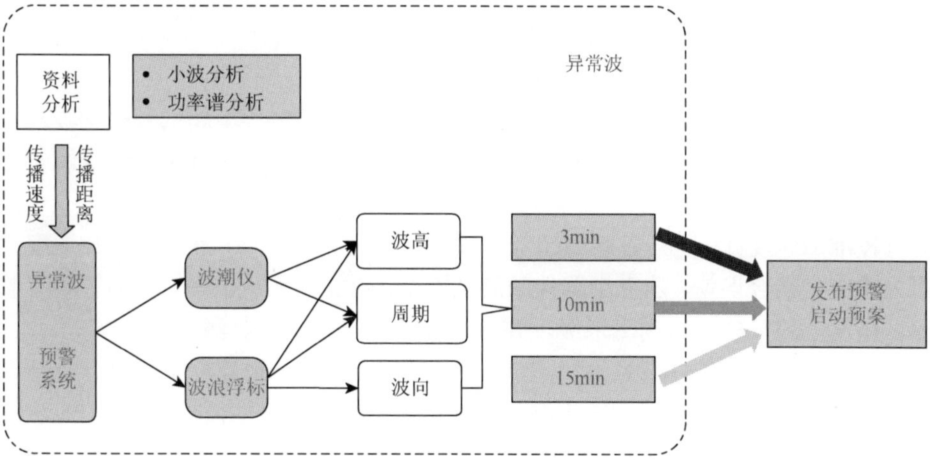

图 10-53 异常波快速识别示意图

通过建立异常波观测系统，全面监测施工海域的异常波环境。异常波预警系统实时更新显示施工海域内异常波波面、周期、波高、波向等信息，根据对工程的影响设置不同的预警级别，实现异常波的快速预警。

对异常波发生的规律进行分析，研究异常波发生的水文环境特征。通过对观测到的波高、周期数据进行分析和归类，找出异常波频发时段的分布规律，以及异常波发生与径流、潮位、潮流等因素的关系，分析异常波发生的规律和特征。

图 10-54 为观测到的最大的异常波的波面分布，其中最大波高为 1.7m，周期为 7s，持续时间 5min。

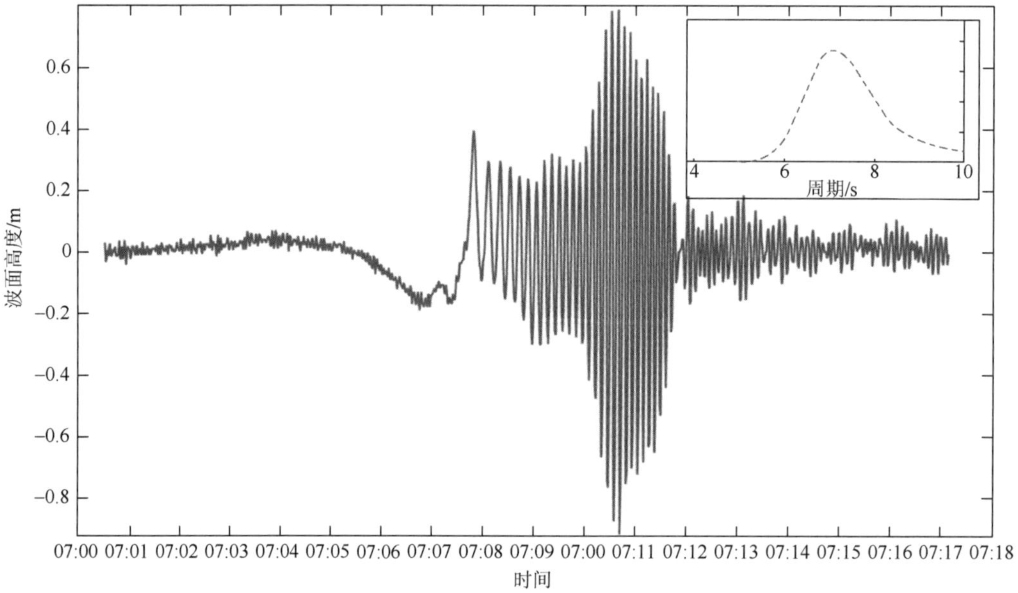

图 10-54　2015 年 9 月 23 日观测到的异常波的波面分布

10.5.6　水下超低频微幅运动监测技术

北京长城计量测试技术研究所，依托其在惯性器件校准技术、超低频振动校准技术及加速度计生产开发方面多年的技术积累，精选高精度加速度计、光纤陀螺组成沉管姿态监测系统。

通过校准加速度计、光纤陀螺的超低频幅频特性和相频特性，深入研究加速度计结构原理引入的交叉耦合误差，建立了器件的测试模型，修正了系统误差，提高了姿态监测系统的测试精度，测量精度达到毫米级，并可实现运动状态实时监测。

通过对多参数边界条件下系泊状态沉管的有限元建模分析，建立了理论分析结果指导物理测试系统建立、物理测试系统实测数据修正理论模型的良性循环，通过 23 次沉管对接测试数据的修正迭代，掌握了系泊状态沉管实体建模及边界条件分析简化的方法，指导了物理测试系统的开发并积累了宝贵的海洋工程经验。

①沉管姿态监测系统有效集成了超低频加速度传感器、光纤陀螺仪、数据采集及分析模块，实时解算加速度、角度、角速度、速度和位移，采用惯性导航技术，实时输出水下沉管的位移及姿态，位移测量精度达到毫米级，满足了港珠澳大桥沉管隧道沉放对接的监测要求。

②采用多参数耦合解析技术获得高精度沉管运动姿态及位置，沉管姿态监测系统经过 23 次现场实测数据的全参数边界条件半实物仿真，已建立了适用于复杂工况的测量与数

值分析模型，可以满足外海深水大型沉管水下高精度无人沉放对接的主动控制所需的监测要求。

10.6 研究成果及创新点

10.6.1 研究成果

1. 小区域长历时高精度作业窗口管理系统

①首次建立了完整的气象海洋环境监测系统，包括监测风速、能见度、气压、气温、降雨等气象要素的2个自动气象站，监测潮位的1个波潮仪，监测波高、波周期、波向和各层海流的4个波浪浮标。将自动气象站的采样周期提高到1min，通过将海流剖面和波浪监测浮标中的海流剖面采样周期提高到5min，首次实现了全要素、高密度的实时监测、数据采集与传输，为工程顺利推进奠定了坚实的观测基础，具有重要意义。

②针对港珠澳大桥施工重点区域开发了长历时天气预报技术，实现了预报时效15d的窗口预报，从而为提前15d选择基床铺设、清淤、浮运安装的时间窗口提供了可能，不仅可以节约工期，也避免了因为工期延误可能造成的经济损失。

③采用多重网格嵌套技术开发了精细化数值预报系统，首次实现了施工海域100m空间分辨率、0.5h时间分辨率的高精度环境预报，从而可以为施工海域从坞口到基槽的每个位置、施工过程中的每个时间提供精准的风、浪和潮流预报，用于沉管浮运安装选择窗口，施工期间规避风险。该系统在港珠澳大桥沉管隧道建设中得到了成功应用，填补了大型沉管施工保障的空白。

2. 深基槽水流机理研究与分析

①在外海深基槽实地开展大量潮流、密度同步观测，研究深基槽水流在不同潮位、不同径流、不同水深条件下的分布变化规律，在观测资料分析的基础上，进行理论分析，建立深基槽水流理论模型。

②首次发现深基槽海流的齿轮现象。

3. 外海沉管安装对接窗口预报系统

基于数值模型和深基槽海流研究，开发了一套集监测、预报和信息显示于一体的外海深基槽沉管安装对接保障系统，实现了综合保障系统在沉管施工中的业务化运行，重点针对多重网格嵌套方案、浪潮流耦合、参数化方案和海流临近预报等问题进行了研究，形成了外海深基槽沉管对接保障系统的系列成果。

①建立了基槽管节附近的海洋环境实时监测系统，利用高精度的海流及温盐观测设备，实时监测浮运安装过程中管节周边的海流状况。基槽内海流观测采用坐底方式，对基槽的海流及温盐进行连续观测。这些观测可以为数值预报系统及临近预报系统提供检验和输入数据，为浮运安装施工提供有效的水文参考数据。

②研发了径流-潮汐-海流同步耦合的精细化海洋环境数值预报模式，实现了对深基槽中潮汐、三维海流同时预报的能力。经过实测资料的验证，海流和潮汐预报结果与实测基本一致。

③研发了模式多重嵌套方案，使深基槽内模式的分辨率达到米级，并实现了模式运行速度和预报效果的最优化。

④集成了最优化的参数化方案，实现了对高分辨率海洋数值模式表层混合方案的优化，提高了数值模式的预报精度。

4. 珠江口异常波监测预警系统研发与应用

利用高精度异常波观测系统，开展珠江口异常波的预警和分析研究，实现了异常波预警系统在沉管施工中的业务化运行，重点针对异常波观测、异常波快速预警问题进行了研究，形成了珠江口异常波监测预警系统的系列成果。

①改进了波潮仪、波浪浮标等观测仪器，提高观测频次，实现了观测资料的实时传输。首次从实测数据发现了珠江口异常波，分析了异常波的时空分布特征，揭示了异常波的季节变化及与潮位等因素的关系。

②研发了异常波显示平台，异常波波形及特征参数实时显示和自动报警。研发了快速反应的异常波识别和预警系统。

③系统已经投入业务化应用，为港珠澳大桥岛隧工程的异常波情况进行了预警，为施工决策提供了重要的海洋环境保障。

5. 外海深水超大沉管水下超低频微幅运动监测系统

①沉管安装处水下能见度差且不适合设立固定参照点，系统有效集成高精度的石英挠性加速度计、光纤陀螺仪等惯性导航设备、基线稳定的32位微振采集仪，采用非接触方式测量加速度、角速度、角度等惯性量，利用惯性导航技术进行多参数耦合解析，实时得到沉管超低频微幅运动幅值、角度及角速度变化范围等管节姿态动态指标，系统频率下限达到0.01Hz，位移幅值精度达到毫米级。

②利用23次现场实测管节运动姿态数据、海流等边界条件数据对沉管进行全参数边界条件半实物仿真，建立了适用于复杂环境工况的测量与数值分析模型，可以满足外海深水大型沉管水下高精度无人沉放对接的主动控制所需的监测要求。

10.6.2 主要技术创新点

1. 小区域长历时高精度作业窗口管理系统创新点

首次建立了完整的气象海洋环境监测系统，采用多重网格嵌套技术开发了精细化数值预报系统，实现了施工海域100m空间分辨率、0.5h时间分辨率的高精度环境预报，开发了长历时天气预报技术，实现了预报时效15d的小区域长历时窗口预报。

2. 深基槽水流机理研究与分析创新点

通过开展大量潮流、密度同步观测，首次发现了深基槽内流速垂向时空分布的齿轮现象，结合理论研究和高频观测资料分析，揭示了产生齿轮现象的水动力机理，为深基槽海流预报模型的建立提供了理论依据。

3. 外海沉管安装对接窗口预报系统创新点

基于外海深基槽水动力机理研究结果，利用径流、潮汐、海流耦合技术，采用多重网格嵌套方案和优化的参数化方案，运用海流临近预报技术，国际上首次开发了深基槽高分辨率三维海流数值预报系统，实现了外海深基槽全断面逐时高精度的海流预报，有效保障了外海深基槽大型沉管的精准对接。

4. 珠江口异常波监测预警系统创新点

在珠江口海域首次发现了一种异常波现象；研发了波面高频监测、信号快速识别技术，通过技术创新建立了珠江口异常波监测预警系统。实现了秒级的快速识别、波要素自动检测与提前 15min 的自动报警功能，为沉管安装提供了安全保障。

5. 外海深水超大沉管水下超低频微幅运动监测系统创新点

首次集成了超低频加速度、角度、角速度等动态测试技术，采用惯性导航技术研发了管节姿态解算方法，形成了外海深水超大沉管水下超低频微幅运动监测系统，振动幅值测量精度达到毫米级，保障了超大沉管的对接精度。

10.7 研究结论

①基于实时海洋观测、数值预报及长历时天气预报技术，首次建立了小区域长历时高精度作业窗口管理系统，预报时效从 7d 延长到 15d，并成功应用于港珠澳大桥岛隧工程沉管施工。该系统填补了海上工程“施工窗口”的理论空白，具有广泛的推广应用价值。

②首次发现了深基槽流速的齿轮现象，为深基槽海流预报模型的建立提供了理论依据。深基槽海流齿轮现象是指深基槽中的大流速随潮位变化呈上下振荡，落潮时，深基槽中的大流速位于深水基槽的上层；涨潮时，大流速位于基槽的下层。研究表明，该现象是由深基槽的密度流引起的。

③采用浪潮流耦合、多重网格嵌套等技术，开发了外海沉管安装对接窗口预报系统。该系统的空间分辨率达到了米级，时间分辨率达到小时。结合施工现场的实时海流观测资料与海流临近预报方法，实现了外海深基槽海流的精细化预报，保障了外海深基槽大型沉管沉放对接的施工安全。该系统填补了外海沉管对接窗口预报的空白。

④首次开展了珠江海域异常波分析研究，建立了异常波观测、识别和预警的珠江口异常波监测预警系统，解决了工程施工中的异常波风险。该系统填补了外海沉管施工中异常波预警的空白。

⑤研制了一套外海深水超大沉管水下超低频微幅运动监测系统，系统测量精度达到毫米级，成功应用于港珠澳大桥沉管隧道 23 节管节的安装对接。

第 11 章　外海超长沉管隧道施工全过程监控体系关键技术

11.1　研究目的和技术难点

11.1.1　研究目的

本项目针对港珠澳大桥岛隧工程所面临的外海深水沉管隧道基础施工监控、外海超长沉管施工全过程结构及防水监控、超长沉管隧道安装线形监控等关键技术问题，创造性地提出了水下基槽施工控制标准、流程化的水下综合扫测、施工全过程结构响应及防水安全监控体系、结构及防水可靠性预警指标，建立了一套设计、预控、拟合、调整的全过程线形控制监控体系等相关监测与控制技术，实现沉管的全过程施工监控。

本项目研究的目的包括：①开展回淤沉积物物理性状与力学指标分析，确定基槽坡面的清淤控制标准，确保合理有效地实施基槽清淤；②依据沉管隧道基础的实际施工情况，基于土体的压缩特性和沉管隧道的剪力键受力特点，研究并形成一套基础清淤施工精度控制标准，为施工质量的控制提供参考和实施依据；③研发成套施工监控流程体系，成立相关质量监控工作小组，落实施工控制标准，保障施工安全和施工效率；④开展沉管结构及防水安全性风险控制研究，总结外海超长沉管施工安全控制技术；⑤建立外海超长沉管隧道施工全过程结构响应及防水安全监控体系和分级预警指标，并通过该体系的应用，确保沉管施工过程结构及防水安全；⑥研究提出超长沉管隧道安装线形控制指标，运用工程控制论思想建立一套设计、预控、拟合、调整的全过程线形控制监控体系，保障沉管隧道高精度安装。

港珠澳大桥沉管隧道埋深大（基槽底最大水深超过 50m），地质条件复杂，水流、波浪及泥沙环境恶劣，E15 管节安装时先后两次遭遇基槽突淤和边坡滑塌的不利影响，不仅延误工期半年左右，还造成了巨大的经济损失。为了更加科学地研判外部环境条件，有效地指导水下隐蔽工程建设，沉管隧道基础施工应建立一套完善的监控系统，以保障沉管隧道的顺利安装。

沉管隧道建设施工期间，沉管在荷载、环境（潮汐、季节等）多种因素交叉作用下，沉降、管节接头差异变形、节段张合量等变化显著：压载水排空、压载混凝土浇筑、外部回填等施工会对沉管的沉降及线形带来较大影响；温度、潮汐会影响节段及管节张合量；临时舾装件的受力和止水性能对沉管隧道施工产生影响等，这些影响可能带来沉管隧道结构及防水安全问题。因此，为确保隧道施工期安全，研究提出针对沉管隧道施工期全过程建立一套完整的监测体系，保障工程施工的顺利推进，为结构安全、防水可靠等决策提供科学依据。

港珠澳大桥沉管隧道是目前世界上最长的沉管隧道，尚没有关于线形预控、指标及监控管理体系方面的系统研究。然而，对于由多个独立预制管节组成的沉管结构，线形控制是管节安装施工成败及质量控制的一个关键环节，因此，在港珠澳大桥沉管安装施工过程中创造性地提出了对沉管安装全过程进行线形监控的想法并付诸实施。

11.1.2 技术难点

①沉管基槽所处工程位置水深大，水流动力条件复杂，极易在沉管基槽内发生回淤，并且回淤沉积物的物理与力学性质不易探明，在自重及扰动作用下回淤沉积物极度容易发生滑塌，这对基槽的进一步施工及未来沉管的安装和运营带来较大的安全隐患。因此明确分析回淤沉积物的性状，确定合理的安全回淤厚度是本项目研究的一大难点。

②港珠澳大桥岛隧工程是由东、西人工岛和 33 节管节所组成，为保证管节之间的咬合力和止水满足要求，需要确保沉管基础具有足够的平整度和刚度，这对基础施工精度提出了较高要求。提出适用于港珠澳大桥沉管隧道基础的施工监控标准、制定严格合理的施工监测控制流程并严格实施是本项目所面临的一项重大挑战。

③港珠澳大桥沉管隧道主体结构受力复杂，结构横向受力大，施工过程风险因素多，发生灾害容易造成重大的经济损失和不良的社会影响，开展沉管结构及防水安全风险控制技术及防水安全监控体系研究是本项目研究的另一大难点。

④全世界虽已建成 100 多座沉管隧道，我国的沉管隧道建设也发展了 20 多年，但与沉管线形监控体系相关的研究内容并不多，超长沉管隧道的线形控制技术成了沉管隧道发展的一道难题。

11.2 研究现状和研究内容

11.2.1 研究现状

1. 外海超长沉管隧道基础施工监控研究现状

基槽边坡回淤沉积物稳定性方面：针对沉管基槽水下边坡回淤沉积物的稳定性研究在国内外均较为罕见，其主要是由于此前的水下沉管基槽开挖过程并不多见。但是随着近年来沉管隧道工程的迅速发展，水下沉管基槽边坡稳定性的研究显得越发重要。国际上的沉管基槽边坡回淤沉积物稳定性的研究热点主要集中于回淤沉积物力学稳定性的理论研究，其中以极限平衡原理为基础的边坡稳定计算方法在工程中的应用最为普遍。我国在边坡稳定分析方法的应用与改进方面开展了大量的研究工作。20 世纪 70 年代，潘家铮提出了边坡滑动极限分析的极大值原理和极小值原理，指出边坡失稳时将沿着抵抗力最小的滑动面发生破坏，此时滑动面上的土体强度达到极限值。

沉管基础的施工监控方面：发达国家对沉管隧道的研究起步较早，因此对世界范围内已经建成的沉管隧道进行统计分析可以发现发达国家一直引领着沉管隧道技术与实践的发展。在沉管隧道建设的过程中，如何确定沉管基槽的回淤厚度，如何对沉管基槽的施工精度进行控制，等等，都是不可回避的难题。发达国家经过多年的技术经验积累，对这些问题已经有了较为完整的解决方案。我国沉管隧道施工监测技术研究起步较晚，对外海深水沉管隧道的施工监控技术方面更是空白。我国必须加大对外海深水沉管隧道施工监测技术的研究，研发出具有自主产权的隧道施工监控技术。

2. 外海超长沉管施工过程结构及防水监控体系研究现状

施工监控研究及应用方面：安全风险监控作为遏制安全事故的有效手段，其重要性和必要性已为业界所共识，安全风险监控技术已开始应用于土木工程建设各个领域，国内学者开展了诸多有价值的安全风险监控方面的研究工作。例如，陈伟珂等通过分析地铁事故数据，采用多维关联规则数据挖掘方法甄选出关键警界指标，为发生施工灾害时启动预案和确定实施强度提供了决策支持；吴贤国等通过研究地铁施工安全监控预警管理及评价，建立了一套地铁工程施工安全监控预警管理体系及评价标准；莫淑华等利用预先埋入桥梁内部的光纤光栅传感器，实现了混凝土结构损伤过程中内部应变的测量；王生俊通过对桥梁施工过程中的几何形态、结构截面应力、索力、预应力及温度的监测方法及控制内容进行了全方面论述，同时对常用的施工控制方法（纠偏终点法、理论比对法、误差容许值法）进行了应用分析。

沉管施工结构及防水监控体系方面：国外隧道结构安全监测技术的研究起步较早，其公路建设部门十分重视隧道安全监测的基础和应用工作，各级管理部门都在大量研究的基础上制定了相关的制度和章程。我国 20 世纪 80 年代开始进行沉管隧道的研究，李伟平等对运营期的宁波甬江水底隧道进行了检测，同时对 GINA 止水带进行了评估；龚昊等针对广州洲头咀隧道建立了健康监测模型，并对传感器布置方案进行了探索。

超长沉管隧道安装线形监控方面：目前在行业内比较有影响力的是丹麦厄勒海峡沉管隧道及韩国釜山—巨济沉管隧道，这两座隧道在施工过程中均对管节安装线形控制进行了相关研究，研发了相关的技术装备，保障高精度的管节安装，但均没有形成基于管节全过程的系统的监控体系。超长沉管隧道安装线形控制技术研究及应用非常少，尚未有关于沉管建设全过程的线形控制系统研究。世界上大多数沉管隧道在设计中都预留了沉管安装后管节平面调整措施，常用的包括：管节内部千斤顶调整和楔形块调整法，管节外部 EPS 体外调整和尾端调整法，等等。

11.2.2　研究内容

外海超长沉管隧道基础施工监控技术研究内容包括：①结合现场勘察与室内试验分析基槽坡面回淤沉积物的物理力学指标；②结合现场扫测数据进行基槽边坡回淤沉积物滑塌失稳的反演分析，并基于反演分析得到的结果进一步分析得到基槽边坡的安全回淤厚度；③基于沉管隧道基础的回淤沉积物压缩特性和沉管管节结构受力特性，提出适用于港珠澳大桥岛隧工程的沉管基础施工控制标准，为沉管基槽施工精度控制提供参考依据与执行标准；④基于沉管基础施工的实际情况，制定内容详细、逻辑严密、监督到位的施工监控流程，确保施工各个环节的施工质量，避免了施工细节落实不到位而影响工程质量。

外海超长沉管施工全过程结构及防水监控体系研究内容包括：①基于外海超长沉管结构及防水施工安全风险分析，研究建立完整的沉管隧道施工全过程结构及防水安全监控体系；②针对外海超长沉管结构及防水监测数据开展分析及工程应用，对沉管姿态稳定性、沉管结构安全性及防水可靠性预警指标进行研究。

超长沉管隧道安装线形监控研究内容包括以下三个方面。

第一，沉管隧道安装线形控制的影响因素：①管节预制的误差；②相邻管节间平面对接施工误差（导向系统）；③已安管节轴线与设计轴线的平面偏角；④测量方法与贯通测控技术水平造成的偏差；⑤管节接头间 GINA 止水带的不均匀压缩；⑥基础的沉降及不均匀沉降差。

第二，从设计、预制、沉管安装施工、测量、风险管控等角度考虑，研究沉管隧道安装线形控制技术。

第三，分析研究沉管隧道线形偏差对沉管功能的影响，包括：①建筑净空；②止水安全性；③剪力键承载能力；④附属工程安装。

11.2.3　沉管基槽

港珠澳大桥岛隧工程沉管隧道长 5664m，采用深埋式大型半刚性管节方案，标准管节的尺寸为 180m（长）×37.95m（宽）×11.4m（高）。沉管隧道安装在外海开挖的基槽中，根据水深分布情况，沉管基槽分为：浅槽段基槽（图 11-1）和深槽段基槽（图 11-2）。

浅槽段基槽（E3～E7、E30～E31 管节）：槽底标高位于淤泥层内的浅槽段采用一级边坡，E3 和 E31 管节坡率为 1∶7，E4～E7 和 E30 管节坡率为 1∶5。基槽边坡因坡率不同而发生突变处采用 1∶6.5 坡率边坡过渡。

深槽段基槽（E8～E29 管节）：槽底标高低于淤泥层底的深槽段按淤泥（含淤泥质土）与黏土（含砂层）地层分两级边坡，见图 11-2，上下边坡坡率分别为 1∶5 和 1∶2.5。深槽段根据基槽边坡变坡点分为 E8～E10、E11～E14、E15～E24、E25～E29 共 4 个区段，上述各区段的边坡变坡点标高分别为–33.7m、–31.8m、–28.0m、–23.5m。

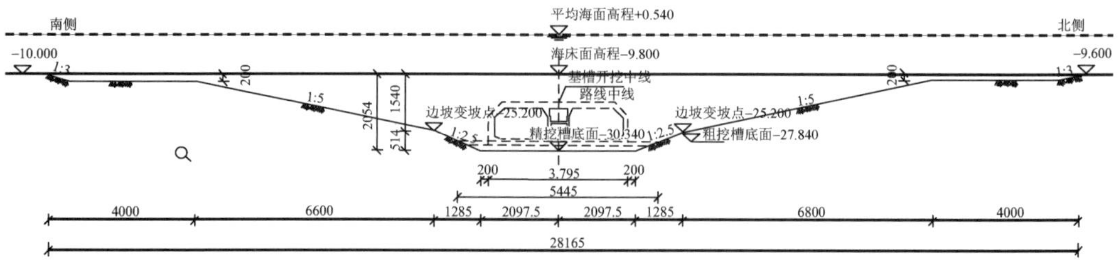

图 11-1　浅槽段基槽典型断面图

注：尺寸标注单位为 mm，标高单位为 m

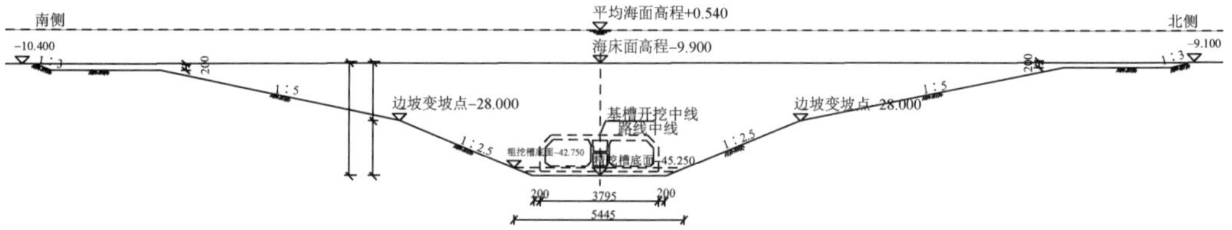

图 11-2　深槽段基槽典型断面图

注：尺寸标注单位为 mm，标高单位为 m

11.3　外海超长沉管隧道基础施工监控技术研究

11.3.1　基槽边坡回淤沉积物性状及稳定性研究

港珠澳大桥沉管隧道基础在建设过程中采用了水下开挖的施工方案形成沉管安装所需的深水基槽。当裹挟泥沙的水流经过基槽附近时，由于过流断面水深加大，水流流速减小，泥沙极易在基槽内淤积，给沉管基础的后续施工带来极大的困扰，所以开展基槽边坡回淤沉积物稳定分析是有必要的。

现场勘察所采用的钻探平台为千吨级方驳搭建钻探平台，为减小海上波浪对钻探的扰动，钻探设备配套有相应的波浪补偿设施。现场勘察钻探系统如图 11-3 所示。

勘察所采用的测量设备包括 1 台中海达信标机和 1 台 ODEM 测深仪。勘察所采用的取土设备为薄壁取土器，其中固定活塞薄壁取土器采用连续静力压力法采取一级土样，适用于流塑-软塑性黏土；敞口薄壁取土器，采用连续静力压力法采取一级土样，主要适用于软塑-硬塑性黏土。薄壁取土器分别如图 11-4 所示。

对于无法采取原状土样的淤泥质土取样，采用改进型固定活塞薄壁取土器采集扰动土样本。改造方法为将固定活塞薄壁取土器的无缝钢管样盒上部进行切割，使得回淤沉积物能够流入，采用连续静力压入法将取土器推至预定深度，静置 10min 后收回取土器，得到回淤沉积物的扰动样本。改进型固定活塞薄壁取土器如图 11-5 所示。

图 11-3　现场勘察钻探系统

(a) 固定活塞薄壁取土器

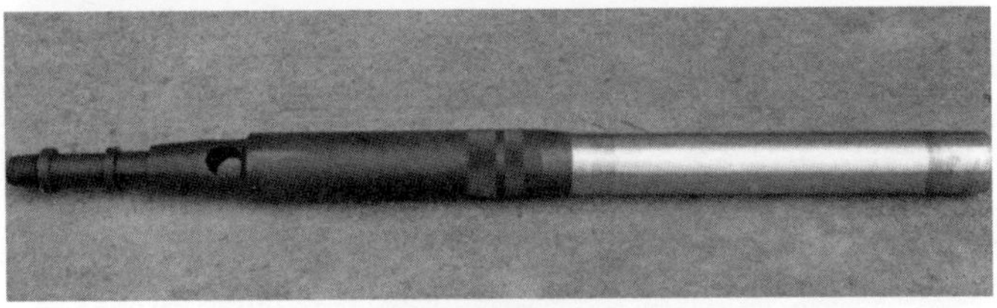

(b) 敞口薄壁取土器

图 11-4　薄壁取土器

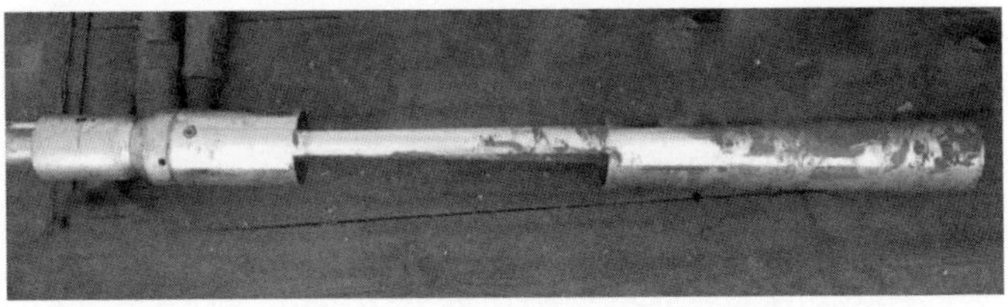

图 11-5　改进型固定活塞薄壁取土器

十字板试验是现场勘察所采用的主要原位实验方法，相关仪器如图 11-6 所示，其中十字板头采用 150mm×75mm 的板头，板材厚度取为 3mm。

图 11-6　十字板试验所采用的相关仪器

本项目共 16 个现场采样点，经过初步探查，16 个采样点上的回淤沉积物厚度平均达到 2m，最大可达到 4m。

在通过原位十字板试验获得回淤沉积物的强度指标后，进一步结合室内土工试验，对不同深度的回淤沉积物含水率、天然重度、相对密度、饱和度、液性指数、塑性指数、压缩系数、三轴剪切试验、室内十字板试验等物理力学指标进行综合评估。回淤沉积物钻孔勘察成果如表 11-1 所示。

表 11-1　回淤沉积物钻孔勘察成果

回淤沉积物深度/m	土质定义	含水率/%	土粒比重/(g/cm^3)	湿密度/(g/cm^3)	干密度/(g/cm^3)	孔隙比/%	塑性指数	液性指数	室内十字板试验的强度/kPa	三轴剪切试验	
										c	ϕ
1	流泥	81.8	2.69	1.52	0.84	2.22	15.7	3.5	1.23	—	—
2	流泥	76.1	2.69	1.55	0.89	2.04	15.5	3.3	1.55	—	—
3	淤泥	73.4	2.69	1.56	0.90	2.00	16.6	2.3	2.60	3.7	0.2
4	淤泥	65.8	2.69	1.61	0.98	1.77	16.8	2.3	2.60	9.0	2.6

测试结果表明：不同深度土体的颗粒组成较为类似，均是以黏粒为主，包含少量粉粒。从表 11-1 中的物理力学指标看，随着回淤沉积物的深度加深，土体含水率、孔隙比和液性指数逐渐减小，而室内十字板试验的强度逐渐增加。室内十字板试验的统计结果如图 11-7 所示。

回淤沉积物力学参数反演是参照现场基槽边坡回淤沉积物滑坡前后多波束扫测结果，确定边坡回淤沉积物的稳定临界状态，并在此已知的极限状态下根据边坡滑动的极限平衡理论，进一步反演出回淤沉积物力学指标。

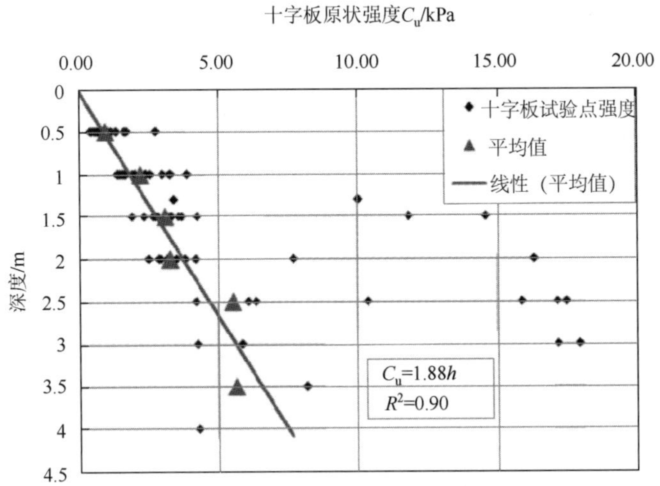

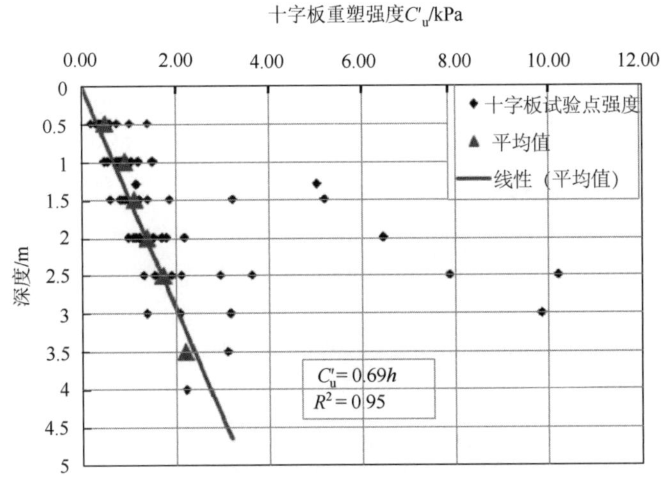

图 11-7　室内十字板试验的统计结果

反演过程做出如下假定：①由多束波扫海结果所确定的沉管隧道基槽边坡塌方前的回淤状态为极限稳定状态，所对应的实际稳定安全系数为 1.0；②假定基槽边坡的回淤模式为沿着边坡形成均匀厚度的淤泥层，并在此条件下反演得到回淤沉积物的力学指标。

为了避免回淤沉积物坍塌污染基床，影响沉管安放，基槽边坡回淤沉积物稳定性按照永久边坡考虑，根据《港口工程地基规范》（JTS 147-1—2010），基槽边坡回淤沉积物稳定安全系数取 1.3。

港珠澳大桥沉管隧道在 E15 管节安装的施工过程中监测到了基槽北侧 1∶5 的边坡上发生了较大面积的回淤沉积物滑坡。基于此次滑坡监测数据开展相应的回淤沉积物力学性质反演分析。E15 管节基槽边坡回淤沉积物滑坡反演分析的具体实施方法如下。

利用滑坡前和滑坡后相邻两次多波束扫测结果进行曲面差值计算，得到基槽回淤沉积物滑坡前后的高差图，滑动位置扫测结果如图 11-8 所示。以滑动前后的高程差小于 0.3 m 为界限，确定北侧边坡的回淤沉积物滑塌范围。

清/回淤厚度表				
编号	清/回淤最小厚度值/m	清/回淤最大厚度值/m	面积/m^2	颜色
1	−1.46	−0.60	887.05	
2	−0.60	−0.40	811.36	
3	−0.40	−0.20	2188.08	
4	−0.20	0.00	21147.54	
5	0.00	0.20	26930.72	
6	0.20	0.40	3352.66	
7	0.40	0.60	1317.01	
8	0.60	0.80	222.25	
9	0.80	1.27	38.03	

说明：负值代表清除淤泥厚度；正值代表回淤厚度

图 11-8　滑动位置扫测结果

在已知临界回淤厚度的条件下，开展回淤沉积物力学指标反演分析。现场钻探结果显示回淤沉积物密度为 1.45 t/m^3，假定回淤沉积物的内摩擦角为 0°，由此反求回淤沉积物的黏聚力。为了进一步考虑回淤沉积物容重的影响，开展了针对回淤沉积物密度的敏感性分析，分析得到稳定安全系数与密度 ρ 和黏聚力强度 C_u 的关系如图 11-9 所示。

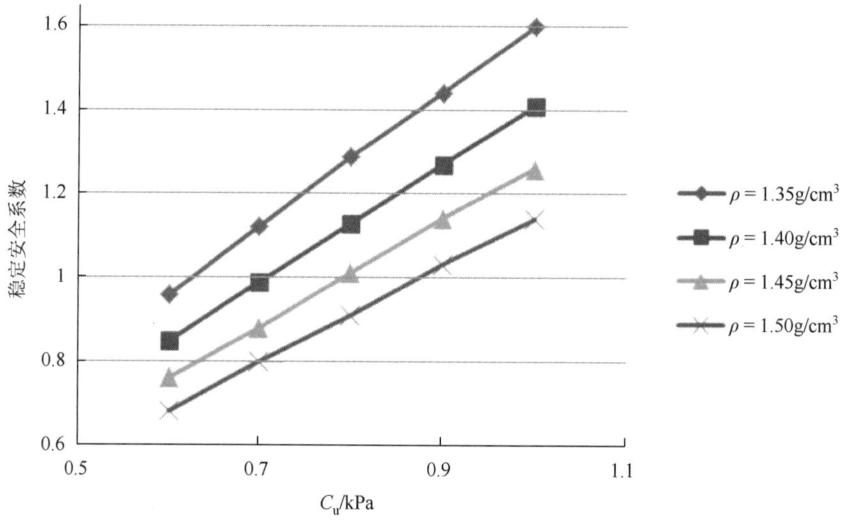

图 11-9　稳定安全系数与密度和黏聚力强度的关系

根据现场检测回淤沉积物的密度为 1.45 t/m^3，内摩擦角为 0°的假设，从图 11-9 中可以看到，上述条件下所对应的回淤沉积物黏聚力强度为 $C_u = 0.8kPa$。

以回淤沉积物黏聚力强度 $C_u = 0.8kPa$，基槽边坡稳定安全系数≥1.3 作为约束条件确定安全合理的边坡回淤厚度约为 0.7m，如图 11-10 所示。

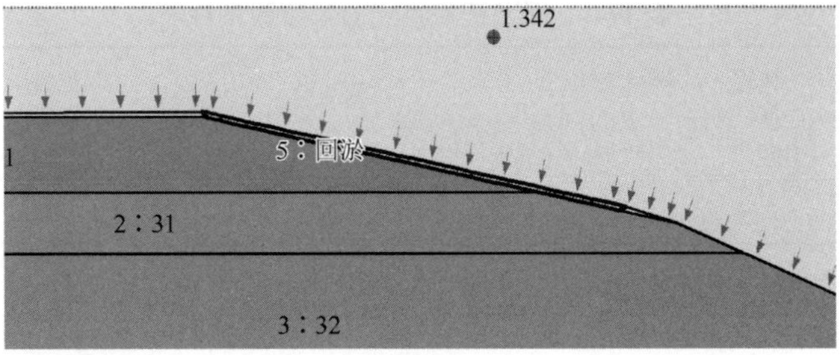

图 11-10　基槽边坡回淤厚度为 0.7m 的边坡稳定计算结果

11.3.2　隧道基床回淤沉积物厚度控制研究

研究回淤沉积物对沉管隧道结构受力之间的相互关系，评估不同厚度的回淤沉积物对隧道结构的影响，设置合理的回淤沉积物清除标准，对保障沉管隧道顺利安装并确保使用期间沉管结构安全性及止水可靠性至关重要。沉管隧道基床允许回淤厚度标准分析流程如图 11-11 所示。

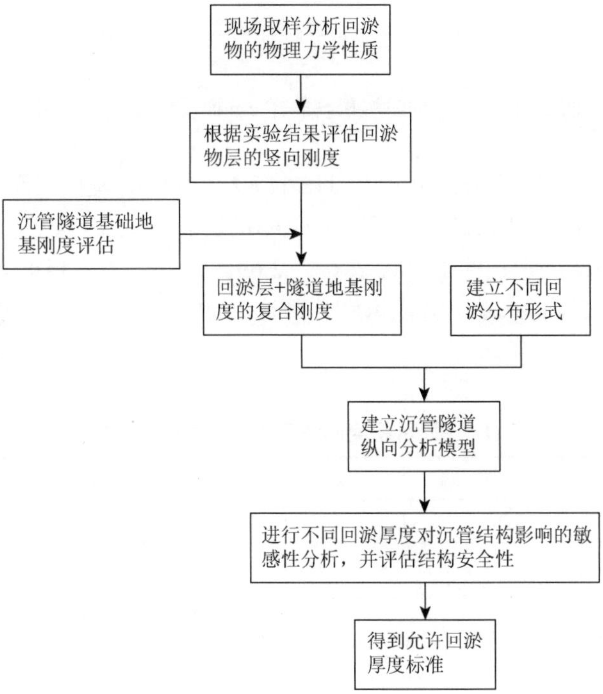

图 11-11　沉管隧道基床允许回淤厚度标准分析流程

为分析沉管基槽内回淤沉积物的物理力学性质，2015 年 3 月 14～21 日在 E18～E21 管节边坡范围内进行了勘探取样和现场十字板试验，获得基槽回淤沉积物的物理力学指标，如表 11-2 所示。不同回淤沉积物取样 *e-p* 曲线图如图 11-12 所示。

表 11-2　回淤沉积物土力学参数指标表

岩土定名	含水率 w/%	比重 G_s /(g/cm³)	湿密度 ρ /(g/cm³)	干密度 ρ_d /(g/cm³)	饱和度 Sr/%	孔隙比 e	塑性指数 I_P	液性指数 I_L	室内十字板试验的强度/kPa
流泥/淤泥	81.8	2.69	1.52	0.84	99.3	2.215	15.7	3.5	1.23

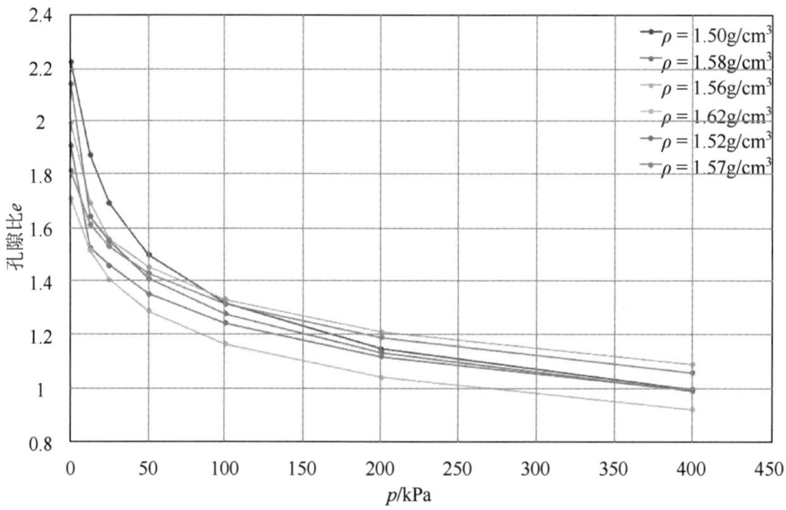

图 11-12　不同回淤沉积物取样 e-p 曲线图（后附彩图）

根据《重力式码头设计与施工规范》(JTS 167-2—2009)，基槽底需考虑清淤的回淤沉积物湿密度大于 1.26g/cm³，认为该密度下的回淤沉积物具有一定的强度，可能形成夹层。

根据表 11-2 回淤沉积物的土粒比重 $G_s = 2.69$，根据土的三相组成原理可推导出湿密度 $\rho = 1.26$g/cm³的淤泥含水率、孔隙率和孔隙比，如表 11-3 所示。回淤沉积物在不同阶段的变化过程如图 11-13 所示。

表 11-3　两种密度回淤沉积物的物理力学指标

物理力学指标	湿密度 ρ/(g/cm³)	含水率 w/%	孔隙率 n	孔隙比 e
数值	1.26	202.0	0.845	5.447

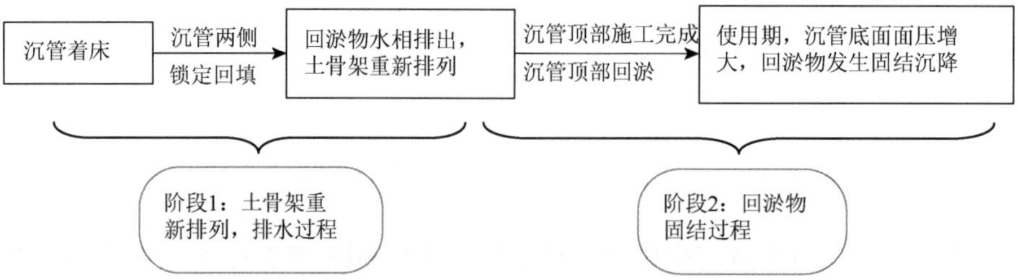

图 11-13　回淤沉积物在不同阶段的变化过程图

阶段 1：如表 11-4 所示，$\rho = 1.26 g/cm^3$回淤沉积物的孔隙率极高，沉管安放着床并进行两侧锁定回填后沉管底面对回淤沉积物的面压极小，根据表中现场取样的 *e-p* 实验结果，该阶段末保守考虑取面压为 0，此时所对应的孔隙比最大值 $e = 2.223$。

阶段 2：使用期沉管底面面压约为 100kPa，根据 *e-p* 曲线实验结果，该阶段保守取小值 $e = 1.165$。

表 11-4　回淤沉积物取样孔隙比表

压力	回淤沉积物湿密度 ρ/（g/cm^3）						
	1.50	1.58	1.56	1.62	1.52	1.57	1.60
0	$e = 2.223$	$e = 1.908$	$e = 1.992$	$e = 1.71$	$e = 2.141$	$e = 1.94$	$e = 1.813$
100kPa	$e = 1.317$	$e = 1.243$	$e = 1.332$	$e = 1.165$	$e = 1.278$	$e = 1.477$	$e = 1.314$

为确定回淤沉积物的临界清除厚度，对不同的回淤厚度进行敏感性分析，不同回淤厚度对应的等效刚度计算表如表 11-5 所示。

表 11-5　不同回淤厚度对应的等效刚度计算表

初始状态	回淤沉积物厚度 t/mm	20	40	60
	其他参数指标	见表 11-3		
第一阶段	面压/kPa	0	0	0
	回淤沉积物厚度 t_1/mm	9.998	19.997	29.995
	湿密度 $\rho/(g/cm^3)$	1.5	1.5	1.5
	水的厚度 t_w/mm	6.9	13.79	20.69
	颗粒厚度 t_s/mm	3.1	6.2	9.31
	孔隙比 e	2.223	2.223	2.223
第二阶段	面压/kPa	100	100	100
	回淤沉积物厚度 t_2/mm	6.716	13.433	20.149
	湿密度 $\rho/(g/cm^3)$	1.5	1.5	1.5
	水的厚度 t_w/mm	3.61	7.23	10.84
	颗粒厚度 t_s/mm	3.1	6.2	9.31
	孔隙比 e	1.165	1.165	1.165
回淤层等效刚度 k_{hy}/(kPa/m)		30469	15235	10156

由于基床落淤是随机的，应当考虑不同回於分布形式对沉管隧道结构受力的影响，如图 11-14 所示。

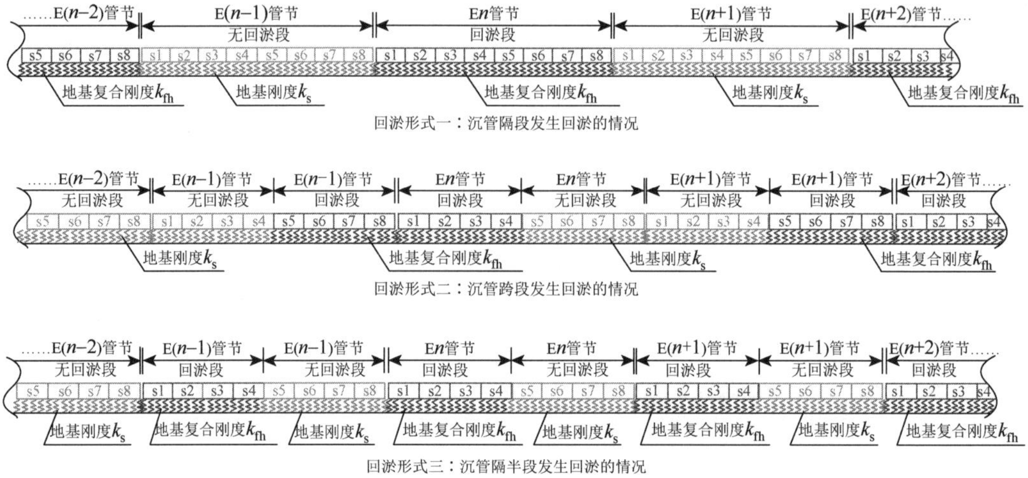

图 11-14　沉管基槽回淤分布的三种计算模式

计算分析的主要验算内容如下。

①隧道接头张开量验算。

管节接头：管节接头张开量值应小于 GINA 和 OMEGA 产品允许的张开量。

节段接头：节段接头张开量值应小于 OMEGA 产品允许的张开量。

②剪力键抗剪能力验算。

管节接头钢剪力键：管节接头剪力应小于钢剪力键最大允许剪力。

节段接头混凝土剪力键：节段接头剪力应小于混凝土剪力键最大允许剪力。

③管节内力验算。

管节内力验算包括管节裂缝和承载能力验算。

采用有限元软件 ANSYS 建立 E1～E33 管节整体模型，如图 11-15 所示。模型整体采用文克勒弹性地基梁模型进行构造。

沉管隧道结构-地基的整体模型建立方法如下：

①沉管隧道结构采用 BEAM3 单元进行模拟，网格计算长度约为 1m。

②竖向土弹簧采用线性弹簧 COMBIN14 单元进行模拟。

③沿沉管纵向的水平摩擦弹簧采用非线性弹簧 COMBIN39 单元进行模拟。

④沉管的横断面高度为 11.4m，为了模拟管节接头和节段接头的空间关系，模型中在节段接头和管节接头分别建立了大刚度刚臂（采用 BEAM3 单元模拟），模拟分析接头的受力情况。

⑤管节内设置了预应力钢绞线采用 LINK1 单元进行模拟，并在初始阶段施加预应力。

⑥沉管节段接头沿纵向只受压不受拉，因此采用 LINK10 单元模拟节段之间的纵向接触关系，采用 COMBIN14 单元模拟节段接头的预应力钢筋状态。

⑦沉管管节接头为 GINA 止水带连接，采用 COMBIN39 单元模拟 GINA 止水带。

⑧节段接头和管节接头竖向均设置了剪力键，模型中耦合各个节段接头之间的竖向自由度，模拟剪力键的受力，管节接头采用非线性弹簧 COMBIN39 单元模拟钢剪力键。

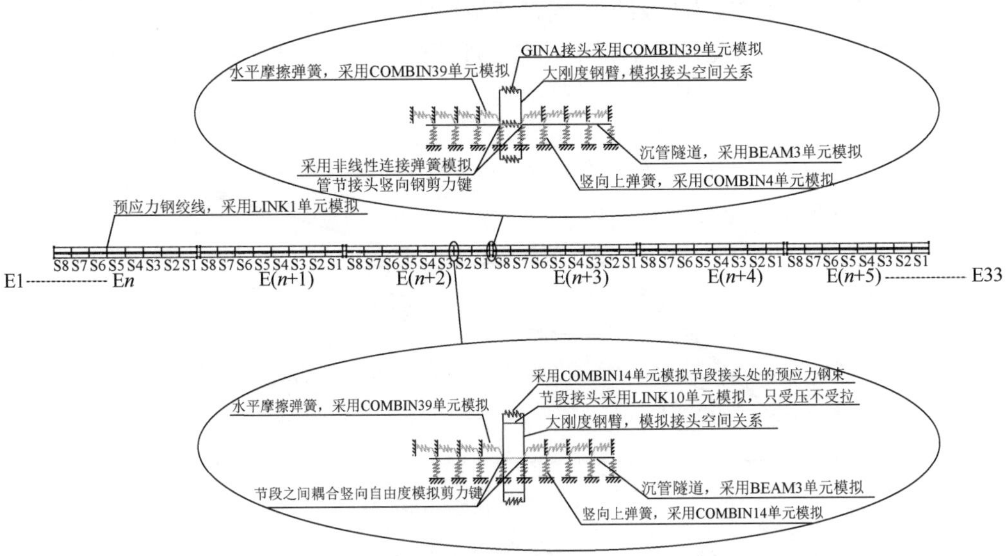

图 11-15　分析模型简图（半刚性管节方案分析模型）

沉管隧道结构-地基的整体模型在受力过程模拟中，考虑如下的荷载组合关系：

①正常使用极限状态短期效应组合，主要考察沉管隧道结构裂缝、接头位移，因此本组合既考虑温度下降工况又考虑温度上升工况。

②正常使用极限状态长期效应组合，主要是对沉管隧道接头位移进行核算，不核算结构裂缝，因此本组合仅考虑温度下降工况不考虑温度上升工况。

③承载能力极限状态持久组合，主要是对沉管隧道结构强度进行核算，不核算接头位移，因此本组合仅考虑温度上升工况不考虑温度下降工况。

如图 11-16 所示，在不同回淤形式下管节 GINA 接头最大张开量随着回淤厚度的增大而增大。其中回淤形式二对 GINA 接头最大张开量的影响最大，本工程 GINA 接头的允许张开量为 75 mm，因此本次分析的所有情况均在允许张开量范围内。

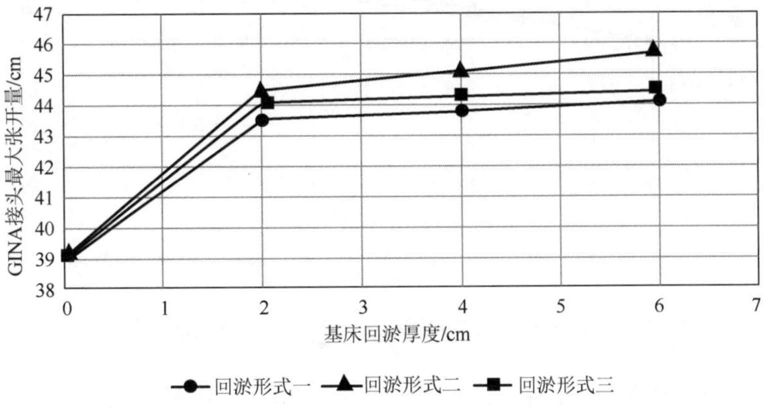

图 11-16　管节 GINA 接头最大张开量与基床回淤厚度的关系曲线

如图 11-17 所示，预应力拉索对节段管节施加的预应力对节段接头为有利作用，因此不同的回淤形式对其张开量的影响很小。本工程节段接头允许张开量为 60mm，分析的结果远小于该允许值。

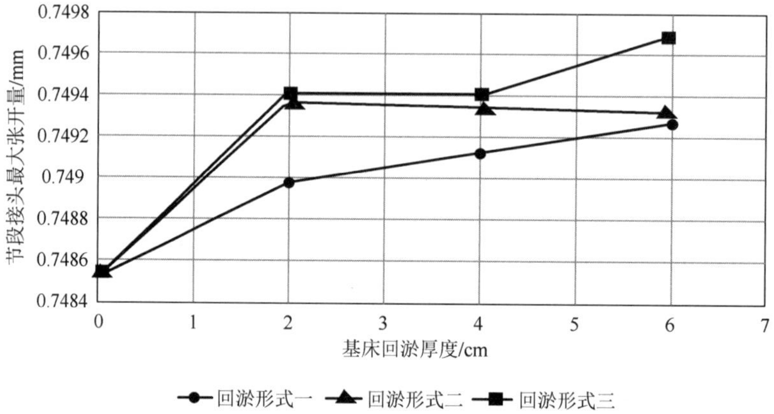

图 11-17　管节节段接头最大张开量与基床回淤厚度的关系曲线

承载能力极限状态主要是对沉管隧道的结构内力、钢剪力键和混凝土剪力键等进行分析。

如图 11-18 所示，在不同回淤形式下钢剪力键内力随着回淤厚度的增加而增加。回淤形式三对内力的影响最大，本工程钢剪力键内力的允许值为 26 000 kN，从图 11-18 中可看出当回淤厚度达到 6 cm 时，回淤形式一稍微超出允许值，回淤形式三则大幅度超出允许值，而当回淤厚度为 4 cm 时，钢剪力键内力则均在允许范围内。

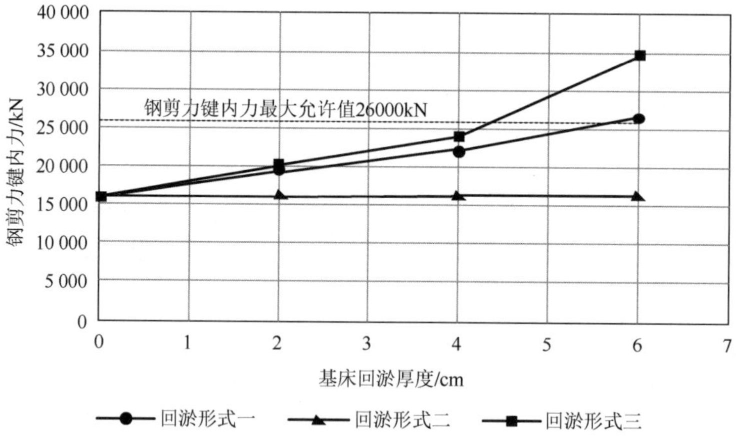

图 11-18　管节接头钢剪力键内力与基床回淤厚度的关系曲线

如图 11-19 所示，在回淤形式二、三下沉管隧道结构纵向最大弯矩随着回淤厚度的增加而增加，回淤形式一则先降低后增加。如图 11-20 所示，在不同回淤形式下沉管隧道结构纵向最大剪力随着回淤厚度的增加而增加，其中回淤形式三增加的速率最快。根据沉管隧道的结构强度设计值，该内力均在设计允许范围内。

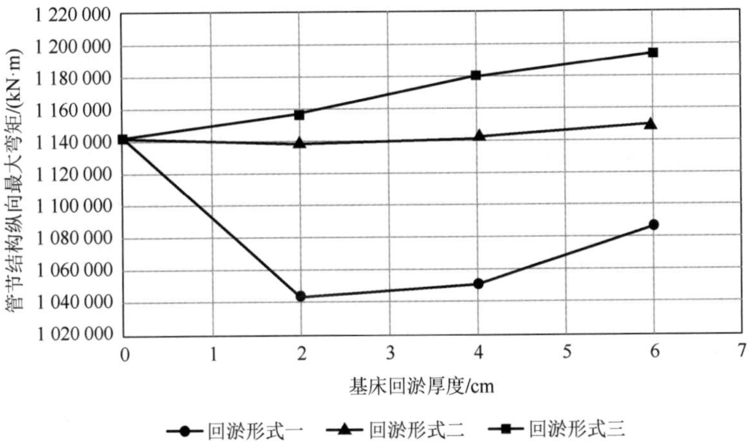

图 11-19　管节结构纵向最大弯矩与基床回淤厚度的关系曲线

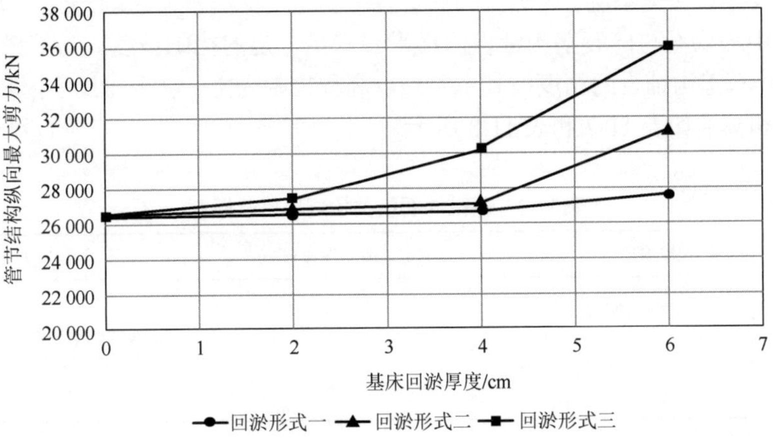

图 11-20　管节结构纵向最大剪力与基床回淤厚度的关系曲线

11.3.3　沉管隧道基础施工监控流程研究

为实现沉管隧道的精确对接从而进一步提高沉管隧道的止水能力，港珠澳大桥沉管隧道对基础施工精度提出了较高的控制标准，该标准的实现必须依赖于动态化的设计与施工监控管理方案。动态化的设计与施工监控管理方案包括如下内容：提出合理精确的施工监控控制标准，制定高效完善的施工监控管理流程，成立专业互动的施工监控团队。

基础施工监测主要包括基槽平面尺寸与立面尺寸及高程监测，基础块石铺设位置及平整度监测，碎石垫层铺设位置及平整度监测，以及不同施工工序之间的基槽回淤量监测。

基槽的平面尺寸主要包括基槽的轴线位置和基槽的边坡坡线，基槽的立面尺寸主要指槽底标高。基槽不同位置的控制标准有所区别，对于基槽轴线位置和基槽底标高这类直接关系工程安全性的指标采用了精度较高的控制标准，而对基槽边坡坡线位置的要求相对宽松，因此采用了较低的控制标准。基槽尺寸的测量方法采用多波束声呐系统探测和密度检测仪检测相结合的方法。基槽开挖相关检测项目及标准如表 11-6 所示。

表 11-6　基槽开挖相关检测项目及标准

序号	检测项目	允许偏差/cm	备注	检测方法及频次
1	轴线	±50	(−100，−50)、(＋50，＋100) 测点不超过 10%	多波束声呐系统探测、密度检测仪检测；每 5～10m 一个测试断面，每 2～5m 一个测点
2	基槽边坡坡线	−20，＋250	槽底与碎石垫层顶面之间	
		−300，＋300	碎石垫层顶面至管顶之间；管顶以上位于淤泥质土中的边坡按不陡于设计边坡控制	
3	槽底标高	−60，＋40	(−85，−60)、(＋40，＋65) 的断面随机测点不超过 20%	

注：表中“＋”表示向上或向外，“−”表示向下或向内。

基槽开挖完毕后，需要对基槽底部的沉管基础进行地基处理，地基处理的方案是在块石基础上铺设碎石垄沟垫层。为确保沉管安装后能达到变形协调的均匀受力状态，沉管基础施工过程中的块石与碎石垄沟铺设同样需要满足一定的控制精度。与基槽开挖监测类似，块石与碎石垄沟铺设的精度控制主要是以高程控制为主，以平面尺寸控制为辅，相关的检测项目和标准如表 11-7 和表 11-8 所示。

表 11-7　基础块石相关检测项目及标准

序号	主控项目		规定值或允许偏差/cm	检测方法及频次
1	块石顶部标高	夯平后测点允许偏差	±30	多波束声呐系统探测；每 5～10m 一个测试断面，每 2～5m 一个测点
2	块石两侧顶边线与设计位置平面允许偏差		0～＋100	

注：夯平宽度不小于 46m。

设计边线位置以轴线为对称，平面允许偏差应严格控制负偏差。

表 11-8　碎石垫层相关检测项目及标准

序号	检查项目		规定值或允许偏差/mm	备注	检测方法及频率
1	垫层顶部标高	测点允许偏差①	±40	每垄 85%以上测点满足偏差要求	声呐法逐垄测试
2	垫层两侧顶边线与设计边线平面允许偏差②		−200～1000	□	
3	碎石垄纵向宽度③		负偏差不大于 100	设计宽度 1800mm	见注③

续表

序号	检查项目	规定值或允许偏差/mm	备注	检测方法及频率
4	单个管节相邻整平船位内碎石垄顶测点平均值（或基面）	不大于 20	相对值	同 1、2 项

注：①对所有声呐法的测点偏差进行统计，不进行人为剔除。

②平面允许偏差应严格控制负偏差。

③碎石垄施工采用专用固定整平设备，垄宽度参数与设备尺寸直接相关。纵向垄宽度保证在不小于设计宽度的情况下，按每节管节进行抽查（潜水员测量或数据拟合），沿垄宽方向每垄至少两个断面；对淤积较严重区段，纵向垄宽等指标进行特殊考虑。

④横向测量范围为管节外缘宽度再两侧各延伸 200mm，即 37950 + 2×200 = 38350mm。

在基槽开挖及基础施工的各个阶段，基槽内部的回淤不可避免。回淤沉积物的厚度如果超过一定范围将会严重影响沉管管节的安装施工，因此有必要对施工过程中的每个环节的回淤厚度开展严格的监测工作。主要的回淤厚度监测包括基槽精挖后、抛石夯平后及碎石整平后三个关键环节，清淤的标准参考回淤沉积物的密度进行确定，主要采用水下定点采样探摸，并使用水下探测仪器辅助探查，回淤沉积物检测及清除标准如表 11-9 所示。

表 11-9　回淤沉积物检测及清除标准

序号	检测时机	淤泥清除标准	检测时机及频次	检测方法
1	基槽精挖后，抛石夯平前	当隧道基槽底含水率＜150%或密度＞$1.26g/cm^3$ 的回淤沉积物厚＞30cm	抛石夯平前 7d 测一次；探摸每个管节不小于 6 个点或测深仪每 10m 一个断面	采用测深仪，或者潜水员探摸
2	抛石夯平后，碎石整平前	密度＞$1.26g/cm^3$ 的回淤沉积物厚超过 10cm	碎石整平前 15d、7d 各一次；探摸每个管节不小于 20 个点或测深仪每 10m 一个断面	
3	碎石整平后管节沉放前	密度＞$1.26g/cm^3$ 的回淤沉积物厚超过 4cm	管节沉放前每 2～5d 一次；探摸每个管节不小于 10 个垄/沟	

注：管节沉放前淤泥质密度测试过程中应保护好碎石垄，以免受损坏。

如遇台风过境等极端气候条件及隧址上游进行施工作业时，应加强监测，并适当缩短测试时间间隔。

基槽的开挖、夯平、碎石垄沟垫层铺设及各个阶段的清淤施工工作以沉管管节为单位逐段开展。为保障各个管节的施工进度与施工安全，针对沉管基槽的天然地基 + 抛石夯平基础的施工工序提出了施工控制流程，如图 11-21 所示。

为进一步确保沉管基槽的施工能够按照既定的技术指标与监控流程有效实施，为此设置了三个职能工作组，分别为质量管理组、现场监测组及地质勘察组。工作组关系如图 11-22 所示。

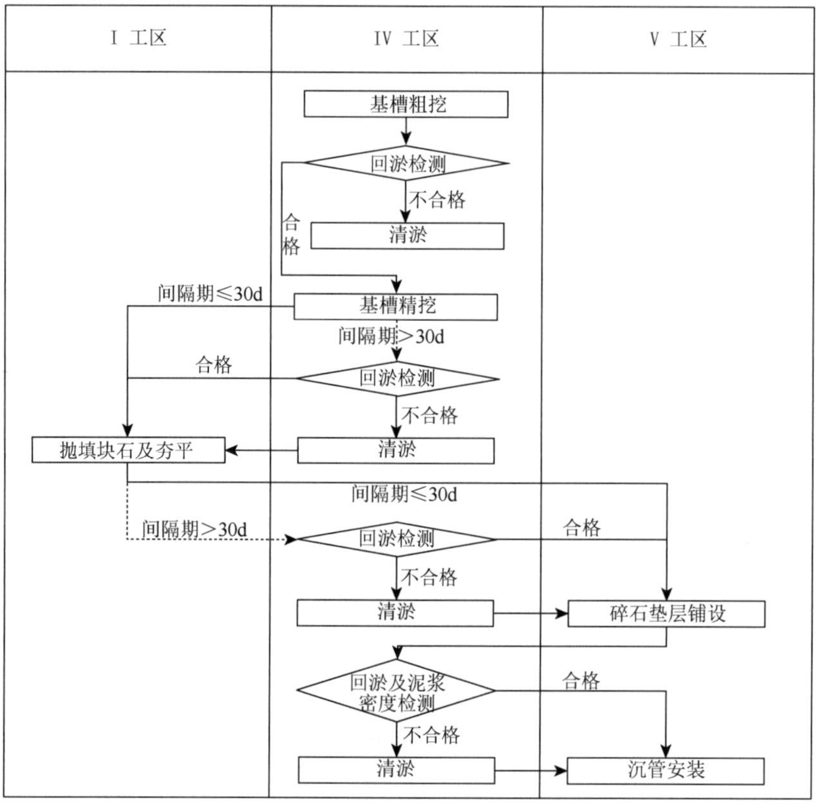

图 11-21　沉管基槽施工控制流程图

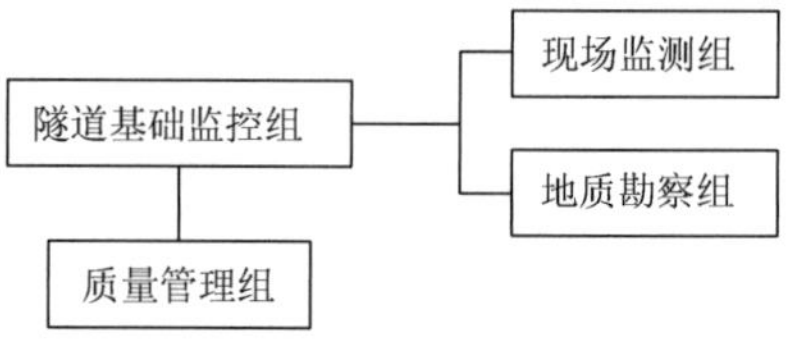

图 11-22　工作组关系

其中现场监测组和地质勘察组负责现场各个施工工序的监测与勘察工作，由于两个小组的工作配合密切，所以两个小组合称为隧道基础监控组；质量管理组负责评估与验收基础监控组的成果，确保监测数据的可靠性及最终的施工成果能够达到设计标准。隧道基础监控组主要负责提出隧道基础施工监控监测技术要求，对监测组的监测数据进行分析，对基础施工质量进行评估，给动态设计提供依据，对现场施工给出施工指令。其中现场监测组负责制定隧道基础各工序监测方案，落实现场各项施工监测工作，实现各工序的质量自检，并将监测数据及时共享给其他工作组；地质勘察组负责在基槽精挖过程中随时对开挖出的土质进行检验，如发现开挖至设计标高时现场采样土质不符合设计要求，应及时通报其他工作小组并采取相应措施。

质量管理组负责协调解决沉管隧道基础施工中遇到的各项技术问题，落实施工质量监控措施，对监测组的监测数据进行分析，对施工过程中可能存在的质量风险进行评估，预防沉管隧道基础发生质量事故或存在质量隐患。

施工监控的主要监控内容包括精挖前清淤监控、精挖监控、抛石夯平监控、碎石垫层铺设监控和沉管安装前监控 5 个部分。

精挖前清淤监控：在基槽精挖工作开展前，经过粗挖的基槽内易产生较为不均匀的回淤，较厚的不均匀回淤会对基槽精挖带来显著的不利影响。为保证精挖施工质量，在精挖开始之前必须首先进行清淤，在清淤工作基本完成后，经监控小组判定合格时方可开展精挖工作。

精挖监控：要求精挖作业达到指定精度要求。除此以外，在精挖作业的同时，地质勘察组应当及时确认现场土质，以确保基槽同时达到平面和高程精度标准及相应的土质标准。

抛石夯平监控：由于基槽土质的不均匀性和水下抛石的随机性，抛石基础的平整度与施工要求之间不可避免会出现一些差异。对于产生差异的部分，施工中采用水下夯平技术进行处理。由于抛石的平整度要求较低，设计允许偏差可达 30 cm，所以抛石夯平可以采用多波束扫测方法进行监控。抛石夯平施工期间，基槽内依旧会发生一定程度的回淤，对于该部分回淤厚度的监控仍然采用潜水员探摸的方法进行确定。

碎石垫层铺设监控：水下抛石夯平后需要在抛石基础上进行碎石垄沟垫层铺设。因此这个阶段的监测工作主要包含两个内容：碎石垄沟的铺设质量是否满足设计要求及碎石垄沟内的回淤厚度是否超过设计规定。其中碎石垄沟垫层的铺设质量监测采用声呐和多波束扫测法实现，垫层铺设前回淤沉积物的厚度监测仍然采用潜水员探摸的方法进行。

沉管安装前监控：在基槽施工完毕后到沉管安装施工仍然需要密切关注基槽内的回淤情况，这个阶段所采用的主要监测手段是潜水员探摸及在基槽设置回淤盒进行回淤状况探查。

隧道基础回淤监测采用的主要工程手段包括全覆盖的多波束水深测量、音叉密度仪密度检测、槽底浮泥取样、潜水员探摸和放置回淤盒等方式。

多波束扫测法每隔一定时间对水下基床进行一次扫测获取基槽高程数据，并可以沿着基槽轴向方向每隔 10 m 输出一个基槽断面，用于精细的回淤厚度分析，如图 11-23 所示。

音叉密度仪用于检验水体密度，用以精确判断水体中泥沙含量的分布情况。

槽底浮泥取样是与水体密度测量同步开展的，主要用于判断淤泥的性状及验证基槽底部回淤的扫海监测成果，淤泥性状采样分析如图 11-24 所示。

潜水员探摸是确定基槽回淤厚度与回淤沉积物性状的最直接、简单的方法，探摸路径需要遵循一定的采样原则，沉管基槽施工水下探摸如图 11-25 所示。除此以外，潜水员还需要进行水下回淤沉积物厚度、回淤沉积物性状的初步判断，并在必要时进行回淤沉积物取样。

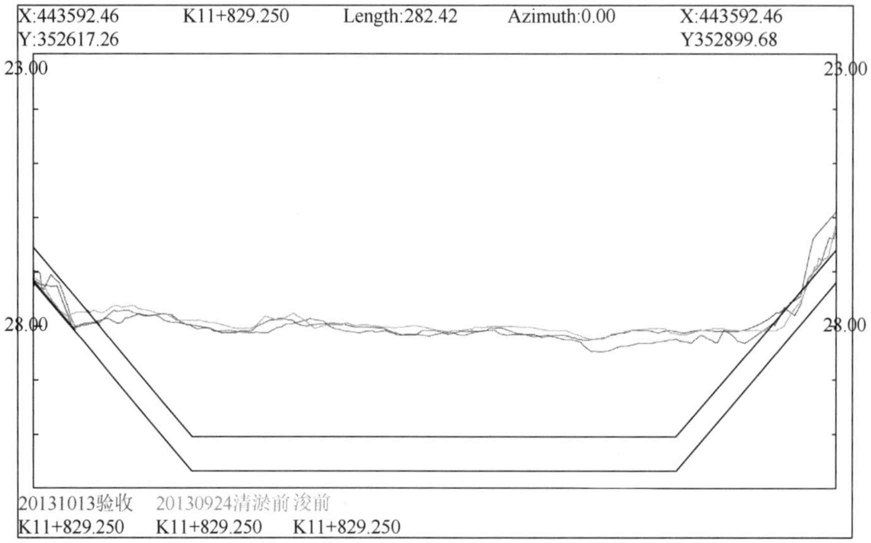

图 11-23　基槽断面扫海断面图

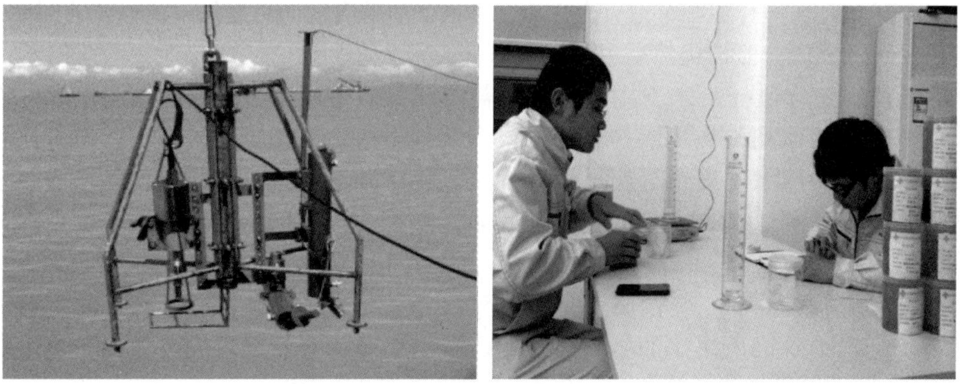

图 11-24　淤泥性状采样分析

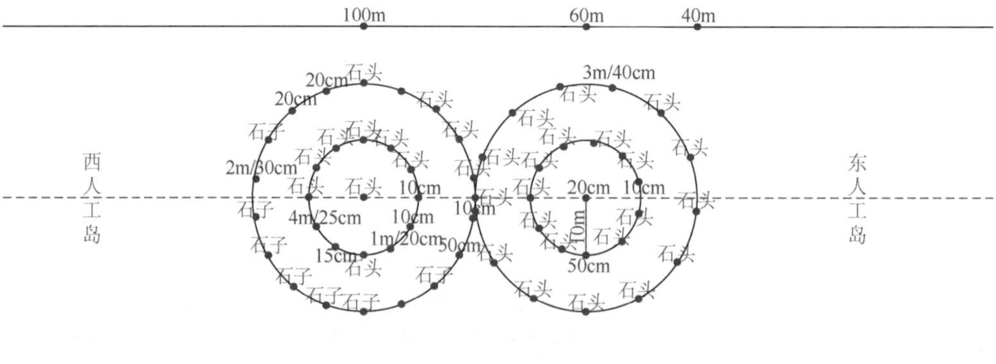

图 11-25　沉管基槽施工水下探摸

与潜水员探摸和槽底浮泥取样方法相比，回淤盒在监测基床回淤方面有着成本低、效率高的优点。基槽回淤监测只需在基槽内或碎石垫层上放置回淤盒，一定时间后取出，就可以直观判断回淤沉积物厚度及性状，如图 11-26 所示。

图 11-26　回淤沉积物回淤盒采样分析

11.4　外海超长沉管结构及防水安全施工风险控制

11.4.1　风险点识别及监控内容研究

由于港珠澳大桥沉管隧道超大跨、超大水深、超大埋深，地质条件复杂，水流、波浪及泥沙环境恶劣，导致结构横向受力大、纵向受力复杂。为应对上述难题，项目团队设计创造性提出了节段式管节预制工艺、半刚性管节结构体系，但同时也造成了结构构造复杂、已安管节变形、受力及防水状态监控技术难度大，以及待安管节的安全性和防水可靠性受已安管节影响等。外海超长沉管结构及防水施工风险点如表 11-10 所示。

表 11-10　外海超长沉管结构及防水施工风险点

施工阶段	主要结构及防水风险点
预制寄放阶段	1.钢筋混凝土结构预制及接头止水带安装质量影响防水可靠性； 2.纵向预应力施工质量影响结构及防水安全； 3.枕梁、钢梁牛腿等施工质量影响沉管端封门结构及防水安全； 4.管顶舾装件安装质量影响管节安装风险； 5.沉管在浅坞区灌水上浮过程中，由于沉管结构及管内加载的偏差，可能由于沉管不能同步浮起，造成沉管结构挠曲、接头张开
浮运安装阶段	1.管节拖航过程中，迎浪压力及背浪吸力影响端封门结构及防水安全； 2.长周期波等影响纵向结构体系安全； 3.缆力控制不当导致管顶系缆柱、吊点等舾装结构产生破坏
管内作业阶段	1.压载水箱、端封门拆除过早，抗浮安全系数不满足设计要求，导致管节起浮、淹水等重大施工风险； 2.剪力键安装时机不当，导致管节接头结构损伤或防水风险； 3.管内压载混凝土、管顶回填等加载不平衡或过快导致结构及防水风险； 4.基础绝对沉降、差异沉降过大，导致结构及防水风险

通过风险点分析，提出沉管施工全过程实施风险监控对策，其主要内容如下。

1. 待安管节结构及防水安全评估

根据气象窗口预报提供的极端施工工况，核查原沉管永久及临时结构设计安全性，根据风险等级，采取相应的补强措施。

对影响管节结构及防水安全环节施工过程原始记录进行排查，针对施工偏差较大的情况开展安全度评估，并根据风险的等级，酌情提出应对措施。

2. 施工过程监测及分析

管节安装前，经过预应力张拉体系转换后进行舾装，管节整体密封结构形成，随后再进行灌水、起浮、横移、贮存等工序，管节安装前监测内容如表 11-11 所示。

表 11-11　管节安装前监测内容

序号	监测项目	监测频次	精度
1	节段张合量	1 次/h	0.1mm
2	端封门变形及受力	1 次/h	0.1mm/1MPa
3	管节起浮管底受力监测	1 次/h	1t
4	隧道裂缝及渗漏水	1 次/d	人工巡检

管节安装时，需要通过专用安装船将管节从预制场浮运至安装位置，随后经过沉放、对接等施工工序。管节安装阶段监测项目及要求如表 11-12 所示。

表 11-12　管节安装阶段监测项目及要求

序号	监测项目	监测频次	精度
1	节段张合量	1 次/h，驻停期间加密监测	0.1mm
2	端封门变形及受力	1 次/h，驻停期间加密监测	0.1mm/1MPa
3	端封门牛腿受力	1 次/h	1t

管节安装后，将进行外部回填、管内压仓等施工，施工工序复杂，荷载变化明显，管节安装后的施工期监测项目及要求如表 11-13 所示。

表 11-13　管节安装后监测项目及要求

序号	监测项目	监测频次		精度
		变载期	恒载期	
1	节段张合量	1 次/d	1 次/周	0.1mm

续表

序号	监测项目	监测频次		精度
		变载期	恒载期	
2	管节间差异变形	1 次/d	1 次/周	0.1mm
3	管节沉降	1 次/d	1 次/周	0.3mm/km
4	管节位移	1 次/d	1 次/周	0.5″/0.6mm + 1ppm
5	端封门变形及渗漏水	4 次/d		0.1mm/1MPa
6	管内温度	1 次/d		0.1℃
7	隧道裂缝	1 次/d		人工巡检
8	节段接头 OMEGA 止水带压力	1 次/d		0.02MPa

3. 已安管节结构及防水安全评估

已安管节结构安全监控内容包括已安管节加载情况、沉降收敛情况、差异沉降、管节挠曲变形、管节接头已安装剪力键安全监控等；防水安全监控内容包括管节张合量、节段张合量、端封门变形、节段接头压力监测、管内巡查等。

4. 已安管节施工过程监控

根据施工进度及荷载变化情况，对已安管节的锁定、一般回填、覆盖回填、水箱拆除、端封门拆除、压仓混凝土浇筑等施工工序和时机进行监控，确保结构响应及防水安全处于可控状态。

11.4.2　施工全过程监控体系建立

通过对外海超长沉管隧道施工过程中的风险进行分类，有针对性地建立结构及防水施工监控体系，包括施工监控总体方案、施工监测方案、风险监控指标、预警体系、监控管理方案。

外海超长沉管隧道结构及防水施工监控管理流程包括：现场监测、工区提资、综合分析、给出监控指令、监控指令执行等方面，如图 11-27 所示。

完整的沉管隧道全过程施工监测体系的建立是实现监控流程的第一步，通过监测体系的建立，完整、合理、及时、准确获得现场监测资料，后续对监测数据进行的分析是提出动态监控指令的基础，整个施工监测管理流程如图 11-28 所示。

现场施工监控管理由项目总部牵头成立沉管隧道监控决策组，设计分部为施工监控牵头部门，总经理部总工办为接口管理部门，下设沉管施工监控组和沉管施工现场监测组，第三方监测单位负责独立第三方平行监测，如图 11-29 所示。

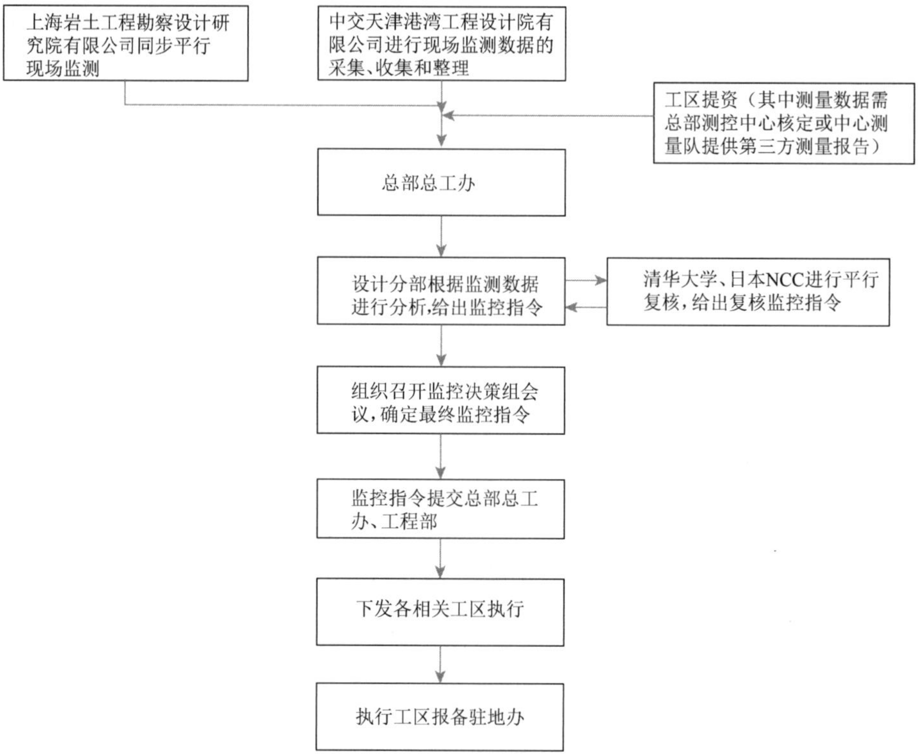

图 11-27　施工监控管理流程

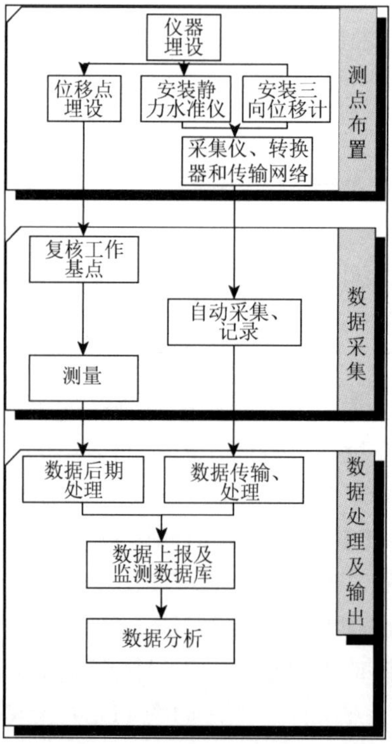

图 11-28　施工监测管理流程图

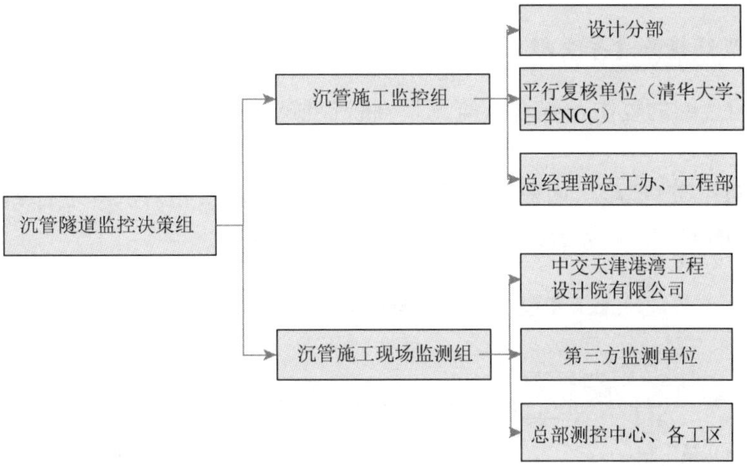

图 11-29　施工监控组织体系

11.4.3　沉管结构及防水施工现场监测方案

1. 沉降监测

沉降监测采用水准测量方法，满足国家二等水准测量精度要求，如表 11-14 规定。

表 11-14　测量精度要求

等级	测段、区段、路线往返测高差不符值	附和路线闭合差	环闭合差	检测已测测段高差之差
二等	$1.8\sqrt{k}$	$4\sqrt{L}$	$4\sqrt{F}$	$6\sqrt{R}$

由于沉管在下沉及下沉完成后的一定时间内，左右管廊中的压载水箱不会拆除，压载水箱造成沉降观测的不通视，故在管节中管廊和左右廊道内设置临时沉降观测标，拆除水箱前进行前期临时沉降监测，线路示意图见图 11-30a，拆除水箱后再进行左右管廊内的正常沉降监测，线路示意图见图 11-30b。

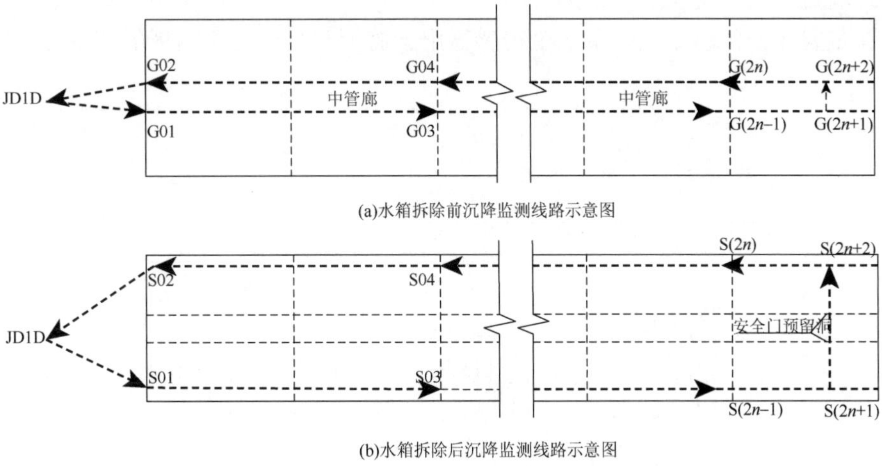

图 11-30　沉管沉降监测线路示意图

2. 管节/节段接头差异变形

管节/节段之间的姿态及张合量监测是判断管节/节段之间的锁定质量及安全性的重要标准。

轴向位移计可对混凝土面板之间缝隙的开合度、错动及相对沉降进行测量。轴向位移计平面示意图如图 11-31 所示。

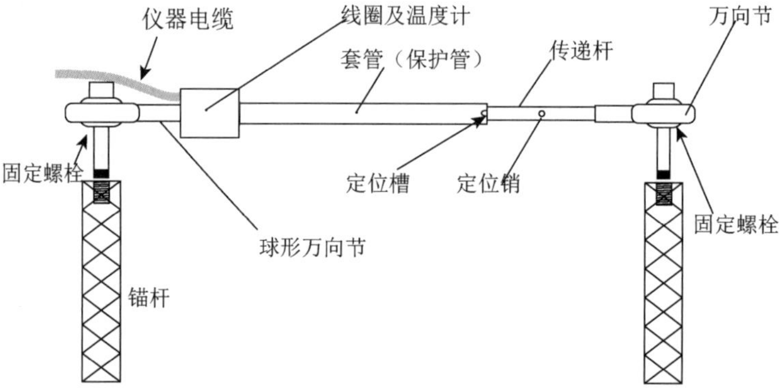

图 11-31　轴向位移计平面示意图

管节/节段之间的张合量通过布设在节段连接位置处的轴向位移计进行测量。由于管节之间的接缝较宽、节段之间的接缝较窄，测缝计的长度是固定的，所以需要针对不同的埋设位置，选择不同长度的测缝计传递杆，通过调节传递杆的长度以适应不同宽度的裂缝。

3. 端封门变形及受力监测

端封门的变形是判断端封门设计施工质量及安全性的重要标准。测量方法为在管节内搭设固定支架，通过测量支架固定点和端封门指定点之间的变位，达到测量端封门变形的目的。端封门共布置 11 个位移传感器，具体安装位置如图 11-32 所示。其中钢梁最大变形位置布置 4 个传感器，剩余 7 个传感器用于监测端封门底部面板的变形。

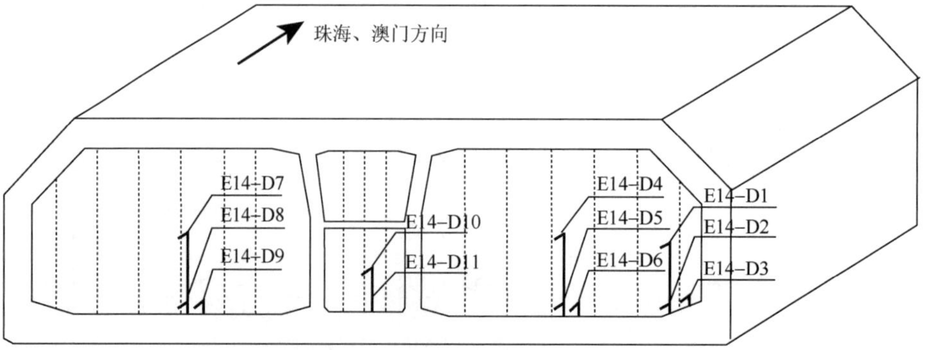

图 11-32　端封门变形监测测点布置

端封门应变计测点布置与端封门钢梁变形测量选择同一榀钢梁进行监测。选择在钢梁应力最大位置附近布置 3 个传感器用于测量应力，如图 11-33 所示。

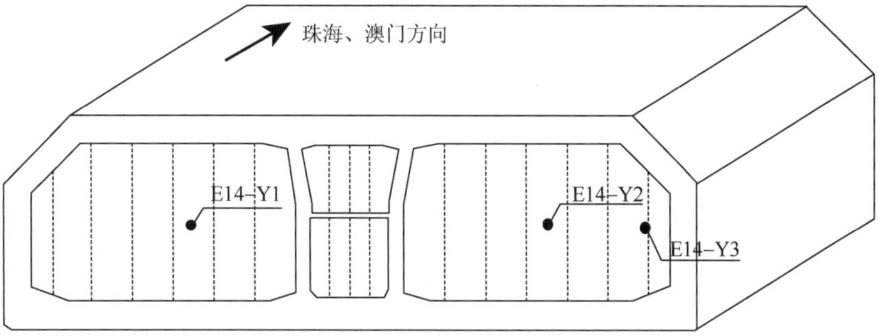

图 11-33　端封门钢梁应力测点布置示意图

4. 管节起浮底部受力监测

管节在浅坞区灌水上浮过程中，由于管节荷载的不均匀及水箱内水量的不均匀可能会造成管节不能同步浮起，导致管节结构或支座的损坏。通过监测沉管端部及中心截面位置处的支座反力变化，调整水箱水量，确保管节各部位同步浮起，保证管节结构安全。

通过在管节支座安装轴力计的方式对支座反力进行监测，选择量程为 2500 kN 的振弦式轴力计，可通过无线发射模块，实现支座反力的无线监测。轴力计如图 11-34 所示。

图 11-34　轴力计

轴力计布置在设置有水箱对应节段中间截面位置处。支座反力测点与水箱相对位置如图 11-35 所示。

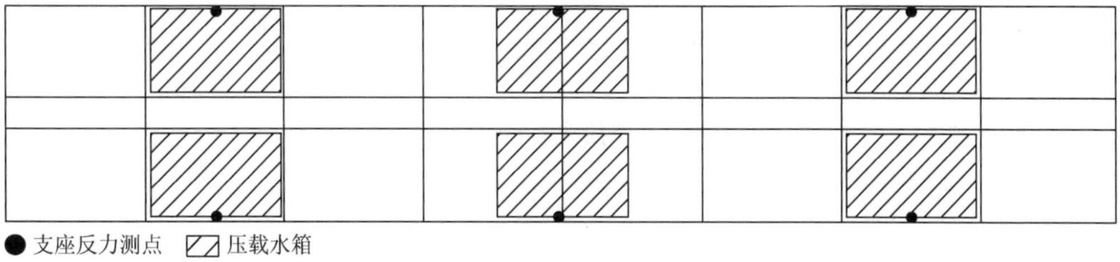

图 11-35　支座反力测点与水箱相对位置

传感器安装前，首先在测点安装支座，支座通过膨胀螺钉固定在浅坞混凝土地面，安装过程中保证支座竖直，支座顶部安放自锁千斤顶，千斤顶顶部安装轴力计，轴力计顶部安放球形支座，球型支座顶部安装钢垫板。安装过程中，采用三角形肋板将千斤顶、轴力计限位在支座顶端，防止掉落。支座组成与相对位置示意图如图 11-36 所示。

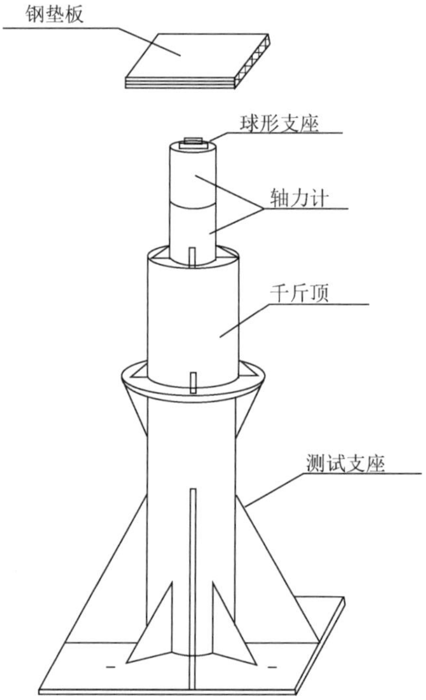

(a) 支座组成示意图

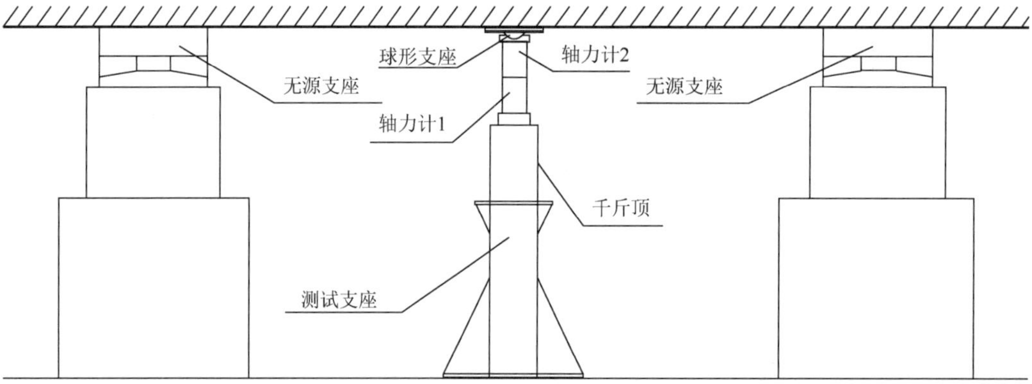

(b) 支座相对位置示意图

图 11-36　支座组成与相对位置示意图

5. 管内位移监测

管内位移测量以直伸型线缆的形式在孔道内敷设，在中管廊的下管廊内布设测点进行测量，如图 11-37 所示。

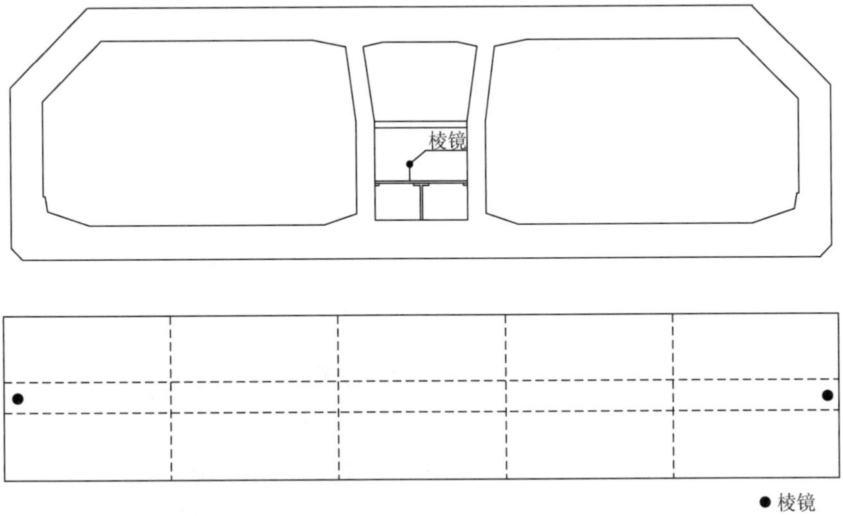

图 11-37　棱镜布置示意图

6. 管节温度监测

管节温度监测包括沉管内部环境温度监测及沉管混凝土温度梯度监测。

管节内部环境温度测点布置在每个节段中上、中下管廊位置，位置如图 11-38 所示。传感器安装完成后，将数据线缆连接至采集仪自动监测，监测初期为了了解管节内部环境温度变化规律，适当加密监测频次。

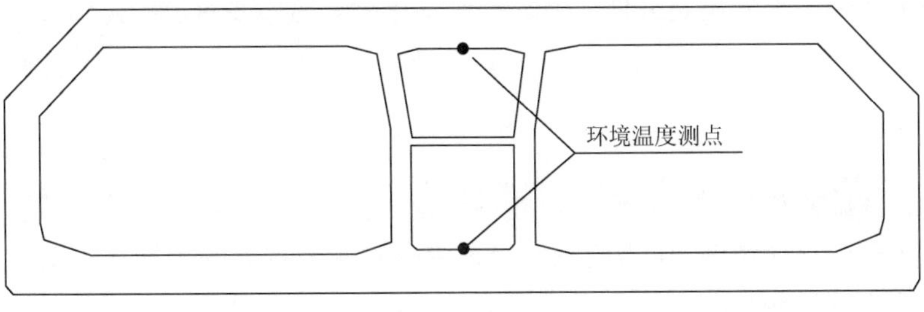

图 11-38　管节环境温度传感器布置位置示意图

沉管混凝土温度梯度监测采用预埋光纤光栅式温度传感器。光纤光栅式温度传感器与传统热电偶类传感器相比耐久性较好且成活率较高，选择代表性管节酌情布置，如图 11-39 所示。

传感器及线缆绑扎固定在钢筋上（传感器与钢筋之间放置塑料垫片用于隔开传感器与钢筋直接的热传导），最终浇筑在混凝土内，在中隔墙位置处将线缆引出，同沉管隧道其他监测设备线缆共同固定在保护槽内，传感器布置现场如图 11-40 所示。

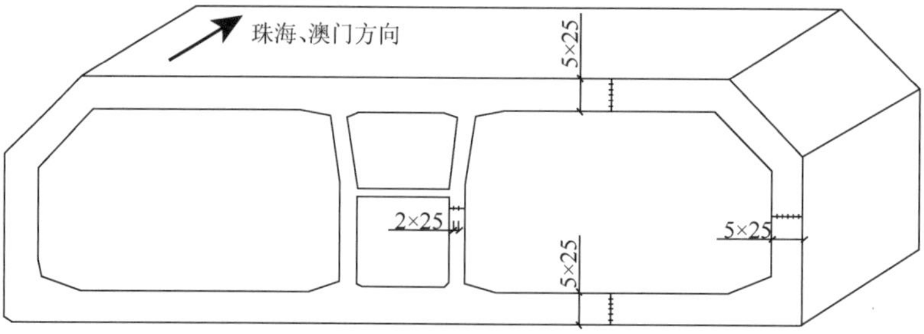

图 11-39　沉管混凝土温度传感器布置位置示意图（单位：mm）

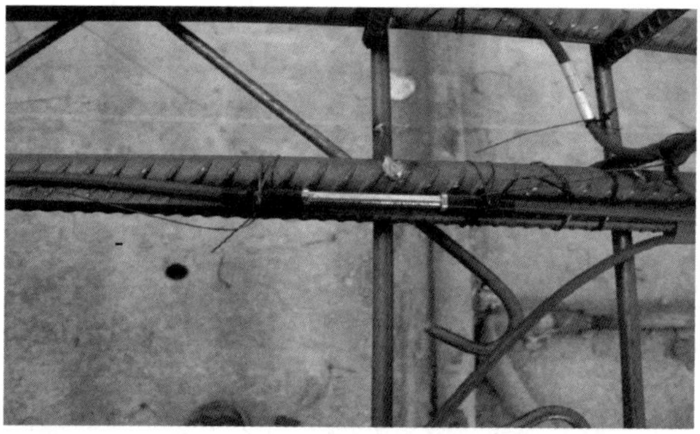

图 11-40　传感器布置现场

7. 裂缝检测

由有经验的监测工程师定期对隧道进行巡视，巡视检查的方法主要以目测为主，辅以混凝土裂缝放大镜、千分尺及摄像、摄影等设备进行。巡检要对沉管隧道孔洞、管廊做充分的巡视。

8. 节段接头渗漏监测

节段接头渗漏监测采用管内巡查，通过目视巡查 OMEGA 止水带、预埋水管状态，判断节段接头是否存在渗漏；压力监测选择在中下管廊位置处的预埋水管安装高精度压力表监测，如图 11-41 所示。

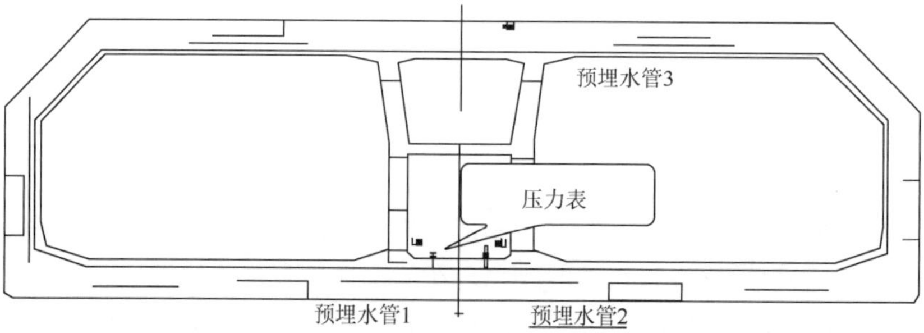

图 11-41　压力表布置示意图

9. 端封门牛腿反力监测

端封门主要由门板、钢梁、牛腿、枕梁组成，端封门底部钢梁与枕梁接触，通过钢垫块传力。底部结构示意图如图 11-42 所示。

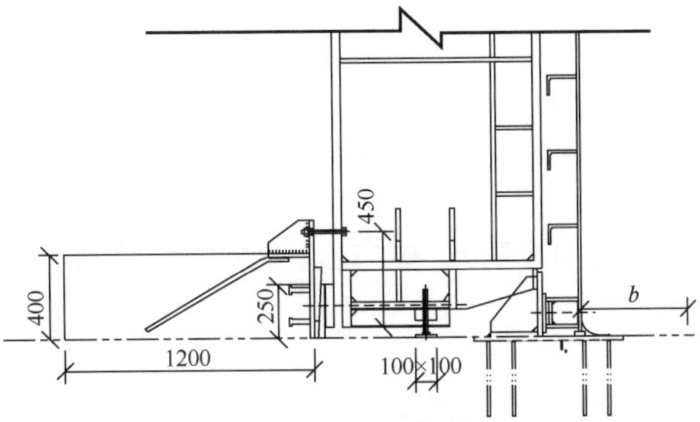

图 11-42　端封门底部结构示意图（单位：mm）

由于端封门与牛腿间缝隙过小，传统压力传感器无法安装，考虑用自制环形钢板替换原有钢垫板，环型钢板上粘贴应变片，使用前在压力机上进行率定，如图 11-43 所示。

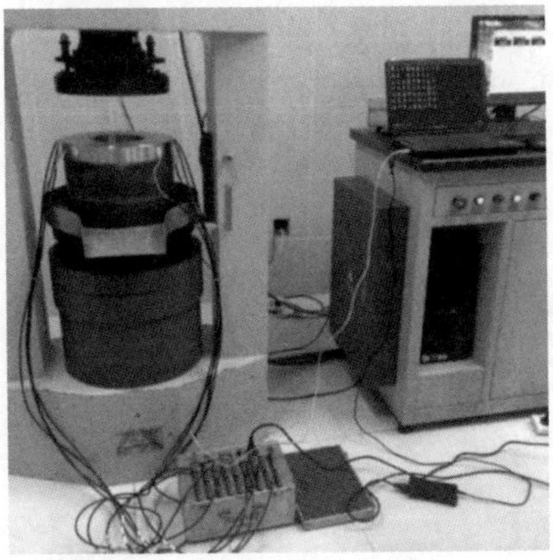

图 11-43　钢垫块现场率定情况

10. 混凝土顶板结构受力监测

港珠澳大桥沉管隧道管节顶部受荷载较大，因此在施工过程中对结构顶板进行受力监测。监测位置位于节段顶部，位于减载沉箱下方，在节段左右行车廊道顶部中间位置各布置 3 个测点，如图 11-44 所示。

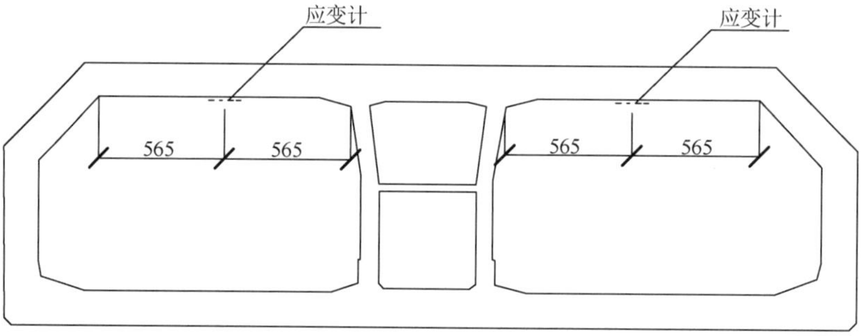

图 11-44　测点位置布置示意图（单位：cm）

11.4.4　外海超长沉管结构及防水施工现场监测数据分析

1. 管节沉降

管节沉降为主要监测项目，每节管节安装完成后按照监测频次要求对管节沉降进行观测。每个节段布置 4 个沉降观测点，1 个标准管节共布置 32 个沉降观测点，通过沉降观测分析可以获得管节/节段间差异沉降、管节偏转情况、管节竖向线型等参数。

以 E1 管节为例，自 2013 年 5 月 6 日 E1 管节安装完成至 2017 年底，E1 管节已经连续观测超过 4 年，观测结果如图 11-45 所示，E1 管节沉降已经趋于稳定。

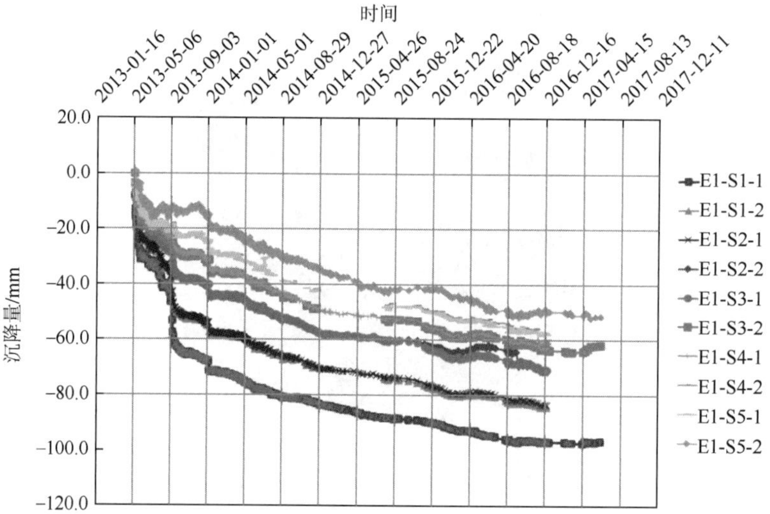

图 11-45　E1 管节累计沉降曲线（后附彩图）

E1 管节的差异沉降如图 11-46 所示，管节沉放完成后管节竖向不在同一直线上，而是呈现中间上凸的现象，管节中部挠度 7.7mm，管节的这一挠度已经随着沉降稳定不再有明显变化。

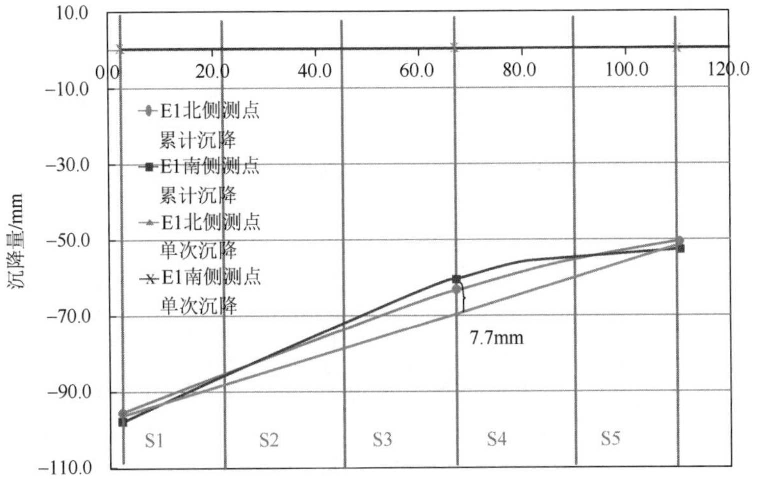

图 11-46　E1 管节累计沉降曲线

图 11-47 显示了 E25 管节的荷载-沉降曲线。E25 管节安装完成后依次进行管节两侧锁定回填、管节顶部护面层回填、管节水箱排水、管节内部压仓混凝土浇筑。管底荷载增减变化明显，沉降监测结果显示荷载变化过程沉降增加较为明显，荷载增加完成后沉降很快趋于稳定，呈现明显瞬时沉降现象。

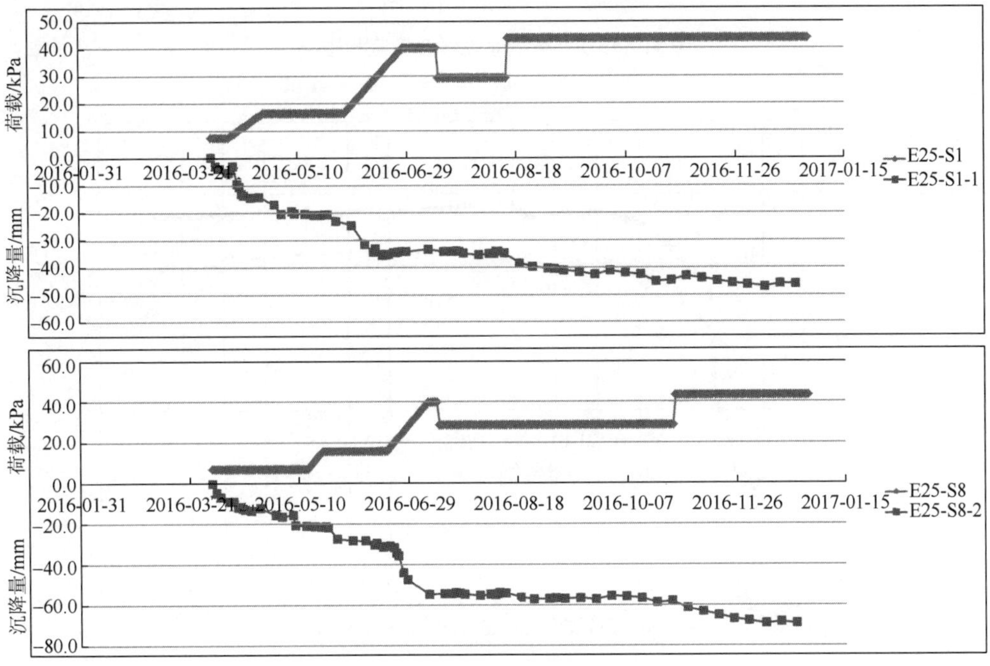

图 11-47　E25 管节沉降-荷载曲线

2. 管节差异变形

管节间差异沉降包括3个张合量测点、2个差异沉降测点、1个水平差异变形测点，通过6个监测仪器所获得的结果可以分析管节间相对变形量。以E1管节为例，监测周期已累计超过4年。管节张合量监测和差异沉降监测结果分别如图11-48和图11-49所示。

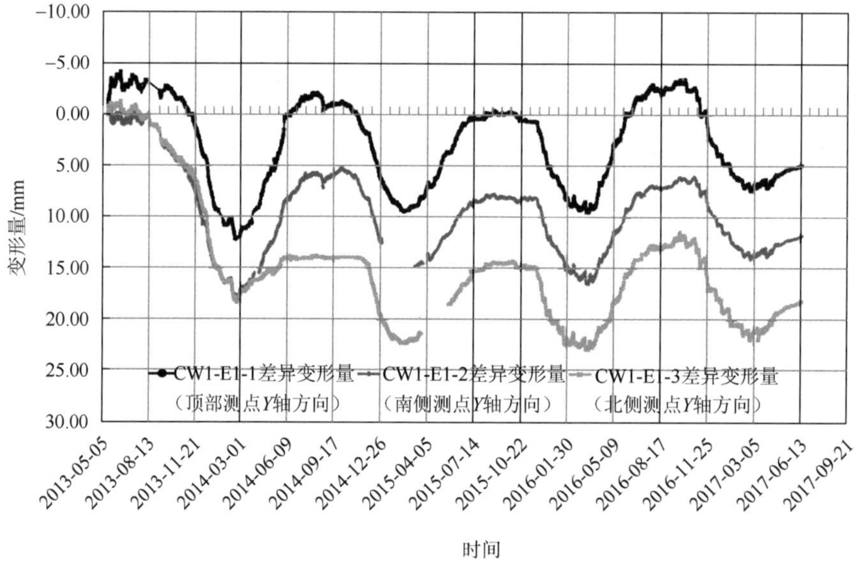

图11-48　E1与暗埋段张合量监测结果

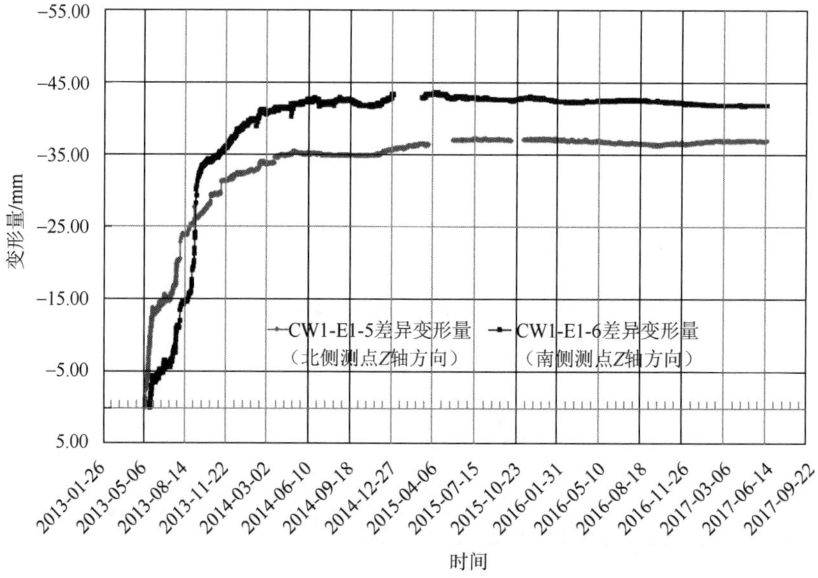

图11-49　E1与暗埋段差异沉降监测结果

管节张合量变化主要受季节环境变化影响，管节差异沉降主要受施工荷载影响，最后一个管节尾端水压受潮位影响，如图 11-50 所示。

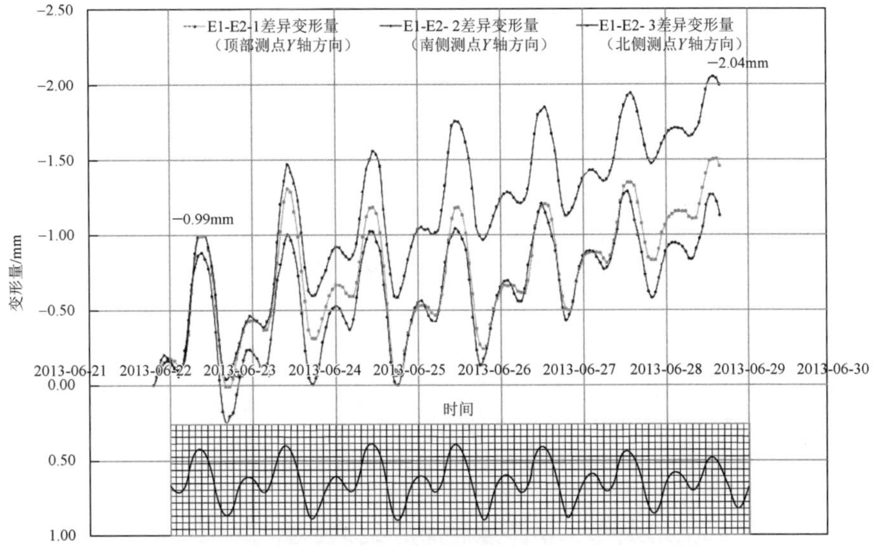

图 11-50　管节张合量与潮位变化关系

差异沉降监测与沉降测量的结果也可进行相互校对，确保数据准确性，如图 11-51 所示，两种不同的监测方法结果吻合较好，验证了监测系统的可靠性。

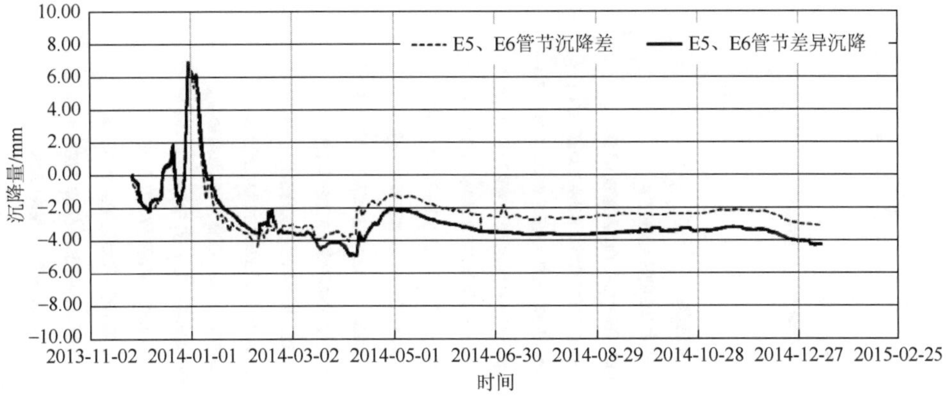

图 11-51　E5、E6 差异沉降测量结果对比

3. 节段张合量监测

由于预应力的存在，节段张合量在整个施工过程变化量小于 1mm，管节在坞内横移过程中节段张合量无变化。整个施工过程监测结果显示：节段张合量主要受环境温度影响，如图 11-52 所示。

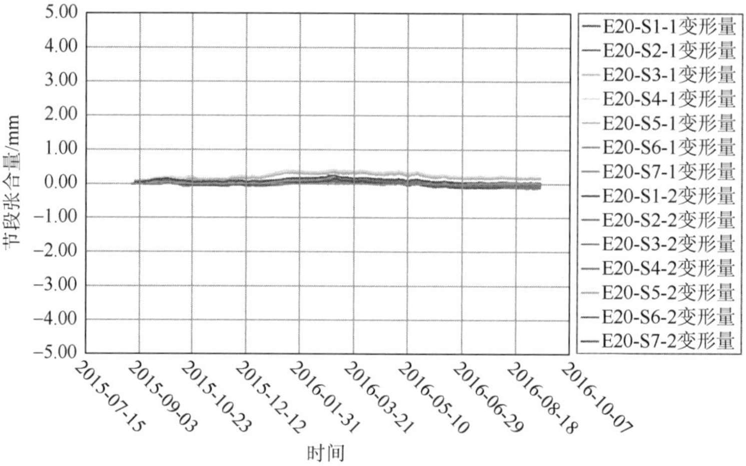

图 11-52　E20 管节节段张合量监测结果（后附彩图）

4. 端封门

沉管管节端封门监测在管节二次舾装后开始安装仪器，管节起浮前采集初值。端封门在下沉过程中承受较大的水压力，最深位置处管节端头承受水压超过 10000t，管节安装完成后仍需继续进行端封门监测，确保管节安全性。

端封门最大变形、应力随着管节安装深度增加而增大，最大变形量 14.0mm，最大应力 169.9MPa，如图 11-53 和图 11-54 所示。

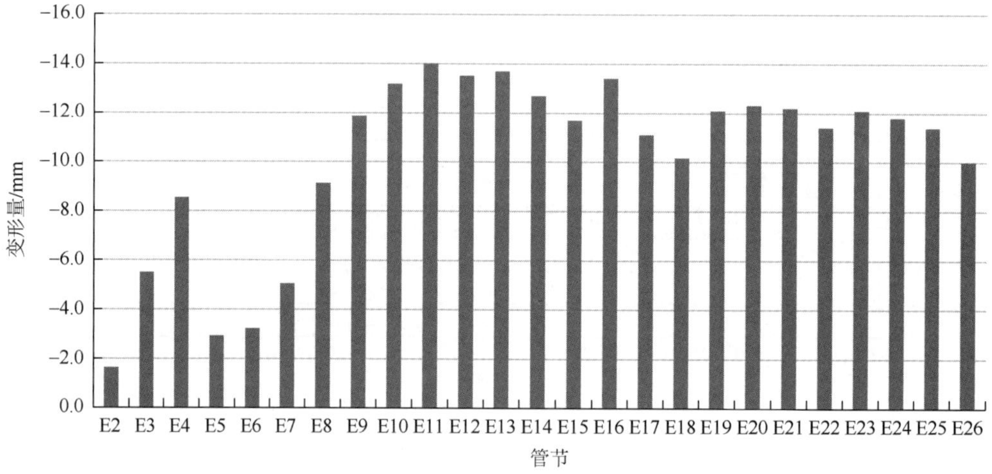

图 11-53　管节端封门最大变形统计结果

端封门牛腿监测前在室内进行标定试验，标定采用 2000kN 压力试验机，分 9 级加载至 1800kN，每级荷载 200kN，持荷时间 2min，第 1 次加载至 1800kN 后卸载至 0，随后进行第 2 次加载，加载方式与第 1 次相同。标定结果如图 11-55 所示。实际监测过程中通过监测到应变值与标定结果对比，可获得实际端封门牛腿受力。

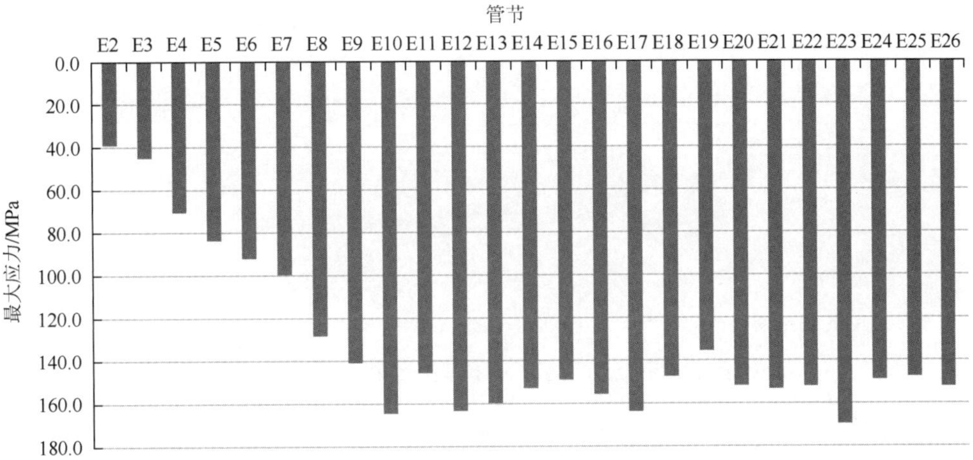

图 11-54　管节端封门最大应力统计结果

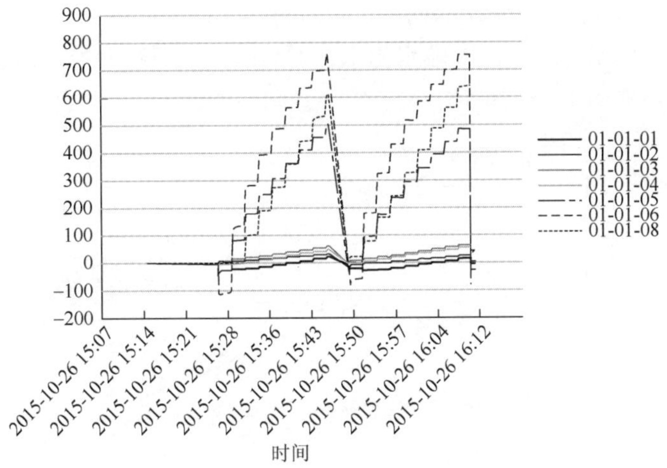

图 11-55　牛腿钢垫板标定结果

5. 支座反力

管节起浮过程中的监测结果用压力值降低率 R 来表示，R 值越小，代表管节底部支座所受压力越小，当 R 值接近−100%且再无变化时，认为管节已经起浮。

E3 管节监测结果如图 11-56 所示，当坞内灌水结束时，管节 4 角压力已降低约 80%；管内水箱排水开始后，管节非 GINA 端压力下降速度较慢，其原因是管节内水泵等主要设备集中于非 GINA 端，使得管节非 GINA 端较重；随着水箱排水，管底压力平稳下降。

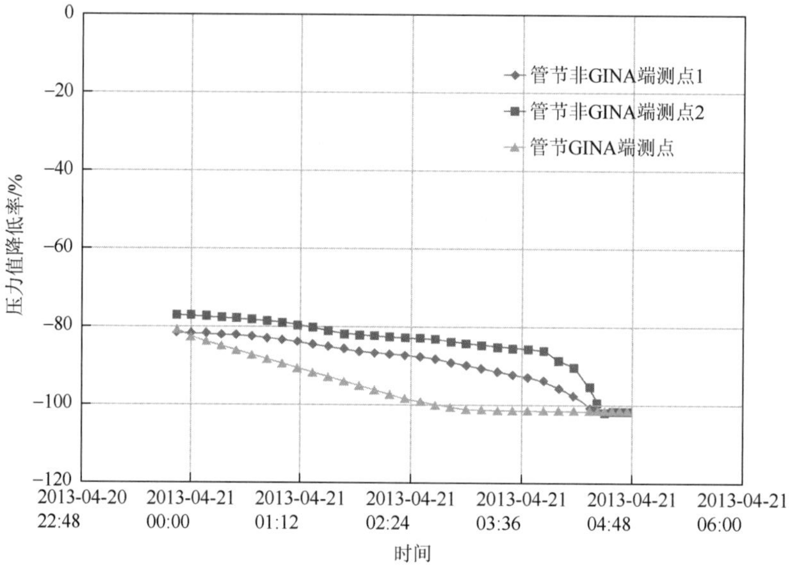

图 11-56　E3 管节起浮过程监测结果

针对 E3 管节起浮过程中发现的问题，及时进行了反馈，在起浮过程中注意保持管节非 GINA 端水箱水位略低于 GINA 端水箱水位，最终在以后管节的起浮过程中管底压力得到了很好的控制，如图 11-57 所示。

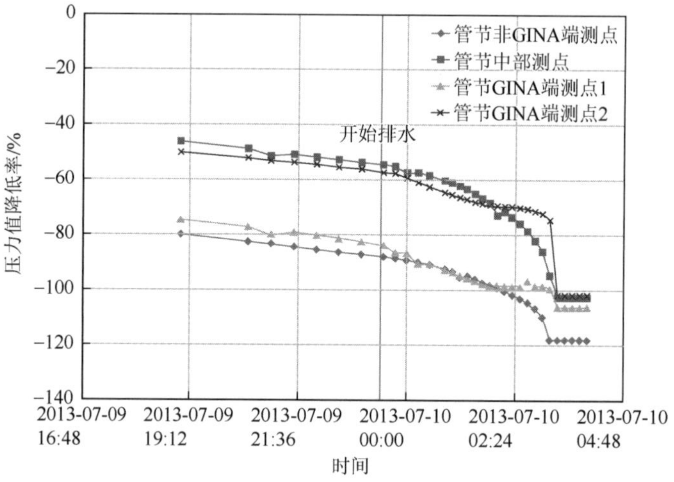

图 11-57　E6 管节起浮过程监测结果

6. 管节温度

管节温度监测显示管节内部基本为恒温，管节温度受天气变化影响较小，受季节变化影响较大，管节温度主要影响节段张合量及管节张合量变化，如图 11-58 所示。

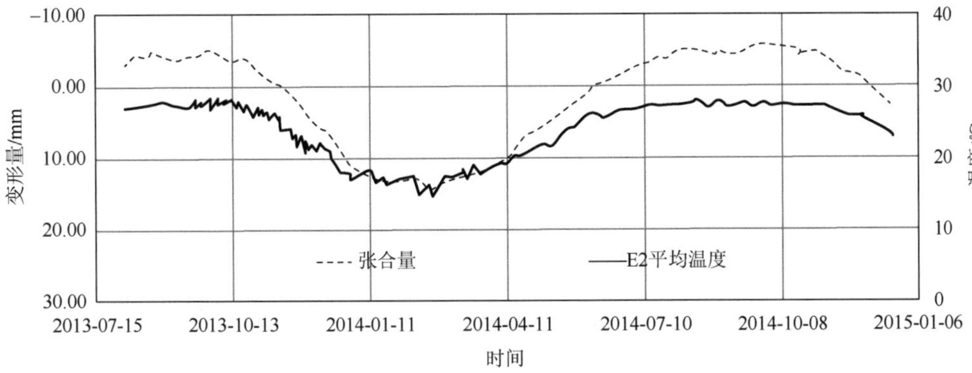

图 11-58　管节温度和张合量随时间的变化

7. 管节位移监测

管节安装完成后进行管节位移测量，并计算设计轴线偏差。统计结果见表 11-15。

表 11-15　E1～E33 管节轴线偏差　　（单位：mm）

管节编号	首端端钢壳与设计轴线偏差	尾端端钢壳与设计轴线偏差量
E1	+33.0	+46.0
E2	–3.0	–12.0
E3	+15.0	–19.0
E4	–13.0	–10.0
E5	+47.8	+26.5
E6	+36.5	–15.8
E7	+32.3	+13.3
E8	+49.6	+19.6
E9	+38.3	+27.2
E10	+127.0	+132.0
E11	+100.8	+88.0
E12	+74.8	+39.8
E13	+71.0	+44.0
E14	+46.0	+20.0
E15	+44.1	+49.2
E16	+39.7	+33.7
E17	+56.1	+37.1
E18	+31.3	+32.0
E19	+56.0	+68.7
E20	+51.8	+76.9
E21	+67.6	+65.9

续表

管节编号	首端端钢壳与设计轴线偏差	尾端端钢壳与设计轴线偏差量
E22	+77.4	+35.3
E23	+44.4	+42.0
E24	+41.5	+42.3
E25	+46.7	+46.5
E26	+49.5	+45.9
E27	+49.7	+16.2
E28	+11.7	−8.2
E29	+18.5	−16.5
E30	−28.0	−23.4
E31	+18.7	−4.8
E32	−12.6	−17.3
E33	−3.7	−22.0

8. 混凝土顶板结构受力监测

在回填期对 E1 管节 S2 节段混凝土顶板结构进行受力监测，回填完成后 E1 管节 S2 节段顶部荷载增加约 104.5kPa，顶板混凝土厚度 1.5m，没有发现管节内部混凝土顶板应力发生变化。

11.5 超长沉管隧道安装线形监控管理研究

以港珠澳大桥沉管隧道 E31 管节的施工过程为例，管节线形监控全过程如下。

E31 管节位于半径 5500m 的曲线段上，全长 180m，采用以直代曲的方法预制，共分为 8 个节段，每个直线节段长 22.5m。设计结构的相关几何参数如表 11-16 所示。

表 11-16　E31 管节结构夹角

类型		夹角	E31
管节端面夹角	平面角	α_1	89.882°
		α_n	89.881°
	竖向角	β_1	88.738°
		β_n	91.262°
节段接头夹角	平面角	$\alpha_{1\text{-}s}$	89.883°
		$\alpha_{s\text{-}s}$	89.883°
		$\alpha_{s\text{-}n}$	89.883°
管节两端端面平面夹角			1.875°

注：①α_1 和 α_n 为管节首、尾端面与管节轴线的水平夹角；

②$\alpha_{1\text{-}s}$、$\alpha_{s\text{-}s}$ 和 $\alpha_{s\text{-}n}$ 为节段端面与管节轴线的水平夹角；

③β_1 和 β_n 为管节首、尾端面与管节顶板顶面的竖向夹角。

表 11-17　E31 管节结构尺寸

管节结构				尺寸/m
节段纵向边线长度	厂房侧	顶边线	短边	22.471
			长边	22.597
		倒角下边线	短边	22.377
			长边	22.532
		底边线	短边	22.205
			长边	22.361
	标准段	顶边线	短边	22.437
			长边	22.563
		倒角下边线（或底边线）	短边	22.422
			长边	22.578
	临海侧	顶边线	短边	22.220
			长边	22.346
		倒角下边线	短边	22.285
			长边	22.440
		底边线	短边	22.456
			长边	22.612

11.5.1　设计参数复核

设计参数复核主要包括端钢壳参数复核、对接安装参数复核和碎石垄参数复核。

1. 端钢壳参数复核

端钢壳主要是计算管节端钢壳角度及碎石垫层纵坡的一致性，管节端钢壳角度 α_1 和 α_2，α_1 是管节小桩号端对接端面与底面夹角角度，α_2 是管节大桩号端对接端面与底面夹角角度，如图 11-59 所示。

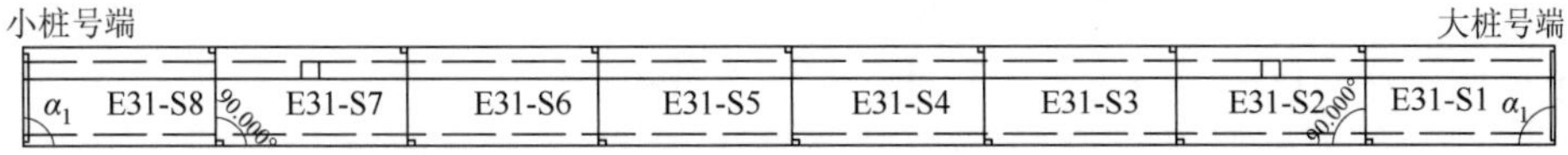

图 11-59　管节纵剖面图

2. 对接安装参数复核

E31 管节对接安装的参数如表 11-18 所示。根据首尾点高程及端面里程计算管节纵倾为–2.202%，与给定的管节底板坡度 i 一致。

表 11-18　E31 管节对接安装参数表

端面里程		管节端钢壳底面边线中心点 M			管节底板坡度 i
		隧道工程坐标系		高程	
		X/m	Y/m	H/m	
大桩号端	K7 + 373.890	352 747.747	448 047.555	–24.176	–2.202%
小桩号端	K7 + 194.117	352 733.598	448 226.761	–20.217	

根据设计文件，E9 管节预制长度 179.817m，E9 管节纵倾–2.202%，在理想状态下，E9 管节安装到位后，E9 管节的水平方向长度为 179.774m。与管节对接安装参数一致。因此管节对接安装设计参数无误。

3. 碎石垄参数复核

E31 管节基础共设 62 道垄、61 条沟，隧道基础碎石垄顶高程由隧道基础控制点和坡度计算得出。计算垄顶高程和设计垄顶高程相比，确保设计参数无误。

11.5.2　线形预控

1. 节段匹配浇筑

为满足节段预制后的线形，端钢壳的安装精度要求最高，需反复测量、复核端钢壳的安装位置和平整度（属于端钢壳安装内容），需满足要求：两端面的表面不平整度、两端面每延米内不平整度、两端面横向垂直度（左右两点差）与两端面竖向倾斜度（上下两点之差）应满足设计要求；端模支撑必须牢固，模板自身具有足够的刚度。

E31 管节为曲线段，曲线段管节各个节段的轴线不重合。依据设计文件，计算已预制节段和匹配节段夹角 L（图 11-60），已预制节段在顶推出之后，经纬仪或全站仪架设在其邻近匹配节段的端头的轴线上，后视轴线另一个端头点，仪器旋转 180°–L，所测方位为匹配节段的轴线，以此轴线为参考，进行匹配节段的浇筑。

2. 节段顶推

在直线段管节顶推过程中，跟踪测量管节轴线，确保与滑移轨道平衡，并确保轴线在顶推到位后的偏差不超过 1cm；曲线段管节顶推过程中，跟踪测量，确保轴线方位与设计值不超过 1cm。高程采用精密水准仪通过测量顶推前后顶面高程结合滑移轨道沉降量来综合控制。

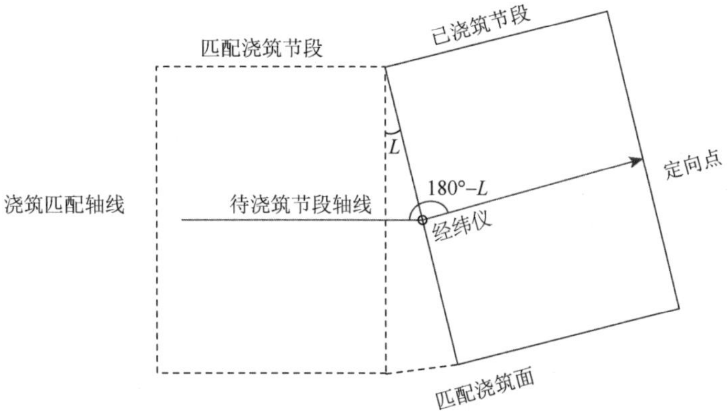

图 11-60　曲线段浇筑轴线预控测量示意图

E31 为标准 8 个节段管节，其顶推方式为：在第一个节段预制完成后，向前推进 22.5m，然后在第一个节段的断面基础上匹配浇注第二个节段，再将两个预制好的节段一起向前顶推 22.5m，匹配浇注第三个节段，以此类推，完成整个管节的顶推。在首个节段的竖轴线两个端头布设两个观测点，其余节段在待匹配浇注端布设一个轴线观测点，用于顶推时的节段轴线测量控制。管节顶推预控测量观测点的布设示意图如图 11-61 所示。

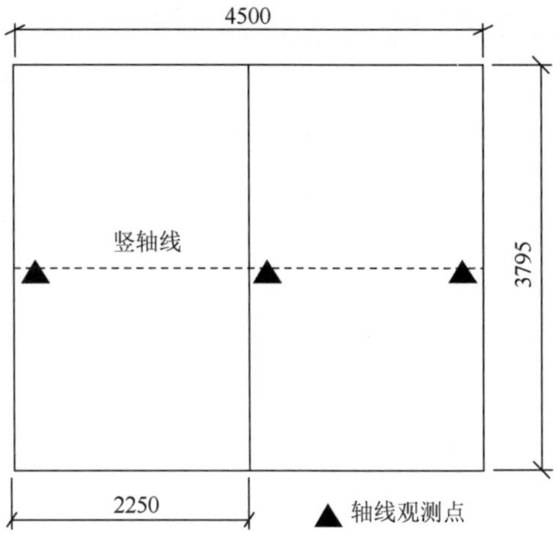

图 11-61　管节顶推预控测量观测点布设示意图（单位：cm）

节段顶推过程中，若顶推轴线超过偏差值，应及时指挥顶推相关人员进行调整，使节段轴线始终保持与管节轴线的理论方向一致。每顶推前进 1m 进行一次观测，特殊情况下增加观测次数。每次顶推结束后，测出节段上轴线观测点的三维坐标，与理论值进行比较，分析节段中轴线偏差情况，以确定下一节段中轴线的控制方案。

3. 端钢壳安装

端钢壳呈环形，由两条钢板焊接成 L 形，并带有锚筋，与管节钢筋主筋进行连接固定，作为管节沉放对接时止水带压缩的受力端面。端钢壳分 AB 型，配对连接。为使止水带完全均匀地压缩，对端钢壳的制作平整度和安装倾斜度要求极高。端钢壳制作尺寸与安装精度允许误差为：外包宽度±4mm，高度±3mm，面板不平整度＜5mm，每延米内不平整度＜1mm。

端钢壳在安装前，首先检测其平整度。采用 3m 靠尺对每块端钢壳纵横向任意位置进行充分检测。端钢壳在安装前，还需测定已安管节对接端钢壳的实际位置和实际倾斜度，计算待安管节对接端钢壳在浇筑台座上预制时的空间姿态，该坐标和倾斜度应在保证待安管节沉放时整体线形满足设计要求的前提下进行计算和转换。端钢壳安装特征点分布图如图 11-62 所示，端钢壳安装特征点大样图如图 11-63 所示，其中，以“-⊕-”标识的为安装控制点；以“＋”标识的为平整度检查点。

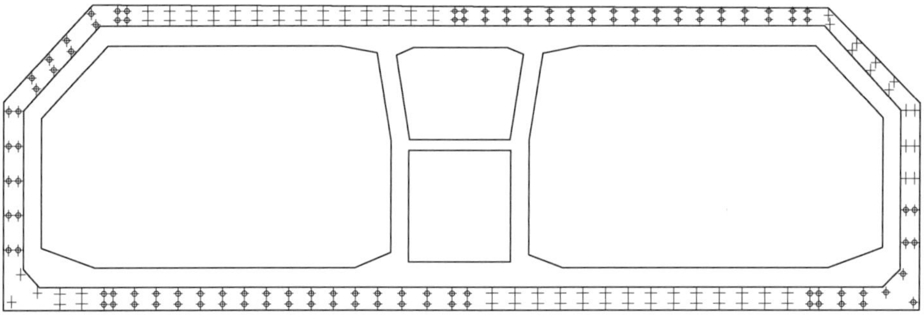

图 11-62　端钢壳安装特征点分布图

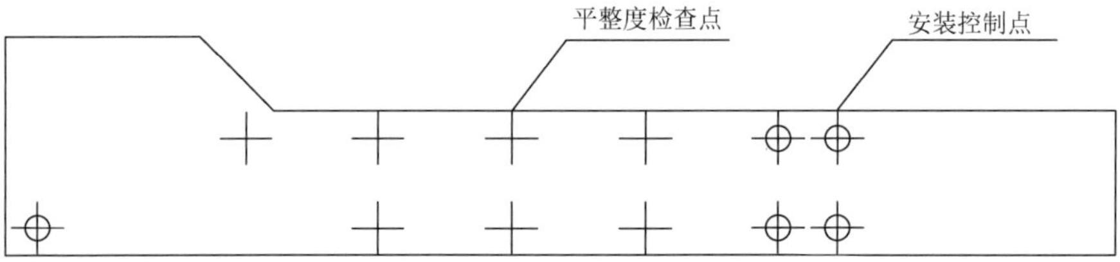

图 11-63　端钢壳安装特征点大样图

端钢壳在安装前根据其理论上测算出的坐标进行精确放样，并在安装中精确定位；再通过全站仪检测或调整其余安装特征点；最后再进行调整，以达到端钢壳安装精度的要求。

4. 管节标定

为确保沉管顺利对接，需测量沉管上各特征点坐标及其位置关系，即进行管节一次标定，所测结果可作为后续二次标定控制点测量依据。当沉管进行二次标定时，由于管节处于漂浮状态，导致两次标定时管节姿态不同，为了更精确地进行管节二次标定，根据深坞区倾斜仪数据，使用压载水系统调整管节姿态。

5. 基床铺设

依据沉管隧道已安管节的贯通测量结果，结合天然地基段管节的荷载-沉降情况、回淤监测情况，以及基础载荷板试验结果，计算给出待安管节的预抬量，确保隧道的竖向线形满足要求。

6. 管节安装过程中的预控措施

管节安装过程中主要有测量塔结构、多系统集成、GPS 双天线定向和卫星导航信号质量监测等方面的预控措施。

11.5.3　线形拟合

1. 已安管节线形拟合

管节安装完成后，对贯通测量结果进行图示分析，得到已安管节的线形示意图。图 11-64 为 E32、E33 管节轴线往南侧偏离隧道设计轴线示意图。

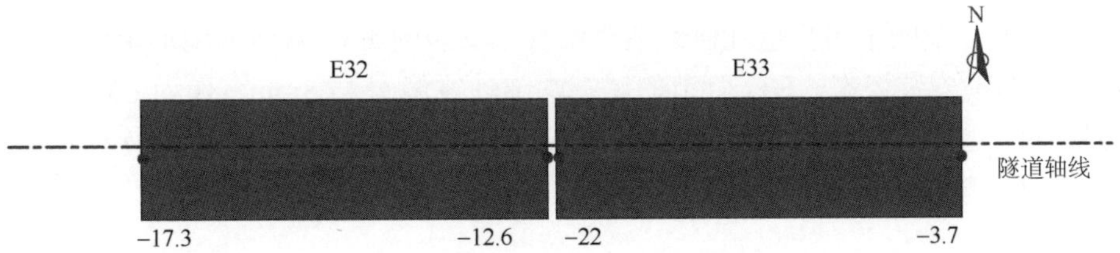

图 11-64　E32、E33 管节线形拟合

2. 管节端面拟合

为准确得到管节端面的空间姿态和管节端面与管节实际轴线的关系，在管节预制、张拉完成后对管节端钢壳进行空间姿态测量，运用 Matlab 对测得的端钢壳三维坐标进行拟合。

在端钢壳上以反射片的形式布置 96 个测点进行观测，测点位于 GINA 止水带理论压接中心线上，如图 11-65 所示。

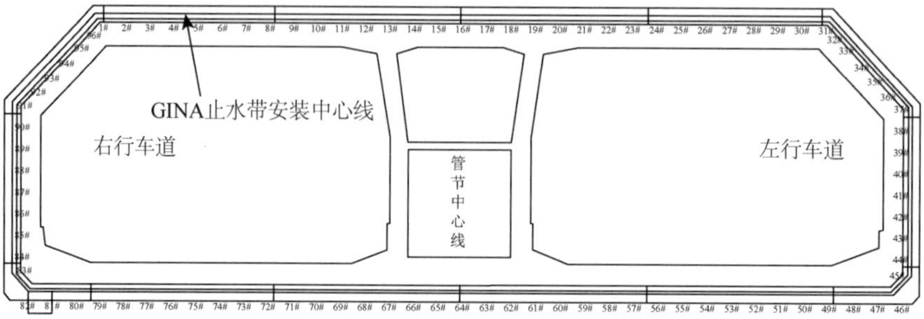

图 11-65　端钢壳测点布置图

使用全站仪，在预制坐标系和 1985 高程基准下对端钢壳上的测点和特征点进行三维坐标测量，再根据端面特征点确定出管节的实际轴线，最后将预制坐标系下测量结果转换至管节坐标系下。

计算结果显示：测点距拟合端面垂直距离最大值发生在 88 号测点，最大值为 4.32mm。端钢壳的空间姿态数据与设计值基本吻合，端钢壳加工安装精度满足要求。

3. 模拟预安装

进行模拟安装计算时要利用资料《沉管安装对接参数表》《管节线型测量报告》《管节贯通测量复测成果报告》。

管节长度预制偏差对于管节轴线偏差的影响是由管节实际轴线与设计轴线的偏角所致，但由于管节实际轴线与设计轴线的偏角很小，管节长度偏差对于管节轴线偏差的影响可以忽略不计，管节可按设计长度进行待安管节尾端轴线偏差的计算。

4. 软件模拟安装

根据 E31 管节的干坞测量几何参数，结合已安装的 E32 管节的线形定位，在软件中模拟 E31 管节的安装姿态。E32 管节的尾端端部轴线偏南 17.3mm，作为 E31 管节沉放安装的边界条件。E31 对接端与 E32 对接端按照理论状态对接、拉合。制图软件实际放样拟合见图 11-66，解析计算法预测见图 11-67。

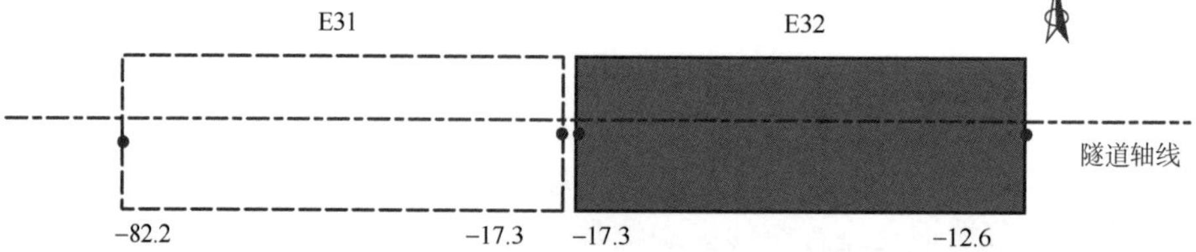

图 11-66　制图软件实际放样拟合（单位：mm）

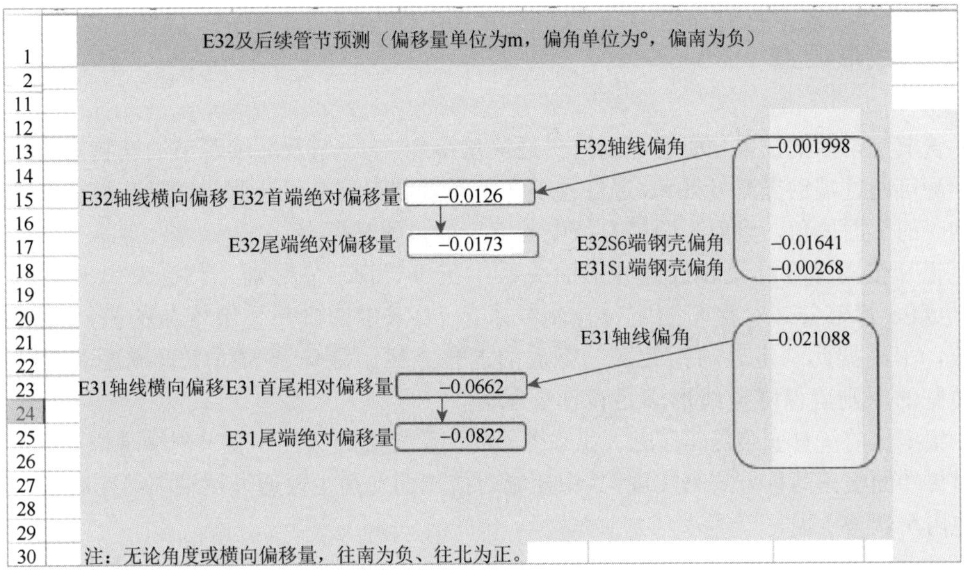

图 11-67　解析计算法预测（偏移值符号为北正、南负）

线形监控组就拟合结果与工区及测量队的测量成果进行比对，结果见表 11-19。

表 11-19　线形拟合结果对比　　(单位：mm)

完成单位	E32S1（尾端）	E31S1（尾端）
结构及线形监控组	偏南 17.3	偏南 82.2
中心测量队	偏南 17.3	偏南 81.8
测管中心	偏南 17.3	偏南 83.0

综上，结构及线形监控组、中心测量队、测控中心三方平行对 E31 管节的线形进行拟合，结果最大偏差 1.2mm，满足要求。

E31 管节安装对接时，相对 E32 管节轴线不进行错边调整，自然压接安装时 E31 尾端偏南约 82mm；安装过程中 E31 尾端按适当向北（约 40～50mm）进行控制，如图 11-68 所示，为后续管节及最终接头的高精度安装创造有利条件。

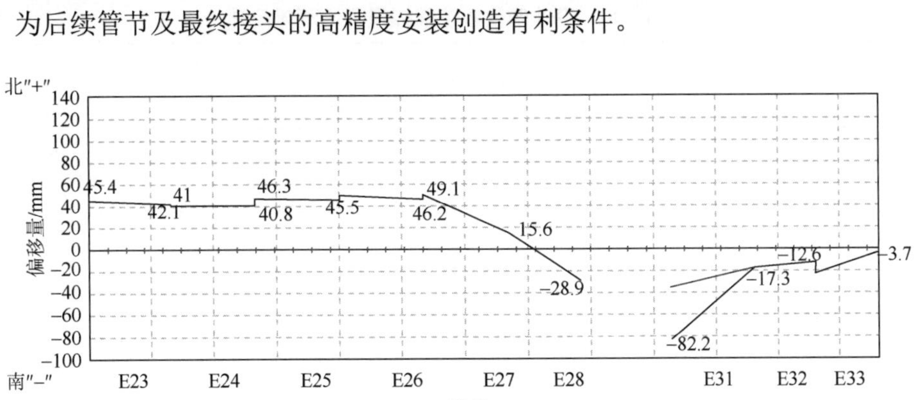

图 11-68　E31 管节安装线形方案

11.5.4 线形调整

管节安装后的位置与姿态可通过贯通测量得到，下一节及后续管节的安装位置与姿态的预测可通过端钢壳测量得到，通过端钢壳上布置测点测量可计算已安管节和待安管节的端钢壳的平面偏角，进而平面拟合待安装管节的位置与姿态。

设计依据拟合结果和设计线形的关系，在每节管节安装前，均会发出调整指令，提供《E*n* 管节安装对接平面定位控制要求》，要求中明确新管节安装的横向相对偏差参数，工区据此制定导向托架塞垫钢板的调整方案。港珠澳大桥沉管隧道采用这种动态调整的原则确保隧道线形满足设计要求。

根据目前沉管安装施工工艺，管节线形的调整主要通过控制管节对接端横向错牙、控制对接端面交角两种方式来实现，其中控制对接端面交角主要通过尾端缆绳控制或通过管节体内精调来实现。

11.5.5 安装结果评估

E31 管节沉放安装后进行贯通测量，贯通测量结果：首端（东）轴线偏差 18.7mm，基础沉降 36.3mm；尾端（西）轴线偏差–4.8mm，基础沉降 42.3mm，设计提资管节纵坡–2.147%，实测管节纵坡–2.150%。测量数据显示，E31 管节安装精度达到理想状态，实现了无精调的安装要求，为后续管节安装线形控制奠定良好基础。

港珠澳大桥沉管隧道在建设过程中依据以上线形控制管理体系，结合施工过程中的经验总结，对隧道的整体线形控制取得了较好的效果。截至 2017 年 5 月 5 日，最终接头高精度吊装对接完成，沉管隧道主体结构施工完成。其中深水区域管节的线形测量结果如表 11-20 所示。

表 11-20 港珠澳大桥沉管隧道贯通测量统计

管节	部位	预抬量/cm	设计纵倾	实测纵倾	初始姿态	
					轴线与设计差值/mm	高程与设计差值/mm
E12	首端	4.5	0.288%	0.284%	74.8	16.8
	尾端				39.8	22.1
E13	首端	5.0	–0.098%	–0.089%	70.1	25.0
	尾端				44.7	8.5
E14	首端	5.0	–0.325%	–0.341%	46.6	17.8
	尾端				20.6	46.5
E15	首端	5.5	–0.300%	–0.301%	44.1	–3.6
	尾端				49.2	6.2

续表

管节	部位	预抬量/cm	设计纵倾	实测纵倾	初始姿态	
					轴线与设计差值/mm	高程与设计差值/mm
E16	首端	4.5	−0.300%	−0.314%	39.7	17.1
	尾端				33.7	41.4
E17	首端	4.0	−0.277%	−0.276%	56.2	5.0
	尾端				37.1	2.5
E18	首端	3.5	0.000%	−0.009%	31.3	0.2
	尾端				32.0	17.1
E19	首端	3.5	0.167%	0.171%	56.0	−19.4
	尾端				68.7	−27.4
E20	首端	3.0	0.300%	0.292%	51.8	−1.7
	尾端				76.9	11.8
E21	首端	4.0	0.300%	0.301%	67.6	−12.6
	尾端				65.9	−14.6
E22	首端	3.0	0.319%	0.339%	77.4	36.5
	尾端				35.3	1.3
E23	首端	3.5	0.130%	0.130%	44.4	−3.3
	尾端				42.0	−3.2
E24	首端	4.0	−0.023%	−0.037%	41.5	−0.5
	尾端				42.3	24.7
E25	首端	4.5	−0.441%	−0.430%	46.7	30.0
	尾端				46.5	10.6

注：①轴线偏差“−”表示偏南。
②高程设计值含预抬量，“−”表示偏低。
③管节西侧为首端，东侧为尾端。

以上数据表明，管节的安装线形偏差指标基本都控制在理想状态或可接受状态之内。线形偏差控制指标的提出和结合线形偏差管理体系的严格实施，对沉管隧道的最终成功合龙起到了至关重要的作用。

11.6　研究成果、技术创新点及研究效益

11.6.1　主要研究成果

港珠澳大桥是举世瞩目的世界级跨海通道，外海深水沉管隧道是该工程体系中极其重要的组成部分。外海深水沉管隧道的建设不仅涉及外海无掩护条件下在深厚软土地基开

挖、地基处理的基础上构筑岛壁结构、形成陆域及加固软基等大量复杂工程的设计和施工；同时需要提供稳固的深基坑支护结构，优质快速地现浇岛上段隧道，形成沉管隧道安装对接条件，确保整个工程的施工进度，其建设难度在国际上是罕见的。我国近年通过一系列工程建设和科学研究在桥梁、隧道及外海施工与监测领域取得了长足进步，积累了一定的经验，但在外海修筑功能如此特殊、建设条件如此复杂、技术难度如此之高和施工进度如此紧迫的外海深水沉管隧道尚属首次，常规的沉管隧道施工及配套监测技术已经难以满足港珠澳大桥沉管隧道对于施工过程中的基础均一性和平整度，以及在管节止水和安装线型控制方面的要求。

本项目依托港珠澳大桥岛隧工程沉管隧道项目安装施工过程，结合已有成果资料，通过理论研究、现场测试、施工和监测等一系列方法，针对外海超长沉管隧道基础施工监控、沉管隧道施工全过程结构及防水监控、超长沉管隧道安装线型监控三个方面进行了系统研究。

①通过针对沉管基槽边坡回淤沉积物的现场勘察、室内试验及基于现场观测数据的反演分析，确定了基槽边坡回淤沉积物的物理力学指标，在确保具备一定安全储备的条件下通过反算确定边坡临界回淤厚度，并基于该临界回淤厚度指导基槽边坡的清淤施工时机选择；通过针对沉管隧道基础的土体压缩特性进行分析，采用理论分析和数值计算相结合的方法，提出了沉管地基的容许施工误差的计算方法，并基于该方法提出了港珠澳大桥沉管隧道地基施工的控制精度标准，形成了一套以理论指导工程施工的实践模式；通过详细规划超长沉管隧道基础施工过程中各个工序的衔接顺序、开展条件与验收标准，制定了严密的施工控制流程，并成立了技术质量监督小组，贯彻落实施工精度要求，填补了国内在外海深水超长沉管隧道施工监控流程方面的空白，为港珠澳大桥沉管隧道的施工提供了参考依据和执行标准。

②通过对沉管隧道预制寄放阶段、浮运安装阶段、管内外作业阶段等施工全过程设计、施工风险评估，针对不同施工阶段影响沉管结构变形、受力及防水各种风险因素的分析，提出“事前评估、事中监控、事后处治”的全过程、全方位的风险管控方法；通过建立外海超长沉管隧道施工全过程结构响应及防水安全监控体系，使沉管隧道施工全过程结构及防水安全始终处于可控状态，并通过现场监测与数据分析，揭示了管节的变形及应力发展规律，指导关键工序的合理作业时机，提高沉管运营期结构及防水的安全度；提出管节施工过程变形稳定性、沉管结构及防水安全性判断指标或预警分级指标，从定量的角度对管节的变形、受力及防水状态进行安全评判，确保了沉管施工的顺利实施，填补了国内沉管隧道施工监控预警指标方面的空白，为今后的沉管隧道施工风险控制提供了重要的参考。

③沉管安装线形误差产生的原因是多方面的，包括预制误差、施工误差、测量精度误差、基础沉降偏差等，线形监控应贯穿设计、预制、施工、安装、测量等沉管隧道建设的全过程。线形偏差会影响沉管隧道建筑净空、止水安全性、剪力键承载能力、附属工程安装等方面的功能，对沉管隧道满足百年以上使用寿命结构耐久性的要求带来风险。安装测控技术是外海长大沉管隧道面临的主要难题，测量的复杂性给沉管安装带来巨大风险，本次专题研究建立了包括有风险管控体系文件、测量规范类文件、作业指导书、测量风险登

记表等一套完善的测控风险管理体系；提出了超长沉管隧道安装线形控制指标，根据港珠澳大桥沉管隧道的实际情况，按分段、分级的理念对管节安装进行线形控制指标的管理。基于工程控制论思维，建立了设计、预控、拟合、调整的全过程线形控制监控体系，并应用于港珠澳大桥沉管隧道的安装过程中，通过应用示范，验证了可行性，并取得了良好的效果，保障了沉管高精度安装，为以后类似工程建设提供了重要参考。

11.6.2 主要技术创新点

1. 外海超长沉管隧道基础施工监控主要创新点

采用现场原位勘察、室内试验和反演分析相结合的方法，逆向求解得到基槽边坡的临界回淤厚度，为基槽边坡清淤标准提供参考依据。

提出了基础施工控制精度指标的确定方法，在充分确保沉管安全的基础上，最大化地提高了基础施工的效率，降低了基础施工的难度。

提出了针对外海沉管隧道基础的施工监控流程，为沉管基础施工监控提供切实可靠的工序流程保障。

2. 外海超长沉管隧道施工全过程结构及防水监控体系主要创新点

开展了沉管隧道施工全过程设计、施工风险评估体系研究，提出外海超长沉管施工的风险控制措施，确保沉管结构及防水安全。

建立了外海超长沉管隧道施工全过程结构响应及防水安全监控体系，保障沉管隧道施工全过程结构及防水安全始终处于可控状态，提高沉管运营期结构及防水的安全度。

提出了管节施工过程变形稳定性、沉管结构及防水安全性分级预警指标，定量判断结构安全性。

3. 超长沉管隧道安装线形监控主要创新点

提出了外海超长沉管隧道安装线形控制指标，并系统全面分析了线形控制的影响因素。

提出了外海超长沉管隧道安装线形控制方法，按分段、分级的理念对管节安装进行线形控制管理。

建立了设计、预控、拟合、调整的全过程三维线形控制管理体系，提高了沉管隧道安装精度。

11.6.3 研究效益

采用基槽边坡回淤沉积物特性研究及基槽回淤沉积物稳定性研究成果，相比常规的施工方案可有效缩短工期，并减少了外海船机使用量；外海超长沉管隧道基础施工监控确保了沉管基础的平整性与均匀性；沉管施工回淤监控减小了沉管结构与止水的安全风险；线形监控技术进一步保障了沉管隧道的安装精度，为港珠澳大桥岛隧工程的顺利开展提供了可靠的技术支持。

本项目形成的外海超长沉管隧道施工全过程监控关键技术可在类似的外海沉管隧道、外海深水防波堤等工程项目建设中推广应用，进而可以促进交通水运行业技术进步，具有良好的社会效益与经济效益。

第 12 章　沉管隧道可逆式主动止水最终接头

12.1　研究目标与技术指标

港珠澳大桥沉管隧道最终接头是国内外首次采用整体式主动止水最终接头，缺乏相关设计规程和标准，工程所处的功能要求、自然环境和建设条件复杂，环保要求严苛，施工进度极为紧迫。为此，本项目针对港珠澳大桥沉管隧道最终接头建设面临的技术难题展开了整体式主动止水最终接头技术研究，为科学、合理、安全、环保、优质和快速地建成港珠澳大桥沉管隧道提供有力的技术支撑。

最终接头位于 E29-S8 与 E30-S1 节段之间（图 12-1），并与它们相连接实现隧道贯通。E29～E30 管节起讫桩号为 K7+728～K7+374，全长 354m，水深约–32～–24m。最终接头采用倒梯形钢壳混凝土三明治结构，钢壳内灌注高流动性混凝土。倒梯形顶板长 11.922m，底板长 9.526m，高 11.4m，斜角 6°，横截面与普通管节相同。最终接头平面投影为矩形，管底标高–27.937m，所处基础纵坡为平坡。最终接头主体钢壳结构在振华集团南通生产基地制作拼装，由运输驳船运至桂山岛，船上浇筑混凝土，待混凝土达到规定强度后驳运至沉放现场，再进行吊装沉放和安装。

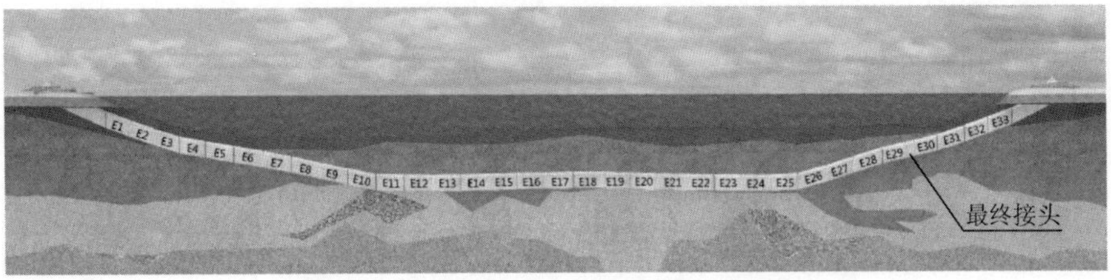

图 12-1　港珠澳大桥沉管隧道最终接头位置

为了实现整体式主动止水最终接头技术在港珠澳大桥岛隧工程的成功应用，保障工程按期、优质和高效地完成，本项目的研究目标和技术指标如下：

①机理研究方面，系统梳理总结典型的最终接头施工工法，并进行对比。相比其他快速施工最终接头工法，提炼港珠澳大桥沉管隧道采用的新型工法的优势和特色，并从最终接头结构、体系转换、止水系统、抽水后机理分析、纵向内力变形重分配、地基处理等多角度研究揭示整体式主动止水最终接头受力、变形、运动、止水的机理。

②充分借鉴沉管隧道已有的最终接头设计理论和方法，结合港珠澳大桥沉管隧道整体式主动止水最终接头建设过程中的设计方案和施工工艺，建立适用于整体式主动止水最终

接头结构的设计方法和设计指南，以期为沉管隧道整体式主动止水最终接头建设提供指导和依据，确保方案的可实施性。

③通过钢壳混凝土三明治结构成套技术研究与应用确定钢壳制作工艺和精度控制方法，研究出适合小梁制造工艺和精度控制方法，以及顶推系统安装和小梁滑移方案，设计工装、台架，达到小梁平稳顶推和止水功能要求。同时，经过三年多的研究最终确定高流动性混凝土配制及施工技术研究，经过工艺试验逐步确立钢壳高流动性混凝土原材料、配合比、性能指标、工艺参数，编制专用的验收标准、技术规程，指导和规范最终接头钢壳混凝土施工，具体指标见表 12-1。经过咨询国际知名顾问公司及专家团队，通过“引进、吸收、转化、创新”的思想，完成最终接头钢壳混凝土分次、分舱浇筑顺序研究，高流动性混凝土品质管理系统研究，成品检测和缺陷修复研究，等等，最终形成一套适合最终接头钢壳混凝土浇筑的成果体系。

表 12-1　高流动性混凝土性能指标

混凝土性能			试验标准
新拌混凝土性能	坍落扩展度/mm	650±50	《高流动性混凝土的配合比设计·施工指南》（2012 年日本土木学会）
	V75 漏斗时间/s	10±5	—
	T500/s	3～15	
	U 形仪填充高度/mm	≥300	
	泌水率/%	0	《普通混凝土拌合物性能试验方法标准》（GB/T 50080—2016）
	含气量/%	≤5	
	初凝时间/h	≥8	
硬化混凝土性能	强度等级	C50	《普通混凝土力学性能试验方法标准》（GB/T 50081—2016）
	密度/(kg/m^3)	≥2300	《港珠澳大桥混凝土耐久性质量控制技术规程》（HZMB/DB/RG/1（1））
有害物质含量	氯离子含量/(kg/m^3)	≤0.3	

④研究适用于定位精度±25mm 的沉管隧道施工和接口形态的精确控制方法，降低施工风险，保证施工质量，提高施工效率，优质高效地完成沉管隧道施工任务。

⑤在外海复杂水域环境进行 6000t 大型构件吊装的条件下，研发出成套整体式主动止水最终接头安装施工技术，在确保施工安全的前提下实现精确对接及快速止水。

⑥开展基础注浆施工的研究，解决基础不均匀沉降问题并为沉管安装提供稳定均匀基础的重大关键技术问题研究；根据设计及施工需求，需要一种超低强度水下不分散高流动性混凝土，结合日本相关工程案例，初步确定超低强度高流动性混凝土性能指标如表 12-2 所示，通过室内配合比研究、小型模型试验、现场足尺模型试验解决基础后注浆混凝土的配制与施工工艺的验证等目标。建立完整、可靠的混凝土质量过程控制体系，确保混凝土施工质量。建立沉管基础后注浆监控系统，实现现场施工过程精细化操作。

表 12-2　超低强度高流动性混凝土性能指标

类别		性能指标
骨料最大粒径/mm		≤10
流动性	初始扩展度/30min 扩展度/mm	650±50
	T500/s	3～15
	V75 漏斗时间/s	7～20
凝结时间/h		≥48
泌水率/%		0
水下不分散性	浊度或 pH	浊度＜150mg/L 或 pH＜12
抗压强度/MPa		7d≥0.15；28d≤1.5

12.2　国内外研究概况

12.2.1　最终接头技术研究概况

最终接头技术研究的内容包括最终接头方案和最终接头结构体系，二者相互影响。最终接头采用何种方式制造需要考量一系列的因素。例如，选择干接头还是湿接头很大程度上取决于对项目实际的考量。如果工程项目允许先安放沉管隧道，在接近结构完成前，沉管隧道端头暴露出水面进而可以在干环境下连接施工，这种结构和施工方法简单，和隧道其他接头的施工基本相同。除此之外，其他情况需要在水下作业，进行湿接头施工。最终接头的结构体系选取依赖于隧道结构所有管节的结构体系。特别是，需要考虑整个隧道在最终接头处的力学行为。在最终接头施工时，可以让隧道结构在沿隧道纵向保持一致，或者让接头保持一定的自由度。20 世纪末，随着日本大量沉管隧道建设的兴起，沉管隧道最终接头工法及相关技术得到了丰富和发展。本章先介绍最终接头工法，再介绍与快速施工工法相匹配的三明治结构体系的现状。

1. 临时围堰干作法

对采用轴线干坞法的沉管隧道，最终接头一般设置在靠近岸上段的临时干坞坞口位置，常采用临时围堰干作法进行最终接头的施工。日本的东京港沉管隧道和中国的广州珠江隧道、宁波常洪沉管隧道都采用了这种施工工法。

临时围堰干作法的基本原理是利用周边环境条件或临时构筑挡水结构，形成止水围堰，形成内部干环境，并在临时干环境下进行现浇最终接头施工。

如图 12-2 所示，最后一个管节安装完毕后，利用沉放好的管节和坞口，结合周边具体环境条件构筑临时止水围堰，并设置足够刚度和强度的止退装置，防止已安管节在水压力消失后的反弹和移位，然后即可抽除围堰内侧临时干坞内的水，在干施工条件下施作最终接头和隧道岸上段。

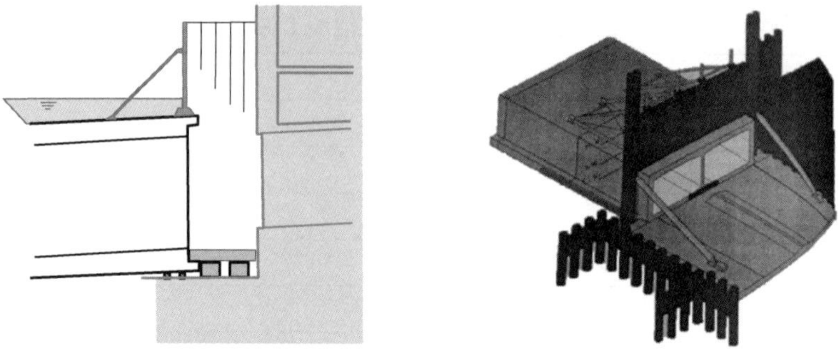

图 12-2　临时围堰干作法最终接头示意图

临时围堰干作法施工流程简单，工法成熟，适用于江河沉管隧道最终接头施工。由于需要构筑临时挡水结构，最终接头位置的水深不宜过深（一般为 15～20m），施工工期长。

2. 水下止水板法

对于最终接头无法设置在与岸上段连接位置处而需要在水中完成的沉管隧道，水下止水板法是最常用的工法，其示意图如图 12-3 所示。水下止水板法应用广泛，国内的上海外环沉管隧道、广州仑头—生物岛沉管隧道和国外的厄勒海峡沉管隧道、釜山—巨济沉管隧道都是采用该工法进行最终接头的施工。

水下止水板法的基本原理是潜水员水下安装止水板，形成封闭空间后抽水，利用水力压接完成临时止水体系搭建，最后在内部干环境下进行现浇最终接头施工。

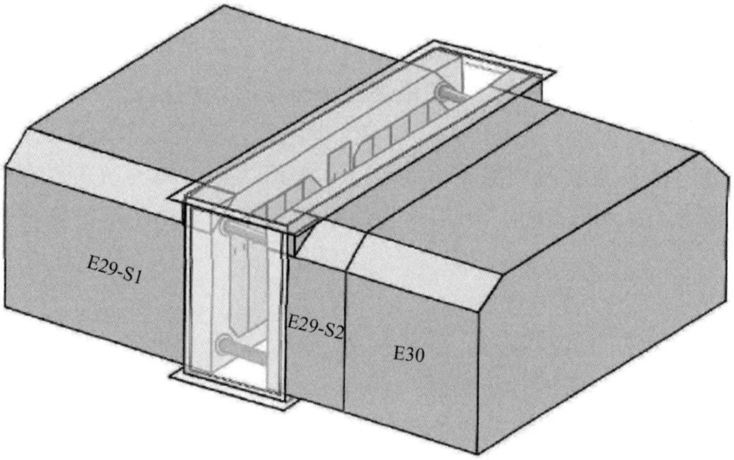

图 12-3　水下止水板法最终接头示意图

水下止水板法施工流程简单，工法成熟，适用于江河沉管隧道和浅水区域、水流条件稳定的最终接头施工。但止水板施工主要依靠潜水作业，对于最终接头位于水深较深、水流条件复杂的外海环境的情况，整个潜水施工周期长，潜水员风险较大。同时该工法现场施工时间长，从临时止水开始到整个最终接头施工完成一般需要 3～4 个月，过程中由于仅有止水板一道止水措施，渗水风险较大。

3. 端部块体工法

端部块体工法曾用于日本川崎港海底沉管隧道和多摩川沉管隧道等多条沉管隧道的施工。

与隧道有相同断面的端部块体相当于一个小型管节，端口设置了 GINA 止水带，背面设置有临时封门。在挡水围堰拆除前，预制放置在待安管节（暗埋段）端部套筒内或通风竖井的前置套筒内。

在最终管节沉放对接完成后，用预设在待接端的千斤顶将端部块体从套筒中推出，使其接触最终管节的端面，完成 GINA 的初始压接。然后与常规管节对接施工相类似，利用水力压接使 GINA 充分压缩，完成端部块体与最终管节的对接。在沉管内部完成端部块体与待接套筒的临时止水和纵向锁定，进行最终锁定及止水施工。

端部块体工法施工的主要流程如下：在完成所有管节沉放后，用千斤顶将预设在沉管中的端部块体从套筒中推出，使端部块体的外侧与最终管节的端面接触，完成 GINA 止水带的初始压接；完成压接后，将端部块体中的水排出，在水压力作用下完成最终定位，定位完成后施工剪力键并锁定位置；最后完成混凝土浇筑、预应力张拉等。端部块体工法的施工流程见图 12-4。

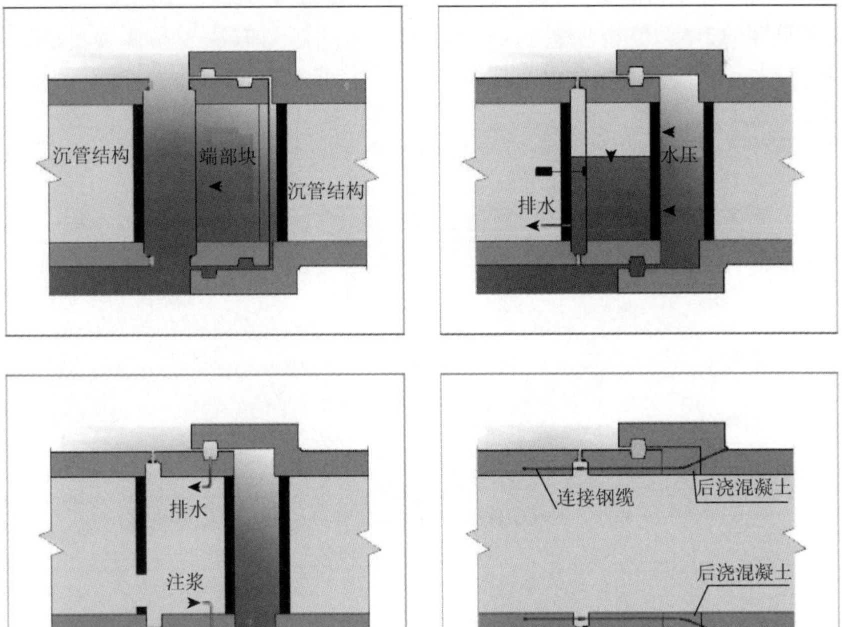

图 12-4 端部块体工法的施工流程

端部块体工法主要有三个特点：①端部块体在干环境下完成组装和预设；②施工过程的控制和操作都在管节内完成，对潜水作业的依赖小；③施工速度快。日本川崎港海底沉管隧道沉管结构长1187m，管节长131m，宽39.7m，高10m，重52000t，共有9节。

4. V 形块体工法

V 形块体工法是日本五羊建设开发的最终接头的施工工法，该工法已经成功应用于日本大阪南港隧道、（新）衣浦港沉管隧道等沉管工程的施工。

该工法是将 V 形块体插入沉管隧道最终连接部，利用块体自重和楔形水力压接原理即 V 形块体顶底面的水压力差，使得预设在已安管节端面上的 GINA 充分压缩，实现完全防水效果，为完成最终接头提供干施工条件（图 12-5）。

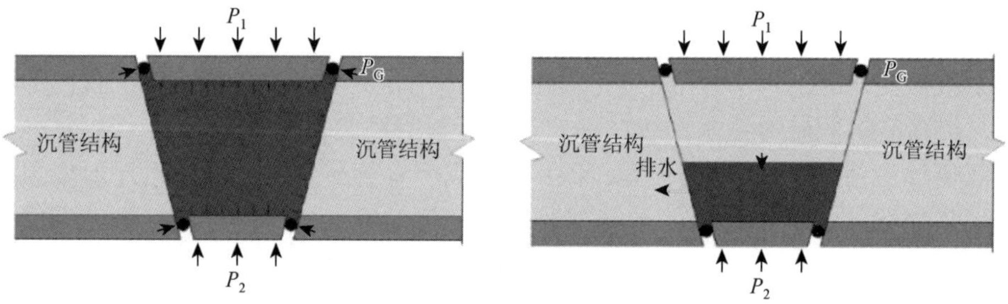

图 12-5　V 形块体工法的原理

在日本已有的工程案例中 V 形块体采用钢壳混凝土结构，V 形块体的上倒角度为 15°，其构造见图 12-6。值得注意的是，V 形块体的倾角取决于具体项目的沉管断面尺寸、水深和橡胶止水带压缩受力水密特性。

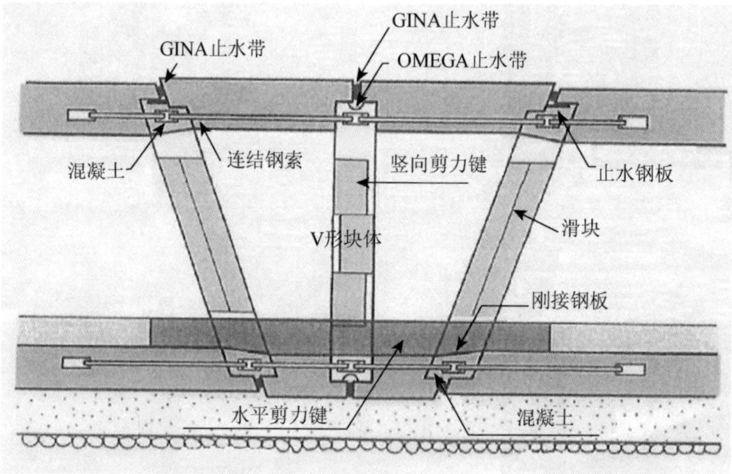

图 12-6　V 形块体工法构造

V形块体与已安管节端面上GINA的初始压接要依靠V形接头的自重来完成，因此V形接头的自重在设计时需要考虑初始压接的荷载的要求。初始压接完成后需要通过对最终接头内腔水压监测来对初始压接的密封效果进行确认，得到确认以后，通过控制最终接头内腔排水，完成水力压接。

V 形块体一般采用钢混组合结构。钢结构部分可在工厂制作和拼装，拼装完成后船运到最终接头位置，采用浮吊将 V 形块体整体下沉安装。V 形块体工法施工流程见图 12-7。

图 12-7　V 形块体工法施工流程

V 形块体工法的关键问题包括：①该工法需要对最终接头进行高精度测量，为 V 形接头端面定位提供依据；②V 形块体中间是 GINA+OMEGA 永久止水结构，止水带在工厂安装，安装前需要采用临时预应力将其充分压缩；③在两端已安管节对接端各预设了一条 GINA 止水带，在用浮吊进行 V 形块整体安装时要确保这两条 GINA 止水带的完好和安全，为此需要设置专门的定位导向装置，而最终 V 形块体要与两侧的管节进行刚性连接。

5. Key 管节工法

Key 管节工法是日本五羊建设开发的另一种最终接头的施工工法，已成功应用于那霸港临港公路沉管隧道、大阪港梦洲沉管隧道、新若户公路沉管隧道的施工。

类似 V 形块体，将管节的端面设置成斜面，最终管节与最终接头段合二为一，减少了专门的接头，可以用常规设备进行安装。根据已安管节端面测量成果，通过调整最终管节端钢壳，将最终管节“配”成与已安管节端面相互匹配的形状。采用可填充胶囊止水带进行止水，为完成沉管最终对接提供干施工条件。利用最终管节上下面的水压力差完成水力压接。

Key 管节工法施工流程见图 12-8。在施工完成所有沉管后，在最终接头位置地基处安装临时支撑台，在端面测量装置、超声波测量装置等设备的辅助下将最终管节下沉，下沉到位后，顶起千斤顶微调，使结合部位的胶囊止水带紧密贴合，之后注入砂浆。上述施工步骤完成后，即可卸载千斤顶，抽去舱壁间的水，进行结合部刚性连接，完成最终接头的施工。

与 V 形块体工法类似，该工法亦需要对沉管端口进行高精度测量，为最终管节端钢壳的定位提供依据，同时工法需要考虑可填充胶囊止水带的制造及止水操作。一般而言，可填充胶囊止水带需要专门设计。可填充胶囊止水带固定在已安管节的端面上，当最终管节沉放到位以后进行充气，止水带初始压接。通过接头腔内水压的监测对初始压接的止水效果进行确认，止水效果得到确认以后，在保持胶囊恒压的条件下充填无收缩砂浆置换胶囊内的压缩空气，砂浆到达预定强度后进行水力压接，止水带充分压缩（图 12-9）。

通过设置在已安管节的内千斤顶控制和调整最终管段的位置和姿态，在止水带压接施工时提供临时支撑。采用钢板进行现场焊接，将最终管节与已安管节连为整体，焊接完成以后对钢板与胶囊止水带之间的空隙进行压浆。

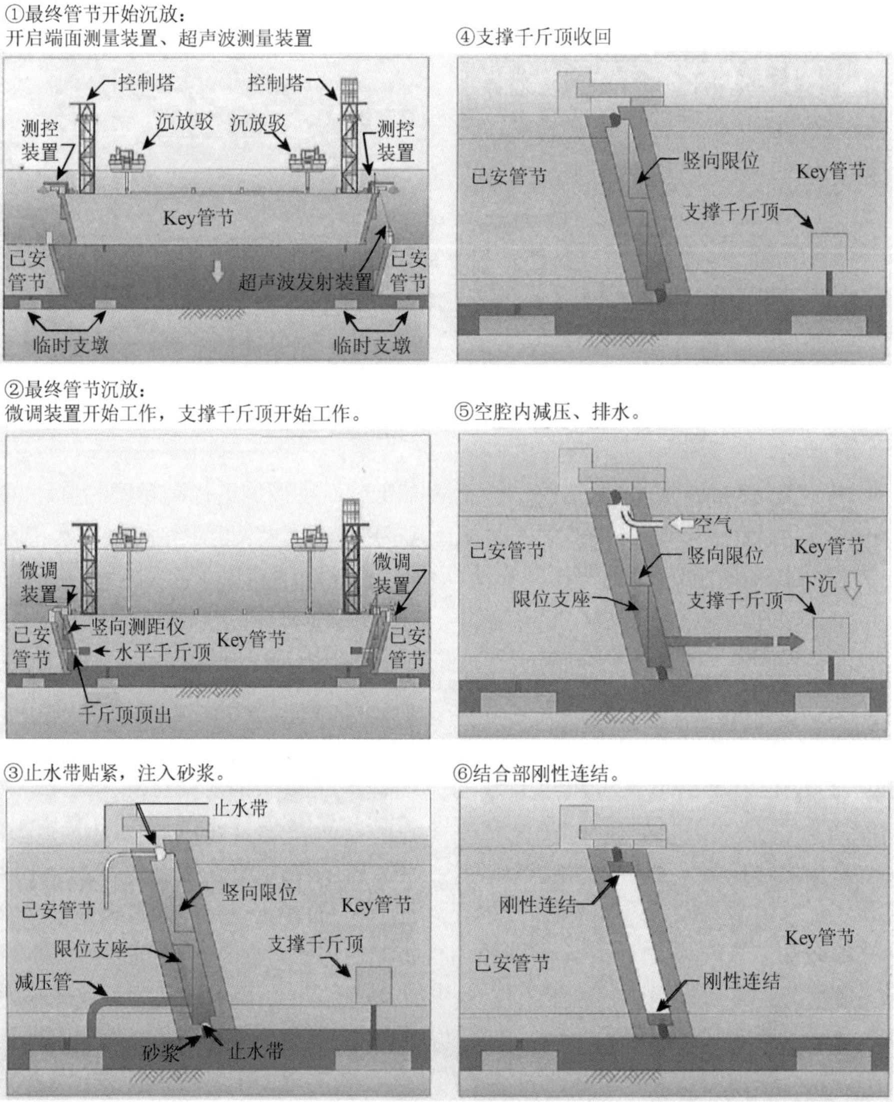

图 12-8　Key 管节工法施工流程

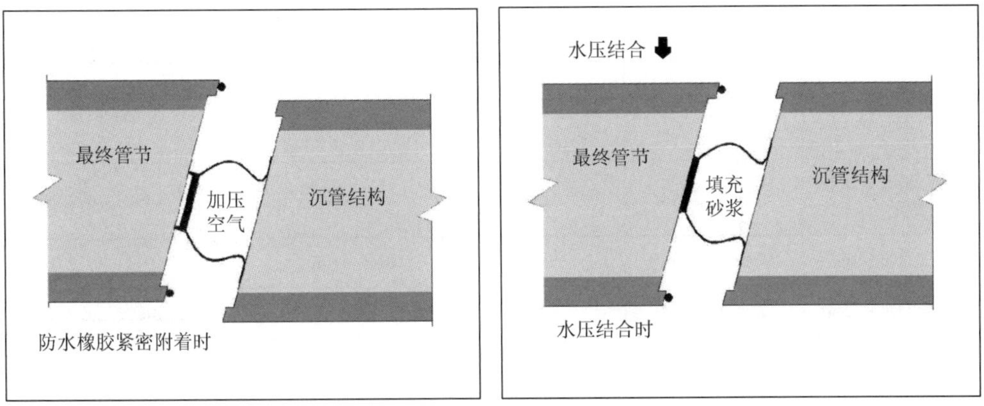

图 12-9　止水带工作原理示意图

12.2.2　钢壳混凝土三明治结构发展概况

1. 钢壳混凝土三明治沉管的调研情况

钢壳混凝土三明治沉管隧道兴起于美国，混凝土沉管隧道兴起于欧洲，这两种形式的沉管隧道在日本都有建设。钢壳混凝土三明治沉管概念的首次提出是为建设威尔士的康威河通道。该方法构思的形成，起因于浇筑混凝土的钢模板，完成隧道结构混凝土浇筑后，模板未拆除，连同沉管管节一起安装。因为保留了钢模板，结构抗力验算时对地震等工况考虑了钢结构的贡献，又通过加厚钢板优化了结构尺寸，进而形成了三明治沉管结构的思想。

世界上已建成的公路、铁路交通沉管隧道超过 150 座，其中使用钢壳混凝土三明治结构的沉管隧道至今有 6 座（4 座为局部钢壳混凝土三明治结构的沉管隧道，2 座为全钢壳混凝土三明治结构沉管隧道）且都在日本境内，具体见表 12-3。日本已建设的交通用沉管隧道数量不少于 22 座。钢壳混凝土三明治沉管隧道在 1991 年已开始建设，距今已逾 20 年，从第一座钢壳混凝土三明治沉管隧道建设至今，世界上又建设了约 30 座沉管隧道。由统计数据可观察，钢壳混凝土三明治工法的沉管隧道除了在日本，并未在世界范围内兴起，即使在日本也未在建设数量上占据主导趋势。

表 12-3　钢壳混凝土三明治沉管隧道案例

隧道名称	断面	长度/m		建设时间
		总长	管节	
大阪咲洲沉管隧道	8.5m×35.2m	1025	102.5	1991～1997 年
神户港港岛沉管隧道	9.1m×34.4m	520	75.0～95.0	1992～1999 年
（新）衣浦港沉管隧道	8.4m×13.5m	448	约 112	1996～2003 年

续表

隧道名称	断面	长度/m		建设时间
		总长	管节	
那霸港临港公路沉管隧道	8.7m×36.94m	724	约 90	1997～2011 年
新若户公路沉管隧道	8.4m×27.9m	565	66.5～106	1999～2012 年
大阪港梦洲沉管隧道	8.6m×35.4m	806	100	1999～2009 年

2. 高流动性混凝土调研情况

日本在 1988 年就率先研制出具有自我填充性的高流动性混凝土［国内外文献又称自密实混凝土（self-consolidating concrete，SCC）］，自开始被应用于建筑物上已有 30 余年，在此期间，无论是在日本还是在其他国家，高流动性混凝土被用于很多建筑物。但是，具有自我填充性的高流动性混凝土，在海内外由于应用目的不尽相同，混凝土的级配、施工方法等也各有不同。对国内外关于高流动性混凝土的调研情况分列如下。

（1）日本的高流动性混凝土运用现状

截至 2009 年底，施工现场的高流动性混凝土的累积浇筑量为 290 万 m^3，每年浇筑量基本都在 10 万 m^3 以上，2000 年（21 万 m^3）、2002 年（23 万 m^3）及 2005 年（22 万 m^3）这三年年灌入量甚至达 20 万 m^3 以上。另外，预浇注制品等工厂制品的年使用量，基本在 40 万 m^3 左右（图 12-10）。日本高流动性混凝土占全混凝土的比例变化如图 12-11 所示。

施工现场使用的高流动性混凝土占混凝土的 0.1%～0.2%，而最近几年工厂制品的占比不到 2%。因此比起施工现场，工厂制品的高流动性混凝土的应用比例之所以更高，是为了省去振动密实作业以提高生产效率。

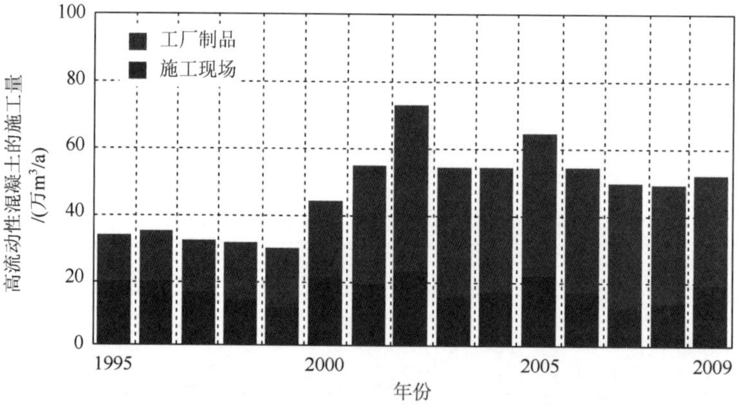

图 12-10　日本的高流动性混凝土施工量统计

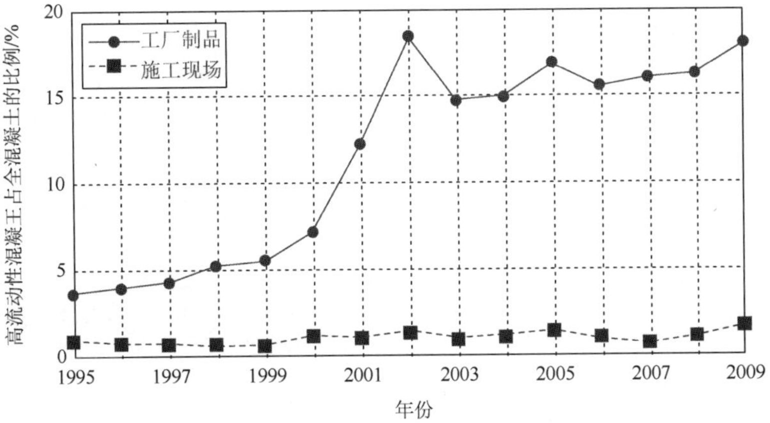

图 12-11　日本高流动性混凝土占全混凝土的比例变化

施工现场使用的高流动性混凝土以粉体类、并用类、增黏剂类的顺序使用量递增，同时，自 2008 年起，也包含了钢管混凝土的应用。在 2010 年的使用量中，有 5.8 万 m^3 的高流动性混凝土用于钢管混凝土。

日本自从成功研制出高流动性混凝土后，已被用于多种建筑物，包括能源储存构筑物、桥梁、隧道、大坝、盾构管片、沉箱及沉管。

（2）欧洲的高流动性混凝土运用现状

自 1988 年在日本研制出具有自我填充性的高流动性混凝土以来，大约从 1995 年开始，在欧洲也有对其的研究开发与对建筑物的应用。但是，同样是具有自我填充性的高流动性混凝土，在日本与欧洲国家，混凝土的规格与性能各不相同。一方面，这是因为日本是为了提高混凝土建筑物的可靠度及不依靠作业工人的技术水平就能确保对混凝土模板的填充而应用高流动性混凝土，欧洲国家则是为了改善混凝土浇筑的施工环境及省去振动密实作业。另一方面，由于人口密度、要求的防震性能等不同所造成的建筑物的大小、用钢量的不同，导致要求的自我填充性也不同。虽然在日本多应用于因含有高密度钢筋而难以甚至不可进行振动密实作业的建筑物上，在欧洲国家则多应用于普通混凝土也不影响施工的建筑物上。

因此，特选出整个业界都致力于应用高流动性混凝土的具有代表性的欧洲国家（如丹麦、荷兰），对典型的混凝土级配、应用案例等进行了调查。

在丹麦使用的高流动性混凝土占所有流体混凝土的 25%左右（截至 2005 年底）。其使用高流动性混凝土多是为了减少或省去振动密实作业（图 12-12）。

在荷兰使用的高流动性混凝土占所有流体混凝土的 5%左右（截至 2005 年底）。荷兰有借鉴日本的具有自我填充性的高流动性混凝土技术的经历，故混凝土级配、新拌混凝土的性能等都与日本较为相似。另外，在荷兰使用混凝土制品所制造的建筑物构造部件，大多都使用高流动性混凝土（截至 2002 年底应用比例为 90%）。

图 12-12　丹麦低层建筑地面的高流动性混凝土的施工状况

（3）国内的高流动性混凝土运用现状

在我国，冯乃谦于 1987 年提出了流态混凝土概念，奠定了我国在这一领域研究的基础。目前，高流动性混凝土已广泛应用于各类工业民用建筑、道路、桥梁、隧道及水下工程、预制构件中，特别是在一些截面尺寸小的薄壁结构、密集配筋结构等工程施工中显示出明显的优越性。在一些复杂结构中如加固建筑及大体积复杂结构中都有应用。尤其是一些国家标志性建筑，如国家大剧院、国家体育场、新北京南站都使用了大量高流动性混凝土。

3. 理论研究

当今沉管隧道结构尺度呈现扩大趋势，对于未经实验证明的钢壳混凝土三明治结构尺度或形式，设计时不应忽视结构理论的尺度局限性，例如，弹性理论有效性及局部剪切连接失效引起的整体结构失效等问题。因此，有必要讨论钢壳混凝土三明治结构设计方法的适用边际问题，对超出实践范围尺度的结构需要进行实验验证。

对材料破坏机制的理解仍处于科学发展阶段，想要理解钢壳混凝土三明治结构受到外部作用时的反应，唯一有效的手段仍是通过实验观察。准确判断结构失效行为是设计方法成立的前提。已有的实验表明钢壳混凝土三明治结构相比混凝土结构存在更多的失效模式（图 12-13）。

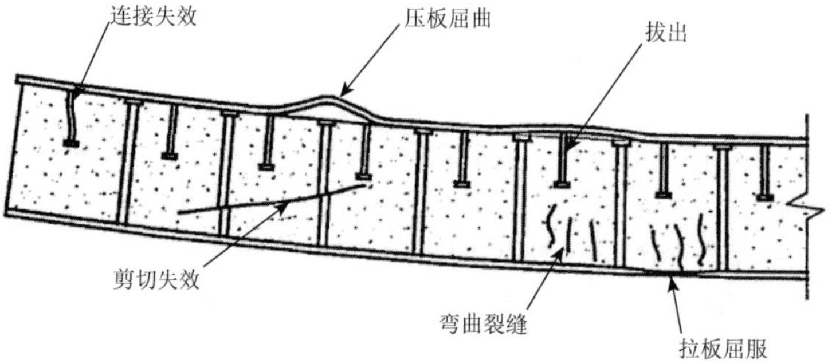

图 12-13　钢壳混凝土三明治结构各种失效模式示意图

不同于经过各种尺寸及形状试件实验和工程经验的混凝土结构，钢壳混凝土三明治结构的设计方法仍处于初级发展阶段，有广泛的研究空间。钢壳混凝土三明治结构的剪切连接结构受力变化复杂（图 12-14），对不同形状的连接结构及不同厚度的面板进行很多疲劳荷载试验来指导设计，以避免结构设计寿命期间剪切连接结构因疲劳失效而导致结构失效。同时，沉管隧道设计时一般会考虑一些冲击荷载工况。钢壳混凝土三明治结构的抗冲击性能必要时需通过实验来研究与确认。

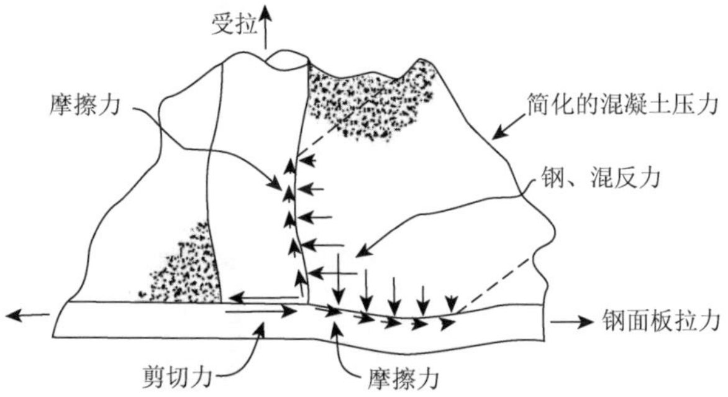

图 12-14　剪切连接结构隔离体受力

美国规范 ACI 318-05 及欧洲规范 Eurocode2 要求其应用于较大尺寸的结构时应考虑尺寸效应及其他效应的影响。美国混凝土协会 445 号报告表明 ACI 318 规范基于半经验公式，没有清晰及透明的物理模型，因此结构设计尺寸不应外推至超出该规范的范围。美国规范 ACI 318-11 在对壳体、折板类结构的分析与设计中规定："对于根据经验、试验和分析已经证明能够承受住合理的超载而不出现脆性失效的那些壳体结构类型，弹性分析是一种可以接受的方法。在这种情况下，设计者可以假定钢筋混凝土是理想、匀质和各向同性的，即沿所有的方向具有相同的特征。对壳体的分析应在考虑使用荷载的情况下完成，而对于尺寸、形状或复杂程度不寻常的壳体则应考虑从弹性到开裂，再到非弹性阶段的性能。"日本《三明治沉管隧道设计方法及高流动性混凝土设计指南》的概述中，首先申明该专题研究尺寸已超出了日本已有钢壳混凝土三明治结构设计指南的实验尺寸，因此用实验证明了指南提出的设计方法的有效性。

4. 工程应用评估

在结构方面，钢壳混凝土三明治结构作为一种简洁的结构，在沉管隧道工法的适用性上存在以下方面的限制：

①沉管隧道工程要求隧道应具备足够的内部通行净空，还要求结构壁足够厚来达到运营期抗浮需要。钢壳混凝土三明治沉管为满足结构施工期的重量平衡需求及运营期的抗浮要求，需要在管顶或管内预留足够空间浇筑压重混凝土，从而失去结构性优势（图 12-15）。

②数量众多、形状复杂的箱孔将给内侧钢板的加工及混凝土的浇筑带来极大的困难。现代隧道不仅要提供一个不受外部自然环境约束的通道空间，还要在隧道内部放置

很多服务设施，如紧急操作板、紧急逃生门、电器操作箱及变电箱。

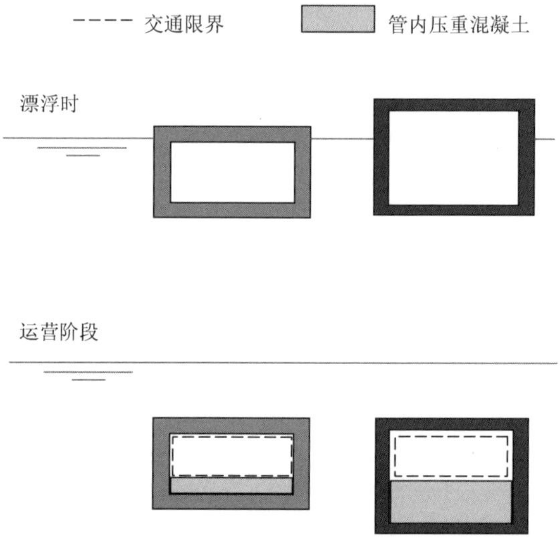

图 12-15　一般沉管隧道（左）与钢壳混凝土三明治结构（右）比较

③钢壳混凝土三明治结构在发生火灾时可能会产生严重后果。尽管防火涂料可起到保护作用，内侧钢板作为主要结构构件一旦受损，将直接损害结构承载能力。

在工艺方面，因为两侧钢板的空间限制及剪力钉、角钢的存在，为确保混凝土浇筑密实，对于排气问题，无振捣作业空间的自密实混凝土的配合比问题及浇筑方法，都需要制定专门的方法，导致工艺复杂化。因为钢壳混凝土三明治结构的沉管隧道施工步骤很多，所以对施工管理提出了很高的要求。

12.2.3　沉管对接形态控制技术发展概况

沉管法又称沉埋管节法，是把事先预制好的各节管节经过起浮、拖运至隧道的设计位置，然后沉放到海底已经开挖好的基槽中，再在水中通过水力压接的方法将相邻管节进行对接、拼装，最后连成一体的隧道施工方法。在整个沉管隧道施工过程中，管节的水下精确对接极其重要。为了使管节能够准确地沉放到设计位置，对沉放管节进行实时高精度形态控制是必不可少的。

在沉管隧道技术的发展初期，常采用潜水员探摸的方法进行沉管安装测控，即由潜水员对沉管之间的间隙进行估算从而对沉放结果进行测量。然而这种传统的测量方法定位精度低、稳定性差，同时水下复杂多变的环境对潜水员的生命安全也构成了极大的威胁。随着测量仪器的迅速发展和测量技术的不断更新，沉管安装测控技术水平不断提高。目前，国内外现有的传统沉管安装测控方法主要包括全站仪法、GPS-RTK 法、声呐法、机械拉线法。例如，上海外环沉管隧道和宁波常洪沉管隧道使用的是全站仪法，京叶线台场沉管隧道和多摩川沉管隧道使用的是声呐法，釜山—巨济沉管隧道使用的是机械拉线法。随着施工环境更加复杂，出现了多方法的组合测控技术，如广州洲头咀隧道工程采用全站仪法和 GPS-RTK 法组合的方法进行沉管安装测控。

1. 全站仪法

全站仪法是一种绝对定位方法，利用全站仪法进行管节定位时，首先需要在沉管两端安装测量塔，每个测量塔上安装棱镜。管节沉放前进行标定测量，得到管节特征点和棱镜中心在管节坐标系下的坐标及其相对位置关系。沉放时，在隧道轴线附近视野开阔且稳固的地点建立 2～3 个测量基站，利用全站仪对棱镜进行全自动跟踪测量，得到棱镜在施工坐标系下的坐标，同时将三维坐标测量数据通过有线或无线的通信方式传送至计算机，计算机通过坐标转换原理和沉管标定测量的结果，计算管节特征点的施工坐标和管节的实时三维姿态，进而指导管节沉放对接。全站仪法原理如图 12-16 所示。

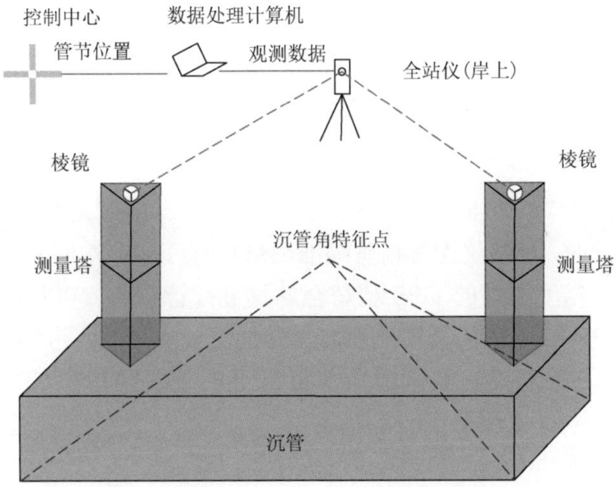

图 12-16　全站仪法原理图

对于全站仪而言，测角精度相对稳定，严格对准情况下即为仪器的标称测角精度，因此测距误差是影响全站仪定位精度的主要因素。理论上，测距误差不仅随着距离的增大而增大，还受外界环境如温度、压力等因素影响。此外，受波浪等水文气象因素影响，棱镜会随测量塔发生轻微扰动，从而影响全站仪的定位精度。现将影响全站仪测距精度的因素总结如下。

①距离：全站仪的测距精度会随距离的增加而降低，一般情况下，当测量距离超过 1000m 时，全站仪无法准确照准测量目标，此时全站仪法已不能对管节沉放进行定位测控。

②气象因素：假设载波往返传播时间为 t，光速为 c，大气折射率为 n，则所测距离 D 满足：

$$D=ct/2n \tag{12-1}$$

在一般大气条件下

$$n=1+\frac{(n_0-1)P}{101325(1+\alpha T)}-\frac{5.5\times10^{-8}}{1+\alpha T} \tag{12-2}$$

式中，P——大气压；

T——大气温度；

α——空气膨胀系数，取 1/273.15；

n_0——标态下大气折射率。

由式（12-1）和式（12-2）可知，全站仪的测量距离随温度、气压的上升而缩小。其测距精度受温度、气压等的影响，在实际作业时，实际气象条件下的大气折射率 n 与标准大气折射率 n_0 一般是不同的，这种偏差会降低全站仪测距精度。因此使用全站仪时，应测量当地实际气温、气压信息，并输入全站仪，进行气象改正。

③水文因素：由于全站仪棱镜架设在测量塔上，还受波浪等水文气象因素影响。因此为了保障测量塔形变较小，一般会选择在测区水文数据良好的情况下测量。

综上所述，全站仪法多用于水文条件较好、隧道距离较短的内河，此时测量塔形变较小，全站仪精度较高。精度能达到 3cm 左右。

2. GPS-RTK 法

当管节离岸较远时，全站仪无法精确瞄准测量目标，测量精度下降，为解决这个问题，采用测量距离更远、精度更高的 GPS 代替全站仪进行管节沉放实时定位测量，从而产生了 GPS-RTK 法。GPS-RTK 法的基本原理与全站仪法基本相同，区别是利用 GPS-RTK 测量代替全站仪常规测量来获取测量塔顶部特征点的施工坐标。GPS-RTK 测量原理如图 12-17 所示。

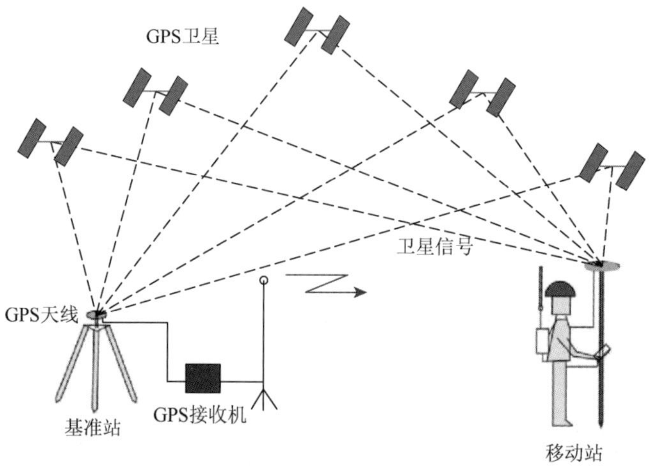

图 12-17 GPS-RTK 测量原理图

与全站仪法相比较，GPS-RTK 法观测时间短、作业效率高、受气候影响小、观测处理自动化。但是 RTK 测量对卫星状态的要求较高，测量时截止角度 15°以上的卫星不得少于 5 颗，PDOP 值不得大于 6，因此 RTK 测量在部分地区不能进行全天候作业。根据目前市场的仪器设备情况，常用的 GPS 的 RTK 测量精度为平面 1cm+1ppm，高程 2cm+1ppm。综合考虑仪器设备误差、标定测量误差、测量塔变形误差和测距误差，并结合工程经验，GPS-RTK 法的定位精度约为平面 2～4cm，高程 3～5cm。由于受仪器设备系统误差所限，当隧道距离较短时，GPS-RTK 法的测量精度略低于全站仪法。

3. *声呐法*

与全站仪法和 GPS-RTK 法不同，声呐法是一种相对定位方法，它通过测量待安管节到已安管节的距离，确定两者相对位置关系，指导管节的对接。管节沉放对接前，在首尾两端安装声呐设备，并进行标定测量，得到管节特征点和声呐的管节坐标及其位置关系。沉放测量时，利用声呐设备通过超声波测距测量待安管节到已安管节的距离，并实时将测量数据传入计算机，计算机根据收集的距离信息和标定成果得出待安管节与已安管节的相对位置关系，进而指导管节沉放对接。声呐法原理如图 12-18 所示。

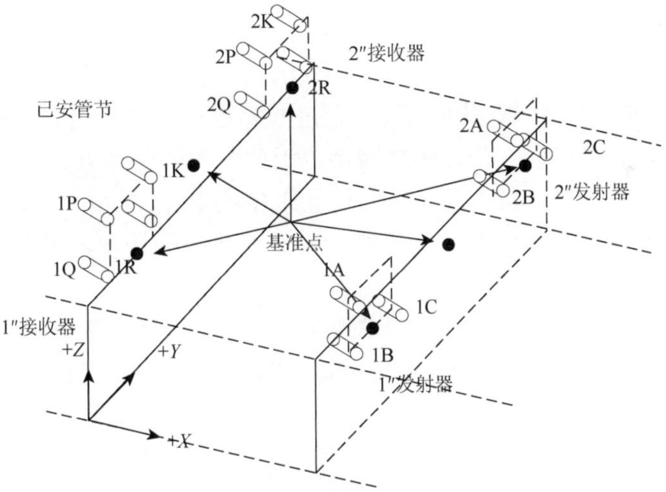

图 12-18　声呐法原理图

声呐法的定位精度主要受以下因素影响。

①环境因素：由于受到水温、水压等环境因素的影响，超声波在水中的传播速度是变化的，在理想流体中，超声波的波速是水压的线性增函数，是温度、盐度的非线性增函数，因此，波速 V 可表示为

$$V=f(T, S, P) \tag{12-3}$$

式中，T——水温；

S——盐度；

P——静水压力。

由于波速的变化，空间声线是一条曲线，而坐标计算需要待安管节到水下应答器间的直线距离，因此，波速的变化会影响声呐的测距精度。

②水体浑浊度：对于回淤比较严重的沉管隧道，当管节下沉到基床附近时，施工扰动导致水体浑浊度增加，泥沙含量增大。根据超声波的传播规律，其在浑浊水体，由于泥沙颗粒的影响，超声波产生严重的漫反射和绕射现象，使得超声波波速急剧降低，传播时间增长，从而导致测量精度严重降低。因此声呐测量必须在水文气象条件好且回淤量小的时间段进行。

③能量衰减：超声波在介质中传播，随着传播距离的增加，能量会产生衰减，超声波在介质中传播 x 距离后的衰减规律可用下式表示：

$$A_x=A_0\,\mathrm{e}^{-\alpha x} \tag{12-4}$$

式中，A_x——x 处的振幅；

A_0——初始振幅；

x——传播距离；

α——衰减系数，它满足：

$$\alpha=af^2 \tag{12-5}$$

式中，f——频率，当海水温度、盐度、静水压力一定时，a 为常数。

由式（12-5）可以看出，超声波的衰减程度与超声波频率正相关，随着频率的增加，衰减度上升，超声波在海水中传播距离减小，因此，为了保障测量距离必须提高频率。同时，频率的上升，导致波长上升，进而使测距精度下降。因此，为了保障测距精度，必须降低频率。所以，超声波频率的选择应综合考虑测量距离和测量精度，以保证管节精确沉放对接。

综上所述，在实际运用中，为了保障测量精度，往往选择低频率超声波，并减小测量距离。一般情况下，发射换能器与接收换能器之间的距离不大于 10m。当管节长度大于10m 时，声呐法对管节尾端定位存在较大误差，故声呐法多用于管节对接端的相对定位测量。当待安管节与已安管节距离较近时，声呐法的定位测量精度较高，可达到 2cm。

4. 机械拉线法

同声呐法类似，机械拉线法也是一种相对定位测量方法。不同的是机械拉线法使用拉线控制单元和距离传感器等设备进行测距。机械拉线测距系统由测距单元、拉线测量单元、固定板和挂钩组成，可以精确测量管节间的相对位置，它借助实测空间拉线长度 S、S 与水平面 X 轴夹角（水平偏角）、S 与 Z 轴夹角（倾角），进而以拉线测量单元原点为参考，计算挂钩点相对参考点的三维坐标（ΔX，ΔY，ΔZ,）。机械拉线法原理见图 12-19，图中 S 为斜距，α 为上下俯仰角，β 为水平偏移角。

机械拉线法的测量精度由测角精度和测距精度决定。其测角精度高，对定位精度的影响较小，因此测量距离成为影响机械拉线法定位精度的主要因素。机械拉线法的测距精度主要受海水流速的影响。水流会使钢丝绳变形，从而引起测距误差。同声呐法类似，机械拉线法也多用于管节首端的相对定位，而对长大管节尾端定位精度较低。

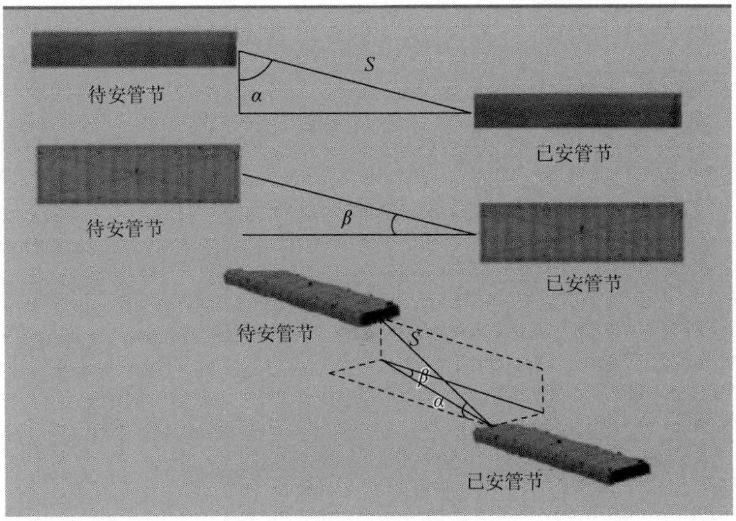

图 12-19　机械拉线法原理

12.2.4　沉管后注浆基础研究概况

1. 国内外研究概况

隧道江中段用沉管法施工的关键之一就是对沉管与其下部的土体或垫层之间进行基础处理。由于在沉放管节前的沟槽开挖中总有相当程度的不平整，使槽底表面与沉管底面之间存在很多不规则的空隙。这些空隙使地基受力不均，而不均匀的地基受力会使其局部产生应力集中而破坏地基，同时也会使管节结构受到较大的局部应力而开裂。因此，在沉管隧道中需进行必要的基础处理。

根据沉管隧道所处地质情况和要求不同，目前世界上沉管隧道基础处理方法有先铺法和后填法。先铺法，又称刮铺法，根据基础选用的材料不同，有刮砂法和刮石法。后填法是将管节先沉放并支承于钢筋混凝土临时垫块上，再在管节底面与地基之间垫铺基础。后填法克服了刮铺法在管节底宽较大时施工困难的缺点，并随着沉管隧道的广泛应用，不断得到改进和发展，现有灌砂法、喷砂法、灌囊法和压注法。其中，压注法又分为压浆法和压砂法。对基础处理各种方法的基本工艺、优缺点、适用性归纳如表 12-4 所示。

表 12-4　基础处理常用方法基本工艺、优缺点、适用性

方法	基本工艺	优点	缺点	适用性
先铺法	在疏浚地基沟槽后，在两边打桩并设立导轨，然后在沟槽上投放砂石，用刮铺机进行刮铺	对水域环境影响小、施工工序少，初始沉降较容易判断且可控	对矩形宽断面隧道不适用	底宽较小的钢壳圆形、八角形或花篮形管节
灌砂法	管节沉放完毕后，从工程船舶上通过导管在沉管管节侧面向管节底部灌填粗砂，构成纵向垫层	不需专用设备，施工方便	不能使矩形断面管段底面中部充填密实	底宽较小的钢壳圆形、八角形或花篮形管节

续表

方法	基本工艺	优点	缺点	适用性
喷砂法	主要是在水面上用砂泵将砂、水混合料通过深入管节底面的喷管向管节底部喷注，以填满其空隙。喷砂所筑的垫层厚一般为lm	在喷砂开始前，可利用吸砂设备将基槽底面上的回淤物清除干净，适用于宽度较大的沉管隧道	喷砂台架影响通航，且设备费用昂贵；对砂子粒径要求较严，增加了费用	欧洲较多，宽度较大的沉管隧道
灌囊法	先在基槽底铺一层砂、石垫层，管节底事先系扣上囊袋一并下沉。管节沉放后，从工程船舶上向囊袋内灌注混合砂浆，直至管节底面以下的空隙全部充填满为止	混合砂浆的强度要求不高，适用于宽度较大的隧道	囊袋较贵，安装工艺、水上作业和潜水作业复杂，现已基本上被压浆法取代	宽度较大的沉管隧道
压浆法	是在灌囊法基础上进一步改进和发展而来的。压浆法是从管节内部，用通常的压浆设备，经预埋在管节底板上带单向阀的压浆孔，向管节底部空隙压注混合砂浆	不干扰航道；不受水深、流速和潮汐等水文条件影响；施工设备易得，投资少；与管节底部结合紧密	对砂浆的强度、流动性、和易性及泌水性都有较高要求	浆液凝固后不液化，在地震多发或有其他动载作用的情况下尤为合适
压砂法	与压浆法相似，是在管节底板上预先设置压砂孔，沉放后通过压砂孔向基础压注砂水混合料	对粒径的要求比喷砂法低；价格便宜；不干扰航道；不受水深、流速、潮汐等水文条件影响	对基槽中回淤的要求严格	较广泛，荷兰应用最多

压浆法具有与管段接合紧密、基槽内有少量淤泥也可固结、砂浆固结后不液化、造价低、施工周期短等一些突出的技术优势，适用于回淤量较大、有抗震要求等工况条件下的沉管隧道基础。基本原理是从沉管内部用专门的注浆设备，通过预埋在管道内带有单向阀的注浆管，向管底底部压注混合砂浆，在注浆前、注浆过程中、注浆完成后对注浆效果进行监测和评价。由于目前国内对大型沉管隧道混凝土管段水下压浆基础处理的施工工艺、作用机制、应用效果等方面的研究较少，对沉管基础注浆效果的无损检测技术研究才刚刚起步，尚无海洋环境下类似工程的实施经验。施工方面从管内压注需要根据沉管隧道项目工程环境和结构形式不同，每一个沉管基础注浆的各项指标不同，扩散半径、砂浆配合比，甚至不可预知的洋流环境、回淤情况均影响球阀式注浆孔的布置、注浆压力的控制，这些因素均关系注浆的质量。国内外鲜有从管段外部向底部压浆作基础处理的实例。上述所有方法中所用填充材料，如砂、石、砂水混合物、砂浆、砂浆囊袋从整体效果来讲均不能与碎石基床形成良好的固结界面，并且后期受洋流冲刷的影响，其基床稳定性难以得到长期保障。在应对地基不均匀沉降风险中，现有注浆材料只考虑对基床平整度的填充，简单降低应力集中，并未考虑发生沉降之后基础结构平整、密实的变化。因此作为满足工程施工条件的管底填充材料，水中不分离高流动性混凝土被作为最适用材料来考虑。

2. 工程应用

沉管隧道采用什么类型的基础形式是完全根据地质条件及其通航情况、施工机械费用等而定的，欧洲传统上习惯采用喷砂法和压砂法，美国大多数采用刮铺法，日本多采用压浆法。

随着对各种基础处理方法的安全、稳定、功能的验证和施工机具的发展，压浆法成为近代沉管隧道工程管节基础常用处理的方法。该法于 1976 年首先在日本东京港第一航道沉管隧道工程中成功应用，至今世界上已有十多条沉管隧道采用了压浆法基础。压浆法主要集中在日本，包括日本东京港第二航道沉管隧道、川崎港海底沉管隧道、多摩川沉管隧道等。在中国，宁波甬江水底隧道率先采用了压浆法基础，天津中央大道海河隧道和舟山沈家门港海底沉管隧道也采用压浆法基础。对国内外部分隧道相关资料调研统计如表 12-5 所示。

表 12-5　国内外部分隧道相关资料调研统计

序号	隧道名称	国家	竣工时间	接头形式	基础处理
1	迪斯沉管隧道	加拿大	1959 年	—	喷砂
2	旧金山海湾水下隧道	美国	1970 年	柔性	先铺后刮
3	弗拉克隧道	荷兰	1975 年	—	砂流法
4	东京港公路隧道	日本	1976 年	柔性	注浆基础
5	高雄过港隧道	中国	1984 年	柔性	砂流（掺 40%颗粒水泥）
6	古尔堡海峡隧道	丹麦	1988 年	柔性	喷砂
7	埃姆斯河隧道	德国	1989 年	柔性	喷砂
8	香港东区海底隧道	中国	1990 年	柔性	砂流法
9	广州珠江隧道	中国	1993 年	柔性	砂流法
10	上海外环沉管隧道	中国	2003 年	柔性	砂、水泥熟料混合灌砂
11	宁波甬江水底隧道	中国	1995 年	柔性	抛石回填压浆
12	宁波常洪沉管隧道	中国	2002 年	柔性	预制混凝土桩、灌浆囊袋
13	广州仑头—生物岛隧道	中国	2010 年	柔性	灌砂基础
14	广州生物岛大学城隧道	中国	2010 年	柔性	灌砂基础
15	广州洲头咀隧道	中国	2015 年	柔性	灌砂基础
16	天津中央大道海河隧道	中国	2015 年	柔性	注浆基础
17	舟山沈家门港海底沉管隧道	中国	2014 年	柔性	压浆基础

至于检测方法，舟山沈家门港海底沉管隧道为了对压力注浆充填效果进行综合评价，曾采用探地雷达和表面波探测相结合的方法实施了现场检测。检测设备采用的是美国 Laurel 公司生产的 SIR-20 型地质雷达，目前雷达天线种类有 25MHz、270MHz、900MHz、1600MHz，可对不同精度、不同深度的地下结构或物体进行探测。利用其进行隧道衬砌质量检测的特点：无损、连续探测；操作简便，探测结果显示直观；检测精度高，测试速度快；测点密度不受限制，便于点测和普查。地质雷达整个系统主要包括天线、主机、蓄电池、触发机构和用于采集存储的便携式计算机（图 12-20 和图 12-21）。本次根据该项目测试深度选择 900MHz 天线作为工作天线。

图 12-20　地质雷达 900MHz 天线

图 12-21　地质雷达主机

12.3　研究内容与关键技术

12.3.1　整体式主动止水最终接头机制

整体式主动止水最终接头机制研究的主要内容包括：①围绕临时围堰干作法、水下止水板法、终端块工法（端部块体工法）、V 形块体工法、Key 管节工法、钢壳混凝土三明治结构体系等方面开展沉管最终接头现状技术调研分析；②概述整体式主动止水最终接头概念设计；③系统分析整体式主动止水最终接头在设计及施工过程中所涉及的力学机制。

通过整体式主动止水最终接头机制研究，取得的关键性技术为：①首次提出了整体式主动止水最终接头总体概念设计、系统组成，并提炼了相比于传统技术的创新点；②围绕最终接头结构、体系转换、止水系统、抽水后机理分析、纵向内力变形重分配、地基处理等多角度系统研究揭示了整体式主动止水最终接头受力、变形、运动、止水的机制。

12.3.2　整体式主动止水最终接头设计方法

整体式主动止水最终接头设计方法研究的主要内容包括：①基于整体式钢壳混凝土三明治结构现有相关设计标准、规范、研究理论成果，以及国内外相关工程项目建设的实践经验，结合主动止水系统原理及港珠澳大桥沉管隧道最终接头工程实例，分析总结整体式主动止水最终接头的设计方法；②分析整体式主动止水最终接头的总体系统组成，并根据总体系统构成原理，总结得到整体式主动止水最终接头主要制作及施工工艺步骤；③通过对主动止水系统中钢结构小梁、顶推千斤顶、临时止水带、小梁临时支撑及小梁临时连接件等结构的分析，阐述整体式主动止水最终接头的主动止水原理；④结合港珠澳大桥沉管隧道最终接头工程实例，系统研究整体式主动止水最终接头临时舾装设备、刚性接头、基础等重要组成部分及其设计流程和设计方法。

通过整体式主动止水最终接头设计方法研究，取得的关键性技术有：①首次研究构建了整体式主动止水最终接头结构系统，提出了整体式主动止水最终接头的计算理论和设计方法；②基于对现有计算方法的适用性分析，完善并集成了一套适用于沉管隧道整体式主动止水最终接头分析系列方法；③总结形成了钢壳混凝土三明治结构、主动止水系统、辅助安装体系、刚性接头和后注浆基础等整体式主动止水最终接头的成套技术设计指南。

12.3.3　整体式主动止水最终接头制造关键技术研究与应用

整体式主动止水最终接头制造关键技术研究主要包括：钢壳制作、主动顶推止水系统制作与安装、高流动性混凝土配制及钢壳内高流动性混凝土浇筑，其研究的具体内容如下。

1. 钢壳制作

总结对船体与桥梁等双层钢结构制作工艺和精度控制方法，结合最终接头钢壳的尺寸和重量及结构特点，研究出适合于最终接头钢壳的制作工艺和精度、变形控制方案，设计翻身和转运方案，以及楔形块滑移合体方案；设计工装、台架，形成国内首个海底沉管隧道最终接头 V 形块制造工法。总结出首个最终接头构件组装精度要求与水密性检测要求。

2. 主动顶推止水系统制作与安装

通过对顶推系统功能、装配关系、止水要求分析，研究出适合小梁制造工艺和精度控制方法，顶推系统安装及小梁滑移方案，设计工装、台架，达到小梁平稳顶推和止水功能要求。

3. 高流动性混凝土配制

根据日本工程与文献调研的结果，进行高流动性混凝土配制及施工技术研究。通过高流动性混凝土的工作性、强度、水化热、收缩变化规律研究，优选出综合性能最优的高流动性混凝土配合比。在此基础上，通过现场木模、有机玻璃模型、有机玻璃墙模型、有机玻璃顶面+钢隔舱足尺模型试验，验证混凝土配合比及其性能指标，据此进行必要的调整与优化，逐步确立高流动性混凝土原材料、配合比、性能指标、工艺参数，编制专用的验收标准、技术规程，指导和规范最终接头高流动性混凝土施工。

4. 高流动性混凝土浇筑

通过对日本相关技术和施工案例的调研，咨询国际知名顾问公司及专家团队，通过“引进、吸收、转化、创新”的思想，完成最终接头的研究，包括高流动性混凝土分次分舱浇筑顺序研究、高流动性混凝土品质管理系统研究、成品检测和缺陷修复研究等，最终形成一套适合最终接头高流动性混凝土浇筑的成果体系。

取得的关键性技术为：在钢壳本体加工研究和小梁钢结构的形式、特点基础上，形成了本体从零件到整体结构精度控制技术，取得本体转运吊装过程变形控制方法；同时形成了小梁结构整个制作过程精度控制技术，也取得了小梁与本体的结构安装与匹配方法。根据日本工程与文献调研的结果，进行高流动性混凝土配制及施工技术研究，优选出综合性能最优的高流动性混凝土配合比。在此基础上，通过各种工艺试验，验证混凝土配合比及其性能指标，据此进行必要的调整与优化，逐步确立高流动性混凝土原材料、配合比、性能指标、工艺参数，编制专用的验收标准、技术规程，指导和规范最终接头高流动性混凝土施工。

高流动性混凝土施工方面，在调研日本类似工程的基础上，通过开展高流动性混凝土的浇筑孔及排气孔布置、布料系统的研究和选择、布料技术的研究及浇筑速度等工艺试验，验证并确定了浇筑过程中的一系列所需参数。通过浇筑工艺的整体考虑，以及钢壳模拟浇筑过程中的加荷变形风险的研究，确定了高流动性混凝土浇筑顺序的划分。通过“引进、吸收、转化、创新”思想突破高流动性混凝土零基础，掌握了钢壳混凝土三明治结构第一手资料；并研究实现了钢壳混凝土三明治结构内混凝土的有效填充，形成了完整的高流动性混凝土指导手册，实施了分次、分舱、跳舱、对称的立体均匀加载的布料方式。

12.3.4　外海深水超长沉管龙口形态控制技术

外海深水超长沉管龙口形态控制技术主要研究内容包括：围绕以一种外海深水超长沉管的管内高精度贯通测量方法为主，多种测量技术为辅的沉管龙口形态控制技术的设计与实现，展开了一系列关键技术的研究工作，在考虑港珠澳大桥现场施工环境、施工工艺、施工设计条件下，通过陆地模拟试验，评估测量方法和仪器设备组合的合理性及所能达到的精度，并从中总结影响测量精度的主要因素和解决方法，确定满足测量精度要求的测控方法和仪器设备，实现港珠澳大桥沉管隧道接口形态毫米级的精准控制。

外海深水超长沉管龙口形态控制技术专题的研究，取得的关键性技术为：①首次提出适用于定位精度要求高的“双线形联合锁网”新型贯通测量技术的计算理论和设计方法；②总结形成了一套适用于定位精度要求高的多种测量技术相互校核的沉管龙口形态控制新方法。

12.3.5　整体式主动止水最终接头安装关键技术

安装关键技术的主要研究内容包括：①在复杂外海开敞水域环境下对 6000t 级最终接头进行起吊、旋转和下放；②在合龙口水深超过 28m、两侧富余空间极小的限制条件下进行安装作业，以保障最终接头的安装精度和水下安全；③通过顶推控制系统使最终接头在复杂的水下环境进行可靠的临时止水，以实现精确对接、快速止水和稳定保压。

通过机制研究，取得的关键技术有：①首次研发了高精度水下吊装姿态控制及定位测控系统，实现了 6000t 级大型构件 28m 深水合龙口内 15cm 间隙吊装就位；②创新研发了精确调位系统，实现了最终接头毫米级对接精度；③首次开发了顶推控制系统，实现了在深水复杂环境下最终接头结合腔的均匀快速止水，并且在快速临时止水条件下实现沉管隧道贯通。

12.3.6　沉管体外后注浆基础成套技术研究与应用

沉管体外后注浆基础成套技术研究的主要内容包括：基础后注浆机制研究、超低强度水下不分散混凝土研究、基础后注浆工艺研究和全程检测监控研究 4 个部分，各部分的具体内容与研究目标如下。

1. 基础后注浆机制研究

通过对沉管基础进行分析，利用原基础、碎石层及覆盖层形成的封闭垄沟空腔，采用低渗透性的水下不分散混凝土对垄沟进行填充，利用帕斯卡原理，增加浆液的压力，以实现对沉管底部基础进行加压，压密基础，提前完成瞬时沉降。

2. 超低强度水下不分散混凝土研究

根据设计及施工需求，结合国内外工程案例，提出超低强度水下不分散混凝土作为基础处理填充物及相关性能需求。研究该特种混凝土的配合比设计理论，进行第一阶段室内试配研究；在此基础上进行第二阶段现场模型试验，对混凝土的水下不分散性、高流动性、超缓凝时间、低渗透性等相关性能进行验证。完备基础后注浆混凝土施工试验验证体系，确保施工可靠性。

3. 基础后注浆工艺研究

通过调研提出适合最终接头基础后注浆的施工工艺，通过工艺试验进行验证，包括浆液的配制、灌注、混凝土品质管理系统研究、成品检测等，最终形成一套完整的基础后注浆施工操作指南。

4. 全程检测监控研究

通过对沉管基础后注浆施工过程中管底压力进行监测，实时显示后注浆施工过程中管节底部压力变化，分析判断注浆材料流动情况及封闭腔形成情况；通过监测沉管姿态，实时显示后注浆过程中管节沉降变化，从而反映管节整体线形姿态变化。通过沉管基础后注浆实时监控，可指导现场施工并实现施工过程精细化操作，保证沉管基础后注浆目标的顺利实现。为监控压浆过程中的浆体压力，顺接头横向等间距地布置了 5 个压力盒；顺碎石基床纵向垄沟放置了 4 个压力盒来监测浆液纵向流动覆盖范围和压力。为实时监测管节压浆过程中的姿态变化，在沉管隧道管节内设置了静力水准仪。实际压浆时通过贯通测量也可测量姿态，但是数据获取有一定的滞后性。

通过沉管体外后注浆基础成套技术研究与应用的机理研究，取得的关键性技术为：经过管底结构类型的分析，设计出基础注浆结构模型，按照该模型完成管底注浆通道布设、注浆管安装、管路和设备系统连接调试等研究，形成成套基础注浆施工技术。同时完成管底采用的超低强度水下不分散高流动性混凝土的配制方法研究，以及管外基础后注浆混凝土质量过程控制关键技术、验收标准、注浆速度、注浆工艺方法的确定，并且形成了一套可在注浆施工过程中对管底压力进行监测，实时显示后注浆施工过程中管节底部压力变化，分析判断注浆材料流动情况及封闭腔形成情况的方法。

12.4 关键技术解决途径及实施过程与效果

12.4.1 关键技术解决途径

项目研究以解决港珠澳大桥沉管隧道最终接头建设关键技术为切入点，依托港珠澳大桥岛隧工程和现有的相关科研成果及设备资源，研究以理论分析、现场试验、数值模拟、模型试验、原型观测为手段，通过依托工程对获取的理论、方法、技术等研究成果进行检验和完善。项目实施过程中统筹考虑试验研究与成果应用的时间，既保证研究成果能够及时服务于港珠澳大桥岛隧工程建设，又能通过工程实践检验研究成果，促进理论、方法的完善和技术水平的提高。

12.4.2 实施过程和效果

1. 整体式主动止水最终接头机制

在整体式主动止水最终接头的结构选型方面开展了结构位置选取、纵向长度及坡度确定，以及最终接头立面尺寸确定等方面的研究。综合考虑深基槽大水深处水下作业的不确定风险，最终接头位于 E29 管节和 E30 管节之间，平面处于 R=5500m 的曲线上，E29 管节、最终接头与相邻管节节段平面布置见图 12-22。

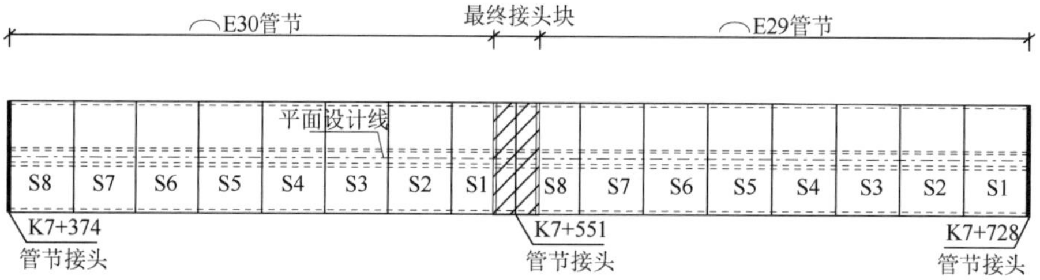

图 12-22　最终接头与相邻管节节段平面布置

在选取纵坡角度时，亦需要从最终接头的受力角度出发进行考量。当最终接头在纵向与水平面存在夹角时，接头会出现纵向滑移或滑移趋势，从最终接头纵向稳定性出发，选取纵坡角度为 0°（图 12-23）。

立面尺寸决定了最终接头上下面积，进而决定了水压差。为了合理利用水力压接原理，需要对最终接头立面的倾角做完备的验算。当倾角较小时，最终接头在沉放时与已安管节间距较小，考虑本项目大埋深等不利因素，过小的间距可能会造成潜在危害，如不容易顺利定位沉放等。为此，需要适当加大倾角。当倾角较大时，虽然对沉放定位的要求有所降低，但顶面与底面面积相差较大，在抽水过程中会产生较大的竖向压力差，加之底面积减小，这两方面因素大大增加了最终接头处基础荷载。由于抽水过程中产生的竖向不平衡力多少由地基直接承担、多少由 GINA 摩擦承担不易明确，出于安全考虑，上述理论假定当全部荷载增量由基础承担时，计算不同倾角的基础应力增量。最终块端面倾角选用 6°，底板长度取为 9.6m，截面厚度同标准管节，立面总高度 11.4m，立面尺寸如图 12-23 所示。

在体系转换方面，系统分析了不同的施工阶段，最终接头处的结构体系所处的不同状态。具体来讲：在下沉完毕时，最终接头处轴向为水力压接下的柔性结构，当完成接头焊接和浇筑时，最终接头与 E29、E30 管节实现刚接。在满足快速施工的同时，不可避免地将最终接头结构体系复杂化，而不同结构体系要实现安全、平稳的转换与过渡，需要着重分析并阐述最终接头体系转换全过程。

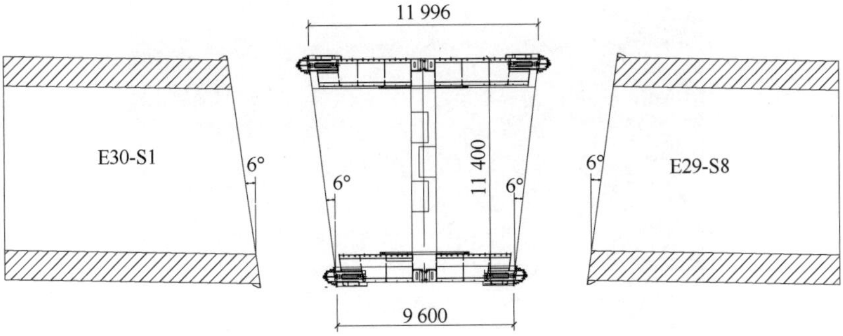

图 12-23　最终接头立面尺寸（单位：mm）

当千斤顶顶推小梁完成最终接头压接时（图 12-24），沉管隧道纵向轴压力增加，纵向整体性较好，最终接头与沉管隧道间仅通过止水带连接，抗弯性能较差；进一步将封闭门内水排出时（图 12-25），沉管隧道轴向压力减小，纵向整体性减弱；当完成最终接头两侧刚性接头的焊接和浇筑时，隧道轴向刚度和抗弯刚度均处于较高水平，最终接头两侧与沉管刚性连接（图 12-26）。

整体式主动止水最终接头在抽水后的反应机制分析亦为重要技术难点。在将封闭门内水排出时，水压力降低会引起纵向整体性降低，临近管节和最终接头均在纵向有一定的回弹。这种回弹不仅会造成隧道结构纵向内力和变形重分配，还会引起最终接头两侧千斤顶压力及 GINA 止水带产生挤压效应。在这种挤压效应下，顶推止水的千斤顶、滑轨及顶推小梁受力不利，需重点考虑。

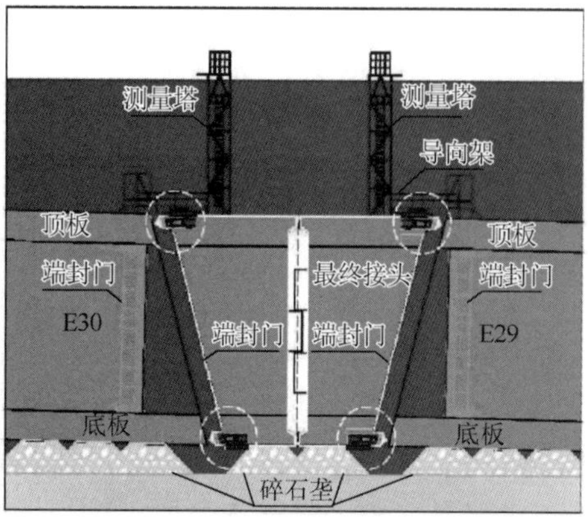

图 12-24 千斤顶顶推小梁完成最终接头压接

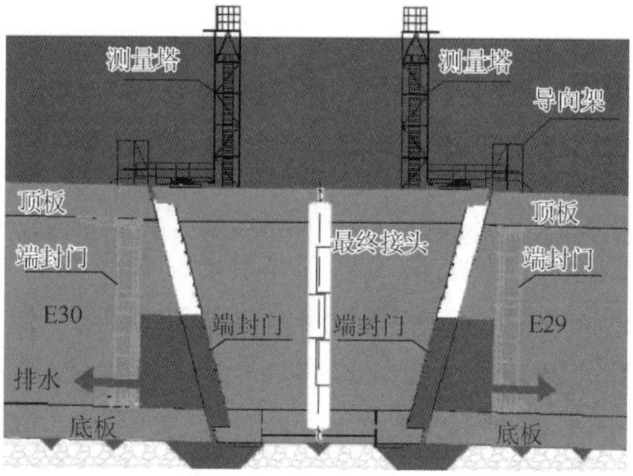

图 12-25 封闭门内排水

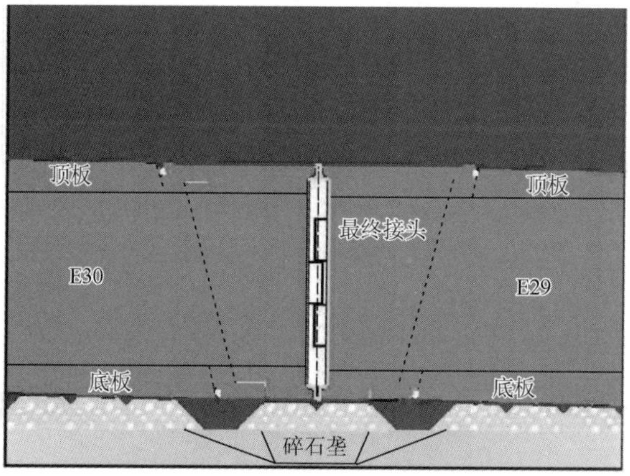

图 12-26 焊接并浇筑刚性接头

临时止水系统搭建完成后需要进行最终接头和两侧沉管的结合腔排水，形成内部干环境。临时止水系统需要保证在结合腔抽水过程及完成后能够抵抗外荷载作用并保证最终接头的水密性。

结合腔抽水前，腔内存在与外侧水压力平衡的梯形水压力；抽水过程中，梯形水压力逐步蜕变为无承压水的三角形水压力，最终减为零，此时，不平衡水压力作用于小梁迎水侧盖板加劲及小梁自身迎水侧上，这部分荷载由小梁支座或滑轨、小梁前端 GINA 承担，最终传递到本体结构上（图 12-27）。因此，需要对小梁进行承载力验算。考虑抽水过程中，由于钢管撑尚未拆除，小梁的整体刚度很大，基本不会发生转动。经过出于安全考虑的理论简化计算和对迎水侧盖板有限元分析计算，小梁支座、滑轨、迎水侧盖板及盖板加劲、局部钢板的应力、临时钢管撑的应力均满足承载力要求。

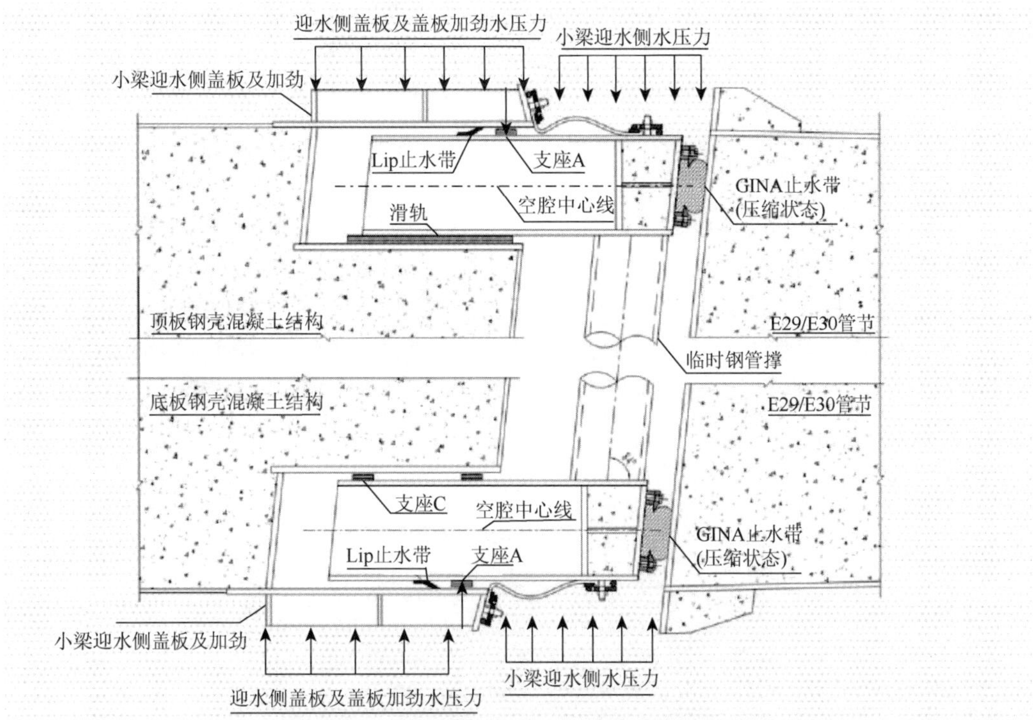

图 12-27　结合腔抽水时小梁受力示意图

结合腔排水过程中，最终接头结合腔内纵向水压力也会逐渐消失。纵向水压力是一对平衡力，对最终接头稳定性无影响。但是，对于 E29 管节和 E30 管节，纵向受力状态会因最终接头小梁顶推力作用和结合腔内排水导致横向水压力减小而发生改变。E29 管节和 E30 管节纵向受力状态的改变可能会引起 E29 和 E28 管节接头及 E30 和 E31 管节接头 GINA 压缩状态的变化，设计中需要计算确定。

最终接头与临近沉管间轴向相互作用属于典型的土-结构相互作用问题，即最终接头处水压变化，对临近管节内力的影响取决于土对沉管结构的约束作用：当土对沉管结构约束很大时，E29 和 E28 管节接头及 E30 和 E31 管节接头在抽水前后变化较小；当土对沉管结构约束很小时，受影响的管节将会增加。在隧道纵向，地基的约束作用为摩擦力。定性分析可知，摩擦力越大，抽水对临近管节的影响越小。因此，按照这一受力分析理念，在实际施工阶段将 E29、E30 压载水箱水位加到 4m，并完成纵向 140m 范围内一般回填及覆盖回填，以保证基础和结构间有足够的摩擦力。

2. 整体式主动止水最终接头设计方法

依托港珠澳大桥沉管隧道最终接头工程实例，综合分析研究整体式主动止水最终接头设计方法。整体式主动止水最终接头设计方法研究包括：首先，着重分析整体式主动止水最终接头总体系统组成，得到总体设计流程；其次，分析钢壳混凝土三明治结构设计方法，包括钢壳结构设计、混凝土设计和钢壳混凝土三明治结构的耐久性设计；再次，结合整体式主动止水最终接头止水原理，对主动止水系统构造进行分析，总结得到钢结构小梁、顶推千斤顶、临时止水带、小梁临时支撑及小梁临时连接件的设计方法；最后，对整体式主动止水最终接头舾装设备、刚性接头构造及最终接头基础设计方法进行探讨。关键过程及相关成果如下。

①整体式主动止水最终接头设计的主要目的为连接合龙口两侧管节，实现隧道全线贯通。整体式主动止水最终接头在工厂预制，由船舶运输至指定水域，采用整体吊装方式沉放就位。就位后最终接头内设主动顶推止水系统与两端管节间实现临时止水，结合腔内抽水形成干作业环境并焊接浇筑永久性刚性接头，最后剪断最终接头临时预应力实现接头置换。整体式主动止水最终接头的总体设计包括总体平纵断面尺寸设计、临时预应力体系设计及三向锁定装置设计等内容。根据整体式主动止水最终接头总体设计思想，总体施工流程如图 12-28 所示。

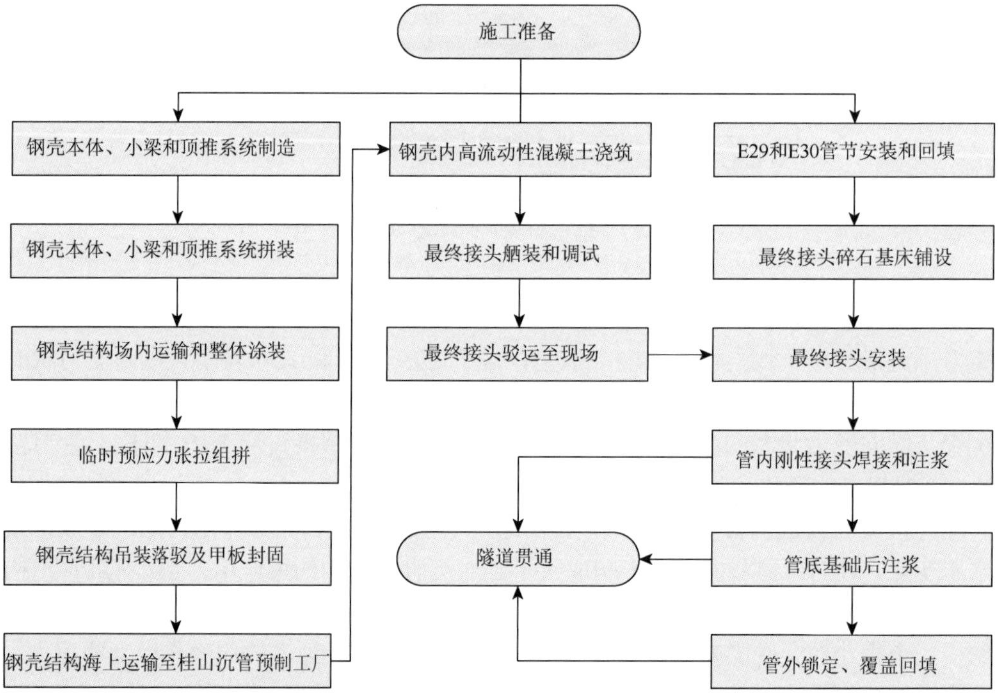

图 12-28　整体式主动止水最终接头总体施工流程

②钢壳混凝土三明治结构设计也是整体式主动止水最终接头设计的关键内容，所谓钢壳混凝土三明治结构，即结构由外包钢板和内部混凝土组成的组合构造，以达到管节水密性的要求。同时，钢壳混凝土三明治结构的钢板也可以兼作混凝土浇筑的模板，大大方便了施工。钢壳混凝土三明治结构除了内外面板，还设置有纵横交错的隔板，形成一个个隔舱。面板、纵横隔板均设有角钢或扁钢等加劲钢材，以增强其力学性能（图 12-29）。对

于钢壳结构的设计，首先应根据钢壳与混凝土三明治组合结构设计确定钢壳尺寸，包括面板及横纵隔板板厚、隔板布置、加劲板间距及形式等，以此确定钢壳结构构造。然后，再验算制造加工过程中钢壳结构是否满足受力要求，进而对其构造进行优化；对于高流动性混凝土的配合比设计，应遵循试验先行理念，开展配合比及工艺试验验证，以确保高流动性混凝土浇筑质量达标，并动态反馈设计，必要时对设计局部进行优化。宜在试验验证基础上，制定标准的施工工艺及质量验收规程指导标准化施工，同时宜研究制定缺陷修补方案。

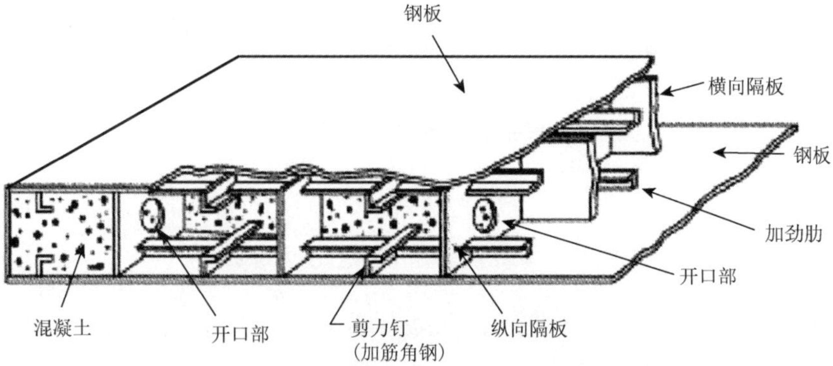

图 12-29　钢壳混凝土三明治结构典型构造

③顶推及临时主动止水系统包括顶推千斤顶系统、顶推小梁及临时支撑桁架、小梁滑轨、小梁上支座垫块、小梁前端的 GINA 止水带、外侧的 M 形止水带及小梁与空腔间的 Lip 止水带。最终接头段本体沿四周设置有空腔，内藏千斤顶、顶推小梁及临时止水系统。最终接头段沉放就位后，启动千斤顶顶推小梁水平滑动，直至小梁前端 GINA 止水带充分压缩实现止水，确认结合腔形成后排水，形成管内干施工环境（图 12-30 和图 12-31）。

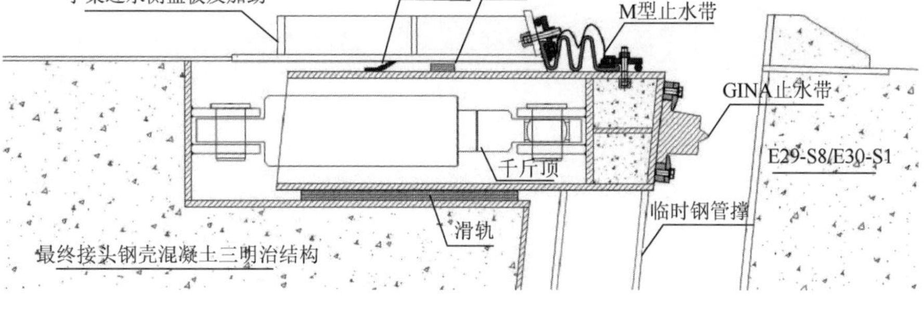

图 12-30　主动止水系统示意图（小梁顶推前）

小梁顶推到位后，内部不进行注浆处理，顶推千斤顶仍处于可自由活动状态。刚性接头焊接施工期间，若小梁端部止水带因意外情况发生松弛而导致可能发生渗漏水，由于顶推千斤顶行程未满，可让千斤顶继续顶推，进一步压缩止水带，减小渗漏风险；若本体结构因焊接温度产生膨胀，导致千斤顶顶推力出现急剧上升，则可对千斤顶进行适当泄压，以确保顶推系统安全。若出现极端情况，如最终接头块着床且完成顶推和临时止水后，测量发现最终接头块与两侧管节对接偏差较大，由于千斤顶未被锁死，仍可将千斤顶回缩至初始状态，利用浮吊再次吊起最终接头重新对接。由此可见，最终接头主动止水系统的关键在于千斤顶需处于可活动状态。

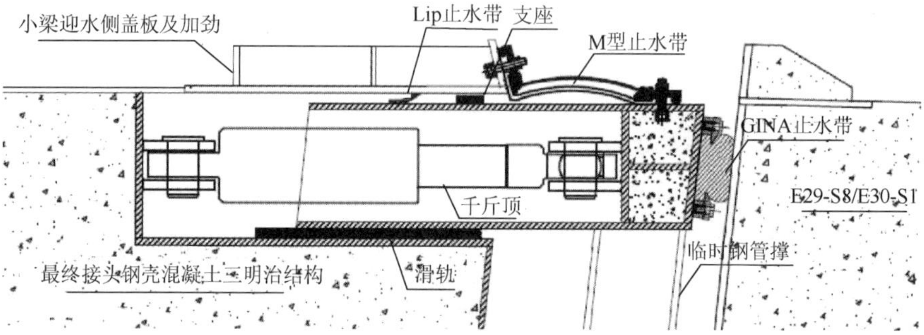

图 12-31 主动止水系统示意图（小梁顶推后）

④刚性接头钢箱采用面板及加劲肋、隔板体系，板块划分可结合运输、定位、焊接工艺进一步优化。刚性接头钢板焊接完成后，向焊接钢箱内灌注高流动性混凝土或注浆形成钢混组合刚性接头，从而使最终接头与两侧管节连接成整体，实现由临时接头向刚性接头的转变，如图 12-32 所示。

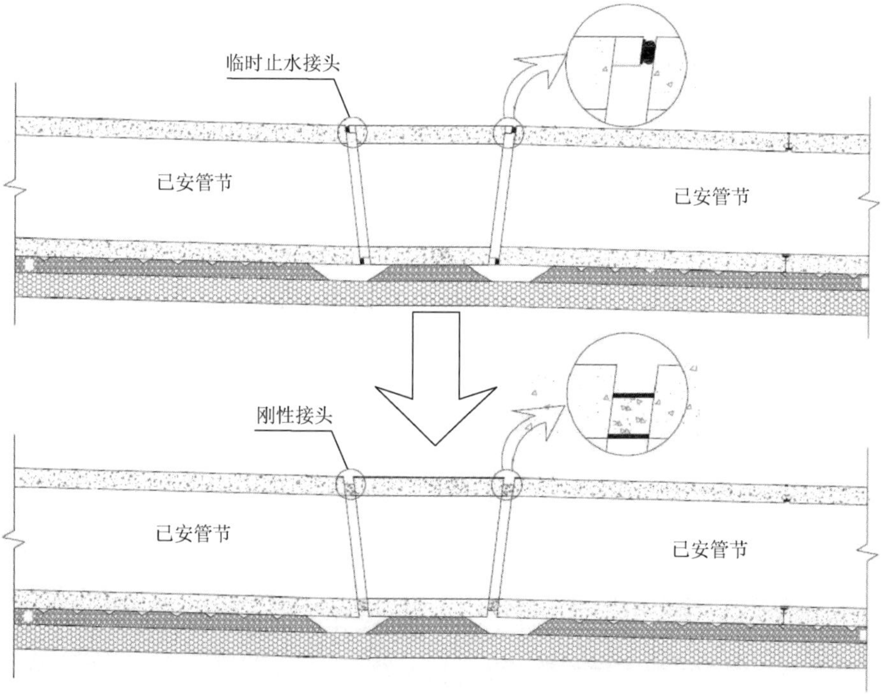

图 12-32 临时接头转变为刚性接头过程示意图

刚性接头沿横截面内侧一圈布置，刚性接头截面比两侧管节顶、底板和侧墙截面更小，故刚性接头区域为截面削弱区域，存在工程风险。为增强刚性接头区域整体刚度，设计时需考虑最终接头两侧沉管管节与刚性接头对接端部的强度问题及施工便利性问题，且刚性接头钢板应与两侧管节端部受力钢板对筋。例如，港珠澳大桥沉管隧道刚性接头采用变截面设计，理论高度为 791～958mm，设计纵向理论长度为 852mm。

港珠澳大桥沉管隧道最终接头基础分为先铺碎石基床和基床后注浆，具体如下。

（1）先铺碎石基床

最终接头段的碎石垫层顶面设计为水平面，理论设计标高–27.937m。为确保最终接头块结构顶板内侧标高与 E29-S8、E30-S1 匹配端面顶板内侧高程一致，结合最终接头处设计标高等已知参数，计算得 E29 管节碎石垫层顶面纵坡–2.360%，E30 管节碎石垫层顶面纵坡–2.207%。E29 管节、最终接头段、E30 管节底部基础采用先铺碎石基床，三个部分基础总体上为折线纵坡，与管节接头端面倾角相匹配。

先铺碎石基床采用垄沟相间的构造。E29、E30 管节采用标准垄，顶宽 1.8m，沟宽 1.05m，垄高 1.3m，碎石垄沟为自然休止角。E29 及 E30 管节的先铺碎石基床设计为 58 个垄与 57 个沟，与相邻 E28 管节接头的预留垄沟宽为 3.279m，与相邻 E31 管节接头的预留垄沟宽为 3.273m，与相邻最终接头块的预留垄沟宽均为 4m。E29 与 E30 管节的碎石垫层整体上采用矩形布置，矩形碎石垫层顶面宽度为 42.95m，大于管节外包宽度 37.95m 与矢高之和。E29、E30 管节碎石垫层平面布置如图 12-33 所示。

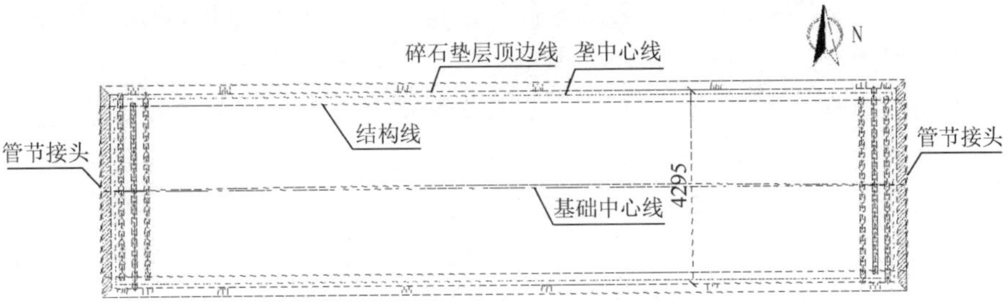

图 12-33　E29、E30 管节碎石垫层平面布置图（单位：cm）

最终接头底板长度为 9.526m，碎石垫层设计由 3 个垄与 2 个沟组成（图 12-34），并以最终接头中心线向两侧对称布置。

（2）基床后注浆

最终接头段完成沉放并与 E29、E30 管节刚性连接，管外回填到一定高度后，对该段碎石基床实施后注浆，使该段基床的刚度更协调。

利用在管外对 E32/E31 管节接头处碎石基床垄沟注浆获得的成功经验，将这种工艺应用于最终接头块与 E29、E30 区域的碎石基床垄沟注浆，取代原设计中参照日本案例在管内通过注浆孔注浆方案，基础后注浆采用超低强度水下不分散混凝土，28d 强度 0.5～1.5MPa。

对原设置于底板的预留注浆孔进行永久性封闭处理，确保 120 年该部位的水密性。

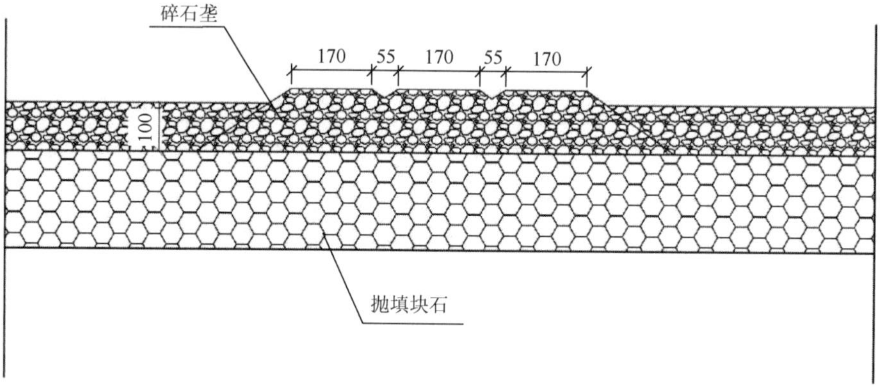

图 12-34　最终接头碎石垫层断面图（单位：cm）

3. 整体式主动止水最终接头制造关键技术研究与应用

根据最终接头及小梁的尺寸和重量结构特点，并考虑车间内制造、吊装、翻身、组拼、内场转运、冲砂等厂房净空及制造设备条件，同时兼顾几何精度控制焊接变形，本体结构采用车间整体侧拼，采用大型液压平板车将最终接头本体转运至外场，采用大型浮吊配合专用吊架和专用索具进行整体翻身。采用布置在重载平台的专用滑移工装，通过油压千斤顶缓慢顶推滑轨纵向、横向精确微调。在最终接头本体拼装完成后，将分段制作的顶推小梁与最终接头本体匹配安装。油缸支座采用现场焊，支座间采用工艺撑板和工艺销轴固定。根据装配关系，在安装时设计了一系列定位、导向工装，确保外侧间隙满足图纸要求。小梁与小梁槽采用两次匹配和横向滑移安装的方式，实现了小梁与本体间滑块精确匹配。

在高流动性混凝土生产浇筑过程中，设计调配的高流动性混凝土经受了潮湿、闷热、干冷多变天气条件，以及泵送管路复杂等不利因素的考验，混凝土始终保持良好的性能。顺利完成港珠澳大桥最终接头高流动性混凝土浇筑，标志着国内首次在钢壳混凝土三明治结构中圆满实施高流动性混凝土浇筑，并且成功践行了“过程控制”理念，填补了国内相应技术的空白。最终接头浇筑现场如图 12-35 所示。

图 12-35　最终接头浇筑现场

最终接头高流动性混凝土浇筑的顺利实施，有效地证明了高流动性混凝土浇筑施工成套技术的可行性，分次、分舱、跳舱浇筑的可行性，品质管理技术的高效合理性，并形成了相应的施工规范、验收标准，为后续钢壳混凝土三明治结构施工提供可实施的参考依据。

4. 外海深水超长沉管合龙口形态控制技术

（1）贯通测量技术

1）误差分析

设隧道外控制测量引起的横向贯通误差为 m_S，西、东两端隧道内控制测量引起的横向贯通误差分别为 m_W、m_E，则有

$$m_S^2 + m_W^2 + m_E^2 = m^2 \tag{12-6}$$

式中，m——港珠澳大桥沉管隧道横向贯通中误差。

若按照等影响原则，认为地面控制测量误差和洞内导线（分东西端到贯通面两条）测量误差影响值相同，设为 $\varDelta$，则有 $3\varDelta^2 = 25$，即

$$m_S^2 = m_W^2 = m_E^2 \tag{12-7}$$

则隧道外控制网和西、东端隧道内控制网引起的横向贯通误差分别为 14.43mm。考虑隧道外控制采用 GPS 网，隧道内为狭长导线网，测量误差影响值可以分配大一些，按隧道外与隧道内 1∶3 分配，可确定出地面 GPS 网和隧道内导线网测量引起的横向贯通误差分别为 12.49mm、15.30mm 和 15.30mm。

港珠澳大桥沉管隧道共由 33 节管节组成，从西往东分别是 E1～E33，由于隧道接口位于从西端起 E29 和 E30 管节之间，如图 12-1 所示，东、西人工岛到隧道接口的距离并不相等，西端大于 5km，东端小于 1km，根据西端和东端隧道内导线网的长度，把西人工岛端和东人工岛端的测量误差比例关系定为 10∶1，即

$$\varDelta_{西}{}^2 + \varDelta_{东}{}^2 = 2\varDelta^2 \tag{12-8}$$

得

$$10m^2 + m^2 = 2\varDelta^2 = 416.45 \tag{12-9}$$

西、东端隧道内控制测量引起的横向贯通误差 m_W、m_E 分别为 20.63mm 和 6.52mm。

故可确定出地面控制测量和隧道内西、东人工岛端导线测量引起的横向贯通误差分别是 12.49mm、20.63mm 和 6.52mm。

2）模拟试验

在珠海市选取与港珠澳大桥沉管隧道条件相近试验场地开展 1∶1 模拟试验工作。洞口采用三点定向，两个进洞点公用三个定向点，每个行车道布设一个交叉导线网，两个行车道相互连接形成整网。东人工岛方向导线边长 180m，西人工岛方向导线边长 720m。导线网示意图如图 12-36 所示。

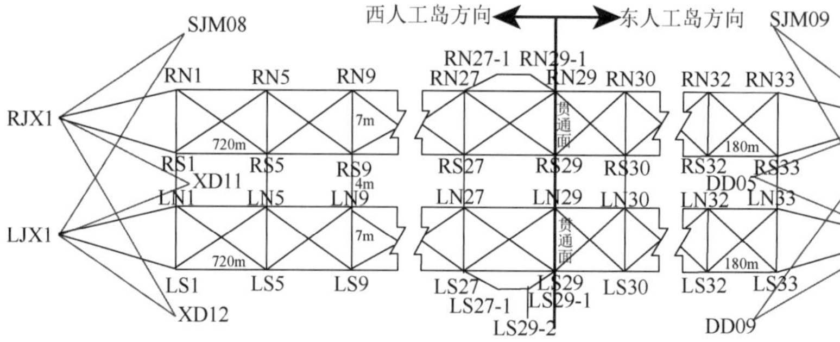

图 12-36　导线网示意图

通过模拟试验研究，贯通点东人工岛导线测量结果和 GPS 网测量结果相比较，坐标差不足 10mm；贯通点西人工岛导线测量结果和 GPS 网测量结果相比较，坐标差和横向贯通误差大小相近，说明双线形联合锁网测量结果具有较高的精度和可靠性，6km 的沉管隧道接口形态控制采用贯通测量方法可以达到±25mm 的定位精度，试验取得良好效果，参考表 12-6。

表 12-6　双线形联合锁网贯通误差统计结果表

类别	RN29		LS29	
	X	*Y*	*X*	*Y*
GPS 网/m	601 113.746 6	805 121.803 9	601 089.041 6	805 129.932 3
东人工岛	601 113.742 7	805 121.806 5	601 089.034 8	805 129.937 3
西人工岛	601 113.737 8	805 121.800 1	601 089.039 7	805 129.926 5
两端导线网坐标差/cm	–0.49	–0.64	0.49	–1.08
贯通误差/cm	–0.66	–0.76	0.15	–0.89

3）工程应用

港珠澳大桥沉管隧道接口形态控制工作于 E25 管节安装开始，至沉管接口形成后结束，贯通测量导线对隧道接口导线点 DW25-1 进行了多次测量，各期点位坐标变化最大 17.6mm，偏差平均值小于 1.2mm，贯通测量精度稳定。历次导线测量 DW25-1 公共点结果比对见表 12-7。

E29 导线长度最长达 5800m，实测精度统计分析，对导线点 *X* 坐标进行分析得到点位横向误差，和理论误差进行比较，结果见图 12-37。图 12-37 中折线表示实测误差占理论误差的百分比，可以看到，实测精度优于理论分析精度，实测横向误差小于理论值的 52%。东人工岛导线长度约 1000m，贯通测量理论和实测精度均在毫米级。

表 12-7　历次导线测量 DW25-1 公共点结果比对

管节	测量日期	坐标/m		偏差值/mm	
		X	*Y*	Δ*X*	Δ*Y*
E25	2015-12-30	352 758.975 9	447 014.383 0	—	—
E25	2016-03-02	352 758.992 1	447 014.373 4	16.2	–9.6

续表

管节	测量日期	坐标/m		偏差值/mm	
		X	*Y*	Δ*X*	Δ*Y*
E25	2016-03-19	352 758.976 7	447 014.373 0	–15.4	–0.4
E26	2016-04-12	352 758.972 7	447 014.374 0	–4.0	1.0
E26	2016-04-17	352 758.970 7	447 014.374 8	–2.0	0.8
E26	2016-05-17	352 758.958 7	447 014.376 8	–12.0	2.0
E27	2016-05-19	352 758.965 2	447 014.375 3	6.5	–1.5
E27	2016-06-02	352 758.980 0	447 014.379 3	14.8	4.0
E27	2016-06-06	352 758.975 7	447 014.380 6	–4.3	1.3
E28	2016-07-06	352 758.959 3	447 014.379 8	–16.4	–0.8
E29	2016-12-22	352 758.963 3	447 014.384 2	4.0	4.4
E29	2017-01-10	352 758.950 3	447 014.372 3	–13.0	–11.9
E29	2017-02-14	352 758.967 9	447 014.387 6	17.6	15.3
E29	2017-03-28	352 758.959 8	447 014.383 1	–8.1	–4.5

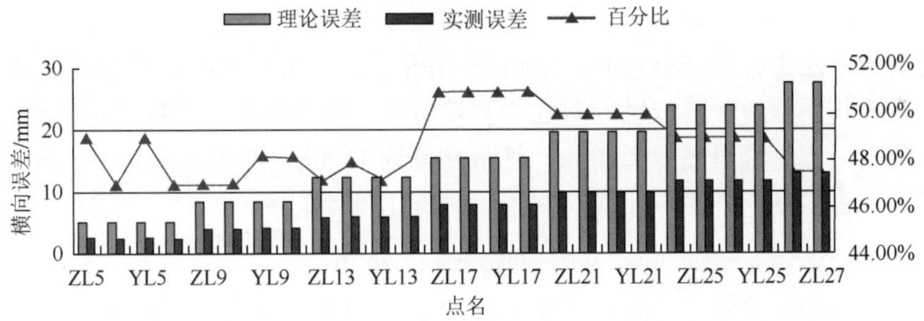

图 12-37　理论和实测横向误差比较

（2）双测量塔技术应用

1）定位精度分析

测量塔绝对定位精度受到各个测量环节上的误差影响，包括：测量起算点误差、特征点测量误差、测量塔上 GPS 位置标定误差、沉放定位时 GPS-RTK 的定位误差和倾斜仪测量误差等。

测量起算点误差：测量管节顶面特征点时采用预制施工控制网的控制点作为起算数据。根据该网的设计，控制网点的误差为 m_0=2.0mm。

管节顶面特征点的测量精度：管节顶面特征点的测量精度实为全站仪放样精度，现使用徕卡 TS30 全站仪进行标定工作，该仪器的标称精度为：测角精度 0.5″，有棱镜测距精度 0.6mm+1ppm，因此此项误差可控制在 1cm 之内。

二次舾装区 GPS 天线位置标定精度：二次舾装区对 GPS 天线位置的标定采用 GPS

同步观测方法，以浮动基线解算方式解算管节范围内的短基线。根据 GPS 精度理论，成功解算初始整周数的浮动短基线可以达到静态精度，即 m_g=5.0mm。

GPS-RTK 定位的仪器平面精度：沉管沉放时采用 RTK 定位，其平面定位精度 m_G=15mm。

仪器架设对中误差：由于在整个标定过程中，每个特征点需架设仪器，单次架设仪器的对中误差可控制在 2mm。不同测量方式的仪器架设误差可随机累积，但多次测量时的仪器架设误差可以随机减弱，两种方式影响的积累效应基本可以相互抵消，故仍然取仪器架设误差为 m_y=2.0mm。

以上采用测量塔法进行管节沉放的各项误差彼此独立，因此塔顶 GPS 位置的精度为

$$m_T = \sqrt{m_g^2 + m_G^2 + m_y^2} = \sqrt{5.0^2 + 15.0^2 + 2.0^2} = 15.9\text{mm} \tag{12-10}$$

对管节沉放来说，还需要计算沿隧道轴线和横向的平面精度。在以上各个测量环节中，测量误差都是以点位误差方式表示的，因此 m_T 是点位误差。考虑以上的各项测量的误差，特别是作为主要误差的 GPS-RTK 定位误差，在这两个方向上没有明显差别。因此可以认为测量塔法定位的绝对精度在隧道纵线方向和横向是一致的，故纵向精度 m_{TZ} 和横向精度 m_{TH} 均为

$$m_{TZ} = m_{TH} = m_T / \sqrt{2} = 11.2\text{mm} \tag{12-11}$$

采用测量塔法进行管节沉放时，由塔顶 GPS 位置传算到对接面位置时需要进行倾斜改正，倾斜改正的角度来自双轴倾斜仪的测量结果，倾斜仪的测角精度可以达到 1/3000。

最不利情况下测量塔高度为 40m，管节高度为 11.4m，两者之和为 51.4m。这样在最不利情况下，由 GPS 安装位置计算对接面底端的误差为

$$m_{oz} = m_{oh} = \pm 17.1\text{mm} \tag{12-12}$$

综上所述，测量塔法沉放端面特征点纵向 m_z 和横向精度 m_u 相同，为

$$m_z = m_u = \sqrt{m_{TZ}^2 + m_{OZ}^2} = 20.9\text{mm} \tag{12-13}$$

这个精度可以满足沉管安装的绝对定位精度要求。

2）测控系统研发

开发的双测量塔系统分为硬件和软件两部分：软件部分为双测量塔测控系统，系统组成与工作界面分别见图 12-38 和图 12-39；硬件部分主要包括 GPS 天线、棱镜、倾斜仪、计算机等。系统功能主要包括实时数据与转换、数据的传输与存储、数据质量监控、三维动态显示。

实时数据采集与转换：系统对可能接入的各种测量设备的数据能够正确解码，设备数据总延迟不超过 0.1s，对在不同坐标系统下测量得到的位置坐标、距离、方位角、高度角、姿态角等均能统一转换到施工坐标系，并建立管节坐标系与施工坐标系的转换关系，保证在数据转换时精度不受损失。

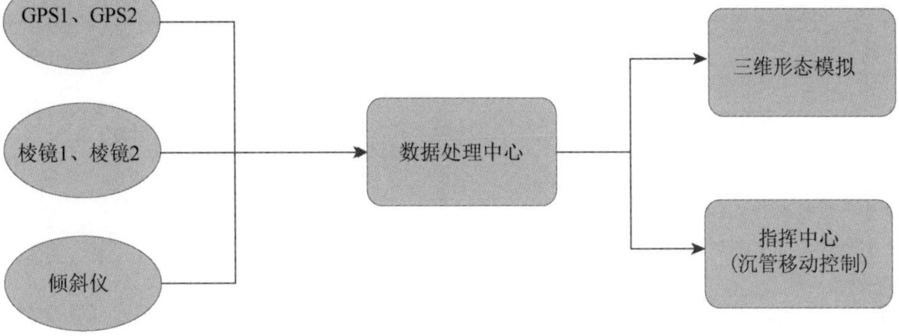

图 12-38　双测量塔测控系统组成

数据的传输与存储：系统可以对原始观测数据进行记录存档，事后可以在系统中回放该数据，再现整个施工阶段沉管的真实位移过程。测得的数据通过仪器上的数据接口及相应接口软件直接输入主控计算机（主机），当仪器离主机较远时，通过局域网或无线传输至主机中处理、存储，做到多用户实时数据共享。

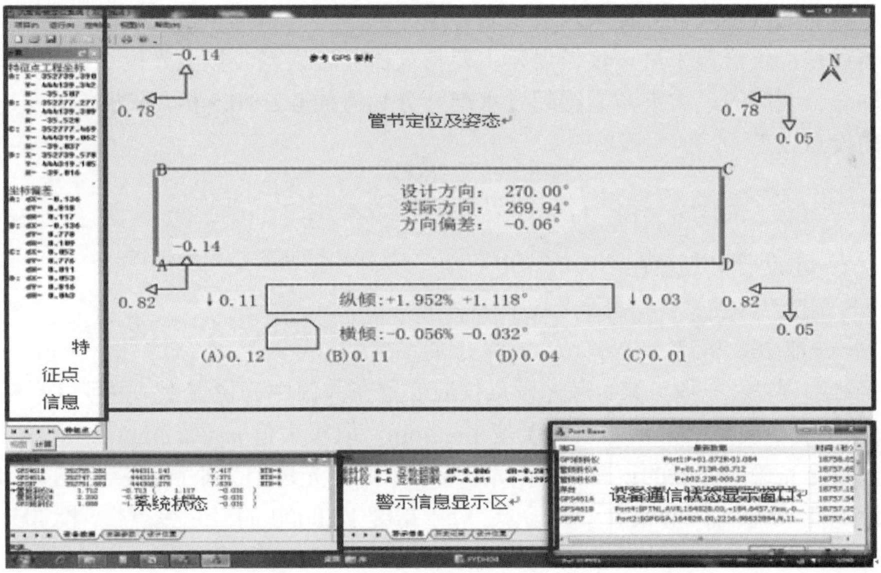

图 12-39　双测量塔测控系统工作界面

数据质量监控：系统能够实时监控设备健康状况，利用设备冗余观测数据，判断整个系统的定位精度和可靠性，当冗余设备数据检核发现错误时，系统能够给出相应警示。

三维动态显示：系统能够根据计算数据及时加工得出三维动态图形并显示，可以进行多视点、多角度切换。

3）工程应用

双测量塔法和贯通测量法的轴线偏差结果进行比较分析，结果见表 12-8。

表 12-8　双测量塔法与贯通测量法精度对比

管节	横向绝对偏差/mm				差值/mm	
	贯通测量法		双测量塔法			
	首端	尾端	尾端	尾端	尾端	尾端
E29	−28	−23.4	−10	−10	+8.0	+13.4
E30	−2.7	−25.2	−10	−20	−7.3	+5.2

通过数据对比，双测量塔法测量的管节横向绝对偏差为 0～20mm，符合绝对轴线偏差±25mm 的精度要求且和贯通测量法差值均在 10mm 以内，说明双测量塔法定位精度稳定可靠。

（3）人孔井投点技术应用

1）误差分析

激光投点是将一台激光投点仪安置在竖井上方，投点仪发出一条激光束，根据激光光斑位置确定激光光束中心点。中心点偏离铅垂激光束的线量偏差即为激光的投点误差，主要有以下几种误差：仪器误差，仪器对中误差，确定激光光斑中心点的误差，井筒内滴水、气流、水雾、大气折光等外界条件引起的误差。

仪器误差：仪器置平后，仪器误差主要指仪器竖轴误差。按激光投点仪的设计要求，仪器竖轴与轴套间的最大夹角不得超过水准管分划值的 0.2～0.5 倍，取极值 0.5τ，则由此而引起的投点误差 m_1 为

$$m_1=\pm\frac{0.5\tau}{\rho}s \tag{12-14}$$

式中，τ——水准管分划值；

s——投点深度；

ρ——取 206 265″。

仪器对中误差：一般说来，激光投点仪应安置在井筒中心位置上（也可以不在中心位置），根据实测资料分析，仪器安置误差 1～2mm，取极大值 m_2=±2mm。

确定激光光斑中心点的误差：此项误差取决于激光光斑的大小，光斑边界的清晰程度，光斑的稳定性（无抖动变形）等多种因素。对于精度 1/20000 的激光投点仪，投点深度 50m 左右时，可取光斑中心点的误差 m_3=±3mm。

外界条件引起的误差：井筒内的淋水、气流、水雾，尤其是浓度较大的水雾将会影响激光光束的穿透能力，使激光光斑发生抖动变形或成像不清。另外大气折光也将造成激光光束不同程度的偏离铅垂位置。准确估算这些因素对激光投点误差的影响是很困难的。但在投点前，可根据井筒情况，采取积极措施，将其对激光投点误差的影响降低至最低限度。上述因素中，以淋水和浓度较大的水雾对激光光束的影响最为显著，因此，安置激光投点仪时，应尽量避开淋水较大的地方投点。当井筒内水雾浓度较高时，可采取消雾措施。根据国内试验资料，井深在 500m 范围内时，外界条件对投点误差的影响可忽略不计。

综上所述，激光投点误差 $m_{投}$，主要受仪器竖轴误差 m_1、仪器安置误差 m_2、确定激光光斑中心点的误差 m_3 综合影响，即

$$m_{投} = \pm\sqrt{m_1^2 + m_2^2 + m_3^2} = \pm\sqrt{0.25\left(\frac{\tau \cdot s}{\rho}\right)^2 + (0.002)^2 + (0.003)^2} \tag{12-15}$$

取 s=50m，τ=20″/2mm，代入上式得

$$m_{投} = 3.73\text{mm} \tag{12-16}$$

可见，激光投点具有很高的精度，现场投点验证的误差主要取决于测量塔顶端点位的 GPS 测量误差和测量塔晃动造成的干扰。

2）模拟试验

在 E25 管节测量塔安装完成后，夜间在管节内部架设天顶天底仪，向 50m 高测量塔顶的投点支架投点。

在管节浮态状况下连续进行 6h 的投点监测（图 12-40），每 0.5 h 采集 1 次数据，共计采集 48 个点，统计试验数据，管内点位变化最大差值 5mm，试验效果良好。

3）工程应用

在 E29 和 E30 管节沉放结束完成锁定回填后，使用 GPS 和天顶天底仪在人孔井内进行光学投点。GPS 天线安装在测量塔顶端，塔高超过 30m，由于受风浪、海流、潮汐等因素影响，测量塔不稳定，所以采取从下往上的投点方式。

图 12-40　人孔井投点 GPS 天线架设及隧道内

将 E29 和 E30 管节双人孔井投点成果与贯通测量成果作比较，差值见表 12-9 和表 12-10。

表 12-9　E29 管节投点差值比对成果表

点号	投点推算数据/m			贯通测量/m			差值/mm		
	X	Y	Z	X	Y	Z	ΔX	ΔY	ΔZ
S1	352 758.748	447 715.217	−29.722	352 758.733 8	447 715.227 2	−29.726 6	14.2	−10.2	4.6
S8	352 756.805	447 859.683	−26.317	352 756.792 9	447 859.673 8	−26.323 8	12.1	9.2	6.8

表 12-10　E30 管节投点差值比对成果表

点号	投点推算数据/m			贯通测量/m			差值/mm		
	X	Y	Z	X	Y	Z	ΔX	ΔY	ΔZ
S1	352 756.837	447 883.076	−26.097	352 756.835 7	447 883.086 7	−26.098 5	1.3	−10.7	1.5
S8	352 748.770	448 026.014	−22.959	352 748.772 6	448 026.016 3	−22.958 9	−2.6	−2.3	−0.1

E29 管节投点和贯通测量结果 X、Y 差值分别为 4.8mm 和 1.2mm，E30 管节投点和贯通测量结果 X、Y 差值分别为 4.2mm 和−7.3mm。考虑双线形联合锁网和 GPS 测量、投点的测量误差，成果差值在误差范围之内，进一步说明双线形联合锁网测量结果的高精度和高可靠性。

（4）潜水水下测量技术应用

在 E29-S8、E30-S1 端面钢帽上各布置 6 个特征点。E29-S8、E30-S1 点位分布：1、4 号点在南侧，3、6 号点在北侧，2、5 号点在中间，在浅坞区一次标定期间测量点位之间的相对关系。特征点拉尺复核现场见图 12-41。

图 12-41　特征点拉尺复核现场

沉管接口潜水水下测量使用 50m 的尼龙涂层的钢制卷尺，拉尺前，先进行已知距离特征点间拉尺检校，比对数据见表 12-11。

表 12-11　管顶已知距离点拉尺比对数据

点号	标定值/m	实测值/m	差值/mm
E29-12	14.840	14.838	−2
E29-13	30.073	30.068	−5

检核完成后，潜水员从 E29-S8 端面特征点 P1、P2、P3、J1 逐个丈量至 E30-S1 端

面的特征点 P4、P5、P6、J2，共量测 28 条边，每条边读数 3 次取平均值，特征点丈量见图 12-42。

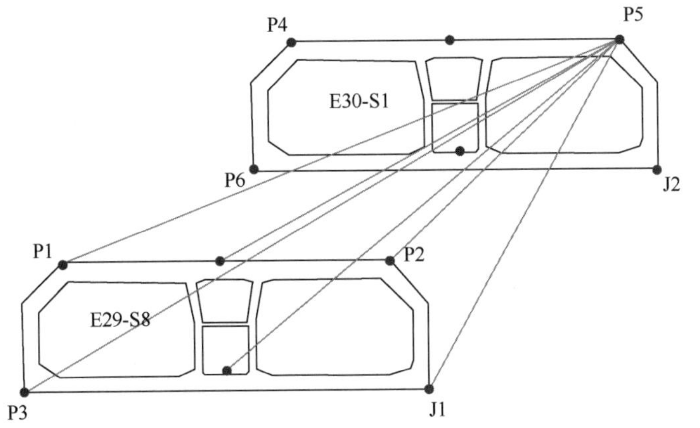

图 12-42　特征点丈量示意图

根据潜水测量 28 条边和贯通测量成果，计算 E29、E30 管节相对位置及端面姿态。水下测量成果见表 12-12。由 E30 作为起算面，利用潜水测量边长平差计算 E29 端面姿态。表中贯通推算与水下拉尺边长差值最大 40mm，其结果均较为合理，因此采用潜水测量全部 28 条量测边进行模型参数的平差计算。计算原理：采用最小二乘法，使用整体模型参数评价量测精度，合理有效利用量测数据。

表 12-12　水下测量成果表

拉尺起点	拉尺读数点	现场实测值/m	比对值（贯通推算结果）/m	差值/cm
1	1	13.688 0	13.685 0	0.3
	2	20.316 3	20.276 3	4.0
	4	16.834 7	16.831 3	0.3
	3	33.152 7	33.154 5	−0.2
	6	37.899 3	37.903 3	−0.4
2	3	20.482 0	20.479 0	0.3
	4	25.126 0	25.165 5	−3.9
	6	25.210 7	25.214 8	−0.4
	2	13.667 3	13.681 4	−1.4
3	2	20.294 7	20.320 2	−2.6
	3	13.681 0	13.679 9	0.1
	6	16.790 3	16.792 1	−0.2
	1	33.172 3	33.207 8	−3.6
	4	37.856 7	37.890 2	−3.3

续表

拉尺起点	拉尺读数点	现场实测值/m	比对值（贯通推算结果）/m	差值/cm
4	1	16.637 7	16.604 2	3.3
	4	11.545 7	11.541 6	0.4
	5	22.427 7	22.407 3	2.0
	3	38.031 0	38.026 3	0.5
	6	40.163 3	40.166 0	−0.3
5	3	22.071 7	22.061 3	1.0
	4	22.497 7	22.501 2	−0.4
	5	11.618 0	11.610 3	0.8
	6	22.403 7	22.395 3	0.8
6	3	16.839 7	16.844 2	−0.5
	5	22.475 3	22.497 7	−2.2
	6	11.509 7	11.501 9	0.8
	1	38.164 3	38.197 1	−3.3
	4	40.138 3	40.164 3	−2.6

表 12-13　E29-S8 端面特征点点位改正值　（单位：mm）

点号	dX	dY	dZ
1	25	−1	30
2	24	5	21
3	24	10	13
4	19	−11	31
5	19	−4	20
6	18	2	9
平均	22	0	21

通过平差计算，得到量测精度指标为 20m（单位权）的联测精度为 0.014m。E29、E30 系统之间的平移量为 X 方向最大，数值为 17mm，这个数值与量测精度相当，因此，两个系统之间的实际平移量与量测误差没有可区分度，但实际数值应在 17mm 以下的可能性较大。方向的旋转量均小于 1/1000，这个数值同样与量测误差相当，两者之间也没有可区分度，但实际数值应在 0.9/1000 以下的可能性较大。所以可以判定 E29 与 E30 系统的两边相对位置特征点的相对误差不超过 25mm 且这个误差包含了量测误差。

5. 整体式主动止水最终接头安装关键技术

最终接头安装总体流程图如图 12-43 所示。

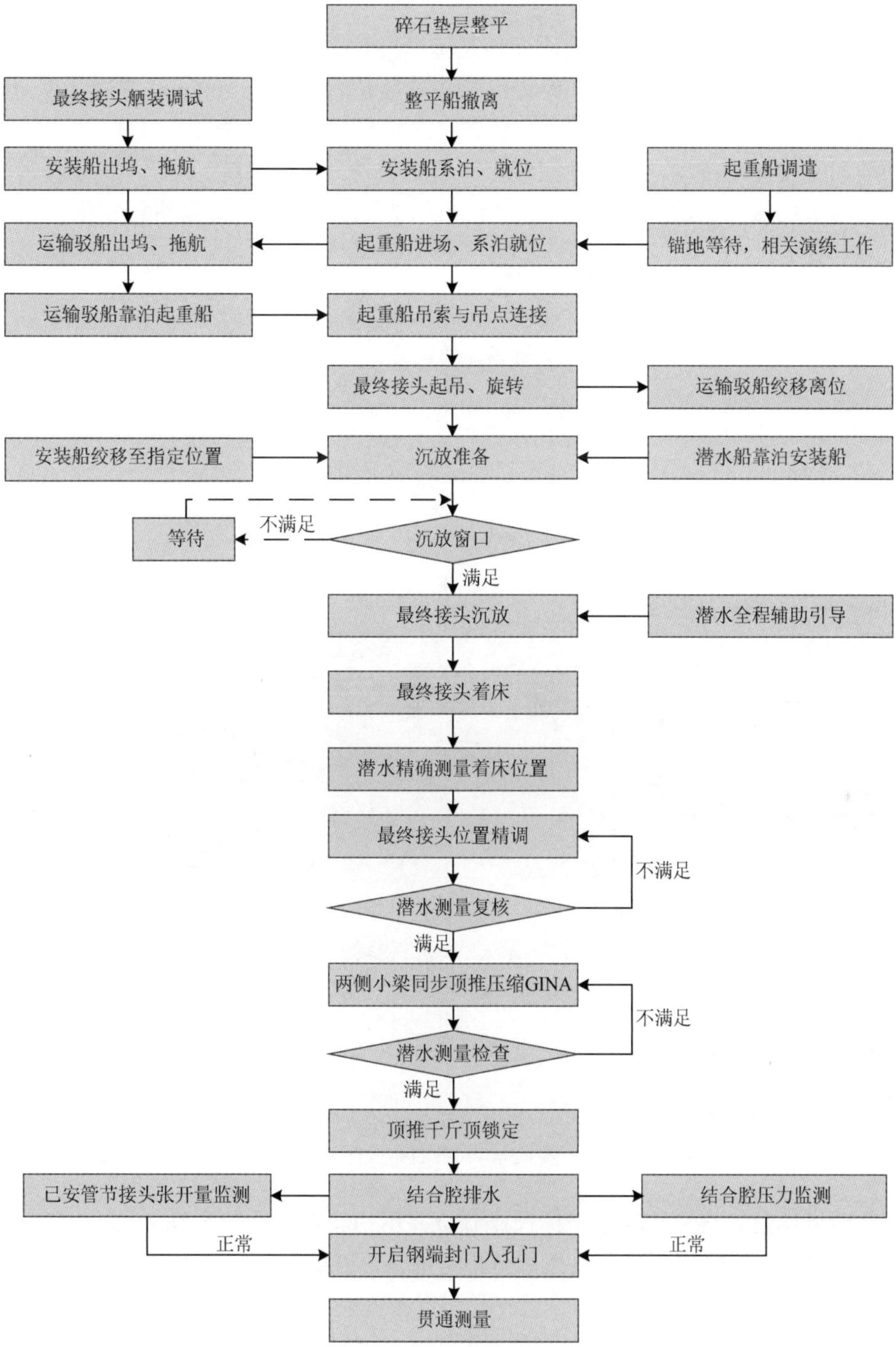

图 12-43　最终接头安装总体流程图

（1）船舶驻位

系泊顺序：安装船首先在最终接头安装位置东侧 100m 左右位置抛锚驻位，八字缆系布置，系泊完成后向东绞移。

起重船系泊时吃水 9.5m，其迎流面积是标准段管节迎流面积 1.4 倍，为降低系泊作业时船舶碰撞及搁浅风险，起重船在距最终接头安装位置西侧约 100m 位置进行系泊作业，期间采用拖轮辅助的方式进行抗流，为避免底部高点对船桨造成破坏，同时防止船舶动力造成边坡和底部泥沙扰动，系泊期间禁止使用船舶动力定位系统。

由于起重船振华 30 横流占位，相应水流力较大，所以在平潮期进行定位。系泊完成如图 12-44 所示。

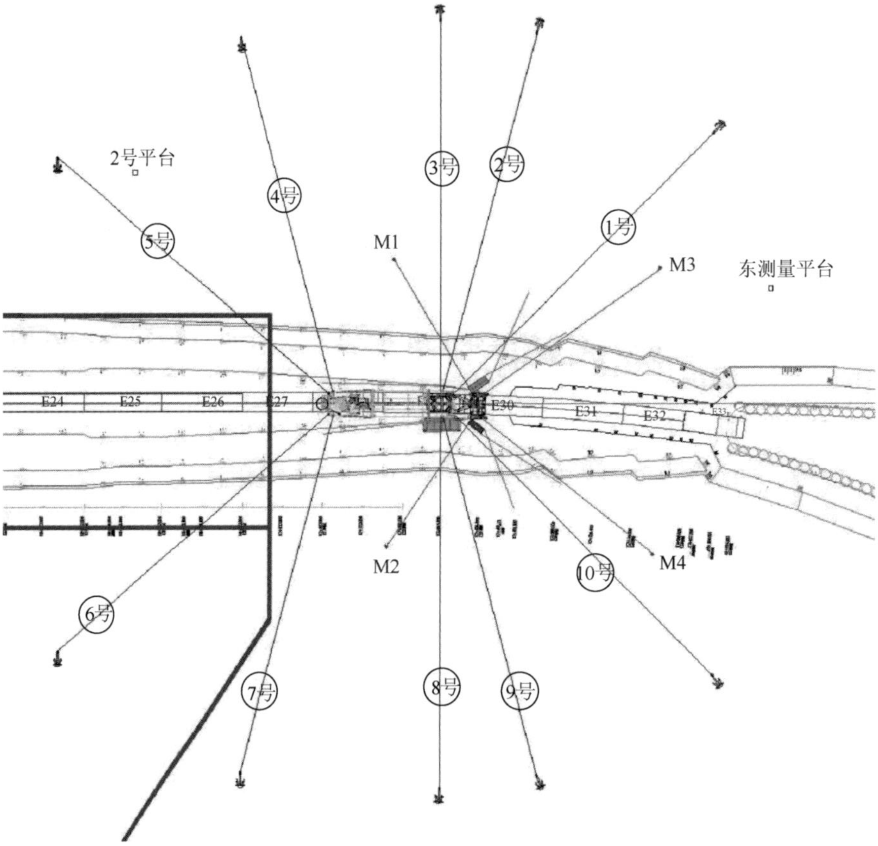

图 12-44　系泊完成图

起重船进场前先将锚按锚位坐标预抛到位并用拖轮进行适当预拉。

系泊作业时，拖轮将系泊缆绳拖带至指定锚位，锚艇提前将锚头绳引至甲板，缆绳与锚头绳连接，完成系泊作业。

系泊完成后，起重船收紧缆绳进行锚系预拉，确认缆绳受力满足要求后起重船缓慢向东绞移至吊装位置。

安装船向西绞移至指定位置，系泊作业完成。

（2）主要施工设备

1）导向系统

最终接头沉放导向装置采用导向杆和导向托架结构，导向杆布置在靠近吊点位置，导向杆位置采用单侧“背对背”形式，导向杆中轴距离最终接头轴线位置 7.065m，导向系统平面示意图如图 12-45 所示。

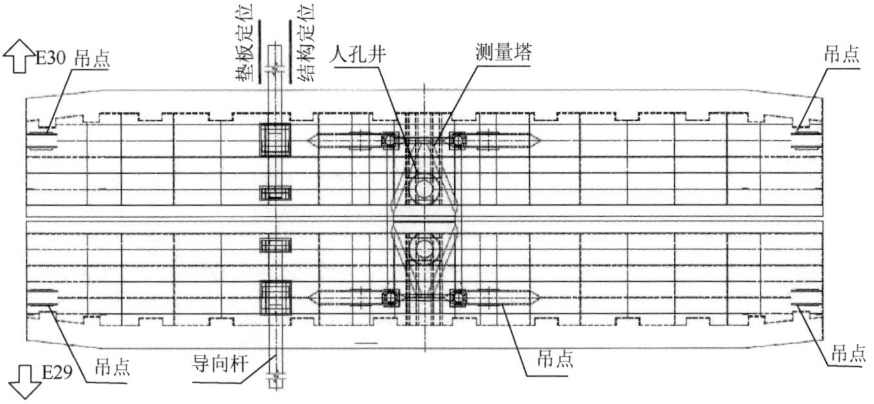

图 12-45　导向系统平面示意图

2）防撞结构

为防止沉放过程中最终接头与 E29 和 E30 管节直接碰撞造成临时止水系统损坏，研制了防撞结构。

防撞结构设置在最终接头竖墙和底板临时止水小梁内侧，高出小 GINA 鼻尖 5cm，防撞结构平面图如图 12-46 所示。沉放过程中，防撞结构可与 E29 或 E30 钢帽接触，保护临时止水系统。防撞结构一面布置 12 个单独的防撞块，两面共 24 个防撞块。

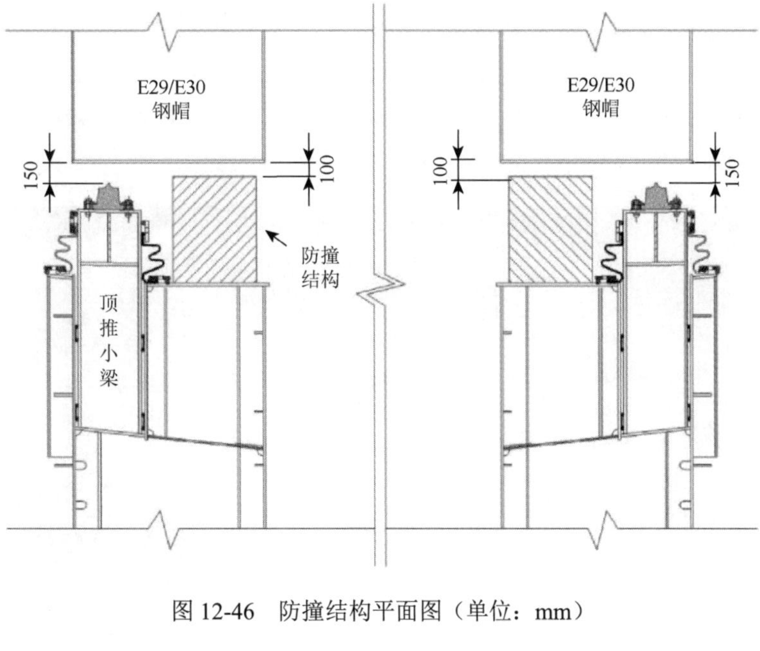

图 12-46　防撞结构平面图（单位：mm）

3）南北向调位系统

为了防止最终接头沉放到位后与 E29 和 E30 管节错牙过大而影响小梁临时止水和管内钢结构焊接，因此在导向装置限位的基础上，在管节 E29 和 E30 导向托架上侧布置 4 台千斤顶，在导向杆进入导向托架后，根据潜水测量导向杆与导向托架间距的数据，确定导向装置上的千斤顶伸出长度，使导向杆居中，达到最终接头在南北轴线上姿态和位置调整的目的，如图 12-47 所示。

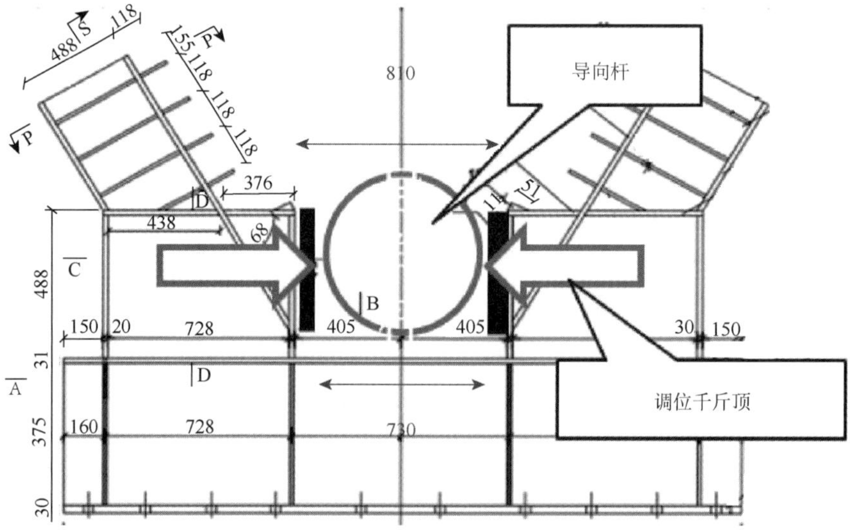

图 12-47　最终接头着床调位（单位：mm）

4）精确调位系统

在最终接头两端面各布置 4 台液压千斤顶，布置在顶推小梁内侧的上下倒角处，每台千斤顶均设置有行程传感器，位置如图 12-48 所示。最终接头着床后，千斤顶伸出顶推 E29 或 E30 钢帽使最终接头与 E29、E30 管节端面平行，间距相等，以达到调整最终接头着床姿态的目的。

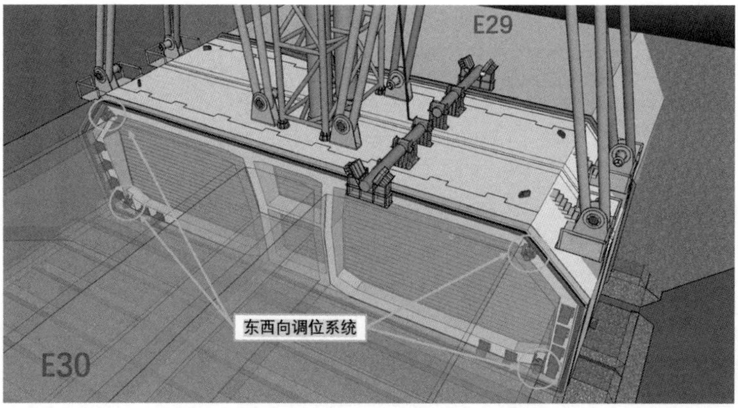

图 12-48　精确调位千斤顶位置图

5）临时止水系统

最终接头本体沿四周设置有空腔，内藏千斤顶及顶推小梁临时止水系统，实现最终接头与 E29、E30 管节之间的密闭干环境，并在该环境下焊接钢接头。该系统包括顶推千斤顶系统、顶推小梁及临时支撑杆系、小梁滑块、小梁前端的 GINA 止水带、M 形止水带及 Lip 止水带。

最终接头沉放就位后，启动千斤顶顶推小梁水平滑动，直至小梁前端 GINA 止水带充分压缩实现止水，确认接合腔形成后，接合腔排水，形成干燥的施工环境。

小梁前端 GINA 止水带的材质为天然橡胶，止水带本体邵氏硬度为 60 度，GINA 横截面见图 12-49，压缩变形曲线见图 12-50。

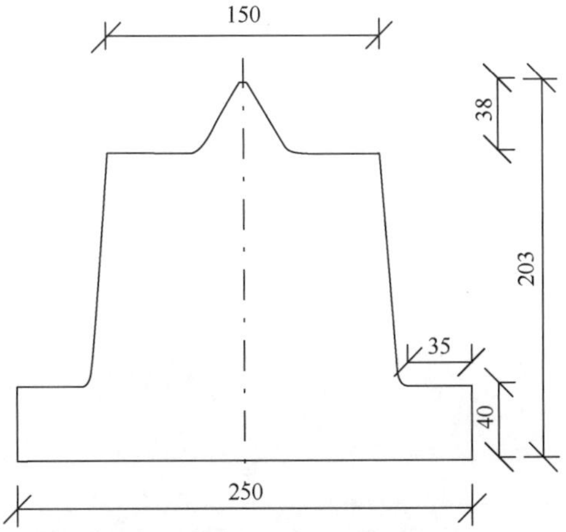

图 12-49　GINA 横截面图

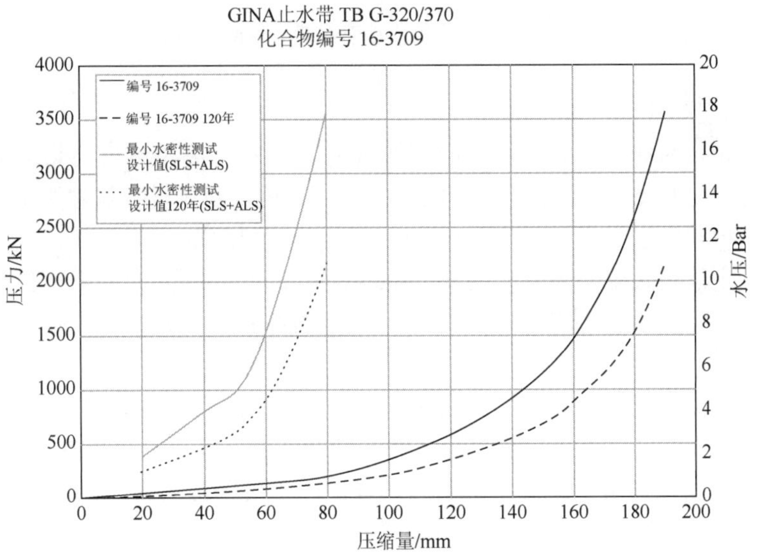

图 12-50　GINA 压缩变形曲线图

在顶推小梁外侧与本体钢壳混凝土结构间还布置有 M 形止水带，止水带本体邵氏硬度为 43 度，能满足大于 0.3MPa 的水压力情况下适应 400mm 的变形能力，为增加防水可靠性，在小梁与结合腔间设置 Lip 止水带，其满足 0.3MPa 压力下止水可靠性要求。

一端布置 27 个千斤顶（图 12-51），通过控制系统集成，既可以整体工作，也可以分组单独作业，达到调节小梁顶推姿态目标，相邻千斤顶之间最大距离≤4m。千斤顶行程 400mm，每个千斤顶顶推力为 200t，单个千斤顶安装长度 1560mm，外径为 280mm。

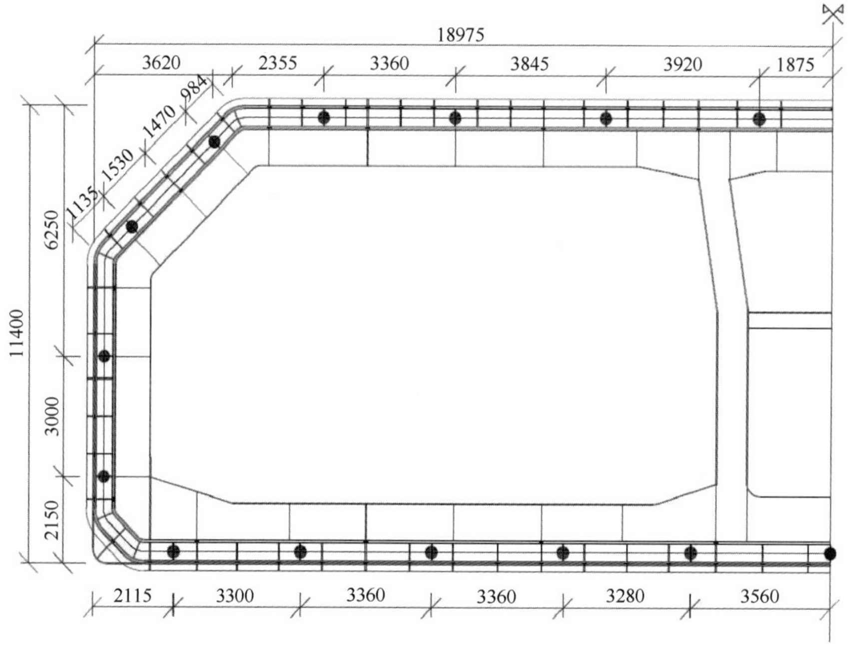

图 12-51　千斤顶沿横截面布置（单位：mm）

6）定位测控系统

最终接头定位系统硬件设备主要由高精度定位 GPS、高精度自动照准全站仪、精密倾斜仪、不同距离无线数据传输设备、数据处理计算机及视频设备等主要部件组成，系统分为两种显示模式：水面全景定位模式、水下安装定位模式。

水面全景定位模式用于最终接头安装船舶就位及起吊阶段，通过安装在各个船舶上的 GPS 定位设备，可以展示整个安装现场参与安装的各船舶及最终接头的实时位置及它们之间的空间关系。

水面全景定位模式中能够显示相关船舶的锚位，实时显示各施工船舶在底图中的实时位置，便于指挥人员实时掌握安装现场总体状况。水面全景定位模式效果图见图 12-52。

水下安装定位模式用于最终接头安装阶段，着重展示最终接头两个端面与 E29/E30 管节端面位置关系。该模式采用数据+指向箭头的方式表达偏差数值与方向，便于指挥人员把握最终接头的整体偏差变化趋势，及时调整最终接头的位置。

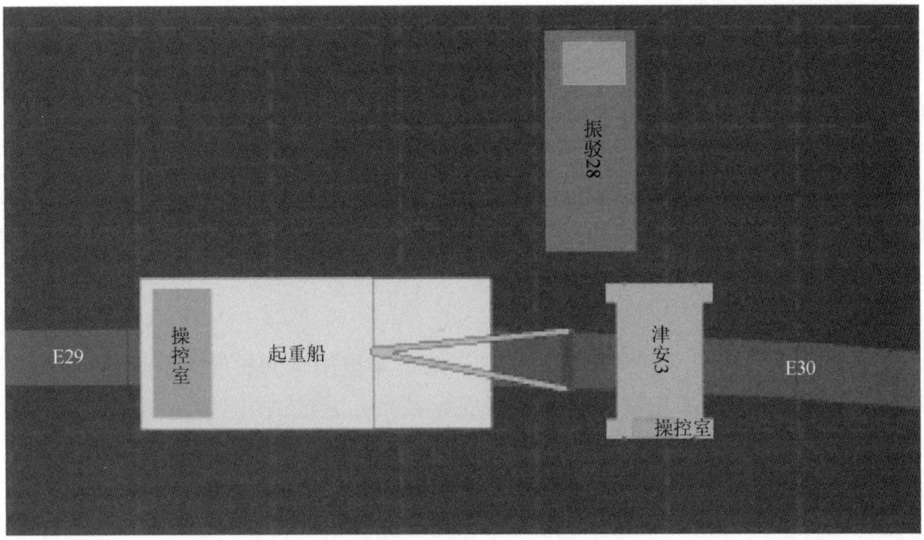

图 12-52 水面全景定位模式效果图

水下安装定位模式俯视图和侧视图分别见图 12-53 和图 12-54。

俯视图实时显示顶部和底部的实际位置、设计位置及限位控制之间的几何关系。

侧视图实时显示最终接头与 E29、E30 里程方向位置关系、最终接头与基床的相对高度。

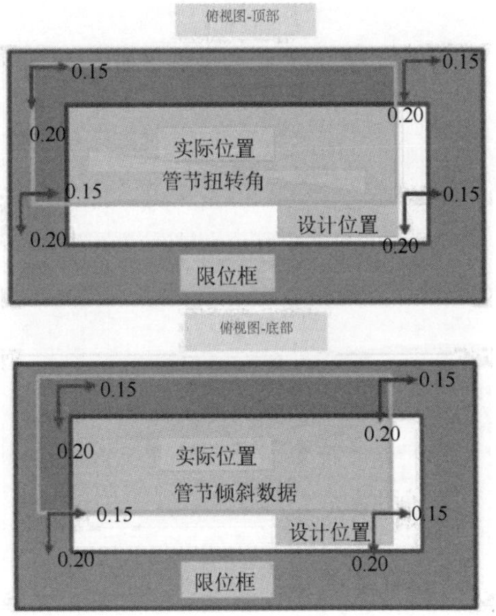

图 12-53 水下安装定位模式俯视图

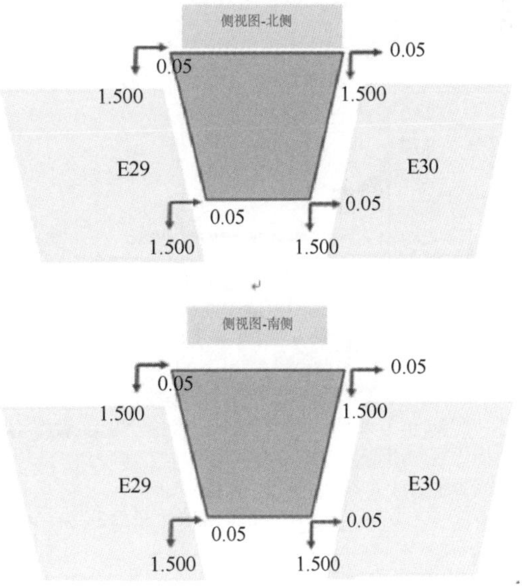

图 12-54 水下安装定位模式侧视图

现场指挥和操作人员根据系统界面实时掌握最终接头端面 8 个点三维位置及整体姿

态，调整最终接头处于合适位置。

（3）最终接头吊平

1）吊带

最终接头吊装采用环形吊带，为使成品满足最终接头高精度安装的使用要求，将吊带的加工精度控制在 5cm 左右，在每个子索生产完成后进行预拉伸试验，控制拉力 9t，保载 500s 后进行 3 次测量取平均值，精度在 60470mm±50mm 范围内的子索为合格品，超出范围的为不合格品，不合格品做报废处理。

2）销轴垫套

通过重心精算预估最终接头起吊后姿态，结合 4 根吊带的长度，提前对 4 根吊带进行长度匹配。在振驳 28 靠泊起重船后，进行现场试吊。通过试吊现场姿态实测数据，反算相应销轴的套垫厚度，并现场在销轴处增加轴套将最终接头调平。

3）主钩调平

最终接头顶面与底面的平整度良好，并且两个面基本平行。最终接头安装时底面着床，因此通过最终接头内部安装的精密倾斜仪实时测定姿态，通过调整吊钩将最终接头的底面调整为水平状态。

（4）最终接头吊装结果

根据最终接头吊装期间姿态监测系统记录的数据显示，最终接头纵倾与横倾保持在 0°左右波动，吊装过程中接头姿态良好，并保持水平，见图 12-55。

经贯通测量，轴线、高程偏差均达到毫米级，临时止水闭合腔滴水不漏，实现了在深水复杂环境下最终接头精准的安装。

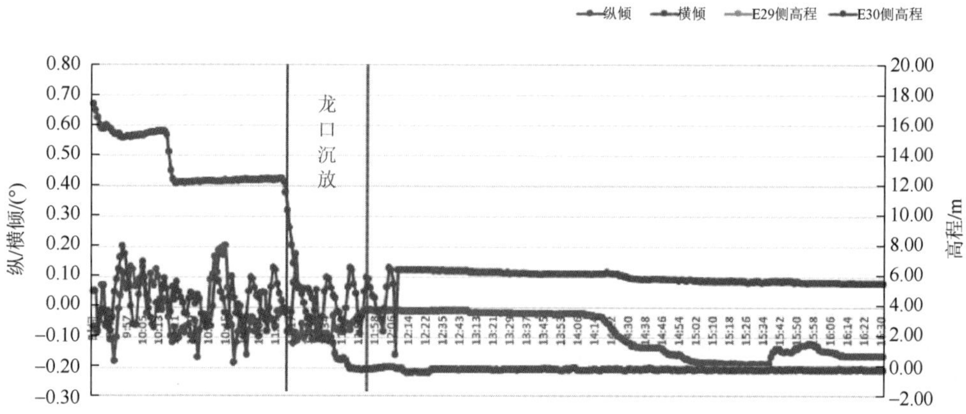

图 12-55　最终接头吊装姿态数据汇总图（后附彩图）

6. 沉管体外后注浆基础成套技术研究与应用

结合设计原理图分析后，合理布置压力腔。通过三点吊将钢框架吊放至管节接头的垄沟内，保持水平状态。吊装下放过程中，控制注浆管与管节之间的水平距离，潜水员进行水下检查，确定无障碍物后，向已安管节方向推钢框架使其进入指定垄沟内，直到钢框架与垄底接触并保持稳定状态。

通过实际后注浆的配制研究，对原材料及混凝土提出关键性能指标，指导进场原材料及外加剂的检验，施工前进行室内、现场混凝土试生产，进行施工准备的质量控制；依据试验研究总结混凝土质量控制关键技术，在施工过程中严格执行验收标准所规定的检测项目及检测频率，实时关注混凝土后场生产及前场浇筑情况，实现施工过程中所有混凝土的标准化质量控制。基础后注浆混凝土应用于 E29～E30 管节、最终接头基础后处理，施工过程中混凝土性能指标稳定，实现了超低强度、水下不分散、高流动等关键性能；同时施工过程中通过合理的注浆工艺方法，平缓均匀地填充最终接头管底基础，保证了施工的顺畅和质量，实现预期基础后处理混凝土的功能和施工效果。施工过程中还通过土压力盒和管内水准仪相结合监测沉管的实时动态。基础后注浆施工现场如图 12-56 所示。

图 12-56　基础后注浆施工现场

施工中，在 E31～E32 管节接头处成功实施了沉管基础后注浆处理，结果如下。

（1）管底压力监测

通过实测压力监测数据，采用计算式对实测压力监测结果进行修正，成功获得管节底部压力变化情况（图 12-57），并与上抬量比较（图 12-58），以此初步判断注浆材料流动情况。注浆过程中接头位置最大压力增加 138.9kPa，最大平均压力增加 103.7kPa。根据碎石垫层试验曲线，压浆过程中最大压力 138.9kPa，可最大消除碎石垫层沉降 76.5mm。

（2）管节姿态监测

沉管基础后注浆对 E32 管节尾端的上抬作用明显（图 12-58）。由于施工过程中注浆材料沿南北方向流动均匀，E32 管节南北方向姿态监测结果（图 12-59）显示管节在南北方向没有发生差异沉降。

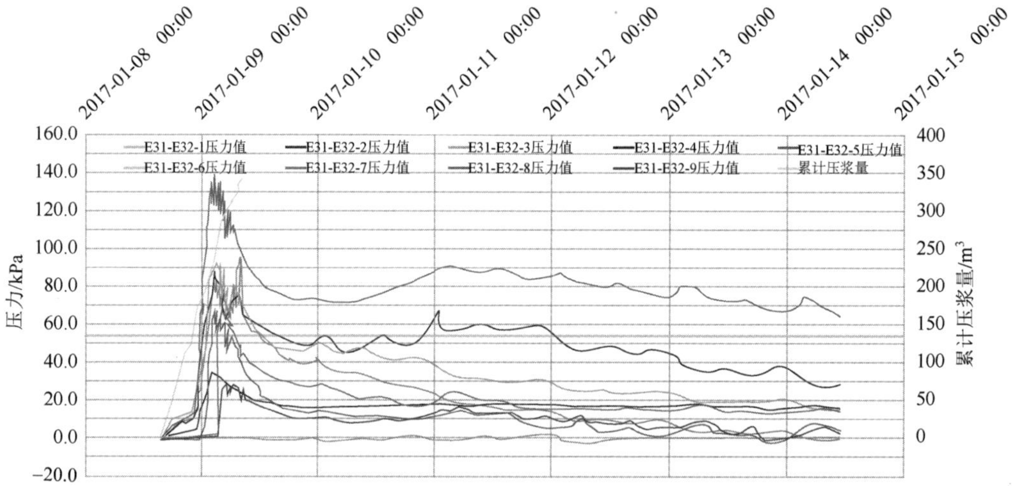

图 12-57　E31～E32 沉管底部基础灌浆压力监测（后附彩图）

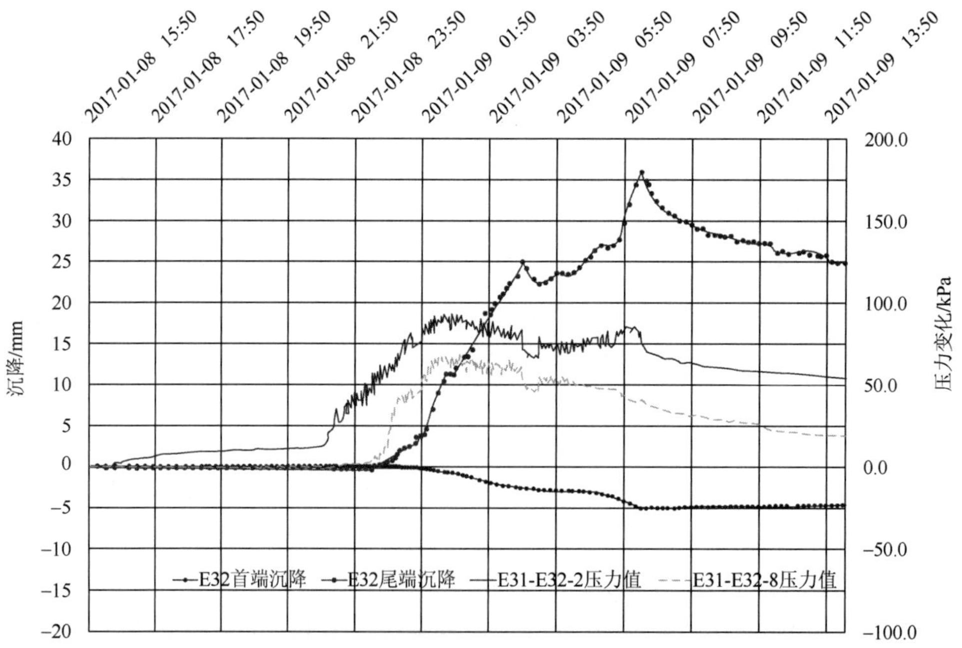

图 12-58　注浆压力与管节上抬量对比

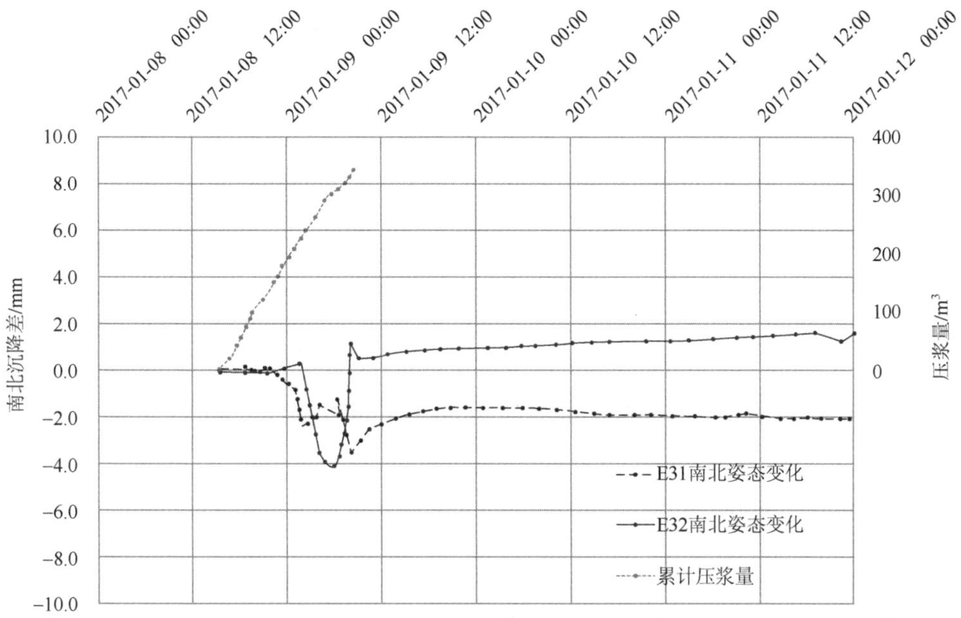

图 12-59　注浆量与管节南北姿态结果对比

12.5　主要成果及创新点

依托港珠澳大桥岛隧工程，在分析现有理论成果和大量调研的基础上，通过开展理论与机制研究、数值模拟、现场测试和对比反演，针对整体式主动止水最终接头机制、整体式主动止水最终接头设计方法、整体式主动止水最终接头制造关键技术、外海深水超长沉管合龙口形态控制技术、整体式主动止水最终接头安装关键技术、沉管体外后注浆基础成套技术研究与应用 6 个方面进行了研究，形成了整体式主动止水最终接头技术的系列成果。

12.5.1　整体式主动止水最终接头机制研究

概述并梳理了沉管隧道最终接头的现状技术，围绕临时围堰干作法、水下止水板法、终端块工法（端部块体工法）、V 形块体工法、Key 管节工法 5 种传统方法的基本原理、施工流程及工法特点，系统论述了上述工法应用在港珠澳大桥沉管隧道最终接头中的局限性。提出了整体式主动止水最终接头的总体概念及系统组成，论述了其相对于传统最终接头的核心创新点。围绕整体式主动止水最终接头施工涉及的受力变形运动止水等机理进行深入分析，包括确定了最终接头位置的选取、纵向长度及坡度确定、最终接头立面尺寸确定、体系转换的具体实现、管节接头永久止水和主动顶推止水等止水系统的研发、抽水后最终接头及其相邻沉管结构整体力学分析、纵向内力变形重分配、最终接头地基处理等方面，确保了最终接头安装全过程整体沉管结构受力变形处于合理范围，为最终接头的顺利施工奠定了理论基础。

12.5.2 整体式主动止水最终接头设计方法研究

通过整体式主动止水最终接头结构设计方法研究，充分调研和考虑了过去在沉管隧道最终接头设计领域中取得的经验，全面总结了港珠澳大桥沉管隧道最终接头的设计经验，得到了钢壳混凝土三明治结构、主动止水系统、刚性接头及最终接头基础等结构的设计方法，建立了可供整体式主动止水最终接头结构体系使用的总体设计指南。

12.5.3 整体式主动止水最终接头制造关键技术研究与应用

从最终接头本体和小梁结构件的结构分解开始，通过分析本体和小梁结构的施工流程、安装流程，以及零件、板单元、分段、整体制作精度采取的控制措施，形成国内首个沉管隧道最终接头三明治钢壳制造工法。制造了世界首个主动式顶推止水最终接头，完成了顶推系统安装，研发设计专用于顶推系统安装及小梁滑移工装、台架，实现了空间 27 个油缸同时精确连接，达到小梁平稳顶推和主动止水功能要求。

通过混凝土工作性、强度、水化热、收缩及室内小模型填充性的研究，确定了 55%水泥+30%粉煤灰+15%矿粉的高流动性混凝土优选配合比，该高流动性混凝土配合比具有良好的流动性、填充性、抗离析性能及较高的体积稳定性，可以满足钢壳混凝土三明治结构施工要求。通过“由小到大”逐步接近钢壳混凝土三明治沉管实体结构的现场工艺试验，确立了高流动性混凝土施工工艺参数，验证并确定了自行编制的《港珠澳大桥岛隧工程最终接头混凝土施工质量控制技术规程》《港珠澳大桥岛隧工程最终接头混凝土施工质量验收标准》对于港珠澳大桥岛隧工程的适用性。

成功制定了一套可用于钢壳混凝土三明治结构混凝土浇筑的施工方法，通过分次、分舱、跳舱浇筑工艺的实施，有效缓解了混凝土给钢壳带来的附加荷载影响，降低了钢壳在浇筑过程产生的变形风险；同时还针对浇筑孔、排气孔、浇筑速度和布料系统等都进行了试验验证确定。针对钢壳浇筑质量检测困难问题，合理地制定了一套全过程控制方法，即从源头开始控制混凝土的质量，保证进入各隔舱内的混凝土都满足设计要求，形成了最终接头质量控制规程、控制方法、验收指标及各项专利等。

12.5.4 外海超长沉管龙口形态控制技术研究

分析了“双线形联合锁网”新型贯通测量技术为主、多种测量技术相互校核的沉管合龙口形态控制新方法原理，研究确定了一套科学合理的沉管接口形态控制组合方案体系，解决了在受水深、流速、风浪、载体、仪器精度及其稳定性等因素影响下沉管隧道接口高精度控制关键技术难点，将该技术成功应用于港珠澳大桥沉管隧道，并取得了显著成效。

12.5.5　整体式主动止水最终接头安装关键技术研究

港珠澳大桥沉管隧道最终接头是一项复杂的系统工程，其结构组织和施工工艺在国际上均无先例，为确保新型接头实施的有效性，建立了一套新型接头安装施工工艺体系。

①超大吊装定位：吊装作业船舶采用的是国内最大的起重船振华 30，根据船舶性能及最终接头吊装工艺制定了一套完整的最终接头吊装作业指导书，具有较强的实用性与可操作性，也为我国积累了 6000t 级吊装施工的经验。

②沉放对接精度高：最终接头合龙口两侧富余空间仅有 15cm，是在狭窄边界限制空间进行安装作业。为满足最终接头沉放对接精度要求，通过自主研发的最终接头定位测控系统和调位系统，将最终接头两侧对接精度控制在 1～2.5mm，实现了毫米级精准对接。

③快速止水：通过应用自主开发的顶推控制系统，仅用半天的时间就完成了临时止水带的均匀压缩，并实现了沉管隧道快速临时止水条件下的贯通，最终接头临时结合腔在深水复杂环境下滴水不漏。

④施工效率高：采用沉管主动式整体最终接头安装技术，有效地将施工工期缩短到 1d 内完成沉放对接（注：加上重新对接合计 3d），大大缩短了传统隧道管节的施工周期。

12.5.6　沉管体外后注浆基础成套技术研究

首次结合帕斯卡原理提出了外海管底注浆的新型设计方法，并参照设计原理图形成了基础注浆施工成套技术。

总结基础后注浆混凝土配合比研究，形成《港珠澳大桥岛隧工程最终接头基础后注浆混凝土配合比设计验证报告》，验证了混凝土配合比配制理论及与施工工艺相匹配的可靠性；结合配合比试验、现场施工形成《港珠澳大桥岛隧工程最终接头基础后注浆混凝土施工及质量验收标准》，指导混凝土质量过程控制及验收。

首次在沉管基础后注浆过程中对管底压力、管节姿态进行监测，利用潮位修正的方法精确获得管底压力监测数据，利用静力水准系统及时准确获得管节姿态变化，为现场精细化施工提供依据。

12.6　效益

与国内外同类研究相比，本项研究具有明显的技术优势，成果应用性强，经济效益与社会效益十分显著。

创新技术和成果已在港珠澳大桥沉管隧道最终接头中得到成功应用，整体式主动止水设计与施工关键技术已为行业所采纳，大大提高了我国沉管隧道专业领域研究水平，经济效益和社会效益巨大，成果总体处于国际领先水平。

12.6.1 经济效益

采用整体式主动止水最终接头作为港珠澳大桥沉管隧道最终接头建设方案，与传统的水下止水板法最终接头方案相比施工工期至少缩短了 3 个月且大量减少了潜水作业，最大限度地降低了施工风险；最终接头采用工厂预制钢壳混凝土三明治结构，施工质量高，保障了沉管隧道的高质量贯通，减少了工程返工；最终接头内设主动顶推止水系统，通过千斤顶顶推小梁压缩小 GINA 止水带进行初步止水，千斤顶压力可增可卸，保障最终接头安装施工过程中止水系统灵活可调，节约临时止水时间，确保最终接头安装工作顺利进行。

沉管隧道整体式主动止水最终接头技术，在港珠澳大桥岛隧工程中成功实施，相比于常规沉管隧道最终接头施工方案，工程建设工期大大缩短，并保证了施工安全、顺利进行。

知识产生创造力，创造力铸就奇迹，在港珠澳大桥岛隧工程中得到了恰如其分的体现。

12.6.2 社会效益

随着港珠澳大桥等交通基础设施的建成，珠江口西岸城市群与港澳地区的融合将进一步深入，这意味着珠江三角洲区域一体化迎来全新发展阶段。港珠澳大桥直接打通珠江口岸与香港的通道，尤其利好珠江口西岸城市。同时，港珠澳大桥将区域内高密度的港口、机场、城际轨道、高速公路等贯通连接成为畅顺对接的立体化交通体系，极大地促进了沿线经济要素的流动，形成规模和集聚效应，打通了珠江西岸、粤西地区乃至我国西南的经济大动脉，具有十分重要的社会意义和历史意义。

本项目研究成果有效支撑了港珠澳大桥的建设，整体式主动止水最终接头机制分析和设计方法、可逆安装和智能控制的主动顶推止水系统制作安装及控制技术、三明治沉管结构钢结构制造及控制技术、高流动性混凝土配制及浇筑技术、“双线形联合锁网”新型贯通测量技术、高精度水下吊装姿态控制及定位控制系统、沉管水下精确调位系统、沉管体外后注浆基础成套技术等成为沉管隧道整体式主动止水最终接头核心技术。理论与工程技术成果丰富，有效支撑了港珠澳大桥沉管隧道最终接头的建设，对沉管隧道的建设具有重要的参考价值和指导作用，将使整体式主动止水最终接头技术逐步走向标准化，大大减少未来类似工程的重复研究工作，形成的专有技术具有广阔的产业化前景。

12.6.3 环境效益

港珠澳大桥沉管隧道最终接头设计中将节能环保理念贯穿始终，相比于传统水下止水板法和临时围堰干作法，水下止水板法施工主要依靠潜水作业，整个潜水周期长，潜水员风险大且需长期对施工区域进行交通管制；临时围堰干作法需要构筑临时挡水结构，施工工期长，对于海上交通和海洋环境有较大影响，临时挡水结构拆除后成为建筑垃圾，污染环境。而港珠澳大桥沉管隧道采用的整体式主动止水最终接头方案，大大缩短了最终接头的施工工期，极大地减少了水下作业，将对海洋资源的占用降到最低且很大程度上降低了对伶仃洋水域的交通影响。整体式主动止水最终接头采用工厂法预制，将大部分水上施工转化为陆上施工，有效地减少了外海作业时间和对航道的干扰，规避了海事安全事故的风险，避免大量船机设备、人员长期海上作业产生的高能耗和对环境的污染，对中华白海豚的影响降到最低程度，最大限度地保持和维护了中华白海豚国家级自然保护区内的海洋和生态环境。

第 13 章　宽海域跨海工程精密高程测控关键技术

13.1　研究目的和意义

港珠澳大桥岛隧工程施工区域远离大陆，属于开敞海域，为确保港珠澳大桥岛隧工程项目顺利推进，把陆上高程基准传递到海上测量平台，并进行沉管隧道基床的高精度铺设，有必要进行外海深水条件下高精度高程测控关键技术的研究，构建工程区域统一粤港澳地区的陆地高程基准，为港珠澳大桥建设提供技术支持，以期达到降低施工风险，保证施工质量，提高施工效率，优质高效地完成沉管隧道施工任务。

13.1.1　研究目的

港珠澳大桥岛隧工程远离大陆，海中（伶仃洋）施工将面临诸多挑战。人工岛钢圆筒振沉测量定位、人工岛地基不均匀沉降控制、深水基床整平测量技术、管节沉放定位与贯通测量控制等，都需要高精度平面及高程测量技术及成果。在当前技术条件下，需要将陆地高程基准长距离（9km）精密传递到海上场地狭小相对稳定的测量平台（10m×14m），再经海上测量平台精密传递至最大水深 50m 的隧道基床处，其高程控制的综合难度是同类工程中前所未有的。因此，需要解决该项技术难题，构建工程区域的陆地及水下精密高程基准，确保港珠澳大桥沉管隧道高精度贯通、项目建设顺利推进。

13.1.2　研究意义

本项目旨通过在不同场地客观条件下的试验、分析研究和高分辨率、高精度似大地水准面模型的开发，探索严密、科学、可行的宽海域跨海工程高程传递作业模式及技术方案，完成外海测量平台 9km 高精度高程传递关键技术的研究，实现港珠澳大桥岛隧工程陆海高程基准的精准统一，是国内首次实现粤港澳三地陆地高程的统一；突破高精度高分辨率陆海统一似大地水准面确定的难题，提出严密的陆海统一重力场归算算法，显著提高似大地水准面的精度，建立应用于特大型跨海交通工程的高精度似大地水准面模型；发明一种基于 GNSS（BDS）+声呐的外海深水高精度高程传递技术，研发外海深水高精度高程测控技术标准化检校技术方法，实现水深 50m 级高程测控精度达到±20mm，以保证宽海域跨海工程高程基准建立的快速性、精密性、有效性、可靠性，满足港珠澳大桥沉管隧道高精度基床铺设的要求，并为相应的技术标准、作业规程、实施方案的制定等提供技术依据。自主研发港珠澳大桥 GNSS 数据处理系统软件，实现 GNSS（BDS）精密三维数据处理、多模型精密高程传递、GNSS（BDS）数据质量检验、粤港澳不同空间基准间实时精密转换服务等功能，解决现代测绘基准工程应用化的服务体系问题，为提升我国特大型工程的测绘服务保障能力起到示范作用，同时也为“一带一路”倡议环境下不同国家（地区）测量基准精确转换提供成功案例。

13.2　国内外研究概况

13.2.1　宽海域高程传递

长距离跨海（河、谷）高程传递长期以来受到海洋大地测量学者的关注。目前跨海（河、谷）高程基准传递的方法通常有 4 种：静力水准法、动力水准法、GNSS 水准法及常规大地测量法。

静力水准法是采用连通管将高程完成传递的，由于跨海距离较长，不但对连通管的质量要求极高，而且为了保持流体静力平衡，必须保证填充物（连通管中的液体）中无气泡，这个过程可通过流体动力和化学两种方法实现，此外，还需考虑气压差、密度差等因素对平衡状态的影响，其成本非常高。20km 跨海的大贝尔特海峡高程传递是世界上第一次应用流体静力水准法来完成的。

动力水准法即验潮法，又称为海洋动力学法，它需要长时间连续的潮位观测资料，周期较长且需建立长期验潮观测站。

GNSS 水准法是利用大地高差与大地水准面差距之差传递高程基准的，相对而言，其所需经费少，周期也短，方便实用。Madsen 和 Tscherning 成功利用 GNSS 水准将高程基准跨越大贝尔特海峡传递到离陆地 20km 的岛上，与静力水准法相比，其传递的高程差距为 4～5cm。

由于 GNSS 是基于地球上空 20 200km 的定位卫星信号确定地球上点位位置、速度和时间，该系统具有全球性、全天候、连续的精密三维导航与定位能力，另外它还具有良好的抗干扰性和保密性，其使用范围已远远超出了当初设计者的想象。GNSS 已用于工业、农业、军事等各个领域，GNSS 用于远距离、高精度的高程传递的研究，越来越受到科研人员和工程人员的关注。

常规大地测量法，常用的有两种：精密水准测量和三角高程测量，但由于距离长，精密水准测量无法实现高程传递，而三角高程测量的精度较低，其主要原因是受到大气折射的限制，观测需要在不同的测站高度和不同高度的观测目标往返测量天顶距，且要求在不同时间段进行，此外还需作相应的气候改正，我国海南岛高程基准的传递就是利用这一方法以大地四边形图形结构观测实施的。

13.2.2 似大地水准面精化

20 世纪 90 年代以来，世界各国和地区大地水准面的精化有了很大发展，分辨率和精度水平提高了一个数量级，它的巨大应用和科学价值是其迅速发展的推动力，未来大地测量工作者对此仍将做出不懈的努力。

欧洲地区大地水准面的计算始于 20 世纪 80 年代初，第一代欧洲重力大地水准面 EGG1 和 EAGG1 精度为几分米，分辨率约 20km。从 1994 年开始，先后推出 EGG94、EGG95、EGG96 和 EGG97 序列欧洲重力似大地水准面解。最新的 EGG97 以 1.0′×2′30″格网表示，分别与德国的 GNSS 网 NDS92（300km）、法国的 GNSS 网 RBF（1000km）及横贯欧洲的 GNSS 导线（3000km）进行比较，中、长波系统误差为±8.0cm，短波信号误差为±1.3cm。

美国在 20 世纪 90 年代先后推出了 GEOID90、GEOID93 和 G9501 区域大地水准面模型，三个模型计算方法基本相同。后对 G9501 进行改正得到一个校正大地水准面模型 G9501C，对该模型的残差再做一个经验协方差函数，得 L=40km，C_0=（0.026）×2m^2，表明了两个不同波段的误差源，一个约 500km 的长波误差源，另一个约 40km 的短波误差源，G9501C 精度为±2.6cm，它不是一个“地球地心”大地水准面，其重要意义在于将 NAD83（86）基准和 NAVD88 基准建立了联系，纳入这两个基准，使之可用于美国 GNSS 正高测定。

加拿大大地水准面模型 GSD95 计算使用的参考位模型是 OSU91A，包括陆地和海洋重力数据为 150 万个，海洋上的重力测量空白区用卫星测高重力值补充，形成 5′×5′重力异常格网值，加拿大与美国采用同一正高高程 NAVD88，直接计算大地水准面高。GSD95 模型与包括加拿大 GNSS 基本网在内 10 个网的 746 个 GNSS 水准点进行了比较，不符值的标准差为±7～±40cm，平均差为–0.30～–1.47m，其东部和西部不符值差别较大，如前所述，由于 NAVD88 基准不在大地水准面上，加拿大西部太平洋平均海面高于其东部大西洋平均海面 88cm。用偏差和倾斜的四参数模型将 GSD95 和 GNSS 水准大地水准面拟合后分析表明 GSD95 在几十公里距离上具有±5～±10cm 的精度。

中国似大地水准面的确定经历了近半个世纪的发展过程，初期的似大地水准面属于 1954 北京坐标系。1954 北京坐标系中参考椭球与大地水准面的密合程度较差。我国在天文大地网整体平差中建立了独立的 1980 西安坐标系，采用国际 1975 年椭球参数，按多点定位实现了参考椭球在中国境内的局部密合。

新一代中国似大地水准面 CQG2000 是利用 420 055 个重力数据和 671 个国家 A/B 级 GNSS 水准资料得出的。重力归算和 5′×5′格网空间重力异常是采用地形均衡归算完成和计算的。计算格网布格改正、地形改正和均衡改正时采用了中国百万数据库 DTM 资料，其分辨率为 18.75″×28.125″。CQG2000 在 36°以北、108°以西似大地水准面的精度为±0.5m；在 36°以北、108°以东精度为±0.3m；在 36°以南、108°以西精度为±0.6m；在 36°以南、108°以东精度为±0.3m。

1997～2000 年先后在陕甘宁地区（34°N～41°N，104°E～112°E）、塔里木地区（经度 75°E～90°E，纬度 36°N～43°N）、海南地区（经度 108.5°E～111.5°E，纬度 18°N～20.5°N）和中国东南陆缘计算了较大区域的似大地水准面。

2003 年完成的深圳市大地水准面，是利用 100m 分辨率的数字地形模型、全部实测的 1km 分辨率重力数据和平均点距 10km 的 GNSS 水准数据，应用当时国内外最先进的数据处理技术和方法建立的，其精度为 2～3cm。

2008 年，青岛海湾似大地水准面的确定采用了 1364 个点重力数据和 15 个高精度 GNSS 水准四期观测资料，EIG04C 地球重力场模型作为参考重力场，由第二类 Helmert 凝集法完成了大地水准面的计算。重力似大地水准面与独立的四期 15 个高精度 GNSS 水准资料比较的最小差值为 4mm。

13.2.3　声呐测量

声呐是利用水中声波对水下目标进行探测、定位和通信的电子设备，是水声学中应用最广泛、最重要的一种装置。它有主动式和被动式两种类型，属于声学定位的范畴。声呐技术至今已有超过 100 年历史，它是 1906 年由英国的李维斯·理察森发明。第一次世界大战时声呐技术开始被应用到战场上，用来侦测潜藏在水底的潜水艇。随着现代科技的发展进步，声呐技术不断改进，它被广泛应用到军事、海洋测绘、海流流速测量、海洋渔业、水声通信等领域。

随着海洋高新技术的介入和装备的不断升级，水下地形声学探测技术获得了迅速的发展，现已成为世界各国在海洋测绘方面的重要研究领域之一。利用声呐技术进行海洋测绘的设备有：单波束回声测深仪、侧扫声呐、多波束测深仪、浅地层剖面仪。如今，声呐技术在海洋工程建筑行业应用日益成熟，尤其在水下检测和水下地形方面应用广泛。

GNSS（BDS）+声呐测量作为一项成熟的技术在国内外应用非常普遍，传统的水下构筑物高程测量方法常采用 GNSS（BDS）定位配合钢丝绳、标杆将绝对高程传递到水下待测点逐渐被单波束测深系统、多波束测深系统、旁侧声呐系统、水下探测机器人等专业设备替代，测量精度比过去有很大提升。但当面对现代海洋工程水下构筑物高程测量精度要求不断提高的趋势，由于离岸较远，受水深、流速、风浪、载体等多种多变性因素的影响，使得高程基准精密传递至水下的精度难以满足要求。

13.3　研究目标、内容与总体技术方案

13.3.1　研究目标、内容与关键技术

1. 研究目标

①按照国家二等水准测量精度要求，把陆地高程基准长距离精密传递到海上测量平台。

②建立港珠澳大桥岛隧工程区域似大地水准面模型，快速、精确地获取工程区域任意测量点的精密正常高。

③以海上测量平台为基准，实现最大水深50m、精度达±20mm的水下高程精密传递。

2. 研究内容与关键技术

①GNSS（BDS）控制网布设方案的研究。

②GNSS（BDS）大地高的精确测定及误差研究。

③GNSS（BDS）高程传递拟合法研究。

④经纬仪倾角法与测距三角高程法长距离高精度跨海高程传递技术方案的研究。

⑤经纬仪倾角法与测距三角高程法长距离高精度观测标志的设计、制作、安装方法研究。

⑥毫米级似大地水准面模型的开发。

⑦精密似大地水准面高程传递的应用研究。

⑧GNSS（BDS）+声呐水下高程测控技术的研究。

⑨港珠澳大桥GNSS数据处理系统软件。

⑩数据质量的外部检核。

（1）GNSS（BDS）控制网布设方案的研究

确定跨海高程传递两岸合理的GNSS水准点数目及分布是GNSS高程传递方法需要考虑的重要因素之一。GNSS水准点数目及分布必须首先满足GNSS水准点间大地高的传递精度和跨海GNSS水准点间正常高高差的拟合精度，其次还应顾及实际跨海场地条件的易选取性，在满足精度要求的情况下尽可能选取较少的GNSS水准点数目，以达到提高作业效率的目的。

（2）GNSS（BDS）大地高的精确测定及误差研究

GNSS跨海水准测量的精度在很大程度上取决于GNSS大地高差的测定精度，因此必须对可能影响GNSS大地高差测定精度的主要因素及误差源进行分析研究，进而采取适当措施削弱相应影响，使GNSS跨河水准测量的精度达到常规跨河测量方法或一、二等直接水准测量的精度指标，满足将要开展的各宽海域跨海工程高程传递基准需要。

（3）GNSS（BDS）高程传递拟合法研究

根据实地布设的GNSS点位情况，分别选取海域两端不同的GNSS观测高差和水准实测高差对跨海GNSS水准间点高差进行拟合，采用多种高差拟合模型对实地大地水准面变化情况进行分析，通过与跨海GNSS水准点间水准测量实测高差的比较，确定最为有效且实用的拟合高差方法。

（4）经纬仪倾角法与测距三角高程法长距离高精度跨海高程传递技术方案研究

海上测量平台靠近伶仃洋珠江出口主航道，因海水洋流和风浪对平台的影响，平台有轻微的晃动；海上测量平台位置较低，香港大屿山地势陡峭，树木茂盛，观测视线较低，场地选择困难；风、海浪、潮汐、雾等因素，对角度观测影响较大；跨海距离远，照准困难，照准标志尺寸规格较大，受风力影响有轻微的晃动；所跨海域呈东西向分布，白天观测有一边为逆光观测，逆光观测时照准标志成像模糊。需克服海上测量平台的晃动和白天逆光观测的影响，选择合适的观测场地，研制专门的照准标志，进行经纬仪倾角法与测距三角高程法长距离高精度跨海高程传递技术研究。

（5）经纬仪倾角法与测距三角高程法长距离高精度观测照准标志研究

观测照准标志是经纬仪倾角法和测距三角高程法跨海水准测量成功与否的关键所在，仪器照准标志的长度和宽度及标志线的间距，依跨海视线长度而定。宽海域跨海高程传递距离长、受风力影响大，需研发专门的精密照准标志。

（6）毫米级似大地水准面模型的开发

利用卫星重力相关数据和地面重力数据联合解算的地球重力场模型，确定优于1cm 精度的大地水准面长波分量；对中波分量，采用更严格完善的地形均衡重力归算模型和算法，将地形均衡改正精度提高到对大地水准面的贡献优于 1cm 级水平，研究更适合离散重力数据格网化的内插和推估方法；对短波分量，研究采用 Stokes-Helmert 边值问题求解高分辨率局部大地水准面，按 1cm 级精度要求，精确计算第二类 Helmert 凝集法中各类地形位及相应引力变化的间接影响，以及 Helmert 重力异常由地形和凝集层质量所产生的引力影响，全面顾及其他涉及 1cm 级精度的各类改正项；按严格满足位理论中 Laplace 方程的原则，利用球冠谐分析方法进行重力似大地水准面与 GNSS 水准联合（拟合），摒弃理论上不正确的各种现行拟合方法；考虑该区域属于海陆交接的地方，按厘米级精度要求，采用陆海各类重力归算（如陆地、海洋、跨海岸线地区地形和均衡改正）含通用输入参数选择的统一数学模型，解决跨海岸线（物质密度不连续界面）区域作重力归算的难题。

（7）精密似大地水准面高程传递的应用研究

利用高精度局部似大地水准面及高精度 GNSS（BDS）网成果，建立与国家大地测量坐标相一致的精确的区域大地测量平面控制框架；结合高精度 GNSS（BDS）大地高快速获取地面点的水准高程。

（8）GNSS（BDS）+声呐水下高程测控技术研究

联合 GNSS 流动站接收机、声呐、全站仪及适配棱镜、姿态监测和计算机数据处理等部分，提出一种外海深水高精度高程测控技术标准化检校技术方法，实现水深 50m 级±20mm 高程测控精度，进行模拟试验和工程应用验证。

（9）港珠澳大桥 GNSS 数据处理系统的开发

港珠澳大桥 GNSS 数据处理系统的开发主要用于高精度 GNSS 跨河高程传递系统的数据计算和管理，为特大型跨河工程提供高精度的高程计算依据，利用 GNSS 技术代替几何水准测量，进行跨江、跨海的高程测量。系统主要提供 GNSS 基线向量的提取、三维平差、跨河高差模拟、港珠澳大桥坐标系及高程计算等功能，还提供多种坐标转换参数求取坐标系统转换，实现 GNSS（BDS）精密三维数据处理、多模型精密高程传递、GNSS（BDS）数据质量检验、粤港澳不同空间基准间实时精密转换服务等功能，并以工程化的形式进行 GNSS 高程传递数据管理，建立相应的数据库，解决现代测绘基准工程应用化的服务体系问题。

（10）数据质量的外部检核

除了利用 GNSS 的环闭合差、重复基线较差、无约束/约束平差精度分析等方法对GNSS成果质量进行内部检核，利用水准路线往返测高差和环闭合差等对水准测量进行内部检核，利用 GNSS（BDS）+声呐水下高程测控技术检校声呐内部以外，还应利用其他方法对计算成果进行外部检核，验证成果的外符合精度。

13.3.2 总体技术方案

本项目研究依托港珠澳大桥岛隧工程，鉴于工程施工进度和实际需求，同时也基于测量精度、成本和实施周期的考虑，拟采用以 GNSS（BDS）技术为主、多种光学测量技术为辅的长距离跨海高程传递组合方案体系，实现外海测量平台 9km 高精度高程传递。利用 GNSS（BDS）高程传递法、经纬仪倾角法、测距三角高程法和精密大地水准面模型法进行西测量平台与香港大屿山长距离高精度高程传递。

对于 GNSS 高程传递法，重点研究 GNSS 跨海高程传递布网方案，根据跨海场地范围内确定高差异常差值拟合模型，以及应用毫米级似大地水准面模型传递高程。经纬仪倾角法和测距三角高程法作为GNSS高程传递法的检验手段，以国家相关测量规范为参考，针对本项目长距离宽海域的特点，设计专门研究大纲，主要包括场地的选取、照准标志的设计与制作等。采用 Airy-Haiskanem 模型及 SRTM 高分辨率数值地面模型进行重力归算，利用曲率连续张量样条算法对格网重力异常进行内插和推估，似大地水准面计算利用第二类 Helmert 凝集法，其中地形位及地形引力影响的计算均考虑了地球曲率的严密球面积分公式，并提出严密的陆海统一重力场归算算法，最后利用球冠谐分析方法将 GNSS（BDS）水准与重力似大地水准面联合求解得到高分辨率、高精度的似大地水准面。最后比较 4 种不同跨海高程传递成果，相互验证，并进行符合线路检核，得到测量平台观测点的准确正常高。

GNSS（BDS）+声呐高程测控方法是把测量平台高程基准精密传递至水下。将 GNSS 接收机与全站仪适配棱镜固定在长度已知的刚性载体顶部，在载体底部安装声呐和倾斜仪，将载体垂直沉放水中（GNSS 和棱镜露出水面，底部距离水底高度固定）；采用快速静态测量方法获得平面坐标和高程，借助于刚性载体抗挠度强与变形小的刚性连接特点，经过倾斜改正后便可精确得到刚性载体底部高程；然后通过底部声呐采用脉冲测距法精确测量距水底距离（脉冲测距法是利用接受回波和发射脉冲信号间的时间差来确定距离），从而反算出水底的实时高程；同时为了检校 GNSS 高程输出精度稳定性，通过全站仪自动照准功能跟踪测量适配棱镜；最后将全站仪和 GNSS 观测数据实时传输至计算机处理系统，从而实现水下高程定位和监测。

根据研究工作流程，在实测数据的基础上进行成果对比分析，对项目各方面内容逐项开展研究。

1. GNSS 长距离精密高程传递技术

近 10 年来，GNSS 定位技术得到广泛的应用，GNSS 精密大地高程测定精度可达到毫米级，为采用精密 GNSS 定位技术进行跨海水准测量具备了理论条件。

港珠澳大桥首期控制网测量的实施，建立了高精度的陆海平面基准及陆地高程基准。控制网中，各网点均埋设稳固，由于平面控制网的所有点位均加设了水准测量标志，并纳入水准网施测且作为高程控制网点，因此控制网点同时具备高精度的正常高和大地高，以及高精度的平面坐标，为 GNSS 长距离高精度跨海高程传递提供了数据。

（1）GNSS 高程传递原理

基于高精度 GNSS 测量和精密水准测量的 GNSS 高程传递法，通过采用适当的计算方法，利用大地高差与大地水准面差距之差实现高程基准的传递。

利用全球定位系统（GNSS）可以精确确定出点位的大地高，它与水准高（正常高）或海拔高（正高）之间存在如下关系：

$$h_{正高} = H - N$$

$$h_{正常高} = H - \zeta \tag{13-1}$$

式中，H——大地高；

N——大地水准面差距；

ζ——高程异常。

同时，根据以上关系，不同的 GNSS 水准点之间有

$$\Delta N = \Delta H - \Delta h_{正高}$$

$$\Delta \zeta = \Delta H - \Delta h_{非常高} \tag{13-2}$$

式中，ΔH——大地高差；

Δh ——水准高差；

ΔN——大地水准面高差；

$\Delta \zeta$ ——高程异常之差。

正高及正常高示意图如图 13-1 所示。

如果在海域（或其他障碍物）两边分别布设施测 GNSS 水准点两点以上，同一侧的 GNSS 水准点间大地高高差，可通过 GNSS 测量得到；GNSS 水准点之间的正常高高差，可通过水准测量得到，便可求出 GNSS 水准点之间高程异常差值。

利用 GNSS 系统可以精确确定出点位的大地高，它与水准高相差一个大地水准面高。因而只要求得高精度的大地水准面高相对差异，即可由上式求得精确的水准高差。

由于区域大地水准面变化的不规则性，通常情况下不平行于参考椭球面，不同 GNSS 水准点之间高程异常差值是不相同的；另外，对于较长距离的跨海高程传递（距离为 5～20km），可以认为局部区域高程异常具有相关性。据此可以通过海域（障碍物）两边已知 GNSS 水准点间的高程异常变化，采用相对简单的大地水准面模型对区域大

地水准面变化情况进行拟合，从而求得跨越海域的 GNSS 水准点之间的高程异常差值及正常高高差。为了提高跨海测量方法的经济技术指标，应在满足精度要求的前提下采用尽可能少的 GNSS 水准点。一般情况下，GNSS 高差拟合可采用二次曲线拟合模型或二次曲面拟合模型。

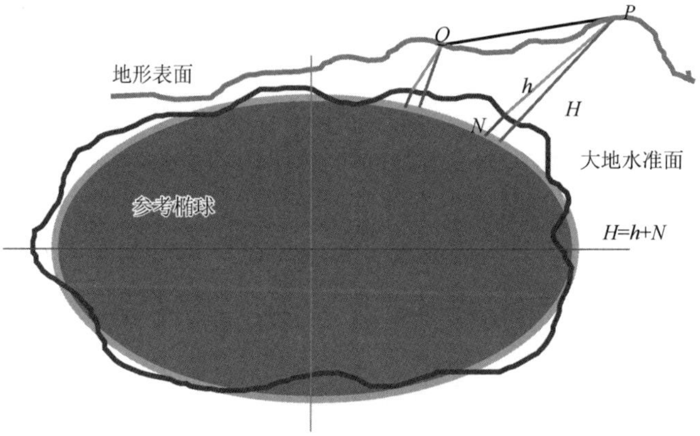

图 13-1　正高及正常高示意图

①二次曲线拟合模型。当河两岸 GNSS 水准点呈近似直线分布且区域大地水准面具有一定的变化时（近似球面），设河流两岸分别有 GNSS 水准点 A、B 和 C、D 共 4 个点，沿跨河方向（BC）大地水准面剖面变化率一次项为 a_0，二次项为 a_1，则

$$\Delta\zeta_{BC} = a_0(X_C - X_B) + a_1(X_C^2 - X_B^2) \tag{13-3}$$

式中，X_B、X_C——B、C 点的 X 坐标（X 轴与 B、C 所在的直线重合）。

采用该模型理论上至少需要 2 条水准路线（4 个 GNSS 水准点），这种模型适合大地水准面有一定变化（近似球面）、跨河方向与水准路线走向大致相同的跨河水准测量。

②二次曲面拟合模型。在区域大地水准面具有一定变化的区域（近似球面），设大地水准面 X、Y 两个方向变化率一次项分别为 a_X，a_y，二次项分别为 a_x^2，a_Y^2 及 a_{xy}，则

$$\Delta\zeta_{BC} = a_X(X_C - X_B) + a_y(Y_C - Y_B) + a_x^2(X_C^2 - X_B^2) + a_y^2(Y_C^2 - Y_B^2) + a_{xy}(X_C Y_C - X_B Y_B) \tag{13-4}$$

利用该方法进行拟合，理论上至少需要 5 条水准路线（6 个 GNSS 水准点）。这种拟合方法比较适合跨河所在地大地水准面有一定变化，而 GNSS 水准点线路方向与跨河方向不一致，同时河流两岸可布设较多 GNSS 水准重合点的情况。

③半参数模型及估计方法。在 GNSS 测量数据中，观测值中系统误差得到了大量的改正与削弱，但是观测值中残余的系统误差仍存在，其残余的系统误差比观测值中的偶然误差或许大得多且特性较复杂，在参数模型中，无法采用参数来顾及其影响，如果采用现有的参数模型来描述观测值，不可避免地存在模型误差。有研究提出利用半参数模型中的非参数分量表示电磁波穿过电离层的系统误差，分析 GNSS 测量中的多路径效应的影响，取得了令人满意的结果。半参数法是一种削弱系统误差影响的方法。传统

的最小二乘法仅考虑观测量受随机误差的影响，忽略了系统误差的作用（一般认为仪器严格校验后系统误差影响甚微）。随着人们对测量精度要求的提高，系统误差越来越受到重视，半参数法也成为数据处理研究中的热门课题。

有研究提出了半参数回归模型

$$\Delta\zeta_{\mathrm{BC}} = BX + s + \varDelta \tag{13-5}$$

$$E(\varDelta)=0\,,\quad E(\varDelta_i\varDelta_j)=0\,,\quad D=\sigma_0^2 Q=\sigma_0^2 P^{-1}$$

式中，$\Delta\zeta_{\mathrm{BC}}$ ——n 维观测向量（B、C 点间高程异常差值）；

X ——t 维参数向量；

$\varDelta$ ——n 维误差向量；

B ——列满秩设计矩阵；

s ——描述系统误差的 n 维向量；

σ_0^2 ——单位权中误差；

D,Q,P ——分别是 $\varDelta$ 的方差阵、协因数阵和权阵。

模型的任务是以观测数据 L 去估计未知参数 X、未知函数 s 与方差因子 σ_0^2。

就上述平差模型而言，给每个观测方程增加一个待定量 s_i，它可以描述为某个或几个参数的函数，即所谓的非参数分量。这样在观测方程中既有参数分量又有非参数分量，统计学上称模型（13-5）为半参数回归模型或偏线性回归模型。若 $B=0$ 则为非参数模型。

迄今为止，在统计学中对于半参数回归模型的研究，已有许多数学估计方法，如最小二乘核估计、二阶段估计、偏样条估计、分块多项式估计、三角级数估计、小波估计等。

（2）港珠澳大桥岛隧工程的 GNSS 高程传递

GNSS 高程传递：跨海高程传递两岸合理的 GNSS 水准点数目及分布是 GNSS 高程传递方法需要考虑的重要因素之一。GNSS 水准点数目及分布必须首先满足 GNSS 水准点间大地高的传递精度和跨海 GNSS 水准点间正常高高差的拟合精度，其次还应顾及实际跨海场地条件的易选取性，在满足精度要求的情况下尽可能选取较少的 GNSS 水准点数目，以达到提高作业效率的目的。

高程传递网采用港珠澳大桥首级控制网点及测量平台上的 2 个点，共计 15 个 GNSS 水准点。GNSS 跨海高程传递示意图如图 13-2 所示。

由于这种网型结构合理，分布均匀，通过对选取不同 GNSS 基线及相应水准测量高差组成的不同图形的组合、分析，为区域大地水准面变化的不规则性及区域高程异常的相关性研究提供了有利条件。

GNSS 数据采集：GNSS 观测过程中不得重启接收机，不得改变采样率、天线位置，以防止仪器受震动和移动；避开雷电、风暴等恶劣天气。

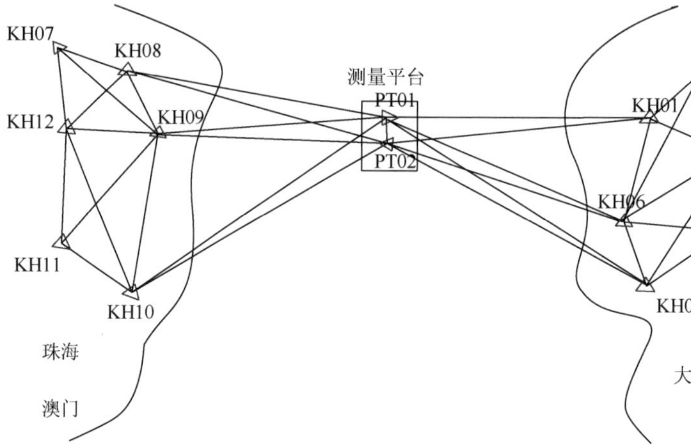

图 13-2 GNSS 跨海高程传递示意图

GNSS 天线高量取时分 120°方向量 3 次并取平均值，测前、测后各一次，误差应小于 1mm。

采用 12 台 GNSS 接收机进行观测，GNSS 观测参照《全球定位系统（GPS）测量规范》（GB/T 18314—2009），采样率设置为 10″，每期同步观测时间不少于 23h。GNSS 观测技术要求见表 13-1。

水准数据采集：水准接测按二等水准测量要求施测，在珠海和香港分别联测高程控制网点，珠海侧陆地二等水准测量闭合线路长 35.8km，香港大屿山附近陆地二等水准测量主要利用港珠澳大桥测控中心新近提供的最新高程控制成果，新设水准点测量二等水准测量 4.8km。

表 13-1 GNSS 观测技术要求

项目	等级	备注
卫星截止高度角/（°）	≥15	—
同时观测有效卫星数/个	≥4	—
有效观测卫星总数/个	≥9	—
观测时段数	15（6.S）	—
时段长度	≥23h	8:30～次日 7:50
采样间隔/s	10	—
PDOP	≤6	—
坐标分量相对闭合差	1.0×10^{-6}	单基线处理模式
环线全长闭合差	2.0×10^{-6}	单基线处理模式

GNSS 基线解算采用精密星历作为基线解算的起始值，星历误差应优于 2m。基线解算的起始坐标应采用 GNSS 连续运行站坐标。基线解算方案可采用单基线或多基线解算模式，基线取用合格的双差固定解。基线处理数据采用率不低于 80%。基线解算质量、网

平差处理的相关要求应符合《国家一、二等水准测量规范》（GB/T 12897—2006）中的相关规定。

2. 高精度长距离跨海高程传递技术

（1）光学测量技术跨海高程传递

由于香港大屿山地势陡峭、测区附近有军事禁区分布、实地高差大等场地因素限制，光学测量技术跨海测量拟选定一处跨海场地，跨海线路为西测量平台与香港大屿山北侧，根据香港侧已知水准点和跨海水准测量高差求出西测量平台上控制点高程以满足施工测量使用要求。为了减小跨海场地气象因素对测量的影响，在选定跨海测量点位时遵循以下要求：

①跨海视线不得通过草丛、沙滩及影响不均衡大气折光的构筑物上方。

②两岸仪器视线距水面的高度应相等，由于西测量平台及香港过江点高程限制（7m左右），宜采用埋设固定标尺桩，建造稳固的观测台或标架进行观测；为避免气流不均匀对观测质量造成影响，主要采用夜测方式。

③香港侧仪器位置选在开阔、通风之处，不应靠近墙壁及土堆、石堆、砖堆等。

④光学测量技术跨海水准测量点位布置示意图如图 13-3 所示，I1、b1、I2、b2 均埋设稳固的标架。I1、I2 表示过江水准仪器架站点，采用角钢制作，顶部焊接强制对中标盘，安装就位后刷白色防锈漆。西测量平台上过江点直接与平台焊接。香港侧过江仪器站点、尺台点钢架标基础形式：使用尺寸为 120m（长）×120m（宽）×50cm（深）的混凝土基础（或嵌入稳固岩石并用混凝土灌注），同时在基础上嵌入或焊接水准测量标芯以利于高程接测。

⑤I1、b1、I2、b2 为两岸交替安置仪器和标尺的位置。跨海视线长度（I1b2、I2b1）应相等；本岸视线长度（I1b1、I2b2）应在 10m 左右，也相等。

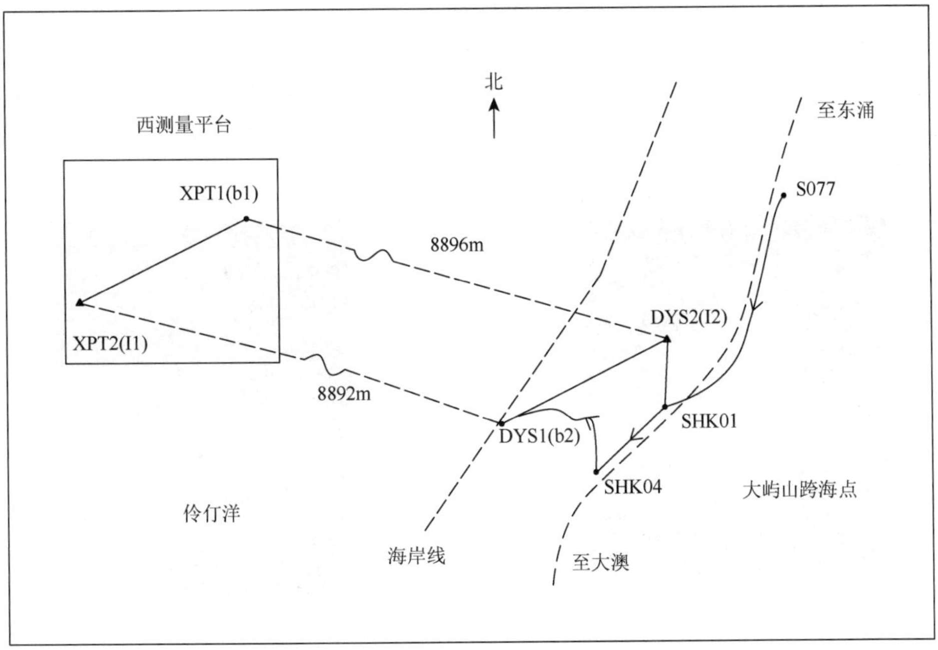

图 13-3　光学测量技术跨海水准测量点位布置示意图

经纬仪倾角法采集数据：经纬仪倾角法测量是选用 2 台标称精度为 1″的 WILD T3 光学经纬仪进行同步对向观测。用垂直度盘测定水平视线上、下两标志的倾角，计算水平视线位置，求出两岸高差。需要采集的数据包括近边距离、远边距离[采用 GNSS（BDS）静态边长测量]、近尺角度读数、远尺角度读数。采集数据的方法及要求如下。

近边距离测量：本岸测站点间的距离，采用钢尺直接丈量平距，丈量时使钢尺保持水平，两端拉紧严格对中，并保持稳定，同时读数。往返各读 3 次，3 次测定的距离互差和往返测距离中数之差，均小于 3mm。

远边距离测量：西测量平台与大屿山跨海点间距离，以及东、西测量平台跨江点间距离测量采用 GNSS（BDS）静态边长测量结果，观测 2 个时段，每个时段观测 2h。

近尺观测：近标尺使用特制的三角架支撑，水准尺严格置平。

置经纬仪于盘左位置，照准近标尺的基本分划线，读取最近水平视线的标尺厘米分划数，再使水平丝分别照准该分划线的上、下边缘各两次；纵转望远镜至盘右位置，同样照准该分划线的上、下边缘各两次，完成一组观测（近标尺只测一组）。每次照准分划线边缘后，使垂直度盘指标气泡精密符合，用光学测微器进行垂直度盘读数。盘左或盘右同一边缘两次照准读数差不大于 3″。

远尺观测：置经纬仪于盘左位置，用水平丝依次照准下、上标志线各四次，每次照准后，使垂直度盘指标气泡精密符合后，再用光学测微器进行垂直度盘读数，同一标志线 4 次照准读数之差不大于 3″。纵转望远镜至盘右位置，按相反次序照准上、下标志线各 4 次并如前读数。以上操作组成一组观测。依照同样方法进行其他各组的观测。各组算出上、下标志线的倾角 α 和 β，α 或 β 其组间互差不大于 4″。

上述后两项操作组成一岸仪器观测的半测回，两岸仪器同时对测各半测回，组成一个测回。连续观测时，测回间需间歇 15min 左右。

图 13-4 和图 13-5 分别为近尺和远尺在 WILD T3 光学经纬仪中的成像。

测距三角高程法数据采集：测距三角高程法角度测量采用 2 台 T3 光学经纬仪同步对向观测，距离测量采用 GNSS 边长测量结果。观测场地和照准觇牌标志与经纬仪倾角法相同，垂直角观测、记录方法同经纬仪倾角法。

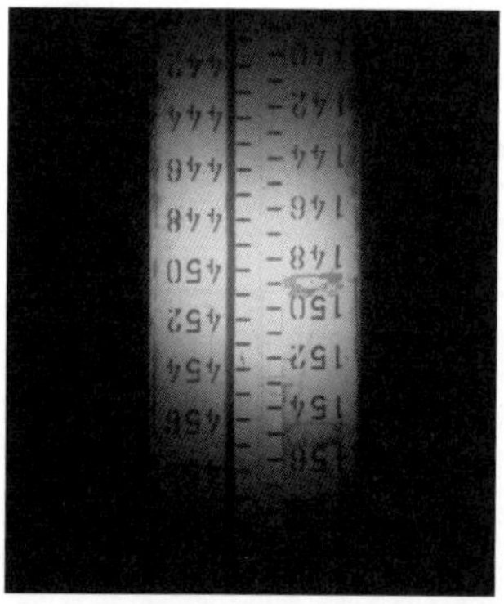

图 13-4　近尺在 T3 光学经纬仪中成像

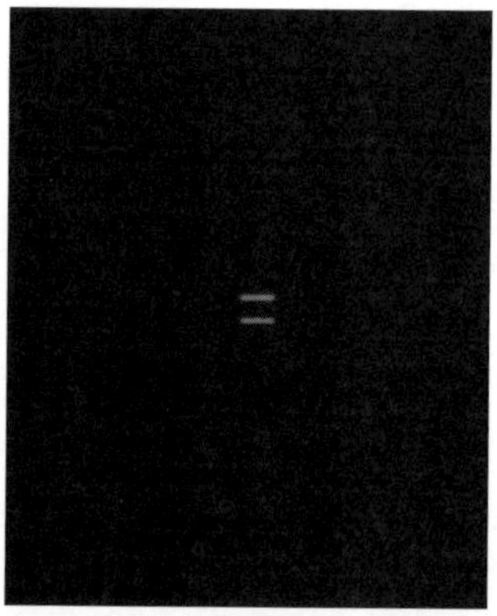

图 13-5　远尺在 T3 光学经纬仪中成像

对观测数据进行汇总整理，由于采用记录程序进行自动计算各项限差，对于同一标志垂直角读数差不合要求的现场进行重测，对于测回间数据超限的数据进行了剔除。双测回间高差互差限差采用计算公式为

$$dH_{限}=4\cdot M_{\Delta}\sqrt{N\cdot S}$$

式中，M_{Δ}——每千米水准测量的偶然中误差，单位为 mm；

N——双测回测回数；

S——跨河视线长度，单位为 km。

主要计算原理：采用三角高程单向高差计算公式进行列表计算，平距采用 GNSS（BDS）边长投影至高斯平面距离成果参与计算，采用公式为

$$h=d\times\tan\alpha+i-v+(1-k)\frac{d^2}{2R}+d\times\tan\alpha\times\left(\frac{H_m}{R}-\frac{y_m^2}{2R^2}\right)+d\times\varepsilon/\rho \tag{13-6}$$

式中，d——高斯面平距；

α——观测垂直角；

i——仪器高；

v——照准目标高；

k——折光系数（取经验值 0.13）；

H_m——测区平均高程（取 10m）；

y_m——跨海点距中央子午线平均距离；

ε——垂线偏差；

ρ——取 206 265″。

（2）误差分析

1）水准面不平行与重力异常改正

通过计算，跨海测量点（香港大屿山点 DYS1，西测量平台点 XPT1）正常水准面不平行改正约−0.02mm，重力异常改正值在 0.001mm 量级，此两项改正对跨海测量高差成果精度基本没有影响。

2）高差相对垂线偏差改正

垂线偏差实测值由下式定义：

$$\xi_{地}=\varphi_{地}-B,\quad \eta_{地}=(\lambda_{地}-L)\cos\varphi_{地} \tag{13-7}$$

式中，$\varphi_{地}$、$\lambda_{地}$——某天文基准系统的地面纬度、经度；

B、L——相应椭球的大地纬度、经度。

不管是参考椭球，还是平均椭球，ξ、η 都有其相应系统的实测值。

①重力垂线偏差 ξ_g、η_g

采用移去-恢复技术计算：

$$\xi_g=\frac{1}{4\pi\gamma}\iint(\Delta g_{res}+G_1)\frac{\mathrm{d}s(\psi)}{\mathrm{d}\psi}\cos\alpha\mathrm{d}\sigma-\frac{\Delta g}{\gamma}\tan\beta_1+\xi_M=\xi_g'+\xi_M \tag{13-8}$$

$$\eta_g=\frac{1}{4\pi\gamma}\iint(\Delta g_{res}+G_1)\frac{\mathrm{d}s(\psi)}{\mathrm{d}\psi}\sin\alpha\mathrm{d}\sigma-\frac{\Delta g}{\gamma}\tan\beta_2+\eta_M=\eta_g'+\eta_M \tag{13-9}$$

式中，

$$G_1=\frac{1}{2\pi}\iint\frac{\Delta g(H-H_0)}{r^3}\mathrm{d}\sigma \tag{13-10}$$

G_1 可采用地形改正值代替；

$$\Delta g_{res}=\Delta g-\Delta g_M$$

式中，Δg_{res} ——剩余空间异常；

Δg ——空间重力异常；

Δg_M ——用模型计算的重力异常；

ξ_g'、η_g' ——采用加过 G_1 项并移去模型重力异常后得到的地面剩余重力异常计算的垂线偏差；

ξ_M、η_M ——地球重力场模型计算的垂线偏差；

γ ——地球平均重力；

r ——计算点与流动点间的距离；

β_1、β_2——分别为南北向东西向倾角。

采用数字积分方法计算 ζ_g' 、 η_g' ：

$$\frac{\mathrm{d}S(\psi)}{\mathrm{d}\psi}=-\frac{\cos\left(\frac{\psi}{2}\right)}{2\sin^2\left(\frac{\psi}{2}\right)}+8\sin\psi-6\cos\left(\frac{\psi}{2}\right)-3\frac{1-\sin\left(\frac{\psi}{2}\right)}{\sin\psi}+3\sin\psi\ln\left[\sin\left(\frac{\psi}{2}\right)+\sin^2\left(\frac{\psi}{2}\right)\right] \tag{13-11}$$

$$\psi=\cos^{-1}[\sin B_i\sin B_j+\cos B_i\cos B_j\cos(L_j-L_i)] \tag{13-12}$$

$$\alpha=\sin^{-1}\frac{\cos B_j\sin(L_j-L_i)}{\sin\psi} \tag{13-13}$$

$$\mathrm{d}\sigma=\cos B_j\mathrm{d}B\cdot\mathrm{d}L \tag{13-14}$$

其中，i 表示计算点，j 表示流动点。

编制计算重力垂线偏差 ξ_g'、η_g' 的程序时，采用数字积分形式：

$$\xi_g'=\frac{1}{4\pi\gamma}\sum_{j=1}^{n}(\Delta g_{res}+G_1)\cos\alpha_j\left[\frac{\mathrm{d}S(\psi)}{\mathrm{d}\psi}\right]_j\Delta\sigma_j \tag{13-15}$$

$$\eta_g'=\frac{1}{4\pi\gamma}\sum_{j=1}^{n}(\Delta g_{res}+G_1)\sin\alpha_j\left[\frac{\mathrm{d}S(\psi)}{\mathrm{d}\psi}\right]_j\Delta\sigma_j \tag{13-16}$$

②相对垂线偏差计算

地面上 a、b 两点相对垂线偏差在三角高程测量中的影响分量为

$$H_\mathrm{b}-H_\mathrm{a}=\frac{D}{\rho''}(\varepsilon_1-\varepsilon_2) \tag{13-17}$$

式中，D——测线平均高程面上的平距；

$\varepsilon_1-\varepsilon_2$——跨海点相对垂线偏差在测线上的分量。

本处跨海点 $D\approx8900$m，$\rho=206265''$，$D/\rho=21.8$mm，我国中、东部地区垂线偏差各分

量的值较小，变化趋势也较平缓，可近似认为$\varepsilon_1-\varepsilon_2\approx0$，即相对垂线偏差在本跨海高程测量中的影响值给予忽略。

角度误差对高差造成的影响：根据弧长公式$L=R\theta$，对于距离 8896m，垂直角角度每变化 1″，对三角高程测量单向高差的影响为 43.1mm。本项目采用测角中误差为 1″的 T3 光学经纬仪进行 102 个双回观测，故 204 个单测回测角中误差约为±0.07″，即测角误差导致的高差成果中误差为±3mm。

边长误差对高差造成的影响：本项目测量距离采用 GNSS 观测边长作为跨海距离成果，由于本项目倾角很小，根据计算，当边长误差达 0.025m 时，因边长误差导致的三角高程测量高差之差为 0.01mm，对本次高差计算成果影响小，可以忽略。

地球曲率对高差造成的影响：由于跨海测量距离将近 9km，使用经纬仪测量目标垂直角时，地球曲率对单向观测高差的影响是相当大的。

根据地球曲率（球差）对三角高程测量高差的影响计算公式，S 为跨河距离 8896m，R 为地球曲率半径，测区 R 约为 6 361 997m，本项目地球曲率对单向高差的影响达 6.220m，此项系统差因采用对向观测方法而完全消除。此项系统差要求在设置仪器与照准标志时予以考虑，以保证上下标志处于仪器水平视线的上下对称位置。

大气折光误差对高差造成的影响：地球曲率造成的“球差”容易求得，但“气差”由于测线上气象变化万千，用测站和目标处气象数据求得的折光系数并不能代表整条测线上的真实折光系数，解决此问题的主要方法是严格执行同步对向观测的原则，每测回由有经验的精密测量观测员进行同步对向观测，通过对向观测的往返高差取平均值消除或减小“球差、气差”对观测高差的影响。

根据大气折光（气差）公式，其中 S 为跨河距离 8896m，R 为地球曲率半径，测区 R 约为 6 361 997m，K 为折光系数取 0.13，此时大气折光对单向高差的影响达 0.809m，此项系统差因采用同步对向观测方法而基本消除。

3. 似大地水准面高程传递技术

随着现代大地测量技术的发展及其在相关领域（如地球物理学、海洋学）中应用的不断扩展，大地水准面的研究在大地测量学的发展中始终保持着重要地位，不断提高其分辨率和准确度以满足应用上的高要求，始终是大地测量学的一项艰巨任务，其近期目标是在全球范围内确定具有 5′×5′的分米级进而 1′×1′的厘米级精度的大地水准面，这一目标在一些发达国家正在实现。

本项目在港珠澳似大地水准面计算中，使用 134 个点重力数据和 21 个 GNSS 水准资料，EIGEN03 地球重力场模型作为参考重力场，由第二类 Helmert 凝集法完成了大地水准面的计算。利用球冠谐分析方法将 GNSS 水准与重力似大地水准面联合求解得出的 2′×2′格网似大地水准面其精度达到±8mm。

4. 外海深水高精度高程测控技术

（1）基本原理

GNSS（BDS）+声呐高程测控方法主要是将地面高程基准精密传递至水下的一种高

程传递方法，整个定位系统由 GNSS 流动站接收机、声呐、全站仪及适配棱镜、姿态监测和计算机数据处理等部分组成。

将 GNSS 流动站接收机与全站仪适配棱镜固定在长度已知的刚性载体顶部，在载体底部安装声呐和倾斜仪，将载体垂直沉放水中（GNSS 和棱镜露出水面，底部距离水底高度固定）；采用 GNSS 测量方法获得基准站的差分信号，借助刚性载体抗挠度强与变形小的刚性连接特点，经过倾斜改正后便可精确得到刚性载体底部高程；然后通过底部声呐采用脉冲测距法精确测量距水底距离（脉冲测距是利用接受回波和发射脉冲信号间的时间差来确定距离），从而反算出水底的实时高程；同时为了检校 GNSS 高程输出精度稳定性，通过全站仪自动照准功能跟踪测量适配棱镜；最后将全站仪和 GNSS 观测数据实时传输至计算机数据处理系统，从而实现水下高程定位和监测。

待测点的实际高程 h 是通过载体顶上的 GNSS 测得的实际高程 H，减去 GNSS 相位中心到载体底部距离 L_1，得到载体底部高程；载体底部高程加上声呐的回送声呐长度 L_2，得到声呐发射装置处的实时高程，最后声呐高程减去声呐测量水深值 D，得到测点的实时高程值，即 $h=H-L_1+L_2-D$。原理示意图见图 13-6。

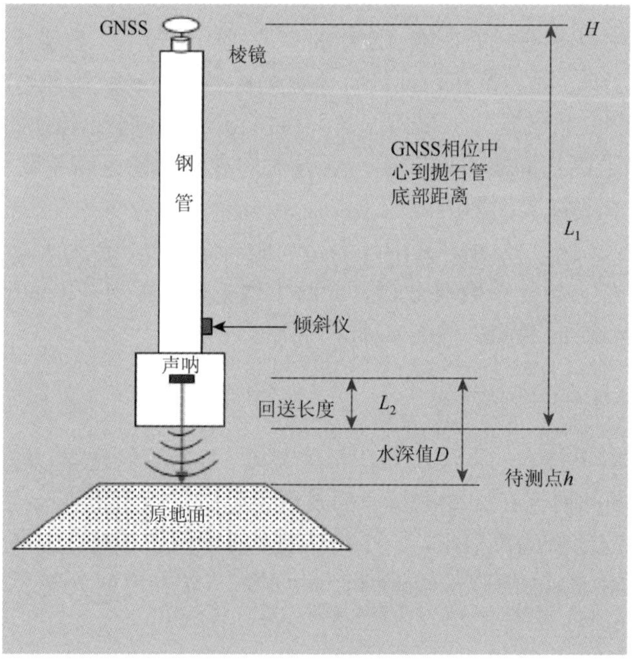

图 13-6　原理示意图

（2）仪器设备

GNSS（BDS）+声呐高程传递定位系统，由 GNSS 流动站接收机、声呐、全站仪及适配棱镜、姿态监测和计算机数据处理等部分组成，投入的主要仪器设备见表 13-2。

（3）系统软件开发

开发了一套集通信、水声定位和 GNSS 导航定位于一体的水下高程测控系统，测控系统软件采用三维空间坐标编制，能够适应不同高度差的绝对高程测量。软件在VC++平台上开发，可以在 Windows2000、WindowsXP、Vista 及 Windows7 操作系统下运行。

软件功能主要包括：设备数据的采集、坐标数据实时计算处理、实时定位结果输出、实时显示、数据质量预警报警等。

设备数据的采集功能，能够实时采集 GNSS、倾斜传感器等的数据，并对数据进行正确性预分析，一旦发现 GNSS 数据质量达不到 RTK 精度要求或通信超时时，系统可以发出提示等报警信息。

坐标数据实时计算处理、实时定位结果输出功能，软件在采集到设备数据后，进行坐标系统转换、投影计算等，并将计算结果通过指定串口输出。所有设备数据、设备工作状态及计算结果均显示到软件界面，便于操作人员实时了解、掌控整平机的位置与工作状况。

表 13-2　投入的主要测量仪器及设备

设备名称	精度指标	数量	功能
TrimbleR7 接收机	静态平面精度：±3.5mm 静态高程精度：±5.5mm 动态平面精度：±9mm 动态高程精度：±16mm	1	三维定位
回声测深仪	高频精度±10mm	2	高程测量
TCA2003	测角 0.5″，测距 1mm+1ppm	1	高程检核
徕卡 360°棱镜	—	1	高程检核
徕卡 NA2 水准仪	±1.0mm	1	高程检测
MI600 硅微倾斜仪	测量范围 30°，综合误差≤0.1%F·S	1	倾斜角度测量
监测系统	开发	1	测量控制

13.4　关键技术解决途径及其实施过程与效果

提出了以 GNSS（BDS）技术为主、多种光学测量技术为辅的长距离跨海高程传递组合方案体系。重点研究了 GNSS 技术实现长距离跨海高程传递的方案，以及光学测量技术在外海域复杂环境条件下实现高精度长距离跨海高程传递的关键问题。研发了可调节合成光源照准标志，解决了长距离光学测量法照准难题。

采用 Airy-Haiskanem 模型及 SRTM 高分辨率 7.5″×7.5″数值地面模型进行重力归算，利用曲率连续张量样条算法对格网重力异常进行内插和推估，似大地水准面计算利用第二类 Helmert 凝集法，并提出严密的陆海统一重力场归算算法，最后利用球冠谐分析方法将 GNSS（BDS）水准与重力似大地水准面联合求解得到高分辨率、高精度的似大地水准面。

解决了地形影响、跨海岸线精密重力归算、与国家高程基准融合等技术难题，显著提高了重力似大地水准面的精度，确定了精度达到±8.0mm、分辨率为2′×2′的港珠澳大桥岛隧工程似大地水准面模型。

发明了一种基于GNSS（BDS）+声呐的外海深水高精度高程传递技术，首创外海深水高精度高程测控技术标准化检校技术方法，首次实现水深50m级高程测控精度达到±20mm，保证了深水基床基础的高精度整平，丰富了外海深水高精度基床铺设工效评估方法。

自主研发了港珠澳大桥GNSS数据处理系统，实现了GNSS（BDS）精密三维数据处理、多模型精密高程传递、GNSS（BDS）数据质量检验、粤港澳不同空间基准间实时精密转换服务等功能，解决了现代测绘基准工程应用化的服务体系问题。

13.4.1 长距离跨海高程传递组合方案体系

以GNSS（BDS）技术为主、多种光学测量技术为辅的长距离跨海高程传递组合方案体系，克服了光学测量技术在外海域复杂环境条件下实现高精度长距离跨海高程传递的关键问题，研发了可调节合成光源照准标志。

1. 光学测量问题及对策

经纬仪倾角法和测距三角高程法通过以下措施削弱平台晃动的影响。

①选择有利观测时间段。在微风、浪小、海水面相对稳定期间观测（涨潮、退潮期间浪大，不宜观测）。

②避免人为因素。在观测期间，避免测量平台上人员剧烈运动，以及其他设备震动引起的测量平台晃动。

③安置和调试仪器。仪器和观测墩紧密接合，调整仪器脚螺旋至最低位，调试仪器长水准管气泡，保证仪器长水准管气泡在水平360°内的任何位置气泡都在中心位置，调试指标差至零附近。

④照准标志和调整符合气泡。在低潮位、微风时，照准标志和垂直度盘符合水准气泡要同时满足照准和符合的要求。

⑤对镜读数。观测员操作熟练、精力充沛、精神高度集中，反应敏捷、眼快、手快，仪器照准—气泡符合—测微器精准同步，快速读出仪器垂直度盘上度、分、秒的数值。

所有观测数据都是在低潮位、水面流速低、微风的环境下取得。在潮位变化时因海水流动使测量平台晃动加剧，不具备观测条件。

气象、环境条件对角度观测的影响问题：观测期间，受天气、海况的影响较为明显，如风、海浪、涨潮、退潮、雾等因素的影响。实践表明：在风浪较大、涨潮、退潮时，西测量平台向大屿山进行观测同一测回、测回间垂直角读数基本都超限，测量数据不能满足要求，故本项目在试验后均于气象、海况条件较好情况下采集数据。

觇标稳定性对测量结果的影响：经过多次测前、测后对照准觇标进行检查，结果表明，由于觇标采用坚固且强度较高的桁架进行支撑，底部与基础进行了焊接，觇标测前测后相对测站点高差变化均小于 1mm，可认为觇标高度未发生变化。由于观测时段均属于微风、海浪微小时段，锚固于测量平台上的桁架（觇牌）水平位移均很小，经悬挂垂球粗测水平位移均不超过±2cm，对跨海测量垂直角结果影响可忽略不计，大屿山侧照准标志固定于浇筑的混凝土基础上并采用 4 个方向拉锚固定，因距离误差对跨海测量高差造成的影响也是可以忽略的。

观测时段问题：为了避免太阳光对仪器物镜直射造成成像模糊的影响，观测时段选在夜晚，并分初夜和深夜进行各时段数据采集。

2. 觇牌研发

观测照准标志是经纬仪倾角法和测距三角高程法成功的关键所在，仪器照准觇牌标志的长度和宽度及标志线的间距，依跨河视线长度而定。标志线规格的计算见表 13-3。

表 13-3　标志线规格的计算

使用仪器	标志宽 a	标志长 b	上、下两标志线的间距 d
经纬仪	$S/15$	$S/3$	$(\gamma/\rho)\times S$

注：跨海视线长度 S 单位为 m；a、b、d 单位为 mm；γ 为由望远镜至对岸觇牌上两标志线的夹角，单位为（″），小于符合气泡在水准管两端刻划之间的移动量，一般取 60″；ρ=206265″。

本项目跨海视线长 S=9km，计算得到照准觇牌标志的规格为 a=600mm，b=2900mm，d=2580mm。

根据多次光源试验，白天观测红色、黄色、白色光源效果均不理想；夜间观测红色、黄色光源易受其他发光点的影响，白色光源观测效果最佳。最终确定白色光源作为觇标的照准光源。

标志的水平度、垂直度、平行度依靠不同的调节杆和调节螺钉在不同方向和部位完成调节。觇牌固定框架采用 5cm×5cm 工字钢材料制作，上下标志固定框架间采用 3 根直径为 5cm 的两端有丝扣的螺杆连接，使上下标志间间距可调。觇牌固定框分别由 1 个外框和 2 个内框组成，内框固定在外框上，觇牌由内框滑道导入滑槽，滑道两端设置螺栓控制觇牌的左右移动。觇牌固定框顶部左右两端均设置一处吊环，可使用滑轮将整个觇牌框框架升到概略设计位置，觇牌固定框外框两侧分别设置 4 处螺栓，用于整个觇牌框架在支撑桁架上的固定与上下微调（范围约 5cm）。

觇牌固定框外框上下各设置 400mm 黑色挡光板，以消除或减弱外部光源对发光觇牌的折光影响，保证觇标光源的边界清晰，并在背景板上设置孔径 60mm 的透风孔，起到透风减小阻力、提高觇标稳定性的作用。

觇标由上下 2 组灯箱组成，觇牌灯箱使用亚克力透光材料制作，内置 LED 发光板，每个觇牌灯箱由 3 块板组成，每块板内各安装 LED 发光板 80～100 个。整个觇标标志均采取了防水措施。觇牌灯箱采用 12V 电瓶作为电源，观测前后对电源进行测试，保证夜晚观测期间充分供电。觇牌支撑采用金属桁架结构，在桁架顶端设置有避雷针。

图 13-7、图 13-8 分别是西测量平台、大屿山的照准觇牌标志安装图。

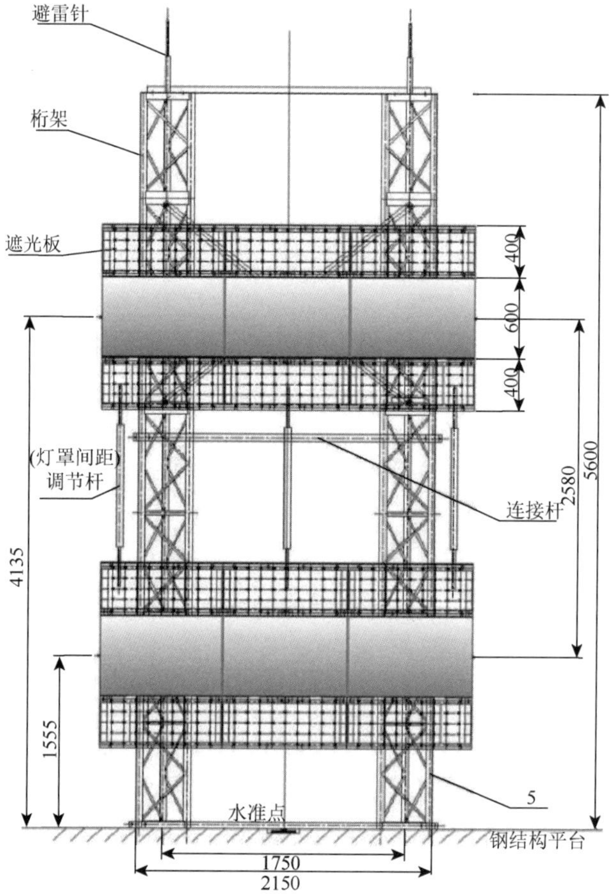

图 13-7 照准觇牌标志安装图（西测量平台）（单位：mm）

觇标的制作严格按照标志的设计图纸，保证制作尺寸精度（误差＜0.5mm）。觇牌支撑桁架的制作满足牢固、坚实、可调及便于拆卸、运输、安装的要求。

觇牌的安装必须严格执行“水平、垂直、平行”的要求，保证觇牌、标志线的制作及安装精度误差＜1mm。灯箱照准标志的水平度和垂直度分别采用水准仪和经纬仪观测，通过调节灯箱 3 根可调连接杆加以校正，并精确控制上下灯箱之间的间距及平行度，观测前检查灯箱的水平度、垂直度、间距，并精确测量灯箱距离水准点的垂直高度。

照准觇牌标志基础安装见图 13-9，跨海水准测量照准觇牌标志安装效果见图 13-10。

以 GNSS（BDS）技术为主、多种光学测量技术为辅的长距离跨海高程传递组合方案体系为港珠澳大桥岛隧工程提供了高精度、统一的高程基准，技术成果优于国家二等水准精度要求，为特大型桥梁、岛隧工程高精度高程传递技术方案设计及规程、规范的制定提供了实践依据。

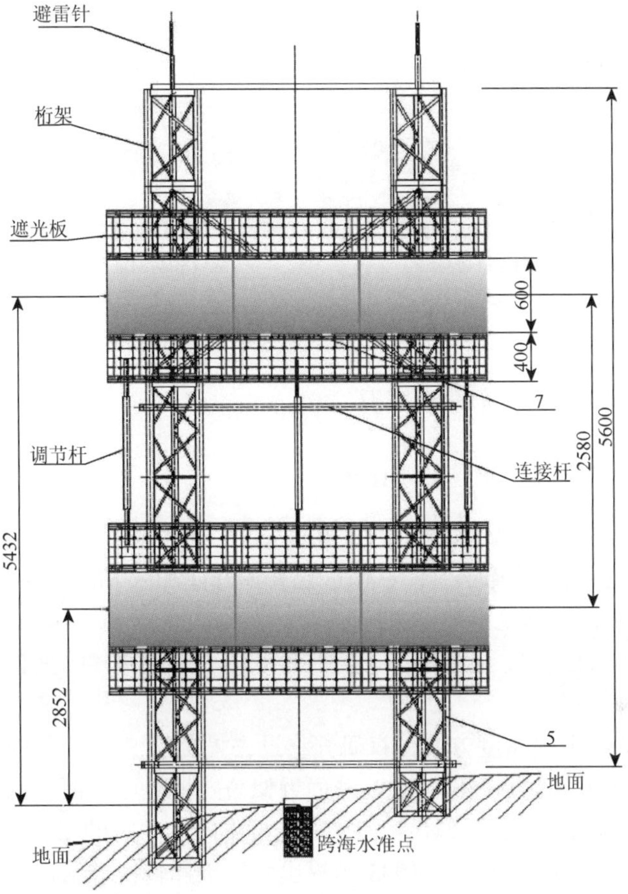

图 13-8　照准觇牌标志安装图（大屿山）（单位：mm）

(a) 香港大屿山照准觇牌标志基础

(b) 西测量平台照准觇牌标志

图 13-9　照准觇牌标志基础安装图

(a) 香港大屿山照准觇牌标志

(b) 西测量平台照准觇牌标志

图 13-10　照准觇牌标志安装效果

13.4.2　毫米级似大地水准面的建立

1. 似大地水准面计算数学模型的建立

利用 Stokes 积分确定大地水准面仍是目前局部重力场逼近的主要方法。由于 DTM 模型的建立加上高效的数值计算工具，在山区已普遍开始加入 Molodenskii 级数的一次项改正，因此，在 Molodenskii 理论框架下来确定似大地水准面。计算 Stokes 积分和 Molodenskii 级数解需要相当长的时间，因此引入了快速计算法 FFT/FHT 来计算 Stokes 积分和 Molodenskii 级数解。

在计算 Stokes 积分的精度方面，有研究将过去采用的 Stokes 平面近似卷积公式，发展为 Stokes 球面（球坐标）近似公式。球面近似公式虽然比平面近似公式在计算精度方面有较大的提高，但仍存在着近似，并在计算结果中产生一定的误差。为了消除由纬度近似产生的误差，王昆杰和李建成于 1993 年提出利用坐标转换方法，消除这一因平均纬度近似产生的计算误差。1993 年 Haagmans 等提出用一维 FFT 技术计算 Stokes 积分，虽然一维 FFT 技术计算 Stokes 公式在时间上比二维 FFT 技术更长，但在精度上可以获得与数值积分法一样的结果。

球面上任意一点 P 的扰动位 T 可以表达为

$$T(P)=\frac{R}{4\pi}\int_{\alpha=0}^{2\pi}\int_{\psi=0}^{\pi}\Delta g(\psi,\alpha)S(\psi)\sin\psi\,\mathrm{d}\psi\,\mathrm{d}\alpha \tag{13-18}$$

式中，R——地球平均半径，且 $R=(2a+b)/3$；

Δg——平均空间重力异常；

ψ——计算点 P 与流动点间的球面距离；

$S(\psi)$——Stokes 函数，由下式给出：

$$S(\psi)=\frac{1}{s}-6s-4+10s^2-3(1-2s^2)\ln(s+s^2) \tag{13-19}$$

其中，$s=\sin\frac{\psi}{2}$。

根据 Bruns 公式，大地水准面高由式（13-18）可写为

$$N(P)=\frac{T(P)}{\gamma}=\frac{R}{4\pi\gamma}\int_{a=0}^{2\pi}\int_{\psi=0}^{\pi}\Delta g(\psi,\alpha)S(\psi)\sin\psi\mathrm{d}\psi\mathrm{d}\alpha \tag{13-20}$$

式中，γ——地球平均正常重力。

从式（13-20）可知，要确定大地水准面高，必须已知布满全球的重力异常。可是，在实际中，只能得到某一局部范围内的地面重力数据。因此，确定局部大地水准面通常采用低通滤波原理，利用地球重力场模型结合式（13-19），即

$$N(\phi_p,\lambda_p)=N_{GM}(\phi_P,\lambda_P)+N_{\delta\Delta g}(\phi_P,\lambda_P) \tag{13-21}$$

这里 $N_{GM}(\phi_P,\lambda_P)$ 为由地球重力场模型计算的大地水准面高，其表达式为

$$N_{GM}(r,\theta,\lambda)=\frac{GM}{r\gamma}\sum_{n=2}^{N_{\max}}\left(\frac{a}{r}\right)^n\sum_{m=0}^{n}(\overline{C}_{nm}\cos m\lambda+\overline{S}_{nm}\sin m\lambda)\overline{P}_{nm}(\cos\theta) \tag{13-22}$$

式中，r,θ,λ——分别为地心距离、余纬和经度；

GM——引力常数与地球质量的乘积；

a——参考椭球长半轴；

$\overline{C}_{nm}$，$\overline{S}_{nm}$——完全规格化位系数；

$\overline{P}_{nm}(\cos\theta)$——完全规格化缔合 Legendre 函数；

$N_{\max}$——地球重力场模型展开的最高阶数。

则残差重力异常 $\delta\Delta g$ 为空间重力异常 Δg_F 与地球重力场模型计算的空间重力异常 Δg_{GM} 之差，计算 Δg_{GM} 的表达式为

$$\Delta g_{GM}(r,\theta,\lambda)=\frac{GM}{r^2}\sum_{n=2}^{N_{\max}}\left(\frac{a}{r}\right)^n(n-1)\sum_{m=0}^{n}(\overline{C}_{nm}\cos m\lambda+\overline{S}_{nm}\sin m\lambda)\overline{P}_{nm}(\cos\theta) \tag{13-23}$$

将 $\delta\Delta g=\Delta g_F-\Delta g_{GM}$ 代入方程（13-20）并写成球面坐标形式，得

$$N_{\delta\Delta g}(\phi,\lambda)=\frac{R}{4\pi\gamma}\int_{\sigma}\int_{CAP}\delta\Delta g(\phi,\lambda)S(\psi)\cos\phi\mathrm{d}\phi\mathrm{d}\lambda \tag{13-24}$$

式（13-24）的一维谱表达式可写为

$$N_{\delta\Delta g}(\phi_i,\lambda)=\frac{R}{4\pi\gamma}F_1^{-1}\left\{\int_{\phi}F_1\left[\delta\Delta g(\phi,\lambda)\cos(\phi)\right]F_1\left[S(\phi,\phi_i,\lambda)\right]\mathrm{d}\phi\right\} \tag{13-25}$$

因此

$$N(\phi_i,\lambda)=N_{GM}+N_{\delta g}(\phi_i,\lambda) \tag{13-26}$$

这样在利用一维 FFT/FHT 技术计算 Stokes 积分时，对经度变量 λ 作卷积运算，对纬度变量 ϕ 作积分加和。

2. 似大地水准面计算的数学模型

由 Faye 异常计算高程异常的表达式为

$$\zeta = \frac{R}{4\pi\gamma_N}\int_{\sigma} S(\psi)(\Delta g + TC)\,\mathrm{d}\sigma - \frac{1}{\gamma_N}h(\Delta g - \pi G\rho h) - \frac{1}{\gamma_N}\pi G\rho\delta h^2 \qquad (13\text{-}27)$$

这里γ_N是似地形表面上的正常重力；δh^2（以 km 为单位）可由下式计算：

$$\delta h^2 = 0.453 - 0.018\sin\phi + 0.087\cos\phi\cos\lambda + 0.204\cos\phi\sin\lambda \qquad (13\text{-}28)$$

因此，顾及式（13-25）和式（13-27），由一维 FFT/FHT 技术计算高程异常的谱表达式为

$$\begin{aligned}\zeta(\phi_i,\lambda) = {} & N_{GM} + \frac{R}{4\pi\gamma_N}F_1^{-1}\left\{\int_{\phi} F_1[\delta\Delta g(\phi,\lambda)\cos(\phi)]F_1[S(\phi,\phi_i,\lambda)\,\mathrm{d}\phi]\right\} \\ & - \frac{1}{\gamma_N}h(\Delta g - \pi G\rho h) - \frac{1}{\gamma_N}\pi G\rho\delta h^2\end{aligned} \qquad (13\text{-}29)$$

式中，$\delta\Delta g = \Delta g_F - \Delta g_{GM} + \delta g_{TC}$。

3. 似大地水准面与 GNSS 水准似大地水准面的拟合

球冠谐分析是逼近局部重力场的有效方法，它在理论上是严密的，全球位模型是球冠位模型的一种特例($\theta_0 = 180°$)，球冠位模型的收敛速度与θ_0成正比。只要求解出一套球冠谐系数，就能给出相应球冠上任意一点的大地水准面高。球冠谐系数能以较高精度和高分辨率给出大地水准面高程，在谱域中揭示局部重力场的精细谱结构，在地球重力场模型中却难以实现。

球冠谐分析是从 Sturm-Liouville 型方程本征值问题出发，以此作为用谱方法研究大地测量边值问题的数学理论基础，将整阶次本征值解推广到非整阶次解，并可以应用到求解大地测量边值问题。这一局部重力场逼近的新概念和新方法可以克服经典空域离散积分公式在理论分析上和实际上的局限性。理论上兼有全球谱表达的优点，又突破了其向更高分辨率扩展的限制，实际上它是一个收敛速度很快的解析连续展开式，因此可大幅度提高局部重力场的计算效率和理论的严密性。

根据扰动位的球冠谐表达式：

$$T(r,\theta,\lambda) = \frac{GM}{r}\sum_{k=1}^{\infty}\sum_{m=0}^{k}\left(\frac{a}{r}\right)^{n_k(m)+1}(\overline{C}_{km}\cos m\lambda + \overline{S}_{km}\sin m\lambda)\overline{P}_{n_k(m)m}(\cos\theta) \qquad (13\text{-}30)$$

式中，r——地心距离；

θ——地心余纬；

λ——地心经度；

GM——引力常数与地球质量的乘积；

a——平均椭球的长半轴；

$\overline{C}_{km}$，$\overline{S}_{km}$——规格化球冠谐系数；

$\overline{P}_{n_k(m)m}(\cos\theta)$——非整阶规格化缔合 Legendre 函数；

n_k——非整阶；

k——根n_k的序号，k为整数，$k = 0,1,\cdots$且$k \geqslant m$，n的实根可用$n_k(m)$表示；

T——扰动位。

根据 Bruns 公式，由式（13-30）可得大地水准面的球冠谐表达式为

$$N=\frac{T}{\gamma}=\frac{GM}{r\gamma}\sum_{k=1}^{\infty}\sum_{m=0}^{k}\left(\frac{a}{r}\right)^{n_k(m)}(\overline{C}_{km}\cos m\lambda+\overline{S}_{km}\sin m\lambda)\overline{P}_{n_k(m)m}(\cos\theta) \tag{13-31}$$

现在来讨论非整阶规格化缔合 Legendre 函数的确定方法。当 n 为实数 m 为正整数时，缔合 Legendre 函数 $\overline{P}_{nm}(\cos\theta)$ 对于 $0\leqslant\theta\leqslant\pi$ 区间可由下式表达：

$$\overline{P}_{nm}(\cos\theta)=K_{nm}\sin^m\theta F\left(m-n,n+m+1;1+m;\sin^2\frac{\theta}{2}\right) \tag{13-32}$$

式中，F——超几何函数，且

$$F(\alpha,\beta;\gamma;\chi)=1+\frac{\alpha\beta}{1!\gamma}x+\frac{\alpha(\alpha+1)\beta(\beta+1)}{2!\gamma(\gamma+1)}x^2+\cdots \tag{13-33}$$

当 $x=0$，$F(\alpha,\beta;\gamma;0)=1$。$K_{nm}$ 为规格化因子，下面是 Neuman 规格化因子的计算：

$$K_{nm}=\sqrt{\frac{\delta_m(2n+1)(n-m)!}{(n+m)!}} \tag{13-34}$$

当 $m=0$ 时，$\delta_m=1$；当 $m\neq 0$，$\delta_m=2$。

利用 Schmidt 正交化方法，规格化因子为

$$K_{nm}=\frac{2^{1/2}}{2^m m!}\sqrt{\frac{(n+m)!}{(n-m)}} \tag{13-35}$$

利用计算阶乘的 Stirling 公式，规格化因子 K_{nm} 可写为

$$K_{nm}=\frac{2^{-m}}{(m\pi)^{1/2}}\left(\frac{n+m}{n-m}\right)^{(n/2+1/4)}p^{m/2}\exp(e_1+e_2+\cdots) \tag{13-36}$$

式中，

$$p=\left(\frac{n}{m}\right)^2-1$$

$$e_1=-\frac{1}{12m}\left(1+\frac{1}{p}\right)$$

$$e_2=\frac{1}{360m^3}\left(1+\frac{3}{p^2}+\frac{4}{p^3}\right)$$

由递推公式计算超几何函数 F，因此，非整阶缔合 Legendre 函数可由下式计算：

$$\overline{P}_{nm}=\sum_{j=0}^{J_{\max}}A_j(m,n)\sin^{2j}(\theta/2) \tag{13-37}$$

式中，

$$A_0(m,n)=K_{nm}\sin^m\theta \tag{13-38}$$

当 $j>0$ 时，

$$A_j(m,n)=\frac{(j+m-1)(j+m)-n(n+1)}{j(j+m)}A_{j-1}(m,n) \tag{13-39}$$

$J_{\max}$ 为式（13-33）的最大截断项数，取决于要求的计算精度。

根据式（13-33），当 $m=0$ 时，非整阶缔合 Legendre 函数导数的递推公式为

$$\frac{\mathrm{d}\bar{P}_{nm}(\cos\theta)}{\mathrm{d}\theta}=\frac{\sin\theta}{2}\sum_{j=1}^{J}jA_j(m,n)\sin^{2(j-1)}\left(\frac{\theta}{2}\right) \tag{13-40}$$

当 $m>0$ 时，

$$\frac{\mathrm{d}\bar{P}_{mm}(\cos\theta)}{\mathrm{d}\theta}=\frac{\sin\theta}{2}\sum_{j=1}^{J}jA_j(m,n)\sin^{2(j-1)}\left(\frac{\theta}{2}\right)+\cos\theta\left[\frac{m}{\sin\theta}\bar{P}_{nm}(\cos\theta)\right] \tag{13-41}$$

4. 球冠谐分析中的坐标转换关系

如图 13-11 所示，利用球冠谐分析逼近某一地区重力场，应具有球冠坐标系的重力观测值，如重力异常和大地水准面高。这就要求将大地坐标 (B,L) 转换为相应的地心坐标 (ϕ,λ)，再将 (ϕ,λ) 转换成球冠坐标系中的球面地心坐标 (ψ,l)。

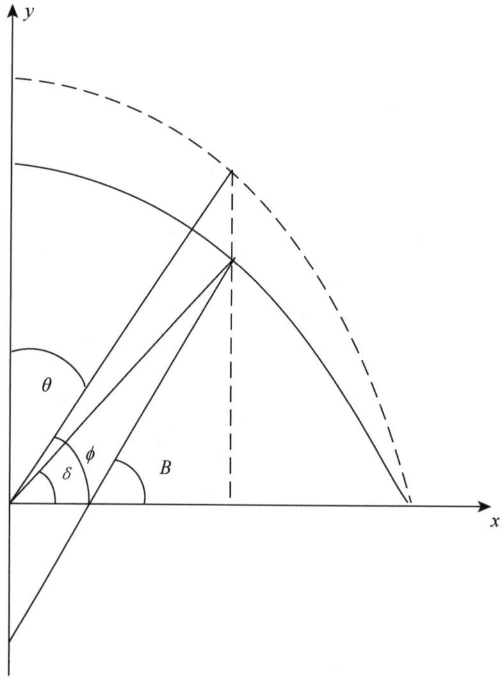

图 13-11　大地坐标 B、归化纬度 δ 和地心纬度 ϕ 之间的关系

根据图 13-12，可以得到

$$x = a\cos\delta \tag{13-42}$$
$$y = b\sin\delta \tag{13-43}$$

和

$$x = \frac{a}{W}\cos B \tag{13-44}$$

$$y = \frac{b}{W}\sqrt{1-e^2}\sin B \tag{13-45}$$

式中，　a——参考椭球的长半轴；

b——参考椭球的短半轴，并且 $b = a\sqrt{1-e^2}$；

e——参考椭球的第一偏心率；

δ——归化纬度；

B——大地纬度；

W——$W = \sqrt{1-e^2\sin^2 B}$。

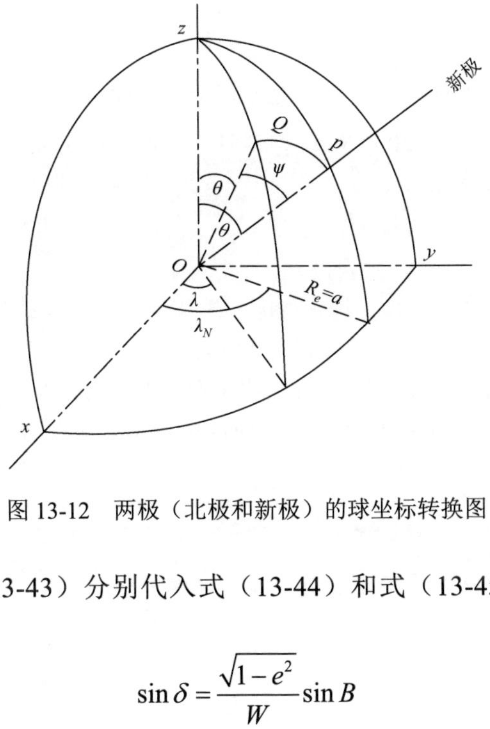

图 13-12　两极（北极和新极）的球坐标转换图

将式（13-42）和式（13-43）分别代入式（13-44）和式（13-45），可以得到 δ 和 B 的关系为

$$\sin\delta = \frac{\sqrt{1-e^2}}{W}\sin B \tag{13-46}$$

$$\cos\delta = \frac{1}{W}\cos B \tag{13-47}$$

地心纬度为

$$\tan\phi = \frac{y}{x} \tag{13-48}$$

将式（13-44）和式（13-45）代入式（13-48），则 B 和 ϕ 的关系式为

$$\tan\phi = (1-e^2)\tan B \tag{13-49}$$

利用式（13-49）就可以将大地纬度 B 转换为地心纬度 ϕ，在此基础上，将地心坐标 (ϕ,λ) 转化为新极坐标系的地心坐标 (ψ,l)。根据球面三角公式，如图 13-14 所示，任意一点 Q 在北极坐标系下的球面地心坐标为 (θ,λ)，这里 θ 为余纬且 $\theta = 90° - \phi$，则新极点 $P(\theta_N,\lambda_N)$ 的球面地心坐标为

$$\varphi = \arccos[\cos\theta_N \cos\theta + \sin\theta_N \sin\theta \cos(\lambda_N - \lambda)] \tag{13-50}$$

$$l = \arctan\left[\frac{\sin\theta\sin(\lambda-\lambda_N)}{\sin\theta_N\cos\theta - \cos\theta_N\sin\theta\cos(\lambda-\lambda_N)}\right] \tag{13-51}$$

或

$$l = \arcsin\left[\frac{\sin\theta\sin(\lambda-\lambda_N)}{\sin\psi}\right] \tag{13-52}$$

$$l = \arccos\left[\frac{\sin\theta_N\cos\theta - \cos\theta_N\sin\theta\cos(\lambda-\lambda_N)}{\sin\psi}\right] \tag{13-53}$$

式中，θ_N，λ_N——分别为新极点 P 在北极坐标系下的地心余纬和经度。

利用式（13-49）、式（13-50）和式（13-51）［或式（13-52）、式（13-53）］就可以完成大地坐标向球冠坐标的转换。

5. 软件设计与开发

港珠澳大桥区域 2′×2′格网似大地水准面成果和相应的计算软件（图 13-13）是于 2012 年 8 月完成的。在港珠澳大桥区域范围以外的大地水准面精度没有保证。

坐标转换软件采用 Visual C++和 Fortran 语言联合开发。计算软件可以在 Windows95/98/2000/NT/XP 和 DOS 操作系统下运行，每次计算点数最多为 500 000 个。

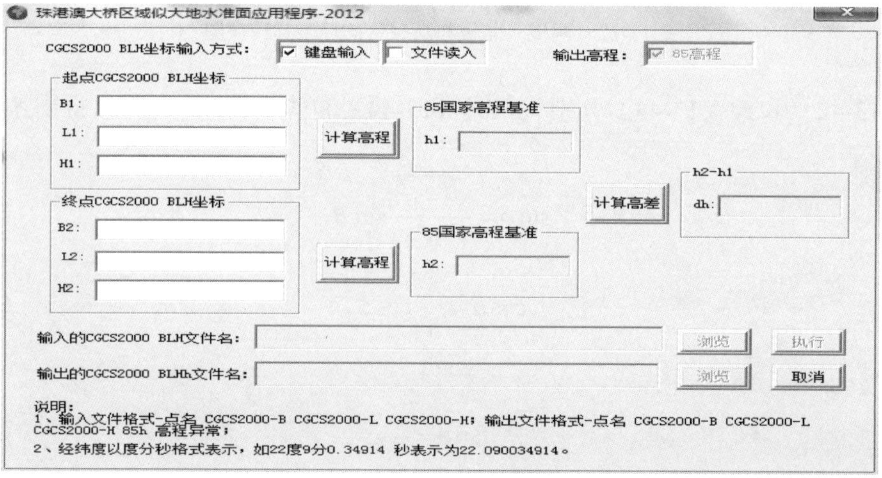

图 13-13　软件开发程序主界面

软件数据的输入方式可以分为键盘输入和文件输入两种，其中文件输入的文件格式为：点名 CGCS2000-B、CGCS2000-L、GCS2000-H。

经纬度以度、分、秒格式表示，软件还有计算两点之间水准高差的功能。

6. 成果评价

本项目在港珠澳大桥似大地水准面计算中，使用了 134 个点重力数据和 21 个 GNSS 水准资料，EIGEN03 地球重力场模型作为参考重力场，由第二类 Helmert 凝集法完成了大地水准面的计算。

格网重力异常的内插和推估，是利用航天飞机雷达地形测绘使命（shuttle radar topography mission，SRTM）高分辨率 7.5″×7.5″通过地形均衡归算、移去-还原原理计算。地形均衡归算采用 Airy-Haiskanen 均衡模型，地形改正（即 Helmert 凝集层位所产生的引力影响）和均衡改正采用了考虑地球曲率的严密球面积分公式，积分半径为 300km。曲率连续张量样条算法可将离散重力异常内插为格网异常，适合重力数据稀少、分布极其不均匀和地形复杂地区，显著提高了格网空间重力异常的内插和推估精度。

似大地水准面的计算采用了第二类 Helmert 凝集法，在利用第二类 Helmert 凝集法计算大地水准面中的各类地形位及地形引力的影响，即牛顿地形质量引力位和凝集层位间的残差地形位的间接影响，以及 Helmert 重力异常由地形质量引力位和凝集层位所产生的引力影响，采用的公式均考虑了地球曲率影响的严密球面积分公式。计算地形的直接和间接影响的积分半径均为 300km。21 个 GNSS 水准资料与重力似大地水准面独立比较精度为±13mm。利用球冠谐分析方法将 GNSS 水准与重力似大地水准面联合求解得出的 2′×2′格网似大地水准面精度达到±8mm。

13.4.3　外海深水高精度高程传递技术

1. 技术参数

GNSS（BDS）+声呐高程测控的装置及技术应用于港珠澳大桥沉管隧道基床整平作业，最大作业水深约 50m，为了确保测控装置的稳定与可靠，研究总结了一套 GNSS（BDS）+声呐高精度测控技术及标准化检校技术。在施工前，需要对测控装置进行标准化的校核，通过比对分析，建立参数指标，以便快速判断测控装置高程是否准确和可靠。检校内容如下：

①仪器检校。

②RTK 现场比对。

③GNSS（BDS）基站的确认。

④全站仪三角高程检核。

⑤GNSS（BDS）联合几何水准引测检核。

⑥扫平仪检校。

⑦声呐检校。

⑧船体水平校准。

⑨潜水员水下检核。

校核技术参数指标如表 13-4 所示。

表 13-4 校核技术参数指标

项目	与 GNSS 成果比对较差要求/mm	采用仪器及设备
RTK 基站比对	±10	GNSS 接收机
GNSS+水准引测	±10	GNSS+徕卡 NA2 水准仪+钢尺
全站仪三角高程	±10	徕卡 TS30 全站仪
扫平仪检校	±10	TOPCON LS-80A
声呐检校	±5	激光测距仪
船体水平校准	±2	TOPCON LS-80A
潜水员水下检核	±20	钢尺

2. 检校流程

整平船高程测控系统标准化检校流程如图 13-14 所示。

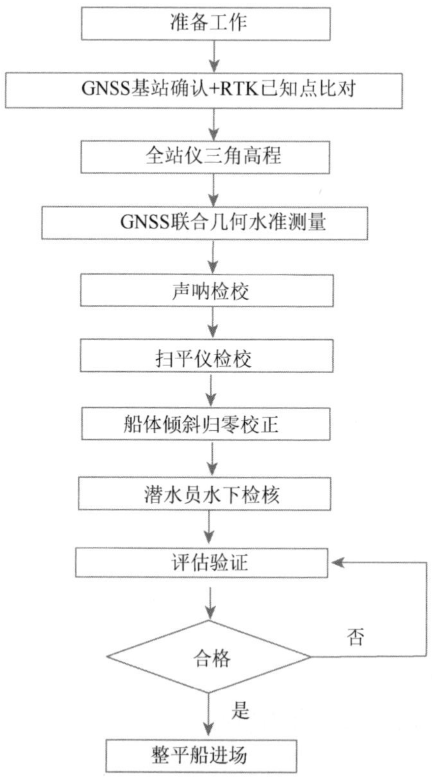

图 13-14 整平船高程测控标准化检校流程

3. RTK 现场比对及 GNSS 基站的确认

为了确保整平船上 GNSS 测得数据的准确性和整平船上设备参数的可靠性，在控制网上的已知点采用 RTK 方法进行不少于 30min 数据采集。通过 RTK 现场对比得到基站与控制点的基本信息，可以分析判断基站信号的可靠性、基站参数的正确性。测量平台比对如图 13-15 所示。

图 13-15　测量平台比对

4. 抛石管底部三角高程校核

将棱镜的中心位置距塔尺底面 15.0cm 固定，塔尺底面距离抛石管底部中心位置 15.0cm，即棱镜高为 15.0cm。使用水平尺，将塔尺固定在抛石管上并与抛石管底部中心位置重合。通过将全站仪测得的数值与抛石管顶部 GNSS 测量值减固定高差计算得到该位置的高程值进行比对，确认抛石管底部高程值满足制定的精度指标技术要求。全站仪三角高程测量如图 13-16 所示。

图 13-16　全站仪三角高程测量

5. RTK+水准测量+吊钢尺方法测量抛石管底部高程

利用 RTK+水准引测对抛石管底部高程进行检测比对。在船体某处确定 1 个高程基准，通过水准测量方法测出抛石管底部高程。抛石管底部高程控制检测流程见图 13-17。

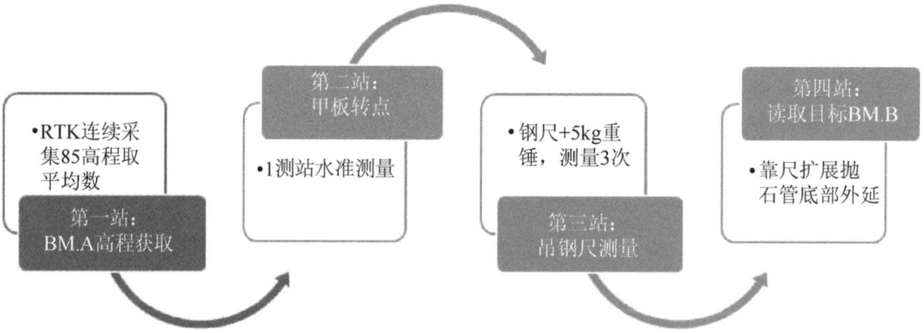

图 13-17　抛石管底部高程控制检测流程图

初始点高程获取：根据前期 RTK 测试经验，在稳定的控制点上进行长时间连续地形点采集，其高程变化曲线基本呈正弦曲线状。碎石整平船船体稳定，检测时在左舷二层甲板固定点架设流动站，进行 RTK 连续地形点采集，如图 13-18 所示，在采集时已对天线高进行改正，每秒采集 1 个点，采集时间约 30min。

对测得的大量高程数据进行统计计算，得到最大值、最小值及算术平均值。

图 13-18　RTK 连续地形点采集作业

甲板转点：在二层甲板进行水准测量，如图 13-19 所示，1 测站将固定点高程 H_A 传递到右舷二层甲板转点，读数 3 次取高差平均数作为该站高差 h_1。

钢尺引测：使用 50m 钢卷尺，钢尺底部悬挂能提供 50N 拉力的重锤（重锤使用 316

不锈钢定制，质量 5.1kg，忽略纬度对重力加速度的影响，取常规值 9.8N/kg，则重锤重力 $G=mg=5.1\times9.8\approx50\text{N}$），改变钢尺高度 3 次，将二层甲板上转点的高程引至底层甲板。

图 13-19　甲板水准测量

目标高程测量：使用靠尺扩展抛石管底部外沿，保持靠尺水平，将塔尺立于靠尺上，水准仪读取读数 3 次，取平均数作为抛石管底部同水准仪视准轴之间的高差 h_3，从而可以得到抛石管底部的实际高程。

6. 声呐改正

声呐受水深、水温、盐分浓度、浑浊度等因素的影响使测量值产生误差，所以每次测量时都需要进行校准。校准时，安装施工声呐的反射板，先用激光测距仪测得施工声呐和校准声呐到各自反射板的距离，将抛石管降至施工深度，通过调节校准声呐的发射声速，直至发送器和反射盘之间的距离与激光测距仪测得距离相同（约 1500mm），然后将此声速应用到施工声呐，此时施工声呐测得的值和激光测距仪测量值相同。声呐布置示意图如图 13-20 所示，声呐校准控制柜如图 13-21 所示，激光测距仪检测声呐如图 13-22 所示。

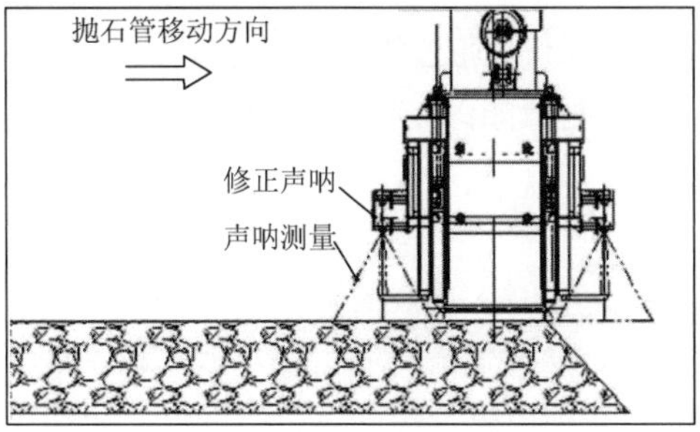

图 13-20　声呐布置示意图

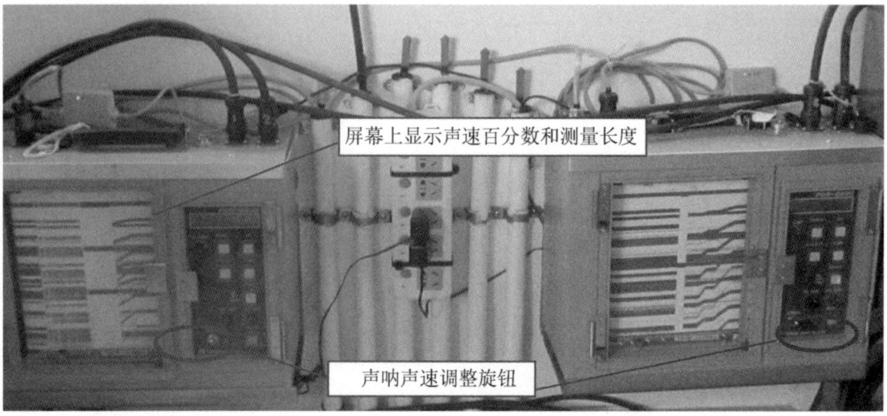

图 13-21　声呐校准控制柜示意图

图 13-22　激光测距仪检测声呐

7. 扫平仪测量

在相应测量平台上架设扫平仪，通过测量安放在控制点和抛石管上塔尺接收器，换算求出抛石管底部高程。扫平仪测量如图 13-23 所示。

8. 船体倾斜改正

整平施工前通过倾斜仪调平船体，确保船体水平。同时通过调平作业，保证了整平船船体水平和倾斜仪的正常工作，从而使得抛石管在下放过程中处于自然垂直状态。采用扫平仪对整平船倾斜仪测量校正，在顶甲板开阔地架设扫平仪，分别在船体行车道表面的 4 个角点上安放固定有接收器的水准尺，以扫平仪视线高度为参考面，并对其扫平，读取各水准尺的读数，比较数值，通过调整桩腿将 4 点高差互差调整小于 2mm，最后将整平船倾斜仪归零，完成校准。船体调平流程见图 13-24。

图 13-23　扫平仪测量

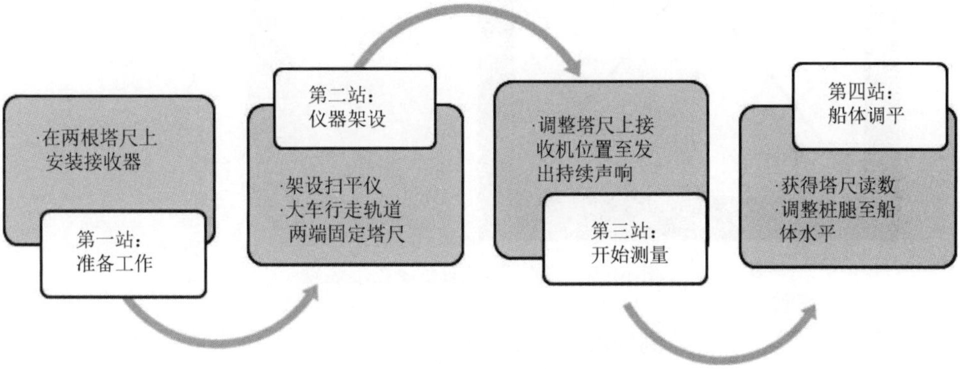

图 13-24　船体调平流程图

9. 潜水员水下检核确认

管节在干坞标定时其顶部首尾端埋设有高程特征点，待管节安装到位后，通过管内精确高程贯通测量可以得到绝对高程值。管节顶部一次标定高程点分布见图 13-25。

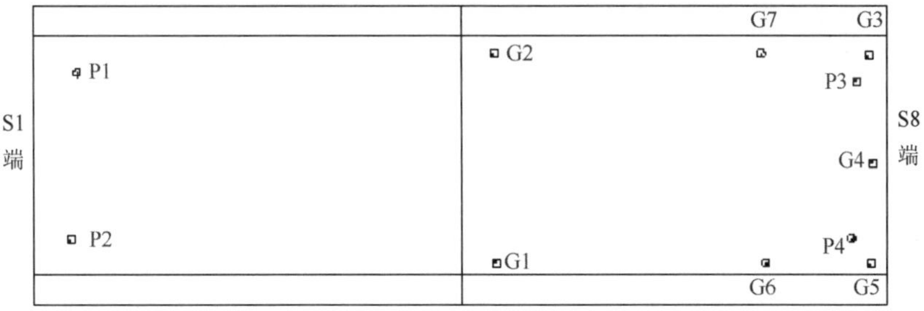

图 13-25　管节顶部高程特征点分布图

利用已安管节顶部高程点对抛石管底部高程进行检核。将抛石管移至已安管节尾端高程比对点上方，潜水员沿抛石管下潜至管节顶部，用特制测尺从抛石管底部螺栓的位置量取到比对点的高差，多次测量取平均值，将比对点的高程换算至抛石管口，并与此时 GNSS 高程显示的高程数据比对确认。

研究人员研发了一套有助于潜水员在水下精确标定抛石管中心位置的可移动升降的抛石管平面系统校准装置，如图 13-26 所示。抛石管平面系统校准装置是一根同心管，在焊接支撑下方处，有一个可以旋动的螺栓固定，潜水员在水下指挥抛石管，使抛石管底部的装置 A 中心准确位于管节预埋点正上方，可以通过伸缩套管，判断套管下端是否落在预埋件中心。

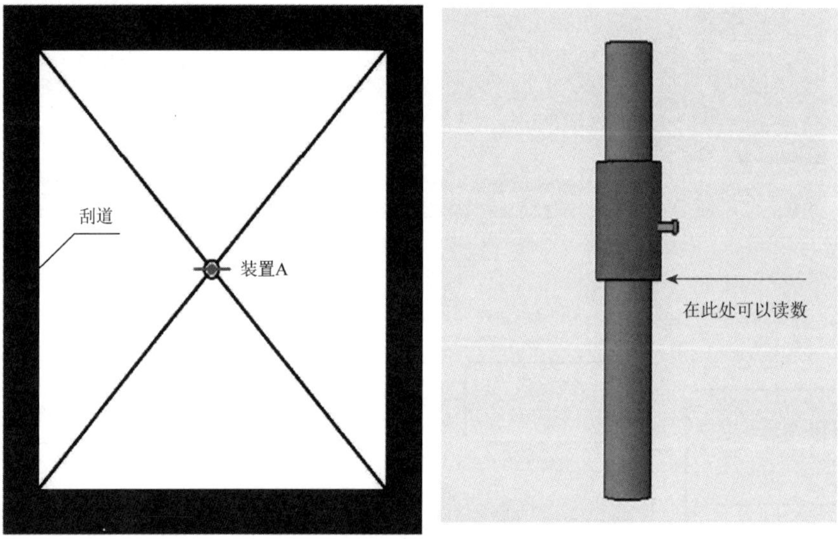

图 13-26　抛石管平面系统校准装置

安装装置 A 时，套管外侧底端和抛石管底部在一个水平面上，制作的同心管上带有刻度，潜水员将同心管放在预埋件上时，可以读出下放的刻度，这样可以直接确定抛石管的底部高程。水下测尺量高示意图见图 13-27。

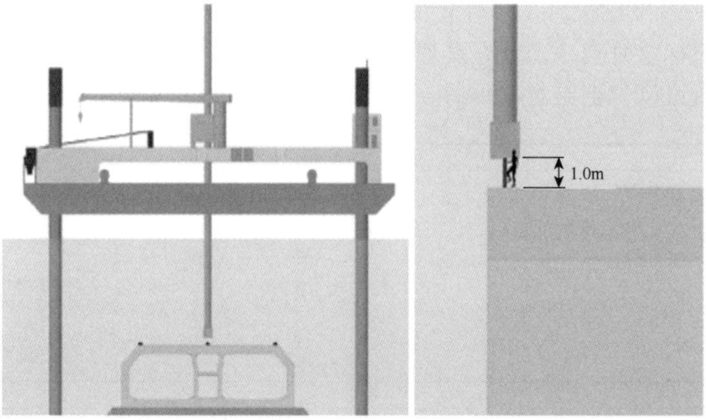

图 13-27　水下测尺量高示意图

10. 实施效果

利用基于 GNSS（BDS）+声呐的外海深水高精度高程传递技术和外海深水高精度高程测控技术标准化检校技术方法，2015 年 11 月 10 日～2015 年 11 月 17 日进行 E23 管节碎石垫层基床铺设及验收。碎石垫层标高检测示意图见图 13-28。

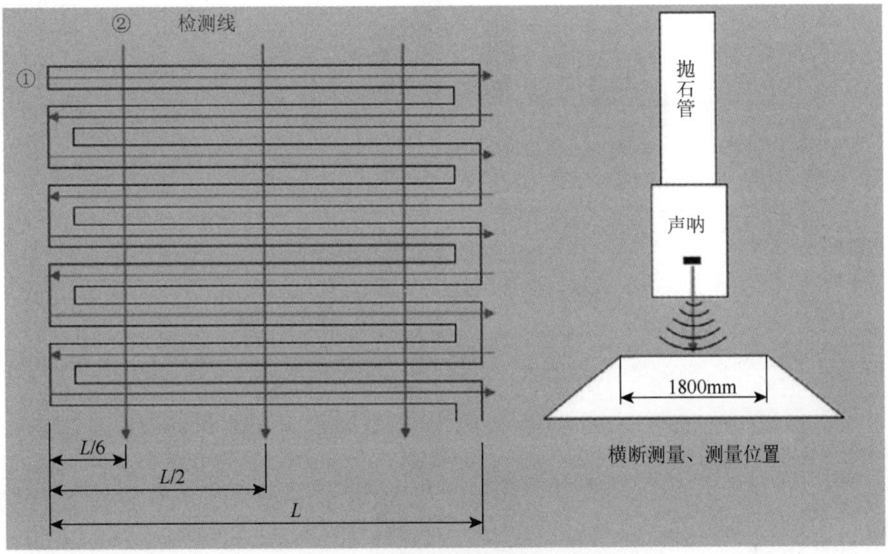

图 13-28　碎石垫层标高检测示意图

E23 管节碎石垄整平验收数据如表 13-5 所示。

表 13-5　E23 管节碎石垄整平验收数据

限差	声呐	超上限	超下限	总数	合格数	合格率/%
±20mm	1	1 634	3 139	50 860	46 087	90.62
	2	1 552	3 198	50 762	46 012	90.64
±25mm	1	1 325	2 361	50 860	47 174	92.75
	2	1 489	2 254	50 762	47 019	92.63
±30mm	1	1 298	2 011	50 860	47 551	93.49
	2	1 267	2 032	50 762	47 463	93.50
±35mm	1	943	1 865	50 860	48 052	94.48
	2	944	1 953	50 762	47 865	94.29
±40mm	1	768	1 216	50 860	48 876	96.10
	2	810	1 223	50 762	48 729	96.00

通过图 13-29 可知 90.62%以上的点均落在±20mm 误差范围以内，说明基床整平高程传递测控精度达到±20mm 的研究目标。

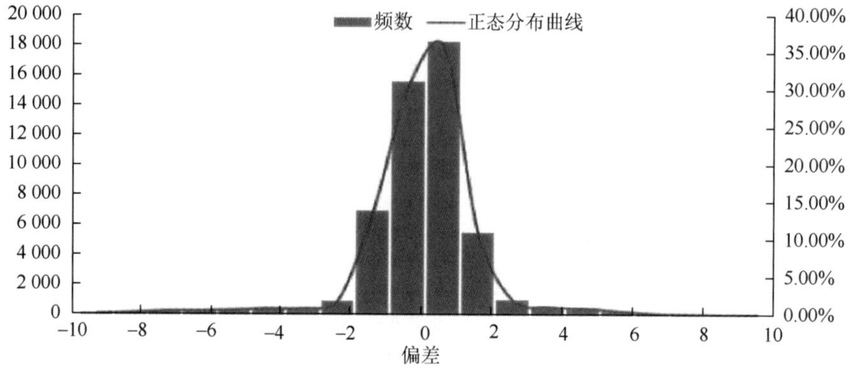

(a) 声呐1直方图

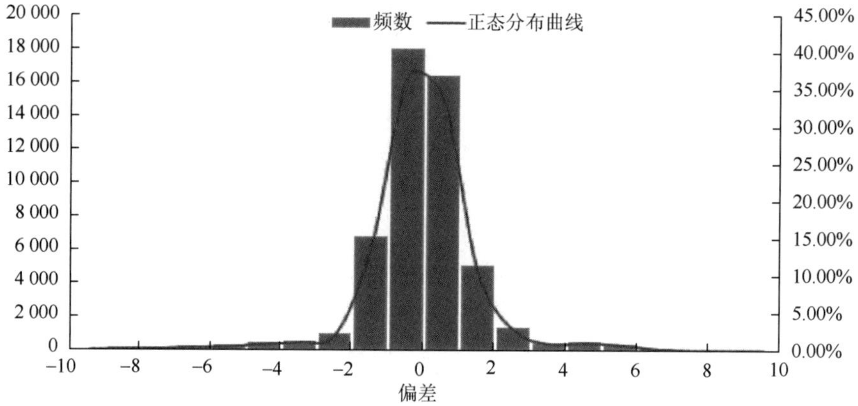

(b) 声呐2直方图

图 13-29 E23 管节碎石垄整平验收数据统计图

13.4.4 港珠澳大桥 GNSS 数据处理系统

1. 港珠澳大桥 GNSS 数据处理系统开发

①系统以工程为基本单元，对整个计算过程从数据输入到计算结果输出进行工程化管理，系统能够管理多个工程。

②整个系统采用拖放停靠式界面，操作方便。

③系统在 Visual Studio 2010 开发环境下，采用 VC++语言进行开发，在开发过程中，采用组件技术，使系统具有较好的扩展性。

④采用 ACCESS 数据库作为本系统基本版的数据管理平台，如果数据量较大，可以考虑采用 SQL Server 2008 作为数据库管理平台。

⑤整个系统开发遵循一般软件系统的开发标准，从系统分析、系统设计、程序设计、单元测试、功能测试、集成测试、安装部署等各个阶段保证软件质量。

系统主要具有六大功能模块，分别为工程管理、平差计算、HZMB 计算、坐标转换、地图工具、GNSS 工具。系统功能的完整架构见图 13-30。

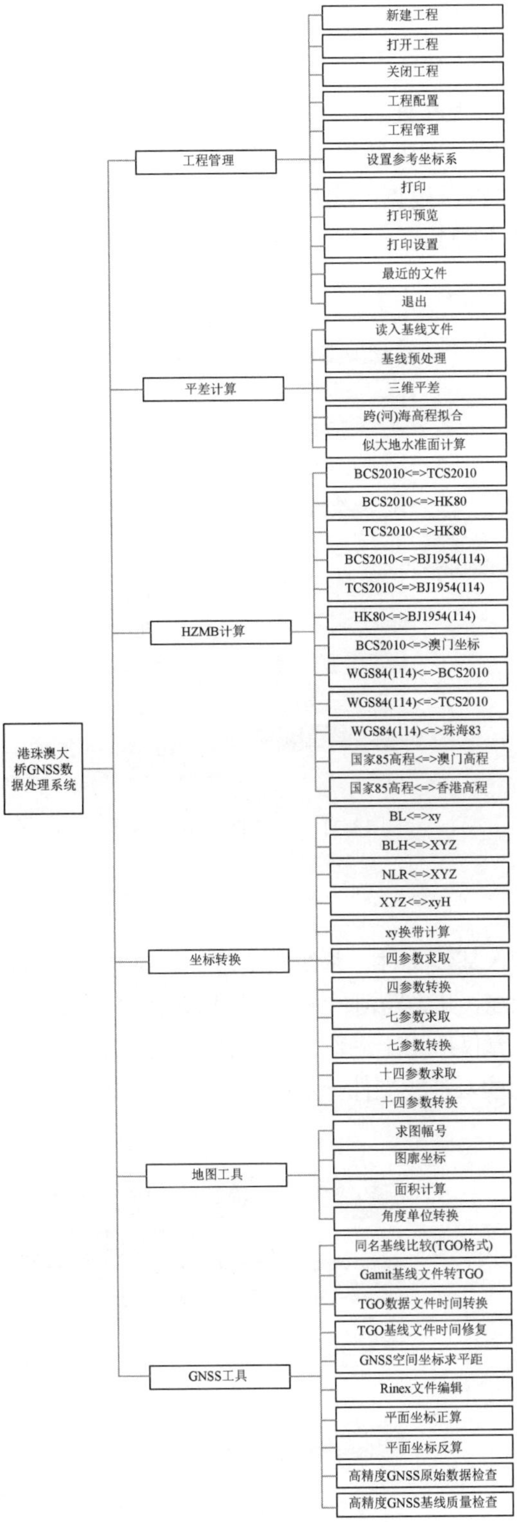

图 13-30　系统功能的完整架构

2. 工程管理

本系统按工程进行管理和处理，大部分操作对所选定的工程进行，其优点是方便用户使用，便于存档和调阅。观测数据文件和平差结果文件等都是与工程有关的文档，一个工程会涉及许多的文档，根据一定的命名规则，系统会调用相应的文档进行处理。“文件”下拉菜单见图 13-31。

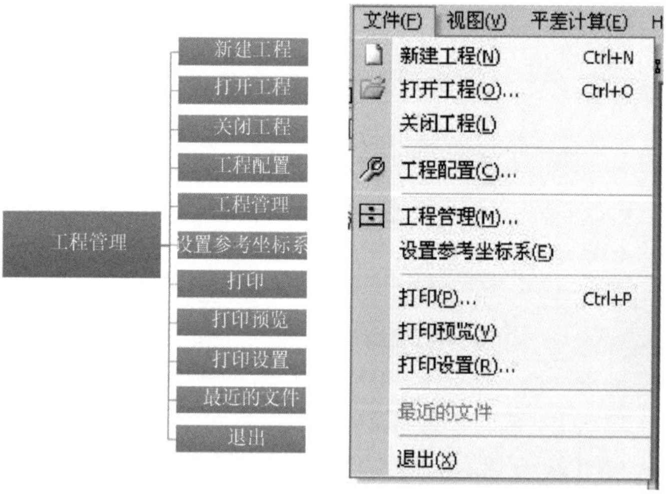

图 13-31 “文件”下拉菜单

3. 平差计算

本模块功能包括读入基线文件、基线预处理、三维平差、跨河（海）高程拟合计算及似大地水准面计算等功能，其中跨河（海）高程拟合计算可以适用于与本项目无关的其他测区，似大地水准面计算仅适用于港珠澳大桥桥区范围。

平差计算的顺序为读入基线文件—基线预处理—三维平差。平差计算菜单如图 13-32 所示。

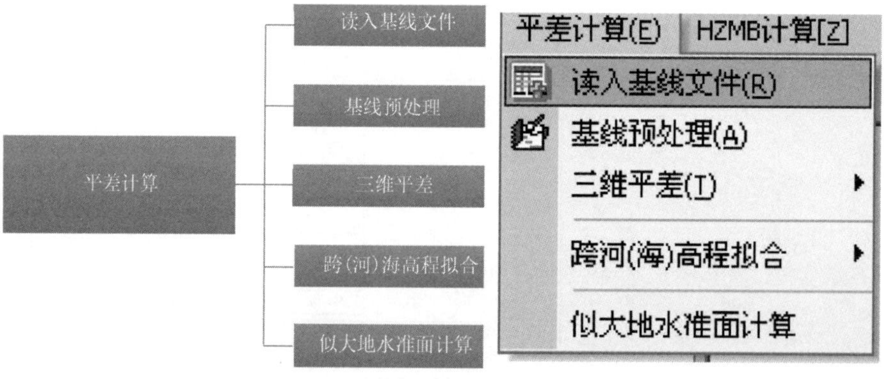

图 13-32 平差计算菜单

4. HZMB 计算

本菜单提供港珠澳大桥（HZMB）工程所需的 WGS84、BCS2012、TCS2010、北京 1954、珠海 83、香港 80、澳门坐标等坐标系统之间的坐标转换相关功能，以及国家 85 高程与香港、澳门高程之间换算等功能。HZMB 计算菜单如图 13-33 所示。

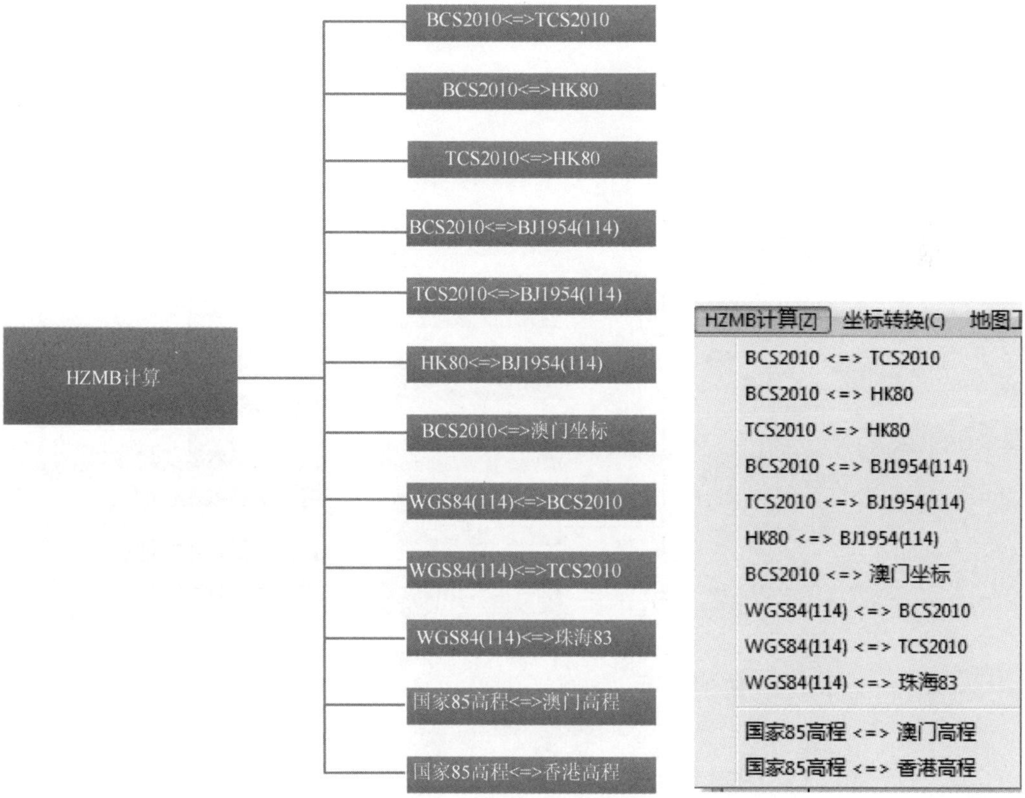

图 13-33　HZMB 计算菜单

5. 坐标转换

本菜单提供坐标转换相关功能，包括经纬度至平面坐标的转换（BL＜=＞XY）、三维大地坐标至空间直角坐标的转换（BLH＜=＞XYZ）、三维地心坐标至空间直角坐标的转换（NLR＜=＞XYZ）、三维空间直角坐标至平面直角坐标的转换（XYZ＜=＞xyH）、平面直角坐标换带计算（含投影面抬高），以及四参数、七参数、十四参数的求取及坐标转换等。坐标转换菜单如图 13-34 所示。

6. 地图工具

本菜单提供国家基本比例尺地形图计算相关工具，包括根据点位坐标计算所在图幅编号、根据图幅编号计算图廓坐标、根据封闭图形拐点坐标计算图形面积及角度单位转换（度、分、秒之间的转换）等内容。地图工具菜单如图 13-35 所示。

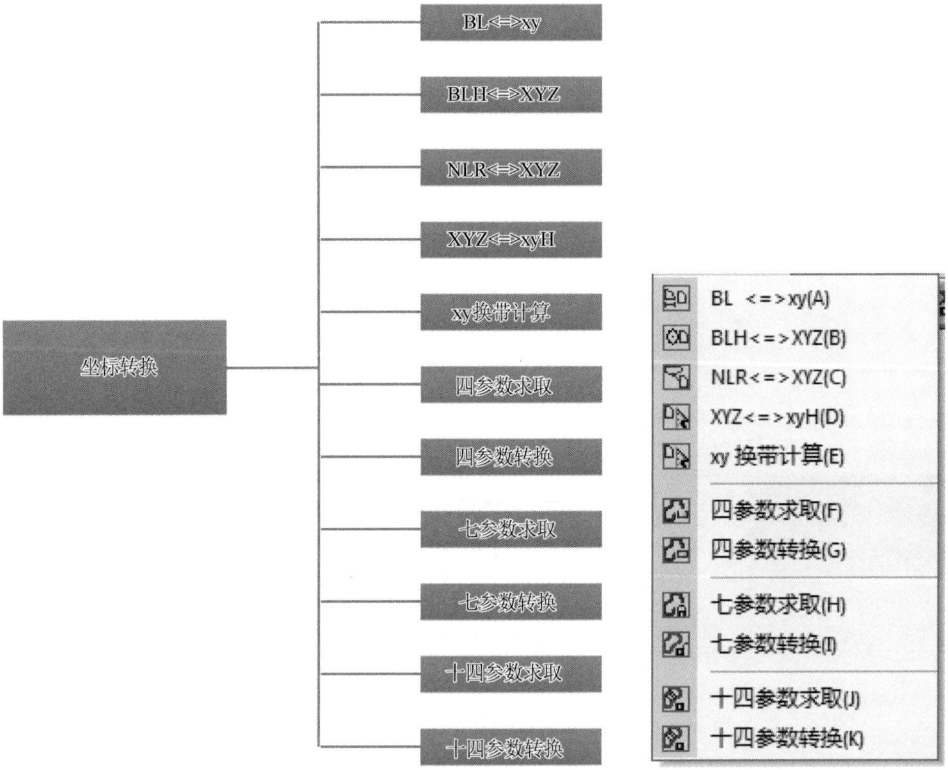

图 13-34　坐标转换菜单

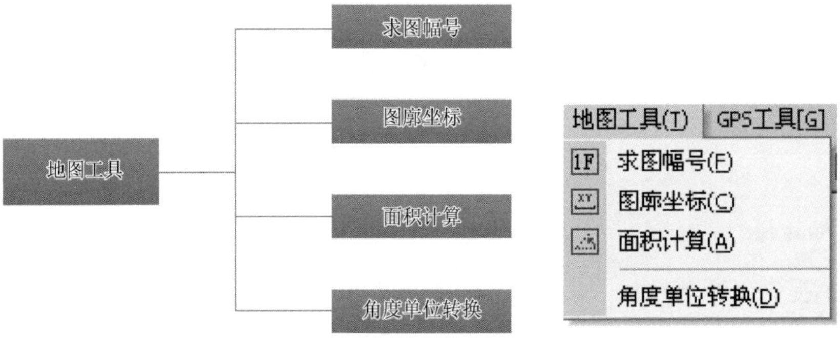

图 13-35　地图工具菜单

7. GPS 工具

本菜单提供 GPS 原始数据、基线解数据处理、质量检核及控制点对间方位角、距离计算等相关工具，包括同名基线比较（TGO 格式）、Gamit 基线文件转 TGO、Rinex 文件编辑、TGO 数据文件时间转换、TGO 基线文件时间修复、GPS 空间坐标求平距、平面坐标正反算、高精度 GPS 原始数据检查及基线质量检查。GPS 工具菜单如图 13-36 所示。

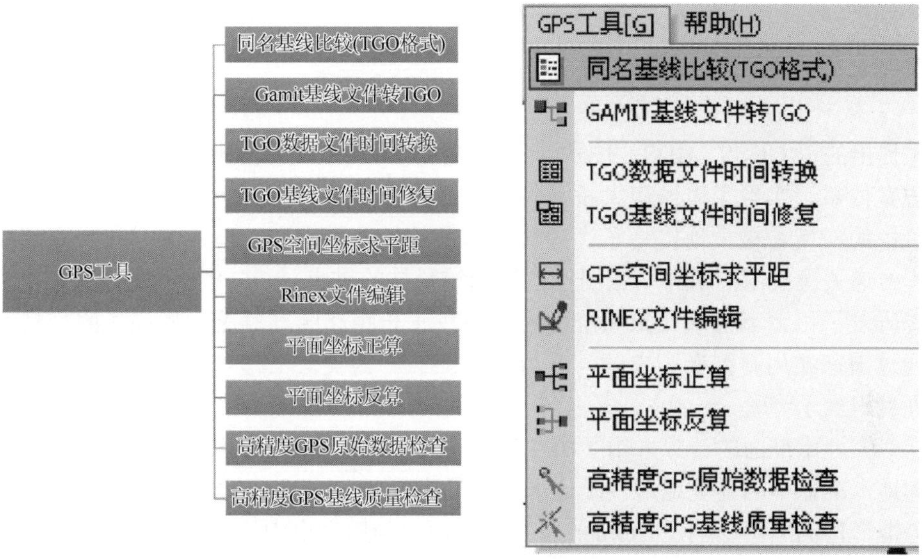

图 13-36 GPS 工具菜单

13.5 研究成果、技术创新点及其水平

13.5.1 主要研究成果

①提出了以 GNSS（BDS）技术为主、多种光学测量技术为辅的长距离跨海高程传递组合方案体系。重点研究了 GNSS 技术实现长距离跨海高程传递的方案，以及光学测量技术在外海域复杂环境条件下实现高精度长距离跨海高程传递的关键问题。研发了可调节合成光源照准标志，解决了长距离光学测量法照准难题。

②采用 Airy-Haiskanem 模型及 SRTM 高分辨率 7.5″×7.5″数值地面模型进行重力归算，利用曲率连续张量样条算法对格网重力异常进行内插和推估，似大地水准面计算利用第二类 Helmert 凝集法，其中地形位及地形引力影响的计算均考虑了地球曲率的严密球面积分公式，并提出严密的陆海统一重力场归算算法，最后利用球冠谐分析方法将 GNSS(BDS)水准与重力似大地水准面联合求解得到高分辨率、高精度的似大地水准面。以上方法显著提高了重力似大地水准面的精度，确定了精度达到±8.0mm、分辨率为 2′×2′的港珠澳大桥岛隧工程似大地水准面模型。

③发明了一种基于 GNSS（BDS）+声呐的外海深水高精度高程传递技术，提出了外海深水高精度高程测控技术标准化检校技术方法，实现了水深 50m 级高程测控精度达到±20mm。

④自主研发了港珠澳大桥 GNSS 数据处理系统，实现了 GNSS（BDS）精密三维数据

处理、多模型精密高程传递、GNSS（BDS）数据质量检验、粤港澳不同空间基准间实时精密转换服务等功能。

13.5.2 主要技术创新点

①提出的以 GNSS（BDS）技术为主、多种光学测量技术为辅的长距离跨海高程传递组合方案体系，实现了港珠澳大桥岛隧工程高程基准的陆海统一。GNSS 技术在高程传递测量中的应用，极大地提高了高程传递测量的作业效率和经济效益。长距离高精度跨海高程传递关键技术的研究与应用推动了测绘科技的进步。

②研发了可调节合成光源照准标志，解决了长距离照准难题，提高了照准精度，目前已通过国家实用新型专利申请，获得专利证书，为类似工程项目中长距离高精度高程测量项目积累了经验。

③似大地水准面的计算采用了第二类 Helmert 凝集法，在利用第二类 Helmert 凝集法计算大地水准面中的各类地形位及地形引力的影响(即牛顿地形质量引力位和凝集层位间的残差地形位的间接影响及 Helmert 重力异常由地形质量引力位和凝集层位所产生的引力影响)时，采用的公式均考虑了地球曲率影响的严密球面积分公式。计算地形的直接和间接影响的积分半径均为 300km。21 个 GNSS 水准资料与重力似大地水准面独立比较精度为±13mm。利用球冠谐分析方法将 GNSS 水准与重力似大地水准面联合求解得出的 $2'\times2'$ 格网似大地水准面精度达到±8mm。

④突破 GNSS（BDS）+声呐技术在海洋测绘中多用于单波束、多波束测量的现状，发明了一种基于 GNSS（BDS）+声呐的外海深水高精度高程传递技术，提出了外海深水高精度高程测控技术标准化检校技术方法，结合刚性结构体，可以实现 50m 水深±20mm 精度的高程传递。

⑤研制港珠澳大桥 GNSS 数据处理系统，实现了 GNSS（BDS）精密三维数据处理、多模型精密高程传递、GNSS（BDS）数据质量检验、粤港澳不同空间基准间实时精密转换服务等功能。

13.5.3 研究成果水平及其先进性

①长距离跨海高程传递组合方案体系为港珠澳大桥岛隧工程提供了高精度、统一的高程基准，技术成果优于国家二等水准精度要求；为特大型桥梁、宽海域跨海工程高精度高程传递技术方案设计及规程、规范的制定提供了实践依据。

②毫米级似大地水准面模型的建立，解决了地形影响、跨海岸线精密重力归算、与国家高程基准融合等技术难题。

③基于 GNSS（BDS）+声呐的外海深水高精度高程传递技术保证了深水基床基础的高精度整平，丰富了外海深水高精度基床铺设工效评估方法，推动了我国 GNSS（BDS）系统工程应用化进程。

④港珠澳大桥 GNSS 数据处理系统解决了现代测绘基准工程应用化的服务体系问

题，为提升我国特大型工程的测绘服务保障能力起到了良好的示范作用，同时也为“一带一路”倡议环境下不同国家（地区）测量基准精确转换提供成功案例。

13.6　研究结论

本章主要得出以下结论。

①以 GNSS（BDS）技术为主、多种光学测量技术为辅的长距离跨海高程传递组合方案体系，完成了外海测量平台 9km 高精度高程传递关键技术的研究，实现了港珠澳大桥岛隧工程陆海高程基准的精准统一。多种不同方案分别获得了可靠的长距离高精度跨海高程传递测量成果，经纬仪倾角法、GNSS 高程传递法及似大地水准法之间测高差互差均较小，满足二等水准测量限差要求。GNSS 高程传递法和似大地水准法所测高差值最为接近，其高差之差比例误差为 1/8050000。经纬度仪倾角法测回数足够多，GNSS 高程传递法推理严谨，似大地水准面模型法通过严密的似大地水准面模型，利用高精度的大地高和空间坐标也能得到高精度的正常高，为港珠澳大桥岛隧工程提供了高精度、统一的高程基准，技术成果优于国家二等水准精度要求。

②采用 Airy-Haiskanem 模型及 SRTM 高分辨率 7.5″×7.5″数值地面模型进行重力归算，利用曲率连续张量样条算法对格网重力异常进行内插和推估，似大地水准面计算利用第二类 Helmert 凝集法，其中地形位及地形引力影响的计算均考虑了地球曲率的严密球面积分公式，并提出严密的陆海统一重力场归算算法，最后利用球冠谐分析方法将 GNSS(BDS)水准与重力似大地水准面联合求解得到高分辨率、高精度的似大地水准面，确定了精度达到±8.0mm、分辨率为 2′×2′的港珠澳大桥岛隧工程似大地水准面模型。

③基于 GNSS（BDS）+声呐的外海深水高精度高程传递技术方法依附在某特殊载体上，利用外海深水高精度高程测控技术标准化检校技术方法进行系统检校，应用于外海深水高精度水下工程建设时，在充分考虑现场施工环境和施工工艺的基础上，选择性能优良的仪器设备，通过研究确定影响测量精度的因素及大小并加以科学合理的分析改正，可以达到 50m 水下±20mm 的高精度高程测控精度。

④港珠澳大桥 GNSS 数据处理系统，主要具有六大功能模块，分别为工程管理、平差计算、HZMB 计算、坐标转换、地图工具、GPS 工具，实现了 GNSS（BDS）精密三维数据处理、多模型精密高程传递、GNSS（BDS）数据质量检验、粤港澳不同空间基准间实时精密转换服务等功能，解决了现代测绘基准工程应用化的服务体系问题。

参 考 文 献

[1] 尹海卿.港珠澳大桥岛隧工程设计施工关键技术[J]. 隧道建设，2014，34（1）：60-66.

[2] 郑伟. 港珠澳大桥沉管隧道深基槽回淤检测与分析[J]. 中国港湾建设，2015（11）：25-28.

[3] 张志刚，刘洪洲，付佰勇. 沉管隧道地基与基础的设计选型[C]//公路隧道安全设计与运营管理暨水下隧道建设技术国际会议论文集，2011：500-510.

[4] 张志刚，刘洪洲. 公路沉管隧道的发展及其关键技术[J]. 隧道建设，2013 （5）：343-347.

[5] 王勇. 深埋沉管隧道基础碎石垫层变形特性试验研究[J]. 岩土力学，2015 （12）：3387-3392.

[6] 张学俊，魏红波，张建军. 韩国釜山沉管隧道基础铺设整平施工关键技术[J]. 水运工程，2013 (6)：177-182.

[7] 孙阳阳，徐良，张建军，等. 基于多波束测探的海底基床监测与分析[J]. 中国港湾建设，2015（11）：46-48.

[8] 郑伟，李炜. GPS-RTK 三维水下地形测量的应用与误差分析[J]. 中国港湾建设，2015（7）：42-45.

[9] 刘兆权，孙阳阳，锁旭宏，等. SPS361 代替光纤罗经的可能性[J]. 中国港湾建设，2016（7）：12-14.

[10] 潘满，何波. RTK 三维多波束水深测量在港珠澳大桥岛隧工程中的应用[J]. 中国港湾建设，2016（7）：5-8.

[11] 尹刚，孟博，魏杰. 碎石基床清淤系统设备研究与应用[J]. 船舶工程，2016（增刊 1）：117-120.

[12] 高延耀，顾国维. 水污染控制工程[M]. 北京：高等教育出版社，1999.

[13] 李爱芬. 油层物理学[M]. 北京：中国石油大学出版社，2011.

[14] 傅智伟. 沉管隧道基槽开挖基设备[J]. 世界隧道，2000（6）：14-16.

[15] 中华人民共和国交通运输部. 重力式码头设计与施工规范：JTS 167-2—2009 [S]. 北京：中国建筑工业出版社，2009.

[16] 陈韶章. 沉管隧道设计与施工[M]. 北京：科学出版社，2002.

[17] 徐干成，李永盛. 沉管隧道的基础处理、基槽淤积和基础沉降问题[J]. 现代隧道技术，1995（3）：2-18.

[18] 贺少辉，张弥，王磊，等. 长江沉管隧道基槽开挖过程泥砂冲淤对环境的影响[J]. 北京交通大学学报，1999，23（4）：56-60.

[19] 钱宁，万兆惠. 泥沙运动力学[M]. 北京：科学出版社，1983：229-259.

[20] 汪卫国，曹慧美，郑勇玲，等. 九龙江口海沧港区 17～18#码头基槽浮泥成因分析[J]. 应用海洋学学报，2009，28（1）：82-89.

[21] Huhta P. Studies of quaternary deposits of investigation trench OL-TK14 at the Olkiluoto study site，Eurajoki，SW Finland[R]. Working Report，2008（5）：1-36.

[22] Ratzov G，Collot J Y，Sosson M，et al. Mass-transport deposits in the northern Ecuadorsubduction trench：Result of frontal erosion over multiple seismic cycles[J]. Earth & Planetary Science Letters，2010，296（1-2）：89-102.

[23] Stuckless J S. An evaluation of evidence pertaining to the origin of vein deposits exposed in Trench 14 Nevada Test Site Nevada[J]. Office of Scientific & Technical Information Technical Reports，2015：1429-1438.

[24] Gonzalez M，Proust J N，Michaud F，et al. Nature and architecture of the sedimentary deposits in the trench of the ecuadorian subduction margin[C]//EGU General Assembly Conference. 2016.

[25] 张伟，朱继伟. 深基槽清淤验收方法的探讨[J]. 水运工程，2006（11）：38-42.

[26] 王照田. 浮泥观测在港珠澳大桥试挖槽中的应用[J]. 人民珠江，2010，31（5）：7-9.

[27] 高耿明，潘润秋. 基于多波束测深的海底沉管基槽回淤监测与分析[J]. 测绘地理信息，2010，35（4）：32-33.

[28] 沈永芳，吴刚，赵强. 广州仑头-生物岛隧道工程基槽的水下检测[C]//上海岩土力学与工程 2011 年学术年会. 2011.

[29] 辛文杰，贾雨少，何杰. 港珠澳大桥沉管隧道试挖槽回淤特征分析[J]. 水利水运工程学报，2012（2）：71-78.

[30] 中华人民共和国交通运输部. 水运工程测量规范：JTJ 203—2001 [S]. 北京：中国建筑工业出版社，2001.

[31] 张俊，顾亚平，查雨，等. 双频测深仪对淤泥层测定的研究[J]. 仪器仪表学报，2002（Z2）：492-493.

[32]　冯俊. 浮泥发育时双频回声测深误差及其对适航水深监测的影响[J]. 水运工程，2011（8）：83-87.
[33]　宋钢贤. 护筒螺旋取土器：CN201434780Y[P]. [2010-03-31].
[34]　李宏升，张刚，方耀卿. 重力式码头过大位移和不均匀沉降质量通病防治[J]. 海岸工程，2009，28（3）：49-57.
[35]　王志东. Silas 和 Densitune 系统在航道工程中的应用[J]. 港工技术，2011，48（1）：51-53.
[36]　薛文鼎，马文东. 水下清淤取样检测器具的研究与应用[J]. 中国港湾建设，2009（6）：35-38.
[37]　宋钢贤. 浮泥提取器：CN101644635B[P]. [2011-09-21].
[38]　李樟苏，吴永进. γ 密度仪测定杭州湾浮泥和淤泥重度简介[J]. 水运工程，1995（5）：17-20.
[39]　钱炳兴，凌鸿烈，孙跃秋，等. 超声波浮泥重度测量仪[J]. 声学技术，2001，20（1）：42-44.
[40]　刘吉福. 水下基槽回淤沉积物厚度检测方法探讨[J]. 水运工程，2013（6）：29-34.

彩　　图

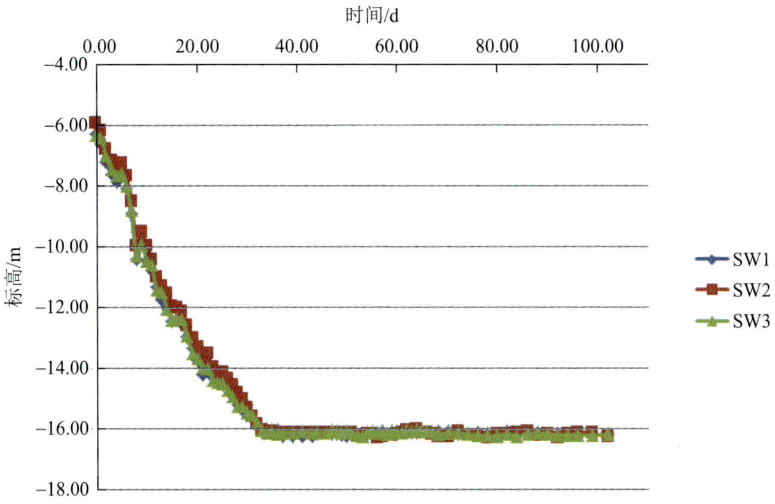

图 1-27　观测井水位监测图

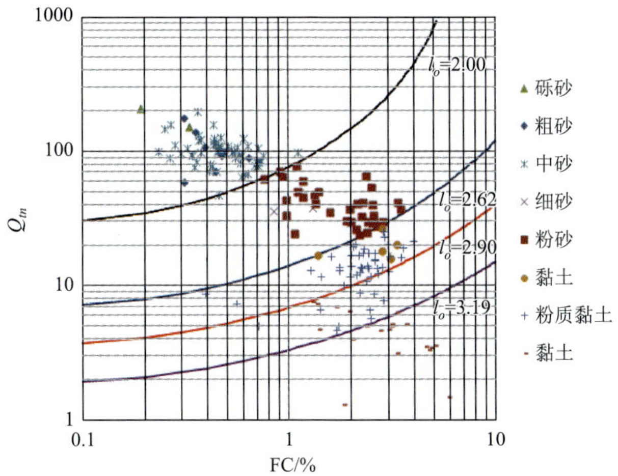

图 2-29　基于 Robertson（2010）的土体分类标准

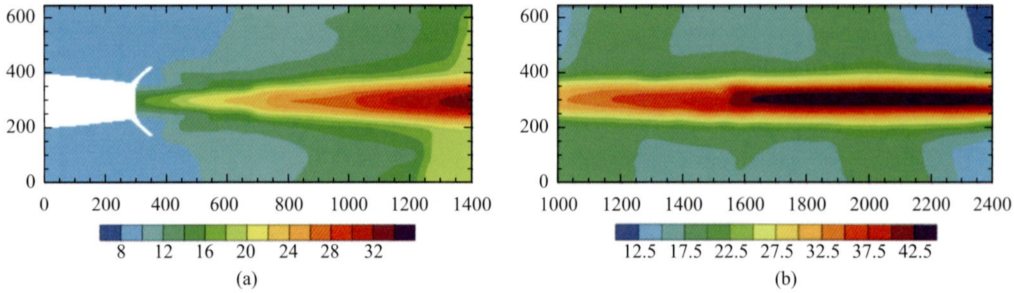

图 3-22　港珠澳大桥岛隧工程基槽区地形（单位：m）

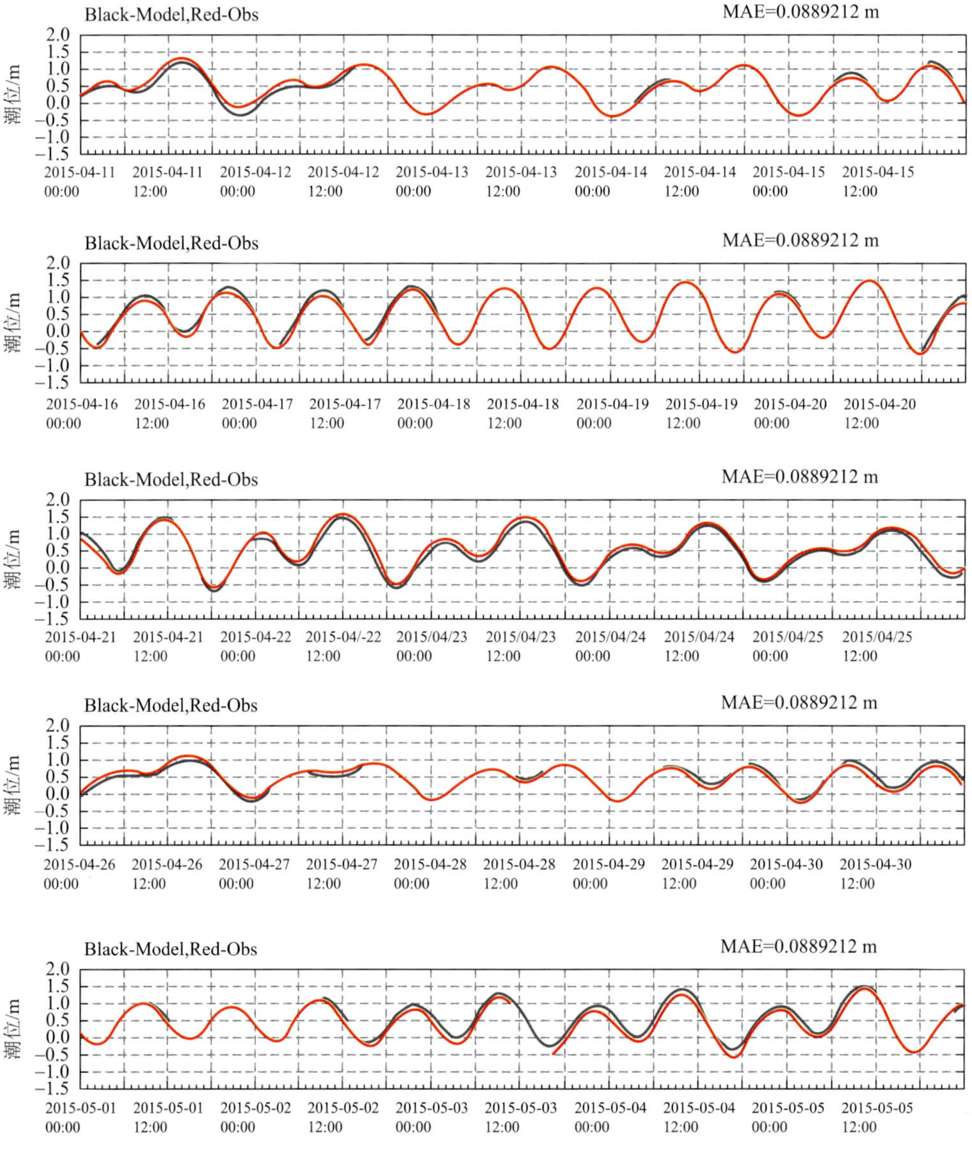

图 3-23　2015 年 4 月 11 日～2015 年 5 月 5 日潮位检验结果

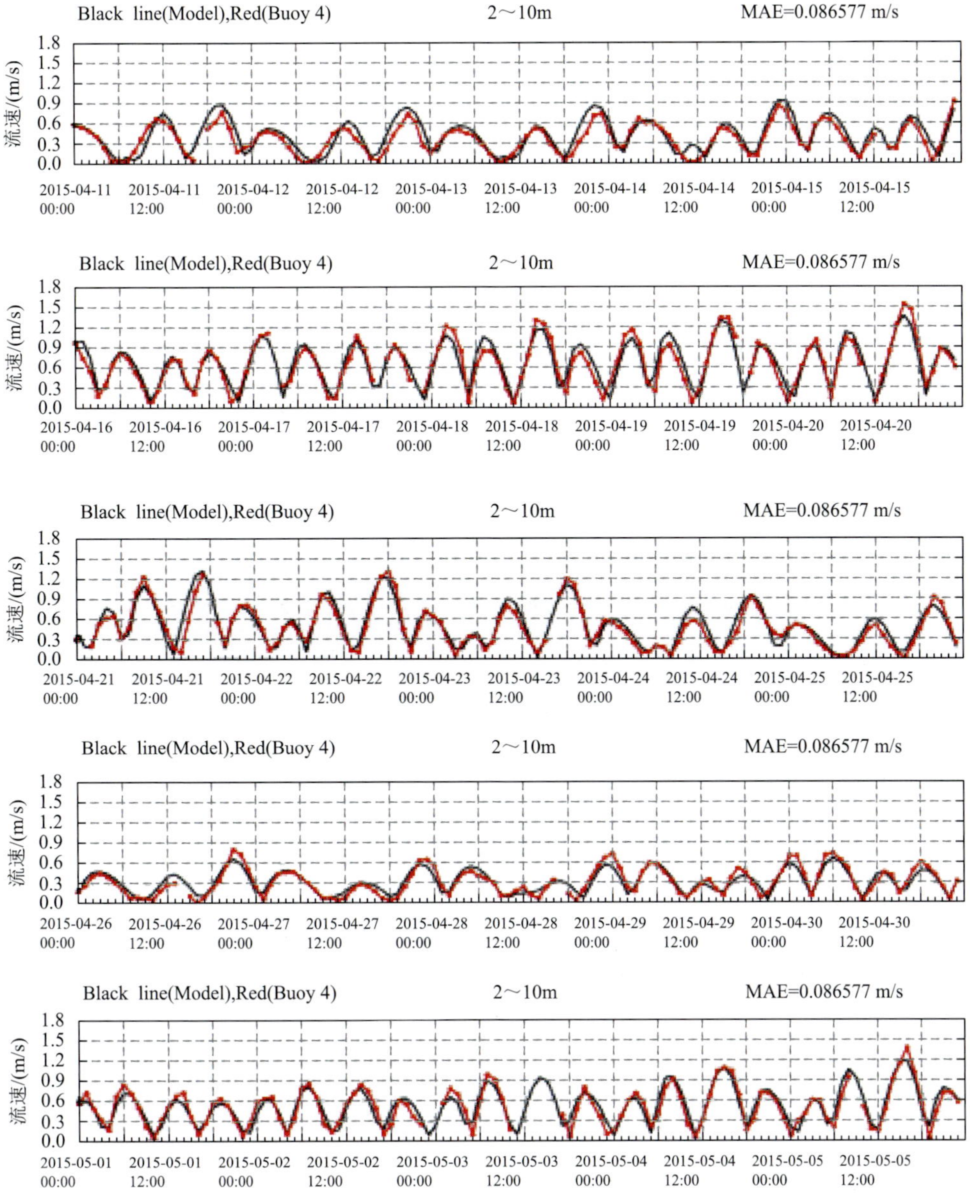

图 3-24　2015 年 4 月 11 日～2015 年 5 月 5 日流速检验结果

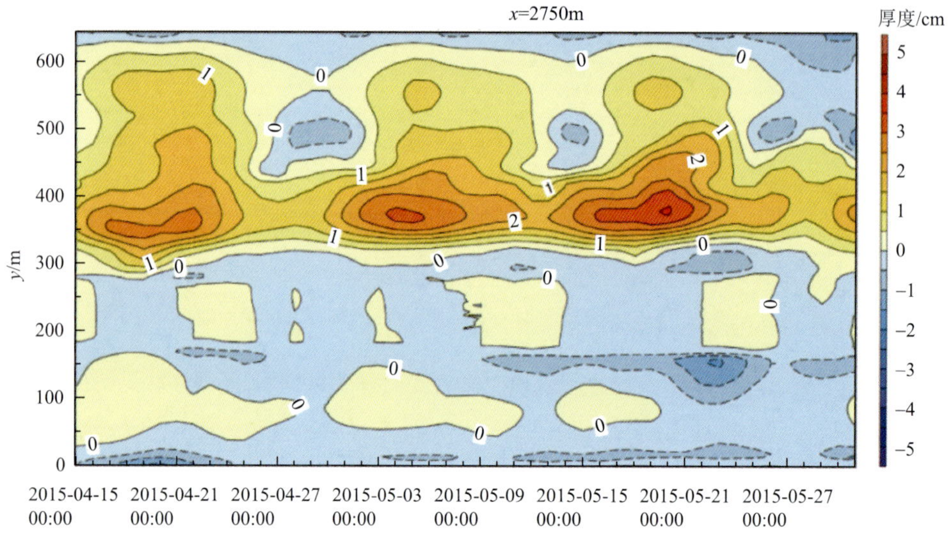

图 3-28 基槽区纵切面泥沙回淤强度变化

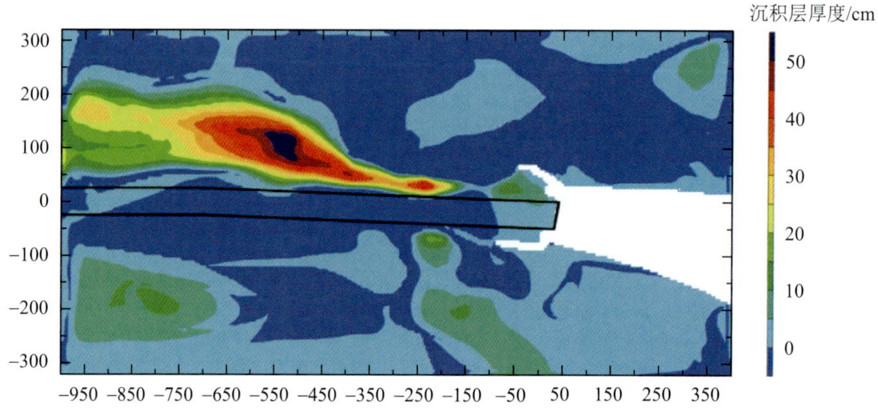

图 3-29 基槽区泥沙累积回淤量空间分布

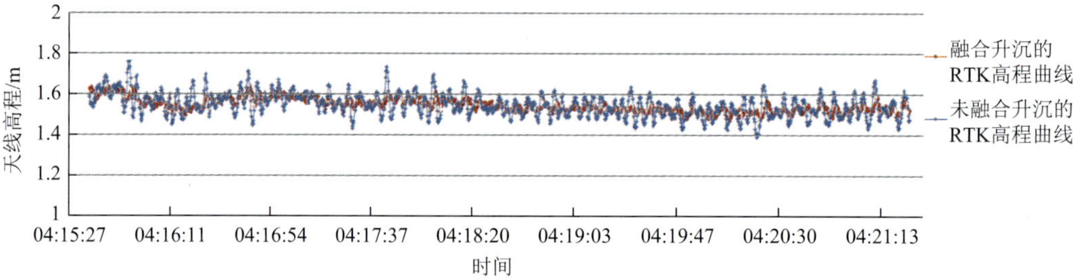

图 3-40 信号融合对比图

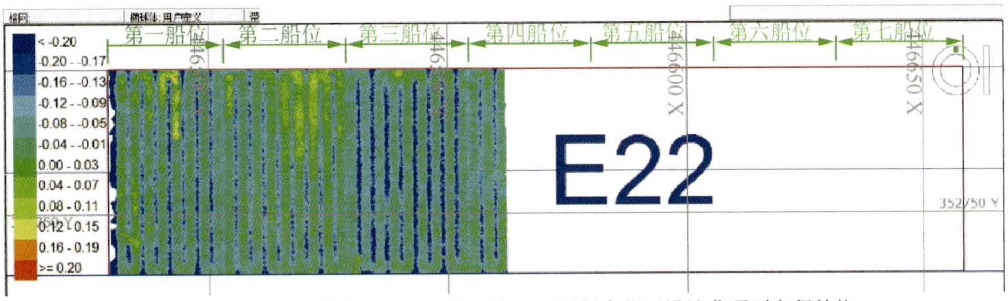

(a) E22管节2015年10月23日13:00测量高程同设计垄顶面高程差值

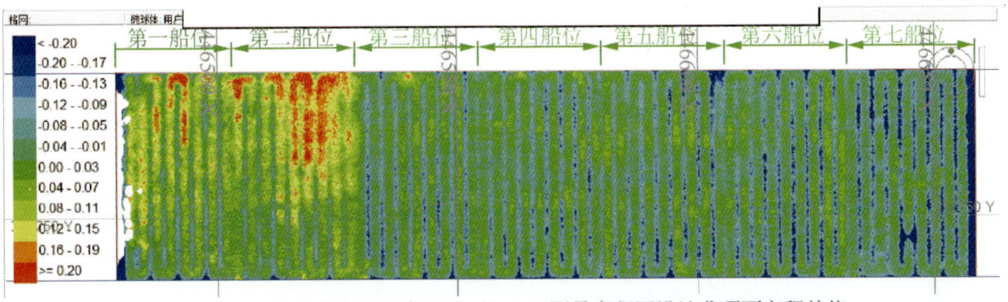

(b) E22管节2015年11月1日12:00测量高程同设计垄顶面高程差值

图 3-44　E22 管节不同时间测量高程同设计垄顶面高程差值

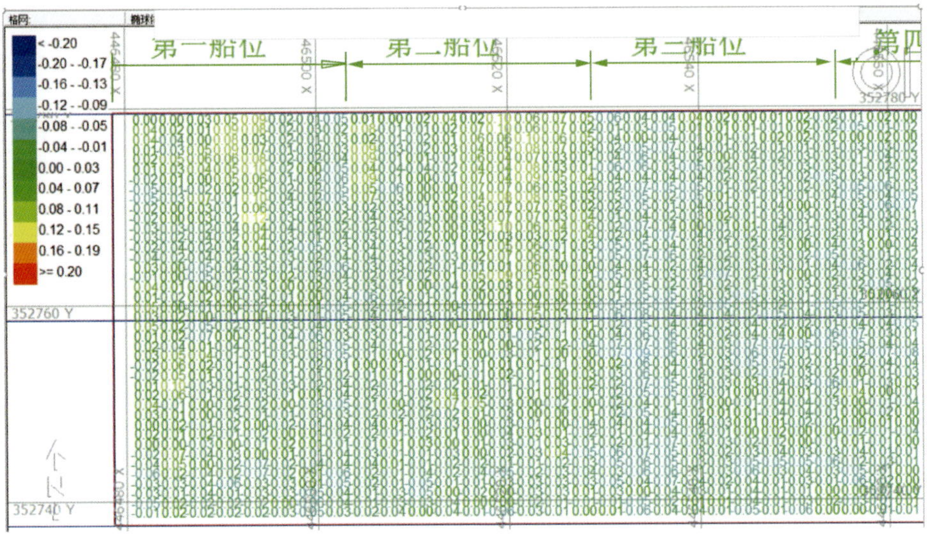

(a) E22管节2015年10月28日测量高程同设计垄顶高程差值

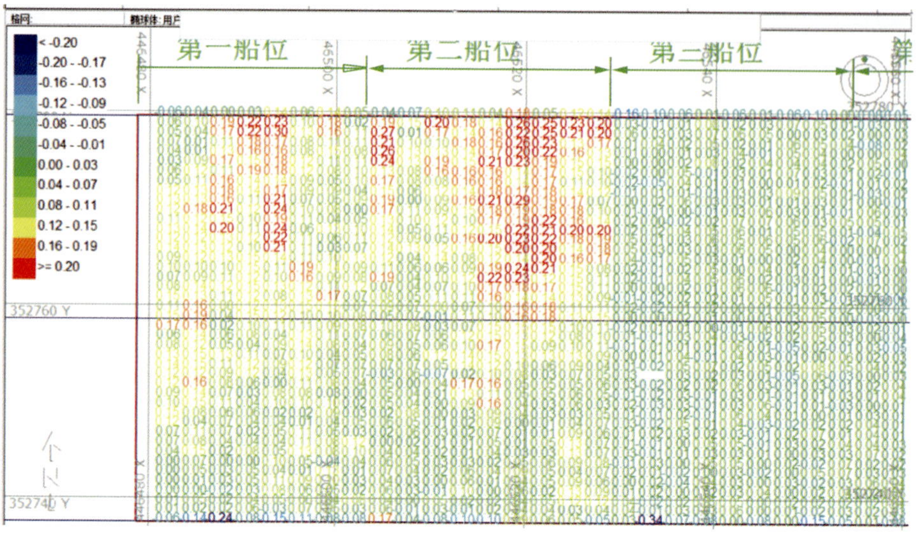

(b) E22管节2015年11月1日测量高程同设计垄顶高程差值

图 3-45　E22 管节不同时间测量高程同设计垄顶高程差值

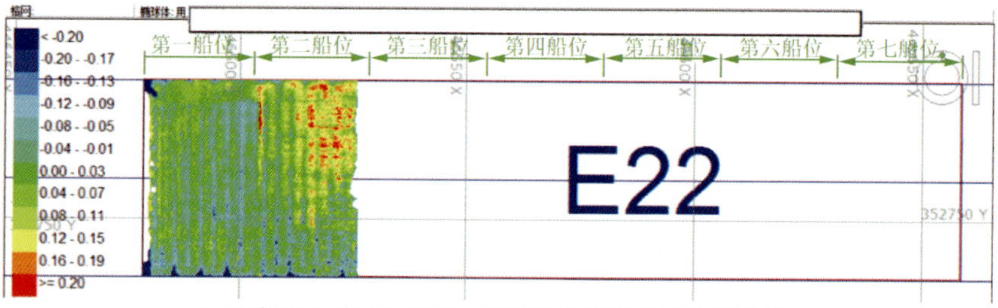

(a) E22管节2015年11月2日19:30测量高程同设计垄顶面高程差值

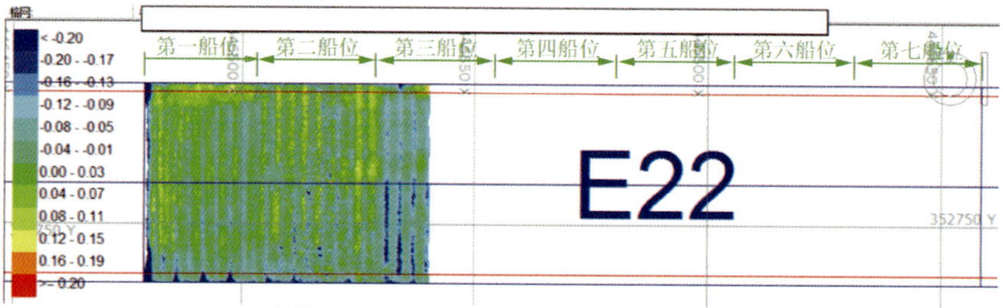

(b) E22管节2015年11月3日16:30测量高程同设计垄顶面高程差值

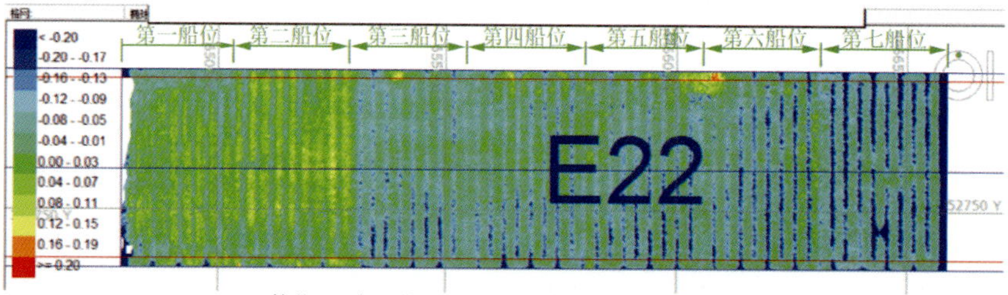

(c) E22管节2015年11月4日11:30测量高程同设计垄顶面高程差值

图 3-46　E22 管节不同时间测量高程同设计垄顶面高程差值

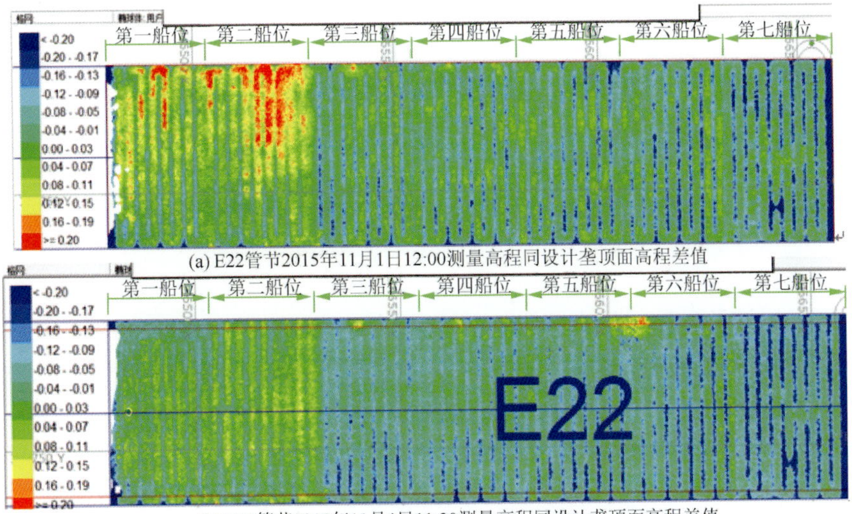

(a) E22管节2015年11月1日12:00测量高程同设计垄顶面高程差值

(b) E22管节2015年11月4日11:30测量高程同设计垄顶面高程差值

图 3-64　清淤前后色块图比对

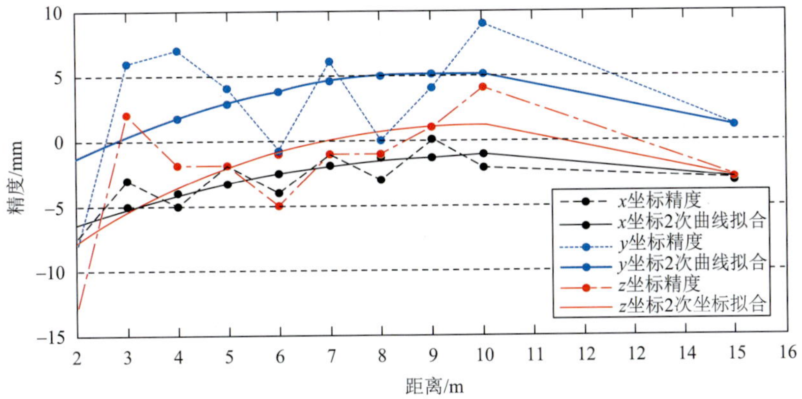

图 9-31　双天线距离对测量精度的影响

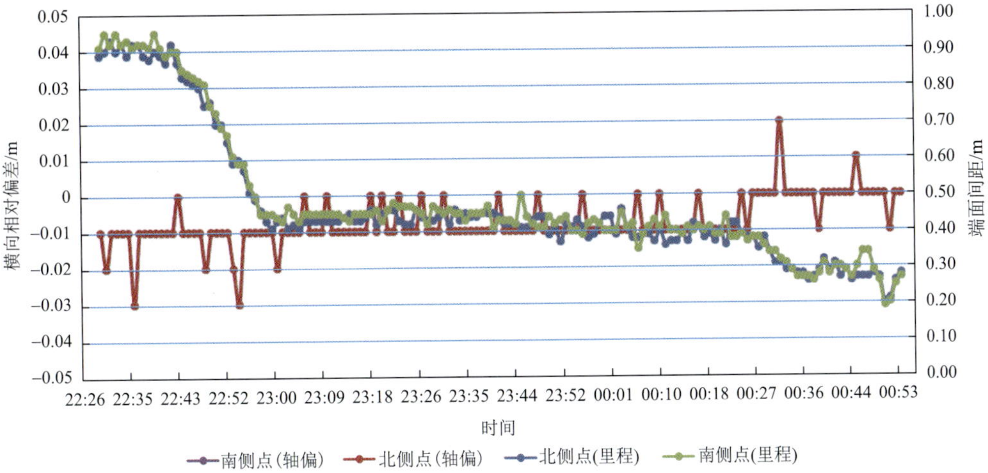

图 9-37　E27 管节无线声呐测控系统偏差-时间曲线

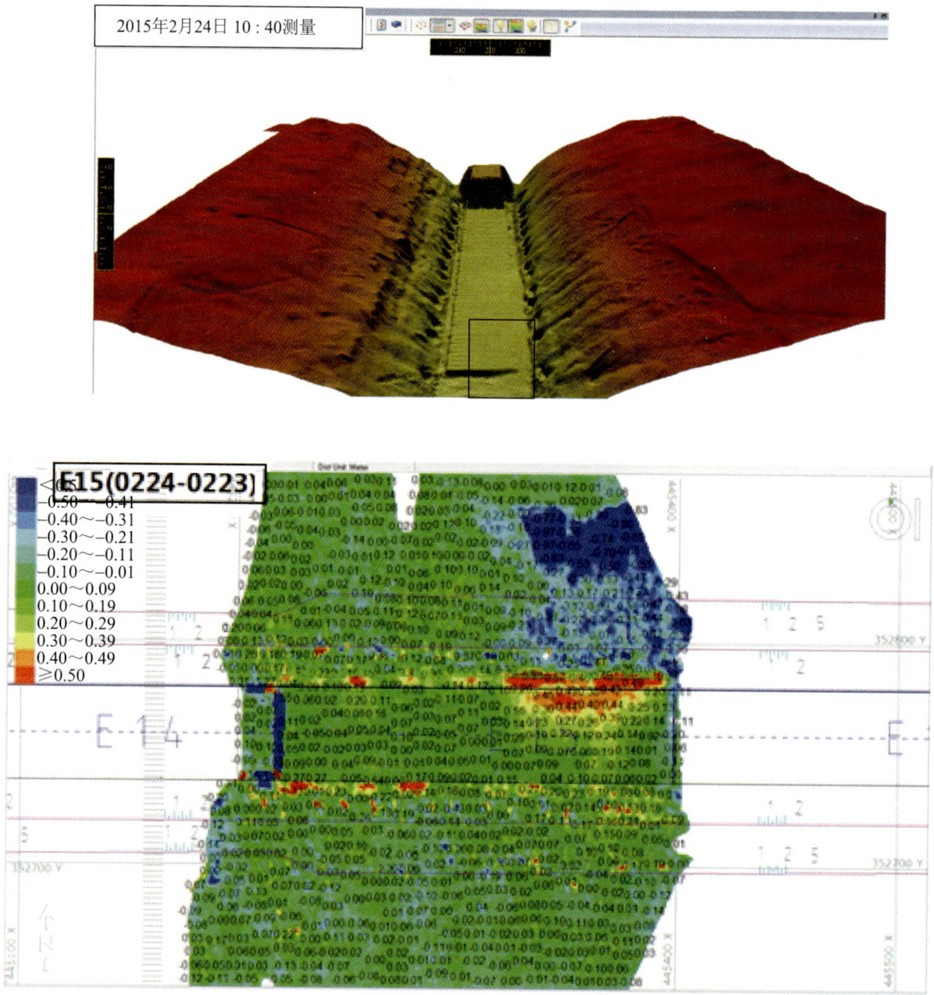

图 9-55　E15 管节安装前基床多波束扫测效果图

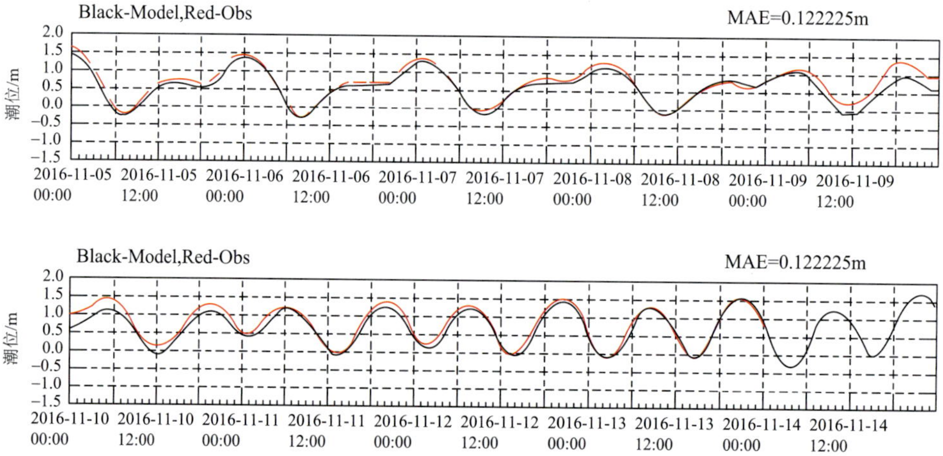

图 10-5　施工区单点潮位变化

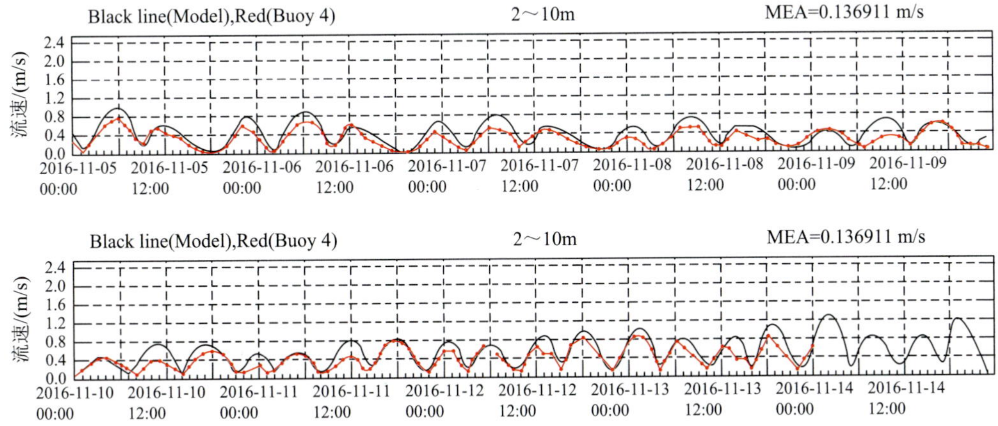

图 10-6　施工区单点 2～10m 平均流速变化

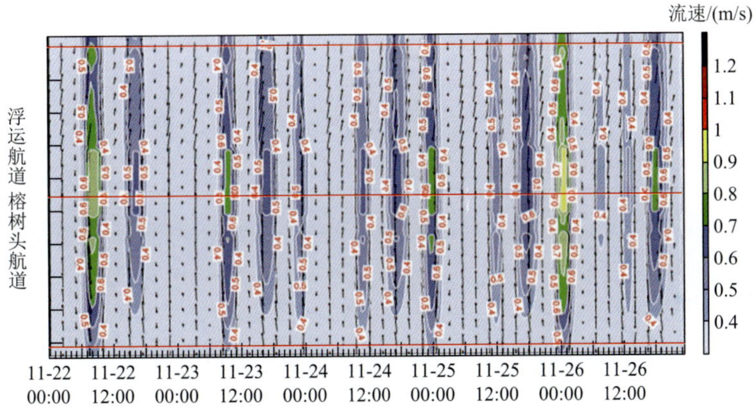

图 10-7　施工区浮运期间不同位置流速随时间的变化

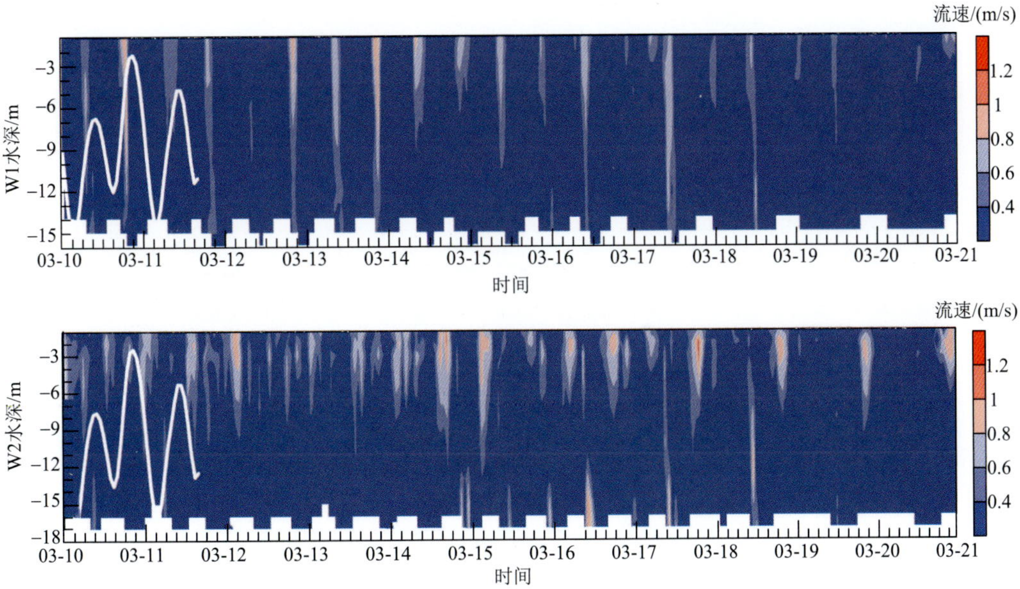

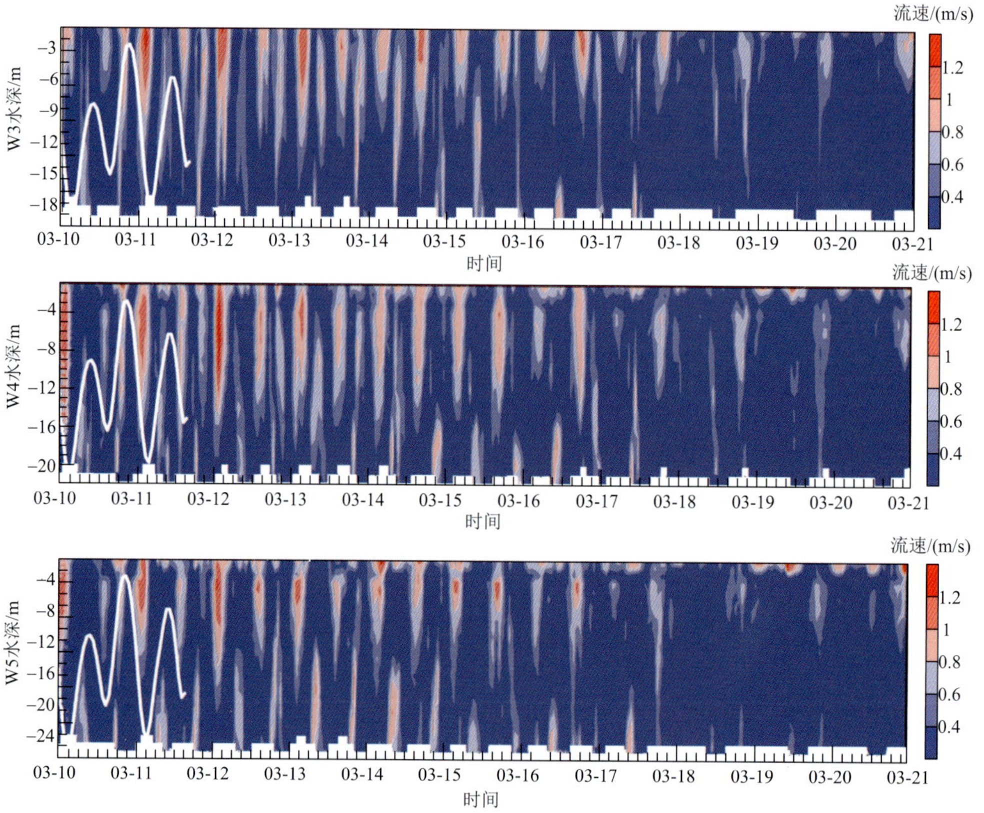

图 10-10　2013 年 3 月 10～21 日西人工岛岛头 W1～W5 测站海流的深度-时间剖面图

注：曲线为工程区潮位实测值

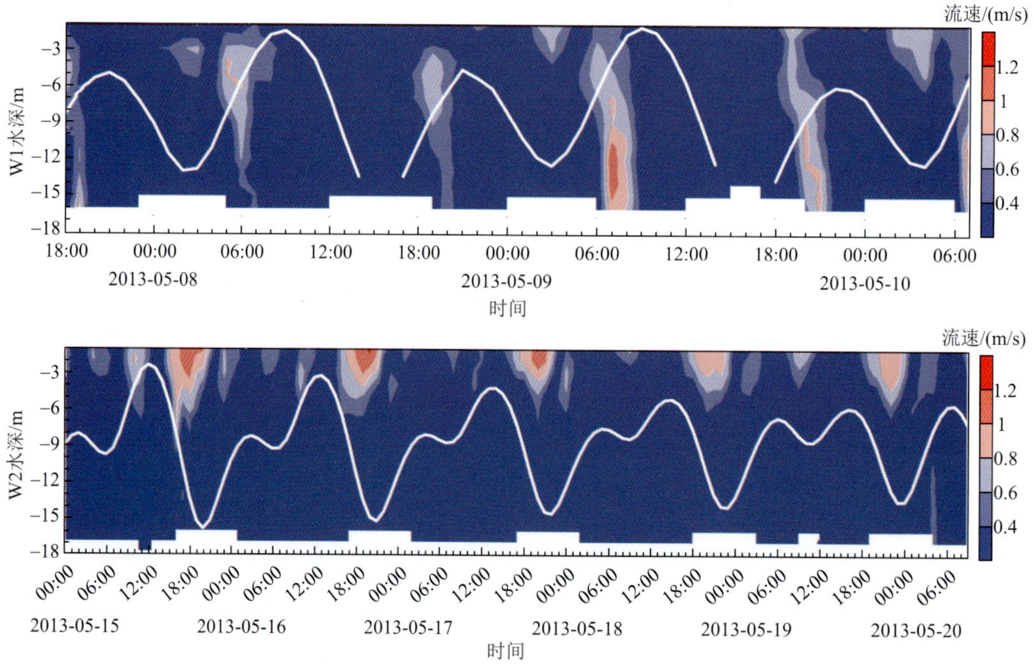

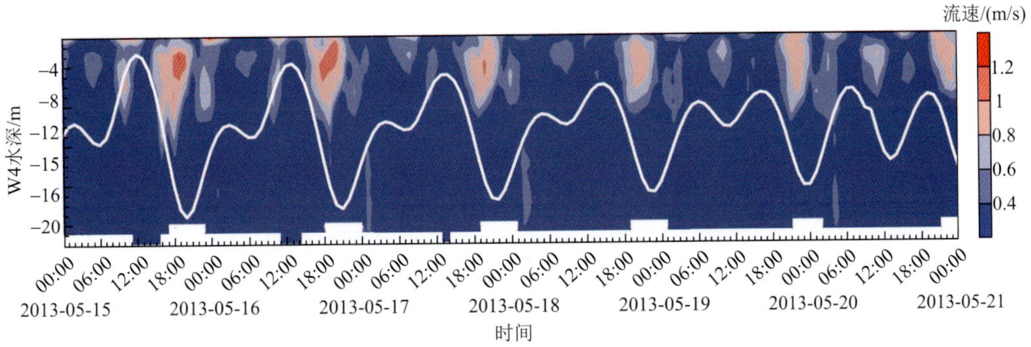

图 10-11　2013 年 5 月西人工岛岛头区域 W1、W2 和 W4 站位海流深度-时间剖面图

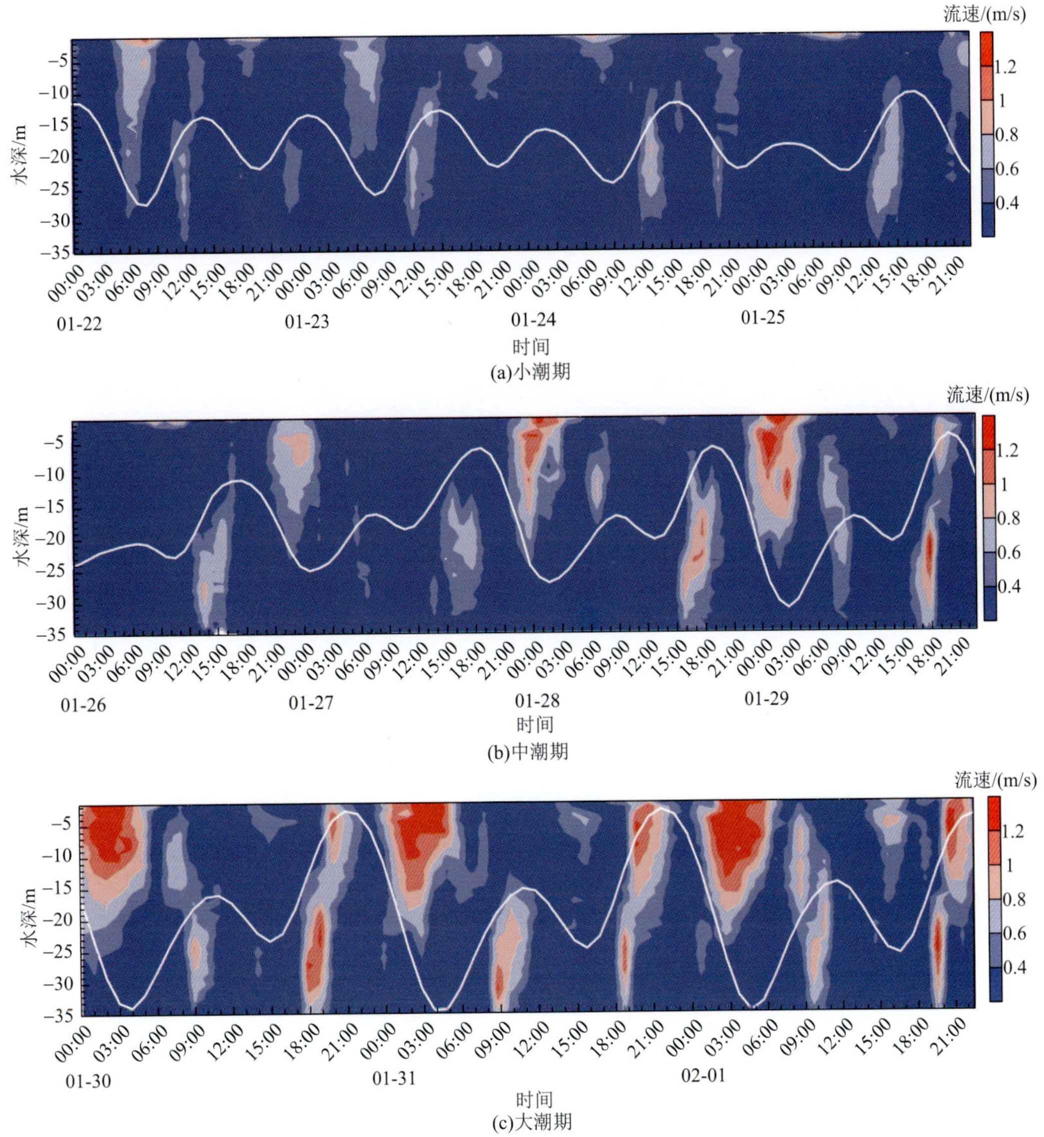

(a)小潮期

(b)中潮期

(c)大潮期

图 10-12　E9 管节测点 2014 年 1 月 22 日至 2 月 5 日水流的深度-时间剖面图

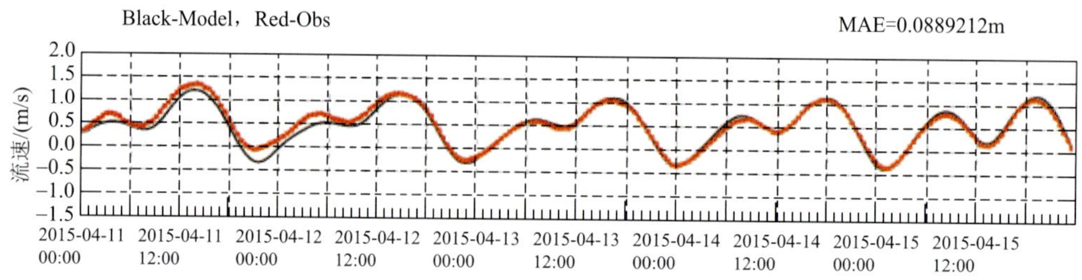
Black-Model，Red-Obs
MAE=0.0889212m
流速/(m/s)
2.0
1.5
1.0
0.5
0.0
−0.5
−1.0
−1.5
2015-04-11 00:00
2015-04-11 12:00
2015-04-12 00:00
2015-04-12 12:00
2015-04-13 00:00
2015-04-13 12:00
2015-04-14 00:00
2015-04-14 12:00
2015-04-15 00:00
2015-04-15 12:00

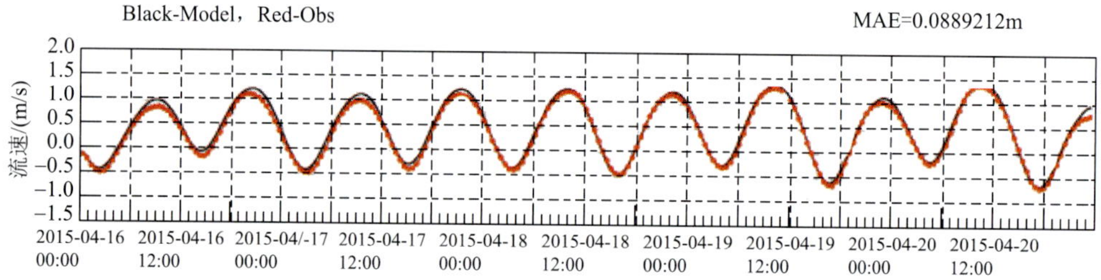
Black-Model，Red-Obs
MAE=0.0889212m
流速/(m/s)
2.0
1.5
1.0
0.5
0.0
−0.5
−1.0
−1.5
2015-04-16 00:00
2015-04-16 12:00
2015-04/-17 00:00
2015-04-17 12:00
2015-04-18 00:00
2015-04-18 12:00
2015-04-19 00:00
2015-04-19 12:00
2015-04-20 00:00
2015-04-20 12:00

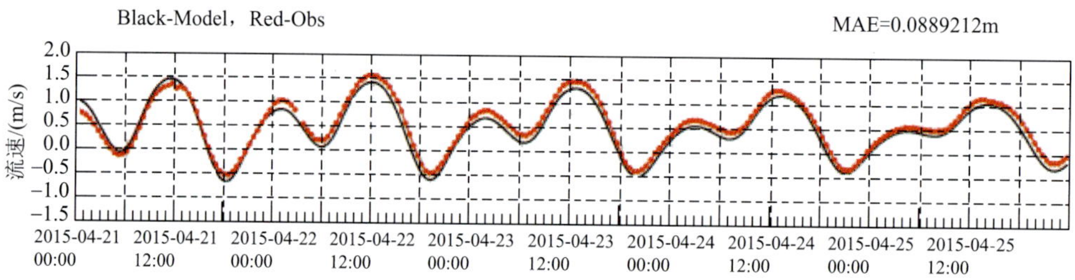
Black-Model，Red-Obs
MAE=0.0889212m
流速/(m/s)
2.0
1.5
1.0
0.5
0.0
−0.5
−1.0
−1.5
2015-04-21 00:00
2015-04-21 12:00
2015-04-22 00:00
2015-04-22 12:00
2015-04-23 00:00
2015-04-23 12:00
2015-04-24 00:00
2015-04-24 12:00
2015-04-25 00:00
2015-04-25 12:00

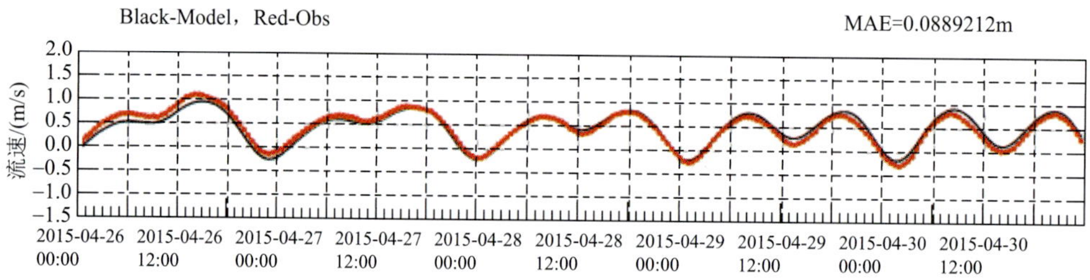
Black-Model，Red-Obs
MAE=0.0889212m
流速/(m/s)
2.0
1.5
1.0
0.5
0.0
−0.5
−1.0
−1.5
2015-04-26 00:00
2015-04-26 12:00
2015-04-27 00:00
2015-04-27 12:00
2015-04-28 00:00
2015-04-28 12:00
2015-04-29 00:00
2015-04-29 12:00
2015-04-30 00:00
2015-04-30 12:00

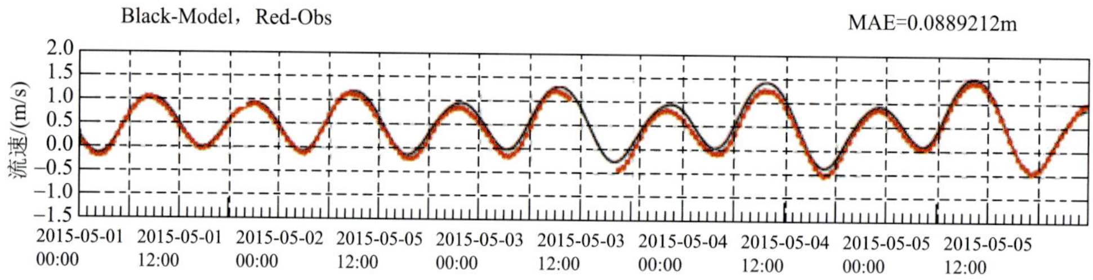
Black-Model，Red-Obs
MAE=0.0889212m
流速/(m/s)
2.0
1.5
1.0
0.5
0.0
−0.5
−1.0
−1.5
2015-05-01 00:00
2015-05-01 12:00
2015-05-02 00:00
2015-05-05 12:00
2015-05-03 00:00
2015-05-03 12:00
2015-05-04 00:00
2015-05-04 12:00
2015-05-05 00:00
2015-05-05 12:00

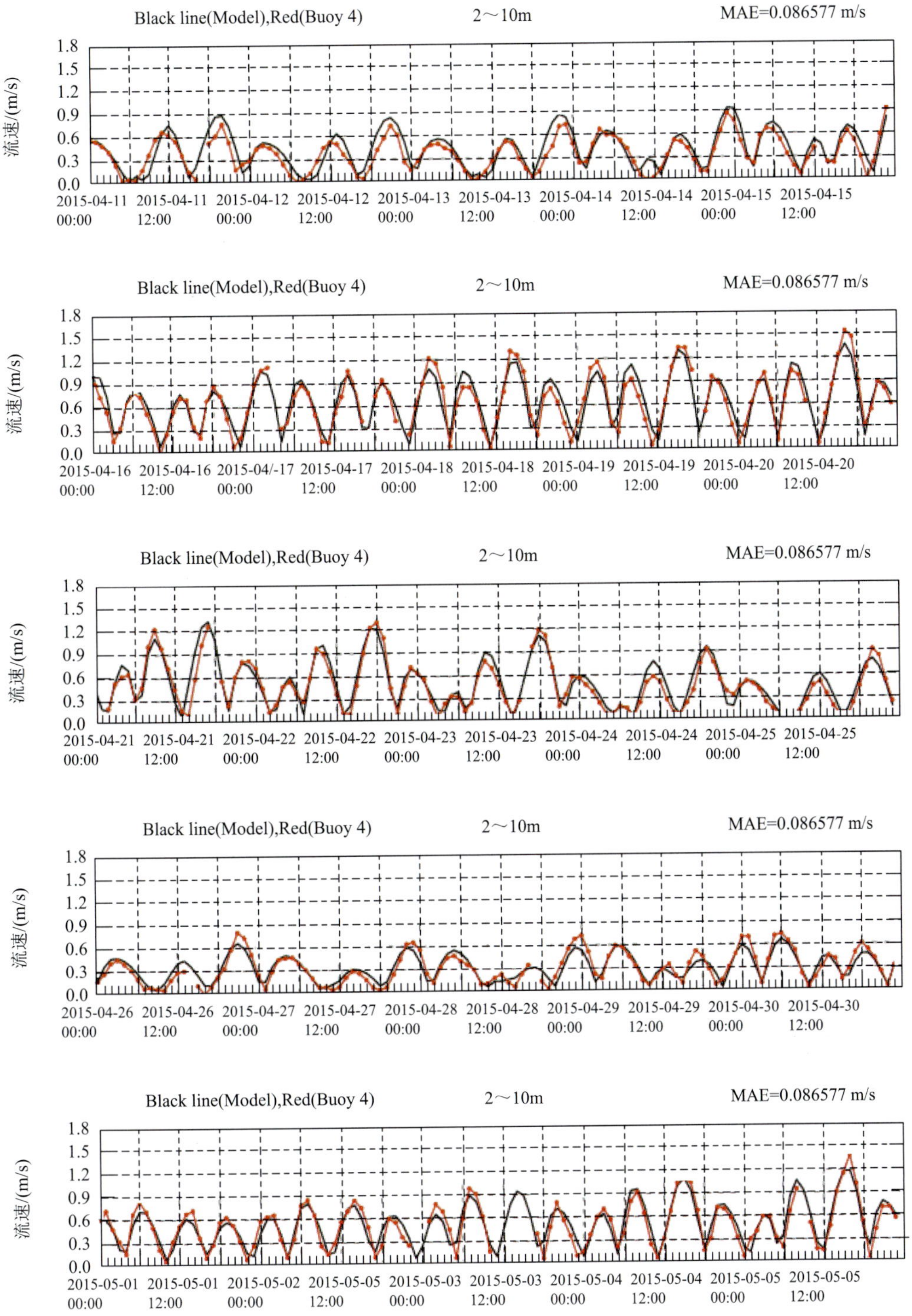

图 10-21　2015 年 4 月 11 日 0 时～5 月 5 日 23 时潮位（上）、流速（下）检验

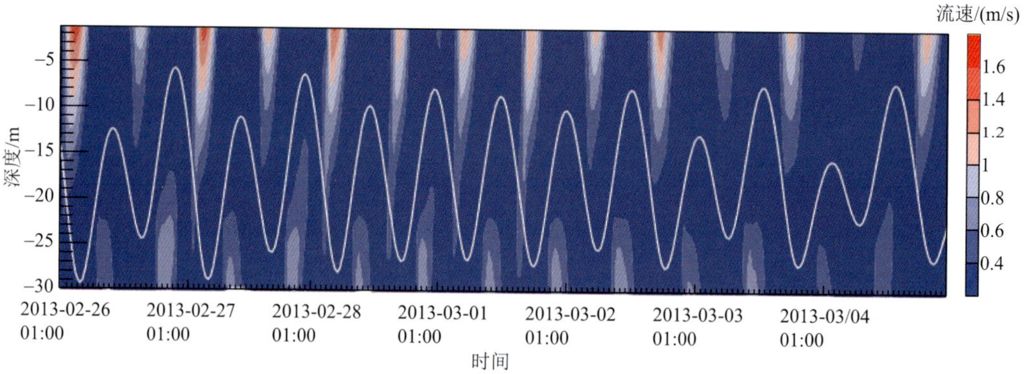

图 10-22　基槽单点流速随深度和时间变化剖面图

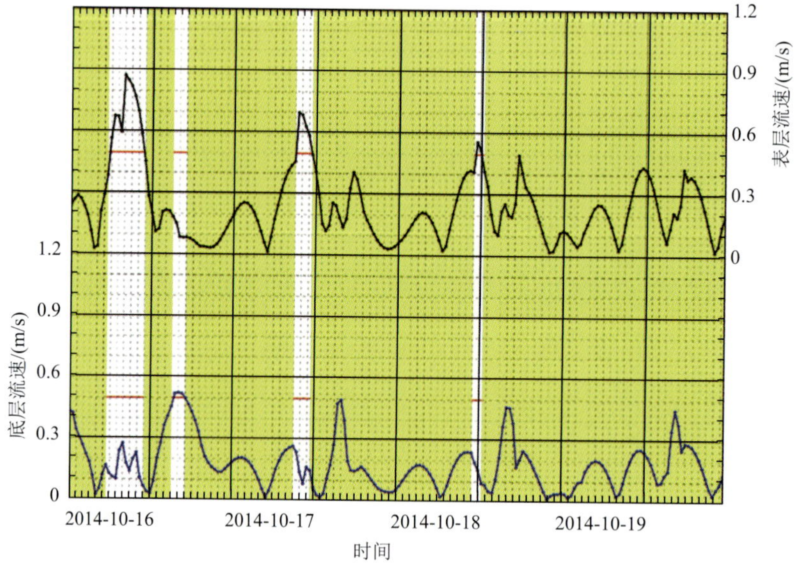

图 10-23　基槽对接窗口产品（上为表层流速，下为底层流速）

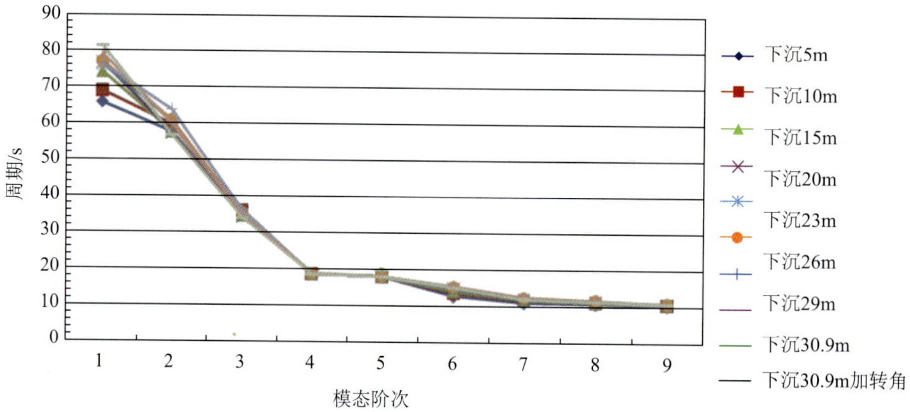

图 10-42　沉管 9 个工况的固有周期

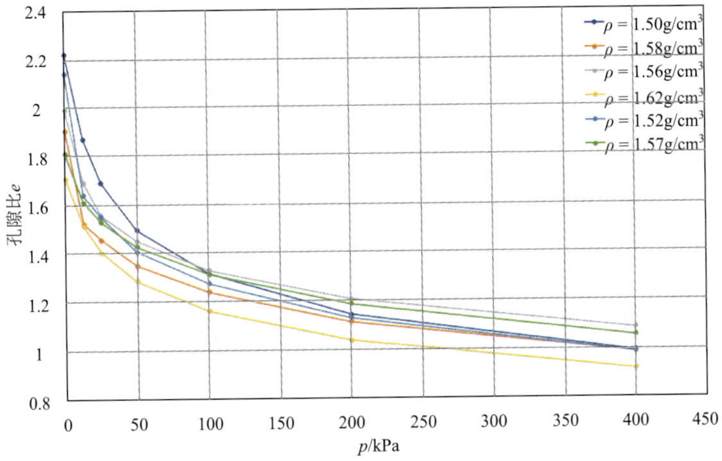

图 11-12　不同回淤沉积物取样 *e-p* 曲线图

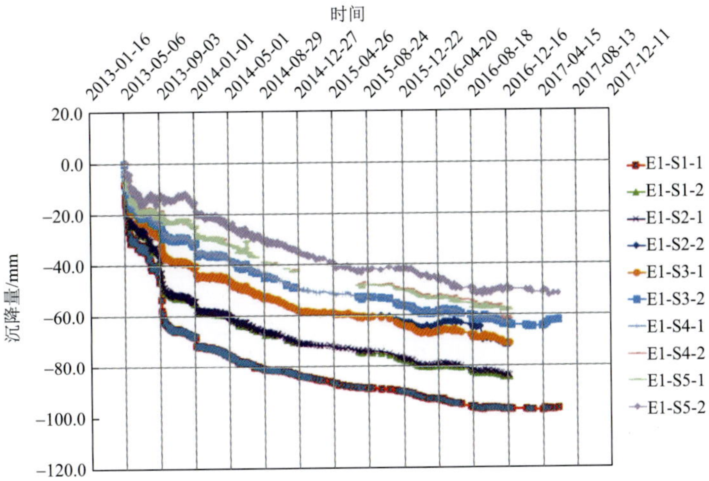

图 11-45　E1 管节累计沉降曲线

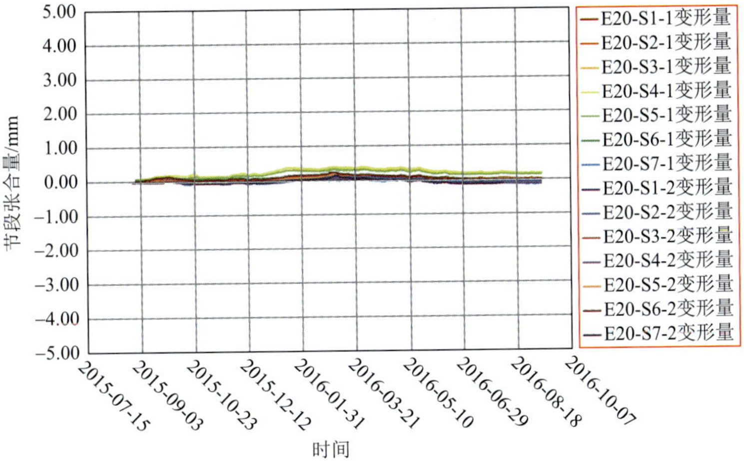

图 11-52　E20 管节节段张合量监测结果

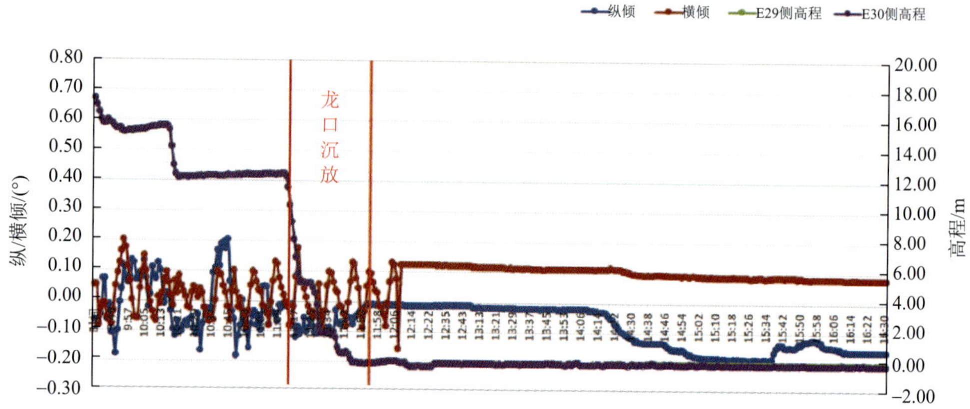

图 12-55　最终接头吊装姿态数据汇总图

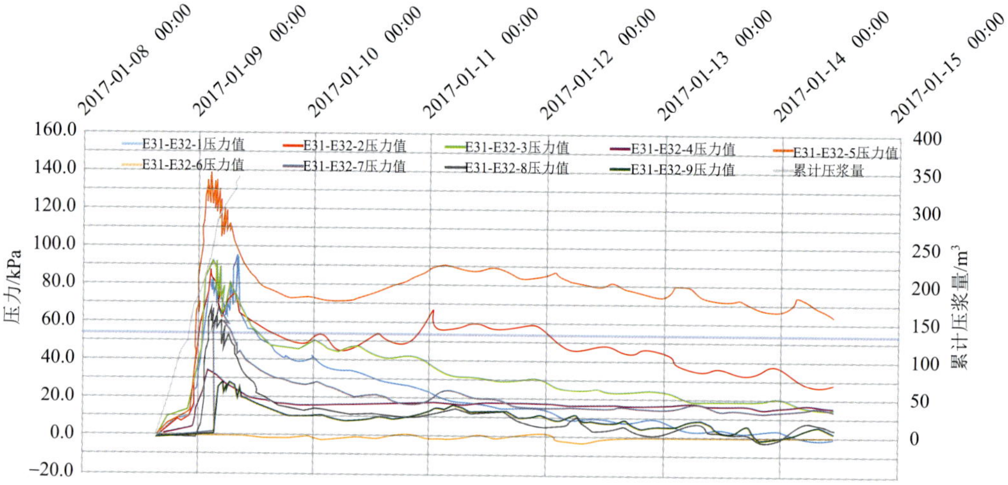

图 12-57　E31～E32 沉管底部基础灌浆压力监测